W0226557

Die Bonus-Seite

Ihr Vorteil als Käufer dieses Buches

Auf der Bonus-Webseite zu diesem Buch finden Sie zusätzliche Informationen und Services. Dazu gehört auch ein kostenloser **Testzugang** zur Online-Fassung Ihres Buches. Und der besondere Vorteil: Wenn Sie Ihr **Online-Buch** auch weiterhin nutzen wollen, erhalten Sie den vollen Zugang zum **Vorzugspreis**.

So nutzen Sie Ihren Vorteil

Halten Sie den unten abgedruckten Zugangscode bereit und gehen Sie auf **www.sap-press.de**. Dort finden Sie den Kasten **Die Bonus-Seite für Buchkäufer**. Klicken Sie auf **Zur Bonus-Seite/ Buch registrieren**, und geben Sie Ihren **Zugangscode** ein. Schon stehen Ihnen die Bonus-Angebote zur Verfügung.

Ihr persönlicher **Zugangscode** tjdi-bxqk-hczn-9s5v

Web Dynpro ABAP™ – Das umfassende Handbuch

SAP PRESS

SAP PRESS ist eine gemeinschaftliche Initiative von SAP und Galileo Press. Ziel ist es, Anwendern qualifiziertes SAP-Wissen zur Verfügung zu stellen. SAP PRESS vereint das fachliche Know-how der SAP und die verlegerische Kompetenz von Galileo Press. Die Bücher bieten Expertenwissen zu technischen wie auch zu betriebswirtschaftlichen SAP-Themen.

Roland Schwaiger, Dominik Ofenloch

Web Dynpro ABAP™ – Das umfassende Handbuch

Galileo Press

Bonn • Boston

Liebe Leserin, lieber Leser,

vielen Dank, dass Sie sich für ein Buch von SAP PRESS entschieden haben.

In der Entstehungsphase des vor gut eineinhalb Jahren erschienenen Buches »Einstieg in Web Dynpro ABAP« musste ich Dominik und Roland immer wieder bremsen, damit sie nicht über den Fokus eines solchen Einsteigerbuches hinausschießen – die beiden tragen einfach zu viel Wissen in sich und den nahezu unbändigen Willen, dieses Wissen auch mit ihrer Leserschaft teilen zu wollen. Was also lag aus Verlagssicht näher, den beiden für ein umfassendes Referenzhandbuch zum Thema Web Dynpro ABAP die Autorenschaft anzubieten – hier würde ich sie auch nicht ausbremsen.

Das Ergebnis stemmen Sie gerade: Mit diesen knapp 1.200 Seiten erhalten Sie nicht nur einen kompetenten und umfassenden Einstieg zur SAP-Oberflächenprogrammierung, sondern auch einen praktischen* Begleiter für den Programmieralltag. In welchem Bereich von Web Dynpro auch immer Sie Antworten suchen, werden Sie sie in diesem Buch nachschlagen und Ihr Wissen erweitern oder auffrischen können. Aber ganz ehrlich: Selbst dieses Mal musste ich die Autoren an der einen oder anderen Stelle noch ausbremsen. Mal schauen, was wir mit dem überschüssigen Wissen in den kommenden Jahren anfangen werden...

Wir freuen uns stets über Lob, aber auch über kritische Anmerkungen, die uns helfen, unsere Bücher zu verbessern. Am Ende dieses Buches finden Sie daher eine Postkarte, mit der Sie uns Ihre Meinung mitteilen können. Als Dankeschön verlosen wir unter den Einsendern regelmäßig Gutscheine für SAP PRESS-Bücher.

Ihr Stefan Proksch
Lektorat SAP PRESS

Galileo Press
Rheinwerkallee 4
53227 Bonn

stefan.proksch@galileo-press.de
www.sap-press.de

* Zumindest dann, wenn das Buch griffbereit auf Ihrem Schreibtisch oder im Bücherregal steht. Für alle anderen Fälle gibt es ja aber die Online-Fassung unter www.sap-press.de/booksonline.

Auf einen Blick

Der Name Galileo Press geht auf den italienischen Mathematiker und Philosophen Galileo Galilei (1564–1642) zurück. Er gilt als Gründungsfigur der neuzeitlichen Wissenschaft und wurde berühmt als Verfechter des modernen, heliozentrischen Weltbilds. Legendär ist sein Ausspruch *Eppur si muove* (Und sie bewegt sich doch). Das Emblem von Galileo Press ist der Jupiter, umkreist von den vier Galileischen Monden. Galilei entdeckte die nach ihm benannten Monde 1610.

Lektorat Stefan Proksch
Korrektorat Osseline Fenner, Troisdorf
Einbandgestaltung Silke Braun
Coverbild Masterfile/Minden Pictures
Typografie und Layout Vera Brauner
Herstellung Maxi Beithe
Satz III-satz, Husby
Druck und Bindung Bercker Graphischer Betrieb, Kevelaer

Gerne stehen wir Ihnen mit Rat und Tat zur Seite:
stefan.proksch@galileo-press.de bei Fragen und Anmerkungen zum Inhalt des Buches
service@galileo-press.de für versandkostenfreie Bestellungen und Reklamationen
thomas.losch@galileo-press.de für Rezensionsexemplare

Bibliografische Information der Deutschen Nationalbibliothek
Die Deutsche Nationalbibliothek verzeichnet diese Publikation in der Deutschen Nationalbibliografie; detaillierte bibliografische Daten sind im Internet über http://dnb.d-nb.de abrufbar.

ISBN 978-3-8362-1522-0

1. Auflage 2011

Inhalt

TEIL II: Referenz

Vorwort

Positives Feedback zu unserem ersten Buch, »Einstieg in Web Dynpro ABAP«, und Erfahrungen aus Schulungen, Projekten und der täglichen Arbeit haben uns dazu ermutigt, ein zweites Buch über die Web-Dynpro-Technologie zu schreiben. Mit diesem Buch halten Sie nun das Ergebnis in Ihren Händen – ein umfassendes Web-Dynpro-Handbuch.

Zielgruppe

Web Dynpro besticht durch seine Einfachheit und ist für erfahrene ABAP-Entwickler schnell zu erlernen. Aus diesem Grund war es für uns nahe liegend, ein Buch sowohl für Einsteiger und Fortgeschrittene als auch für Profis zu schreiben.

Ziel dieses Buches ist es, Entwicklern mit ABAP-Wissen – mit oder ohne Web-Dynpro-Vorkenntnissen – eine fundierte Basis für die Entwicklung komplexer Anwendungen auf der Grundlage von Web Dynpro ABAP bereitzustellen. Entwickler mit Vorkenntnissen finden in diesem Buch ein umfassendes Nachschlagewerk, das ihnen auch bei vermeintlich kleinen Spezialthemen zur Seite steht.

Aufbau des Buches

Von der Web-Dynpro-Architektur über Layouts, UI-Elemente, dynamische Programmierung, Drag & Drop, Eingabehilfen, Personalisierung, ALV-Tabellen, Flash Islands und viele weitere Themen: Dieses Buch deckt nahezu alle in und für Web Dynpro entwickelten Technologien ab; dabei ist es in die drei Bereiche »Grundlagen«, »Referenz« und »Fortgeschrittene Techniken« gegliedert, die die Orientierung innerhalb des Buches erleichtern.

Sowohl Einsteiger als auch erfahrene Web-Dynpro-Entwickler finden in **Teil I**, »Grundlagen«, alles über die Architektur von Web-Dynpro-Benutzeroberflächen:

- **Kapitel 1**, »Schnelleinstieg in Web Dynpro«, vermittelt im Umgang mit Benutzeroberflächen bislang unerfahrenen Entwicklern die Grundlagen des MVC-Architekturmusters (Model-View-Controller). Darüber hinaus gibt das Kapitel einen Überblick über die Möglichkeiten und den aktuellen Stand der Web-Dynpro-Technologie.

- **Kapitel 2**, »Web-Dynpro-Architektur«, beschäftigt sich mit der Web-Dynpro-Entwicklungsumgebung und der Architektur von Web-Dynpro-Anwendungen, losgelöst von technischen Details (wie den UI-Element-Eigenschaften). In diesem Kapitel lernen Sie alle Bestandteile von Web-Dynpro-Benutzeroberflächen kennen: Components, Anwendungen, Views, Controller, den Context und die Component-Interfaces. Kleine Beispiele stellen immer wieder den Praxisbezug her.

Suchen Sie die Bedeutung einer bestimmten UI-Element-Eigenschaft, oder möchten Sie eine Wertehilfe implementieren? In den Kapiteln von **Teil II**, »Referenz«, finden Sie die Antworten:

- In **Kapitel 3**, »Container und Layouts«, erfahren Sie, wie Sie die Anordnung und Gruppierung von UI-Elementen definieren können. Wir erläutern die Eigenschaften und Anwendungsgebiete von Containern und besprechen Layouts und deren Unterschiede, um Ihnen die Anordnung von UI-Elementen zu vermitteln.
- **Kapitel 4**, »UI-Elemente und ihre Eigenschaften«, ist das umfassendste Kapitel in Teil II. Mit diesem Kapitel stellen wir Ihnen eine komplette Referenz aller UI-Elemente mit Beispielen zur Verfügung.
- In **Kapitel 5**, »Drag & Drop für UI-Elemente«, lernen Sie die spannenden Möglichkeiten für Drag & Drop in Web Dynpro kennen. Mit diesem Feature ermöglichen Sie den Benutzern Ihrer Web-Dynpro-Anwendungen, auf einfache Art und Weise komplexe Operationen auszuführen. Sie werden in diesem Kapitel erfahren, wie die Quelle und das Ziel von Drag-&-Drop-Operationen zu realisieren sind und zusammenspielen.
- **Kapitel 6**, »Visuelle Anpassung von Web-Dynpro-Anwendungen«, erläutert Ihnen, wie Sie Ihre Web-Dynpro-Anwendungen an die Corporate Identity Ihrer Firma anpassen können. Sie erfahren, was Web-Dynpro-Themes sind und wie Sie den Theme Editor zur Gestaltung von Themes verwenden können. Wir behandeln die Installation der benötigten Werkzeuge und entwickeln mit Ihnen ein eigenes Theme.
- **Kapitel 7**, »Dynamische Programmierung«, liefert Ihnen die Werkzeuge, um Ihre Web-Dynpro-Anwendung während der Laufzeit zu verändern. Sie werden die Anpassung des Context-Aufbaus,

der View-Gestaltung, von Aktionsbehandler-Zuordnungen und Component-Verwendungen im Detail kennenlernen.

- **Kapitel 8**, »Eingabe- und semantische Hilfen«, zeigt Ihnen, wie Sie unterschiedliche Hilfen für den Benutzer Ihrer Web-Dynpro-Anwendungen realisieren können. Diese Hilfen betreffen Benutzerunterstützungen bei Werteeingaben, aber zum Beispiel auch Dokumentationen zu Eingabefeldern.

Teil III, »Fortgeschrittene Techniken«, richtet sich an Entwickler, die spezielle Anforderungen umsetzen möchten. Die Kapitel dieses Teils behandeln einfache und komplexe Techniken, die die Web-Dynpro-Technologie erst richtig abrunden:

- **In Kapitel 9**, »Erweiterung, Konfiguration, Customizing und Personalisierung«, wird Ihnen das Wissen zur Veränderung des Erscheinungsbildes und zur Anpassung des Anzeigeverhaltens von Web-Dynpro-Benutzeroberflächen vermittelt. Web Dynpro bietet dazu umfangreiche Anpassungsmöglichkeiten. So können Sie existierende UI-Elemente verstecken, eigene Elemente hinzufügen oder das Verhalten bei einem Klick auf ein einzelnes UI-Element ändern.
- In **Kapitel 10**, »Integration komplexer UI-Elemente und Components«, lernen Sie die Möglichkeiten kennen, um UI-Elemente in Ihre Web-Dynpro-Anwendung zu integrieren, die eine inhärente Komplexität besitzen. Sie werden sehen, wie Sie Flash- und Silverlight-Anwendungen in Ihrer Web-Dynpro-Anwendung einsetzen und damit auf erprobte RIA-Techniken zugreifen können. Zur Darstellung von Daten in Form von Spalten und Zeilen bringen wir Ihnen das UI-Element `Table` und den SAP List Viewer näher.
- **Kapitel 11**, »Weiterführende Konzepte«, behandelt eine Vielzahl kleiner Spezialthemen, wie beispielsweise die Erzeugung von Popup-Fenstern und Kontextmenüs, das Fokus-Handling, die Portalintegration oder die Performance- und Speicheroptimierung. Das Kapitel bildet ein Sammelsurium kleinerer, in sich abgeschlossener Themen.

Darüber hinaus existieren noch die Kapitel im Anhang, die ergänzende Informationen für Web-Dynpro-Entwickler bereitstellen:

- In **Anhang A** erhalten Sie die Informationen zu allen Anwendungs- und URL-Parametern. Sie lernen, wie Sie mithilfe der Parameter das Verhalten und die Eigenschaften Ihrer Web-Dynpro-Anwendung anpassen können.

- **Anhang B** gibt Ihnen einen Überblick über die Methoden der Web-Dynpro-Programmierschnittstellen. Diese bilden die Kommunikationsschnittstellen zwischen dem Web-Dynpro-Framework und dem Web-Dynpro-Anwendungs-Coding.

Zusatzinformationen

Wichtige Hinweise und Zusatzinformationen werden in Form von grau hinterlegten Kästen gesondert hervorgehoben. Diese Kästen haben unterschiedliche Schwerpunkte und sind mit verschiedenen Symbolen markiert:

[!] **Achtung:** Seien Sie bei der Durchführung der Aufgabe oder des Schrittes, der mit einem Ausrufezeichen markiert ist, besonders vorsichtig. Eine Erklärung, warum hier Vorsicht geboten ist, ist beigefügt.

[+] **Hinweis:** Wenn das besprochene Thema erläutert und vertieft wird, machen wir Sie mit einem Pluszeichen darauf aufmerksam.

[*] **Tipp:** Nützliche Tipps und Shortcuts, die Ihnen die Arbeit erleichtern, sind mit einem Sternchen gekennzeichnet.

[◉] **Weitere Informationen:** Mit dem Auge gekennzeichnete Stellen verweisen Sie auf andere Kapitel im Buch oder externe Informationen, die Ihnen dabei helfen, das Thema umfassender zu verstehen.

Systemvoraussetzungen

Dieses Buch wurde auf der Grundlage von SAP NetWeaver 7.0 EHP2 geschrieben. Falls Sie kein solches System zur Verfügung haben sollten: Keine Panik! Ein Großteil der in diesem Buch beschriebenen Konzepte und Eigenschaften ist auch für ältere Web-Dynpro-Versionen gültig; dies gilt insbesondere für die in Teil I und Teil II behandelten Themen (mit Ausnahme von Drag & Drop).

SAP stellt eine ABAP-Trial-Version zum Testen der ABAP-Technologie zur Verfügung. Die Trial-Version ist für Windows und Linux erhältlich. Die Verwendung dieser Testversion ist denkbar einfach:

1. Navigieren Sie in den Download-Bereich im SAP Developer Network (*https://www.sdn.sap.com/irj/scn/nw-downloads*).
2. Wechseln Sie zur Trial-Version Ihrer Wahl. (Achtung bei Linux: Web Dynpro ABAP ist nur in der Version 2004s inkludiert.)
3. Starten Sie den Download, und folgen Sie den Installationsanweisungen.

So können Sie die in diesem Buch beschriebenen Inhalte in Ihrem eigenen Testsystem nachvollziehen.

Danksagung

Vom ersten Projektvorschlag bis hin zur fertigen, gedruckten Ausgabe dieses Buches vergingen fast anderthalb Jahre. Diese Zeit war geprägt von Tiefen und Höhen, Erfolgserlebnissen und Rückschlägen, auf privater wie auf fachlicher Ebene, die wir ohne die Hilfe und Ratschläge unseres Lektors Stefan Proksch nicht hätten bewältigen können.

Dominik Ofenloch dankt zudem vor allem der Web-Dynpro-Entwicklung bei SAP für ihre fortwährende Unterstützung auf fachlicher und administrativer Ebene, ohne die seine Beteiligung an diesem Buch nicht möglich gewesen wäre. Mein Dank gilt hier insbesondere Rüdiger Kretschmer, Dirk Feeken und Regina Breuer, die mir bei Problemen und Fragen immer wieder hilfsbereit und kompetent zur Seite standen. Darüber hinaus danke ich meinem Koautor Roland für die gute Zusammenarbeit bei unserem zweiten gemeinsamen Projekt. Zu guter Letzt bleibt noch der Dank an meine Frau Elisa, die mich immer wieder motivierte und während der Projektphase an unzähligen sonnigen Wochenenden auf mich verzichten musste.

Viel Zeit ist nicht vergangen, seit Dominik und ich, Roland Schwaiger, unser Einsteigerbuch zu Web Dynpro ABAP geschrieben haben. Dennoch ist viel geschehen, sowohl Erfreuliches als auch Trauriges. Zu den traurigen Abschnitten gehörte der Tod meines Vaters. Ich möchte mich an dieser Stelle bei ihm bedanken und ihm meine Arbeit widmen, für seine Freundschaft und die Glaubenssätze, die ich durch ihn lernen durfte. Dominiks Dank an die Web-Dynpro-Entwicklung möchte ich mich anschließen und nochmals die Hilfsbereitschaft von Rüdiger, Regina und Dirk hervorheben, die nicht selbstverständlich ist. Danke! Am Ende möchte ich noch Dank sagen für die Unterstützung meiner Familie: Danke Ursula, Elisa, Marie und Nico, dass ihr mir die Unterstützung, Zeit und Freiheit gebt, verrückte Dinge zu tun, wie zum Beispiel dieses Buch zu schreiben.

Roland Schwaiger und
Dominik Ofenloch

TEIL I

Grundlagen

Kennen Sie sich noch nicht im Bereich der Oberflächenentwicklung aus, haben Sie noch nie etwas über das MVC-Architekturmuster gehört, oder wissen Sie von der Web-Dynpro-Technologie nicht mehr, als dass sie im Webbrowser läuft? Dann lesen Sie am besten direkt weiter...

1 Schnelleinstieg in Web Dynpro ABAP

Bei Web Dynpro ABAP handelt es sich um eine moderne, objektorientierte und vollständig in SAP integrierte Technologie für die Entwicklung von webbrowserbasierten Geschäftsanwendungen. Durch die strikte Kapselung der ausschließlich von Web Dynpro verwalteten Anzeigetechnologie von der auf ABAP basierenden Geschäftslogik bietet Web Dynpro eine hohe Zukunfts- und Investitionssicherheit. Die Möglichkeiten, die Web Dynpro Ihnen dabei bietet, lassen sich kaum noch mit den Möglichkeiten von klassischen, auf Dynpros basierenden Anwendungen vergleichen.

1.1 Was ist Web Dynpro?

Klassische Dynpros

Bis zum Jahr 2005 wurden nahezu alle von SAP ausgelieferten Anwendungen auf Basis der klassischen Dynpro-Technologie entwickelt. Dynpros wurden mit SAP R/2 (Release 4.3) Ende der 1980er-Jahre von SAP eingeführt und lösten damit die bis dahin üblichen Konsolen ab. Sie basieren auf der Client-Server-Technologie, und für ihre Benutzung muss ein Anzeigeprogramm installiert werden, das SAP GUI. In den Anfangszeiten der Dynpro-Technologie waren objektorientierte Ansätze für die meisten Programmiersprachen, wie auch für ABAP, noch Zukunftsmusik.

Auch heute noch stellen die Maskendefinition und die Ablauflogik den neuesten Stand der Technik bei der Dynpro-Entwicklung dar und bilden noch immer die am meisten verbreitete Oberflächentechnologie im SAP-Umfeld. Während zum Beispiel große Teile der neuen SAP-Anwendungen ausschließlich in Web Dynpro entwickelt werden, bauen die Entwicklungswerkzeuge von Web Dynpro ABAP – die ABAP Workbench – ausschließlich auf der Dynpro-Technologie auf.

Web Dynpro

Mit der Einführung von Web Dynpro brachte SAP 2005 ein modernes, objektorientiertes, auf ABAP basierendes Entwicklungs-Framework für Systemoberflächen auf den Markt, die in Webbrowsern laufen. Im Unterschied zu klassischen Dynpros benötigt ein Anwender demnach ausschließlich einen Webbrowser zur Benutzung von Web-Dynpro-Anwendungen.

Web Dynpro basiert, im Gegensatz zur Vorgängertechnologie Business Server Pages (BSP), auf einem Metadatenmodell. Für jede Web-Dynpro-Oberfläche beschreiben die Metadaten die Anordnung und die Eigenschaften der darin vorhandenen UI-Elemente. Die gesamte Kommunikation zwischen der Anwendung und dem Web-Dynpro-Framework findet an fest definierten Punkten ausschließlich in ABAP statt. Zur Entwicklung von webbasierten User Interfaces benötigt ein Anwendungsentwickler somit keinerlei Kenntnisse in HTML oder JavaScript, wie es ansonsten für die Erstellung von Webanwendungen notwendig ist.

Durch die strikte Abstraktion zwischen Anwendungslogik und Anzeigetechnologie kann ein Web-Dynpro-Entwickler Benutzeroberflächen ohne technisches Wissen über die zugrunde liegende Anzeigetechnologie erstellen. Diese Kapselung des Web-Dynpro-Frameworks von der Anwendungslogik ermöglicht eine hohe Investitionssicherheit, da die einfache und schnelle Portabilität von auf Web Dynpro basierenden Anwendungen auf zukünftige Anzeigetechnologien, wie zum Beispiel Smart Clients, sichergestellt wird. In Abbildung 1.1 erhalten Sie einen ersten Eindruck vom Look & Feel einer Web-Dynpro-Anwendung.

Evolution von Web Dynpro

Inzwischen hat sich die Web-Dynpro-Technologie als Standard für neue User Interfaces bei SAP durchgesetzt (mit Ausnahme von SAP CRM, das weiterhin auf sein eigenes UI-Framework setzen wird). In rasantem Tempo werden immer komplexere Web-Dynpro-Anwendungen entwickelt. Dabei können Anwendungsentwickler auf einen immer umfangreicheren Satz von wiederverwendbaren Web-Dynpro-Bausteinen zurückgreifen, wie zum Beispiel auf die ALV-Tabelle. Darüber hinaus entsteht zurzeit bei SAP mit dem Floorplan Manager ein neues Framework zur standardisierten Entwicklung von Web-Dynpro-Oberflächen.

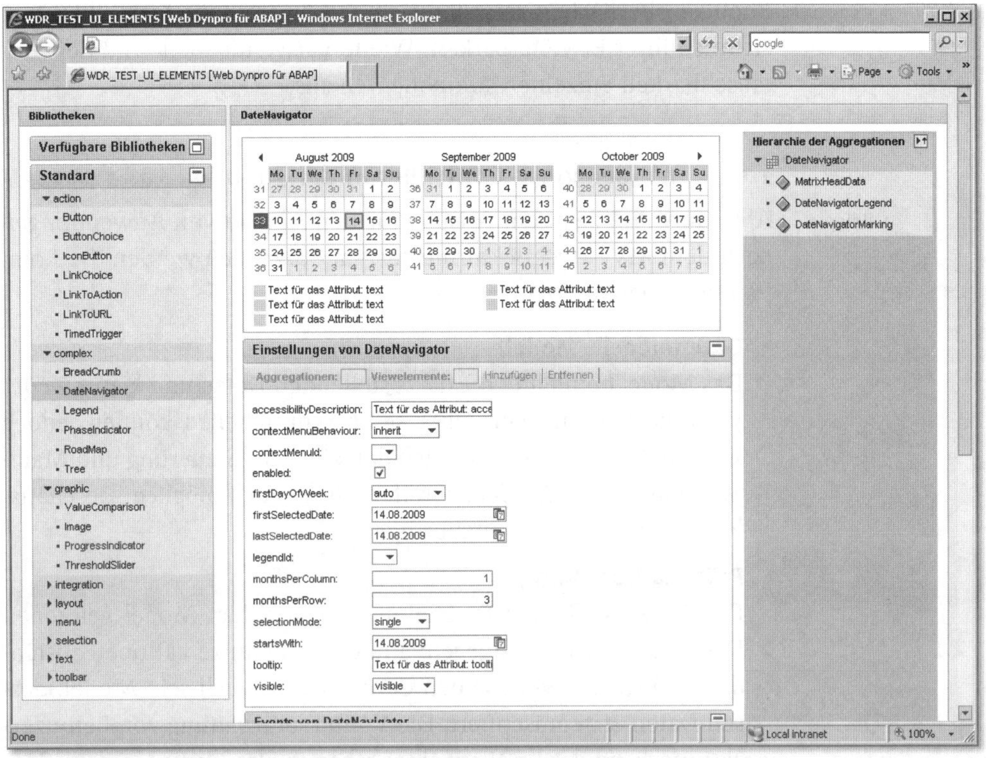

Abbildung 1.1 Beispiel für eine Web-Dynpro-Anwendung

Sie haben nun bereits einen ersten Eindruck vom Web-Dynpro-Framework erhalten. Bevor wir unseren Schnelleinstieg in Web Dynpro mit praktischen Beispielen vertiefen, sollten Sie das für Web Dynpro essenzielle MVC-Architekturmuster kennengelernt haben.

1.2 Model-View-Controller

Sowohl die Web-Dynpro-Technologie als auch viele andere Benutzeroberflächen basieren in meist modifizierter Form auf dem sogenannten MVC-Architekturmuster (Model-View-Controller). Dieses bereits in den 1970er-Jahren durch den norwegischen Forscher Trygve Reenskaug beschriebene Modell ist heute der De-facto-Standard für die Entwicklung moderner und zukunftssicherer Benutzeroberflächen. Es beschreibt die Trennung des Datenmodells (Model) von der Präsentationsschicht (View) und von der Programmsteuerung (Controller). Nach dem MVC-Architekturmuster aufgebaute

Benutzeroberflächen zeichnen sich durch ihre hohe Flexibilität hinsichtlich ihrer Erweiterbarkeit, Wiederverwendbarkeit und der Austauschbarkeit einzelner Komponenten aus.

1.2.1 Model-View-Controller in der Theorie

Beispiel Abbildung 1.2 zeigt ein Beispiel für den Aufbau von Anwendungen nach dem MVC-Architekturmuster. Im Folgenden werden die Komponenten beschrieben:

- **Datenmodell (Model)**
  Das Model beinhaltet die darzustellenden Daten und kennt weder View noch Controller. Über seine Schnittstellen können jedoch sowohl der Controller als auch der View zur Steuerung und Manipulation auf das Model zugreifen. Es ist auch möglich, Geschäftslogiken im Model unterzubringen.
- **Präsentation (View)**
  Der View ist für die Darstellung der aus dem Model gelesenen Daten und für die Entgegennahme von Benutzeraktionen zuständig. Er kennt sowohl seinen Controller als auch sein Model, dessen Daten er repräsentiert. Die Weiterverarbeitung von Benutzeraktionen und der im View eingegebenen Daten werden dem Controller überlassen.
- **Steuerung (Controller)**
  Der Controller ist eine Art Bindeglied zwischen View und Model. Er ist für die Verwaltung der Views zuständig, wertet deren Benutzeraktionen aus und agiert entsprechend. Ein Controller kann mehrere Views und Models verwalten und miteinander verbinden.

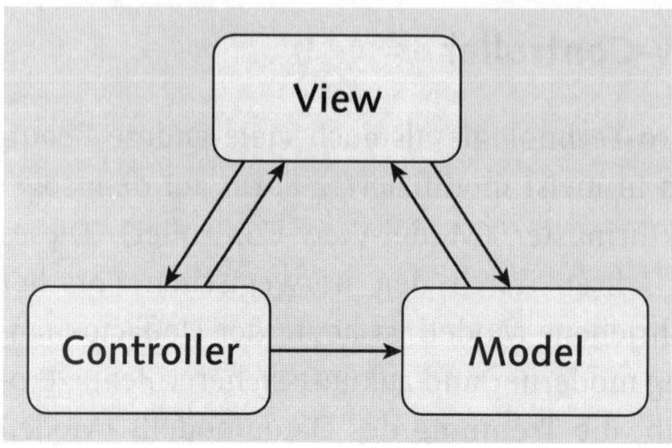

Abbildung 1.2 MVC-Architekturmuster

Freiheiten für Entwickler

Prinzipiell können Model, View und Controller nahezu beliebig in Beziehung zueinander gesetzt werden. So ist es beispielsweise denkbar, dass eine Anwendung für jeden View ihr eigenes Model besitzt. Im Rahmen des von SAP häufig verwendeten Flugdatenmodells könnte dies beispielsweise eine Web-Dynpro-Oberfläche (View) zur Erfassung von Flugbuchungen und ein zugehöriges Model zur Speicherung derselben Buchungen sein. Genauso gut wäre es aber auch möglich, dass eine bestimmte Anzahl von Views auf ein einziges umfassendes Model zugreift. Häufiger ist jedoch die Verwendung mehrerer spezialisierter Models sinnvoller. Im Rahmen des SAP-Flugdatenmodells könnte es beispielsweise jeweils ein Model für Kunden, Flüge und die zugehörigen Flugbuchungen geben.

1.2.2 Varianten

Je nach verwendeter Programmiersprache, Zweck und Umfang der Anwendung sowie den Vorstellungen des Entwicklers können MVC-Architekturen unterschiedlich ausfallen – der MVC-Begriff wird oft verschieden interpretiert. Viele der heutigen Umsetzungen halten sich nicht mehr strikt an das ursprüngliche Muster. Aus diesen Interpretationen entstanden Varianten, die ihren eigenen Charme haben.

Model-View-Presenter

Während das MVC-Architekturmuster keine strikte Trennung zwischen der View- und der Model-Ebene vorsieht, wird gerade diese Trennung vom sogenannten MVP-Architekturmuster (Model-View-Presenter) gefordert. Dieses erstmals in den 1990er-Jahren von IBM umgesetzte Muster wurde 2004 von Martin Fowler, einem Autor und renommierten Referenten zum Thema Softwarearchitektur, formuliert.

Abbildung 1.3 zeigt den Aufbau des MVP-Architekturmusters. Hier lässt sich gut erkennen, dass View und Model vollständig voneinander getrennt sind. Die View-Ebene ist ähnlich wie beim Model-View-Controller ausschließlich für die Darstellung der im Model gehaltenen Daten zuständig. Dabei enthält der View weder steuernde Logik noch direkten Zugriff auf das Model. Der Presenter ist das Bindeglied zwischen View und Model, kennt sowohl View als auch Model und steuert die Abläufe zwischen beiden Schichten. Das Model beinhaltet die Geschäftslogik und die Daten des Views. Die Steuerung des Models erfolgt ausschließlich im Presenter.

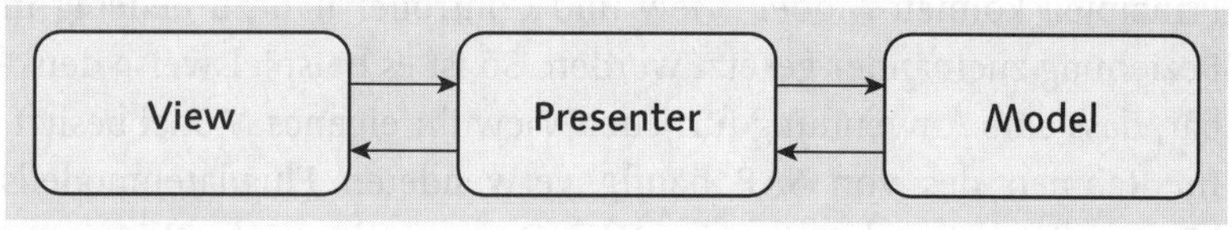

Abbildung 1.3 MVP-Architekturmuster

Strikte Schichtentrennung

Die Verwendung des MVP-Musters erfordert eine strikte Trennung der jeweiligen Ebenen durch Interfaces. Diesem erstmaligen Mehraufwand steht der Vorteil der einfachen Austauschbarkeit von Views und Models gegenüber. So ist es beispielsweise beim Model-View-Presenter leicht möglich, eine grafische Benutzeroberfläche durch eine Testklasse zur Durchführung von automatisierten Tests der darunterliegenden Ebenen auszutauschen. Da aus der Sicht von Geschäftsprozessen Fehler auf Benutzeroberflächen meist weniger kritisch sind, bietet sich die Verwendung des MVP-Architekturmusters vor allem zur Optimierung von testintensiven Anwendungen an.

1.2.3 Model-View-Controller und Web Dynpro

Einordnung in das MVC-Architekturmuster

Die Frage nach der Einordnung der Web-Dynpro-Technologie in die MVC-Architektur lässt sich nicht direkt beantworten, da die Antwort von der Umsetzung in der jeweiligen Web-Dynpro-Architektur abhängt. Dies ist der Tatsache geschuldet, dass das Web-Dynpro-Framework nicht nur für die reine Anzeige, sondern auch für die Steuerung und für das Auslesen der Daten bereits entsprechende Bausteine mitbringt.

Betrachten Sie an dieser Stelle Abbildung 1.4. In dieser sehen Sie drei Ansätze, wie Sie eine Web-Dynpro-Architektur realisieren können. Eine Web-Dynpro-Architektur besitzt im Sinn des MVC-Musters neben dem View auch immer mindestens einen Controller. Auch die Geschäftslogik und die Datenbeschaffung, Aufgabe des Models, können innerhalb des Web-Dynpro-Frameworks untergebracht werden (links dargestellt). Es ist jedoch auch möglich, das Model, wie in der Mitte von Abbildung 1.4 dargestellt, außerhalb der Web-Dynpro-Architektur in ABAP-OO-Klassen zu platzieren. Je größer eine geplante Anwendung wird, desto sinnvoller und häufiger ist dieser Ansatz vorzufinden; er stellt deshalb den in der Praxis am häufigsten anzutreffenden Fall dar.

Die rechts dargestellte Ausgliederung des Controllers aus der Web-Dynpro-Architektur in eigene Klassen ist nicht zu empfehlen. Dies würde in einem deutlich erhöhten Kommunikationsaufwand zwischen dem Web-Dynpro-View und dem klassenbasierten Controller enden.

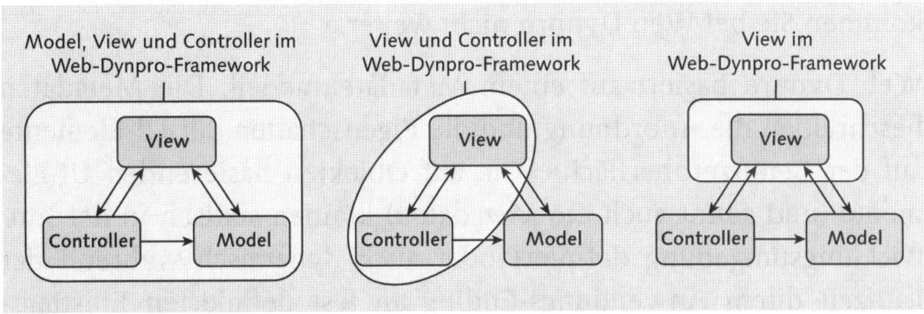

Abbildung 1.4 MVC-Ansätze im Web-Dynpro-Framework im Vergleich

1.3 Funktionalität und Beispielanwendung

Standard-UI-Technologie

Im Jahr 2008 hat SAP die Investitionen in die Web-Dynpro-Technologie zur Etablierung von Web Dynpro als Standard sowohl für aktuelle als auch zukünftige SAP-Benutzeroberflächen nochmals deutlich gesteigert. Dies unterstreicht die SAP-Strategie, Web Dynpro als neuen Oberflächenstandard zu etablieren, mit dem man zukünftig deutlich schneller auf neue Trends und Marktanforderungen im Bereich webbasierter Benutzeroberflächen reagieren kann.

In diesem Abschnitt erläutern wir Ihnen den Funktionsumfang von Web Dynpro anhand einer kleinen Beispielanwendung. Hierzu betrachten wir zunächst die technologische Basis von Web Dynpro. Anschließend geben wir Ihnen einen Überblick über die wichtigsten UI-Elemente, die Web Dynpro bietet: vom Text- und Eingabefeld über den Karteireiter und die Tabelle bis hin zu `BusinessGraphics`, einem UI-Element zur grafischen Darstellung von Diagrammen. Im Anschluss lernen Sie fortgeschrittene Web-Dynpro-Funktionen wie Kontextmenüs, Popup-Fenster und Drag & Drop kennen, und wir stellen die Möglichkeiten zur Wiederverwendung von Web-Dynpro-Bausteinen dar.

1.3.1 Web-Dynpro-Technologie

Das Web-Dynpro-Framework basiert auf dem MVC-Architekturmuster und wurde vollständig in ABAP Objects entwickelt. Auch für die Entwicklung von Web-Dynpro-Anwendungen sind deshalb Kenntnisse in der objektorientierten Programmierung Voraussetzung.

Angefangen bei Web-Dynpro-Components (größter Web-Dynpro-Baustein) über die Controller bis hin zu Views und den darin befindlichen UI-Elementen – ohne grundlegende ABAP-Objects-Erfahrung kommen Sie bei Web Dynpro nicht weiter.

Web-Dynpro-Programmiermodell

Web Dynpro basiert auf einem Metadatenmodell. Die Metadaten beschreiben die Anordnung und die Eigenschaften der UI-Elemente auf der Benutzeroberfläche. Die auf Objekten basierenden UI-Elemente (und somit auch die Metadaten) können statisch in der Entwicklungsumgebung definiert oder auch dynamisch während der Laufzeit durch Anwendungs-Coding an fest definierten Einstiegspunkten generiert werden. Zur Laufzeit wird aus diesen Metadaten HTML-Code für die Darstellung der Web-Dynpro-Anwendung im Webbrowser generiert. Abbildung 1.5 veranschaulicht das Web-Dynpro-Programmiermodell grafisch.

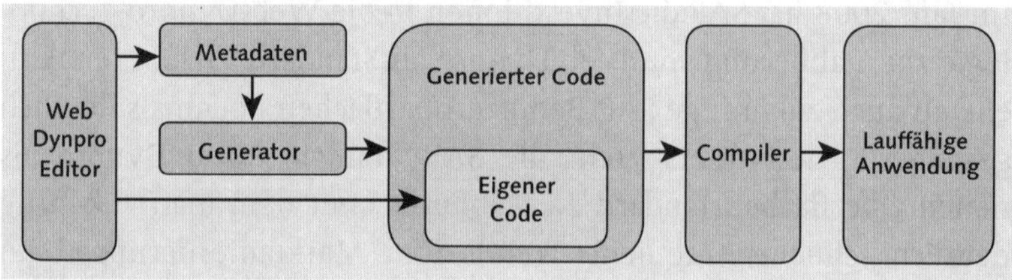

Abbildung 1.5 Web-Dynpro-Programmiermodell

Durch die Abstraktion mithilfe eines Metadatenmodells benötigen Web-Dynpro-Anwendungsentwickler ausschließlich ABAP-Erfahrung und keinerlei Kenntnisse in der HTML-Programmierung. Ein weiterer Vorteil dieses Modells ist die einfache Austauschbarkeit der Rendering-Technologie. So führte SAP mit Enhancement Package 1 für Release 7.0 die Ajax-Technologie zur Steigerung der Performance und Anwenderfreundlichkeit in Web Dynpro ein. Sowohl für den Endanwender als auch für den Web-Dynpro-Entwickler änderte sich durch diesen Technologiewechsel nichts.

1.3.2 UI-Elemente

Funktionalität

Betrachten wir nun die Möglichkeiten und Funktionen von Web Dynpro anhand einer kleinen, auf dem SAP-Flugdatenmodell basierenden Beispielanwendung. Sie besteht aus einer einfachen Suchmaske zur Suche und Auswertung von Flugverbindungen. Zur Demonstration der Web-Dynpro-Funktionalitäten werden die hierbei gefundenen Flugverbindungen anschließend auf mehreren Registerkarten auf verschiedene Weise aufbereitet und dargestellt.

In Abbildung 1.6 sehen Sie den Eingangsbildschirm der Beispielanwendung mit mehreren Registerkarten, beschrifteten Eingabefeldern zur Suche der Flugverbindungen sowie einem WEITER-Button zum Start der Suche.

Abbildung 1.6 Web-Dynpro-Beispielanwendung

Neue Funktionen

In den letzten Jahren wurden die Anzahl der verfügbaren UI-Elemente und der Funktionsumfang der bereits bekannten UI-Elemente von SAP deutlich ausgebaut. Als populäres Beispiel für die Erweiterung der klassischen Elemente kann hier die Implementierung der von Google bekannten Suggest-Funktionalität in Eingabefelder genannt werden. Ist in einem Eingabefeld eine Wertehilfe mit einer Domäne hinterlegt, werden bereits bei der Eingabe der ersten Zeichen vom System passende Vorschläge in einer Liste unterhalb des Eingabefeldes angezeigt. Wird beispielsweise in unserer Beispielanwendung im Feld FLUGGESELLSCHAFT ein »A« eingetragen, schlägt das System »American Airlines«, »Air Berlin« und drei weitere Fluggesellschaften vor, die Sie in Abbildung 1.7 erkennen können. Die Eingabefelder und ihre Eigenschaften werden in Kapitel 4, »UI-Elemente und ihre Eigenschaften«, besprochen.

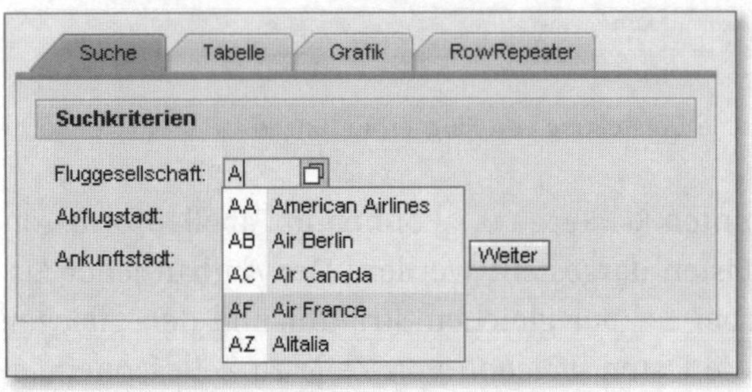

Abbildung 1.7 Eingabefeld mit Suggest-Funktionalität

[+] **Hinweis**: Einige in diesem Kapitel vorgestellte Funktionen, wie unter anderem die Suggest-Funktionalität, stehen erst ab Release 7.0 EHP2 zur Verfügung.

Tabellen in Web Dynpro

Die Darstellung von Suchergebnissen, wie im Beispiel der Suche nach Flugverbindungen, erfolgt meist in tabellarischer Form. Web Dynpro bietet hier zwei verschiedene Wege zur Einbindung von Tabellen an: die direkte Einbindung des UI-Elementes `Table` oder die Verwendung des bereits aus der Dynpro-Welt bekannten SAP List Viewers (auch als ALV bekannt). Während das Tabellenelement schnell und einfach in Web Dynpro eingebunden werden kann, bietet der List Viewer oftmals benötigte zusätzliche Funktionen wie Filterung, Sortierung oder Datenexport nach Microsoft Excel an. Die Einbindung und Entwicklung einfacher Tabellen erfolgt mithilfe der grafischen Web-Dynpro-Entwicklungsumgebung.

Im Vergleich hierzu ist die hauptsächlich im Quellcode vorzunehmende Einbindung des vom Funktionsumfang her wesentlich mächtigeren SAP List Viewers weniger komfortabel. Beachten Sie hier jedoch: Einige Tabellenfunktionen, wie beispielsweise Gruppenspalten, sind ausschließlich für einfache Tabellen verfügbar. In Abbildung 1.8 sehen Sie das Ergebnis der Suche nach den verfügbaren Flügen in einer einfachen Web-Dynpro-Tabelle mit den Gruppenspalten START und ZIEL dargestellt. In Kapitel 10, »Integration komplexer UI-Elemente und Components«, erfahren Sie mehr über die Entwicklung von Tabellen und die Möglichkeiten des SAP List Viewers.

	Start			Ziel				
Flugnummer	Abflugstadt	Startflugh.	Abflug	Ankunftstadt	Zielflugh.	Ankunftszeit	Flugdauer	Fluggesellschaft
0017	NEW YORK	JFK	11:00:00	SAN FRANCISCO	SFO	14:01:00	6:01	AA
0064	SAN FRANCISCO	SFO	09:00:00	NEW YORK	JFK	17:21:00	5:21	AA
0555	ROME	FCO	19:00:00	FRANKFURT	FRA	21:05:00	2:05	AZ
0788	ROME	FCO	12:00:00	TOKYO	TYO	08:55:00	12:55	AZ
0789	TOKYO	TYO	11:45:00	ROME	FCO	19:25:00	15:40	AZ

Abbildung 1.8 Tabellarische Darstellung von Flugverbindungen

Listen

Mithilfe des sogenannten `RowRepeater` können in Tabellenform vorliegende Daten als Listen dargestellt werden. Der Aufbau jeder Listenzeile basiert hierbei auf der gleichen Struktur und den gleichen UI-Elementen; nur die Daten weichen von Zeile zu Zeile voneinander ab. Ein praktisches Anwendungsbeispiel für den `RowRepeater` könnte die in Abbildung 1.9 dargestellte Liste von Flugverbindungen sein. Der `RowRepeater` eignet sich jedoch auch wunderbar für die Verwendung in Einkaufskörben. Die Verwendung des `RowRepeater` wird in Kapitel 3, »Container und Layouts«, ausführlich beschrieben.

Abbildung 1.9 Listendarstellung der Flugverbindungen

Mithilfe des UI-Elementes `BusinessGraphics` können Sie mit wenig Aufwand anspruchsvolle Diagramme in Web Dynpro einbinden. Zur Formatierung der Diagramme steht ein spezieller Diagrammeditor zur Verfügung. Sie können aus insgesamt 23 Diagrammtypen wählen: Es stehen unter anderem Balken-, Säulen-, Flächen-, Linien- und Kuchendiagramme zur Auswahl. Des Weiteren können Sie mit dem Editor die Diagrammfarben konfigurieren und die dargestellten Dimensionen (zwei- bzw. dreidimensional) festlegen. In Abbildung 1.10 sehen Sie als Beispiel ein zweidimensionales Säulendiagramm mit den Flugzeiten ausgewählter Flüge verschiedener Fluggesellschaften ab Frankfurt.

Diagramme

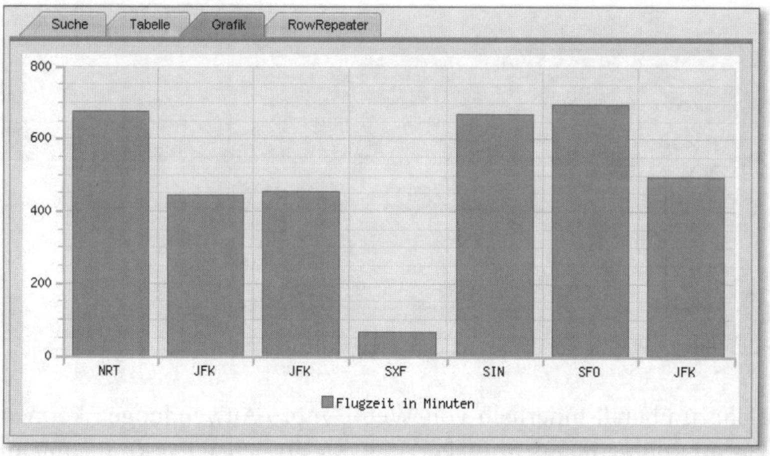

Abbildung 1.10 Säulendiagramm mit den Flugzeiten ab Frankfurt

1.3.3 Fortgeschrittene Funktionen

Nachdem Sie in Abschnitt 1.3.2 die ersten UI-Elemente kennengelernt haben, zeigen wir Ihnen nun die Message Area, Kontextmenüs, Popup-Fenster, Hotkeys und zuletzt die Drag-&-Drop-Funktionalität. Bei diesen hier vorgestellten Funktionen handelt sich um eine Auswahl von in der Praxis häufig anzutreffenden und nützlichen Funktionen.

Meldungsausgabe

Das UI-Element `MessageArea` dient der Ausgabe und Verwaltung von Meldungen. Es basiert auf dem bereits aus dem SAP GUI bekannten Meldungsprinzip, bei dem Meldungen in der Statusleiste des GUIs oder in Form einer Liste über das Anwendungsprotokoll ausgegeben werden können. Die dargestellte Message Area kann Texte aus Nachrichtenklassen ebenso wie beliebige Freitexte verarbeiten. Jede Web-Dynpro-Anwendung besitzt automatisch eine Message Area, die im Fall einer auszugebenden Meldung automatisch im oberen Bereich der Anwendung eingeblendet wird. Bei Bedarf kann die Message Area auch an einer beliebigen Stelle innerhalb der Anwendung mithilfe eines UI-Elementes platziert werden. In Abbildung 1.11 sehen Sie die Message Area in der Beispielanwendung. Mehr zur zum UI-Element `MessageArea` finden Sie in Kapitel 2, »Web-Dynpro-Architektur«, und Kapitel 4, »UI-Elemente und ihre Eigenschaften«.

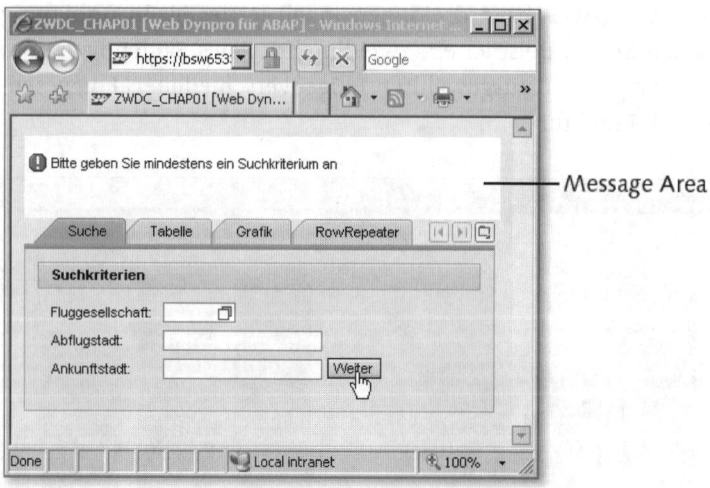

Abbildung 1.11 Fehlermeldung in der Message Area

Kontextmenüs

Nahezu überall innerhalb von Web-Dynpro-Anwendungen können Sie auf Kontextmenüs zurückgreifen. Sie erreichen das Kontextmenü über einen Klick mit der rechten Maustaste auf den entsprechenden

Bereich, wie zum Beispiel in ein Eingabefeld. Bereits von Haus aus bietet Web Dynpro ein Kontextmenü mit nützlichen Funktionen an, wie beispielsweise der Speicherung von Werten in Eingabefeldern als Standardwert. Darüber hinaus können Sie auch Ihre eigenen Kontextmenüs entwickeln. In Abbildung 1.12 sehen Sie die Beispielanwendung mit dem Kontextmenü für das Feld ABFLUGSTADT. Weitere Informationen zu den Kontextmenüs erhalten Sie in Kapitel 11, »Weiterführende Konzepte«.

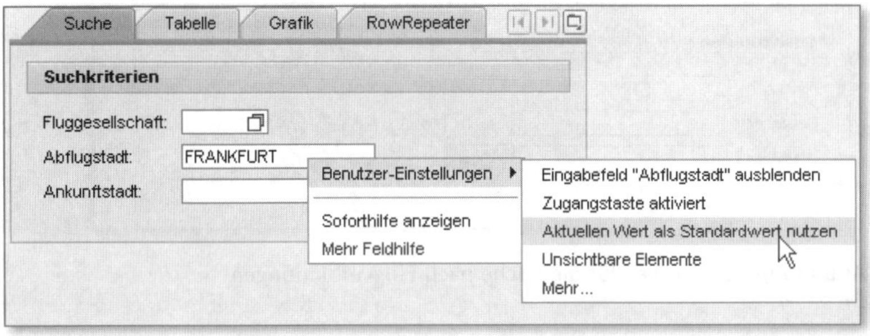

Abbildung 1.12 Kontextmenüs des Feldes »Abflugstadt«

Pop-ups

In zahlreichen Situationen bietet sich der Einsatz von Popup-Fenstern an. Angefangen bei einfachen OK/Abbrechen-Abfragen bis hin zu komplexen User Interfaces mit beliebigen UI-Elementen, sind für Popup-Fenster zahlreiche Anwendungsszenarien denkbar. Zurzeit unterstützt Web Dynpro ausschließlich modale Popup-Fenster. Solange ein solches Pop-up geöffnet ist, wird die hinter dem Pop-up liegende Ebene abgedunkelt dargestellt und für Eingaben gesperrt. In Abbildung 1.13 sehen Sie ein Beispiel für ein einfaches Informations-Popup. Die Entwicklung von Pop-ups wird in Kapitel 11, »Weiterführende Konzepte«, besprochen.

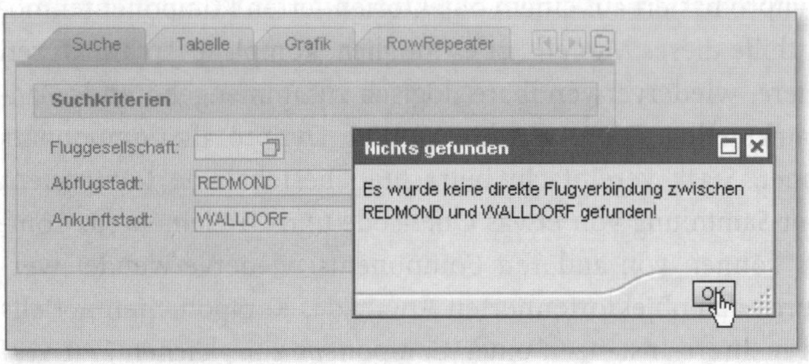

Abbildung 1.13 Einfaches Popup-Fenster

Shortcuts

Mithilfe von sogenannten Hotkeys ist es möglich, Tastenkombinationen (Shortcuts) für bestimmte Aktionen und UI-Elemente zu definieren. So wäre es beispielsweise möglich, [Strg] + [S] für die Suche nach Flugverbindungen festzulegen. Ist eine Tastenkombination für einen Button definiert, wird diese im Tooltip zum Button angezeigt. In Abbildung 1.14 sehen Sie hierzu ein Beispiel. Hotkeys werden in Kapitel 3, »Container und Layouts«, ausführlich behandelt.

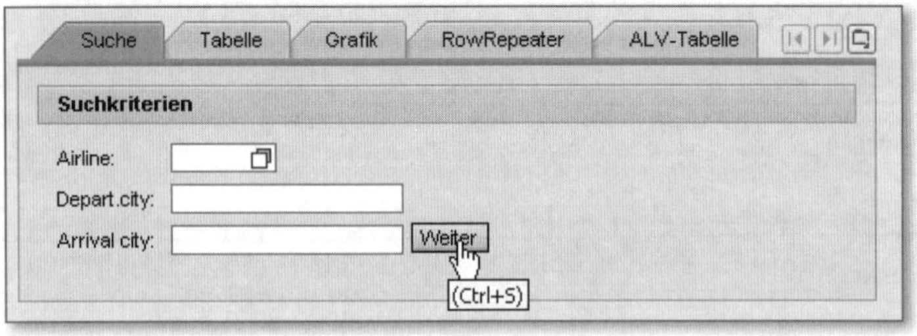

Abbildung 1.14 Hotkey für die Suche nach Flugverbindungen

Drag & Drop

Seit Release 7.0 EHP2 unterstützt Web Dynpro die Drag-&-Drop-Funktionalität. Die hierbei realisierbaren Anwendungsszenarien sind sehr vielfältig. So lässt sich Drag & Drop unter anderem innerhalb einer Tabelle, zwischen zwei Tabellen, zwischen Tabellen und anderen UI-Elementen sowie ausschließlich zwischen klassischen UI-Elementen umsetzen. Im Fall der Beispielanwendung wäre es denkbar, dass einzelne Fluggäste aus einer Liste per Drag & Drop auf die Tabelle mit den verfügbaren Flugverbindungen gezogen werden. Drag & Drop wird in Kapitel 5, »Drag & Drop für UI-Elemente«, detailliert behandelt.

1.3.4 Wiederverwendung von Web-Dynpro-Elementen

Web Dynpro basiert auf einem objektorientierten Komponentenmodell. Mithilfe dieses Modells ist es möglich, komplexe Architekturen in kleinere, wiederverwendbare, logisch zusammengehörende Bausteine aufzuteilen. Diese werden in Web Dynpro als Components bezeichnet. Stark vereinfacht betrachtet, besteht eine Component aus einer Sammlung von etwas Quellcode und UI-Elementen. Components können von anderen Components wiederverwendet werden. Durch den objektorientierten Ansatz des Komponentenmodells können mehrere Instanzen einer Component zur gleichen Zeit verwendet werden.

Komponentenbasierte Architektur

Abbildung 1.15 gibt Ihnen ein Beispiel für eine komplexe Web-Dynpro-Architektur mit mehreren Components. Es handelt sich um eine auf Web Dynpro basierende Flughafenverwaltung, die in unserem Beispiel für die Verwaltung von Flugverbindungen und des Personals eingesetzt wird. Die Verwaltung wird durch eine startbare, zentrale Web-Dynpro-Component abgebildet (siehe oberste Reihe). Über entsprechende Schnittstellen kann die zentrale Component die Components zur Verwaltung der Flugverbindungen und des Personals verwenden (siehe zweite Reihe). Diese beiden Components greifen nun wiederum auf weitere Components zurück: So verwendet die Flugverbindungs-Component eine Component zur Verwaltung der Fluggäste, während die Personalverwaltungs-Component eine Component zur Verwaltung der Mitarbeiter einsetzt (siehe dritte Reihe). Letztendlich verwenden diese beiden Components eine zentrale Adress-Component zur Pflege und Anzeige der Adressdaten sowohl von Fluggästen als auch von Mitarbeitern (siehe unterste Reihe).

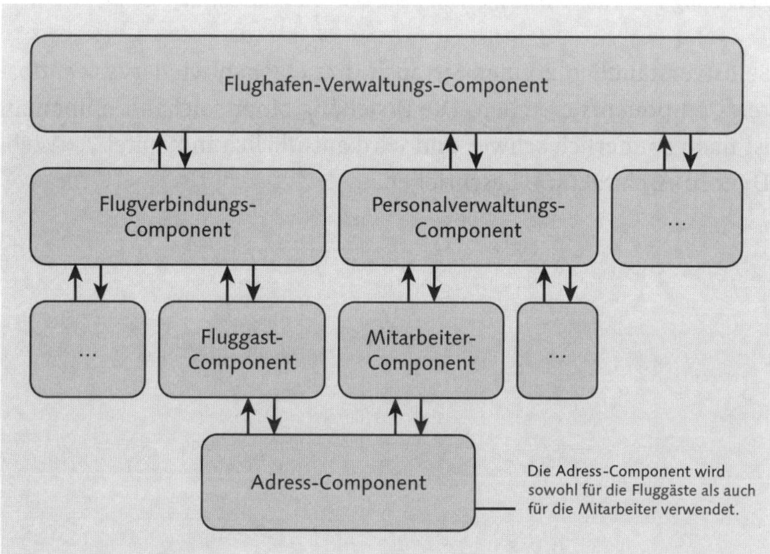

Abbildung 1.15 Beispiel für eine komplexe Web-Dynpro-Systemarchitektur

Standard-Components

SAP liefert mit Web Dynpro bereits eine Vielzahl an wiederverwendbaren Components aus. Die hierbei bekannteste dürfte der bereits in Abschnitt 1.3.2, »UI-Elemente«, vorgestellte SAP List Viewer zur Aufbereitung und Darstellung von tabellarischen Daten sein (siehe

Abbildung 1.16). Darüber hinaus wird eine SELECT-OPTIONS-Component zur Realisierung von einfachen Selektionsbildern angeboten. Neben einigen weiteren, hier nicht aufgelisteten wiederverwendbaren Components können Sie auf Hunderte von Test-Components zur Präsentation der einzelnen Web-Dynpro-Funktionen zurückgreifen.

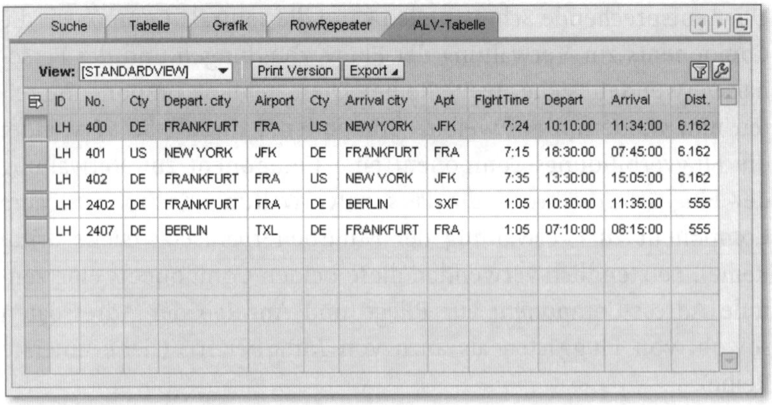

Abbildung 1.16 Flugverbindungen mithilfe einer ALV-Tabelle dargestellt

Selbstverständlich können Sie auch Ihre eigenen wiederverwendbaren Components erstellen. Die Erstellung einer solchen Component ist nicht sonderlich schwer und wird ausführlich in Kapitel 2, »Web-Dynpro-Architektur«, beschrieben.

Für die Entwicklung von professionellen Web-Dynpro-Anwendungen ist fundiertes Wissen über die Web-Dynpro-Architektur unerlässlich. Dieses Kapitel vermittelt Ihnen diese Architektur und alle hierfür benötigten Grundlagen.

2 Web-Dynpro-Architektur

Nachdem in Kapitel 1, »Schnelleinstieg in Web Dynpro«, die Grundlagen für die Entwicklung von Benutzeroberflächen besprochen wurden, behandelt dieses Kapitel die Grundlagen der Web-Dynpro-Entwicklung und die Architektur von Anwendungen in Web Dynpro. Es ist dabei soweit wie möglich gestaltet und strukturiert, dass einzelne Abschnitte des Kapitels unabhängig von vorausgehenden Abschnitten gelesen werden können.

Merkmale der Web-Dynpro-Technologie

Zum Einstieg betrachten wir die Eigenschaften der Web-Dynpro-Architektur einmal genauer. Gegenüber der klassischen Dynpro-Architektur zeichnet sie sich vor allem durch die folgenden Punkte aus:

- **Umsetzung des MVC-Architekturmusters (Model-View-Controller)**
  Web-Dynpro-Anwendungen sind nach dem MVC-Architekturmuster strukturiert. Je nach konkreter Implementierung kann man hierbei zwischen verschiedenen Varianten wählen (siehe Abschnitt 1.2.2).
- **Objektorientierter Entwicklungsansatz**
  Im Gegensatz zu klassischen Dynpros basieren Web-Dynpro-Anwendungen vollständig auf einem modernen, objektorientierten Programmiermodell. Dieses erleichtert den Einstieg in die Web-Dynpro-Welt und stellt eine deutlich klarere Strukturierung der Benutzeroberflächen sicher.
- **Einheitliches Metamodell für alle Arten von Benutzeroberflächen**
  Das Web-Dynpro-Metamodell beschreibt die Eigenschaften von UI-Elementen nach einem einheitlichen Ansatz. Dadurch wird eine einfache Adaption sichergestellt.

- **Dynamische Modifikation der Benutzeroberfläche**
  Web-Dynpro-Benutzeroberflächen können über ihr Metamodell während der Laufzeit sehr einfach modifiziert werden. Im Vergleich zu klassischen Dynpros ist zum Beispiel die Generierung von neuen UI-Elementen während der Laufzeit leicht durch die Erzeugung neuer Objekte möglich.
- **Ausführung auf einer Vielzahl von Client-Plattformen**
  Prinzipiell sind Web-Dynpro-Anwendungen in jedem beliebigen Webbrowser auf jedem beliebigen Betriebssystem lauffähig. Freigegeben sind Web-Dynpro-Anwendungen von SAP offiziell jedoch nur für den Microsoft Internet Explorer und den Mozilla Firefox. Für eine größtmögliche Kompatibilität und Darstellungstreue empfehlen wir Ihnen die Verwendung des Internet Explorers.

2.1 Entwicklungsumgebung

Bevor wir uns im Detail mit der Architektur des Web-Dynpro-Frameworks beschäftigen, erläutert dieser Abschnitt die Web-Dynpro-Entwicklungsumgebung und deren Assistenten. Dazu beschreiben wir zuerst die Entwicklungsumgebung, den sogenannten Web Dynpro Explorer. Anschließend stellen wir Ihnen die Assistenten vor, den Code- und den Template-Wizard. Mithilfe des Code-Wizards können Sie sich mit wenigen Mausklicks den Quellcode für typische Web-Dynpro-Aufgaben generieren lassen. Zum Abschluss wird der Template-Wizard dargestellt, der im Gegensatz zum Code-Wizard zur Generierung von Formularen oder Tabellen verwendet wird.

Falls Sie die Entwicklungsumgebung bereits kennen oder direkt in die Web-Dynpro-Architektur einsteigen möchten, empfehlen wir Ihnen, den folgenden Abschnitt 2.1.1 zu lesen und anschließend mit Abschnitt 2.2, »Components und Anwendungen«, fortzufahren.

2.1.1 Web Dynpro Explorer

Entwicklungsumgebung

Die Web-Dynpro-Entwicklungsumgebung, der Web Dynpro Explorer, ist vollständig in die ABAP Workbench integriert. Der Explorer kann über Transaktion SE80 oder über das SAP-Menü unter Werkzeuge • ABAP Workbench • Übersicht • Object Navigator gestartet werden. Dort finden Sie ihn in der Objektlistenauswahl des Repository Browsers unter dem Eintrag WEB DYNPRO COMP./INTF. Abbildung 2.1 zeigt Ihnen den Web Dynpro Explorer mit der Component aus Kapitel 1, »Schnelleinstieg in Web Dynpro«.

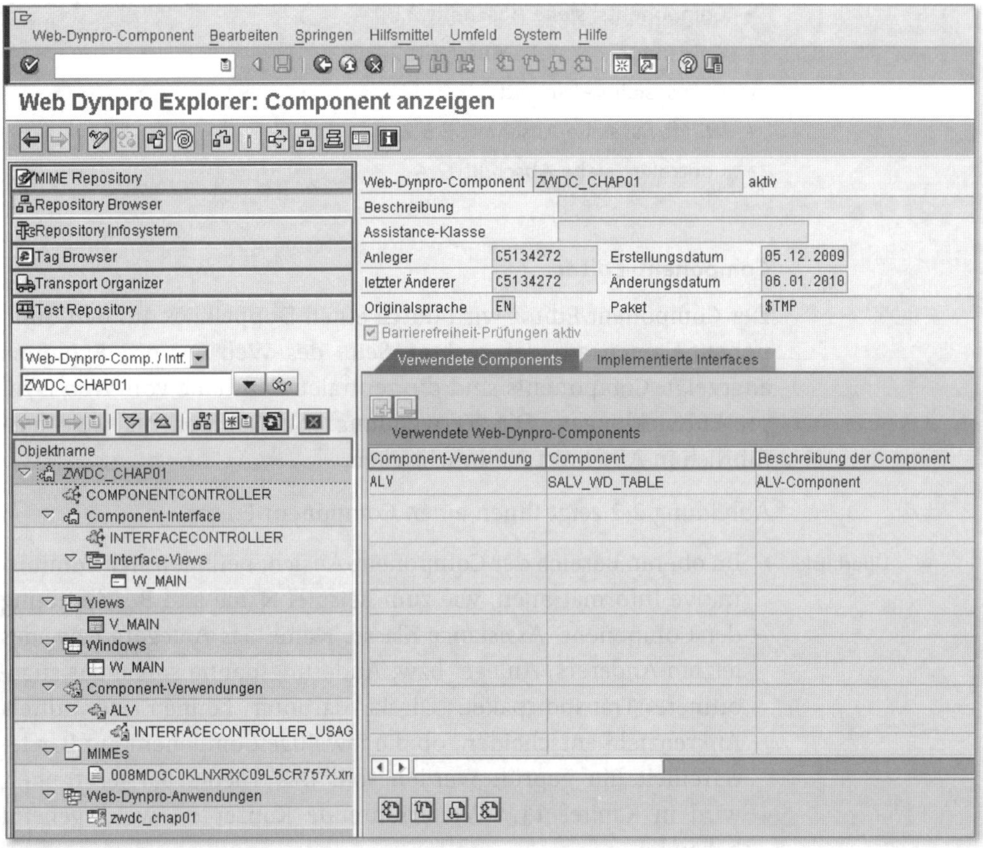

Abbildung 2.1 Web Dynpro Explorer

Der Web Dynpro Explorer ist der Ausgangspunkt für jegliche Entwicklungen. Für die Anlage neuer Components, die zentralen Web-Dynpro-Bausteine, geben Sie einen neuen Namen in den Auswahldialog der Objektliste ein und klicken auf die ANZEIGEN-Schaltfläche. Nach Abschluss des nun folgenden Anlegeprozesses können Sie die neue Component und ihre Objekte mit dem Web Dynpro Explorer bearbeiten. Er stellt Werkzeuge für die Bearbeitung von Components, Anwendungen, Controllern, Views und Windows bereit.

Alle Werkzeuge

[+] **Hinweis**: In den folgenden Abschnitten werden die Werkzeuge des Web Dynpro Explorers vorgestellt. Dabei wird auf eine fachliche Besprechung der mit den Werkzeugen bearbeiteten Entwicklungsobjekte bewusst verzichtet. Wenn Sie objektbezogen nach dem passenden Web-Dynpro-Entwicklungsobjekt suchen, hilft Ihnen folgender Wegweiser:

- Components: siehe Abschnitt 2.2.1
- Anwendungen: siehe Abschnitt 2.2.2
- Views: siehe Abschnitt 2.3.1
- Windows: siehe Abschnitt 2.3.2
- Controller: siehe Abschnitt 2.4

Component-Editor

Der Component-Editor wird durch einen Doppelklick auf den Component-Namen auf der rechten Seite des Web Dynpro Explorers angezeigt. Components sind die zentralen Bausteine von Web-Dynpro-Entwicklungen. Die Verwendung von Components wird ausführlich in Abschnitt 2.2 beschrieben.

Abbildung 2.2 zeigt Ihnen einen Component-Editor.

Überblick

- Im oberen Bereich der Component-Ansicht befinden sich administrative Informationen, wie zum Beispiel Name und Beschreibung der Component, Assistance-Klasse, Name des Anlegers bzw. des letzten Änderers, Anlege- bzw. Änderungsdatum sowie das zugeordnete Transportpaket. Direkt darunter können Sie mittels Ankreuzfeld entscheiden, ob die jeweilige Component auf Barrierefreiheit hin geprüft werden soll. Das Thema Barrierefreiheit wird in Kapitel 11, »Weiterführende Konzepte«, weitergehend behandelt.
- Der untere Bereich der Component-Ansicht, die Registerkarte Verwendete Components, dient zur Deklaration von Component-Verwendungen. Mit deren Hilfe können Sie beliebig viele andere Components in eine Component einbinden. Die Deklaration von Component-Verwendungen ist Grundvoraussetzung für Multi-Component-Architekturen, die in Abschnitt 2.7 besprochen werden.
- Auf der Registerkarte Implementierte Interfaces können vorhandene Component-Interfaces zur Verwendung in der aktuellen Component eingetragen werden. Component-Interfaces sind Gegenstand von Abschnitt 2.7.5.

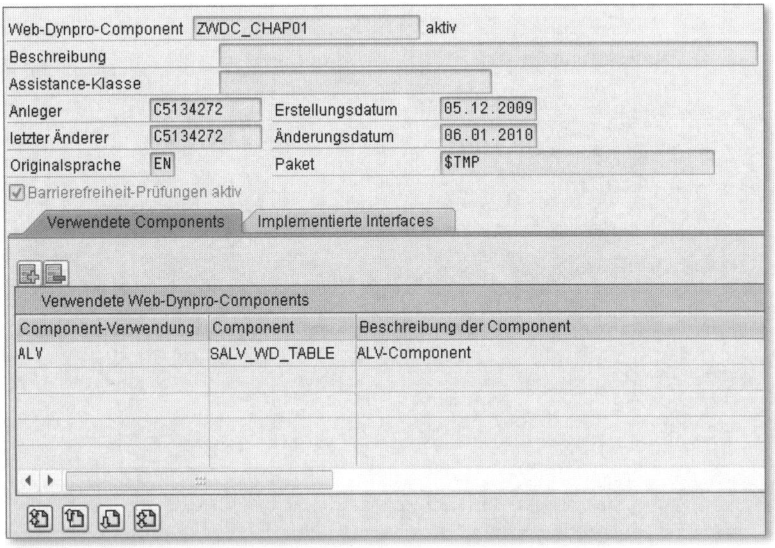

Abbildung 2.2 Component-Editor

Anwendungseditor

Einstiegspunkt

Anwendungen werden für die Anzeige von Windows und Views im Webbrowser benötigt. Sie stellen die »Einstiegspunkte« in Components dar. Mithilfe des Anwendungseditors, den Sie durch Neuanlage einer Anwendung oder durch einen Doppelklick auf eine Anwendung aufrufen, können Sie eine Anwendung bearbeiten. Ein Anwendungsname muss innerhalb eines Systems immer eindeutig sein. In Abschnitt 2.2.2 werden Anwendungen fachlich besprochen.

Abbildung 2.3 zeigt den Anwendungseditor. Der Anwendungseditor besteht aus den Registerkarten EIGENSCHAFTEN und PARAMETER:

- **Eigenschaften**
  Die Registerkarte EIGENSCHAFTEN beinhaltet unter anderem die BESCHREIBUNG der Anwendung, die standardmäßig als Browser-Titel verwendet wird. Direkt darunter beschreiben die Felder COMPONENT, INTERFACE-VIEW und PLUG-NAME die Einstiegspunkte in die Component. Darüber hinaus können Sie noch einstellen, ob der Meldungsbereich immer oder nur bei vorhandenen Meldungen angezeigt werden soll. Zuletzt befinden sich in der Gruppe VERWALTUNGSDATEN administrative Daten der Anwendung.

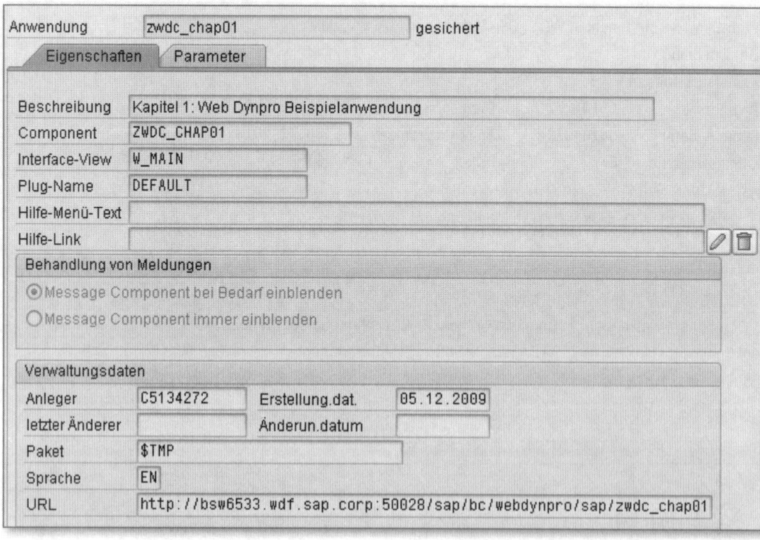

Abbildung 2.3 Anwendungseditor

- **Parameter**

  Auf der Registerkarte PARAMETER können Sie, vergleichbar mit den Parametern in der Benutzerpflege, Ihre eigenen oder die von SAP bereitgestellten Anwendungsparameter setzen. Diese können anschließend beim Start der Anwendung vom Benutzer an die URL angehängt und in der Inbound-Plug-Behandlermethode des Windows als Importparameter ausgewertet werden.

  Die Werte der Parameter können auch statisch auf der Registerkarte gesetzt werden. Es ist auch möglich, beide Arten miteinander zu kombinieren. In diesem Fall gelten die statisch definierten Parameter so lange, wie sie nicht von den URL-Parametern überschrieben werden.

  Für Web Dynpro existiert inzwischen eine Vielzahl von vordefinierten Anwendungsparametern, die in Anhang A, »Anwendungsparameter und URL-Parameter«, aufgelistet sind.

Test

Sie können Anwendungen über den Menüpunkt TESTEN aus dem Kontextmenü der Anwendung (in der Objektliste der Component) starten. Alternativ können Sie auch den Button TESTEN/AUSFÜHREN in der Toolbar der Anwendung zum Start anklicken oder die URL aus der Gruppe VERWALTUNGSDATEN direkt in die Adresszeile des Webbrowsers kopieren.

Controller-Editoren

Web Dynpro unterscheidet zwischen insgesamt fünf verschiedenen Controllern: Component-, Interface-, Custom-, View- und Window-Controller. Alle Controller besitzen einen Context sowie eine Anzahl an Attributen, Ereignissen und Methoden. Der View-Controller verfügt zusätzlich noch über Aktionen. Controller basieren auf einem objektorientierten Ansatz und sind mit Klassen vergleichbar. Die zugehörigen Controller-Editoren sind direkt in die jeweiligen Objekte integriert.

Die fachliche Besprechung der Controller finden Sie in Abschnitt 2.4. Abbildung 2.4 zeigt Ihnen als Beispiel einen Component-Controller.

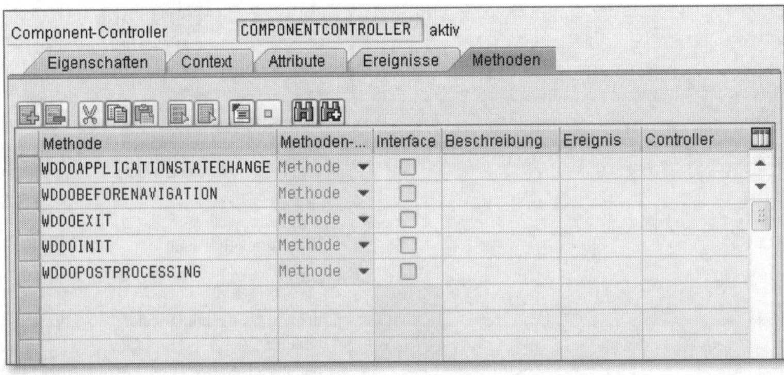

Abbildung 2.4 Component-Controller

View-Editor

Der View-Editor dient hauptsächlich zur Bearbeitung von UI-Elementen, den zentralen Bausteinen von Web-Dynpro-Anwendungen. Er besteht aus der Registerkarte EIGENSCHAFTEN, dem Layout-Editor sowie den Controller-Bestandteilen für die Plugs, den Context, die Attribute, Aktionen und Methoden. Die fachliche Besprechung von Views finden Sie in Abschnitt 2.3.1, ebenso wie eine Anleitung zur Verwendung des Layout-Editors. In Abschnitt 2.4.1, »Controller-Typen«, erfahren Sie mehr über die Verwendung des View-Controllers.

UI-Elemente bearbeiten

In Abbildung 2.5 sehen Sie die Registerkarte LAYOUT des View-Editors. Diese zeigt die zur Designzeit statisch definierten UI-Elemente in einer Vorschau an. Im rechten Bereich sehen Sie die UI-Element-Hierarchie, in der Sie die Eigenschaften der UI-Elemente bearbeiten können. Auf der Registerkarte EIGENSCHAFTEN befinden sich die administrativen Daten des jeweiligen Views. Darüber hinaus können Sie dort die View-Lebensdauer einstellen und Controller-Verwendungen eintragen. Informationen zur View-Lebensdauer finden Sie im Abschnitt »View-Eigenschaften« in Kapitel 2.3.1. Controller-Verwendungen werden in Abschnitt 2.4.5, »Verwendung und Sichtbarkeit«, erklärt.

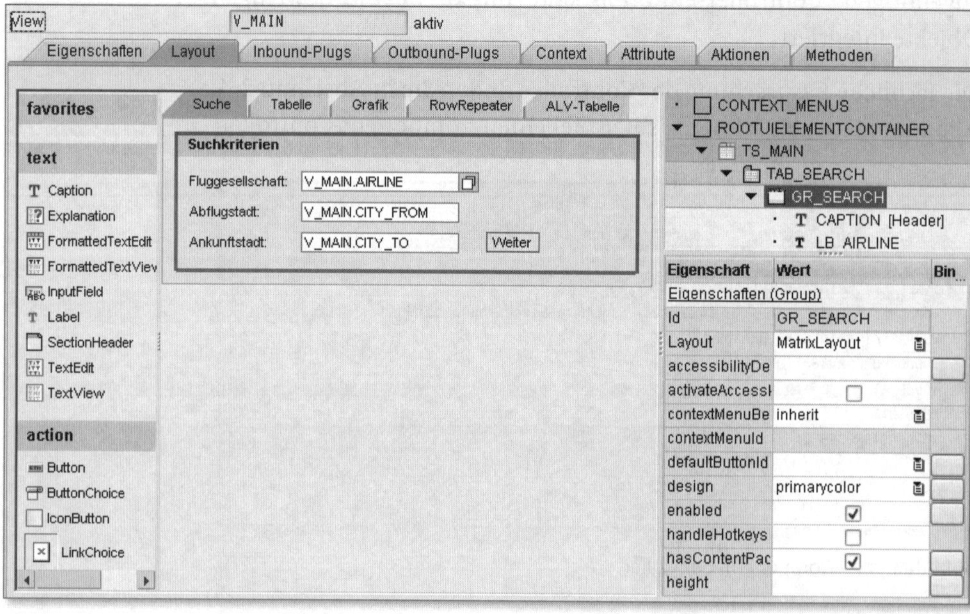

Abbildung 2.5 Registerkarte »Layout« im View-Editor

Window-Editor

Integration und Navigation

Windows integrieren Views und ermöglichen die Navigation zwischen diesen. Sie werden in Abschnitt 2.3.2, »Windows und Plugs«, ausführlich erläutert. Abbildung 2.6 zeigt Ihnen den Window-Editor mit einem Beispiel für die Struktur eines einfachen Windows mit ALV-Tabelle.

Der Aufbau des Window-Editors gleicht bis auf zwei Ausnahmen dem des View-Editors. Anstelle des Layout-Editors verfügen Windows über einen Editor zur Bearbeitung der Window-Struktur und der Navigationslinks. Des Weiteren kann ein Window durch Ankreuzen von INTERFACE auf der Registerkarte EIGENSCHAFTEN in das Component-Interface aufgenommen werden.

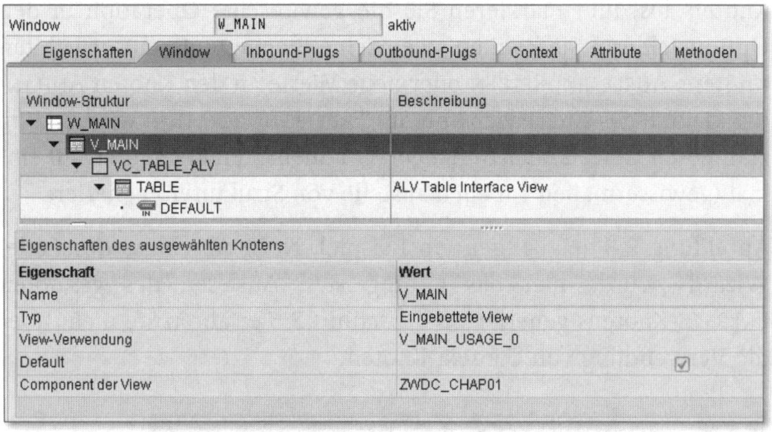

Abbildung 2.6 Window-Editor

2.1.2 Web-Dynpro-Code-Wizard

Automatisierung

Mithilfe des Web-Dynpro-Code-Wizards können Sie das Coding für häufig benötigte Aufgaben in Web Dynpro generieren lassen. Sie können den Code-Wizard im Bearbeitungsmodus von Controller-Methoden durch einen Klick auf den zugehörigen Toolbar-Button (siehe Abbildung 2.7) oder durch Drücken der Tastenkombination [Strg] + [F7] starten. Anschließend öffnet sich der Wizard in einem Popup-Fenster. Nach Abschluss des Code-Wizards durch einen Klick auf das grüne Häkchen wird das vom Wizard generierte Coding an der Position des Cursors im Coding eingefügt.

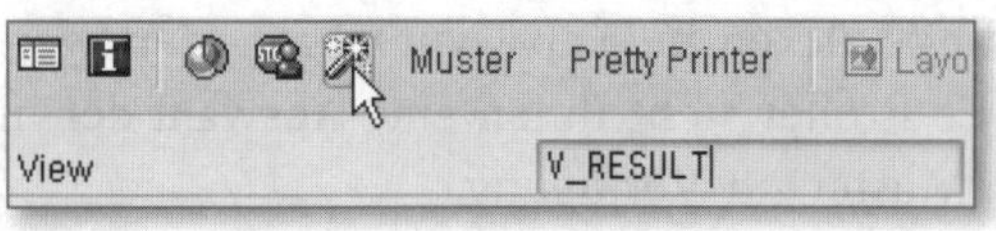

Abbildung 2.7 Starten des Web-Dynpro-Code-Wizards

[+]

> **Hinweis**: Ein Teil der in diesem Abschnitt vorgestellten Funktionalität, insbesondere die Context-Funktionen des Wizards, ist erst ab Release 7.0 EHP1 verfügbar.

Context-Funktionen

Über die Registerkarte CONTEXT können Sie Coding zum Lesen und Bearbeiten von Context-Knoten generieren lassen. Wählen Sie dazu über die Wertehilfe des Feldes KNOTEN/ATTRIBUT den gewünschten

Knoten aus, und markieren Sie die gewünschte Operation in den Optionsfeldern. Sie können so einzelne Elemente des ausgewählten Knotens AUSLESEN, SETZEN oder neue Werte an den Knoten ANHÄNGEN. Durch das Ankreuzen von ALS TABELLENOPERATION wird Coding zum Lesen, Setzen oder Anhängen von mehreren Elementen auf einmal (gewissermaßen Tabellen anstelle von Strukturen) generiert.

Abbildung 2.8 zeigt Ihnen ein Beispiel. Nach Abschluss des Code-Wizards würde hier das Coding zum Auslesen des gesamten `FLIGHTS`-Knotens generiert. In Abschnitt 2.5 erfahren Sie mehr über die Verwendung von Context-Knoten.

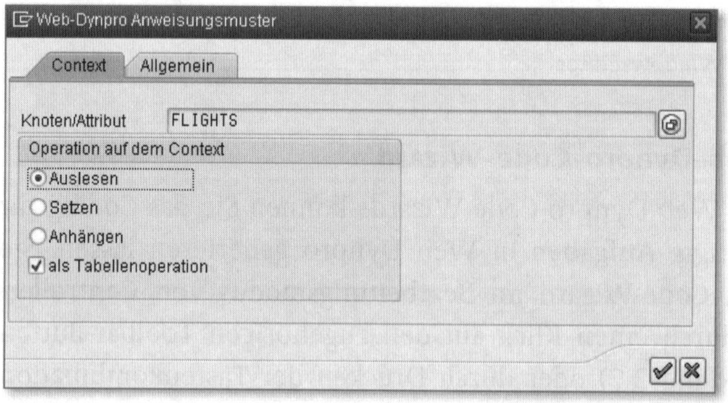

Abbildung 2.8 Code-Wizard – Auslesen des Context-Knotens FLIGHTS

Allgemeine Wizard-Funktionen

Verschiedene Muster

Über die Muster auf der Registerkarte ALLGEMEIN kann eine Vielzahl von gebräuchlichen Coding-Stücken in Web Dynpro generiert werden. Je nach aktuellem Controller steht Ihnen eine Auswahl der in Tabelle 2.1 vorgestellten Muster zur Verfügung.

Coding-Stück	Verfügbarkeit
Methodenaufruf im aktuellen Controller: Generiert das Coding für den Aufruf einer Methode im aktuellen Controller.	Überall
Methodenaufruf im verwendeten Controller: Wird zum Aufruf von Methoden aus fremden Controllern verwendet. Dies kann ein Controller der eigenen Component (zum Beispiel Component-, Custom- oder Interface-Controller) oder der Interface-Controller aus einer fremden Component sein.	Überall

Tabelle 2.1 Liste der allgemeinen Code-Wizard-Muster

Coding-Stück	Verfügbarkeit
Beachten Sie hierbei: Damit Methoden aus fremden Controllern aufgerufen werden können, müssen die fremden Controller auf der Registerkarte EIGENSCHAFTEN des aktuellen Controllers eingetragen worden sein.	
Verwendete Component instanzieren: Instanziert fremde Components. Bevor Sie eine in den Component-Verwendungen Ihrer Component eingetragene Component einsetzen können, muss diese instanziert werden. Anschließend können Sie auf die Component und auf deren Interface-Controller zugreifen. Über die F4-Hilfe werden Ihnen alle Components angeboten, für die eine Verwendung eingetragen wurde. Component-Verwendungen werden in Abschnitt 2.7.1 besprochen.	Überall
Meldung erzeugen: Generiert das Coding zur Ausgabe von Meldungen mithilfe des Message Managers.	Überall
Textsymbol-Zugriff: Die Verwendung des Textsymbol-Zugriffs wird für das Auslesen von Textsymbolen aus der Assistance-Klasse verwendet.	Überall
Popup erzeugen: Mithilfe dieser Funktion können Sie aus einem verwendeten Window heraus ein Dialogfenster erzeugen. Das Window kann Teil der eigenen, aber auch der verwendeten Component sein. Das Erzeugen von Pop-ups wird in Abschnitt 11.1, »Popup-Fenster«, ausführlich vorgestellt.	Überall
Personalisierung: Mithilfe der Methoden des Interface `IF_WD_PERSONALIZATION` können Sie Ihre Web-Dynpro-Anwendungen personalisieren. Weitere Informationen zur Personalisierung finden Sie in Kapitel 9, »Erweiterung, Konfiguration, Customizing und Personalisierung«.	Überall
Navigation anstoßen: Ruft eine Outbound-Plug-Methode zum Anstoßen einer View-Navigation auf. Diese Funktionalität steht nur für Controller mit Plugs (View- und Window-Controller) zur Verfügung. Die Navigation mithilfe von Plugs wird in Abschnitt 2.3.2, »Windows und Plugs«, behandelt.	View- sowie Window-Controller
Portalintegration: Bindet eine Web-Dynpro-Anwendung in das SAP NetWeaver Portal ein. Mithilfe der vom Interface IF_WD_PORTAL_INTEGRATION angebotenen Funktionen ist eine Interaktion mit den Portalkomponenten möglich.	View- sowie Component-Controller

Tabelle 2.1 Liste der allgemeinen Code-Wizard-Muster (Forts.)

Coding-Stück	Verfügbarkeit
Ereignis auslösen: Fügt eine Methode zur Auslösung von Ereignissen im Component-, Custom oder Interface-Controller ein.	Component- und Custom-Controller

Tabelle 2.1 Liste der allgemeinen Code-Wizard-Muster (Forts.)

2.1.3 Template Gallery

Komplexere Vorlagen

Neben der Generierung von Coding bietet Ihnen der Web-Dynpro-Code-Wizard auch die Generierung von komplexeren View-Layouts an. Klicken Sie hierzu, während Sie sich auf der Registerkarte LAYOUT des View-Editors befinden, auf das Code-Wizard-Symbol (siehe Abbildung 2.7). Es öffnet sich ein Popup-Fenster, in dem Sie die Auswahl zwischen den folgenden Vorlagen haben:

- **Dynpro**
  Erzeugt ein Layout nach Vorlage eines bereits bestehenden Dynpros. Nach Auswahl von DYNPRO müssen Sie im Folge-Popup das zugrunde liegende PROGRAMM und DYNPRO auswählen. Nach Bestätigung der Auswahl werden die benötigten UI-Elemente ins View-Layout generiert. Beachten Sie hierbei jedoch, dass die in diesem Layout generierten UI-Elemente immer nur eine Annäherung an das Original-Dynpro darstellen und somit in der Regel manuelle Nacharbeit erforderlich ist.
- **Form**
  Erstellt aus den Attributen eines Knotens ein Formular. Nach Auswahl von FORM im Einstiegsbildschirm können Sie im folgenden Pop-up den zugrunde liegenden Knoten auswählen. Anschließend haben Sie in der darunter angezeigten Tabelle die Möglichkeit, die zu generierenden Formularelemente zu selektieren und den Zelleneditor (Eingabefeld, Ankreuzfeld etc.) einzustellen. Nach Bestätigung der Eingaben wird das Formular generiert und im Layout-Editor angezeigt.

  Abbildung 2.9 zeigt Ihnen hierzu ein Beispiel. Bereits vorab wurde hier ein Knoten mit den Attributen `AIRLINE`, `CITY_FROM` und `CITY_TO` ausgewählt. An den drei Häkchen in der Spalte BINDING ist erkennbar, dass alle Attribute in das Formular übernommen werden sollen. Für die Fluggesellschaft wurde eine Dropdown-Liste ausgewählt. Die Knotenattribute werden im Fall der

Dropdown-Liste an die Eigenschaft `texts` und im Fall des Eingabefeldes an die Eigenschaft `value` gebunden.

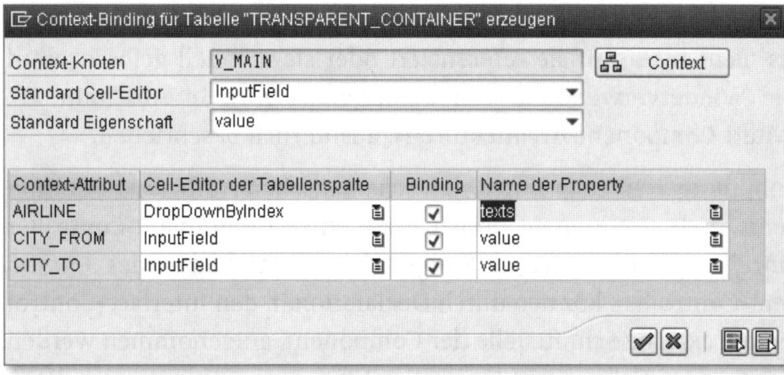

Abbildung 2.9 Formulargenerierung – Auswahl der Attribute

- **Table-Wizard**
  Der Table-Wizard generiert die UI-Elemente für Tabellen auf der Basis eines Knotens. Die Verwendung des Table-Wizards gleicht der Bedienung des Form-Wizards. Anstelle eines Formulars wird jedoch nach Abschluss des Wizards eine Tabelle generiert.

2.2 Components und Anwendungen

In diesem Abschnitt lernen Sie Web-Dynpro-Components und Web-Dynpro-Anwendungen kennen. Diese stellen die Grundlage der gesamten Web-Dynpro-Architektur dar. Übertragen aus der klassischen Dynpro-Welt könnte man eine dortige Funktionsgruppe als Component und eine Transaktion als Anwendung bezeichnen.

2.2.1 Components

Components sind die zentralen Bausteine von Web Dynpro. Sie gruppieren logisch zusammengehörende Web-Dynpro-Objekte und Abläufe. Zu den Components gehören vor allem die in diesem Kapitel erläuterten Controller, Windows, Views und Web-Dynpro-Anwendungen. Aus dem Blickwinkel des MVC-Architekturmusters betrachtet, bestehen sie, vereinfacht ausgedrückt, aus einer Menge von Views und Controllern. **Zentrale Bausteine**

Components sind wiederverwendbar und können somit von anderen Components benutzt und über ihre Schnittstellen angesprochen werden. Ihre Lebensdauer hängt von ihrem Aufrufer ab. Wurde eine Component von einer anderen Component erzeugt, lebt sie so lange, bis nicht mehr auf sie referenziert oder sie manuell gelöscht wird. Die Wiederverwendung von Components wird in Abschnitt 2.7, »Multi-Component-Architekturen«, ausführlich beschrieben.

Aufbau von Components

Abbildung 2.10 zeigt Ihnen den schematischen Aufbau von Components. Jede Component besitzt exakt einen Component-Controller. Einzelne Context-Knoten, Ereignisse und Methoden des Component-Controllers können durch Deklaration in den Interface-Controller, die externe Schnittstelle der Component, aufgenommen werden. Neben dem Component-Controller kann eine Component beliebig viele Custom-Controller besitzen. Diese bieten gleiche Funktionalität wie Component-Controller, können jedoch nicht ins Interface der Component aufgenommen werden. Darüber hinaus besitzt eine Component in der Regel ein oder mehrere Windows mit je mindestens einem darin eingebetteten View. Windows und die darin enthaltenen Views können als Interface-Views von anderen Components wiederverwendet werden.

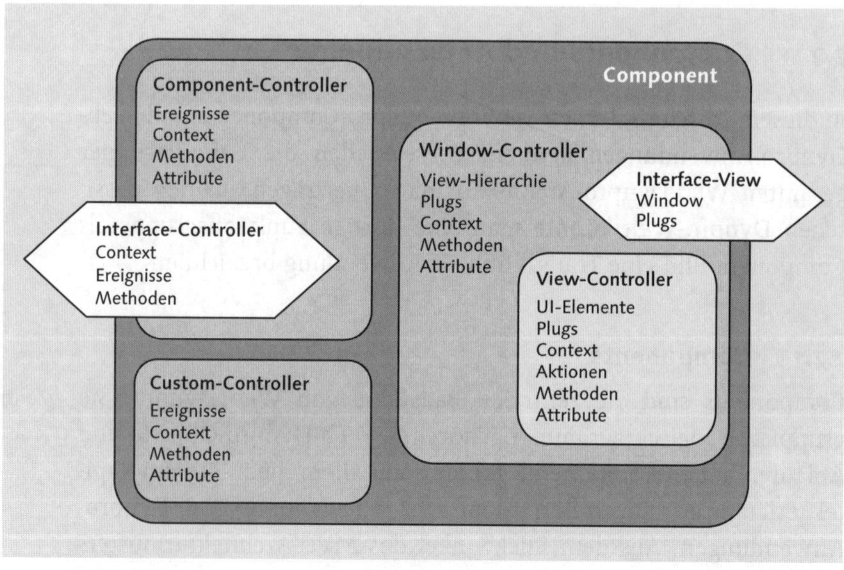

Abbildung 2.10 Aufbau von Components

2.2.2 Anwendungen

Web-Dynpro-Anwendungen

In Web Dynpro dürfen Components nicht mit den Web-Dynpro-Anwendungen (englisch: Applications) verwechselt werden. Web-Dynpro-Anwendungen stellen Einstiegspunkte in Components dar. Vereinfacht gesagt, besteht eine Web-Dynpro-Anwendung lediglich aus einer vom Webbrowser aufrufbaren Serveradresse, die intern mit dem aufzurufenden View der betreffenden Component verknüpft ist. Daher hat die Web-Dynpro-Anwendung nichts mit der üblichen Bedeutung des Begriffs Anwendung im Windows-Umfeld (z. B. »Word«) gemeinsam.

2.2.3 Zusammenhang zwischen Components und Anwendungen

Abbildung 2.11 verdeutlicht den Zusammenhang zwischen Components und Anwendungen am Beispiel eines Flughafens. Über einen Webbrowser kann ein Flughafenmitarbeiter die Anwendung `Administration` starten, die den View `Übersicht` zur Anzeige lädt. Über die Component `Flugverbindungen` kann `Administration` nun auf eine bearbeitbare `Liste` der Flugverbindungen zugreifen, etwa um Änderungen am Flugplan vorzunehmen. Ein direkter Einstieg in die Component `Flugverbindungen` ist nicht möglich, da sie keine Anwendung als Einstiegspunkt besitzt. Dafür können jedoch beliebig viele andere Components, wie beispielsweise die Component `Buchung`, auf die von `Flugverbindungen` bereitgestellten Views und Daten zugreifen.

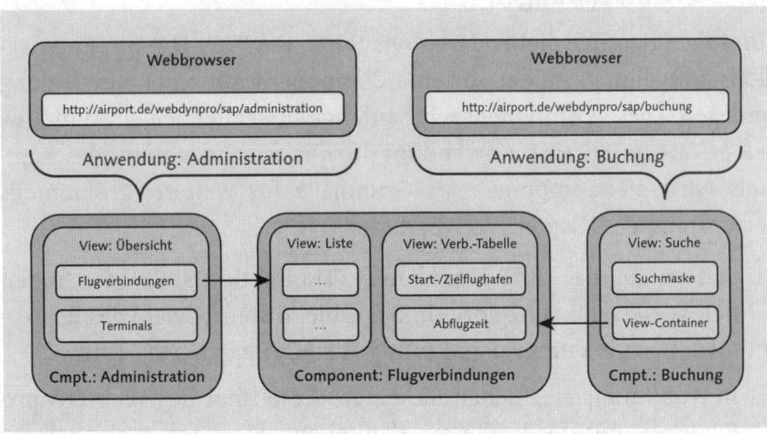

Abbildung 2.11 Web-Dynpro-Anwendungen (vereinfachte Darstellung)

2.2.4 Anwendung – Dynamische Änderung des Browser-Titels

Standardmäßig verwendet Web Dynpro die in einer Anwendung gepflegte Beschreibung als Browser-Titel. Sie können den Titel jedoch auch dynamisch zur Laufzeit anpassen. Hierzu müssen Sie sich über die Web-Dynpro-API, auf die Sie über den Component-Controller zugreifen können, eine Referenz auf die Component und anschließend auf die Anwendung besorgen. Listing 2.1 zeigt Ihnen hierzu ein Beispiel.

```
DATA: lo_wd_api          TYPE REF TO if_wd_component,
      lo_wd_component    TYPE REF TO if_wd_component,
      lo_wd_application  TYPE REF TO if_wd_application.

lo_wd_api = wd_this->wd_get_api( ).
lo_wd_component = lo_wd_api->get_component( ).

lo_wd_application = lo_wd_api->get_application( ).
lo_wd_application->set_window_title( 'Dynamischer Titel' ).
```

Listing 2.1 Dynamische Änderung des Browser-Titels

Durch Abänderung der Zeile `wd_this->wd_get_api( )` in `wd_comp_controller->wd_get_api( )` können Sie auch aus anderen Controllern als dem Component-Controller heraus den Browser-Titel ändern.

2.2.5 Schritt für Schritt: Anlegen von Components und Anwendungen

Im folgenden Beispiel erklären wir Ihnen die Web-Dynpro-Entwicklungsumgebung, indem wir eine Component mit einer Anwendung anlegen. Diese Component wird anfangs ausschließlich ein Window, einen View und eine Anwendung beinhalten. Im Verlauf des Kapitels wird die Component als Grundlage für weitere, größtenteils eigenständige Beispiele verwendet.

Web Dynpro Explorer starten

1. Starten Sie die ABAP Workbench (Transaktion SE80). Sie finden den Web Dynpro Explorer in der Objektlistenauswahl des Repository Browsers unter dem Eintrag WEB DYNPRO COMP./INTF.

   In Abbildung 2.12 sehen Sie einen Screenshot des Web Dynpro Explorers mit der in diesem Kapitel anzulegenden Web-Dynpro-Component. Im Web Dynpro Explorer sind alle für die Web-Dynpro-Entwicklung benötigten Werkzeuge integriert. Links unten befindet sich ein Objektbaum, der alle in der Component vorhandenen Objekte auflistet, wie beispielsweise Views und Anwendungen. Im rechten Fensterbereich werden die jeweiligen Details angezeigt.

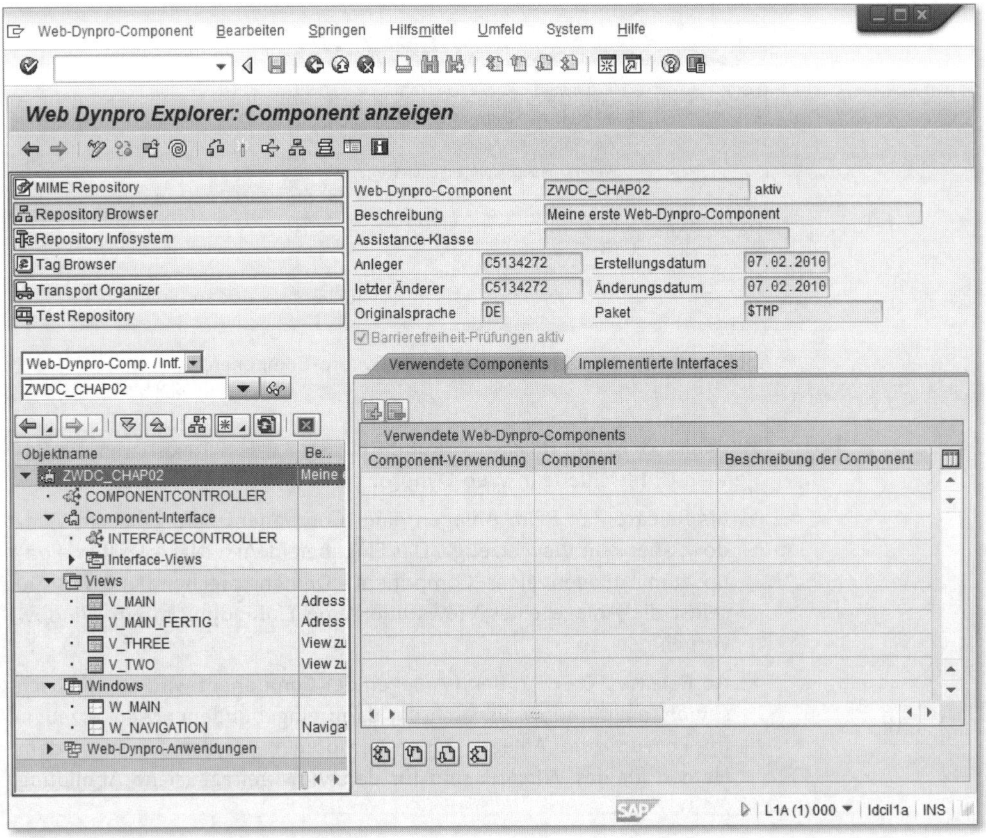

Abbildung 2.12 Web Dynpro Explorer

Component anlegen

2. Legen Sie eine eigene Web-Dynpro-Component an. Geben Sie dazu den Namen der neuen Component `ZWDC_CHAP02` in das Eingabefeld unter der Objektlistenauswahl ein, und drücken Sie die [↵]-Taste. Quittieren Sie die darauffolgende Abfrage, ob das bislang noch nicht existierende Objekt angelegt werden soll, mit JA.

3. Nun erscheint ein zweites Pop-up, in dem Sie Details zu der neuen Web-Dynpro-Component angeben können. Geben Sie wie in Abbildung 2.13 eine Beschreibung der neuen Component ein. Wählen Sie anschließend den Typ WEB-DYNPRO-COMPONENT; die

direkt darunter angebotenen Component-Interfaces werden in Abschnitt 2.7.5 vorgestellt. Mit jeder Component legen Sie gleichzeitig auch ein Window mit einem leeren View an. Geben Sie hierzu den Namen des Windows `W_MAIN` in das Feld WINDOW-NAME und den Namen des Views `V_MAIN` in das Feld VIEW-NAME ein.

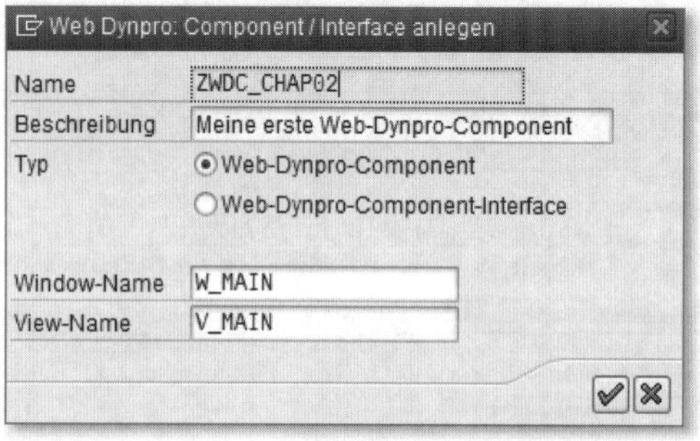

Abbildung 2.13 Anlegen der ersten Web-Dynpro-Component

[+]

Hinweis: Zwischen Release 7.0 und Release 7.0 EHP1 existieren die folgenden Unterschiede in Web Dynpro:

- Bis Release 7.0: Beim Anlegen einer Component wird zwar ein Window, aber kein View erzeugt. Das Eingabefeld VIEW-NAME fehlt im Pop-up zum Anlegen einer Component. Dementsprechend müssen Sie selbst die Anlage eines Views und seine Einbindung in ein Window vornehmen.
- Ab Release 7.0 EHP1: Beim Anlegen der Component wird automatisch sowohl ein Window als auch ein darin eingebundener View erzeugt. Im Pop-up zum Anlegen einer Component werden Sie nach dem Namen für das Window und für den View gefragt (siehe Abbildung 2.13).

4. Klicken Sie auf das grüne Häkchen, um Ihre Eingaben zu bestätigen.
5. Je nach Systemkonfiguration und Namensraum Ihrer neuen Component müssen Sie in einem nächsten Schritt die Erzeugung der Component im Kundennamensraum bestätigen. Abschließend werden Sie noch nach der Paketzuordnung Ihrer neuen Component gefragt. Sollen diese nicht transportiert werden, klicken Sie auf LOKALES OBJEKT. Anschließend gelangen Sie zurück in den Web Dynpro Explorer zur neu angelegten Component.

6. In der Objektliste am linken Fensterrand sehen Sie nun die standardmäßig mit der Web-Dynpro-Component angelegten Objekte (siehe Abbildung 2.14):

Elemente von Components

   - **Component-Controller**
     Jede Component besitzt genau einen Component-Controller. Dieser verfügt über Attribute, Methoden, Ereignisse und einen Context. Der Component-Controller ist für alle Objekte innerhalb der Component sichtbar und somit von zentraler Bedeutung.
   - **Views**
     Views beinhalten den visuellen Teil von Components. Somit bestehen Views hauptsächlich aus UI-Elementen. Darüber hinaus erlaubt es der View-Controller, auf Benutzeraktionen zu reagieren.
   - **Windows**
     Windows verbinden mehrere Views und ermöglichen die Navigation zwischen diesen.
   - **Component-Interface**
     Das Component-Interface ist in jeder Component einmal vorhanden und erlaubt die Konstruktion von componentübergreifenden Web-Dynpro-Architekturen.

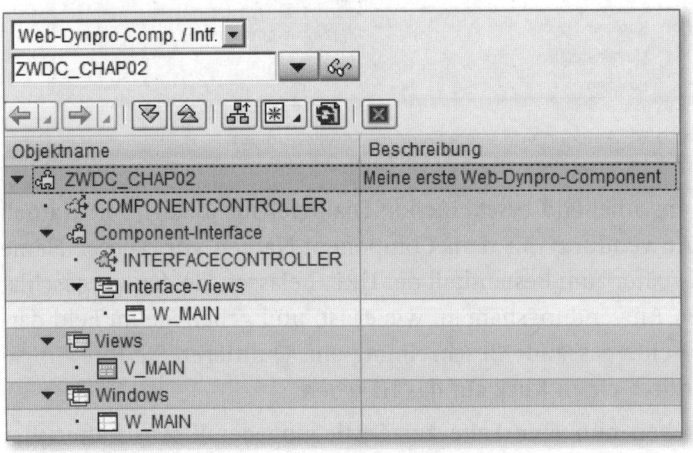

Abbildung 2.14 Objektliste der neu angelegten Component

7. Klicken Sie hier ruhig schon einmal durch die Component, um sich mit dem Web Dynpro Explorer und den Objekten der Component vertraut zu machen.

Damit ist das Anlegen der Web-Dynpro-Component abgeschlossen. Theoretisch ließe sie sich jetzt bereits aktivieren, jedoch fehlen ihr noch zwei wichtige Elemente, um sie verwenden zu können:

- Zum einen fehlen im View visuelle Elemente zur Anzeige, wie beispielsweise ein UI-Element mit dem Text »Hello World«. Die Implementierung von Views und die Anlage von UI-Elementen werden in Abschnitt 2.3.1 besprochen.
- Zum anderen fehlt noch eine Anwendung als Einstiegspunkt in die Web-Dynpro-Component. Hiermit werden wir uns als Nächstes beschäftigen.

Anwendung anlegen

Legen Sie nun eine neue Anwendung an.

1. Klicken Sie mit der rechten Maustaste auf die Wurzel der Component. Wählen Sie dort, wie in Abbildung 2.15 zu sehen, ANLEGEN • WEB-DYNPRO-ANWENDUNG aus.

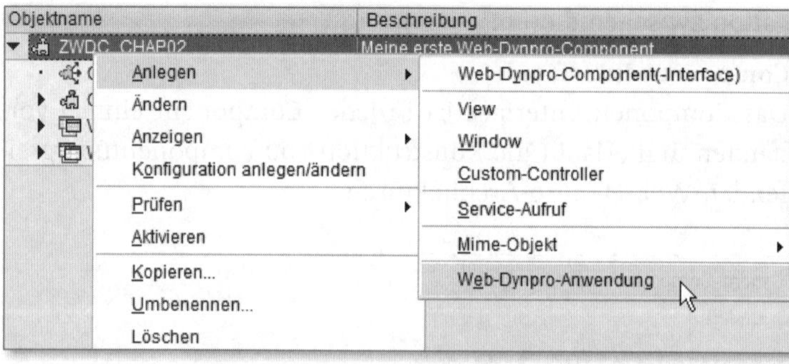

Abbildung 2.15 Anlegen von Web-Dynpro-Anwendungen

2. Das anschließend erscheinende Dialogfenster belegt den Namen der Anwendung mit dem Component-Namen vor. Dieser Name wird später zum Bestandteil der URL. Belassen Sie den vorgeschlagenen Anwendungsnamen, wie er ist, und geben Sie im Feld darunter eine passende Beschreibung ein. Quittieren Sie Ihre Eingaben durch einen Klick auf das Häkchen.

Eigenschaften der Anwendung

3. Sie sehen nun eine Seite zur Festlegung der Eigenschaften der Anwendung (siehe Abbildung 2.16). Diese wurde bereits automatisch mit Vorschlagswerten aus der Component gefüllt: Das Feld COMPONENT wurde mit der aktuellen Component vorbelegt. Das Feld INTERFACE-VIEW wurde mit dem bislang einzigen Window und das Feld PLUG-NAME mit dem bislang einzigen Plug der Com-

ponent vorbelegt. Details zu Windows und Plugs finden Sie in Abschnitt 2.3.2. Die Eigenschaften des Anwendungseditors können Sie in Abschnitt 2.1.1, »Web Dynpro Explorer«, nachlesen.

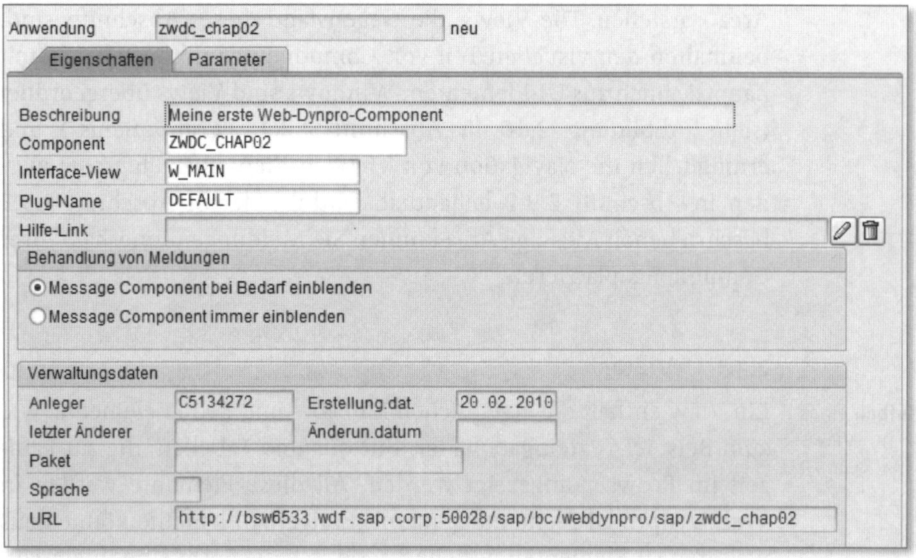

Abbildung 2.16 Eigenschaften der neuen Web-Dynpro-Anwendung

4. Auf der Registerkarte PARAMETER können Sie Anwendungs- und Importparameter definieren. Diese können anschließend beim Start der Anwendung vom Benutzer an die URL angehängt und im Window als Importparameter ausgewertet werden. Mehr Informationen hierzu finden Sie in Abschnitt 2.1.1, »Web Dynpro Explorer«.

Aktivierung der Component

5. Speichern Sie die Anwendung, und aktivieren Sie die Component. Wählen Sie dazu im Kontextmenü der Component den Eintrag AKTIVIEREN aus.
6. Nach der Aktivierung ist Ihre erste eigene Web-Dynpro-Component fertiggestellt.

Starten der Anwendung

Sie können nun die aktivierte Component testen, indem Sie die soeben erzeugte Anwendung starten. Klicken Sie hierzu mit der rechten Maustaste auf die Anwendung, und wählen Sie den Eintrag TEST aus. Alternativ können Sie auch die URL aus den Eigenschaften der Anwendung in die Adresszeile Ihres Webbrowsers kopieren. In einem Browser-Fenster öffnet sich nun Ihre erste eigene Web-Dynpro-Anwendung, die jedoch zum jetzigen Zeitpunkt noch ohne Inhalte ist.

2.3 View

In diesem Abschnitt werden wir Ihnen den View und die mit diesem eng verbundenen Objekte wie Windows, Plugs und die Message Area vorstellen. Die Views, die Gegenstand dieses Abschnitts sind, beinhalten den visuellen Teil von Components und bestehen somit hauptsächlich aus UI-Elementen. Windows sind Views übergeordnet (siehe Abbildung 2.10 in Abschnitt 2.2.1, »Components«) und ermöglichen die Navigation von View zu View über Plugs; sie werden in Abschnitt 2.3.2 behandelt. Mithilfe der in Abschnitt 2.3.3 beschriebenen Message Area können Sie Meldungen innerhalb Ihrer Components platzieren.

2.3.1 Views

Aufbau eines Views

Ein View enthält die eigentlichen Eingabe- und Bedienelemente, wie zum Beispiel Texteingabefelder, Buttons und Tabellen, die zur Laufzeit im Browser angezeigt werden. All diese Elemente werden in Web Dynpro UI-Elemente genannt. Einige UI-Elemente können aus weiteren UI-Elementen bestehen, wodurch die Form eines hierarchischen Baums von UI-Elementen entsteht. Der Aufbau von Views wird in diesem Abschnitt unter »Hierarchie von UI-Elementen« dargestellt.

View-Controller

Neben den UI-Elementen besitzt jeder View einen sogenannten View-Controller, der die Reaktion auf Benutzeraktionen ermöglicht. Wie alle anderen Web-Dynpro-Controller besitzt der View-Controller Attribute, Methoden und einen Context zum Datenaustausch zwischen Benutzeroberfläche und Controller. Sogenannte Aktionen, die zum Beispiel bei einem Klick auf einen Button ausgelöst werden, ermöglichen den Start eines beliebigen Folgeprozesses. Darüber hinaus können im View-Controller Navigation-Plugs zur Navigation zwischen Views angelegt und ausgeführt werden. Zur Navigation zwischen Views werden jedoch Windows benötigt, weshalb die Plugs erst in Abschnitt 2.3.2 besprochen werden.

Beispiel für einen View

Ein klassisches Beispiel für einen View könnte ein Adress-Editor sein. Dieser besteht aus UI-Elementen zur Anzeige und Eingabe der Adressdaten von Geschäftspartnern. Standardmäßig befinden sich die Eingabefelder im Anzeigemodus. Über einen im View befindlichen ÄNDERN-Button können die Eingabefelder eingabebereit geschaltet werden. Nach Beendigung der Eingaben können die Änderungen durch erneutes Anklicken des ÄNDERN-Buttons gespeichert werden. In den Beispielen der folgenden Abschnitte können Sie dieses Beispiel nachbauen. Abbildung 2.17 zeigt Ihnen schon einmal vorab das Ergebnis des Beispiels im Browser.

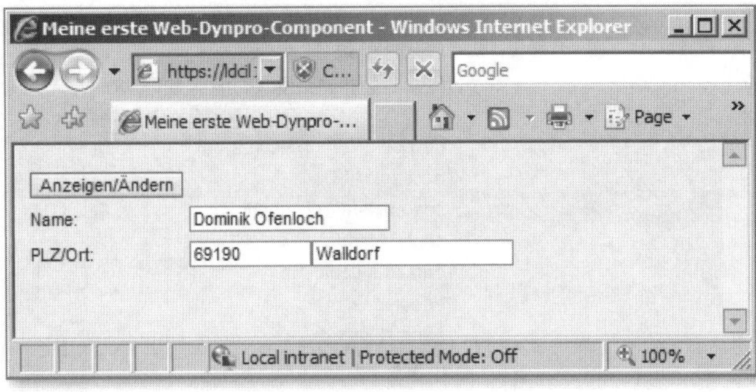

Abbildung 2.17 Vorschau auf das Ergebnis des Praxisbeispiels

Anlegen eines Views

Sie können Views entweder dynamisch während der Laufzeit oder statisch zur Designzeit in der Web-Dynpro-Entwicklungsumgebung anlegen. Die Besprechung der dynamischen Variante erfordert tiefer gehende Web-Dynpro-Kenntnisse und erfolgt in Kapitel 7, »Dynamische Programmierung«.

View anlegen

Zum statischen Anlegen eines Views klicken Sie mit der rechten Maustaste auf die Wurzel der Component und wählen im Kontextmenü ANLEGEN • VIEW aus. Im daraufhin erscheinenden Pop-up können Sie den Namen des Views und einen dazu passenden Beschreibungstext eingeben. Nach Bestätigung der Eingaben wird der View erzeugt, und Sie gelangen auf die LAYOUT-Registerkarte des neu erzeugten Views. Nach der erstmaligen Speicherung wird der View in die Objektliste der Component aufgenommen.

Layout-Editor

Registerkarte Layout

Bei der Betrachtung von Web-Dynpro-Views sehen Sie standardmäßig die LAYOUT-Registerkarte des View-Editors (siehe Abbildung 2.18). Auf dieser können Sie mithilfe eines WYSIWYG-Editors (What you see is what you get) Ihre Views gestalten.

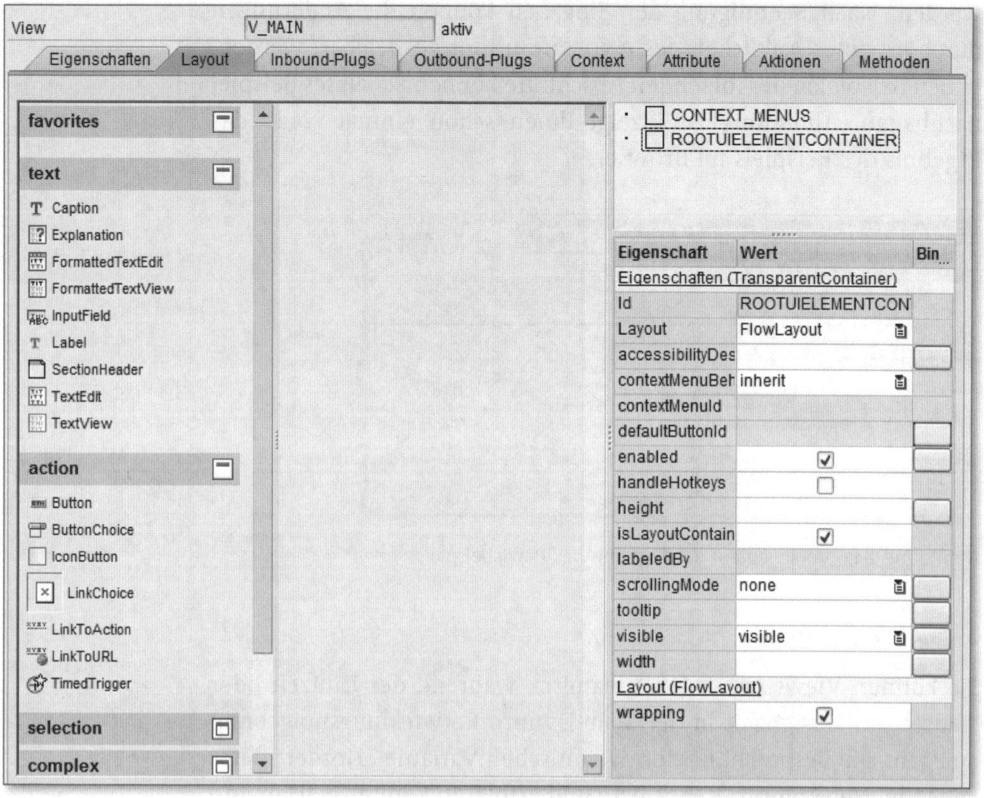

Abbildung 2.18 Layout-Editor in Web Dynpro

Der Layout-Editor ist dreispaltig gegliedert:

- Am linken Rand befindet sich eine Toolbar mit einer Bibliothek aller in Web Dynpro zur Verfügung stehenden UI-Elemente. Diese sind durch eine Vielzahl von Registerkarten nach ihrer Verwendung oder Komplexität entsprechend kategorisiert. Per Drag & Drop können Sie einzelne Elemente von den Registerkarten auf die Registerkarte FAVORITES oder direkt an die gewünschte Position innerhalb des Views ziehen. Die Favoriten ermöglichen Ihnen den schnellen Zugriff auf Ihre wichtigsten UI-Elemente.

[+] **Hinweis**: In neueren Web-Dynpro-Releases wird die Toolbar mit der UI-Elemente-Bibliothek nur noch im Änderungsmodus angezeigt.

- In der Mitte befindet sich der View Designer, in dem Sie den View zur Designzeit sehen. Per Drag & Drop lassen sich die UI-Elemente aus der Toolbar in den Designer an die gewünschte Position des Views ziehen oder neu anordnen.

- Der rechte Bereich ist wiederum zweigeteilt:
  - Im oberen Bereich werden die statisch definierten UI-Elemente des Views hierarchisch dargestellt. Ausgangspunkt eines Views ist dabei immer das von Web Dynpro in jedem View vorgegebene UI-Element `ROOTUIELEMENTCONTAINER`. Mithilfe der rechten Maustaste können Sie über ein Kontextmenü UI-Elemente unterhalb von `ROOTUIELEMENTCONTAINER` in die Hierarchie einfügen, ändern oder löschen.
  - Im unteren Bereich werden die Eigenschaften des aktuell in der Hierarchie markierten UI-Elementes angezeigt. Je nach dem in der Hierarchie selektierten UI-Element-Typ steht Ihnen dabei ein unterschiedlicher Satz von Eigenschaften zur Verfügung. Die UI-Elemente und ihre Eigenschaften werden in Kapitel 3, »Container und Layouts«, beschrieben.

Dynamische Erzeugung von UI-Elementen

In diesem Abschnitt haben Sie bereits gelernt, UI-Elemente deklarativ zur Designzeit mithilfe des View-Editors anzulegen. Darüber hinaus bietet Ihnen Web Dynpro auch noch die Möglichkeit, die Elemente dynamisch während der Laufzeit einzurichten. Beide Wege können bei Bedarf auch miteinander kombiniert werden. Während das Anlegen von UI-Elementen mithilfe des View-Editors deutlich entwickler- und wartungsfreundlicher ist, bieten dynamisch angelegte UI-Elemente eine größere Flexibilität bei der View-Gestaltung. Dynamische Layoutänderungen werden ausführlich in Kapitel 4, »UI-Elemente und ihre Eigenschaften«, besprochen.

Hierarchie von UI-Elementen

Im Unterschied zu klassischen Dynpros, bei denen UI-Elemente in einem starren X/Y-Raster angeordnet sind, werden UI-Elemente in Web Dynpro in Form eines hierarchischen Baums angeordnet. Diese Hierarchie eröffnet gegenüber Dynpros flexiblere Gestaltungsmöglichkeiten, bringt jedoch auch Nachteile mit sich, wie zum Beispiel sich dynamisch verändernde Seitenbreiten bei sich ändernden Seiteninhalten. So können durch prozentuale Angaben, wie zum Beispiel »Breite: 100 %«, Elemente schnell verrutschen. Web Dynpro baut auf HTML auf, daher lässt sich die Web-Dynpro-Hierarchie mit der HTML-Hierarchie bei Webseiten vergleichen.

Layouts Mithilfe der Layouts `FlowLayout`, `MatrixLayout`, `GridLayout` und `RowLayout`, die in Abschnitt 3.3, »Layouts«, detailliert behandelt werden, können die UI-Elemente innerhalb der Hierarchie platziert werden. Sie dienen zur Steuerung:

- der Abstände zwischen einzelnen UI-Elementen sowie zwischen UI-Element und Gitterzelle
- der horizontalen und vertikalen Ausrichtung der UI-Elemente innerhalb des Gitters
- der Breite und Höhe des UI-Elementes

Für jeden Hierarchieteilbaum, der mithilfe von sogenannten Container-Elementen realisiert wird, kann ein anderes Layout gewählt werden. Der bekannteste und wichtigste Container ist das UI-Element `TransparentContainer`. Die Kombination mehrerer Layouts innerhalb eines Views ermöglicht die Gestaltung komplexer Views und eröffnet flexible Gestaltungsmöglichkeiten bei der View-Entwicklung.

[◉] **Weitere Informationen**: In diesem Abschnitt werden ausschließlich die Verwendung des Layout-Editors sowie die grundlegende Architektur und Hierarchie von UI-Elementen geschildert. Die Layouts, die maßgeblich für die Strukturierung des UI-Element-Hierarchiebaums und für das Web-Dynpro-Anzeigeverhalten im Browser verantwortlich sind, werden in diesem Abschnitt zwar angesprochen, jedoch erst in Abschnitt 3.3, »Layouts«, ausführlich geschildert.

Beispiel für eine Hierarchie Am Beispiel des Adress-Editors geben wir Ihnen nun ein kleines Beispiel für eine UI-Element-Hierarchie. Dieser Adress-Editor besteht aus Eingabefeldern für den Namen, die Postleitzahl und die Straße. Darüber hinaus rundet ein Button für den Wechsel zwischen Anzeige- und Änderungsmodus das Beispiel ab. Das einfachste verfügbare Layout ist das `FlowLayout`. Dieses ordnet die UI-Elemente fließend von links nach rechts innerhalb einer Zeile an. Reicht der Platz in der Zeile nicht mehr aus, findet automatisch ein Zeilenumbruch statt.

Layout im Beispiel Im Gegenzug hierzu ermöglicht das `MatrixLayout` die Anordnung der Elemente innerhalb einer Matrix (Tabelle). Soll der Adress-Editor adäquat gestaltet werden, ist die ausschließliche Verwendung eines `FlowLayout` eher ungeeignet. So würden alle Beschriftungen und

Eingabefelder in einer langen Zeile angeordnet werden (siehe Abbildung 2.19, ❶). Die tabellarische Darstellung mithilfe des `MatrixLayout` ist hier schon deutlich passender, jedoch ist auch dieses für die Darstellung nicht optimal. So klafft bei der Anordnung mit dessen Hilfe zwischen den Eingabefeldern der Postleitzahl und der Stadt eine große Lücke (❷). Durch die Kombination beider Layouts mithilfe einer weiteren Hierarchie über einen Container lässt sich dieses Problem letztlich elegant lösen (❸).

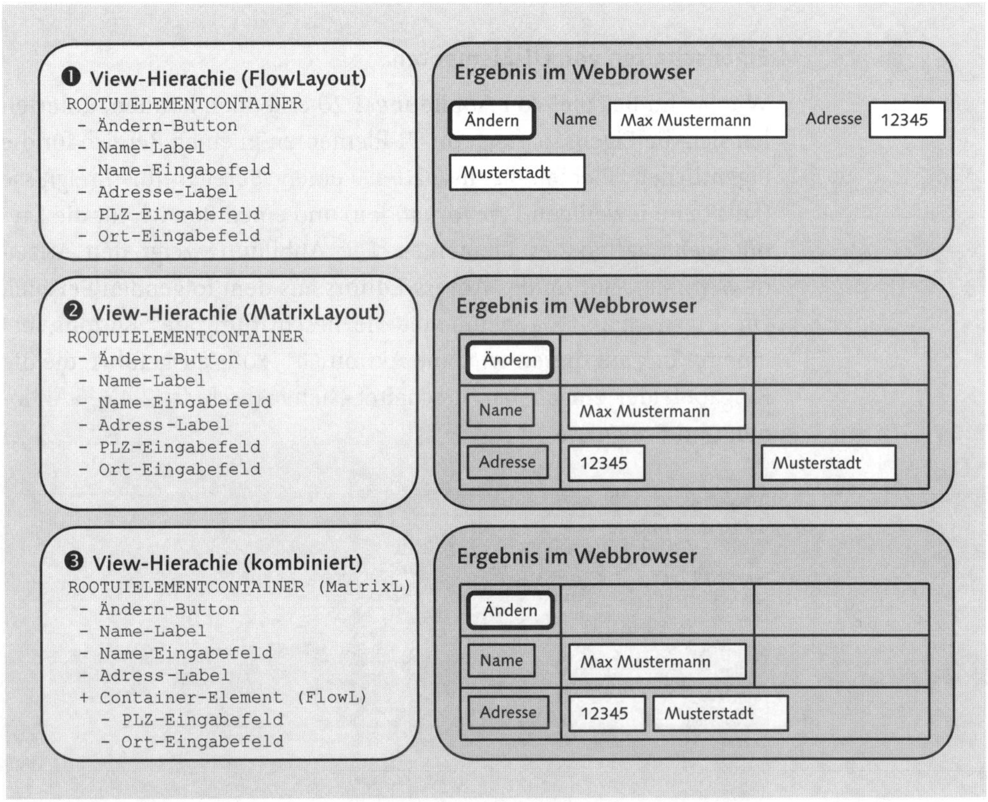

Abbildung 2.19 Beispiel für UI-Element-Hierarchien

[*]

Tipp: In der Praxis kommt es häufig vor, dass Sie unter die Wurzel eines Views, den `ROOTUIELEMENTCONTAINER`, nur ein einziges Container-Element hängen, beispielsweise die `Group`. Da die View-Wurzel technisch betrachtet auch nur einen Container darstellt, ist es demnach nahe liegend, die `Group` direkt als Wurzel des Views zu verwenden. Dadurch kann ein an dieser Stelle überflüssiges Container-Element eingespart werden.

Dies erreichen Sie, indem Sie mit der rechten Maustaste auf das `ROOTUIELEMENTCONTAINER`-Element klicken und ROOT-ELEMENT AUSTAUSCHEN wählen. Anschließend öffnet sich ein Pop-up. Wählen Sie Ihren alternativen Wurzelelementtypen. Die Funktion ROOT-ELEMENT AUSTAUSCHEN ist nur so lange auswählbar, wie der View keine Elemente enthält.

Der Austausch des Wurzelelementes durch ein spezifischeres Element verringert die Schachtelungstiefe des Views und beeinflusst damit sowohl die zum Client übertragene Datenmenge als auch die Zeit für das Frontend-Rendering.

Eigenschaften von UI-Elementen

Wie Sie im Beispiel von Abbildung 2.20 erkennen können, unterteilen sich die Eigenschaften von UI-Elementen in einen Bereich für die eigentlichen Elementeigenschaften, einen Bereich für Ereignisse (falls beim jeweiligen Typ vorhanden) und einen Bereich für die Layouteigenschaften des Elementes. Die Abbildung zeigt den ANZEIGEN/ÄNDERN-Button des Adress-Editors aus dem folgenden Beispiel. Die Eigenschaft `text` beinhaltet die Beschriftung des Buttons, bei einem Klick auf diesen wird die Aktion `EDITMODE` ausgeführt, die die Eingabefelder eingabebereit schaltet (siehe Abschnitt 2.4.6, »Aktionen und Ereignisse«).

Eigenschaft	Wert	Bindi...
Eigenschaften (Button)		
Id	BTN_EDIT	
Layoutdaten	MatrixHeadData	
activateAccessKey	☐	
contextMenuBehavio	inherit	
contextMenuId		
design	standard	
enabled	☑	
explanation		
hotkey	none	
imageFirst	☑	
imageSource		
text	Anzeigen/Ändern	
textDirection	inherit	
tooltip		
visible	visible	
width		
Ereignisse		
onAction	EDITMODE	
Layoutdaten (MatrixHeadData)		
cellBackgroundDesi	transparent	
cellDesign	rPad	
colSpan	1	
dragData		

Abbildung 2.20 Eigenschaften des Button-UI-Elementes

Der UI-Element-Eigenschaftsbereich ist dreispaltig aufgeteilt:

Eigenschaften der Eigenschaften

- In der ersten Spalte finden Sie die verfügbaren Eigenschaften des UI-Elementes.
- In der zweiten Spalte sehen Sie die zugehörigen Werte der Eigenschaften.
- Über den bei manchen Eigenschaften in der dritten Spalte BINDING verfügbaren Button können Sie die Werte einer Eigenschaft an Elemente aus dem Context binden.

In Kapitel 4, »UI-Elemente und ihre Eigenschaften«, werden Sie sowohl die Eigenschaften der verschiedenen UI-Elemente als auch die verschiedenen Layouts kennenlernen.

Je nach verwendetem UI-Element können die verfügbaren Eigenschaften von UI-Elementen komplett unterschiedlich ausfallen. So besitzen beispielsweise Buttons Ereignisse, auf die Sie reagieren können, während normale Textfelder über keinerlei Ereignisse verfügen. Einige Standardeigenschaften finden Sie dagegen bei nahezu allen UI-Elementen wieder. Dazu gehören vor allem die Eigenschaften `enabled` für die Aktivierung und Deaktivierung des UI-Elementes und die Eigenschaft `visible` für die Steuerung der Sichtbarkeit des UI-Elementes.

Methoden

Auf der Registerkarte METHODEN können Sie Ihre eigenen View-Methoden implementieren. Sie sind ausschließlich innerhalb eines Views sichtbar. Sie können Methoden über die View-Selbstreferenz `wd_this` aufrufen. View-Methoden dienen zur Implementierung von viewnaher Logik – wie beispielsweise zur Überprüfung und Verarbeitung von Benutzereingaben, zur Reaktion auf Benutzeraktionen (Klick auf einen Button etc.) oder zur dynamischen Änderung des View-Layouts.

Methodentypen

Web Dynpro unterscheidet zwischen den Methodentypen Methode, Ereignisbehandler und Supply-Funktion. Weitere Informationen zu diesen Typen finden Sie in Abschnitt 2.4.2, »Attribute«.

Hook-Methoden

Views besitzen standardmäßig die Methoden `wddoafteraction( )`, `wddobeforeaction( )`, `wddoexit( )`, `wddoinit( )`, `wddomodifyview( )` und `wddooncontextmenu( )`. Hierbei handelt es sich um sogenannte

Hook-Methoden, die zu bestimmten Zeitpunkten von der Web-Dynpro-Laufzeit automatisch gerufen werden. Als Anwendungsentwickler können Sie diese Methoden nach Belieben implementieren. Die Besprechung der Hook-Methoden und des zugrunde liegenden Phasenmodells finden Sie in Abschnitt 2.4.4.

Attribute

Auf der Registerkarte ATTRIBUTE können Sie Ihre eigenen View-Attribute hinterlegen. Diese sind ausschließlich innerhalb des jeweiligen Views sichtbar, es wird – im Unterschied zu Klassen – auch nicht zwischen statischen und Instanzattributen unterschieden. Standardmäßig beinhaltet jeder View diese nicht löschbaren Attribute:

- `WD_CONTEXT` für den Zugriff auf den View-Context
- `WD_THIS` für den Zugriff auf lokale Methoden und Attribute des Views
- `WD_COMP_CONTROLLER` für den Zugriff auf die Elemente des Component-Controllers

Verwendung von View-Attributen

Der Zugriff auf View-Attribute findet immer über die View-Selbstreferenz `wd_this` statt. Haben Sie zum Beispiel unter ATTRIBUTE ein Attribut namens `GV_STRING` definiert, können Sie dieses innerhalb Ihrer Methoden durch den Aufruf von `wd_this->gv_string` ansprechen.

Context und Datenbindung

Context

Der Context stellt die Schnittstelle für Daten zwischen Benutzeroberfläche und System dar. Er hält alle Daten, die auf der Benutzeroberfläche angezeigt werden, innerhalb von sogenannten Knoten und Elementen in Form von Objekten bereit. Eine Context-Struktur kann statisch auf der Registerkarte CONTEXT oder dynamisch während der Laufzeit erzeugt werden. Der Context wird ausführlich in Abschnitt 2.5 behandelt.

Datenbindung

Durch die sogenannte Datenbindung (Data Binding) wird eine Verbindung zwischen dem Context und einer Eigenschaft eines UI-Elementes hergestellt. Ist eine Eigenschaft erstmals an den Context gebunden, spiegelt sich jede Änderung im Browser in den Werten des Contexts wider. Umgekehrt führen Änderungen am Context zu Änderungen im Browser-Fenster. Die Datenbindung wird ausführlich in Abschnitt 2.5.6 erläutert.

Aktionen

Eine Reihe von UI-Elementen kann sogenannte Aktionen auslösen. Dies sind spezielle Ereignisse, die durch bestimmte Handlungen eines Benutzers auf der Oberfläche einer Anwendung ausgelöst werden. Zugehörige Ereignisbehandler-Methoden steuern den anschließenden Verlauf der Anwendung.

Web Dynpro unterscheidet zwei Aktionstypen (weitere Informationen hierzu finden Sie in Abschnitt »Message Manager – Nachrichten und Navigationsverhalten« in Kapitel 2.3.3 und in Abschnitt 2.4.6, »Aktionen und Ereignisse«):

- **Standardaktionen**
  Standardaktionen können nicht bei vorliegenden Fehlern ausgeführt werden.
- **validierungsunabhängige Aktionen**
  Validierungsunabhängige Aktionen können unabhängig von vorliegenden Fehlersituationen ausgeführt werden.

Anlegen von Aktionen

Aktionen können aus dem jeweiligen UI-Element heraus durch einen Klick auf das Anlegen-Symbol in der Spalte Binding oder über die Registerkarte Aktionen (siehe Abbildung 2.21) des View-Controllers angelegt werden. Für jede Aktion wird dabei automatisch eine Ereignisbehandler-Methode nach der Konvention `onaction<Aktionsname>` angelegt. So existiert beispielsweise für die Aktion `EDITMODE` die Ereignisbehandler-Methode `onactioneditmode( )`.

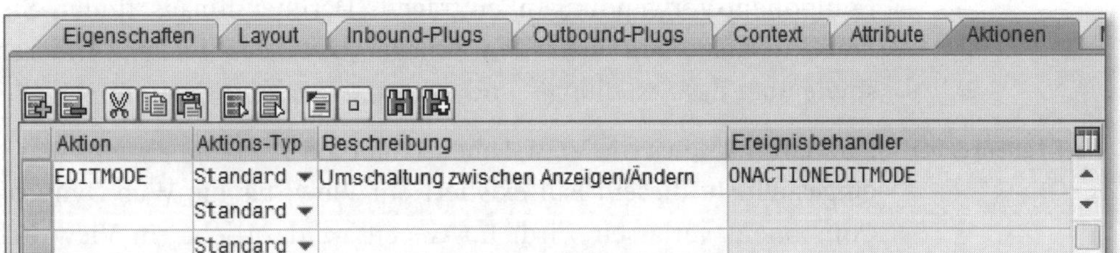

Abbildung 2.21 Registerkarte »Aktionen« im View V_MAIN

Wie bei anderen Ereignisbehandlern können Sie die Ereignisbehandler-Methoden von Aktionen selbst ausprogrammieren. Über einen Doppelklick auf die Aktion gelangen Sie in den Rumpf der jeweiligen Ereignisbehandler-Methode. Weitere Informationen zu Aktionen und Ereignissen erhalten Sie in Abschnitt 2.4.6.

[*] **Tipp**: Grundsätzlich wird empfohlen, neue Aktionen immer direkt aus dem jeweiligen UI-Element heraus anzulegen. Einige UI-Elemente bieten dabei die Möglichkeit, ergänzende Parameter des UI-Elementes automatisch in die Parameterliste der jeweiligen Ereignisbehandler-Methode eintragen. Als Beispiel kann hier das UI-Element `InputField` dienen. Dieses offeriert Ihnen ein Ereignis namens `onEnter`. Wird die zugehörige Aktion direkt über das UI-Element angelegt, überträgt das System automatisiert zwei ergänzende Parameter in die Methode der Aktion. So erhalten Sie in diesem Fall neben dem an das Eingabefeld gebundene Context-Element den Namen des zugehörigen UI-Elementes mitgeliefert.

Inbound- und Outbound-Plugs

Auf den Registerkarten INBOUND-PLUGS und OUTBOUND-PLUGS können Sie Eintritts- und Austrittspunkte für Views definieren. Plugs werden zum Start eines Views und zur Navigation zwischen zwei verschiedenen Views benötigt.

Verwendung eines Outbound-Plugs

Outbound-Plugs werden über den Methodenaufruf `wd_this->fire_<Plug-Name>_plg( )` aktiviert. Eine ausführliche Erläuterung von Plugs und zu deren Verwendung finden Sie in Abschnitt 2.3.2, »Windows und Plugs«.

View-Eigenschaften

Auf der Registerkarte EIGENSCHAFTEN können Sie eine View-Beschreibung vergeben, die Lebensdauer des Views bestimmen und Component-Verwendungen eintragen. Darüber hinaus finden Sie hier Informationen über den Anleger bzw. den letzten Änderer sowie über das Erstellungs- und das letzte Änderungsdatum.

View-Lebensdauer

Standardmäßig ist die View-Lebensdauer auf `framework controlled` eingestellt. In diesem Fall existiert ein View, bis die Web-Dynpro-Component verlassen wird. Im Gegensatz dazu lebt ein View bei `when visible` nur solange dieser sichtbar ist. Vor allem im Rahmen der Speicher- und Performanceoptimierung spielt die Lebensdauer von Views eine wichtige Rolle. Nähere Informationen hierzu finden Sie in Kapitel 11, »Weiterführende Konzepte«.

Component-Verwendungen

Darüber hinaus haben Sie auf der Registerkarte EIGENSCHAFTEN die Möglichkeit, Component-Verwendungen einzutragen. Die Eintragung einer Component-Verwendung ermöglicht es, vom View aus auf andere Controller als den Component-Controller zuzugreifen.

Component-Verwendungen werden ausführlich in Abschnitt 2.4.5, »Verwendung und Sichtbarkeit«, besprochen.

Empty View

In jeder Web-Dynpro-Component existiert automatisch ein sogenannter Empty View. Empty Views sind ein spezieller, vom Web-Dynpro-Framework automatisch in jeder Component bereitgestellter View-Typ. Sie sind nicht in der Component-Objektliste sichtbar, sondern ausschließlich im Window-Editor bei der Integration von Views in die Window-Hierarchie auswählbar (siehe Abschnitt 2.3.2, »Windows und Plugs«).

Verwendung von Empty Views

Empty Views dienen als Platzhalter für leere Windows und View-Container. Für den Fall, dass kein View in ein Window integriert wurde, werden sie implizit vom Web-Dynpro-Framework in das Window integriert. Vor allem im Bereich der Performanceoptimierung spielen Empty Views eine große Rolle, da Sie als Platzhalter in unsichtbaren View-Bereichen verwendet werden können (siehe Kapitel 11, »Weiterführende Konzepte«).

Schritt für Schritt: Anlegen von UI-Elementen

Im folgenden Beispiel legen Sie den in diesem Abschnitt vorgestellten Adress-Editor an. Hierbei sammeln Sie erste Erfahrungen mit den UI-Elementen `Label`, `InputField`, `TransparentContainer` sowie dem `Button`. Darüber hinaus werden Sie ein grundlegendes Verständnis für die Gestaltung von Views mithilfe des `FlowLayout` und `MatrixLayout` erhalten.

1. Öffnen Sie die Registerkarte Layout des Views `V_MAIN`. Wechseln Sie in den Änderungsmodus. Klicken Sie auf das UI-Element `ROOTUIELEMENTCONTAINER`, und wählen Sie in den Eigenschaften des Elementes, falls noch nicht geschehen, als Layout `MatrixLayout` aus. Hierdurch stellen Sie sicher, dass die UI-Elemente in tabellenartiger Anordnung innerhalb des Views platziert werden.

Anlegen der ersten UI-Elemente

2. Fügen Sie die folgenden UI-Elemente in der vorgegebenen Reihenfolge in Ihr Layout ein. Sie können die UI-Elemente entweder über die links befindliche Toolbar in das Layout ziehen oder über das per Rechtsklick erreichbare Kontextmenü der View-Hierarchie einfügen.

- Fügen Sie als Erstes einen Button namens `BTN_EDIT` vom Typ `Button` in den View ein. Mithilfe dieses Buttons wird es später möglich sein, zwischen Anzeige- und Änderungsmodus umzuschalten. Tragen Sie als Beschriftung unter Eigenschaft `text` »Anzeigen/Ändern« ein.
- Erstellen Sie ein Label namens `LB_NAME`. Beschriften Sie das Label mit dem TEXT »Name«. Wählen Sie unter LAYOUTDATEN ALS WERT `MatrixHeadData` aus. Dies bewirkt, dass alle in der Hierarchie folgenden Elemente in einer neuen Zeile angeordnet werden.
- Legen Sie ein Eingabefeld vom Typ `InputField` mit der ID `IF_NAME` an. Wechseln Sie zurück zum Element `LB_NAME`, und wählen Sie unter der Eigenschaft `labelFor` das gerade neu angelegte Feld `IF_NAME` aus. Hierdurch stellen Sie eine direkte Verbindung zwischen `Label` und `InputField` her. Diese kann später für die Übernahme des Beschriftungstextes aus dem Data Dictionary verwendet werden.

[+] **Hinweis**: Während beim Einfügen eines UI-Elementes über das Kontextmenü die Element-ID für jedes Element explizit angegeben werden muss, wird die ID bei Verwendung von Drag & Drop mithilfe der Toolbar automatich vergeben. Sie können diese jedoch nachträglich in den Elementeigenschaften oder durch einen Rechtsklick auf das UI-Element und durch Auswahl von ELEMENT UMBENENNEN jederzeit anpassen.

Im Allgemeinen hat es sich in Web Dynpro eingebürgert, für verschiedene UI-Element-Typen verschiedene Präfixe voranzustellen. Häufige Präfixe sind:

- `BTN` für UI-Elemente vom Typ `Button`
- `LB` für Elementbeschriftungen (`Label`)
- `IF` für Eingabefelder (`InputField`)
- `TC` für transparente Container (`TransparentContainer`)

3. In der folgenden Zeile sollen insgesamt drei UI-Elemente platziert werden: ein Eingabefeld für die Postzeitzahl, eines für den Ort und den beiden vorgestellt ein Label als Beschriftung. Damit zwischen der Postzeitzahl und dem Ort später keine Lücke durch das `MatrixLayout` entsteht, werden diese beiden UI-Elemente gemeinsam in einen transparenten Container gepackt (siehe Abschnitt 3.1.2, »TransparentContainer«).

- Legen Sie ein gemeinsames Label für die Postzeitzahl und den Ort an. Verwenden Sie als ID `LB_POSTCODE`, und tragen Sie unter `text` »PLZ/Ort« ein. Stellen Sie anschließend die LAYOUTDATEN des Labels auf `MatrixHeadData` um.
- Fügen Sie als Nächstes das UI-Element `TC_POSTCODE_CITY` vom Typ `TransparentContainer` in den View ein. Wählen Sie als LAYOUT (nicht zu verwechseln mit LAYOUTDATEN) für den Container `FlowLayout`. Dadurch werden die in den Container integrierten UI-Elemente direkt hintereinander ohne Matrix angeordnet.
- Fügen Sie nun die beiden Eingabefelder `IF_POSTCODE` und `IF_CITY` in die Hierarchie unterhalb von `TC_POSTCODE_CITY` ein. Gehen Sie anschließend zurück zu `LB_POSTCODE`, und wählen Sie für dessen Eigenschaft LABELFOR den Wert `IF_CITY` aus. Streng genommen, ist dies in diesem Fall bei zwei Eingabefeldern zwar nicht ganz richtig, jedoch muss jedes Label mit einem Eingabefeld verbunden werden.

Damit ist das eigentliche Anlegen der UI-Elemente und der Elementhierarchie abgeschlossen. Abbildung 2.22 zeigt Ihnen den aktuellen Stand des Beispiels.

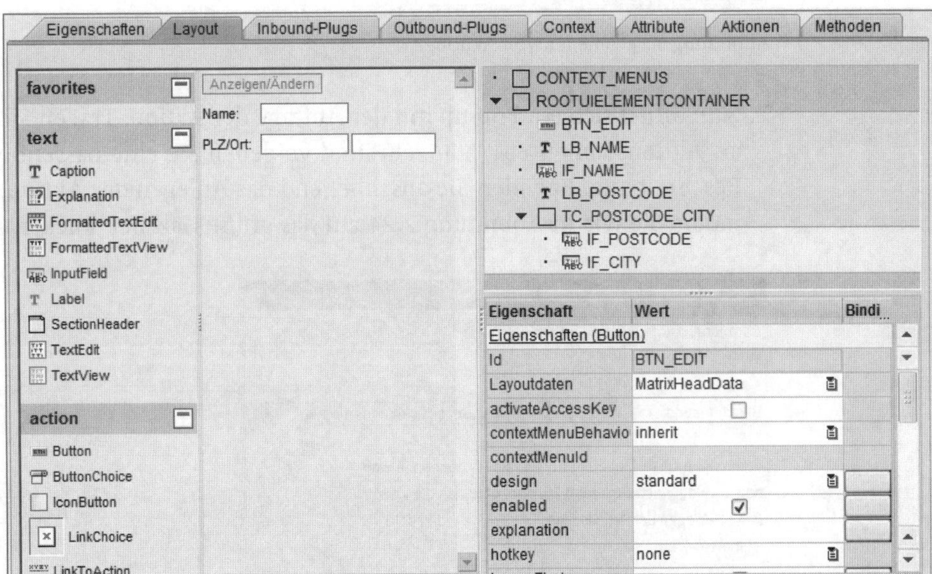

Abbildung 2.22 View-Hierarchie des Adress-Editors

Um den View fertigstellen und aktivieren zu können, fehlen jedoch noch die folgenden Punkte:

- Die UI-Elemente sind bislang noch nicht an den Context gebunden. Erst durch die Bindung eines Elementes an den Context können Daten zwischen Browser und Backend ausgetauscht werden. So müssen noch die drei Eingabefelder an den Context gebunden werden. Der Context und die Datenbindung werden in Abschnitt 2.5, »Context«, beschrieben.
- Der Button ANZEIGEN/ÄNDERN ist bislang ohne Funktion. Erst durch das Anlegen einer Aktion wird ihm Leben eingehaucht.

Aktion anlegen

Deshalb legen Sie nun eine Aktion für den ANZEIGEN/ÄNDERN-Button an.

1. Markieren Sie das Button-UI-Element `BTN_EDIT`, und klicken Sie auf das ANLEGEN-Symbol in der rechten Spalte beim Ereignis `onAction` (siehe Abbildung 2.23).

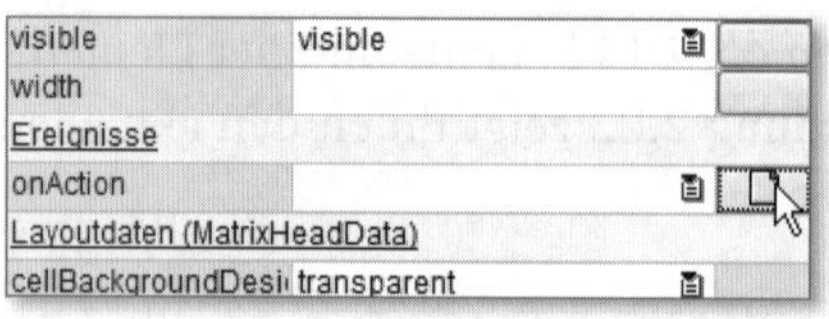

Abbildung 2.23 Anlegen von Aktionen

2. Nun öffnet sich ein Pop-up mit der Abfrage der Aktion. Tragen Sie als Aktionsnamen `EDITMODE` ein, und vergeben Sie eine passende Beschreibung. Beenden Sie anschließend das Anlegen der Aktion, indem Sie wie in Abbildung 2.24 auf das grüne Häkchen klicken.

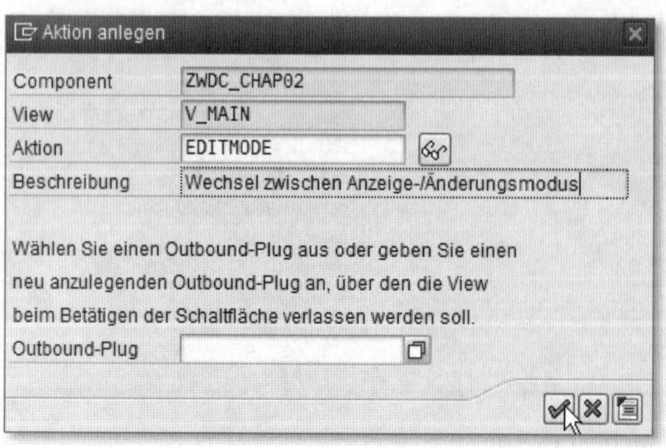

Abbildung 2.24 Anlegen von Aktion EDITMODE

3. Klicken Sie nun doppelt auf die neue Aktion. Sie gelangen hierdurch direkt in die Ereignisbehandler-Methode der Aktion. Alternativ können Sie auch auf die Registerkarte Aktionen wechseln und von dort die Ereignisbehandler-Methode per Doppelklick öffnen.

Öffnen der Aktion

4. Implementieren Sie Listing 2.2, um zwischen Anzeige- und Änderungsmodus über das noch anzulegende Context-Attribut `EDIT_MODE` wechseln zu können. Die Eigenschaft `enabled` der Adresseingabefelder muss hierzu später noch an das Context-Attribut `EDIT_MODE` gebunden werden. Die Besprechung von Context-Attributen finden Sie in Abschnitt 2.5.1, »Aufbau des Contexts«.

Wechsel zwischen Anzeige- und Änderungsmodus

```
DATA: lv_current_state TYPE char1,
      lv_new_state     TYPE char1.
* Lese den alten Status von Context-Attribut EDIT_MODE
wd_context->get_attribute(
  EXPORTING
    name = 'EDIT_MODE'
  IMPORTING
    value = lv_current_state ).
* Invertiere den Status
IF lv_current_state EQ 'X'.
  CLEAR lv_new_state.
ELSE.
  lv_new_state = 'X'.
ENDIF.
* Setze den neuen Status von EDIT_MODE
wd_context->set_attribute(
  EXPORTING
    name  = 'EDIT_MODE'
    value = lv_new_state ).
```

Listing 2.2 Wechsel zwischen Anzeige- und Änderungsmodus

Damit ist das Beispiel vorerst abgeschlossen. Die Aktion und der View sind jedoch noch nicht funktionstüchtig: Zur Fertigstellung müssen noch die Context-Attribute für die Adresseingabefelder angelegt und ihre Eigenschaften an die Attribute gebunden werden. Der Context ist Gegenstand von Abschnitt 2.5.

Besprechung des Beispiels

2.3.2 Windows und Plugs

Dieser Abschnitt stellt das Konzept von Windows und Plugs im Web-Dynpro-Framework vor. Während im MVC-Architekturmuster ausschließlich Views existieren, werden diese in Web Dynpro durch das

Windows im Web-Dynpro-Framework

sogenannte Window ergänzt. Das Web-Dynpro-Window strukturiert alle darzustellenden Views in einem sinnvollen Zusammenhang und ermöglicht die Navigation zwischen Views. Wird ein View im Rahmen einer Anwendung oder Component-Verwendung (siehe Abschnitt 2.7, »Multi-Component-Architekturen«) eingesetzt, wird dieser nie direkt, sondern immer nur indirekt über seine integrierenden Windows angesprochen.

Anlegen von Windows

Zum Anlegen eines Windows klicken Sie mit der rechten Maustaste auf die Wurzel der Component und wählen im Kontextmenü ANLEGEN • WINDOW aus. Im daraufhin erscheinenden Pop-up können Sie den Namen des Windows und einen dazu passenden Beschreibungstext eingeben. Nach Bestätigung der Eingaben wird das Window erzeugt, und Sie gelangen auf die WINDOW-Registerkarte des neu erzeugten Windows. Nach der erstmaligen Speicherung wird das Window in die Objektliste der Component aufgenommen. Abbildung 2.25 zeigt Ihnen ein neu angelegtes, leeres Window.

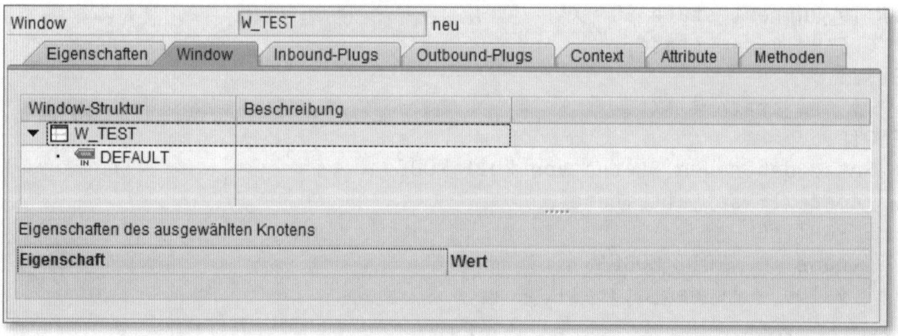

Abbildung 2.25 Neu angelegtes Window

Default-Plug Das Web-Dynpro-Framework erstellt beim Anlegen eines Windows automatisch immer einen Inbound-Plug `DEFAULT` vom Startup-Typ. Falls Sie lieber andere Plugs verwenden, können Sie diesen auch löschen. Weitere Informationen zu Plugs und den Plug-Typen erhalten Sie in diesem Abschnitt unter »Inbound- und Outbound-Plugs« und in Abschnitt 2.3.2, »Windows und Plugs«.

Integration von Views in Windows

Ein View kann nur dann im Webbrowser angezeigt werden, wenn er vorab in ein Window eingebunden wurde. So verwendet jedes Window einen oder mehrere logisch zusammengehörende Views. Zu einem Zeitpunkt kann immer nur ein Window und ein darin eingebetteter View angezeigt werden; jedoch können weitere Views durch die Bildung von sogenannten View-Hierarchien in die Anzeige mit eingebunden werden. Die Anzeige mehrerer Views durch die Bildung von View-Hierarchien wird im Abschnitt 2.3.2, »Windows und Plugs«, behandelt.

Beispiel für View-/Window-Einbettung

In Abbildung 2.26 sehen Sie ein einfaches Beispiel für eine Component mit zwei Windows und mehreren Views. Während das Window `W_MAIN` zwei Views integriert, beinhaltet `W_<...>` nur einen View. Wie bereits ausgeführt wurde, kann zu einem Zeitpunkt immer nur ein Window und ein darin integrierter View im Browser angezeigt werden. In unserem Fall sind dies im Initialzustand die fett umrandeten Objekte Window `W_MAIN` und View `V_MAIN`. Soll nun anstelle von View `V_MAIN` der View `V_TWO` zur Anzeige gebracht werden, müssen Sie diesen über im View oder im Window zu definierende Plugs und einen im Window zu definierenden Navigationslink aufrufen. Plugs und Navigationslinks erläutert der folgende Abschnitt.

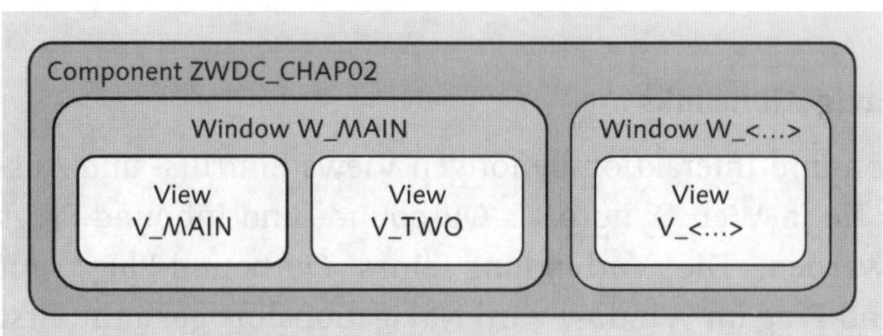

Abbildung 2.26 Beispiel für die Einbettung von Views in Windows

Integration von Views

Sie können die Views Ihrer Component auf der Registerkarte WINDOW in ein Window integrieren. Gehen Sie hierzu in den Änderungsmodus, und ziehen Sie den View per Drag & Drop aus der Objektliste an die gewünschte Position im Window (siehe Abbildung 2.27, ❶). Alternativ können Sie einen View durch Rechtsklick an der gewünschten Position in der WINDOW-STRUKTUR und durch Auswahl von VIEW EINBETTEN ins Window integrieren (❷). Falls Sie bereits mit dem neuen grafischen Window-Editor arbeiten sollten, ist die Integration per Drag & Drop leider nicht möglich. Weitere Informationen zu den Editoren finden Sie im Abschnitt 2.3.2, »Windows und Plugs«.

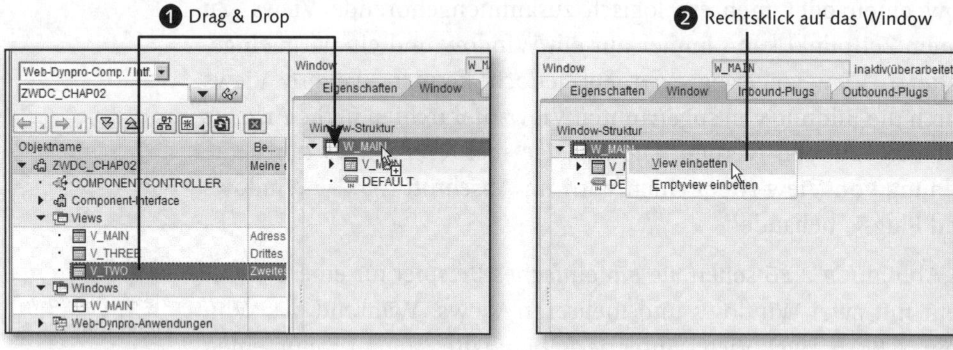

Abbildung 2.27 Integration von Views in Windows

Default-View

Für jedes Window können Sie einen Default-View definieren. Dieser wird automatisch bei Initialisierung des Windows geladen und zur Anzeige gebracht. Sie erkennen einen Default-View im Window-Editor an seiner gelb hinterlegten farblichen Markierung. Falls Sie bereits mit dem neuen grafischen Window-Editor arbeiten sollten, ist der View in einem intensiveren Farbton als die restlichen Views des Windows eingefärbt. Weitere Informationen hierzu finden Sie in diesem Abschnitt unter »Window-Editor«.

Plugs und Navigationslinks

Zur Navigation und Interaktion benötigen Views Eintritts- und Austrittspunkte, die in Web Dynpro als Outbound- und Inbound-Plugs bezeichnet werden. Die Verbindung eines Outbound-Plugs mit einem Inbound-Plug im Window wird Navigationslink genannt. Erst durch die Verbindung von zwei Plugs mithilfe von Navigationslinks ist es möglich, zwischen den Views eines Windows zu wechseln.

Outbound- und Inbound-Plugs können sowohl in Views als auch in Windows definiert werden. Die in Views definierten Plugs dienen ausschließlich zur Navigation innerhalb der jeweiligen Web-Dynpro-Component. Die in Windows definierten Plugs bieten erweiterte Navigationsmöglichkeiten, die in diesem Abschnitt unter »Plug-Typen«, erläutert werden.

Beispiel für eine Navigation

In Abbildung 2.28 wird das Prinzip von Plugs am Beispiel der bereits um den View `V_TWO` erweiterten Component verdeutlicht. Dazu erhalten die beiden Views `V_MAIN` und `V_TWO`, die im Window `W_MAIN` integriert sind, je einen Button und je einen zugehörigen Outbound- und Inbound-Plug.

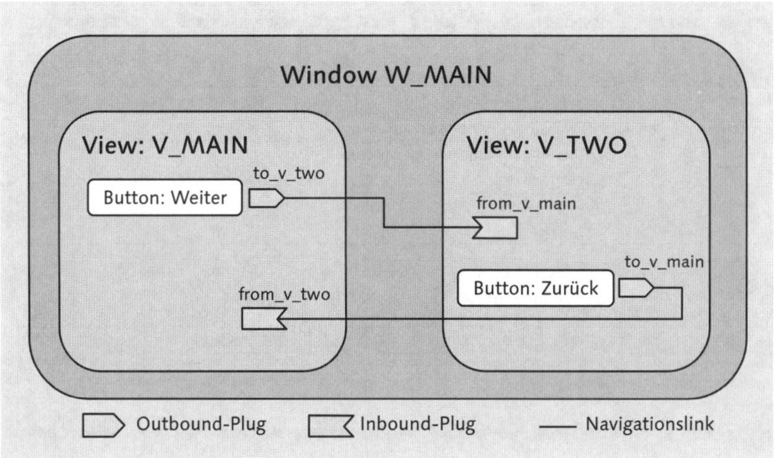

Abbildung 2.28 Navigation zwischen Views

Nach dem Start der Anwendung wird standardmäßig der View `V_MAIN` angezeigt. Innerhalb des Windows `W_MAIN` wurde der Outbound-Plug `to_v_two` mit dem Inbound-Plug `from_v_main` durch einen Navigationslink verbunden. Nach einem Klick auf den WEITER-Button wird der mit dem Inbound-Plug `from_v_main` verbundene Outbound-Plug `to_v_two` zum Wechsel auf den View `V_TWO` ausgelöst. Über den ZURÜCK-Button im View `V_TWO` gelangt der Benutzer wieder auf den ersten View. Selbstverständlich müssen dafür die zugehörigen Plugs `to_v_main` und `from_v_two` im Window miteinander verbunden sein.

Anlegen von Plugs

Sie können Outbound- und Inbound-Plugs auf den gleichnamigen Registerkarten im View bzw. im Window anlegen. Wechseln Sie dazu in den Änderungsmodus, und tragen Sie den gewünschten Namen sowie eine Beschreibung in der Spalte PLUG-NAME bzw. BESCHREIBUNG der Plug-Tabelle ein. Wir empfehlen Ihnen, Ihre Plugs von Anfang an durch Namenskonventionen zu unterscheiden, wie zum Beispiel `to_<...>` für Outbound-Plugs und `from_<...>` für Inbound-Plugs. In Abbildung 2.29 sehen Sie einen zum Test in einem Window angelegten Outbound-Plug.

Sie können Outbound-Plugs auch über den ANLEGEN-Button von Aktionen bei bestimmten UI-Elementen einrichten, wie zum Beispiel bei `Button`. Tragen Sie dazu den Namen des anzulegenden Plugs im Pop-up AKTION ANLEGEN in das Feld OUTBOUND-PLUG ein, und bestätigen Sie Ihre Eingaben durch einen Klick auf das grüne Häkchen.

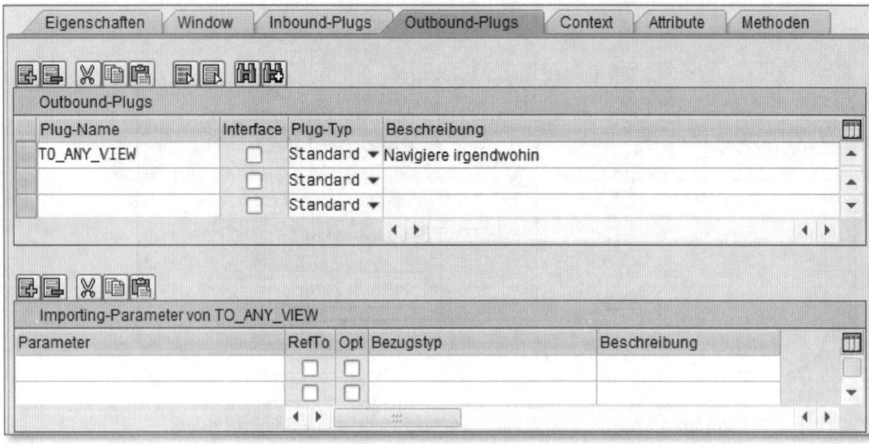

Abbildung 2.29 Registerkarte »Outbound-Plugs« in einem Window

[+]

Hinweis: Outbound-Plugs können sowohl in Views als auch in Windows definiert werden. Je nach Verwendungszweck wird die Definition an folgender Stelle empfohlen:

- **View**
  Definieren Sie einen Outbound-Plug im View, wenn der Ziel-View ausschließlich aus dem Quell-View heraus aufgerufen werden soll. Ein Beispiel hierfür ist die Navigation von einer einfachen zu einer erweiterten Suchmaske und zurück. Es handelt sich hier um einen *lokalen* Plug.
- **Window**
  Definieren Sie einen Plug im Window, wenn der Ziel-View von verschiedenen Stellen aus angesteuert werden soll. Üblicherweise bietet sich die Definition eines Outbound-Plugs im Window für komplexe Navigationsvorgänge wie die Navigation zu einem umfangreichen View mit vielen Subviews an. Innerhalb eines Windows definierte Plugs können außerdem in das Interface der Component aufgenommen werden, das die Wiederverwendung des Plugs von anderen Components ermöglicht. In diesem Fall handelt es sich um einen *globalen* Plug.

Importing-Parameter

Für Outbound-Plugs können Sie Importing-Parameter definieren, die während der Laufzeit an die über einen Navigationslink verbundene Inbound-Plug-Behandlermethode übergeben werden. In Abbildung 2.29 sehen Sie unterhalb der Tabelle mit den Plugs den Parameterdefinitionsbereich Ihrer Component.

Inbound-Plug-Behandler

Für jeden Inbound-Plug wird vom Web-Dynpro-Framework automatisch eine Inbound-Plug-Behandlermethode nach der Konvention HANDLE<Inbound-Plug-Name> angelegt. In dieser im View bzw. im

Window des Inbound-Plugs liegenden Methode können Sie beliebiges Coding zur Initialisierung des Views bzw. des Windows hinterlegen. Sie können diese Methode zum Beispiel zur Auswertung der Importing-Parameter des Outbound-Plugs verwenden.

Anlegen von Navigationslinks

Navigationslinks werden per Drag & Drop durch die Verbindung eines Outbound-Plugs mit einem Inbound-Plug im Window-Editor auf der Registerkarte WINDOW erstellt (siehe Abbildung 2.30). Bestätigen Sie das sich hierbei öffnende Popup-Fenster durch einen Klick auf das grüne Häkchen. Das Anlegen von Navigationslinks über Drag & Drop funktioniert auch im neuen Window-Editor.

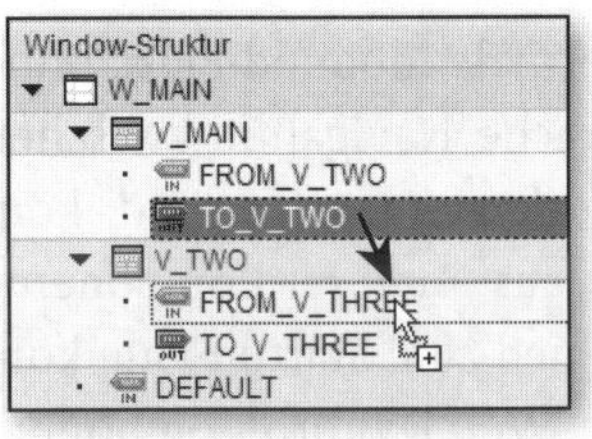

Abbildung 2.30 Anlegen eines Navigationslinks per Drag & Drop

Alternativ können Sie den Navigationslink in der WINDOW-STRUKTUR durch einen Rechtsklick auf das Window und durch Auswahl von NAVIGATIONSLINK ERZEUGEN anlegen. Weitere Informationen zum Window und zur Window-Struktur finden Sie in diesem Abschnitt unter »Window-Editor«.

Plug-Typen

Während es in Views keine Unterscheidung von Plug-Typen gibt, haben Sie in Windows die Auswahl zwischen je drei unterschiedlichen Plug-Typen. Bei den Inbound-Plugs können Sie im Window unter Startup-, Resume- und Standard-Inbound-Plugs wählen. Im Bereich der Outbound-Plugs haben Sie die Auswahl zwischen Exit-, Suspend- und Standard-Outbound-Plugs. Im Folgenden werden wir diese Plug-Typen näher erläutern.

Inbound-Plugs

Auf der Registerkarte INBOUND-PLUGS sehen Sie in tabellarischer Form alle Inbound-Plugs des Windows (siehe Abbildung 2.31). Standardmäßig legt das Web-Dynpro-Framework mit jedem Window einen Inbound-Plug vom Typ `Startup` namens `default` an. Für jeden Inbound-Plug wird im Window-Controller eine Methode angelegt.

In Windows existieren insgesamt drei verschiedene Typen von Inbound-Plugs.

- **Startup-Plug**
  Die Eigenschaft `Startup` deklariert für den jeweiligen Inbound-Plug die Option, ihn in Anwendungen einzusetzen und somit Components zu instanzieren. Daher ist ein Startup-Plug nur dann sinnvoll, wenn er auch dem Interface des Windows zur Verfügung steht. Wenn Sie eine Web-Dynpro-Anwendung zu diesem Window anlegen, werden Ihnen nur solche Plugs für die Anwendung angeboten, die als Startup-Plugs gekennzeichnet sind.
- **Standard-Inbound-Plug**
  Die Eigenschaft `Standard` deklariert normale Inbound-Plugs ohne besondere Eigenschaften, die die einfache Navigation zwischen Views ermöglichen. Falls diese im Interface integriert sind, können sie über den Interface-View auch aus anderen Components heraus aufgerufen werden. Im Unterschied zum Startup-Plug können sie nicht zur Instanzierung einer Web-Dynpro-Component über Anwendungen eingesetzt werden.
- **Resume-Plug**
  Die Resume-Plugs werden im Folgenden gemeinsam mit den Suspend-Plugs bei der Betrachtung der Outbound-Plugs erläutert.

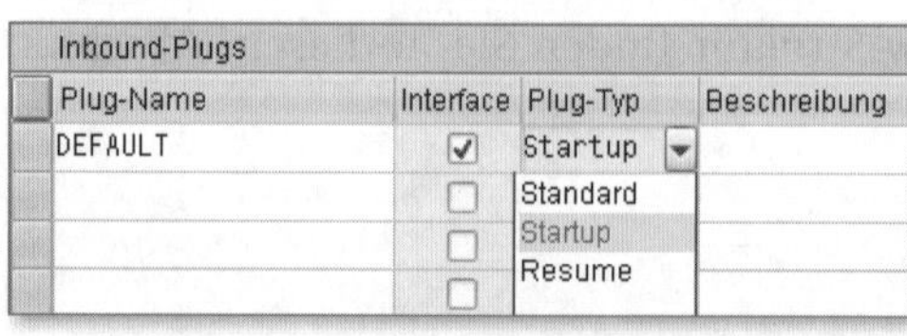

Abbildung 2.31 Inbound-Plugs im Window

Outbound-Plugs

Web Dynpro unterscheidet zwischen den drei folgenden Outbound-Plug-Typen (siehe auch Abbildung 2.32):

- **Standard-Outbound-Plug**
  Der Standard-Outbound-Plug ist der im Window am häufigsten verwendete Outbound-Plug. Es handelt sich hierbei um das Gegenstück zum Standard-Inbound-Plug, der die Navigation auslöst.
- **Exit-Plug**
  Exit-Plugs stellen das Pendant zu Startup-Plugs dar, über die die Applikationsinstanz ursprünglich gestartet wurde, sie gehören

aber zu den weniger gebräuchlichen Plugs. Sie ermöglichen das explizite Beenden einer Web-Dynpro-Anwendung, dabei benötigen sie im Gegensatz zu anderen Plugs keinen Navigationslink.

Neben der Verwendungsmöglichkeit eines parameterlosen Exit-Plugs können Sie für einen Exit-Plug die beiden optionalen Parameter `url` (Typ `STRING`) und `close_window` (Typ `WDY_BOOLEAN`) definieren. Füllen Sie nun beim Auslösen eines Exit-Plugs den Parameter `close_window` mit `X`, versucht Web Dynpro das Browser-Fenster zu schließen. Alternativ können Sie über den Parameter `url` eine alternative Zieladresse angeben.

- **Suspend- und Resume-Plugs**
  Suspend-Plugs erlauben die Navigation zu einer zweiten, unabhängig laufenden Web-Dynpro-Anwendung, ohne die laufende Anwendung zu schließen. Der Aufruf eines Suspend-Plugs ist dem eines Exit-Plugs insofern ähnlich, als beide dazu dienen, eine laufende Web-Dynpro-Anwendung zu verlassen. Im Unterschied zum Exit-Plug erlaubt der Suspend-Plug jedoch die Rückkehr in die ursprüngliche Anwendung, nachdem die zweite Anwendung geschlossen wurde. Wann immer in der sekundären Web-Dynpro-Anwendung ein Exit-Plug gefeuert wird, wird diese Anwendung beendet, und der Resume-Plug der primären Anwendung wird aufgerufen.

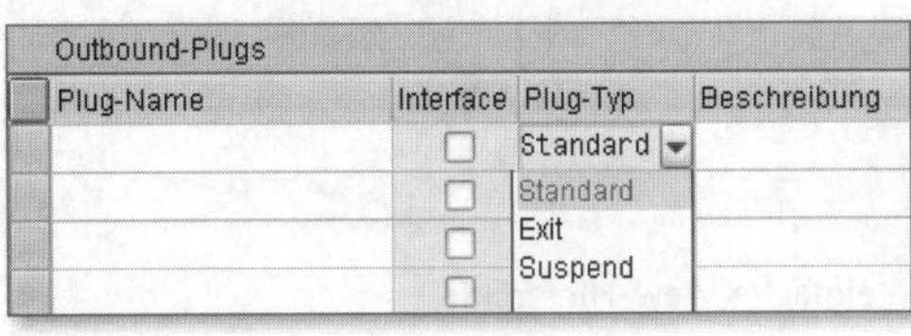

Abbildung 2.32 Outbound-Plugs im Window

View-Hierarchien

Ein View kann nur dann im Webbrowser angezeigt werden, wenn er vorab in ein Window eingebunden wurde. So verwendet jedes Window einen oder mehrere logisch zusammengehörende Views. Zu einem Zeitpunkt kann jedoch immer nur ein Window und ein darin eingebetteter View angezeigt werden. In der Praxis sind solche Architekturen mit jeweils einem aktiven View nur für sehr kleine Anwendungen geeignet.

Durch die Bildung von View-Hierarchien können Sie mehrere Views gleichzeitig anzeigen. Dies ermöglicht die Verwirklichung von komplexen und anspruchsvollen UI-Architekturen, wie beispielsweise einer Anwendung mit einer fest platzierten Toolbar zur Auswahl und zum Starten von Prozessen und einem Bereich zur Anzeige der eigentlichen Daten (bzw. den Prozessdetails).

Anlegen von View-Hierarchien

View-Hierarchien werden mithilfe von einem im jeweiligen Eltern-View an gewünschter Position eingebetteten `ViewContainer` erstellt. Diese dienen für die zur Laufzeit zu integrierenden Subviews als Platzhalter. Die eigentliche View-Hierarchie wird über die Struktur des Windows abgebildet. So werden die in einen View integrierten `ViewContainer` in der Window-Struktur als Unterknoten des Views angezeigt. In diese Container können Sie nun wie bei normalen Windows in der Window-Struktur Ihre Subviews integrieren.

Beispiel

Abbildung 2.33 zeigt Ihnen ein Beispiel für eine einfache Hierarchie. Im View `V_TWO` wurde ein `ViewContainer`-Element namens `VC_TEST` integriert. An der Position des `ViewContainer` wird zur Laufzeit der View `V_THREE` angezeigt.

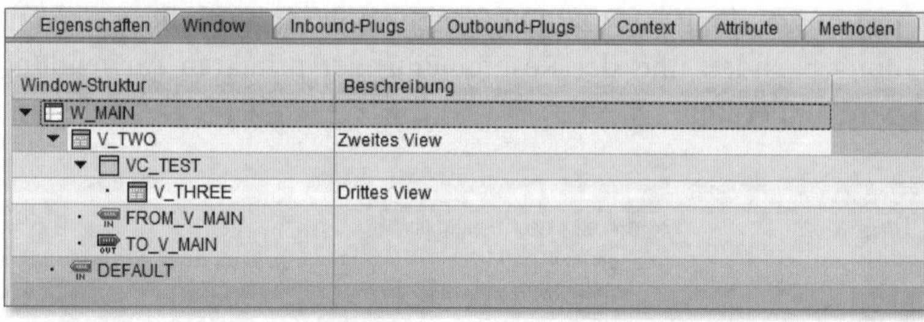

Abbildung 2.33 Beispiel für eine einfache View-Hierarchie

Weitere Informationen: Sie können in die Struktur eines Windows ausschließlich Views integrieren. Die Integration eines Windows in die Window-Struktur ist nicht erlaubt. Mithilfe von Component-Verwendungen ist es jedoch möglich, sogenannte Interface-Views (siehe Abschnitt 2.7.2 »Verwendung von Interface-Views«) in eine Window-Struktur einzubauen.

Bei Interface-Views handelt es sich, vereinfacht gesagt, um Windows anderer Components. Über mithilfe von Component-Verwendungen integrierte Interface-Views können Sie ganze Components und deren Objekte wiederverwenden. Sie sind die Grundlage für Multi-Component-Architekturen, die in Abschnitt 2.7 besprochen werden.

Window-Editor

Beim Öffnen eines Windows wird standardmäßig die Registerkarte WINDOW mit dem Window-Editor angezeigt. In diesem wird die Struktur des Windows gepflegt; er teilt sich in zwei Bereiche auf:

- Im oberen Bereich des Window-Editors wird die Window-Struktur abgebildet. Je nach Stand Ihres Systems wird Ihnen die Window-Struktur im klassischen Editor oder im grafischen Editor (ab Release 7.0 EHP2) angezeigt.
- Der untere Bereich zeigt Ihnen die Eigenschaften des aktuell ausgewählten Objektes an. Hierbei kann es sich um ein Window, einen View, einen Plug oder einen Navigationslink handeln.

Klassischer Window-Editor

Der klassische Window-Editor stellt die Window-Struktur in einer Baumansicht dar. Der Editor unterstützt Drag & Drop, Views können so zum Beispiel aus der Objektliste direkt in die Window-Struktur gezogen werden. Alternativ können Views über das mit der rechten Maustaste erreichbare Kontextmenü des Windows und durch Auswahl von VIEW EINBETTEN in Windows integriert werden. Default-Views sind im klassischen Window-Editor gelb hinterlegt. Abbildung 2.34 zeigt Ihnen eine Beispielstruktur mit dem klassischen Window-Editor.

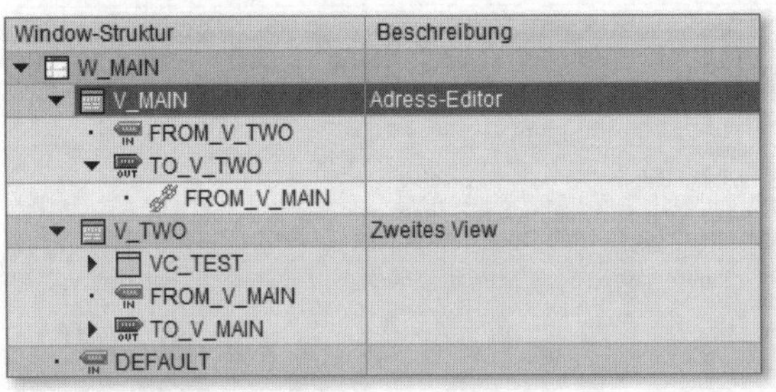

Abbildung 2.34 Window-Editor in der klassischen Baumansicht

Grafischer Window-Editor

Der grafische Window-Editor stellt die Window-Struktur mithilfe des JNET-ActiveX-Controls dar. Dieses kann im Rahmen der SAP GUI-Installation direkt mit implementiert werden. Der grafische Editor unterstützt auch Drag & Drop, jedoch nur innerhalb des Editors. So können Sie zum Beispiel per Drag & Drop Navigationslinks anlegen, jedoch keine Views aus der Component-Objektliste in die Window-Struktur integrieren. Default-Views sind dunkelblau hinterlegt.

Abbildung 2.35 zeigt Ihnen das Beispiel aus der klassischen nun in der grafischen Ansicht.

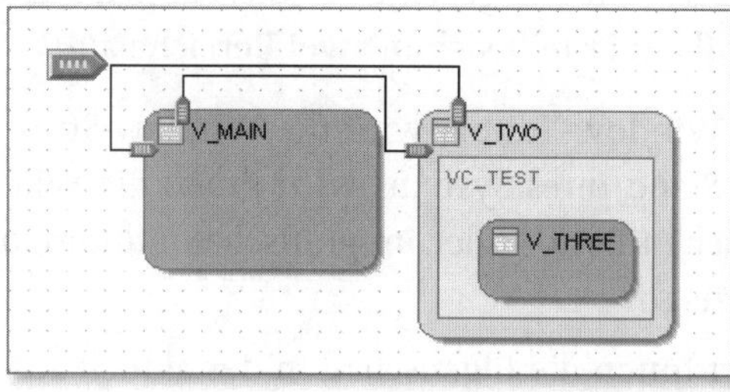

Abbildung 2.35 Window-Editor in der grafischen Ansicht

[+] **Hinweis**: Über den Toolbar-Button WINDOW-EDITOR-ANSICHT WECHSELN können Sie, sofern der grafische Editor in Ihrem System verfügbar ist, zwischen dem klassischen und dem grafischen Window-Editor wechseln.

Window-Eigenschaften

Auf der Registerkarte EIGENSCHAFTEN, die in Abbildung 2.36 zu sehen ist, finden Sie die administrativen Daten des Windows. Sie können außerdem eine Window-Beschreibung hinterlegen.

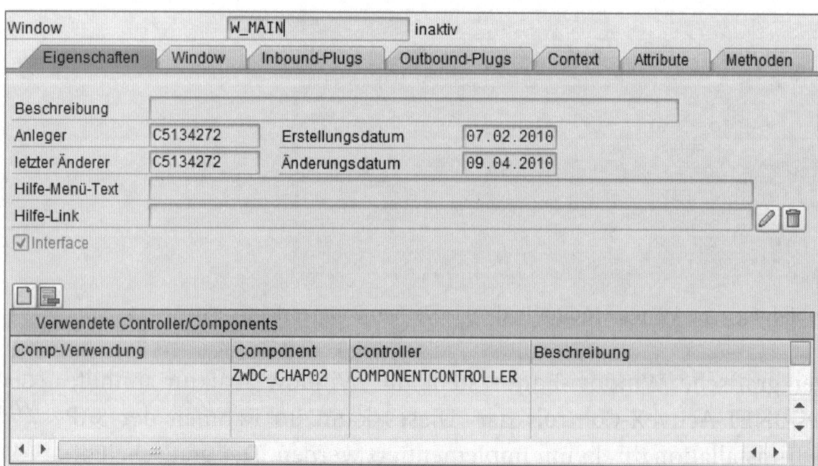

Abbildung 2.36 Eigenschaften eines Windows

Component-Verwendungen Darüber hinaus haben Sie auf der Registerkarte EIGENSCHAFTEN die Möglichkeit, Component-Verwendungen einzutragen. Die Eintragung einer Component-Verwendung ermöglicht es, vom View auf andere Controller als den Component-Controller zuzugreifen. Component-Verwendungen werden ausführlich in Abschnitt 2.4.5, »Verwendung und Sichtbarkeit«, geschildert.

Interface-Eigenschaft

Haben Sie INTERFACE durch ein Häkchen aktiviert, können Sie das Window zum Einstieg in die Component mithilfe von Anwendungen benutzen. Darüber hinaus ermöglicht die Aktivierung von INTERFACE die Wiederverwendung des Windows der Component aus anderen Components heraus. Dazu wird für das Window vom Web-Dynpro-Framework ein sogenannter Interface-View angelegt. Aus Sicht der externen Component handelt es sich bei dem Window dann um einen normalen View, der von der externen Component wie die eigenen Views im Window-Editor eingebunden werden kann.

Methoden

Auf der Registerkarte METHODEN können Sie Ihre eigenen Window-Methoden implementieren. Durch Eintragung von Component-Verwendungen können Sie auf die Methoden aus beliebigen Controllern der Component zugreifen.

Methodentypen

Web Dynpro unterscheidet zwischen den Methodentypen Methode, Ereignisbehandler und Supply-Funktion. Weitere Informationen zu diesen Typen finden Sie in Abschnitt 2.4.2, »Attribute«.

Windows besitzen standardmäßig die Methoden `wddoexit( )`, `wddoinit( )`, `wddoonclose( )` und `wddoonopen( )`. Hierbei handelt es sich um sogenannte Hook-Methoden, die zu bestimmten Zeitpunkten von der Web-Dynpro-Laufzeit automatisch gerufen werden. Als Anwendungsentwickler können Sie diese Methoden nach Belieben implementieren. Die Besprechung der Hook-Methoden und des zugrunde liegenden Phasenmodells finden Sie in Abschnitt 2.4.4.

Attribute

Auf der Registerkarte ATTRIBUTE können Sie Ihre eigenen Window-Attribute hinterlegen. Durch Aktivierung des Häkchens in der Spalte PUBLIC ist es möglich, einzelne Attribute innerhalb der Component sichtbar zu machen. Standardmäßig beinhaltet jedes Window diese nicht löschbaren Attribute:

- WD_CONTEXT für den Zugriff auf den Window-Context
- WD_THIS für den Zugriff auf lokale Methoden und Attribute des Windows
- WD_COMP_CONTROLLER für den Zugriff auf die Elemente des Component-Controllers

Verwendung von Window-Attributen

Der Zugriff auf Window-Attribute findet immer über die Window-Selbstreferenz wd_this statt. Haben Sie zum Beispiel unter ATTRIBUTE ein Attribut namens GV_STRING definiert, können Sie dieses innerhalb Ihrer Methoden durch den Aufruf von wd_this->gv_string ansprechen. Wurde ein Attribut als Public definiert, können Sie dieses über die Window-Referenz nach dem gleichen Schema aufrufen.

Context

Der Context stellt die Schnittstelle für Daten zwischen Benutzeroberfläche (View) und System dar. Das Window besitzt einen eigenen Context, der über ein Mapping mit einem oder mehreren anderen Controllern verbunden werden kann. Der Context und das Mapping werden ausführlich in Abschnitt 2.5 dargestellt.

Schritt für Schritt: Zwei Views

Im folgenden Beispiel lernen Sie den Umgang mit dem Window, den Plugs und mit Navigationslinks anhand von zwei Views kennen. Jeder View wird mit einem Button zur Navigation auf den anderen View ausgestattet. Wird einer der Buttons angeklickt, löst dieser Button eine Aktion mit Ereignisbehandler-Methode aus. Die Methode ruft anschließend einen Outbound-Plug, der die Navigation zum zugehörigen Inbound-Plug des Ziel-Views über den im Window definierten Navigationslink startet.

View anlegen

1. Öffnen Sie die Component ZWDC_CHAP02, und legen Sie den View V_TWO an. Fügen Sie einen Button in den View ein, und beschriften Sie diesen mit »View 3 öffnen«.

Aktion und Outbound-Plug anlegen

2. Klicken Sie auf das ANLEGEN-Symbol der Eigenschaft onAction, und legen Sie eine neue Aktion an. Tragen Sie im sich nun öffnenden Popup-Fenster im Eingabefeld AKTION navigate_to_v_three und im Feld OUTBOUND-PLUG to_v_three ein, und bestätigen Sie Ihre Eingaben durch einen Klick auf das grüne Häkchen. Abbildung 2.37 zeigt Ihnen das Popup-Fenster.

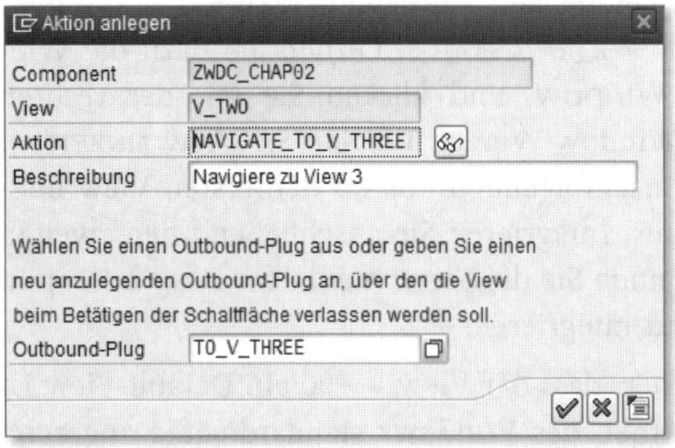

Abbildung 2.37 Anlegen der Aktion und des Outbound-Plugs

3. Bestätigen Sie die anschließende Frage, ob Sie den Outbound-Plug `to_v_three` anlegen möchten, mit JA. Sie haben nun eine Aktion mitsamt einem zugehörigen Outbound-Plug angelegt. In der Ereignisbehandler-Methode der Aktion finden Sie bereits den Aufruf des Outbound-Plugs implementiert.

Inbound-Plug anlegen

4. Legen Sie nun einen Inbound-Plug für die Navigation zum View `V_TWO` an. Wechseln Sie auf die Registerkarte INBOUND PLUGS, und tragen Sie in der Tabelle unter PLUG-NAME den OUTBOUND-PLUG `from_v_three` ein. Speichern Sie anschließend den View.

View und Window anlegen

5. Legen Sie nun einen zweiten View namens `V_THREE` an. Kopieren Sie hierzu entweder `V_TWO` per Rechtsklick in die Objektliste, oder wiederholen Sie die vorangegangenen Schritte mit `V_THREE`. Benennen Sie die Objekte des Views `V_THREE` umgekehrt zu den Objekten von `V_TWO`. Tragen Sie als Inbound- und Outbound-Plug-Namen `from_v_two` und `to_v_three` in den View ein.
6. Legen Sie nun ein Window namens `W_NAVIGATION` an. Klicken Sie hierzu mit der rechten Maustaste auf die Wurzel der Component, und wählen Sie ANLEGEN • WINDOW. Füllen Sie das folgende Popup aus, und bestätigen Sie Ihre Eingaben durch einen Klick auf das grüne Häkchen.

[*]

Tipp: Im folgenden Schritt wird der klassische Window-Editor verwendet. Selbstverständlich ist das Vorgehen auch mit dem grafischen Window-Editor möglich. Um zwischen dem grafischen und klassischen Window-Editor zu wechseln, können Sie den Toolbar-Button WINDOW-EDITOR-ANSICHT WECHSELN verwenden.

Views in Window integrieren

7. Integrieren Sie die beiden neu angelegten Views V_TWO und V_THREE in das Window W_NAVIGATION. Öffnen Sie dazu die Window-Registerkarte WINDOW, und klicken Sie mit der rechten Maustaste auf die Window-Wurzel. Wählen Sie VIEW EINBETTEN, und suchen Sie im nachfolgenden Pop-up den ersten View über die Wertehilfe heraus. Integrieren Sie anschließend den zweiten View. Alternativ können Sie die Views auch über Drag & Drop in die Window-Struktur integrieren.

   Stellen Sie noch sicher, dass der View V_TWO ein Default-View ist und somit beim Öffnen des Windows standardmäßig angezeigt wird. Sie erkennen einen Default-View an der gelblichen Hinterlegung in der Window-Hierarchie. Um einen View in der Hierarchie als Default-View festzulegen, klicken Sie mit der rechten Maustaste auf diesen und wählen ALS »DEFAULT« SETZEN aus.

Navigationslink anlegen

8. Legen Sie nun die Navigationslinks zwischen den beiden Views an. Verbinden Sie den Outbound-Plug TO_V_THREE mit dem Inbound-Plug FROM_V_TWO per Drag & Drop. Wiederholen Sie die Aktion für den Outbound-Plug TO_V_TWO und den Inbound-Plug FROM_V_THREE. Ihre Window-Struktur sollte anschließend wie in Abbildung 2.38 aussehen.

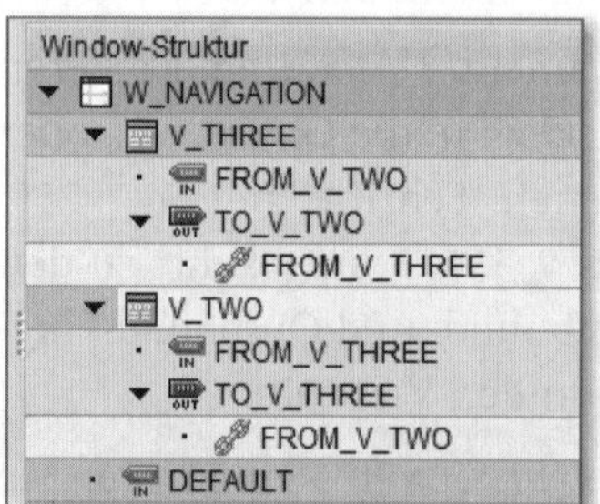

Abbildung 2.38 Window-Struktur nach Erstellung der Navigationslinks

9. Aktivieren Sie das Window W_NAVIGATION sowie die Views V_TWO und V_THREE.

Testen der Anwendung

Damit ist die eigentliche Aufgabe, das Anlegen von Windows, Plugs und Navigationslinks, abgeschlossen. Um das Beispiel zu testen, benötigen Sie jedoch noch eine Anwendung zum Aufruf des Windows.

1. Klicken Sie mit der rechten Maustaste auf die Wurzel der Component, und wählen Sie ANLEGEN • WEB-DYNPRO-ANWENDUNG aus. Tragen Sie zwdc_chap02_navigation als Anwendungsnamen in

das Pop-up ein, und vergeben Sie eine passende Beschreibung. Bestätigen Sie Ihre Eingaben.

2. Sie gelangen nun in den Anwendungseditor. Gehen Sie zum Feld INTERFACE-VIEW, und wählen Sie über die Wertehilfe das Window W_NAVIGATION aus. Wechseln Sie anschließend zum Feld PLUG-NAME, und suchen Sie dort den automatisch mit dem Window angelegten Interface-Plug DEFAULT aus. Speichern Sie anschließend die Anwendung.

Test

3. Testen Sie nun Ihre Anwendung, indem Sie in der Toolbar auf den TESTEN-Button klicken. In dem sich nun öffnenden Browser-Fenster können Sie durch einen Klick auf die Buttons zwischen den Views V_TWO und V_THREE hin- und herwechseln. Abbildung 2.39 zeigt Ihnen das Ergebnis.

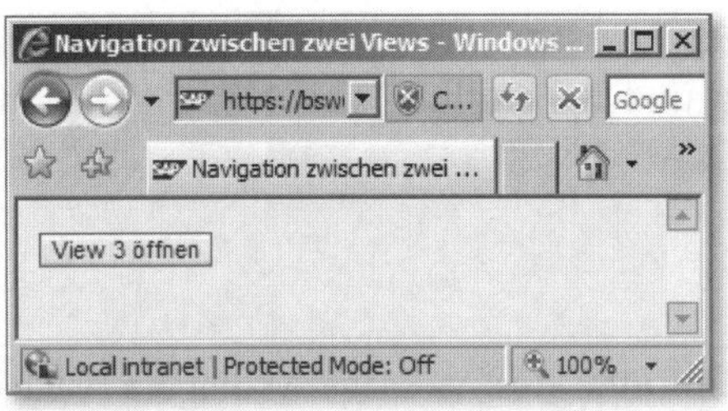

Abbildung 2.39 Test der Anwendung

2.3.3 Nachrichten – Message Manager und Message Area

Klassische Nachrichten

Die Benachrichtigung von Benutzern in ABAP-Programmen mithilfe der MESSAGE-Anweisung dürfte keine Neuigkeit für Sie sein:

```
MESSAGE <Typ><Nr>(<Klasse>) WITH <Parameter>.
```

Bei Verwendung dieser Anweisung müssen Sie einen Nachrichtentyp (zum Beispiel w für Warning), eine Nachrichtennummer und die Nachrichtenklasse der Meldung angeben. Darüber hinaus haben Sie die Möglichkeit, jede Nachricht um bis zu vier Variablenwerte zu ergänzen. In der Regel werden MESSAGE-Nachrichten in der Statusleiste angezeigt. Da alle MESSAGE-Nachrichten in der Datenbanktabelle T100 abgelegt werden, spricht man hier im Allgemeinen auch von T100-Nachrichten.

Nachrichten in Web Dynpro

In Web Dynpro ist die Nachrichtenausgabe von T100-Nachrichten mithilfe der MESSAGE-Anweisung nicht möglich. Stattdessen stellt Ihnen SAP für die Meldungsanzeige und Verwaltung die Message

Area und den Message Manager zur Verfügung, die im Folgenden erläutert werden.

- **Message Area**
  Die Message Area stellt einen Nachrichtenbereich dar, in dem Meldungen visualisiert werden können. Web Dynpro unterscheidet zwei Arten der Message Area:
  - Die Standard-Message-Area wird im Kopf einer Web-Dynpro-Seite bei Bedarf oder wahlweise dauerhaft eingeblendet.
  - Bei der Verwendung des UI-Elementes `MessageArea` haben Sie die Möglichkeit, die Message Area frei innerhalb Ihrer Views zu platzieren.
- **Message Manager**
  Um Meldungen an die Message Area senden zu können, existiert der Message Manager. Der Message Manager ist das zentrale Objekt für die Verwaltung und Behandlung von Nachrichten in Web Dynpro.

Nachrichtenquellen

In Web Dynpro können Sie mithilfe des Message Managers Nachrichten aus verschiedenen Textquellen ausgeben:

- **Texte**
  Sie können beliebige Texte für die Ausgabe von Meldungen verwenden. Dies können zum Beispiel Kurztexte aus dem Online-Text-Repository (siehe Abschnitt 11.4.2, »Texte aus dem Online Text Repository«), Textsymbole aus der Assistenzklasse oder Texte aus dem ABAP Dictionary sein. Die Verwendung dieser Textquellen wird ausführlich in Abschnitt 11.4, »Nachrichten und Internationalisierung«, besprochen.
- **T100**
  In Tabelle `T100` werden Texte sprachenabhängig gruppiert in Nachrichtenklassen gespeichert. Für jede Nachricht kann ein Langtext angelegt werden, der Zusatzinformationen zu der Nachricht für den Benutzer liefert. In der Nachricht und im Langtext können Platzhalter verwendet werden, um Informationen während der Laufzeit in die Texte einzumischen.
- **Ausnahmen**
  Ausnahmen (Exceptions) sind ein Teil des Ausnahmemechanismus

in ABAP Objects und werden über ABAP-Klassen definiert. Die Ausnahmeklassen leiten sich von der ABAP-Klasse `CX_ROOT` ab. Der Message Manager kann auf solche Weise angelegte Ausnahmen abfangen und die Fehlernachricht entsprechend ausgeben.

In den folgenden Abschnitten »Message Area« und »Message Manager« stellen wir Ihnen die Verwendung der jeweiligen Objekte im Detail vor.

Message Area

Die Message Area stellt den Bereich für die Nachrichtenausgabe innerhalb einer Web-Dynpro-Anwendung dar. Sie ermöglicht die Darstellung von beliebigen Nachrichten/Texten, gleichwohl folgt sie auch weiterhin dem klassischen SAP-Nachrichtenschema mit Nachrichtentypen (zum Beispiel Information, Warnung, Fehler) und der Angabe von Langtexten. Abbildung 2.40 zeigt Ihnen ein Beispiel für die Message Area.

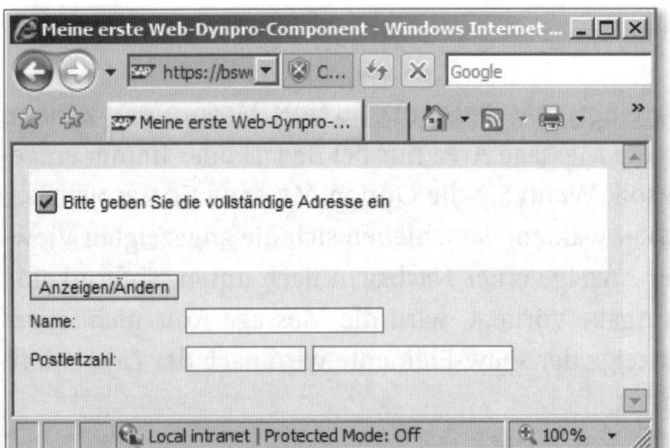

Abbildung 2.40 Message Area

Standard-Message-Area

Sie können die Message Area auf zwei verschiedene Arten in Ihren Anwendungen verwenden. Die erste Möglichkeit besteht darin, die Message Area in einem von Web Dynpro vordefinierten Bereich im Kopf der Seite anzeigen zu lassen. In diesem Fall wird von der Standard-Message-Area gesprochen. Die Einbindung des UI-Elementes `MessageArea`, das die zweite Möglichkeit darstellt, ist hier nicht erforderlich. Bereits bei Abbildung 2.40 konnten Sie einen Screenshot mit der Standard-Message-Area sehen.

Anzeige

Sie können bestimmen, ob die Message Area immer oder nur bei Bedarf eingeblendet werden soll. Haben Sie eingestellt, dass die Message Area immer sichtbar ist, zeigt diese im Fall, dass keine Meldungen vorhanden sind, den Text »Keine Nachrichten« an. Um diese Einstellung vorzunehmen, müssen Sie in die Eigenschaften der entsprechenden Web-Dynpro-Anwendung wechseln, wie Sie es in Abbildung 2.41 sehen können.

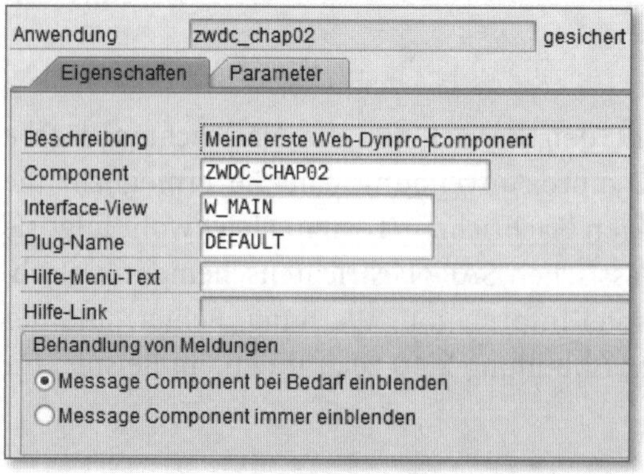

Abbildung 2.41 Sichtbarkeit der Message Area

In der Eigenschaftengruppe Behandlung von Meldungen können Sie festlegen, ob die Message Area nur bei Bedarf oder immer eingeblendet werden soll. Wenn Sie die Option Message Component bei Bedarf einblenden wählen, verschieben sich die angezeigten View-Elemente bei der Anzeige einer Nachricht nach unten. Sofern keine Nachricht zur Ausgabe vorliegt, wird die Message Area nicht angezeigt, und die Anzeige der View-Elemente wird nach der Layoutdefinition durchgeführt.

UI-Element MessageArea

Alternativ können Sie die Message Area auch an einer beliebigen Stelle innerhalb Ihres Layouts mithilfe des UI-Elementes `MessageArea` einbinden. Dadurch ist es Ihnen möglich, die Nachrichten an einer beliebigen Stelle im Layout auszugeben. Falls Sie dieses UI-Element einsetzen, müssen Sie nur darauf achten – speziell bei der Wiederverwendung von Components –, dass es in der gesamten Web-Dynpro-Anwendung pro Window nur einmal eingesetzt wird, da es anderenfalls zu Laufzeitfehlern kommt.

Eigenschaften der Message Area

Unabhängig davon, ob Sie die Standard-Message-Area oder das `MessageArea`-Element zur Anzeige Ihrer Meldungen verwenden, können Sie das Erscheinungsbild der Message Area beeinflussen. So können Sie beispielsweise die Anzahl der maximal gleichzeitig anzuzeigenden Nachrichten einstellen. Eine vollständige Auflistung der möglichen `MessageArea`-Eigenschaften finden Sie in der Referenz des Elementes in Kapitel 4, »UI-Elemente und ihre Eigenschaften«.

Attribuierung

Bei der Einbindung der Message Area mithilfe des UI-Elementes können Sie deren Erscheinungsbild über die Eigenschaften im Layout-Editor des jeweiligen Views bearbeiten. Bei der Verwendung der Standard-Message-Area können Sie das Erscheinungsbild der Message Area über die API des Window-Controllers verändern. Listing 2.3 zeigt hierzu ein Beispiel.

```
DATA: lo_window_api   TYPE REF TO if_wd_window_controller,
      lo_message_area TYPE REF TO if_wd_message_area.

" Window-API und Message Area ermitteln
lo_window_api  ?= wd_this->wd_get_api( ).
lo_message_area = lo_window_api->get_message_area( ).

" Eigenschaften der Message Area setzen
CALL METHOD lo_message_area->set_display_attributes
  EXPORTING
    i_show_only_current   = abap_true
    i_msg_lines_visible   = 3
    i_use_toggle_area     = abap_false
    i_for_all_instances   = abap_true
    i_display_empty_lines = abap_false.
```

Listing 2.3 Attribuierung der Message Area

[+]

Hinweis: Mit SAP NetWeaver 7.0 SP11 hat sich das Design für Nachrichten der Message Area geändert. Standardmäßig ist das neue Design aktiv; Sie können jedoch über den Parameter `i_use_toggle_area = 'X'` der Methode `set_display_attributes( )` zum alten Design zurückkehren.

Message Manager

Aufgaben

Um Meldungen an den Benutzer senden zu können, existiert der Message Manager, der über die API des aktuellen Controllers bezogen werden kann. Der Message Manager ist das zentrale Objekt für die Verwaltung und Behandlung von Nachrichten und stellt dabei Methoden zur Verfügung, um Texte aus unterschiedlichen Quellen zu beziehen und diese mit der passenden Übersetzung in die Message Area zu setzen.

Message-Manager-Referenz ermitteln

Der Message Manager basiert auf dem Referenztyp IF_WD_MESSAGE_MANAGER. Sie können eine Referenz auf den Message Manager über die API eines beliebigen Controllers der Component durch den Aufruf der API-Methode get_message_manager( ) ermitteln. Listing 2.4 gibt Ihnen hierzu ein Beispiel.

```
DATA: lo_cntr_api      TYPE REF TO if_wd_controller,
      lo_msg_manager TYPE REF TO if_wd_message_manager.

* Controller-API und Message Manager ermitteln
lo_cntr_api = wd_this->wd_get_api( ).
lo_msg_manager = lo_cntr_api->get_message_manager( ).
```

Listing 2.4 Ermittlung der Message-Manager-Referenz

[*]

> **Tipp**: Um effizient mit dem Message Manager in der Web-Dynpro-Component arbeiten zu können, ist es ratsam, in einem Initialisierungsschritt die Referenz auf den Message Manager zu ermitteln und diese Referenz so abzulegen, dass alle Controller darauf zugreifen können.
>
> Zur zentralen Ablage des Message Managers bietet sich meist die Verwendung des Component-Controllers an.

Web-Dynpro-Code-Wizard

Zur Ermittlung der Message-Manager-Referenz können Sie auch auf die Funktionalitäten des Web-Dynpro-Code-Wizards zurückgreifen. Dieser generiert das Coding für den Zugriff auf eine der Message-Manager-Methoden. Setzen Sie dazu den Cursor auf die jeweilige Stelle, und rufen Sie das Code-Wizard-Popup durch einen Klick auf das Code-Wizard-Symbol auf. Wechseln Sie auf die Registerkarte ALLGEMEIN, und wählen Sie dort die Option MELDUNG ERZEUGEN aus, wie in Abbildung 2.42 am Beispiel der Methode report_success( ) dargestellt ist.

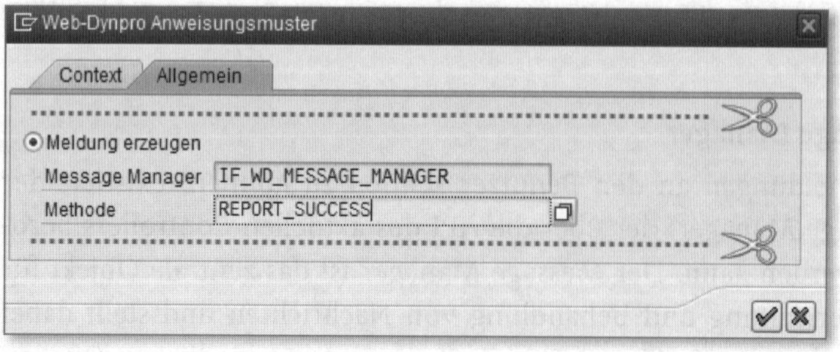

Abbildung 2.42 Meldung mit dem Web-Dynpro-Code-Wizard erzeugen

Möglichkeiten

Das Interface des Message Managers bietet Ihnen eine Vielzahl von Methoden zur Verwaltung und Ausgabe von Meldungen an. So können Sie beispielsweise Meldungen aus den verschiedensten Textquellen ausgeben, wie beispielsweise OTR-Texte, T100-Nachrichten oder Meldungen von Ausnahmeobjekten. Darüber hinaus stellt Ihnen der Message Manager Methoden zur Abfrage der aktuell angezeigten Meldungen und zu deren Löschung bereit.

Parametertabelle

Eine Vielzahl von Elementen bietet Ihnen die Möglichkeit, den Nachrichtentext mit Werten aus einer Parametertabelle anzureichern. Diese Tabelle lässt sich mit den Meldungsvariablen MESSAGE_V1 bis MESSAGE_V4 aus der T100-Welt vergleichen. Im Unterschied zur klassischen Variante haben Sie durch die Tabelle den Vorteil, dass Sie eine nahezu beliebige Menge von Parametern übergeben können. Hierzu bietet ein Großteil der Message-Manager-Methoden Importing-Parameter params vom Tabellentyp WDR_NAME_VALUE_LIST an.

Listing 2.4 zeigt Ihnen am Beispiel der Fehlerbehandlung des Postleitzahlen-Eingabefeldes, wie Sie diese Tabelle einsetzen können.

```
DATA: lt_params  TYPE wdr_name_value_list,
      ls_param   TYPE wdr_name_value,
      lv_message TYPE string.
* Meldungstext, mit Platzhalter für Postleitzahl, definieren
lv_message    = '&PLZ& ist keine gültige Postleitzahl'.
* Parameternamen und Wert festlegen
ls_param-name  = 'PLZ&'.
CALL METHOD wd_context->get_attribute
  EXPORTING
    name  = 'POSTCODE'
  IMPORTING
    value = ls_param-value.
APPEND ls_param TO lt_params.
* Meldung an den Message Manager übergeben
CALL METHOD lo_msg_manager->report_error_message
  EXPORTING
    message_text   = lv_message
    params         = lt_params.
```

Listing 2.5 Nachrichtenausgabe mit Parametertabelle

Context-Verknüpfung

Darüber hinaus ist es möglich, einzelne Meldungen mit Elementen des Contexts zu verbinden. Hierdurch können Sie die Meldungen direkt bei einem mit dem Context verbundenen UI-Element (zum

Beispiel Eingabefeld) einblenden und einen Link zwischen Meldung und UI-Element herstellen. Abbildung 2.43 zeigt Ihnen hierzu ein einfaches Beispiel.

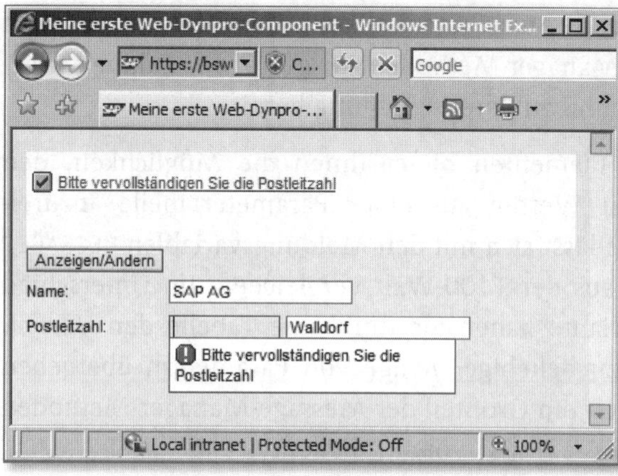

Abbildung 2.43 Mit dem Context verlinkte Meldung

Zur Ausgabe einer solchen kontextbezogenen Fehlermeldung ist es erforderlich, dem Message Manager eine Referenz auf das Context-Element und den Namen des Attributes zu übergeben. Listing 2.6 zeigt Ihnen hierzu ein Beispiel.

```
DATA: lo_root_element TYPE REF TO if_wd_context_element.
lo_root_element = wd_context->get_lead_selection( ).
* Gib eine Meldung für die Postzeitzahl aus
CALL METHOD lo_msg_manager->report_attribute_message
  EXPORTING
   message_text  = 'Bitte vervollständigen Sie die Postleitzahl'
    message_type   = if_wd_message_manager=>co_type_standard
    element        = lo_root_element
    attribute_name = 'POSTCODE'.
```

Listing 2.6 Kontextbezogene Meldung

Navigations-verhalten/ Phasenmodell

Zuletzt haben Sie noch die Möglichkeit, das Web-Dynpro-Phasenmodell (siehe Abschnitt 2.4.4) und somit das Navigationsverhalten zwischen Views mithilfe von Meldungen des Message Managers zu beeinflussen. So können beispielsweise Fehlermeldungen die Navigation zu einem Folge-View oder die Ausführung einer Aktion verhindern. Dieses Thema wird im folgenden Abschnitt, »Message Manager – Nachrichten und Navigationsverhalten«, behandelt.

Im Folgenden stellen wir Ihnen eine Auflistung der Methoden des Message Managers nach den Meldungskategorien gruppiert zusammen. Es handelt sich um die Kategorien Text, T100, Ausnahmen und die sonstigen Methoden.

Kategorie Text

Um eine Nachricht aus der Kategorie Text zu senden, müssen Sie zuerst den Nachrichtentext ermitteln. Über den für alle Methoden dieser Kategorie angebotenen Parameter `params` ist es möglich, den Text um zusätzliche Werte aus einer Parametertabelle zu ergänzen. Ein Teil der Methoden bietet eine Verlinkung von UI-Elementen mit der Meldung über den Context an. In Tabelle 2.2 sehen Sie die Methoden der Kategorie Text.

Methode	Beschreibung	Besonderheiten
`report_success( )`	Gibt eine Erfolgsmeldung aus.	Parametertabelle
`report_warnung( )`	Gibt eine Warnung aus.	Parametertabelle
`report_message( )`	Gibt eine einfache Meldung aus. Über den Parameter `message_type` ist es möglich, Erfolgsmeldungen, Warnungen oder Fehler auszugeben.	Parametertabelle
`report_attribute_message( )`	Gibt eine Meldung zu einem Context-Attribut aus. Über den Parameter `message_type` ist es möglich, Erfolgsmeldungen, Warnungen oder Fehler auszugeben.	Parametertabelle, Context-Link
`report_error_message( )`	Gibt eine Fehlermeldung aus.	Parametertabelle
`report_fatal_error_message( )`	Gibt eine fatale Fehlermeldung aus. Wird diese Methode innerhalb von `wddoinit( )`, `wddoexit( )`, `wddomodifyview( )` oder eines Inbound-Plug-Behandlers aufgerufen, bricht die gesamte Anwendung mit einem Laufzeitfehler ab.	Parametertabelle
`report_attribute_error_message( )`	Gibt eine Fehlermeldung zu einem Context-Attribut aus.	Parametertabelle, Context-Link, Phasenmodell

Tabelle 2.2 Message-Manager-Methoden der Kategorie »Text«

Methode	Beschreibung	Besonderheiten
report_element_ error_message( )	Gibt eine Ausnahme zu mehreren Context-Attributen aus.	Parametertabelle, Context-Link, Phasenmodell

Tabelle 2.2 Message-Manager-Methoden der Kategorie »Text« (Forts.)

Kategorie T100 Für die Ausgabe von Texten aus der Tabelle T100 stehen drei Methoden des Message Managers zur Verfügung. Allen drei Methoden müssen zumindest die Nachrichtennummer, die Nachrichtenklasse und der Nachrichtentyp übergeben werden. In Tabelle 2.3 sehen Sie die Methoden der Kategorie T100.

Methode	Beschreibung	Besonderheiten
report_t100_ message( )	Gibt eine Meldung auf Basis eines Eintrags in Tabelle T100 aus.	Parametertabelle
report_attribute_ t100_message( )	Gibt eine T100-Meldung zu einem Context-Attribut aus.	Parametertabelle, Context-Link
report_element_ t100_message( )	Gibt eine T100-Meldung zu mehreren Context-Attributen aus.	Parametertabelle, Context-Link, Phasenmodell

Tabelle 2.3 Message-Manager-Methoden der Kategorie »T100«

Kategorie Ausnahmen Bei den Methoden der Kategorie Ausnahmen besteht keine Möglichkeit, Platzhalter durch konkrete Werte zu ersetzen. In Tabelle 2.4 sehen Sie die Methoden der Kategorie Ausnahmen.

Methode	Beschreibung	Besonderheiten
report_ exception( )	Gibt eine Ausnahme aus.	–
report_fatal_ exception( )	Gibt eine fatale Ausnahme aus. Wird diese Methode innerhalb von wddoinit( ), wddoexit( ), wddomodifyview( ) oder eines Inbound-Plug-Behandlers aufgerufen, bricht die gesamte Anwendung mit einem Laufzeitfehler ab.	–

Tabelle 2.4 Message-Manager-Methoden der Kategorie »Ausnahmen«

Methode	Beschreibung	Besonderheiten
`report_attribute_exception( )`	Gibt eine Ausnahme zu einem Context-Attribut aus. Beeinflusst das Phasenmodell/Navigationsverhalten.	Context-Link, Phasenmodell
`report_element_exception( )`	Gibt eine Ausnahme zu mehreren Context-Attributen aus.	Context-Link, Phasenmodell

Tabelle 2.4 Message-Manager-Methoden der Kategorie »Ausnahmen« (Forts.)

Sonstige Methoden

Neben den Methoden zur Ausgabe von Meldungen besitzt der Message Manager weitere Methoden zu deren Verwaltung. Tabelle 2.5 listet diese Methoden auf.

Methode	Beschreibung
`is_empty( )`	Fragt ab, ob Meldungen vorhanden sind.
`clear_messages( )`	Löscht alle Meldungen.
`remove_message( )`	Löscht eine einzelne Meldung.
`get_messages( )`	Liest alle Meldungen des Message Managers.
`get_messages_for_id( )`	Gibt die Meldung zu einer bestimmten `MESSAGE_ID` zurück.
`has_val_errors_for_window( )`	Anfrage, ob Validierungsmeldungen für ein Window existieren.
`has_validation_errors( )`	Anfrage, ob generell Validierungsmeldungen existieren.

Tabelle 2.5 Sonstige Message-Manager-Methoden

Gültigkeitsdauer von Meldungen

Standardmäßig werden Meldungen immer nur bis zur nächsten Aktionsausführung in der Message Area angezeigt und im Message Manager gespeichert. Es ist jedoch auch möglich, Meldungen für einen längeren Zeitraum im Message Manager zu halten. Unterschieden werden daher diese beiden Meldungsarten:

- **Standardmeldungen**
  Diese Meldungen werden vor der Ausführung einer Aktion durch die Web-Dynpro-Laufzeit gelöscht und müssen daher bei Bedarf in jedem HTTP-Roundtrip neu erzeugt werden.
- **Permanente Meldungen**
  Diese Meldungen werden nicht automatisch vor der Ausführung einer Aktion gelöscht. Durch die Angabe eines Gültigkeitsbereichs

über den Parameter scope_permanent_msg kann die Lebensdauer einer permanenten Meldung festgelegt werden. Mögliche Gültigkeitsbereiche sind: Component, Controller, Context-Element. Soll eine Meldung permanent sein, muss diese bei der Erzeugung als is_permanent gekennzeichnet werden.

Message Manager – Nachrichten und Navigationsverhalten

Nachrichten werden im Allgemeinen als Reaktion auf Prüfungen ausgegeben. Zeigt das Ergebnis einer Prüfung einen Fehler an, ist es manchmal erforderlich, die Verarbeitung des Programms abzubrechen und den Benutzer zu einer neuen Eingabe aufzufordern. Web Dynpro bietet hier ein ausgeklügeltes Modell zur Unterbrechung der Aktionsverarbeitung und der Navigation in Verbindung mit dem Message Manager an, das wir Ihnen im Folgenden vorstellen.

Framework- und Anwendungsmeldungen

Web Dynpro unterscheidet zwischen Framework-Meldungen, die direkt aus dem Web-Dynpro-Framework kommen, und Meldungen aus der Anwendungslogik, die in beliebigen Situationen von der Applikation ausgegeben werden können. Framework-Meldungen erscheinen zum Beispiel, wenn Sie in ein Datumsfeld einen Nicht-Datumswert oder in ein Feld für die Domänenangabe einen Nicht-Domänenwert eingeben. Eine Prüfung innerhalb der Anwendung könnte sein, ob der eingegebene Datumswert in der Zukunft liegt.

Beim Schreiben von Meldungen haben Sie mit dem Importing-Parameter cancel_navigation die Möglichkeit, den Wechsel auf andere Views durch die Beeinflussung des Phasenmodells zu verhindern. Für Framework-Meldungen ist cancel_navigation immer automatisch aktiv.

Auch Aktionen vom Typ Standard werden im Fall der Aktivierung von cancel_navigation nicht mehr ausgeführt. Bei contextbezogenen Fehlermeldungen können Sie jedoch die Ausführung von Standardaktionen durch das Setzen von is_validation_independent weiterhin zulassen. Dieser Parameter gilt nicht für das Navigationsverhalten. Beachten Sie an dieser Stelle, dass Sie Aktionen auch gezielt durch die Auswahl des Typs VALIDIERUNGSUNABHÄNGIG von der Unterbrechung im Fehlerfall ausnehmen können.

Zeitpunkt der Überprüfung

Damit eine Navigation und Aktionsausführung im Fehlerfall auch wirklich verhindert werden kann, ist es unumgänglich, dass die Meldung vor der Durchführung der Navigation bzw. der Aktion in der

Message Area vorliegt. Aus diesem Grund sollten Sie jegliche Eingabeüberprüfungen innerhalb der `wddobeforenavigation( )`-Methoden Ihrer Views durchführen.

Auswirkungen auf das Phasenmodell

Neben den bereits erwähnten Auswirkungen auf die Navigation und auf die Aktionsausführung unterbinden Fehlermeldungen mit `cancel_navigation` auch die Ausführung der im Phasenmodell nach `wddobeforeaction( )` folgenden View-Methoden `wddoafteraction( )`, `wddobeforenavigation( )` und `wddomodifyview( )`. Weitere Informationen über das Phasenmodell erhalten Sie in Abschnitt 2.4.4.

[*]

Tipp: Im Web-Dynpro-Layout-Editor haben Sie durch das Setzen der Eigenschaft `state` auf `required` die Möglichkeit, einzelne Felder als Mussfelder zu kennzeichnen. Dadurch wird vor dem UI-Element ein roter Stern angezeigt. Da das Web-Dynpro-Framework für Mussfelder jedoch keine weitere direkte Unterstützung anbietet, muss die Prüfung auf diese Felder explizit implementiert werden. Hierzu können Sie auf die Methode `check_mandatory_attr_on_view( )` der Klasse `CL_WD_DYNAMIC_TOOL` zurückgreifen. Das folgende Beispiel überprüft alle Mussfelder eines Views vor Ausführung der Aktion `SAVE`:

```
METHOD wddobeforeaction.
  DATA: lo_api_controller TYPE REF TO if_wd_view_controller,
        lo_action         TYPE REF TO if_wd_action.
  lo_api_controller = wd_this->wd_get_api( ).
  lo_action = lo_api_controller->get_current_action( ).
  " Aktion auswerten
  IF lo_action IS BOUND.
    IF lo_action->name EQ 'SAVE'.
      cl_wd_dynamic_tool=>check_mandatory_attr_on_view(
        EXPORTING view_controller = lo_api_controller ).
    ENDIF.
  ENDIF.
ENDMETHOD.
```

2.4 Controller

In den vorangegangenen Abschnitten wurden bereits mehrmals einige Web-Dynpro-Controller erwähnt und teils auch in kleinerem Umfang verwendet. Diese Controller werden in diesem Abschnitt ausführlich dargestellt.

2.4.1 Controller-Typen

Das Web-Dynpro-Framework unterscheidet fünf verschiedene Controller-Typen:

Controller-Typen

- **Component-Controller**
  Der Component-Controller stellt den globalen Zugriffspunkt innerhalb einer jeden Web-Dynpro-Component dar. Er beinhaltet Konstruktor- und Destruktormethoden, die bei der Erstellung bzw. Löschung der Component ausgeführt werden. Jede Component besitzt exakt einen Component-Controller. Er eignet sich vor allem zur componentübergreifenden Kommunikation sowie zur Model-Anbindung. Darüber hinaus dient der Component-Controller mithilfe des Contexts, der in Abschnitt 2.5 ausführlich vorgestellt wird, als globale Schnittstelle zum Datenaustausch zwischen den Windows und den Views der Component.
- **View-Controller**
  Die View-Controller sind nur innerhalb des entsprechenden Views sichtbar, und jeder View hat seinen eigenen Controller. Hauptaufgaben dieses Controllers sind vor allem die Reaktion auf die vom Benutzer ausgelösten Aktionen, die Überprüfung der Benutzereingaben auf Korrektheit hin nach den im Controller fest definierten Regeln sowie die Steuerung der Eigenschaften der im View beheimateten UI-Elemente.
- **Window-Controller**
  Im Unterschied zum View-Controller ist der Window-Controller innerhalb des jeweiligen Windows und der darin befindlichen Views sichtbar. Beim Start von Web-Dynpro-Anwendungen wird der Window-Controller über im Window definierte Inbound-Plugs angesprochen. Pro Instanz einer Component kann immer nur ein Window gleichzeitig verwendet werden. Ausgehend vom Zugriff auf den Window-Controller der Views, muss das Window den Views explizit bekannt gemacht werden.
- **Custom-Controller**
  Custom-Controller können in beliebiger Zahl vom Entwickler erstellt werden. Sie besitzen die gleichen Eigenschaften wie der Component-Controller und eignen sich somit vor allem zum view- und windowübergreifenden Datenaustausch und zur Model-Anbindung.
- **Interface-Controller**
  Der Component-Interface-Controller veröffentlicht Methoden und Aktionen des Component-Controllers im Component-Interface. Die Definition von Methoden dieses Controllers muss somit immer über den Component-Controller erfolgen, da es sich beim

Interface-Controller um ein Interface und nicht um einen Controller im eigentlichen Sinn handelt. Durch das Setzen des `Interface`-Flags im Component-Controller wird die entsprechende Methode componentübergreifend sichtbar.

Tabelle 2.6 fasst nochmals die verschiedenen Controller-Typen zusammen.

Controller	Aktionen	Ereignisse	Plugs	Sichtbarkeit
Component		✓		componentweit
View	✓		✓	lokaler View
Window			✓	componentweit (lokaler View)
Custom		✓		componentweit
Interface		✓	✓	extern

Tabelle 2.6 Bestandteile von Controllern

2.4.2 Attribute

In diesem Abschnitt stellen wir Ihnen die Attribute der Controller vor. Sie können für jeden Controller, ähnlich wie bei ABAP-Klassen, eigene Attribute anlegen. Sie verwenden Attribute, um alle nicht UI-relevanten Anwendungsdaten – beispielsweise Objektreferenzen – abzulegen (für UI-relevante Daten wird der Context verwendet; siehe Abschnitt 2.5).

In Abbildung 2.44 ist die Registerkarte Attribute des Component-Controllers zu sehen. Auf dieser werden die im Controller definierten Attribute in tabellarischer Form dargestellt. Durch Setzen des Häkchens in der Spalte Public können Sie Attribute für die verbliebenen Controller innerhalb der Component sichtbar machen.

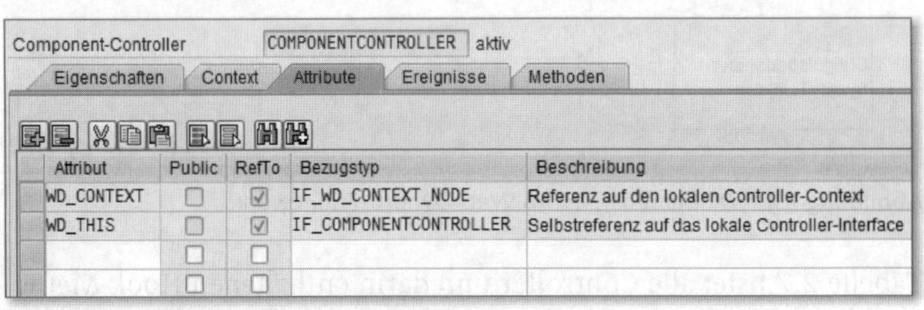

Abbildung 2.44 Attribute im Component-Controller

Standardattribute

Standardmäßig beinhaltet jeder Controller die Attribute `wd_this` und `wd_context`. Beim Attribut `wd_this` handelt es sich um eine Selbstreferenz auf den jeweiligen Controller. Über diese können Sie auf die Methoden und Attribute des Controllers zugreifen. Das Attribut `wd_context` ist eine Referenz auf den Wurzelknoten des jeweiligen Contexts und wird ausführlich in Abschnitt 2.5 erläutert. View- und Window-Controller besitzen außerdem standardmäßig das Attribut `wd_comp_controller`. Über dieses Attribut können Sie direkt vom View oder Window aus auf die Methoden und Attribute (Voraussetzung ist, dass sie als PUBLIC definiert sind) des Component-Controllers zugreifen.

Sichtbarkeit

Grundsätzlich ist es möglich, auf die Attribute oder Methoden eines Controllers durch andere Controller zuzugreifen. Hierbei müssen jedoch die Regeln zur Verwendung und Sichtbarkeit von Controllern beachtet werden, die in Abschnitt 2.4.5 besprochen werden.

2.4.3 Methoden

In Abbildung 2.45 ist die Registerkarte METHODEN des Component-Controllers dargestellt. Je nach Controller-Typ bietet Web Dynpro eine Reihe von Standardmethoden, die es dem Entwickler ermöglichen, zu einem bestimmten Zeitpunkt in den Programmablauf einzugreifen. Da diese Methoden ausschließlich von der Laufzeit zu einem festgelegten Zeitpunkt gerufen werden können, werden sie auch Hook-Methoden genannt.

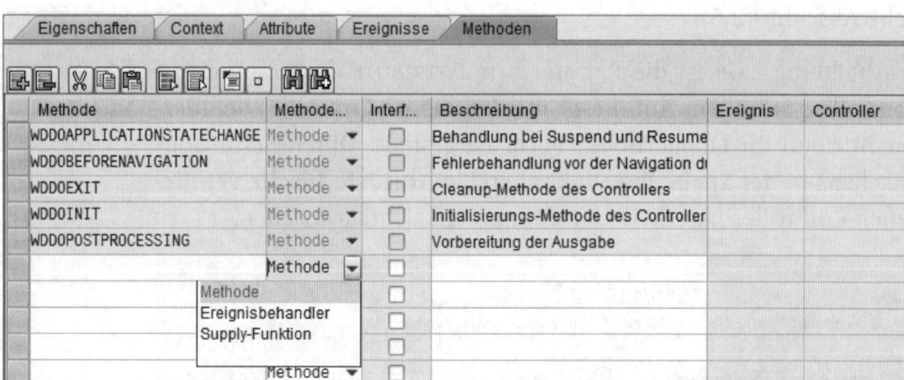

Abbildung 2.45 Methodentypen im Web-Dynpro-Framework

Hook-Methoden

Tabelle 2.7 listet alle Controller und darin enthaltenen Hook-Methoden auf. Im Anschluss werden die Hook-Methoden einzeln beschrieben. Der Aufrufzeitpunkt und die Aufrufreihenfolge der Hook-Methoden werden in Abschnitt 2.4.4, »Phasenmodell«, erläutert.

Controller	Verfügbare Hook-Methoden
Component	wddoinit( ), wddoexit( ), wddobeforenavigation( ), wddopostprocessing( ), wddoapplicationstate-change( )
Window	wddoinit( ), wddoexit( ), wddoonopen( ), wddoonclose( )
View	wddoinit( ), wddoexit( ), wddobeforeaction( ), wddoafteraction( ), wddomodifyview( )
Custom	wddoinit( ), wddoexit( )

Tabelle 2.7 Übersicht über alle Web-Dynpro-Hook-Methoden

Die Methoden `wddoinit( )` und `wddoexit( )` existieren bei jedem Controller-Typ und sind mit dem Konstruktor bzw. Destruktor von Objekten in anderen objektorientierten Programmiersprachen vergleichbar.

- `wddoinit( )` wird immer dann aufgerufen, wenn ein Controller neu instanziert wird. Innerhalb der Methode können Sie beispielsweise Hilfsklassen instanzieren oder Initialwerte von Attributen und des Contexts setzen.
- Im Gegenzug bietet Ihnen die Methode `wddoexit( )` beim Verlassen des Controllers die Gelegenheit, aufzuräumen, Hilfsobjekte zu löschen und Sperren freizugeben.

In der Praxis gehören `wddoinit( )` und `wddoexit( )` zu den wichtigsten Standardmethoden.

Hook-Methoden des Component-Controllers

Neben der `wddoinit( )`- und `wddoexit( )`-Methode bietet der Component-Controller noch drei weitere Hook-Methoden:

- Eine davon ist `wddoapplicationstatechange( )`. Diese Methode wird immer dann durchlaufen, wenn sich der Zustand einer Anwendung ändert, das heißt genau dann, wenn die Anwendung vom laufenden in den Suspend-Modus übergeht und anschließend über den Resume-Plug wieder aufgenommen wird. Diese beiden Plugs wurden bereits unter »Plug-Typen« in Abschnitt 2.3.2 beschrieben. Vor allem im Rahmen der Portalnavigation ist diese Methode von größerer Bedeutung.

- Die Methode `wddobeforenavigation( )` wird vor allem in komplexeren Anwendungen zur Validierung von Benutzereingaben verwendet. Tritt während der Validierung ein Fehler auf, kann die Navigation innerhalb der Methode durch die Ausgabe einer Fehlermeldung vom Anwendungsentwickler abgebrochen werden. Weitere Informationen zur Meldungsausgabe und Tipps zur Verwendung der Methode finden Sie in Abschnitt 2.3.3, »Nachrichten – Message Manager und Message Area«.
- Kurz vor der Rendering-Phase der Benutzeroberfläche ermöglicht die Methode `wddopostprocessing( )` nochmals einen letzten Zugriff auf die Component. Sie können diese Methode beispielsweise für anwendungsspezifische Bereinigungsarbeiten heranziehen.

Hook-Methoden des Window-Controllers

Jeder Window-Controller besitzt die beiden Hook-Methoden `wddoonopen( )` und `wddoonclose( )`. Diese Methoden werden immer nur dann durchlaufen, wenn ein Window als Dialogfenster geöffnet bzw. geschlossen wird. Da mit dem Öffnen eines Dialogfensters keine Navigation verbunden ist, wird auch kein Inbound-Plug gerufen und keine damit verbundene Ereignisbehandler-Methode durchlaufen. Die Methode `wddoonopen( )` dient daher unter anderem zur eventuellen Implementierung von Initialisierungen des Windows.

Hook-Methoden des View-Controllers

Die nach `wddoinit( )` und `wddoexit( )` wohl wichtigste Hook-Methode ist `wddomodifyview( )`. Diese Methode wird vor der Generierung des Views aufgerufen und ermöglicht die dynamische Modifizierung des Views zur Laufzeit. Dementsprechend ist sie auch nur im View-Controller verfügbar. Die dynamische Modifizierung von Views wird in Kapitel 7, »Dynamische Programmierung«, ausführlich vorgestellt.

Zusätzlich bietet der View noch die beiden Methoden `wddobeforeaction( )` und `wddoafteraction( )` an. Diese erlauben den Eingriff in das Geschehen vor bzw. nach der Ausführung von View-Aktionen.

Methodentypen

Bei den Controller-Methoden unterscheidet Web Dynpro zwischen drei verschiedenen Methodentypen:

- **Methoden**
  Hierbei handelt es sich um Methoden im klassisch objektorientierten Sinn. Sie werden durch Eingabe des Methodennamens in der Spalte METHODE auf der Registerkarte METHODEN angelegt. Mithilfe eines Doppelklicks auf den Methodennamen können Sie von

der Methodenliste in den Rumpf der Methode navigieren. Innerhalb des Rumpfes können Sie neben der Eingabe des Codings eine beliebige Anzahl an Übergabeparametern definieren.

- **Ereignisbehandler**

  Zur controller- und componentübergreifenden Navigation können innerhalb des Component- und Custom-Controllers Ereignisse definiert werden. Nach dem Auslösen des Ereignisses wird von der Laufzeit automatisch der zugehörige Ereignisbehandler in allen auf das Ereignis registrierten Controllern aufgerufen.

  Durch die Auswahl des Typs EREIGNISBEHANDLER können Sie die jeweilige Methode auf die verfügbaren Ereignisse registrieren. Wird ein Ereignis in das Component-Interface aufgenommen, können Sie Ereignisse sogar componentübergreifend ausführen (siehe Abschnitt 2.4.6, »Aktionen und Ereignisse«).

- **Supply-Funktionen**

  Supply-Funktionen dienen dem automatischen Füllen von Context-Knoten bei Anforderung. Sie werden in Abschnitt 2.5.8 beschrieben.

Hinweis: Component-Methoden oder Ereignisbehandler werden durch das Web-Dynpro-Framework gerufen. Dieses versorgt alle Web-Dynpro-Methodenparameter unabhängig von den wirklich verwendeten Parametern. Innerhalb von Controller-Methoden ist daher die Abfrage der Methoden-Parameterschnittstelle über die Zusätze `IS REQUESTED` und `IS SUPPLIED` nicht sinnvoll. [+]

2.4.4 Phasenmodell

Je nach Typ bietet ein Controller eine Reihe von unterschiedlichen Standardmethoden, die es Ihnen ermöglichen, zu einem bestimmten Zeitpunkt in den Programmablauf einzugreifen. Diese Methoden werden auch Hook-Methoden genannt. Jeder Controller-Typ stellt Ihnen dabei einen anderen Satz von Methoden zum Eingriff in die Component zur Verfügung. Die Reihenfolge der einzelnen Methodenaufrufe wird im sogenannten Phasenmodell beschrieben. Web Dynpro unterscheidet zwischen verschiedenen Phasenmodellen, die in diesem Abschnitt ausführlich dargestellt werden.

Component-Instanzierung

Betrachten Sie zuerst in Abbildung 2.46 das Phasenmodell der Instanzierung einer Component. Wird eine Component instanziert, haben Sie zuerst in der Methode `wddoinit( )` des Component-Controllers die Gelegenheit, eigene Attribute und Objekte zu initialisieren. Im nächsten Schritt ruft das System die Methode `wddoinit( )` des Windows auf. Zuletzt werden die im Window sichtbaren Views instanziert.

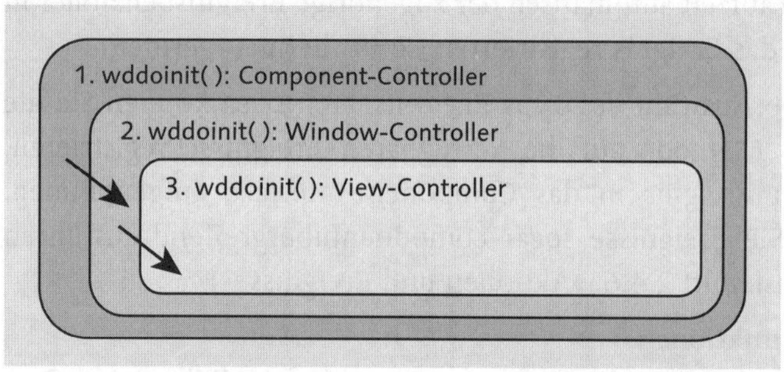

Abbildung 2.46 Phasenmodell der Component-Instanzierung

Roundtrip-Phasenmodell

Abbildung 2.47 zeigt die Ablaufreihenfolge eines normalen Roundtrips innerhalb des Phasenmodells. Alle Methoden des Modells werden bei jeder Aktion auf dem User Interface in der abgebildeten Reihenfolge durchlaufen. So ist es beispielsweise unerheblich, ob die vorgelagerte Aktion eine Navigation zwischen Views gestartet hat oder nicht.

Das Phasenmodell beginnt bei einer Eingabe des Benutzers im Client. Schließt dieser seine Eingabe durch Auslösung einer Folgeaktion (zum Beispiel durch die ↵-Taste oder einen Button-Klick) ab, werden die Daten an das Web-Dynpro-Framework gesendet und von diesem validiert. Hierbei überprüft das Framework beispielsweise, ob in ein Datumsfeld auch wirklich ein Datum eingegeben wurde. Die erfolgreich validierten Daten werden anschließend in den Context der Component übernommen, und es wird die View-Methode `wddobeforeaction( )` aufgerufen.

An dieser Stelle hat nun erstmals der Anwendungsentwickler die Chance, seine eigenen Validierungen durchzuführen. Hierbei gefundene Fehler werden in das Protokoll des Message Managers geschrieben. Im Anschluss findet die Ereignisbehandlung statt, bei der die vom Anwender ausgelöste Aktion gestartet wird.

- Handelt es sich um eine Standardaktion und existiert im Message Manager aufgrund einer Validierung ein Fehler, springt das Framework direkt zur Component-Controller-Methode `wddopostprocessing( )`.
- Handelt es sich bei der Aktion um eine validierungsunabhängige Aktion oder war die Validierung erfolgreich, wird der Standardpfad des Phasenmodells durchlaufen.

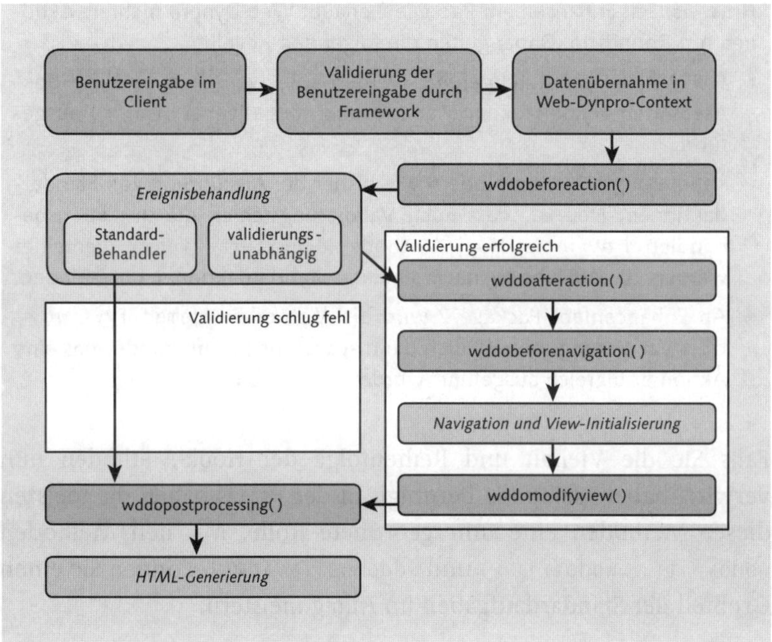

Abbildung 2.47 Phasenmodell eines Roundtrips

In diesem Fall wird zunächst die View-Methode `wddoafteraction( )` gestartet. In dieser Methode werden sinnvollerweise Funktionen untergebracht, die für alle Ereignisbehandler gleichermaßen gelten sollen. Anschließend wird die Component-Controller-Methode `wddobeforenavigation( )` gerufen. Hier können zusätzliche Überprüfungen stattfinden. Soll an dieser Stelle die kurz darauffolgende Navigation noch abgebrochen werden, können Sie dies durch einen Aufruf der Methode `cancel_navigation( )` des Interface `IF_WD_COMPONENT` vornehmen.

Falls Sie innerhalb der Ereignisbehandlung einen Plug gerufen haben, wird nun die zugehörige Navigation gestartet und der

Inbound-Plug-Behandler des Ziel-Views gerufen. Im Anschluss findet `wddomodifyview( )` in den Views statt. Hier haben Sie die Möglichkeit, direkt auf die UI-Element-Hierarchie des Views Einfluss zu nehmen. Zuletzt wird noch vor dem Rendering die Component-Controller-Methode `wddopostprocessing( )` gerufen. Hier haben Sie die letzte Gelegenheit, vor dem Rendering anwendungsspezifische Aufräumarbeiten durchzuführen.

[+]

Hinweis: Seit Enhancement Package 2 erlaubt Web Dynpro mehrere Aktionen pro Roundtrip. Dabei gelten die folgenden Regeln:

- Pro Aktion, die durchgeführt werden soll, werden auch die Hook-Methoden `wddobeforeaction( )` und `wddoafteraction( )` ausgeführt.
- Validierungsfehler verhindern wie bisher die Ausführung von Standardaktionen. Neu ist, dass auch Validierungsfehler, die in Aktionsbehandlern bzw. in der Hook-Methode `wddoafteraction( )` gemeldet werden, die Ausführung nachfolgender Standardaktionen unterbinden.
- Ab Enhancement Package 2 wird die Methode `wddomodifyview( )` trotz Validierungsfehlern auch dann ausgeführt, wenn mindestens eine Aktion erfolgreich ausgeführt wurde.

Falls Sie die Vielfalt und Reihenfolge der Hook-Methoden nun verwirrt haben, seien Sie beruhigt: In der Praxis haben die meisten dieser Methoden eine untergeordnete Rolle. Mit den Methoden `wddoinit( )`, `wddoexit( )` und `wddomodifyview( )` können Sie einen Großteil der Standardaufgaben im Alltag meistern.

2.4.5 Verwendung und Sichtbarkeit

In diesem Abschnitt wird die Verwendung und Sichtbarkeit von Controllern erläutert. Häufig bietet es sich an, Methoden innerhalb des Component-, Custom- oder Window-Controllers anstatt im View-Controller abzulegen. Dies ermöglicht die Wiederverwendung der Methoden aus anderen Controllern heraus.

Controller-Verwendungen

Bevor ein Web-Dynpro-Controller A auf die Methoden und Attribute eines anderen Controllers B zugreifen kann, muss Controller B Controller A bekannt gemacht werden. Dies geschieht durch Eintragung einer Controller-Verwendung auf der Registerkarte Eigenschaften des Controllers A. Anschließend können Sie sich über die Methode `wd_this->get_<ControllerName>_ctr( )` eine Referenz vom Interface-Datentyp `ig_<ControllerName>` auf Controller B besorgen und diese zum schnelleren Zugriff in den Attributen von Controller A ablegen.

Einen Sonderfall für Controller-Verwendungen stellt der Component-Controller dar. Dieser ist einer der in der Praxis am häufigsten eingesetzten Controller. So ist bereits bei allen Views und Windows eine Controller-Verwendung des Component-Controllers eingetragen. Diese können Sie direkt über die Referenz `wd_comp_controller` ohne weitere Initialisierungen benutzen.

Beispiel

Probieren Sie die Verwendung von fremden Controllern einmal selbst aus: Hierzu legen Sie im View-Controller `V_MAIN` eine Referenz auf den Window-Controller `W_MAIN` ab. Mithilfe dieser Referenz können Sie anschließend aus dem View heraus Methoden des Window-Controllers aufrufen.

1. Legen Sie im Window-Controller des Windows `W_MAIN` eine neue parameterlose Methode `comp_usage_test( )` an. Fügen Sie das Coding aus Listing 2.7 in die Methode ein.

```
DATA: lo_api_cntr     TYPE REF TO if_wd_controller,
      lo_msg_manager TYPE REF TO if_wd_message_manager.
lo_api_cntr   ?= wd_this->wd_get_api( ).
lo_msg_manager = lo_api_cntr->get_message_manager( ).
lo_msg_manager->report_success(
  message_text = 'Ich wurde vom View gestartet!' ).
```

Listing 2.7 Window-Methode »comp_usage_test( )«

Anlegen von Controller-Verwendungen

2. Navigieren Sie auf die Registerkarte Eigenschaften des Views `V_MAIN`. Unter den allgemeinen View-Eigenschaften sehen Sie in der Tabelle Verwendete Controller/Components die bereits im View eingetragenen Controller-Verwendungen. Bei allen Views und Windows ist hier bereits automatisch die Benutzung des Component-Controllers eingetragen.
3. Klicken Sie nun auf das Anlegen-Symbol direkt über der Tabelle. In einem Popup-Fenster können Sie nun zwischen den verfügbaren Controller-Verwendungen wählen (siehe Abbildung 2.48). Selektieren Sie den Window-Controller `W_MAIN` durch einen Doppelklick.
4. Gehen Sie nun auf die Registerkarte Methoden, und öffnen Sie die Methode `wddoinit( )`. In dieser implementieren Sie in den nächsten Schritten das Coding für den Zugriff auf den Controller.

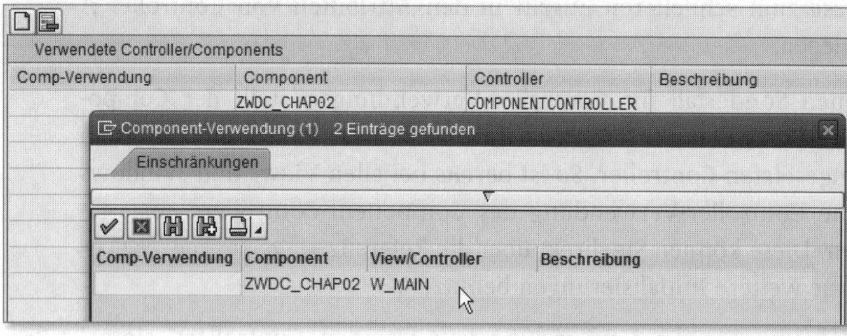

Abbildung 2.48 Hinzufügen von Controller-Verwendungen

Web-Dynpro-Code-Wizard

5. Starten Sie den Web-Dynpro-Code-Wizard. Klicken Sie zum Start entweder auf den zugehörigen Toolbar-Button, oder drücken Sie die Tastenkombination [Strg] + [F7].
6. Im Pop-up wählen Sie die Registerkarte ALLGEMEIN aus. Auf dieser haben Sie jetzt für den Zugriff auf den Window-Controller und dessen Methoden zwei infrage kommende Möglichkeiten:
   - Über METHODENAUFRUF IM AKTUELLEN CONTROLLER können Sie die Methode `get_w_main_ctr( )` auswählen. Der Wizard generiert hier das Coding für den Zugriff auf das Interface des Window-Controllers.
   - Über METHODEN IM VERWENDETEN CONTROLLER können Sie direkt auf die Methoden des Window-Controllers zugreifen.

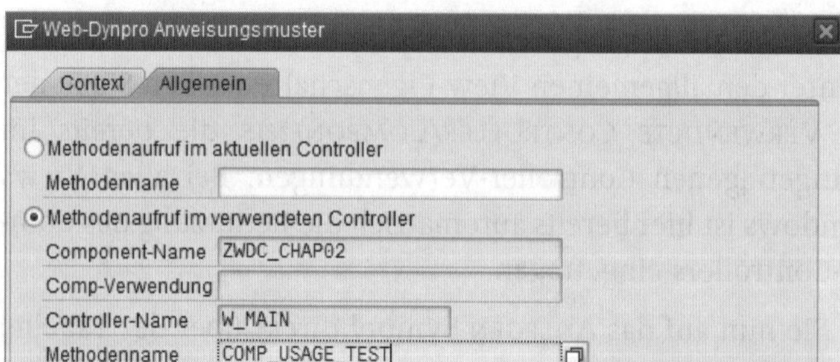

Abbildung 2.49 Aufruf einer fremden Methode mithilfe des Code-Wizards

Da Sie die Methode aus dem fremden Controller direkt ausführen sollen, wählen Sie, wie in Abbildung 2.49 dargestellt, die zweite Möglichkeit aus und beenden den Code-Wizard durch einen Klick auf das grüne Häkchen.

Der Code-Wizard hat das folgende Coding für den Zugriff auf die Methode des Window-Controllers generiert:

```
DATA lo_w_main TYPE REF TO ig_w_main.
lo_w_main = wd_this->get_w_main_ctr( ).
lo_w_main->comp_usage_test( ).
```

Das neue Attribut `lo_w_main` ist aktuell nur innerhalb der Methode `wddoinit( )` sichtbar. Damit Sie auch von anderen Methoden des Views aus direkt auf das Attribut zugreifen können, muss es in die Attributliste des View-Controllers aufgenommen werden.

7. Fügen Sie das View-Attribut hinzu, indem Sie auf die Registerkarte ATTRIBUTE gehen und dort ein neues Attribut namens `go_w_main` mit dem Datentyp `ig_w_main` eintragen. Ändern Sie anschließend die Methode `wddoinit( )`, indem Sie die Datendeklaration löschen und in der zweiten Zeile `lo_w_main` durch `wd_this->go_w_main` ersetzen. Dadurch können Sie in allen View-Methoden über das Attribut `wd_this->go_w_main` auf den Window-Controller zugreifen.

Sichtbarkeit von Controller-Verwendungen

Sie können nicht alle Controller mithilfe von Controller-Verwendungen miteinander verbinden. Abbildung 2.50 zeigt die erlaubten Controller-Verwendungen grafisch. So ist es beispielsweise nicht möglich, von außen auf einen View-Controller zuzugreifen. Im Gegenzug kann ein View-Controller wiederum auf beliebige andere Controller zugreifen. Die fett gezeichneten Pfeile symbolisieren die bereits automatisch eingetragenen Component-Controller-Verwendungen.

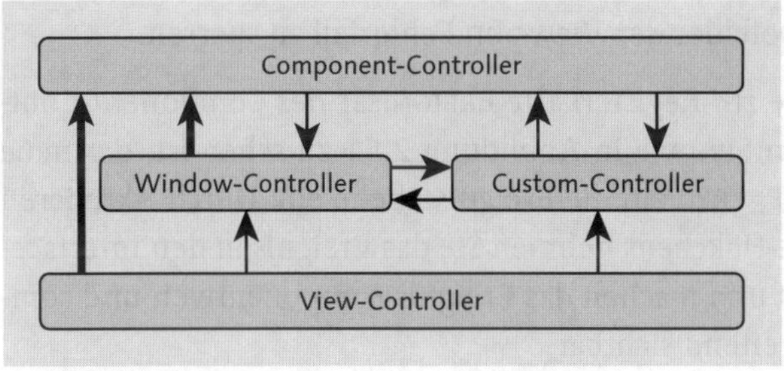

Abbildung 2.50 Sichtbarkeit von Controllern

2.4.6 Aktionen und Ereignisse

Wie in Abschnitt 2.4.5, »Verwendung und Sichtbarkeit«, erläutert, können Sie keine Controller-Verwendungen für den Zugriff auf

View-Controller definieren. Somit sind alle Views von der Perspektive der restlichen Controller-Typen erst einmal komplett abgekapselt. So existiert beispielsweise keine Möglichkeit, aus einem Component-Controller heraus eine View-Methode aufzurufen. Jedoch bietet Web Dynpro für dieses Szenario Alternativen, die sogenannten Ereignisse.

Ereignisse Zur controllerübergreifenden Interaktion können für Component- und Custom-Controller Ereignisse definiert werden. Diese Ereignisse können dann mithilfe der vordefinierten Methode `fire_<Ereignis-Name>_evt( )` im jeweiligen Controller ausgelöst (gefeuert) werden. Nach dem Auslösen des Ereignisses wird von der Laufzeit automatisch der zugehörige Ereignisbehandler in einem anderen Controller aufgerufen. Dazu muss in dem anderen Controller eine Verwendung des auslösenden Controllers eingetragen und ein Ereignisbehandler für das Ereignis definiert worden sein.

Auf ein Ereignis können sich beliebig viele andere Controller registrieren. So ist es beispielsweise möglich, ein vom Component-Controller ausgelöstes Ereignis sowohl innerhalb eines Views als auch innerhalb eines Windows abzufangen. Wie bei den Methoden können Ereignissen obligatorische und optionale Parameter übergeben werden. Wird ein im Component-Controller definiertes Ereignis in das Component-Interface aufgenommen, kann es auch componentübergreifend verwendet werden.

Beispiel Im folgenden Beispiel legen Sie ein Ereignis und einen darauf reagierenden Ereignisbehandler an. Das Ereignis soll dazu dienen, die Buttons und Eingabefelder der Views im Fehlerfall zu sperren.

Definition von Ereignissen

1. Navigieren Sie zur Registerkarte EREIGNISSE des Component-Controllers. Tragen Sie, wie in Abbildung 2.51 zu sehen ist, das neue Ereignis `RAISE_ERROR` in die Ereignistabelle ein. Durch Aktivieren des INTERFACE-Häkchens nehmen Sie das Ereignis in den Interface-Controller auf und machen das Ereignis componentweit und componentübergreifend sichtbar.

   Das Ereignis ist nun definiert und kann jederzeit über die Methode `fire_raise_error_evt( )` im Component-Controller ausgelöst werden. Jedoch fehlt aktuell noch ein Ereignisbehandler, der auf das Ereignis reagieren kann.

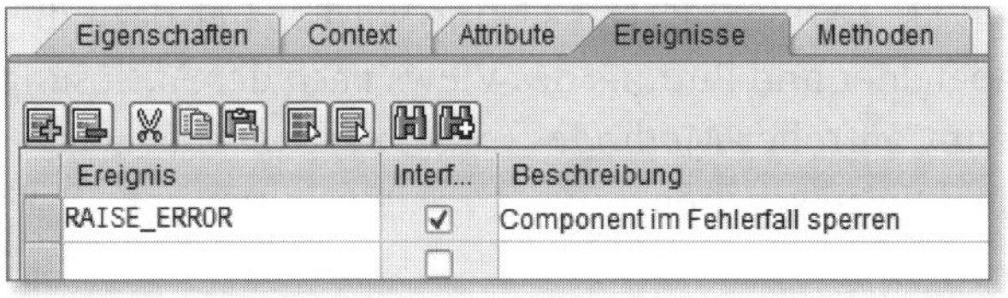

Abbildung 2.51 Definition von Ereignissen

Definition von Ereignisbehandlern

2. Definieren Sie deshalb einen Ereignisbehandler im View `V_MAIN`. Navigieren Sie dazu auf die Registerkarte METHODEN des Views, und erstellen Sie eine neue Methode namens `on_raise_error( )` vom Typ EREIGNISBEHANDLER. Die Implementierung dieser Methode wird erst später durchgeführt.
3. Registrieren Sie die neue Methode auf das Component-Controller-Ereignis `RAISE_ERROR`. Klicken Sie dazu in die Spalte EREIGNIS der Ereignisbehandler-Methode, und öffnen Sie die dort angebotene Wertehilfe. Durch Registrierung auf das Ereignis wird die Ereignisbehandler-Methode nach Auslösung des Ereignisses im Component-Controller automatisch ausgelöst.

Registrierung auf Ereignisse

4. In der Wertehilfe wählen Sie das Ereignis `RAISE_ERROR`, wie in Abbildung 2.52 dargestellt, durch einen Doppelklick aus. Das Popup schließt sich dadurch automatisch, und die Methode `on_raise_error( )` ist auf das Ereignis `RAISE_ERROR` registriert.

   Grundsätzlich wäre es an dieser Stelle problemlos möglich, mehrere Views auf das Ereignis `RAISE_ERROR` zu registrieren. Hierdurch könnten Sie zum Beispiel die gesamte Component im Fehlerfall inaktiv schalten.

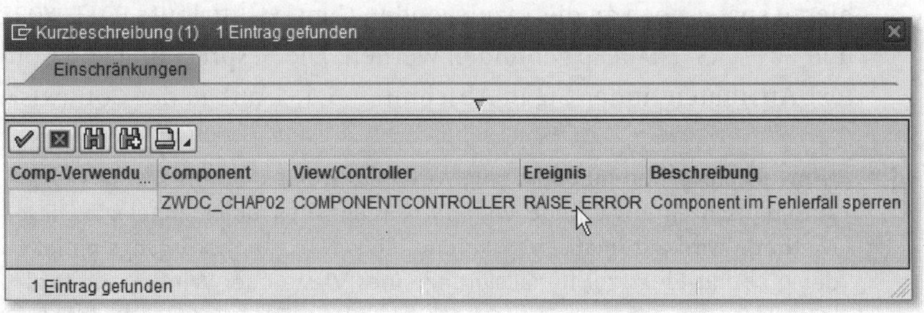

Abbildung 2.52 Registrierung auf das Ereignis RAISE_ERROR

Ereignisbehandler implementieren

5. Implementieren Sie nun die Ereignisbehandler-Methode `on_raise_error( )`. Klicken Sie hierzu doppelt auf die Methode, und

implementieren Sie Listing 2.8. Das Listing wird später dazu dienen, die Eingabefelder und Buttons des Views nach der Auslösung der Component-Controller-Methode `fire_raise_error_evt( )` im Fehlerfall inaktiv zu schalten.

```
METHOD on_raise_error.
* Deaktiviere alle Eingabefelder
  wd_context->set_attribute(
    EXPORTING
      name  = 'EDIT_MODE'
      value = abap_false ).
* Deaktiviere alle Buttons
  wd_context->set_attribute(
    EXPORTING
      name  = 'BUTTONS_ENABLED'
      value = abap_false ).
ENDMETHOD.
```

Listing 2.8 Ereignisbehandler-Methode »on_raise_error( )«

Damit ist das Beispiel vorerst abgeschlossen. Sie haben hier im Component-Controller ein Ereignis und im View einen darauf registrierten Ereignisbehandler angelegt. Tritt nun eine unerwartete Situation auf, werden alle UI-Elemente des Views `V_MAIN` über den Ereignisbehandler `on_raise_error( )` nach dem Aufruf des gleichnamigen Ereignisses im Component-Controller inaktiv geschaltet.

Für die Deaktivierung der Buttons und Eingabefelder wird in Listing 2.8 auf die Context-Attribute `EDIT_MODE` und `BUTTONS_ENABLED` zurückgegriffen. Die Eigenschaft `enabled` der Adresseingabefelder sowie die gleiche Eigenschaft des ANZEIGEN/ÄNDERN-Buttons müssen hierzu später noch an die anzulegenden Context-Attribute `EDIT_MODE` und `BUTTONS_ENABLED` gebunden werden. Die Besprechung von Context-Attributen finden Sie in Abschnitt 2.5.1, »Aufbau des Contexts«.

[+] **Hinweis**: Für jeden Inbound-Plug wird im jeweiligen Controller des Plugs automatisch eine Methode vom Typ Ereignisbehandler angelegt. Diese Methode wird automatisiert während eines Navigationsvorgangs mithilfe des Inbound-Plugs zur Initialisierung eines View- oder Window-Controllers aufgerufen. Sie können diese Methode beispielsweise zum Laden von auszugebenden Daten oder zur Vorbereitung der Ausgabe verwenden, beispielsweise zum Ein- und Ausblenden von View-Elementen.

Die Namenskonvention der Ereignisbehandler-Methoden des Inbound-Plugs lautet `handle<InboundPlugName>( )`.

Aktionen

Eine Reihe von UI-Elementen kann sogenannte Aktionen auslösen. Dies sind spezielle Ereignisse, die durch bestimmte Handlungen eines Benutzers auf der Oberfläche einer Anwendung ausgelöst werden. Zugehörige Ereignisbehandler-Methoden steuern den anschließenden Verlauf der Anwendung.

Anlegen von Aktionen

Aktionen können aus dem jeweiligen UI-Element heraus oder über die Registerkarte Aktionen des View-Controllers angelegt werden (siehe Abbildung 2.53). Für jede Aktion wird dabei automatisch eine Ereignisbehandler-Methode nach der Konvention `onaction<AktionsName>` eingerichtet. So existiert beispielsweise für die Aktion `EDITMODE` die Ereignisbehandler-Methode `onactioneditmode( )`.

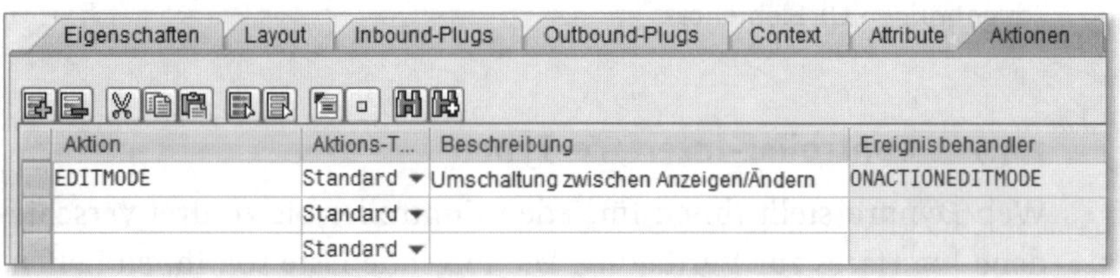

Abbildung 2.53 Registerkarte »Aktionen« im View V_MAIN

[+] **Hinweis**: Sie haben bereits unter »Schritt für Schritt: Anlegen von UI-Elementen« in Abschnitt 2.3.1 eine Aktion angelegt.

Wie bei anderen Ereignisbehandlern können Sie die Ereignisbehandler-Methoden von Aktionen selbst ausprogrammieren. Über einen Doppelklick auf die Aktion gelangen Sie in den Rumpf der jeweiligen Ereignisbehandler-Methode. Web Dynpro unterscheidet zwei Aktionstypen:

- **Standardaktionen**

  Bei Standardaktionen wird die Aktion nur dann ausgelöst, wenn die im Phasenmodell vorab stattgefundenen System- und Anwendungsvalidierungen in keinem entsprechenden Fehler im Message Manager resultierten. Geben Sie beispielsweise in ein Datumsfeld Buchstaben ein, wird die Aktionsausführung im gesamten View unterbrochen.

  Weiterführende Informationen zur Fehlerbehandlung und zum Phasenmodell (siehe Abschnitt 2.4.4) finden Sie zudem in Abschnitt 2.3.3, »Nachrichten – Message Manager und Message Area«.

- **Validierungsunabhängige Aktionen**
  Validierungsunabhängige Aktionen werden unabhängig vom Ergebnis der Datenvalidierung ausgeführt.

[*]

> **Tipp**: Grundsätzlich wird empfohlen, neue Aktionen immer direkt aus dem jeweiligen UI-Element heraus anzulegen. Einige UI-Elemente bieten dabei die Möglichkeit, ergänzende Parameter des UI-Elementes automatisch in die Parameterliste der jeweiligen Ereignisbehandler-Methode einzutragen. Als Beispiel kann hier das UI-Element `InputField` dienen. Dieses offeriert Ihnen ein Ereignis namens `onEnter`. Wird die zugehörige Aktion direkt über das UI-Element angelegt, überträgt das System automatisiert zwei ergänzende Parameter in die Methode der Aktion. So erhalten Sie in diesem Fall neben einem Context-Element den Namen des zugehörigen UI-Elementes.

2.4.7 Controller-Interface-Typen

Web Dynpro stellt Ihnen für jeden Controller bis zu drei verschiedene Interfaces zur Verfügung. Die folgende Liste soll Ihnen helfen, diese einzuordnen und den Überblick über die Interface-Typen zu behalten.

- `IF_<Controller-Name>`
  Dieses Interface ist nur innerhalb des jeweiligen Controllers sichtbar und wird zur Programmierung innerhalb des Controllers verwendet. Die in jedem Controller vorhandene Selbstreferenz `wd_this` basiert immer auf diesem Datentyp.
- `IG_<Controller-Name>`
  Dieses Interface kann zur controllerübergreifenden Programmierung innerhalb einer Component verwendet werden. Für die Verwendung und Sichtbarkeit gelten dieselben Regeln, wie sie in Abschnitt 2.4.5 beschrieben wurden. So existiert dieses Interface beispielsweise nicht für Views. Mithilfe der Methode `wd_this->get_<Controller-Name>_ctr( )` erhalten Sie eine Referenz auf den fremden Controller.
- `<Namensraum>IWCI_<Component-Name>`
  Dieses Interface dient ausschließlich zur componentübergreifenden Programmierung und repräsentiert einen Teil des Interface-Controllers. Da ausschließlich Component-Controller-Methoden in den Interface-Controller aufgenommen werden können, stellt das Inter-

face eine Art Untermenge des Component-Controllers dar. Mithilfe der Methode `wd_this->wd_cpifc_<Component-Verwendung>( )` erhalten Sie eine Referenz auf den fremden Interface-Controller.

Die componentübergreifende Programmierung mithilfe von Component-Verwendungen wird in Abschnitt 2.7, »Multi-Component-Architekturen«, beschrieben.

2.4.8 Assistance-Klasse

Zu jeder Web-Dynpro-Component können Sie eine eindeutig zugeordnete Assistance-Klasse anlegen, die automatisch mit ihrer zugehörigen Component instanziert wird. Die Instanz der Assistance-Klasse steht anschließend jedem Controller der Component über das Attribut `wd_assist` zur Verfügung.

Die Assistance-Klasse sollte (muss aber nicht) von der abstrakten Klasse `CL_WD_COMPONENT_ASSISTANCE` abgeleitet werden. Dadurch erbt sie Methoden zum Lesen von Textsymbolen innerhalb der erbenden Klasse. Der Konstruktor der Assistance-Klasse muss parameterlos sein.

Anwendungsfälle

Die Verwendung einer Assistance-Klasse bietet sich in den folgenden Fällen an:

- **Model-Anbindung**
  Die Assistance-Klasse kann als Schnittstelle zwischen der Web-Dynpro-Component und dem Model verwendet werden.
- **Textsymbole**
  Durch die Ablage von Textsymbolen können Sie die Assistance-Klasse als Ablage für Ihre Texte verwenden.
- **Performance**
  Grundsätzlich empfiehlt es sich, jegliches Coding, das nicht im direkten Zusammenhang mit einem Controller oder dem User Interface steht, innerhalb von Klassen anzusiedeln. Methodenaufrufe der Assistance-Klasse sind aus Performancesicht wesentlich günstiger als Aufrufe von Methoden eines Web-Dynpro-Controllers.

Singleton

Durch die Übergabe der Klasseninstanz während des Anlegevorgangs einer verwendenden Component ist es möglich, eine einzelne Instanz der Assistance-Klasse in mehreren Components gemeinsam zu nutzen. Dazu müssen Sie bei Erzeugung der verwendenden Component für den Parameter ASSISTANCE_CLASS die Referenz auf die aktuelle Instanz der Haupt-Component übergeben. Das Anlegen von verwendenden Components wird in Abschnitt 2.7, »Multi-Component-Architekturen«, besprochen.

Definition von Assistance-Klassen

Assistance-Klassen können im Kopfbereich von Components in das Feld ASSISTANCE-KLASSE eingetragen werden. Abbildung 2.54 zeigt hierzu ein Beispiel.

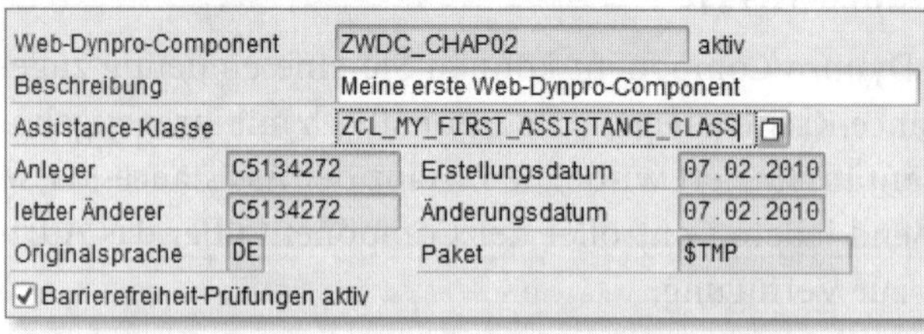

Abbildung 2.54 Eintragung von Assistance-Klassen

2.5 Context

Der Context ist der zentrale Baustein für die Datenspeicherung und den Datenaustausch von UI-relevanten Daten zwischen Browser, Views, Controllern und Components. Jeder Web-Dynpro-Controller besitzt exakt einen Context. Die Sichtbarkeit des jeweiligen Contexts hängt von seinem Controller ab. Beispielsweise ist der Context des Component-Controllers innerhalb der gesamten Component sichtbar, während ein View-Context nur innerhalb des Views zu sehen ist. Für die Sichtbarkeit des Contexts gelten dieselben Kriterien wie für den jeweiligen Controller.

Einsatzgebiete

Neben der Hauptaufgabe des Contexts, vom Benutzer in Eingabefelder eingetragene Werte vom Browser ins Backend und auch wieder zurück zu transportieren, kommen dem Context noch weitere bedeutsame Aufgaben zu:

- **Datenbindung**
  Mithilfe von Datenbindung ist es möglich, bestimmte Eigenschaften von UI-Elementen an Context-Attribute zu binden. Neben der klassischen Datenbindung von Eingabefeldern (Name, Straße etc.) kann eine Vielzahl von weiteren Eigenschaften an den Context gebunden werden. Durch die Änderung eines Attributwertes

kann anschließend gezielt das Anzeigeverhalten der an ein Attribut gebundenen UI-Elemente verändert werden, wie beispielsweise der Feldwert oder die Sichtbarkeit. Die Datenbindung wird in Abschnitt 2.5.6 erläutert.

- **Mapping**
  Mithilfe des Mappings können Sie UI-relevante Daten zwischen den Controllern einer Component und zwischen verschiedenen Components austauschen. Ändern Sie den Wert eines gemappten Attributes innerhalb eines Controllers A, wird der Wert automatisch in Controller B übernommen. Durch Mapping ist es unter anderem möglich, mehrere Views mit denselben Daten aus einem zentralen Controller zu versorgen. Das Mapping wird in Abschnitt 2.5.7 dargestellt.

Weitere Informationen: In diesem Abschnitt lernen Sie den Umgang mit dem Context, den Context-Editor, die Eigenschaften des Contexts und dessen wichtigste Facetten kennen. Die eigentliche Context-Programmierung, das heißt die programmatische Manipulation von Daten im Context mithilfe von Coding, wird erst in Abschnitt 2.6 behandelt.

2.5.1 Aufbau des Contexts

Context zur Designzeit

Der Context ist eine hierarchische Baumstruktur, die aus sogenannten Knoten und Attributen besteht. Ein Knoten kann beliebig viele Kinder haben. Diese Kinder existieren entweder in Form eines weiteren Knotens oder in der Form von Attributen, die die im Context abgelegten Daten beinhalten. Da Attribute keine Kinder haben dürfen, können Sie mit Blättern von Bäumen verglichen werden. Analog dazu stellt der Knoten eine Verzweigung in der Baumstruktur dar. Abbildung 2.55 zeigt beispielhaft die Struktur eines Contexts zur Designzeit.

Vergleich mit Tabellen

Sie können den Context auch als objektorientierten Ansatz von internen Tabellen sehen: Tabellen werden im Context durch Knoten repräsentiert und basieren auf Zeilenstrukturen, die wiederum aus Feldern bestehen. Die Tabellenzeilen werden im Context durch Elemente dargestellt. Das Element trägt die Struktur der Zeile; die Felder der Struktur werden im Element als Attribute bezeichnet. Neben der Struktur beinhalten die Elemente noch Referenzen auf eventuelle Unterknoten. Über Methoden können Sie durch die Hierarchie von Knoten und Elementen navigieren.

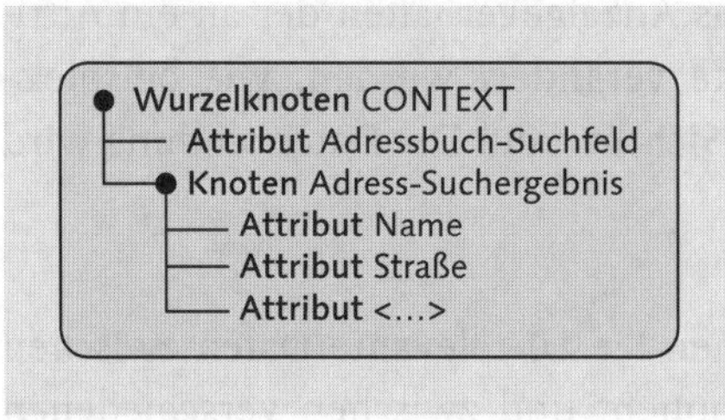

Abbildung 2.55 Beispiel-Context zur Designzeit

Context zur Laufzeit

Während der Laufzeit erzeugt das Framework aus den zur Designzeit definierten Context-Knoten Objektinstanzen. Jeder Knoten wird dabei in Form eines Objektes mit dem Interface `IF_WD_CONTEXT_NODE` abgebildet. Die im Context-Knoten definierten Attribute werden als zeilenartige Struktur in einem weiteren Objekt zusammengefasst, dem sogenannten Context-Element. Dieses Objekt basiert auf dem Typ `IF_WD_CONTEXT_ELEMENT`. Je nach Kardinalität und Anzahl der Exemplare innerhalb eines Context-Knotens kann eine genauso große Anzahl von Context-Elementen existieren.

Beispiel

In Abbildung 2.56 ist dies an einem einfachen Beispiel schematisch dargestellt. Der Wurzelknoten `CONTEXT` beinhaltet exakt ein Element (das hier jedoch nicht dargestellt ist) mit dem Attribut `Adressbuch-Suchfeld` und einen Unterknoten `Adress-Suchergebnis`.

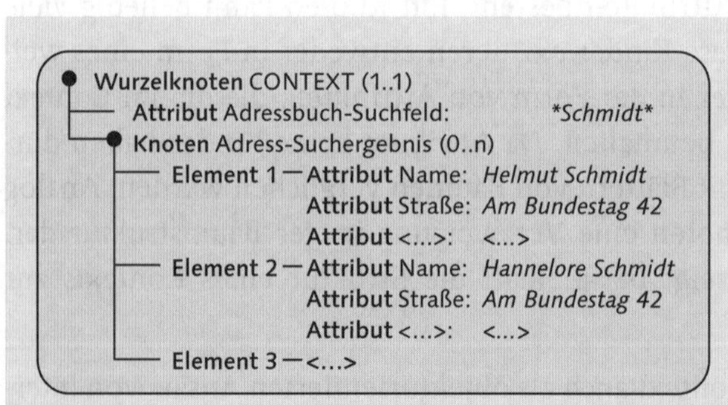

Abbildung 2.56 Beispiel-Context zur Laufzeit

Dieser Knoten, der während der Laufzeit in Form eines Objektes existiert, besitzt insgesamt drei Kindelemente. Über verschiedene Zugriffsmethoden der Knoten und Elemente können Sie auf die in den Knoten und Elementen gespeicherten Daten zugreifen und diese nach Belieben modifizieren.

2.5.2 Context-Editor

Context-Editor

Im Folgenden wird der Context-Editor betrachtet. Dieser ist in drei Bereiche aufgeteilt (siehe auch Abbildung 2.57):

- **Context-Struktur**
  In der oberen linken Hälfte sehen Sie die statisch definierte Struktur des Contexts zur Designzeit. Hier werden die Knoten und Attribute des Contexts in einer Baumstruktur angezeigt. Jeder Context besitzt einen Wurzelknoten namens `CONTEXT`. Während der Laufzeit können Sie auf diesen und dessen Unterknoten über das Controller-Attribut `wd_context` zugreifen.
- **Eigenschaften des selektierten Context-Elementes**
  In der unteren Hälfte des Context-Editors werden die Eigenschaften des links oben selektierten Knotens bzw. Attributes angezeigt. Die Eigenschaften werden im Folgenden noch ausführlich erläutert.
- **Controller-Verwendungen**
  Rechts oben werden Buttons für alle im Controller eingetragenen Controller-Verwendungen abgebildet. Durch einen Klick auf diese können Sie sich den jeweils fremden Controller-Context anzeigen lassen. In Abschnitt 2.5.7, »Mapping«, werden Sie lernen, wie Sie den Context controllerübergreifend verwenden können.

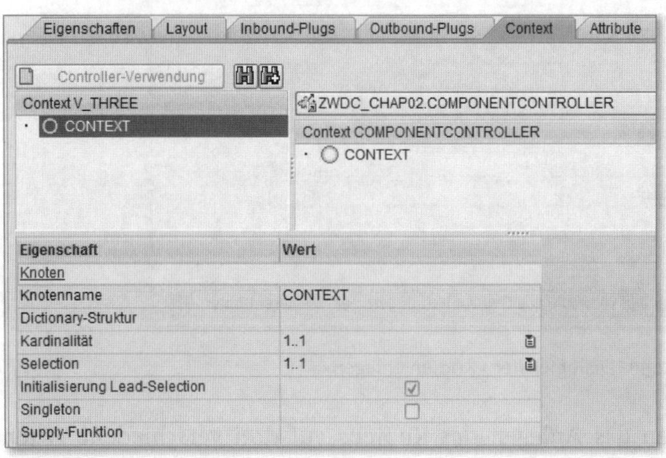

Abbildung 2.57 Context-Editor

Anlegen von Context-Knoten

Sie können neue Context-Knoten durch einen Rechtsklick auf einen beliebigen bereits vorhandenen Context-Knoten im Context-Editor eines Controllers anlegen. Wählen Sie anschließend, wie in Abbildung 2.58 gezeigt, ANLEGEN • KNOTEN aus dem Kontextmenü aus.

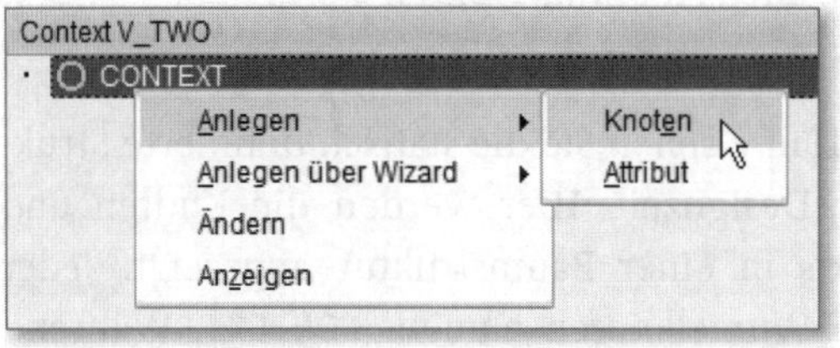

Abbildung 2.58 Anlegen eines neuen Context-Knotens

Dialogfenster Knoten anlegen

Es öffnet sich das Popup-Fenster KNOTEN ANLEGEN (siehe Abbildung 2.59). Dort müssen Sie den Knotennamen eintragen und können weitere Eigenschaften des Knotens setzen, beispielsweise die Kardinalität. Eine vollständige Auflistung und Beschreibung der Eigenschaften finden Sie in Abschnitt 2.5.3.

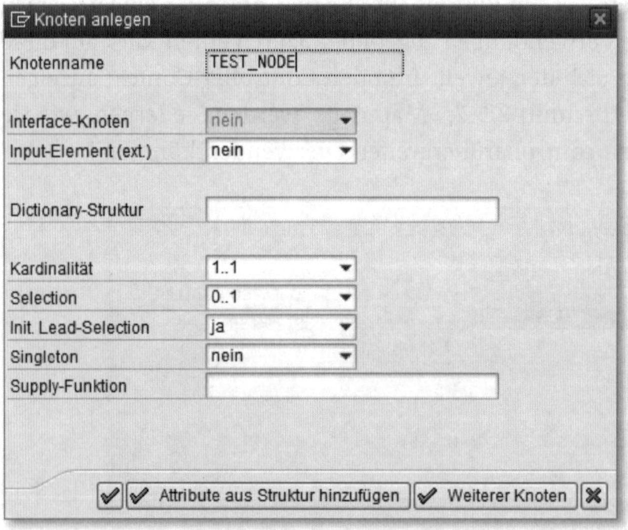

Abbildung 2.59 Dialogfenster »Knoten anlegen«

Schließen des Dialogfensters

Sie können das Anlegen des Knotens auf drei verschiedene Arten abschließen:

- Durch einen Klick auf das grüne Häkchen (ganz links) schließen Sie das Pop-up, und der Knoten wird leer (ohne Attribute) angelegt.

- Soll direkt danach ein weiterer Knoten angelegt werden, bietet sich der Klick auf den Button WEITERER KNOTEN an.
- Falls Sie im Dialogfenster eine DICTIONARY-STRUKTUR angegeben haben, können Sie einzelne Komponenten der Struktur durch einen Klick auf den Button ATTRIBUTE AUS STRUKTUR HINZUFÜGEN übernehmen (hierzu öffnet sich ein Folge-Popup).

[+]

Hinweis: Prinzipiell können Sie jeglichen Datentyp, wie beispielsweise Strukturen, Tabellen und Objekte, innerhalb des Contexts ablegen. Jedoch sollten Sie den Context nicht als alternative Ablage für Controller-Attribute, sondern ausschließlich für UI-relevante Daten verwenden.

Anlegen von Context-Attributen

Das Anlegen von Context-Attributen verläuft ähnlich wie das Anlegen von Context-Knoten. Klicken Sie mit der rechten Maustaste auf einen Context-Knoten, und wählen Sie ANLEGEN • ATTRIBUT aus.

Dialogfenster Attribut anlegen

Es öffnet sich das Popup-Fenster ATTRIBUT ANLEGEN (siehe Abbildung 2.60). Tragen Sie dort den gewünschten Attributnamen und den Datentyp ein. Wählen Sie, falls gewünscht und verfügbar, die passende Wertehilfe aus. Durch einen Klick auf das grüne Häkchen können Sie den Anlegevorgang beenden. Sollen mehrere Attribute angelegt werden, können Sie Ihre Eingabe auch durch einen Klick auf den Button WEITERES ATTRIBUT abschließen und mit der Anlage des nächsten Attributes fortfahren.

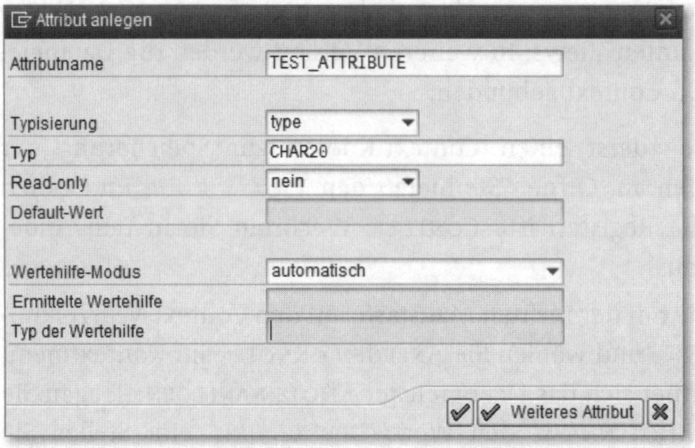

Abbildung 2.60 Dialogfenster »Attribut anlegen«

[+] **Hinweis**: Für jeden Context-Knoten legt das Web-Dynpro-Framework im jeweiligen Controller eine Konstante nach dem Schema WDCTX_<Knotenname> an. Daneben werden für jeden Context-Knoten eine Struktur und ein dazu passender Tabellentyp eingerichtet. Die Struktur heißt ELEMENT_<Knotenname>, während der Tabellentyp dem Schema ELEMENTS_<Knotenname> folgt.

Das folgende Beispiel zeigt die Verwendung dieser Konstanten am Beispiel des Knotens ADDRESS_DATA:

```
DATA:
  lo_address_node TYPE REF TO if_wd_context_node,
  lt_address_data TYPE wd_this->elements_address_data,
  ls_address_data TYPE wd_this->element_address_data,
  lv_city         TYPE wd_this->element_address_data-city.
lo_address_node =
  wd_context->get_child_node( wd_this->wdctx_address_data ).
lo_address_node->get_static_attributes_table(
  IMPORTING table = lt_address_data ).
READ TABLE lt_address_data INDEX 1 INTO ls_address_data.
lv_city = ls_address_data-city.
```

Schritt für Schritt: Anlegen von Knoten und Attributen

Im Verlauf des Kapitels haben Sie die Component ZWDC_CHAP02 mit dem View V_MAIN und den darin enthaltenen UI-Elementen für den Bau eines Adress-Editors bereits angelegt. Damit haben Sie den visuellen Teil dieses Beispiels zwar abgeschlossen, es fehlt jedoch noch eine Anbindung der UI-Elemente an das Backend. Hierzu legen Sie nun in einem ersten Schritt einen Context-Knoten für die Speicherung der Adressdaten an. Darüber hinaus ermöglichen zwei weitere Attribute die Steuerung der Eingabebereitschaft der Adressfelder und des gesamten Views. In weiteren Verlauf werden die Datenelemente an den Context gebunden.

Vorbereitung

1. Legen Sie zuerst einen Context-Knoten zur Speicherung der Adressdaten an. Öffnen Sie hierzu den View V_MAIN, und gehen Sie auf die Registerkarte Context. Wechseln Sie in den Änderungsmodus.

Context-Knoten anlegen

2. Klicken Sie mit der rechten Maustaste auf den Context-Wurzelknoten CONTEXT, und wählen Sie Anlegen • Knoten im Kontextmenü aus. Es öffnet sich das Dialogfenster Knoten anlegen. Tragen Sie im Feld Knotenname den Wert ADDRESS_DATA ein. Stellen Sie sicher, dass Sie die folgenden Eigenschaften wie angegeben eingestellt haben: Kardinalität: 1..1 und Init. Lead-Selection: Ja.

Beenden Sie den Anlegevorgang durch einen Klick auf das grüne Häkchen.

3. Legen Sie nun im Knoten die Attribute für die Eingabe der Straße, der Postleitzahl und des Ortsnamens an. Klicken Sie hierzu mit der rechten Maustaste auf den Knoten `ADDRESS_DATA`, und wählen Sie ANLEGEN • ATTRIBUT aus. Es öffnet sich das Dialogfenster ATTRIBUT ANLEGEN. Richten Sie nun nacheinander die folgenden Attribute ein.

   Attribute anlegen

   - ATTRIBUTNAME: `NAME`
     TYP: `STRING`
   - ATTRIBUTNAME: `POSTCODE`
     TYP: `CHAR10`
   - ATTRIBUTNAME: `CITY`
     TYP: `STRING`

   Beenden Sie Ihre Eingabe jeweils durch einen Klick auf den Button WEITERES ATTRIBUT.

4. Zuletzt fehlen Ihnen noch zwei Attribute zur Steuerung der Eingabebereitschaft des gesamten Views im Allgemeinen (Ereignis `RAISE_ERROR`) und der Adresseingabefelder im Speziellen (über den ANZEIGEN/ÄNDERN-Button). Legen Sie hierzu die beiden Attribute `EDIT_MODE` und `BUTTONS_ENABLED` mit Datentyp `CHAR1` direkt unter dem Wurzelknoten `CONTEXT` an. Tragen Sie für das Attribut `BUTTONS_ENABLED` den DEFAULT-WERT `'X'` in dessen Eigenschaften ein.

Besprechung

Abbildung 2.61 zeigt Ihnen die fertige Context-Struktur. Im nächsten Schritt-für-Schritt-Beispiel in Abschnitt 2.5.6, »Datenbindung«, wird der Context mit den UI-Elementen des Views verbunden.

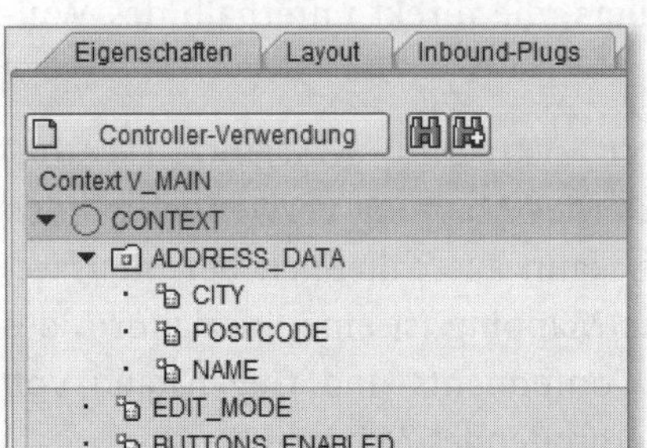

Abbildung 2.61 Context-Struktur nach Beendigung des Beispiels

2.5.3 Eigenschaften

Context-Knoten und Context-Elemente bieten eine Reihe verschiedener Eigenschaften zur Beeinflussung des Anzeige- und Reaktionsverhaltens. Sie können sowohl dynamisch zur Laufzeit als auch statisch im Context-Editor eingestellt werden. Im Folgenden stellen wir Ihnen die Eigenschaften vor, die Sie im Context-Editor einstellen können.

Knoteneigenschaften

Betrachten wir zuerst die Eigenschaften des Context-Knotens. Hierunter fallen die Eigenschaften KNOTENNAME, INTERFACE-KNOTEN, INPUT-ELEMENT (EXT.), DICTIONARY-STRUKTUR, KARDINALITÄT, SELECTION, INITIALISIERUNG LEAD-SELECTION, SINGLETON und zuletzt die Eigenschaft SUPPLY-FUNKTION.

Knotenname Die Eigenschaft KNOTENNAME gibt den Namen eines Knotens an. Dieser kann bis zu 20 Zeichen lang sein und aus Buchstaben, Zahlen und einem Unterstrich bestehen. Der Knotenname darf nicht mit `WD` oder einer Ziffer beginnen und muss innerhalb des jeweiligen Contexts eindeutig sein. So dürfen Sie zum Beispiel nicht einen Knoten `NODE` und darunter einen weiteren Knoten `NODE` anlegen. Für jeden statisch definierten Knoten legt das Web-Dynpro-Framework eine Konstante nach dem Muster `wdctx_<Knotenname>` im zugehörigen Controller an.

Interface-Knoten Haben Sie die Eigenschaft INTERFACE-KNOTEN gesetzt, wird der jeweilige Context-Knoten in das Component-Interface aufgenommen. Hierdurch wird ein componentübergreifendes Mapping zwischen Knoten möglich (siehe Abschnitt 2.7.4, »Componentübergreifendes Mapping«). Die Eigenschaft Interface-Knoten existiert daher nur für Knoten des Component-Controllers, die direkt unterhalb des Wurzelknotens `CONTEXT` hängen.

Input-Element (Ext.) Die Eigenschaft INPUT-ELEMENT (EXTERNES MAPPING ERLAUBT) bestimmt, ob der Knoten für externes Mapping verwendet werden darf oder nicht. Die Eigenschaft kann ausschließlich bei Interface-Knoten gesetzt werden. Externes Mapping ist eine Spezialform des Mappings zwischen mehreren Components und Gegenstand von Abschnitt 2.7.4, »Componentübergreifendes Mapping«.

Dictionary-Struktur Über die Eigenschaft DICTIONARY-STRUKTUR können Sie einem Knoten eine Dictionary-Struktur »aufprägen«. Damit stehen zur Laufzeit alle Komponenten der Struktur als Attribute des Knotens zur Verfügung. Sie können auch einzelne Attribute der Struktur statisch in die Context-Struktur aufnehmen. Dies ist vor allem bei der Datenbindung von UI-Elementen von Vorteil (siehe Abschnitt 2.5.6). Klicken Sie hierzu nach Eintragung der Struktur in Spalte ATTRIBUTE ÜBERNEHMEN auf das Symbol der Tabelle.

Die wichtigste Eigenschaft von Context-Knoten ist die KARDINALITÄT. Sie gibt an, wie viele Elemente eines Knotens zur Laufzeit erstellt werden dürfen. Sie können zwischen den folgenden Kardinalitäten wählen:

Kardinalität

- **0..1**
  Kein oder ein Exemplar des Knotens kann erstellt werden.
- **1..1**
  Es existiert genau ein Exemplar des Knotens.
- **1..n**
  Es existieren beliebig viele Exemplare, mindestens jedoch eins.
- **0..n**
  Es existieren beliebig viele Exemplare, auch keines ist möglich.

Die Kardinalität von 0..n können Sie beispielsweise für die Darstellung von Tabellen verwenden. Soll jedoch anstelle einer Tabelle nur ein einzelnes Eingabefeld dargestellt werden, bietet sich die Auswahl der Kardinalität 1..1 an.

Die Eigenschaft SELECTION legt fest, wie viele Elementinstanzen des Context-Knotens zur Laufzeit markiert/selektiert werden können. Sie können hierbei unter den Kardinalitäten des Context-Knotens wählen. Die Eigenschaft Selection ist vor allem bei der tabellarischen Darstellung von Context-Knoten von großer Wichtigkeit.

Selection

Innerhalb jedes Knotens kann ein einziges Element die sogenannte Lead-Selection tragen. Hierbei handelt es sich um ein selektiertes Element, dem eine besondere Bedeutung im Zusammenspiel mit UI-Elementen zukommt. Ist die Eigenschaft INITIALISIERUNG LEAD-SELECTION aktiv, wird die Lead-Selection automatisch beim Anlegen des ersten Knotenelementes angelegt. Weitere Informationen zur Lead-Selection und deren Initialisierung finden Sie in Abschnitt 2.5.4.

Initialisierung Lead-Selection

Die Eigenschaft SINGLETON legt fest, wie viele Instanzen eines Knotens, der nicht direkt unter der Context-Wurzel hängt, existieren

Singleton

können. Ist die Eigenschaft gesetzt, existiert immer nur eine Instanz des Knotens. Ihr Inhalt ändert sich immer dann, wenn sich die Lead-Selection des Vaterknotens ändert. Ist die Eigenschaft nicht gesetzt, wird für jedes Element des Vaterknotens eine eigene Instanz für den Kindknoten angelegt. Seit Release 7.0 SP12 ist die Eigenschaft SINGLETON standardmäßig deaktiviert.

Supply-Funktion

Supply-Funktionen ermöglichen es, einen Context-Knoten beim ersten Zugriff auf diesen automatisch mit Daten zu befüllen. Für jede im Context eingetragene Supply-Funktion wird eine gleichnamige Methode vom Typ SUPPLY-FUNKTION angelegt (siehe auch Abschnitt 2.5.8).

Attributeigenschaften

Im Folgenden werden die Eigenschaften von Context-Attributen betrachtet. Es handelt sich um die Eigenschaften ATTRIBUTNAME, TYPISIERUNG, TYP, READ-ONLY, DEFAULT-WERT, NULL-WERT, WERTEHILFE-MODUS und FORMATIERUNG.

Attributname

Der ATTRIBUTNAME bezeichnet ein Context-Attribut eindeutig. Er darf wie die Context-Knoten maximal 20 Zeichen lang sein, wobei nicht zwischen Groß- und Kleinschreibung unterschieden wird. Innerhalb des Knotens muss der Attributname eindeutig sein.

Typisierung und Typ

Die Eigenschaften TYPISIERUNG und TYP definieren den Datentyp des jeweiligen Attributes. Es können beliebige ABAP-Datentypen angewendet werden. Für Klassen und Interfaces wird als Typisierung `TYPE REF TO` verwendet.

Read-only, Default-Wert

Die Eigenschaft READ-ONLY legt fest, ob das Attribut schreibgeschützt sein soll oder nicht. Durch Eintragung eines Wertes unter DEFAULT-WERT ist es so möglich, im Context Konstanten zu definieren.

Null-Wert

Die Eigenschaft NULL-WERT legt fest, wie leere Eingaben behandelt werden sollen. Die Eigenschaft ist für nicht zeichenartige Attribute von Bedeutung. Ist der Null-Wert gesetzt, wird eine leere Eingabe tatsächlich als leere Eingabe interpretiert und nicht als typgerechter Initialwert. Ist der Null-Wert nicht gesetzt, wird eine leere Eingabe als typgerechter Initialwert interpretiert. Haben Sie beispielsweise ein Attribut vom Typ `TIMS` (Uhrzeit) definiert, wird eine leere Eingabe, wenn der Null-Wert nicht gesetzt ist, als Eingabe der Uhrzeit `00:00:00` interpretiert.

Die Eigenschaft WERTEHILFE-MODUS gibt an, welche Art von Wertehilfen für ein Attribut verfügbar sein soll. Sie haben hier die Auswahl zwischen den folgenden Möglichkeiten: AUTOMATISCH, DICTIONARY-SUCHHILFE, OBJECT-VALUE-SELECTOR und FREI PROGRAMMIERT. Die einzelnen Möglichkeiten zur Entwicklung der Wertehilfe werden in Kapitel 8, »Eingabe- und semantische Hilfen«, ausführlich vorgestellt.

Wertehilfe-Modus

Unter der Überschrift FORMATIERUNG finden Sie eine Reihe von weiteren Eigenschaften zur Formatierung der Anzeige von bestimmten Datentypen. Tabelle 2.8 gibt Ihnen eine Übersicht über die verfügbaren Eigenschaften.

Formatierung

Alle in diesem Abschnitt beschriebenen Eigenschaften können grundsätzlich auch dynamisch zur Laufzeit gesetzt werden. Hierzu können Sie auf eine Vielzahl von Methoden des Interface `IF_WD_CONTEXT_NODE_INFO` zurückgreifen. So können Sie beispielsweise die Formatierungseigenschaften mithilfe der Methode `set_attribute_format_props( )` dynamisch verändern. Weitere Informationen hierzu finden Sie in Kapitel 7, »Dynamische Programmierung«.

Dynamisches Sezten der Eigenschaften

Attribut	Mögliche Werte	Datentyp
Anzeige führender Nullen	▸ Nullen als Leerzeichen ▸ Nullen beibehalten ▸ Standardwert	P, NUMC
Position des Vorzeichens	▸ Vorzeichen links (Standard bei I) ▸ Vorzeichen rechts (Standard bei P) ▸ Standardwert	I, P
Komprimierung der Eingabe	▸ Eingabe komprimieren ▸ Eingabe nicht komprimieren ▸ Standardwert	CHAR, STRING
Zeitausgabeformat	▸ mit Sekunden (Standard) ▸ ohne Sekunden	T

Tabelle 2.8 Ausprägungen der Eigenschaft »Formatierung«

2.5.4 Lead-Selection

Innerhalb jedes Knotens kann ein einziges Element die sogenannte Lead-Selection tragen. Hierbei handelt es sich um ein selektiertes Element, dem eine besondere Bedeutung im Zusammenspiel mit UI-Elementen zukommt. So bestimmt die Lead-Selection, von welchem der vorhandenen Context-Elemente die an die Knotenattribute gebundenen UI-Element-Eigenschaften gelesen werden, also welches der verfügbaren Knotenelemente auf der Oberfläche angezeigt werden soll. Abbildung 2.62 veranschaulicht grafisch die Bedeutung der Lead-Selection für die Anzeige von Daten.

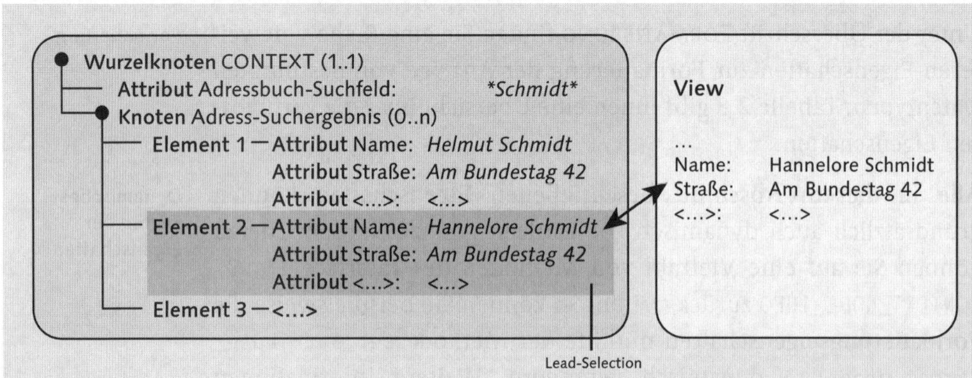

Abbildung 2.62 Zusammenhang zwischen Lead-Selection und View

Setzen der Lead-Selection

Die Lead-Selection kann auf verschiedenen Wegen gesetzt werden, zum Beispiel über die Methode `set_lead_selection( )` des Interface `IF_WD_CONTEXT_NODE` oder über einige UI-Elemente. Das UI-Element `DropDownByIndex` ist hierfür ein gutes Beispiel: Wählen Sie innerhalb einer auf einem Context-Knoten basierenden Dropdown-Liste einen Eintrag aus, wird die Lead-Selection automatisch auf das selektierte Element gesetzt. In Tabellen wird immer die erste selektierte Zeile mit dem Flag LEAD-SELECTION versehen. Alle darauffolgenden selektierten Elemente erhalten nur noch die Selection-Kennzeichnung. In Tabellen erkennen Sie die Lead-Selection durch ihre intensivere Hintergrundfärbung im Vergleich zu den übrigen selektierten Zeilen.

[+]

Hinweis: Stellen Sie sich folgendes Szenario vor: Der Inhalt eines Eingabefeldes soll an ein Attribut aus einem Context-Knoten mit der Kardinalität 1..1 gebunden werden. Im Knoten existiert demnach immer exakt ein Context-Element. Jedoch benötigt das Eingabefeld zur Auflösung der Bindung an den Knoten immer eine gesetzte Lead-Selection. Fehlt die Lead-Selection, bricht Web Dynpro die Anwendung ab.

Sie haben nun zwei Möglichkeiten: Sie setzen die Lead-Selection manuell auf das einzig vorhandene Element, oder Sie setzen das Häkchen bei der Eigenschaft INITIALISIERUNG LEAD-SELECTION in den Eigenschaften des Knotens. Diese Eigenschaft bestimmt, ob die Lead-Selection automatisch gesetzt werden soll, sobald sie benötigt wird, aber noch nicht gesetzt ist.

Die automatische Initialisierung der Lead-Selection funktioniert selbstverständlich unabhängig von der gewählten Kardinalität. Existieren in einem Knoten mehrere Elemente, wird das erste Element des Knotens als Lead-Selection markiert.

2.5.5 Rekursive Context-Knoten

Rekursiver Knoten

Innerhalb des Contexts ist eine dynamische Verschachtelung von Knoten durch die Verwendung von sogenannten Rekursivknoten möglich. Mithilfe dieser Knoten können Sie zur Laufzeit eine beliebig tief verschachtelte Knotenstruktur erzeugen. Jeder Rekursivknoten erhält dabei die Struktur des zu wiederholenden Knotens.

Anwendungsbeispiele

Die Verwendung von Rekursivknoten bietet sich vor allem bei der Erzeugung von Baumstrukturen an, beispielsweise mit dem UI-Element `Tree`. Des Weiteren ist es möglich, rekursive Knoten mithilfe von Tabellen abzubilden. Hierbei werden die tiefer liegenden Daten in aufklappbaren Tabellenzeilen angezeigt.

Anlegen von rekursiven Knoten

Das Anlegen von rekursiven Knoten gestaltet sich sehr einfach. Im Vorfeld müssen Sie die zu wiederholende Context-Struktur mit einem Knoten und beliebig vielen Unterknoten und Attributen anlegen. Anschließend klicken Sie mit der rechten Maustaste auf den Knoten, unter dem der rekursive Knoten angelegt werden soll, und wählen ANLEGEN • REKURSIONSKNOTEN aus. Es öffnet sich das in Abbildung 2.63 gezeigte Pop-up REKURSIONSKNOTEN ANLEGEN. Geben Sie dort den KNOTENNAME des rekursiven Knotens ein, und suchen Sie anschließend einen WIEDERHOLUNGSKNOTEN über den Button AUSWÄHLEN aus. Der Wiederholungsknoten muss ein über dem Rekursionsknoten liegender Knoten sein. Er bestimmt, ab welcher Ebene die Knotenstruktur rekursiv wiederholt werden soll.

Abbildung 2.63 Anlegen von Rekursionsknoten

Beispiel für Rekursivknoten

In Abbildung 2.64 sehen Sie ein einfaches Beispiel für die Abbildung einer hierarchischen Verzeichnisstruktur in einem Context. Der Knoten `FOLDER` repräsentiert 0..n-Verzeichnisse. Für jedes Verzeichnis werden der Verzeichnisname und der anlegende Benutzer in den Attributen `FOLDERNAME` und `CREATED_BY` gespeichert. Jedes Verzeichnis kann eine beliebige Anzahl von Dateien beinhalten. Diese werden im Knoten `FILE_LIST` mit den Attributen `FILENAME` und `FILE_CONTENT` abgelegt. Unterhalb des Knotens `FOLDER` befindet sich der Rekursionsknoten `SUBFOLDER`, dessen Wiederholungsknoten auf `FOLDER` gesetzt wurde. Möchten Sie nun von einem Verzeichnis in ein Unterverzeichnis wechseln, können Sie dieses über den Knoten `SUBFOLDER` erreichen. Das Unterverzeichnis des Unterverzeichnisses ist wiederum über den Knoten `SUBFOLDER` erreichbar. Mithilfe dieser Struktur können Sie beliebig tief verschachtelte Hierarchien im Context abbilden.

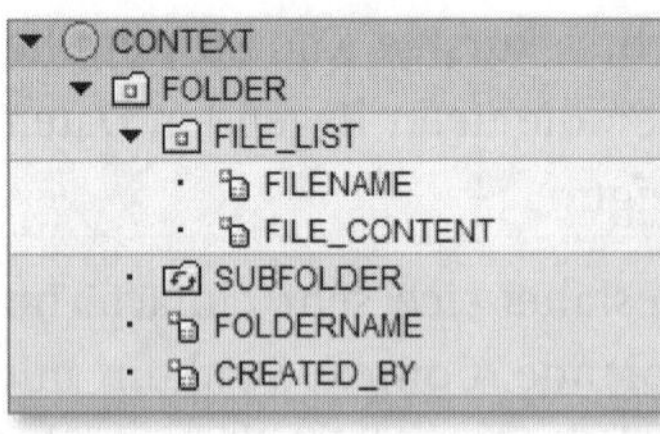

Abbildung 2.64 Rekursiver Verzeichnisbaum zur Designzeit

2.5.6 Datenbindung

Eigenschaften von UI-Elementen können mit wenigen Mausklicks im View-Editor an Context-Attribute gebunden werden. Dieser Vorgang wird als Datenbindung (Data Binding) bezeichnet. Durch die Bindung eines UI-Elementes wird eine direkte Beziehung zwischen diesem und dem ausgesuchten Context-Attribut aufgebaut.

Je nach Typ des UI-Elementes stehen Ihnen dabei teils sehr unterschiedliche Eigenschaften zur Bindung an den Context zur Verfügung. Nehmen Sie das im folgenden Schritt-für-Schritt-Beispiel benötigte UI-Element `InputField`: Dieses verfügt unter anderem über die Eigenschaften `value` und `visible`. Durch die Bindung der Eigenschaft `value` an ein Attribut stellen Sie eine Beziehung zwischen der Benutzeroberfläche und dem Context her. Ändern Sie im Browser den Text im Eingabefeld, wird sich diese Änderung direkt im entsprechenden Context-Element/-Attribut widerspiegeln. Über den Context können Sie auch das Anzeigeverhalten des UI-Elementes im Browser beeinflussen. Haben Sie beispielsweise die Eigenschaft `visible` an ein Context-Attribut vom Typ `WDY_BOOLEAN` gebunden, können Sie die Sichtbarkeit des Eingabefeldes durch Setzen des Attributwertes auf `'X'` oder `' '` (Leerzeichen) steuern.

Datenbindung von UI-Elementen zur Laufzeit

Die Datenbindung zwischen UI-Elementen und dem Context wird während der Designzeit im Context-Editor vorgenommen. Zu diesem Zeitpunkt existieren im Context weder Knoten- noch Elementinstanzen. Während der Laufzeit muss dann sichergestellt sein, dass die gebundenen Eigenschaften des UI-Elementes im Context ausgelesen werden können. Bei falscher Programmierung kann dies zu Fehlern bis hin zu Programmabbrüchen führen.

Gehen Sie die möglichen Szenarien für die Bindung einer Eigenschaft eines UI-Elementes an ein Attribut eines Context-Knotens mit der Kardinalität 0..n im Einzelnen durch:

- **Knoten enthält kein Element**
  Hierbei handelt es sich um den Worst Case. Das UI-Element versucht, die gebundene Eigenschaft aus dem Knoten auszulesen. Da jedoch kein Knotenelement mit dem Attribut existiert, wird das Framework die Anwendung mit folgender Fehlermeldung abbrechen:

  Context-Bindung des Properties <Eigenschaftsname> kann nicht aufgelöst werden. Der Knoten <Knotenname> enthält keine Elemente.

- **Knoten enthält exakt ein Element**
  Das UI-Element kann die Eigenschaft problemlos aus dem Knoten bzw. dem Element im Context auslesen und darstellen. Voraussetzung hierfür ist jedoch eine gesetzte Lead-Selection.

- **Knoten enthält mehrere Elemente**
  Das UI-Element kann die Eigenschaft problemlos aus dem Knoten bzw. dem Element im Context mit der gesetzten Lead-Selection auslesen und darstellen. Ändert sich die Lead-Selection, wird somit auch die Eigenschaft des UI-Elementes geändert.

Dynamische Bindung

Darüber hinaus haben Sie zur Laufzeit auch die Möglichkeit, die Eigenschaften von UI-Elementen dynamisch über die Schnittstelle der entsprechenden UI-Elemente zu ändern. Weitere Informationen hierzu finden Sie in Kapitel 7, »Dynamische Programmierung«. Beachten Sie hierzu die Bindung von Context-Attribut-Eigenschaften in Abschnitt 2.5.9.

Schritt für Schritt: Datenbindung von UI-Elementen anlegen

Im folgenden Beispiel lernen Sie, Eigenschaften von UI-Elementen an Context-Attribute zu binden, indem Sie die Werte der Adresseingabefelder des Views an die in der letzten Schritt-für-Schritt-Anleitung angelegten Context-Attribute anbinden. Anschließend verbinden Sie die Eigenschaft `readOnly` zur Steuerung der Eingabebereitschaft der Felder mit dem zugehörigen Context-Attribut `EDIT_MODE`.

Vorbereitung

1. Öffnen Sie die Registerkarte LAYOUT des Views `V_MAIN`. Stellen Sie sicher, dass Sie sich im Änderungsmodus befinden.

Eingabefelder an Context binden

2. Binden Sie zuerst die Eingabefelder für den Namen, die Postleitzahl und den Ort an den Context. Wählen Sie hierzu das Eingabefeld für den Namen aus (`IF_NAME`), und klicken Sie wie in Abbildung 2.65 auf den BINDING-Button rechts in der Zeile der Eigenschaft `value`. In dem sich öffnenden Fenster wählen Sie das Context-Attribut `NAME` im Knoten `ADDRESS_DATA` per Doppelklick aus. Das Eingabefeld ist nun an das Attribut gebunden.

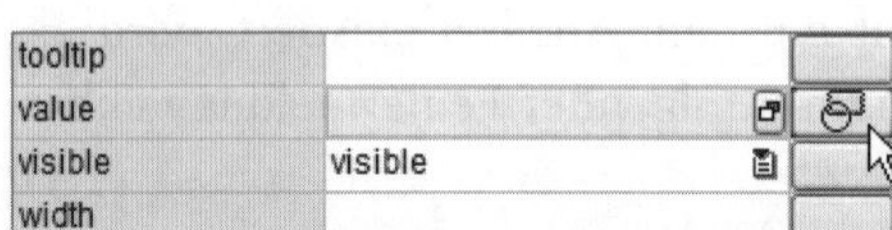

Abbildung 2.65 Datenbindung an den Context

3. Wiederholen Sie den Vorgang für das Postleitzahlen- und Ortseingabefeld. Klicken Sie hierzu auf das Eingabefeld `IF_POSTCODE`, und binden Sie dessen `value`-Eigenschaft an das Attribut `POSTCODE`. Wählen Sie zuletzt das Eingabefeld `IF_CITY` aus, und binden Sie dieses an das Attribut `CITY`.

Damit haben Sie die Datenbindung der Eingabefelder erfolgreich abgeschlossen. Theoretisch könnten Sie die Component nun aktivieren und anschließend testen. Vorher binden Sie jedoch noch die Eingabebereitschaft des Buttons und der Eingabefelder an den Context.

Eingabebereitschaft über Eigenschaft readOnly steuern

1. Wählen Sie das Eingabefeld `IF_NAME` ein zweites Mal aus, und klicken Sie auf den BINDING-Button in der Zeile der Eigenschaft `readOnly`. Es öffnet sich das Pop-up CONTEXT-BINDING DEFINIEREN (siehe Abbildung 2.66). Wählen Sie dort das Attribut `EDIT_MODE` aus, und aktivieren Sie anschließend das Ankreuzfeld ATTRIBUT/EIGENSCHAFT INVERTIEREN ("NOT"). Hierdurch erreichen Sie, dass bei `EDIT_MODE` = `'X'` der Wert der Eigenschaft `readOnly` = `' '` (und somit das Feld eingabebereit) ist.
2. Wiederholen Sie die beiden vorangegangenen Schritte für die Eingabefelder `IF_POSTCODE` und `IF_CITY`. Binden Sie die Eigenschaft für beide Felder an `EDIT_MODE`, und invertieren Sie den Attributwert.

Button an Context binden

3. Binden Sie zuletzt die Eigenschaft `enabled` des ANZEIGEN/ÄNDERN-Buttons an das Context-Attribut `BUTTONS_ENABLED`. Beachten Sie an dieser Stelle, dass Sie den Wert des Attributes diesmal nicht invertieren. Beim Anlegen des Attributes im vorangegangenen Schritt-für-Schritt-Beispiel wurde bereits definiert, dass es standardmäßig bei der Initialisierung auf `'X'` gesetzt wird.

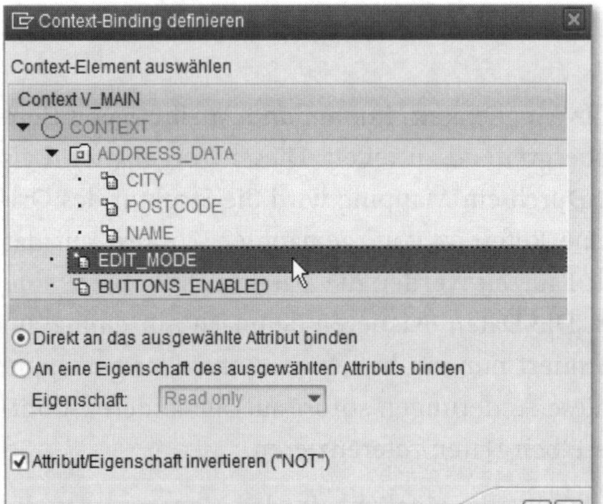

Abbildung 2.66 Definition eines Context-Bindings

Test der Anwendung

4. Speichern Sie die Änderungen, und aktivieren Sie die gesamte Component. Starten Sie anschließend Anwendung `zwdc_chap02`, indem Sie mit der rechten Maustaste auf diese klicken und im Kontextmenü TESTEN auswählen. Es öffnet sich ein Browser-Fenster mit der Anwendung. Durch einen Klick auf ANZEIGEN/ÄNDERN

können Sie die Felder eingabebereit schalten und eine Adresse erfassen. In Abbildung 2.67 sehen Sie hierfür ein Beispiel.

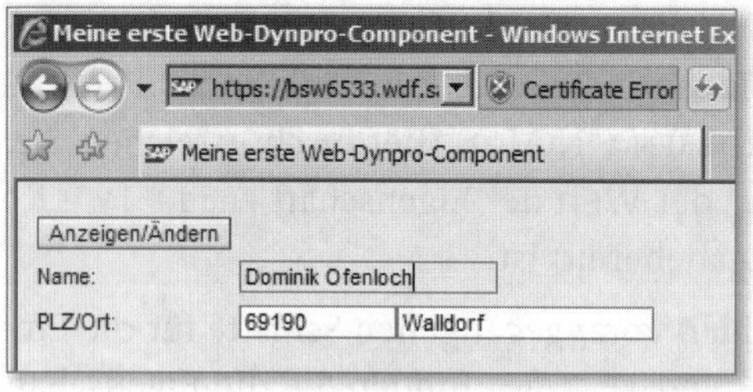

Abbildung 2.67 Test der Anwendung

[*] **Tipp**: Im Schritt-für-Schritt-Beispiel haben Sie die Eigenschaften `enabled` und `readOnly` an die extra hierfür angelegten Context-Attribute `EDIT_MODE` und `BUTTONS_ENABLED` gebunden. Bei vielen, vor allem kleineren Anwendungen ist die Steuerung dieser Eigenschaften über extra Attribute sicherlich ausreichend. Jedoch ist dieser Weg nicht die eleganteste und somit auch nicht die empfehlenswerte Lösung. Stattdessen empfiehlt sich die Verwendung von Context-Attribut-Eigenschaften (siehe Abschnitt 2.5.9).

2.5.7 Mapping

Web Dynpro bietet die Möglichkeit, Knoten und Attribute von Context-Knoten contextübergreifend zu teilen. Dieser Vorgang wird als Mapping bezeichnet. Durch ein Mapping wird die Struktur des Originals kopiert und eine Referenz vom gemappten Context auf das Original angelegt. Zur Laufzeit werden die Daten nicht kopiert, sondern nur referenziert. Die Daten existieren demnach nur einmal im Ursprungs-Context. Ändert nun ein beliebiger Controller gemappte Daten, wirken sich diese Änderungen sofort auf alle anderen Controller aus, die auf dieselben Daten referenzieren.

Gründe für Mapping

Das Mapping bietet Ihnen die Möglichkeit, den Context über die Grenze eines Controllers hinaus gemeinsam mit anderen Controllern zu teilen. Haben Sie zum Beispiel zwei Views, die zum Teil dieselben Daten benötigen, bietet sich die Ablage der Daten in einem von beiden Views erreichbaren Controller-Context an. In der Praxis ist dies meist der Component-Controller. Aber auch der Window- oder ein Custom-Controller können hier natürlich zum Einsatz kommen.

Beispiel

Abbildung 2.68 zeigt Ihnen – vereinfacht ohne Context-Attribute – ein Beispiel für das Mapping zwischen dem Component-Controller und zwei Views einer Component. Der Knoten `ADDRESS_DATA` wurde in diesem Beispiel ursprünglich im Component-Controller angelegt. Anschließend wurde der Knoten per Mapping auf View A und auf View B übernommen. Durch das Mapping wird die Knotenstruktur in den jeweiligen Ziel-Context kopiert und eine dauerhafte Verbindung zwischen dem Original- und dem Ziel-Context hergestellt. Im Context-Editor ist ein solcher Knoten an einem kleinen rechtsgerichteten Pfeil im Knotensymbol erkennbar. Ändert ein Anwender nun in View A eine Adresse, werden diese Änderungen direkt in den Original-Context des Component-Controllers geschrieben. Die Änderungen sind somit zeitgleich für alle anderen Views verfügbar, die ein Mapping mit dem Component-Controller-Knoten `ADDRESS_DATA` besitzen.

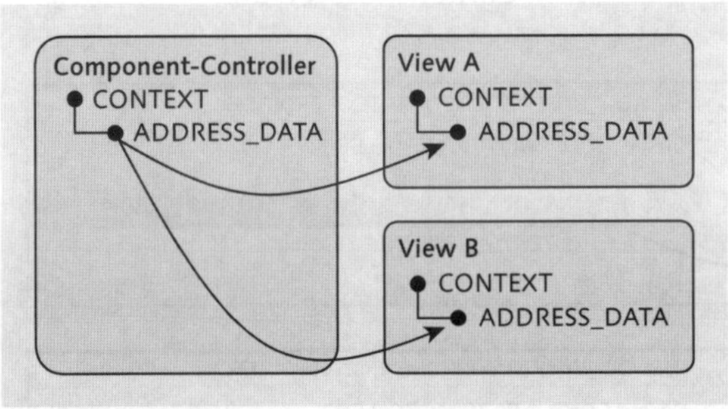

Abbildung 2.68 Beispiel für Mapping

Anlegen eines Mappings

Das Anlegen eines Mappings gestaltet sich einfach:

1. Erstellen Sie, falls nicht bereits vorhanden, den Original-Context-Knoten im Ursprungs-Controller. Beachten Sie hierbei unbedingt die Regeln zur Sichtbarkeit von Controllern. So ist es beispielsweise nicht möglich, einen View-Knoten als Original zu verwenden.
2. Wechseln Sie nun zum Controller, für den das Mapping angelegt werden soll:
   - Tragen Sie, falls nicht bereits vorhanden, eine Controller-Verwendung des Ursprungs-Controllers mit dem Originalknoten in die Tabelle VERWENDETE CONTROLLER/COMPONENTS ein. Handelt es sich beim Ursprungs-Controller um den Component-

Controller, sollten Sie hierfür bereits eine Eintragung vorfinden.

- Öffnen Sie die Registerkarte CONTEXT. Diese ist in drei Bereiche aufgeteilt: Links oben befindet sich der lokale Controller-Context, rechts oben sehen Sie alle fremden, in den Controller-Verwendungen eingetragenen Contexte und im unteren Bereich sehen Sie die Eigenschaften des aktuell ausgewählten Context-Elementes. Wählen Sie im rechten Bereich Ihren gewünschten Ursprungs-Context aus. Ziehen Sie den zu mappenden Knoten anschließend per Drag & Drop an die gewünschte Ziel-Position innerhalb Ihres lokalen Contexts. In Abbildung 2.69 sehen Sie diesen Vorgang (❶) und das Ergebnis (❷) schematisch dargestellt.

Das Mapping zwischen beiden Contexten ist hiermit abgeschlossen. Änderungen im Component-Controller wirken sich somit direkt auf die gemappten View-Context-Knoten aus.

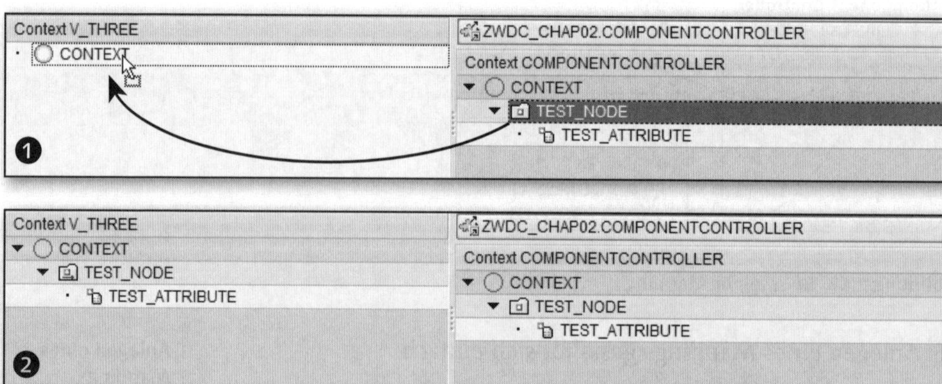

Abbildung 2.69 Mapping zwischen Component- und View-Controller

Mapping aktualisieren

3. Stellen Sie sich aber folgendes Szenario vor: Sie haben einen Knoten im Component-Controller angelegt und diesen per Mapping in den Context eines Views eingebunden. Danach fällt Ihnen jedoch auf, dass Sie beim Anlegen des Originalknotens ein wichtiges Attribut vergessen haben. Um die Änderungen in den gemappten Knoten zu übernehmen und somit das Attribut auch im View verfügbar zu haben, müssen Sie das Mapping im View-Knoten aktualisieren. Wechseln Sie für die Aktualisierung des gemappten Knotens zu diesem, und klicken Sie diesen mit der rechten Maustaste an.

Wählen Sie im Kontextmenü den Eintrag AKTUALISIEREN MAPPING aus. Bestätigen Sie die folgenden Popup-Warnungen jeweils mit JA. Dadurch werden alle Attribute und Unterknoten aus dem Originalknoten nochmals auf den gemappten Knoten übertragen. Nach der Aktualisierung des Mappings ist der Knoten im View wieder auf dem aktuellen Stand.

Componentübergreifendes Mapping

Das Mapping von Contexten ist auch über die Grenze einer Component hinweg möglich. Weitere Informationen hierzu finden Sie in Abschnitt 2.7.4, »Componentübergreifendes Mapping«.

2.5.8 Supply-Funktionen

Supply-Funktionen ermöglichen es, Context-Knoten automatisch mit Daten zu initialisieren. Sie können für jeden Knoten eine eigene Supply-Funktion anlegen. Diese wird immer dann vom Framework aufgerufen, wenn auf die Daten des jeweiligen Knotens zugegriffen wird und der Knoten bisher nicht gefüllt ist oder der Knoten in einem vorangegangenen Schritt invalidiert wurde.

Verwendung von Supply-Funktionen

Die Definition von Supply-Funktionen bietet sich vor allem für Vater-Kind-Knotenbeziehungen an. Stellen Sie sich hierzu Folgendes vor: Sie haben eine Tabelle mit einer Auflistung Ihrer Geschäftspartner. Wählen Sie nun einen Geschäftspartner in der Liste aus, werden zu diesem Geschäftspartner weitere Informationen, wie beispielsweise eine Bestellhistorie, unterhalb der Geschäftspartnertabelle angezeigt. In Form eines Context-Knotens könnte diese Beziehung wie in Abbildung 2.70 aussehen.

Abbildung 2.70 Beispiel für eine Vater-Kind-Beziehung

Der Knoten `Geschäftspartner` wird durch seine Supply-Funktion `SUPPLY_GESCHAEFTSPARTNER` beim ersten Zugriff mit Geschäftspartnern aus der Datenbank befüllt. Sobald Sie einen Geschäftspartner in der Tabelle ausgewählt haben (Lead-Selection wird gesetzt), werden die Detailinformationen zu diesem Geschäftspartner über die Supply-Funktionen der Unterknoten geladen. In unserem Beispiel wird dies durch die Supply-Funktion `SUPPLY_BESTELLHISTORIE` zur Initialisierung von Knoten `Bestellhistorie` exemplarisch abgebildet. Über den Importing-Parameter `PARENT_ELEMENT`, den jede Supply-Funktion besitzt, liest die Supply-Funktion `SUPPLY_BESTELLHISTORIE` die Geschäftspartner-ID aus dem übergeordneten Knoten `Geschäftspartner` aus und sucht anschließend die Bestellhistorie aus der Datenbank zusammen.

Beim Knoten `Bestellhistorie` handelt es sich hier um einen Singleton-Knoten. Durch die Aktivierung dieser Eigenschaft wird der Knoten bei jeder Änderung der übergeordneten Lead-Selection neu von der Supply-Funktion aufgebaut.

Supply-Funktionen und Mapping

Supply-Funktionen werden grundsätzlich immer nur für ungemappte Context-Knoten aufgerufen. Verfügen Sie beispielsweise über einen Originalknoten in einem Component-Controller und einen gemappten Knoten innerhalb eines Views, wird die Supply-Funktion nur für den Originalknoten im Component-Controller aufgerufen.

Supply-Funktion anlegen

Das Anlegen von Supply-Funktionen gestaltet sich einfach. Öffnen Sie den zu bearbeitenden Context, und wählen Sie den Knoten aus, für den die Supply-Funktion angelegt werden soll. Tragen Sie anschließend den Namen der neuen Supply-Funktion bei der Eigenschaft SUPPLY-FUNKTION ein. Nach Bestätigung Ihrer Eingaben mit der [↵]-Taste, legt der Web-Dynpro-Editor automatisch eine Methode vom Typ `Supply-Function` an. Die Supply-Funktion erreichen Sie über einen Doppelklick in den Eigenschaften des Knotens; alternativ können Sie die Supply-Funktion auch über die Registerkarte METHODEN öffnen.

In den bereits vorhandenen, kommentierten Zeilen in der Supply-Funktion finden Sie bereits das wichtigste Coding für die Ausprogrammierung der Supply-Funktion vor. Weitere Hilfestellungen für die Programmierung von Supply-Funktionen erhalten Sie in Abschnitt 2.6, »Context-Programmierung«.

2.5.9 Context-Attribut-Eigenschaften

Neben der primären Aufgabe des Contexts, Daten in Form von Knoten, Elementen und Attributen für die Anzeige und Bearbeitung auf der Benutzeroberfläche bereitzustellen, speichert der Context auch

Daten zur Steuerung des Anzeige- und Bearbeitungsverhaltens von UI-Elementen. Dazu werden zur Laufzeit in jedem Context-Element für jedes Context-Attribut die folgenden vier Eigenschaften gespeichert: `enabled`, `readOnly`, `required` und `visible`. Diese sogenannten Context-Attribut-Eigenschaften sind vor allem im Hinblick auf UI-Elemente mit direktem Context-Bezug, wie beispielsweise einem `InputField`, von großem Interesse.

Context-Attribut-Eigenschaften

Die Context-Attribut-Eigenschaften können im View Designer an die zugehörigen UI-Element-Eigenschaften gebunden werden. Dies ermöglicht eine komfortable Steuerung des View-Anzeigeverhaltens, da die Eigenschaften vom UI-Element losgelöst im Context gemeinsam mit den eigentlichen Daten gespeichert werden. Tabelle 2.9 listet die für jedes Context-Attribut gehaltenen Eigenschaften und die korrespondierenden UI-Element-Eigenschaften auf.

Attributeigenschaft	UI-Element-Eigenschaft	Bemerkung
`Enabled`	`enabled`	Aktiv oder inaktiv?
`readOnly`	`readOnly`	Eingabebereit oder nicht?
`Required`	`state`	Die Ausprägungen sind `normal` und `required`.
`Visible`	`visible`	UI-Element sichtbar oder nicht?

Tabelle 2.9 Attribut- und zugehörige UI-Element-Eigenschaften

Verwendung

Grundsätzlich steht es Ihnen frei, die Eigenschaften Ihrer UI-Elemente an die entsprechenden Attributeigenschaften des Contexts zu binden. Das heißt, Sie können auf die Context-Attribut-Eigenschaften zur Steuerung des Anzeigeverhaltens eines UI-Elementes zurückgreifen, müssen es aber nicht. Darüber hinaus ist es auch möglich, UI-Elemente ohne direkten Context-Bezug an eine Context-Attribut-Eigenschaft zu binden.

[+]

Hinweis: Im Folgenden wird im Bezug auf UI-Elemente von der sogenannten primären Eigenschaft gesprochen. Bei dieser handelt es sich um eine Eigenschaft mit besonderer Wichtigkeit für den jeweiligen UI-Elementtyp. Beispiele für UI-Elemente mit primären Eigenschaften sind:

- UI-Element `InputField`: Eigenschaft `value`
- UI-Element `TextView`: Eigenschaft `text`

Bindung von Context-Attribut-Eigenschaften

Sie können ein UI-Element im View Designer in nur wenigen Schritten an die Context-Attribut-Eigenschaften binden. Diese Bindung können Sie auf zwei verschiedenen Wegen durchführen: alle Eigenschaften auf einmal über die primäre Eigenschaft oder jede Eigenschaft des UI-Elementes einzeln direkt. Beginnen wir mit der Bindung über die primäre Eigenschaft.

Bindung über das primäre Attribut

1. Öffnen Sie die Registerkarte LAYOUT des zu bearbeitenden Views, und wählen Sie das zu bindende UI-Element aus.
2. Klicken Sie in der Zeile der primären Eigenschaft auf den BINDING-Button. Es öffnet sich das Standard-Popup zur Auswahl des zu bindenden Knotens/Attributes.
3. Wählen Sie, falls nicht bereits geschehen, das zu bindende Attribut aus der Context-Struktur aus. Klicken Sie anschließend auf den Button CONTEXT-ATTR. EIGENSCHAFTEN BINDINGS, und wählen Sie die zu bindenden Context-Attribut-Eigenschaften im Pop-up aus. In Abbildung 2.71 sehen Sie die beiden Popup-Fenster mit dem Auswahldialog.
4. Bestätigen Sie Ihre Eingaben, und schließen Sie das Pop-up durch einen Klick auf die grünen Häkchen.

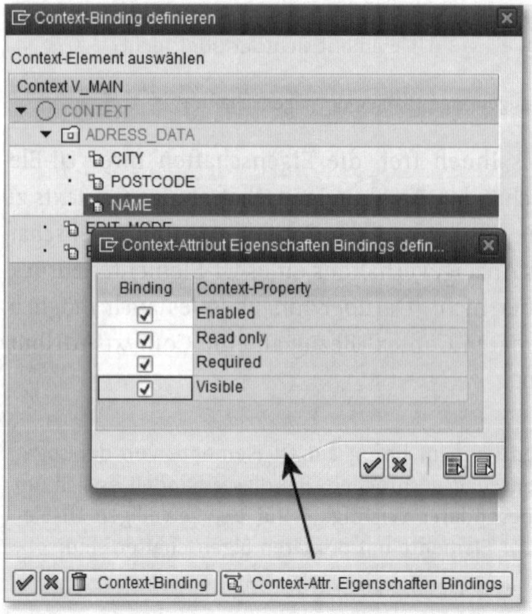

Abbildung 2.71 Auswahl der zu bindenden Context-Attribut-Eigenschaften

Bindung direkt über die Eigenschaft

Alternativ kann eine Context-Attribut-Eigenschaft direkt über die jeweilige UI-Element-Eigenschaft gebunden werden. Folgen Sie hierzu diesen Schritten:

1. Öffnen Sie die Registerkarte LAYOUT des zu bearbeitenden Views, und wählen Sie das zu bindende UI-Element aus. Stellen Sie sicher, dass die primäre Eigenschaft des UI-Elementes bereits gefüllt bzw. gebunden ist.
2. Klicken Sie in der Zeile der zu bindenden Eigenschaft (entweder Eigenschaft `enabled`, `readOnly`, `state` oder `visible`) auf den BINDING-Button. Es öffnet sich das Standard-Popup zur Auswahl des zu bindenden Knotens/Attributes.
3. Klicken Sie das Auswahlfeld AN EINE EIGENSCHAFT DES AUSGEWÄHLTEN ATTRIBUTS BINDEN an, und überprüfen Sie, ob Web Dynpro für Ihre UI-Element-Eigenschaft die richtige Context-Attribut-Eigenschaft vorgeschlagen hat. Abbildung 2.72 zeigt Ihnen den Auswahldialog.
4. Bestätigen Sie Ihre Eingaben, und schließen Sie das Pop-up durch einen Klick auf das grüne Häkchen.

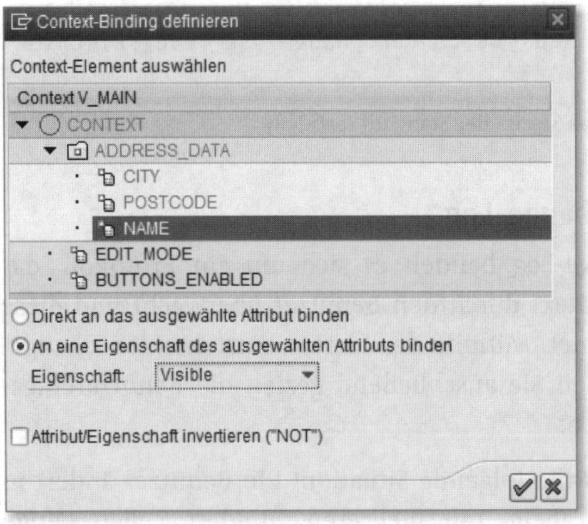

Abbildung 2.72 Direktes Binding über die gewählte Eigenschaft

Programmatischer Zugriff auf Eigenschaften

Sie können die Context-Attribut-Eigenschaften zur Laufzeit mithilfe der in Anhang A, »Anwendungsparameter und URL-Parameter«, aufgeführten Knoten- (Typ `IF_WD_CONTEXT_NODE`) und Elementmethoden (Typ `IF_WD_CONTEXT_ELEMENT`) ändern. Bis auf die Methode `<set/get>_attribute_props_for_node( )` stehen diese sowohl für den Context-Knoten als auch für Context-Elemente bereit. Bei den Methoden, die sowohl im Knoten als auch im Element verfügbar sind, kann man über den Importing-Parameter `index` bestimmen, für welches Context-Element die Methode aufgerufen werden soll. Wird der Parameter nicht befüllt, wird standardmäßig die Lead-Selection verwendet.

Beispiel

Listing 2.9 zeigt Ihnen ein einfaches Beispiel, bei dem das Attribut `CITY` des Knotens `ADDRESS_DATA` nur auf lesend gesetzt wird. In einem ersten Schritt wird hierzu eine Referenz des Knotens `ADDRESS_DATA` vom Context gelesen. Anschließend wird die Methode `set_attribute_property( )` verwendet, um die Eigenschaft `readOnly` des Attributes `CITY` für das die Lead-Selection tragende Context-Element auf wahr zu setzen.

```
DATA lo_address_node TYPE REF TO if_wd_context_node.
lo_address_node =
  wd_context->get_child_node( wd_this->wdctx_address_data ).
" Setze Attribut CITY auf ReadOnly --> true
CALL METHOD lo_adress_node->set_attribute_property
  EXPORTING
    attribute_name = 'CITY'
   property     = if_wd_context_element=>e_property-read_only
    index          = if_wd_context_node=>use_lead_selection
    value          = 'X'.
```

Listing 2.9 Beispiel für das Setzen der Stadt auf readOnly

2.5.10 Context-Change-Log

Beim Context-Change-Log handelt es sich um ein Protokoll, das Änderungen am Context durch den Benutzer überwacht und diese tabellarisch aufzeichnet. Mithilfe des hierbei entstehenden Change-Log-Protokolls können Sie anschließend gezielt die Benutzereingaben weiterverarbeiten.

Verwendung des Change-Logs

Versetzen Sie sich in die folgende Situation: Ein Benutzer ändert in einer Web-Dynpro-Tabelle mit mehreren Hundert Zeilen einige Datensätze. Um diese Änderungen nun in eine Datenbank zu übernehmen, können Sie verschiedene Strategien anwenden:

- Sie lesen den Knoten der Tabelle vollständig aus und aktualisieren alle Datensätze in der Datenbank.
- Sie lesen den Knoten der Tabelle vollständig aus und finden die Änderungen durch einen Vorher-Nachher-Vergleich der Daten-

sätze heraus. Anschließend aktualisieren Sie die geänderten Datensätze in der Datenbank.

- Sie verwenden das Context-Change-Log. Hierzu empfehlen wir Ihnen, den folgenden Abschnitt zu lesen.

Aktivierung und Verwendung des Change-Logs

Aktivierung des Change-Logs

Standardmäßig ist das Change-Log in jedem Controller deaktiviert. Bei Bedarf muss es daher im jeweiligen Context der Component aktiviert werden. Dies geschieht über das Interface IF_WD_CONTEXT. Sie erhalten die Referenz auf den Context durch den Aufruf der Methode wd_context->get_context( ). Anschließend können Sie das Change-Log durch einen Aufruf der Methode enable_context_change_log( ) aktivieren (siehe Listing 2.10).

```
DATA lo_context TYPE REF TO if_wd_context.
lo_context = wd_context->get_context( ).
lo_context->enable_context_change_log( ).
```

Listing 2.10 Aktivierung des Context-Change-Logs

[+]

Hinweis: Das Change-Log erfasst ausschließlich Änderungen, die vom Benutzer vorgenommen wurden. Änderungen an Context-Elementen, die auf programmatischem Weg zustande gekommen sind, werden nicht aufgelistet. Es ist jedoch auch möglich, Änderungen manuell ins Change-Log zu schreiben. Hierfür kann die Context-Methode add_context_attribute_change( ) verwendet werden.

Verwendung des Change-Logs

Sie können das Change-Log durch den Aufruf der Methode get_context_change_log( ) am Interface IF_WD_CONTEXT auslesen. Dabei erhalten Sie eine Tabelle vom Typ WDR_CONTEXT_CHANGE_LIST zurück. Über den optionalen Importparameter and_reset können Sie das Change-Log direkt nach dem Auslesen löschen lassen. Beachten Sie, dass das Change-Log bei gemappten Knoten ausschließlich für den Originalknoten geschrieben wird. Tabelle 2.10 gibt Ihnen einen Überblick über die Change-Log-Methoden von IF_WD_CONTEXT.

Methode	Beschreibung
enable_context_change_log( )	Diese Methode schaltet die Aufzeichnung der Benutzereingaben für diesen Controller ein.

Tabelle 2.10 Change-Log-Methoden von IF_WD_CONTEXT

Methode	Beschreibung
`disable_context_change_log( )`	Diese Methode schaltet die Aufzeichnung wieder ab.
`get_context_change_log( )`	Diese Methode liefert den aktuellen Inhalt der Change-Log-Tabelle und setzt diese automatisch zurück (letztere Einstellung ist voreingestellt, kann über den Parameter `and_reset` jedoch auch abgestellt werden).
`reset_context_change_log( )`	Diese Methode setzt die Change-Log-Tabelle zurück.
`add_context_attribute_change( )`	Über diese Methode können Änderungen an einem Context-Attribut manuell in die Change-Log-Tabelle aufgenommen werden.

Tabelle 2.10 Change-Log-Methoden von IF_WD_CONTEXT (Forts.)

Die Verwendung des Change-Logs bietet sich vor allem bei komplexeren Web-Dynpro-Architekturen an.

Context-Change-Log-Tabelle

Die Methode `get_context_change_log( )` liefert Ihnen eine Tabelle vom Tabellentyp `WDR_CONTEXT_CHANGE_LIST` zurück. Diese Tabelle basiert auf der Struktur `WDR_CONTEXT_CHANGE`, deren Zeilenstruktur in Tabelle 2.11 vorgestellt wird.

Spalte	Beschreibung
`NODE_NAME`	Name des Knotens, der die Änderung enthält
`SEQUENCE`	laufende Nummer des Eintrags
`NODE`	Referenz auf den Knoten
`NODE_PATH`	Knotenpfad
`CHANGE_KIND`	Kategorisiert die Art der Änderung. Für die Werte stehen die Konstanten `IF_WD_CONTEXT=>CHANGED_<...>` zur Verfügung.
`ELEMENT_INDEX`	Index des am tiefsten liegenden Context-Elementes

Tabelle 2.11 Struktur WDR_CONTEXT_CHANGE

Spalte	Beschreibung
ATTRIBUTE_NAME	Name des Attributes, das geändert wurde
OLD_VALUE	Referenz auf den bisherigen Attributwert
NEW_VALUE	Referenz auf den neuen Attributwert

Tabelle 2.11 Struktur WDR_CONTEXT_CHANGE (Forts.)

Knotenpfad NODE_PATH

Der Knotenpfad NODE_PATH folgt dem Schema <Controller bzw. Knotenname>.<ElementIndex>. Auf der ersten Ebene befinden sich immer der Controller-Name und die Indexnummer 1 für die CONTEXT-Wurzel. Je nach Anzahl der Unterknoten wiederholt sich dieses Schema beliebig oft bis zur Ebene der jeweiligen Context-Änderung. Die Indexnummer der geänderten Ebene steht im Feld ELEMENT_INDEX.

Nehmen wir den Context-Knoten ADDRESS_DATA aus den vorangegangenen Schritt-für-Schritt-Anleitungen als Beispiel. Hier würde bei einer Änderung eines Attributes der NODE_PATH wie folgt lauten: V_MAIN.1.ADDRESS_DATA. Unter ELEMENT_INDEX ist die Position des Elementes im Adressknoten vermerkt.

Änderungsart CHANGE_KIND

Die Änderungsart CHANGE_KIND gibt an, was sich im Context geändert hat. Das Interface IF_WD_CONTEXT stellt für das Attribut Konstanten vom Typ CHANGED_<...> zur Verfügung. Es existieren die folgenden Ausprägungen:

- **Attributänderung (Konstante** CHANGED_ATTRIBUTE**)**
  Die Attributänderung ist die wichtigste der verfügbaren Änderungsarten. Sie wird zur Protokollierung von Context-Attributänderungen verwendet, zum Beispiel bei der Eingabe einer Stadt in ein Eingabefeld. Der vorherige und der neue Wert werden dabei in den Feldern OLD_VALUE und NEW_VALUE der Struktur dokumentiert.
- **Collection-Änderung (Konstante** CHANGED_COLLECTION**)**
  Die Collection-Änderung dokumentiert eine Änderung der Elemente des Knotens. Kommen beispielsweise neue Context-Elemente hinzu oder werden einige gelöscht, wird dies als Collection-Change vermerkt.
- **Lead-Selection-Änderung (Konstante** CHANGED_LEADSELECTION**)**
  Die Lead-Selection-Änderung wird bei Änderung der Lead-Selection durch den Benutzer geschrieben.

- **Selection-Änderung (Konstante** `CHANGED_SELECTION`**)**
  Die Selection-Änderung dokumentiert die Änderung des Benutzers einer »normalen« Auswahl ohne Lead-Selection.

2.6 Context-Programmierung

In Abschnitt 2.5 haben Sie bereits alle Facetten des Contexts ausführlich kennengelernt. So kennen Sie nun den Unterschied zwischen Context-Knoten, Context-Elementen und Context-Attributen. Im Context-Editor können Sie die Knoten und die Attribute anlegen, ein Mapping zwischen den Controllern definieren und anschließend die UI-Elemente an die zugehörigen Context-Attribute bzw. Context-Knoten binden.

Der Web-Dynpro-Context wurde vollständig in ABAP Objects entwickelt. Aus objektorientierter Sicht basiert er hauptsächlich auf Context-Knoten, Context-Elementen und einem Knotenmetaobjekt, das Context-Modifikationen zur Laufzeit erlaubt:

- Context-Knoten können über das Interface `IF_WD_CONTEXT_NODE` angesprochen werden. Sie stellen Container für »Tabellen« dar.
- Context-Elemente sind über das Interface `IF_WD_CONTEXT_ELEMENT` ansprechbar. Jedes Context-Element repräsentiert eine Zeilenstruktur.
- Das Knotenmetaobjekt erhalten Sie über die Knotenmethode `get_node_info( )`. Das Metaobjekt ermöglicht dynamische Context-Änderungen zur Laufzeit und basiert auf dem Interface `IF_WD_CONTEXT_NODE_INFO`.

Inhalt des Abschnitts

Der programmatische Umgang mit dem Context, das heißt zum Beispiel die Navigation von der Context-Wurzel über Knoten und Elemente bis hin zu Context-Attributen oder die Erzeugung und Löschung von Context-Elementen, wurde bewusst für diesen Abschnitt aufgehoben. Hier lernen Sie die für den Entwickleralltag wichtigsten Context-Operationen kennen. Der Abschnitt umfasst die Navigation durch den Context, die Erzeugung und Löschung von Context-Elementen, das Setzen der Lead-Selection und die Änderung von Attributwerten. Anhand zahlreicher Beispiele erhalten Sie jeweils einen Eindruck von der Verwendung des Contexts.

In Abschnitt 2.5.1, »Aufbau des Contexts«, wurde am Beispiel des Knotens ADDRESS_DATA besprochen, wie die Struktur eines Contexts zur Designzeit und während der Laufzeit aussieht. Abbildung 2.73 zeigt Ihnen nochmals das bereits verwendete Beispiel für den Knoten ADDRESS_DATA.

Anhand dieses Knotens und dieser Struktur zeigen wir Ihnen nun die wichtigsten Context-Operationen. Dazu gehören die Navigation durch den Context, die Erzeugung und Löschung von Context-Elementen, das Setzen der Lead-Selection und selbstverständlich das Auslesen und Ändern von Attributwerten zur Laufzeit.

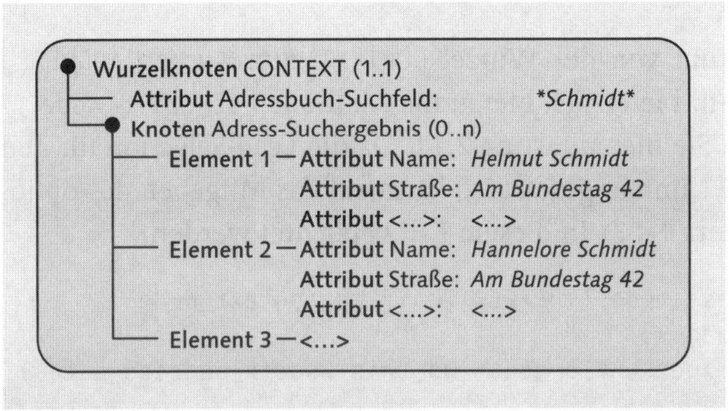

Abbildung 2.73 Beispiel für eine Context-Struktur zur Laufzeit

2.6.1 Navigation durch den Context

Grunsätzliches zur Context-Navigation

Die Navigation durch einen Context basiert auf einem Wechselspiel zwischen Context-Elementen und Context-Knoten. Ausgangspunkt ist immer ein Context-Element, das Referenzen zu all seinen Unterknoten beinhaltet. In der Praxis sieht man jedoch auch häufig, dass eine Navigation von einem Context-Knoten aus gestartet wird. Hierzu ist es nötig, die Indexnummer des jeweiligen Knotenelementes anzugeben. Wird kein Index vorgegeben, wird automatisch das Element mit der Lead-Selection verwendet.

Beispiel

Abbildung 2.74 verdeutlicht die Funktionsweise der Context-Navigation an einem Beispiel-Context. Ausgangspunkt für jede Navigation durch einen Controller-Context ist der Wurzelknoten CONTEXT. Dieser hat die Kardinalität 1..1 und besitzt somit immer exakt ein Context-Element, für das die Lead-Selection gesetzt ist. Der Context ist in jedem Controller über das Controller-Attribut WD_CONTEXT (Typ IF_WD_CONTEXT_NODE) erreichbar.

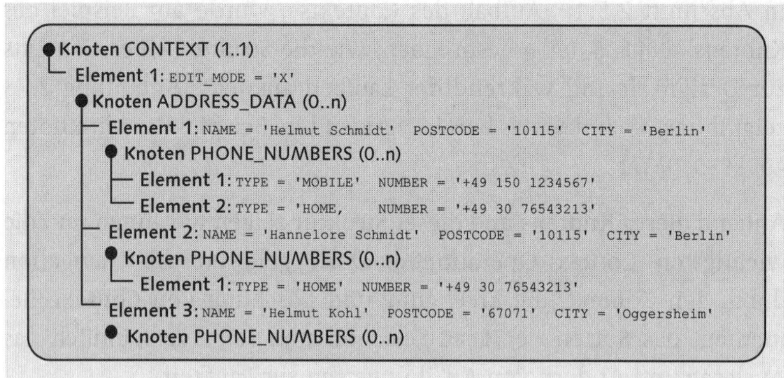

Abbildung 2.74 Beispiel für eine Hierarchie

Methode get_child_node( )

Möchten Sie nun von der Wurzel `CONTEXT` zum Knoten `ADDRESS_DATA` navigieren, bietet sich hierzu die Methode `get_child_node( )` an. Betrachten Sie hierzu Listing 2.11. Da die Lead-Selection für den Knoten `CONTEXT` immer gesetzt ist, kann auf das Mitgeben des optionalen Parameters `INDEX` in diesem Fall verzichtet werden.

```
DATA lo_address_node TYPE REF TO if_wd_context_node.
lo_address_node =
  wd_context->get_child_node( wd_this->wdctx_address_data ).
```

Listing 2.11 Unterknoten lesen

Methode get_element( )

Am Knoten `ADDRESS_DATA` haben Sie nun direkten Zugriff auf die drei im Knoten, jeweils in einem Context-Element gespeicherten Adressen. Hierzu können Sie die Knotenmethode `get_element( )` verwenden, die ein Element vom Typ `IF_WD_CONTEXT_ELEMENT` zurückliefert. Über den Parameter `INDEX` können Sie angeben, welches Element zurückgeliefert werden soll. Auch bei dieser Methode gilt wieder: Geben Sie `INDEX` nicht an, wird automatisch die Lead-Selection verwendet. In Listing 2.12 sehen Sie ein Beispiel.

```
DATA lo_address_elem TYPE REF TO if_wd_context_element.
lo_address_elem = lo_address_node->get_element( index = 2 ).
```

Listing 2.12 Gezieltes Lesen eines Context-Elementes

[+]

> **Hinweis**: Eine Vielzahl der Methoden für die Ausführung von Context-Element-spezifischen Operationen wird sowohl am Context-Element als auch am Context-Knoten angeboten. Für Methoden am Context-Knoten existiert immer der zusätzliche optionale Importing-Parameter `INDEX`.

Über diesen Parameter können Sie die Operation gezielt an einem bestimmten Context-Element durchführen. Wird dieser nicht angegeben, wird bei den Methoden des Knotens automatisch das Element mit der Lead-Selection verwendet.

Rückwärtsnavigation

Mithilfe der Methode `get_parent_element( )` des Knotens können Sie den Pfad rückwärts in Richtung der Wurzel `CONTEXT` gehen. Befinden Sie sich beispielsweise am Knoten `PHONE_NUMBERS` und rufen `get_parent_element( )` auf, erhalten Sie das Eltern-Context-Element des Knotens `ADDRESS_DATA` zurück.

In Anhang B, »Web-Dynpro-Programmierschnittstellen«, finden Sie noch weitere weniger gebräuchliche Methoden zur Navigation durch den Context.

2.6.2 Setzen der Lead-Selection

Sie können die Lead-Selection durch den Aufruf der Methode `set_lead_selection( )` oder `set_lead_selection_index( )` am Context-Knoten setzen. Die folgende Übersicht erklärt Ihnen den Unterschied:

- Bei Aufruf der Methode `set_lead_selection( )` müssen Sie das zu setzende Element über den Parameter `ELEMENT` direkt mitgeben.
- Bei Verwendung der Methode `set_lead_selection_index( )` benötigen Sie kein Context-Element. Sie können hier die Indexposition des Elementes direkt über den Parameter `INDEX` angeben.

Beispiel

In Listing 2.13 finden Sie ein Beispiel für das Setzen der Lead-Selection. Es wird davon ausgegangen, dass der Adressknoten `LO_ADDRESS_NODE` bereits bekannt ist. Das Beispiel teilt sich in drei Bereiche auf. Zuerst wird als Vorbereitung auf den folgenden Schritt das Element mit Indexposition 3 ausgelesen. Direkt im Anschluss wird die Lead-Selection mithilfe der Methode `set_lead_selection( )` und des Context-Elementes mit Index 3 gesetzt. Zum gleichen Ergebnis führt die Verwendung der Methode `set_lead_selection_index( )`, wobei man hier auf die Verwendung des Context-Elementes verzichten kann.

```
...
DATA lo_address_element TYPE REF TO if_wd_context_element.
```

```
lo_address_element = lo_address_node->get_element( index = 3 ).
* Setze die Lead-Selection über das Element
lo_address_node->set_lead_selection(
  element = lo_address_element ).
* Setze die Lead-Selection über den Index
lo_address_node->set_lead_selection_index( index = 3 ).
```

Listing 2.13 Lead-Selection setzen

2.6.3 Erzeugen und Löschen von Context-Elementen

Bei der Erzeugung und Löschung von Context-Elementen wird zwischen knoten- bzw. tabellenbasierten sowie element- bzw. zeilenbasierten Methoden unterschieden. Die tabellenbasierten Methoden ermöglichen die Modifikation aller Elemente eines Knotens auf einmal und sind deshalb den zeilenbasierten Methoden vorzuziehen, vor allem aus Gründen der besseren Performance.

Trotzdem werden wir Ihnen die zeilenbasierten Context-Operationen zur Erzeugung neuer Context-Elemente nicht vorenthalten. Diese stellen wir Ihnen im Folgenden vor; direkt im Anschluss gehen wir dann zu den tabellenbasierten Methoden über. Demselben Schema folgend, erläutern wir Ihnen zuletzt das Löschen von einzelnen Context-Elementen oder ganzen Knoten.

Neues Element anfügen (einzelne Struktur)

Mithilfe der Knotenmethode `bind_structure( )` können Sie neue Context-Elemente anlegen und diese direkt an den Context-Knoten binden. Über den Importing-Parameter `NEW_ITEM` können Sie hierbei die zu verwendende Zeilenstruktur direkt mitgeben. Wird der Parameter `SET_INITIAL_ELEMENTS` beim Aufruf der Methode mit `ABAP_FALSE` gesetzt, wird das neue Element an den Knoten angehängt. Anderenfalls überschreibt die Operation alle bisher vorhandenen Context-Elemente im Knoten. In Listing 2.14 sehen Sie ein Beispiel für die Verwendung der Methode `bind_structure( )`.

```
DATA: lo_address_node TYPE REF TO if_wd_context_node,
      ls_address_data TYPE wd_this->element_address_data.
* Schreibe die folgenden Informationen in den Knoten
ls_address_data-name     = 'Helmut Schmidt'.
ls_address_data-postcode = '10115'.
ls_address_data-city     = 'Berlin'.
* Hole den addressknoten
lo_address_node =
  wd_context->get_child_node(
```

```
    name = wd_this->wdctx_address_data ).
* Füge Zeilenstruktur ls_address_data an den Knoten an
lo_address_node->bind_structure(
  new_item             = ls_address_data
  set_initial_elements = abap_false ).
```

Listing 2.14 Zeilenweises Anfügen neuer Context-Elemente

Neue Elemente anfügen (Tabellen)

Soll statt einer einzelnen Zeile eine ganze Tabelle in den Context eingefügt werden, ist anstelle von Methode `bind_structure( )` die Methode `bind_table( )` zu verwenden. Der Aufruf und die Parameter gleichen sich größtenteils. Listing 2.15 zeigt Ihnen ein Beispiel.

```
DATA: lo_address_node TYPE REF TO if_wd_context_node,
      lt_address_data TYPE wd_this->elements_address_data,
      ls_address_data TYPE wd_this->element_address_data.
* Schreibe die folgenden Daten in den Context
ls_address_data-name     = 'Helmut Schmidt'.
ls_address_data-postcode = '10115'.
ls_address_data-city     = 'Berlin'.
APPEND ls_address_data TO lt_address_data.
<...Füge weitere Zeilen ein...>
lo_address_node =
  wd_context->get_child_node(
    name = wd_this->wdctx_address_data ).
* Füge die ganze Tabelle lt_address_data an den Knoten an
lo_address_node->bind_table(
  new_items            = lt_address_data
  set_initial_elements = abap_false ).
```

Listing 2.15 Tabellenweises Anfügen neuer Context-Elemente

Einzelnes Element löschen

Soll ein einzelnes Element aus dem Context entfernt werden, können Sie die Knotenmethode `remove_element( )` verwenden. Die Methode bietet hierzu den Importing-Parameter `ELEMENT` an. Bei erfolgreichem Entfernen liefert der Rückgabeparameter `HAS_BEEN_REMOVED` den Wert `ABAP_TRUE` zurück. Listing 2.16 zeigt Ihnen ein Beispiel für die Methode `remove_element( )`.

```
DATA: lo_address_node TYPE REF TO if_wd_context_node,
      lo_address_elem TYPE REF TO if_wd_context_element,
      lv_success      TYPE abap_bool.
wd_context->get_child_node( wd_this->wdctx_address_data ).
" Lese die aktuelle Leadd-Selection
lo_address_elem = lo_address_node->get_element( ).
" Lösche die Lead-Selection aus dem Knoten
lv_success =
```

```
  lo_address_node->remove_element( element = lo_address_elem ).
IF lv_success NE abap_true.
  " Fehlerbehandlung
ENDIF.
```

Listing 2.16 Beispiel für die Verwendung von remove_element( )

[*] **Tipp**: Die Lead-Selection jedes Knotens hat eine wesentliche Funktion im Zusammenspiel (Binding) zwischen UI-Elementen und Context. Wird sie gelöscht und nicht durch eine neue ersetzt, führt dies bei den an den betroffenen Knoten gebundenen UI-Elementen zu einem Laufzeitfehler.

Um einen solchen Laufzeitfehler zu vermeiden, haben Sie zwei Möglichkeiten:

- Sie »verstecken« die betroffenen UI-Elemente. Haben Sie beispielsweise eine Tabelle und zeigen darunter zu dem selektierten Datensatz Detailinformationen an, bietet es sich an, den gesamten Teil unterhalb der Tabelle auszublenden.
- Sie setzen eine neue Lead-Selection. Dies kann bei der genannten Tabelle zum Beispiel das Element vor oder nach dem gelöschten Element sein.

Knoteninhalt löschen

Sollen alle Elemente eines Knotens gelöscht werden, können Sie hierzu die Knotenmethode `invalidate( )` verwenden. Die Methode hat keine Parameter. Beim Aufruf werden alle Elemente aus dem Knoten gelöscht und für ungültig erklärt. Beachten Sie hierbei die möglichen Folgen für die an den Context gebundenen UI-Elemente. In Listing 2.17 finden Sie ein Beispiel.

```
DATA: lo_address_node TYPE REF TO if_wd_context_node.
wd_context->get_child_node( wd_this->wdctx_address_data ).
* Invalidiere den gesamten Knoten
lo_address_node->invalidate( ).
```

Listing 2.17 Löschung aller Elemente eines Knotens

[+] **Hinweis**: Sie können den Web-Dynpro-Code-Wizard dazu verwenden, Quellcode für Standard-Context-Operationen generieren zu lassen. Der Code-Wizard unterstützt die folgenden Context-Operationen, die sowohl jeweils als Einzeloperation (Strukturen/Elemente) und als Massenoperation (Tabellen/Knoten) möglich sind:

- Auslesen der Attribute/Knoten eines Context-Knotens
- Befüllen bzw. Anhängen von Daten an einen Context-Knoten

Sie können den Code-Wizard über das ZAUBERSTAB-Symbol oder durch Drücken der Tastenkombination [Strg] + [F7] im Methodeneditor starten. Im Code-Wizard-Popup öffnen Sie auf der Registerkarte CONTEXT die Wertehilfe des Feldes KNOTEN/ATTRIBUT. Wählen Sie dort das auszulesende Attribut oder den auszulesenden Knoten per Doppelklick aus. Selektieren Sie anschließend die durchzuführende Context-Operation in der Auswahlgruppe OPERATION AUF DEM CONTEXT.

2.6.4 Auslesen und Änderung von existierenden Context-Knoten/-Elementen

Das Context-Element `IF_WD_CONTEXT_ELEMENT` stellt Ihnen sowohl Methoden zum Auslesen bzw. Ändern von einzelnen Attributwerten als auch Methoden zum direkten Auslesen/Ändern der gesamten Struktur des Elementes zur Verfügung. Die im Folgenden aufgeführten Context-Element-Methoden sind auch über das Interface des Context-Knotens aufrufbar. Zusätzlich existiert hierzu bei den Methoden der Importing-Parameter `INDEX`.

Methode <get/set>_attribute( )

Mithilfe der Methode `get_attribute( )` können Sie einzelne Context-Attribute eines Context-Elementes auslesen. Die Methode bietet hierzu den Importing-Parameter `NAME` und den Exporting-Parameter `VALUE` an. Die Methode `set_attribute( )` stellt das Gegenstück der Methode `get_attribute( )` dar.

Listing 2.18 zeigt Ihnen das bereits in einem früheren Beispiel verwendete Coding zur Steuerung der Eingabebereitschaft von UI-Elementen als Beispiel für die Verwendung der beiden Methoden. Mithilfe von `get_attribute( )` wird der Wert des Booleschen Attributes `EDIT_MODE` ausgelesen und anschließend negiert. Zuletzt wird das Ergebnis mithilfe von `set_attribute( )` zurück in den Context-Knoten geschrieben.

```
DATA: lo_context_element TYPE REF TO if_wd_context_element,
      lv_current_state   TYPE char1,
      lv_new_state       TYPE char1.
lo_context_element = wd_context->get_element( ).
* Lese den alten Status
lo_context_element->get_attribute(
  EXPORTING
    name = 'EDIT_MODE'
  IMPORTING
    value = lv_current_state ).
* Invertiere den Status
```

```
IF lv_current_state EQ 'X'.
  CLEAR lv_new_state.
ELSE.
  lv_new_state = 'X'.
ENDIF.
lo_context_element->set_attribute(
  EXPORTING
    name  = 'EDIT_MODE'
    value = lv_new_state ).
```

Listing 2.18 Beispiel für die Verwendung von <get/set>_attribute( )

Methode get_static_attributes( )

Die Methode `get_static_attributes( )` erlaubt es, die gesamte Zeilenstruktur eines Context-Elementes zu lesen. Die Methode bietet hierzu den Parameter `STATIC_ATTRIBUTES` an. Mithilfe der Methode `set_static_attributes( )` ist es im Gegenzug möglich, die Zeilenstruktur zurück in das Context-Element zu schreiben. Sollen mehrere Attribute eines Elementes auf einmal geändert werden, ist `set_static_attributes( )` immer der Einzelattributvariante `set_attribute( )` vorzuziehen.

Um Ihnen die Funktionsweise der Methode `get_static_attributes( )` zu demonstrieren, haben wir das Beispiel zur Methode `get_attribute( )` auf die Zeilenstrukturversion umgestellt. Das Ergebnis sehen Sie in Listing 2.19.

```
DATA: lo_context_element TYPE REF TO if_wd_context_element,
      ls_context         TYPE wd_this->element_context.
lo_context_element = wd_context->get_element( ).
* Lese den alten Status
lo_context_element->get_static_attributes(
  IMPORTING
    static_attributes = ls_context ).
* Invertiere den Status
IF ls_context-edit_mode EQ 'X'.
  CLEAR ls_context-edit_mode.
ELSE.
  ls_context-edit_mode = 'X'.
ENDIF.
lo_context_element->set_static_attributes(
  EXPORTING
    static_attributes = ls_context ).
```

Listing 2.19 Beispiel für die Methode »<get/set>_static_attributes( )«

2.7 Multi-Component-Architekturen

Web-Dynpro-Components sind wiederverwendbare Bausteine, die sich mit wenig Aufwand zu komplexen Anwendungen zusammensetzen lassen. In diesem Abschnitt werden Ihnen die Grundlagen für die Programmierung von componentübergreifenden Architekturen vermittelt. Dazu werden die folgenden Aspekte betrachtet:

- Wiederverwendung von Components durch Component-Verwendungen
- Zugriff auf die Methoden des Controllers der externen Component
- componentübergreifendes Mapping des Contexts
- Component-Interfaces zur Definition einheitlicher Schnittstellen

Beispiele für Components

Vor dem Einstieg in die technischen Details von Multi-Component-Architekturen geben wir Ihnen einige Anregungen und Ideen für die Aufteilung von Components in semantische Blöcke.

- **Adressverwaltungs-Component**
  Bei der Adressverwaltungs-Component handelt es sich um den Klassiker unter den wiederverwendbaren Web-Dynpro-Components. Da Adressen meist an mehreren Stellen in einer Anwendungslandschaft benötigt werden, liegt die Entwicklung einer Adress-Component auf der Hand.
- **Geschäftspartner-Component**
  Kunden, Lieferanten oder Partner: Häufig bietet sich die Entwicklung einer zentralen Component für Geschäftspartner an. Die Abweichungen der jeweiligen Geschäftspartnerrolle können in der Geschäftspartner-Component implementiert werden.
- **Rahmen-/Toolbar-Component**
  Zur Reduzierung von Wartungsaufwand und zur Vereinheitlichung der Benutzeroberfläche wird bei komplexeren Anwendungen empfohlen, eine Art Rahmen-Component mit grundlegenden generischen Blöcken Ihrer Anwendungen (wie beispielsweise eine Toolbar, allgemeine Einstellungen etc.) anzulegen. Diese Component kann als Grundgerüst für alle weiteren Benutzeroberflächen der Component verwendet werden.

[*] **Tipp**: Multi-Component-Architekturen bieten Ihnen eine Reihe von Möglichkeiten. Jedoch empfiehlt es sich, auf eine gesunde Mischung zwischen der Anzahl der Components und dem Nutzen durch die Auslagerung eines Anwendungsblocks in eine neue Component zu achten. Während der Laufzeit schlägt sich die Instanzierung einer Component sowohl in einer längeren Laufzeit als auch in einem erhöhten Speicherbedarf deutlich nieder.

2.7.1 Component-Verwendungen

Um eine fremde Component in einer Component verwenden zu können, muss die fremde Component der verwendenden Component bekannt gemacht werden. Dazu muss eine Component-Verwendung für die fremde Component in der verwendenden Component eingetragen werden. Component-Verwendungen werden im Kopfbereich der anwendenden Component eingetragen. Sie bestehen aus der Kombination eines Verwendungs- und Component-Namens. Der Verwendungsname muss dabei eindeutig sein, da über diesen auf die fremde Component zugegriffen wird. Nach der Definition einer Component-Verwendung können Sie auf die Objekte des Interface-Controllers der fremden Component zugreifen.

Beispiel für eine Component-Verwendung

In Abbildung 2.75 ist beispielhaft eine der in der folgenden Schritt-für-Schritt-Anleitung angelegten Component-Verwendungen zu sehen. In dieser werden Sie zwei neue Components `ZWDC_CHAP02_MAIN` sowie `ZWDC_CHAP02_NATIONS` anlegen. Die Haupt-Component dient dabei als Rahmen für die Nations-Component, die zur Anzeige der Datenbanktabelle `T005T` verwendet wird. Diese Systemtabelle beinhaltet eine Liste aller im System gepflegten Länder in den verfügbaren Sprachen. Anhand dieser beiden Components und der Ländertexttabelle `T005T` werden Ihnen die Grundlagen von Multi-Component-Architekturen vermittelt. Dazu werden Sie eine Methode zum Festlegen der Ausgabesprache der Ländertabelle in der Nations-Component schreiben. In Abschnitt 2.7.3, »Verwendung des Interface-Controllers«, werden Sie das componentübergreifende Mapping der Ländertabelle zwischen beiden Components kennenlernen.

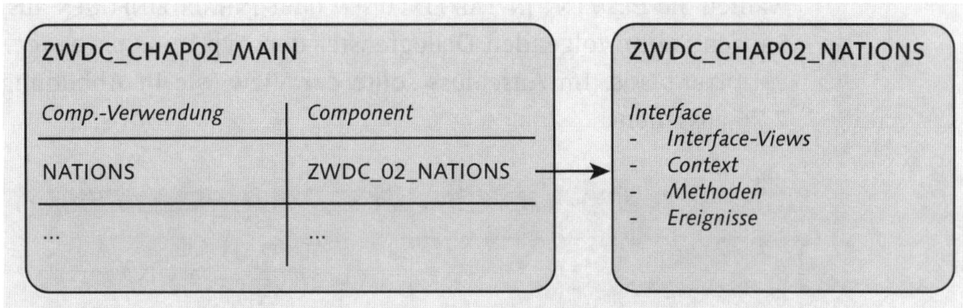

Abbildung 2.75 Definition von Component-Verwendungen

Mithilfe der Component-Verwendung `NATIONS` können Sie das Window (Interface-View) der Component `ZWDC_CHAP02_NATIONS` in die Haupt-Component integrieren. Über den Interface-Controller können Sie auf den Interface-View, den Context, die Methoden und Ereignisse der integrierten Component zugreifen.

[+]

Hinweis: Sie können eine beliebige Anzahl an Component-Verwendungen für eine fremde Component definieren. Während der Laufzeit können dann ebenso viele Instanzen der fremden Component instanziert werden. Dadurch ist es beispielsweise möglich, einen Interface-View (Window) einer generischen Component mehrmals zum selben Zeitpunkt in einem View anzuzeigen.

Schritt für Schritt: Anlegen von Component-Verwendungen

Beginnen Sie damit, die beiden Components anzulegen und diese anschließend miteinander zu verbinden.

ZWDC_CHAP02_MAIN anlegen

1. Legen Sie eine neue Component `ZWDC_CHAP02_MAIN` an. Nennen Sie das Window `W_MAIN` und den View `V_MAIN`. Gehen Sie zum View `V_MAIN`. Dieser soll im weiteren Verlauf des Beispiels als Rahmen für alle weiteren UI-Elemente und Views dienen.

Karteikarte anlegen

2. Fügen Sie eine Karteikarte (UI-Element `TabStrip`) in den View ein. Legen Sie eine Registerkarte an. Klicken Sie dazu mit der rechten Maustaste auf die Karteikarte, und wählen Sie im Kontextmenü TAB EINFÜGEN. Suchen Sie auf der neuen Registerkarte die `Caption` aus, und tragen Sie den Text »Formularsicht« bei der Eigenschaft `text` ein.
3. Fügen Sie einen neuen View-Container in die Karteikarte ein. Klicken Sie dazu mit der rechten Maustaste auf die Registerkarte, und

wählen Sie ELEMENT IN TAB EINFÜGEN oder INHALT EINFÜGEN aus. Suchen Sie im folgenden Dialogfenster den Typ `ViewContainerUIElement` aus. Im Anschluss sollte der View wie in Abbildung 2.76 aussehen.

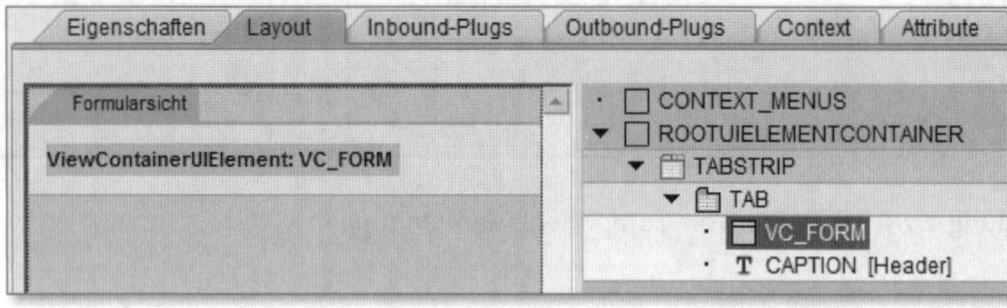

Abbildung 2.76 V_MAIN nach Fertigstellung

ZWDC_CHAP02_ NATIONS anlegen

Damit haben Sie die erste Component `ZWDC_CHAP02_MAIN` angelegt. Nun wird noch eine einzubindende Component benötigt.

1. Legen Sie nun die Component `ZWDC_CHAP02_NATIONS` an. Nennen Sie das Window `W_NATIONS` und den View `V_NATIONS`.

Knoten T005T anlegen

2. Wechseln Sie in der neuen Component zum Component-Controller. Öffnen Sie die Registerkarte CONTEXT, und legen Sie den Knoten `T005T` an. Definieren Sie diesen als Interface-Knoten, und setzen Sie das Häkchen bei der Eigenschaft INPUT-ELEMENT (EXT.). Diese Eigenschaften werden in einer späteren Schritt-für-Schritt-Anleitung noch für componentübergreifendes Mapping benötigt. Verwenden Sie die DICTIONARY-STRUKTUR `T005T` und die KARDINALITÄT 0..n. Lassen Sie die anderen Standardeinstellungen unverändert, und beenden Sie die Eingabe durch einen Klick auf ATTRIBUTE AUS DER STRUKTUR HINZUFÜGEN. Anschließend sollte der Knoten wie in Abbildung 2.77 aussehen.

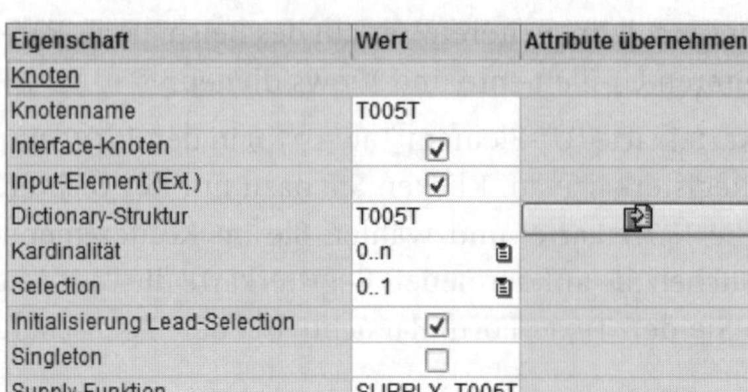

Abbildung 2.77 Eigenschaften von Knoten »T005T«

3. Im sich nun öffnenden Fenster können Sie einzelne Komponenten aus der Struktur durch Auswahl in den Context-Knoten übernehmen. Selektieren Sie alle Felder bis auf das Feld `MANDT`, und schließen Sie die Auswahl durch einen Klick auf das grüne Häkchen ab.
4. Legen Sie eine Supply-Funktion für den Knoten `T005T` an. Nennen Sie diese `supply_t005t( )`, und tragen Sie Listing 2.20 zum Lesen der Datenbanktabelle `T005T` in die Supply-Funktion ein.

Supply-Funktion

```
DATA lt_t005t TYPE wd_this->elements_t005t.
SELECT * FROM t005t INTO TABLE lt_t005t
  WHERE  spras = 'D'
  ORDER BY land1.
*Binde interne Tabelle an Context-Knoten
node->bind_table(
  new_items            = lt_t005t
  set_initial_elements = abap_true ).
```

Listing 2.20 Supply-Funktion »supply_t005t( )«

5. Definieren Sie für den Knoten `T005T` zwischen dem Component-Controller und dem View `V_NATIONS` ein Mapping. Das Mapping wird zur Anzeige der Daten des Knotens im View benötigt.

Mapping zwischen Component- und View-Controller

6. Bringen Sie die Attribute `LAND1`, `LANDX50` und `NATIO50` des Knotens `T005T` im View zur Anzeige. Verwenden Sie im View das `Matrix-Layout`.

Formular im View anlegen

   - Wählen Sie für das Attribut `LAND1` das UI-Element `DropDown-ByIndex`. Binden Sie dessen Eigenschaft `text` gegen das Knotenattribut `LAND1`. Legen Sie eine leere Aktion zur Aktualisierung der Anzeige nach Auswahl eines Elementes in der Dropdown-Liste an. Durch das Anlegen eines leeren Ereignisbehandlers stellen Sie sicher, dass das User Interface nach jeder Auswahl des Benutzers aktualisiert wird.
   - Verwenden Sie für die beiden anderen UI-Elemente einen `TextView`. Binden Sie deren Eigenschaft `text` gegen die Knotenattribute `LANDX50` und `NATIO50`.
   - Fügen Sie zuletzt die `TextView`-Beschriftungen in Form des UI-Elementes `Label` hinzu. Binden Sie deren Eigenschaft `labelFor` gegen das jeweilige `TextView`-Element. Überschreiben Sie die automatisch vom Attribut `LANDX50` gezogene Label-Beschriftung mit dem Text »Land«.

Im Anschluss sollte Ihr View bei Verwendung des `MatrixLayout` wie in Abbildung 2.78 aussehen. Damit die Dropdown-Liste über die Breite der Labels hinausragen kann, wurde bei ihr die Eigenschaft `colSpan` mit dem Wert 2 belegt.

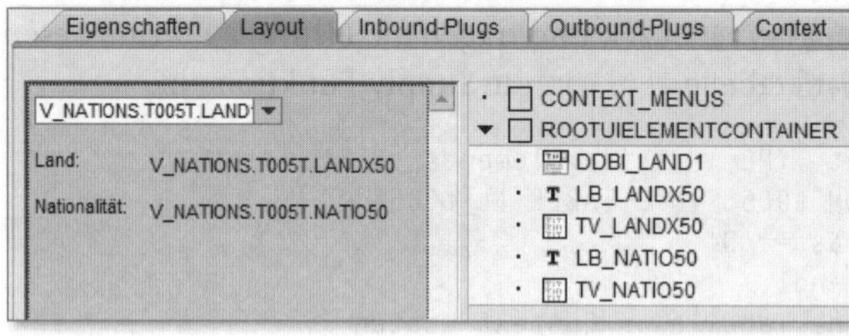

Abbildung 2.78 V_NATIONS nach Fertigstellung

Aktivierung

7. Aktivieren Sie schließlich die Component `ZWDC_CHAP02_NATIONS`.

[+]

Hinweis: Standardmäßig wird jedes neue Window in das Component-Interface der jeweiligen Component aufgenommen. Aus dem Blickwinkel einer anderen Component betrachtet, spricht man dann nicht mehr von einem Window, sondern von einem sogenannten Interface-View.

Soll ein Window nicht als Interface-View aus anderen Components verwendet werden, können Sie dieses auf dem Component-Interface entfernen. Wechseln Sie dazu auf die Registerkarte EIGENSCHAFTEN des Windows, und deaktivieren Sie das Ankreuzfeld INTERFACE.

Component-Verwendung eintragen

Bis zu diesem Zeitpunkt haben Sie vorhandenes Wissen aufgefrischt. Im folgenden Abschnitt werden die Components `ZWDC_CHAP02_MAIN` und `ZWDC_CHAP02_NATIONS` mithilfe einer Component-Verwendung verbunden.

1. Wechseln Sie zurück zur Component `ZWDC_CHAP02_MAIN`.
2. Wählen Sie in der Objektliste der Component die Wurzel aus, und tragen Sie dort auf der Registerkarte VERWENDETE COMPONENTS die Component-Verwendung `NATIONS` für die Web-Dynpro-Component `ZWDC_CHAP02_NATIONS` ein.

[+]

Hinweis: Für jede eingetragene Component-Verwendung zeigt Web Dynpro zwei Zeilen/Verwendungen im Pop-up zu deren Anlage an: Diese unterscheiden sich durch die einmal leere und einmal mit `INTERFACECONTROLLER` gefüllte Spalte VIEW/CONTROLLER. Wählen Sie die erste Variante aus, haben Sie keinen Zugriff auf das Interface der verwendeten Component. Sie können jedoch die Component manuell instanzieren oder abbauen.

Wählen Sie die zweite Variante mit INTERFACECONTROLLER aus, haben Sie anschließend die Möglichkeit, auf die Methoden und Ereignisse des Interface-Controllers der fremden Component zuzugreifen. In diesem Fall wird die Variante ohne Controller automatisch übernommen.

3. Nach Bestätigung der Eingabe über die [↵]-Taste und Aktivierung der Component erscheint in der Objektliste der Component der Knoten COMPONENT-VERWENDUNGEN.

Damit ist das Anlegen der Component-Verwendung abgeschlossen. Durch Eintragung der Verwendung können Sie nun auf die Windows und alle Objekte des Interface-Controllers der fremden Component zugreifen. In Abbildung 2.79 sehen Sie den aktuellen Stand des Beispiels nach dem Eintrag der Component-Verwendung.

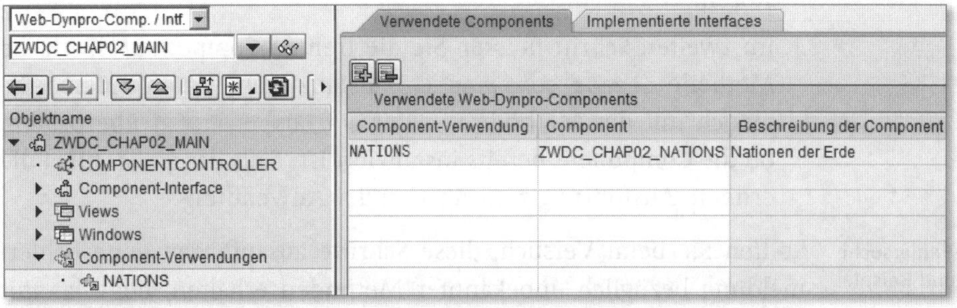

Abbildung 2.79 Eintragung von Component-Verwendungen

Instanzierung von Component-Verwendungen

Automatische Instanzierung

Die Instanzierung einer durch eine Controller-Verwendung eingebettete Component kann manuell oder auch automatisch erfolgen. Automatisch erfolgt die Instanzierung immer dann, wenn ein Interface-View der verwendeten Component in einem View-Container eines bereits instanzierten Views integriert ist und als Standard-View definiert wurde oder über einen Plug angesprochen wird.

Manuelle Instanzierung

In allen anderen Szenarien muss die verwendete Component in der Regel manuell instanziert werden. Dies ist zum Beispiel der Fall, wenn Sie diese Component für die Ausgabe von Daten vorbereiten, deren Interface-View jedoch noch nicht vom Window instanziert wurde.

Prinzipiell kann eine fremde Component aus einem beliebigen Controller der verwendenden Component manuell instanziert werden.

Voraussetzung hierzu ist jedoch, dass die bereits in den Eigenschaften der Component eingetragene Component-Verwendung in den jeweiligen Controller übernommen wird. Die anschließende Instanzierung der Component lässt sich in die beiden folgenden Schritte unterteilen:

1. Mithilfe der Methode `wd_this->wd_cpuse_<Component-Verwendung>( )` erhalten Sie eine Referenz auf die jeweilige Component-Verwendung. Diese ist unabhängig vom Namen der fremden Component immer vom Typ `IF_WD_COMPONENT_USAGE`.

   Dieses Interface bietet Ihnen Methoden zur Verwaltung der fremden Component. Unter anderem können Sie mithilfe der Methoden `create_component( )` und `delete_component( )` die jeweilige Component instanzieren und nach der Verwendung wieder zerstören.
2. Im zweiten Schritt müssen Sie die fremde Component durch die Methode `create_component( )` instanzieren. Vorab müssen Sie jedoch mit der Methode `has_active_component( )` überprüfen, ob die Component bereits instanziert ist. Falls das so ist, führt die erneute Ausführung zum Absturz der Anwendung.

Fehlersuche und Beispiel

Sollten Sie beim Versuch, diese Schritte auszuführen, eine Fehlermeldung bezüglich unbekannter Methoden erhalten, liegt das mit hoher Wahrscheinlichkeit an der fehlenden Component-Verwendung auf der Registerkarte EIGENSCHAFTEN des aktuellen Controllers. In Listing 2.21 sehen Sie ein Beispiel für die Instanzierung der Component-Verwendung `NATIONS`.

```
DATA lo_cmp_usage TYPE REF TO if_wd_component_usage.
lo_cmp_usage = wd_this->wd_cpuse_nations( ).
IF lo_cmp_usage->has_active_component( ) IS INITIAL.
  lo_cmp_usage->create_component( ).
ENDIF.
```

Listing 2.21 Beispiel für die Instanzierung der Nations-Component

[*]

> **Tipp**: Mithilfe des Web-Dynpro-Code-Wizards können Sie fremde Components durch wenige Mausklicks instanzieren. Starten Sie dazu den Code-Wizard, und wählen Sie dort die Registerkarte ALLGEMEIN aus. Klicken Sie dort auf VERWENDETE COMPONENT INSTANZIEREN, und tragen Sie in das zugehörige Eingabefeld den Namen der Component-Verwendung (zum Beispiel `NATIONS`) ein.

2.7.2 Verwendung von Interface-Views

Die Verwendung eines Interface-Views lässt sich grundsätzlich mit der Verwendung eines Views aus der lokalen Component vergleichen. So können Sie den Interface-View genauso wie einen normalen View in die Struktur eines Windows einbinden. Die Views und die Plugs der eingebundenen Component bleiben der verwendenden Component verborgen. An deren Stelle tritt nun der Interface-View, das ursprüngliche Window der eingebundenen Component. Die Plugs des Windows treten in der verwendenden Component als Plugs des Interface-Views auf.

Einbindung von Interface-Views

Einbindung eines Interface-Views

Um einen Interface-View in eine Window-Struktur einzubinden, gehen Sie genauso wie bei der Integration eines normalen Views in die Window-Struktur vor. Für diesen Schritt wird im Window keine eingetragene Controller-Verwendung benötigt. In der folgenden Schritt-für-Schritt-Anleitung werden Sie den Interface-View `W_NATIONS` der Component `ZWDC_CHAP02_NATIONS` in die Window-Struktur `W_MAIN` der Component `ZWDC_CHAP02_MAIN` integrieren.

Schritt für Schritt: Einbindung von Interface-Views

Window integrieren

Binden Sie den Interface-View `W_NATIONS` aus der Nations-Component in die Window-Struktur der Component `ZWDC_CHAP02_MAIN` ein. Führen Sie hierzu die folgenden Schritte durch:

1. Ändern Sie das Window `W_MAIN`. Öffnen Sie den Knoten `V_MAIN`, und klicken Sie mit der rechten Maustaste auf den in den View `V_MAIN` integrierten View-Container.
2. Wählen Sie View einbetten. Es öffnet sich das View-Einbettungs-Popup. Öffnen Sie die Wertehilfe, und wählen Sie wie in Abbildung 2.80 den Interface-View `W_NATIONS` (Window) in der Liste aus.

Test

3. Aktivieren Sie die Component, und legen Sie in der Component `ZWDC_CHAP02_MAIN` eine Anwendung mit dem Window `W_MAIN` an.
4. Starten Sie anschließend die Anwendung. Durch die Auswahl eines Länderkürzels in der Dropdown-Liste können Sie sich den Namen des zugehörigen Landes und die jeweilige Nationalität anzeigen lassen (siehe Abbildung 2.81).

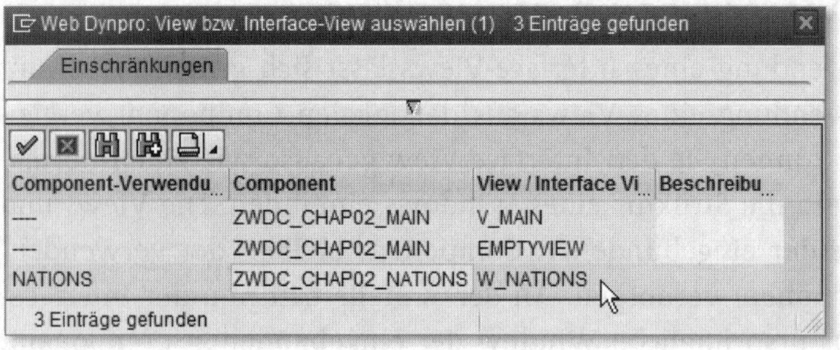

Abbildung 2.80 Einbettung des Windows W_NATIONS

Abbildung 2.81 Multi-Component-Anwendung im Test

Die Component ZDWDC_CHAP02_NATIONS wird von der Component ZWDC_CHAP02_MAIN wiederverwendet. Es handelt sich hierbei um zwei autarke Components, zwischen beiden existieren bislang keinerlei Schnittstellen. So wäre es theoretisch problemlos möglich, die Nations-Component durch einfaches Erstellen einer Anwendung ohne die Main-Component zu betreiben.

2.7.3 Verwendung des Interface-Controllers

Nach der Instanzierung einer Component haben Sie die Möglichkeit, über den jeweiligen Interface-Controller auf die fremde Component zuzugreifen. So können Sie sich beispielsweise auf fremde Ereignisse registrieren oder Methoden der fremden Component aufrufen.

Methoden und Ereignisse

Fremde Ereignisse Die Registrierung auf fremde Ereignisse ist einfach. Sie müssen nur eine Verwendung der fremden Component in den Eigenschaften des jeweiligen Controllers eintragen. Anschließend werden Ihnen bei der Definition eines neuen Ereignisbehandlers auch die Objekte der fremden Component in der Liste der verfügbaren Ereignisse angezeigt.

Fremde Methoden

Der Aufruf einer fremden Methode gestaltet sich dagegen etwas anders. So müssen Sie sich ähnlich wie bei lokalen Controller-Verwendungen eine Referenz auf den Interface-Controller besorgen. Mithilfe dieser Referenz können Sie anschließend auf die Methoden der fremden Component zugreifen. Den Interface-Controller der fremden Component erhalten Sie mithilfe der Methode `wd_this->wd_cpifc_<Component-Verwendung>( )`. Diese liefert den Interface-Controller vom Typ `<Namensraum>IWCI_<Component-Verwendung>` zurück.

Schritt für Schritt: Methode aufrufen

Im folgenden Beispiel werden Sie in der Nations-Component die Methode `set_language( )` anlegen und diese über den Interface-Controller aus der Main-Component heraus aufrufen. Mithilfe dieser neuen Methode kann die Ausgabesprache der Länderliste gesetzt werden.

Nations-Component vorbereiten

1. Öffnen Sie im Component-Controller der Nations-Component die Registerkarte Attribute. Tragen Sie das Attribut `gv_spras` mit dem Datentyp `SPRAS` in die Tabelle ein.
2. Gehen Sie zur Registerkarte Methoden, und legen Sie die Methode `set_language( )` an. Definieren Sie die Methode als Interface-Methode (siehe Abbildung 2.82).

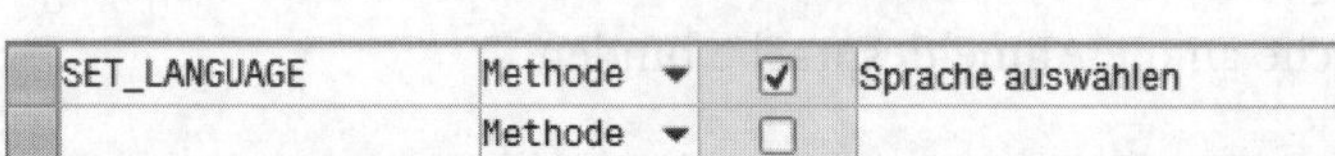

Abbildung 2.82 Methode »set_language( )«

3. Öffnen Sie den Methodenrumpf, und legen Sie einen Importparameter `iv_spras` vom Datentyp `SPRAS` an. Füllen Sie das Controller-Attribut `gv_spras` mit dem Wert des Importparameters `iv_spras` (`wd_this->gv_spras = iv_spras.`).
4. Ändern Sie die Supply-Funktion `supply_t005t( )`. Tauschen Sie die `WHERE`-Bedingung im `SELECT`-Statement gegen die neue Bedin-

gung `WHERE spras = wd_this->gv_spras` aus. Führen Sie einen Syntax-Check durch, und aktivieren Sie die Component.

Aufruf der fremden Component

Damit sind die Vorbereitungen in der Nations-Component abgeschlossen. Ändern Sie die Main-Component nun so ab, dass die Anzeigesprache in der Nations-Component über die Interface-Controller-Methode `set_language( )` vor dem Start der Supply-Funktion gesetzt wird. Führen Sie hierzu die folgenden Schritte durch:

1. Gehen Sie zurück zum Component-Controller der Main-Component. Tragen Sie dort eine Component-Verwendung des Interface-Controllers der Nations-Component ein.
2. Öffnen Sie die Component-Controller-Methode `wddoinit( )`. Aus dieser soll nun nach der Component-Instanzierung die Methode `set_language( )` der Nations-Component mit dem Parameter `iv_spras = 'D'` (für Deutsch) aufgerufen werden.

   Dazu benötigen Sie eine Referenz auf den Interface-Controller der Nations-Component. Anschließend können Sie die Methode über den Interface-Controller in der fremden Component aufrufen. In Listing 2.22 sehen Sie das Coding zum Aufruf der Methode.

```
DATA lo_nations TYPE REF TO ziwci_wdc_chap02_nations.
lo_nations = wd_this->wd_cpifc_nations( ).
lo_nations->set_language( iv_spras = 'D' ).
```

Listing 2.22 Aufruf der fremden Methode »set_language( )«

3. Führen Sie einen Syntax-Check durch, und aktivieren Sie die Component. Testen Sie diese anschließend. Seien Sie hier ruhig etwas spielerisch: Durch die Änderung des Übergabewertes des Parameters `iv_spras` auf `sy-langu` können Sie beispielsweise die Ausgabesprache an die Anmeldesprache binden.

2.7.4 Componentübergreifendes Mapping

In Abschnitt 2.5.7 haben Sie bereits die Möglichkeiten des controllerübergreifenden Mappings kennengelernt. Neben dem controllerübergreifenden Mapping bietet Ihnen Web Dynpro auch ein componentübergreifendes Mapping an. Mithilfe solcher Mappings können Sie in Context-Knoten abgelegte Daten über die Grenze des Controllers hinweg austauschen. Das componentübergreifende Mapping ist jederzeit nach der Definition einer Component-Verwendung für die Interface-Knoten der fremden Component möglich.

Beim componentübergreifenden Mapping wird zwischen einfachem und externem Context-Mapping unterschieden. Während beim einfachen Mapping der Informationsfluss vom Context der externen Component zum Context der verwendenden Component läuft, ist dies beim externen Mapping genau umgekehrt. Der Begriff Informationsfluss bezieht sich an dieser Stelle jedoch erst einmal nur auf den primären Knoten, der beispielsweise für den Aufruf der Supply-Funktion verantwortlich ist.

Einfaches und externes Mapping

Einfaches Mapping

Beim einfachen Context-Mapping befindet sich der primäre Knoten in der fremden Component. Falls in der fremden Component eine Supply-Funktion existiert, versorgt diese den gemappten Knoten in der verwendenden Component. Beim einfachen Mapping müssen beide Knoten auf derselben Struktur basieren. Diese wird bei der Definition des einfachen Mappings vom Interface-Controller der eingebundenen Component in den Context der verwendenden Component übernommen.

Beispiel

Abbildung 2.83 zeigt Ihnen das einfache Mapping am Beispiel der Main- und der Nations-Component. In dieser ist ein Mapping des Knotens `T005T` von der Nations- auf die Main-Component definiert. Die Knoten werden dabei weiterhin von der Supply-Funktion aus der Nations-Component versorgt.

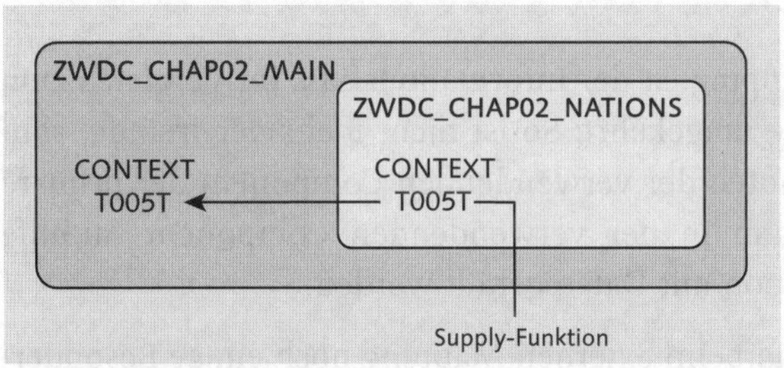

Abbildung 2.83 Einfaches Mapping

Definition

Das einfache componentübergreifende Context-Mapping unterscheidet sich kaum vom klassischen, bereits in Abschnitt 2.5.7 besprochenen, controllerübergreifenden Mapping. So können Sie ein einfaches Mapping nach Eintragung einer Controller-Verwendung für den Interface-Controller der eingebundenen Component definieren.

1. Stellen Sie sicher, dass der zu mappende Knoten – im Component-Controller der einzubindenden Component – als Interface-Knoten definiert ist.
2. Binden Sie die fremde Component in die verwendende Component ein. Tragen Sie hierzu eine Component-Verwendung, wie in Abschnitt 2.7.1 dargestellt, in den Kopfbereich der Component ein.
3. Wechseln Sie zur verwendenden Component, und öffnen Sie den Mapping-Ziel-Controller. Führen Sie dort die folgenden Schritte durch:
   - Öffnen Sie die Registerkarte EIGENSCHAFTEN. Tragen Sie dort für den Interface-Controller der eingebundenen Component eine Controller-Verwendung ein.
   - Wechseln Sie anschließend auf die Registerkarte CONTEXT. Wählen Sie dort rechts oben den Interface-Controller der eingebundenen Component aus. Ziehen Sie den fremden Context-Knoten per Drag & Drop in den lokalen Context. Dabei wird automatisch eine Kopie des fremden Knotens angelegt.

Damit ist das Anlegen eines einfachen componentübergreifenden Mappings abgeschlossen. Sie können nun den gemappten Knoten aus der fremden Component genauso wie einen lokalen Knoten in Ihrem Controller verwenden.

Externes Mapping

Beim externen Mapping ist der Informationsfluss im Vergleich zum einfachen Mapping umgekehrt: So ist nicht mehr der fremde, sondern der lokale Knoten der verwendenden Component der primäre Knoten. Dieser kann in der verwendenden Component mithilfe einer Supply-Funktion mit Daten gefüllt werden.

Besonderheiten beim externen Mapping

Darüber hinaus sind beim externen Mapping noch einige Besonderheiten zu beachten. So können Sie den extern zu mappenden Knoten der verwendeten Component beim Anlegevorgang völlig untypisiert lassen. Der Knoten erhält in diesem Fall seine komplette Typisierung erst durch den Context-Knoten, für den ein Mapping auf den externen Knoten definiert wird. Gegen einen so angelegten Knoten kann im zugehörigen Controller jedoch nur dynamisch programmiert werden, da seine Struktur zur Designzeit noch nicht bekannt ist.

In Abbildung 2.84 sehen Sie den Informationsfluss des externen Mappings schematisch dargestellt. Wie Sie beim Vergleich zum einfachen Mapping in Abbildung 2.83 erkennen können, ist der Informationsfluss beim externen Mapping genau umgekehrt. So befindet sich der primäre Knoten in der verwendenden anstatt in der eingebundenen Component. Der primäre Knoten ist strukturgebend und kann eine Supply-Funktion besitzen.

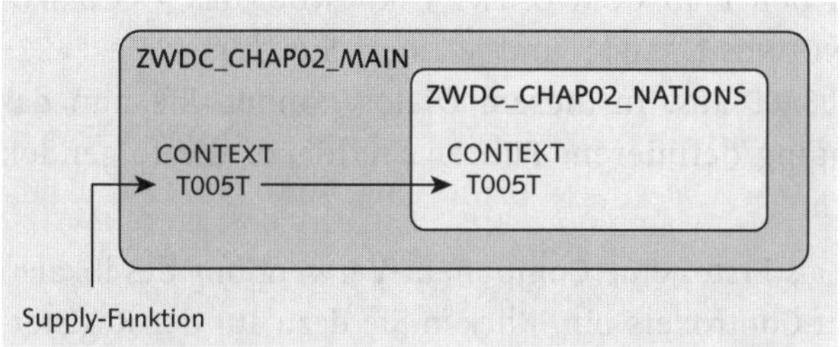

Abbildung 2.84 Externes Mapping

[*]

Tipp: In vielen Fällen lässt sich ein gewünschtes Resultat sowohl über ein einfaches als auch über ein externes Mapping erreichen, wenn das Design der Anwendung entsprechend umgestellt wird. Zur Entscheidung, welches Mapping nun das richtige für Sie ist, geben wir Ihnen die folgenden Tipps:

- Haben Sie in Ihrer Architektur eine zentrale Component für den Datenaustausch vorgesehen, bietet sich meist das einfache Mapping der fremden Knoten auf die Knoten der verwendenden Component an.
- Haben Sie jedoch eine generische Component für die Anzeige von Daten aus einer lokalen Component vorgesehen, ist das externe Mapping meist die bessere Wahl. Sie können in diesem Fall den Knoten der externen Component völlig ohne Typisierung lassen.

Definition

Das Anlegen eines externen Mappings unterscheidet sich deutlich vom Anlegen eines einfachen Mappings. Das externe wird Mapping nicht im Controller der verwendenden Component definiert, sondern in einer extra hierfür vorhandenen Benutzeroberfläche. Im Folgenden sind die Schritte zur Definition eines externen Mappings aufgeführt:

1. Stellen Sie sicher, dass der zu mappende Knoten – im Component-Controller der eingebundenen Component – als Interface-Knoten und als Input-Element (Ext.) definiert ist.

2. Legen Sie, falls nicht bereits durchgeführt, den im Folgenden zu mappenden Knoten im Component-Controller der verwendenden Component an.
3. Binden Sie die fremde Component in die verwendende Component ein. Tragen Sie hierzu eine Component-Verwendung, wie in Abschnitt 2.7.1 dargestellt, in den Kopfbereich der Component ein.

Externes Mapping anlegen

4. Aktualisieren Sie die Objektliste der Component. Öffnen Sie anschließend den Pfad COMPONENT-VERWENDUNGEN • <COMPONENT-VERWENDUNGS-NAME>, und wählen Sie dort INTERFACECONTROLLER_USAGE aus. In diesem Dialog können Sie nun das externe Mapping definieren. Führen Sie hierzu die folgenden Schritte durch:
   - Tragen Sie als Erstes eine Component-Verwendung des lokalen Component-Controllers ein. Klicken Sie dazu auf der Registerkarte EIGENSCHAFTEN auf das Symbol CONTROLLER-VERWENDUNG ANLEGEN. Wählen Sie den lokalen Component-Controller aus, und schließen Sie das Pop-up.
   - Wechseln Sie anschließend auf die Registerkarte CONTEXT, und legen Sie das externe Mapping an. Ziehen Sie den lokalen, zu mappenden Knoten von der rechten Bildhälfte per Drag & Drop zum Interface-Controller auf der linken Seite.

Damit ist das Anlegen des externen Mappings abgeschlossen. Speichern Sie die Änderungen, und aktivieren Sie die Component, um das externe Mapping zu testen.

[+]

Hinweis: Es ist nicht zulässig, für ein und dieselbe Controller-Verwendung sowohl ein einfaches als auch ein externes Mapping einzurichten. Dies würde ein zyklisches Mapping zur Folge haben, das zur Laufzeit unweigerlich zu Fehlern führen würde.

Schritt für Schritt: Externes Mapping definieren

In der folgenden Anleitung werden Sie ein externes Mapping für den Knoten T005T zwischen den Components ZWDC_CHAP02_MAIN und ZWDC_CHAP02_NATIONS anlegen. Dadurch wird der primäre Knoten von der Nations- in die Main-Component verlagert.

1. Öffnen Sie den Component-Controller in der Component `ZWDC_CHAP02_NATIONS`. Gehen Sie auf die Registerkarte CONTEXT, und betrachten Sie den Eigenschaftsdialog des Knotens `T005T`. Stellen Sie sicher, dass die Eigenschaften INTERFACE-KNOTEN und INPUT-ELEMENT (EXT.) ausgewählt sind. Aktivieren Sie die Component.

Externes Mapping aktivieren

2. Falls Sie im vorangegangenen Schritt Änderungen am Controller der Nations-Component vorgenommen haben, müssen Sie die Component-Verwendung der Nations-Component in der verwendenden Component `ZWDC_CHAP02_MAIN` aktualisieren.

   Öffnen Sie dazu die Eigenschaften der Component `ZWDC_CHAP02_MAIN`. Löschen Sie die Component-Verwendung der Nations-Component aus der Tabelle VERWENDETE WEB-DYNPRO-COMPONENTS, und tragen Sie diese anschließend wieder neu in die Tabelle ein. Dies bewirkt eine Aktualisierung der Interface-Eigenschaft der Component-Verwendung. Ohne diese Aktualisierung würde die Nations-Component weiterhin als Component ohne Mapping (oder mit einfachem Mapping, falls INTERFACE-KNOTEN bereits gesetzt war) angesehen werden.

3. Legen Sie im Component-Controller der Main-Component den Knoten `T005T` an. Orientieren Sie sich hierbei an den Eigenschaften des gleichen Knotens in der Nations-Component. Die Eigenschaften INTERFACE-KNOTEN und INPUT-ELEMENT (EXT.) dürfen dabei in der verwendenden Main-Component nicht aktiviert werden.

Knoten und Supply-Funktion anlegen

4. Erstellen Sie eine neue Supply-Funktion für den Knoten `T005T`. Navigieren Sie zum Rumpf der neuen Supply-Funktion, und fügen Sie das Coding der alten Supply-Funktion aus der Nations-Component ein. Passen Sie das `SELECT`-Statement an die Main-Component an, indem Sie `wd_this->gv_spras` in der `WHERE`-Bedingung durch `'D'` ersetzen.

5. Navigieren Sie zur Component-Verwendung der Nations-Component. Im Gegensatz zum einfachen Mapping wird ein externes Mapping nicht auf der Registerkarte CONTEXT, sondern im Interface-Controller der Component-Verwendung definiert. Öffnen Sie dazu den Pfad COMPONENT-VERWENDUNGEN • NATIONS, und wählen Sie `INTERFACECONTROLLER_USAGE` aus (siehe Abbildung 2.85).

Navigation zur Component-Verwendung

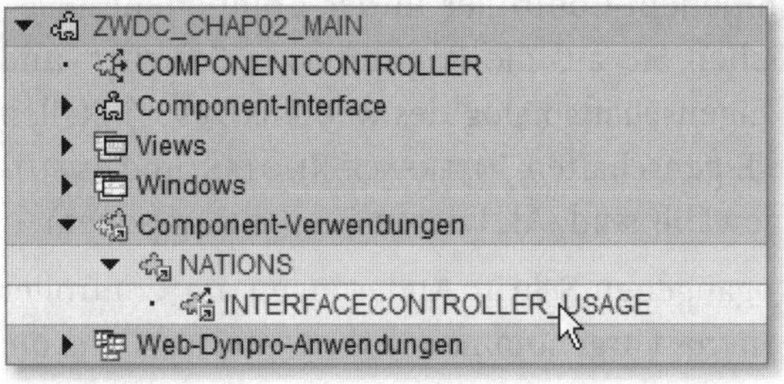

Abbildung 2.85 Component-Verwendung öffnen

Externes Mapping anlegen

6. Definieren Sie das externe Mapping für den Knoten `T005T` zwischen dem lokalen Component-Controller und dem Interface-Controller der fremden Component. Tragen Sie als Erstes eine Component-Verwendung des lokalen Component-Controllers ein. Klicken Sie dazu auf der Registerkarte EIGENSCHAFTEN auf das Symbol CONTROLLER-VERWENDUNG ANLEGEN. Wählen Sie den lokalen Component-Controller aus, und schließen Sie das Pop-up.
7. Wechseln Sie anschließend auf die Registerkarte CONTEXT, und legen Sie das externe Mapping an. Ziehen Sie den lokalen Knoten `T005T` von der rechten Bildhälfte per Drag & Drop zum Interface-Controller auf der linken Seite (siehe Abbildung 2.86).

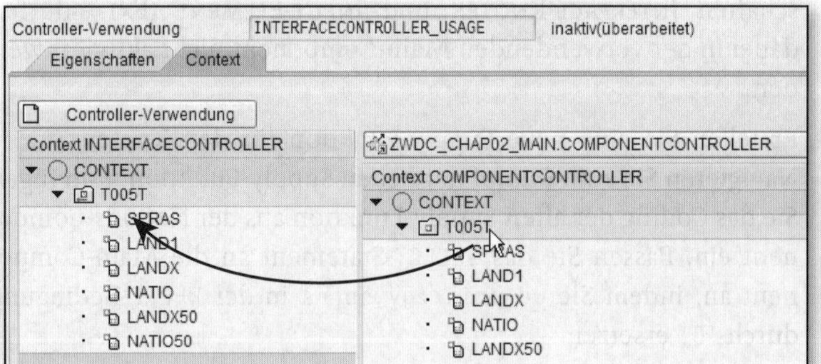

Abbildung 2.86 Externes Mapping anlegen

Test

8. Aktivieren Sie die Components, und testen Sie anschließend die Anwendung. Diese sollte sich genauso wie vorher verhalten. Im Unterschied kommen die Daten jedoch nun aus der Main-Component.

2.7.5 Component-Interfaces

Stellen Sie sich folgendes Szenario vor: Sie arbeiten in einem mehrköpfigen Team an der Entwickung einer komplexen Web-Dynpro-Architektur, und jedes Teammitglied soll mit der Entwicklung einer einzigen Component beauftragt werden. Nach Fertigstellung soll diese in die Architektur der bereits fertiggestellten Components eingebunden werden.

Im Rahmen der Entwicklungsphase werden Sie hier sicherlich schnell die Erfahrung machen, dass jeder Entwickler des Teams ein anderes Verständnis von Schnittstellen mitbringt. So kann es rasch zu einem Wildwuchs kommen, das heißt zu unterschiedlichen Schnittstellen zwischen den einzelnen Components, die mit fortschreitendem Projektverlauf immer schwerer rückgängig zu machen sind. Spätestens an dieser Stelle sollten Sie sich überlegen, ob Ihre Component-Schnittstellen nicht durch die Verwendung eines Component-Interface vereinheitlicht werden sollen.

Verwendung von Component-Interfaces

Mithilfe von Component-Interfaces ist es möglich, eine einheitliche Interface-Struktur zu definieren, die später in einer Vielzahl von Components verwendet werden kann. Dies stellt eine einheitliche Schnittstelle über alle auf einem Interface basierenden Components hinweg sicher, da in jeder Component ein einheitliches Set an bestimmten Controller-Bestandteilen vorhanden ist und von den Entwicklern angesprochen werden kann. Die Definition der Interface-Struktur erfolgt dabei zentral im Component-Interface, während die Implementierung der jeweiligen Interface-Objekte in den Components stattfindet.

Component-Interface-Bestandteile

Component-Interfaces lassen sich in Web Dynpro prinzipiell mit normalen ABAP-Klassen-Interfaces vergleichen. Sie können bei Component-Interfaces beispielsweise wie in ABAP Objects Interface-Methoden definieren. Durch die Implementierung eines Interface in einer Component wird diese um die folgenden Objekte des Component-Interface erweitert:

- **Methoden**
  Sie können eine beliebige Anzahl von Interface-Methoden im Component-Interface definieren. Diese werden in die Component-Controller der auf dem Interface basierenden Components aufgenommen und können dort jeweils einzeln ausprogrammiert werden.

- **Ereignisse**
  Auch die Ereignisse werden in die Component-Controller der Components aufgenommen.
- **Context-Knoten**
  Für die Context-Knoten gilt das Gleiche wie für die Methoden und Ereignisse: Sie werden in den Component-Controller der auf dem Interface basierenden Components aufgenommen.
- **Interface-Views**
  Für Interface-Views können Sie neben dem eigentlichen Interface-View auch Outbound- und Inbound-Plugs definieren. Die im Component-Interface definierten Interface-Views werden als Windows in die das Interface implementierenden Components aufgenommen.

Die Verwendung von Component-Interfaces lässt sich in zwei Schritte aufteilen. In einem ersten Schritt muss das Component-Interface definiert werden. Dies wird im nächsten Abschnitt besprochen. Im Anschluss muss das Component-Interface in die hierfür vorgesehenen Components implementiert werden. Die Implementierung von Component-Interfaces wird im darauffolgenden Abschnitt »Schritt für Schritt: Implementierung eines Component-Interface« geschildert.

Definition eines Component-Interface

Component-Interface anlegen

Zum Anlegen eines Component-Interface müssen Sie den Namen des anzulegenden Component-Interface in das Eingabefeld unterhalb der Objektlistenauswahl eintragen und auf die [↵]-Taste drücken. Im folgenden Pop-up vergeben Sie eine Beschreibung des Interface und wählen das Component-Interface aus.

Verwendung des Component-Interface-Editors

Nach Bestätigung der Eingaben im Pop-up gelangen Sie in den Component-Interface-Editor (siehe Abbildung 2.87). Dieser besteht nach dem Anlegen ausschließlich aus dem im Objektbaum sichtbaren Interface-Controller `INTERFACECONTROLLER`. Nach einem Doppelklick auf diesen Interface-Controller können Sie dort auf den Registerkarten CONTEXT, EREIGNISSE und METHODEN das Interface definieren. Die dort definierten Objekte werden später bei der Implementierung des Interface dem Component-Controller der verwendenden Components aufgeprägt.

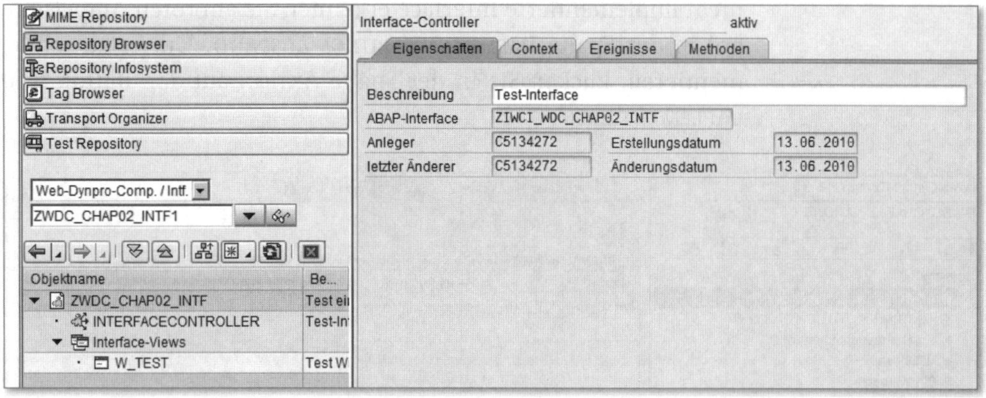

Abbildung 2.87 Component-Interface-Editor

Über das Kontextmenü des Component-Interface können Sie einen neuen Interface-View anlegen. Klicken Sie hierzu mit der rechten Maustaste auf die Wurzel des Component-Interface in der Objektliste, und wählen Sie ANLEGEN • INTERFACE-VIEW aus. Geben Sie anschließend im sich öffnenden Pop-up den Namen und eine Beschreibung des Interface-Views an, und schließen Sie das Pop-up. Aktualisieren Sie die Objektliste. Nach dem Öffnen des Interface-Views durch einen Doppelklick in der Objektliste können Sie dieses bearbeiten. Für den Interface-View können Sie hier noch Inbound- und Outbound-Plugs definieren. Interface-View anlegen

Schritt für Schritt: Implementierung eines Component-Interface

Sie können eine beliebige Anzahl von Component-Interfaces in eine Component integrieren. Zur Integration des Component-Interface führen Sie die folgenden Schritte durch:

1. Öffnen Sie die Component, in die das zuvor angelegte Component-Interface integriert werden soll. Klicken Sie anschließend doppelt auf den Namen der Component, um die Eigenschaften der Component zu öffnen.
2. Wechseln Sie nun auf die Registerkarte IMPLEMENTIERTE INTERFACES. Tragen Sie den Namen des Component-Interface in die Tabelle IMPLEMENTIERTE WEB-DYNPRO-COMPONENT-INTERFACES ein, und bestätigen Sie Ihre Eingabe mit der [↵]-Taste. Interface eintragen
3. Das Interface ist nun zwar eingetragen, jedoch noch nicht implementiert. Abbildung 2.88 zeigt Ihnen hierzu ein Beispiel. Das noch Interface implementieren

nicht implementierte Interface erkennen Sie am roten Ampelsymbol in der Spalte IMPLEMENTIERUNGS-ZUSTAND. Um es zu implementieren, klicken Sie in der Spalte AKTION auf den Button NEU IMPLEMENTIEREN.

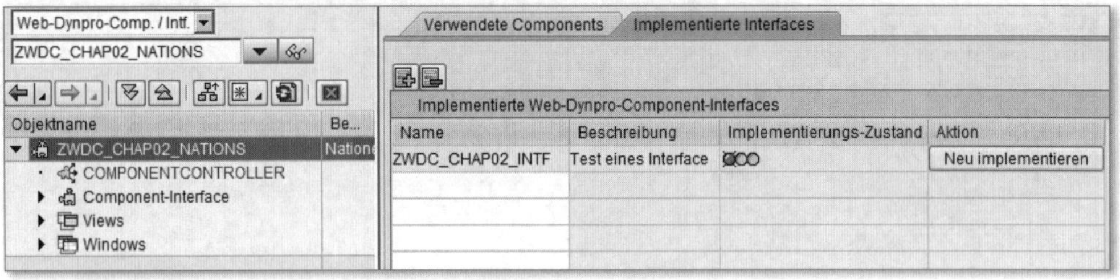

Abbildung 2.88 Eingetragenes Component-Interface

Besprechung Damit ist die Implementierung des Component-Interface abgeschlossen. Die im Interface definierten Controller-Objekte und Interface-Views wurden durch die Operation in die Component übernommen und können nun dort weiter ausgeprägt werden.

Änderung einer Interface-Definition Wird ein bereits verwendetes Component-Interface geändert, muss es bei allen verwendenden Components neu implementiert werden. Eine nötige Reimplementierung erkennen Sie an der zurück auf rot gesetzten Ampel in der Spalte IMPLEMENTIERUNGS-ZUSTAND.

TEIL II
Referenz

Die richtige Anordnung von UI-Elementen fördert das intuitive Verständnis einer Web-Dynpro-Anwendung und erhöht die Akzeptanz beim Benutzer. In diesem Kapitel erfahren Sie, welche Möglichkeiten Web Dynpro ABAP Ihnen zum Anordnen, Gruppieren und Einblenden von UI-Elementen zur Verfügung stellt.

3 Container und Layouts

Sie haben in Abschnitt 2.3, »View«, bereits die Grundlagen zu Views und Windows kennengelernt. Dort haben Sie gesehen, dass zur Gestaltung und zum Entwerfen eines Views ein WYSIWYG-Editor zur Verfügung gestellt wird, mit dem Sie schon erste Erfahrungen sammeln konnten. Auf diesem Wissen werden wir nun aufbauen und Ihnen weitere Möglichkeiten zur View-Definition zeigen. Der Fokus liegt in diesem Kapitel auf Containern und Layouts, die die Grundlagen zur Anordnung und Gruppierung von View-Elementen in einem View bilden.

3.1 Container

In diesem Abschnitt stellen wir die Container vor; dabei werden zuerst allgemeine Eigenschaften besprochen, die für alle Container gültig sind. Danach erläutern wir `TransparentContainer`, `ScrollContainer`, `Group`, `Tray` und `Panel`, wobei wir für die Erläuterungen so weit wie möglich immer den gleichen Aufbau gewählt haben:

- Im Abschnitt »Visuelle Darstellung« zeigen wir Ihnen ein Beispiel für die Darstellung des UI-Elementes auf der Anwendungsoberfläche.
- Im Abschnitt »Eigenschaften« erläutern wir die Eigenschaften des UI-Elementes, die speziell für das betreffende UI-Element von Relevanz sind.
- Im Abschnitt »Ereignisse« beschreiben wir die vom UI-Element angebotenen Ereignisse.

- Im Abschnitt »Barrierefreiheit« gehen wir auf spezielle Aspekte der Verwendung des UI-Elementes hinsichtlich der barrierefreien Implementierung ein.

Unter Umständen treten aggregierte Elemente auf, diese werden wir als eigenen Punkt in den Aufbau integrieren.

Hierarchische View-Struktur

Nach der Erläuterung des Vorgehens bei der Besprechung der Container beginnen wir mit einer einleitenden Betrachtung der hierarchischen Struktur von UI-Elementen in der View-Gestaltung. Die View-Elemente eines Views werden in einer hierarchischen View-Struktur gepflegt. Die Hierarchie basiert auf Aggregationen (Beziehungen zwischen Objekten), wie zum Beispiel auf der Eltern-Kind-Beziehung zwischen einem Container-UI-Element- und UI-Elementen oder der Beziehung zwischen einem zusammengesetzten UI-Element und dessen Unterelementen (beispielsweise das UI-Element `TabStrip` und dessen `Tab`-Unterelemente). Das übergeordnete Element in dieser Hierarchie ist ein Container-UI-Element, das zum View ergänzt wird oder bereits vorhanden ist, wie zum Beispiel der `ROOTUIELEMENTCONTAINER`, der vom Typ `TransparentContainer` ist.

Wie wir in Kapitel 7, »Dynamische Programmierung«, noch detailliert ausführen werden, wird jedes UI-Element durch eine ABAP-Klasse realisiert. Die Eigenschaften von UI-Elementen, das heißt auch von Containern, leiten sich davon ab, wo sie in der ABAP-Klassenhierarchie eingeordnet sind und von welchen Klassen sie erben. In Abbildung 3.1 sehen Sie eben diese Einordnung der Container-UI-Elemente in die ABAP-Klassenhierarchie für die UI-Elemente.

Abstrakte Basisklasse

Die Klassen, die mit hellem Hintergrund dargestellt sind, werden als Basisklassen bezeichnet, die nicht direkt über UI-Elemente visualisiert werden. Die Klassen, die grau hinterlegt sind, sind die Klassen, die die UI-Elemente implementieren, die Sie im View-Editor einfügen können. Wie Sie in der Abbildung sehen können, wird in der höchsten Klasse `CL_WDR_VIEW_ELEMENT` das Attribut `ID` definiert. Damit steht diese Eigenschaft allen Unterklassen zur Verfügung. Die Klasse `CL_WD_CTX_MENU_PROVIDER` steuert die Attribute `CONTEXT_MENU_BEHAVIOUR` und `CONTEXT_MENU_ID` bei. Die Klasse `CL_WD_UIELEMENT` leistet auch einen wichtigen Beitrag, nämlich die Attribute `ENABLED`, `VISIBLE` und `TOOLTIP`.

Das UI-Element `UIElementContainer` (ABAP-Klasse `CL_WD_UIELEMENT_CONTAINER`) stellt die abstrakte Basisklasse eines Containers dar. Von dieser erbt die Klasse `CL_WD_SCROLL_CONTAINER` die Fähigkeit zum Scrollen für Container, wie der Name schon andeutet. Von der Klasse `CL_WD_SCROLL_CONTAINER` erben die Container-Klassen, die eine Menge von beliebigen UI-Elementen aufnehmen können, die als Kinder des Containers bezeichnet werden. Die Größe eines Containers kann über die Eigenschaften `width` und `height` bestimmt werden. Die Darstellung der Container-Kinder innerhalb des Containers wird mithilfe der Layouts gesteuert, die in Abschnitt 3.3 vorgestellt werden.

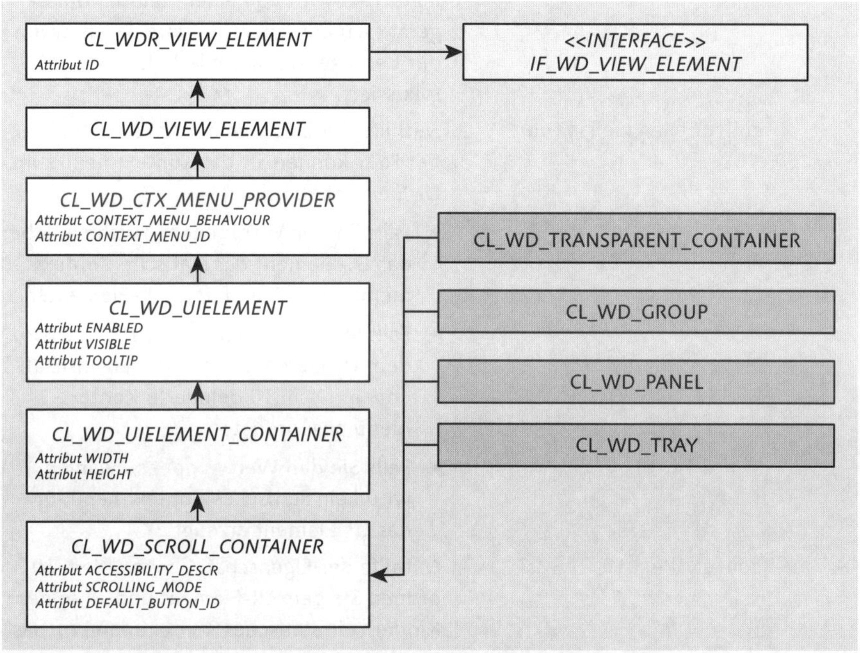

Abbildung 3.1 ABAP-Klassenhierarchie für Container-Elemente

3.1.1 Eigenschaften für alle Container

Gemeinsame Eigenschaften

Wie bereits besprochen, stehen den Container-ABAP-Klassen aufgrund der Vererbung die Attribute der Superklassen zur Verfügung. Die Attribute dieser Klassen werden zu den Eigenschaften der UI-Elemente im View Designer. In Tabelle 3.1 sehen Sie die Eigenschaften, die für alle Container im View-Editor im Zusammenhang mit der UI-Gestaltung eines Views zur Verfügung stehen. Bezüglich der Aufzählungsreihenfolge haben wir uns an die Reihenfolge der Eigenschaften im UI-Element `TransparentContainer` gehalten. Weitere

Informationen zu diesen Eigenschaften erhalten Sie in Kapitel 4, »UI-Elemente und ihre Eigenschaften«.

Eigenschaft	Erläuterung
Id	Die Eigenschaft Id wird verwendet, um ein UI-Element eindeutig in einem View zu bezeichnen.
accessibilityDescription	Die Eigenschaft accessibilityDescription ermöglicht es Ihnen, das UI-Element semantisch näher zu erläutern. Der hinterlegte Text wird von einem Bildschirmlesegerät (Screenreader) nur vorgelesen, wenn der Benutzer das komplette UI-Element fokussiert.
contextMenuBehaviour	Mithilfe der Eigenschaft contextMenuBehaviour können Sie das Kontextmenü zum UI-Element zuordnen. ▸ Falls Sie den Wert inherit wählen, erbt das UI-Element das statische Kontextmenü von seinen Eltern-UI-Elementen. ▸ Falls Sie den Wert provide wählen, wird dem UI-Element das in der Eigenschaft contextMenuID definierte Kontextmenü zugeordnet. ▸ Falls Sie den Wert suppress wählen, wird kein statisches Kontextmenü für das UI-Element erzeugt.
contextMenuID	Mithilfe der Eigenschaft contextMenuID ordnen Sie dem UI-Element und all seinen Kindern ein statisches Kontextmenü zu, das Sie definiert haben.
defaultButtonID	Mithilfe der Eigenschaft defaultButtonID definieren Sie die ID der Standarddrucktaste des Containers. Beachten Sie, dass der Button, der als Standarddrucktaste für den Container definiert ist, ein Kindelement des Containers sein muss, für den er als Standarddrucktaste angegeben wurde. Wenn der Benutzer auf ein Kindelement des Containers klickt, wird die Standarddrucktaste optisch hervorgehoben. Drückt der Benutzer die [↵]-Taste, wird das Ereignis onAction der Standarddrucktaste ausgelöst.

Tabelle 3.1 Allgemeine Eigenschaften von Containern

Eigenschaft	Erläuterung
enabled	Mithilfe der Eigenschaft enabled steuern Sie die Eingabebereitschaft und das Systemverhalten hinsichtlich der Auslösung von Ereignissen.
handleHotkeys	Mithilfe der Eigenschaft handleHotkeys können Sie die Behandlung von Tastenkombinationen realisieren. Im Anschluss an diese Tabelle mit den Eigenschaften finden Sie zum Thema Hotkeys weitere Informationen.
height	Mithilfe der Eigenschaft height definieren Sie die Höhe des UI-Elementes. Sie können dabei auf CSS-Einheiten zurückgreifen, die in Tabelle 3.13 beschrieben sind.
scrollingMode	Mithilfe der Eigenschaft scrollingMode legen Sie die Scroll-Funktionalität für den Fall fest, dass der darzustellende Inhalt im Container nicht ausreichend Platz findet. ▶ Falls Sie den Wert auto verwenden, wird die Scrolling-Funktionalität im Bedarfsfall automatisch aktiviert. ▶ Falls Sie den Wert both einsetzen, werden die vertikalen und horizontalen Scroll-Balken permanent aktiviert. ▶ Falls Sie den Wert none verwenden, wird der Container nötigenfalls vergrößert, um die Inhalte vollständig anzuzeigen.
tooltip	Mithilfe der Eigenschaft tooltip legen Sie einen Text fest, der erscheint, wenn der Benutzer mit dem Mauszeiger über das UI-Element fährt.
visible	Mithilfe der Eigenschaft visible steuern Sie die Sichtbarkeit des UI-Elementes. ▶ Falls Sie den Wert none verwenden, wird das UI-Element nicht dargestellt und nimmt auch keinen Raum ein. ▶ Falls Sie den Wert visible einsetzen, wird das UI-Element am Bildschirm dargestellt.

Tabelle 3.1 Allgemeine Eigenschaften von Containern (Forts.)

Eigenschaft	Erläuterung
width	Mithilfe der Eigenschaft width definieren Sie die Breite des UI-Elementes. Sie können dabei auf CSS-Einheiten zurückgreifen, die in Tabelle 3.13 beschrieben sind.

Tabelle 3.1 Allgemeine Eigenschaften von Containern (Forts.)

hotkeys In Tabelle 3.1 haben wir die Eigenschaft handleHotkeys beschrieben. Diese ist dazu gedacht, den Behandler von Hotkeys zu definieren. Als Kandidaten können dabei alle Container und das UI-Element Table dienen.

Das Web-Dynpro-Framework unterstützt bei eingeschaltetem Anwendungsparameter WDLIGHTSPEED die Funktion von Aktionstasten. Aktionstasten sind Tastenkombinationen, mit denen ein Benutzer eine konkrete Aktion (zum Beispiel Browser-Fenster öffnen oder ein Event feuern) an bestimmten UI-Elementen auslösen kann. Diese UI-Elemente bieten die Eigenschaft hotkey, um dort eine Tastenkombination zu hinterlegen. Dies sind die UI-Elemente, die diese Eigenschaft anbieten:

- Button und ToolBarButton (onAction wird ausgelöst.)
- LinkToAction (onAction wird ausgelöst.)
- MenuActionItem (onAction wird ausgelöst.)
- ToolBarLinkToAction (onAction wird ausgelöst.)
- ToolBarLinkToURL (Ein Browser-Fenster wird geöffnet.)
- LinkToURL (Ein Browser-Fenster wird geöffnet.)

Tooltip-Ergänzung Die jeweilige Tastenkombination für die betreffende Aktionstaste wird immer automatisch dem Tooltip des jeweiligen UI-Elementes hinzugefügt. Ist bereits ein Text für den Tooltip vorhanden, wird der Text für die Aktionstaste an das Ende angehängt. Entsprechend wird bei einem MenuActionItem der Text für die Aktionstaste an den Text angehängt (siehe Abbildung 3.2).

hotkey-Eigenschaften In der Eigenschaft hotkey hinterlegen Sie die gewünschte Tastenkombination, die Ihnen per Drop-down angeboten wird (❶). Mit der Eigenschaft tooltip können Sie einen Text hinterlegen, der beim Mouseover angezeigt wird, das heißt beim Bewegen des Mauszeigers über der Drucktaste (❷). Ist hotkey gesetzt, werden die Werte von `tooltip` und `hotkey` gemeinsam als Information beim Mouseover dargestellt. Falls der Benutzer die `hotkey`-Tastenkombination drückt, wird das Ereignis `onAction` ausgelöst (❸).

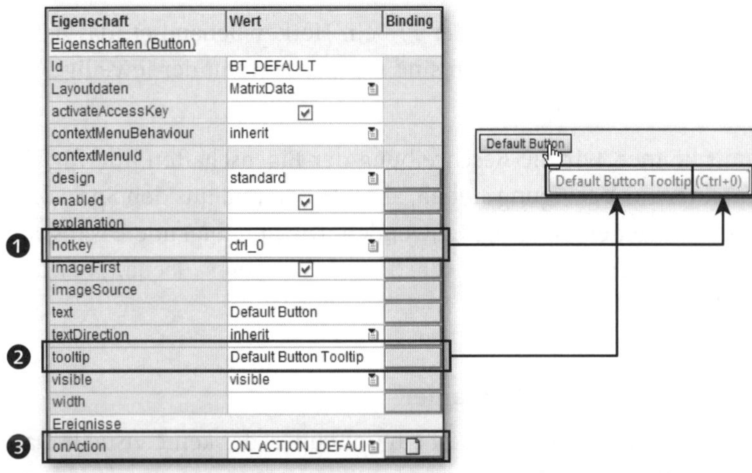

Abbildung 3.2 hotkey-Eigenschaft

handleHotkeys

Neben der `hotkey`-Eigenschaft existiert noch eine weitere Möglichkeit – die Eigenschaft `handleHotkeys` – für die Behandlung von Aktionstasten. Die folgenden UI-Elemente bieten diese Eigenschaft an:

- `ScrollContainer`
- `TransparentContainer`
- `Table`
- `Group`
- `Tray`

Diese Eigenschaft bestimmt, ob Aktionstasten, die innerhalb des UI-Elementes (`TransparentContainer`, `Table` etc.) definiert werden, global oder lokal (das heißt, wenn der Fokus auf dem UI-Element liegt) ausgelöst werden können.

Ist `handleHotkeys` gesetzt, wird das UI-Element zu einem »Hotkey-Behandler«, das heißt, dass alle Aktionstasten, die innerhalb dieses UI-Elementes definiert sind, nur ausgelöst werden können, wenn der Fokus auf diesem UI-Element liegt. Liegt der Fokus außerhalb, wird beim Drücken der gleichen Aktionstastenkombination keine Aktion ausgeführt oder aber eine Aktion, die zu einem anderen UI-Element gehört. Standardmäßig ist der gesamte sichtbare Fensterbereich immer ein Hotkey-Behandler. Innerhalb eines Hotkey-Behandlers kann eine Aktionstaste immer nur einmal vergeben werden. Wird sie mehrfach definiert, wird der Hotkey komplett gelöscht, um Verwechslungen zu vermeiden.

Sonderfall TabStrips

Bei `TabStrips` ist immer jeder `Tab` ein Hotkey-Behandler, das heißt, dort definierte Aktionstasten sind nur aktiv, wenn der jeweilige `Tab` sichtbar und fokussiert ist.

Damit können wir die Beschreibung der Eigenschaften, die für alle Container zur Verfügung stehen, abschließen und uns den Spezialitäten der einzelnen Container zuwenden. Die nun folgende Diskussion umfasst `TransparentContainer`, `ScrollContainer`, `Group`, `Tray` und `Panel`.

3.1.2 TransparentContainer

Einsatzszenarien

Der `TransparentContainer` ist ein Container, der keine visuelle Darstellung besitzt. Ein `TransparentContainer` ist transparent und kann eine beliebige Anzahl von UI-Elementen aufnehmen. Zusätzlich ermöglicht das `TransparentContainer`-Oberflächenelement, die eingefügten Oberflächenelemente über das definierte Layout (sehen Sie dazu auch Abschnitt 3.3) anzuordnen.

Das `TransparentContainer`-Element können Sie auf zwei Arten verwenden:

- **Als Layout-Container** (`isLayoutContainer = abap_true`)
  Mit dieser Einstellung verwenden Sie dieses Element für das Layout anderer UI-Elemente. Das `TransparentContainer`-Element selbst hat keinen Tabstop, das bedeutet, dass der `TransparentContainer` keine Haltestelle ist, wenn der Benutzer mit der Tabulatortaste von UI-Element zu UI-Element navigiert. Darüber hinaus wird dieser auch nicht im barrierefreien Modus von einem Screenreader angesagt.
- **Als gruppierender Container** (`isLayoutContainer = abap_false`)
  Mit dieser Einstellung verwenden Sie dieses Element für die Gruppierung anderer Oberflächenelemente. Das `TransparentContainer`-Element hat dann analog zum `Group`-Element eine semantische Bedeutung. Es hat einen Tabstop, und es wird von einem Screenreader vorgelesen. Der Text, der dabei vorgelesen

wird, ermittelt sich aus den Werten, die für die Eigenschaften tooltip und accessibilityDescription definiert sind. Sind diese Eigenschaften nicht gesetzt, werden die Werte der Eigenschaften tooltip und text des unter Umständen zugeordneten UI-Elementes SectionHeader verwendet. Stehen auch diese Werte nicht zur Verfügung, werden die Werte der Eigenschaften tooltip und text des möglicherweise zum TransparentContainer zugeordneten UI-Elementes Label herangezogen.

Gruppierendes Element

Der TransparentContainer kann für unterschiedliche Aufgabenstellungen verwendet werden. Sie können ihn zum Beispiel als gruppierendes Element für eine Menge von UI-Elementen verwenden, die eine gemeinsame Bedeutung besitzen, wie zum Beispiel die eines Formulars, indem Sie als Titel den SectionHeader einfügen und darunter weitere UI-Elemente platzieren. Zusätzlich legen Sie fest, dass die Eigenschaft isLayoutContainer den Wert abap_false erhält. Damit definieren Sie, dass der TransparentContainer an sich wichtig ist und semantische Bedeutung hat.

Klammer

Ein weiteres Beispiel für ein Einsatzgebiet ist die Verwendung des TransparentContainer als Klammer, um festzulegen, dass mehrere Felder inhaltlich zusammengehören, zum Beispiel bei Währungsangaben, bei denen der Zahlenwert mit der Währung in Beziehung steht und nur in Verbindung mit dieser korrekt interpretiert werden kann. In diesem Verwendungsszenario setzen Sie ein Label vor den TransparentContainer, der seinerseits dann UI-Elemente wie InputField und/oder DropDownListbox enthält. Das Label muss auf den TransparentContainer verweisen. Die entsprechenden Eigenschaften des Label werden dann für die Texte zur Barrierefreiheit verwendet und können vom Screenreader mit dem korrekten Bezug vorgelesen werden. Da hierbei der TransparentContainer inhaltlich zusammengehörige Felder verbindet, müssen Sie hier bestimmen, dass die Eigenschaft isLayoutContainer den Wert abap_true erhält.

Visuelle Darstellung

In Abbildung 3.3 sehen Sie eine Darstellung des UI-Elementes TransparentContainer im View-Editor. Wir haben als Beispiel den ROOTUIELEMENENTCONTAINER als Vertreter eines TransparentContainer verwendet. Für den ROOTUIELEMENENTCONTAINER haben wir drei

Kindelemente definiert. Einen SectionHeader mit der ID SH_HEADER und zwei Buttons mit den IDs BTN_DEFAULT und BTN_ANOTHER.

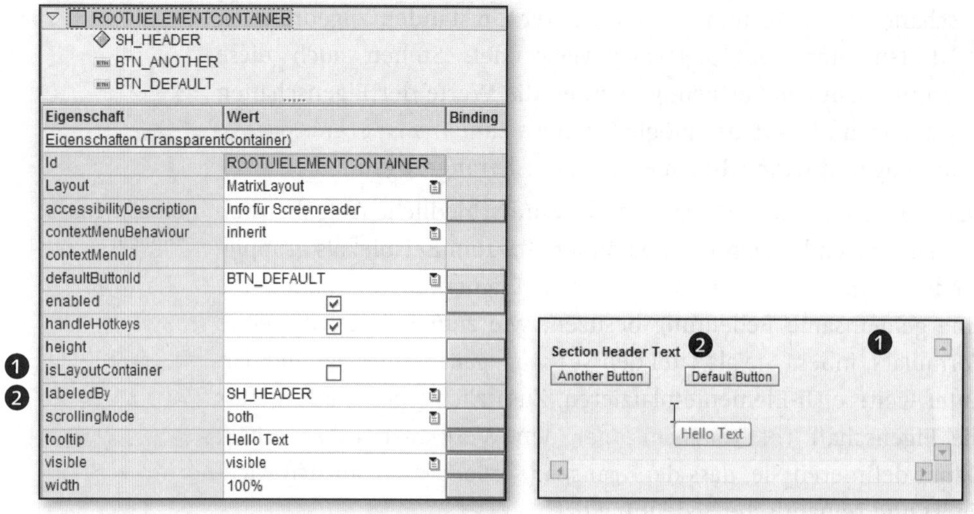

Abbildung 3.3 UI-Element »TransparentContainer«

In unserem Beispiel haben wir den ROOTUIELEMENENTCONTAINER als gruppierenden Container attribuiert (❶, isLayoutContainer = abap_false). Daraus ergibt sich, dass dieser einen Tabstop besitzt und Texte zu diesem Container vom Screenreader vorgelesen werden können. In unserem Beispiel verwenden wir das UI-Element SectionHeader mit der ID SH_HEADER als Quelle der Texte. Dazu ist es aber notwendig, das UI-Element SectionHeader dem Container mitzuteilen, was mithilfe der Eigenschaft labeledBy (❷) geschieht. Dort ist die ID des SectionHeader hinterlegt.

Von den zwei eingefügten Buttons wird der Button mit der ID BTN_DEFAULT als der Default-Button des Containers definiert. Dies erreichen wir mithilfe der Eigenschaft defaultButtonId, da wir dieser den Wert BTN_DEFAULT zugeordnet haben.

Mit diesen Definitionen haben wir einerseits den ROOTUIELEMENENT-CONTAINER für die barrierefreie Verwendung bereit gemacht und andererseits eine Default-Taste definiert, die die Behandlung einer gedrückten [↵]-Taste übernimmt, sofern der Container den Fokus besitzt.

Eigenschaften

Die Eigenschaften, die beim `TransparentContainer` zu den Eigenschaften für alle Container noch hinzukommen und die wir bis jetzt nur im vorangegangenen Beispiel besprochen haben, sind `isLayoutContainer` (❶) und `labeledBy` (❷).

isLayoutContainer

Layout-Container

Mit der Eigenschaft `isLayoutContainer` legen Sie fest, ob der `TransparentContainer` als Layout-Container fungiert.

- Falls `isLayoutContainer` den Wert `abap_true` erhält, dient der Container nur für das Layout des Views und hat keine semantischen Eigenschaften. In diesem Fall kann kein `defaultButton` angegeben werden.
- Falls `isLayoutContainer` den Wert `abap_false` erhält, dient der Container für das Layout *und* stellt zugleich eine semantische Gruppierung dar, das heißt, dass er UI-Elemente zu einer logischen Gruppe zusammenfasst, zum Beispiel `Label` und `InputField` zu einem Formular. In diesem Fall muss eine `accessibilityDescription` angegeben werden, und es ist möglich, einen `defaultButton` zu verwenden.

labeledBy

Verknüpfung

Mit der Eigenschaft `labeledBy` referenzieren Sie über die ID einen `SectionHeader`, der eine Beschriftung trägt. Diese Eigenschaft wird für nicht layoutstiftende Container verwendet (Eigenschaft `isLayoutContainer` hat den Wert `abap_false`), um einen `SectionHeader` als Titel-Control mit diesem Container zu verbinden. Die Verbindung zwischen einem existierenden `SectionHeader` und einem `TransparentContainer` über `labeledBy` ist wichtig für die Barrierefreiheit.

Barrierefreiheit

Das Vorlesen durch Screenreader im Rahmen der Barrierefreiheit ist technisch nur in Fällen möglich, in denen die Eigenschaft `isLayoutContainer` den Wert `abap_false` besitzt. Zusätzlich verwenden Sie im `TransparentContainer` einen `SectionHeader`. Der Text für die Barrierefreiheit wird bei einem `TransparentContainer` folgendermaßen bestimmt:

1. Das System ermittelt die Werte, die für die Eigenschaften `tooltip` und `accessibilityDescription` des `TransparentContainer` definiert sind.
2. Wenn die unter 1. genannten Eigenschaften nicht gesetzt sind, wird für die Barrierefreiheit der Text der Werte für die Eigenschaften `tooltip` und `text` des UI-Elementes `SectionHeader` verwendet.
3. Wenn weder die unter 1. noch die unter 2. genannten Eigenschaften gesetzt sind, wird für die Barrierefreiheit der Text der Werte für die Eigenschaften `tooltip` und `text` des UI-Elementes `Label` verwendet, das zu dem `TransparentContainer` gehört.

Gruppierender Container

Wenn Sie das `TransparentContainer`-Element unter dem Aspekt der Barrierefreiheit als gruppierenden Container einsetzen, können Sie den Titel dieser Gruppe auf zwei Arten vergeben:

- Soll es keinen sichtbaren Gruppentitel geben, vergeben Sie die Werte für die Eigenschaften `accessibilityDescription` und `tooltip`. Setzen Sie zudem die Eigenschaft `isLayoutContainer` auf `abap_false`.
- Soll es einen sichtbaren Gruppentitel geben, kann das `SectionHeader`-Element verwendet werden. Dieses ersetzt dann die Eigenschaft `accessibilityDescription`. Legen Sie dazu ein `SectionHeader`-Element für den Titel an, und verwenden Sie die Eigenschaft `labeledBy`, um das `TransparentContainer`-Element mit dem `SectionHeader` zu verbinden.

Der Text und der Tooltip des `SectionHeader`-Elementes werden automatisch als `accessibilityDescription` des `TransparentContainer`-Elementes ausgegeben, falls dessen `accessibilityDescription` und `tooltip` leer sind.

Beispiel zum barrierefreien Gruppieren

Wenn Sie beispielsweise einen Prüftext in einem `TextView`-Element hinter einem `InputField`-Element ausgeben möchten, verwenden Sie ein `TransparentContainer`-Element mit `MatrixLayout`, um das `InputField`-Element und dessen nachfolgenden Text zu gruppieren. Um das Ganze im Rahmen des bislang Gesagten barrierefrei zu gestalten, binden Sie noch ein `Label` an das `TransparentContainer`-Element (mit der Eigenschaft `labelFor`) und geben dem Feld und dem Prüftext einen zusätzlichen `tooltip`. Der Tooltip wäre im Fall des Feldes hier optional, aber beim `TextView`-Element unbedingt erforderlich.

3.1.3 ScrollContainer

deprecated

Sie können in Abbildung 3.1 sehen, dass der `ScrollContainer` die Basisklasse für die Container-Klassen darstellt. Dies bedeutet, dass zum Beispiel Attribute, die in dieser Klasse definiert wurden, allen Unterklassen zur Verfügung stehen. Obwohl diese Klasse eine zentrale Rolle in der Vererbungshierarchie spielt, sollte sie nicht direkt für die Gestaltung des Views verwendet werden. Dies drückt sich darin aus, dass ihr Status in der Online-Dokumentation als *deprecated* bezeichnet wird, das heißt nicht mehr zu verwenden ist. Stattdessen sollte der `TransparentContainer` herangezogen werden.

3.1.4 Group

Infobox

Das UI-Element `Group` kann dazu verwendet werden, eine Reihe von UI-Elementen unter einem gemeinsamen Titel, farblich abgestuft zusammenzufassen. In seinem Aussehen erinnert dieses UI-Element an eine Informationsbox mit Titel und farbigem Hintergrund.

Visuelle Darstellung

In Abbildung 3.4 sehen Sie eine Darstellung des UI-Elementes `Group`. Zusätzlich zur `Group` werden noch weitere Elemente gezeigt.

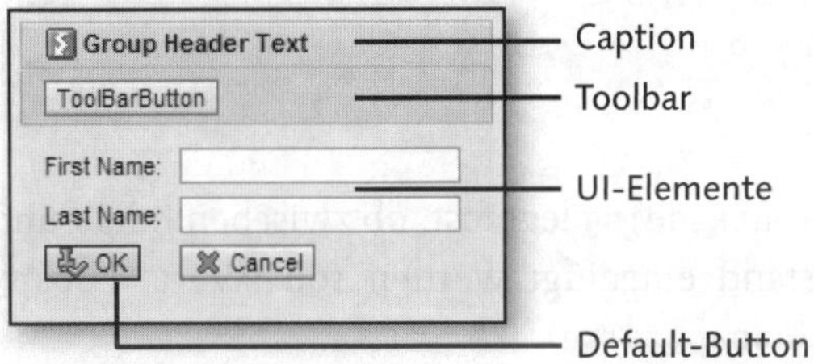

Abbildung 3.4 Group-Container

Die `Caption`, ein aggregiertes Element der `Group`, definiert den Titel der Gruppe. Die `Toolbar`, wiederum ein aggregiertes Element, hält Elemente, die Aktionen auslösen, Auswahlmöglichkeiten anbieten oder optische Aufbereitungen in der `Toolbar` realisieren können. Die `Group` sammelt UI-Elemente, die hierarchisch gesehen eine Ebene unter der `Group` zu finden sind. Die `Group` kann einen Default-Button festlegen, der optisch hervorgehoben wird, sobald die `Group` den Fokus erhält, zum Beispiel durch Anklicken durch den Benutzer.

Eigenschaften

In Abbildung 3.5 sehen Sie die Eigenschaften, die wir im Folgenden in der Reihenfolge der Callout-Ziffern besprechen werden. Die nicht explizit diskutierten Eigenschaften finden Sie in Abschnitt 3.1.1, »Eigenschaften für alle Container«.

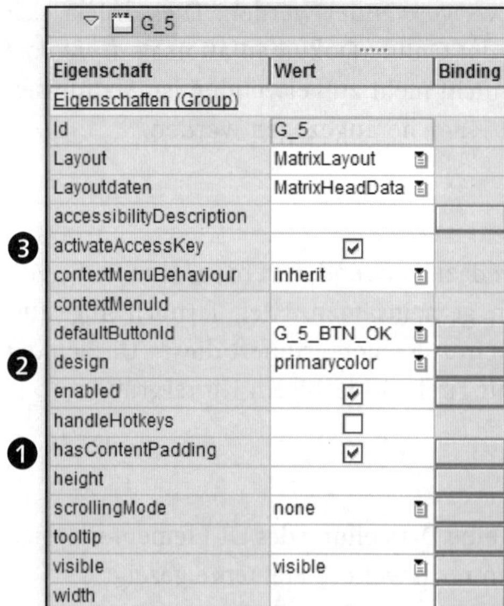

G_5

Eigenschaft	Wert	Binding
Eigenschaften (Group)		
Id	G_5	
Layout	MatrixLayout	
Layoutdaten	MatrixHeadData	
accessibilityDescription		
❸ activateAccessKey	☑	
contextMenuBehaviour	inherit	
contextMenuId		
defaultButtonId	G_5_BTN_OK	
❷ design	primarycolor	
enabled	☑	
handleHotkeys	☐	
❶ hasContentPadding	☑	
height		
scrollingMode	none	
tooltip		
visible	visible	
width		

Abbildung 3.5 Eigenschaften Group

hasContentPadding

Abstand Die Eigenschaft `hasContentPadding` legt fest, ob zwischen Inhalt und `Group`-Rahmen ein Abstand eingefügt werden soll (Wert = `abap_true`) oder nicht (Wert = `abap_false`).

design

Darstellung Die Eigenschaft `design` definiert die farbliche Gestaltung des UI-Elementes `Group`. In Abbildung 3.6 sehen Sie die unterschiedlichen Farbmodi und deren Auswirkungen auf die optische Erscheinung der `Group`. Aufgrund des gewählten Modus werden der Titel der `Group` und der Inhaltsbereich farblich unterschiedlich dargestellt. In Tabelle 3.2 sehen Sie die Zusammenstellung der Werte.

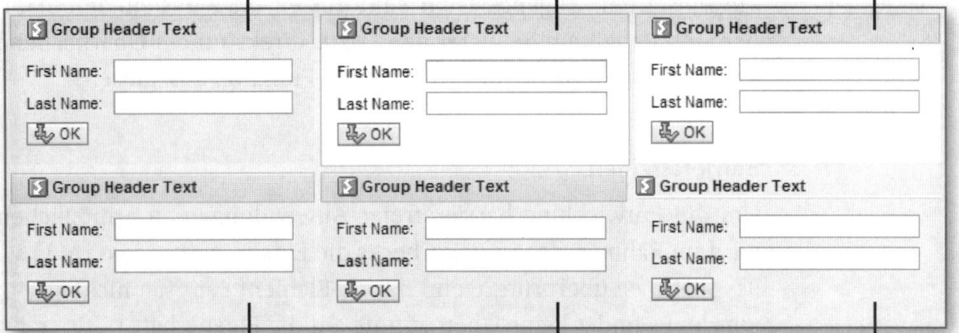

Abbildung 3.6 Farbmodi Group

Wert	Beschreibung
`primarycolor`	Der Inhaltsbereich der Gruppe ist mit der gleichen Hintergrundfarbe gefüllt wie der Titel (Farbe der Primärgruppierung).
`sapcolor`	Der Titel und der Rahmen um den Inhaltsbereich sind in SAP-Blau eingefärbt, der Inhaltsbereich erhält als Hintergrund die Farbe Weiß.
`secondarybox`	Der Inhaltsbereich wird nicht eingerahmt dargestellt.
`secondaryboxcolor`	Der Inhaltsbereich wird mit einer Hintergrundfarbe gefüllt, die sich von der Hintergrundfarbe des Titels unterscheidet.
`secondarycolor`	Der Inhaltsbereich ist mit der gleichen Hintergrundfarbe eingefärbt wie der Titel (Farbe der Sekundärgruppierung). Dieser Wert eignet sich für eine Darstellung, bei der Sie innerhalb einer Gruppierung Untergruppen anzeigen möchten.
`underline`	Unter dem Titel wird zur Abgrenzung eine Linie angezeigt, die Farben von Titel und Inhaltsbereich sind gleich.

Tabelle 3.2 Ausprägungen der Eigenschaft »design«

activateAccessKey

Zugangstaste

Die Eigenschaft `activateAccessKey` steuert die Aktivität von Zugangstasten. Zugangstasten sind Tasten oder Tastenkombinationen, mit denen ein Benutzer den Fokus direkt auf ein Oberflächenelement setzt, ohne die dort hinterlegte Funktion auszulösen.

Barrierefreiheit

Um die Entwicklung barrierefreier Anwendungen zu ermöglichen, wird im Rahmen des Syntax-Checks die Eigenschaft `accessibilityDescription` überprüft, wenn das UI-Element `Caption` nicht gesetzt wurde. Es findet keine Überprüfung auf die Eigenschaft `tooltip` hin statt. Ein gesetzter `tooltip` ist bei diesem Oberflächenelement nicht zwingend erforderlich, könnte aber – wenn er detaillierte semantische Informationen enthält – durchaus sinnvoll sein.

Aggregierte Elemente

In Abbildung 3.7 sehen Sie die aggregierten Elemente zur `Group`, die in diesem Abschnitt besprochen werden. Des Weiteren haben wir das Kontextmenü zur Anlage der aggregierten Elemente mit den relevanten Menüeinträgen in die Abbildung eingefügt.

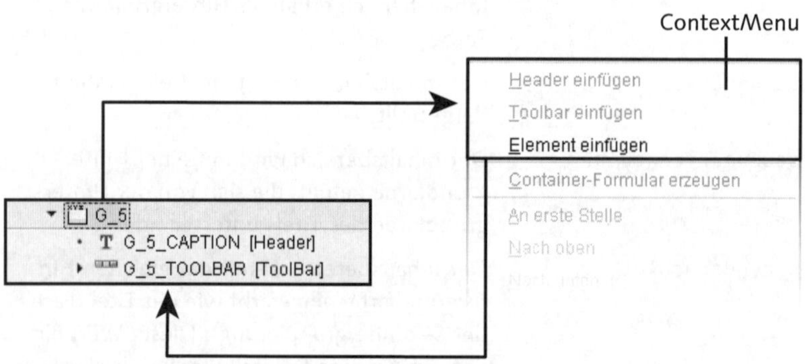

Abbildung 3.7 Aggregationen Group

Caption

Titel

Mit der `Caption` können Sie den Header (Titel) zu einer `Group` definieren. Eine detaillierte Beschreibung dazu finden Sie in Abschnitt 4.1.4, »Caption«.

Toolbar

Funktionen

Sie können eine Toolbar zur `Group` anlegen, die zwischen der Caption und dem Inhaltsbereich angezeigt wird. Verwenden Sie das Kontextmenü der `Group` im View-Editor und dort den Menüeintrag TOOLBAR EINFÜGEN, um die Toolbar anzulegen. Details zu Toolbars finden Sie in Abschnitt 4.8.4, »ToolBar«.

3.1.5 Tray

Visuelle Komprimierung

Das UI-Element `Tray` kann dazu verwendet werden, eine Menge von UI-Elementen unter einer gemeinsamen Überschrift anzuordnen, und zählt deshalb wie die `Group` zu den Containern. Im Unterschied zur `Group` bietet es jedoch weitere Funktionen an, beispielsweise kann `Tray` auf- bzw. zugeklappt werden.

Visuelle Darstellung

In Abbildung 3.8 sehen Sie eine Darstellung des UI-Elementes `Tray`. Zusätzlich zum `Tray` werden noch weitere Elemente gezeigt.

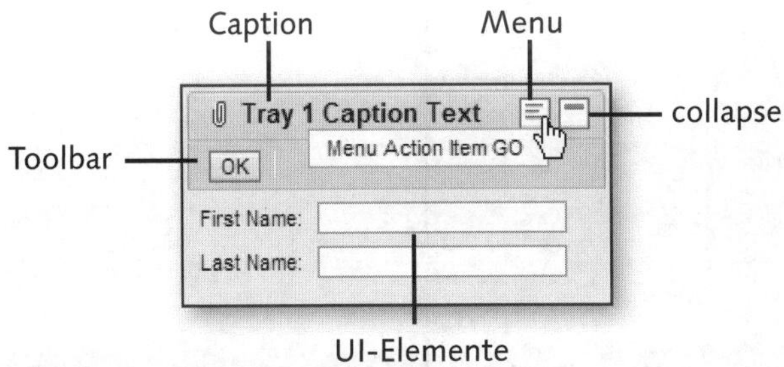

Abbildung 3.8 Tray-Container

Die `Caption`, ein aggregiertes Element des `Tray`, definiert den Titel des `Tray`. Die `Toolbar`, wiederum ein aggregiertes Element, hält Elemente, die Aktionen auslösen, Auswahlmöglichkeiten anbieten oder optische Aufbereitungen in der `Toolbar` realisieren können. Der `Tray` sammelt UI-Elemente, die hierarchisch gesehen eine Ebene unter dem `Tray` zu finden sind. Zum Tray kann ein `Menu` in Form eines aggregierten Elementes definiert werden. Dieses Menü kann aus Untermenüs (Element `Menu`), Aktionseinträgen (Element `MenuActionItem`, `MenuCheckBox`, `MenuRadioButton`) und optischen Gestaltern (Element `MenuSeparator`) aufgebaut werden. Eine besondere

Funktion stellt die Drucktaste COLLAPSE TRAY dar, mit der die Anzeige des `Tray` auf den Titel reduziert oder der `Tray` mit Inhalt angezeigt wird.

Eigenschaften

In Abbildung 3.9 sehen Sie die Eigenschaften, die wir im Folgenden in der Reihenfolge der Callout-Ziffern besprechen werden. Die nicht explizit diskutierten Eigenschaften finden Sie in Abschnitt 3.1.1, »Eigenschaften für alle Container«.

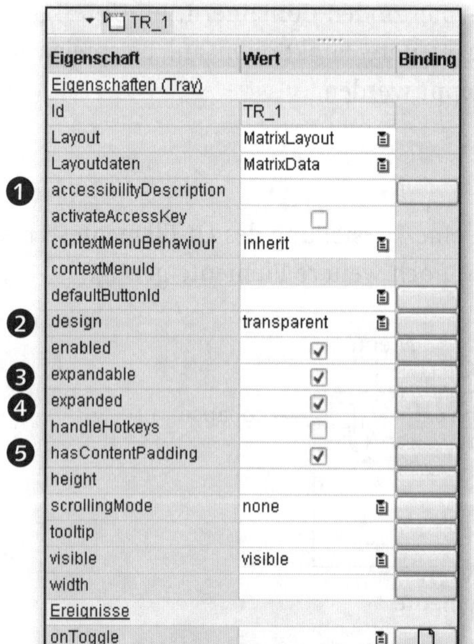

Abbildung 3.9 Eigenschaften Tray

activateAccessKey

Zugangstasten Die Eigenschaft `activateAccessKey` steuert die Aktivität von Zugangstasten. Zugangstasten sind Tasten oder Tastenkombinationen, mit denen ein Benutzer den Fokus direkt auf ein Oberflächenelement setzt, ohne die dort hinterlegte Funktion auszulösen.

design

Farbmodi Die Eigenschaft `design` legt die farbliche Gestaltung des UI-Elementes `Tray` fest. In Abbildung 3.10 sehen Sie die unterschiedlichen

Farbmodi und deren Auswirkungen auf die optische Erscheinung des Tray.

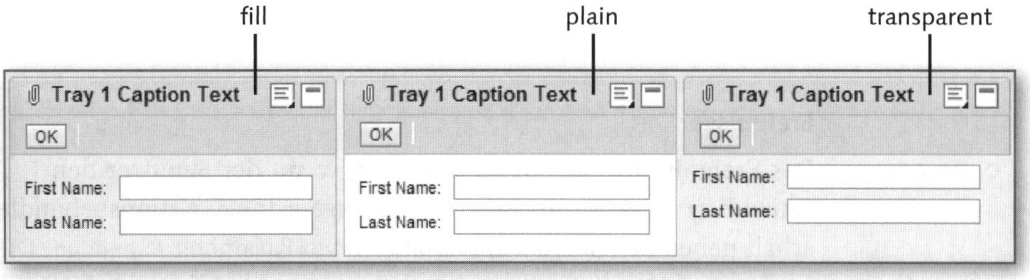

Abbildung 3.10 Farbmodi Tray

Wie Sie in der Abbildung erkennen können, wird aufgrund des gewählten Modus der Inhaltsbereich farblich unterschiedlich dargestellt. In Tabelle 3.3 sehen Sie die Zusammenstellung der Werte.

Wert	Beschreibung
`fill`	Der Inhaltsbereich wird mit einer Hintergrundfarbe dargestellt.
`plain`	Der Inhaltsbereich wird mit weißem Hintergrund und Rahmen dargestellt.
`transparent`	Der Hintergrund ist transparent, der Inhaltsbereich wird ohne Rahmen dargestellt

Tabelle 3.3 Ausprägungen der Eigenschaft »design«

expandable

Mit der Eigenschaft `expandable` legen Sie fest, ob der `Tray` expandierbar ist (Wert = `abap_true`) oder nicht (Wert = `abap_false`). **Expandierbarkeit**

expanded

Mit der Eigenschaft `expanded` wird bestimmt, ob der `Tray` aufgeklappt ist. Der Wert `abap_false` zeigt nur eine Überschrift mit einem Aufklappsymbol. Die Werkzeugleiste und der Content-Bereich sind in diesem Zustand nicht sichtbar. Wenn Sie dieses Symbol über die linke Maustaste auswählen, wird der `Tray` expandiert und das Aufklappsymbol verwandelt sich in ein Komprimiersymbol.

hasContentPadding

Mit der Eigenschaft `hasContentPadding` wird festgelegt, ob zwischen Inhalt und `Tray`-Rahmen ein Abstand eingefügt werden soll (Wert = `abap_true`) oder nicht (Wert = `abap_false`).

Ereignisse

Optimierungen

Das Ereignis `onToggle` wird ausgelöst, wenn der Benutzer den `Tray` expandiert oder komprimiert. Der zugeordnete Aktionsbehandler erhält neben den Standardparametern den Parameter `expanded`. Dieser hat den Wert `abap_true`, wenn der `Tray` geöffnet wird. Wurde bei einem UI-Element `Tray` kein Aktionsbehandler für das Ereignis `onToggle` definiert, wird der Inhalt immer an den Browser geschickt. Das Öffnen und Schließen wird komplett am Browser abgehandelt. Gibt es einen Aktionsbehandler für das `onToggle`-Ereignis, wird der Inhalt des `Tray` nur an den Browser geschickt, falls die Eigenschaft `expanded` den Wert `abap_true` hat – es also offen ist.

Barrierefreiheit

Um die Entwicklung barrierefreier Anwendungen zu ermöglichen, wird im Rahmen des Syntax-Checks die Eigenschaft `accessibilityDescription` überprüft, wenn das UI-Element `Caption` nicht gesetzt wurde. Es findet keine Überprüfung auf die Eigenschaft `tooltip` hin statt. Ein gesetzter Tooltip ist bei diesem Oberflächenelement nicht zwingend erforderlich, könnte aber – wenn er detaillierte semantische Informationen enthält – durchaus sinnvoll sein.

Aggregierte Elemente

In Abbildung 3.11 sehen Sie die aggregierten Elemente zum `Tray`, die in diesem Abschnitt besprochen werden. Des Weiteren haben wir das Kontextmenü zur Anlage der aggregierten Elemente mit den relevanten Menüeinträgen in die Abbildung eingefügt.

Caption

Mit der `Caption` können Sie den Header (Titel) zu einem `Tray` definieren. Eine detaillierte Beschreibung dazu finden Sie in Abschnitt 4.1.4, »Caption«.

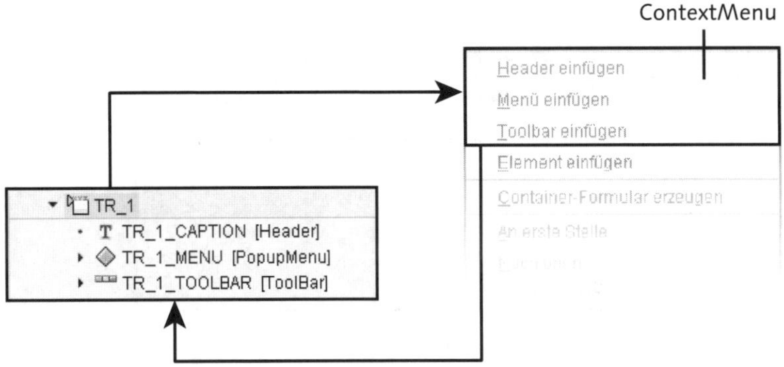

Abbildung 3.11 Aggregationen Tray

Menu

Zum `Tray` können Sie ein Menü anlegen, das vor dem COLLAPSE-Button angezeigt wird. Verwenden Sie das Kontextmenü auf dem `Tray` im View-Editor und dort den Menüeintrag MENÜ EINFÜGEN, um das Menü anzulegen. Details zu den Menüs finden Sie in Abschnitt 4.8.2, »Menu«.

Toolbar

Sie können eine Toolbar zum `Tray` anlegen, die zwischen der `Caption` und dem Inhaltsbereich angezeigt wird. Verwenden Sie das Kontextmenü auf dem `Tray` im View-Editor und dort den Menüeintrag TOOLBAR EINFÜGEN, um die Toolbar anzulegen. Details zu Toolbars finden Sie in Abschnitt 4.8.4, »ToolBar«.

3.1.6 Panel

Panel vs. Tray

Das UI-Element `Panel` kann dazu verwendet werden, eine Menge von UI-Elementen unter einer gemeinsamen Überschrift anzuordnen, und ähnelt dem UI-Element `Tray`. Im Unterschied zum `Tray` bietet es jedoch zusätzliche Funktionen und aggregierte Elemente an. Da sich `Tray` und `Panel` sehr stark ähneln, sollte in einer Web-Dynpro-Anwendung immer nur eine Kategorie verwendet, und `Tray` und `Panel` sollten nicht gemischt werden.

Visuelle Darstellung

In Abbildung 3.12 sehen Sie eine Darstellung des UI-Elementes `Panel`. Zusätzlich zum `Panel` werden noch weitere Elemente gezeigt.

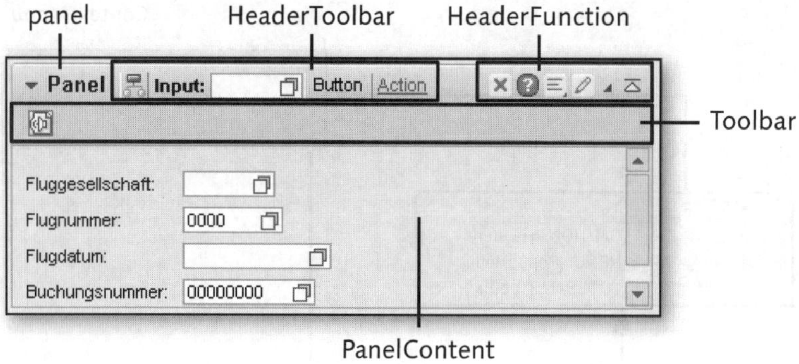

Abbildung 3.12 Panel-Container

Header, ToolBar Die `HeaderToolbar`, ein aggregiertes Element des `Panel`, definiert Funktionen zum Panel, die auch dann sichtbar sind, wenn dieses zusammengeklappt wurde. Neben der `HeaderToolbar` ist rechts im `PanelHeader` der Bereich `HeaderFunction` zu finden. Zu diesen Funktionen können zusätzlich Menüs definiert werden. Die `Toolbar`, wiederum ein aggregiertes Element, hält Elemente, die Aktionen auslösen, Auswahlmöglichkeiten anbieten oder optische Aufbereitungen in der `Toolbar` realisieren können.

Komprimieren Das `Panel` sammelt ein UI-Element, das hierarchisch gesehen eine Ebene unter dem `Panel` zu finden ist. Eine besondere Funktion stellt die Drucktaste zum Zusammenklappen des Inhaltsbereiches des Panels dar. Diese Drucktaste wird vor dem Namen des `Panel` als Dreieck angezeigt und weist mit der Spitze nach unten, wenn das Panel geöffnet ist, und nach rechts, wenn es geschlossen ist. Über diese Drucktaste kann die Anzeige des `Panel` auf den Header reduziert oder das `Panel` mit Inhalt angezeigt werden.

Eigenschaften

In Abbildung 3.13 sehen Sie die Eigenschaften, die wir im Folgenden in der Reihenfolge der Callout-Ziffern besprechen werden. Die nicht explizit diskutierten Eigenschaften finden Sie in Abschnitt 3.1.1, »Eigenschaften für alle Container«.

contentDesign

Farbmodi Mit der Eigenschaft `contentDesign` legen Sie das Design des Inhaltsbereiches fest. In Abbildung 3.14 sehen Sie die Auswirkungen der Wertewahl zur Eigenschaft.

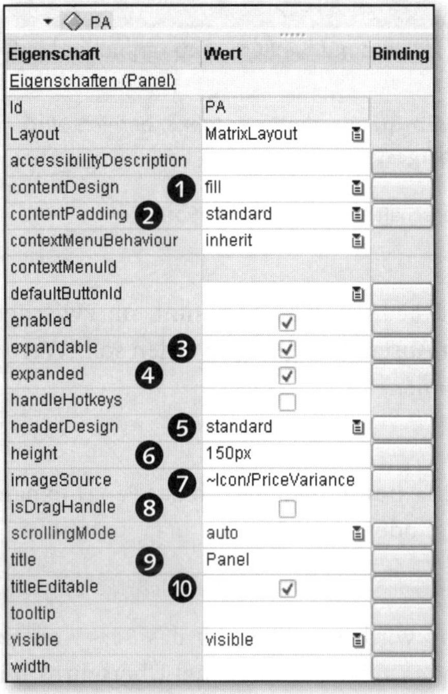

Abbildung 3.13 Eigenschaften Panel

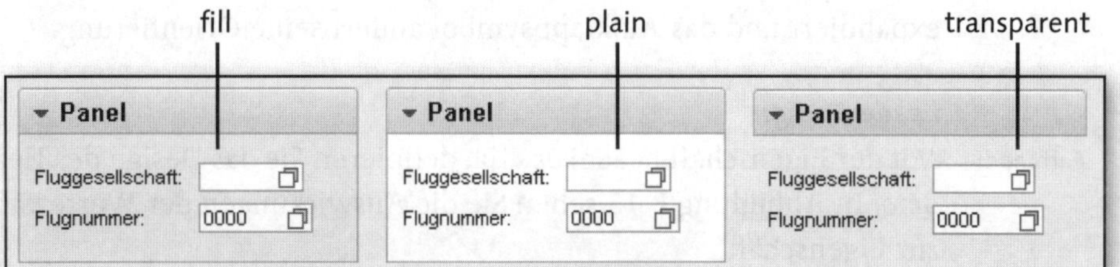

Abbildung 3.14 Farbmodi Panel

Wie Sie in der Abbildung erkennen können, wird aufgrund des gewählten Modus der Inhaltsbereich farblich unterschiedlich dargestellt. In Tabelle 3.4 sehen Sie die Zusammenstellung der Werte.

Wert	Beschreibung
`fill`	Der Inhaltsbereich wird mit einer Hintergrundfarbe dargestellt.

Tabelle 3.4 Ausprägungen der Eigenschaft »contentDesign«

Wert	Beschreibung
`plain`	Der Inhaltsbereich wird mit weißem Hintergrund und Rahmen dargestellt.
`transparent`	Der Hintergrund ist transparent, der Inhaltsbereich wird ohne Rahmen dargestellt.

Tabelle 3.4 Ausprägungen der Eigenschaft »contentDesign« (Forts.)

contentPadding

Mit der Eigenschaft `contentPadding` wird bestimmt, ob zwischen Inhalt und Panel-Rahmen ein Abstand eingefügt werden soll (Wert = `standard`) oder nicht (Wert = `none`).

expandable

Expandierbarkeit

Mit der Eigenschaft `expandable` bestimmen Sie, ob das `Panel` expandierbar ist (Wert = `abap_true`) oder nicht (Wert = `abap_false`).

expanded

Mit der Eigenschaft `expanded` wird festgelegt, ob das `Panel` aufgeklappt ist. Der Wert `abap_false` zeigt nur die Panel-Überschrift mit einem Aufklappsymbol und den Header-Bereich. Die Toolbar und der Content-Bereich sind in diesem Zustand nicht sichtbar. Wenn Sie dieses Symbol über die linke Maustaste auswählen, wird das `Panel` expandiert und das Aufklappsymbol ändert seine Orientierung.

headerDesign

Farbmodi

Mit der Eigenschaft `headerDesign` definieren Sie das Design des Headers. In Abbildung 3.15 sehen Sie die Auswirkungen der Wertewahl zur Eigenschaft.

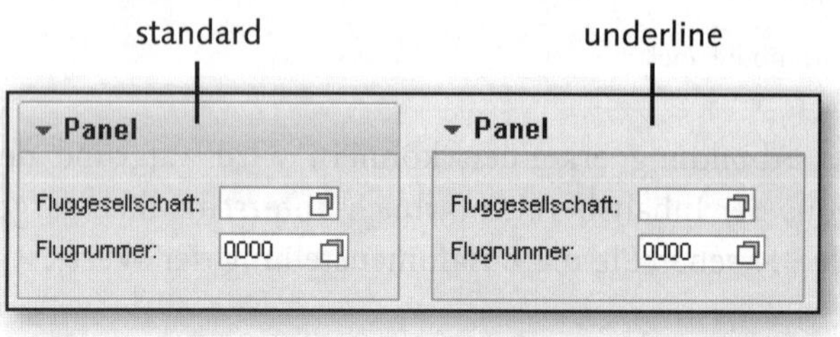

Abbildung 3.15 Farbmodi Panel Header

Falls Sie die Ausprägung `standard` wählen, wird die Standardeinstellung mit blauem Hintergrund zur Visualisierung verwendet. Falls Sie die Ausprägung `underline` auswählen, wird unter dem Header ein Unterstrich angezeigt, und alle anderen Elemente des Panels werden mit heller Farbe dargestellt.

height

Mit der Eigenschaft `height` bestimmen Sie die Höhe des `Panel`. Im Gegensatz zum `Tray` ist die Gesamthöhe des `Panel` betroffen, das heißt inklusive des `Header`-Bereiches.

imageSource

Mit der Eigenschaft `imageSource` legen Sie den Namen eines Icons fest, das zwischen dem Aufklapp-/Zusammenklappsymbol und dem Titel des `Panel` platziert wird.

isDragHandle

Drag & Drop

Mit der Eigenschaft `isDragHandle` definieren Sie, ob der Titel des `Panel` als `DragHandle` einer Drag-&-Drop-Operation verwendet werden kann. Eine ausführliche Diskussion dazu finden Sie in Kapitel 5, »Drag & Drop für UI-Elemente«.

title

Mit der Eigenschaft `title` legen Sie den Titel des Panels im `Header`-Bereich fest.

titleEditable

Editierbarkeit

Mit der Eigenschaft `titleEditable` legen Sie fest, ob der Titel editierbar ist (Wert = `abap_true`) oder nicht (Wert = `abap_false`). Ist die Eigenschaft `title` an den Context gebunden, wird der geänderte Wert in den Context zurückgeschrieben.

Ereignisse

onToggle

Das Ereignis `onToggle` wird ausgelöst, wenn der Benutzer das `Panel` expandiert oder komprimiert. Der zugeordnete Aktionsbehandler erhält neben den Standardparametern den Parameter `expanded`. Dieser hat den Wert `abap_true`, wenn das `Panel` geöffnet wird. Falls bei einem UI-Element `Panel` kein Aktionsbehandler für das Ereignis `onToggle` definiert wurde, wird der komplette Inhalt an den Browser geschickt. Das Öffnen und Schließen wird komplett am Browser abgehandelt, und es findet kein Roundtrip statt. Falls es einen Aktionsbehandler für das `onToggle`-Ereignis gibt, wird der Inhalt des

Panel nur an den Browser geschickt, falls die Eigenschaft expanded den Wert abap_true hat – es also offen ist. Das Panel wird erst nach dem Roundtrip auf- bzw. zugeklappt. Darüber hinaus wird der Inhalt nicht gerendert, falls das Panel zugeklappt ist.

Barrierefreiheit

Um die Entwicklung barrierefreier Anwendungen zu ermöglichen, wird im Rahmen des Syntax-Checks die Eigenschaft accessibility-Description überprüft. Es findet keine Überprüfung auf die Eigenschaft tooltip hin statt. Ein gesetzter Tooltip ist bei diesem Element nicht zwingend erforderlich, könnte aber – wenn er detaillierte semantische Informationen enthält – durchaus sinnvoll sein.

Aggregierte Elemente

In Abbildung 3.16 sehen Sie die aggregierten Elemente zum Panel, die in diesem Abschnitt besprochen werden. Des Weiteren haben wir das Kontextmenü zur Anlage der aggregierten Elemente mit den relevanten Menüeinträgen in die Abbildung eingefügt.

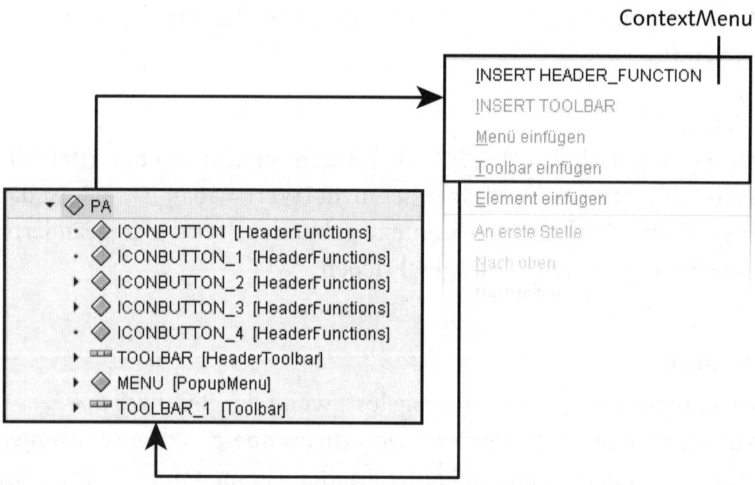

Abbildung 3.16 Aggregationen Panel

HeaderFunctions

Funktionen

Zu einem Panel kann im rechten Header-Bereich eine beliebige Anzahl von Drucktasten definiert werden, die vom Typ IconButton (siehe Abschnitt 4.2.4, »IconButton«) sind. Zum Einfügen im View-

Editor verwenden Sie das Kontextmenü des `Panel` und dort den Menüeintrag INSERT HEADER_FUNCTION.

Im Gegensatz zu einem `Button` kann ein `IconButton` ein Menü haben, das durch ein kleines Dreieck in der rechten unteren Ecke des `IconButton` dargestellt wird. Wenn der Benutzer darauf klickt, wird das Menü geöffnet. Ein weiterer Unterschied zum `Button` besteht darin, dass ein `IconButton` keine Textaufschrift besitzt.

HeaderToolbar

Erste Toolbar

Zu einem `Panel` kann im Header-Bereich, zwischen dem Titel und den `HeaderFunctions`, eine Toolbar (siehe Abschnitt 4.8.4, »ToolBar«) eingefügt werden. Diese legen Sie mithilfe des Kontextmenüs auf dem Panel und über den Menüeintrag INSERT TOOLBAR an. Diese Toolbar besitzt einen Overflow-Mechanismus, das heißt, wenn Sie das Panel verkleinern, werden automatisch alle Elemente, die nicht mehr in die Anzeigefläche passen, in ein Menü einsortiert. Für die `HeaderToolbar` dürfen ausschließlich die folgenden Elemente verwendet werden:

- `ToolBarButton`
- `ToolBarButtonChoice`
- `ToolBarLinkToURL`
- `ToolBarLinkToAction`

Toolbar

Zweite Toolbar

Neben der HeaderToolbar können Sie zusätzlich eine Toolbar anlegen, die zwischen dem Header und dem Inhaltsbereich angezeigt wird, genau so wie die Toolbar eines `Tray` oder einer `Group`. Verwenden Sie das Kontextmenü auf dem `Panel` im View-Editor und dort den Menüeintrag TOOLBAR EINFÜGEN, um die Toolbar anzulegen. Details zu Toolbars finden Sie in Abschnitt 4.8.4, »ToolBar«.

3.2 Quasi-Container

Klassenhierarchie

Es gibt spezielle UI-Elemente, wie zum Beispiel das UI-Element `TabStrip`, die als Container gesehen werden können. Aber im Gegensatz zum UI-Element-Container, können diese Elemente nur spezielle Unterelemente besitzen. Im Fall des UI-Elementes `TabStrip` ist dies das View-Element `Tab`. In Abbildung 3.17 sehen Sie die ABAP-Klassenhierarchie für diese UI-Elemente, die als »Quasi-Container« bezeichnet werden.

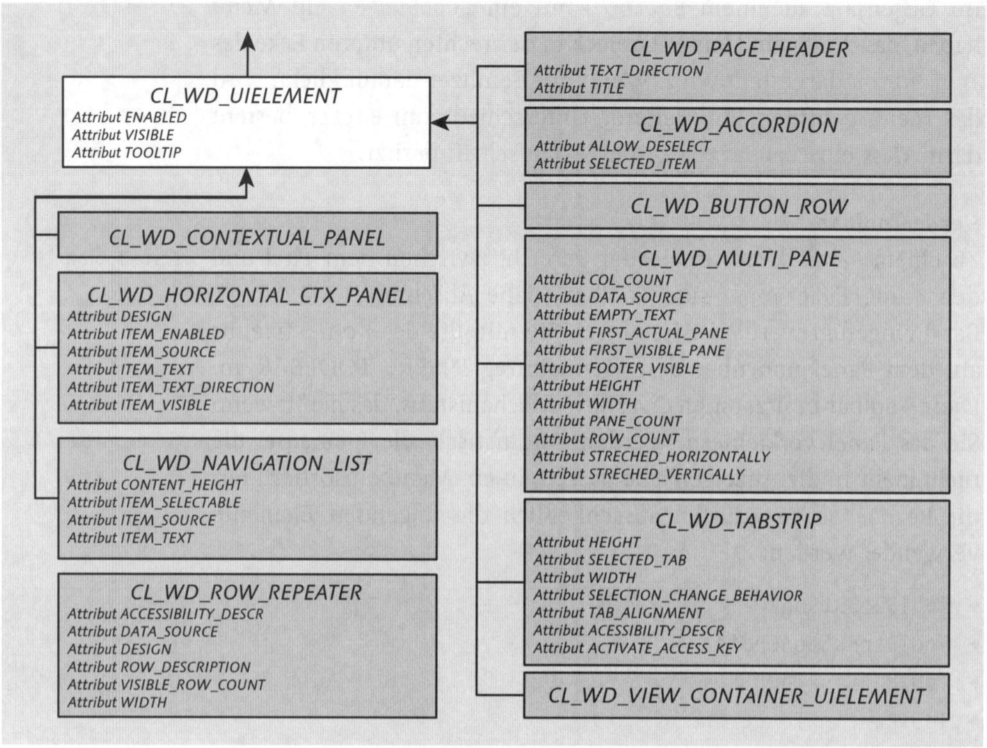

Abbildung 3.17 Quasi-Container in der ABAP-Klassenhierarchie

Im Folgenden werden wir die Quasi-Container besprechen. Zu jedem Container lernen Sie die Motivation, die visuelle Darstellung, die Eigenschaften und Ereignisse sowie aggregierte Elemente kennen, sofern diese vorhanden sind. Wo es angebracht ist, liefern wir Ihnen einfache Beispiele, um das Thema auch praktisch zu vertiefen.

[+] **Hinweis**: Im View-Editor werden diese Elemente in der Kategorie `layout` zusammengefasst.

3.2.1 Accordion

Gestapelte Items

Das UI-Element `Accordion` dient als Container für eine beliebige Anzahl von `AccordionItem`- und `MultipleAccordionItem`-Elementen, die übereinander gestapelt werden und durch deren Titel visualisiert werden. Das Accordion kann mit einem gekippten TabStrip verglichen werden. Jedoch können im Gegensatz zum TabStrip, in dem auf alle Fälle ein Tab sichtbar ist, im Accordion alle Items zusammengeklappt sein.

Falls der Benutzer auf ein Item klickt, wird ein Inhaltsbereich unter diesem sichtbar. Sie können immer nur ein Item selektieren, so wie im TabStrip immer nur ein Tab gewählt werden kann.

Visuelle Darstellung

In Abbildung 3.24 sehen Sie ein Beispiel einer Visualisierung des UI-Elementes Accordion. Wir haben jeweils ein Exemplar für AccordionItem und MultipleAccordionItem eingebunden.

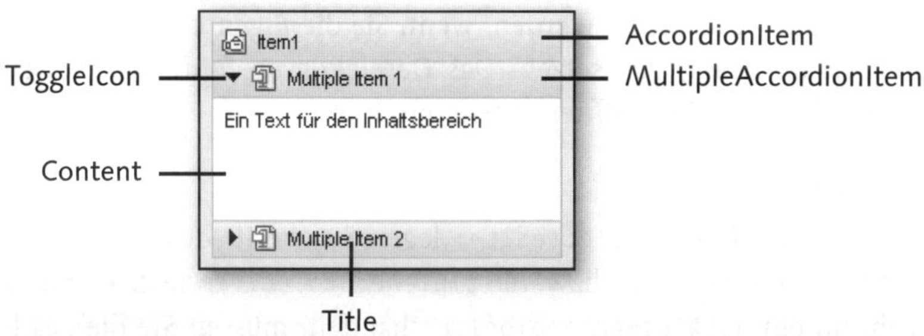

Abbildung 3.18 Accordion

Das Accordion dient als Container für AccordionItem und MultipleAccordionItem. Diese werden übereinander gestapelt dargestellt. In der zusammengeklappten Darstellung können das ToggleIcon, ein Icon und der Titel dargestellt werden. Wird ein Item oder das ToggleIcon angeklickt, öffnet sich der Inhaltsbereich mit der Darstellung der zugeordneten UI-Elemente.

AccordionItem, MultipleAccordionItem

Im Abschnitt zu den aggregierten Elementen erfahren Sie mehr über die Verwendung dieser unterschiedlichen UI-Elemente.

Eigenschaften

In Abbildung 3.19 sehen Sie die Eigenschaften, die wir im Folgenden in der Reihenfolge der Callout-Ziffern besprechen werden. Die nicht explizit diskutierten Eigenschaften finden Sie in Abschnitt 3.1.1, »Eigenschaften für alle Container«.

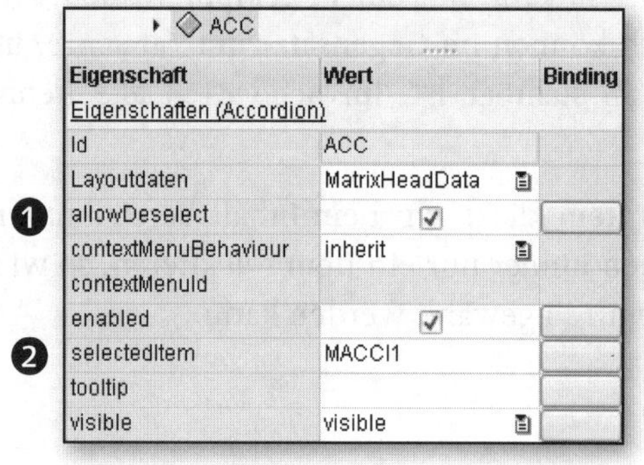

Abbildung 3.19 Eigenschaften Accordion

allowDeselect

Alles deselektieren

Anders als beim `TabStrip` können beim `Accordion` alle Einträge gleichzeitig deselektiert werden, wenn Sie die Eigenschaft `allowDeselect` auf `abap_true` setzen. Das Deselektieren führen Sie durch einen Klick auf ein geöffnetes Item durch.

selectedItem

Auswahl

Mit der Eigenschaft `selectedItem` legen Sie die ID des zu selektierenden `AccordionItem` bzw. `MultipleAccordionItem` fest. Wenn es sich um ein `MultipleAccordionItem` handelt, müssen Sie die Lead-Selection in jenem Knoten setzen, an den die Eigenschaft `dataSource` des `MultipleAccordionItem` gebunden ist. Die Lead-Selection bestimmt das Item, das ausgewählt dargestellt wird.

Ereignisse

Das `Accordion` bietet die zwei Ereignisse `onDrop` und `onSelect` an, die wir uns nun näher ansehen werden.

onDrop

Drag & Drop

Das Ereignis `onDrop` wird ausgelöst, wenn das `Accordion` als Ziel einer Drag-&-Drop-Operation dient. Details zu Drag & Drop können Sie in Kapitel 5, »Drag & Drop für UI-Elemente«, nachlesen. Dort finden Sie auch eine ausführliche Erläuterung des UI-Elementes `Accordion`.

onSelect

Performance-optimierung

Das Ereignis `onSelect` wird ausgelöst, wenn der Benutzer ein Item auswählt. An die Aktionsbehandler-Methode werden die Standardparameter und die Parameter old_item und new_item übergeben, die die ID des Items beinhalten. old_item steht für das Item, das vor der Aktion gewählt war, und new_item für das gewählte Item.

Wenn Sie für dieses Event keine Aktionsbehandler-Methode setzen, wird der Inhalt von jedem AccordionItem an den Browser geschickt, und jegliche Änderung der Selektion wird vom Client gehandhabt. Das bedeutet, dass der Benutzer die Selektion einfacher und schneller ändern kann, der Browser aber mehr Daten verarbeiten muss.

Verwenden Sie dagegen das onSelect-Event, wird immer dann ein Roundtrip ausgelöst, wenn der Benutzer ein neues AccordionItem selektiert. In diesem Fall wird der Inhalt des aktuellen AccordionItem an den Browser geschickt. Das bedeutet für den Benutzer eventuell eine gewisse Wartezeit, bis das angeklickte AccordionItem angezeigt wird. Dies bietet jedoch den Vorteil, dass weniger Daten an den Browser geschickt werden.

Zusätzlich können Sie mit diesem Event ausgefeilte Load-on-Demand-Szenarien realisieren, um die Performance zu verbessern, beispielsweise durch Instanzieren von Views oder durch das Laden der Daten, die tatsächlich benötigt werden. Der gleiche Mechanismus steht für TabStrip, Panel und Tray zur Verfügung.

Aggregierte Elemente

In Abbildung 3.20 sehen Sie die aggregierten Elemente zum Accordion, die in diesem Abschnitt besprochen werden. Des Weiteren haben wir das Kontextmenü zur Anlage der aggregierten Elemente mit den relevanten Menüeinträgen in Abbildung 3.20 eingefügt.

DragSourceInfo und DropTargetInfo

Die Elemente DragSourceInfo und DropTargetInfo dienen dazu, Drag-&-Drop-Operationen mit einem Accordion zu implementieren. Details zu Drag & Drop können Sie in Kapitel 5, »Drag & Drop für UI-Elemente«, nachlesen, wo das Handling für das Accordion beschrieben wird.

Drag & Drop

AccordionItem

Das UI-Element AccordionItem dient dazu, ein Item zu visualisieren. Dem Accordion können beliebig viele AccordionItem-Elemente zugeordnet werden. Zum Anlegen eines AccordionItem im View-

Einzel-Item

Editor verwenden Sie das Kontextmenü auf dem `Accordion` und dort den Menüeintrag ELEMENT EINFÜGEN. Im Folgedialog wählen Sie den Typ `AccordionItem`. Die Eigenschaften, die das `AccordionItem` zur Verfügung stellt, sind in Tabelle 3.5 zusammengestellt (sehen Sie dazu auch Abbildung 3.20).

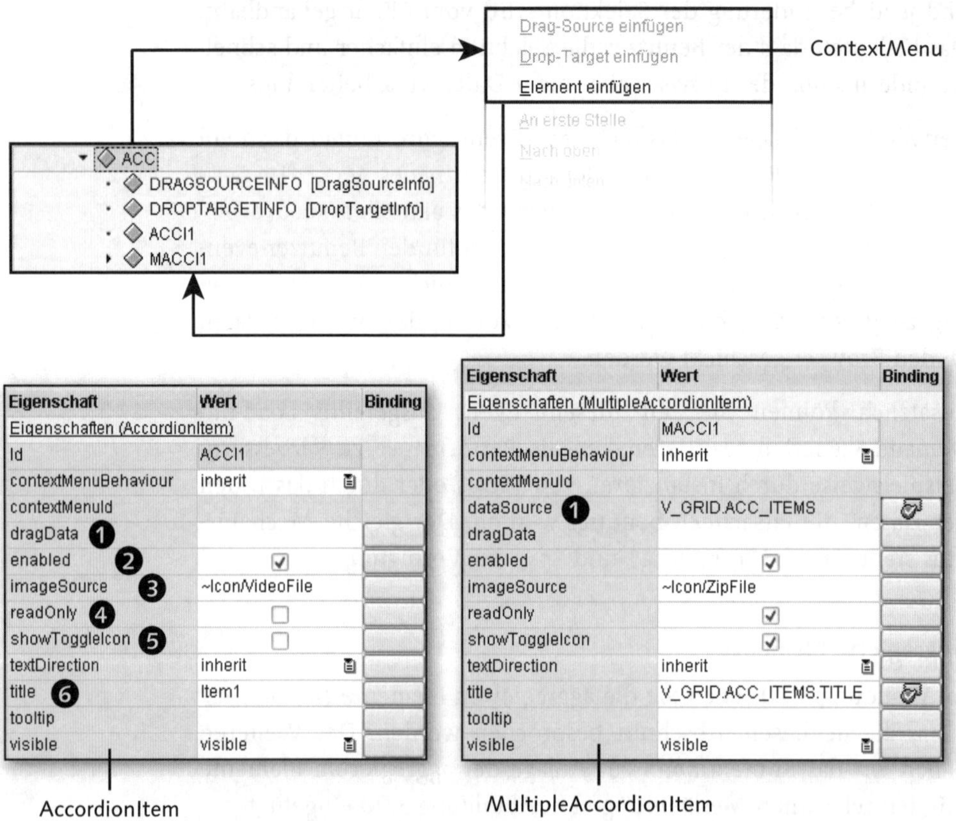

Abbildung 3.20 Aggregationen Accordion

Eigenschaft	Beschreibung
`dragData`	Mit dieser Eigenschaft legen Sie die Daten fest, die bei einer Drag-&-Drop-Operation mitgegeben werden können (siehe auch Kapitel 5, »Drag & Drop für UI-Elemente«).
`enabled`	Mit dieser Eigenschaft steuern Sie, ob das `AccordionItem` ausgewählt werden kann oder nicht.

Tabelle 3.5 Eigenschaften AccordionItem

Eigenschaft	Beschreibung
imageSource	Hierbei handelt es sich um den Namen des Icons, die auf dem Item darzustellen ist.
readOnly	Falls diese Eigenschaft den Wert abap_false hat, kann der Benutzer den Text des Items bearbeiten.
showToggle-Icon	Mit dieser Eigenschaft können Sie das ToggleIcon (Dreieck) unsichtbar machen, falls Sie den Wert abap_false zuordnen. Das Item ist trotzdem auswählbar.
title	Mit dieser Eigenschaft legen Sie den Titel des Items fest, der für das Item im Accordion immer sichtbar ist.

Tabelle 3.5 Eigenschaften AccordionItem (Forts.)

MultipleAccordionItem

Das UI-Element MultipleAccordionItem dient dazu, mehrere Items zu visualisieren. Dem Accordion können beliebig viele MultipleAccordionItem-Elemente zugeordnet werden. Zum Anlegen eines MultipleAccordionItem verwenden Sie im View-Editor das Kontextmenü auf dem Accordion und dort den Menüeintrag ELEMENT EINFÜGEN. Im Folgedialog wählen Sie den Typ MultipleAccordionItem.

Mehrfach-Item

Die Eigenschaften, die das MultipleAccordionItem zur Verfügung stellt, sind identisch mit den Eigenschaften des AccordionItem (siehe Tabelle 3.5 und Abbildung 3.20). Zusätzlich bietet das MultipleAccordionItem die Eigenschaft dragSource, mit der Sie eine Zuordnung zu einem Context-Knoten mit der Kardinalitätsobergrenze n herstellen. Die Elemente des Knotens entsprechen den Items, die im Accordion dargestellt werden. Die Lead-Selection bestimmt, welches Item ausgewählt wird, sofern im Accordion in der Eigenschaft selectedItem die ID des MultipleAccordionItem hinterlegt wurde. Der gebundene Context-Knoten sollte zumindest ein Attribut besitzen, das mithilfe eines Data Bindings an die Eigenschaft title gebunden und als Text des Items dargestellt wird.

[!]

Achtung: Lassen Sie beim Einbetten des Accordion Vorsicht walten. Ein AccordionItem kann Scroll-Balken enthalten, die aufgrund technischer Einschränkungen des Browsers, die außerhalb der Kontrolle des Frameworks von Web Dynpro ABAP liegen, beim Rendering zu Problemen führen.

3.2.2 RowRepeater

Zeilenwiederholer Ein RowRepeater dient der listenartigen Darstellung von UI-Elementen. Bei einem RowRepeater sieht jede Zeile gleich aus, da jede Zeile aus den gleichen UI-Elementen besteht, nur enthalten die einzelnen Zeilen verschiedene Inhalte. Beim Aufbau der Darstellung einer Zeile ist zu beachten, dass das UI-Element Table und generell alle komplexen UI-Elemente nicht unterstützt werden.

Ein RowRepeater wird an die dataSource von Context-Knoten mit Kardinalitätsobergrenze n gebunden. Für jedes Element im Context wird dann eine Zeile im RowRepeater angezeigt.

Die Ermöglichung der Barrierefreiheit des RowRepeater ist nur dann sichergestellt, falls die Zeilen durch einen TransparentContainer mit MatrixLayout aufgebaut sind und dort keine weiteren containerartigen UI-Elemente (TransparentContainer, Tray, Group etc.) geschachtelt sind.

Visuelle Darstellung

In Abbildung 3.21 sehen Sie ein Beispiel einer Visualisierung des UI-Elementes RowRepeater. Wir haben nur Label- und InputField-Elemente für die Gestaltung der Zeilen verwendet. Sie können Ihrer Fantasie natürlich freien Lauf bei der Gestaltung der Zeile lassen und aus der Fülle der UI-Elemente schöpfen.

Gestaltung In unserem einfachen Beispiel haben wir fünf Zeilen pro Seite dargestellt. Die UI-Elemente haben wir mithilfe eines TransparentContainer mit MartixLayout zusammengestellt. Die Trennlinie zwischen den Zeilen wurde mithilfe des HorizontalGutter erzeugt. In der Fußzeile des RowRepeater befindet sich das Paginator-Symbol, um seitenweise blättern zu können.

Eigenschaften

In Abbildung 3.22 sehen Sie die Eigenschaften, die wir im Folgenden in der Reihenfolge der Callout-Ziffern besprechen werden. Die nicht explizit diskutierten Eigenschaften finden Sie in Abschnitt 3.1.1, »Eigenschaften für alle Container«.

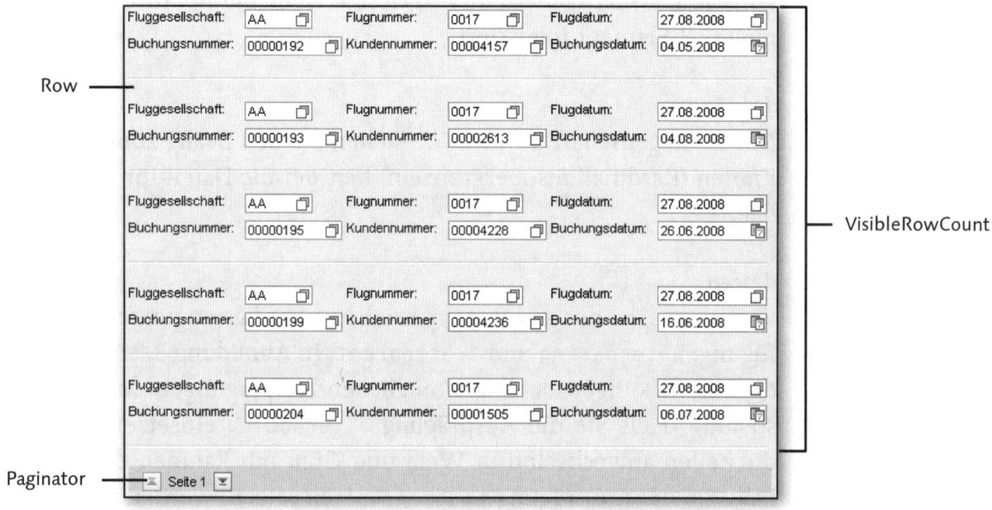

Abbildung 3.21 RowRepeater

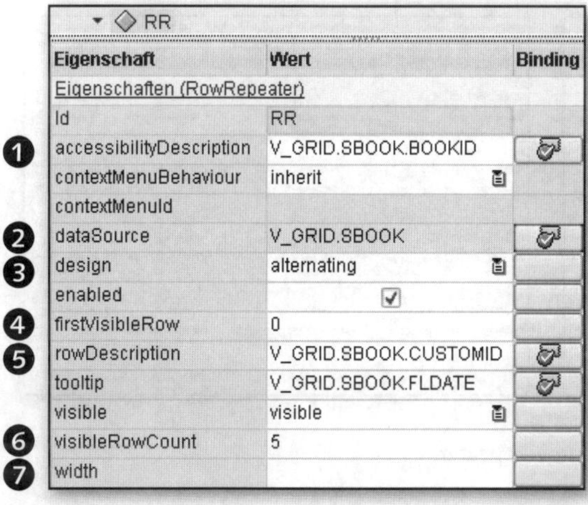

Abbildung 3.22 Eigenschaften RowRepeater

accessibilityDescription

Mithilfe der Eigenschaft `accessibilityDescription` können Sie zusätzliche Texte definieren. Wenn Sie die Barrierefreiheit aktiviert haben, wird der zugeordnete Text der Quick-Info hinzugefügt. Diese Beschreibung soll den `RowRepeater` semantisch näher erläutern und **Barrierefreiheit**

wird vom Screenreader nur vorgelesen, wenn der Benutzer das komplette UI-Element fokussiert.

dataSource

Datenquelle Mit der Eigenschaft `dataSource` stellen Sie den Bezug zum Context-Knoten (Kardinalitätsobergrenze n) her, der die Daten für die Zellen hält.

design

Farbmodi Für das `design` des `RowRepeater` stehen zwei Ausprägungen zur Verfügung: `alternating` und `transparent`. In Abbildung 3.23 sehen Sie die Auswirkungen der zwei möglichen Ausprägungen auf die Darstellung. Falls Sie die Ausprägung `alternating` einsetzen, werden die Zeilen abwechselnd in Weiß und Grau mit Rahmen dargestellt. Falls Sie die Ausprägung `transparent` einsetzen, werden die Zeilen transparent und ohne Rahmen visualisiert.

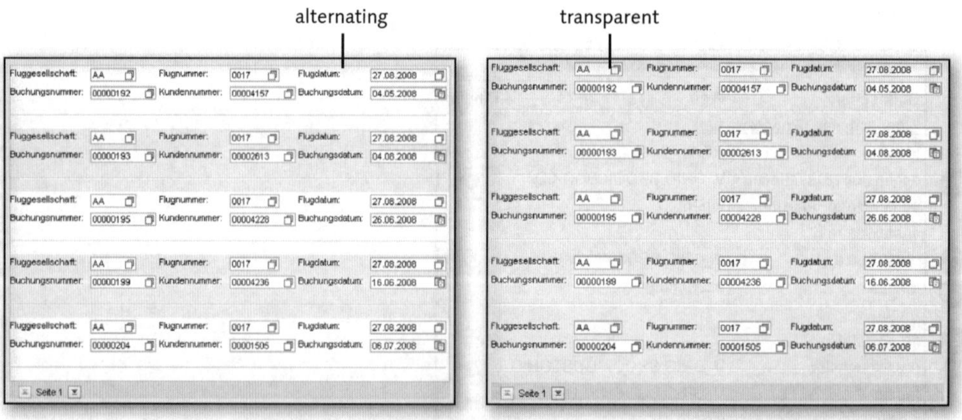

Abbildung 3.23 Farbmodi RowRepeater

firstVisibleRow

Anzeige Mit der Eigenschaft `firstVisibleRow` legen Sie, basierend auf der Knoten-Collection, den Index der ersten sichtbaren Zeile fest.

rowDescription

Barrierefreiheit Mit der Eigenschaft `rowDescription` erstellen Sie den Beschreibungstext für eine einzelne Zeile. Damit können Sie pro Zeile einen Text für die Barrierefreiheit hinterlegen, die den Inhalt der Zeile erläutert.

visibleRowCount

Mit der Eigenschaft `visibleRowCount` bestimmen Sie die Anzahl der sichtbaren List-Zeilen pro Seite. Eine große Anzahl sichtbarer Einträge (zum Beispiel mehr als 30) kann zu Performanceproblemen führen. Verwenden Sie stattdessen die eingebauten Paging- bzw. Scroll-Möglichkeiten des dazugehörigen UI-Elementes. Die Beschreibung zur Verwendung des Paging-Mechanismus finden Sie in Abschnitt 3.2.8, »MultiPane«.

width

Mit der Eigenschaft `width` setzen Sie die Breite des `RowRepeater` in Pixeln fest.

Ereignisse

Das UI-Element `RowRepeater` bietet keine Ereignisse an.

Aggregierte Elemente

Zum `RowRepeater` können beliebige UI-Elemente als Subelemente angelegt werden. Beim Aufbau der Darstellung einer Zeile ist zu beachten, dass das UI-Element `Table` und generell alle komplexen UI-Elemente nicht unterstützt werden.

3.2.3 ContextualPanel

Das UI-Element `ContextualPanel` dient als Container für eine beliebige Anzahl von UI-Elementen vom Typ `NavigationList`, `FreeContextualArea` oder `ViewSwitch`.

Ausgewählte Aggregate

Visuelle Darstellung

In Abbildung 3.24 sehen Sie ein Beispiel einer Visualisierung des UI-Elementes `ContextualPanel`. Wir haben jeweils ein Exemplar für `NavigationList`, `FreeContextualArea` und `ViewSwitch` eingebunden.

Das `ContextualPanel` dient als Container für andere UI-Elemente. Diese werden untereinander dargestellt. Im Kopfbereich zum `ContextualPanel` wird der Link `Personalize` angeboten. Als erstes Element haben wir eine `NavigationList` mit `ExpandableTitle` einge-

Spezielle UI-Elemente

bunden. Darunter befindet sich eine FreeContextualArea ebenfalls mit ExpandableTitle. Am Ende des ContextualPanel befindet sich ein ViewSwitch mit vier Switches. Im folgenden Abschnitt zu den aggregierten Elementen erfahren Sie mehr über die Verwendung dieser unterschiedlichen UI-Elemente.

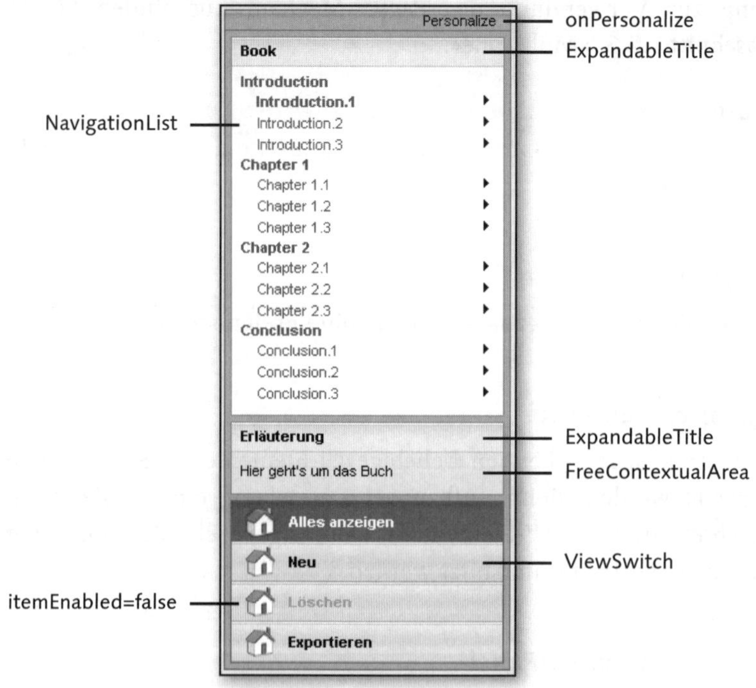

Abbildung 3.24 ContextualPanel

Eigenschaften

Das UI-Element ContextualPanel besitzt keine zusätzlichen Eigenschaften zu den Standardeigenschaften.

Ereignisse

Header-Link Das UI-Element ContextualPanel bietet das Ereignis onPersonalize. Dieses Ereignis hat keine zusätzlichen Parameter zu den Standardparametern der Behandlermethode. Falls Sie eine Aktion dem Ereignis zuordnen, wird der Link Personalize im Kopfbereich des ContextualPanel eingeblendet.

Aggregierte Elemente

NavigationLink, ViewSwitch und FreeContextual-Area

Zum `ContextualPanel` können UI-Elemente vom Typ `NavigationList`, `FreeContextualArea` oder `ViewSwitch` als Subelemente angelegt werden. Das UI-Element `NavigationList` werden wir in Abschnitt 3.2.5 diskutieren.

In Abbildung 3.25 sehen Sie die aggregierten Elemente zum `ContextualPanel`, die in diesem Abschnitt besprochen werden. Des Weiteren haben wir das Kontextmenü zur Anlage der aggregierten Elemente mit den relevanten Menüeinträgen in die Abbildung eingefügt.

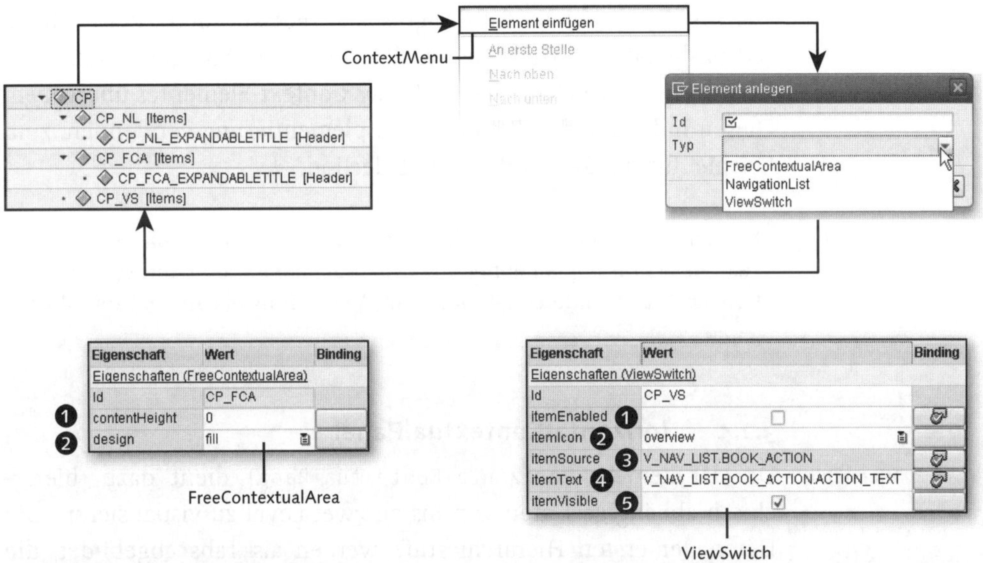

Abbildung 3.25 Aggregationen ContextualPanel

FreeContextualArea

Allgemeine Elemente

Das UI-Element `FreeContextualArea` kann verwendet werden, um jedes beliebige UI-Element in einem expandierbaren Bereich darzustellen. Zur `FreeContextualArea` können Sie einen `ExpandableTitle` definieren, so wie wir es in Abschnitt 3.2.5, »NavigationList«, beschreiben. Die Eigenschaften, die die `FreeContextualArea` zur Verfügung stellt, sind `design`, um die Hintergrundfarbe zu ändern, und `contentHeight`, um die Höhe des UI-Elementes explizit vorzugeben und nicht die vom Framework optimierte Höhe zu verwenden (Wert = `0`).

ViewSwitch

Schalterstapel

Das UI-Element `ViewSwitch` dient dazu, einen Schalter pro Element einer Knoten-Collection zu visualisieren. Die Zuordnung zum Context-Knoten mit der Kardinalitätsobergrenze n geschieht über die Eigenschaft `itemSource`. Dabei bestimmt die Lead-Selection, welcher Schalter hervorgehoben wird. Der gebundene Context-Knoten sollte zumindest ein Attribut besitzen, das mithilfe eines Data Bindings an die Eigenschaft `itemText` gebunden und als Text des Schalters dargestellt wird. Mithilfe der Eigenschaft `itemEnabled` können Sie gezielt Schalter aktivieren/deaktivieren und mit `itemVisible` ein- oder ausblenden.

Der `ViewSwitch` bietet das Ereignis `onSelect` an. An die zugeordnete Aktionsbehandler-Methode wird neben den Standardparametern der `index` des Schalters, das heißt des Context-Elementes übergeben. Diesen Index können Sie für die Implementierung verwenden, zum Beispiel für das Setzen der Lead-Selection.

[+]

Hinweis: Um einen Schalter hervorzuheben, müssen Sie das Setzen der Lead-Selection implementieren. Achten Sie darauf, dass die Lead-Selection gesetzt ist, anderenfalls bricht die Anwendung mit einem Laufzeitfehler ab.

3.2.4 HorizontalContextualPanel

Hierarchie

Das UI-Element `HorizontalContextualPanel` dient dazu, hierarchisch abhängige Daten von bis zu zwei Level zu visualisieren. Die Daten der ersten Hierarchiestufe werden als Tabs abgebildet, die horizontal angeordnet sind. Die Daten der zweiten Hierarchiestufe, die von Daten der ersten Stufe abhängig sind, werden je nach Selektion des Tabs unter diesem horizontal als Links dargestellt.

Visuelle Darstellung

Tabs und Links

In Abbildung 3.26 sehen Sie die visuelle Darstellung des `HorizontalContextualPanel`. Die Visualisierung zeigt die Anordnung der Daten aus dem Context auf zwei Ebenen: Die erste Datenhierarchieebene wird durch Tabs und die zweite durch Links visualisiert. Selektierte Elemente werden fett dargestellt, selektierbare Elemente durch Normalschrift, und nicht selektierbare Elemente werden ausgegraut.

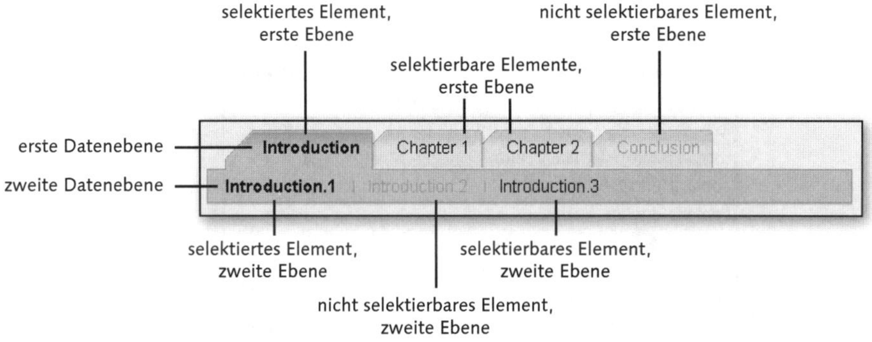

Abbildung 3.26 HorizontalContextualPanel

Voraussetzungen

Datenhierarchie

Nachdem zwei Datenhierarchiestufen visualisiert wurden, ist es notwendig, die Daten im Context abzulegen.

- Für die erste Hierarchiestufe legen Sie einen Context-Knoten mit Kardinalitätsobergrenze n an. Zu diesem Knoten definieren Sie zumindest zwei Attribute: ein Attribut für den darzustellenden Text und ein Attribut, das das Element in der Knoten-Collection eindeutig kennzeichnet.

Rekursionsknoten

- Für die zweite Hierarchiestufe, sofern benötigt, definieren Sie einen rekursiven Context-Knoten, der den Context-Knoten der ersten Datenhierarchiestufe wiederholt. Im Gegensatz zum UI-Element `NavigationList` sind Sie auf zwei Hierarchiestufen beschränkt.

Eigenschaften

In Abbildung 3.27 sehen Sie die Eigenschaften, die wir im Folgenden in der Reihenfolge der Callout-Ziffern besprechen werden. Die nicht explizit diskutierten Eigenschaften finden Sie in Abschnitt 3.1.1, »Eigenschaften für alle Container«.

design

Darstellung Header

Die Eigenschaft `design` steuert das Aussehen des UI-Elementes. In Abbildung 3.28 sehen Sie zwei mögliche Darstellungen des `HorizontalContextualPanel`. Die Eigenschaft `design` bietet zwei Werte an: `standard` und `emphasized`. Der Unterschied bei der Verwendung von beiden Werten liegt in der Farbgebung des Hintergrundes der Tab-Zeile. Im Fall von `emphasized` ist dieser dunkler.

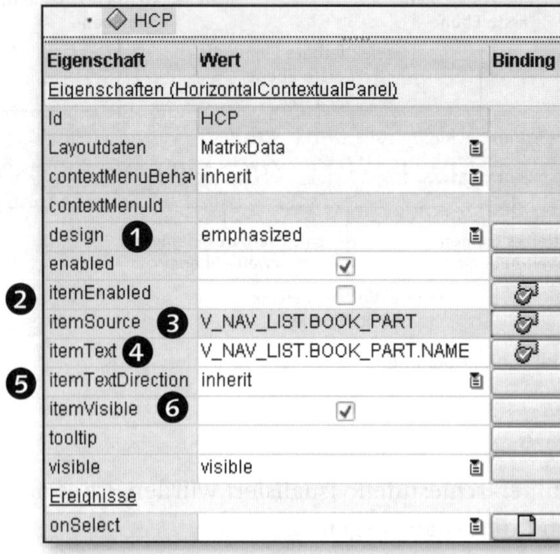

Abbildung 3.27 Eigenschaften HorizontalContextualPanel

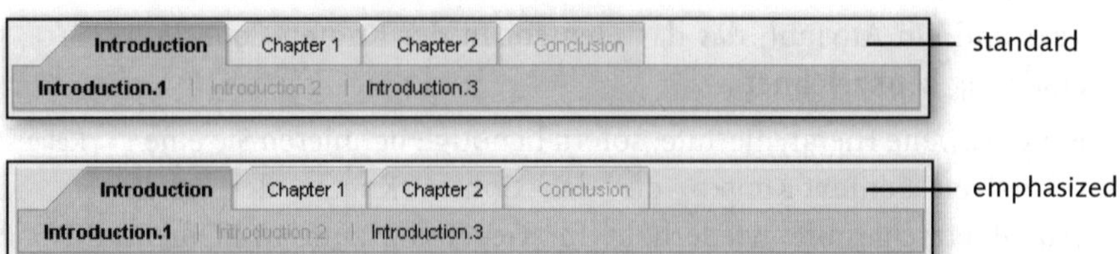

Abbildung 3.28 Design HorizontalContextualPanel

itemEnabled

Auswählbar oder nicht

Die Eigenschaft `itemEnabled` steuert, ob die angezeigten Texte auf der ersten und zweiten Stufe auswählbar sind. Falls nicht (Wert = `abap_false`), werden diese ausgegraut. Somit legen Sie mit dieser Eigenschaft fest, ob durch eine Benutzerinteraktion ein Ereignis für ein Item ausgelöst werden kann. Dies ist zum Beispiel ein Feature, das in der `NavigationList` nicht zur Verfügung steht.

Ist der Wert `abap_true`, werden auch die darüberliegenden View-Elemente zur Laufzeit für die Bestimmung des Wertes herangezogen. Das bedeutet, wenn der umgebende Container nicht `enabled = abap_true` ist, sind alle darin liegenden Container ebenfalls nicht `enabled = abap_true`.

itemSource

Datenquelle

Mit der Eigenschaft `itemSource` legen Sie den Context-Knoten mit den Daten für die Einträge fest. Die Eigenschaft `itemSource` wird an den Context-Knoten der ersten Stufe gebunden. Enthält der Context-Knoten keinen Rekursionsknoten, werden nur Tabs dargestellt. Ist ein Rekursionsknoten vorhanden, aber keine Daten für den Rekursionsknoten, werden die Daten nur auf der ersten Ebene abgebildet, das heißt im Tab.

itemText

Beschriftung

Mit der Eigenschaft `itemText` definieren Sie das Attribut aus dem Knoten, das den anzuzeigenden Text enthält. Die Eigenschaft `itemText` wird an das Attribut des Context-Knotens der ersten Stufe gebunden, das den Anzeigetext für die Tabs enthält.

itemTextDirection

Mit der Eigenschaft `itemTextDirection` bestimmen Sie die Text- bzw. Schreibrichtung. Die möglichen Ausprägungen haben wir in Tabelle 3.6 zusammengestellt.

Wert	Beschreibung
`inherit`	Die Textrichtung wird vom Elternelement geerbt und besitzt damit die gleiche Ausrichtung wie das Elternelement.
`ltr`	`ltr` steht für Left-to-Right, das heißt, die Textrichtung verläuft von links nach rechts.
`rtl`	`rtl` steht für Right-to-Left, das heißt, die Textrichtung verläuft von rechts nach links.

Tabelle 3.6 Ausprägungen der Eigenschaft »itemTextDirection«

itemVisible

Sichtbarkeit

Die Eigenschaft `itemVisible` definiert, welche der Items (Tabs bzw. Links) sichtbar sind. Dies ist ein Feature, das das UI-Element `NavigationList` nicht anbietet.

Ereignisse

onSelect

Für das UI-Element `HorizontalContextualPanel` steht das Ereignis `onSelect` zur Verfügung. Das Event wird bei Auswahl eines Eintrages gefeuert, wobei der gewählte Eintrag nicht automatisch selektiert wird. Dies müssen Sie explizit durch das Setzen der Lead-Selection implementieren. Der Parameter `context_element` der Behandlermethode enthält den gewählten Eintrag.

[!] **Achtung**: Achten Sie darauf, dass die Lead-Selection-Eigenschaften für die Datenhierarchiestufen gesetzt sind, da diese steuern, welcher Tab angezeigt wird bzw. welcher Link hervorgehoben wird. Falls Sie eine zweite Datenhierarchiestufe haben, darf der dazugehörige Context-Knoten nicht als Singleton-Knoten definiert werden.

3.2.5 NavigationList

Hierarchische Datenstruktur

Die `NavigationList` erlaubt es Ihnen, hierarchisch organisierten Inhalt in Form einer Baumstruktur darzustellen. Der Unterschied zu einem `Tree` besteht darin, dass die Ein-/Ausblendfähigkeit (Expandieren und Kollabieren) fehlt. Ein weiterer Unterschied besteht beim Auslösen von Ereignissen. Beim `Tree` ist es möglich, dass alle Kindelemente Ereignisse auslösen können. Bei der `NavigationList` sind es nur die Blätter, das heißt die Einträge, die keine Kinder mehr besitzen.

Rekursionsknoten

Die `NavigationList` stellt einen Navigationsbereich dar und wird beispielsweise im `ContextualPanel` eingesetzt. Beachten Sie, dass die `NavigationList` mindestens einen rekursiven Context-Knoten zum Aufbau der hierarchisch angeordneten Daten benötigt. Beim Aufbau dieser Hierarchie sind Sie nicht auf eine bestimmte Tiefe der Hierarchie beschränkt.

Zur `NavigationList` können Sie einen `ExpandableTitle` definieren. Dieser steht über der hierarchischen Darstellung der Daten und kann eine Ein-/Ausblendfunktionalität anbieten.

Visuelle Darstellung

Links und Titel

In Abbildung 3.29 sehen Sie zwei Beispiele für die Visualisierung der `NavigationList`. Der Unterschied der beiden Darstellungen liegt in der Tiefe der Datenhierarchie, die als Datenquelle verwendet wird:

- Links sehen Sie die `NavigationList` mit einem `ExpandableTitle`, der das Einblenden und Ausblenden der `NavigationList` ermöglicht. Unter dem Titel befindet sich die Liste der Items mit zwei Hierarchiestufen. Die zweite Stufe ist selektierbar.

▶ Rechts sehen Sie ein Beispiel für eine NavigationList mit einer höheren Anzahl an Datenhierarchiestufen. Die Darstellung ändert sich dahin gehend, dass die Daten ab Stufe 3 in einer Kontextmenü-Darstellung präsentiert werden. Die Daten auf der letzten Stufe sind selektierbar.

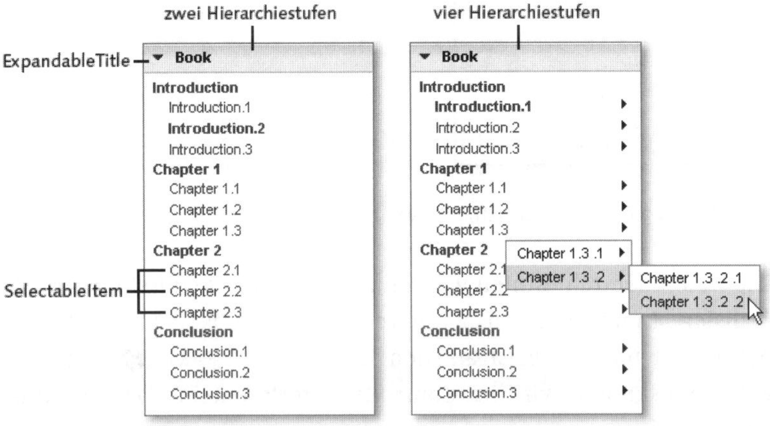

Abbildung 3.29 NavigationList

Voraussetzungen

An dieser Stelle besprechen wir die Voraussetzungen, die zu erfüllen sind, bevor das UI-Element NavigationList eingesetzt werden kann. Dies betrifft einerseits die Context-Definition und andererseits die Context-Programmierung.

Context-Knoten

Knotenhierarchie

Für die Verwendung der NavigationList benötigen Sie einen Context-Knoten mit zumindest einem Attribut für den Anzeigetext und ein Attribut für die Identifizierung des Eintrages. Unter diesem Context-Knoten müssen Sie einen Rekursionsknoten anlegen, der die Struktur des Context-Knotens wiederholt. Daraus entstehen die Datenhierarchiestufen. In Abbildung 3.30 sehen Sie ein Beispiel für die Context-Knoten-Definition.

Sie definieren einen Context-Knoten (❶), mit dem Sie die Attribute (❷) für jedes Element festlegen. In unserem Beispiel sind das die Attribute für den Namen, die Nummer und den Typ eines Buchabschnittes. Zudem haben wir das Attribut SELECTABLE eingefügt, um damit die Selektierbarkeit des Items in der NavigationList zu steuern.

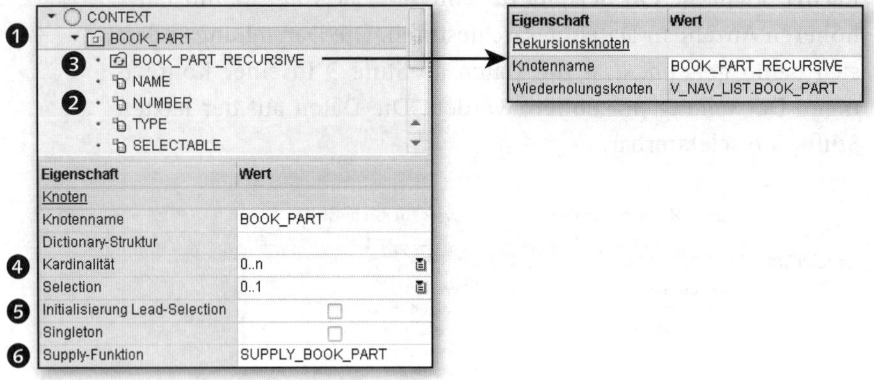

Abbildung 3.30 Context-Struktur für NavigationList

Rekursionsknoten

Die Datenhierarchiestufen werden mithilfe eines Rekursionsknotens realisiert. In unserem Beispiel wird dieser als `BOOK_PART_RECURSIVE` bezeichnet und verweist auf den Knoten `BOOK_PART` (❸). Für den Rekursionsknoten wird im Controller-Interface keine Namenskonstante angelegt.

Der Context-Knoten `BOOK_PART` hat die Kardinalitätsobergrenze n (❹), um mehrere Elemente anlegen zu können. Wir haben die automatische Initialisierung der Lead-Selection deaktiviert (❺) und werden dies mithilfe einer Implementierung später durchführen. Zum Aufbau der Daten verwenden wir die Supply-Funktion `supply_book_part( )` (❻).

Context-Programmierung

Supply-Funktion

Der Context-Knoten wird vor der Anzeige der `NavigationList` befüllt. Sie können dazu beispielsweise eine Supply-Funktion verwenden. In Listing 3.1 sehen Sie ein einfaches Beispiel für eine zweistufige Datenhierarchie.

```
METHOD supply_book_part .
* Referenz auf Context-Knoten
  DATA: lo_nd_book_part TYPE REF TO if_wd_context_node,
* Ein Element aus dem Context-Knoten
        lo_el_book_part TYPE REF TO if_wd_context_element.
* Die Daten zu einem Element
  DATA: ls_book_part TYPE wd_this->element_book_part,
* Die Daten des übergeordneten Elementes
        ls_parent_book_part TYPE wd_this->element_book_part.
* Eine Tabelle mit Elementen
```

```
  DATA: lt_book_part TYPE wd_this->elements_book_part.
* Die Referenz auf den Elternknoten
  DATA: lo_node TYPE REF TO if_wd_context_node.
* Die Beschreibungsinformation für den Elternknoten
  DATA: lo_node_info TYPE REF TO if_wd_context_node_info,
* Der Name des Elternknotens
        ld_node_name TYPE string.
* Die Elemente ergänzen
  DATA: lo_child_node TYPE REF TO if_wd_context_node.
* Hilfsvariable zur Typkonvertierung
  DATA: ld_index TYPE string.

* Ist der Überknoten der CONTEXT? Dann ersten Level ergänzen
  lo_node      = parent_element->get_node( ).
  lo_node_info = lo_node->get_node_info( ).
  ld_node_name    = lo_node_info->get_name( ).
* Ersten Daten-Level aufbauen
  IF ld_node_name = 'CONTEXT'.
* Introduction
    ls_book_part-name = 'Introduction'.
    ls_book_part-number = '0'.
    ls_book_part-type = 'CHAPTER'.
    ls_book_part-selectable = abap_true.
    lo_el_book_part = node->bind_structure(
        new_item = ls_book_part
        set_initial_elements = abap_true ).
* Chapt 1
    ls_book_part-name = 'Chapter 1'.
    ls_book_part-number = '1'.
    ls_book_part-type = 'CHAPTER'.
    ls_book_part-selectable = abap_true.
    lo_el_book_part = node->bind_structure(
        new_item = ls_book_part
        set_initial_elements = abap_false ).
* Chapt n
    ls_book_part-name = 'Chapter 2'.
    ls_book_part-number = '2'.
    ls_book_part-type = 'CHAPTER'.
    ls_book_part-selectable = abap_true.
    lo_el_book_part = node->bind_structure(
        new_item = ls_book_part
        set_initial_elements = abap_false ).
* Conclusion
* Chapt 1
    ls_book_part-name = 'Conclusion'.
    ls_book_part-number = '3'.
    ls_book_part-type = 'CHAPTER'.
```

```
      ls_book_part-selectable = abap_true.
      lo_el_book_part = node->bind_structure(
          new_item = ls_book_part
          set_initial_elements = abap_false ).
* Nächsten Daten-Level aufbauen
    ELSE.
*     Daten von Parent holen
      parent_element->get_static_attributes(
         IMPORTING
         static_attributes = ls_parent_book_part ).
* Je nach Level Daten aufbauen
      CASE ls_parent_book_part-type.
        WHEN 'CHAPTER'.
* Tabelle der Elemente initialisieren
          CLEAR lt_book_part.
* Den Kindknoten (= Rekursionsknoten) holen
          CALL METHOD parent_element->get_child_node
            EXPORTING
              name       = 'BOOK_PART_RECURSIVE'
            RECEIVING
              child_node = lo_child_node.
* Den Typ des Elementes festlegen
          ls_book_part-type = 'SECTION'.
* Drei Elemente anlegen (SECTIONS für CHAPTERS)
          DO 3 TIMES.
* Index in String umwandeln für Concatenate
            ld_index = sy-index.
* Nummer der Section aufbauen
            CONCATENATE
              ls_parent_book_part-number
              '.'
              ld_index
              INTO ls_book_part-number.
* Anzeigetext aufbauen
            CONCATENATE
              ls_parent_book_part-name
              '.'
              ld_index
              INTO ls_book_part-name.
* Ist selektierbar
            ls_book_part-selectable = abap_true.
* Tabelle mit Daten für zu erzeugende Elemente aufbauen
            APPEND ls_book_part TO lt_book_part.
          ENDDO.
* Elemente erzeugen
          lo_child_node->bind_table(
            new_items = lt_book_part
```

```
        set_initial_elements = abap_true ).
      WHEN OTHERS.
* Do something
    ENDCASE.
  ENDIF.
ENDMETHOD.
```

Listing 3.1 Datenaufbau für NavigationList

Beschreibung des Listings

Wir beginnen in der Supply-Funktion mithilfe des Parameters `parent_element` aus der Methodenschnittstelle mit der Ermittlung des Namens des Context-Knotens zum `parent_element`. Falls dieser `CONTEXT` lautet, können wir die erste Datenhierarchiestufe mittels des Methodenparameters `node` erzeugen. Falls dieser nicht `CONTEXT` lautet, ermitteln wir die Daten des `parent_element` und die Referenz auf den rekursiven Knoten. An dieser Stelle müssen wir den Namen des Rekursionsknotens explizit vorgeben, da vom Web-Dynpro-Framework keine Namenskonstante im Controller-Interface erzeugt wurde. Falls die Collection zum Rekursionsknoten noch nicht existiert, wird sie vom Framework angelegt. Wir bauen die Daten mithilfe einer internen Tabelle auf und übergeben diese an die Knotenreferenz mit der Methode `bind_table( )`.

Initialisierung Lead-Selection

Wie im vorhergehenden Abschnitt gezeigt, haben wir bei der Definition des Contexts die Eigenschaft Lead-Selection auf den Wert `abap_false` gesetzt und erwähnt, dass man das Setzen implementieren muss. In Listing 3.2 sehen Sie die Implementierung in der Methode `wddomodifyview( )`.

```
METHOD wddomodifyview .
* Referenz auf die NavigationList
  DATA:
    lr_nl TYPE REF TO cl_wd_navigation_list,
* Knotenreferenz
    lr_node TYPE REF TO if_wd_context_node.
* Das erste Mal?
  CHECK first_time = abap_true.
* Quelle für späteres Setzen der Lead-Selection
  lr_nl ?= view->get_element( 'NL' ).
* Ermittle die DataSource
  wd_this->gr_nl_item_source = lr_nl->get_item_source( ).
* Init Lead-Selections auf erstes Element, erste Ebene
  wd_this->gr_nl_item_source->set_lead_selection_index( 1 ).
* Ermittle die zweite Ebene
  lr_node = wd_this->gr_nl_item_source->get_child_node(
```

```
    'BOOK_PART_RECURSIVE' ).
* Setze dort die Lead-Selection auf ersten Eintrag
  lr_node->set_lead_selection_index( 1 ).
ENDMETHOD.
```

Listing 3.2 Setzen der Lead-Selection

Beschreibung des Listings

Die Initialisierung der Lead-Selection sollte nur einmal durchgeführt werden. Danach wird sie durch die Behandlung der Interaktion des Benutzers mit der `NavigationList` verändert (sehen Sie dazu den folgenden Abschnitt über die Ereignisse). Wir ermitteln die Referenz auf das UI-Element `NavigationList` und darüber die Datenquelle. Diese legen wir in den Attributen des View-Controllers ab, um sie für die Änderung der Lead-Selection zur Verfügung zu haben. Danach setzen wir die Lead-Selection für Context-Knoten und Rekursionsknoten auf den jeweils ersten Eintrag.

Eigenschaften

In Abbildung 3.31 sehen Sie die Eigenschaften, die wir im Folgenden in der Reihenfolge der Callout-Ziffern besprechen werden. Die nicht explizit diskutierten Eigenschaften finden Sie in Abschnitt 3.1.1, »Eigenschaften für alle Container«.

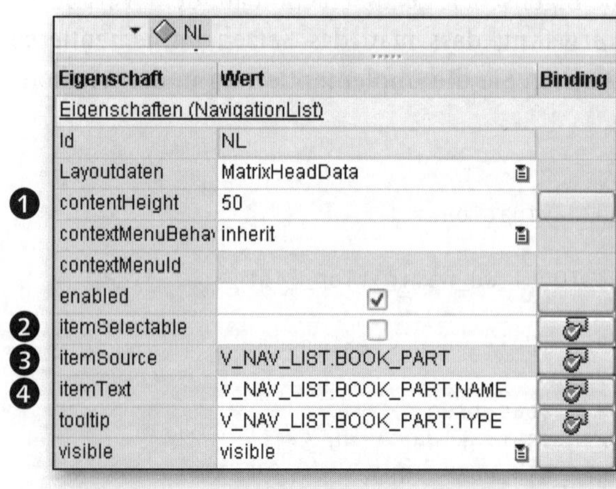

Abbildung 3.31 Eigenschaften NavigationList

contentHeight

Höhe

Über `contentHeight` bestimmen Sie die Höhe der `NavigationList` in Pixeln. Wird dieser Wert nicht gesetzt (Wert = `0`), errechnet das

Framework die Höhe der NavigationList passend für die Einträge. Sollte die eingestellte Höhe für die Darstellung der Daten nicht ausreichen, wird eine vertikale Scrollbar eingeblendet.

itemSelectable

Selektierbarkeit

Die Eigenschaft itemSelectable steuert, ob der Eintrag selektiert werden kann (Wert = abap_true) oder nicht (Wert = abap_false).

itemSource

Datenquelle

Die Eigenschaft itemSource bestimmt die Herkunft des Eintrages. Mit Data Binding wird die Verknüpfung zum Context-Knoten hergestellt, der die Daten und den Rekursionsknoten beinhaltet.

itemText

Text

Mithilfe der Eigenschaft itemText kann der in der NavigationList anzuzeigende Text aus den Attributen der itemSource festgelegt werden.

Ereignisse

Für die NavigationList ist das Ereignis onSelect definiert. Dieses wird ausgelöst, wenn der Benutzer ein Item auswählt, das die Eigenschaft itemSelectable = abap_true besitzt und sich auf der letzten Datenhierarchieebene befindet.

Setzen der Lead-Selection

An die dem Ereignis zugeordnete Aktionsbehandler-Methode werden die ID der NavigationList und das context_element übergeben, das zum Item in der NavigationList gehört. In Listing 3.3 sehen Sie ein Beispiel dafür.

```
METHOD onactionon_select_nav_list .
* Der Name des Items
  DATA: ld_name TYPE string.
* Namen ermitteln
  context_element->get_attribute(
    EXPORTING
      name = 'NAME'
    IMPORTING
      value = ld_name ).
* Weitere Logik
* ...
* Lead-Selection setzen
  cl_wd_dynamic_tool=>set_table_tree_lead_selection(
    lead_selection = context_element
```

```
    data_source       = wd_this->gr_nl_item_source ).
ENDMETHOD.
```

Listing 3.3 Aktionsbehandler für onSelect

Beschreibung des Listings

In Listing 3.3 ermitteln wir den Namen eines Buchabschnittes über das `context_element`. Danach kann noch weitere Logik für die Aufgabenstellung folgen. Am Ende der Behandlermethode setzen wir die Lead-Selection neu, da der Benutzer möglicherweise auf ein noch nicht selektiertes Item geklickt hat. Dazu verwenden wir die statische Utility-Methode `cl_wd_dynamic_tool=>set_table_tree_lead_selection( )`.

Aggregierte Elemente

ExpandableTitle

In Abbildung 3.32 sehen Sie die aggregierten Elemente zur `NavigationList`, die in diesem Abschnitt besprochen werden. Des Weiteren haben wir das Kontextmenü zur Anlage der aggregierten Elemente mit den relevanten Menüeinträgen in die Abbildung eingefügt.

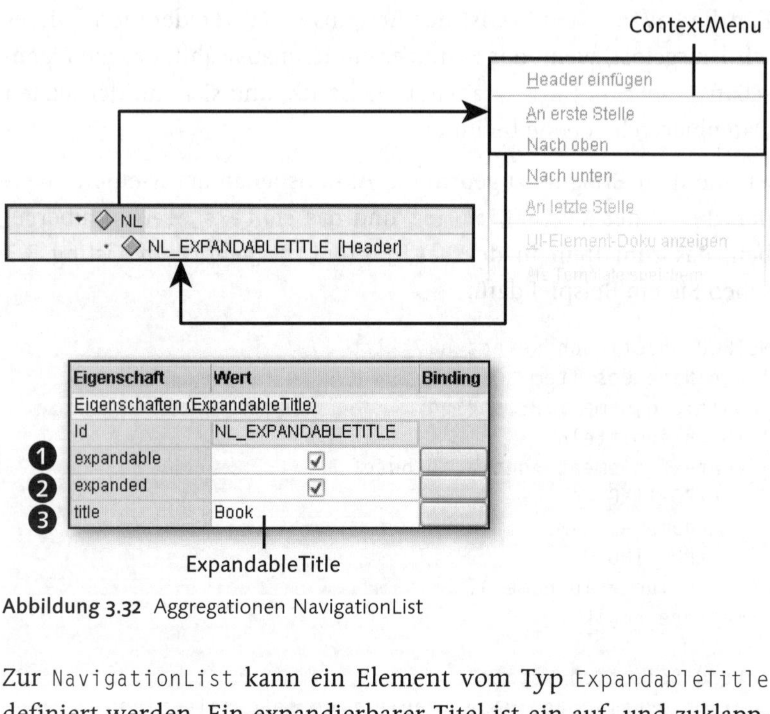

Abbildung 3.32 Aggregationen NavigationList

Zur `NavigationList` kann ein Element vom Typ `ExpandableTitle` definiert werden. Ein expandierbarer Titel ist ein auf- und zuklappbarer Titelbereich in der `NavigationList`. Mithilfe des `ExpandableTitle` kann man die `NavigationList` komplett zu- bzw. aufklappen. Der `ExpandableTitle` hat die in Tabelle 3.7 beschriebenen Eigenschaft.

Eigenschaft	Beschreibung
`expandable`	Diese Eigenschaft legt fest, ob der `ExpandableTitle` auf- und zugeklappt werden kann.
`expanded`	Diese Eigenschaft steuert, ob der `ExpandableTitle` auf- oder zugeklappt ist.
`title`	Diese Eigenschaft beschreibt den Titel des `ExpandableTitle`, der in der `NavigationList` angezeigt wird.

Tabelle 3.7 ExpandableTitle

onToggle

Zusätzlich zu den Eigenschaften verfügt der `ExpandableTitle` über das Ereignis `onToggle`. Der möglicherweise diesem Ereignis zugeordneten Aktionsbehandler-Methode wird neben den Standardparametern der Parameter `expanded` in der Schnittstelle übergeben. Dieser gibt Auskunft, ob der `ExpandableTitle` auf- (Wert = `abap_true`) oder zugeklappt (Wert = `abap_false`) ist.

3.2.6 PageHeader

Seitenüberschrift

Mit dem `PageHeader` realisieren Sie für eine Seite eine Überschrift. Unter der Überschrift können in der `PageHeaderArea` beliebige UI-Elemente angezeigt werden.

Visuelle Darstellung

In Abbildung 3.33 sehen Sie eine mögliche Visualisierung des UI-Elementes `PageHeader` sowie zusätzlich aggregierte Elemente.

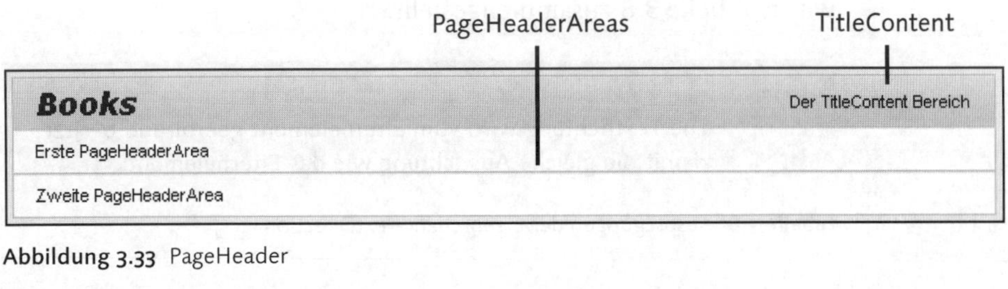

Abbildung 3.33 PageHeader

Header, Content und Areas

Zum `PageHeader` können ein `TitleContent`, dargestellt im Titel, und beliebige `PageHeaderArea`-Elemente unterhalb des Titels definiert werden. Bei der Definition der UI-Elemente, die in diesen Bereichen abzubilden sind, können Sie entweder ein einzelnes UI-Element einsetzen, oder falls Sie mehrere UI-Elemente in einem Bereich visualisieren möchten, den `TransparentContainer` verwenden. Dies gilt sowohl für den `TitleContent` als auch für jede `PageHeaderArea`.

Eigenschaften

In Abbildung 3.34 sehen Sie die Eigenschaften, die wir im Folgenden in der Reihenfolge der Callout-Ziffern besprechen werden. Die nicht explizit diskutierten Eigenschaften finden Sie in Abschnitt 3.1.1, »Eigenschaften für alle Container«.

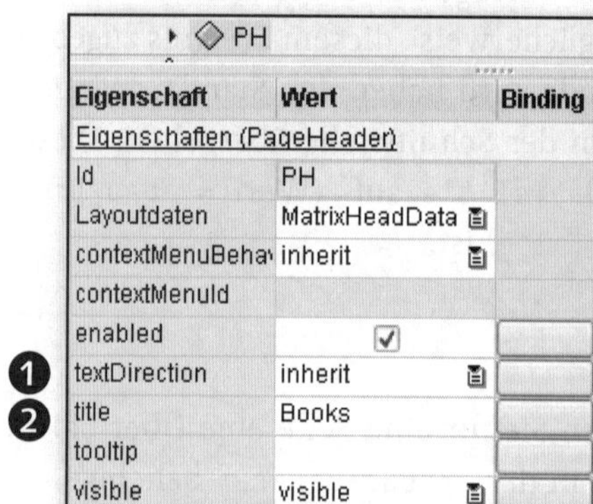

Abbildung 3.34 Eigenschaften PageHeader

textDirection

Mit der Eigenschaft `textDirection` legen Sie die Schreib-/Leserichtung des Textes im Titel fest. Die möglichen Ausprägungen haben wir in Tabelle 3.8 zusammengestellt.

Wert	Beschreibung
`inherit`	Die Textrichtung wird vom Elternelement geerbt und besitzt damit die gleiche Ausrichtung wie das Elternelement.

Tabelle 3.8 Ausprägungen der Eigenschaft »textDirection«

Wert	Beschreibung
`ltr`	`ltr` steht für Left-to-Right, das heißt, die Textrichtung verläuft von links nach rechts.
`rtl`	`rtl` steht für Right-to-Left, das heißt, die Textrichtung verläuft von rechts nach links.

Tabelle 3.8 Ausprägungen der Eigenschaft »textDirection« (Forts.)

title

Mit der Eigenschaft `title` legen Sie den Text des Titels fest.

Aggregierte Elemente

PageHeader-Aggregate

In Abbildung 3.35 sehen Sie die aggregierten Elemente zum `PageHeader`, die in diesem Abschnitt besprochen werden. Des Weiteren haben wir das Kontextmenü zur Anlage der aggregierten Elemente mit den relevanten Menüeinträgen in die Abbildung eingefügt.

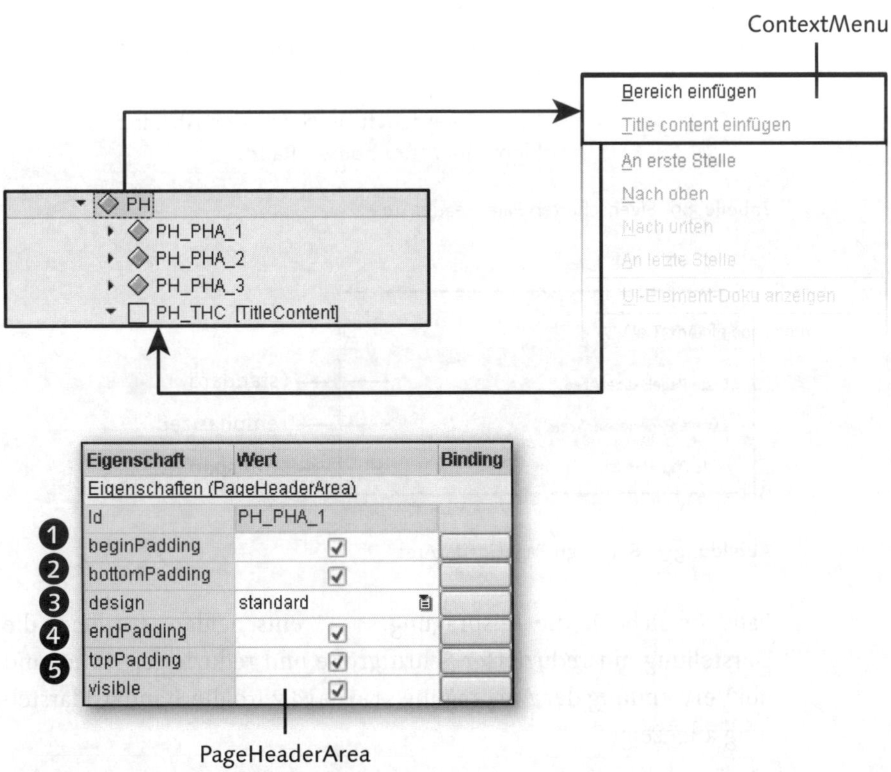

Abbildung 3.35 Aggregationen PageHeader

PageHeaderArea

Bereiche Sie können beliebig viele Bereiche zum `PageHeader` über `PageHeaderArea`-Elemente realisieren. Die Anlage dieser Elemente können Sie im View-Editor im UI-Tree über das Kontextmenü des `PageHeader` anlegen (Menüeintrag BEREICH EINFÜGEN). Die Eigenschaften, die das UI-Element `PageHeaderArea` anbietet, sind in Tabelle 3.9 beschrieben.

Eigenschaft	Beschreibung
`beginPadding`	Diese Eigenschaft bestimmt den Abstand des Elementes zum Anfang.
`bottomPadding`	Diese Eigenschaft bestimmt den Abstand des Elementes zum unteren Rand.
`design`	Diese Eigenschaft steuert die Farbgebung des Hintergrundes der `PageHeaderArea`, hier sind folgende Möglichkeiten denkbar: `emphasized`, `standard` und `transparent`. In Abbildung 3.36 sehen Sie die unterschiedlichen Darstellungen je nach Wert.
`endPadding`	Diese Eigenschaft bestimmt den Abstand des Elementes zum Ende.
`topPadding`	Diese Eigenschaft bestimmt den Abstand des Elementes zum oberen Rand.

Tabelle 3.9 Eigenschaften PageHeaderArea

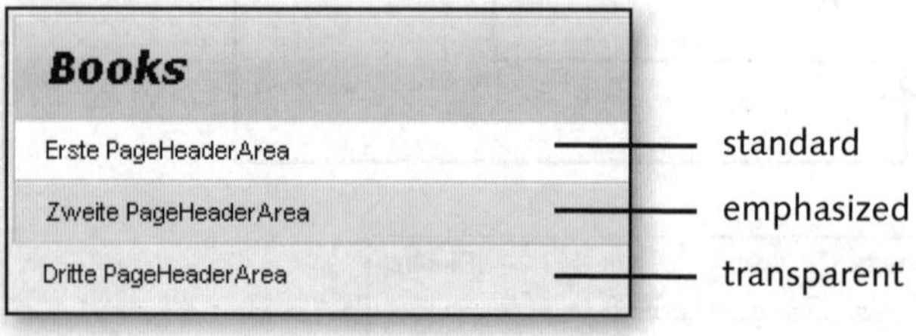

Abbildung 3.36 Design PageHeaderArea

Falls Sie sich für die Ausprägung `small` entscheiden, erscheint die Darstellung mit reduzierter Schriftgröße und reduzierter Höhe, und bei Verwendung der Ausprägung `standard` wird die Standarddarstellung angezeigt.

TitleContent

Transparent-Container

Mittels `TitleContent` können Sie einen Inhaltsbereich einfügen, der zusätzlich zum Titel angezeigt wird. Die Anlage des `TitleContent` kann im View-Editor, genauer im UI-Tree, über das Kontextmenü auf dem UI-Element `PageHeader` durchgeführt werden (Menüeintrag TITLE CONTENT EINFÜGEN). Als Inhalt können beliebige UI-Elemente und natürlich auch der `TransparentContainer` verwendet werden, der die Beschränkung des Einfügens auf ein UI-Element aufhebt.

3.2.7 ButtonRow

Drucktastenleiste

Eine `ButtonRow` dient der regelmäßigen Anordnung mehrerer `Button`-Elemente. Eingefügt werden können die Elemente `Button` und `ToggleButton`. Die `ButtonRow` selbst verfügt über keine zusätzlichen Eigenschaften zu den Standardeigenschaften und besitzt die entsprechenden Kontextmenü-Methoden im View-Editor zum Anlegen und Verwalten der eingefügten Buttons.

Visuelle Darstellung

In Abbildung 3.37 sehen Sie die Visualisierung einer `ButtonRow`. Wir haben je ein Beispiel für einen Button-Typ eingefügt.

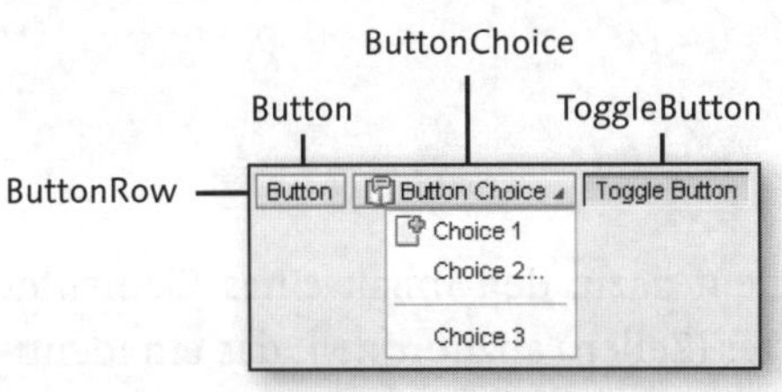

Abbildung 3.37 ButtonRow

Die Darstellungen der Buttons sind natürlich von den Einstellungen der Eigenschaften abhängig. Sehen Sie dazu die Abschnitte 4.2.2, »Button«, 4.2.3, »ButtonChoice« und 4.3.2, »ToggleButton«.

Barrierefreiheit

Um die Entwicklung barrierefreier Anwendungen zu ermöglichen, wird im Rahmen des Syntax-Checks die Eigenschaft `tooltip` nicht überprüft, da ein Tooltip bei diesem Oberflächenelement nicht unbedingt sinnvoll ist.

Aggregierte Elemente

In Abbildung 3.38 sehen Sie die aggregierten Elemente zur `ButtonRow`, die in diesem Abschnitt besprochen werden. Des Weiteren haben wir das Kontextmenü zur Anlage der aggregierten Elemente mit den relevanten Menüeinträgen in die Abbildung eingefügt.

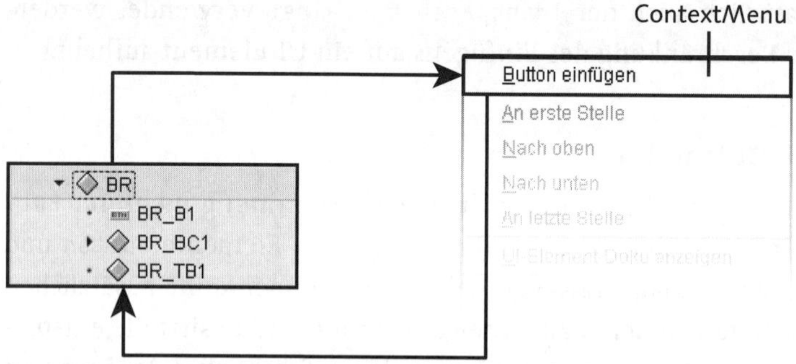

Abbildung 3.38 Aggregationen ButtonRow

Button, ToggleButton, ButtonChoice

Es können UI-Elemente vom Typ `Button`, `ToggleButton` und `ButtonChoice` aggregiert werden. Diese Elemente werden der Reihe nach in einer Zeile dargestellt. Sie können diese Elemente im View-Editor im UI-Tree über das Kontextmenü anlegen (Menüeintrag BUTTON EINFÜGEN). Details zu den Buttons finden Sie in Abschnitt 4.2, »Kategorie »action««.

3.2.8 MultiPane

Datensatz-Darstellung

Das UI-Element `MultiPane` dient dazu, den Inhalt eines Elementes einer Collection in einem Raster (Zellen) anzuordnen, das ein identisches Aussehen für jede Zelle besitzt. Somit stellt `MultiPane` eine Alternative zum UI-Element `Table` dar, um Daten aus einer Collection zu visualisieren.

Visuelle Darstellung

In Abbildung 3.39 sehen Sie ein Beispiel für eine `MultiPane`-Darstellung. Wir haben für die Darstellung zwei Zeilen und zwei Spalten gewählt.

Rasteranordnung

Die Anzahl der Zeilen (Eigenschaft `rowCount`) und Spalten (Eigenschaft `colCount`) kann verändert werden. Darüber hinaus ist die

Gestaltung der Zellen beliebig, das heißt, dass Sie jede Menge von UI-Elementen dafür verwenden können. Die Navigation durch die Datensätze wird durch Paginator-Elemente in der Fußzeile (Footer) der `MultiPane` ermöglicht.

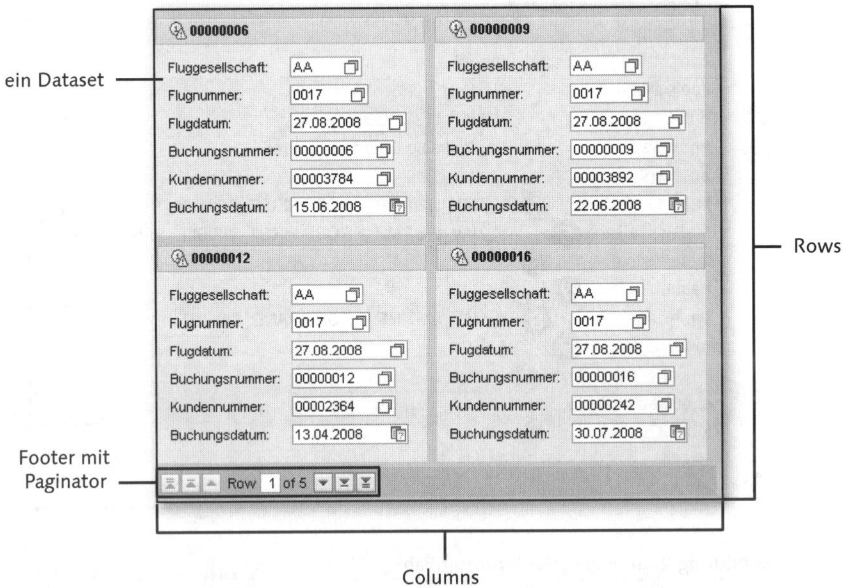

Abbildung 3.39 MultiPane

Voraussetzungen

Die Daten, die in einer `MultiPane` visualisiert werden können, sind in einem Context-Knoten mit Kardinalitätsobergrenze n zu finden. Dabei spielen die Einstellungen für die Lead-Selection und die `Selection`-Eigenschaft des Context-Knotens keine Rolle.

Eigenschaften

In Abbildung 3.40 sehen Sie die Eigenschaften, die wir im Folgenden in der Reihenfolge der Callout-Ziffern besprechen werden. Die nicht explizit diskutierten Eigenschaften finden Sie in Abschnitt 3.1.1, »Eigenschaften für alle Container«.

colCount

Mit der Eigenschaft `colCount` definieren Sie die Anzahl der Zellen pro Zeile.

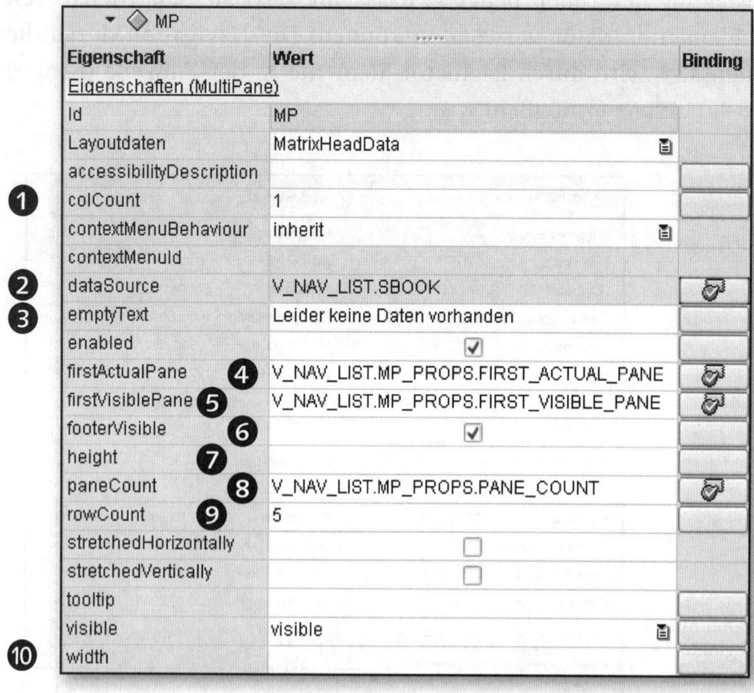

Abbildung 3.40 Eigenschaften MultiPane

dataSource

Datenquelle

Mit der Eigenschaft `dataSource` stellen Sie den Bezug zum Context-Knoten (Kardinalitätsobergrenze n) her, der die Daten für die Zellen hält.

emptyText

Keine Daten

Die Eigenschaft `emptyText` verwenden Sie, um den Text festzulegen, der angezeigt wird, sofern keine Daten zur Anzeige vorhanden sind.

firstActualPane

Erster Datensatz im Context

Mit der Eigenschaft `firstActualPane` legen Sie den Offset der tatsächlich im Context vorhandenen Daten mit Bezug zu einer Datenquelle fest. Sehen Sie dazu auch den folgenden Abschnitt »Context-Paging«.

firstVisiblePane

Erster sichtbarer Datensatz

Mit der Eigenschaft `firstVisiblePane` legen Sie fest, welches `Collection`-Element als erste Zelle anzuzeigen ist. Diese Zahl kann als

Offset interpretiert werden: Falls Sie zum Beispiel das elfte Element als erstes anzeigen möchten, müssen Sie den Wert 10 vergeben.

footerVisible

Mit der Eigenschaft `footerVisible` können Sie die Fußzeile aus-/einblenden. **Paginator**

height

Mit der Eigenschaft `height` können Sie die Höhe des UI-Elementes in Pixeln einstellen.

paneCount

Mit der Eigenschaft `paneCount` können Sie die Anzahl der Zeilen beeinflussen, die mit der Paginator-Funktionalität erreichbar sind. Falls `paneCount` einen Wert ungleich -1 (Initialwert) und `rowCount` den Wert -1 hat, wird die Anzahl der Zeilen (Z), die erreicht werden können, als jener Wert bestimmt, der die folgende Bedingung erfüllt: **Anzahl**

$$Z \times colCount > paneCount > (Z - 1) \times colCount$$

Die Zahl Z wird in der Fußzeile als maximale Zeilenanzahl angezeigt.

rowCount

Mit der Eigenschaft `rowCount` definieren Sie die Anzahl der Zeilen für die Zellen. **Zeilenanzahl**

width

Mit der Eigenschaft `width` können Sie die Breite des UI-Elementes in Pixeln einstellen.

Ereignis

Das UI-Element `MultiPane` bietet das Ereignis `onScroll` an. Dieses Ereignis wird ausgelöst, wenn der Benutzer auf eines der Blätter-Icons (Paginator) in der Fußzeile klickt. Die möglicherweise zugeordnete Aktionsbehandler-Methode erhält die Parameter `old_first_visible_pane` (der Index der Zelle, die in der ersten Zeile und Spalte dargestellt wurde, als der Benutzer das Ereignis auslöste) und `new_first_visible_pane` (der Index der Zelle, die in der ersten Zeile und Spalte dargestellt werden soll). Wird Context-Paging eingesetzt, müssen Sie darauf achten, dass die benötigten Daten zur Verfügung ste- **onScroll** hen – von Index `new_first_visible_pane` bis Index `( new_first_visible_pane + rowCount*colCount )`, wobei `rowCount` und `colCount` aus den Eigenschaften des UI-Elementes ermittelt werden können.

Context-Paging

Optimierung Mithilfe der Eigenschaften `firstActualPane`, `paneCount` und `firstVisiblePane` können Sie die sogenannte Context-Paging-Technik implementieren. Hierbei geht es darum, mit großen Datenmengen so umzugehen, dass die Antwortzeiten Ihrer Anwendung akzeptabel bleiben. Der Trick besteht darin, nur jene Daten zu laden, die tatsächlich für die Anzeige benötigt werden. Dies impliziert, dass die Daten nachgeladen werden müssen, wenn der Benutzer blättert und die anzuzeigenden Daten noch nicht gepuffert sind.

Anzeige Hinsichtlich der Anzeige der Menge an Daten ist zu beachten, dass, obwohl möglicherweise nicht alle Daten geladen wurden, dem Benutzer angedeutet werden muss, dass mehr Daten vorhanden sind. Im Regelfall würde dies nicht zutreffen, da die Anzahl der Elemente in der Collection als Berechnungsbasis für die Anzeige in der Fußzeile (Footer) des `MultiPane`-Elementes verwendet wird. Mithilfe der Eigenschaften `firstActualPane`, `paneCount` und `firstVisiblePane` können Sie die Werte berechnen und dem Benutzer anzeigen:

- Mit der Eigenschaft `paneCount` setzen Sie die Anzahl der Daten der Datenquelle, die durch die `MultiPane` erreichbar ist. Damit beeinflussen Sie die Menge an Daten, die vom Server geholt wird.
- Falls das erste Element, das im Context abgelegt wird, nicht dem ersten Datensatz der Datenquelle entspricht, müssen Sie in der Eigenschaft `firstActualPane` den Offset des ersten Elementes im Context hinterlegen.
- Mithilfe der Eigenschaft `firstVisiblePane` korrigieren Sie die Anzeige in der Fußzeile der `MultiPane` dahin gehend, dass der Wert dem Indexwert der Datenquelle entspricht.

Beispiel Nehmen Sie an, die Datenquelle hat 99.989 Einträge. Sie lesen die Einträge von 51 bis 60 (das heißt 10) in den Context ein und stellen die Daten in einer `MultiPane` mit fünf Zeilen und einer Spalte dar. Ohne weitere Einstellungen würde die Fußzeile der `MultiPane` anzeigen, dass der Datensatz 1 von 10 angezeigt wird (siehe Abbildung 3.41, ❶). Es sollten jedoch 51 von 99.989 angezeigt werden.

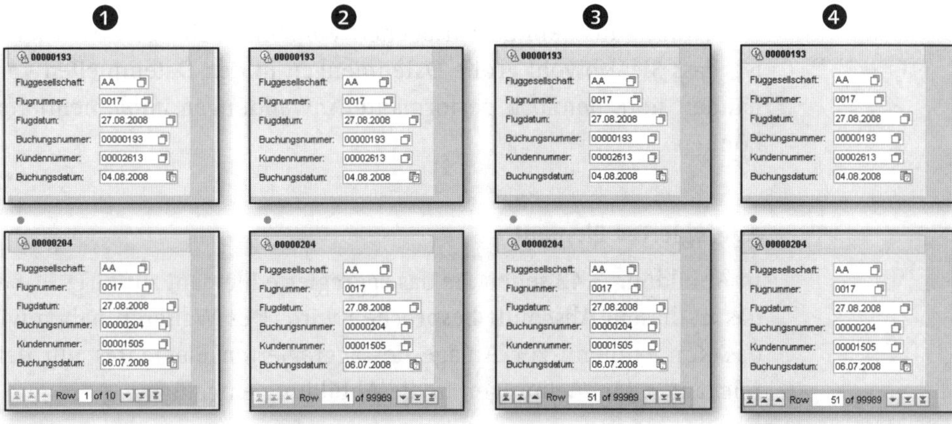

❶ 99.989 Datensätze, Datensatz 51 bis 60 gelesen

- rowCount = 5
- colCount = 1

❷ 99.989 Datensätze, Datensatz 51 bis 60 gelesen

- rowCount = 5
- colCount = 1
- paneCount = 99.989

❸ 99.989 Datensätze, Datensatz 51 bis 60 gelesen

- rowCount = 5
- colCount = 1
- paneCount = 99.989
- firstActualPane = 50

❹ 99.989 Datensätze, Datensatz 51 bis 60 gelesen

- rowCount = 5
- colCount = 1
- paneCount = 99.989
- firstActualPane = 50
- firstVisiblePane = 50

Abbildung 3.41 Context-Paging

paneCount

- Die erste Verbesserung der Anzeige besteht darin, den Wert der Eigenschaft `paneCount` auf 99.989 zu setzen. Diesen Wert müssen Sie natürlich zuvor ermittelt haben. Daher zeigt die Fußzeile nun 1 von 99.989 an (❷).

firstActualPane

- Die nächste Verbesserung bringt das Setzen des Wertes der Eigenschaft `firstActualPane` auf 50 (Offset), da der erste Eintrag im Context dem Datensatz mit Index 51 in der Datenquelle entspricht. Die Anzeige in der Fußzeile ist immer noch 1 von 99.989. Jedoch wird kein Datensatz angezeigt, und der Benutzer muss zu Index 51 navigieren, um die erste Anzeige zu erhalten (❸).

firstVisiblePane

- Somit kommen wir zur dritten Verbesserung der Anzeige, dem Setzen des Wertes der Eigenschaft `fistVisiblePane` auf einen Wert zwischen 50 und 55, um fünf (Anzahl der Zeilen) Datensätze parallel anzuzeigen. Falls Sie den ersten Datensatz im Context als ersten Datensatz in der `MultiPane` anzeigen möchten, müssen Sie den Wert auf 50 setzen (❹).

Nachlesen

Als weitere Herausforderung gilt es, wenn der Benutzer blättert. Sind nicht alle Daten im Context für die Anzeige vorhanden, müssen Sie das inkrementelle Lesen der Daten implementieren.

Der Nutzen aus dem beschriebenen Vorgehen beim Context-Paging ist, dass Sie, obwohl große Datenmengen in den Datenquellen vorhanden sind, dennoch performante Anwendungen implementieren können.

Aggregiertes Element

In Abbildung 3.42 sehen Sie das aggregierte Element zur `MultiPane`, das in diesem Abschnitt besprochen wird. Des Weiteren haben wir das Kontextmenü zur Anlage des aggregierten Elementes mit den relevanten Menüeinträgen in die Abbildung eingefügt.

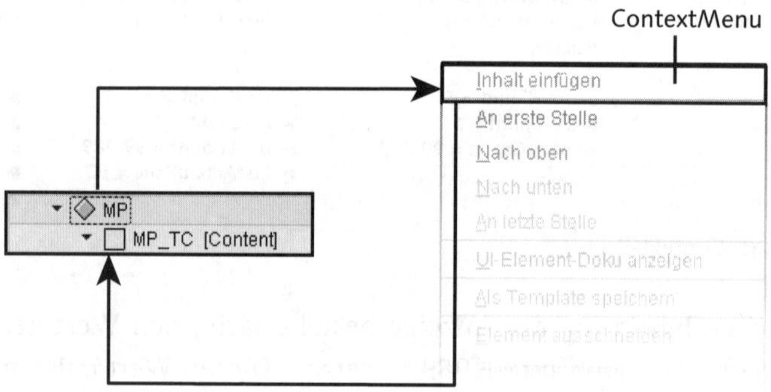

Abbildung 3.42 Aggregationen MultiPane

Beliebiges UI-Element

Wir haben eingangs erwähnt, dass die Zellen der `MultiPane` mit beliebigen UI-Elementen gestaltet werden können. Im View-Editor haben Sie jedoch nur die Möglichkeit, ein Subelement zum UI-Element `MultiPane` zu definieren. Dies stellt jedoch keine Einschränkung dar, da Sie als das eine UI-Element einen `TransparentContainer` einfügen können, dem Sie dann beliebige Elemente zuordnen können.

3.2.9 TabStrip

TabStrip mit Tabs

Das UI-Element `TabStrip` wird verwendet, um Tabs (Karteikarten) horizontal anzuordnen und anzuzeigen. Der Benutzer kann zwischen mehreren Tabs durch das Auswählen eines bestimmten Tab-Reiters (Karteireiter) wechseln.

Falls der Platz im Layout für die Anzeige der definierten Tabs nicht ausreicht, werden im UI-Element `TabStrip` rechts oben Navigationselemente angeboten, die das Anzeigen des nächsten oder vorherigen Tabs ermöglichen. Das Navigieren auf einen speziellen Tab ist über das Navigationsmenü möglich. In diesem werden die verfügbaren Tabs aufgelistet und der selektierte Tab mit einem Häkchen markiert. Die Auswahl eines Eintrags bewirkt die Anzeige und das Setzen des selektierten Tabs.

Schließen

Das Schließen von Tabs ist möglich. Dazu wird in Abhängigkeit von den Werten der Eigenschaften eines Tabs auf dem Tab-Reiter rechts oben ein kleines »x« angezeigt. Wenn der Benutzer dieses anklickt, wird das Ereignis `onClose` ausgelöst, und Sie können die Behandlung dieses Ereignisses nach Ihren Vorstellungen implementieren.

Visuelle Darstellung

Das UI-Element `TabStrip` ermöglicht die Darstellung eines Tabstrips (Registerleiste) mit `Tab`-Elementen (Kartei-/Registerkarten), wie Sie in Abbildung 3.43 sehen können.

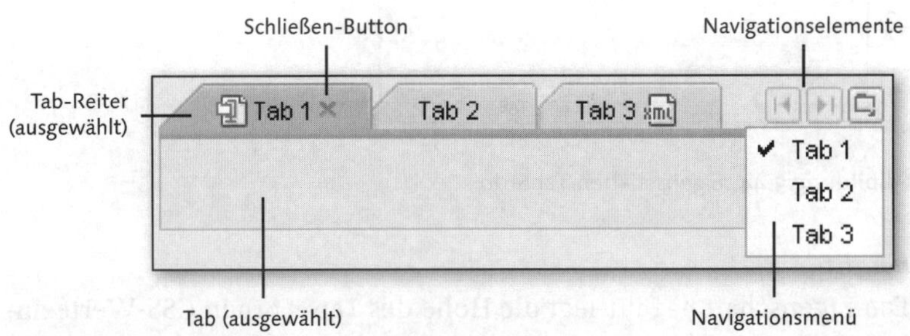

Abbildung 3.43 UI-Element »TabStrip« mit drei Tabs

Der `TabStrip` hat eine Menge von `Tab`-Elementen. Diese haben jeweils einen Tab-Reiter, auf dem ein Icon, ein Text und das Schließensymbol platziert sind. Ein `Tab` besitzt einen Inhaltsbereich, in dem UI-Elemente platziert werden können.

Eigenschaften

Die Ausprägungen zu den Eigenschaften des UI-Elementes `TabStrip` haben unterschiedliche Auswirkungen. Per se sind keine Eigenschaften des UI-Elementes vorhanden, die ein Data Binding auf den Context erzwingen. In Abbildung 3.44 zeigen wir Ihnen die Attribuierung der Eigenschaften des `TabStrip` für die Visualisierung aus Abbildung 3.43. Im Folgenden werden wir die Eigenschaften in der Reihenfolge der Callout-Ziffern besprechen.

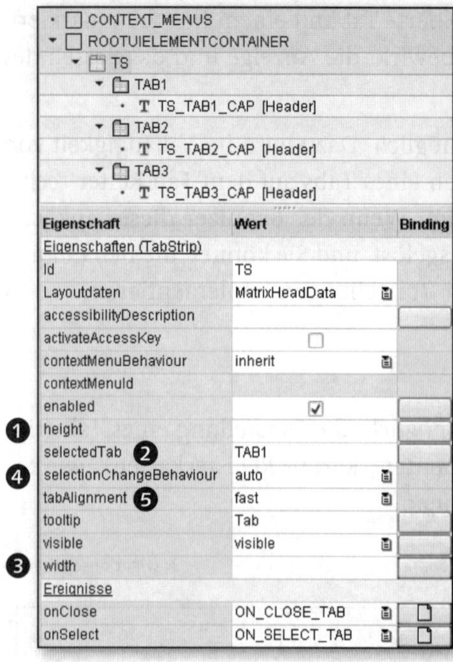

Abbildung 3.44 Eigenschaften TabStrip

height

Höhe Die Eigenschaft `height` legt die Höhe des `TabStrip` in CSS-Werteeinheiten (siehe Tabelle 3.13) fest.

selectedTab

Ausgewählter Tab Wenn im UI-Element `TabStrip` die Eigenschaft `selectedTab` nicht bewertet ist oder der in `selectedTab` angegebene `Tab` in der Eigenschaft `visible` den Wert `abap_false` hat, wird stattdessen der erste sichtbare `Tab` beim erstmaligen Anzeigen des `TabStrip` dargestellt. Für die Auswahl des selektierten Tabs ist es nötig, dass bereits Tabs zum `TabStrip` angelegt wurden.

width

Breite Die Eigenschaft `width` legt die Breite des `TabStrip` in CSS-Werteeinheiten (siehe Tabelle 3.13) fest.

selectionChangeBehaviour

Mit der Eigenschaft `selectionChangeBehaviour` haben Sie die Möglichkeit, die Eigenschaft `selectedTab` neu zu setzen.

- Falls Sie der Eigenschaft den Wert `auto` zuordnen, wird bei der Auswahl eines Tabs durch den Benutzer die Eigenschaft `selectedTab` auf die ID des ausgewählten Tabs gesetzt und das `onSelect`-Ereignis gefeuert.
- Falls Sie der Eigenschaft den Wert `manual` zuordnen, wird bei der Benutzerinteraktion der `selectedTab` nicht vom Web-Dynpro-Framework gesetzt, sondern nur das `onSelect`-Ereignis gefeuert. Somit können Sie entscheiden, ob der Tab-Wechsel erfolgen soll oder nicht. Soll der Tab-Wechsel erfolgen, muss die Anwendung die Eigenschaft `selectedTab` selbst setzen.

tabAlignment

Mithilfe der Eigenschaft `tabAlignment` können Sie die Tabs des `TabStrip` ausrichten.

- Falls Sie den Wert `exact` für die Eigenschaft verwenden, wird die Größe des `TabStrip` so ermittelt, dass die Inhalte aller `Tabs` in den `TabStrip` passen. Das bedeutet, dass beim Umschalten zwischen den einzelnen Tabs die Breite und Höhe des `TabStrip` unverändert bleibt. Die Voraussetzung für diesen Mechanismus ist, dass das Ereignis `onSelect` nicht an eine Aktion gebunden ist und damit alle Tabs auf dem Browser vorhanden sind. Unter Umständen kann durch diese Einstellung die Darstellung der Seite aufgrund der Größenberechnungen verlangsamt werden.
- Falls Sie den Wert `fast` für die Eigenschaft verwenden, entspricht die Größe des `TabStrip` der Größe des gerade selektierten `Tab`. Diese Option sollte gewählt werden, wenn die Antwortgeschwindigkeit der Anwendung relevant ist. Ein meistens unerwünschter Seiteneffekt dieser Einstellung ist es, dass beim Wechsel der Tabs der `TabStrip` nicht »stabil« ist, da er unter Umständen immer eine andere Größe besitzt. Um diesen Effekt zu beheben, können Sie die Breite des `TabStrip` auf 100 % setzen und eine ausreichend große absolute Höhe angeben.

Ereignisse

Der `TabStrip` bietet Ereignisse für das Auswählen und Schließen eines Tabs. Diese werden wir nun besprechen.

onSelect

Tab auswählen

Das UI-Element `TabStrip` bietet das Ereignis `onSelect`. Dieses Ereignis wird ausgelöst, wenn der Benutzer einen Tab anklickt oder einen Menüeintrag aus dem Navigationsmenü auswählt. Er wird nicht ausgelöst, wenn der Benutzer die Navigationselemente des `TabStrip` verwendet, um zu nicht sichtbaren Tabs zu navigieren. Es wird auch nicht ausgelöst, wenn ein Tab bereits zuvor selektiert wurde und nochmals selektiert wird. Die Parameter der potenziell zugeordneten Aktionsbehandler-Methode sind `old_tab` (die ID des zuletzt selektierten Tabs) und `tab` (die ID des angeklickten Tabs).

onClose

Tab schließen

Das Ereignis `onClose` wird ausgelöst und damit die zugeordnete Aktionsbehandler-Methode aktiviert, wenn ein Tab geschlossen wird. Das Schließen des Tabs wird über das Anklicken des kleinen »x« rechts oben im Tab-Reiter realisiert. Der Behandlermethode wird der Parameter `tab` übergeben, der die `id` des zu schließenden Tabs darstellt.

Aggregierte Elemente

In Abbildung 3.45 sehen Sie die aggregierten Elemente zum `TabStrip` und zum `Tab`, die in diesem Abschnitt besprochen werden. Im oberen Bereich erkennen Sie den Anlegezyklus für den `TabStrip` und im unteren Bereich den für den `Tab`. Des Weiteren haben wir die Kontextmenüs zu den Anlagen der aggregierten Elemente mit den relevanten Menüeinträgen in die Abbildung eingefügt.

Tab

Das UI-Element `Tab` stellt einen einzelnen Tab innerhalb eines UI-Elementes `TabStrip` dar. Der Tab besteht aus einem Tab-Reiter, einer Tab Page (Inhaltsbereich) und optional einer Toolbar (Werkzeugleiste). Die Eigenschaften, die für den Tab zur Verfügung stehen, sind in Tabelle 3.10 beschrieben.

Eigenschaft	Beschreibung
`closeable`	Diese Eigenschaft steuert, ob der Tab-Reiter geschlossen werden kann. Ist der Wert `abap_true`, erscheint ein kleines »x« auf dem Tab-Reiter, und falls der Benutzer es anklickt, wird das Ereignis `onClose` ausgelöst.

Tabelle 3.10 Eigenschaften Tab

Eigenschaft	Beschreibung
`enabled`	Diese Eigenschaft steuert, ob der Tab ausgewählt werden kann (Wert = `abap_true`) oder nicht (Wert = `abap_false`).
`hasContentPadding`	Diese Eigenschaft steuert, ob ein Abstand zwischen Rand und Inhalt des Tabs vorhanden ist oder nicht.
`visible`	Diese Eigenschaft steuert die Sichtbarkeit des Tabs.

Tabelle 3.10 Eigenschaften Tab (Forts.)

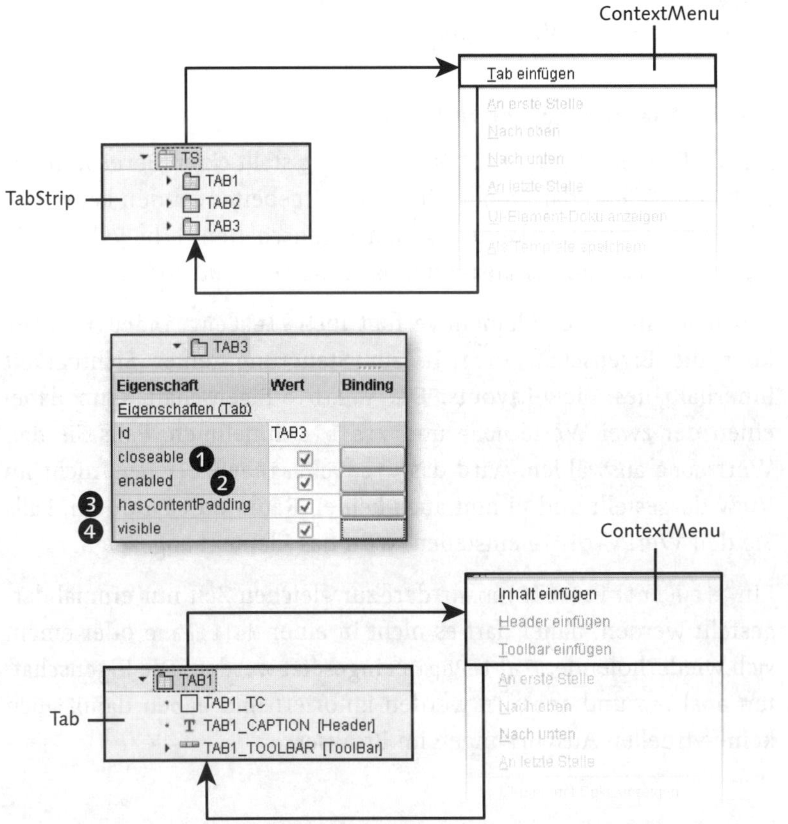

Abbildung 3.45 Aggregationen TabStrip und Tab

Zum Anzeigen des Inhalts aller Tabs wird derselbe Fensterbereich verwendet und so mit den anderen Tabs geteilt. Der Benutzer kann sich den Inhalt eines Tabs, das heißt der Tab Page, durch Auswählen des Tab-Reiters anzeigen lassen. **Tab-Anzeige**

Tab-Layout und aggregierte Elemente Die Gestaltung eines Tabs wird durch die Zuordnung von einem UI-Element zum View-Element `Tab` realisiert. `Tab`-Elemente werden zu einem `TabStrip` definiert und können nur in Kombination mit diesem angezeigt werden. Ein `Tab` besitzt ein UI-Element `Caption`, das über die Eigenschaften `text` für den Titel und `imageSource` für ein Bild verfügt. Ein `Tab` kann eine `Toolbar` (siehe Abschnitt 4.8.4) haben, die über das Kontextmenü auf dem Tab und über den Menüeintrag Toolbar einfügen gesetzt werden kann. Zudem kann das UI-Element `Tab` über ein Subelement verfügen, um den Inhalt des Tabs darzustellen. Dieses Subelement könnte zum Beispiel ein `TransparentContainer` sein, in dem eine beliebige Anzahl anderer UI-Elemente platziert werden kann, oder ein `ViewContainerUIElement`, um einen anderen View einbetten zu können.

3.2.10 ViewContainerUIElement

Einbettungsposition Das UI-Element `ViewContainerUIElement` stellt einen Bereich innerhalb eines Views dar, in den ein View eingebettet werden kann. Das UI-Element definiert keine eigenen Eigenschaften, erbt jedoch alle Eigenschaften von der abstrakten Basisklasse `CL_WD_UIELEMENT`.

Sichtbarkeit Wie jedes andere UI-Element verfügt auch `ViewContainerUIElement` über die Eigenschaft `visible` zur Steuerung seiner Sichtbarkeit innerhalb des View-Layouts. Die `visible`-Eigenschaft kann dabei einen der zwei Werte `none` und `visible` annehmen. Falls Sie den Wert `none` auswählen, wird das `ViewContainerUIElement` nicht im View dargestellt und nimmt auch keinen Raum im Layout ein. Falls Sie den Wert `visible` einstellen, wird das Element angezeigt.

Eindeutigkeit Ein `ViewContainerUIElement` darf zur gleichen Zeit nur einmal dargestellt werden, daher darf es nicht in einer `MultiPane` oder einem sich wiederholenden `TablePopin` eingesetzt werden. Die Eigenschaften `enabled` und `tooltip` werden ignoriert und haben damit auch keine visuellen Auswirkungen im Browser.

3.3 Layouts

Layouts Mithilfe von Layouts werden die Anordnungen von UI-Elementen in ihrem enthaltenden Container gesteuert. Dazu müssen Sie für jeden Container ein Layout in dessen Eigenschaften setzen bzw. das

Default-Layout `FlowLayout` verwenden. An jedem in diesem Container enthaltenen Kindelement pflegen Sie jeweils die dazu passenden Layoutdaten. Die Layoutdaten steuern die Layouteigenschaften des jeweiligen Kindelementes des Containers, zum Beispiel könnte dies die Position in einem durch das Layout definierten Koordinatensystem sein.

Wir werden uns die unterschiedlichen Layouts in der Folge detailliert ansehen. Dazu erläutern wir die grundsätzlichen Eigenschaften der Layouts. Darüber hinaus zeigen wir die Auswirkungen der Auswahl eines Layouts bezüglich der Anordnung von UI-Elementen anhand von Beispielen.

Für UI-Element-Container wird mithilfe der UI-Element-Eigenschaft `Layout` festgelegt, wie die untergeordneten UI-Elemente im Container anzuordnen sind. Dabei stehen die folgenden Layouts zur Verfügung:

- `FlowLayout`
- `RowLayout`
- `MatrixLayout`
- `GridLayout`

Layoutdaten

Jedem UI-Element im Container-UI-Element werden Layoutdaten zugeordnet. Diese Layoutdaten spezifizieren die Layouteigenschaften des UI-Elementes, wie zum Beispiel die Position im Raster, das durch das Layout definiert ist. Im folgenden Abschnitt vertiefen wir das Wissen über Layouts. Wir werden im Speziellen die Auswirkungen des Layouts auf die Anordnung von UI-Elementen diskutieren.

3.3.1 Grundlagen

Layout

Das Layout steuert die Positionierung von Elementen in ihrem enthaltenden Container. Dazu müssen Sie an jeden Container ein Objekt von Subklassen des Typs `CL_WD_LAYOUT` anfügen, wie zum Beispiel `CL_WD_MATRIX_LAYOUT` (siehe Abbildung 3.46). An jedes in diesem Container enthaltene Kindobjekt müssen Sie jeweils ein dazu passendes Objekt von Subklassen des Typs `CL_WD_LAYOUT_DATA` anfügen, zum Beispiel `CL_WD_MATRIX_DATA` oder `CL_WD_MATRIX_HEAD_DATA`. Die Zuordnung der Layoutdaten steuert die Layouteigenschaften des jeweiligen Kindes des Containers, beispielsweise könnte dies die Position in einem durch das Layout definierten Raster sein.

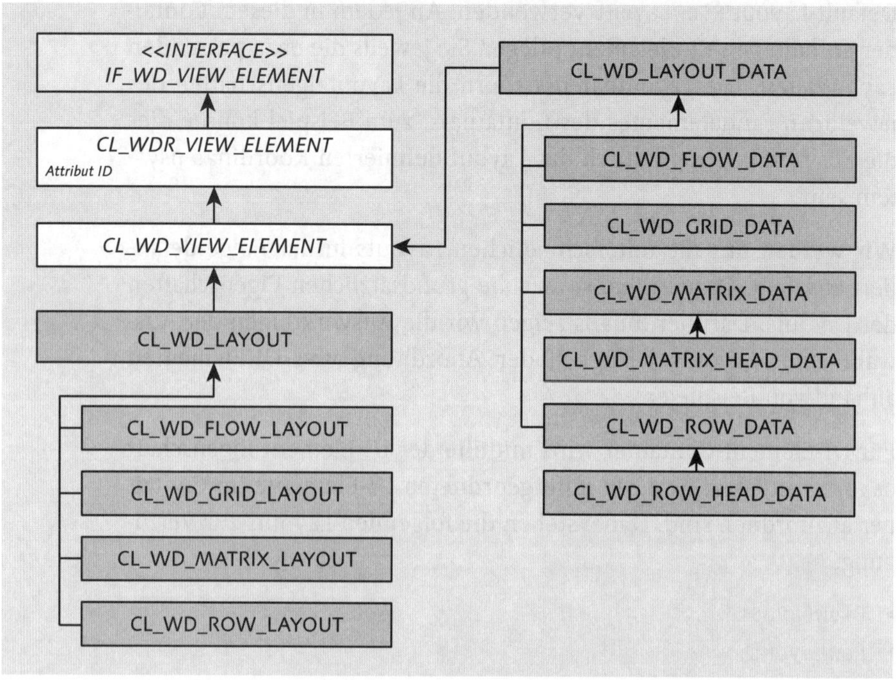

Abbildung 3.46 Layout/-daten ABAP-Klassenhierarchie

Basisklassen Die ABAP-Klassenhierarchie in Abbildung 3.46 zeigt, dass alle für das Layout relevanten Klassen von der Klasse `CL_WD_VIEW_ELEMENT` abgeleitet sind. Die Hauptvererbungszweige, die für Layouts relevant sind, werden durch die Klassen `CL_WD_LAYOUT` und `CL_WD_LAYOUT_DATA` repräsentiert. Die erste Klasse (`CL_WD_LAYOUT`) repräsentiert die Basis für die Layouts, die zu einem Container zugeordnet werden können. Die zweite Klasse (`CL_WD_LAYOUT_DATA`) ist die Vererbungsgrundlage für die Layoutdaten der Kindelemente in einem Container. Die Auswahl eines bestimmten Layouts für einen Container schränkt die Auswahlmöglichkeit der Layoutdaten für Kindelemente ein.

Layoutdaten Die Layoutdaten eines Elementes dienen unter anderem zur Steuerung der Positionierung in seinem enthaltenden Container. Sie müssen zu dem aktuellen Layout des Containers passen. `CL_WD_LAYOUT_DATA` stellt die abstrakte Basisklasse aller Layoutdaten dar, zu denen die folgenden zählen:

- `CL_WD_FLOW_DATA`
- `CL_WD_GRID_DATA`

- CL_WD_MATRIX_DATA
- CL_WD_MATRIX_HEAD_DATA
- CL_WD_ROW_DATA
- CL_WD_ROW_HEAD_DATA

Diese UI-Elemente werden dazu verwendet, Abstände zwischen einzelnen Elementen sowie zwischen Elementen und Gitterzellen festzulegen. Darüber hinaus steuern sie die horizontale und vertikale Ausrichtung der Elemente innerhalb des Rasters. Die Breite und Höhe des Elementes in der Zelle wird ebenfalls durch diese UI-Elemente beeinflusst.

3.3.2 FlowLayout

FlowLayout

Das `FlowLayout` ist das Default-Layout für Container. Alle UI-Elemente in einem Container mit `FlowLayout` werden in einer Zeile dargestellt. Ist der Bereich für die Darstellung der UI-Elemente nicht breit genug, werden UI-Elemente in der nächsten Zeile dargestellt. Der Umbruch wird während der Laufzeit eingefügt. In Abbildung 3.47 sehen Sie die Eigenschaften zum `ROOTUIELEMENTCONTAINER` bezüglich des Layouts.

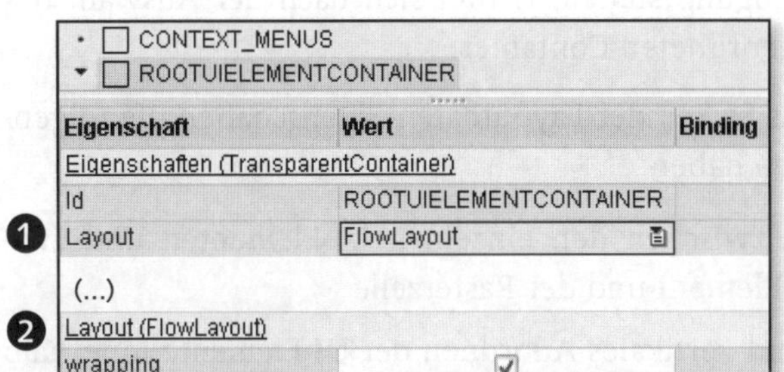

Abbildung 3.47 FlowLayout und Layout (FlowLayout)

Layout (FlowLayout)

Der Wert der Eigenschaft `Layout` ist auf `FlowLayout` gesetzt (❶). Die Eigenschaft, die für das Layout zur Verfügung steht, hat den Namen `wrapping` (❷). Die Ausprägung der Eigenschaft definiert, ob die UI-Elemente in die nächste Zeile umgebrochen werden können oder nicht. Falls die Eigenschaft den Wert `abap_false` hat – visualisiert über eine nicht gesetzte Checkbox –, werden die UI-Elemente nicht umgebrochen. Falls die Anzeigefläche zu klein ist, werden die Elemente nicht in einer Zeile angezeigt, aber es werden Blätterspalten ergänzt.

Layoutdaten (FlowData) Die Layoutdaten-Eigenschaften zu einem UI-Element werden in den Eigenschaften des UI-Elementes gesetzt. In Abbildung 3.48 sehen Sie zum Beispiel die Eigenschaften zum UI-Element `Label`.

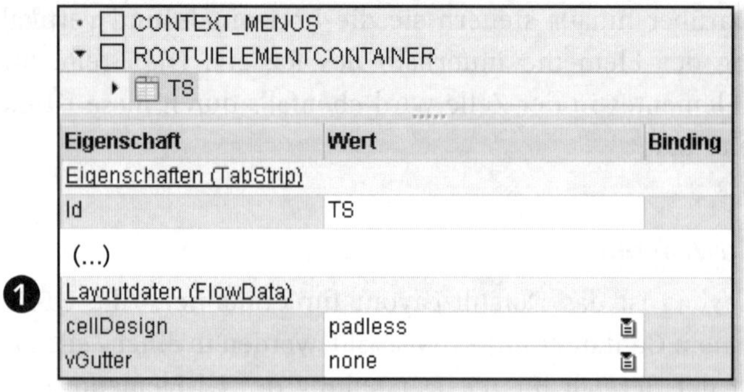

Abbildung 3.48 Eigenschaften Layoutdaten (FlowData) zu einem UI-Element

Die Eigenschaften zu den Layoutdaten, die durch das `FlowLayout` definiert werden, sind `cellDesign` und `vGutter` (1). Welche Eigenschaften zur Verfügung stehen, richtet sich nach der Auswahl des Layouts im übergeordneten Container.

Abstandhalten und Anordnen Generell kann das Setzen der Layoutdaten-Eigenschaften die folgenden Auswirkungen haben:

- Abstandhalten zwischen den einzelnen UI-Elementen und zwischen dem UI-Element und der Rasterzelle
- horizontales und vertikales Anordnen der UI-Elemente innerhalb des Rasters
- Weite und Höhe des UI-Elementes in der Rasterzelle

Eigenschaft cellDesign Die Eigenschaft `cellDesign` steuert die Abstände des UI-Elementes in einer Zelle zum Zellenrand. In Abbildung 3.49 sehen Sie die Auswirkungen der Ausprägungen `lPad`, `rPad`, `lrPad`, `lrNoPad` und `padless` auf die Abstände zum Zellenrand. l steht in einer Zelle für den Abstand des Zelleninhalts zum linken Rand, r für den Abstand zum rechten Rand, u für den Abstand zur Zellenunterkante und o für den Abstand zur Oberkante.

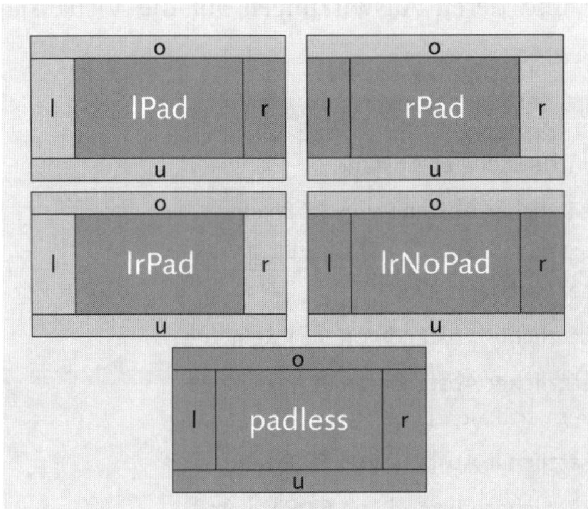

Abbildung 3.49 Ausprägungen der Eigenschaft »cellDesign«

Die Abstände sind unter anderem dafür gedacht, dass die Inhalte von aufeinanderfolgenden Zellen nicht »aneinanderkleben«. In Tabelle 3.11 werden die Ausprägungen beschrieben.

Wert	Beschreibung
`rPad`	o = u = l = 2 Pixel r = 4 Pixel
`lrNoPad`	o = u = 2 Pixel l = r = 0 Pixel
`lPad`	o = u = r = 2 Pixel l = 4 Pixel
`lrPad`	o = u = 2 Pixel r = l = 4 Pixel
`padless`	o = u = l = r = 0 Pixel

Tabelle 3.11 Werte für die Eigenschaft »cellDesign«

Eine Empfehlung im Zusammenhang mit der Eigenschaft `cellDesign` lautet, diese auf den Wert `rPad` zu setzen, um damit einen Abstand zum rechts folgenden Element zu gewährleisten.

Eigenschaft vGutter

Mithilfe der Eigenschaft `vGutter` kann ein zusätzlicher Abstand zur linken Zellkante eingefügt werden. Zusätzlich zur Abstandsdefinition kann bestimmt werden, ob zusätzlich eine vertikale Linie (Rule) gezeichnet werden soll. Tabelle 3.12 beschreibt die Werte für die

Eigenschaft `vGutter` und deren Auswirkungen auf die Visualisierung.

Wert	Beschreibung
`none`	kein zusätzlicher Abstand
`medium`	zusätzlicher Abstand von 17 Pixeln
`mediumWithRule`	zusätzlicher Abstand von 17 Pixeln mit einer vertikalen Linie
`large`	zusätzlicher Abstand von 31 Pixeln
`largeWithRule`	zusätzlicher Abstand von 31 Pixeln mit einer vertikalen Linie
`xLarge`	zusätzlicher Abstand von 63 Pixeln
`xLargeWithRule`	zusätzlicher Abstand von 63 Pixeln mit einer vertikalen Linie

Tabelle 3.12 Werte für die Eigenschaft »vGutter«

Abbildung 3.50 zeigt die Auswirkung des `FlowLayout` und die Ausprägung der Eigenschaft `wrapping` auf die UI-Element-Anordnung bei Veränderung der Breite des Browser-Fensters.

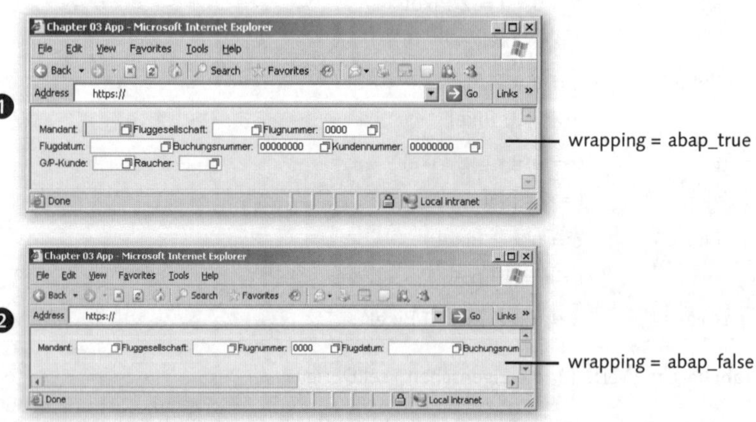

Abbildung 3.50 Auswirkung des FlowLayout auf die Anordnung der UI-Elemente

Eigenschaft wrapping

Falls die Breite des Browser-Fensters groß genug ist, werden alle Elemente in einer Zeile angeordnet. Der Wert der Eigenschaft `wrapping` steuert die Anordnung der Elemente, wenn der Benutzer die Breite des Browser-Fensters so verändert, dass nicht genügend Platz für alle UI-Elemente in einer Zeile zur Verfügung steht.

Ist die Eigenschaft `wrapping` auf den Wert `abap_true` (selektierte Checkbox) gesetzt (❶), werden die Elemente, die nicht genügend Platz in der Zeile vorfinden, in der nächsten Zeile dargestellt. Ist die Eigenschaft `wrapping` auf den Wert `abap_false` (nicht selektierte Checkbox) gesetzt (❷), werden die Elemente in einer Zeile dargestellt, wobei Blätterleisten angeboten werden, um zu den nicht sichtbaren UI-Elementen zu blättern.

3.3.3 RowLayout

RowData und RowHeadData

Wird dem Container das `RowLayout` zugeordnet, stehen im Gegensatz zum `FlowLayout` keine Eigenschaften für das Layout im Container zur Verfügung. Die dem Container untergeordneten UI-Elemente »erben« die Eigenschaft Layoutdaten. Diese kann den Wert `RowHeadData` und `RowData` annehmen:

- `RowHeadData` sorgt für das Anordnen dieses Elementes in einer neuen Zeile im Browser-Fenster und bietet Eigenschaften für die Werteausprägung der Layoutdaten an.
- `RowData` hängt das UI-Element in der derzeit gültigen Zeile an, stellt aber keine Eigenschaften für die Layoutdaten zur Verfügung.

Reicht die Breite des Browser-Fensters für die Visualisierung eines UI-Elementes nicht aus, wird dieses in die nächste Zeile verschoben. Diese Anordnung kann auch als Flattersatz bezeichnet werden, da keine Ausrichtung der UI-Elemente in Spalten durchgeführt wird, wie zum Beispiel im Fall des `MatrixLayout`.

Abbildung 3.51 Eigenschaften Layoutdaten (RowHeadData) für ein UI-Element

Layoutdaten-Eigenschaften

Falls einem UI-Element für die Layoutdaten-Eigenschaften der Wert `RowHeadData` zugeordnet wird, wie Sie es in Abbildung 3.51 sehen können (❶), stehen die Eigenschaften `hAlign`, `rowBackgroundDesign`, `rowDesign` und `vGutter` für die Layoutdaten zur Verfügung (❷).

Eigenschaften hAlign, rowBackgroundDesign und rowDesign

Diese Eigenschaften haben die folgenden Bedeutungen (`vGutter` wurde bereits diskutiert und wird daher ausgelassen):

- `hAlign`, um die horizontale Anordnung der UI-Elemente durchzuführen, die zu dieser Zeile gehören
- `rowBackgroundDesign`, um den farblichen Hintergrund für alle Zellen dieser Zeile zu setzen
- `rowDesign`, um die Abstände des Zelleninhalts zum Zellenrand zu definieren

In Abbildung 3.52 sehen Sie ein Beispiel für die Anordnungsveränderung im Fall des `RowLayout` nach einer Änderung der Breite des Browser-Fensters (❶).

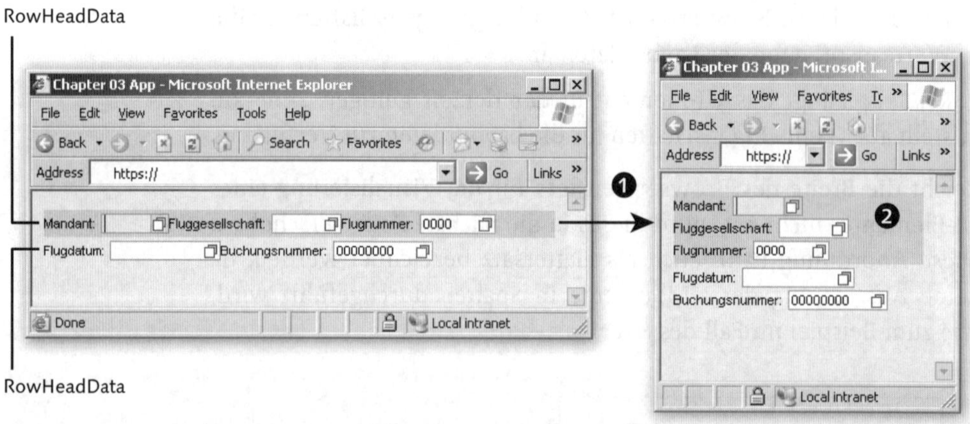

Abbildung 3.52 Auswirkung des RowLayout auf die Anordnung der UI-Elemente

Beschreibung

Die UI-Elemente sind zeilenweise orientiert. Zwei UI-Elemente haben die Layoutdaten-Eigenschaft mit dem Wert `RowHeadData` (`Mandant`, `Flugdatum`) und leiten damit eine neue Zeile ein. Für das UI-Element zum MANDANT haben wir die Eigenschaft `rowBackgroundDesign` auf den Wert `border` gesetzt und damit den Hintergrund der Zeile eingefärbt. Die restlichen UI-Elemente haben für die Layoutdaten den Wert `RowData` gesetzt. Ist die Breite des Browser-Fensters nicht ausreichend, werden die UI-Elemente in die nächste Zeile verschoben (❷).

3.3.4 MatrixLayout

Tabellenartige Anordnung

Das `MatrixLayout` richtet die UI-Elemente in einer tabellenartigen Anordnung im Layout ein. Einem Container kann das Layout `MatrixLayout` zugeordnet werden, wie zum Beispiel dem `ROOTUIELEMENTCONTAINER` in Abbildung 3.53 (❶).

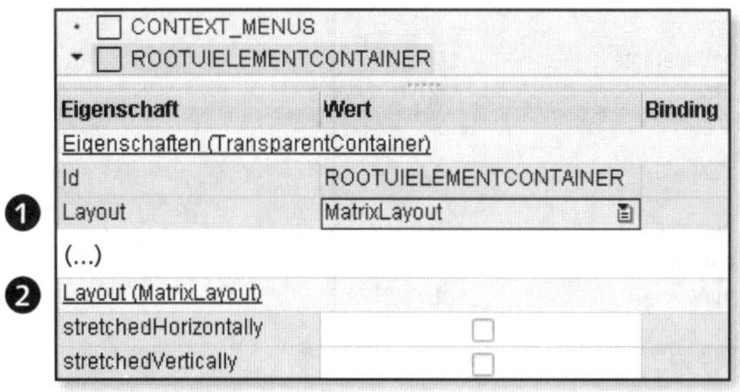

Abbildung 3.53 Layouteigenschaften von MatrixLayout

Eigenschaften stretchedHorizontally und stretchedVertically

Für das `MatrixLayout` stehen die folgenden Eigenschaften für das Layout zur Verfügung (❷):

- `stretchedHorizontally` können Sie verwenden, um die UI-Elemente gleichmäßig horizontal über die Breite des Containers zu verteilen. Falls die Breite des Containers durch den Inhalt bestimmt wird, ist diese Option zu deaktivieren.
- `strechedVertically` können Sie verwenden, um die UI-Elemente gleichmäßig vertikal über die Höhe des Containers zu verteilen. Falls die Höhe des Containers durch den Inhalt bestimmt wird, ist diese Option zu deaktivieren.

MatrixData und MatrixHeadData

Die dem Container untergeordneten UI-Elemente erben die Layoutdaten. Diese Eigenschaft kann den Wert `MatrixHeadData` und `MatrixData` annehmen, wie Sie in Abbildung 3.54 beispielhaft sehen können.

Auswirkungen

Das Setzen des Wertes `MatrixHeadData` in der Layoutdaten-Eigenschaft bewirkt einen Zeilenumbruch (❶). So wie bei `RowData` veranlasst der Wert `MatrixData`, dass das Element in derselben Zeile wie das vorherige UI-Element, aber in einer neuen Spalte platziert wird. Wenn der rechte Rand der darstellbaren Fläche erreicht ist, wird das UI-Element trotzdem platziert.

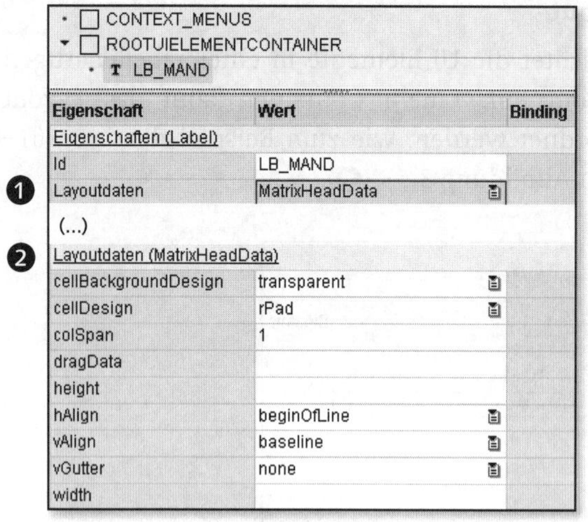

Abbildung 3.54 Eigenschaften der Layoutdaten (MatrixHeadData) zu einem UI-Element

Layoutdaten-Eigenschaften

Die Anzahl der Spalten ist von vornherein nicht festgelegt, sondern ergibt sich aufgrund der maximalen Anzahl von UI-Elementen in einer Zeile innerhalb des übergeordneten Containers. Daraus ergibt sich auch, dass die Anzahl der UI-Elemente pro Zeile variieren kann. Sollte ein UI-Element über mehrere Spalten reichen, wie zum Beispiel eine Überschrift, kann dies über die Eigenschaft `colSpan` festgelegt werden. Die Eigenschaften für `MatrixData` und `MatrixHeadData` sind identisch bis auf die Eigenschaft `dragData`, die nur für `MatrixHeadData` zur Verfügung steht. In der folgenden Aufzählung finden Sie die Eigenschaften und Erläuterungen zu den Layoutdaten (❷):

- `cellBackgroundDesign`, um den farblichen Hintergrund für alle Zellen dieser Zeile zu setzen
- `cellDesign`, um die Abstände des Zelleninhalts zum Zellenrand zu definieren
- `colSpan`, um die Anzahl der Spalten zu definieren, die ein UI-Element im `MatrixLayout` einnimmt; dies könnte zum Beispiel verwendet werden, um eine Überschrift über mehrere Spalten zu platzieren
- `dragData`, um die Zelle in einer Drag-&-Drop-Operation zu verwenden (siehe auch Kapitel 5, »Drag & Drop für UI-Elemente«)
- `height`, um die Höhe einer Zelle in CSS-Maßeinheiten (Cascading Stylesheets) zu definieren (siehe auch Tabelle 3.13)

- `hAlign`, um die horizontale Anordnung des UI-Elementes in der Zelle durchzuführen
- `vAlign`, um die vertikale Anordnung der UI-Elemente in der Zelle durchzuführen
- `vGutter`, um zusätzliche Abstände zum linken Zellenrand einzufügen, mit oder ohne vertikalem Trennstrich
- `width`, um die Breite einer Zelle in CSS-Maßeinheiten zu definieren

Maßeinheit	Art	Beschreibung
`em`	relativ	Die Größe wird mit Bezug auf die Größe der verwendeten Schriftart gesetzt.
`ex`	relativ	Die Größe wird mit Bezug auf die Höhe des Kleinbuchstabens »x« in diesem Element gesetzt. Dies ist zum Beispiel einsetzbar für die Breite von Tabellenspalten.
`px`	absolut	Die Angabe erfolgt in absoluten Pixelwerten. Probleme können auftreten, falls die Größe der Schrift verändert wird.
`%`	relativ	Die Größe wird als Prozentwert mit Bezug auf das Elternelement angegeben, wobei zu beachten ist, dass Prozentwerte im Allgemeinen nicht für Höhenwerte funktionieren.
`%`	relativ	Achtung: Die Prozentwerte funktionieren nicht korrekt für `ScrollContainer` und `TransparentContainer` mit `scrollingMode <> none`.

Tabelle 3.13 CSS-Maßeinheiten

In Abbildung 3.55 sehen Sie die Verwendung der Layoutdaten-Eigenschaften `cellBackgroundDesign`, `width` und `height`.

Auswirkungen

Als Hintergrundfarbe wurde der Wert `border` der Layoutdaten-Eigenschaft `cellBackgroundDesign` verwendet (❶), dadurch färbt sich der Hintergrund grau. Die Höhe der Zelle wurde mit der CSS-Maßeinheit »10ex« gesetzt (❷) und ist somit relativ zu der Höhe des Kleinbuchstabens »x« der Schriftart in diesem Element. Wird die Größe der Schrift verändert, wird auch die Höhe der Zelle angepasst. Für die Breite der Zelle, das heißt die Layoutdaten-Eigenschaft `width` (❸), wurde die Breite mit »100px« angegeben. Dieses absolute Maß sorgt dafür, dass die Breite sich nach der Veränderung des Zelleninhalts nicht anpasst.

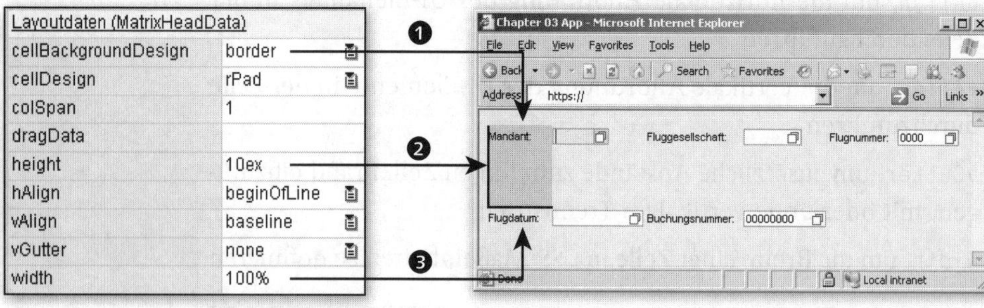

Abbildung 3.55 Verwendung der Layoutdaten-Eigenschaften im MatrixLayout und deren Auswirkungen

3.3.5 GridLayout

Tabellenartige Anordnung

Das `GridLayout` richtet die UI-Elemente in einer tabellenartigen Anordnung im Layout ein. Einem Container kann das Layout `GridLayout` zugeordnet werden, wie zum Beispiel dem `ROOTUIELEMENTCONTAINER` in Abbildung 3.56 (❶).

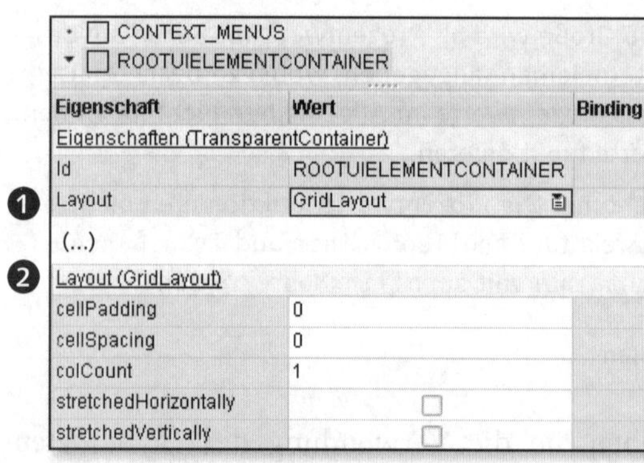

Abbildung 3.56 Layouteigenschaften von GridLayout

GridLayout-Eigenschaften

Beim `GridLayout` stehen die folgenden Eigenschaften im Layout zur Verfügung (❷) (wir besprechen wieder nur die neuen Eigenschaften):

- `cellPadding`, um den Abstand des Zelleninhalts zur Zelle zu definieren, der dann für alle Elemente des `GridLayout` gilt (siehe Abbildung 3.57, ❷)
- `cellSpacing`, um den Abstand zwischen den Zellen zu definieren, der dann für alle Zellen des `GridLayout` gilt (❶)
- `colCount`, um die Anzahl der Spalten im `GridLayout` festzulegen

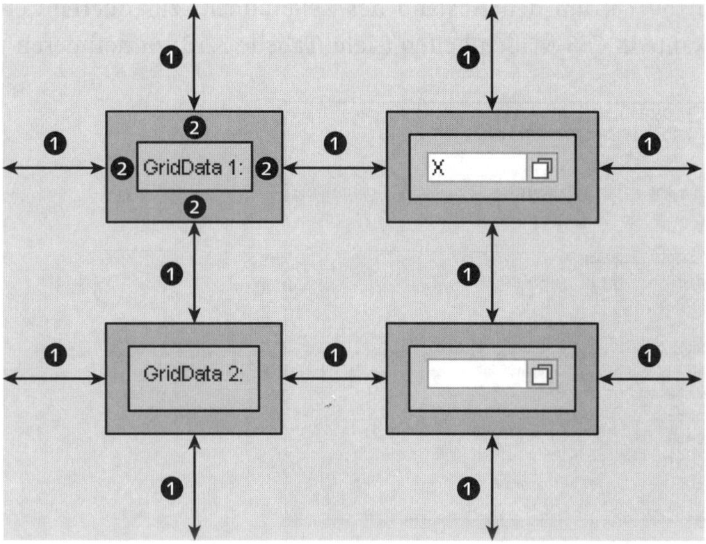

Abbildung 3.57 Wirkungsbereiche von cellPadding und cellSpacing

Keine Layoutdaten

Im Gegensatz zu anderen Layouts existieren die Layoutdaten-Eigenschaften nicht für die zum Container zugeordneten Elemente. Somit existiert auch nicht die Möglichkeit, zu bestimmen, ob ein Element eine neue Zeile beginnt oder in der Zeile angezeigt wird.

Zeilendefinition

Wenn alle Zellen einer Zeile gefüllt sind, beginnt eine neue Zeile. Sobald ein Element entfernt wird, wird die Zuordnung der Elemente zu den Zellen neu berechnet. Dadurch kann es zu Verschiebungen der Elemente kommen. Soll ein Element entfernt werden, kann es durch ein UI-Element `InvisibleElement` ersetzt werden.

Eine Empfehlung lautet, dass das `GridLayout` für identisch aufgebaute Zeilen, die komplett eingefügt oder gelöscht werden, eingesetzt werden sollte. In Abbildung 3.58 sehen Sie die Eigenschaften der `Layoutdaten(GridData)` zu einem UI-Element (❶).

GridLayout – Layoutdaten-Eigenschaften

Die Eigenschaften zu den Layoutdaten sind (wir besprechen wieder nur die neuen Eigenschaften):

- `paddingBottom`, um den Abstand des Zelleninhalts zur unteren Zellenkante in CSS-Maßeinheiten (siehe Tabelle 3.13) zu definieren
- `paddingLeft`, um den Abstand des Zelleninhalts zur linken Zellenkante in CSS-Maßeinheiten (siehe Tabelle 3.13) zu definieren
- `paddingRight`, um den Abstand des Zelleninhalts zur rechten Zellenkante in CSS-Maßeinheiten (siehe Tabelle 3.13) zu definieren

- `paddingTop`, um den Abstand des Zelleninhalts zur oberen Zellenkante in CSS-Maßeinheiten (siehe Tabelle 3.13) zu definieren

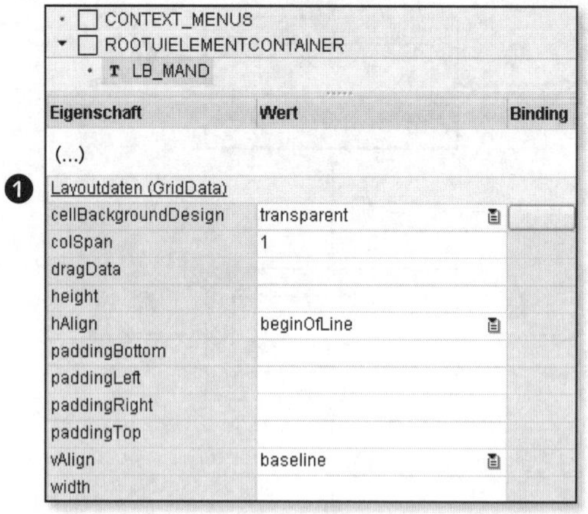

Abbildung 3.58 Eigenschaften der Layoutdaten (GridData) zu einem UI-Element

In Abbildung 3.59 sehen Sie die Verwendung der Layoutdaten-Eigenschaften `cellPadding`, `cellSpacing` und `colCount`.

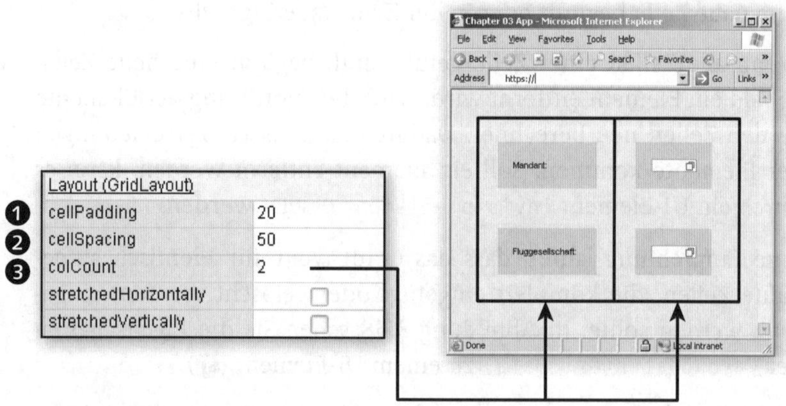

Abbildung 3.59 Verwendung der Layouteigenschaften im GridLayout

cellPadding und cellSpacing

Der Abstand zwischen den Zellen wird über die Layouteigenschaft `cellPadding` mit dem Wert 20 belegt (❶). Diese Einstellung sorgt dafür, dass um jedes angezeigte UI-Element ein Rand von 20 Pixeln definiert wird. Die Layouteigenschaft `cellSpacing` hat den Wert 50 (❷) und sorgt für den Abstand zwischen allen Zellen. Die Eigenschaft `colCount` hat den Wert 2 und legt damit fest, dass die Elemente in zwei Spalten angeordnet werden.

Die UI-Elemente sind die essenziellen Zutaten für die Visualisierung Ihrer Web-Dynpro-Anwendung. Die Usability und Eleganz Ihres Meisterwerks steht und fällt mit der Kenntnis der Möglichkeiten, die Ihnen die UI-Elemente anbieten. In diesem Kapitel stellen wir Ihnen alle UI-Kategorien mit ihren UI-Elementen vor.

4 UI-Elemente und ihre Eigenschaften

Die von Web Dynpro zur Verfügung gestellten UI-Elemente dienen dazu, das User Interface zu gestalten. Dabei können Sie unterschiedlichste Oberflächenelemente in einem View zusammenstellen, um Ihren Anwendern die Erfüllung ihrer betriebswirtschaftlichen Aufgabenstellungen zu ermöglichen. Die Darstellungs- und Funktionsunterschiede der verwendeten UI-Elemente können dabei natürlich stark schwanken. **Motivation**

In diesem Abschnitt stellen wir Ihnen zu diesem Zweck nahezu alle UI-Elemente vor, die Web Dynpro ABAP bietet – die UI-Elemente `DropDownByIndex`, `DropDownByKey`, `RadioButton`, `RadioButton-GroupByIndex`, `RadioButtonGroupByKey`, `CheckBox`, `CheckBoxGroup`, `ItemListBox`, `TriStateCheckBox` werden in Kapitel 8, »Eingabe- und semantische Hilfen«, und `FlashIsland`, `SilverlightIsland` sowie `Table` in Kapitel 10, »Integration komplexer UI-Elemente und Components«, dargestellt. Zudem liefern wir Ihnen greifbare und kompakte Beispiele, um deren schnellen Einsatz in der Praxis zu ermöglichen. Wir gehen bei der Besprechung der Elemente nach den UI-Kategorien im View-Editor vor, das heißt: `text`, `action`, `selection`, `complex`, `layout`, `graphic` und `integration`.

Es gibt Eigenschaften, die für alle UI-Elemente gelten. Welche Bedeutung diese Eigenschaften für die Gestaltung des User Interface haben, werden wir Ihnen im Folgenden näher erläutern; auf eine wiederholte Besprechung dieser Eigenschaften werden wir bei den spezifischen UI-Elementen im Rest dieses Kapitels verzichten. **Klassenhierarchie**

Eindeutige Kennung

- `ID`

  Die `ID` ist die eindeutige Kennung eines UI-Elementes im Kontext eines Views. Das bedeutet, dass Sie eine `ID` für ein UI-Element auf einem View nur einmal vergeben können.

Kontextmenü

- `contextMenuBehaviour`

  Die Eigenschaft `contextMenuBehaviour` dient der Zuordnung des Kontextmenüs. In Tabelle 4.1 sehen Sie die möglichen Ausprägungen, die die Eigenschaft annehmen kann. Die Verwendung der unterschiedlichen Ausprägungen der Eigenschaft wird in Abschnitt 11.2, »Kontextmenüs«, erläutert.

Wert	Beschreibung
`inherit`	Das UI-Element erbt das statische Kontextmenü von seinem Eltern-UI-Element.
`provide`	Das Kontextmenü aus der Eigenschaft `contextMenuId` wird verwendet.
`suppress`	Es wird kein statisches Kontextmenü erzeugt.

Tabelle 4.1 Ausprägungen der Eigenschaft »contextMenuBehaviour«

- `contextMenuId`

  Die Eigenschaft `contextMenuId` dient der Zuordnung der ID des statisch definierten Kontextmenüs (siehe auch Abschnitt 11.2, »Kontextmenüs«).

Interaktionsbereit

- `enabled`

  Die Eigenschaft `enabled` steuert die Eingabebereitschaft und das Systemverhalten hinsichtlich der Auslösung von Ereignissen. Ist der Wert auf `abap_false` gesetzt (Checkbox im View-Editor nicht gesetzt), wird die Eingabe bzw. das Auslösen von Ereignissen durch Benutzeraktionen unterbunden.

  Die Eigenschaft ist vererbungsrelevant, das bedeutet, dass bei hierarchisch organisierten (aggregierenden) UI-Elementen (zum Beispiel ein `InputField` in einem `Tray`) der Wert der Eigenschaft vom Oberelement an die Unterelemente weitergereicht wird. Falls der Wert `abap_false` gesetzt wurde, haben auch alle Unterelemente den Wert `abap_false`.

  Bei `InteractiveForms` legt die Eigenschaft fest, ob es sich um ein interaktives (`abap_true`) oder kein interaktives (`abap_false`) Formular handelt.

- `tooltip`
  Ein Tooltip ist ein Text, der erscheint, wenn der Benutzer mit dem Mauszeiger über das UI-Element fährt. Der Text wird in Form einer Quick-Info dargestellt. Die Eigenschaft `tooltip` hat daher eine besondere Bedeutung für die barrierefreie Programmierung, da dieser Text von Screenreadern für die Ausgabe herangezogen wird.

Quick-Info

- `visible`
  Die Eigenschaft `visible` steuert die Sichtbarkeit des UI-Elementes. Falls das UI-Element als unsichtbar attribuiert wird (Wert = `none`), wird kein Platz für dieses Element im View reserviert. Dies führt unter Umständen zu einer neuen Anordnung der UI-Elemente, die Sie überarbeiten müssen. Falls Sie die Eigenschaft an ein Context-Attribut binden möchten, können Sie das Datenelement `WDUI_VISIBILITY` zur Typisierung verwenden.

Sichtbarkeit

In Abbildung 4.1 sehen Sie als Ausschnitt der gesamten ABAP-Klassenhierarchie der UI-Elemente die Klassenhierarchie für die in diesem Kapitel besprochenen UI-Elemente. Wie in Kapitel 7, »Dynamische Programmierung«, detailliert gezeigt wird, sind alle UI-Elemente während der Laufzeit durch ABAP-Klassen repräsentiert. Der Name der Klasse wird im Allgemeinen durch `CL_WD_<Name des UI-Elementes>` gebildet.

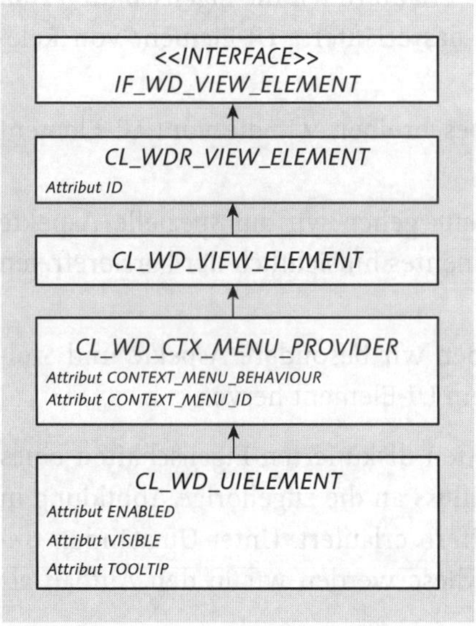

Abbildung 4.1 Klassenhierarchie der UI-Elemente bis CL_WD_UIELEMENT

Basisklassen

Die Klassen werden als Basisklassen bezeichnet, die nicht direkt über UI-Elemente visualisiert werden. Die Klassen, die in den folgenden Abschnitten erläutert werden, erben von diesen Basisklassen und können mithilfe des View-Editors oder der dynamischen Programmierung instanziert werden.

Wie Sie in der Abbildung sehen können, wird in der höchsten Klasse CL_WDR_VIEW_ELEMENT, die das Interface IF_WD_VIEW_ELEMENT realisiert, das Attribut ID definiert. Damit steht diese Eigenschaft allen Unterklassen zur Verfügung. Die Klasse CL_WD_CTX_MENU_PROVIDER steuert die Attribute CONTEXT_MENU_BEHAVIOUR und CONTEXT_MENU_ID bei. Die Klasse CL_WD_UIELEMENT leistet auch einen wichtigen Beitrag, nämlich die Attribute ENABLED, VISIBLE und TOOLTIP.

Ausgewählte Attribute der dargestellten Klassen werden im View-Editor zu den Eigenschaften der UI-Elemente, das heißt, Ihnen steht zum Beispiel für jedes UI-Element die Eigenschaft ID im View-Editor für die Pflege zur Verfügung.

In der nun folgenden Besprechung von einzelnen UI-Elementen nach den Kategorien verwenden wir so weit als möglich immer den gleichen strukturellen Aufbau:

- Im Abschnitt »Visuelle Darstellung« zeigen wir Ihnen ein Beispiel für die Darstellung des UI-Elementes auf der Benutzeroberfläche.
- Im Abschnitt »Eigenschaften« erläutern wir die Eigenschaften zum UI-Element, die speziell für das erläuterte UI-Element von Relevanz sind.
- Im Abschnitt »Ereignisse« beschreiben wir die vom UI-Element angebotenen Ereignisse.
- Im Abschnitt »Barrierefreiheit« gehen wir auf spezielle Aspekte der Verwendung des UI-Elementes hinsichtlich der barrierefreien Implementierung ein.
- Im Abschnitt »Achtung« heben wir besondere Aspekte und Stolpersteine im Umgang mit dem UI-Element hervor.

Die in den jeweiligen Abschnitten diskutierten Eigenschaften eines UI-Elementes werden im Anschluss an die zugehörige Abbildung in der Reihenfolge der Callout-Ziffern erläutert. Unter Umständen treten aggregierte Elemente auf, diese werden wir in den Aufbau als eigenen Punkt integrieren.

4.1 Kategorie »text«

Die Kategorie `text` beinhaltet die UI-Elemente, die primär mit dem Editieren und der Ausgabe von Texten zu tun haben.

4.1.1 Allgemeines

Klassenhierarchie

In Abbildung 4.2 sehen Sie als Ausschnitt der gesamten ABAP-Klassenhierarchie der UI-Elemente die Klassenhierarchie für die in diesem Abschnitt besprochenen UI-Elemente.

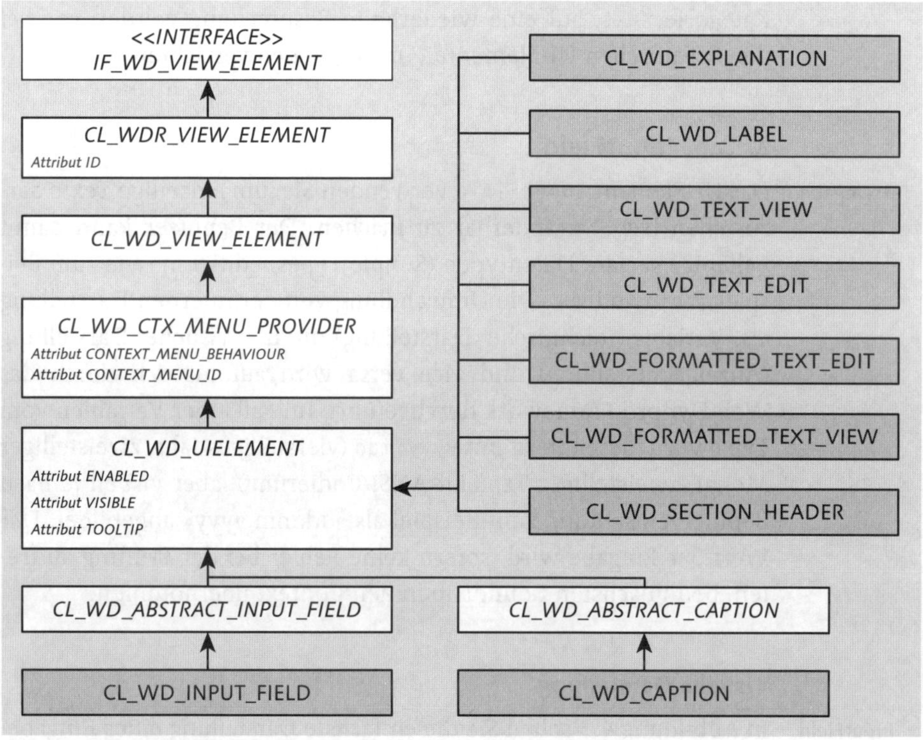

Abbildung 4.2 Klassenhierarchie der UI-Elemente aus der text-Kategorie

Wie in Kapitel 7, »Dynamische Programmierung«, detailliert gezeigt wird, sind alle UI-Elemente während der Laufzeit durch ABAP-Klassen repräsentiert. Der Name der Klasse wird im Allgemeinen durch `CL_WD_<Name des UI-Elementes>` gebildet.

Basisklassen

Die Klassen, die mit hellem Hintergrund dargestellt sind, werden als Basisklassen bezeichnet, die nicht direkt über UI-Elemente visualisiert werden. Die Klassen, die grau hinterlegt sind, sind die Klassen, die die UI-Elemente implementieren, die Sie im View-Editor einfügen können.

Wie Sie in der Abbildung sehen können, wird in der höchsten Klasse `CL_WDR_VIEW_ELEMENT` das Attribut `ID` definiert. Damit steht diese Eigenschaft allen Unterklassen zur Verfügung. Die Klasse `CL_WD_CTX_MENU_PROVIDER` steuert die Attribute `CONTEXT_MENU_BEHAVIOUR` und `CONTEXT_MENU_ID` bei. Die Klasse `CL_WD_UIELEMENT` leistet auch einen wichtigen Beitrag, nämlich die Attribute `ENABLED`, `VISIBLE` und `TOOLTIP`. Diese Eigenschaften gelten für alle UI-Elemente aus der Kategorie `text`, auf eine wiederholte Besprechung werden wir bei den spezifischen UI-Elementen im Folgenden verzichten.

4.1.2 InputField

Texteingabe

Das UI-Element `InputField` verwenden Sie, um einzeilige Texte darzustellen bzw. veränderbar zu machen. Der Benutzer kann damit beliebige skalare Datentypen (Simple Types) editieren, wie zum Beispiel `string` oder `d`. Die Umwandlung von der internen Darstellung als Variable (technische Darstellung) in die visuelle Darstellung (Anzeigedarstellung) und vice versa wird automatisch durch das Web-Dynpro-Framework durchgeführt. Im Fall einer Variablen vom Typ `d` wird diese intern mit `yyyymmdd` (vierstelliges Jahr, zweistelliger Monat, zweistelliger Tag laut ANSI-Codierung), aber visuell je nach Benutzereinstellung zum Beispiel als »dd.mm.yyyy« abgebildet. Der Wert der Eingabe wird, sofern keine Fehler bei der Prüfung auftreten, beim nächsten Roundtrip in den Context übernommen.

Visuelle Darstellung

InputField und Label

In Abbildung 4.3 sehen Sie die einfachste Darstellung eines Eingabefeldes. Der Benutzer hat in diesem Beispiel bereits Zeichen eingegeben (»My Input«), und der Cursor befindet sich am Ende der Eingabe. Der im Eingabefeld gesetzte Fokus wird durch farbliches Hervorheben (gelb) angezeigt. Zusätzlich haben wir vor dem `InputField` ein UI-Element `Label` eingefügt, das ein eigenständiges UI-Element ist und in Abschnitt 4.1.3 detailliert beschrieben wird.

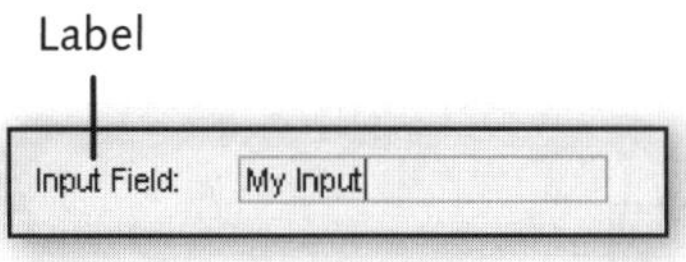

Abbildung 4.3 Eingabefeld (UI-Element »InputField«) mit Label

Eigenschaften

In Abbildung 4.4 sehen Sie die Eigenschaften, die in diesem Abschnitt besprochen werden. Die nicht explizit diskutierten Eigenschaften finden Sie in der Einleitung zu diesem Kapitel.

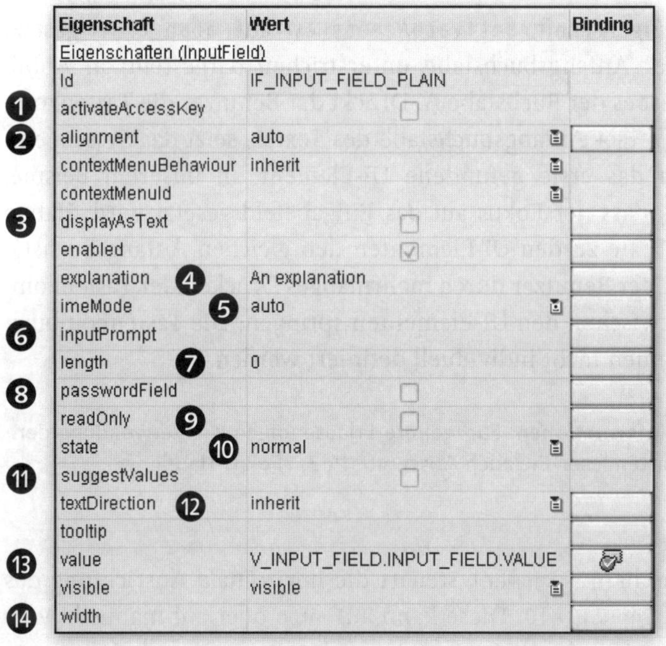

Abbildung 4.4 Eigenschaften InputField

activateAccessKey

Zugangstasten

Die Eigenschaft `activateAccessKey` dient der Aktivierung von Zugangstasten. Diese erlauben es dem Benutzer durch Tastenkombinationen ([Alt] + Anfangsbuchstabe des Textes eines UI-Elementes, außer [Alt] + [D]), den Fokus auf ein UI-Element zu setzen. Funktionen, die möglicherweise mit dem UI-Element verknüpft sind, werden dabei nicht ausgelöst. In Abbildung 4.5 sehen Sie die Verwendung der Zugangstasten.

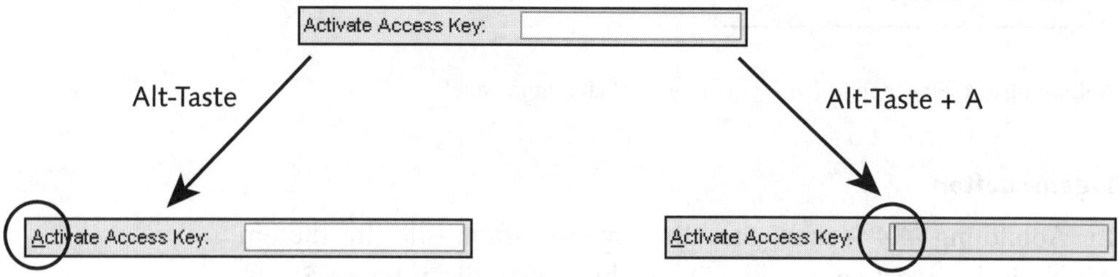

Abbildung 4.5 Verwendung der Zugangstasten

Alt-Taste Drückt der Benutzer die [Alt]-Taste, wird bei allen UI-Elementen, für die die Eigenschaft `activateAccessKey` auf `abap_true` gesetzt wurde, der Anfangsbuchstabe unterstrichen dargestellt; in Abbildung 4.5 ist es der Buchstabe A. Drückt der Benutzer die Tastenkombination [Alt] + Anfangsbuchstabe des Textes, setzt das System den Fokus auf das erste gefundene UI-Element. In unserem Beispiel sehen Sie, dass der Fokus auf das Eingabefeld gesetzt wird. Haben mehrere Texte zu den UI-Elementen den gleichen Anfangsbuchstaben, kann der Benutzer durch mehrmaliges Drücken der Tastenkombination zwischen den UI-Elementen springen. Die Tastenkombinationen können nicht individuell definiert werden.

[◉] **Weitere Informationen**: Für weitere Erläuterungen zur Verwendung der Zugangstasten lesen Sie auch Abschnitt 11.3, »Fokus-Handling«.

alignment

Ausrichtung des Textes Die Eigenschaft `alignment` steuert die horizontale Ausrichtung des Textes im `InputField`. Diese kann auf `auto` oder auf manuelle Vorgabe gesetzt werden, wie zum Beispiel `forcedLeft` oder `beginOfLine`. Zusätzlich ist die Ausprägung der Eigenschaft `textDirection` zu beachten, die im noch folgenden Abschnitt »textDirection« im Detail beschrieben wird. Dies ist zum Beispiel dann relevant, wenn `textDirection` den Wert `rtl` bekommt und `alignment` den Wert `forcedLeft` trägt. In diesem Fall wird der Text von rechts nach links, aber linksbündig dargestellt.

In Tabelle 4.2 sehen Sie alle möglichen Ausprägungen, die die Eigenschaft `alignment` annehmen kann.

Wert	Beschreibung
`auto`	Der Textinhalt wird automatisch ausgerichtet, zum Beispiel basierend auf dem Datentyp des darzustellenden Wertes.
`center`	Der Textinhalt wird zentriert ausgerichtet.
`forcedLeft`	Der Textinhalt wird immer links dargestellt.
`endOfLine`	Der Text wird immer am Ende der Zeile unter Berücksichtigung der Eigenschaft `textDirection` dargestellt.
`forcedRight`	Der Textinhalt wird immer rechts dargestellt.
`beginOfLine`	Der Text wird immer am Anfang der Zeile unter Berücksichtigung der Eigenschaft `textDirection` dargestellt.

Tabelle 4.2 Ausprägungen der Eigenschaft »alignment«

displayAsText

Falls Sie die Eigenschaft `displayAsText` auf `abap_true` setzen, erscheint das Eingabefeld wie ein reines Textfeld (siehe Abbildung 4.6). Dabei gibt es die folgenden Darstellungszustände:

- Besitzt das Feld keinen Fokus und wird auch nicht die Maus über das Feld bewegt, wird der Inhalt des Eingabefeldes als reiner Text dargestellt (❶).
- Bewegt der Benutzer die Maus über dieses Feld, erscheint dieses hervorgehoben (❷).
- Durch das Klicken mit der Maus kann der Benutzer wie gewohnt Angaben im Eingabefeld eintragen (❸).
- Wechselt in weiterer Folge der Benutzer erneut den Fokus, erscheint das Eingabefeld wieder als reines Textfeld (❹).

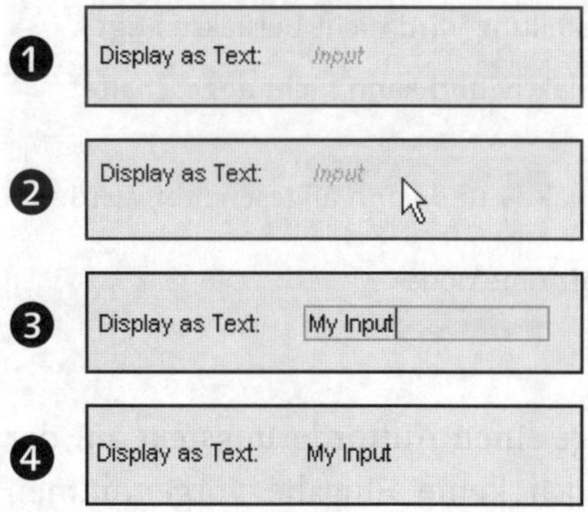

Abbildung 4.6 Zustände eines Eingabefeldes mit gesetzter Eigenschaft »displayAsText«

explanation

Die Eigenschaft `explanation` zeigt einen Hilfetext für das Eingabefeld am zugehörigen UI-Element `Label` an, sofern der Hilfemodus aktiviert ist.

[👁] **Weitere Informationen**: Mehr zum Thema Hilfetexte und Benutzerunterstützung bei der Eingabe, finden Sie in Kapitel 8, »Eingabe- und semantische Hilfen«.

imeMode

Sprachen, die auf dem lateinischen Alphabet basieren (Deutsch, Englisch, Französisch, Spanisch etc.), werden durch eine Kombination von Zeichen aus einem beschränkten Zeichensatz gebildet. Da der Umfang der Zeichenmenge relativ gering ist, gibt es für die Zeichen der meisten Sprachen eine Eins-zu-eins-Abbildung zu einer der Tasten des Keyboards.

Im Fall von ostasiatischen Sprachen (Chinesisch, Japanisch, Koreanisch) geht die Zahl der Zeichen, die die Sprache repräsentieren, in die Zehntausende. Dies führt die Eins-zu-eins-Abbildung auf dem Keyboard ad absurdum. Um dennoch die Eingabe zu ermöglichen, wurden unterschiedliche Eingabemethoden entwickelt, die als Input Method Editors (IME) bezeichnet werden. Input Method Editors erlauben es auf einem Keyboard, das nicht alle chinesischen, japanischen und koreanischen Zeichen repräsentiert, ebendiese einzugeben und zu bearbeiten. In Tabelle 4.3 sehen Sie die möglichen Ausprägungen der Eigenschaft `imeMode`.

Wert	Beschreibung
`active`	IME-Modus ist aktiv und kann ausgeschaltet werden.
`auto`	IME-Modus-Einstellung wird nicht berücksichtigt.
`disabled`	IME-Modus ist inaktiv und kann nicht angeschaltet werden.
`inactive`	IME-Modus ist inaktiv und kann angeschaltet werden.

Tabelle 4.3 Ausprägungen der Eigenschaft »imeMode«

inputPrompt

Prompt

Die Eigenschaft `inputPrompt` zeigt einen Aufforderungstext an, der dem Benutzer andeutet, dass noch keine Eingabe vorgenommen wurde (siehe Abbildung 4.6, ❶). Dieser Text verschwindet, sobald der Benutzer den Fokus auf das Eingabefeld setzt (siehe Abbildung 4.6, ❸). Zur Definition, Auswahl und Zuordnung des Textes können Sie auf Aliastexte im Online Text Repository (OTR) zurückgreifen.

length

Visuelle Länge

Die Eigenschaft `length` definiert die visuelle Länge des Eingabefeldes in der Anzahl an Zeichen, wobei bei Proportionalschriften der Durchschnitt der Zeichenbreite verwendet wird. Falls der Wert 0 eingegeben wird, wird die Definition des Typs des gebundenen Context-Attributes für die Längenermittlung herangezogen. Falls dies nicht möglich oder der Typ nicht längenbeschränkt ist, wie zum Beispiel der Typ `string`, beträgt die Länge 20 Zeichen.

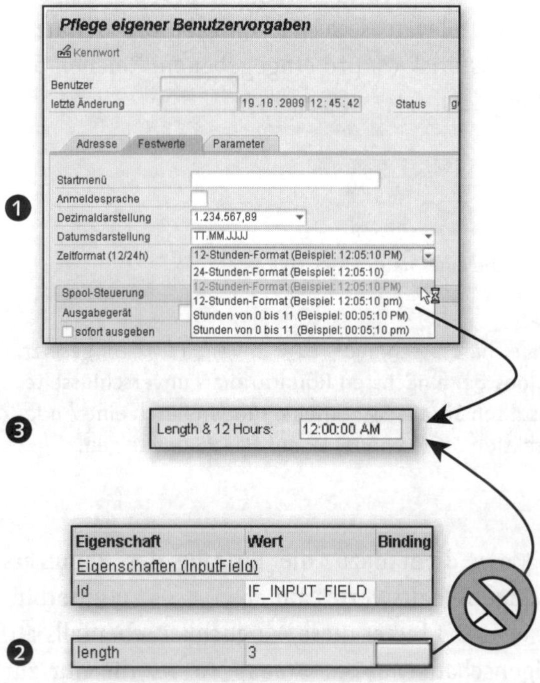

Abbildung 4.7 Übersteuerung der Eigenschaft »length« durch das 12-Stunden-Format

12-Stunden-Format

Die Angabe der Länge wird ignoriert, wenn für die Angabe eines Zeitpunkts im 12-Stunden-Format der Platz nicht ausreicht (siehe Abbildung 4.7). Die Voraussetzung für die Darstellung einer Uhrzeit im 12-Stunden-Format ist, dass das gebundene Context-Attribut mit einem Zeittyp (zum Beispiel `t`) normiert und in den Benutzervorgaben das Zeitformat auf eines der beiden 12-Stunden-Formate eingestellt wurde. Sie erreichen die Einstellungsmöglichkeit über den Menüpfad SYSTEM • BENUTZERVORGABEN • EIGENE DATEN auf dem Karteireiter FESTWERTE (❶). Obwohl die Länge des Eingabefeldes in der Eigenschaft `length` auf 3 gesetzt wurde (❷), wird diese Einstellung durch die Benutzervorgabe übersteuert (❸).

Die beschriebene Situation ist nicht der einzige Fall, in dem die Eigenschaft `length` übersteuert wird. Die Eigenschaft `width` übersteuert ebenfalls die Einstellungen zu `length`.

passwordField

Passwort

Diese Eigenschaft dient dazu, sofern sie auf `abap_true` gesetzt wird, dem Benutzer »verdeckte« Eingaben zu ermöglichen. Dies kann zum Beispiel bei Kennwörtern relevant sein. Die Eingabe des Benutzers wird dabei durch einen Asterisk (*) pro eingegebenem Zeichen dargestellt (siehe Abbildung 4.8).

Abbildung 4.8 Feld zur Eingabe eines neutralisierten Textes

[!]

> **Achtung**: Ist die Eigenschaft `passwordField` im `InputField` gesetzt, wird der Inhalt des Feldes beim nächsten Roundtrip als unverschlüsselter Text übertragen. Hier sollten Sie aus Sicherheitsgründen durch eine Änderung im Service (Transaktion SICF) von HTTP auf HTTPS umsteigen.

readOnly

Nur Lesen

Die Eigenschaft `readOnly` dient dazu, die Eingabe des Benutzers durch das Setzen des Eigenschaftswertes auf `abap_true` zu unterbinden. Die Eigenschaft `enabled` bietet diese Möglichkeit ebenfalls an. Im Gegensatz zur Eigenschaft `enabled = abap_false`, die nur zur Anzeige von Daten dient, kann es jedoch sein, dass die Eingabe für den Benutzer im Kontext der Erfüllung seiner Aufgaben wieder ermöglicht werden muss. Daher deutet die Eigenschaft `readOnly` mit dem Wert `abap_true` eine temporäre Eingabesperre an.

Dies zeigt sich auch in der visuellen Darstellung. In Abbildung 4.9 sehen Sie den Unterschied in der Darstellung zwischen `readOnly = abap_true` (❶) und `enabled = abap_false` (❷).

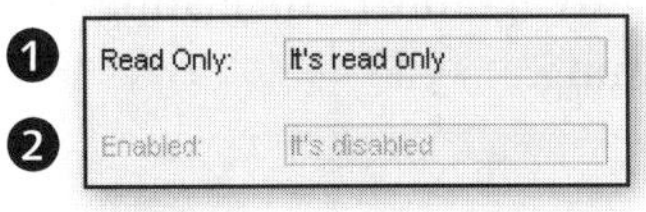

Abbildung 4.9 Visueller Unterschied zwischen den Eigenschaften »readOnly« und »enabled«

Data Binding

Im Fall eines Data Bindings der Eigenschaft `readOnly` muss kein eigenes Context-Attribut definiert werden, da es an die Context-Attribut-Eigenschaft `Read-only` gebunden werden kann. Falls Sie der Eigenschaft `Read-only` den Wert `abap_true` zuordnen, übersteuert dieser die Eigenschaft `readOnly` im View.

[👁]

Weitere Informationen: In Abschnitt 2.6, »Context-Programmierung«, können Sie mehr über Context-Attribute und deren Eigenschaften erfahren.

state

Musseingabe

Die Eigenschaft `state` zeigt, ob in ein Eingabefeld Eingaben eingefügt werden müssen oder nicht. Sofern die Eigenschaft den Wert `required` besitzt, der eine Musseingabe definiert, wird hinter dem zugehörigen UI-Element `Label` ein roter Stern angezeigt (siehe Abbildung 4.10, ❶).

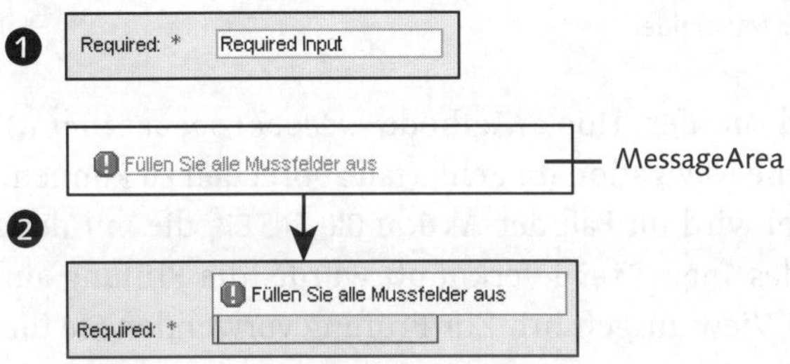

Abbildung 4.10 Musseingabefeld und Fehlermeldung

Prüfung

Das System prüft nicht automatisch, ob eine Eingabe durchgeführt wurde. Somit obliegt es dem Entwickler, diese Prüfung zu implementieren und einen Hinweis in einer `MessageArea` auszugeben (❷, siehe auch Abschnitt 4.5.4). Klickt der Benutzer auf diesen Hinweis, setzt das System den Fokus auf das betroffene Feld und bietet die Fehlermeldung zum Feld nochmals an.

Die Prüfung, ob in ein Mussfeld tatsächlich Werte eingegeben wurden, muss, wie bereits erwähnt, vom Entwickler implementiert werden und wird nicht vom Framework durchgeführt. In Listing 4.1 sehen Sie ein Beispiel für solch eine Prüfung.

```
METHOD wddobeforeaction .
* API
  DATA lo_api_controller TYPE REF TO if_wd_view_controller.
* Aktion
  DATA lo_action         TYPE REF TO if_wd_action.
* API ermitteln
  lo_api_controller = wd_this->wd_get_api( ).
* Aktion ermitteln
  lo_action = lo_api_controller->get_current_action( ).
* Nur auf bestimmte Aktion hin prüfen
  IF lo_action IS BOUND.
* Name der Aktion auswerten
    CASE lo_action->name.
* Nur im Fall von Aktion ON_ENTER prüfen
      WHEN 'ON_ENTER'.
* Prüfung der Mussfelder und Meldungsausgabe
        CALL METHOD
cl_wd_dynamic_tool=>check_mandatory_attr_on_view
          EXPORTING
            view_controller  = lo_api_controller
            display_messages = abap_true.
    ENDCASE.
  ENDIF.
ENDMETHOD.
```

Listing 4.1 Prüfung der Mussfelder

Beschreibung

Die Prüfung wird in der Hook-Methode `wddobeforeaction( )` durchgeführt, um die Navigation im Fehlerfall abbrechen zu können. In unserem Beispiel wird im Fall der Aktion `ON_ENTER`, die mit dem Ereignis `onEnter` des `InputField` verknüpft wurde, die Prüfung auf Mussfelder hin am View ausgeführt. Zur Prüfung verwenden Sie die statische Methode `cl_wd_dynamic_tool=>check_mandatory_attr_on_view( )`, der die Controller-API übergeben wird und die im Fehlerfall eine Meldung in der `MessageArea` ausgeben soll. Mithilfe dieser Meldung kann der Benutzer zum betroffenen Feld springen.

[👁]

> **Weitere Informationen**: In Abschnitt 2.3, »View«, erläutern wir, wie Sie die Eigenschaft `state` direkt an die Eigenschaft `required` des Context-Attributes binden können.

suggestValues

Vorschlagswerte anbieten

Mit der Eigenschaft `suggestValues` können Sie die Voraussetzung dafür schaffen (Wert = `abap_true`), dass Vorschlagswerte für ein

Eingabefeld angeboten werden. Eine weitere Voraussetzung ist, dass die Eigenschaft `value` an ein Context-Attribut mit Wertehilfe gebunden ist. Dies sind die nötigen Schritte, um die Vorschlagswerte anzubieten:

1. Setzen Sie die Eigenschaft `suggestValues` auf `abap_true`.
2. Definieren Sie ein Data Binding der Eigenschaft `value` an ein Context-Attribut mit Wertehilfe (siehe auch Kapitel 8, »Eingabe- und semantische Hilfen«).
3. Setzen Sie den Applikationsparameter `WDALLOWVALUESUGGEST` auf `ON` (siehe Anhang A, »Anwendungsparameter und URL-Parameter«)
4. Deaktivieren Sie den Modus für Barrierefreiheit, zum Beispiel mit dem Applikationsparameter `WDACCESSIBILITY` (siehe dazu ebenso Anhang A).

Context-Anbindung

In Abbildung 4.11 sehen Sie ein Beispiel für die Verwendung von Vorschlagswerten. Hier werden dem Benutzer Vorschlagswerte für die Suche nach ABAP-Interfaces angeboten. Dazu wurde die Eigenschaft `value` des `InputField` gegen ein Context-Attribut mit dem Typ `SEOCLSNAME` gebunden. Darüber hinaus wurde in der Eigenschaft `Wertehilfe-Modus` des Context-Attributes der Wert `Dictionary-Suchhilfe` und in der Eigenschaft `Dictionary-Suchhilfe` der Wert `PB_INTF_KEY` hinterlegt. Tippt nun der Benutzer die Anfangsbuchstaben, sucht das System laufend nach passenden Vorschlägen, die in einer Dropdown-Liste dargestellt werden. Enthalten die angezeigten Werte solche aus der persönlichen Werteliste des Benutzers, werden diese mit einem Stern in der ersten Spalte dargestellt.

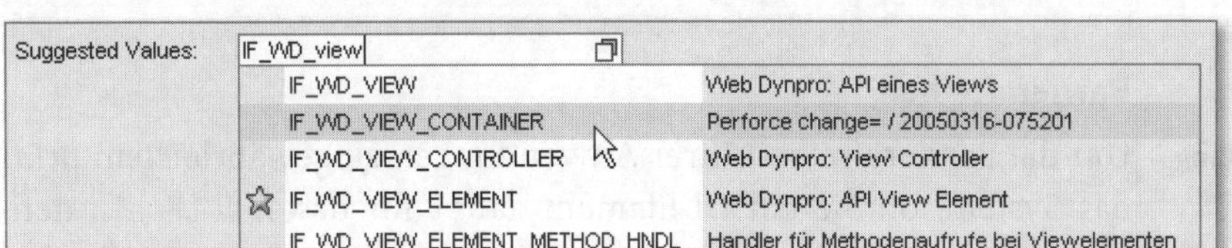

Abbildung 4.11 Vorschlagswerte zum InputField in Aktion

[+]

Hinweis: Rein technisch werden Roundtrips mit dem Server durchgeführt, mit dem Ziel, so schnell wie möglich Vorschlagswerte an den Benutzer zu liefern. Dazu wird das Phasenmodell umgangen, und Sie haben aus Sicht der Anwendungsentwicklung keine Chance einzugreifen. Die viele Roundtrips erzeugen natürlich eine höhere Last im Netzwerk und auf dem Server. Aus dem Gesagten ergibt sich für Sie die Entscheidung, ob Sie dieses

Feature verwenden möchten, dafür aber auf Eingriffsmöglichkeiten im Sinn des Phasenmodells (Hook-Methoden) verzichten und eine höhere Belastung des Servers in Kauf nehmen.

textDirection

Textrichtung

Die Eigenschaft `textDirection` gibt an, ob ein Text von links nach rechts (Wert: `ltr`) oder von rechts nach links (Wert: `rtl`) geschrieben wird, wie zum Beispiel im Fall von Arabisch oder Hebräisch.

value

Icon Primäre Eigenschaft

Die Eigenschaft `value` enthält die Bindung zu einem Context-Attribut, das den Wert zur Darstellung im `InputField`-Rahmen hält. Diese Eigenschaft wird auch als primäre Eigenschaft bezeichnet und muss gebunden werden. Geschieht dies nicht, wird bei der Prüfung des Views ein Fehler ausgegeben.

width

Die Eigenschaft `width` enthält die Breite des `InputField` in CSS-Angaben (Cascading Stylesheets). Tabelle 3.13 zeigt Maßeinheiten, die für diese Eigenschaft gültig sind. Die Eigenschaft `width` übersteuert die Eigenschaft `length`.

Ereignisse

onEnter

Das UI-Element `InputField` bietet das Ereignis `onEnter` an. Sofern eine Aktion zu dem Ereignis hinterlegt ist, wird ein Roundtrip ausgelöst und das Phasenmodell mit dazugehörigem Ereignisbehandler abgearbeitet.

Barrierefreiheit

Prüfmeldung

Um die Barrierefreiheit Ihrer Anwendungen zu gewährleisten, prüft das System, ob Sie ein UI-Element `Label` für das `InputField` definiert haben. Falls dies nicht der Fall ist, prüft das System, ob für den Typ des gebundenen Context-Attributes ein Text im ABAP Dictionary definiert ist. Falls auch dies nicht der Fall ist, wird vom System geprüft, ob die Eigenschaft `tooltip` des UI-Elementes `InputField` einen Wert besitzt. Falls auch hier kein Wert vorhanden ist, wird Ihnen dies bei der Prüfung als Barrierefreiheit-Fehler mitgeteilt (Accessibility, ACC), zum Beispiel:

> *ACC: »TOOLTIP« oder Label für Element »IF_NO_LABEL« nicht gesetzt.*

[+]

Hinweis: Um eine betriebswirtschaftliche Anwendung auch solchen Benutzern zugänglich zu machen, die aufgrund von Behinderungen auf technische Unterstützung unterschiedlicher Art angewiesen sind, ermöglicht Ihnen das Web-Dynpro-Framework den Aufbau barrierefreier Anwendungen. Eine wichtige Voraussetzung für die Gegebenheit der Barrierefreiheit ist das Vorhandensein eines Tooltips für jedes UI-Element, da Tooltips mithilfe von Bildschirm-Leseprogrammen (Screenreader) ausgewertet und für blinde Benutzer zugänglich gemacht werden können.

Für ein UI-Element muss die Eigenschaft `tooltip` immer aus folgenden Gründen gepflegt werden:

- wenn das UI-Element keine Überschrift trägt
- wenn dem UI-Element kein `Label` zugeordnet ist
- wenn UI-Elemente mit einer `text`-Eigenschaft eingesetzt werden und diese Eigenschaft weder gesetzt noch gebunden wird, wie zum Beispiel bei einem fehlenden `text` eines UI-Elementes `Button`

Fast alle UI-Elemente bieten zusätzlich die Eigenschaft `accessibilityDescription` an. Diese kann verwendet werden, um ersatzweise einen Titel aufzunehmen, wenn das UI-Element keinen sichtbaren Titel tragen soll oder kann.

Standardmäßig werden während der Designzeit im Rahmen der Syntax-Checks Prüfungen auf die Barrierefreiheit durchgeführt. Bei jeder Component gibt es dazu das Kennzeichen Barrierefreiheit-Prüfungen aktiv. Wenn Sie dieses Kennzeichen ausschalten (Wert = `abap_false`), werden von der Entwicklungsumgebung während der Designzeit keine Prüfungen auf Barrierefreiheit für die entsprechende Component und ihre Views durchgeführt.

Achtung

Die Umwandlung der Eingabe eines Benutzers in die interne Ausgabedarstellung, zum Beispiel bei einem Datumsfeld, wird durch das Framework durchgeführt. Tritt bei der Konvertierung ein Fehler auf, wird der Wert nicht in den Context zurückgestellt, sondern im Daten-Container gehalten. Dem Benutzer wird der fehlerhafte Wert im `InputField` rot umrandet dargestellt, und es wird eine Fehlernachricht ausgegeben.

4.1.3 Label

Textuelle Beschreibung

Das UI-Element `Label` dient dazu, andere Oberflächenelemente textuell näher zu beschreiben. Daher wird es immer mit anderen UI-Elementen verknüpft, wie zum Beispiel dem `InputField`. Es kann vorkommen, dass Einstellungen an den verknüpften UI-Elementen sich auf das Aussehen des `Label` auswirken, zum Beispiel: Die Musseingabe-Einstellung am `InputField` wird durch einen roten Stern hinter dem `Label` visualisiert oder das Deaktivieren (Eigenschaft `enabled = abap_false`) eines `InputField` bewirkt, dass das `Label` ebenfalls inaktiv dargestellt wird. Durch das Anklicken des `Label`-Elementes wird der Fokus auf das verknüpfte UI-Element gesetzt.

Visuelle Darstellung

Verwendungsbeispiel

In Abbildung 4.12 sehen Sie die einfachste Darstellung eines `Label`-Elementes. Zusätzlich haben wir nach dem `Label` ein `InputField`-Element eingefügt, um die Verwendung des UI-Elementes zu veranschaulichen. Der Text des `Label`-Elementes wird vor dem Eingabefeld platziert und beschreibt dieses Feld näher.

Abbildung 4.12 Bezeichner (UI-Element »Label«)

Eigenschaften

In Abbildung 4.13 sehen Sie die Eigenschaften, die in diesem Abschnitt besprochen werden. Die nicht explizit diskutierten Eigenschaften finden Sie in der Einleitung zu diesem Kapitel.

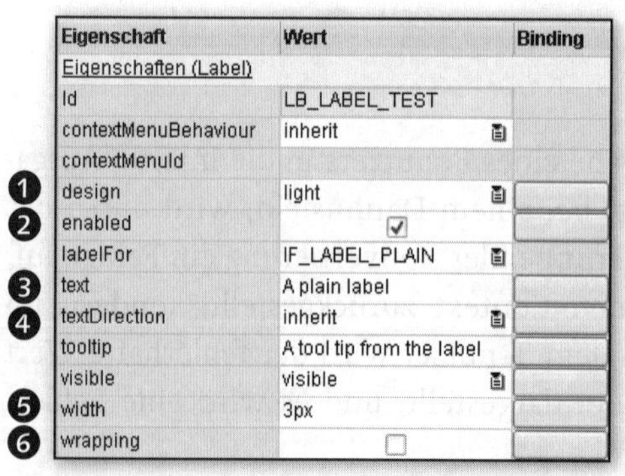

	Eigenschaft	Wert	Binding
	Eigenschaften (Label)		
	Id	LB_LABEL_TEST	
	contextMenuBehaviour	inherit	
	contextMenuId		
1	design	light	
2	enabled	☑	
	labelFor	IF_LABEL_PLAIN	
3	text	A plain label	
4	textDirection	inherit	
	tooltip	A tool tip from the label	
	visible	visible	
5	width	3px	
6	wrapping	☐	

Abbildung 4.13 Eigenschaften Label

design

Textaussehen

Die Ausprägung der Eigenschaft `design` steuert das Aussehen des Textes. In Abbildung 4.14 sehen Sie die Auswirkungen der Einstellungen des Designs:

- Die Ausprägung `standard` sorgt für eine Standarddarstellung mit einem Doppelpunkt hinter dem `Label` (❶).
- Der Wert `emphasized` sorgt dafür, dass der Text hervorgehoben und ohne Doppelpunkt dargestellt wird (❷).
- Die Einstellung `light` wirkt sich wie die Standarddarstellung aus, jedoch ohne Doppelpunkt (❸).

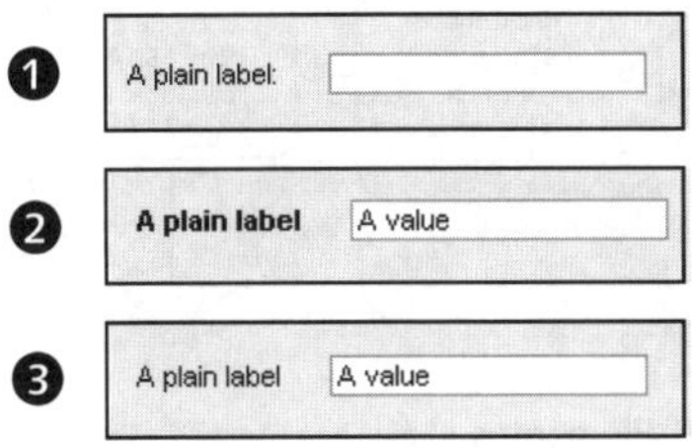

Abbildung 4.14 Auswirkungen der Eigenschaft »design« auf die Darstellung des Label-Textes

labelFor

Verknüpfung

Die Eigenschaft `labelFor` stellt die Verknüpfung zu einem anderen UI-Element her, für das das `Label` gedacht ist. Diese Verknüpfung können Sie ganz einfach über einen Drop-down mit den möglichen Feldern erstellen. Diese Eigenschaft ist dabei ein Mussfeld und führt bei fehlender oder fehlerhafter Eingabe zu einer Warnung bei der Prüfung und zu einem Laufzeitfehler bei der Ausführung, wie zum Beispiel:

Fehler im LABEL »LB_LABEL_TEST« des Views »ZWDC_CHAP03.V_LABEL«: Das Property »labelFor« des Labels ist leer. Es muss immer mit der ID eines UI-Elements befüllt werden.

text

Die Eigenschaft `text` enthält den Text, der zur Beschreibung des verknüpften UI-Elementes dient. In Abbildung 4.15 sehen Sie den Algorithmus zur Ermittlung des Textes:

Textermittlung

1. Für ein UI-Element `Label` wird geprüft, ob ein direkt eingegebener Text vorhanden ist.
2. Wenn ja, ist die Suche nach dem Text abgeschlossen. Falls nicht, wird das assoziierte UI-Element über den Wert der Eigenschaft `labelFor` ermittelt.
3. Je nach UI-Elementtyp besitzt dieses eine sogenannte Primäreigenschaft – für das UI-Element `InputField` ist das zum Beispiel die

Eigenschaft `value`. Das Data Binding der Primäreigenschaft wird auf ein Attribut des Context-Knotens durchgeführt, das ein Datenelement aus dem ABAP Dictionary zur Typisierung verwendet. Für dieses Datenelement wird unter den Feldbezeichnern der Kurztext gefunden, und damit ist die Suche abgeschlossen.

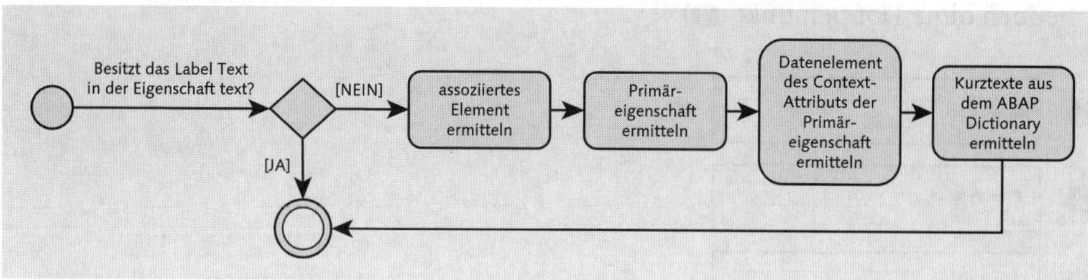

Abbildung 4.15 Ermittlung des Textes eines UI-Elementes »Label«

textDirection

Textrichtung

Die Eigenschaft `textDirection` gibt an, ob ein Text von links nach rechts (Wert: `ltr`) oder von rechts nach links (Wert: `rtl`) geschrieben wird, wie zum Beispiel im Fall von Arabisch oder Hebräisch.

width

Breite

Die Eigenschaft `width` definiert die Breite des `InputField` in CSS-Angaben. In Tabelle 3.13 sind die unterschiedlichen Ausprägungen dargestellt.

wrapping

Umbruch

Mit der Eigenschaft `wrapping` wird gesteuert, ob ein Text in die nächste Zeile umgebrochen wird oder nicht. In Abbildung 4.16 sehen Sie einen Zeilenumbruch im `Label`.

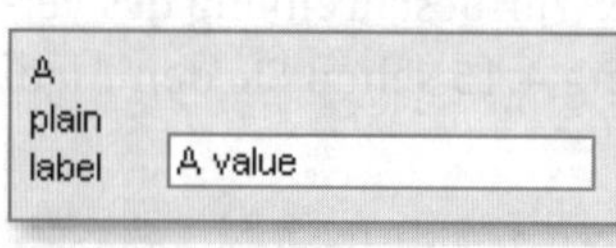

Abbildung 4.16 Zeilenumbruch im UI-Element »Label«

Die Breite (Eigenschaft `width`) des `Label` reicht nicht aus, um den Text in einer Zeile darzustellen. Da in diesem Beispiel die Eigenschaft auf `abap_true` gesetzt wurde, kann der Text vom System in mehrere Zeilen umgebrochen werden.

Barrierefreiheit

Das UI-Element `Label` unterstützt aufgrund der Beschreibung von verknüpften Feldern die Entwicklung von barrierefreien Anwendungen. Falls an den verknüpften Elementen die benötigten Eigenschaften für barrierefreie Anwendungen nicht hinterlegt sind, werden die Eigenschaften vom `Label` verwendet.

Achtung

Die Darstellungen des `Label` und dessen Visualisierungen hängen nicht nur von den Eigenschaften des `Label` ab, sondern werden durch die Eigenschaften des verknüpften UI-Elementes beeinflusst. In Abbildung 4.17 sehen Sie unterschiedliche Darstellungen für das UI-Element `Label` in Abhängigkeit vom verknüpften `InputField`.

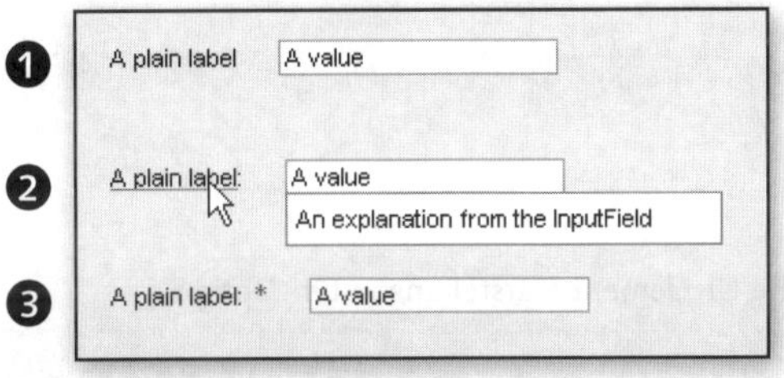

Abbildung 4.17 Unterschiedliche Darstellungen des UI-Elementes »Label«

- Im Fall (❶) wird ein `Label` mit dem UI-Element verknüpft, wobei keine das `Label` beeinflussenden Eigenschaften im `InputField` gesetzt wurden.
- Im Fall (❷) wurde die Eigenschaft `explanation` des `InputField` mit einem Text in Form einer Soforthilfe versehen. Dies äußert sich beim `Label` dadurch, dass dieses grün unterstrichen dargestellt wird. Die Darstellung der Soforthilfe kann durch den Benutzer über das Kontextmenü im View mit dem Menüpunkt SOFORTHILFE ANZEIGEN eingestellt werden.
- Im Fall (❸) wurde die Eigenschaft `state` des `InputField` auf den Wert `required` gesetzt. Dies wird in der visuellen Darstellung durch einen roten Stern hinter dem `Label`-Text angedeutet.

4.1.4 Caption

Überschrift Das UI-Element `Caption` wird eingesetzt, um für die Elemente `Group`, `Tab`, `Table`, `TableColumn` und `Tray` eine Überschrift bzw. einen Titel zu definieren.

Visuelle Darstellung

In Abbildung 4.18 sehen Sie zwei Beispiele für die Darstellung von `Caption`-Elementen:

- In der Variante (❶) wurde für die `Caption` die Eigenschaft `imageSource` mit dem Namen des dargestellten Icons belegt (*~IconLarge/Workspace*).
- In der Variante (❷) wurde auf eine `imageSource` verzichtet.

Abbildung 4.18 Unterschiedliche UI-Element-Darstellungen für Caption

Eigenschaften

In Abbildung 4.19 sehen Sie die Eigenschaften, die in diesem Abschnitt besprochen werden. Die nicht explizit diskutierten Eigenschaften finden Sie in der Einleitung zu diesem Kapitel.

Abbildung 4.19 Eigenschaften Caption

imageFirst

Die Eigenschaft `imageFirst` steuert, ob ein Bild vor oder nach dem Text anzuzeigen ist. Wenn es mit dem Wert `abap_true` belegt wird, wird das Bild vor dem Text visualisiert. **Bildposition**

imageSource

Mit dem Wert der Eigenschaft `imageSource` geben Sie den Namen und die Quelle eines darzustellenden Bildes an. Dieses kann aus den unterschiedlichsten Quellen stammen. Bei der Auswahl des passenden Bildes werden Sie durch eine Suchhilfe des Eigenschaftsfeldes unterstützt. Besitzt diese Eigenschaft keinen Wert, wird auch kein Bild angezeigt. **Bildquelle**

isDragHandle

Mit der Eigenschaft `isDragHandle` wird festgelegt, ob die `Caption` im Sinn von Drag & Drop in einen anderen Bereich verschoben werden kann. Eine detaillierte Diskussion von Drag & Drop finden Sie in Kapitel 5, »Drag & Drop für UI-Elemente«. **Drag & Drop**

text

Der Wert der Eigenschaft `text` definiert den Text im Sinn einer Beschriftung, die mithilfe der `Caption` ausgegeben wird.

textDirection

Diese Eigenschaft gibt an, ob ein Text von links nach rechts (Wert: `ltr`) oder von rechts nach links (Wert: `rtl`) geschrieben wird, wie zum Beispiel im Fall von Arabisch oder Hebräisch. **Textrichtung**

Barrierefreiheit

Für die Entwicklung barrierefreier Anwendungen wird geprüft, falls die Eigenschaft `text` nicht gesetzt wurde, ob ein Wert bei der Eigenschaft `tooltip` hinterlegt ist.

Achtung

Die `Caption` eines `Tab` kann nicht als Drag-Handle verwendet werden. Weitere Informationen zum Thema Drag & Drop finden Sie in Kapitel 5, »Drag & Drop für UI-Elemente«.

4.1.5 Explanation

Hilfe

Das UI-Element `Explanation` bietet die Möglichkeit, ein- oder mehrzeilige Texte als Hilfe für den Benutzer darzustellen.

Visuelle Darstellung

Mit und ohne Interaktion

In Abbildung 4.20 sehen Sie eine einfache Darstellung des UI-Elementes `Explanation`. In unserem Beispiel haben wir einen einfachen Text mit Interaktionsmöglichkeit dargestellt. Sie können den Link SOFORTHILFE AUSBLENDEN sehen, der zusätzlich zum Text angeboten wird. Der Benutzer hat damit die Möglichkeit, den `Explanation`-Text auszublenden und mit dem Kontextmenü (Menüeintrag SOFORTHILFE EINBLENDEN) wieder einzublenden. Der Text für die Darstellung in der Abbildung wurde aus einem Dokument der Dokumentenpflege (Transaktion SE61) wiederverwendet.

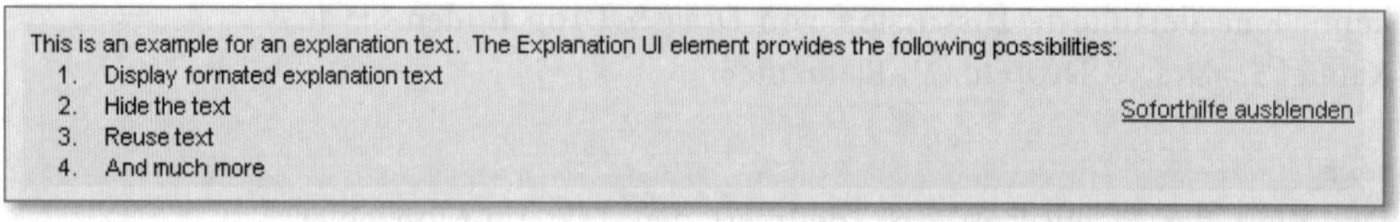

Abbildung 4.20 Erläuterungstext mit dem UI-Element »Explanation«

Eigenschaften

In Abbildung 4.21 sehen Sie die Eigenschaften, die in diesem Abschnitt besprochen werden. Die nicht explizit diskutierten Eigenschaften finden Sie in der Einleitung zu diesem Kapitel.

	Eigenschaft	Wert	Binding
	Eigenschaften (Explanation)		
	Id	EXP_EXPLANATION_EMPHASIZED	
	contextMenuBehaviour	inherit	
	contextMenuId		
1	design	emphasized	
	enabled	☑	
2	text	Just a simple explanation text	
3	textDocumentName		
	tooltip		
	visible	visible	

Abbildung 4.21 Eigenschaften Explanation

design

Darstellung

Falls die Eigenschaft `design` den Wert `emphasized` besitzt, wird der Hilfetext mit blauem Hintergrund dargestellt. Darüber hinaus wird ein Link visualisiert, der das Ausblenden der `Explanation` ermöglicht. In Abbildung 4.22 (❷) sehen Sie die Auswirkungen dieser Wertebelegung auf die visuelle Darstellung des UI-Elementes. Falls der Wert `standard` der Eigenschaft zugeordnet wird, wird der Text mit dem Standardhintergrund visualisiert (❶). Es erscheint kein Link, um den Text auszublenden.

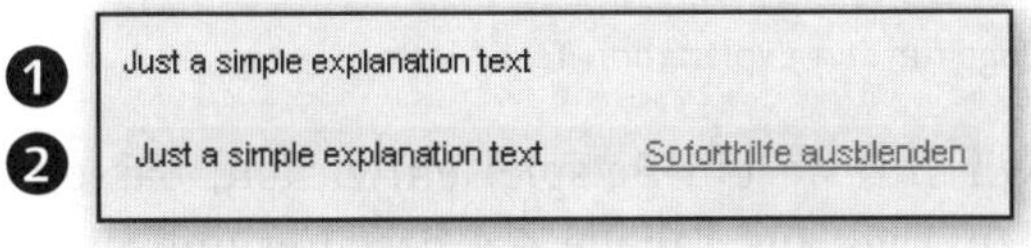

Abbildung 4.22 Unterschiedliche Darstellungen des UI-Elementes »Explanation«

text

Statischer Text und Online Text Repository

Der Eigenschaft `text` kann ein statischer Text oder ein Text aus dem Online Text Repository (OTR) zugewiesen werden. Es besteht keine Möglichkeit, über Data Binding einen Text an dieses Feld anzubinden. Daraus ergibt sich eine maximale Länge von 255 Zeichen.

Text-Tags

Der Text kann mithilfe von Tags optisch gestaltet werden, die Sie in Tabelle 4.4 sehen. Wir haben hier nur den Namen des Tags aufgelistet. Um XML-Wohlgeformtheit zu erreichen, definieren Sie immer ein öffnendes und ein schließendes Tag.

Tag	Beschreibung
`OnScreenExplanation`	Mit diesem Tag beginnen und beenden Sie den Beschreibungstext.
`ScreenElement`	Mit diesem Tag bestimmen Sie den Namen eines Bildschirmelementes.
`NavigationPath`	Mit diesem Tag gruppieren Sie Bildschirmelemente zu einer Navigationsliste.
`Emphasis`	Mit diesem Tag heben Sie den von den Tags umklammerten Text hervor.
`Paragraph`	Mit diesem Tag definieren Sie einen Absatz.

Tabelle 4.4 Formatierungs-Tags für den Explanation-Text

Tag	Beschreibung
BulletedList	Mit diesem Tag definieren Sie eine Aufzählung von Einträgen mit einem Punkt pro Eintrag als Aufzählungssymbol. Die Einträge definieren Sie mithilfe des ListItem-Tags.
NumberedList	Mit diesem Tag definieren Sie eine nummerierte Aufzählung von Einträgen. Die Einträge definieren Sie mithilfe des ListItem-Tags.
ListItem	Mit diesem Tag definieren Sie einen Eintrag in einer Aufzählung.

Tabelle 4.4 Formatierungs-Tags für den Explanation-Text (Forts.)

Beispiel

In Listing 4.2 haben wir für Sie ein Beispiel entwickelt, das den Erläuterungstext mit den Tags aus Tabelle 4.4 gestaltet und dynamisch – das heißt während der Laufzeit – an die Eigenschaft `text` bindet.

```
METHOD wddomodifyview .
"Der Root-Container
  DATA: lr_root TYPE REF TO
        cl_wd_uielement_container,
"Der Transparent-Container
        lr_tc TYPE REF TO
        cl_wd_transparent_container,
"Die Explanation
        lr_exp_format TYPE REF TO
"Der Text
        cl_wd_explanation,
        ld_text TYPE string.

* Nur einmal ausführen
  CHECK first_time = abap_true.
* Ermittle das Root-Element
  lr_root ?= view->get_root_element( ).
* Ermittle den Container (TC_EXPLANATION = ID des Containers)
  lr_tc ?= lr_root->get_child(
        id         = 'TC_EXPLANATION' ).
* Ermittle die Explanation (EXP_FORMATTED = ID der Explanation)
  lr_exp_format ?= lr_tc->get_child(
      id        = 'EXP_FORMATTED' ).
* Erzeuge den Text mit den Formatierungen
  CONCATENATE
    '<OnScreenExplanation>'
    `Let's start with a bulleted list`
```

```
    '<BulletedList>'
    '<ListItem>'
    'So this is a simple text as a list item'
    '</ListItem>'
    '<ListItem>'
    'Here follows more text with '
    '<Emphasis> emphasis</Emphasis>'
    '</ListItem>'
    '<ListItem>'
    ' Want a navigation path? - here you go: '
    '<NavigationPath>'
    '<ScreenElement>'
    'My first screen element'
    '</ScreenElement>'
    '<ScreenElement>'
    'My second screen element'
    '</ScreenElement>'
    '</NavigationPath>'
    '</ListItem>'
    '</BulletedList>'
    'Finally a numbered list'
    '<NumberedList>'
    '<ListItem> Numbered List Item 1</ListItem>'
    '<ListItem> Numbered List Item 2</ListItem>'
    '</NumberedList>'
     '</OnScreenExplanation>'
   INTO ld_text.
* Setze den Text
  CALL METHOD lr_exp_format->set_text
    EXPORTING
      value = ld_text.
ENDMETHOD.
```

Listing 4.2 Dynamische Erstellung eines Textes für das UI-Element »Explanation«

Beschreibung

Da in der Eigenschaft `text` kein Data Binding angeboten wird, müssen Sie den Weg der dynamischen Programmierung wählen (siehe auch Kapitel 7), um einen Text zuordnen zu können. In der Methode `WDDOMODIFYVIEW( )` ermitteln Sie die Referenz auf das UI-Element `Explanation` mit der ID `EXP_FORMATTED`. Danach stellen Sie den gewünschten Text unter Zuhilfenahme der Tags zusammen. Beachten Sie dabei, dass ein öffnendes Tag immer auch ein schließendes Tag benötigt! Nachdem Sie den Text erstellt haben, weisen Sie dieses dem UI-Element mit der Methode `set_text( )` zu. Das Ergebnis der visuellen Aufbereitung mit Tags ist in Abbildung 4.23 dargestellt.

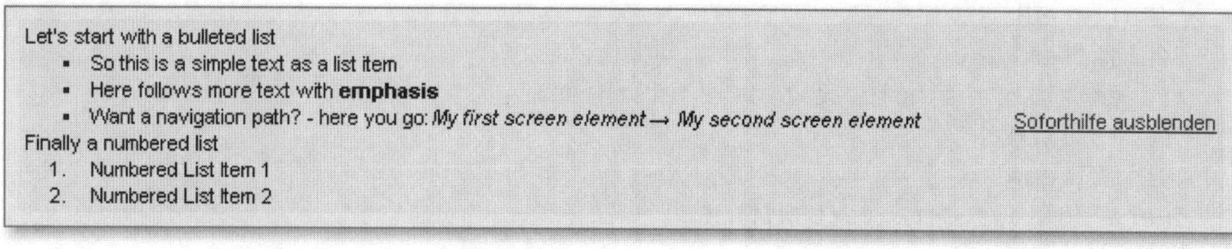

Abbildung 4.23 Formatierter Text für das UI-Element »Explanation«

Weitere Informationen: In Kapitel 8, »Eingabe- und semantische Hilfen«, finden Sie weitere Informationen zur Nutzung des UI-Elementes `Explanation`.

textDocumentName

Dokumentenname

Mit der Eigenschaft `textDocumentName` können Sie ein Dokument durch dessen Namen dem UI-Element `Explanation` zuordnen. Der Wert dieser Eigenschaft entspricht dem Dokumentennamen eines allgemeinen Textes (Dokumentenklasse `TX`) aus der Dokumentenpflege (Transaktion SE61). In Kapitel 8 »Eingabe- und semantische Hilfen«, erläutern wir, wie Sie Dokumente und Texte in der Dokumentenpflege anlegen können. Der Text des Dokumentes wird als Inhalt für die `Explanation` verwendet und die Formatierung so weit als möglich berücksichtigt.

Barrierefreiheit

Bei diesem Element findet keine Prüfung der Eigenschaft `tooltip` statt.

Achtung

Wird ein Dokument aus der Dokumentenpflege verwendet, werden nur die `Explanation`-konformen SAPscript-Formatierungen zur Aufbereitung des Textes herangezogen. Alle anderen Formatierungen werden gefiltert und finden keine Berücksichtigung bei der optischen Gestaltung des Textes.

Achten Sie zudem auf die Großschreibung bei der Namenseingabe in der Eigenschaft `textDocumentName`, da anderenfalls das Dokument nicht gefunden wird.

4.1.6 TextView

Das UI-Element `TextView` wird eingesetzt, um Texte im View darzustellen.

Visuelle Darstellung

In Abbildung 4.24 sehen Sie unterschiedliche Darstellungen des UI-Elementes `TextView`. Der Text im `TextView` kann in Größe (❶), Stärke (❷), Neigung (❸) und im Design (❹) variieren.

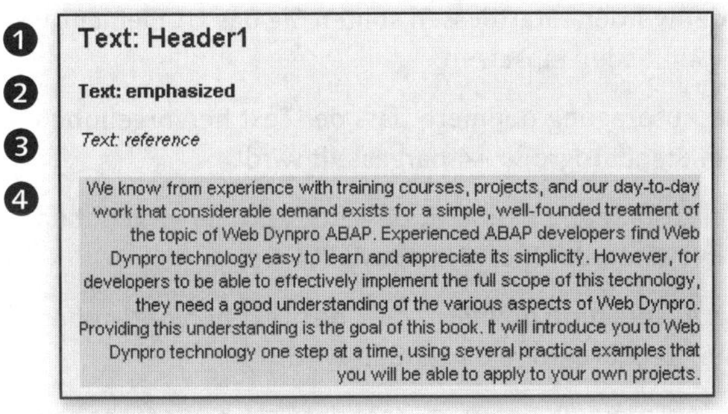

Abbildung 4.24 Ausgewählte Darstellungsmöglichkeiten des TextView-Elementes

Eigenschaften

In Abbildung 4.25 sehen Sie die Eigenschaften, die in diesem Abschnitt besprochen werden. Die nicht explizit diskutierten Eigenschaften finden Sie in der Einleitung zu diesem Kapitel.

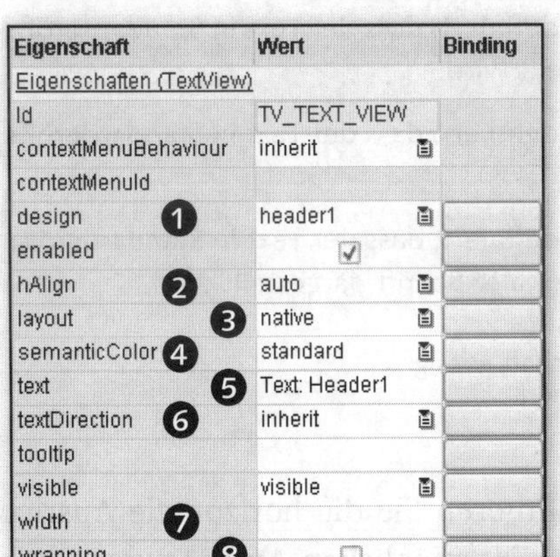

Abbildung 4.25 Eigenschaften TextView

design

Darstellung

Die Eigenschaft `design` dient dazu, das Erscheinungsbild des UI-Elementes hinsichtlich der Schrift zu bestimmen. Somit ist es möglich, Hervorhebungen, Schriftgrad etc. festzulegen. In Tabelle 4.5 sehen Sie alle möglichen Ausprägungen.

Wert	Beschreibung
`emphasized`	Diese Ausprägung definiert, dass der Text hervorgehoben und in Standardgröße dargestellt wird.
`groupTitle`	Diese Ausprägung ist deprecated und sollte nicht mehr verwendet werden. Stattdessen sollten Sie das UI-Element `SectionHeader` einsetzen.
`header1`	Diese Ausprägung definiert, dass der Text hervorgehoben und in Standardgröße +4 dargestellt wird.
`header2`	Diese Ausprägung definiert, dass der Text hervorgehoben und in Standardgröße +2 dargestellt wird.
`header3`	Diese Ausprägung definiert, dass der Text hervorgehoben und in Standardgröße dargestellt wird.
`header4`	Diese Ausprägung definiert, dass der Text hervorgehoben und in Standardgröße -1 dargestellt wird.
`label`	Diese Ausprägung definiert, dass der Text in Standardgröße und mit Leerzeichen dargestellt wird.
`label_small`	Diese Ausprägung definiert, dass der Text in Standardgröße -1 und mit Leerzeichen dargestellt wird.
`legend`	Diese Ausprägung definiert, dass der Text in Standardgröße -1 dargestellt wird.
`reference`	Diese Ausprägung definiert, dass der Text in Standardgröße und kursiv dargestellt wird.
`standard`	Diese Ausprägung definiert, dass der Text in Standardgröße dargestellt wird.
`monospace`	Diese Ausprägung definiert, dass der Text in Standardgröße und nicht proportionaler Schrift dargestellt wird.

Tabelle 4.5 Ausprägungen der Eigenschaft »design«

hAlign

Ausrichtung

Mit der Eigenschaft `hAlign` definieren Sie die horizontale Ausrichtung des Inhalts im UI-Element. Die möglichen Ausprägungen können Sie in Tabelle 4.2 nachlesen.

layout

Die Eigenschaft `layout` legt die Formatierung des Textes im `TextView` fest. In Tabelle 4.6 sehen Sie die möglichen Werte.

Formatierung

Wert	Beschreibung
`block`	Das UI-Element `TextView` wird im erzeugten HTML-Output durch ein `<div>`-HTML-Tag dargestellt. Es werden keine zusätzlichen Leerzeilen im HTML-Output produziert.
`native`	Das UI-Element `TextView` wird im HTML-Output durch ein `<span>`-HTML-Tag dargestellt. Es kann eine zusätzliche Leerzeile im HTML-Output entstehen.
`paragraph`	Das UI-Element `TextView` wird im HTML-Output durch ein `<p>`-HTML-Tag dargestellt. Vor und nach dem `<p>`-Tag wird eine Leerzeile eingefügt.

Tabelle 4.6 Ausprägungen der Eigenschaft »layout«

semanticColor

Die Eigenschaft `semanticColor` ermöglicht die Zuordnung einer Farbe zum Text, der eine Bedeutung zugeordnet ist (semantische Farbe). Die vollständige Liste der möglichen Ausprägungen ist in Tabelle 4.7 zu sehen.

Farben

Wert	Beschreibung
`standard`	Diese Ausprägung definiert die Verwendung der Standardfarbe für den Text.
`diminished`	Diese Ausprägung definiert die Verwendung von grauer Farbe für den Text.
`positive`	Diese Ausprägung definiert die Verwendung von grüner Farbe für den Text.
`critical`	Diese Ausprägung definiert die Verwendung von oranger Farbe für den Text.
`negative`	Diese Ausprägung definiert die Verwendung von roter Farbe für den Text.
`marked1`	Diese Ausprägung definiert die Verwendung von schwarzer Farbe für den Text auf hellorangem Hintergrund.
`marked2`	Diese Ausprägung definiert die Verwendung von schwarzer Farbe für den Text auf orangem Hintergrund.

Tabelle 4.7 Ausprägungen der Eigenschaft »semanticColor«

text

Icon Primäre Eigenschaft

Mit der Eigenschaft `text` geben Sie den Text an, der anzuzeigen ist. Der Text ist bezüglich der Länge nicht beschränkt.

textDirection

Textausrichtung

Mithilfe der Eigenschaft `textDirection` geben Sie an, ob ein Text von links nach rechts (Wert: `ltr`) oder von rechts nach links (Wert: `rtl`) geschrieben wird, wie zum Beispiel im Fall von Arabisch oder Hebräisch.

width

Breite

Die Eigenschaft `width` definiert die Breite des UI-Elementes `TextView` in CSS-Angaben. Die möglichen Werte finden Sie in Tabelle 3.13.

wrapping

Umbruch

Die Eigenschaft `wrapping` dient dazu, den Text umzubrechen, falls nicht genügend Platz durch das umgebende Layout zur Verfügung gestellt wird.

Barrierefreiheit

Für das UI-Element `TextView` wird die `tooltip`-Eigenschaft nicht geprüft.

Achtung

SAP empfiehlt, für die Positionierung des Textes die `hAlign`-Eigenschaft der Layoutdaten des UI-Elementes zu setzen und nicht die Eigenschaft `hAlign` des UI-Elementes zu verwenden. Falls Sie sich doch für die Eigenschaft `hAlign` des UI-Elementes entscheiden, sollten Sie die `hAlign`-Eigenschaft der Layoutdaten des UI-Elementes auf den Wert `block` und eine passende Breite mittels `width` setzen.

4.1.7 TextEdit

Edition

Das UI-Element `TextEdit` erlaubt die Darstellung und Edition von mehrzeiligen Texten. Die Fläche des UI-Elementes wird durch einen Rahmen umgeben. Falls der horizontale bzw. vertikale Platz für die Eingabe nicht ausreicht, werden zusätzlich Scrollbars eingeblendet.

Visuelle Darstellung

In Abbildung 4.26 sehen Sie eine Darstellung des UI-Elementes `TextEdit` mit einem Label. Wir haben das `Label` zu `TextEdit` ergänzt, um das UI-Element präziser benennen zu können. In der Darstellung von `TextEdit` erkennen Sie, dass der definierte Platz (Eigenschaften: `rows`, `cols`) für die Darstellung des Inhalts nicht ausreicht. Das System fügt automatisch einen Scroll-Balken ein, um dem Benutzer die Navigation auf den nicht darstellbaren Text zu ermöglichen (Eigenschaft: `wrapping`).

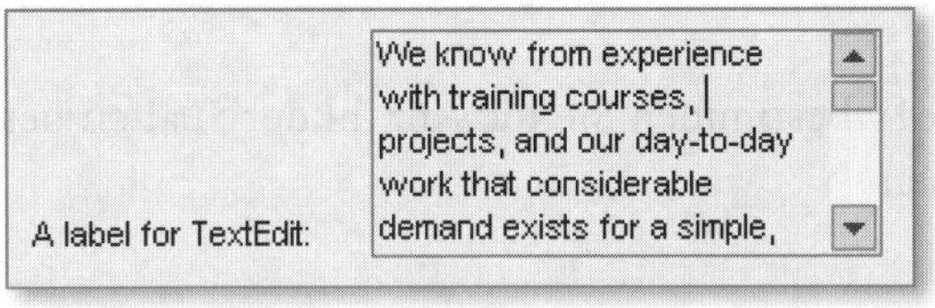

Abbildung 4.26 UI-Elemente »Label« und »TextEdit«

Eigenschaften

In Abbildung 4.27 sehen Sie die Eigenschaften, die in diesem Abschnitt besprochen werden. Die nicht explizit diskutierten Eigenschaften finden Sie in der Einleitung zu diesem Kapitel.

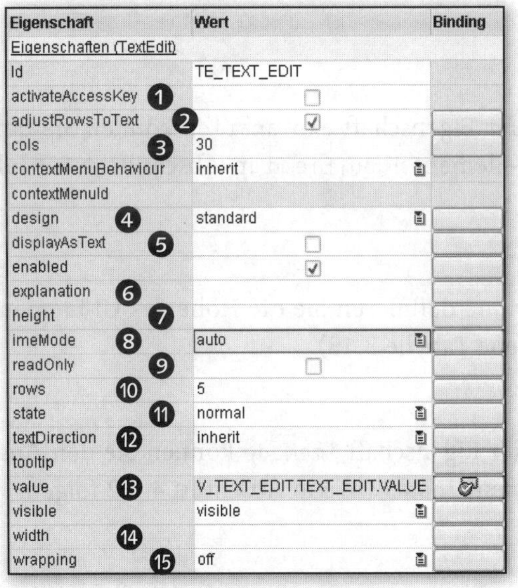

Eigenschaft	Wert	Binding
Eigenschaften (TextEdit)		
Id	TE_TEXT_EDIT	
activateAccessKey 1	☐	
adjustRowsToText 2	☑	
cols 3	30	
contextMenuBehaviour	inherit	
contextMenuId		
design 4	standard	
displayAsText 5	☐	
enabled	☑	
explanation 6		
height 7		
imeMode 8	auto	
readOnly 9	☐	
rows 10	5	
state 11	normal	
textDirection 12	inherit	
tooltip		
value 13	V_TEXT_EDIT.TEXT_EDIT.VALUE	
visible	visible	
width 14		
wrapping 15	off	

Abbildung 4.27 Eigenschaften TextEdit

activateAccessKey

Zugangstaste

Für die Beschreibung der Eigenschaft `activateAccessKey` können Sie den Ausführungen zum UI-Element `InputField` in Abschnitt 4.1.2 folgen.

adjustRowsToText

Falls Sie den Wert der Eigenschaft `adjustRowsToText` mit `abap_true` belegen und wenn die Eigenschaft `dislpayAsText` den Wert `abap_true` besitzt, wird die Anzahl der Zeilen des UI-Elementes an die tatsächlichen Zeilen im Text angepasst.

cols

Spalten

Mit der Eigenschaft `cols` bestimmen Sie die Anzahl der Spalten des UI-Elementes in Zeichen.

design

Aussehen

Mit der Eigenschaft `design` legen Sie die zu verwendende Schrift für den Text im UI-Element fest. Wird der Wert `monospace` zugeordnet, wird eine nicht proportionale Schrift verwendet. Beim Wert `standard` wird die Standardschrift verwendet.

displayAsText

Für die Beschreibung der Eigenschaft `displayAsText` können Sie den Ausführungen zum UI-Element `InputField` in Abschnitt 4.1.2 folgen.

explanation

Für die Beschreibung der Eigenschaft `explanation` können Sie den Ausführungen zum UI-Element `InputField` in Abschnitt 4.1.2 folgen.

height

Mit der Eigenschaft `height` definieren Sie die Höhe des UI-Elementes in CSS-Einheiten (siehe Tabelle 3.13).

imeMode

Eingabe

Für die Beschreibung der Eigenschaft `imeMode` können Sie den Ausführungen zum UI-Element `InputField` in Abschnitt 4.1.2 folgen.

readOnly

Für die Beschreibung der Eigenschaft `readOnly` können Sie den Ausführungen zum UI-Element `InputField` in Abschnitt 4.1.2 folgen.

rows

Mit der Eigenschaft `rows` definieren Sie die Höhe des UI-Elementes in einer Anzahl von Zeilen. Diese Eigenschaft kann durch die Eigenschaft `height` übersteuert werden. **Zeilen**

state

Für die Beschreibung der Eigenschaft `state` können Sie den Ausführungen zum UI-Element `InputField` in Abschnitt 4.1.2 folgen.

textDirection

Für die Beschreibung der Eigenschaft `textDirection` können Sie den Ausführungen zum UI-Element `InputField` in Abschnitt 4.1.2 folgen.

value

Für die Beschreibung der Eigenschaft `value` können Sie den Ausführungen zum UI-Element `InputField` in Abschnitt 4.1.2 folgen. Das zu bindende Context-Attribut, in dem sich die Werte für die textuelle Darstellung befinden, kann vom Typ `string` oder `string_table` sein. **Text**

width

Mit der Eigenschaft `width` definieren Sie die Breite des UI-Elementes in CSS-Einheiten (siehe Tabelle 3.13). **Breite**

wrapping

Mit der Eigenschaft `wrapping` definieren Sie, wie der Text in die nächste Zeile umgebrochen wird. In Tabelle 4.8 sehen Sie die Ausprägungen der Eigenschaft. **Umbruch**

Wert	Beschreibung
`off`	Der Text wird nicht umgebrochen, und bei Bedarf wird ein Scroll-Balken eingeblendet.
`hard`	Der Text wird am Rand des UI-Elementes hart umgebrochen, und ein Carriage Return wird eingefügt.
`soft`	Der Text wird am Rand des UI-Elementes hart umgebrochen.

Tabelle 4.8 Ausprägungen der Eigenschaft »wrapping«

Diese Ausprägungen bestimmen den Textfluss und die visuelle Darstellung des UI-Elementes. In Abbildung 4.28 haben wir die unter- **Textfluss** schiedlichen Auswirkungen der Ausprägung `off` und `soft` zum Vergleich für Sie dargestellt:

- Wenn der darstellbare Platz nicht ausreicht und die Eigenschaft den Wert `soft` besitzt, wird der Text am Rand des UI-Elementes umgebrochen, ohne einen Carriage Return einzufügen. Zudem wird ein vertikaler Scroll-Balken für die Navigation auf den nicht dargestellten Text angeboten (❶).
- Wenn der darstellbare Platz nicht ausreicht und die Eigenschaft den Wert `off` besitzt, wird der Text am Rand des UI-Elementes nicht umgebrochen. Zudem wird ein horizontaler Scroll-Balken für die Navigation auf den nicht dargestellten Text angeboten (❷).

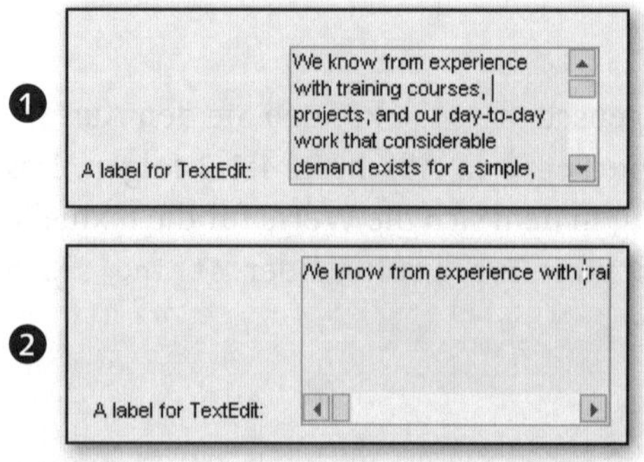

Abbildung 4.28 Auswirkung der Ausprägungen »soft« und »off«

Barrierefreiheit

Beim UI-Element `TextEdit` wird geprüft, ob ein `Label` vorhanden ist. Wenn nicht, findet eine Prüfung statt, ob das gebundene Context-Attribut einen Typ mit semantischer Information besitzt. Wenn nicht, folgt eine Prüfung, ob die Eigenschaft `tooltip` mit einem Wert belegt ist.

4.1.8 FormattedTextView

Formatieren Das UI-Element `FormattedTextView` dient der Ausgabe von formatierten Texten, die Links, Bilder und geordnete Listen enthalten können. Die Formatierung wird mit einer an der Extensible Markup Language (XML) angelehnten Syntax durchgeführt, die einer Untermenge von XHTML plus SAP-spezifischen Tags entspricht.

Visuelle Darstellung

In Abbildung 4.29 sehen Sie ein Beispiel für die Darstellung des `FormattedTextView`. Der Text wurde mit den zur Verfügung stehenden Tags gestaltet und zeigt eine kleine Auswahl der Formatierungsmöglichkeiten. Eine umfassende Beschreibung der Möglichkeiten finden Sie in der Eigenschaft `text`. **Formatierungsmöglichkeiten**

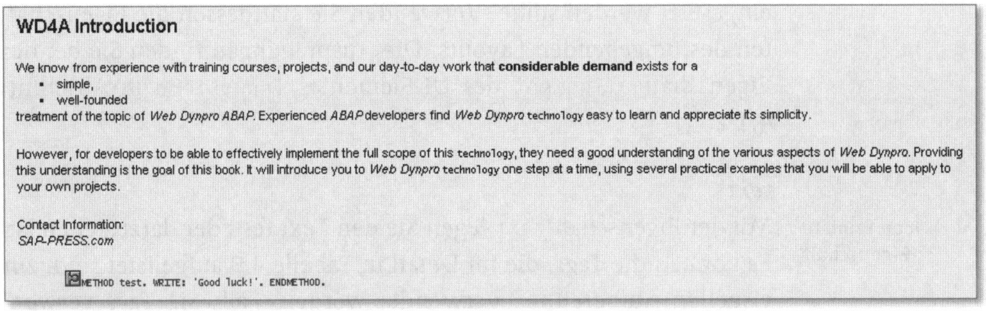

Abbildung 4.29 UI-Element »FormattedTextView« mit Formatierungen

Eigenschaften

In Abbildung 4.30 sehen Sie die Eigenschaften, die in diesem Abschnitt besprochen werden. Die nicht explizit diskutierten Eigenschaften finden Sie in der Einleitung zu diesem Kapitel.

	Eigenschaft	Wert	Binding
	Eigenschaften (FormattedTextView)		
	Id	FTV_EX	
	contextMenuBehaviour	inherit	
	contextMenuId		
1	dataSource		
	enabled	✓	
2	hAlign	auto	
3	text	V_FORMATED_TV.FORMA	
4	textDirection	inherit	
	tooltip		
	visible	visible	

Abbildung 4.30 Eigenschaften FormattedTextView

dataSource

Mit der Eigenschaft `dataSource` definieren Sie die Werte für das Tag `sap:field`. Die Werte werden aber nicht direkt eingegeben, sondern basieren auf den Elementen zu einem Context-Knoten. Der gebun- **Tags** dene Context-Knoten muss ein Attribut besitzen, dem der anzuzeigende Wert zugewiesen wurde. Sind mehrere Elemente für den Context-Knoten vorhanden, wird das Element der Lead-Selection als Datenquelle verwendet.

hAlign

Die Eigenschaft `hAlign` ist deprecated, das heißt, dass sie nicht mehr eingesetzt werden sollte. Verwenden Sie stattdessen die Eigenschaften des umgebenden Layouts. Die Ausprägungen finden Sie bei der Eigenschaft `alignment` des UI-Elementes `InputField` in Abschnitt 4.1.2.

text

Icon Primäre Eigenschaft

Mit der Eigenschaft `text` legen Sie den Text fest, der darzustellen ist. Es können die Tags, die im Detail in Tabelle 4.9 aufgelistet sind, zur visuellen Aufbereitung verwendet werden. Falls Sie Tags verwenden, die nicht in der Tabelle vorkommen, werden diese ausgefiltert und nicht für die visuelle Aufbereitung berücksichtigt.

Tag	Beschreibung
Text	
`a`	Dieses Tag beschreibt einen Anker für Links und führt zum Auslösen des Ereignisses `onAction` und in weiterer Folge zum Aufruf des hinterlegten Aktionsbehandlers. Die Syntax dazu lautet: `<a href="Aktion" [Title="Tooltip"]>FormattedText</a>`
`abbr`	Dieses Tag formatiert einen Text als Abkürzung.
`acronym`	Dieses Tag formatiert einen Text als Akronym.
`address`	Dieses Tag formatiert einen Text als Adresse.
`blockquote`	Dieses Tag setzt einen Textblock vom Rest des Textes ab. Die genaue Darstellung bestimmt der Browser. In der Regel wird der Text in `blockquote` rechts und links eingerückt und kursiv gerendert. Vor und nach dem `blockquote`-Element gibt es einen Zeilenumbruch.
`br`	Dieses Tag fügt einen Zeilenumbruch im Text ein.
`cite`	Dieses Tag formatiert einen Text als Zitat oder Referenz auf eine andere Quelle.
`code`	Dieses Tag formatiert einen Text als Programmtext.

Tabelle 4.9 Tags für FormatedTextView

Tag	Beschreibung
`dfn`	Dieses Tag formatiert einen Text als Definition.
`div`	Dieses Tag dient als Gruppierungselement (Block-Level) für weitere Tags. Bei der Ausgabe wird ein Zeilenumbruch vor und hinter dem Element eingefügt.
`em`	Dieses Tag formatiert einen Text als hervorgehoben.
`formattedText`	Dieses Tag definiert den Beginn und das Ende des formatierten Textes.
`h1`	Dieses Tag formatiert einen Text als Überschrift Stufe 1.
`h2`	Dieses Tag formatiert einen Text als Überschrift Stufe 2.
`h3`	Dieses Tag formatiert einen Text als Überschrift Stufe 3.
`h4`	Dieses Tag formatiert einen Text als Überschrift Stufe 4.
`img`	Dieses Tag ermöglicht die Darstellung eines Bildes. Die Syntax dazu lautet: `<img src="ImageSource" [title="Tooltip"]/>`
`kbd`	Dieses Tag formatiert einen Text als Text, der über die Tastatur eingegeben werden muss.
`p`	Dieses Tag formatiert einen Text als Absatz.
`pre`	Dieses Tag formatiert einen Text als vorformatierten Text. Der Text wird vom Browser exakt in der gleichen Weise dargestellt, wie er innerhalb des öffnenden und schließenden `pre`-Tags steht – inklusive Weißraum, Tabulatoren und Zeilenumbrüchen. Zeilen und Spalten bleiben bestehen, ebenso extra Weißraum.
`q`	Dieses Tag formatiert einen Text als Zitat im Textverlauf.
`samp`	Dieses Tag formatiert einen Text als Output von einem Programm, Skript etc.
`span`	Dieses Tag dient als Gruppierungselement für weitere Tags (Inline-Level).
`strong`	Dieses Tag formatiert einen Text als stark hervorgehoben.
`var`	Dieses Tag formatiert einen Text als Variable.
Listen	
`dl`	Dieses Tag definiert eine Liste mit Bezeichnungen.
`dt`	Dieses Tag definiert die Bezeichnung (Term) für einen Eintrag.

Tabelle 4.9 Tags für FormatedTextView (Forts.)

Tag	Beschreibung
dd	Dieses Tag definiert einen Eintrag in einer Liste mit Bezeichnungen.
ol	Dieses Tag definiert eine geordnete, nummerierte Liste.
ul	Dieses Tag definiert eine ungeordnete Liste, deren Einträge durch Aufzählungspunkte markiert werden.
li	Dieses Tag definiert einen Listeneintrag für geordnete und ungeordnete Listen.
SAP	
sap:field	Dieses Tag definiert einen Platzhalter für ein SAP-Feld mit Bezug auf das Context-Attribut der Eigenschaft dataSource. Die Syntax lautet: `<sap:field name = "Context Attribute Name"/>`

Tabelle 4.9 Tags für FormatedTextView (Forts.)

Beispiel

In Listing 4.3 zeigen wir Ihnen die Implementierung zur Texterzeugung für unser Eingangsbeispiel in Abbildung 4.29.

```
METHOD set_formatted_text_ex .
  DATA lo_nd_formatted_text_view TYPE REF TO
         if_wd_context_node.
  DATA lo_el_formatted_text_view TYPE REF TO
         if_wd_context_element.
  DATA ls_formatted_text_view TYPE
         wd_this->element_formatted_text_view.
  DATA lv_text_ex TYPE
         wd_this->element_formatted_text_view-text_ex.
*  Navigiere von <CONTEXT> zu <FORMATTED_TEXT_view_ex> mit der
*    Lead-Selection
  lo_nd_formatted_text_view =
    wd_context->get_child_node(
      name = wd_this->wdctx_formatted_text_view ).
*   Ermittle das Element mit der Lead-Selection
  lo_el_formatted_text_view =
    lo_nd_formatted_text_view->get_element( ).
*   Erzeuge den formatierten Text
  CONCATENATE
'<' cl_wd_formatted_text=>e_tag-formattedtext '>'
'<h1><acronym>WD4A</acronym> Introduction</h1>'
'<p>'
' We know from experience with training courses, projects,'
' and our day-to-day work that '
' <strong>considerable demand</strong> exists for a '
'<ul>'
'<li>simple,</li>'
```

```
'<li>well-founded</li>'
'</ul>'
' treatment of the topic of <em>Web Dynpro ABAP</em>. '
' Experienced <em>ABAP</em>'
' developers find <em>Web Dynpro</em>'
' <code>technology</code> easy to learn and appreciate'
' its simplicity.'
'</p>'
'<p>'
' Contact Information:'
'<address>SAP-PRESS.com</address>'
'</p>'
'<blockquote>'
' <a href="GO" title="Click here to get the details!" >'
' <img src="ICON_DETAIL" title="An image" />'
' </a>'
`<code>METHOD test. WRITE: 'Good luck!'. ENDMETHOD.</code>`
'</blockquote>'
'</' cl_wd_formatted_text=>e_tag-formattedtext '>'
INTO lv_text_ex.
* Setze das Attribut
lo_el_formatted_text_view->set_attribute(
  name =  `TEXT_EX`
  value = lv_text_ex ).
ENDMETHOD.
```

Listing 4.3 Formatierung des Textes für das UI-Element »FormattedTextView«

Wir haben beim Aufbau des Textes die Tags ohne Verwendung von Konstanten ausgeführt, außer für den Textwurzelknoten `cl_wd_formatted_text=>e_tag-formattedtext`. Bevorzugen Sie die Verwendung dieser Konstanten, können Sie auf die Struktur `cl_wd_formatted_text=>e_tag` zurückgreifen. Die Klasse `CL_WD_FORMATTED_TEXT` bietet zudem Hilfsmethoden, um formatierte Texte zu erzeugen, von SAPscript zu konvertieren und zu validieren. **Beschreibung**

textDirection

Für die Beschreibung der Eigenschaft `textDirection` können Sie den Ausführungen zum UI-Element `InputField` in Abschnitt 4.1.2 folgen. **Textrichtung**

Ereignisse

Das UI-Element `FormattedTextView` bietet das Ereignis `onAction` an. Sofern eine Aktion zu dem Ereignis hinterlegt ist und im Text ein `a`-Feld vorkommt, wird ein Roundtrip ausgelöst und das Phasenmo- **onAction** dell mit dem dazugehörigen Ereignisbehandler abgearbeitet. Der Aktionsbehandler-Methode wird neben den Standardparametern der Parameter `HREF` übergeben. Dieser entstammt dem `href`-Attribut des `a`-Tags.

[◉] **Weitere Informationen**: Weitere Erläuterungen zum Thema Ereignisbehandlung finden Sie in Kapitel 2, »Web-Dynpro Architektur«.

Barrierefreiheit

Die Eigenschaft `tooltip` wird für das UI-Element `FormattedTextView` nicht geprüft.

Achtung

Falls Sie den Text, den Sie der Eigeschaft `text` zugewiesen haben, nicht XML-konform erzeugen, tritt ein Laufzeitfehler auf.

4.1.9 FormattedTextEdit

Texte formatieren

Mit dem UI-Element `FormattedTextEdit` können Sie formatierte Texte mithilfe von Funktionen editieren, die in einer Toolbar am oberen Rand des UI-Elementes zur Verfügung gestellt werden. Um die Editiermöglichkeiten nutzen zu können, ist es notwendig, dass für die Web-Dynpro-Anwendung der Wert des Anwendungsparameters `WDLIGHTSPEED` auf `'X'` gesetzt ist.

[+] **Hinweis**: Mit SAP NetWeaver 7.0 EHP1 wurde eine neue HTML Rendering Engine mit dem Namen Unified Rendering Light Speed bzw. Light Speed eingeführt. Diese neue Engine verspricht verbesserte Reaktionsfreudigkeit durch Inline-CSS, Load-on-Demand für JavaScript und weitere Features, die die benötigte Bandbreite und die Rendering-Zeit reduzieren. Des Weiteren können durch Light Speed Adobe Flash Islands oder Microsoft Silverlight Islands eingebettet werden, neue UI-Elemente, wie zum Beispiel Drag & Drop, verwendet werden und neue Eigenschaften, Ereignisse und Aggregationen von UI-Elementen angeboten werden.

Formatierungsmöglichkeiten

Das UI-Element `FormattedTextEdit` unterstützt Sie bei der Formatierung von Texten als Header1, Header2, Header3, von alphabetischen und nicht alphabetischen Listen, Einzug, Fett und Italics. Nicht unterstützte Formate sind Bilder, Links, Unterstrich und Farben.

Visuelle Darstellung

Werkzeugleiste

In Abbildung 4.31 sehen Sie eine Darstellung des UI-Elementes `FormattedTextEdit`. In einer Werkzeugleiste am oberen Rand des UI-Elementes bietet das UI-Element verschiedene Funktionen zum Formatieren des Textes an, der in einem Eingabefeld eingetragen wird. Die Drucktaste B dient zum Hervorheben eines Textabschnittes. Markieren Sie dazu den Text im Eingabefeld, und drücken Sie dann die B-Drucktaste. Um die Formatierung zurückzunehmen, markieren Sie den Text wiederum. Sie sehen, dass die Drucktaste B visuell eingedrückt dargestellt wird. Drücken Sie auf die B-Taste, und der Text wird wieder auf die Standardformatierung zurückgesetzt. Das eben beschriebene Vorgehen gilt für alle Formatierungsoptionen in der Toolbar.

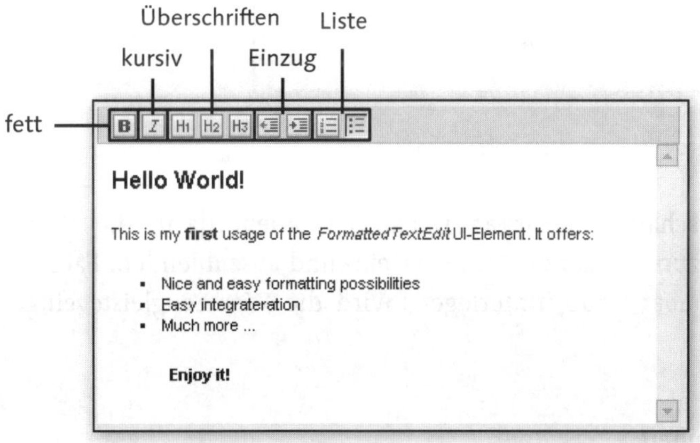

Abbildung 4.31 Texteditor für das UI-Element »FormattedTextEdit«

Die Drucktaste I wird verwendet, um den selektierten Text kursiv darzustellen. H1, H2 und H3 dienen zur Formatierung eines Textes als Überschriften. Zwei Tasten werden angeboten, um Einrückungen zu definieren und wieder zurückzunehmen. Zur Aufbereitung von Listen steht eine Taste für nummerierte und eine für nicht nummerierte Listen zur Verfügung.

Eigenschaften

Die Eigenschaften von `FormattedTextEdit` decken sich mit denen von `FormattedTextView`. Lesen Sie dazu die Beschreibung zum UI-Element `FormattedTextView` in Abschnitt 4.1.8. Zusätzlich zu den

FormattedTextView-Eigenschaften wird noch eine andere Eigenschaft angeboten (siehe Abbildung 4.32). Die weiteren, nicht explizit diskutierten Eigenschaften finden Sie in der Einleitung zu diesem Kapitel.

	Eigenschaft	Wert	Binding
	Eigenschaften (FormattedTextEdit)		
	Id	TC_FORMATTED_TE	
	contextMenuBehaviour	inherit	
	contextMenuId		
	enabled	☑	
	height		
	imeMode	auto	
	readOnly	☐	
1	showFormattingOptions	☑	
	textDirection	inherit	
	tooltip		
	value	V_FORMATED_TE.FORM	
	visible	visible	
	width		

Abbildung 4.32 Eigenschaften FormattedTextEdit

Die Eigenschaft `showFormattingOptions` dient dazu, die Werkzeugleiste zum `FormattedTextEdit` ein- und auszublenden. Falls Sie den Wert `abap_true` hinterlegen, wird die Werkzeugleiste eingeblendet.

Barrierefreiheit

Für das UI-Element `FormattedTextEdit` wird die Eigenschaft `tooltip` geprüft.

Achtung

Falls Sie das Lightspeed-Rendering abschalten (Anwendungsparameter `WDLIGHTSPEED` bzw. URL-Parameter `sap-wd-lightspeed`) und das UI-Element `FormattedTextView` verwenden, kommt es zu einem Laufzeitfehler.

4.1.10 SectionHeader

Überschrift

Das UI-Element `SectionHeader` können Sie verwenden, um die Überschrift zu einem Abschnitt in einem Formular darzustellen. Das

UI-Element `SectionHeader` wird mit einem `TransparentContainer` durch die Eigenschaft `labeledBy` des UI-Elementes `TransparentContainer` verknüpft (siehe auch die Beschreibungen zum `TransparentContainer` in Kapitel 3, »Container und Layouts«).

Visuelle Darstellung

In Abbildung 4.33 sehen Sie Beispiele für die Darstellung des UI-Elementes `SectionHeader`. Es werden drei `SectionHeader` (»Section Header (header4)«, »Another Section Header (header5)« und »The last one (header6)« mit unterschiedlicher farblicher Hinterlegung dargestellt, die über die Layoutdaten definiert werden. Die anderen UI-Elemente dienen nur zur Veranschaulichung der Verwendung des `SectionHeader` als Überschrift. Wie Sie sehen können, unterscheiden sich die `SectionHeader` aufgrund der Schriftgröße, die über die Eigenschaft `level` beeinflusst werden kann.

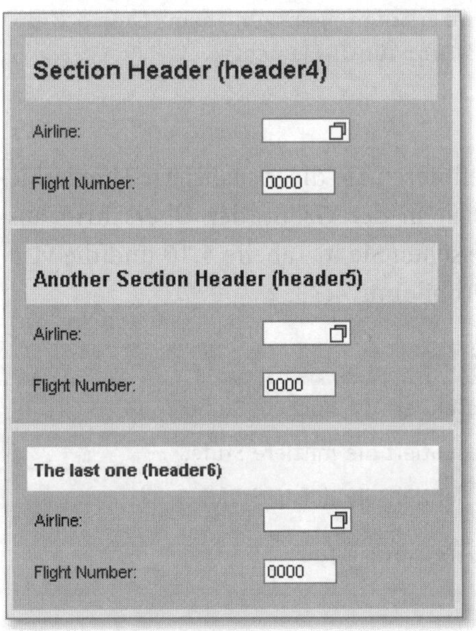

Abbildung 4.33 UI-Element »SectionHeader«

Eigenschaften

In Abbildung 4.34 sehen Sie die Eigenschaften, die in diesem Abschnitt besprochen werden. Die nicht explizit diskutierten Eigenschaften finden Sie in der Einleitung zu diesem Kapitel.

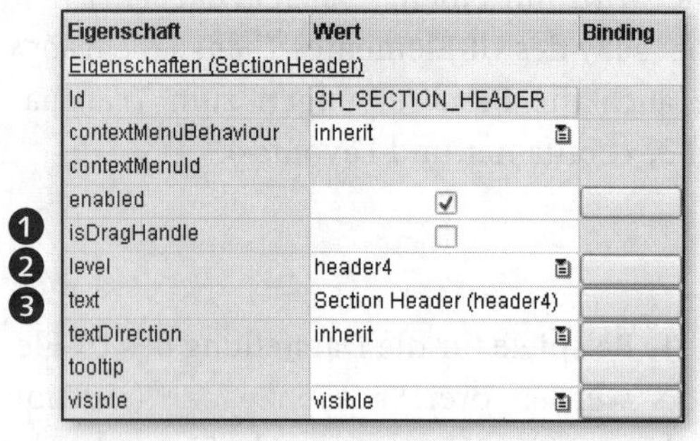

Abbildung 4.34 Eigenschaften SectionHeader

isDragHandle

Drag & Drop

Mithilfe der Eigenschaft `isDragHandle` kann festgelegt werden, ob der `SectionHeader` in einer Drag-&-Drop-Operation verschoben werden kann.

> **Weitere Informationen**: Weitere Erläuterungen zum Thema Drag & Drop finden Sie in Kapitel 5, »Drag & Drop für UI-Elemente«.

level

Ebene

Mit der Eigenschaft `level` definieren Sie die visualisierte Hierarchiestufe des Abschnittes, die sich in der Größe der Überschrift ausdrückt. Die möglichen Werte sehen Sie in Tabelle 4.10 und die visuellen Darstellungen dazu in Abbildung 4.33.

Wert	Beschreibung
`header4`	Dieser Wert repräsentiert die höchste Stufe.
`header5`	Dieser Wert repräsentiert die mittlere Stufe.
`header6`	Dieser Wert repräsentiert die tiefste Stufe.

Tabelle 4.10 Ausprägungen der Eigenschaft »level«

text

Icon Primäre Eigenschaft

In der Eigenschaft `text` bestimmen Sie den Text, der als Beschriftung ausgegeben wird. Es gibt keine Längenbeschränkung.

Barrierefreiheit

Der `SectionHeader` ist nicht über Tabulatoren erreichbar. Ist die Eigenschaft `accessibilityDescription` des verknüpfenden `Trans-`

parentContainer-Elementes nicht gesetzt, wird der Text des SectionHeader für die Barrierefreiheit herangezogen.

Achtung

Falls Sie das UI-Element SectionHeader nicht mit einem UI-Element TransparentContainer verknüpfen, erzeugt das Laufzeitsystem eine Fehlermeldung mit dem folgenden Text:

Der SectionHeader »<Name des Section Headers>« ist keinem TransparentContainer zugeordnet.

4.2 Kategorie »action«

Die Kategorie action beinhaltet die UI-Elemente, die Ereignisse anbieten. Ein Beispiel für ein Ereignis ist onAction für das UI-Element Button, das Sie durch die Zuordnung einer Aktion »aktivieren« und mittels einer Reaktion auf das Ereignis in der durch das Anlegen der Aktion automatisch erzeugten Aktionsbehandler-Methode implementieren können.

4.2.1 Allgemein

Klassenhierarchie

In Abbildung 4.35 sehen Sie als Ausschnitt der gesamten ABAP-Klassenhierarchie der UI-Elemente die Klassenhierarchie für die in diesem Abschnitt besprochenen UI-Elemente. Die Klassen, die mit hellem Hintergrund dargestellt sind, werden als Basisklassen bezeichnet, die nicht direkt über UI-Elemente visualisiert werden. Die Klassen, die grau hinterlegt sind, sind die Klassen, die die UI-Elemente implementieren, die Sie im View-Editor einfügen können. Wie in Kapitel 7, »Dynamische Programmierung«, detailliert gezeigt wird, sind alle UI-Elemente während der Laufzeit durch ABAP-Klassen repräsentiert. Der Name der Klasse wird im Allgemeinen durch CL_WD_<Name des UI-Elementes> gebildet.

Wie Sie der Abbildung entnehmen können, wird in der höchsten Klasse CL_WDR_VIEW_ELEMENT das Attribut ID definiert. Damit steht diese Eigenschaft allen Unterklassen zur Verfügung. Die Klasse CL_WD_CTX_MENU_PROVIDER steuert die Attribute CONTEXT_MENU_BEHAVIOUR und CONTEXT_MENU_ID bei. Die Klasse CL_WD_UIELEMENT leistet auch einen wichtigen Beitrag, nämlich die Attribute ENABLED, VISIBLE und TOOLTIP.

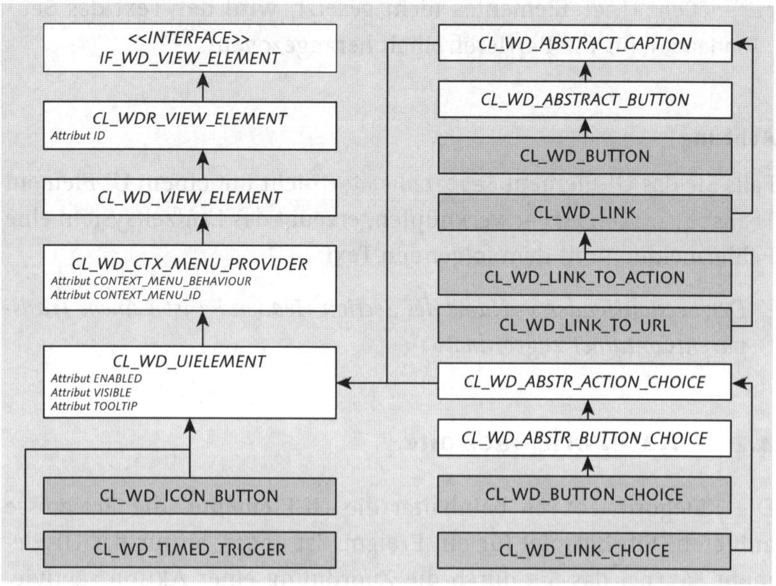

Abbildung 4.35 Klassenhierarchie der UI-Elemente aus der action-Kategorie

Attribute und Eigenschaften Ausgewählte Attribute der dargestellten Klassen werden im View-Editor zu den Eigenschaften der UI-Elemente, das heißt, Ihnen steht zum Beispiel für jedes UI-Element die Eigenschaft `ID` im View-Editor für die Pflege oder auch die Eigenschaft `width` zur Verfügung, mit der Sie die Breite des UI-Elementes in CSS-Einheiten einstellen können (siehe Tabelle 3.13).

4.2.2 Button

Schaltfläche Das UI-Element `Button` stellt eine Schaltfläche bzw. Taste am Bildschirm dar. Durch Anklicken des `Button` kann der Benutzer einen Roundtrip auslösen.

Visuelle Darstellung

In Abbildung 4.36 sehen Sie eine einfache Darstellung eines `Button`. Dem Button haben wir durch die Pflege der Eigenschaften ein Image zugeordnet.

Abbildung 4.36 Button

Eigenschaften

In Abbildung 4.37 sehen Sie die Eigenschaften, die in diesem Abschnitt besprochen werden. Die nicht explizit diskutierten Eigenschaften finden Sie in der Einleitung zu diesem Kapitel.

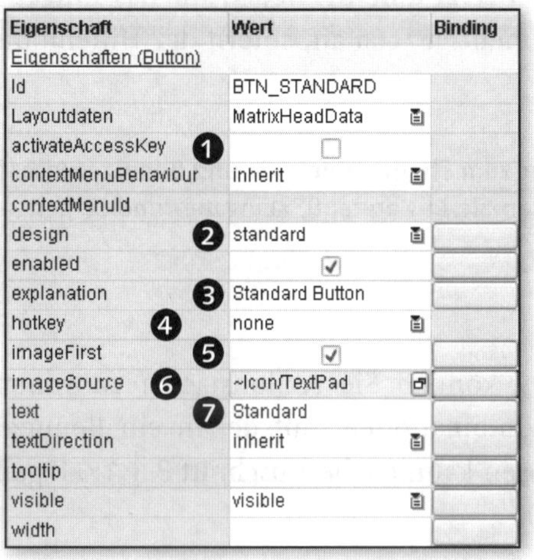

Abbildung 4.37 Eigenschaften Button

activateAccessKey

Zugangstaste

Die Eigenschaft `activateAccessKey` steuert die Aktivität von Zugangstasten. Zugangstasten sind Tasten oder Tastenkombinationen, mit denen ein Benutzer den Fokus direkt auf ein Oberflächenelement setzt, ohne die dort hinterlegte Funktion auszulösen (siehe auch Abschnitt 3.1.1, »Eigenschaften für alle Container«).

design

Optische Gestaltung

Die Eigenschaft `design` legt die farbliche und optische Gestaltung des UI-Elementes `Button` fest. In Abbildung 4.38 sehen Sie die optischen Auswirkungen der unterschiedlichen Ausprägungen der möglichen Werte.

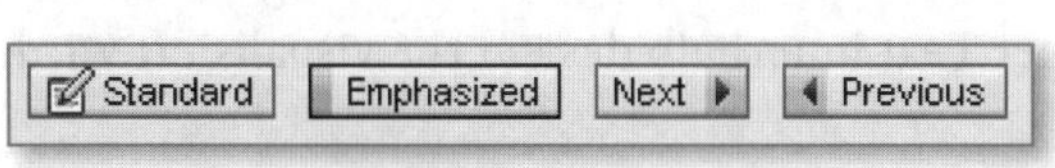

Abbildung 4.38 Eigenschaft »design«

Der STANDARD-Button, dem wir mithilfe der Eigenschaft `imageSource` eine Grafik zugeordnet haben, hat keine außergewöhnlichen

Darstellungsattribute. Der EMPHASIZED-Button besitzt einen hervorgehobenen linken Rand. Der NEXT- und der PREVIOUS-Button kennzeichnen sich durch spezielle Icons aus, die die Richtung indizieren.

explanation

Die Eigenschaft `explanation` zeigt einen Hilfetext für das Eingabefeld am zugehörigen UI-Element `Button` an, sofern der Hilfemodus aktiviert ist.

[👁] **Weitere Informationen**: Mehr zum Thema Hilfetexte und Benutzerunterstützung bei der Eingabe finden Sie in Kapitel 8, »Eingabe- und semantische Hilfen«.

hotkey

Mit der Eigenschaft `hotkey` können Sie Aktionstasten zuordnen. Aktionstasten sind Tastenkombinationen, mit denen ein Benutzer das Ereignis `onAction` auslösen kann (siehe Abschnitt 3.1.1, »Eigenschaften für alle Container«).

imageFirst

Reihenfolge

Mit der Eigenschaft `imageFirst` können Sie bestimmen, ob ein Image vor (Wert = `abap_true`) oder nach (Wert = `abap_false`) dem zugehörigen Text darzustellen ist.

imageSource

Bildquelle

Mit dem Wert der Eigenschaft `imageSource` geben Sie den Namen und die Quelle eines darzustellenden Bildes an. Dieses kann aus den unterschiedlichsten Quellen stammen. Bei der Auswahl des passenden Bildes werden Sie durch eine Suchhilfe des Eigenschaftsfeldes unterstützt. Besitzt diese Eigenschaft keinen Wert, wird auch kein Bild angezeigt.

text

Mit der Eigenschaft `text` können Sie einen Beschriftungstext festlegen, der als erläuternder Text innerhalb des `Button` visualisiert wird.

Ereignisse

Das UI-Element `Button` bietet das Ereignis `onAction` an. Falls Sie dem Ereignis eine Aktion zuordnen, werden der Aktionsbehandler-Methode die Standardparameter `context_element` und `id` übergeben.

Barrierefreiheit

Um die Entwicklung barrierefreier Anwendungen zu ermöglichen, wird im Rahmen des Syntax-Checks die Eigenschaft `tooltip` überprüft, wenn die `text`-Eigenschaft nicht gesetzt wurde.

4.2.3 ButtonChoice

Optionen

Eine `ButtonChoice` ist ein Button, der über ein kleines Dreiecksymbol eine Auswahl verschiedener Optionen anbietet. Wenn der Benutzer auf das Dreiecksymbol klickt, öffnet sich ein Menü, aus dem eine Aktion ausgewählt werden kann. Eine bestimmte Aktion kann sofort ausgeführt werden, indem der Benutzer den entsprechenden Menüeintrag selektiert. Die Eigenschaft `repeatSelectedAction` ermöglicht es, dass die letzte ausgewählte Aktion nach dem Ausführen auf dem Button stehen bleibt und durch das Anklicken des Buttons erneut durchgeführt werden kann.

Eine `ButtonChoice` ist funktional identisch mit einer `ToolBarButtonChoice` (siehe Abschnitt 4.8.4, »ToolBar«), nur der Einsatz ist unterschiedlich, denn die `ButtonChoice` kann außerhalb einer `ToolBar` verwendet werden.

Visuelle Darstellung

In Abbildung 4.39 sehen Sie eine einfache Darstellung einer `ButtonChoice`. Zu der `ButtonChoice` haben wir zwei `MenuActionItem`-Elemente aggregiert.

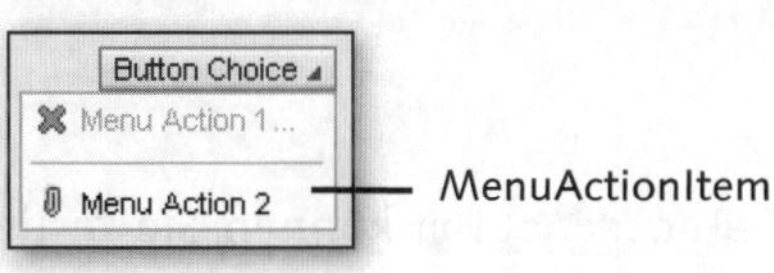

Abbildung 4.39 ButtonChoice mit aggregiertem MenuActionItem

Eigenschaften

In Abbildung 4.40 sehen Sie die Eigenschaften, die in diesem Abschnitt besprochen werden. Die nicht explizit diskutierten Eigenschaften finden Sie in der Einleitung zu diesem Kapitel.

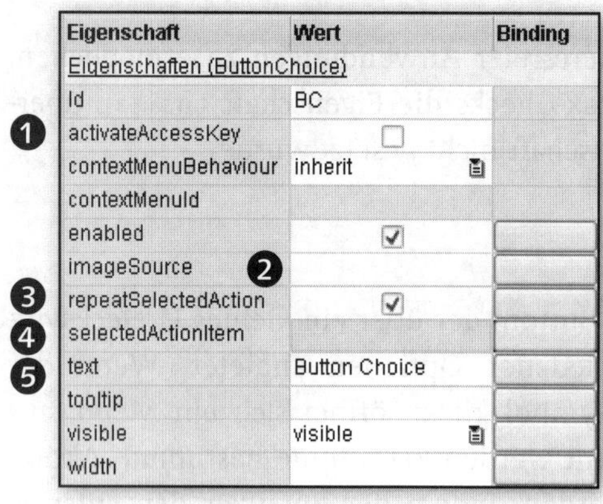

Abbildung 4.40 Eigenschaften ButtonChoice

activateAccessKey

Die Eigenschaft `activateAccessKey` steuert die Aktivität von Zugangstasten. Zugangstasten sind Tasten oder Tastenkombinationen, mit denen ein Benutzer den Fokus direkt auf ein Oberflächenelement setzt, ohne die dort hinterlegte Funktion auszulösen. Sehen Sie dazu auch Abschnitt 3.1.1, »Eigenschaften für alle Container«.

imageSource

Mit dem Wert der Eigenschaft `imageSource` geben Sie den Namen und die Quelle eines darzustellenden Bildes an. Dieses kann aus den unterschiedlichsten Quellen stammen. Bei der Auswahl des passenden Bildes werden Sie durch eine Suchhilfe des Eigenschaftsfeldes unterstützt. Besitzt diese Eigenschaft keinen Wert, wird auch kein Bild angezeigt.

repeatSelectedAction

Letzte Auswahl

Mithilfe der Eigenschaft `repeatSelectedAction` können Sie festlegen, dass die Bezeichnung der zuletzt ausgewählten Aktion als Text der `ButtonChoice` angezeigt wird (Wert = `abap_true`) oder nicht (Wert = `abap_false`). Visuell wird dies nach Auswahl einer Aktion durch einen vertikalen Strich vor dem Dreieck dargestellt.

selectedActionItem

Auswahl

Mit der Eigenschaft `selectedActionItem` können Sie die Aktion für die `ButtonChoice` auswählen. Dazu müssen Sie die auszuwählende ID des `MenuActionItem` als Wert angeben.

text
Mit der Eigenschaft `text` können Sie einen Beschriftungstext festlegen, der als erläuternder Text innerhalb der `ButtonChoice` visualisiert wird.

Barrierefreiheit

Um die Entwicklung barrierefreier Anwendungen zu ermöglichen, wird im Rahmen des Syntax-Checks die Eigenschaft `tooltip` überprüft, wenn die `text`-Eigenschaft nicht gesetzt wurde.

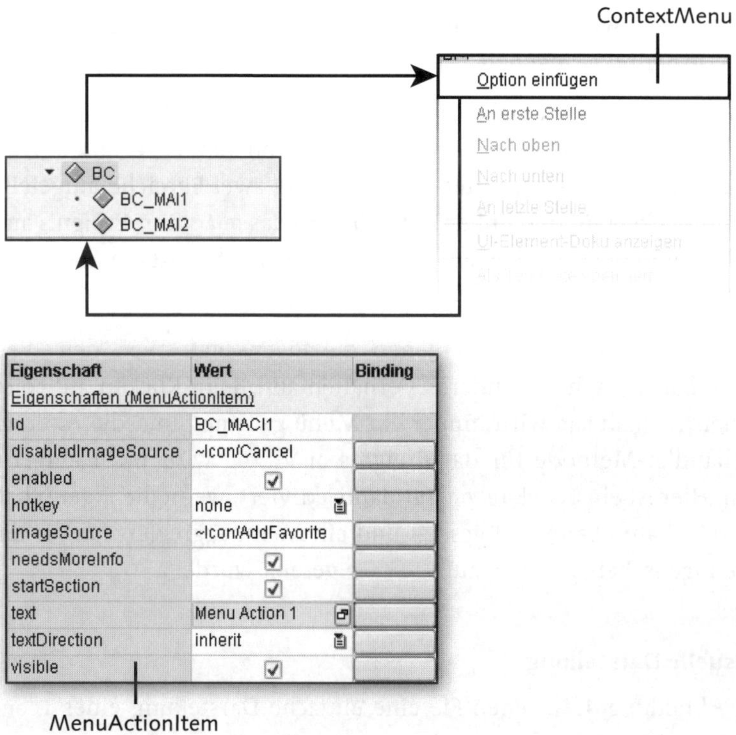

Abbildung 4.41 Aggregationen ButtonChoice

Aggregierte Elemente

In Abbildung 4.41 sehen Sie das aggregierbare UI-Element `MenuActionItem` zur `ButtonChoice`. Wir haben das Kontextmenü zur Anlage des aggregierbaren Elementes mit dem relevanten Menüeintrag in die Abbildung eingefügt.

Das UI-Element `MenuActionItem` stellt einen konkreten Menüeintrag für die `ButtonChoice` zur Verfügung. Sie können beliebig viele Einträge zur `ButtonChoice` anlegen. Die Details zum `MenuActionItem` finden Sie in Abschnitt 4.8.2, »Menu«.

4.2.4 IconButton

Der `IconButton` ist ein einfacher Button, der keinerlei Text enthält, sondern nur ein Bild. Der `IconButton` bietet aufgrund der Eigenschaft `type` die Möglichkeit, ein vordefiniertes Bild mit Tooltip zu verwenden. Diese vordefinierten Einstellungen können natürlich übersteuert werden, indem Sie die Eigenschaften `imageSource` und `tooltip` direkt eingeben.

Menü Im Gegensatz zu einem `Button` kann ein `IconButton` ein Menü haben. Wenn ein Menü angegeben ist und der `type` einen Wert ungleich `menu` hat, wird der `IconButton` in zwei Bereiche aufgeteilt. Beim Klicken auf den linken Bereich wird das `onAction`-Ereignis ausgelöst, und beim Klicken auf den rechten Bereich wird ein Menü aufgeklappt.

`IconButton`-Elemente, bei denen die Eigenschaft `type` den Wert `menu` hat, weisen ein anderes Verhalten auf. Beim Klicken auf solch einen `IconButton` wird immer ein Menü geöffnet, und die Aktionsbehandler-Methode für das Ereignis `onAction` wird nicht aufgerufen. Hier ist ein `IconButton` nur dann aktiviert, wenn die Eigenschaft `enabled` auf `abap_true` gesetzt und ein Menü aggregiert ist, für das die Eigenschaft `visible` auf `visible` gesetzt wurde.

Visuelle Darstellung

In Abbildung 4.42 sehen Sie eine einfache Darstellung eines `IconButton`. Zum `IconButton` haben wir ein Menü aggregiert.

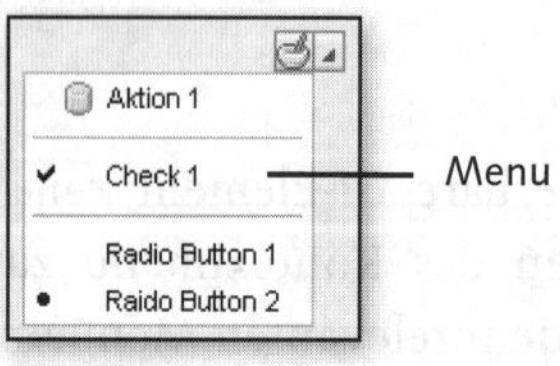

Abbildung 4.42 IconButton mit aggregiertem Menu

Eigenschaften

In Abbildung 4.43 sehen Sie die Eigenschaften, die in diesem Abschnitt besprochen werden. Die nicht explizit diskutierten Eigenschaften finden Sie in der Einleitung zu diesem Kapitel.

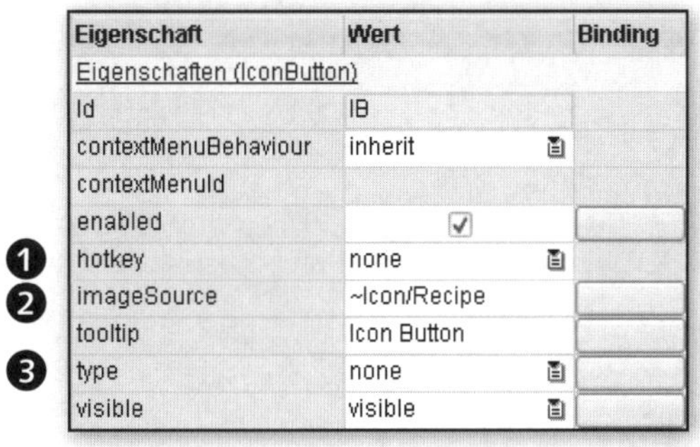

Abbildung 4.43 Eigenschaften IconButton

hotkey

Mit der Eigenschaft `hotkey` können Sie Aktionstasten zuordnen. Aktionstasten sind Tastenkombinationen, mit denen ein Benutzer das Ereignis `onAction` auslösen kann (siehe auch Abschnitt 3.1.1, »Eigenschaften für alle Container«).

imageSource

Mit dem Wert der Eigenschaft `imageSource` geben Sie den Namen und die Quelle eines darzustellenden Bildes an. Dieses kann aus den unterschiedlichsten Quellen stammen. Bei der Auswahl des passenden Bildes werden Sie durch eine Suchhilfe des Eigenschaftsfeldes unterstützt. Besitzt diese Eigenschaft keinen Wert, wird auch kein Bild angezeigt.

type

Vordefinierte Typen

Mithilfe der Eigenschaft `type` können Sie dem `IconButton` ein vordefiniertes Bild mit Tooltip zuordnen. Die möglichen Werte und deren Auswirkungen sehen Sie in Abbildung 4.44.

Die Ausprägung `close` sorgt für die Darstellung eines kleinen »x« und repräsentiert das SCHLIESSEN-Symbol. Die Ausprägung `help` stellt ein Fragezeichen dar und repräsentiert eine Drucktaste für Hilfe. Die Ausprägung `menu` stellt eine Auswahlliste dar und deutet das Vorhandensein eines Menüs an. Die Ausprägung `none` steht für eine leere Drucktaste. Die Ausprägung `personalize` wird durch ein Bleistiftsymbol veranschaulicht und deutet dem Benutzer eine Einstellunsmöglichkeit an. Die Ausprägung `scrollTop` wird als Dreieck mit der Spitze nach oben dargestellt und deutet dem Benutzer eine Navigationsmöglichkeit an.

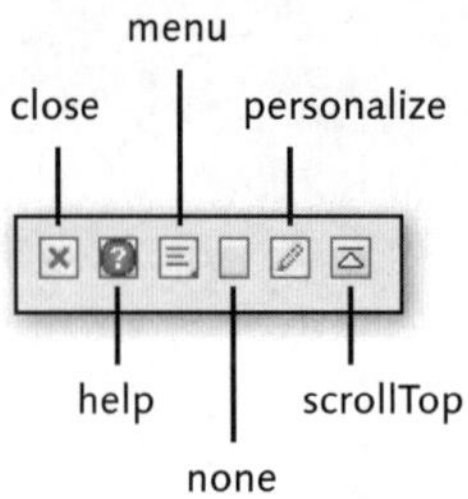

Abbildung 4.44 Eigenschaft »type

Ereignisse

onAction Das UI-Element `IconButton` bietet das Ereignis `onAction` an. Falls Sie dem Ereignis eine Aktion zuordnen, werden der Aktionsbehandler-Methode die Standardparameter `context_element` und `id` übergeben.

Aggregierte Elemente

In Abbildung 4.45 sehen Sie das aggregierte Element `Menu` zum `IconButton`, das in diesem Abschnitt besprochen wird. Des Weiteren haben wir das Kontextmenü zur Anlage des aggregierten Elementes mit den relevanten Menüeinträgen in die Abbildung eingefügt.

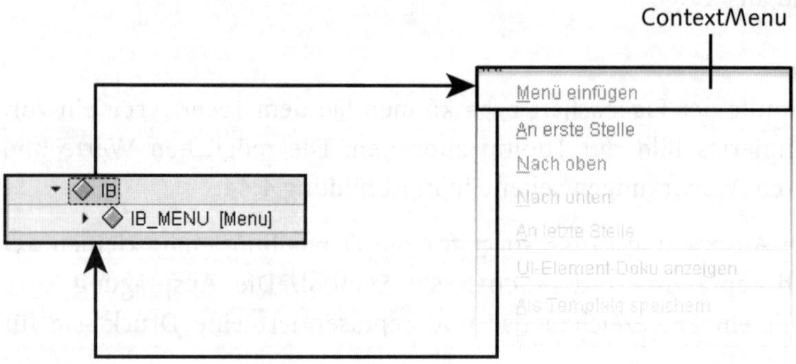

Abbildung 4.45 Aggregationen IconButton

Zum IconButton können Sie ein Menü anlegen, das rechts unten neben dem Button-Bild als Dreieck angezeigt wird. Klickt der Benutzer auf das Dreieck, erscheinen die Einträge unterhalb des IconButton. Um das Menü anzulegen, wählen Sie im Kontextmenü des IconButton im View-Editor den Menüeintrag MENÜ EINFÜGEN. Details zu den Menüs finden Sie in Abschnitt 4.8.2, »Menu«.

Achtung

Beachten Sie, dass ein IconButton nur dann aktiviert ist, wenn seine Eigenschaft enabled auf abap_true gesetzt und eine Aktion zum Ereignis onAction zugeordnet ist. Dieses UI-Element steht nicht für den SAP NetWeaver Business Client zur Verfügung.

4.2.5 LinkChoice

Optionen

Eine LinkChoice ist ein Button, der über ein kleines Dreiecksymbol eine Auswahl verschiedener Optionen anbietet und bei eingeschaltetem Anwendungsparameter WDLIGHTSPEED zur Verfügung steht. Klickt der Benutzer auf das Dreiecksymbol, öffnet sich ein Menü, aus dem eine Aktion ausgewählt werden kann. Eine bestimmte Aktion kann sofort ausgeführt werden, indem der Benutzer den entsprechenden Menüeintrag selektiert.

Eine LinkChoice ist funktional identisch mit einer ToolBarLinkChoice, nur der Einsatz ist unterschiedlich, denn die LinkChoice kann außerhalb einer ToolBar verwendet werden.

Visuelle Darstellung

In Abbildung 4.46 sehen Sie eine einfache Darstellung einer LinkChoice. Zu der LinkChoice haben wir zwei MenuActionItem-Elemente aggregiert.

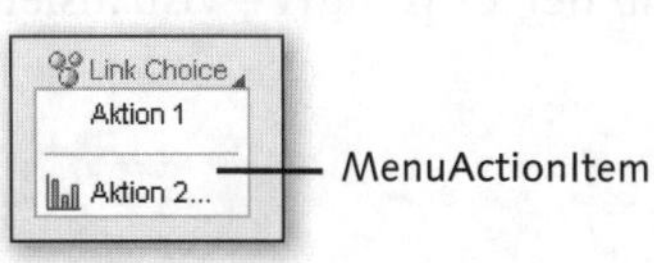

Abbildung 4.46 LinkChoice mit aggregiertem MenuActionItem

Eigenschaften

In Abbildung 4.47 sehen Sie die Eigenschaften, die in diesem Abschnitt besprochen werden. Die nicht explizit diskutierten Eigenschaften finden Sie in der Einleitung zu diesem Kapitel.

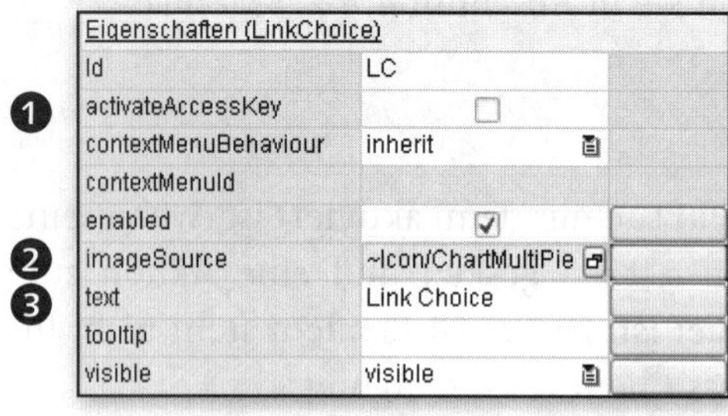

Abbildung 4.47 Eigenschaften LinkChoice

activateAccessKey

Die Eigenschaft `activateAccessKey` steuert die Aktivität von Zugangstasten. Zugangstasten sind Tasten oder Tastenkombinationen, mit denen ein Benutzer den Fokus direkt auf ein Oberflächenelement setzt, ohne die dort hinterlegte Funktion auszulösen (siehe auch Abschnitt 3.1.1, »Eigenschaften für alle Container«).

imageSource

Mit dem Wert der Eigenschaft `imageSource` geben Sie den Namen und die Quelle eines darzustellenden Bildes an. Dieses kann aus den unterschiedlichsten Quellen stammen. Bei der Auswahl des passenden Bildes werden Sie durch eine Suchhilfe des Eigenschaftsfeldes unterstützt. Besitzt diese Eigenschaft keinen Wert, wird auch kein Bild angezeigt.

text

Mit der Eigenschaft `text` können Sie einen Beschriftungstext festlegen, der als erläuternder Text innerhalb der `LinkChoice` visualisiert wird.

Barrierefreiheit

Um die Entwicklung barrierefreier Anwendungen zu ermöglichen, wird im Rahmen des Syntax-Checks die Eigenschaft `tooltip` überprüft, wenn die `text`-Eigenschaft nicht gesetzt wurde.

Aggregierte Elemente

In Abbildung 4.48 sehen Sie das aggregierte Element `MenuActionItem` zur `LinkChoice`, das in diesem Abschnitt besprochen wird. Des Weiteren haben wir das Kontextmenü zur Anlage des aggregierten Elementes mit den relevanten Menüeinträgen in die Abbildung eingefügt.

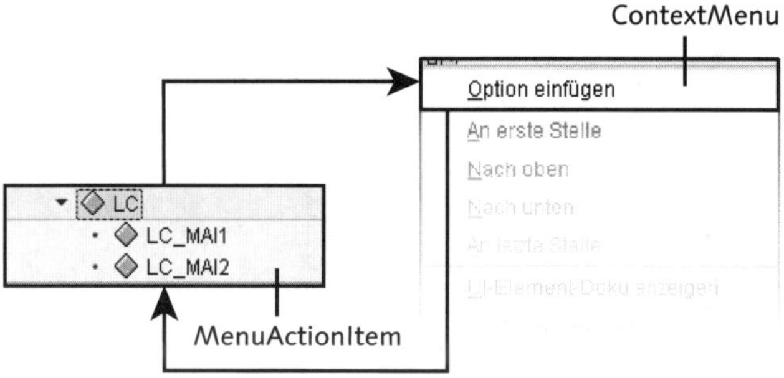

Abbildung 4.48 Aggregationen LinkChoice

Das UI-Element `MenuActionItem` stellt einen konkreten Menüeintrag für die `LinkChoice` zur Verfügung. Sie können beliebig viele Einträge zur `LinkChoice` anlegen. Die Eigenschaften, die neben den Standardeigenschaften für ein `MenuActionItem` bereitstehen, sind in Tabelle 4.41 aufgelistet.

4.2.6 LinkToAction

Das UI-Element `LinkToAction` stellt eine einem Hypertext-Link ähnliche Verknüpfung zu dem Ereignis `onAction` dar. Klickt der Benutzer auf den Link, wird dieser ausgeführt, sofern eine Aktionsbehandler-Methode vorhanden ist. **Link**

Visuelle Darstellung

In Abbildung 4.49 sehen Sie eine einfache Darstellung eines `LinkToAction`. Zum `LinkToAction` haben wir ein `Menu` aggregiert.

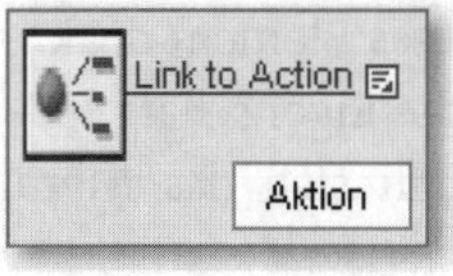

Abbildung 4.49 LinkToAction mit aggregiertem Menu

Eigenschaften

In Abbildung 4.50 sehen Sie die Eigenschaften, die in diesem Abschnitt besprochen werden. Die nicht explizit diskutierten Eigenschaften finden Sie in der Einleitung zu diesem Kapitel.

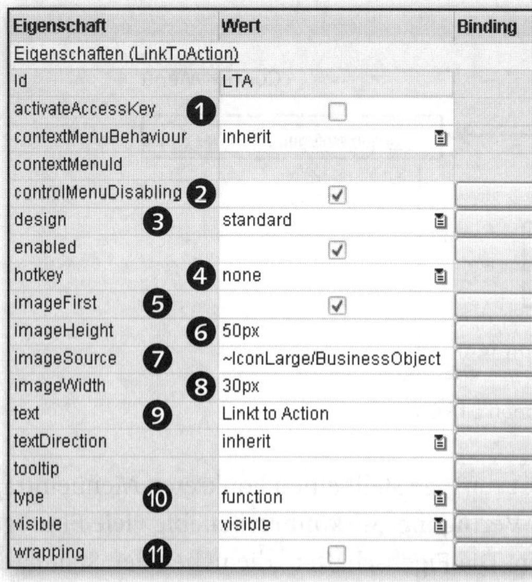

Eigenschaft	Wert	Binding
Eigenschaften (LinkToAction)		
Id	LTA	
activateAccessKey ❶	☐	
contextMenuBehaviour	inherit	
contextMenuId		
controlMenuDisabling ❷	☑	
design ❸	standard	
enabled	☑	
hotkey ❹	none	
imageFirst ❺	☑	
imageHeight ❻	50px	
imageSource ❼	~IconLarge/BusinessObject	
imageWidth ❽	30px	
text ❾	Linkt to Action	
textDirection	inherit	
tooltip		
type ❿	function	
visible	visible	
wrapping ⓫	☐	

Abbildung 4.50 Eigenschaften LinkToAction

activateAccessKey

Die Eigenschaft `activateAccessKey` steuert die Aktivität von Zugangstasten. Zugangstasten sind Tasten oder Tastenkombinationen, mit denen ein Benutzer den Fokus direkt auf ein Oberflächenelement setzt, ohne die dort hinterlegte Funktion auszulösen (siehe auch Abschnitt 3.1.1, »Eigenschaften für alle Container«).

controlMenuDisabling

Menü deaktivieren

Mit der Eigenschaft `controlMenuDisabling` können Sie die Aktivität des Menüs steuern. Hat die Eigenschaft `controlMenuDisabling` den Wert `abap_false`, kann das Menü verwendet werden, auch wenn die Eigenschaft `enabled` den Wert `abap_false` für den Link gesetzt hat. Wird der Link jedoch durch ein übergeordnetes Element deaktiviert, wird das Menü ebenfalls deaktiviert. Hat die Eigenschaft `controlMenuDisabling` den Wert `abap_true`, verhält sich das Menü bezüglich der Aktivität wie der Link.

design

Mit der Eigenschaft `design` steuern Sie das Aussehen des UI-Elementes `LinkToAction`. In Abbildung 4.51 sehen Sie die unterschiedlichen Darstellungsmöglichkeiten des UI-Elementes.

Darstellung

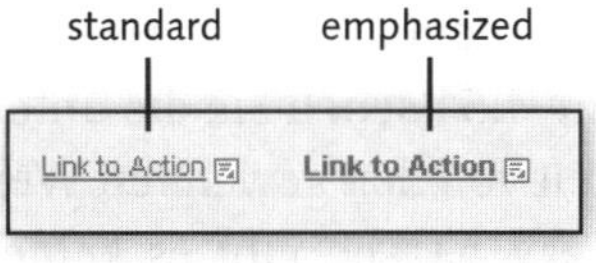

Abbildung 4.51 Eigenschaft »design«

hotkey

Mit der Eigenschaft `hotkey` können Sie Aktionstasten zuordnen. Aktionstasten sind Tastenkombinationen, mit denen ein Benutzer das Ereignis `onAction` auslösen kann (siehe auch Abschnitt 3.1.1, »Eigenschaften für alle Container«).

imageFirst

Mit der Eigenschaft `imageFirst` können Sie bestimmen, ob ein Image vor (Wert = `abap_true`) oder nach (Wert = `abap_false`) dem zugehörigen Text darzustellen ist.

imageHeight

Die Eigenschaft `imageHeight` bestimmt die Höhe der Grafik, die sich links neben dem Link befindet. Die Höhe wird entweder in CSS-Größen wie em, ex, Pixel oder in Prozentwerten angegeben (siehe Tabelle 3.13).

imageSource

Mit dem Wert der Eigenschaft `imageSource` geben Sie den Namen und die Quelle eines darzustellenden Bildes an. Dieses kann aus den unterschiedlichsten Quellen stammen. Bei der Auswahl des passenden Bildes werden Sie durch eine Suchhilfe des Eigenschaftsfeldes unterstützt. Besitzt diese Eigenschaft keinen Wert, wird auch kein Bild angezeigt.

imageWidth

Die Eigenschaft `imageWidth` bestimmt die Breite der Grafik, die sich links neben dem Link befindet. Die Höhe wird entweder in CSS-Größen wie em, ex, Pixel oder in Prozentwerten angegeben (siehe Tabelle 3.13).

text

Mit der Eigenschaft text können Sie einen Beschriftungstext für den Link definieren.

type

Art Mithilfe der Eigenschaft type können Sie dem LinkToAction ein bestimmtes Aussehen geben. In Abbildung 4.51 sehen Sie die unterschiedlichen Darstellungen in Abhängigkeit von den gewählten Werten. Zwischen dem Typ function und navigation gibt es keinen optischen Unterschied, sondern nur einen semantischen.

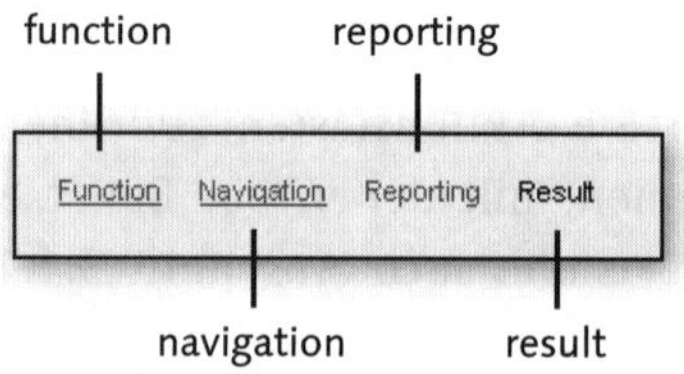

Abbildung 4.52 Eigenschaft »type«

In Tabelle 4.11 haben wir die unterschiedlichen Ausprägungen mit ihren Beschreibungen zusammengefasst.

Wert	Beschreibung
navigation	Link wird im Standarddesign und mit Unterstrich dargestellt.
function	Link wird im Standarddesign und mit Unterstrich dargestellt.
reporting	Link wird im Standarddesign und ohne Unterstrich dargestellt.
result	Link wird ohne Unterstrich dargestellt.

Tabelle 4.11 Ausprägungen der Eigenschaft »type«

wrapping

Zeilenumbruch Mit der Eigenschaft wrapping können Sie einen Zeilenumbruch festlegen, falls Sie den Wert auf abap_true setzen. Der Text des Links wird je nach Wert in die nächste Zeile umgebrochen oder nicht. Falls Sie den Wert abap_false vergeben, wird der Text des Links nicht in die nächste Zeile umgebrochen.

Ereignisse

onAction Das UI-Element LinkToAction bietet das Ereignis onAction an. Falls Sie dem Ereignis eine Aktion zuordnen, werden der Aktionsbehandler-Methode die Standardparameter `context_element` und `id` übergeben.

Barrierefreiheit

Um die Entwicklung barrierefreier Anwendungen zu ermöglichen, wird im Rahmen des Syntax-Checks die Eigenschaft `tooltip` überprüft, wenn die Eigenschaft `text` nicht gesetzt wurde.

Aggregierte Elemente

In Abbildung 4.53 sehen Sie das aggregierte Element `Menu` zum `LinkToAction`, das in diesem Abschnitt besprochen wird. Des Weiteren haben wir das Kontextmenü zur Anlage des aggregierten Elementes mit den relevanten Menüeinträgen in die Abbildung eingefügt.

Zum `LinkToAction` können Sie ein Menü anlegen, das rechts neben dem Link-Text als Menüsymbol angezeigt wird. Klickt der Benutzer das Menüsymbol an, erscheinen die Menüeinträge unterhalb dieses Menüsymbols. Um das Menü anzulegen, wählen Sie im Kontextmenü des `LinkToAction` im View-Editor den Menüeintrag MENÜ EINFÜGEN. Details zu den Menüs finden Sie in Abschnitt 4.8.2, »Menu«.

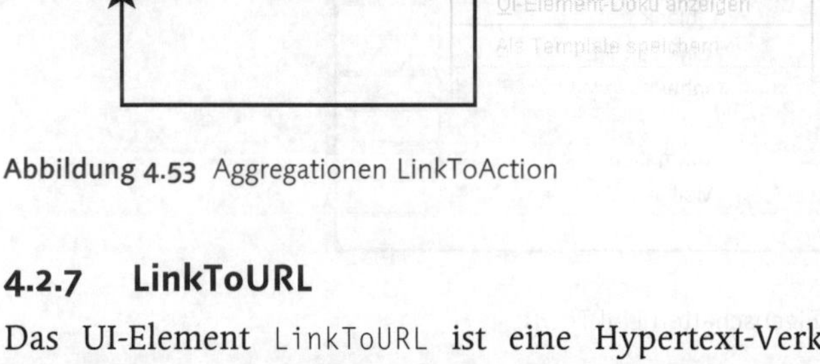

Abbildung 4.53 Aggregationen LinkToAction

4.2.7 LinkToURL

Das UI-Element `LinkToURL` ist eine Hypertext-Verknüpfung. Ein Anwählen des Links führt zu einer beliebigen Webressource (URL) und damit natürlich auch zu anderen SAP-Anwendungen, wie zum Beispiel Anwendungen in Web Dynpro ABAP. Der `LinkToURL` dient ausschließlich dem Öffnen von URLs in einem separaten Fenster; er dient nicht dazu, innerhalb von Web-Dynpro-Applikationen zu navigieren. Link

Visuelle Darstellung

In Abbildung 4.54 sehen Sie eine einfache Darstellung eines `LinkToURL`. Zum `LinkToURL` haben wir ein `Menu` aggregiert.

Abbildung 4.54 LinkToURL mit aggregiertem Menu

Eigenschaften

In Abbildung 4.55 sehen Sie die Eigenschaften, die in diesem Abschnitt besprochen werden. Die nicht explizit diskutierten Eigenschaften finden Sie in der Einleitung zu diesem Kapitel und in Abschnitt 4.2.6, »LinkToAction«.

	Eigenschaft	Wert	Binding
	Eigenschaften (LinkToURL)		
	Id	LTU	
	activateAccessKey	☐	
	contextMenuBehaviour	inherit	
	contextMenuId		
	controlMenuDisabling	☐	
	design	standard	
	enabled	☑	
	hotkey	none	
	imageFirst	☑	
	imageHeight		
	imageSource	~IconLarge/Notification	
	imageWidth		
1	reference	http://www.facet.at	
2	target	_blank	
	text	Link To URL	
	textDirection	inherit	
	tooltip		
	type	navigation	
	visible	visible	
	wrapping	☐	

Abbildung 4.55 Eigenschaften LinkToURL

reference

URL Mit der Eigenschaft `reference` geben Sie die Adresse/URL der Webseite an, die geöffnet werden soll. Die URL muss eine gültige absolute URL (*http://*, *https://*, *ftp://*, *mailto://* etc.) oder ein absoluter

Pfad auf dem SAP-Applikationsserver sein. Relative Pfade beziehen sich auf den MIME-Ordner der aktuellen Web-Dynpro-Component. Sie können die URL auch relativ zum Applikationsserver mittels vorangestelltem Slash (/) angeben.

target

Zielfenster

Mit der Eigenschaft `target` können Sie das neue Browser-Fenster festlegen, in dem die Seite geöffnet werden soll. Sie können den Namen des Zielfensters selbst bestimmen oder den Wert `_blank` verwenden, der sich auf den W3C-HTML-Standard bezieht und dafür sorgt, dass das zu ladende Dokument in einem neuen, unbenannten Fenster geöffnet wird. Wird ein Link mit einem `target` geöffnet, das noch nicht existiert, wird ein neues Fenster geöffnet. Falls es bereits ein Fenster mit `target`-Bezeichnung gibt, wird der bestehende Inhalt in diesem Fenster verworfen und durch den Inhalt ersetzt, der durch die URL referenziert wird.

Barrierefreiheit

Um die Entwicklung barrierefreier Anwendungen zu ermöglichen, wird im Rahmen des Syntax-Checks die Eigenschaft `tooltip` überprüft, wenn die Eigenschaft `text` nicht gesetzt wurde.

Aggregierte Elemente

In Abbildung 4.56 sehen Sie das aggregierte Element `Menu` zum `LinkToURL`, das in diesem Abschnitt besprochen wird. Des Weiteren haben wir das Kontextmenü zur Anlage des aggregierten Elementes mit den relevanten Menüeinträgen in die Abbildung eingefügt.

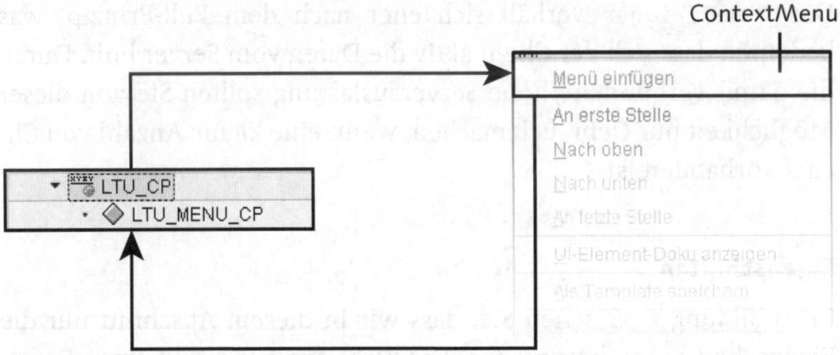

Abbildung 4.56 Aggregationen LinkToURL

Zum `LinkToURL` können Sie ein Menü anlegen, das rechts neben dem Link-Text als Menüsymbol angezeigt wird. Klickt der Benutzer das Menüsymbol an, erscheinen die Menüeinträge unterhalb dieses Menüsymbols. Um das Menü anzulegen, wählen Sie im Kontextmenü des `LinkToURL` im View-Editor den Menüeintrag MENÜ EINFÜGEN. Details zu den Menüs finden Sie in Abschnitt 4.8.2, »Menu«.

4.2.8 TimedTrigger

Automatischer Roundtrip

Das UI-Element `TimedTrigger` löst automatisch und periodisch ein Ereignis mit einer bestimmten Verzögerung aus. `TimedTrigger` besitzt keine visuelle Darstellung auf der Benutzungsoberfläche, daher ignoriert es sowohl den Tooltip als auch die Eigenschaft `visibility`. Jedoch nimmt es in bestimmten Layouts, wie zum Beispiel dem `MatrixLayout`, Raum ein, das heißt, dass dieses UI-Element zwar nicht sichtbar ist, aber wie ein sichtbares UI-Element eine Zelle im Layout belegt. Um eine Aktion auszulösen, müssen Sie die Eigenschaft `onAction` an eine Aktion binden. Mit der Eigenschaft `delay` bestimmen Sie den Zeitverzug in Sekunden.

Das Auslösen von Ereignissen über das `TimedTrigger`-Element verhindern Sie durch:

- Setzen der Verzögerung auf 0 Sekunden
- Deaktivieren (`enabled = abap_false`) des `TimedTrigger`-Elementes
- Setzen des Eigenschaft `visible` auf einen Wert ungleich `visible`

Push

Durch periodische Server-Requests können Sie das UI-Element `TimedTrigger` bedingt zum Auslösen von Push-Ereignissen in der Web-Dynpro-Anwendung einsetzen, das heißt zum gezielten Auslösen von Ereignissen, beispielsweise als Nachricht für den Benutzer. Der `TimedTrigger` verhält sich eher nach dem Pull-Prinzip, was bedeutet, dass sich der Client aktiv die Daten vom Server holt. Durch die damit verbundene hohe Serverauslastung sollten Sie von dieser Möglichkeit nur Gebrauch machen, wenn eine kleine Anzahl von Clients vorhanden ist.

Eigenschaften

In Abbildung 4.57 sehen Sie, dass wir in diesem Abschnitt nur die Eigenschaft `delay` besprechen. Die nicht explizit diskutierten Eigenschaften finden Sie in der Einleitung zu diesem Kapitel.

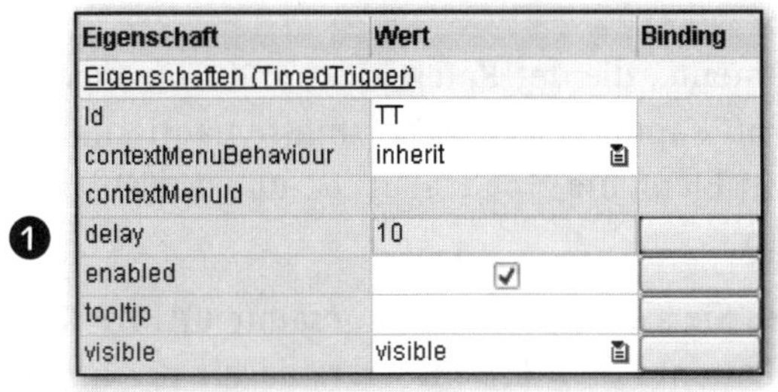

Eigenschaft	Wert	Binding
Eigenschaften (TimedTrigger)		
Id	TT	
contextMenuBehaviour	inherit	
contextMenuId		
delay	10	
enabled	☑	
tooltip		
visible	visible	

Abbildung 4.57 Eigenschaften TimedTrigger

Verzögerung

Mit der Eigenschaft `delay` stellen Sie die Verzögerung in Sekunden ein, bevor das Ereignis `onAction` ausgelöst wird. Der Wert dieser Eigenschaft darf nicht negativ sein. Eine Verzögerung von 0 Sekunden bedeutet, dass der Timer ausgeschaltet ist und keine Aktion ausgeführt wird. Die Verzögerung zählt von dem Zeitpunkt an, an dem der Client die Antwort erhält. Auf diese Weise wird der Timer nach jedem Roundtrip zum Server neu gestartet, das heißt aufgrund einer Benutzerinteraktion. Sehr kurze Verzögerungen (Verzögerungen < 5 Sekunden) sollten Sie mit äußerster Vorsicht behandeln, weil dadurch die Benutzungsoberfläche nicht mehr bedienbar werden kann.

Ereignisse

onAction

Das UI-Element `TimedTrigger` bietet das Ereignis `onAction` an. Falls Sie dem Ereignis eine Aktion zuordnen, werden der Aktionsbehandler-Methode die Standardparameter `context_element` und `id` übergeben.

Achtung

Beachten Sie, dass das Auslösen des `onAction`-Ereignisses jede Benutzerinteraktion unterbricht. Dadurch kann es für den Benutzer zu unerwarteten Unterbrechungen in der Interaktion mit der Benutzeroberfläche kommen, wie zum Beispiel beim Blättern in einer Tabelle.

4.3 Kategorie »selection«

Die Kategorie `selection` beinhaltet die UI-Elemente, die dem Benutzer Auswahlmöglichkeiten anbieten.

4.3.1 Allgemein

Ein Großteil der UI-Elemente, die der Kategorie `selection` angehören, sind Gegenstand von Kapitel 8, »Eingabe- und semantische Hilfen«. Die restlichen zwei Elemente, `ToggleButton` und `ToggleLink`, finden Sie hier diskutiert.

Klassenhierarchie In Abbildung 4.58 sehen Sie als Ausschnitt der gesamten ABAP-Klassenhierarchie der UI-Elemente die Klassenhierarchie für die in diesem Abschnitt besprochenen UI-Elemente. Wie in Kapitel 7, »Dynamische Programmierung«, detailliert gezeigt wird, sind alle UI-Elemente während der Laufzeit durch ABAP-Klassen repräsentiert. Der Name der Klasse wird im Allgemeinen durch `CL_WD_<Name des UI-Elementes>` gebildet.

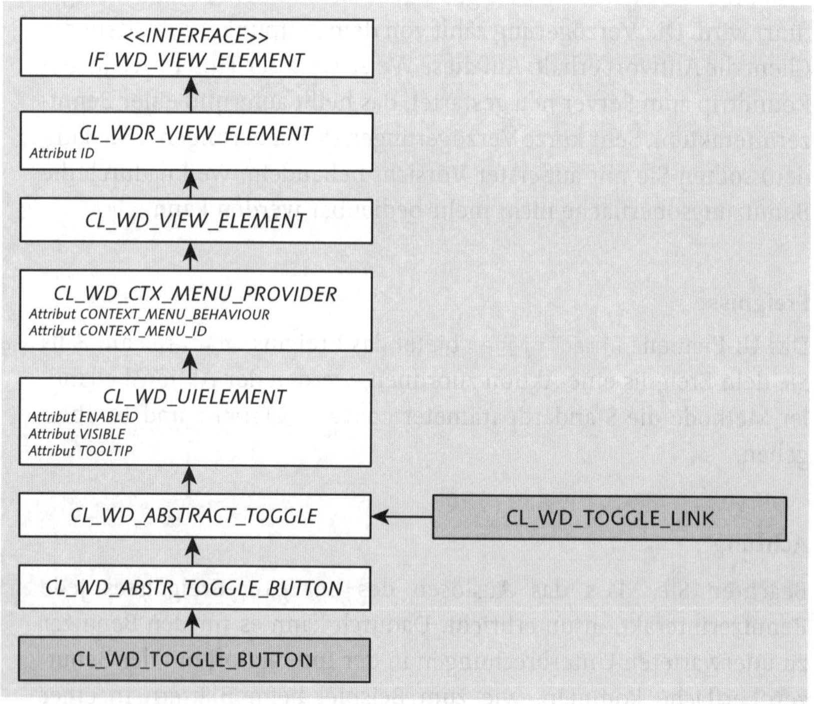

Abbildung 4.58 Auswahl der Klassenhierarchie der UI-Elemente aus der selection-Kategorie

Basisklassen Die Klassen, die mit hellem Hintergrund dargestellt sind, sind die Basisklassen, die nicht direkt über UI-Elemente visualisiert werden. Die Klassen, die grau hinterlegt sind, sind die Klassen, die die UI-Elemente implementieren, die Sie im View-Editor einfügen können.

Wie Sie in Abbildung 4.58 sehen können, wird in der höchsten Klasse CL_WDR_VIEW_ELEMENT das Attribut ID definiert. Damit steht diese Eigenschaft allen Unterklassen zur Verfügung. Die Klasse CL_WD_CTX_MENU_PROVIDER steuert die Attribute CONTEXT_MENU_BEHAVIOUR und CONTEXT_MENU_ID bei. Die Klasse CL_WD_UIELEMENT leistet auch einen wichtigen Beitrag, nämlich die Attribute ENABLED, VISIBLE und TOOLTIP.

Attribute und Eigenschaften

Ausgewählte Attribute der dargestellten Klassen werden im View-Editor zu den Eigenschaften der UI-Elemente, das heißt, Ihnen steht zum Beispiel für jedes UI-Element die Eigenschaft ID im View-Editor für die Pflege zur Verfügung. Welche Bedeutung diese Eigenschaften für die Gestaltung des User Interface haben, werden wir Ihnen im Folgenden näher erläutern.

4.3.2 ToggleButton

Schalter

Das UI-Element ToggleButton stellt eine Drucktaste dar, die zwei Zustände besitzt – gedrückt und nicht gedrückt –, die entsprechend visualisiert werden. Durch Anklicken des ToggleButton kann der Benutzer Anweisungen und Aktionen ausführen.

Visuelle Darstellung

Zustände

In Abbildung 4.59 sehen Sie eine einfache Darstellung eines ToggleButton. Wir haben die zwei Darstellungen des ToggleButton im nicht gedrückten (links) und gedrückten Zustand (rechts) angedeutet.

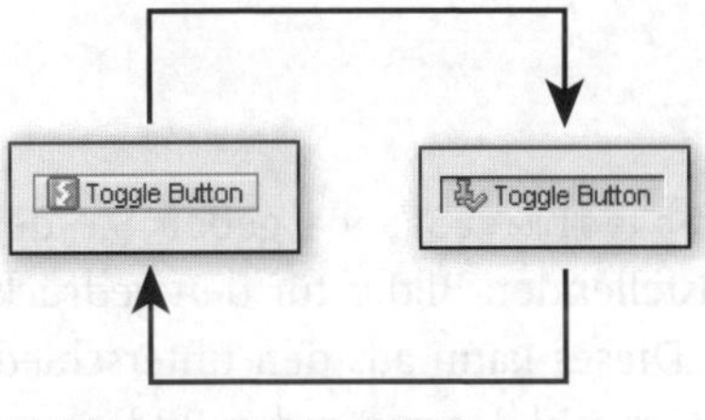

Abbildung 4.59 ToggleButton

Eigenschaften

In Abbildung 4.60 sehen Sie die Eigenschaften, die in diesem Abschnitt besprochen werden. Die nicht explizit diskutierten Eigenschaften finden Sie in der Einleitung zu diesem Kapitel.

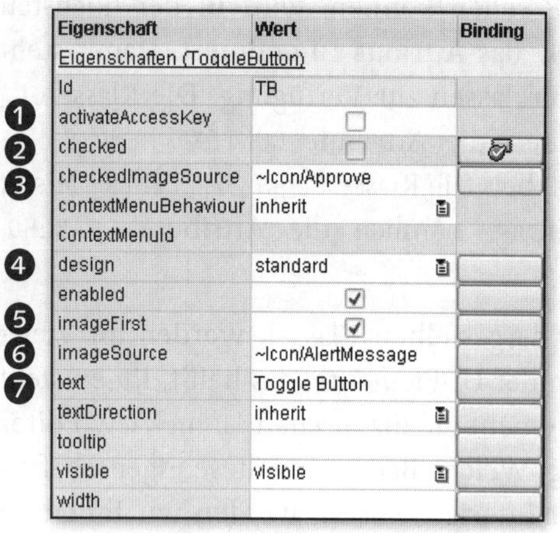

Abbildung 4.60 Eigenschaften ToggleButton

activateAccessKey

Die Eigenschaft `activateAccessKey` steuert die Aktivität von Zugangstasten. Zugangstasten sind Tasten oder Tastenkombinationen, mit denen ein Benutzer den Fokus direkt auf ein Oberflächenelement setzt, ohne die dort hinterlegte Funktion auszulösen (siehe Abschnitt 3.1.1, »Eigenschaften für alle Container«).

checked

Zustand festlegen

Mit der Eigenschaft `checked` legen Sie fest, ob das UI-Element angewählt ist. Steht der Wert auf `abap_true`, ist der Button gedrückt und dessen Visualisierung wird auf der Benutzungsoberfläche durch einen gedrückten Button dargestellt. Ist der Wert `abap_false`, wird der Button erhoben dargestellt.

checkedImageSource

Bild

Mit dem Wert der Eigenschaft `checkedImageSource` geben Sie den Namen und die Quelle eines darzustellenden Bildes für den gedrückten Zustand des `ToggleButton` an. Dieses kann aus den unterschiedlichsten Quellen stammen. Bei der Auswahl des passenden Bildes werden Sie durch eine Suchhilfe des Eigenschaftsfeldes unterstützt. Falls diese Eigenschaft keinen Wert besitzt, wird auch kein Bild angezeigt.

design

Darstellung

Die Eigenschaft `design` legt die farbliche und optische Gestaltung des `ToggleButton` fest. In Abbildung 4.61 sehen Sie die optischen Auswirkungen der unterschiedlichen Ausprägungen der möglichen Werte.

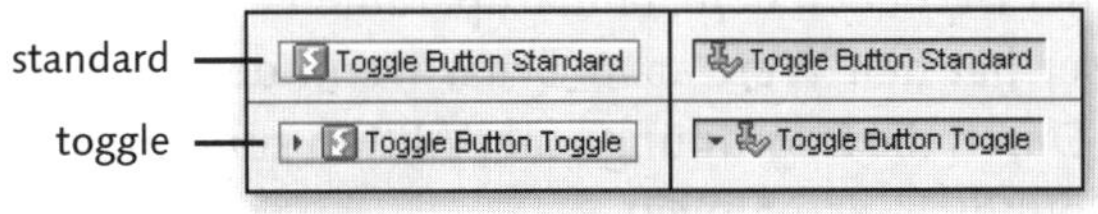

Abbildung 4.61 Eigenschaft »design«

In Tabelle 4.12 haben wir die Beschreibung der Ausprägungen zusammengestellt.

Wert	Beschreibung
`standard`	Bei der Standarddarstellung wird durch die Abbildung des `ToggleButton` gezeigt, wenn der `ToggleButton` gedrückt oder nicht gedrückt ist.
`toggle`	Für diesen Wert wird die Darstellung wie die Abbildung mit `standard` und zusätzlich mit einem Symbol links neben dem Icon angezeigt, das den gedrückten/nicht gedrückten Zustand anzeigt.

Tabelle 4.12 Ausprägungen der Eigenschaft »design«

imageFirst

Mit der Eigenschaft `imageFirst` können Sie bestimmen, ob ein Image vor (Wert = `abap_true`) oder nach (Wert = `abap_false`) dem zugehörigen Text darzustellen ist.

imageSource

Mit dem Wert der Eigenschaft `imageSource` geben Sie den Namen und die Quelle eines darzustellenden Bildes an. Dieses kann aus den unterschiedlichsten Quellen stammen. Bei der Auswahl des passenden Bildes werden Sie durch eine Suchhilfe des Eigenschaftsfeldes unterstützt. Besitzt diese Eigenschaft keinen Wert, wird auch kein Bild angezeigt.

text

Mit der Eigenschaft `text` können Sie einen Beschriftungstext festlegen, der als erläuternder Text innerhalb des `ToggleButton` visualisiert wird.

Ereignisse

Das Ereignis `onToggle` wird ausgelöst, wenn der Benutzer den `ToggleButton` anklickt. Der zugeordnete Aktionsbehandler erhält, sofern eine Aktion zugeordnet ist, neben den Standardparametern den Parameter checked. Dieser hat den Wert abap_true, wenn der ToogleButton gedrückt ist. Durch die Zuordnung einer Aktion zum Ereignis onToggle wird ein Roundtrip erzwungen.

Barrierefreiheit

Um die Entwicklung barrierefreier Anwendungen zu ermöglichen, wird im Rahmen des Syntax-Checks die Eigenschaft tooltip überprüft, wenn die Eigenschaft text nicht gesetzt wurde.

4.3.3 ToggleLink

Link Das UI-Element ToggleLink dient der Darstellung eines Hypertext-Links. Vor dem Element wird ein Dreieck visualisiert, das entweder mit der Spitze nach rechts oder mit der Spitze nach unten zeigt. Dies ist eine ähnliche Visualisierung, wie wir sie beim UI-Element ToggleButton für die design-Ausprägung toggle geschildert haben.

Visuelle Darstellung

In Abbildung 4.62 sehen Sie eine einfache Darstellung eines ToggleLink. Wir haben die zwei Darstellungen des ToggleLink im nicht angeklickten (links) und angeklickten Zustand (rechts) angedeutet.

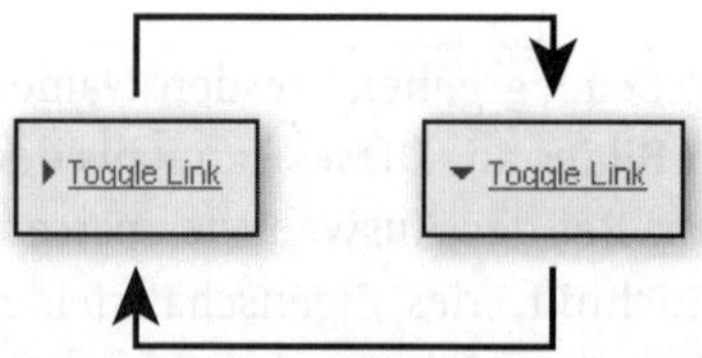

Abbildung 4.62 ToggleLink

Eigenschaften

Die Erläuterungen der Eigenschaften des ToggleLink finden Sie analog in Abschnitt 4.3.2, »ToggleButton«, beschrieben.

Ereignisse

Die Erläuterungen der Ereignisse des ToggleLink finden Sie analog in Abschnitt 4.3.2, »ToggleButton«, beschrieben.

Barrierefreiheit

Um die Entwicklung barrierefreier Anwendungen zu ermöglichen, wird im Rahmen des Syntax-Checks die Eigenschaft `tooltip` überprüft, wenn die Eigenschaft `text` nicht gesetzt wurde.

4.4 Kategorie »complex«

In der Kategorie `complex` sind alle UI-Elemente zusammengefasst, denen von ihrem Aufbau und Inhalt her eine gewisse Komplexität innewohnt. Das bedeutet im Allgemeinen für die UI-Elemente, dass sie immer Aggregationen von anderen UI-Elementen besitzen.

4.4.1 Allgemein

Klassenhierachie

In Abbildung 4.63 sehen Sie als Ausschnitt der gesamten ABAP-Klassenhierarchie der UI-Elemente die Klassenhierarchie für die in diesem Abschnitt besprochenen UI-Elemente. Wie in Kapitel 7, »Dynamische Programmierung«, detailliert gezeigt wird, sind alle UI-Elemente während der Laufzeit durch ABAP-Klassen repräsentiert. Der Name der Klasse wird im Allgemeinen durch `CL_WD_<Name des UI-Elementes>` gebildet.

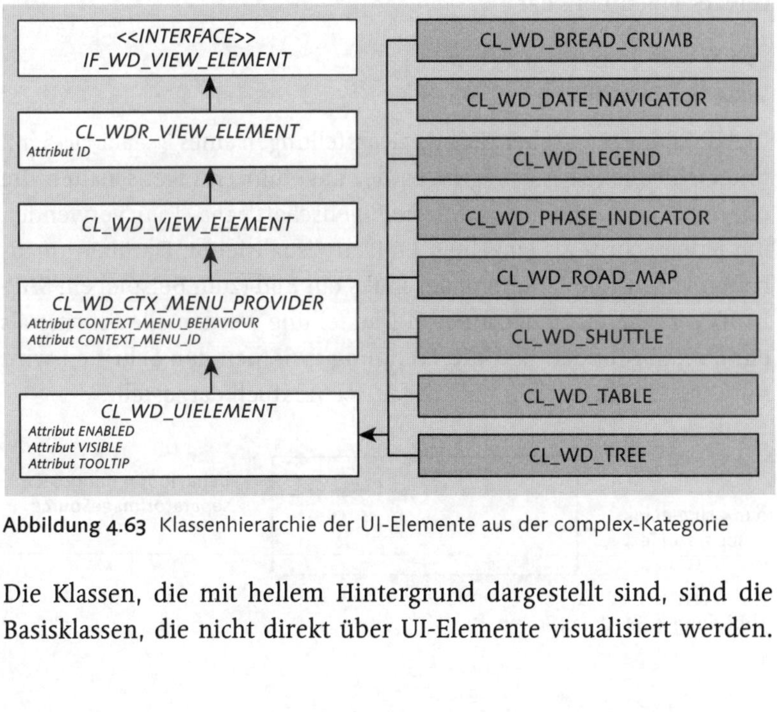

Abbildung 4.63 Klassenhierarchie der UI-Elemente aus der complex-Kategorie

Basisklassen

Die Klassen, die mit hellem Hintergrund dargestellt sind, sind die Basisklassen, die nicht direkt über UI-Elemente visualisiert werden.

Die Klassen, die grau hinterlegt sind, sind die Klassen, die die UI-Elemente implementieren, die Sie im View-Editor einfügen können. Wie Sie in Abbildung 4.63 sehen können, wird in der höchsten Klasse CL_WDR_VIEW_ELEMENT das Attribut ID definiert. Damit steht diese Eigenschaft allen Unterklassen zur Verfügung. Die Klasse CL_WD_CTX_MENU_PROVIDER steuert die Attribute CONTEXT_MENU_BEHAVIOUR und CONTEXT_MENU_ID bei. Die Klasse CL_WD_UIELEMENT leistet auch einen wichtigen Beitrag, nämlich die Attribute ENABLED, VISIBLE und TOOLTIP.

Attribute und Eigenschaften

Ausgewählte Attribute der dargestellten Klassen werden im View-Editor zu den Eigenschaften der UI-Elemente, das heißt, Ihnen steht zum Beispiel für jedes UI-Element die Eigenschaft ID im View-Editor für die Pflege zur Verfügung. Welche Bedeutung diese Eigenschaften für die Gestaltung des User Interface haben, werden wir Ihnen im Folgenden näher erläutern.

4.4.2 BreadCrumb

Hänsel und Gretel

Ein BreadCrumb zeigt den aktuellen Schritt im Kontext eines Navigationspfades an. Sie können zum Beispiel eine Historie der zuletzt besuchten Seiten oder die Struktur der gebotenen Informationen anzeigen. Ein BreadCrumb besteht aus einzelnen Links oder stellt als Ganzes einen Link dar.

Visuelle Darstellung

In Abbildung 4.64 sehen Sie zwei Darstellungen eines BreadCrumb mit unterschiedlichen Ausprägungen der angeführten Eigenschaften. Im oberen BreadCrumb haben wir die Eigenschaft behaviour verwendet, um jeden Schritt als einzelnen Link zu visualisieren. Darüber hinaus haben wir für die Trennung der Links ein Bild (zum Beispiel ein SAP-Icon) verwendet. In der unteren Darstellung werden alle Schritte als ein Link abgebildet, und die Trennung zwischen den Schritten wird mithilfe der Eigenschaft separatorText textuell dargestellt.

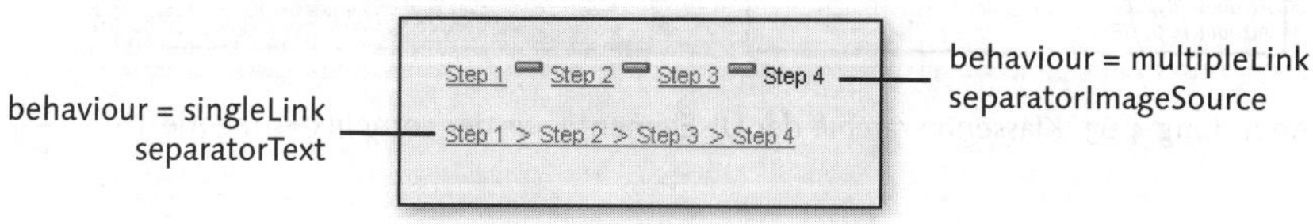

Abbildung 4.64 BreadCrumb

Eigenschaften

In Abbildung 4.65 sehen Sie die Eigenschaften, die in diesem Abschnitt besprochen werden. Die nicht explizit diskutierten Eigenschaften finden Sie in der Einleitung zu diesem Kapitel.

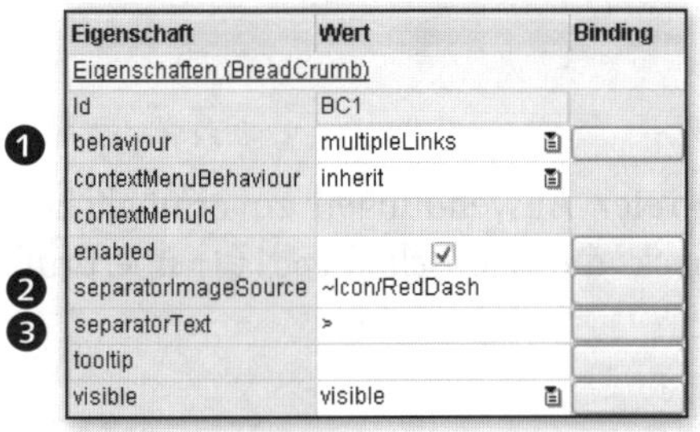

Abbildung 4.65 Eigenschaften BreadCrumb

behaviour

Link

Mit der Eigenschaft `behaviour` legen Sie fest, ob der gesamte `BreadCrumb`-Pfad ein Link ist oder jeder einzelne `BreadCrumbStep` als Link dargestellt wird.

separatorImageSource

Trennzeichen

Mit dem Wert der Eigenschaft `separatorImageSource` geben Sie den Namen und die Quelle des Bildes an, das als Trennzeichen zwischen jedem einzelnen `BreadCrumbStep` dient. Besitzt diese Eigenschaft keinen Wert, wird auch kein Bild angezeigt. Bei der Auswahl des passenden Bildes werden Sie durch eine Suchhilfe im Eigenschaftsfeld unterstützt.

separatorText

Trenntext

Mit der Eigenschaft `separatorText` legen Sie den Text oder das Zeichen fest, der/das als Trennzeichen zwischen jedem einzelnen `BreadCrumbStep` dient.

Ereignisse

onSelect

Das UI-Element `BreadCrumb` bietet das Ereignis `onSelect` an. Es wird ausgelöst, wenn der Benutzer auf einen `BreadCrumbStep` oder `MultipleBreadCrumbStep` klickt. Falls Sie dem Ereignis eine Aktion zuordnen, werden der Aktionsbehandler-Methode die Standardparameter `id` und `context_element` sowie der zusätzliche Parameter `step` übergeben.

Step Falls der Benutzer auf einen `BreadCrumStep` klickt, ist der Wert von `step` gleich der `id` des angeklickten Steps. Falls der Benutzer auf einen `MultipleBreadCrumbStep` klickt, erhält der Parameter `step` die `id` des `MultipleBreadCrumbStep` als Wert und `context_element` das den angeklickten Step repräsentierende Context-Element des `MultipleBreadCrumbStep`.

Barrierefreiheit

Um die Entwicklung barrierefreier Anwendungen zu ermöglichen, wird im Rahmen des Syntax-Checks die Eigenschaft `tooltip` überprüft.

Aggregierte Elemente

In Abbildung 4.66 sehen Sie die aggregierten Elemente zum `BreadCrumb`, die in diesem Abschnitt besprochen werden. Des Weiteren haben wir das Kontextmenü zur Anlage der aggregierten Elemente mit den relevanten Menüeinträgen in die Abbildung eingefügt.

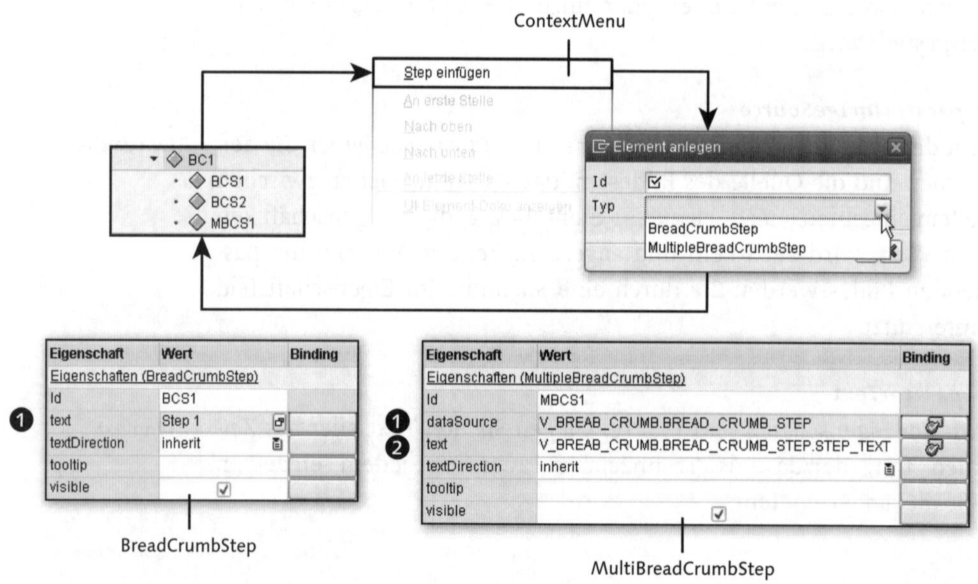

Abbildung 4.66 Aggregationen BreadCrumb

BreadCrumbStep und Multiple-BreadCrumbStep Sie können in einen `BreadCrumb` zwei verschiedene Arten von `BreadCrumb`-Schritten einfügen:

- `BreadCrumbStep`
- `MultipleBreadCrumbStep`

Ein `MultipleBreadCrumbStep` wird an einen Context-Knoten gebunden. Damit ist es möglich, die Anzahl der angezeigten Schritte zur Laufzeit dynamisch anzupassen.

BreadCrumbStep

Ein Schritt

Das UI-Element `BreadCrumbStep` dient dazu, einen Schritt zu visualisieren. Dem `BreadCrumb` können beliebig viele `BreadCrumbStep`-Elemente zugeordnet werden. Zum Anlegen eines `BreadCrumbStep` können Sie im View-Editor das Kontextmenü auf dem `BreadCrumb` und dort den Menüeintrag STEP EINFÜGEN verwenden. Im Folgedialog wählen Sie den Typ `BreadCrumbStep`. Die wichtigste Eigenschaft, die das UI-Element `BreadCrumbStep` zur Verfügung stellt, ist `text`, um den Text des Schrittes festzulegen.

MultipleBreadCrumbStep

Viele Schritte

Das UI-Element `MultipleBreadCrumbStep` dient dazu, mehrere Schritte zu visualisieren. Dem `BreadCrumb` können beliebig viele `MultipleBreadCrumbStep`-Elemente zugeordnet werden. Zum Anlegen eines `MultipleBreadCrumbStep` können Sie im View-Editor das Kontextmenü auf dem `BreadCrumb` und dort den Menüeintrag ELEMENT EINFÜGEN verwenden. Im Folgedialog wählen Sie den Typ `MultipleBreadCrumbStep`.

Die Eigenschaften, die der `MultipleBreadCrumbStep` zur Verfügung stellt, sind identisch mit den Eigenschaften des `BreadCrumbStep` (siehe Abbildung 4.66). Zusätzlich bietet der `MultipleBreadCrumbStep` die Eigenschaft `dragSource`, mit der Sie eine Zuordnung zu einem Context-Knoten mit der Kardinalitätsobergrenze n herstellen. Die Elemente des Knotens entsprechen den Schritten, die im `BreadCrumb` dargestellt werden. Der gebundene Context-Knoten sollte zumindest ein Attribut besitzen, das mithilfe eines Data Bindings an die Eigenschaft `text` gebunden und als Text des Schrittes dargestellt wird.

Achtung

Beachten Sie, dass der Tooltip des `BreadCrumb` nur auf den Symbolen *zwischen* den einzelnen `BreadCrumbStep`-Elementen dargestellt wird (zum Beispiel auf dem Standardsymbol >). Auf jedem einzelnen `BreadCrumbStep` hingegen wird der jeweilige Tooltip eines `BreadCrumbStep` angezeigt.

4.4.3 DateNavigator

Kalender Das UI-Element `DateNavigator` unterstützt die Anzeige und Eingabe eines Datums. Unter anderem ermöglicht es das Navigieren innerhalb eines Kalenders sowie die Auswahl eines Tages, Monats, Jahres oder Datumsbereichs. In erster Linie soll das UI-Element jedoch dem Benutzer bei der Eingabe eines Datums helfen und das Datum in einem entsprechenden Format eintragen.

Legende Mithilfe der Elemente `DateNavigatorLegend` und des `DateNavigatorMarking` kann dem `DateNavigator`-Element eine Legende hinzugefügt werden, die der Beschreibung markierter Daten dient. Damit können Sie dem Benutzer zu bestimmten Daten, die einer Kategorie zugeordnet werden, Informationen weitergeben.

Visuelle Darstellung

In Abbildung 4.67 sehen Sie eine einfache Darstellung eines `DateNavigator`. In unserem Beispiel werden zwei Monate durch die Eigenschaft `monthPerRow` dargestellt. Durch die Eigenschaft `startsWith` haben wir festgelegt, mit welchem Monat die Darstellung zu beginnen hat. Die Markierung vom Zeitraum 06.09.2010 bis 17.09.2010 in der Abbildung wurde mithilfe der Eigenschaften `firstSelectedDate` und `lastSelectedDate` erreicht. Mithilfe der Dreiecke, die nach links und rechts zeigen, haben Sie die Möglichkeit, im Kalender zu vorhergehenden und nachfolgenden Monaten zu navigieren.

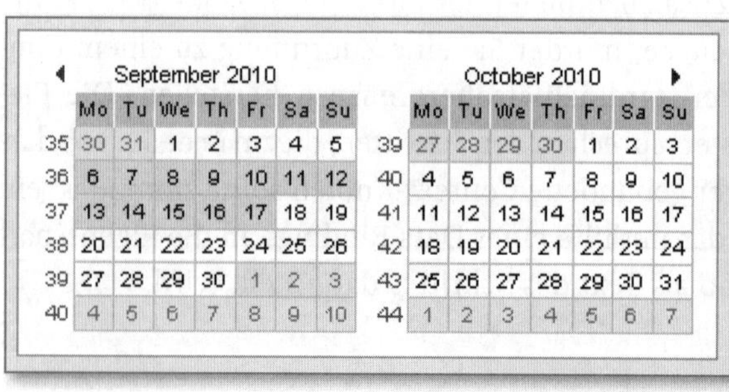

Abbildung 4.67 DateNavigator

Eigenschaften

In Abbildung 4.68 sehen Sie die Eigenschaften, die in diesem Abschnitt besprochen werden. Die nicht explizit diskutierten Eigenschaften finden Sie in der Einleitung zu diesem Kapitel.

	Eigenschaft	Wert	Binding
	Eigenschaften (DateNavigator)		
	Id	DN1	
1	accessibilityDescription		
	contextMenuBehaviour	inherit	
	contextMenuId		
	enabled	☑	
2	firstDayOfWeek	monday	
3	firstSelectedDate	06.09.2010	
4	lastSelectedDate	17.09.2010	
5	legendId		
6	monthsPerColumn	1	
7	monthsPerRow	2	
8	selectionMode	range	
9	startsWith	01.09.2010	
	tooltip		
	visible	visible	

Abbildung 4.68 Eigenschaften DateNavigator

accessibilityDescription

Mithilfe der Eigenschaft `accessibilityDescription` können Sie zusätzliche textuelle Informationen spezifizieren. Wenn Sie die Barrierefreiheit aktiviert haben, wird der zugeordnete Text der QuickInfo hinzugefügt. Diese Beschreibung soll den `DateNavigator` semantisch näher erläutern und wird vom Screenreader nur vorgelesen, wenn der Benutzer das komplette UI-Element fokussiert.

firstDayOfWeek

Erster Tag der Woche

Mit der Eigenschaft `firstDayOfWeek` definieren Sie den ersten Tag der Woche. Falls Sie den Wert `auto` verwenden, bestimmt das System den ersten Tag der Woche automatisch, zum Beispiel nach dem landesüblichen Wochenanfang. Der Standardwert für den ersten Tag der Woche ist Montag. Sie können mit dem Business-Add-in (BAdI) `CALENDAR_DEFINITION` über die Methode `get_first_day_of_week( )` einen anderen Tag definieren, wodurch sich die Anzeige der Wochentage und die Berechnung der Wochennummer verändern. Weitere Informationen finden Sie in SAP-Hinweis 1063178.

Falls Sie einen anderen Tag über die Eigenschaft festlegen möchten, können Sie aus der Menge der Wochentage `monday`, `tuesday`, `wednesday`, `thursday`, `friday`, `saturday` und `sunday` auswählen.

firstSelectedDate und lastSelectedDate

Auswahl

Mithilfe der beiden Eigenschaften `firstSelectedDate` und `lastSelectedDate` können Sie einen Zeitraum definieren, der farblich hervorgehoben dargestellt wird. Dies können Sie anwenden, um einen Zeitraum gegenüber den restlichen dargestellten Tagen besonders zu kennzeichnen.

legendId

Legende

Mit der Eigenschaft `legendId` legen Sie die ID der zugehörigen Legende fest (siehe Abschnitt 4.4.4, »Legend«).

monthsPerColumn

Spalten

Mit der Eigenschaft `monthsPerColumn` bestimmen Sie die Anzahl der Monate pro Spalte.

monthsPerRow

Zeilen

Mit der Eigenschaft `monthsPerRow` definieren Sie die Anzahl der Monate pro Zeile.

selectionMode

Auswahl

Mit der Eigenschaft `selectionMode` können Sie festlegen, ob kein Datum (Wert = `none`), ein Einzeldatum (Wert = `single`) oder ein Datumsbereich (Wert = `range`) ausgewählt werden kann.

startsWith

Startmonat

Mit der Eigenschaft `startsWith` bestimmen Sie den ersten anzuzeigenden Monat, in den das Datum fällt. Mit dieser Eigenschaft können Sie, wenn Sie sie an ein Context-Attribut gebunden haben, ein beliebiges Navigationsverhalten durch den Kalender implementieren, indem Sie während der Laufzeit den Startmonat des UI-Elementes festlegen.

Ereignisse

Der `DateNavigator` bietet eine Fülle von Ereignissen an, vom Anklicken eines Tages bis zur Änderung des Startdatums.

onDaySelect

Tag auswählen

Das Ereignis `onDaySelect` wird ausgelöst, wenn der Benutzer auf einen Tag im `DateNavigator` klickt. Der Aktionsbehandler-Methode, die möglicherweise zur Behandlung des Ereignisses aufgerufen wird, werden die Standardparameter id und context_element sowie zusätzlich day übergeben. Der Parameter day ist vom Typ eines Datums und erhält den Wert des angeklickten Tages im DateNavigator.

onMonthSelect

Das Ereignis onMonthSelect wird ausgelöst, wenn der Benutzer auf einen Monat im DateNavigator klickt. Der Aktionsbehandler-Methode, die möglicherweise zur Behandlung des Ereignisses aufgerufen wird, werden die Standardparameter id und context_element sowie zusätzlich month und year übergeben. Die Parameter month und year sind vom Typ i und erhalten den Wert des angeklickten Monats und Jahres im DateNavigator. Beachten Sie, dass die Zählung der Monate bei 0 beginnt und der Januar daher den Wert 0 hat. **Monat auswählen**

onStartDateChanged

Das Ereignis onStartDateChanged wird ausgelöst, wenn der Benutzer im DateNavigator blättert. Der Aktionsbehandler-Methode, die möglicherweise zur Behandlung des Ereignisses aufgerufen wird, werden die Standardparameter id und context_element, month sowie zusätzlich start_date übergeben. Der Parameter start_date ist vom Typ d und erhält den Wert des Startdatums des angezeigten Monats im DateNavigator. **Blättern**

onWeekSelect

Das Ereignis onWeekSelect wird ausgelöst, wenn der Benutzer im DateNavigator auf eine Wochennummer klickt. Der Aktionsbehandler-Methode, die möglicherweise zur Behandlung des Ereignisses aufgerufen wird, werden die Standardparameter id und context_element sowie zusätzlich week und year übergeben. Die Parameter week und year sind vom Typ i und erhalten den Wert der angeklickten Woche und des Jahres im DateNavigator. Die Zählung der Wochen beginnt bei 1. **Woche auswählen**

Barrierefreiheit

Um die Entwicklung barrierefreier Anwendungen zu ermöglichen, wird im Rahmen des Syntax-Checks die Eigenschaft accessibilityDescription überprüft, wenn die Eigenschaft tooltip nicht gesetzt wurde. Die Eigenschaft accessibilityDescription gilt für den gesamten DateNavigator und wird von Screenreadern vorgelesen, wenn der DateNavigator selbst fokussiert wird. Der Tooltip wird für jeden Tag angezeigt, es sei denn, dieser Tag hat eine Markierung und diese enthält einen gefüllten Tooltip.

Aggregierte Elemente

In Abbildung 4.69 sehen Sie die aggregierten Elemente zum DateNavigator, die in diesem Abschnitt besprochen werden. Des Weiteren haben wir das Kontextmenü zur Anlage der aggregierten Elemente mit den relevanten Menüeinträgen in die Abbildung eingefügt.

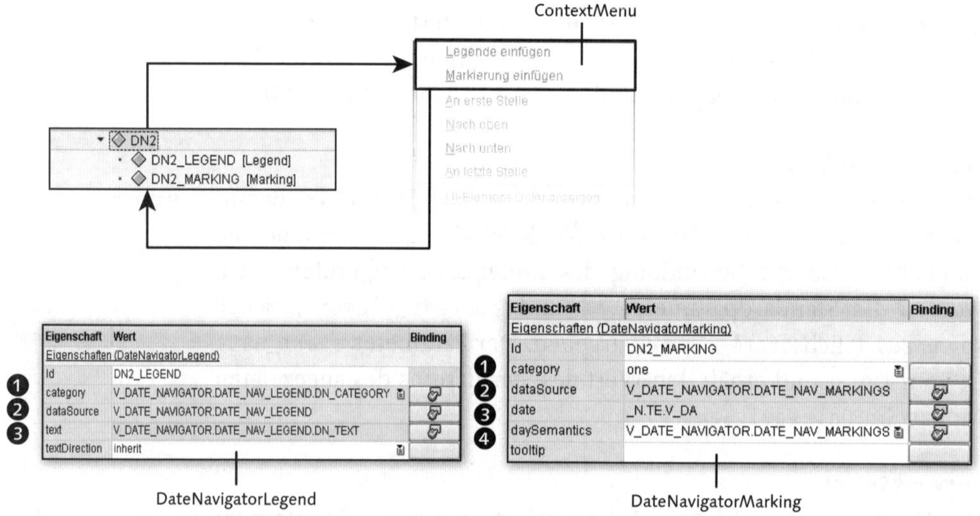

Abbildung 4.69 Aggregationen DateNavigator

DateNavigatorLegend

deprecated Das UI-Element DateNavigatorLegend besitzt den Status deprecated und sollte nicht eingesetzt werden. Verwenden Sie stattdessen das UI-Element Legend, das Sie über die Eigenschaft legendId an den DateNavigator binden können (siehe Abschnitt 4.4.4, »Legend«).

Legende Mit dem DateNavigatorLegend-Element können Sie dem DateNavigator eine Legende hinzufügen. Sie können dieses UI-Element in Verbindung mit dem UI-Element DateNavigatorMarking anwenden, um Kalendereinträge zu markieren und diese in Beziehung zu den Legendeneinträgen zu setzen. Es können höchstens die vier Legendeneinträge one, two, three oder four verwendet werden. Die Farbgebung der Legendeneinträge hängt vom gewählten Thema ab (sehen Sie dazu auch das Kapitel 6, »Visuelle Anpassung von Web-Dynpro-

Anwendungen«). Die Einträge werden als Elemente eines Context-Knotens gespeichert.

Markierungen eines Datums werden jedoch in einem anderen Context-Knoten gespeichert, an den das UI-Element `DateNavigatorMarking` gebunden ist. Entspricht der Wert des `category`-Attributes dem Wert der Kategorie des Legendeneintrags, bezieht sich die Kategorie auf den zugehörigen Legendeneintrag. Die Eigenschaften dieses Elementes sind in Tabelle 4.13 aufgelistet.

Eigenschaft	Beschreibung
`category`	Die Eigenschaft `category` bezeichnet den Pfad zu dem Context-Attribut, das die Kategorie des Legendeneintrages speichert und in dem das Context-Attribut zu einem Context-Knoten mit Kardinalitätsobergrenze n definiert ist. Zur Typisierung des Context-Attributes können Sie das Datenelement `WDUI_DATE_MARKING_CATEGORY` verwenden.
`dataSource`	Die Eigenschaft `dataSource` bezeichnet den Pfad zu einem Context-Knoten mit Kardinalitätsobergrenze n, der die Kategorien und Texte der Legendeneinträge speichert.
`text`	Die Eigenschaft `text` bezeichnet den Pfad zu einem Context-Attribut, das die Texte der Legendeneinträge speichert. Diese Eigenschaft wird zur Beschreibung einer Kategorie verwendet

Tabelle 4.13 Eigenschaften DateNavigatorLegend

DateNavigatorMarking

Markierung

Mit dem UI-Element `DateNavigatorMarking` können Sie Einträge innerhalb eines `DateNavigator` markieren, die zu einer bestimmten Kategorie gehören. Für den markierten Eintrag kann zusätzlich ein Tooltip definiert werden. Sie sollten dieses UI-Element nur in Verbindung mit dem UI-Element `Legend` (siehe Abschnitt 4.4.4) verwenden, mit dem Sie dem Benutzer auch die Erklärung der Markierungen mitteilen können. In Tabelle 4.14 sehen Sie die Eigenschaften zum Element.

Eigenschaft	Beschreibung
`category`	Die Eigenschaft `category` ist deprecated, verwenden Sie stattdessen die Eigenschaft `daySemantics`. Zur Typisierung des Context-Attributes können Sie das Datenelement `WDUI_DATE_MARKING_CATEGORY` verwenden.

Tabelle 4.14 Eigenschaften DateNavigatorMarking

Eigenschaft	Beschreibung
dataSource	Die Eigenschaft dataSource beschreibt den Pfad zu einem Context-Knoten mit Kardinalitätsobergrenze n, der die Kategorie, das Datum, die Tagessemantik und den Tooltip der Markierungen speichert.
date	Die Eigenschaft date beschreibt den Pfad des Context-Attributes, das das Datum der Markierung speichert.
daySemantics	Die Eigenschaft daySemantics beschreibt den Pfad des Context-Attributes, das die semantische Information (Farbe) der Markierung speichert. Zur Typisierung des Context-Attributes können Sie das Datenelement WDUI_TABLE_CELL_DESIGN verwenden.

Tabelle 4.14 Eigenschaften DateNavigatorMarking (Forts.)

Achtung

Abbruch

Falls Sie die Eigenschaft startsWidth nicht mit einem Wert versorgen, bricht die Web-Dynpro-Anwendung mit einem ASSERT-Fehler ab. Zudem sollten Sie beachten, dass die Zählung der Monate im Ereignis onMonthSelect mit 0 beginnt.

4.4.4 Legend

Erläuterungen

Das UI-Element Legend ermöglicht es, einen erklärenden Text zu verschiedenen in einem zugeordneten UI-Element verwendeten Farben anzuzeigen. Das Legend-Element kann auf dem View frei platziert und einer Table (siehe Abschnitt 10.2, »Table«) oder einem DateNavigator (siehe Abschnitt 4.4.3) zugewiesen werden. Die Zuordnung des Legend-Elementes erfolgt je nach UI-Element unterschiedlich.

Table

- Sie können ein Legend-Element nach der Table einfügen und es über die Eigenschaft legendId der Table zuordnen. Um das Legend-Element am unteren Rand der Table zu platzieren, steht das Legenden-Popin der Table bereit. Fügen Sie ein Legenden-Popin in die Table und in dieses Legenden-Popin einen Content ein. In diesen Content können Sie ein Legend-Element einbinden. Die farbliche Zuordnung des LegendItem erfolgt über das TableCellDesign. Folgende Eigenschaften sind von diesem Typ:
  - semantics beim LegendItem
  - daySemantics beim DateNavigatorMarking
  - cellDesign der TableColumn bei der Table

- Das `Legend`-Element fügen Sie im View nach dem `DateNavigator`-Element ein und ordnen es dem `DateNavigator`-Element zu, indem Sie die `ID` des `Legend`-Elementes als Eigenschaft `legendId` des `DateNavigator`-Elementes setzen. **DateNavigator**

Visuelle Darstellung

In Abbildung 4.70 sehen Sie die Darstellung einer `Legend`. Wir haben zusätzlich noch einen `DateNavigator` visualisiert, um die Verwendung der `Legend` zu zeigen. Im `DateNavigator` sehen Sie den aktuellen Tag (zum Zeitpunkt des Schreibens) markiert. In der `Legend` unter dem `DateNavigator` wird die Bedeutung der Markierung erläutert. Zusätzliche Einträge in der `Legend` geben Auskünfte über andere semantische Darstellungen.

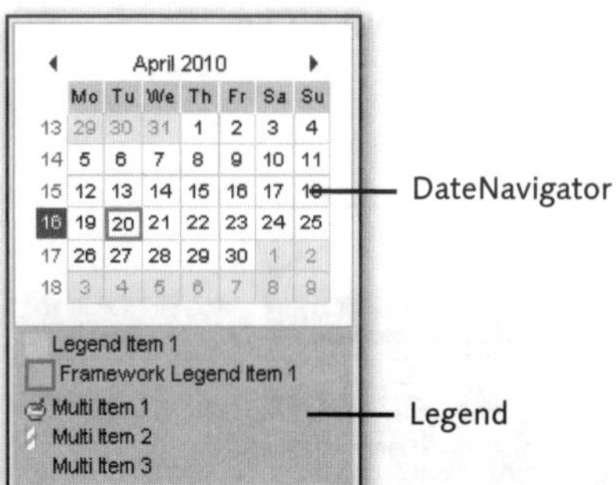

Abbildung 4.70 Legend

Eigenschaften

In Abbildung 4.71 sehen Sie die Eigenschaft, die in diesem Abschnitt besprochen wird. Die weiteren, nicht explizit diskutierten Eigenschaften finden Sie in der Einleitung zu diesem Kapitel.

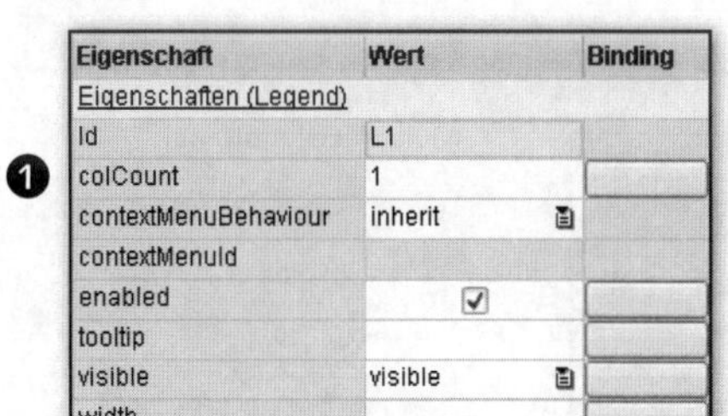

	Eigenschaft	Wert	Binding
	Eigenschaften (Legend)		
	Id	L1	
1	colCount	1	
	contextMenuBehaviour	inherit	
	contextMenuId		
	enabled	☑	
	tooltip		
	visible	visible	
	width		

Abbildung 4.71 Eigenschaften Legend

Mit der Eigenschaft `colCount` definieren Sie die Anzahl der Spalten, in denen die `LegendItem`-Elemente angezeigt werden.

Barrierefreiheit

Um die Entwicklung barrierefreier Anwendungen zu ermöglichen, wird im Rahmen des Syntax-Checks überprüft, ob die Eigenschaft `legendId` des `Legend`-Elementes im `DateNavigator` und/oder der `Table` gesetzt wurde.

Aggregierte Elemente

In Abbildung 4.72 sehen Sie die aggregierten Elemente zur `Legend`, die in diesem Abschnitt besprochen werden. Des Weiteren haben wir das Kontextmenü zur Anlage der aggregierten Elemente mit den relevanten Menüeinträgen in die Abbildung eingefügt.

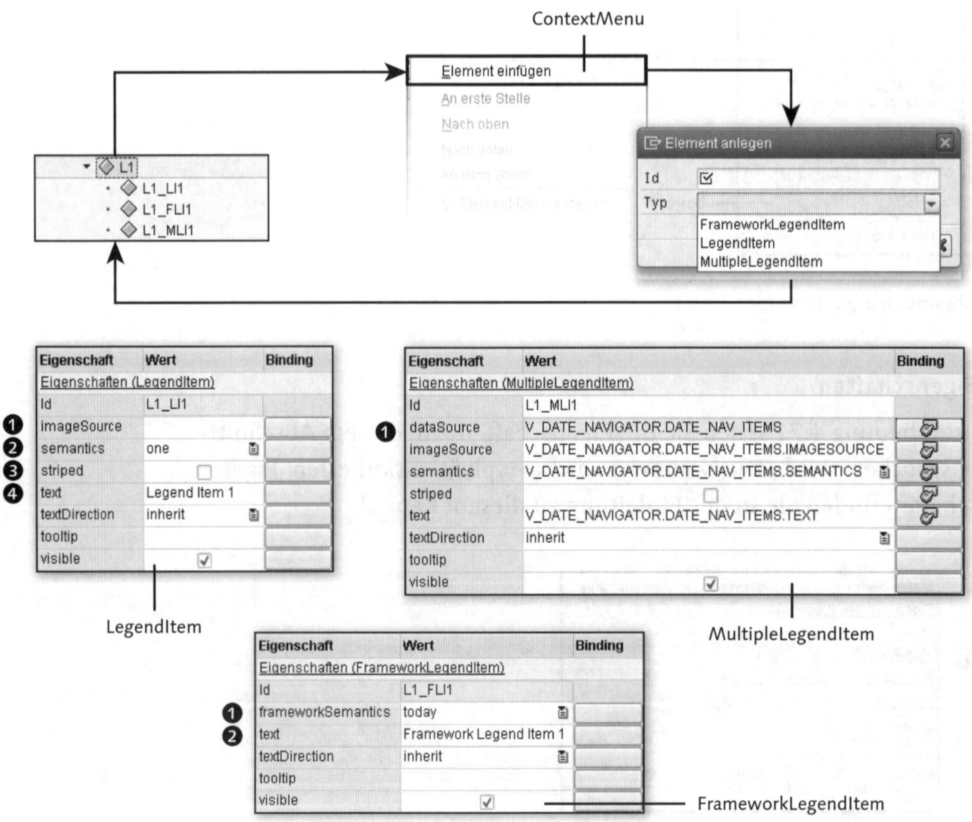

Abbildung 4.72 Aggregationen Legend

LegendItem

Ein LegendItem ist ein Element einer Legend und besteht aus beschreibenden Informationen für einen Legendeneintrag. Die Eigenschaften, die das LegendItem-Element anbietet, sind in Tabelle 4.15 zusammengestellt.

Ein Eintrag

Eigenschaft	Beschreibung
imageSource	Die Eigenschaft imageSource beschreibt den Pfad zu einem optionalen Icon für die Legende, das statt der Farbe herangezogen werden kann. Alle verwendeten Bilder sollten die Größe 12 x 12 Pixel haben, damit eine exakte Ausrichtung an den anderen Einträgen erreicht wird. Die Ausmaße von kleineren oder größeren Icons werden nicht auf 12 x 12 Pixel geändert.
semantics	Mit der Eigenschaft semantics können Sie die semantische Information (Farbe) des Items festlegen. Die möglichen Ausprägungen werden über das Datenelement WDUI_TABLE_CELL_DESIGN gesteuert.
striped	Mit der Eigenschaft striped bestimmen Sie, ob ein gestreiftes Icon dargestellt wird. Ein eventuell festgelegter Wert für die Eigenschaft imageSource übersteuert diese Eigenschaft.
text	Mit der Eigenschaft text legen Sie den Text für den Legendeneintrag fest.

Tabelle 4.15 Eigenschaften LegendItem

MultipleLegendItem

Ein MultipleLegendItem verhält sich wie ein LegendItem-Element einer Legend mit der zusätzlichen Eigenschaft dataSource. Mit dieser Eigenschaft definieren Sie das Data Binding zu einem Context-Knoten mit Kardinalitätsobergrenze n, der als Elemente die Daten für die Items hält.

Mehrere Einträge

FrameworkLegendItem

Ein FrameworkLegendItem ist ein Element einer Legend, das aus einem Farbfeld und einem Text besteht. Mit diesem können Sie beispielsweise den aktuellen Tag in einem Kalender referenzieren. Die Eigenschaften, die dieses Element anbietet, sind in Tabelle 4.16 zusammengestellt.

Bezug zu Framework-Daten

Eigenschaft	Beschreibung
`frameworkSemantics`	Mit der Eigenschaft `frameworkSemantics` können Sie aufgrund des Wertes einen Bezug zu Framework-Daten herstellen, wie zum Beispiel dem aktuellen Tag. Die möglichen Werte, die zur Verfügung stehen, sind `today`, `total` und `subtotal`.
`text`	Mit der Eigenschaft `text` legen Sie den Text für den Legendeneintrag fest.

Tabelle 4.16 Eigenschaften FrameworkLegendItem

4.4.5 PhaseIndicator

Große Schritte

Ähnlich wie das UI-Element `RoadMap` (siehe Abschnitt 4.4.6) visualisiert das UI-Element `PhaseIndicator` die einzelnen Phasen eines Vorgangs. Jeder Schritt wird durch ein eigenes Phasenobjekt repräsentiert. Im Unterschied zum UI-Element `RoadMap` soll die Anwendungsentwicklung damit größere Schritte abbilden, die vom Benutzer mehr Zeit in Anspruch nehmen können.

Visuelle Darstellung

In Abbildung 4.73 sehen Sie eine einfache Darstellung eines `PhaseIndicator`. Wir haben drei Phasen mit Statusinformationen eingeblendet.

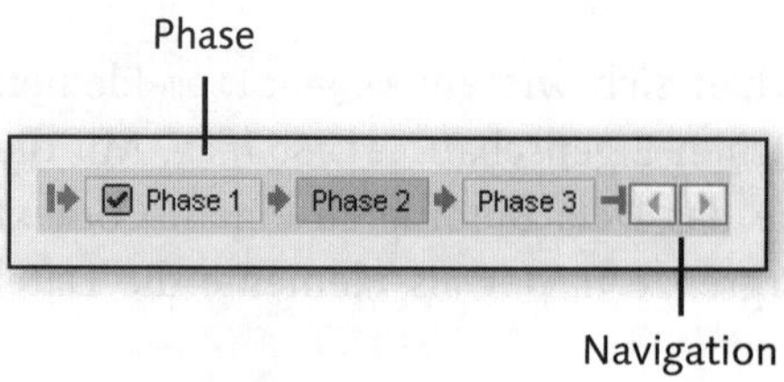

Abbildung 4.73 PhaseIndicator

Eigenschaften

In Abbildung 4.74 sehen Sie die Eigenschaften, die in diesem Abschnitt besprochen werden. Die nicht explizit diskutierten Eigenschaften finden Sie in der Einleitung zu diesem Kapitel.

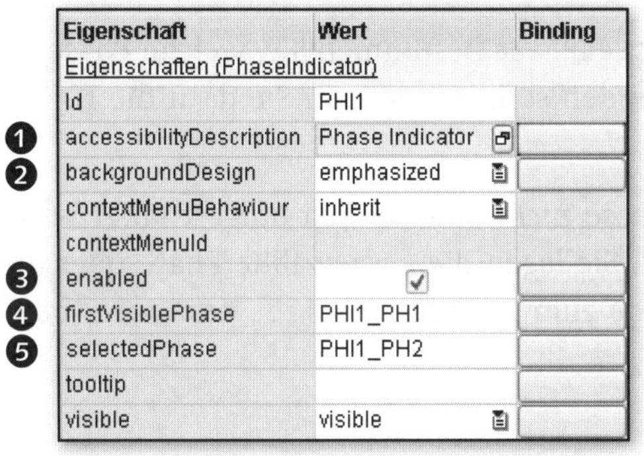

Abbildung 4.74 Eigenschaften PhaseIndicator

accessibilityDescription

Mithilfe der Eigenschaft `accessibilityDescription` können Sie zusätzliche textuelle Informationen spezifizieren. Wenn Sie die Barrierefreiheit aktiviert haben, wird der zugeordnete Text der QuickInfo hinzugefügt. Diese Beschreibung soll den `PhaseIndicator` semantisch näher erläutern und wird vom Screenreader nur vorgelesen, wenn der Benutzer das komplette UI-Element fokussiert.

backgroundDesign

Mit der Eigenschaft `backgroundDesign` steuern Sie die Farbe des Hintergrundes des `PhaseIndicator`. In Abbildung 4.75 sehen Sie die Auswirkungen der Attribuierung. **Hintergrund**

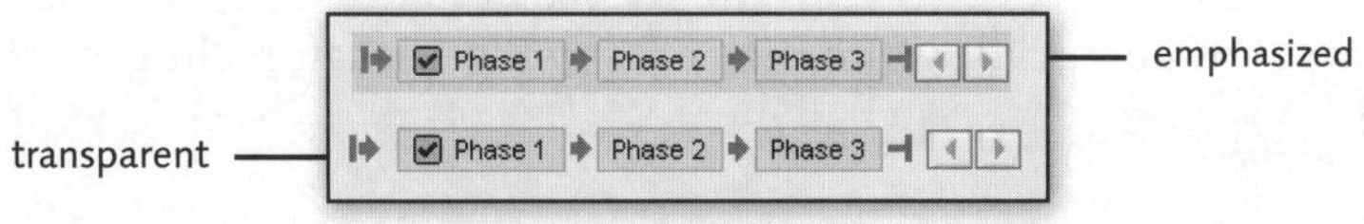

Abbildung 4.75 Eigenschaft »backgroundDesign«

enabled

Mit der Eigenschaft `enabled` steuern Sie den Aktivitätszustand des `PhaseIndicator`. Falls Sie den Wert `abap_false` zuordnen, ist das UI-Element nicht interaktiv und wird inaktiv dargestellt.

firstVisiblePhase

Mit der Eigenschaft `firstVisiblePhase` legen Sie fest, welche der Phasen die erste sichtbare ist. Sie hinterlegen als Wert die ID der Phase. **Erste Phase**

selectedPhase

Ausgewählte Phase

Mit der Eigenschaft selectedPhase bestimmen Sie, welche Phase als ausgewählt dargestellt werden soll. Verwenden Sie dazu die ID der entsprechenden Phase.

Beachten Sie, dass die Phase nicht automatisch umgeschaltet wird, wenn sie angeklickt wird. Sie legen die ausgewählte Phase über die Aktionsbehandler-Methode zum Ereignis onSelect des PhaseIndicator fest.

Ereignisse

onSelect

Das UI-Element PhaseIndicator bietet das Ereignis onSelect an. Dieses wird ausgelöst, wenn der Benutzer auf eine Phase klickt. Falls Sie dem Ereignis eine Aktion zuordnen, werden der Aktionsbehandler-Methode die Standardparameter id und context_element sowie der zusätzliche Parameter phase übergeben.

Phase

Falls der Benutzer auf eine Phase klickt, ist der Wert von phase gleich der id der angeklickten Phase. Falls der Benutzer auf eine MultiPhase klickt, hält der Parameter phase die id der MultiPhase, und context_element hält das die angeklickte Phase repräsentierende Context-Element der MultiPhase.

Barrierefreiheit

Um die Entwicklung barrierefreier Anwendungen zu ermöglichen, wird im Rahmen des Syntax-Checks die Eigenschaft accessibilityDescription überprüft, wenn die tooltip-Eigenschaft nicht gesetzt wurde.

Aggregierte Elemente

In Abbildung 4.76 sehen Sie die aggregierten Elemente zum PhaseIndicator, die in diesem Abschnitt besprochen werden. Des Weiteren haben wir das Kontextmenü zur Anlage der aggregierten Elemente mit den relevanten Menüeinträgen in die Abbildung eingefügt.

Phase und MultiPhase

Sie können in einen PhaseIndicator zwei verschiedene Arten von PhaseIndicator-Phasen einfügen:

- Phase
- MultiPhase

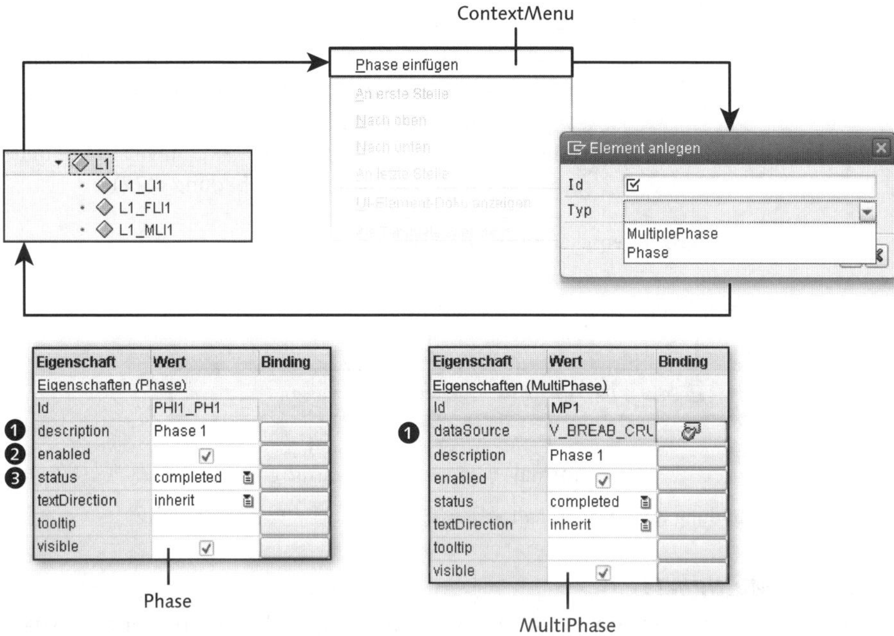

Abbildung 4.76 Aggregationen PhaseIndicator

Eine `MultiPhase` wird an einen Context-Knoten gebunden. Damit ist es möglich, die Anzahl der angezeigten Phasen zur Laufzeit dynamisch anzupassen.

Phase

Eine Phase

Das UI-Element `Phase` dient dazu, eine Phase zu visualisieren. Dem `PhaseIndicator` können beliebig viele `Phase`-Elemente zugeordnet werden. Verwenden Sie zum Anlegen einer `Phase` im View-Editor das Kontextmenü auf dem `PhaseIndicator` und dort den Menüeintrag PHASE EINFÜGEN. Im Folgedialog wählen Sie den Typ `Phase`.

Die wichtigsten Eigenschaften, die das UI-Element `Phase` zur Verfügung stellt, sind in Tabelle 4.17 zusammengestellt.

Eigenschaft	Beschreibung
`description`	Die Eigenschaft `description` enthält die Beschreibung, die als Text auf der `Phase` angezeigt wird.
`enabled`	Die Eigenschaft `enabled` steuert die Interaktivität der `Phase`. Falls Sie den Wert `abap_false` zuordnen, wird die `Phase` inaktiv dargestellt.

Tabelle 4.17 Eigenschaften Phase

Eigenschaft	Beschreibung
status	Mithilfe der Eigenschaft status können Sie die Visualisierung des Status der Phase festlegen. Es wird ein Icon vor der description der Phase eingeblendet, und es stehen die Werte completed, normal, unavailable und warning zur Verfügung (siehe Abbildung 4.77).

Tabelle 4.17 Eigenschaften Phase (Forts.)

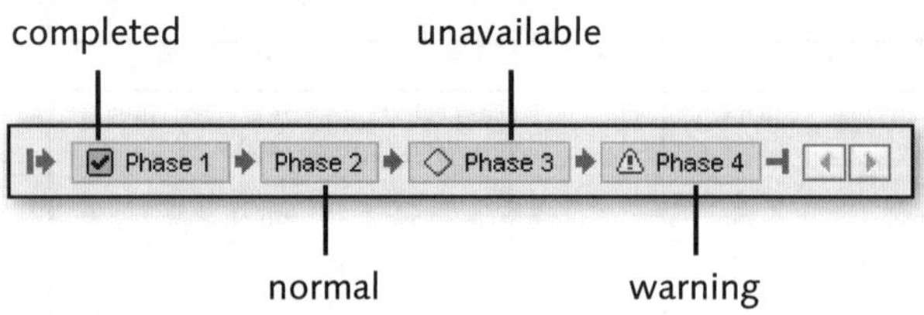

Abbildung 4.77 Eigenschaft »status«

MultiPhase

Mehrere Phasen

Das UI-Element MultiPhase dient dazu, mehrere Phasen zu visualisieren. Dem PhaseIndicator können beliebig viele MultiPhase-Elemente zugeordnet werden. Zum Anlegen einer MultiPhase verwenden Sie im View-Editor das Kontextmenü auf dem PhaseIndicator und dort den Menüeintrag PHASE EINFÜGEN. Im Folgedialog wählen Sie den Typ MultiPhase. Die Eigenschaften, die die MultiPhase zur Verfügung stellt, sind identisch mit den Eigenschaften der Phase.

Zusätzlich bietet das UI-Element MultiPhase die Eigenschaft dataSource, mit der Sie eine Zuordnung zu einem Context-Knoten mit der Kardinalitätsobergrenze n herstellen. Die Elemente des Knotens entsprechen den Phasen, die im PhaseIndicator dargestellt werden. Der gebundene Context-Knoten sollte zumindest ein Attribut besitzen, das mithilfe eines Data Bindings an die Eigenschaft description gebunden und als Text der Phase dargestellt wird.

4.4.6 RoadMap

Schritte

Das UI-Element RoadMap visualisiert die Schritte eines Vorgangs. Jeder Schritt wird durch ein eigenes RoadMapStep- bzw. MultipleRoadMapStep-Objekt repräsentiert. Sie können die Anfangspunkte und Endpunkte dieses Oberflächenelementes mit verschiedenen Symbolen markieren. Wenn Sie der Eigenschaft startPointDesign oder `endPointDesign` den Wert `more` zuordnen, können Sie damit den Benutzer darauf hinweisen, dass sich weitere Schritte vor dem ersten sichtbaren Schritt bzw. nach dem letzten sichtbaren Schritt befinden.

Arbeitsabläufe

Das UI-Element `RoadMap` eignet sich zur schrittweisen Darstellung von Arbeitsabläufen. Die Anwendungsentwicklung kann damit kleine Einzelschritte eines klar festgelegten Arbeitsprozesses visualisieren.

Visuelle Darstellung

In Abbildung 4.78 sehen Sie eine einfache Darstellung einer `RoadMap`. Wir haben unterschiedliche Arten von Steps dazu eingeblendet.

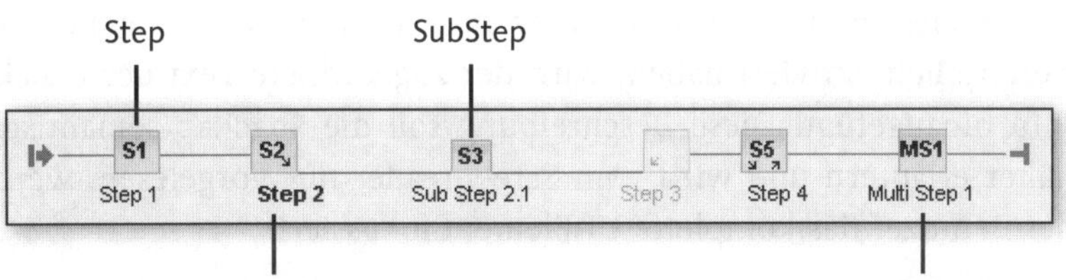

Abbildung 4.78 RoadMap

Die `RoadMap` in unserem Beispiel beginnt mit dem Standardschritt S1, gefolgt von Schritt S2, der als `RoundtripStart` bezeichnet wird. Zudem ist dieser Schritt markiert und damit farblich hervorgehoben. Danach folgt der `SubStep` S3, der kleiner als der Standardschritt dargestellt wird. Der folgende Schritt S4 schließt den geöffneten Roundtrip visuell. Der Schritt S5 stellt einen `RoundtripStep` dar, der aber im Gegensatz zu Schritt S2 geschlossen abgebildet wird. Am Ende wird noch der `MultiStep` MS1 gezeigt, der sich in unserem Beispiel bezüglich der Darstellung nicht vom `StandardStep` unterscheidet, jedoch anders zu implementieren ist, wie Sie später sehen werden.

Eigenschaften

In Abbildung 4.79 sehen Sie die Eigenschaften, die in diesem Abschnitt besprochen werden. Die nicht explizit diskutierten Eigenschaften finden Sie in der Einleitung zu diesem Kapitel.

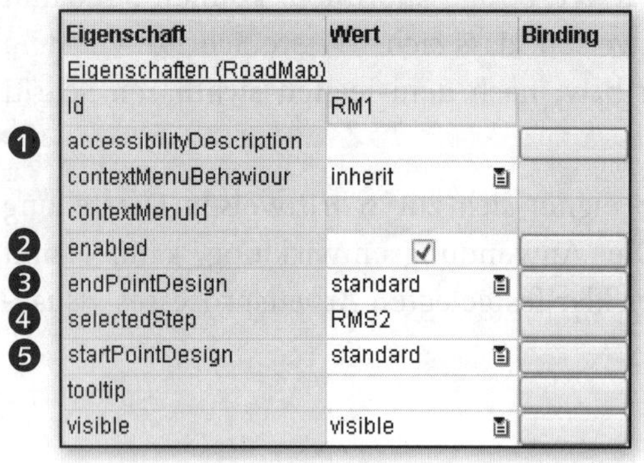

Abbildung 4.79 Eigenschaften RoadMap

accessibilityDescription

Mithilfe der Eigenschaft `accessibilityDescription` können Sie zusätzliche textuelle Informationen spezifizieren. Wenn Sie die Barrierefreiheit aktiviert haben, wird der zugeordnete Text der QuickInfo hinzugefügt. Diese Beschreibung soll die `RoadMap` semantisch näher erläutern und wird vom Screenreader nur vorgelesen, wenn der Benutzer das komplette UI-Element fokussiert.

enabled

Mit der Eigenschaft `enabled` steuern Sie den Aktivitätszustand der `RoadMap`. Falls Sie den Wert `abap_false` zuordnen, ist das UI-Element nicht interaktiv und wird inaktiv dargestellt.

endPointDesign

Darstellung Endpunkte

Mit der Eigenschaft `endPointDesign` legen Sie die visuelle Erscheinung des Endpunktes der `RoadMap` fest. Die unterschiedlichen Ausprägungen können Sie in Abbildung 4.80 sehen.

In Tabelle 4.18 haben wir die möglichen Ausprägungen für die Eigenschaft `endPointDesign` zusammengestellt.

Wert	Beschreibung
`disabled`	Mit diesem Wert kann bei Auswahl des Endpunktes kein Ereignis ausgelöst werden. Daher wird der Endpunkt auch als nicht aktiviert dargestellt.
`more`	Es folgen weitere Schritte.

Tabelle 4.18 Ausprägungen der Eigenschaft »endPointDesign«

Wert	Beschreibung
moreDisabled	Bei Auswahl des Endpunktes kann kein Ereignis ausgelöst werden, daher wird der Endpunkt auch als nicht aktiviert dargestellt. Jedoch zeigt dieser Wert an, dass noch mehr Schritte vorausgehen.
selected	Der Endpunkt des UI-Elementes RoadMap kann farblich hervorgehoben, das heißt ausgewählt dargestellt werden, um beispielsweise darauf hinzuweisen, dass ein Text zur Information an den Benutzer angezeigt wird.
standard	Dies ist die Standarddarstellung des Endpunktes eines UI-Elementes RoadMap.

Tabelle 4.18 Ausprägungen der Eigenschaft »endPointDesign« (Forts.)

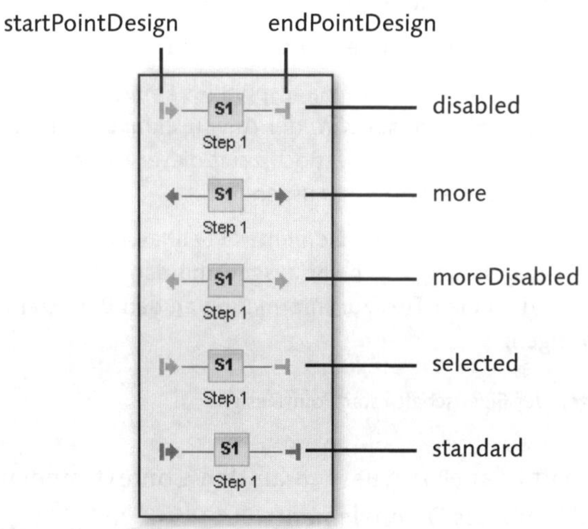

Abbildung 4.80 Eigenschaften »startPointDesign« und »endPointDesign«

Falls Sie die Eigenschaft endPointDesign an den Context binden möchten, steht Ihnen dafür das Datenelement WDUI_ROAD_MAP_EDGE_DESIGN zur Verfügung.

selectedStep

Ausgewählter Schritt

Mit der Eigenschaft selectedStep legen Sie fest, welcher Step als ausgewählt dargestellt werden soll. Nehmen Sie dazu die ID des entsprechenden Steps.

Beachten Sie, dass der Step nicht automatisch umgeschaltet wird, wenn er angeklickt wird. Sie legen den ausgewählten Step über die

Aktionsbehandler-Methode zum Ereignis `onSelect` oder `onLoadSteps` der `RoadMap` fest.

startPointDesign

Darstellung Start

Mit der Eigenschaft `startPointDesign` legen Sie die visuelle Erscheinung des Startpunktes fest. Die unterschiedlichen Ausprägungen können Sie in Abbildung 4.80 sehen. In Tabelle 4.19 haben wir die möglichen Ausprägungen für die Eigenschaft `startPointDesign` zusammengestellt.

Wert	Beschreibung
`disabled`	Mit diesem Wert kann bei Auswahl des Anfangspunktes kein Ereignis ausgelöst werden. Daher wird der Anfangspunkt auch als nicht aktiviert dargestellt.
`more`	Diesem Wert gehen weitere Schritte voraus.
`moreDisabled`	Es kann bei Auswahl des Anfangspunktes kein Ereignis ausgelöst werden, daher wird der Anfangspunkt auch als nicht aktiviert dargestellt. Jedoch zeigt dieser Wert an, dass noch mehr Schritte vorausgehen.
`selected`	Der Anfangspunkt des UI-Elementes `RoadMap` kann farblich hervorgehoben, das heißt ausgewählt dargestellt werden, um einen Text zur Information an den Benutzer anzuzeigen.

Tabelle 4.19 Ausprägungen der Eigenschaft »startPointDesign«

Falls Sie die Eigenschaft `startPointDesign` an den Context binden möchten, steht Ihnen dafür das Datenelement `WDUI_ROAD_MAP_EDGE_DESIGN` zur Verfügung.

Ereignisse

Die `RoadMap` bietet Ihnen zwei Ereignisse an. Diese werden wir im Folgenden besprechen.

onSelect

Auswahl

Das UI-Element `RoadMap` bietet das Ereignis `onSelect` an. Dieses wird ausgelöst, wenn der Benutzer auf einen Step klickt. Der Aktionsbehandler-Methode, die möglicherweise zur Behandlung des Ereignisses aufgerufen wird, werden die Standardparameter `id` und `context_element` sowie `step` übergeben.

Falls der Benutzer auf einen RoadMapStep klickt, ist der Wert von step identisch mit der id des angeklickten Steps. Falls der Benutzer auf einen MultipleRoadMapStep klickt, hält der Parameter step die id des MultipleRoadMapStep, und context_element hält das den angeklickten Step repräsentierende Context-Element des MultipleRoadMapStep.

Der Benutzer kann das Ereignis durch das Anklicken eines Steps oder der description eines Steps auslösen. Ist ein Step als selektiert markiert, kann dieser Step nicht geklickt werden.

onLoadSteps

Nachladen

Das Ereignis onLoadSteps wird ausgelöst, wenn das UI-Element RoadMap mehr Schritte enthält, als angezeigt werden und der Benutzer auf den Start-/Endpunkt mit startPointDesign/endPointDesign = more klickt. Falls eine Aktionsbehandler-Methode zur Behandlung des Ereignisses aufgerufen wird, werden dieser die Standardparameter id und context_element sowie zusätzlich at_end übergeben. Der Parameter id enthält die ID der RoadMap. Der Parameter at_end hat den Wert abap_true, falls der Benutzer das Endsymbol angeklickt hat, und den Wert abap_false, falls der Benutzer das Startsymbol angeklickt hat.

Aggregierte Elemente

In Abbildung 4.81 sehen Sie die aggregierten Elemente zur RoadMap, die in diesem Abschnitt besprochen werden. Des Weiteren haben wir das Kontextmenü zur Anlage der aggregierten Elemente mit den relevanten Menüeinträgen in die Abbildung eingefügt.

RoadMapStep und MultipleRoadMapStep

Sie können in einer RoadMap zwei verschiedene Arten von RoadMapSteps einfügen:

- RoadMapStep
- MultipleRoadMapStep

Ein MultipleRoadMapStep wird an einen Context-Knoten gebunden. Damit ist es möglich, die Anzahl der angezeigten Steps zur Laufzeit dynamisch anzupassen.

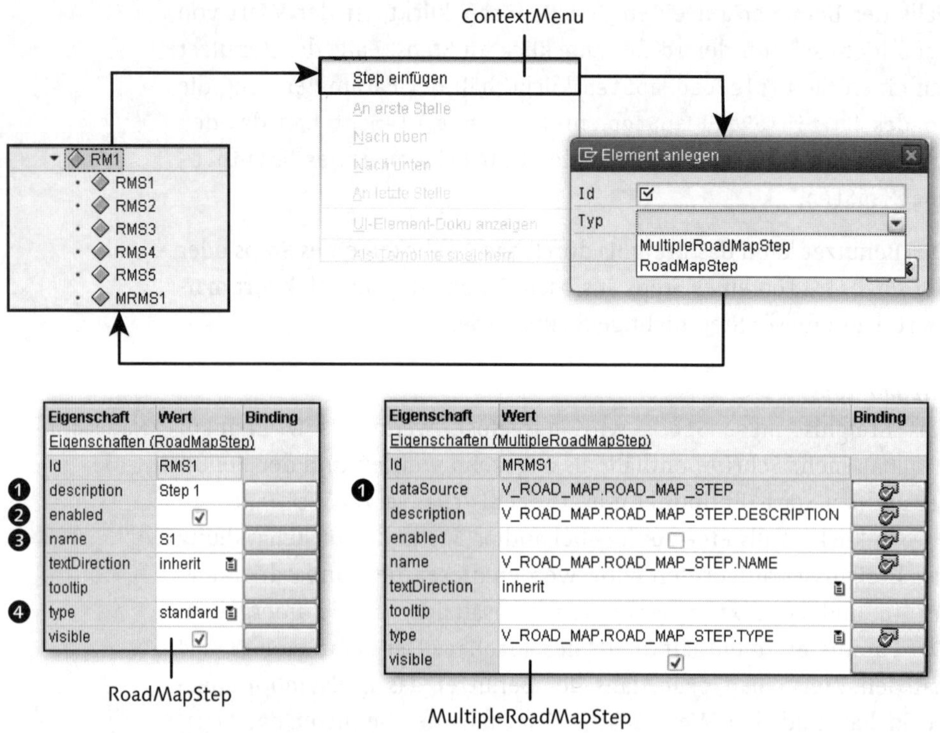

Abbildung 4.81 Aggregationen RoadMap

RoadMapStep

Ein Schritt Das UI-Element `RoadMapStep` dient dazu, einen Step zu visualisieren. Der `RoadMap` können beliebig viele `RoadMapStep`-Elemente zugeordnet werden. Verwenden Sie zum Anlegen eines `RoadMapStep` im View-Editor das Kontextmenü auf der `RoadMap` und dort den Menüeintrag STEP EINFÜGEN. Im Folgedialog wählen Sie den Typ `RoadMapStep`.

Die wichtigsten Eigenschaften, die das UI-Element `RoadMapStep` zur Verfügung stellt, sind in Tabelle 4.20 zusammengestellt.

Eigenschaft	Beschreibung
`description`	Die Eigenschaft `description` enthält die Beschreibung, die als Text unter dem `RoadMapStep` angezeigt wird.
`enabled`	Die Eigenschaft `enabled` steuert die Interaktivität des `RoadMapStep`. Falls Sie den Wert `abap_false` zuordnen, wird der `RoadMapStep` inaktiv dargestellt.

Tabelle 4.20 Eigenschaften RoadMapStep

Eigenschaft	Beschreibung
name	Die Eigenschaft name enthält den Namen, der als Text auf dem RoadMapStep angezeigt wird.
type	Mithilfe der Eigenschaft type können Sie die Visualisierung des Typs des RoadMapStep festlegen. Es stehen die Werte roundtripClosed, roundtripEnd, roundtripStart, standard und substep zur Verfügung (siehe Abbildung 4.82). Falls Sie die Eigenschaft an ein Context-Attribut binden, können Sie das Datenelement WDUI_ROAD_MAP_STEP_TYPE zur Typisierung verwenden.

Tabelle 4.20 Eigenschaften RoadMapStep (Forts.)

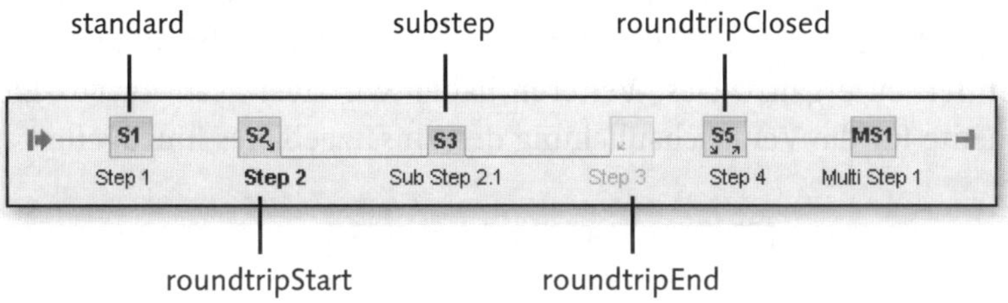

Abbildung 4.82 Eigenschaft »type«

Ein Step, dessen Eigenschaft type den Wert roundtripEnd erhält, wird als inaktiv dargestellt und kann nicht selektiert werden. Wird der Wert roundtripClosed verwendet, wird zwar angedeutet, dass Substeps vorhanden sind, diese werden jedoch nicht angezeigt.

MultipleRoadMapStep

Mehrere Schritte

Das UI-Element MultipleRoadMapStep dient dazu, mehrere Steps zu visualisieren. Der RoadMap können beliebig viele MultipleRoadMapStep-Elemente zugeordnet werden. Verwenden Sie zum Anlegen eines MultipleRoadMapStep im View-Editor das Kontextmenü auf der RoadMap und dort den Menüeintrag STEP EINFÜGEN. Im Folgedialog wählen Sie den Typ MultipleRoadMapStep.

Die Eigenschaften, die der MultipleRoadMapStep zur Verfügung stellt, sind identisch mit den Eigenschaften des RoadMapStep. Zusätzlich bietet der MultipleRoadMapStep die Eigenschaft dataSource, mit der Sie eine Zuordnung zu einem Context-Knoten mit der Kardinalitätsobergrenze n herstellen. Die Elemente des Knotens entsprechen den Steps, die in der RoadMap dargestellt werden. Der gebundene Context-Knoten sollte zumindest ein Attribut besitzen, das mithilfe eines

Data Bindings an die Eigenschaft `description` gebunden und als Text des Steps dargestellt wird. Mithilfe der Eigenschaft `visible` können Sie elegant nicht zu visualisierende Steps ausblenden.

4.4.7 Shuttle

Browse & Collect

Das UI-Element `Shuttle` dient der Implementierung eines Browse-and-Collect-Patterns, mit dem der Benutzer Einträge hin und her bewegen kann.

Visuelle Darstellung

In Abbildung 4.83 sehen Sie eine einfache Darstellung eines `Shuttle`. Wir haben alle Buttons des `Shuttle` für das Hinzufügen und Entfernen ergänzt. Des Weiteren haben wir zwei `ItemListBox`-Elemente für die Veranschaulichung des Einsatzgebietes hinzugefügt.

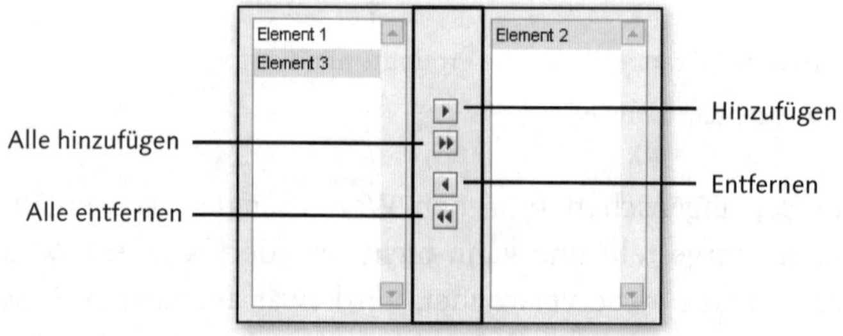

Abbildung 4.83 Shuttle

Eigenschaften

In Abbildung 4.84 sehen Sie die Eigenschaften, die in diesem Abschnitt besprochen werden. Die nicht explizit diskutierten Eigenschaften finden Sie in der Einleitung zu diesem Kapitel.

availableListId

Quellliste

Mit der Eigenschaft `availableListId` legen Sie die ID der Liste oder Tabelle fest, die den Vorrat aller Einträge enthält, die über das `Shuttle` in die aktuelle Auswahlliste übernommen werden sollen.

enabled

Mit der Eigenschaft `enabled` können Sie das Shuttle interaktiv (Wert = `abap_true`) oder nicht interaktiv (Wert = `abap_false`) setzen. Das heißt, die zur Verfügung stehenden Buttons können angeklickt werden.

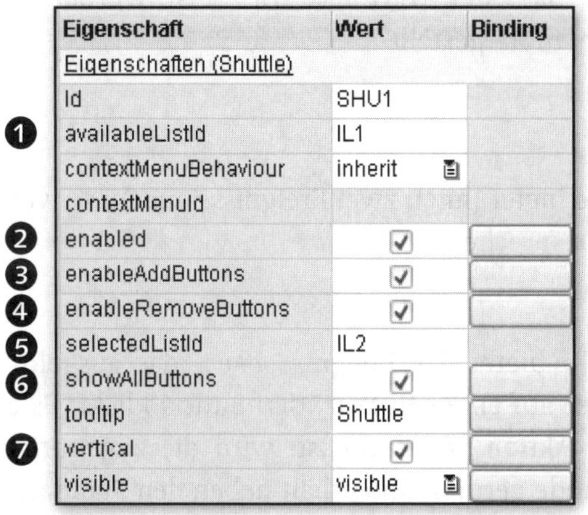

Abbildung 4.84 Eigenschaften Shuttle

enableAddButtons

Hinzufügen-Button

Mit der Eigenschaft `enableAddButtons` legen Sie fest, dass das Hinzufügen von Einträgen ermöglicht wird und die entsprechenden Buttons aktiviert angezeigt werden (Wert = `abap_true`) oder nicht (Wert = `abap_false`).

enableRemoveButtons

Entfernen-Button

Mit der Eigenschaft `enableRemoveButtons` definieren Sie, dass das Entfernen von Einträgen ermöglicht wird und die jeweiligen Buttons aktiviert angezeigt werden (Wert = `abap_true`) oder nicht (Wert = `abap_false`).

selectedListId

Zielliste

Mit der Eigenschaft `selectedListId` bestimmen Sie die ID der ausgewählten Liste oder Tabelle, die alle Einträge enthält, die über das `Shuttle` in die aktuelle Auswahlliste übernommen werden sollen.

showAllButtons

Alle Buttons

Mit der Eigenschaft `showAllButtons` legen Sie fest, dass die Buttons für die Funktionen Alle hinzufügen und Alle entfernen angezeigt werden, falls der Wert `abap_true` ist.

vertical

Ausrichtung

Mit dem Wert für `vertical` bestimmen Sie die Anordnungsrichtung der Buttons. Ist der Wert `abap_true`, werden die Buttons untereinander (vertikal) dargestellt, falls der Wert abap_false ist, werden sie nebeneinander (horizontal) dargestellt.

Ereignisse

Das UI-Element Shuttle bietet Ihnen zwei Ereignisse an. Diese werden wir im Folgenden besprechen.

onAdd

Hinzufügen Das UI-Element Shuttle bietet das Ereignis onAdd, das ausgelöst wird, wenn der Benutzer auf einen HINZUFÜGEN-Button klickt. Falls mit dem Ereignis eine Aktion verknüpft ist, wird die zugehörige Aktionsbehandler-Methode gerufen und erhält neben den Standardparametern id und context_element auch den Parameter all. Mithilfe des Wertes dieses Parameters können Sie feststellen, ob alle oder nur einige Elemente hinzugefügt werden sollen. Falls der Wert abap_true ist, hat der Benutzer ALLE HINZUFÜGEN gewählt, anderenfalls nur HINZUFÜGEN.

In Listing 4.4 zeigen wir Ihnen, wie die Implementierung des Hinzufügens realisiert werden kann.

```
METHOD onactionon_add_shuttle .
* Falls "Alle-Hinzufügen-Button" gewählt wurde
  IF all = abap_true.
* Alle aus ItemListBox 1 wählen
* In den Context für ItemListBox 2 kopieren
* Aus dem Context von ItemListBox 1 entfernen
    wd_this->copy_all_from_itl1_to_itl2( ).
    wd_this->remove_all_from_itl1( ).
* Falls "Hinzufügen-Button" gewählt wurde
  ELSEIF all = abap_false.
* Ein Element aus ItemListBox 1 wählen
* In den Context für ItemListBox 2 kopieren
* Aus dem Context von ItemListBox 1 entfernen
    wd_this->copy_one_from_itl1_to_itl2( ).
    wd_this->remove_one_from_itl1( ).
  ENDIF.
ENDMETHOD.
```

Listing 4.4 Implementierungsidee für onAdd-Behandler

Beschreibung Im ersten Schritt überprüfen wir durch die Auswertung des Parameters all, ob der Button für ALLE HINZUFÜGEN gewählt wurde. Danach rufen wir eine Methode zum Kopieren aller Einträge von `ItemList-Box 1` zu `ItemListBox 2`. Nach dem Kopiervorgang entfernen wir die Einträge aus der `ItemListBox 1`. Wir gehen analog für den Fall vor, dass nur ein Eintrag zu kopieren ist.

onRemove

Entfernen

Das UI-Element `Shuttle` bietet das Ereignis `onRemove`, das ausgelöst wird, wenn der Benutzer auf einen ENTFERNEN-Button klickt. Ist mit dem Ereignis eine Aktion verknüpft, wird die zugehörige Aktionsbehandler-Methode gerufen und erhält neben den Standardparametern `id` und `context_element` auch den Parameter `all`. Mithilfe des Wertes dieses Parameters können Sie feststellen, ob alle oder nur einige Elemente entfernt werden sollen. Ist der Wert `abap_true`, hat der Benutzer ALLE ENTFERNEN gewählt, anderenfalls nur ENTFERNEN.

4.4.8 Tree

Hierarchische Darstellung

Mithilfe des UI-Elementes `Tree` können im Context definierte Hierarchien durch Knoten und Blätter visualisiert werden. Die darzustellende Hierarchie wird zunächst im Context definiert. Zwei Möglichkeiten stehen zur Verfügung, um diese Context-Struktur zu beschreiben:

- mit sogenannten nicht rekursiven Knoten, wenn zur Designzeit bereits eine bestimmte Anzahl an Ebenen festgelegt werden kann
- mit sogenannten rekursiven Knoten, wenn zur Designzeit die Anzahl der Ebenen noch nicht bekannt ist

[+]

Hinweis: Als Rekursion bezeichnet man die Technik in Mathematik, Logik und Informatik, eine Funktion durch sich selbst zu definieren. Das bedeutet, dass eine Funktion aufgerufen wird, die auf der gegebenen Ebene eine bestimmte Arbeit erledigt und dann, solange Unterebenen vorhanden sind, für jede ihrer Unterebenen erneut aufgerufen wird.

In diesem erneuten Aufruf wird nun die jeweilige Unterebene bearbeitet, und die Prozedur wird wiederum erneut für jede der dortigen Unterebenen aufgerufen. Werden auf einer Ebene keine Unterebenen mehr angetroffen, endet dieser Bearbeitungszweig.

Knoten und Blätter, die zu der Lead-Selection gehören, werden im `Tree` optisch hervorgehoben.

Nicht rekursive Knoten

Beispiel

Ein Beispiel für nicht rekursive Knoten ist ein Context-Knoten für Methoden einer ABAP-Klasse mit einem Unterknoten für die Parameter der Methode. Die Anzahl der Unterknoten für die Methoden ist festgelegt und bekannt.

Lead-Selection

Ein `Tree`-Element dient der Visualisierung von hierarchischen Strukturen und der Navigation. Es bietet nicht die Möglichkeit der Selektion von Einträgen, wie zum Beispiel das UI-Element `ItemListBox`, es kann nur mit der Lead-Selection umgehen. Beachten Sie, dass dies visuell wie eine Selektion aussieht, es von der Performance her jedoch eine sehr teure Operation ist, sodass es in den meisten Szenarien eher hinderlich wäre, das `Tree`-Element einzusetzen.

[!]

> **Achtung**: Die Hierarchie des Contexts spiegelt sich nicht in der Sicht der Layoutgestaltung wider. Alle Knoten und Blätter zum `Tree` werden in der Layouthierarchie direkt unter dem `Tree` angezeigt, *ohne* die Hierarchiestufen zu berücksichtigen.

Rekursive Knoten

Beispiel

Ein Beispiel für einen rekursiven Knoten ist ein Context-Knoten für ABAP-Klassen mit einem Unterknoten für vererbte ABAP-Klassen. Zur Entwicklungszeit ist noch nicht bekannt, wie tief eine Vererbungshierarchie reichen kann, da eine vererbte Klasse wieder vererbte Klassen haben kann. Daher wiederholt ein Unterknoten die Knotenstruktur eines Überknotens – man könnte auch sagen, dass dies eine Rekursion ist.

Unbekannte Hierarchietiefe

Eine `Tree`-Struktur kann aus einer rekursiven Wiederholung von Knoten bestehen, bei der die Tiefe der Hierarchie nicht von vornherein bekannt ist. Somit kann zur Entwicklungszeit keine bestimmte Tiefe festgelegt werden. Diese ergibt sich erst während der Laufzeit.

Um einen `Tree` mit rekursiven Knoten definieren zu können, ist es nötig, eine passende Context-Definition anzulegen und dann das `Tree`-Element mit seinen Subelementen festzulegen. In Abbildung 4.85 sehen Sie das prinzipielle Vorgehen bei der Definition der Context-Struktur für einen rekursiven Knoten.

In unserem Beispiel definieren wir eine Context-Struktur für ein Buch mithilfe eines rekursiven Knotens, der es uns ermöglicht, auf die von vornherein nicht absehbare Schachtelungstiefe eines Buches zu reagieren. Die nun folgende Schritt-für-Schritt-Beschreibung erläutert, welche Aktivitäten für die Definition erforderlich sind.

Context-Struktur definieren

1. Im ersten Schritt werden die Knoten im Context angelegt, die wiederholt werden sollen, zum Beispiel der Knoten für einen Buchteil (`BOOK_PART`). Natürlich kann eine beliebig tief geschachtelte Context-Struktur aufgebaut werden, das heißt Knoten mit Unterknoten.

Rekursionsknoten

2. Im nächsten Schritt wird zu dem oder den Context-Knoten, die sich wiederholen können, ein rekursiver Context-Knoten angelegt. Navigieren Sie dazu zum Kontextmenü des Knotens, der sich wiederholen kann, und über den Menüpunkt REKURSIONSKNOTEN.
3. Im sich daraufhin öffnenden Fenster REKURSIONSKNOTEN ANLEGEN vergeben Sie einen Namen für den Rekursionsknoten, in diesem Fall `BOOK_PART_RECURSIVE`, und stellen über die Drucktaste `Auswählen` den Bezug zu dem sich wiederholenden Knoten her. Wir wiederholen den Knoten `BOOK_PART`. Nach der Bestätigung der Eingaben erscheint der Rekursionsknoten in der Context-Hierarchie (❶) und wird symbolisch von den »normalen« Context-Knoten unterschieden.
4. Zur Befüllung des Context-Knotens mit Daten können Sie das Beispiel aus Abschnitt 3.2.5, »NavigationList«, verwenden.

❶

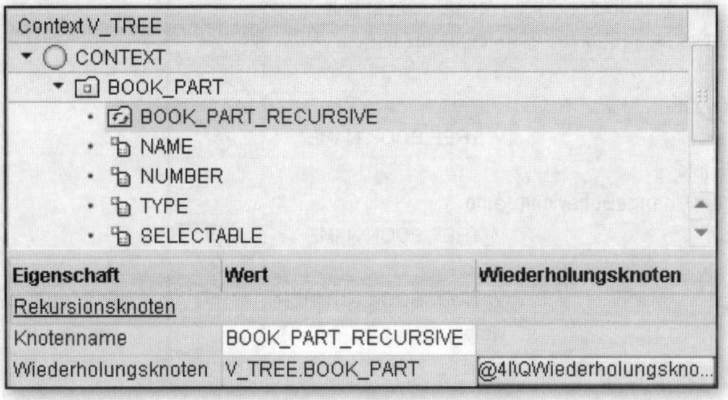

Abbildung 4.85 Context-Definition für einen Tree mit rekursivem Knoten

Visuelle Darstellung

In Abbildung 4.86 sehen Sie eine einfache Darstellung eines `Tree`. Wir haben die zwei unterschiedlichen Arten von Aggregaten, `TreeNodeType` und `TreeItemType`, dazu eingeblendet.

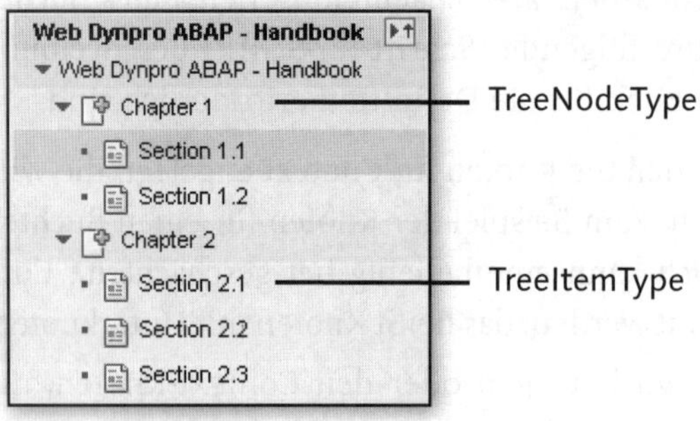

Abbildung 4.86 Tree

Eigenschaften

In Abbildung 4.87 sehen Sie die Eigenschaften, die in diesem Abschnitt besprochen werden. Die nicht explizit diskutierten Eigenschaften finden Sie in der Einleitung zu diesem Kapitel.

	Eigenschaft	Wert	Binding
	Eigenschaften (Tree)		
	Id	TR1	
	Layoutdaten	MatrixHeadData	
	contextMenuBehaviour	inherit	
	contextMenuId		
1	dataSource	V_TREE.BOOK	
2	defaultItemIconSource	~Icon/DocumentFile	
3	defaultNodeIconSource	~Icon/AddFile	
4	enabled	☑	
5	minHeight		
6	rootText	V_TREE.BOOK.NAME	
7	rootVisible	☑	
	selectionChangeBehaviour	auto	
8	title	V_TREE.BOOK.NAME	
9	titleVisible	visible	
	tooltip	V_TREE.BOOK.NUMBER	
	visible	visible	
10	width		

Abbildung 4.87 Eigenschaften Tree

dataSource

Datenquelle

Mithilfe der Eigenschaft `dataSource` können Sie auf jeden Context-Knoten binden, das heißt auf den obersten Context-Knoten, der im Tree dargestellt werden soll. Unterknoten von diesem Context-Knoten können als Knoten im `Tree` mithilfe des UI-Elementes `TreeNode-`

Type angezeigt werden. Context-Knoten-Unterelemente können als Blätter mit dem UI-Element TreeItemType dargestellt werden.

Es können keine im Context definierten Hierarchiestufen bei der Darstellung des Oberflächenelementes Tree ausgelassen werden. Bei allen Knoten, die nicht direkt unter dem Context-Wurzelknoten hängen, muss es sich um Nicht-Singleton-Knoten handeln, da in einem Baum alle Elemente angezeigt werden sollen, unabhängig von der Lead-Selection. Zur Entwicklungszeit ist es zwar möglich, die Eigenschaft Singleton für einen Context-Knoten zu setzen, dies führt jedoch während der Ausführungszeit zu einem Laufzeitfehler. Hierarchiestufen

[+]

Hinweis: Zur effizienten Nutzung des Speichers für Context-Daten kann die Eigenschaft Singleton eines Context-Knotens herangezogen werden. Diese Eigenschaft steuert, wie oft die Instanz eines Context-Knotens während der Laufzeit vorhanden ist. Falls die Eigenschaft Singleton auf den Wert ABAP_TRUE (gesetzte Checkbox) gesetzt wird, existiert für den betroffenen Knoten während der Laufzeit nur eine Instanz.

Context-Knoten, die direkt unter dem Context-Wurzelknoten angeordnet sind, sind immer Singleton-Knoten. Unterknoten von beliebigen Context-Knoten können sowohl als Nicht-Singleton- oder als Singleton-Knoten attribuiert werden.

- Falls der Unterknoten als Nicht-Singleton-Knoten attribuiert ist, wird für jedes Element des Überknotens eine Instanz des Unterknotens angelegt. Das heißt, dass Speicherplatz für den Unterknoten und für *jedes* Element des Überknotens reserviert wird. Das ist die schlechte Nachricht. Die gute Nachricht ist, dass die Context-Daten für die Elemente des Unterknotens ermittelt, eingelagert und später beliebig verwendet werden können.
- Falls der Unterknoten als Singleton-Knoten attribuiert ist, wird für alle Elemente des Überknotens *genau eine* Instanz des Unterknotens angelegt. Die gute Nachricht lautet, dass für alle Elemente des Überknotens genau eine Instanz des Unterknotens vorhanden ist. Die schlechte Nachricht ist, dass sobald sich das Element des Überknotens verändert (das ist die Lead-Selection), die Daten für die Elemente des Unterknotens neu ermittelt werden müssen. Die Supply-Funktion kann für genau diesen Zweck eingesetzt werden.

Sie können den Tree auch so binden, dass die dataSource des Tree auf einen strukturierten Context-Knoten (1..1) bindet und die Elementknoten des Tree sich erst unter dem Context-Knoten befinden. Dies ist zum Beispiel für die Abbildung von Verzeichnisstrukturen notwendig. Bei einem rekursiven Tree können Sie die Rekursion Kardinalitäten gegen diesen 1..1-Knoten zeigen lassen. Dabei wird dieser Context-Knoten dann beim Rendering übersprungen.

defaultItemIconSource

Standardbild Blatt

Mit der Eigenschaft `defaultItemIconSource` legen Sie das Icon für Blätter fest, das für die visuelle Darstellung im Allgemeinen zu verwenden ist. Diese Default-Belegung können Sie bei Bedarf in den Blättern noch übersteuern.

defaultNodeIconSource

Standardbild Knoten

Mit der Eigenschaft `defaultNodeIconSource` bestimmen Sie das Icon für Knoten, das für die visuelle Darstellung im Allgemeinen zu verwenden ist. Diese Default-Belegungen können Sie bei Bedarf in den Knoten noch übersteuern.

enabled

Mit der Eigenschaft `enabled` legen Sie fest, ob der Benutzer mit dem Tree, Knoten und/oder Blättern interagieren kann.

minHeight

Mit der Eigenschaft `minHeight` bestimmen Sie die minimale Höhe des `Tree`.

rootText

Wurzeltext

Falls der Wurzelknoten angezeigt wird, kann mit der Eigenschaft `rootText` der Text für den Wurzelknoten festgelegt werden.

rootVisible

Wurzelsichtbarkeit

Das UI-Element `Tree` kann einen Wurzelknoten darstellen, sofern die Eigenschaft `rootVisible` auf den Wert `abap_true` gesetzt wird.

title

Titel

Mit der Eigenschaft `title` kann ein Titel für den `Tree` definiert werden.

titleVisible

Titelsichtbarkeit

Die Sichtbarkeit des Titels und die Drucktaste zum Einklappen der Knoten werden über die Eigenschaft `titleVisible` festgelegt. Falls die Eigenschaft den Wert `none` hat, ist der Titel nicht sichtbar, mit dem Wert `visible` ist er sichtbar.

width

Mit der Eigenschaft `width` können Sie die Breite des UI-Elementes einstellen.

Ereignisse

Das UI-Element `Tree` bietet das Ereignis `onExpandAll` an, dem eine Aktion zugeordnet werden kann. Dadurch wird zusätzlich zur Drucktaste KOLLABIEREN auch die Drucktaste EXPANDIEREN in der Titelzeile des `Tree` eingeblendet (siehe Abbildung 4.88).

onExpandAll

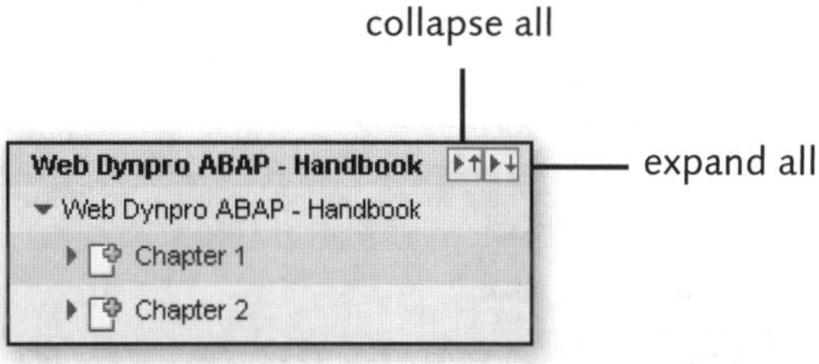

Abbildung 4.88 Ereignis »onExpandAll«

Im Ereignisbehandler zur Aktion kann das Verhalten für das Expandieren implementiert werden. Die Voraussetzung für die Implementierung ist, dass die Eigenschaft `expanded` eines darunterliegenden UI-Elementes `TreeNodeType` auf ein Context-Attribut gebunden ist, um die Eigenschaft während der Laufzeit setzen zu können. Der Aktionsbehandler-Methode werden die Standardparameter `id` und `context_element` übergeben.

Aggregierte Elemente

In Abbildung 4.89 sehen Sie die aggregierten Elemente zum `Tree`, die in diesem Abschnitt besprochen werden. Des Weiteren haben wir das Kontextmenü zur Anlage der aggregierten Elemente mit den relevanten Menüeinträgen in die Abbildung eingefügt.

TreeNodeType

Ein `TreeNodeType` beschreibt einen `Tree`-Knotentyp, der im Unterschied zum `TreeItemType` weitere Knoten aufnehmen kann, es sind die Knoten des `Tree`. Die Eigenschaften, die der `TreeNodeType` anbietet, werden im Folgenden beschrieben.

Eigenschaften des TreeNodeType

- `dataSource`
  Die Auswahl eines Context-Knotens als Datenquelle definiert, welche Context-Attribute als Text oder Tooltip dargestellt werden können. Die Eigenschaft `dataSource` des `TreeNodeType` wird hierzu gegen den entsprechenden Context-Knoten gebunden.

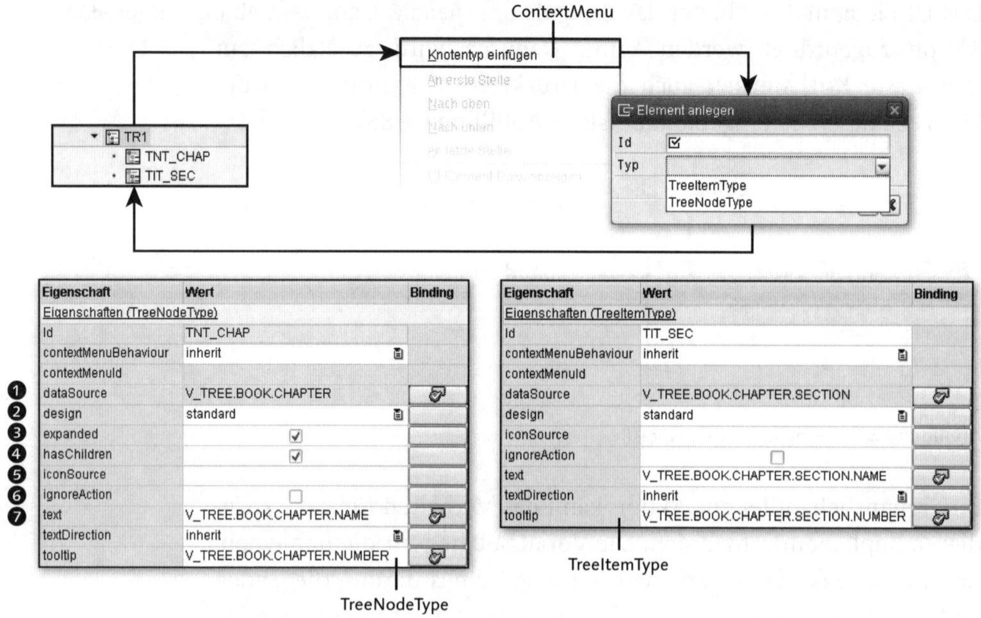

Abbildung 4.89 Aggregationen Tree

- `design`
  Mithilfe der Eigenschaft `design` legen Sie das visuelle Erscheinungsbild des Knotens fest. Falls Sie den Wert `emphasized` verwenden, wird der Knoten durch eine fette Schrift hervorgehoben. Falls Sie den Wert `standard` verwenden, wird der Text laut Standard ohne Fettschrift dargestellt. Falls Sie die Eigenschaft an ein Context-Attribut binden möchten, steht Ihnen dafür das Datenelement `WDUI_TREE_NODE_DESIGN` zur Verfügung.

- `expanded`
  Die Eigenschaft `expanded` legt fest, ob der dargestellte Knoten im `Tree` geöffnet (expandiert) oder geschlossen (kollabiert) abgebildet wird. Wird die Eigenschaft an den Context gebunden, wird pro Context-Element das gebundene Attribut ausgewertet. Damit haben Sie bei der Implementierung die Möglichkeit, auf Knoten-

ebene zu steuern, ob ein Knoten geöffnet wird oder nicht. Diese Eigenschaft spielt mit der Eigenschaft hasChildren zusammen.

- hasChildren
  Falls die Eigenschaft hasChildren auf abap_true gesetzt wird, wird dem Benutzer durch ein Dreieck angedeutet, dass dieser Knoten expandierbar oder kollabierbar ist und dass sich weitere Daten unter diesem Knoten, auf der nächsten Hierarchiestufe befinden. Beim UI-Element TreeNodeType wird erst zur Laufzeit mithilfe der Eigenschaft hasChildren bestimmt, ob Kinder vorhanden sind oder nicht. Falls die Eigenschaft hasChildren auf abap_false gesetzt wird, werden die Knoten als Blätter dargestellt.
- iconSource
  Mittels der Eigenschaft iconSource beeinflussen Sie die Darstellung des Knotens. Zusätzlich zum Wert der Eigenschaft text wird links vom Text ein Icon angezeigt, das durch Data Binding je nach Knoten individuell ausfallen kann. Wird die Eigenschaft IconSource nicht bewertet, wird die Eigenschaft defaultNodeIconSource aus dem UI-Element Tree zur Bewertung herangezogen.
- ignoreAction
  Falls die Eigenschaft ignoreAction auf abap_true gesetzt wird, wird die der Eigenschaft onAction zugeordnete Aktion nicht ausgeführt, genau so wenig wie die Hook-Methoden wddobeforeaction( ) und wddoafteraction( ). Dennoch wird durch das Anklicken eines Eintrags im Baum ein HTTP-Roundtrip ausgelöst, da die Lead-Selection für den angebundenen Context-Knoten gesetzt wird.
- text
  Mithilfe der Eigenschaft text stellen Sie ein Binding zum Context-Attribut her, das den Text zur Visualisierung speichert.

onAction

Das UI-Element TreeNodeType besitzt das Ereignis onAction. Falls diesem eine Aktion zugeordnet ist und der Benutzer einen Tree-Eintrag anklickt, wird ein HTTP-Roundtrip ausgelöst und der zugeordnete Aktionsbehandler aufgerufen. Die Parameter der Behandlermethode sind die Folgenden:

- Im ersten Parameter id ist die Bezeichnung des auslösenden Tree-Elementes hinterlegt.
- Im zweiten Parameter context_element ist die Referenz auf das Context-Element hinterlegt, das zum selektierten Tree-Element gehört.

- Im dritten Parameter `path` werden der Name des Context-Knotens und der Index des Context-Elementes angeboten.

Zusätzlich zur Abarbeitung des Aktionsbehandlers werden die Hook-Methoden `wddobeforeaction( )` und `wddoafteraction( )` durchlaufen.

Dynamisches Laden Die Daten zu den Knoten und Blättern im `Tree` können im Context vorgeladen werden. Dies führt unter Umständen zu einer starken Belastung des Servers und Clients, sofern eine große Menge an Daten vorrätig im Speicher gehalten werden muss. Ein alternativer Ansatz besteht darin, die Daten nur bei einer konkreten Anfrage durch den Benutzer zu laden, das heißt durch das Öffnen eines Knotens. Man könnte in diesem Zusammenhang auch vom dynamischen Laden der Daten sprechen.

onLoadChildren Dazu ist für das UI-Element `TreeNodeType` das Ereignis `onLoadChildren` definiert. Wurde dem Ereignis eine Aktion zugeordnet, wird ein HTTP-Roundtrip ausgelöst, der Aktionsbehandler durchlaufen und zusätzlich die Hook-Methoden `wddobeforeaction( )` und `wddoafteraction( )` abgearbeitet. Beim Schließen des Knotens wird die Behandlung nicht durchgeführt.

Im Aktionsbehandler kann wie beim Ereignis `onAction` auf die gleichen Informationen aus dem `wdevent`-Parameter zugegriffen werden, das heißt `id`, `context_element` und `path`. In der Implementierung des Aktionsbehandlers wird dann die abhängige Information zum `context_element` ermittelt. Dies kann unter Umständen aufwendig sein. Darum bietet es sich an, über ein Context-Attribut festzuhalten, ob die Daten bereits in einem vorherigen Schritt ermittelt wurden.

onDrop Das Ereignis `onDrop` wird im Kontext von Drag-&-Drop-Operationen benötigt (siehe auch Kapitel 5, »Drag & Drop für UI-Elemente«).

Menu Zum `TreeNodeType` können Sie ein Menü anlegen, dessen Existenz bei einem Mouseover, das heißt beim Bewegen des Mauszeigers über das UI-Element, am `TreeNodeType` rechts unten als Dreieck angezeigt wird. Klickt der Benutzer das Dreieck an, erscheinen die Einträge unterhalb des `TreeNodeType`. Der Benutzer kann aber auch direkt den Knoten anklicken, um das Menü zu öffnen.

Um das Menü anzulegen, wählen Sie im Kontextmenü des `TreeNodeType` im View-Editor den Menüeintrag MENÜ EINFÜGEN. Details zu den Menüs finden Sie in Abschnitt 4.8.2, »Menu«.

TreeItemType

Blatt

Ein `TreeItemType` beschreibt einen `Tree`-Knotentyp, der im Unterschied zum `TreeNodeType` keine weiteren Knoten aufnehmen kann. `TreeItemType`-Elemente können niemals Kinder haben und werden deshalb immer als Blätter angezeigt. Sie werden verwendet, wenn schon zur Designzeit feststeht, dass der entsprechende Knoten keine Kinder hat, das heißt, dass der Context-Knoten keine Unterknoten besitzt.

Die für den `TreeItemType` definierten Eigenschaften, Ereignisse und Aggregate verhalten sich so wie für den `TreeNodeType`.

4.5 Kategorie »layout«

In der Kategorie `layout` sind ausgewählte UI-Elemente zusammengefasst, die zur Gestaltung des Layouts beitragen. Die restlichen UI-Elemente aus dieser Kategorie werden in Kapitel 3, »Container und Layouts«, dargestellt.

4.5.1 Allgemein

Klassenhierarchie

In Abbildung 4.90 sehen Sie als Ausschnitt der gesamten ABAP-Klassenhierarchie der UI-Elemente die Klassenhierarchie für die in diesem Abschnitt besprochenen UI-Elemente. Wie in Kapitel 7, »Dynamische Programmierung«, detailliert gezeigt wird, sind alle UI-Elemente während der Laufzeit durch ABAP-Klassen repräsentiert. Der Name der Klasse wird im Allgemeinen durch `CL_WD_<Name des UI-Elementes>` gebildet.

Basisklassen

Die Klassen, die mit hellem Hintergrund dargestellt sind, sind die Basisklassen, die nicht direkt über UI-Elemente visualisiert werden. Die Klassen, die grau hinterlegt sind, sind die Klassen, die die UI-Elemente implementieren, die Sie im View-Editor einfügen können. Wie Sie in Abbildung 4.90 sehen können, wird in der höchsten Klasse `CL_WDR_VIEW_ELEMENT` das Attribut `ID` definiert. Damit steht diese Eigenschaft allen Unterklassen zur Verfügung. Die Klasse `CL_WD_CTX_MENU_PROVIDER` steuert die Attribute `CONTEXT_MENU_BEHAVIOUR` und `CONTEXT_MENU_ID` bei. Die Klasse `CL_WD_UIELEMENT` leistet auch einen wichtigen Beitrag, nämlich die Attribute `ENABLED`, `VISIBLE` und `TOOLTIP`.

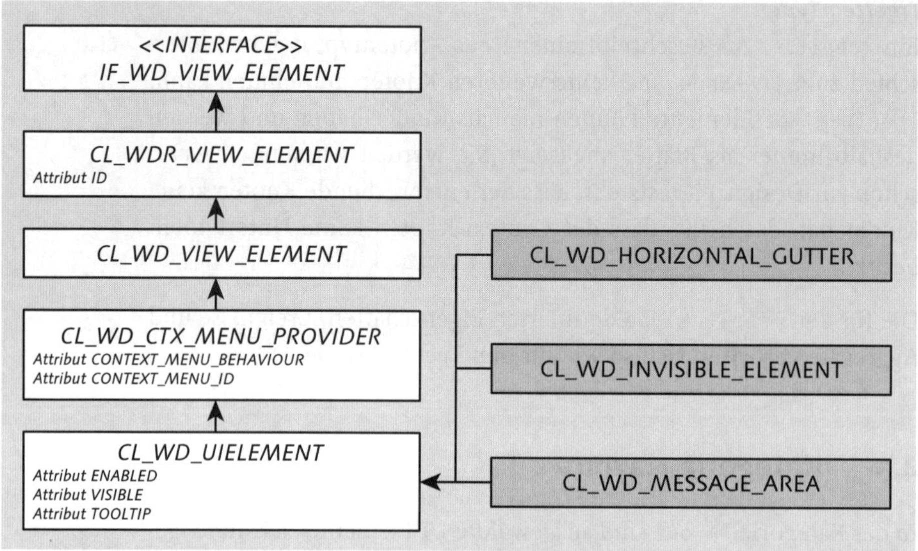

Abbildung 4.90 Klassenhierarchie der UI-Elemente aus der layout-Kategorie

Attribute und Eigenschaften

Ausgewählte Attribute der dargestellten Klassen werden im View-Editor zu den Eigenschaften der UI-Elemente, das heißt, Ihnen steht zum Beispiel für jedes UI-Element die Eigenschaft `ID` im View-Editor für die Pflege zur Verfügung. Welche Bedeutung diese Eigenschaften für die Gestaltung des User Interface haben, werden wir Ihnen im Folgenden näher erläutern.

4.5.2 HorizontalGutter

Abstand

Das UI-Element `HorizontalGutter` unterstützt ähnlich wie das HTML-Tag `<hr>` die Strukturierung des Layouts und von Textabschnitten. Es kann dazu verwendet werden, zusätzliche, vertikale Abstände zwischen Oberflächenelementen einzufügen bzw. zusammengehörige Bestandteile und Texte optisch zusammenzufassen. Das UI-Element `HorizontalGutter` bietet unterschiedliche Höhen an, und Sie können es entweder mit oder ohne Trennlinie darstellen.

Visuelle Darstellung

In Abbildung 4.91 sehen Sie mehrere Darstellungen eines `HorizontalGutter` mit unterschiedlichen Ausprägungen der Eigenschaften `height` und `ruleType`.

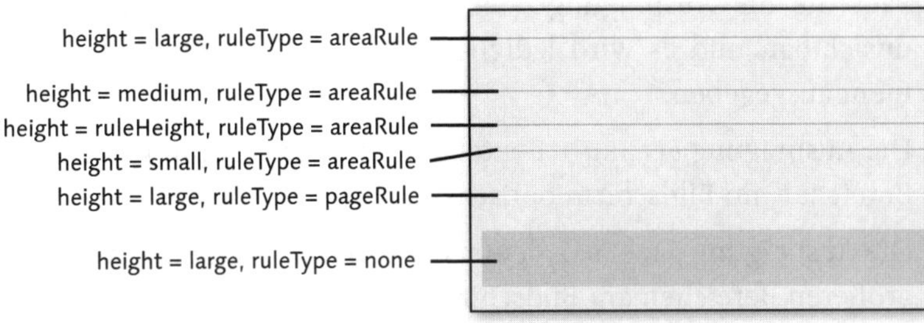

Abbildung 4.91 HorizontalGutter

Sie sehen, dass die Eigenschaft `height` den Abstand zwischen den Bereichen vor und nach dem `HorizontalGutter` beeinflusst. Die Eigenschaft `ruleType` bestimmt das Aussehen des `HorizontalGutter`.

Eigenschaften

In Abbildung 4.92 sehen Sie die Eigenschaften, die in diesem Abschnitt besprochen werden. Die nicht explizit diskutierten Eigenschaften finden Sie in der Einleitung zu diesem Kapitel.

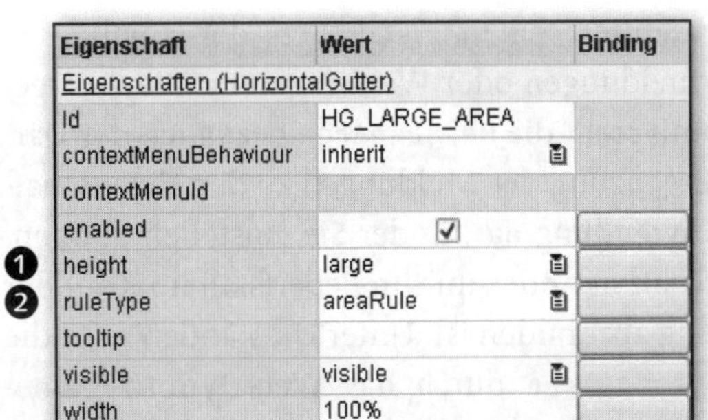

	Eigenschaft	Wert	Binding
	Eigenschaften (HorizontalGutter)		
	Id	HG_LARGE_AREA	
	contextMenuBehaviour	inherit	
	contextMenuId		
	enabled	☑	
❶	height	large	
❷	ruleType	areaRule	
	tooltip		
	visible	visible	
	width	100%	

Abbildung 4.92 Eigenschaften HorizontalGutter

height

Höhe

Mit der Eigenschaft `height` legen Sie die Höhe des `HorizontalGutter` fest. Es stehen Ihnen die Ausprägungen `small`, `medium`, `large` und `ruleHeight` zur Verfügung.

ruleType

Art

Mit der Eigenschaft `ruleType` bestimmen Sie die visuelle Darstellung des `HorizontalGutter`. Es stehen die Ausprägungen `none`, `areaRule` und `pageRule` bereit:

- Falls Sie die Ausprägung `none` verwenden, ist die Darstellung unsichtbar, und es wird lediglich der leere Platz für das UI-Element ausgegeben.
- Die Ausprägung `areaRule` deutet die vertikale Trennung zwischen Bereichen am Bildschirm optisch an.
- Die Ausprägung `pageRule` deutet die vertikale Trennung zwischen größeren Bereichen am Bildschirm optisch an.

4.5.3 InvisibleElement

Platzhalter

Das UI-Element `InvisibleElement` repräsentiert ein nicht sichtbares Element. Es kann dazu verwendet werden, im `GridLayout` oder `MatrixLayout` eine leere Zelle zu füllen. Außerdem kann es als Platzhalter dienen, falls ein UI-Element dynamisch erzeugt wird. Die Eigenschaften `enabled`, `tooltip` und `visible` werden jedoch ignoriert und haben damit auch keine visuellen Auswirkungen im Browser.

4.5.4 MessageArea

Nachrichtenbereich

Die `MessageArea` repräsentiert einen Platzhalter, der angibt, wo Nachrichten wie Fehlermeldungen oder Warnungen im View dargestellt werden sollen. Somit stellt die `MessageArea` bezüglich der Darstellungsposition eine Ergänzung der Meldungen zu den Eigenschaften der Web-Dynpro-Anwendung dar, in der Sie einstellen können, ob der Meldungsbereich immer oder nur im Bedarfsfall im Kopf der Web-Dynpro-Anwendung abzubilden ist. Unter Umständen wird die Positionsangabe der `MessageArea` durch das Web-Dynpro-Framework verändert, falls andere Vorgaben Vorrang haben, zum Beispiel Portalmechanismen zur Anzeige von Fehlermeldungen.

Visuelle Darstellung

In Abbildung 4.93 sehen Sie mehrere Darstellungen einer `MessageArea`. Wir haben zwei Varianten abgebildet, einmal ohne und einmal mit Attribuierung der `MessageArea`. Die Attribuierung werden wir noch erklären.

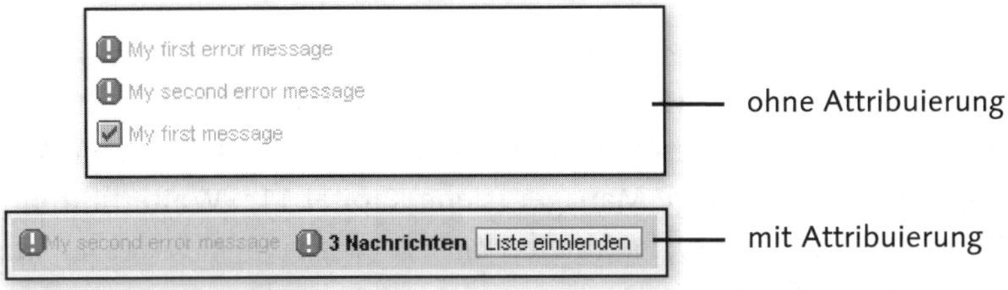

Abbildung 4.93 MessageArea

Eigenschaften

In Abbildung 4.94 sehen Sie die Eigenschaften, die in diesem Abschnitt besprochen werden. Die nicht explizit diskutierten Eigenschaften finden Sie in der Einleitung zu diesem Kapitel. Beachten Sie dabei, dass die Eigenschaften `maxVisibleMessages` und `historyVisible` im View Designer nicht ausgewertet werden, sie können lediglich programmatisch verwendet werden.

	Eigenschaft	Wert	Binding
	Eigenschaften (MessageArea)		
	Id	MA	
	Layoutdaten	MatrixHeadData	
	contextMenuBehaviour	inherit	
	contextMenuId		
	enabled	☑	
1	historyVisible	☑	
2	maxVisibleMessages	1	
	tooltip	Messages	
	visible	visible	

Abbildung 4.94 Eigenschaften MessageArea

historyVisible

Mit der Eigenschaft `historyVisible` steuern Sie die Sichtbarkeit des kompletten Meldungsprotokolls. Mit dem von uns verwendeten Release 7.0 EHP2 hat diese Eigenschaft keine visuellen Auswirkungen.

maxVisibleMessages

Mit der Eigenschaft `maxVisibleMessages` definieren Sie die höchstmögliche Anzahl von Meldungen, die ohne Scrollbar angezeigt werden. Ein negativer oder Nullwert bedeutet »unbegrenzt«.

Ereignisse

onNavigation

Die MessageArea bietet das Ereignis onNavigate an. Um dieses Ereignis zu aktivieren, muss dem Anwendungsparameter WDLIGHTSPEED der Wert 'X' zugewiesen werden. Bei einem Bericht über eine Meldung mit dem Message Manager (siehe Kapitel 11, »Weiterführende Konzepte«) muss der Parameter enable_message_navigation der Methoden auf den Wert abap_true gesetzt werden, nur dann wird die in der MessageArea angezeigte Meldung als Link dargestellt und kann zum Auslösen des Ereignisses führen.

Die Methoden des Message Managers zum Berichten einer Meldung verfügen über den Parameter msg_user_data. Dieser kann dazu verwendet werden, die Meldung mit zusätzlichen Informationen anzureichern, die in der Aktionsbehandler-Methode des Ereignisses onNavigate wieder ausgewertet werden können. Dazu wird im Parameter der Aktionsbehandler-Methode die ID der Meldung übergeben, für die das Ereignis ausgelöst wurde. Mit dieser ID kann die Methode if_wd_message_manager~get_message_for_id( ) aufgerufen werden, die alle Informationen zu der Meldung zurückliefert.

Attribuierung der MessageArea

Sie können das Erscheinungsbild der MessageArea beeinflussen, indem Sie an einer geeigneten Stelle, zum Beispiel in der Methode wddoinit( ) eines Fensters, die Attribuierung der MessageArea durchführen. In Abbildung 4.93 haben Sie bereits ein Beispiel für die Auswirkungen der Attribuierung der MessageArea gesehen.

[+]

Hinweis: Mit Release 7.0 SPS11 hat sich das Design für Nachrichten und die MessageArea geändert. Ein Wechsel zum alten Design ist durch die Attribuierung der MessageArea möglich.

Auswirkungen der Attribuierung

Ohne Attribuierung wird die MessageArea mit weißem Hintergrund und einer Liste aller Nachrichten angezeigt. Mit Attribuierung kann die MessageArea unterschiedliche Erscheinungsbilder und Funktionen zur Verfügung stellen. In unserem Beispiel wird nur die erste Meldung mit der Zusatzinformation angezeigt, wie viele Nachrichten vorhanden sind. Zusätzlich wird die Drucktaste Liste einblenden angeboten, um die Liste der Nachrichten einzublenden. In Listing 4.5 sehen Sie den Quelltext zur Attribuierung der MessageArea.

```
METHOD set_message_area .
* API von Window-Controller
DATA: l_api_mycomp TYPE REF TO if_wd_window_controller,
```

```
* MessageArea
      l_wd_message_area TYPE REF TO if_wd_message_area.
* Window-API ermitteln
l_api_mycomp ?= wd_this->wd_get_api( ).
* MessageArea ermitteln
l_wd_message_area = l_api_mycomp->get_message_area( ).
* Attribute der MessageArea setzen
l_wd_message_area->set_display_attributes(
"Nur aktuelle Meldungen anzeigen
  i_for_all_instances = abap_false
"Gleichzeitig sichtbare Meldungen bei expandiertem Log
  i_msg_lines_visible = '3'
"MessageArea ist umschaltbar zwischen Textzeile und Liste
  i_use_toggle_area = abap_true
"Setzt Attribute für alle MessageArea-Instanzen
  i_show_only_current = abap_false ).
ENDMETHOD.
```

Listing 4.5 Attribuierung der MessageArea

Beschreibung

Wir haben die Attribuierung der `MessageArea` in der Window-Controller-Methode `set_message_area( )` gekapselt, um diese einfach in der Methode `wddoinit( )` des Window-Controllers aufrufen zu können. Um die Attribuierung der `MessageArea` durchführen zu können, ist es notwendig, zuerst die Referenz auf die Window-API zu ermitteln. Diese API stellt die Zugriffsmethode `get_message_area( )` zur Ermittlung der Referenz auf die `MessageArea` bereit. Durch die Versorgung der Schnittstellenparameter der Methode `set_display_attributes( )` der `MessageArea`-Referenz werden das Aussehen und die Funktionalität der `MessageArea` gesteuert. Die Bedeutung der Parameter können Sie Tabelle 4.21 entnehmen.

Parameter	Wert	Auswirkung
`i_use_toggle_area`	`SPACE`	neues Design der `MessageArea` (Default)
	`X`	altes Design der `MessageArea`
`i_msg_lines_visible`	`0`	Alle Nachrichten werden angezeigt (Default).
	größer `0`	Nur x Nachrichten sind sichtbar, die restlichen Nachrichten sind durch Blättern erreichbar.

Tabelle 4.21 Parameter der Methode »set_display_attributes( )«

Parameter	Wert	Auswirkung
i_show_only_current	X	Falls der Parameter I_USE_ TOGGLE_AREA den Wert X besitzt, wird kein Meldungsprotokoll angezeigt.
	SPACE	Falls der Parameter I_USE_ TOGGLE_AREA den Wert SPACE besitzt, wird ein Link angezeigt, mit dem das Meldungsprotokoll eingeblendet werden kann.

Tabelle 4.21 Parameter der Methode »set_display_attributes( )« (Forts.)

Achtung

Achten Sie darauf, dass auch der View, in dem sich das Element befindet, sichtbar ist, wenn die MessageArea sichtbar sein soll, das heißt, die Sichtbarkeit von View und Element sollten sich entsprechen.

4.6 Kategorie »graphic«

In der Kategorie graphic sind alle UI-Elemente zusammengefasst, die Präsentationsgrafiken, Landkarten etc. enthalten.

4.6.1 Allgemein

Klassenhierarchie

In Abbildung 4.95 sehen Sie als Ausschnitt der gesamten ABAP-Klassenhierarchie der UI-Elemente die Klassenhierarchie für die in diesem Abschnitt besprochenen UI-Elemente. Wie in Kapitel 7, »Dynamische Programmierung«, detailliert gezeigt wird, sind alle UI-Elemente während der Laufzeit durch ABAP-Klassen repräsentiert. Der Name der Klasse wird im Allgemeinen durch CL_WD_<Name des UI-Elementes> gebildet.

Basisklassen

Die Klassen, die mit hellem Hintergrund dargestellt sind, sind die Basisklassen, die nicht direkt über UI-Elemente visualisiert werden. Die Klassen, die grau hinterlegt sind, sind die Klassen, die die UI-Elemente implementieren, die Sie im View-Editor einfügen können. Wie Sie in der Abbildung sehen können, wird in der höchsten Klasse CL_WDR_VIEW_ELEMENT das Attribut ID definiert. Damit steht diese

Eigenschaft allen Unterklassen zur Verfügung. Die Klasse CL_WD_CTX_MENU_PROVIDER steuert die Attribute CONTEXT_MENU_BEHAVIOUR und CONTEXT_MENU_ID bei. Die Klasse CL_WD_UIELEMENT leistet auch einen wichtigen Beitrag, nämlich die Attribute ENABLED, VISIBLE und TOOLTIP.

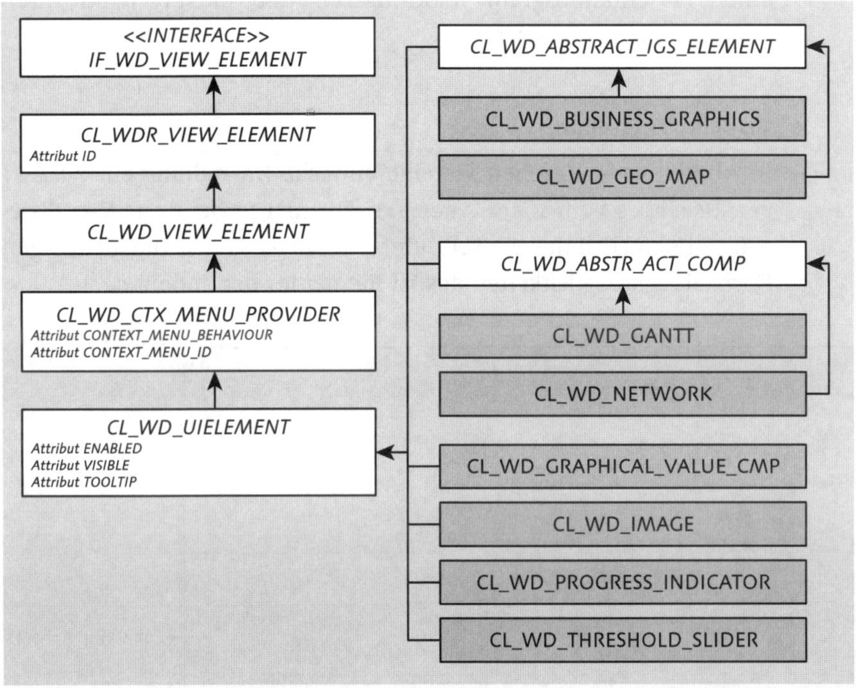

Abbildung 4.95 Klassenhierarchie der UI-Elemente aus der graphic-Kategorie

Attribute und Eigenschaften

Ausgewählte Attribute der dargestellten Klassen werden im View-Editor zu den Eigenschaften der UI-Elemente, das heißt, Ihnen steht zum Beispiel für jedes UI-Element die Eigenschaft ID im View-Editor für die Pflege zur Verfügung. Welche Bedeutung diese Eigenschaften für die Gestaltung des User Interface haben, werden wir Ihnen im Folgenden näher erläutern.

4.6.2 BusinessGraphics

Geschäftsdiagramme

Das UI-Element BusinessGraphics bietet eine Reihe von Diagrammtypen wie Säulendiagramme oder Kreisdiagramme, die Sie zur grafischen Darstellung von Daten und deren Beziehungen zueinander verwenden können. Zusätzlich werden Ihnen auch komplexere

Diagrammtypen wie `portfolio` oder `gantt` angeboten, die dem Benutzer Ihrer Webanwendung bereits als Entscheidungshilfe für die unternehmerische Planung oder ganz allgemein als Informationstafel dienen.

Chart Designer

Mithilfe des Chart Designers können Sie die UI-Element-Eigenschaften sowie weitere Eigenschaften, die sogenannten Chart-Elements, einer Präsentationsgrafik modifizieren und entsprechend Ihren Anforderungen anpassen.

Visuelle Darstellung

In Abbildung 4.96 sehen Sie eine einfache Darstellung einer `BusinessGraphics` vom `chartType bars`. Die hier präsentierte Visualisierung ist natürlich nur ein sehr einfaches Beispiel, das die vielfältigen Darstellungsmöglichkeiten des UI-Elementes nur andeutet.

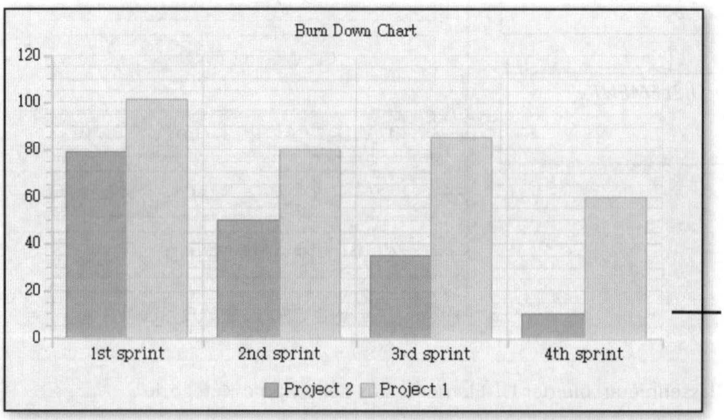

Abbildung 4.96 BusinessGraphics vom Typ »bars«

Eigenschaften

In Abbildung 4.97 sehen Sie die Eigenschaften, die in diesem Abschnitt besprochen werden. Die nicht explizit diskutierten Eigenschaften finden Sie in der Einleitung zu diesem Kapitel.

backgroundColor

Hintergrund

Mit der Eigenschaft `backgroundColor` können Sie die Hintergrundfarbe des UI-Elementes `BusinessGraphics` einstellen. Falls Sie die Eigenschaft an ein Context-Attribut binden möchten, steht Ihnen das Datenelement `WDUI_BGTYPE` für die Typisierung zur Verfügung.

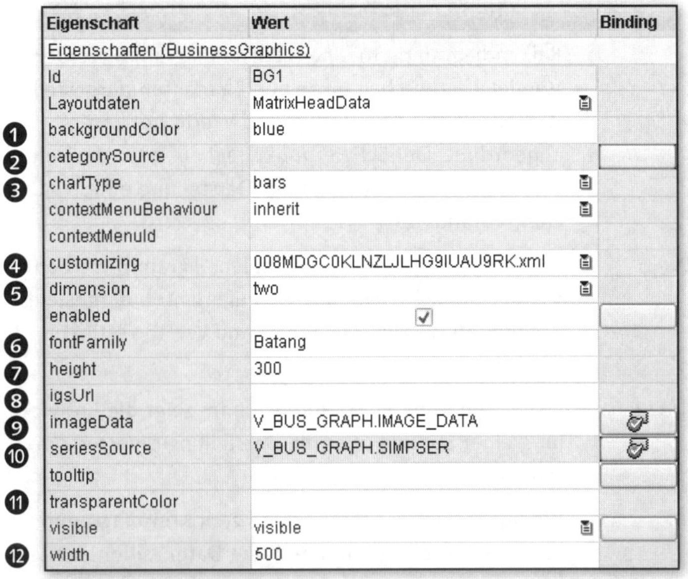

Abbildung 4.97 Eigenschaften BusinessGraphics

categorySource

Datenquelle

Mit der Eigenschaft `categorySource` definieren Sie den Pfad zum Context-Knoten, der die Daten für das Aggregat `Category` liefert.

chartType

Diagrammtyp

Mit der Eigenschaft `chartType` können Sie den Diagrammtyp für die `BusinessGraphics` festlegen. Falls Sie die Eigenschaft an ein Context-Attribut binden möchten, steht Ihnen das Datenelement `WDUI_BGTYPE` für die Typisierung zur Verfügung. In Tabelle 4.22 sehen Sie die Liste der möglichen Werte und somit der möglichen Diagrammtypen.

Wert	Beschreibung
`area`	Flächendiagramm: Bei einem Flächendiagramm ist die Fläche zwischen den Achsen und der Datenreihe gefüllt. Im Übrigen entspricht das Flächendiagramm dem Liniendiagramm. Ein gestapeltes Flächendiagramm stellt die Summe der aufgetragenen Werte dar und illustriert dadurch das Verhältnis der Teile zueinander.

Tabelle 4.22 Ausprägungen der Eigenschaft »chartType«

Wert	Beschreibung
bars	Balkendiagramm: In einem Balkendiagramm werden Vergleiche zwischen einzelnen Elementen dargestellt. Kategorien werden vertikal und Werte horizontal angeordnet. Der Schwerpunkt liegt auf dem Vergleich von Werten und nicht auf der Darstellung einer zeitlichen Veränderung.
columns	Säulendiagramm: In einem Säulendiagramm werden Vergleiche zwischen einzelnen Elementen dargestellt. Kategorien werden horizontal und Werte vertikal angeordnet.
delta_chart	Deltadiagramm: Ein Deltadiagramm zeigt die Entwicklung einer Summe über die Darstellung diverser Zwischenwerte.
doughnut	Ringdiagramm: Im Unterschied zum Kreisdiagramm kann das Ringdiagramm mehrere Datenreihen darstellen, wobei jeder Ring einer Datenreihe entspricht.
gantt	Gantt-Diagramm: In einem Gantt-Diagramm können Sie den zeitlichen Ablauf von Projekten und deren Teilschritte abbilden. Diese Teilschritte können Sie zusätzlich in Kategorien zusammenfassen. Die x-Achse ist die Zeitachse, die Teilschritte und Kategorien werden auf der y-Achse dargestellt. Wenn Sie Kategorien gebildet haben, werden für jede Kategorie jeweils alle Teilschritte getrennt voneinander auf der y-Achse dargestellt.
histogram	Histogramm: In einem Histogramm wird die Häufigkeitsverteilung eines Merkmals dargestellt. Die Häufigkeiten werden in Klassen eingeteilt, wobei jede Klasse einer Säule im Histogramm entspricht. In einem Histogramm werden Kategorien (= Klassen) entlang der x-Achse und die Anzahl der zugehörigen Werte entlang der y-Achse aufgetragen.
lines	Liniendiagramm: In einem Liniendiagramm werden Datentrends dargestellt. Die Daten werden in regelmäßigen Intervallen aufgetragen. Üblicherweise werden Kategorien entlang der x-Achse und Werte entlang der y-Achse aufgetragen.

Tabelle 4.22 Ausprägungen der Eigenschaft »chartType« (Forts.)

Wert	Beschreibung
mta	Meilenstein-Trendanalysen-Diagramm: Die Meilenstein-Trendanalyse ermöglicht Ihnen die Überwachung des inhaltlichen Projektfortschritts. Sie definieren dafür Meilensteine und können damit die Terminvereinbarungen und eventuelle Abweichungen aufzeigen. Die y-Achse wird als die Soll-Zeitachse mit den geplanten Meilensteinen definiert, die y-Achse stellt die Ist-Zeitachse dar.
pie	Kuchendiagramm: In einem Kuchendiagramm wird der proportionale Anteil von Elementen einer Datenreihe an einem Ganzen dargestellt. Dieser Chart-Typ stellt nur eine einzige Datenreihe dar und wird vor allem eingesetzt, um ein wichtiges Element besonders hervorzuheben.
polar	Polardiagramm: Wie im Radardiagramm hat jede Kategorie ihre eigene Wertachse. Die Werte einer Datenreihe werden als Flächen dargestellt.
portfolio	Portfoliodiagramm: In einem Portfolio wird dargestellt, welche Position ein Objekt in einer Vier-Felder-Matrix hat. Die Position des Objektes wird anhand von zwei Dimensionen ermittelt. Portfolios werden hauptsächlich bei Unternehmens- oder Produktvergleichen verwendet.
profiles	Profildiagramm: In einem Profildiagramm werden die Linien vertikal angeordnet und nicht horizontal wie beim Liniendiagramm. Im Übrigen entspricht das Profildiagramm dem Liniendiagramm.
profile_area	Profilflächendiagramm: In einem Profilflächendiagramm werden die Flächen vertikal angeordnet und nicht horizontal wie beim Flächendiagramm. Im Übrigen entspricht das Profildiagramm dem Flächendiagramm.
radar	Radardiagramm: In einem Radardiagramm hat jede Kategorie ihre eigene Wertachse, die vom Mittelpunkt ausgeht. Die Werte einer Datenreihe werden durch Linien verbunden. Radardiagramme eignen sich zum Vergleich von Datenreihen: Die Datenreihen mit den höchsten Werten nehmen den meisten Raum ein.

Tabelle 4.22 Ausprägungen der Eigenschaft »chartType« (Forts.)

Wert	Beschreibung
scatter	Punktdiagramm: In einem Punktdiagramm wird entweder das Verhältnis zwischen numerischen Werten in mehreren Datenreihen angezeigt, oder es werden zwei Zahlengruppen als eine Reihe von xy-Koordinaten aufgetragen. Dieser Chart-Typ stellt unregelmäßige Intervalle (sogenannte Cluster) dar und wird in der Regel für wissenschaftliche Daten verwendet. Bei Punktdiagrammen handelt es sich bei beiden Achsen um Wertachsen. Bei anderen Chart-Typen dient die x-Achse dagegen zur Darstellung von Kategorien.
smart_map	Smartmap-(Heatmap-)Diagramm: Heatmaps ermöglichen die kompakte Diagrammdarstellung eines großen Datenvolumens. Für eine Anzahl von Datenreihen lassen sich die Werte von genau zwei Kennzahlen kompakt unabhängig voneinander darstellen. Die Darstellung erfolgt entlang zweier Dimensionen: der Fläche (Rechteckgröße) und der Farbe (Position im Farbverlauf). Sie können damit auffällige Werte und Trends schnell erkennen und Geschäftsfragen beantworten.
speedometer	Tachometerdiagramm: Mit einem Tachometer werden ein oder mehrere Kennzahlen in Form von Tachonadeln dargestellt. Der Tachometer ist in mehrere Wertebereiche unterteilt und lässt auf einen Blick erkennen, in welchem Wertebereich die Tachonadeln derzeit stehen.
split_pie	Unterteiltes Kuchendiagramm: In einem unterteilten Kuchendiagramm werden pro Kategorie mehrere Datenreihen als Kreissegment abgebildet und insgesamt in Proportion zueinander gestellt.
time_bars	Diagramm des Typs »Time Bars«, Zeitbalkendiagramm: Das Zeitbalkendiagramm ist dem Balkendiagramm ähnlich. Der y-Wert kann ein Datums- oder Uhrzeitwert sein.
time_columns	Zeitsäulendiagramm: Das Zeitsäulendiagramm ist dem Säulendiagramm ähnlich. Der x-Wert kann ein Datums- oder Uhrzeitwert sein.

Tabelle 4.22 Ausprägungen der Eigenschaft »chartType« (Forts.)

Wert	Beschreibung
time_scatter	Zeitpunktdiagramm: Das Zeitpunktdiagramm ist dem Punktdiagramm ähnlich. Der x-Wert kann ein Datums- oder Uhrzeitwert sein.

Tabelle 4.22 Ausprägungen der Eigenschaft »chartType« (Forts.)

Gestapelte Diagramme

Die Diagrammtypen time_bars, time_columns, bars, columns, lines, profiles, profile_area und radar existieren auch in einer gestapelten Variante und haben die Bezeichnung stacked_<Diagrammtyp>. Diese Varianten verhalten sich wie die Diagrammtypen, auf die sie sich beziehen, jedoch werden hierbei die jeweiligen Werte der Datenreihen addiert, das heißt übereinander gestapelt, auf einer Kategorie dargestellt. Gestapelte Diagramme zeigen das Verhältnis einzelner Elemente zu der Summe aller Werte.

customizing

Darstellungsart und -weise

Mit der Eigenschaft customizing definieren Sie die Art und Weise der Darstellung der Grafik am Bildschirm. Dieser Eigenschaft wird eine Webadresse (URL) zugeordnet, die auf eine XML-Datei zeigt, die das Aussehen der Präsentationsgrafik am Bildschirm beschreibt, wie zum Beispiel Farbe der Grafik, Farbe des Hintergrundes, Schriftarten etc. oder ob die Grafik eine Legende anzeigen soll.

Diese Einstellungen können Sie auch direkt im View Designer über den Chart Designer vornehmen. Um dieses Werkzeug aufzurufen, klicken Sie mit der rechten Maustaste auf das UI-Element BusinessGraphics und wählen im Kontextmenü den Eintrag CUSTOMIZING EDITIEREN aus. Für mehr Informationen zum Chart Designer lesen Sie den folgenden Abschnitt »Weiteres«.

Die BusinessGraphics-Eigenschaften dimension und fontFamily, die das Metamodell selbst zur Verfügung stellt, überschreiben die Customizing-Einstellungen, wenn diese davon abweichen. Falls noch kein Customizing zum UI-Element vorhanden ist, kann im View-Editor diese Eigenschaft nicht bearbeitet werden. Nachdem Sie ein Customizing, zum Beispiel mit dem Chart Designer, angelegt haben, erscheint eine Auswahlliste mit den gespeicherten Customizings.

dimension

Mit der Eigenschaft dimension legen Sie die Dimensionen des Diagramms fest. Es stehen die Werte two, three und pseudo_three zur

Verfügung. Der Unterschied zwischen `three` und `pseudo_three` ist, dass bei `three` tatsächlich ein Wert für die dritte Dimension vorhanden sein muss und nicht nur eine Pseudo-3-D-Darstellung verwendet wird, ohne einen konkreten Wert für die dritte Dimension zu haben. Falls Sie die Eigenschaft an ein Context-Attribut binden möchten, steht Ihnen das Datenelement `WDUI_BGDIMENSION` für die Typisierung zur Verfügung.

fontFamily

Mit der Eigenschaft `fontFamily` wählen Sie die Schriftart aus, die die Grafikelemente verwenden sollen. Für die verfügbaren Schriftarten orientieren Sie sich am Chart Designer, der im folgenden Abschnitt »Weiteres« vorgestellt wird.

height

Mit der Eigenschaft `height` bestimmen Sie die Höhe des UI-Elementes in Pixeln.

igsUrl

Internet Graphics Service

Mit der Eigenschaft `igsUrl` legen Sie die Webadresse (URL) des Servers fest, auf dem der Internet Graphics Service (IGS) laufen soll. Die Notation für die Adresse lautet: *$<RFC-Destination>$*.

imageData

Die Visualisierung, die vom UI-Element `BusinessGraphics` am Bildschirm dargestellt wird, kann in einem Context-Attribut abgelegt und zum Beispiel dem Benutzer für den Download angeboten werden. Sie müssen dazu die Eigenschaft `imageData` an ein Attribut vom Typ `xstring` binden, das den Inhalt der Grafik beinhaltet, der an den Browser geschickt wird. Der Inhalt des Attributes wird nach jedem Roundtrip neu befüllt. Beachten Sie, dass diese Eigenschaft nicht für unsichtbare `BusinessGraphics` zur Verfügung steht.

seriesSource

Datenquelle

Mit der Eigenschaft `seriesSource` geben Sie den Pfad zum Context-Knoten an, der die Daten für die `Series` oder `SimpleSeries` liefert.

transparentColor

Mit der Eigenschaft `transparentColor` definieren Sie die Farbe, die als Transparenzfarbe verwendet werden soll. Die Farbe können Sie in den Formaten RGB (ROT, GRÜN, BLAU), HSB (Hue, Saturation,

Brightness) oder X11 (X-System) angeben, wie zum Beispiel `rgb(255,0,0)` oder `slateblue`.

width
Mit der Eigenschaft `width` legen Sie die Breite des UI-Elementes in Pixeln fest.

Ereignisse

Das UI-Element `BusinessGraphics` bietet das Ereignis `onAction` an, dem eine Aktion zugeordnet werden kann. Durch diese Zuordnung legt das Framework eine Aktionsbehandler-Methode an, an die die Standardparameter `id` und `context_element` sowie zusätzlich der Parameter `event_id` übergeben werden. Der Parameter `event_id` enthält den Wert, der einem bestimmten Bereich der Präsentationsgrafik zugeordnet wurde. **onAction**

Barrierefreiheit

Achten Sie bei der Verwendung einer Präsentationsgrafik darauf, dass Sie dieses Oberflächenelement aufgrund der Barrierefreiheit einer Anwendung in Verbindung mit einem UI-Element `Label` darstellen, das heißt mit einer Beschriftung. Um die Entwicklung barrierefreier Anwendungen zu ermöglichen, wird im Rahmen des Syntax-Checks die Eigenschaft `tooltip` überprüft.

Aggregierte Elemente

In Abbildung 4.98 sehen Sie die aggregierten Elemente zum `BusinessGraphics`-Element, die in diesem Abschnitt besprochen werden. Des Weiteren haben wir das Kontextmenü zur Anlage der aggregierten Elemente mit den relevanten Menüeinträgen in die Abbildung eingefügt.

Category
Das Objekt `Category` repräsentiert einen Bestandteil des `BusinessGraphics`-Elementes und beschreibt die Art seiner grafischen Darstellung. Unter den Categorys eines Diagramms versteht man einen diskreten Wertebereich oder eine ungeordnete Menge an Objekten, wie zum Beispiel Januar, Februar, März etc., die keinen Abstandsbegriff und somit auch keine Beziehung zueinander besitzen. In einem **Kategorie**

Säulendiagramm werden diese Categorys spaltenartig nebeneinander dargestellt, dazu werden die Categorys horizontal und die Werte vertikal abgetragen. Damit hat der Benutzer die Möglichkeit, einzelne Categorys, wie beispielsweise die Umsatzzahlen für jeden Monat eines Jahres, vergleichen zu können.

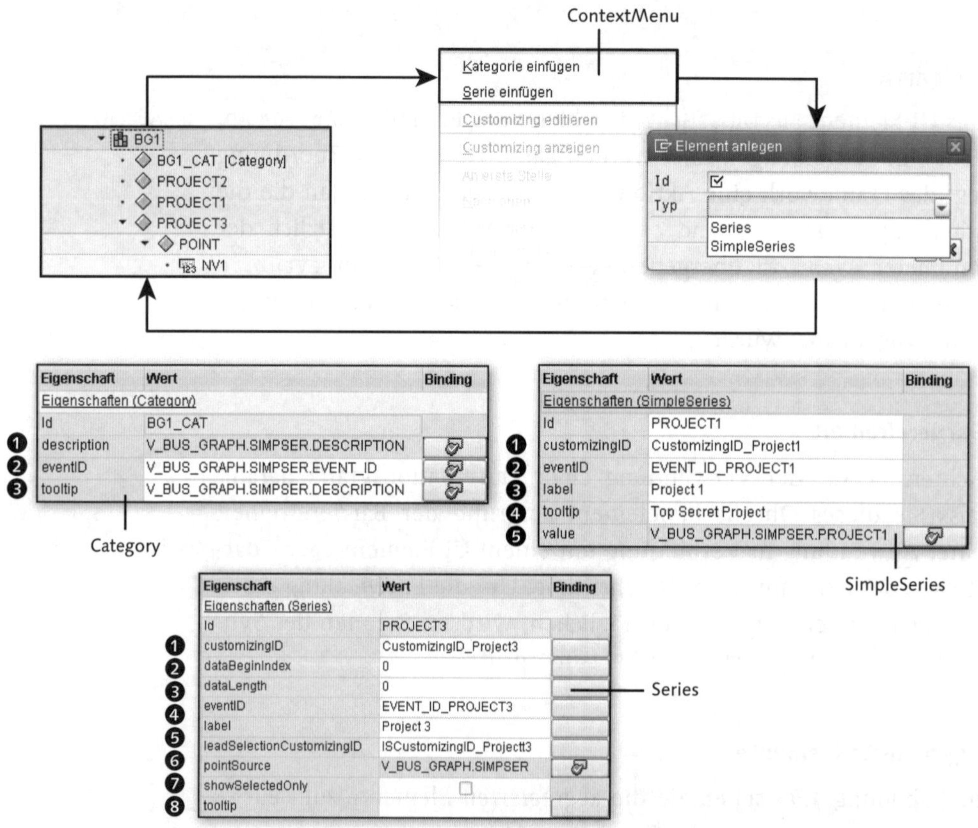

Abbildung 4.98 Aggregationen BusinessGraphics

Im Unterschied zu einfachen `Category`-basierten Diagrammen wie Säulendiagrammen besitzen komplexere Diagramme wie Scatter- oder Portfoliodiagramme keine Categorys. Ein Kuchendiagramm stellt alle Categorys für eine Datenreihe dar. In Tabelle 4.23 finden Sie die angebotenen Eigenschaften des `Category`-Objektes.

Eigenschaft	Beschreibung
description	Die Eigenschaft description enthält die Texte der jeweiligen Kategorien. Sie können den Wert dieser Eigenschaft entweder zur Designzeit statisch bestimmen oder an ein Context-Attribut binden, dann wird der Wert zur Laufzeit automatisch durch den Context zur Verfügung gestellt.
eventId	Die Eigenschaft eventId enthält die ID, mit der festgestellt werden kann, von welchem Objekt das Ereignis ausgelöst wurde. Diese ID ist relevant bezüglich des onAction-Ereignisses des BusinessGraphics-Elementes, da die eventId an die Behandlermethode übergeben wird.
tooltip	Die Eigenschaft tooltip enthält den Text für die Quick-Info, die erscheint, wenn der Benutzer den Mauszeiger über das Oberflächenelement führt. Wenn Screenreader unterstützt werden, wird automatisch zusätzlicher Text zur Quick-Info hinzugefügt, um die Barrierefreiheit zu unterstützen.

Tabelle 4.23 Eigenschaften Category

SimpleSeries

Mit einer SimpleSeries können Sie eine einfache Datenreihe bestimmen. Dieses Element sollte unter folgenden Voraussetzungen verwendet werden: **Daten**

- Eine feste Anzahl von Datenreihen liegt vor, und diese Anzahl ist bereits zur Designzeit bekannt, wie zum Beispiel die monatlichen Verkaufszahlen eines bestimmten Jahres für die Abteilungen eines Unternehmens
- Die Grafik ist Category-basiert, und jeder Punkt hat nur einen y-Wert, wie zum Beispiel die Verkaufszahlen nach Monaten.

In Tabelle 4.24 finden Sie die Eigenschaften, die Ihnen dieses Element zur Verfügung stellt.

Eigenschaft	Beschreibung
customizingID	Die Eigenschaft customizingID enthält die ID, unter der in der Customizing-XML-Datei des BusinessGraphics-Oberflächenelementes Informationen zur Darstellung der Datenreihe gespeichert werden.

Tabelle 4.24 Eigenschaften SimpleSeries

Eigenschaft	Beschreibung
eventID	Die Eigenschaft eventID enthält die ID, mit der festgestellt werden kann, von welchem Objekt das Ereignis ausgelöst wurde. Diese ID ist relevant bezüglich des onAction-Ereignisses des BusinessGraphics-Elementes, da die eventId an die Behandlermethode übergeben wird.
label	Die Eigenschaft label enthält optionalen Text, der für einen Punkt in der Präsentationsgrafik ausgegeben werden soll.
tooltip	Die Eigenschaft tooltip enthält den Text für die Quick-Info, der erscheint, wenn der Benutzer den Mauszeiger über das Oberflächenelement führt. Wenn Screenreader unterstützt werden, wird automatisch zusätzlicher Text zur Quick-Info hinzugefügt, um die Barrierefreiheit zu unterstützen.
value	Die Eigenschaft value enthält den Pfad zum Context-Attribut, das die Daten für dieses Objekt zur Verfügung stellt.

Tabelle 4.24 Eigenschaften SimpleSeries (Forts.)

Series

Komplexe Daten

Mit einer Series können Sie eine komplexere Datenreihe bestimmen als im Fall von SimpleSeries. Sie können diese Möglichkeit zur Darstellung von Datenreihen verwenden, wenn Sie eine nicht Category-basierte Grafik darstellen möchten bzw. wenn zur Designzeit die Anzahl der Datenreihen noch nicht feststeht. Die verfügbaren Eigenschaften finden Sie in Tabelle 4.25.

Eigenschaft	Beschreibung
customizingID	Die Eigenschaft customizingID enthält die ID, unter der in der Customizing-XML-Datei des UI-Elementes BusinessGraphics Informationen zur Darstellung der Datenreihe gespeichert werden.
dataBeginIndex	Die Eigenschaft dataBeginIndex dient der Darstellung einer Auswahl von Collection-Elementen des gebundenen Context-Knotens. Mit der Eigenschaft dataLength definieren Sie die Anzahl der auszuwählenden Collection-Elemente.

Tabelle 4.25 Eigenschaften Series

Eigenschaft	Beschreibung
dataLength	Die Eigenschaft dataLength beinhaltet die Anzahl der Collection-Elemente, wenn Sie zuvor mit der Eigenschaft dataBeginIndex eine Auswahl festgelegt haben.
eventID	Die Eigenschaft eventID enthält die ID, mit der festgestellt werden kann, von welchem Objekt das Ereignis ausgelöst wurde. Diese ID ist relevant bezüglich des onAction-Ereignisses des UI-Elementes BusinessGraphics, da die eventId an die Behandlermethode übergeben wird.
label	Die Eigenschaft label bietet die Möglichkeit für optionalen Text, der für einen Punkt in der Präsentationsgrafik ausgegeben werden soll.
leadSelectionCustomizingID	Mit der Eigenschaft leadSelectionCustomizingID können Sie ein alternatives Customizing auswählen, wobei die Datenreihe selektiert sein muss.
pointSource	Sie können mit der Eigenschaft pointSource den Pfad zum Context-Knoten spezifizieren, der die Daten für dieses Objekt zur Verfügung stellt.
showSelectedOnly	Die Eigenschaft showSelectedOnly beschreibt die Auswahl einer Datenreihe. Falls der Wert auf abap_true gesetzt ist, werden nur die selektierten Datenreihen angezeigt.
tooltip	Die Eigenschaft tooltip enthält den Text für die Quick-Info, der erscheint, wenn der Benutzer den Mauszeiger über das Oberflächenelement führt. Wenn Screenreader unterstützt werden, wird automatisch zusätzlicher Text zur Quick-Info hinzugefügt, um die Barrierefreiheit zu unterstützen.

Tabelle 4.25 Eigenschaften Series (Forts.)

Im Folgenden erläutern wir Schritt für Schritt die UI-Elemente mit ihren Eigenschaften, die erforderlich sind, um ein UI-Element `Series` einzusetzen.

Point

- Eine Datenreihe, die durch eine `Series` repräsentiert wird, kann genau einen `Point` enthalten. Ein UI-Element `Point` definiert die Struktur der Punkte einer komplexeren Datenreihe. In Abbildung 4.99 sehen Sie die Aggregate zu `Point`.

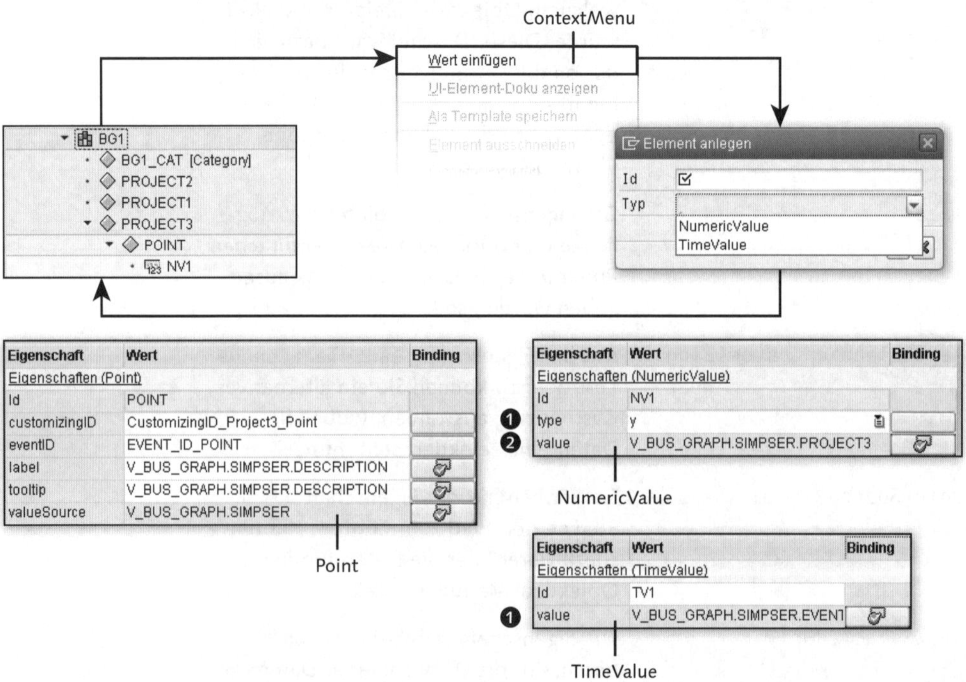

Abbildung 4.99 Aggregate Point

Ein `Point` gibt durch seine Datenbindung und die Struktur der Unterobjekte an, aus wie vielen Werten (Dimensionen) welcher Wertetypen (Dimensionstypen) ein Datenpunkt einer Datenreihe besteht. Eine Datenreihe, die durch eine `Series` repräsentiert wird, kann genau ein `Point`-Element enthalten, und ein `Point`-Element kann ein oder mehrere `Value`-Elemente aufnehmen, entweder `NumericValue` oder `TimeValue`. Die Eigenschaften des `Point`-Elementes sind identisch mit denen der `SimpleSeries`.

NumericValue

- Das `NumericValue`-Element steht zur Verwendung von numerischen Werten bereit. Das Oberflächenelement kann dazu verwendet werden, den Wert eines Punktes zu bestimmen, zum Beispiel den x-Wert für `Scatter`-Diagramme oder den y-Wert für `Category`-basierte Präsentationsgrafiken.

value

Das `NumericValue`-Element stellt die Eigenschaften `type` und `value` zur Verfügung. Die `value`-Eigenschaft repräsentiert den numerischen Wert eines Punktes. Er muss an ein Context-Attribut innerhalb einer gegebenen Context-Struktur gebunden werden, das zur Laufzeit die Daten für die Werte liefert. Der Anfangswert für diese Eigenschaft ist 0.0.

type

Die Eigenschaft `type` steht für den Wertetyp des `NumericValue`. In Tabelle 4.26 sehen Sie die angebotenen Werte der Eigenschaft. Falls Sie die Eigenschaft `type` an ein Context-Attribut binden möchten, wird Ihnen das Datenelement `WDUI_VALUE_TYPE_ENUMERATION` für die Typisierung angeboten.

Wert	Beschreibung
`chart`	Wert für ein kleines »Diagramm im Diagramm« im Portfoliodiagramm
`size`	Größe eines Punktes im Portfoliodiagramm
`trendX`	x-Komponente im Trendpfeil eines Punktes im Portfoliodiagramm
`trendY`	y-Komponente im Trendpfeil eines Punktes im Portfoliodiagramm
`x`	x-Wert in einer Präsentationsgrafik (zum Beispiel im `Scatter`-Diagramm)
`Y`	y-Wert in einer Präsentationsgrafik (zum Beispiel bei `Category`-basierten Grafiken)

Tabelle 4.26 Eigenschaftswerte type

TimeValue

- Im Gegensatz zum `NumericValue` dient der `TimeValue` der Verwendung von Zeitwerten. Er bietet das Attribut `value` an, um einen Zeitwert als Punkt in der Grafik darzustellen. Diese Eigenschaft muss an ein Context-Attribut innerhalb einer gegebenen Context-Struktur gebunden werden, das zur Laufzeit die Daten für die Werte liefert. Die Zeitwerte müssen im Format `yyyymmdd` vorliegen, wobei `y` für Jahr, `m` für Monat und `d` für Tag steht, zum Beispiel 20100901. Zusätzlich kann man für den Zeitwert Stunden (h), Minuten (m), Sekunden (s) sowie Millisekunden (z) angeben. Damit ergeben sich folgende Formate:

- yyyymmdd
- yyyymmddhhmmss
- yyyymmddhhmmsszzz

Dieses Format bezieht sich prinzipiell auf alle Grafiken mit Zeitachsen, zum Beispiel auch auf die TimeScatter-Grafik.

Weiteres

Bei der Verwendung des UI-Elementes BusinessGraphics gibt es weitere Themen, die von Bedeutung sind. Diese betreffen die Infrastruktur für die Verwendung der BusinessGraphics, die Gestaltungsmöglichkeit der Charts und Unterstützungen in der Programmierung.

Internet Graphics Service

Grafiken

Der Internet Graphics Service (IGS) stellt eine Infrastruktur zur Verfügung, die es einem Anwendungsentwickler erlaubt, mit minimalem Aufwand Grafiken in einem Internet-Browser darzustellen. Der IGS wurde in unterschiedliche UI-Technologien von SAP integriert, wie zum Beispiel das HTML GUI oder Web Dynpro ABAP/Java. Der IGS stellt eine Serverarchitektur zur Verfügung, die es erlaubt, Daten von einer SAP- oder anderen Quelle in grafischen oder nicht grafischen Output zu transformieren.

Bis zum Release 6.40 war der IGS nur als Standalone Engine erhältlich. Ab Release 6.40 ist der IGS zusätzlich als integraler Bestandteil des SAP NetWeaver Application Servers verfügbar und wird bei jeder Installation mit installiert. Sie können ab Release 6.40 zwischen der integrierten oder der Standalone-Variante wählen. Ab SAP NetWeaver 7.0 sollte nur mehr die integrierte Variante verwendet werden. Der IGS wird mit dem SAP NetWeaver Application Server gestartet und gestoppt, jedoch ist der IGS nicht Teil des Kernels und muss somit separat gepatcht werden.

Das Framework von Web Dynpro ABAP verbindet sich mit dem IGS über die RFC-Verbindung IGS_RFC_DEST (Verbindungstyp T). Für die integrierte Version des IGS wird diese Verbindung automatisch angelegt. Die Grafiken des IGS werden durch die sogenannte Chart Engine erzeugt, die als C++-Library zur Verfügung steht.

Chart Designer

Eigenschafteneditor

Der Chart Designer ist ein Werkzeug, mit dem Sie die Eigenschaften einer Präsentationsgrafik, die sogenannten Grafikelemente, wie Diagrammtyp, Größe, Layout, Farbe und Schattierungen beeinflussen. Zur Bearbeitung der `BusinessGraphics`-Elemente kann der Chart Designer vom View-Editor aus direkt aufgerufen werden (siehe Abbildung 4.100 für einen ersten Eindruck des Chart Designers).

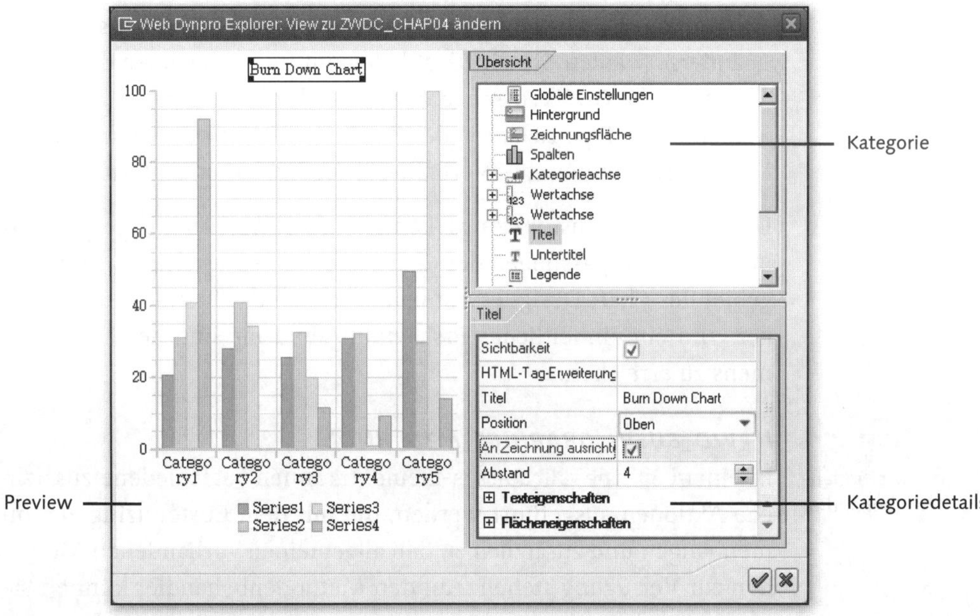

Abbildung 4.100 Chart Designer

Der Chart Designer gliedert sich in drei Bereiche:

- **Grafikvorschau** (Preview)
  Die Grafikvorschau ist der Bereich auf der linken Seite, in dem die Präsentationsgrafik angezeigt wird. Dieser Bereich wird dazu verwendet, eine Vorschau der Customizing-Einstellungen anzuzeigen. Änderungen dieser Einstellungen werden unmittelbar in der Grafikvorschau abgebildet, sodass Sie die Möglichkeit haben, gewünschte Änderungen in der Darstellung der Präsentationsgrafik sofort durchzuführen.

Preview

Kategorie

- **Übersicht der Grafikelemente** (Kategorie)
  Eine Liste der möglichen Grafikelemente finden Sie im Bereich auf der rechten oberen Seite. Jedes Grafikelement besitzt wiederum eine oder mehrere Eigenschaften. Um eine Eigenschaft zu ändern, wählen Sie ein Chart-Element entweder über das Chart-Window oder über den Namen des Chart-Elementes im Chart-Elements-Window aus. Die Eigenschaften des Chart-Elementes werden dann angezeigt, und Sie können den Wert dieser Eigenschaften editieren und ändern.

Kategoriedetails

- **Eigenschaftenliste** (Kategoriedetails)
  Die Eigenschaften der Grafikelemente werden im Bereich unterhalb der Grafikelemente aufgelistet. Um eine Eigenschaft zu ändern, wählen Sie ein Grafikelement entweder über die Maustaste in die Grafikvorschau oder über die Übersicht der Grafikelemente. Die Eigenschaften des Grafikelementes werden dann angezeigt. Sie können die Werte dieser Eigenschaften ändern.

Die erstellten Customizings können als XML-Dateien gespeichert und für die Anpassungen der Charts verwendet werden. Das Einsatzgebiet des Chart Designers ist hauptsächlich das Branding der Grafiken, um ein einheitliches Erscheinungsbild im Sinn des Unternehmens zu erreichen.

IF_WD_BUSIN_GRAPHICS_MTD_HNDL

Methodenbehandler

In einem `BusinessGraphics`-Element können verschiedene zusätzliche Aktionen ausgeführt werden, die mit dem Customizing zusammenhängen und zusätzlich zu den allgemeinen vorhandenen Methoden zur Verfügung stehen. Auf den Methodenbehandler können Sie in der Hook-Methode `wddomodifyview( )` zugreifen, so wie es in Abschnitt 10.2, »Table«, gezeigt wird. Das Attribut in der Klasse `CL_WD_BUSINESS_GRAPHICS`, das die Referenz auf den Methodenbehandler anbietet, ist `_method_handler`. Der Methodenbehandler stellt die folgenden aufgelisteten und beschriebenen Methoden bereit.

- `add_direct_customizing( )`
  Während der Laufzeit können Sie mit dieser Methode zusätzlich zum bereits vorhandenen Customizing weitere Customizing-Einstellungen setzen.
- `clear_direct_customizing( )`
  Während der Laufzeit können Sie mit dieser Methode ein durch

die Methode `add_direct_customizing( )` zusätzlich erstelltes Customizing wieder löschen.

- `get_direct_customizing( )`
  Während der Laufzeit können Sie mit dieser Methode weitere XML-Dateien für das zusätzliche Customizing auslesen.
- `set_direct_customizing_mode( )`, `get_direct_customizing_mode( )`
  Während der Laufzeit können Sie mit diesen Methode bestimmen, ob das über die vorhergehenden Methoden festgelegte zusätzliche Customizing das bereits vorhandene Designtime-Customizing überschreiben soll oder ob es zusätzlich zum Tragen kommen soll.

Beispiel

In diesem Abschnitt verwenden wir ein einfaches UI-Element `BusinessGraphics`, um drei Series mit Points und Categorys abzubilden. Diese repräsentieren den Verlauf von Projekten im Sinn eines Scrum-Burn-Down-Charts, von dem der Projektfortschritt abgelesen werden kann; Scrum ist ein Vorgehensmodell zur agilen Softwareentwicklung.

Wir wählen dazu den in den Grundlagen verwendeten `charType columns`. Ein nützliches Feature ergänzen wir noch: Der Benutzer erhält die Möglichkeit, einen Download der erstellten Grafiken durchzuführen.

1. Wechseln Sie auf den Context-Karteireiter eines Views in der zu implementierenden Web-Dynpro-Component. **View**
2. Definieren Sie im Context einen Context-Knoten mit Kardinalitätsobergrenze n, Namensvorschlag `SIMPSER` (siehe Abbildung 4.101, ❶). **Context-Knoten**
   Zu dem Context-Knoten geben Sie drei Attribute (Namensvorschlag: `PROJECT1/PROJECT2/PROJECT3`) an, die die Werte der y-Achse halten werden. Als Typ haben wir `i` verwendet. In unserem Beispiel repräsentieren die y-Werte die Menge an Tasks, die am Ende eines Sprints in Scrum noch offen sind. Darüber hinaus definieren Sie ein Attribut mit einer Beschreibung (Namensvorschlag: `DESCRIPTION`) vom Typ `string` für den `Point`. Diese wird in unserem Beispiel für die `Category` verwendet und auf der x-Achse aufgetragen.

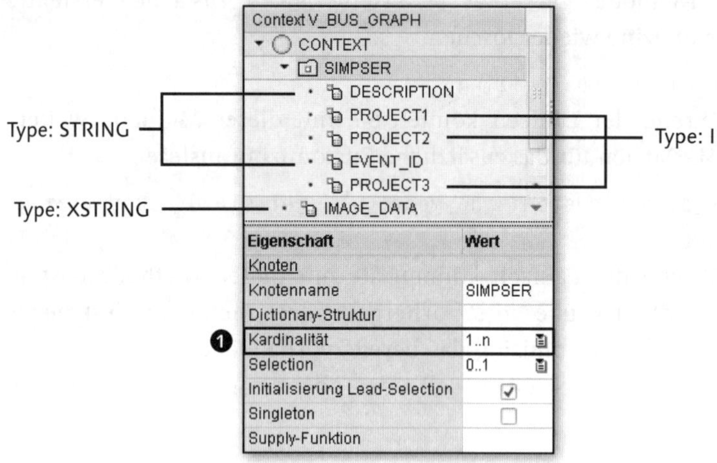

Abbildung 4.101 BusinessGraphics – Context-Definition

Das letzte Attribut, das Sie ergänzen, ist zum Ablegen einer Bezeichnung für ein Event gedacht (Namensvorschlag: `EVENT_ID`) und hat den Typ `string`, der in der Aktionsbehandler-Methode des Ereignisses `onAction` ausgewertet wird. Damit haben Sie die Chance, in der Behandlermethode festzustellen, in welchen Bereich der Grafik der Benutzer geklickt hat.

Download-Attribut

3. Definieren Sie im Context ein Attribut für den Download der Grafik (Namensvorschlag: `IMAGE_DATA`). Achten Sie darauf, dass Sie dieses mit `xstring` typisieren. In diesem Attribut werden wir die Grafikdaten ablegen und mit dem UI-Element `FileDownload` exportieren.

Layout

4. Wechseln Sie nun auf den LAYOUT-Karteireiter Ihres Views, um das Layout zu gestalten und die nötigen UI-Elemente anzulegen.

Gestaltung

5. Beginnen Sie damit, dass Sie ein `BusinessGraphics`-Element anlegen (Namensvorschlag: `BG1`). Nachdem Sie dies getan haben, können Sie die Eigenschaften attribuieren. In Abbildung 4.102 sehen Sie unsere Einstellungen.

   Die erwähnenswerten Attribuierungen sind die folgenden:

   - `chartType` auf den Wert `columns`
   - `dimension` auf den Wert `2`
   - das `imageData`-Data-Binding auf das Context-Attribut `IMAGE_DATA`
   - das `seriesSource`-Data-Binding auf den Context-Knoten `SIMPSER`

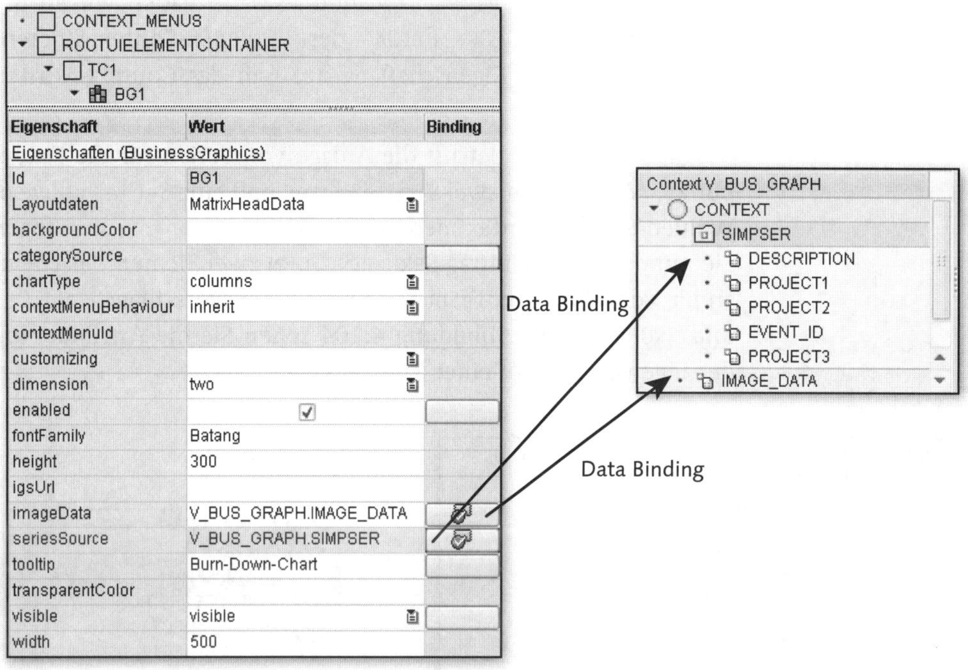

Abbildung 4.102 BusinessGraphics – UI-Element-Anlage

6. Im nächsten Schritt legen wir die `Category` zu `BusinessGraphics` an (Namensvorschlag: `BG1_CAT`). Diese repräsentiert die Beschriftung der x-Achse in unserem Diagramm. Verwenden Sie dazu das Kontextmenü auf dem UI-Element im View-Editor und den Eintrag KATEGORIE EINFÜGEN. In Abbildung 4.103 sehen Sie die attribuierten Eigenschaften. **Kategorie**

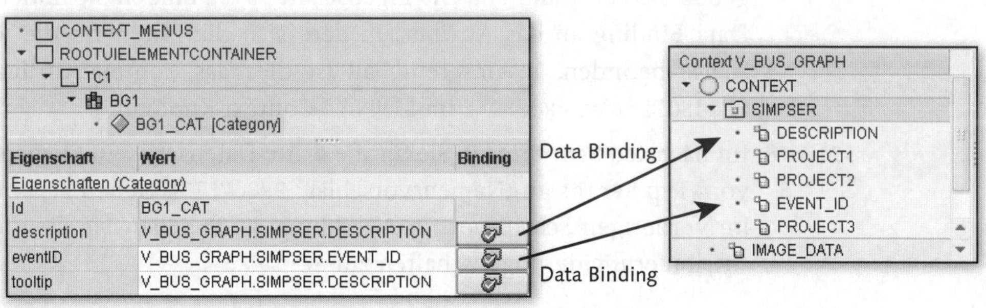

Abbildung 4.103 BusinessGraphics – Category

Die Eigenschaften `description` und `tooltip` haben wir an das Context-Attribut `DESCRIPTION` des `SIMPSER`-Context-Knotens gebunden und die Eigenschaft `eventID` an das Context-Attribut `EVENT_ID`.

Einfache Serien

7. Der nächste Schritt betrifft die Anlage von Serien für die Datenpunkte. Wir werden zwei `SimpleSeries` und eine `Series` anlegen. Wählen Sie das Kontextmenü der `BusinessGraphics`, und fügen Sie mit dem Menüeintrag **Serie einfügen** zwei Elemente nacheinander vom Typ `SimpleSeries` ein (Namensvorschlag: `PROJECT1` und `PROJECT2`). In Abbildung 4.104 sehen Sie die Attribuierung der Eigenschaften zu einer `SimpleSeries`.

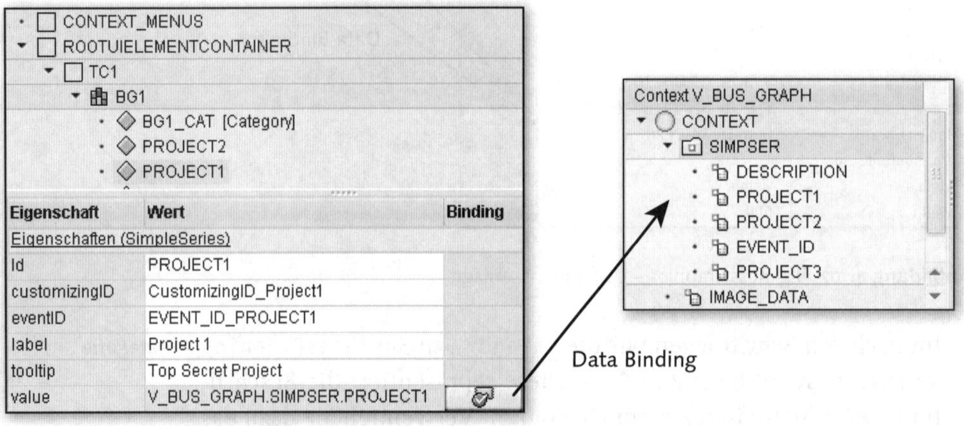

Abbildung 4.104 BusinessGraphics – SimpleSeries

Die Eigenschaften `customizingID`, `eventID`, `label` und `tooltip` geben Sie von Hand ein. Die Eigenschaft `value` binden Sie mittels Data Binding an das Attribut, in dem sich die Daten für die y-Achse befinden. In unserem Fall ist dies das Context-Attribut `PROJECT1` bzw. `PROJECT2` im `SIMPSER`-Context-Knoten.

Serie

8. Im nächsten Schritt legen Sie für die dritte Datenserie ein Element vom Typ `Series` an (Namensvorschlag: `PROJECT3`). Gehen Sie wie im vorherigen Schritt vor. In Abbildung 4.105 sehen Sie die die Attribuierung der Eigenschaften zur `Series`.

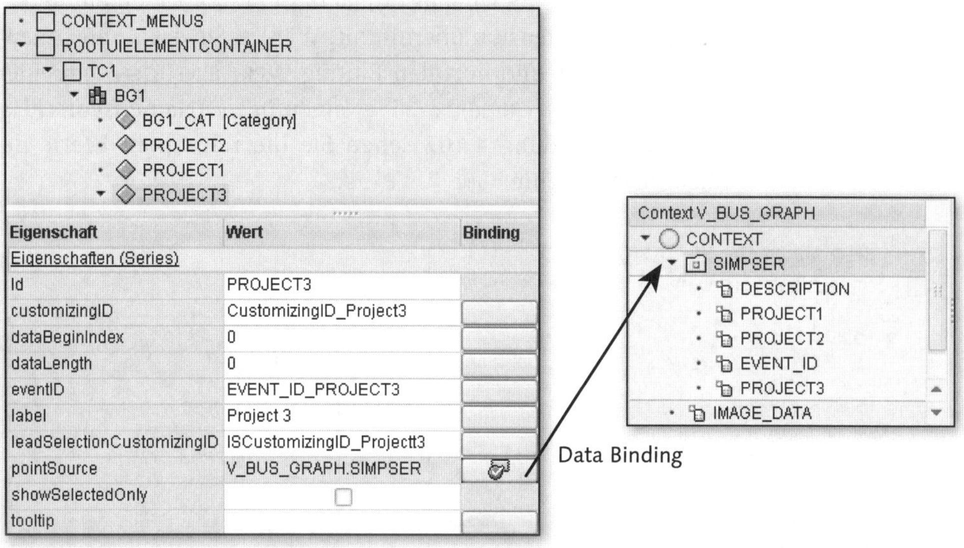

Abbildung 4.105 BusinessGraphics – Series

9. Zur `Series` wird noch die Definition des `Point` benötigt. Mit diesem definieren Sie die unterschiedlichen Dimensionen. Legen Sie dazu mithilfe des Kontextmenüs und des Menüeintrags PUNKT EINFÜGEN auf `Series` den `Point` an. In Abbildung 4.106 sehen Sie die relevanten Attribuierungen der Eigenschaften.

Point

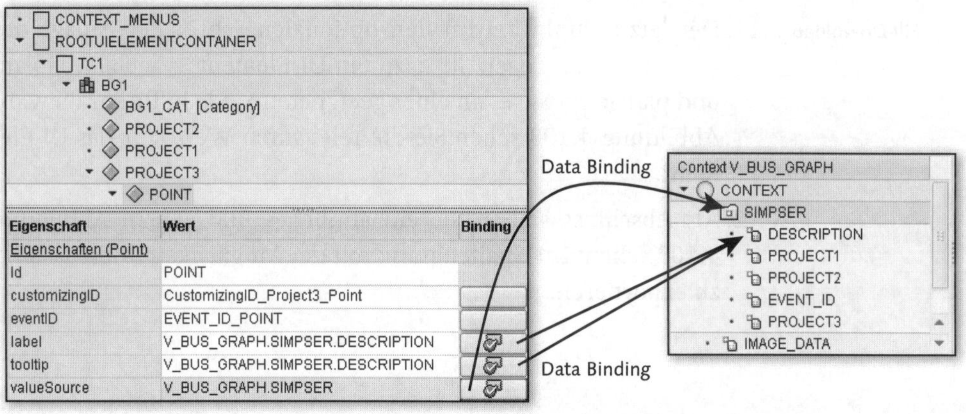

Abbildung 4.106 BusinessGraphics – Point

10. Die tatsächlichen Dimensionen des `Point`-Elementes kommen aus der Definition der Werte zu dem `Point`. In unserem Beispiel

benötigen wir eine Dimension, da das `Category`-Element bereits die andere Dimension übernimmt. Wählen Sie das Kontextmenü auf dem `Point` und dort den Eintrag WERT EINFÜGEN, um einen Wert vom Typ `NumericValue` einzufügen (Namensvorschlag: `NV1`). In Abbildung 4.107 sehen Sie die relevanten Werte der Eigenschaften zum `NumericValue`.

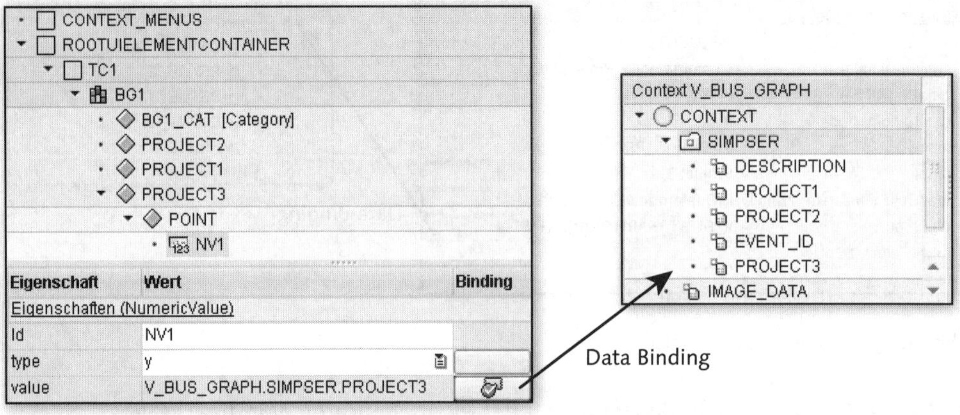

Abbildung 4.107 BusinessGraphics – NumericValue

Den `type` des `NumericValue` haben wir auf `y` gesetzt, da dieser Wert den Wert auf der y-Achse repräsentieren soll. Damit ist die Definition des `BusinessGraphics`-Elementes abgeschlossen.

FileDownload

11. Der letzte Punkt betrifft den optionalen Schritt der Anlage des `FileDownload`. Legen Sie dazu ein UI-Element `FileDownload` an, und platzieren Sie es an einer geeigneten Stelle in Ihrem View. In Abbildung 4.108 sehen Sie die relevanten Werte für das UI-Element.
12. Als Abschluss sollten Sie ein ähnliches Bild wie in Abbildung 4.109 sehen: Die Spaltengrafik mit der Möglichkeit, diese als Bild zu exportieren.

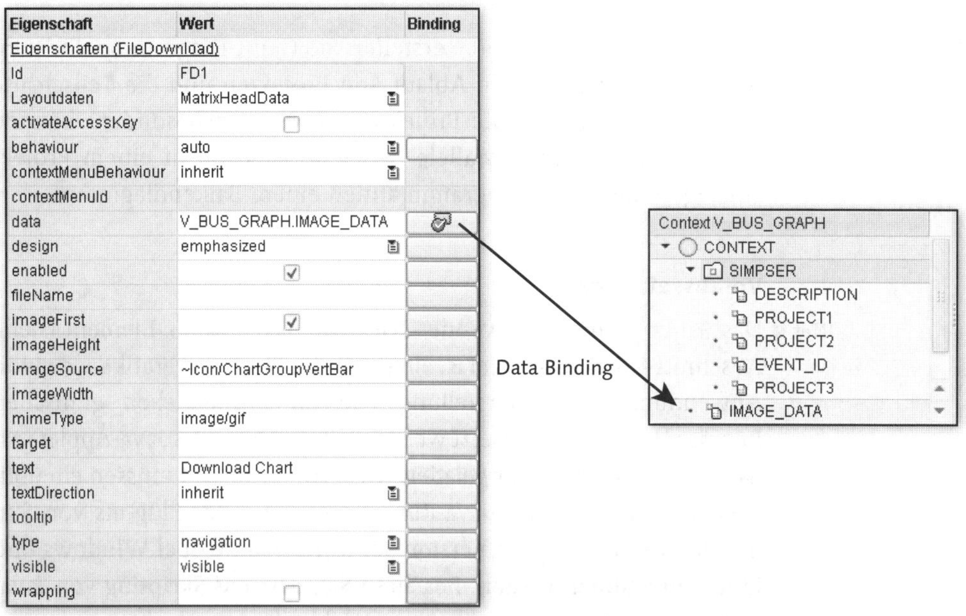

Abbildung 4.108 FileDownload

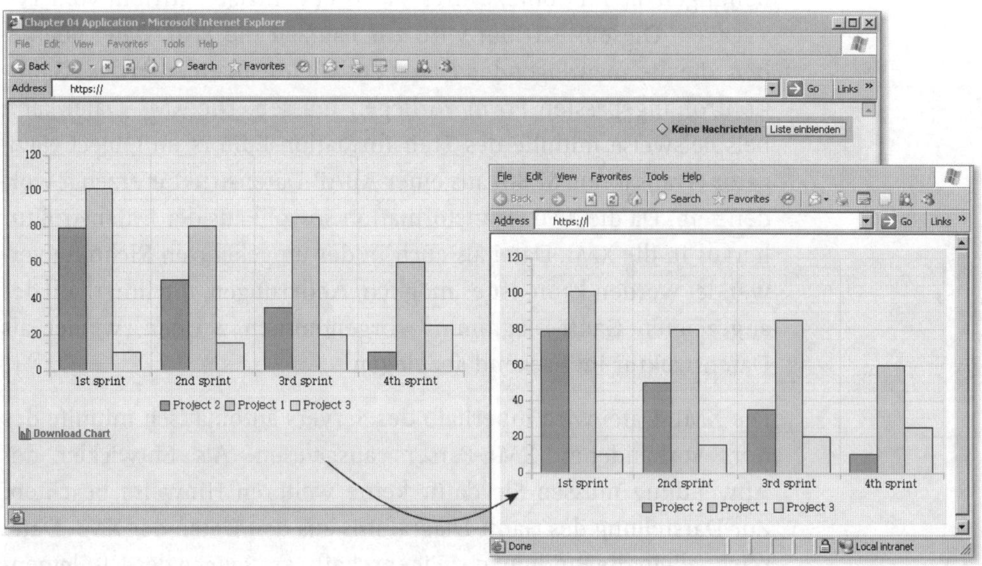

Abbildung 4.109 BusinessGraphics – Ergebnis

4.6.3 Gantt

Projektverlauf Mit dem UI-Element Gantt erstellen Sie Gantt-Diagramme. Sie können damit den zeitlichen Ablauf von Projekten und die Teilschritte darstellen, aus denen die Projekte bestehen. Insbesondere können Sie sequenzielle und parallele Arbeitsfortschritte in einem Projekt aufzeigen. Ein Gantt-Diagramm ähnelt einem Balkendiagramm.

Voraussetzungen

JNet Das Gantt-Element verwendet JNet wie das Network-Element (siehe Abschnitt 4.6.7) auch. JNet ist ein Editor für Netzwerkgrafiken, der von Anwendungen zur Darstellung von unterschiedlichen grafischen Repräsentationen eingesetzt werden kann. JNet ist als Java-Applet realisiert, das vom Browser geladen wird. Am Frontend müssen ein üblicher Browser und eine Java-Runtime in Form des Plug-ins von Sun installiert sein. Die Java-Version sollte 1.5 sein, wobei Windows und Linux unterstützt werden. Beachten Sie, dass das Skripting von Java-Applets in den Einstellungen Ihres Webbrowsers erlaubt sein muss.

XML Für die Verwendung des UI-Elementes Gantt in Web Dynpro ABAP benötigen Sie im Context Ihres Views ein einziges Attribut vom Typ xstring. Diesem Attribut wird zur Laufzeit die XML-Datei übergeben, die die anzuzeigenden Daten enthält, die in einer an das JGantt-Control angepassten Form vorliegen müssen. Die XML-Datei kann beispielsweise mithilfe des Transformation Editors im Object Navigator (Transaktion SE80) aus einer ABAP-Datenstruktur erzeugt worden sein. Da die XML-Transformation sowohl aus der Datenstruktur heraus in die XML-Datei als auch in der umgekehrten Richtung verwendet werden kann, ist es möglich, Änderungen, die innerhalb des angezeigten Gantt-Diagramms vorgenommen wurden, wieder als Datenstruktur im Backend abzulegen.

Die XML-Datei wird innerhalb des Servers automatisch mithilfe des dort vorhandenen XML-Parsers ausgelesen. Als Entwickler der Anwendung müssen Sie dafür keine weiteren Hinweise beachten. Zur Darstellung des Gantt-Diagramms aus den Daten der XML-Datei reicht allein die Bindung der Eigenschaft dataSource des UI-Elementes Gantt. Die Implementierung sämtlicher angebotener Ereignisse ist optional und bietet Funktionen, die über die reine Darstellung hinausgehen. Sie werden einige der Ereignisse verwenden, wenn Sie beispielsweise Daten, die in der Gantt-Diagrammdarstellung vom

Benutzer geändert wurden, wieder in die ABAP-Datenstruktur zurückschreiben.

Visuelle Darstellung

In Abbildung 4.110 sehen Sie die Darstellung eines Gantt-Diagramms. Das Beispiel zeigt Planungseinheiten mit Zusatzdaten, die hierarchisch organisiert sind. Entlang der Zeitachse werden planungsrelevante Zeitabschnitte und Abhängigkeiten der Planungseinheiten visualisiert.

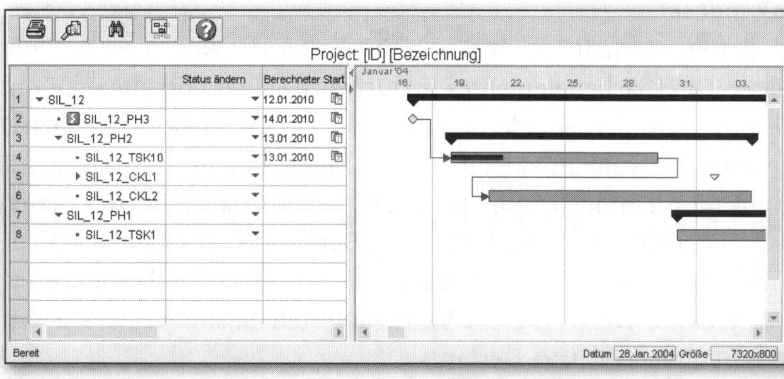

Abbildung 4.110 Gantt

Eigenschaften

Im Folgenden werden wir die unterschiedlichen Eigenschaften des UI-Elementes `Gantt` detailliert beschreiben.

additionalArchives

Mit der Eigenschaft `additionalArchives` können zusätzliche, von den Anwendungen geschriebene Erweiterungen von `Gantt` und `Network` angegeben werden, die in ein Java-Archiv (JAR) gepackt und im Client geladen werden. **Java-Archiv**

archive

Die Eigenschaft `archive` wird automatisch vom Framework gesetzt, nehmen Sie daher hier keine Einstellungen vor.

classId

Die Eigenschaft `classId` wird automatisch vom Framework gesetzt, nehmen Sie daher hier keine Einstellungen vor.

codeBase

Die Eigenschaft `codeBase` wird automatisch vom Framework gesetzt, nehmen Sie daher hier keine Einstellungen vor.

dataSource

Datenquelle

Mit der Eigenschaft `dataSource` können Sie den Pfad zum Context-Attribut spezifizieren, das die Daten zur Verfügung stellt.

height

Mit der Eigenschaft `height` setzen Sie die Höhe des UI-Elementes.

lookAndFeel

Aussehen

Mit der Eigenschaft `lookAndFeel` können Sie das Aussehen des kompletten Oberflächenelementes inklusive all seiner enthaltenen Controls (wie `Table`, `Tree` oder `Button`) ändern. Wenn sich das Oberflächenelement vom Aussehen her möglichst gut in die umgebende Applikation einfügen soll, sprich die `Table` so aussieht wie andere `Table`-Elemente der Applikation, die Buttons genauso aussehen etc., dann sollte `lookAndFeel` auf den Wert `ur` (Unified Rendering) gesetzt sein. Weitere Werte, die zur Verfügung stehen, sind `frog` (SAP GUI Design) und `java` (Java Design).

type

Die Eigenschaft `type` wird automatisch vom Framework gesetzt, nehmen Sie daher hier keine Einstellungen vor.

width

Mit der Eigenschaft `width` setzen Sie die Breite des UI-Elementes.

Ereignisse

Fülle von Ereignissen

Das UI-Element `Gantt` stellt eine Fülle von Ereignissen zur Verfügung. Wir haben diese in Tabelle 4.27 aufgelistet und beschrieben. Die Parameter der Ereignisse haben wir nicht ergänzt, dafür aber eine Anmerkung zum Parameter `PARAMETERS`, der für alle Ereignisse definiert ist.

Parameter PARAMETERS

Der Wert des Parameters `PARAMETERS` ist eine Kette von Name-Wert-Paaren, die auf eine bestimmte Art formatiert ist. Die Namen können indiziert sein (zum Beispiel die Beschriftungen eines Knotens, deren Texte vom Benutzer geändert wurden). Die Werte können aus Listen von Einträgen bestehen. Die Einträge können Indizes sein (zum Beispiel kann eine Tabellenzelle von einem Paar repräsentiert werden, bestehend aus Zeilen-ID und Spalten-ID). Das Format des Parameter-Strings ist konfigurierbar; standardmäßig sieht ein komplexer Parameter-String folgendermaßen aus: `name1=wert1&name2=wert2 ...`

Ereignis	Beschreibung
`onCellsSelected`	Das Ereignis `onCellsSelected` besagt, dass der Benutzer eine Tabellenzelle angeklickt hat.
`onCellEdited`	Das Ereignis `onCellEdited` besagt, dass der Benutzer eine Tabellenzelle editiert hat, das heißt, der Zelleninhalt wurde verändert.
`onColumnAdded`	Das Ereignis `onColumnAdded` besagt, dass eine Tabellenspalte hinzugefügt wurde.
`onColumnMoved`	Das Ereignis `onColumnMoved` besagt, dass eine Tabellenspalte verschoben oder in ihrer Größe verändert wurde. Die Parameter hängen von der Ereignisursache ab: Es werden nur dann neue Werte für die Breite ausgegeben, wenn eine Spalte in ihrer Größe verändert wurde.
`onColumnRemoved`	Das Ereignis `onColumnRemoved` besagt, dass eine Tabellenspalte entfernt wurde.
`onCustomCommand`	Das Ereignis `onCustomCommand` besagt, dass ein anwendungsspezifisches Kommando aufgerufen wurde (vom Benutzer oder von einem externen Controller).
`onEdgeAdded`	Das Ereignis `onEdgeAdded` besagt, dass einem Knoten eine Verbindung hinzugefügt wurde, jedoch noch nicht mit einem anderen Knoten verbunden wurde.
`onEdgePropsChanged`	Das Ereignis `onEdgePropsChanged` besagt, dass Verbindungseigenschaften geändert wurden. Mit diesem Ereignis werden nur »dekorative« Eigenschaften gemeldet und nicht die Quelle oder das Ziel einer Kante.
`onEdgeRemoved`	Das Ereignis `onEdgeRemoved` besagt, dass eine ungebundene Verbindung entfernt wurde.
`onEdgeSelected`	Das Ereignis `onEdgeSelected` besagt, dass eine Kante angeklickt wurde (nicht nur selektiert).

Tabelle 4.27 Ereignisse Gantt

Ereignis	Beschreibung
onFrameSwitched	Das Ereignis onFrameSwitched besagt, dass ein SWITCH_FRAME ausgeführt wurde. Dieser Parameter gibt an, ob das Applet vom Browser-Fenster losgelöst oder wieder eingebettet wurde.
onGeneric	Das Ereignis onGeneric bietet einen Wrapper um alle möglichen und denkbaren Events, der seinerseits jedes der eigentlichen Events umhüllen kann.
onGraphAdded	Das Ereignis onGraphAdded besagt, dass eine Gruppe von Knoten inklusive ihrer Verbindungen dem Graphen hinzugefügt wurde.
onGraphRemoved	Das Ereignis onGraphRemoved besagt, dass eine Gruppe von Knoten aus dem Graphen entfernt wurde.
onInitialized	Das Ereignis onInitialized besagt, dass ein JNet ausgelöst wurde, das heißt die init()-Methode des Applets.
onLayoutChanged	Das Ereignis onLayoutChanged besagt, dass ein Knoten (oder mehr) die Position geändert hat. Dieses Ereignis wird nur dann gefeuert, wenn der Knoten tatsächlich wegfällt. Es wird nicht jede Bewegung mit der Maus berichtet. Wenn eine Gruppe von Knoten vom Benutzer verschoben wird, sendet jeder verschobene Knoten sein eigenes onLayoutChanged-Ereignis.
onLinkAdded	Das Ereignis onLinkAdded besagt, dass dem Graphen eine Verbindung hinzugefügt wurde.
onLinkChanged	Das Ereignis onLinkChanged besagt, dass der Zielknoten einer Verbindung geändert wurde.
onLinkRemoved	Das Ereignis onLinkRemoved besagt, dass eine Verbindung aus dem Graphen entfernt wurde.
onModelAdded	Das Ereignis onModelAdded besagt, dass das gesamte Graphenmodell ersetzt wurde.
onModelDirty	Das Ereignis onModelDirty besagt, dass das gesamte Graphenmodell geändert wurde. Dieses Ereignis wird für ein Modell nur einmal gesendet, wenn ein anderes Ereignis stattgefunden hat, das zu einer Änderung des Modells geführt hat.

Tabelle 4.27 Ereignisse Gantt (Forts.)

Ereignis	Beschreibung
onModelExtracted	Das Ereignis onModelExtracted besagt, dass ein neues Modell von einem bereits existierenden Modell extrahiert wurde. Dies ist üblicherweise das Resultat einer Graphenanalyse, die der Benutzer durchführen kann, um eine bestimmte Untermenge eines Modells herauszufiltern.
onModelSaved	Das Ereignis onModelSaved besagt, dass ein Graphenmodell gesichert wurde.
onNodeAdded	Das Ereignis onNodeAdded besagt, dass dem Graphen ein Knoten hinzugefügt wurde.
onNodeDoubleClicked	Das Ereignis onNodeDoubleClicked besagt, dass der Benutzer einen Doppelklick auf einem Knoten durchgeführt hat.
onNodePropsChanged	Das Ereignis onNodePropsChanged besagt, dass die Knoteneigenschaften geändert wurden. Dieses Ereignis berichtet jedoch keine Änderungen an den Knotengrenzen, die durch onLayoutChanged durchgeführt werden.
onNodeRemoved	Das Ereignis onNodeRemoved besagt, dass ein Knoten aus dem Graphen entfernt wurde.
onNodeSelected	Das Ereignis onNodeSelected besagt, dass ein Knoten angeklickt wurde (nicht nur selektiert).
onRectangleSelected	Das Ereignis onRectangleSelected besagt, dass der Benutzer auf dem Hintergrund des Zeichenbereichs mit der Maus ein Rechteck erstellt hat. Dieses Ereignis ist für Anwendungen wichtig, die einen neuen Knoten über Position und Größe eines Rechtecks erstellen. Wenn die Parameter Koordinaten sind, sind sie Modellkoordinaten, das heißt, sie dienen der Korrektur des aktuellen Skalierungsfaktors.
onRowAdded	Das Ereignis onRowAdded besagt, dass eine Tabellenzeile hinzugefügt wurde.
onRowCollapsed	Das Ereignis onRowCollapsed besagt, dass eine Tabellenzeile zusammengeklappt wurde.
onRowExpanded	Das Ereignis onRowExpanded besagt, dass eine Tabellenzeile aufgeklappt wurde.
onRowMoved	Das Ereignis onRowMoved besagt, dass eine Tabellenzeile verschoben wurde.

Tabelle 4.27 Ereignisse Gantt (Forts.)

Ereignis	Beschreibung
onRowRemoved	Das Ereignis onRowRemoved besagt, dass eine Tabellenzeile entfernt wurde.
onRowSelected	Das Ereignis onRowSelected besagt, dass der Benutzer auf den Header einer Tabellenzeile geklickt hat.
onSelectionChanged	Das Ereignis onSelectionChanged besagt, dass etwas ausgewählt wurde oder dass die Markierung entfernt wurde. Ein Klick auf eine Component (siehe on_node_selected( ), on_edge_selected( ) oder on_cells_selected( )) führt normalerweise zu einer Änderung ihres Selektionsstatus. Es ist jedoch nicht möglich, die gerade ausgewählte Menge nur durch das Verarbeiten der Klick-Ereignisse zu verfolgen. Das heißt, der Benutzer kann beim Klicken auf eine Component diese auswählen oder auch die Auswahl über die [Strg]-Taste rückgängig machen. Die Selektion kann auch über die Tastatur geändert werden (zum Beispiel [Strg] + [A], alles auswählen) oder sogar von externen Controllern durch das JNet-Kommando-Interface. Daher wird dieses spezielle Ereignis für Selektionsänderungen benötigt. Beachten Sie, dass das Registrieren auf dieses Event eine hohe Netzwerkbelastung für das Verarbeiten anderer Lokationen bedeuten kann.
onTraceLevelChanged	Das Ereignis onTraceLevelChanged besagt, dass der Trace-Level geändert wurde.

Tabelle 4.27 Ereignisse Gantt (Forts.)

Weiteres

Bei der Verwendung des UI-Elementes Gantt gibt es weitere Themen, die von Bedeutung sind. Diese betreffen die Unterstützungen in der Programmierung und Datenformate.

IF_WD_GANTT_METHODS

Methodenbehandler

Einige Eigenschaften des UI-Elementes Gantt werden nicht über die Eigenschaften des UI-Elementes, sondern mithilfe des Methodenbehandlers IF_WD_GANTT_METHODS gesetzt. Auf den Methodenbehandler können Sie in der Hook-Methode wddomodifyview( ) zugreifen, wie es in Abschnitt 10.2, »Table«, gezeigt wird. Der Behandler stellt die Methode `process_command( )` mit den Parametern zur Verfügung, die in Tabelle 4.28 aufgelistet und beschrieben sind.

Parameter	Beschreibung
ID_TARGET	Dies ist die ID des Target-Modells. Falls kein Wert mitgegeben wird, wird das aktuell aktive, in Gantt angezeigte Modell angesprochen.
CMD	Dies ist der Command-String, ein Kommando aus der Liste der JNet-Kommandos, wie zum Beispiel CLOSE, OPEN, ZOOM etc.
PARAMS	Dies ist ein Command-Parameter-String, das heißt der zu einem Kommando gehörige Parameter. Das Format hängt vom gewählten Kommando ab. Zum Beispiel kann bei der Verwendung des ZOOM-Kommandos der Wert FIT an diesen Parameter übergeben werden. Dieser bedeutet, dass die Anzeige des Modells an die Fenstergöße angepasst wird.
REQUEST_ID	Dies ist die Request-ID als Returning-Parameter.

Tabelle 4.28 Parametermethode »process_command( )«

XML File Gantt

XML-Datei

Wie bereits in der Einleitung zu diesem UI-Element erwähnt, verwendet JNet eine XML-Datei mit den Daten für die Visualisierung. In Listing 4.6 sehen Sie ein Schema für den Aufbau der XML-Datei für `Gantt`.

```
<?xml version="1.0" encoding="iso-8859-1" ?>
  <SAPJNetData version="1.0">
    <Application type="GANTT" version="1.0" />
    <TypeRepository
      href="apps/gantt/vc/TypeRepository.xml" version="1.0">
    <UserInterface version="1.0">
    <Graph type="Gantt.Graph" version="1.0">
  </SAPJNetData>
```

Listing 4.6 XML-Datei für Gantt

Das XML-Listing beginnt mit der Festellung, dass es sich um eine XML-Datei handelt. Darauf folgt das Tag `<SAPJNetData>`, das andeutet, dass es sich um eine Datendatei für JNet in der angegebenen Version handelt. Danach folgt das optionale `<Application>`-Tag, mit dem Sie die Applikation näher beschreiben können. Das Tag `<Type-Repository>` stellt die Verbindung zum Type Repository her. Dieses ist in XML realisiert und beinhaltet Typen zum Besipiel für Farben, Layouts, Knoten und Linien. Das Tag `<UserInterface>` erlaubt es Ihnen, den Editiermodus, die Kommandos und UI-Elemente für die Anwendung festzulegen. Das Tag `<Graph>` beinhaltet die eigentliche Definiton des Graphen, zum Beispiel in unserem Fall für Gantt.

4.6.4 GeoMap

Karte

Das UI-Element `GeoMap` kann dazu verwendet werden, den Ausschnitt einer Landkarte darzustellen. Mit den Werten der Eigenschaften `top`, `left`, `bottom` und `right` bestimmen Sie die Geokoordinaten und ziehen den Ausschnitt der Landkarte auf, den Sie anzeigen möchten. Die geografischen Koordinaten berechnen sich aus Längen- und Breitengraden einer geografischen Position und müssen basierend auf dem Bezugssystem im WGS84-Format (World Geodetic System – 1984) eingegeben werden. In der weltweiten Satellitennavigation wird das Bezugssystem WGS84 ebenfalls verwendet.

Spezielle Anforderungen

Die Verwendung des UI-Elementes `GeoMap` erfordert eine spezielle Softwarekomponente, die die geografischen Karten zur Verfügung stellt. Diese Softwarekomponente, mit der Sie den Internet Graphics Service (IGS) erweitern, wird nicht mit dem SAP NetWeaver Application Server ABAP ausgeliefert, sondern muss von einem externen Anbieter zusätzlich erworben werden. Ohne diese ergänzende Softwarekomponente ist eine Darstellung der `GeoMap` nicht möglich. Weitere Informationen finden Sie in SAP-Hinweis 994568.

Features

Dies sind die grundsätzlichen Features, die die `GeoMap` anbietet:

- Zoom-in und Zoom-out durch den Benutzer sind möglich.
- Punkte können markiert und mit einem Beschreibungstext versehen werden.
- Linien und Polygone können zu dem Beschreibungstext definiert werden.
- Die `GeoMap` kann durch die Eigenschaft `enabled` so attribuiert werden (Wert = `abap_true`), dass ein Roundtrip ausgelöst wird, wenn der Benutzer auf Geo-Objekte wie Punkte, Linien oder Polygone klickt.

Visuelle Darstellung

In Abbildung 4.111 sehen Sie eine Darstellung einer `GeoMap`. Wir haben einen Ausschnitt der Karte um Walldorf, Deutschland gewählt. In der `GeoMap` wird das Zoomen in der Karte unterstützt. Zur Verschiebung des Kartenausschnittes können Sie die Panels oder die Maus verwenden. Darüber hinaus ist es möglich, Geo-Objekte im Kartenausschnitt darzustellen.

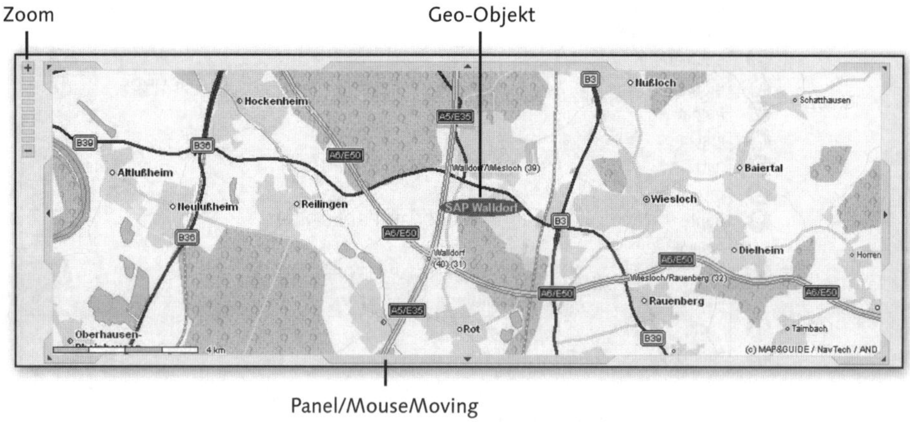

Abbildung 4.111 GeoMap

Eigenschaften

In Abbildung 4.112 sehen Sie die Eigenschaften, die in diesem Abschnitt besprochen werden. Die nicht explizit diskutierten Eigenschaften finden Sie in der Einleitung zu diesem Kapitel.

accessibilityDescription

Mithilfe der Eigenschaft `accessibilityDescription` können Sie zusätzliche textuelle Informationen spezifizieren. Wenn Sie die Barrierefreiheit aktiviert haben, wird der zugeordnete Text der QuickInfo hinzugefügt. Diese Beschreibung soll das UI-Element semantisch näher erläutern und wird vom Screenreader nur vorgelesen, wenn der Benutzer das komplette Oberflächenelement fokussiert.

bottom

Die Eigenschaft `bottom` gibt den Wert einer Geokoordinate in Dezimalzahlen gemäß dem WGS84-Standard an. Zusammen mit dem Wert für die Eigenschaft `right` wird die rechte, untere Position des **Geokoordinate**

Ausschnitts bestimmt. Falls Sie diese Eigenschaft an ein Context-Attribut binden möchten, können Sie den Typ `f` verwenden.

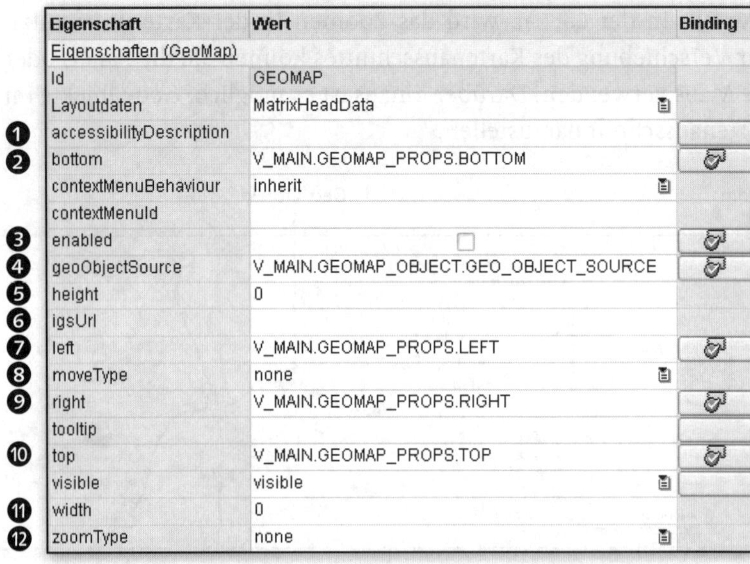

	Eigenschaft	Wert	Binding
	Eigenschaften (GeoMap)		
	Id	GEOMAP	
	Layoutdaten	MatrixHeadData	
1	accessibilityDescription		
2	bottom	V_MAIN.GEOMAP_PROPS.BOTTOM	
	contextMenuBehaviour	inherit	
	contextMenuId		
3	enabled		
4	geoObjectSource	V_MAIN.GEOMAP_OBJECT.GEO_OBJECT_SOURCE	
5	height	0	
6	igsUrl		
7	left	V_MAIN.GEOMAP_PROPS.LEFT	
8	moveType	none	
9	right	V_MAIN.GEOMAP_PROPS.RIGHT	
	tooltip		
10	top	V_MAIN.GEOMAP_PROPS.TOP	
	visible	visible	
11	width	0	
12	zoomType	none	

Abbildung 4.112 Eigenschaften GeoMap

enabled

Mithilfe der Eigenschaft `enabled` steuern Sie die Interaktivität der Karte. Falls Sie den Wert `abap_true` zuordnen, wird das Ereignis `onObjectAction` ausgelöst, wenn der Benutzer auf ein Geo-Objekt klickt. Falls Sie den Wert auf `abap_false` setzen, werden die Positionierung und das Zoomen der Karte deaktiviert.

geoObjectSource

Geo-Objekte

In der Landkarte können Sie sogenannte Geo-Objekte platzieren, mit denen Sie eine bestimmte Position optisch hervorheben können. Diese Geo-Objekte dienen dazu, dem Benutzer für eine bestimmte Position spezielle Informationen anzubieten. Beispielsweise können Sie damit den Startpunkt bzw. Endpunkt einer Strecke auf der Landkarte kennzeichnen. Die Datenbindung dieser Eigenschaft an ein Context-Attribut ist obligatorisch. Für die Typisierung des Context-Attributes können Sie eine Referenz auf die ABAP-Klasse `CL_WD_GEO_OBJECT` verwenden oder die Klassen, die Sie im folgenden Abschnitt »Weiteres« finden können.

Für die Geo-Objekte werden Sie einen Context-Knoten mit dem Context-Attribut für das Geo-Objekt definieren. Von der Anzahl der Geo-Objekte ist abhängig, wie Sie die Kardinalität des Context-Knotens wählen. Möchten Sie mehrere Geo-Objekte verwenden, wählen Sie die Kardinalitätsobergrenze n.

height

Mit der Eigenschaft `height` bestimmen Sie die Höhe des UI-Elementes in Pixeln. Diese Eigenschaft kann nicht an den Context gebunden werden, darum müssen Sie, falls Sie die Eigenschaft ändern möchten, diese in der Methode `wddomodifyview( )` setzen (siehe Kapitel 7, »Dynamische Programmierung«).

igsUrl

Internet Graphics Service

Mit der Eigenschaft `igsUrl` definieren Sie die Webadresse (URL) des Servers, auf dem der Internet Graphics Service (IGS) laufen soll. Im Attribut `igsUrl` können Sie die RFC-Destination (Transaktion SM59) zum IGS angeben. Beachten Sie dabei, dass die RFC-Destination gemäß der allgemein üblichen Notation in Web Dynpro mit dem Dollar-Zeichen (`$`) umschlossen sein muss, zum Beispiel `$RFC_DEST$`. Wenn die Eigenschaft `igsUrl` leer ist, wird die Standard-RFC-Destination `IGS_RFC_DEST` verwendet. Zudem kann die Eigenschaft nicht an den Context gebunden werden, darum müssen Sie, falls Sie die Eigenschaft ändern möchten, diese in der Methode `wddomodifyview( )` setzen (siehe Kapitel 7, »Dynamische Programmierung«).

left

Geokoordinate

Mit der Eigenschaft `left` legen Sie den Wert einer Geokoordinate in Dezimalzahlen gemäß dem WGS84-Standard fest. Zusammen mit dem Wert für die Eigenschaft `top` wird die linke, obere Position des Ausschnitts bestimmt. Falls Sie diese Eigenschaft an ein Context-Attribut binden möchten, können Sie den Typ `f` verwenden. Der Wert dieser Eigenschaft bestimmt die westlichste Position.

moveType

Interaktivität

Mit der Eigenschaft `moveType` legen Sie fest, ob die geografische Grenze einer Karte durch den Benutzer interaktiv geändert werden kann. Die Eigenschaft kann die in Tabelle 4.29 aufgelisteten und beschriebenen Werte annehmen.

Wert	Beschreibung
mouse	Die geografische Grenze kann mithilfe der Maustasten geändert werden.
none	Die geografische Grenze kann nicht geändert werden.
panel	Die geografische Grenze kann mithilfe von Bedienelementen am Kartenrand geändert werden.
panelAndMouse	Die geografische Grenze kann mithilfe von Bedienelementen und Maustasten geändert werden.

Tabelle 4.29 Ausprägungen der Eigenschaft »moveType«

Falls Sie diese Eigenschaft an ein Context-Attribut binden möchten, können Sie den Typ `WDUI_MOVE_TYPE` verwenden. Zudem kann die Eigenschaft nicht an den Context gebunden werden, darum müssen Sie, falls Sie die Eigenschaft ändern möchten, diese in der Methode `wddomodifyview( )` setzen (siehe Kapitel 7, »Dynamische Programmierung«).

right

Geokoordinate

Mit der Eigenschaft `right` legen Sie den Wert einer Geokoordinate in Dezimalzahlen gemäß dem WGS84-Standard fest. Zusammen mit dem Wert für die Eigenschaft `bottom` wird die rechte, untere Position des Ausschnitts bestimmt. Falls Sie diese Eigenschaft an ein Context-Attribut binden möchten, können Sie den Typ `f` verwenden. Der Wert dieser Eigenschaft bestimmt die östlichste Position.

top

Geokoordinate

Mit der Eigenschaft `top` definieren Sie den Wert einer Geokoordinate in Dezimalzahlen gemäß dem WGS84-Standard. Zusammen mit dem Wert für die Eigenschaft `left` wird die linke, obere Position des Ausschnitts bestimmt. Falls Sie diese Eigenschaft an ein Context-Attribut binden möchten, können Sie den Typ `f` verwenden.

width

Mit der Eigenschaft `width` definieren Sie die Breite des Oberflächenelementes in Pixeln. Diese Eigenschaft kann nicht an den Context gebunden werden, darum müssen Sie, falls Sie die Eigenschaft ändern möchten, diese in der Methode `wddomodifyview( )` setzen (siehe Kapitel 7, »Dynamische Programmierung«).

zoomType

Mit der Eigenschaft `zoomType` legen Sie das Zoom-Verhalten der Karte fest. Die Eigenschaft kann die in Tabelle 4.30 aufgelisteten und beschriebenen Werte annehmen. **Zoomen**

Wert	Beschreibung
`none`	Ein Zoomen der Karte ist nicht möglich, und es werden auch keine Bedienelemente zum Zoomen angeboten.
`panel`	Erlaubt das Zoomen der Karte durch Bedienelemente, die links oben im UI-Element dargestellt werden.

Tabelle 4.30 Eigenschaften zoomType

Falls Sie diese Eigenschaft an ein Context-Attribut binden möchten, können Sie den Typ `WDUI_GEO_MAP_ZOOM` verwenden. Weiter kann die Eigenschaft nicht an den Context gebunden werden, darum müssen Sie, falls Sie die Eigenschaft ändern möchten, diese in der Methode `wddomodifyview( )` setzen (siehe Kapitel 7, »Dynamische Programmierung«).

Ereignisse

Das UI-Element `GeoMap` bietet das Ereignis `onObjectAction` an, dem eine Aktion zugeordnet werden kann. Durch diese Zuordnung legt das Framework eine Aktionsbehandler-Methode an, an die die Standardparameter `id` und `context_element` sowie zusätzlich der Parameter `event_id` übergeben werden. Der Parameter `event_id` enthält als Wert die ID des Geo-Objektes, auf das der Benutzer geklickt hat. **onObjectAction**

Barrierefreiheit

Um die Entwicklung barrierefreier Anwendungen zu ermöglichen, werden im Rahmen des Syntax-Checks die Eigenschaften `tooltip` und `accessibilityDescription` überprüft.

Weiteres

In der `GeoMap` können Sie Geo-Objekte platzieren, die bestimmte Punkte hervorheben. Es werden ABAP-Klassen zur Verfügung gestellt, mit denen Sie diese Punkte und deren Verbindungen erzeu- **Klassenhierarchie** gen können. In Abbildung 4.113 sehen Sie die ABAP-Klassenhierarchie der Geo-Objekte.

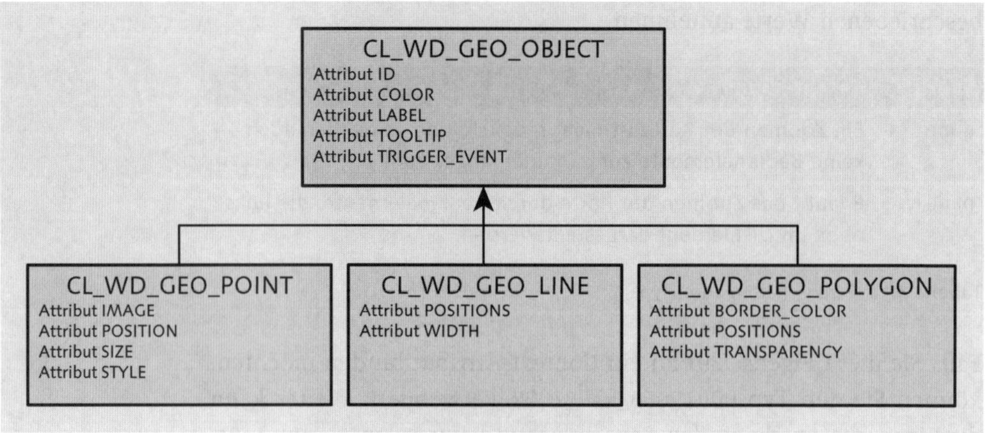

Abbildung 4.113 ABAP-Klassenhierarchie der Geo-Objekte

Im Weiteren werden wir die Klassenattribute genauer besprechen. Prinzipiell ist zu erwähnen, dass Sie immer, wenn Sie ein Geo-Objekt anzeigen möchten, eine der abgebildeten Klassen instanzieren müssen. Die Konstruktoren der Klassen bieten keine Parameter, aber Setter-Methoden, um die Attribute zu setzen.

CL_WD_GEO_OBJECT

Geo-Objekt

Die Klasse `CL_WD_GEO_OBJECT` ist die Wurzelklasse für alle Geo-Objekte. Die in ihr definierten Attribute stehen allen Unterklassen zur Verfügung. In Tabelle 4.31 sehen Sie die Liste der Attribute, die die Klasse anbietet.

Attribut	Beschreibung
`ID`	Dies ist die Kennung, um das Geo-Objekt eindeutig zu identifizieren. Falls der Benutzer das Objekt anklicken kann (Attribut `TRIGGERS_EVENT`), wird die `ID` an den Parameter `EVENT_ID` der Aktionsbehandler-Methode übergeben.
`COLOR`	Dies ist die Farbe, die für das Geo-Objekt verwendet werden soll. Diese wird in RGB-Notation angegeben.

Tabelle 4.31 Attribute CL_WD_GEO_OBJECT

Attribut	Beschreibung
LABEL	Dies ist der Text, der mit dem Geo-Objekt angezeigt wird.
TOOLTIP	Dies ist der Text, der bei einem Mouseover über das Geo-Objekt angezeigt wird.
TRIGGERS_EVENT	Mit diesem Attribut legen Sie fest, ob der Benutzer das Geo-Objekt anklicken kann (Wert = abap_true) oder nicht (Wert = abap_false). Falls der Wert abap_true ist, wird das Ereignis onObjectAction ausgelöst.

Tabelle 4.31 Attribute CL_WD_GEO_OBJECT (Forts.)

CL_WD_GEO_POINT

Die Klasse CL_WD_GEO_POINT ist die Repräsentationsklasse für alle Punkt-Geo-Objekte. In Tabelle 4.32 sehen Sie die Liste der Attribute, die die Klasse anbietet. **Geo-Punkt**

Attribut	Beschreibung
IMAGE	Mit diesem Attribut legen Sie den Pfad zu einem Bild fest, das anzuzeigen ist. Das Attribut STYLE muss dabei den Wert 04 haben
POSITION	Mit diesem Attribut, das vom Strukturtyp GEOPOSITION ist, bestimmen Sie Longitudinal- und Lateralwerte für die Position des Punktes im WGS84-Format. Für die beiden Werte stehen die Felder LONGITUDE und LATITUDE des Strukturtyps GEOPOSITION zur Verfügung
SIZE	Mit diesem Attribut können Sie die Größe der Punktvisualisierung festlegen. Diese Eigenschaft ist nur für die STYLE-Werte 00, 01 und 02 relevant.
STYLE	Mit diesem Attribut, das vom Typ WDUI_GEO_POINT_STYLE ist, legen Sie visuelle Erscheinung des Punktes fest. Es stehen Ihnen die Ausprägungen 00 (Kreis), 01 (Dreieck), 02 (Quadrat), 03 (Ellipse) und 04 (Image) zur Verfügung.

Tabelle 4.32 Attribute CL_WD_GEO_POINT

CL_WD_GEO_LINE

Die Klasse CL_WD_GEO_LINE ist die Repräsentationsklasse für alle Linien-Geo-Objekte. In Tabelle 4.33 sehen Sie die Liste der Attribute, die die Klasse anbietet. **Geo-Linie**

Attribut	Beschreibung
POSITIONS	Mit diesem Attribut, das vom Tabellentyp GEOPOSITIONSTAB ist, bestimmen Sie pro Tabellenzeile (Typ GEOPOSITION) ein Paar von Longitudinal- und Lateralwerten für die Position eines Punktes im WGS84-Format. Für die beiden Werte stehen die Felder LONGITUDE und LATITUDE des Zeilentyps GEOPOSITION zur Verfügung. Zur Laufzeit werden die aufeinanderfolgenden Punkte in der Tabelle zu Zeilen verbunden.
WIDTH	Mit diesem Attribut können Sie die Breite der Linie festlegen.

Tabelle 4.33 Attribute CL_WD_GEO_LINE

CL_WD_GEO_POLYGON

Geo-Polygon

Die Klasse CL_WD_GEO_POLYGON ist die Repräsentationsklasse für alle Polygon-Geo-Objekte. In Tabelle 4.34 sehen Sie die Liste der Attribute, die die Klasse anbietet.

Attribut	Beschreibung
BORDER_COLOR	Dies ist die Farbe, die für die Linie um das Geo-Objekt verwendet werden soll. Diese wird in RGB-Notation angegeben.
POSITIONS	Mit diesem Attribut, das vom Tabellentyp GEOPOSITIONSTAB ist, legen Sie pro Tabellenzeile (Typ GEOPOSITION) ein Paar von Longitudinal- und Lateralwerten für die Position eines Punktes im WGS84-Format fest. Für die beiden Werte stehen die Felder LONGITUDE und LATITUDE des Zeilentyps GEOPOSITION zur Verfügung. Zur Laufzeit werden die aufeinanderfolgenden Punkte in der Tabelle zu Zeilen verbunden. Der letzte und der erste Punkt in der Tabelle werden miteinander verbunden.
TRANSPARENCY	Mit diesem Attribut können Sie die Transparenz des Polygons festlegen. Ein Wert von 0 bedeutet nicht transparent und ein Wert von 100 bedeutet vollständig transparent.

Tabelle 4.34 Attribute CL_WD_GEO_POLYGON

Beispiel

Geo-Punkt erzeugen

In Listing 4.7 zeigen wir Ihnen ein einfaches Beispiel, um ein Geo-Objekt vom Typ Point zu erzeugen.

```
METHOD CREATE_GEO_OBJECT_POINT .
* Context-Knoten für den Geo-Objekt-Knoten
```

```
  DATA lo_nd_geo_map_object TYPE REF TO if_wd_context_node.
* Tabelle der Geo-Objekte
  DATA lt_geo_map_object TYPE
         wd_this->elements_geomap_object.
* Arbeitsstruktur
  DATA ls_geo_map_object TYPE
         wd_this->element_geomap_object.
* Ein Geo-Objekt vom Typ Point
  DATA lo_geo_point TYPE REF TO cl_wd_geo_point.
* Die Geo-Position
  DATA ls_position TYPE geoposition.
* Punkt erzeugen
  CREATE OBJECT lo_geo_point.
* Position angeben
  ls_position-longitude = '8.64'.
  ls_position-latitude  = '49.293'.
* Attribute setzen
  lo_geo_point->set_color( the_color = '255,0,0' ).
  lo_geo_point->set_id( the_id = 'GP1' ).
  lo_geo_point->set_image( the_image = '' ).
  lo_geo_point->set_label( the_label = 'SAP Walldorf' ).
  lo_geo_point->set_position( the_position = ls_position ).
  lo_geo_point->set_size( the_size = '30' ).
  lo_geo_point->set_style( the_style = '03' ).
  lo_geo_point->set_tooltip(
    the_tooltip = 'My first Geo-Point ...' ).
  lo_geo_point->set_triggers_event(
    the_triggers_event = abap_true ).
* Den Punkt in der Tabelle der Geo-Objekte ergänzen
  ls_geo_map_object-geo_object_source = lo_geo_point.
  INSERT ls_geo_map_object INTO TABLE lt_geo_map_object.
* Im Context ablegen
  lo_nd_geo_map_object = wd_context->get_child_node(
    name = wd_this->wdctx_geomap_object ).
  lo_nd_geo_map_object->bind_table( lt_geo_map_object ).
ENDMETHOD.
```

Listing 4.7 Geo-Objekt vom Typ »Point« erzeugen

Beschreibung

Das Beispiel beginnt mit der Instanzierung des Punktes (`lo_geo_point`). Wie bereits erwähnt, besitzt der Konstruktor des Objektes keine Parameter, darum müssen die Werte der Attribute mit den passenden Setter-Methoden gesetzt werden. Nehmen Sie als Beispiel die Definition der Position des Punktes. Dafür verwenden wir die Variable `ls_position`, die wir mit den Longitudinal- und Lateralwerten versorgen. Mithilfe der Methode `set_position( )`, an die wir die Positionsinformation übergeben, setzen wir die Positionsdaten im Geo-Objekt.

Nachdem alle relevanten Attribute des Geo-Objektes mithilfe der Setter-Methoden gesetzt wurden, wird das Geo-Objekt in die Menge der Geo-Objekte für den Context-Knoten aufgenommen und an den Context-Knoten gebunden.

4.6.5 ValueComparison

Wertevergleich

Das UI-Element `ValueComparison` dient der grafischen Darstellung verschiedener Werte innerhalb eines Balkens. Neben einer 100 %-Marke kann zum Beispiel angezeigt werden, dass Werte über die 100 % hinausgehen.

Visuelle Darstellung

In Abbildung 4.114 sehen Sie eine einfache Darstellung einer `ValueComparison`. Das UI-Element `ValueComparison` hat einen Text, der beschreibt, wofür der Wertevergleich abgebildet wird. Der aktuelle Wert (Marker) wird in der Bar dargestellt, wobei die Box einen Teilwertebereich der Bar markiert. Um eine Klassifikation der Werte in der Bar darstellen zu können, ist es möglich, Schwellenwertgrenzen (`LowerThreshold`, `UpperThreshold`) zu definieren und dadurch farbliche Kategorien anzuzeigen.

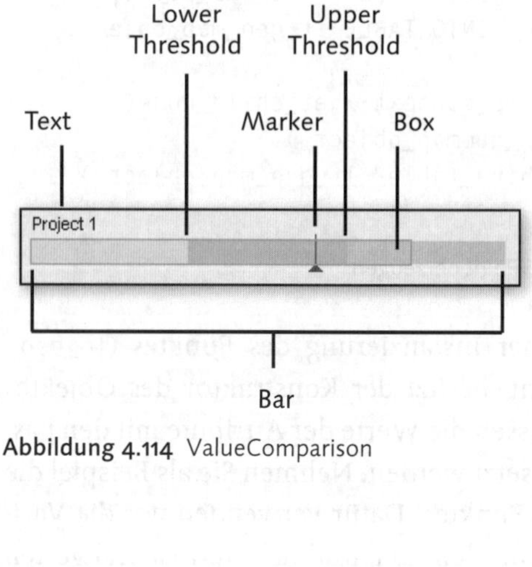

Abbildung 4.114 ValueComparison

Eigenschaften

In Abbildung 4.115 sehen Sie die Eigenschaften, die in diesem Abschnitt besprochen werden. Die nicht explizit diskutierten Eigenschaften finden Sie in der Einleitung zu diesem Kapitel.

	Eigenschaft	Wert	Binding
	Eigenschaften (ValueComparison)		
	Id	VALCO1	
	Layoutdaten	MatrixHeadDat	
1	barValue	150	
2	boxValue	120	
3	colorAboveThreshold	negative	
4	colorBelowThreshold	positive	
5	colorBetweenThresholds	neutral2	
	contextMenuBehaviour	inherit	
	contextMenuId		
	enabled	☑	
6	lowerThresholdValue	50	
7	markerType	neutral	
8	markerValue	90	
9	maxValue	250	
10	text	Project 1	
	tooltip		
11	upperThresholdValue	100	
	visible	visible	
12	width	500	

Abbildung 4.115 Eigenschaften ValueComparison

barValue

Mit der Eigenschaft `barValue` definieren Sie die Breite des Balkens in Pixeln. Dieser wird in den definierten Farben der Bereiche dargestellt. Die absolute Breite des Balkens errechnet sich aus folgender Formel: **Balkenbreite**

(barValue/maxValue) × *width*

Falls Sie diese Eigenschaft an ein Context-Attribut binden möchten, müssen Sie dieses mit dem Typ `f` typisieren.

boxValue

Mit der Eigenschaft `boxValue` definieren Sie die Breite der Box auf dem Balken in Pixeln. Diese wird optisch als Rechteck mit Rand, aber **Boxbreite** ohne Füllung hervorgehoben. Die absolute Breite der Box errechnet sich aus folgender Formel:

(boxValue/maxValue) × width

Falls Sie diese Eigenschaft an ein Context-Attribut binden möchten, müssen Sie dieses mit dem Typ `f` typisieren.

colorAboveThreshold

Farbe über Schwellenwert

Mit der Eigenschaft `colorAboveThreshold` bestimmen Sie die Farbe für die Darstellung von Werten oberhalb des oberen Schwellenwertes (Eigenschaft `upperThresholdValue`). Falls Sie diese Eigenschaft an ein Context-Attribut binden möchten, steht Ihnen das Datenelement `WDUI_BAR_COLOR` für die Typisierung zur Verfügung. In Abbildung 4.116 sehen Sie die Auswirkungen der unterschiedlichen Farbgebungen.

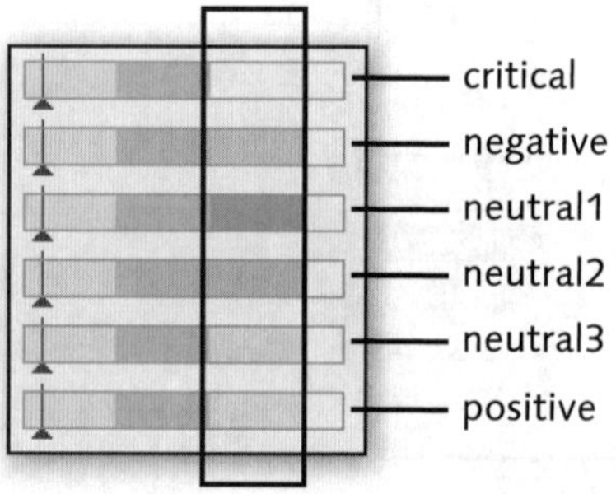

Abbildung 4.116 Eigenschaft »colorAboveThreshold«

In Tabelle 4.35 haben wir die unterschiedlichen Ausprägungen der Eigenschaft `colorAboveThreshold` zusammengefasst.

Wert	Beschreibung
`critical`	gelbe Farbe
`negative`	rote Farbe
`neutral1`	dunkelblaue Farbe
`neutral2`	mittelblaue Farbe
`neutral3`	hellblaue Farbe
`positive`	grüne Farbe

Tabelle 4.35 Ausprägungen der Eigenschaft »colorAboveThreshold«

colorBelowThreshold

Mit der Eigenschaft `colorBelowThreshold` legen Sie die Farbe für die Darstellung von Werten unterhalb des unteren Schwellenwertes (Eigenschaft `lowerThresholdValue`) fest. Falls Sie diese Eigenschaft an ein Context-Attribut binden möchten, steht Ihnen das Datenelement `WDUI_BAR_COLOR` für die Typisierung zur Verfügung. In Abbildung 4.116 sehen Sie die Auswirkungen der unterschiedlichen Farbgebungen und in Tabelle 4.35 die Beschreibung.

Farbe unter Schwellenwert

colorBetweenThreshold

Mit der Eigenschaft `colorBetweenThreshold` definieren Sie die Farbe für die Darstellung von Werten zwischen den Schwellenwerten (Eigenschaft `lowerThresholdValue` und `upperThresholdValue`). Falls Sie diese Eigenschaft an ein Context-Attribut binden möchten, steht Ihnen das Datenelement `WDUI_BAR_COLOR` für die Typisierung zur Verfügung. In Abbildung 4.116 sehen Sie die Auswirkungen der unterschiedlichen Farbgebungen.

Farbe zwischen Schwellenwerten

lowerThresholdValue

Mit der Eigenschaft `lowerThresholdValue` bestimmen Sie den unteren Schwellenwert in Pixeln. Falls Sie diese Eigenschaft an ein Context-Attribut binden möchten, müssen Sie dieses mit dem Typ `f` typisieren.

Schwellenwert

markerType

Mit der Eigenschaft `markerType` legen Sie die Art des Markierungsstriches fest. Falls Sie diese Eigenschaft an ein Context-Attribut binden möchten, steht Ihnen das Datenelement `WDUI_MARKER_TYPE` für die Typisierung zur Verfügung. In Abbildung 4.117 sehen Sie die entsprechende Visualisierung.

Marker-Darstellung

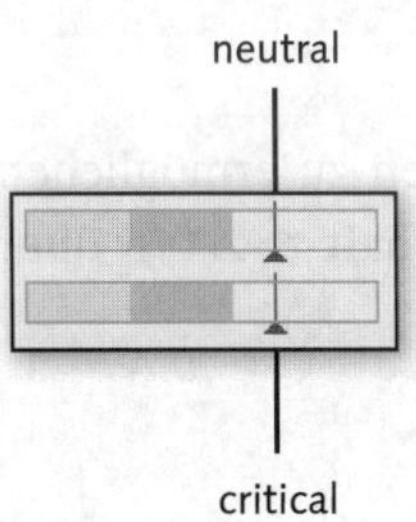

Abbildung 4.117 Eigenschaft »markerType«

Wird der `markerType = neutral` verwendet, wird der Marker Schwarz dargestellt. Für `markerType = critical` wird die Farbe Rot verwendet.

markerValue

Marker-Wert Mit der Eigenschaft `markerValue` legen Sie den Wert in Pixeln fest, bei dem der Markierungsstrich angezeigt wird. Falls Sie diese Eigenschaft an ein Context-Attribut binden möchten, müssen Sie dieses mit dem Typ `f` typisieren.

maxValue

100 % Mit der Eigenschaft `maxValue` können Sie den gedachten maximalen Wert (100 %) der Skala definieren. Alle anderen Werte werden in Relation zu diesem Wert visualisiert. Falls Sie diese Eigenschaft an ein Context-Attribut binden möchten, müssen Sie dieses mit dem Typ `f` typisieren.

text

Darstellungstext Mit der Eigenschaft `text` formulieren Sie den Beschriftungstext, der oberhalb des Balkens angezeigt wird.

upperThresholdValue

Schwellenwert Mit der Eigenschaft `upperThresholdValue` bestimmen Sie den oberen Schwellenwert in Pixeln. Falls Sie diese Eigenschaft an ein Context-Attribut binden möchten, müssen Sie dieses mit dem Typ `f` typisieren.

width

Mit der Eigenschaft `width` definieren Sie die Breite des UI-Elementes in Pixeln.

Barrierefreiheit

Um die Entwicklung barrierefreier Anwendungen zu ermöglichen, wird im Rahmen des Syntax-Checks die Eigenschaft `tooltip` überprüft.

4.6.6 Image

Ein Bild Über das UI-Element `Image` können Grafiken in einem Format, das der SAP NetWeaver Application Server verarbeiten kann, wie zum

Beispiel das GIF-, JPG- und PNG-Format, in die Web-Dynpro-Anwendung eingebunden werden. Höhe und Breite der Grafik können über die Eigenschaften `height` und `width` bestimmt werden, und die Grafik wird ohne Rand dargestellt.

Visuelle Darstellung

In Abbildung 4.118 sehen Sie eine einfache Darstellung eines `Image`.

Abbildung 4.118 Image

Eigenschaften

Abbildung 4.119 zeigt die Eigenschaften, die in diesem Abschnitt besprochen werden. Die nicht explizit diskutierten Eigenschaften finden Sie in der Einleitung zu diesem Kapitel.

	Eigenschaft	Wert	Binding
	Eigenschaften (Image)		
	Id	IMG1	
	Layoutdaten	MatrixHeadData	
1	adjustImageSize	☑	
2	border	1	
	contextMenuBehaviour	inherit	
	contextMenuId		
	enabled	☑	
3	height	70px	
4	isDecorative	☐	
5	isDragHandle	☐	
6	source	~IconLarge/ShoppingCart00	
	tooltip	Shopping Basket	
	visible	visible	
7	width		

Abbildung 4.119 Eigenschaften Image

adjustImageSize

Mit der Eigenschaft `adjustImageSize` legen Sie fest, ob die Größe des `Image`-Elementes entsprechend der Proportion, das heißt dem

Proportion erhalten

Verhältnis zwischen Höhe und Breite des Bildes, angepasst wird. Wenn diese Eigenschaft auf `abap_false` gesetzt wird, wird das `Image` gemäß der gegebenen Höhe und Breite dargestellt, die Proportionen bleiben nicht erhalten.

border

Rahmen

Mit der Eigenschaft `border` bestimmen Sie, ob die Grafik mit einem Rahmen dargestellt wird.

height

Mit der Eigenschaft `height` legen Sie die Höhe des UI-Elementes fest.

isDecorative

Funktional oder nicht

Mit der Eigenschaft `isDecorative` entscheiden Sie, ob ein `Image` nur dekorativ ist und keinerlei funktionale Bedeutung hat. Wenn es keinerlei Information für den Benutzer liefert, sollte diese Eigenschaft auf `abap_true` gesetzt werden. Wenn Sie die Barrierefreiheit in Ihrer Component aktiviert haben, wird das `Image` ignoriert und aus der Tabulator-Reihenfolge entfernt.

isDragHandle

Mit der Eigenschaft `isDragHandle` legen Sie das `Image` als Drag-Handle fest, damit es im Rahmen von Drag-&-Drop-Operationen verwendet werden kann (siehe auch Kapitel 5, »Drag & Drop für UI-Elemente«).

source

Mit der Eigenschaft `source` definieren Sie die Webadresse (URL) der Grafik, durch die das UI-Element die Daten zur Visualisierung erhält. Wenn Sie Webicons verwenden, geben Sie den entsprechenden symbolischen Namen an. Sie werden bei der Eingabe durch Eingabehilfen unterstützt.

width

Mit der Eigenschaft `width` legen Sie die Breite des UI-Elementes fest.

Barrierefreiheit

Um die Entwicklung barrierefreier Anwendungen zu ermöglichen, wird im Rahmen des Syntax-Checks die Eigenschaft `tooltip` überprüft, wenn die Eigenschaften `label` und `isDecorative` nicht gesetzt wurden.

Aggregierte Elemente

In Abbildung 4.120 sehen Sie das aggregierte Element `Menu` zum `Image`, das in diesem Abschnitt besprochen wird. Des Weiteren haben wir das Kontextmenü zur Anlage des aggregierten Elementes mit den relevanten Menüeinträgen in die Abbildung eingefügt.

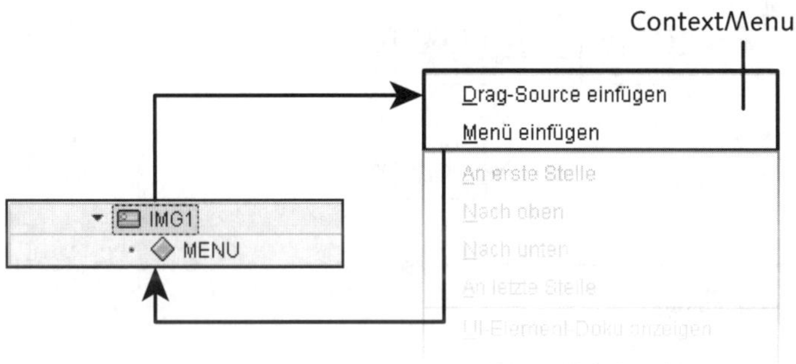

Abbildung 4.120 Aggregationen Image

Zum `Image` können Sie ein Menü anlegen, dessen Existenz bei einem Mouseover am `Image` rechts unten als Dreieck angezeigt wird. Klickt der Benutzer das Dreieck an, erscheinen die Einträge unterhalb des `Image`. Der Benutzer kann aber auch direkt das Bild anklicken, um das Menü zu öffnen. Um das Menü anzulegen, wählen Sie im Kontextmenü des `Image` im View-Editor den Menüeintrag MENÜ EINFÜGEN (siehe auch Abschnitt 4.8.2, »Menu«).

4.6.7 Network

Das UI-Element `Network` ist ein generischer Editor von Netzwerkgrafiken. Mit dem `Network`-Element können Sie alles anzeigen, was als Menge von Knoten und Verbindungen zwischen Knoten visualisiert werden kann. Die technische Basis für die Visualisierung ist die gleiche wie für das UI-Element `Gantt`, nämlich JNet. Daher verweisen wir Sie für die Diskussion dieses Elementes auf den Abschnitt 4.6.3, »Gantt«. **Netzwerkgrafik**

Visuelle Darstellung

In Abbildung 4.121 sehen Sie die Darstellung eines `Network`-Elementes.

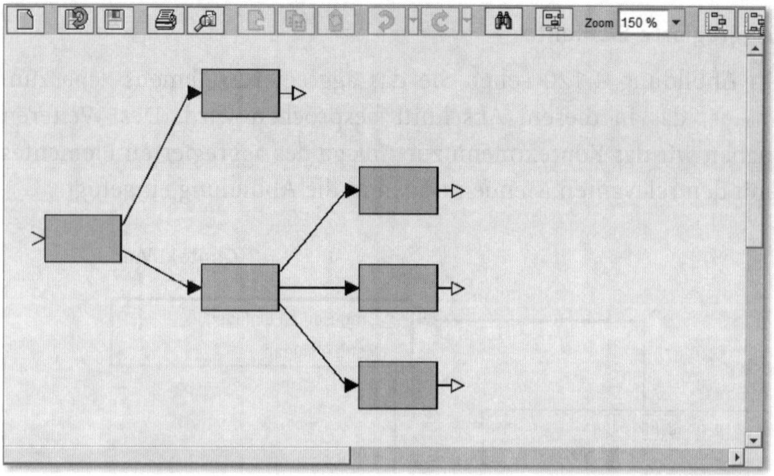

Abbildung 4.121 Network

4.6.8 ProgressIndicator

Fortschrittsanzeige

Das UI-Element `ProgressIndicator` zeigt den Fortschritt einer Aktivität in Form eines Fortschrittsbalkens mit einer Skala an, die den Fortschrittsgrad mit dem Wert darstellt, den Sie der Eigenschaft `percentValue` zugeordnet haben. Sie können mit der Eigenschaft `displayValue` innerhalb des `ProgressIndicator` einen Text auf der linken Seite des UI-Elementes darstellen. Damit ist es möglich, bei bestimmten Prozentwerten auch Beschreibungen anzugeben.

Über die Eigenschaft `showValue` kann die Anzeige des `displayValue`-Wertes unterdrückt werden. Mit der Eigenschaft `barColor` kann der `ProgessIndicator` in verschiedenen Farben visualisiert werden. Einem `ProgressIndicator` kann ein Popup-Menü zugeordnet werden. Sie können das UI-Element `ProgressIndicator` beispielsweise zur Anzeige eines Projektstatus in Prozent verwenden.

Visuelle Darstellung

In Abbildung 4.122 sehen Sie eine einfache Darstellung eines `ProgressIndicator`. In der Abbildung wird ein Fortschrittsbalken angezeigt, der je nach Forstschritt gefüllt ist. Dabei entsprechen 100 % einem vollständig gefüllten Balken und 0 % einem nicht gefüllten

Balken. Im Balken können Sie einen Text so platzieren wie in unserem Beispiel.

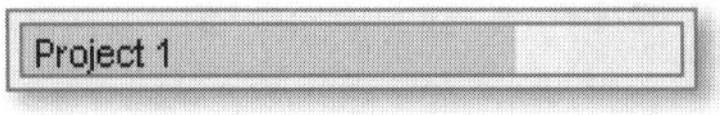

Abbildung 4.122 ProgressIndicator

Eigenschaften

In Abbildung 4.123 sehen Sie die Eigenschaften, die in diesem Abschnitt besprochen werden. Die nicht explizit diskutierten Eigenschaften finden Sie in der Einleitung zu diesem Kapitel.

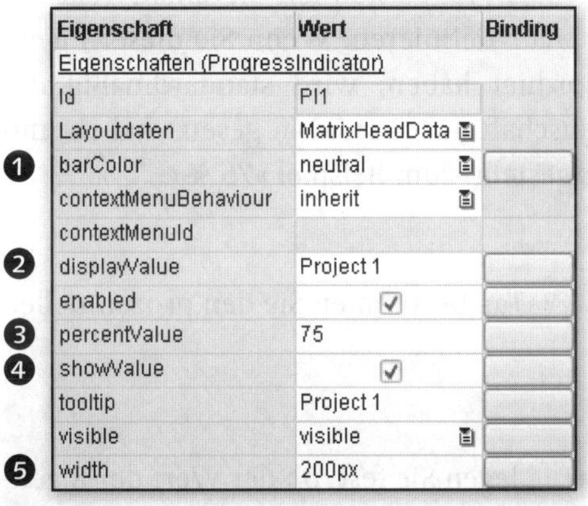

	Eigenschaft	Wert	Binding
	Eigenschaften (ProgressIndicator)		
	Id	PI1	
	Layoutdaten	MatrixHeadData	
1	barColor	neutral	
	contextMenuBehaviour	inherit	
	contextMenuId		
2	displayValue	Project 1	
	enabled	✓	
3	percentValue	75	
4	showValue	✓	
	tooltip	Project 1	
	visible	visible	
5	width	200px	

Abbildung 4.123 Eigenschaften ProgressIndicator

barColor

Mit der Eigenschaft `barColor` definieren Sie die semantische Farbe des `ProgressIndicator`. Falls Sie diese Eigenschaft an ein Context-Attribut binden möchten, steht Ihnen das Datenelement `WDUI_PROG_IND_BAR_COL` für die Typisierung zur Verfügung. In Abbildung 4.124 sehen Sie die Auswirkungen der unterschiedlichen Farbgebungen. **Farbe**

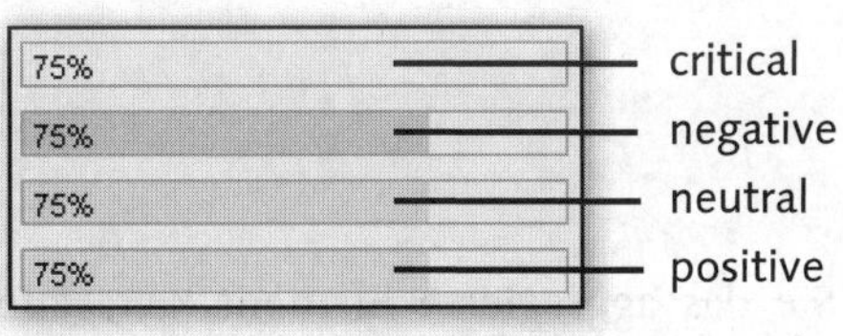

Abbildung 4.124 Eigenschaft »barColor«

In Tabelle 4.36 haben wir die unterschiedlichen Ausprägungen der Eigenschaft barColor zusammengefasst.

Wert	Beschreibung
critical	gelbe Farbe
negative	rote Farbe
neutral	blaue Farbe
positive	grüne Farbe

Tabelle 4.36 Ausprägungen der Eigenschaft »barColor«

displayValue

Anzeigetext

Mithilfe der Eigenschaft displayValue können Sie einen Text zur Anzeige im ProgressIndicator definieren. Wenn Sie dieser Eigenschaft keinen Wert zugeordnet haben, wird standardmäßig der Wert, den Sie für die Eigenschaft percentValue gesetzt haben, mit Prozentzeichen als Text dargestellt, zum Beispiel »75 %«.

percentValue

Prozentwert

Mit der Eigenschaft percentValue bestimmen Sie den prozentuellen Wert des Fortschritts.

showValue

Mit der Eigenschaft showValue legen Sie fest, ob der Wert der Eigenschaft displayValue auf dem ProgressIndicator angezeigt wird (Wert = abap_true) oder nicht (Wert = abap_false).

width

Mit der Eigenschaft width legen Sie die Breite des UI-Elementes fest.

Barrierefreiheit

Um die Entwicklung barrierefreier Anwendungen zu ermöglichen, wird im Rahmen des Syntax-Checks die Eigenschaft tooltip überprüft.

Aggregierte Elemente

In Abbildung 4.125 sehen Sie das aggregierte Element Menu zum ProgressIndicator, das in diesem Abschnitt besprochen wird. Des Weiteren haben wir das Kontextmenü zur Anlage des aggregierten

Elementes mit den relevanten Menüeinträgen in die Abbildung eingefügt.

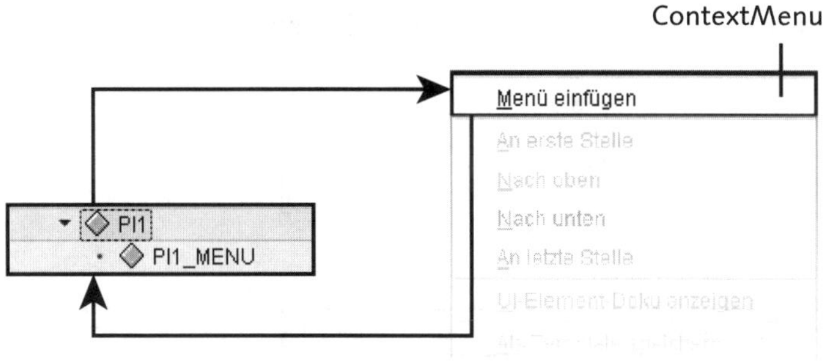

Abbildung 4.125 Aggregationen ProgressIndicator

Zum `ProgressIndicator` können Sie ein Menü anlegen, dessen Existenz bei einem Mouseover am `ProgressIndicator` rechts unten als Dreieck angezeigt wird. Klickt der Benutzer das Dreieck an, erscheinen die Einträge unterhalb des `ProgressIndicator`. Der Benutzer kann aber auch direkt den `ProgressIndicator` anklicken, um das Menü zu öffnen. Um das Menü anzulegen, wählen Sie im Kontextmenü des `ProgressIndicator` im View-Editor den Menüeintrag Menü einfügen. Details zu den Menüs finden Sie in Abschnitt 4.8.2, »Menu«.

4.6.9 ThresholdSlider

Ein `ThresholdSlider` dient der balkenähnlichen Darstellung eines Zustands bzw. eines ganzzahligen Wertes, wobei sich nach bestimmten festgelegten Schwellenwerten die Farbe ändert. **Schieber**

Visuelle Darstellung

In Abbildung 4.126 sehen Sie eine einfache Darstellung eines `ThresholdSlider`. Wir haben den gleichen Slider, aber mit unterschiedlichen Positionen und damit unterschiedlichen Farben (rot, gelb, grün) untereinander visualisiert.

Das Intervall zwischen zwei Schwellenwerten (Thresholds) ist eine Unit, und die Größe dieses Intervalls wird durch die Eigenschaft `unitWidth` in Pixeln festgelegt. Ein `ThresholdSlider` aggregiert **Unit**

Threshold-Elemente. Die Threshold-Elemente bestimmen unter anderem die Farbänderungen des ThresholdSlider. Der Gesamt-Tooltip des ThresholdSlider ist der tooltip der ThresholdSlider plus den tooltip des aktiven Threshold-Elementes.

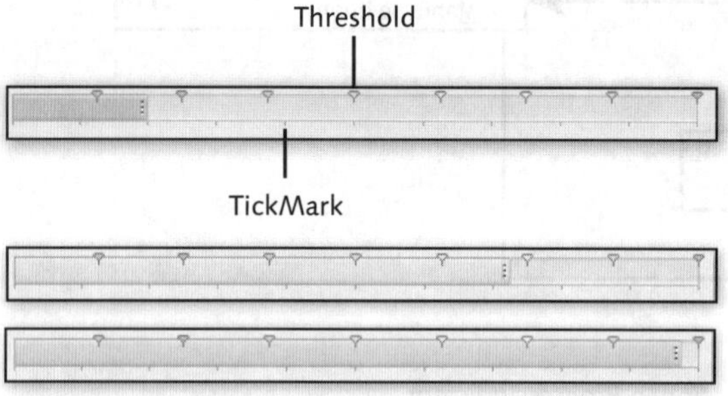

Abbildung 4.126 ThresholdSlider

TickMark Die kleinen Markierungen unterhalb eines ThresholdSlider sind TickMark-Elemente, die dazu beitragen, dass die Unterseite des ThresholdSlider optisch einem Lineal ähnelt. Mit der Eigenschaft showTickMarks legen Sie fest, ob diese TickMark-Elemente angezeigt werden sollen oder nicht. Der Abstand zwischen zwei TickMark-Elementen wird durch die Eigenschaft tickMarkSpacing in Units festgelegt.

Die Breite eines ThresholdSlider ist durch die Anzahl der TickMark-Intervalle festgelegt, die durch die Eigenschaft maxTickMarks gesetzt wird. Die Breite eines ThresholdSlider in Pixeln berechnet sich daher folgendernaßen:

$$maxTickMarks \times tickMarkSpacing \times unitWidth$$

Eigenschaften

In Abbildung 4.127 sehen Sie die Eigenschaften, die in diesem Abschnitt besprochen werden. Die nicht explizit diskutierten Eigenschaften finden Sie in der Einleitung zu diesem Kapitel.

maxTickMarks

Mit der Eigenschaft maxTickMarks legen Sie die Gesamtanzahl der TickMark-Elemente fest.

	Eigenschaft	Wert	Binding
	Eigenschaften (ThresholdSlider)		
	Id	THS1	
	Layoutdaten	MatrixHeadData	
	contextMenuBehaviour	inherit	
	contextMenuId		
	enabled	☑	
❶	maxTickMarks	10	
❷	readOnly	☐	
❸	showTickMarks	☑	
❹	tickMarkSpacing	4	
	tooltip	Project 1	
❺	unitWidth	10	
❻	value	V_THRESH_SLIDER.VALUE	
	visible	visible	

Abbildung 4.127 Eigenschaften ThresholdSlider

readOnly

Mit der Eigenschaft `readOnly` bestimmen Sie, ob der farbige Balken vom Benutzer mit der Maustaste verschoben werden kann oder nicht. Wenn der Wert `abap_true` ist, kann der `ThresholdSlider` nicht verschoben werden, aber der Benutzer kann auf den `ThresholdSlider` klicken. Dies löst die Web-Dynpro-Action `onAction` aus. Ist der Wert `abap_false`, kann der Benutzer die Position des `ThresholdSlider` mit der Maustaste und damit auch den Wert des `ThresholdSlider` verändern. Folgende Tipps gelten dabei:

- Das Ereignis `onChange` ist für den Fall nicht sinnvoll, dass die Eigenschaft den Wert `abap_true` hat, da dann der Benutzer den Schieber nicht bewegen kann.
- Das Ereignis `onAction` wird nur im Fall des Wertes `abap_false` ausgelöst, da sonst beim Klicken des Benutzers nicht klar wäre, ob der Wert verändert werden soll oder ob der `ThresholdSlider` angeklickt wurde.

showTickMarks

Markierung

Mithilfe der Eigenschaft `showTickMarks` können Sie die `TickMark`-Elemente anzeigen (Wert = `abap_true`) oder nicht (Wert = `abap_false`).

tickMarkSpacing

Abstand

Mit der Eigenschaft tickMarkSpacing definieren Sie den Abstand zwischen zwei TickMark-Elementen in Units (siehe auch die folgende Eigenschaft unitWidth).

unitWidth

Mit der Eigenschaft unitWidth legen Sie die Breite einer Unit in Pixeln fest.

value

Position

Mit der Eigenschaft value legen Sie die Position des farbigen Balkens in Units fest. Diese Eigenschaft muss an einen Context-Knoten gebunden sein.

Ereignisse

Der ThresholdSlider bietet Ihnen zwei Ereignisse an. Diese werden wir im Folgenden besprechen.

onAction

Das UI-Element ThresholdSlider bietet das Ereignis onAction an, sofern die Eigenschaft readOnly den Wert abap_false hat. Das Ereignis wird ausgelöst, wenn der Benutzer auf den farbigen Balken klickt oder doppelklickt. Der Aktionsbehandler-Methode werden die Standardparameter id und context_element übergeben.

onChange

Dieses Ereignis wird ausgelöst, wenn der Benutzer die Länge des farbigen Balkens verändert und die Eigenschaft readOnly den Wert abap_true besitzt. Der Aktionsbehandler-Methode werden die Standardparameter id und context_element übergeben.

Aggregierte Elemente

In Abbildung 4.128 sehen Sie die aggregierten Elemente zum ThresholdSlider, die in diesem Abschnitt besprochen werden. Des Weiteren haben wir das Kontextmenü zur Anlage der aggregierten Elemente mit den relevanten Menüeinträgen in die Abbildung eingefügt.

Threshold und MultipleThreshold

Sie können in einem ThresholdSlider zwei verschiedene Arten von Threshold-Elementen einfügen:

- Threshold
- MultipleThreshold

Ein MultipleThreshold wird an einen Context-Knoten gebunden. Damit ist es möglich, die Anzahl der angezeigten Threshold-Elemente zur Laufzeit dynamisch anzupassen.

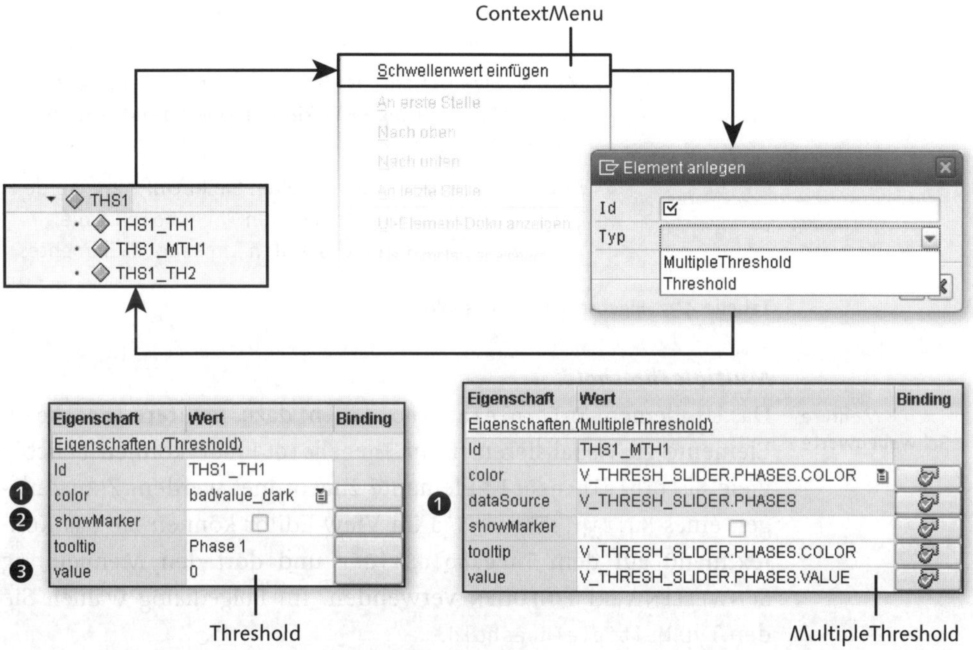

Abbildung 4.128 Aggregationen ThresholdSlider

Threshold

Das UI-Element Threshold definiert einen Schwellenwert, ab dem sich bei einem ThresholdSlider der farbliche Verlauf des Balkens ändert. Threshold-Elemente können verschiedene Farben annehmen, und sie beeinflussen die Balkenfarbe und den Balken-Tooltip, wenn der Schieber zwischen diesem Threshold und dem nächsten steht. **Schwellenwert**

Dem ThresholdSlider können beliebig viele Threshold-Elemente zugeordnet werden. Verwenden Sie zum Anlegen eines Threshold-Elementes im View-Editor das Kontextmenü auf dem ThresholdSlider und dort den Menüeintrag SCHWELLENWERT EINFÜGEN. Im Folgedialog wählen Sie den Typ Threshold. Die wichtigsten Eigenschaften, die das UI-Element Threshold zur Verfügung stellt, sind in Tabelle 4.37 zusammengestellt.

Eigenschaft	Beschreibung
color	Mit der Eigenschaft color definieren Sie eine semantische Farbe für den Threshold. Falls Sie diese Eigenschaft an ein Context-Attribut binden, können Sie das Datenelement WDUI_TABLE_CELL_DESIGN zur Typisierung verwenden. Die zulässigen Werte sind: badvalue_dark, badvalue_light, criticalvalue_dark, five, selection, total, subtotal_light, goodvalue_medium, three, goodvalue_dark.
showMarker	Mit der Eigenschaft showMarker legen Sie fest, ob der Threshold als farbige Markierung oberhalb des Sliders angezeigt werden soll.
value	Mit der Eigenschaft value geben Sie in Units an, wo der Threshold steht. Vor dem ersten Threshold ist die Farbe gleich der Farbe des ersten Threshold-Elementes.

Tabelle 4.37 Eigenschaften Threshold

MultipleThreshold

Mehrere Schwellenwerte

Das UI-Element MultipleThreshold dient dazu, mehrere Threshold-Elemente zu visualisieren. Dem ThresholdSlider können beliebig viele MultipleThreshold-Elemente zugeordnet werden. Zum Anlegen eines MultipleThreshold im View-Editor können Sie das Kontextmenü auf dem ThresholdSlider und dort den Menüeintrag SCHWELLENWERT EINFÜGEN verwenden. Im Folgedialog wählen Sie den Typ MultipleThreshold.

Die Eigenschaften, die der MultipleThreshold zur Verfügung stellt, sind identisch mit den Eigenschaften des Threshold-Elementes. Zusätzlich bietet der MultipleThreshold die Eigenschaft dataSource, mit der Sie eine Zuordnung zu einem Context-Knoten mit der Kardinalitätsobergrenze n herstellen. Die Elemente des Knotens entsprechen den Schwellenwerten, die im ThresholdSlider dargestellt werden. Der gebundene Context-Knoten sollte zumindest ein Attribut besitzen, das mithilfe eines Data Bindings an die Eigenschaft value gebunden wird.

4.7 Kategorie »integration«

In der Kategorie integration sind alle UI-Elemente zusammengefasst, die unterschiedliche Technologien in Web Dynpro integrieren.

4.7.1 Allgemein

Klassenhierarchie

In Abbildung 4.129 sehen Sie als Ausschnitt der gesamten ABAP-Klassenhierarchie der UI-Elemente die Klassenhierarchie für die in diesem Abschnitt besprochenen UI-Elemente. Wie in Kapitel 7 »Dynamische Programmierung«, detailliert gezeigt wird, sind alle UI-Elemente während der Laufzeit durch ABAP-Klassen repräsentiert. Der Name der Klasse wird im Allgemeinen durch `CL_WD_<Name des UI-Elementes>` gebildet.

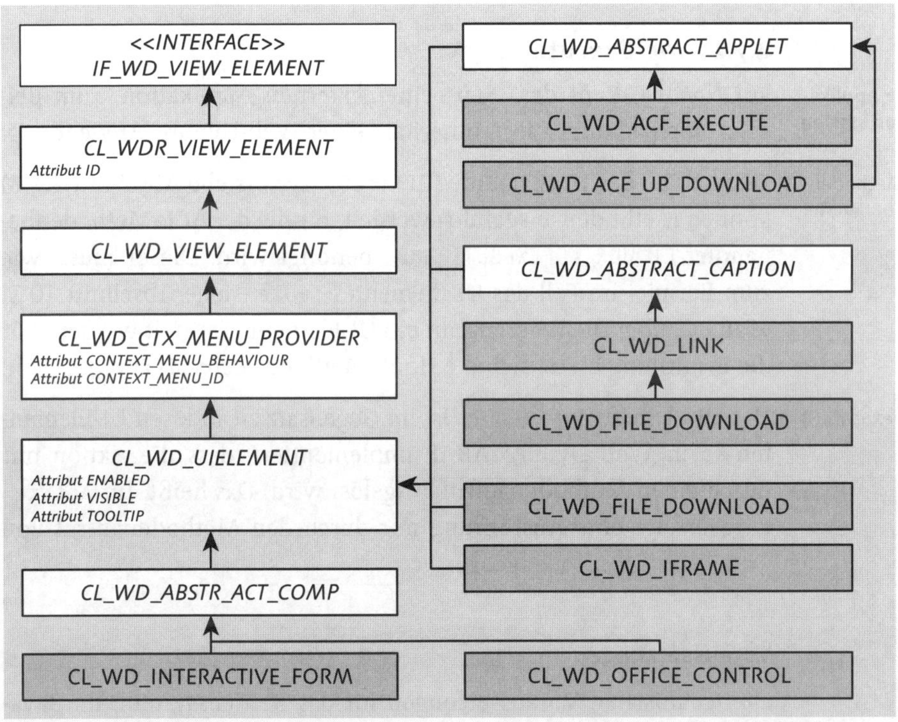

Abbildung 4.129 Klassenhierarchie der UI-Elemente aus der integration-Kategorie

Basisklassen

Die Klassen, die mit hellem Hintergrund dargestellt sind, sind die Basisklassen, die nicht direkt über UI-Elemente visualisiert werden. Die Klassen, die grau hinterlegt sind, sind die Klassen, die die UI-Elemente implementieren, die Sie im View-Editor einfügen können. Wie Sie in Abbildung 4.129 sehen können, wird in der höchsten Klasse `CL_WDR_VIEW_ELEMENT` das Attribut `ID` definiert. Damit steht diese Eigenschaft allen Unterklassen zur Verfügung. Die Klasse `CL_WD_CTX_MENU_PROVIDER` steuert die Attribute `CONTEXT_MENU_BEHAVIOUR` und `CONTEXT_MENU_ID` bei. Die Klasse `CL_WD_UIELEMENT` leistet auch einen wichtigen Beitrag, nämlich die Attribute `ENABLED`, `VISIBLE` und `TOOLTIP`.

Attribute und Eigenschaften Ausgewählte Attribute der dargestellten Klassen werden im View-Editor zu den Eigenschaften der UI-Elemente, das heißt, Ihnen steht zum Beispiel für jedes UI-Element die Eigenschaft `ID` im View-Editor für die Pflege zur Verfügung. Welche Bedeutung diese Eigenschaften für die Gestaltung des User Interface haben, werden wir Ihnen im Folgenden näher erläutern.

4.7.2 AcfExecute

Externe Applikation starten `AcfExecute` dient dem Start einer externen Applikation, zum Beispiel Notepad oder Paint, innerhalb einer Web-Dynpro-Anwendung.

Methodenbehandler Wie im Fall des UI-Elementes `OfficeControl` (siehe Abschnitt 4.7.8) können Methoden ausgeführt werden, für die der ACF-Methodenbehandler `CL_WDR_ACFEXECUTE_HNDL` benötigt wird. Dieser muss, wie zum Beispiel im Fall des UI-Elementes `Table` (siehe Abschnitt 10.2, »Table«), über die Referenz auf ein UI-Element ermittelt werden. Für die Ermittlung bietet sich die Hook-Methode `wddomodifyview( )` an.

execute( ) Das UI-Element `AcfExecute` ist im Gegensatz zu anderen UI-Elementen so in Web Dynpro ABAP implementiert, dass die Aktion nur durch einen Methodenaufruf ausgelöst wird. Das heißt, für `AcfExecute` erfolgt eine Ausführung nur durch den Methodenaufruf von `if_wd_acfexecute~execute( )`.

Voraussetzungen

Die technischen Voraussetzungen für das Betriebssystem, die Java-Version und den Internet-Browser zur Verwendung des `AcfExecute` sind in den SAP-Hinweisen 1178747 und 1224097 beschrieben.

Sicherheit Da in Web Dynpro die gerenderten Seiten üblicherweise in einem Webbrowser dargestellt werden, der mit dem Internet verbunden ist, müssen bei einem UI-Element wie `AcfExecute` Sicherheitsaspekte berücksichtigt werden. Daher gibt es die folgenden Sicherheitsmaßnahmen für das `AcfExecute`:

- `AcfExecute` kommuniziert nur mit autorisierten Servern.
- Es werden nur autorisierte Executables auf dem Client-PC gestartet.

- Daten können nur in autorisierten Verzeichnissen abgelegt werden.
- Daten können nur aus autorisierten Verzeichnissen ausgelesen werden.

Die autorisierten Server und Verzeichnisse stehen in einer Whitelist, die von einem Administrator aufgebaut wurde. Der Administrator kann die Whitelist über Transaktion WDR_ACF_WLIST erzeugen. In Listing 4.8 sehen Sie eine einfache Whitelist, die mit der Transaktion für die Verwendung des Programms *notepad.exe* auf einem Windows-Client erstellt wurde, um Texte zu editieren.

Whitelist

```
<?xml version="1.0" encoding="utf-8" ?>
  <frontendServices version="7.0.0.0">
    <execute>
      <application path="$windir$/system32/notepad.exe">
        <parameter position="01" type="STRING">
          <legalValue>*.txt</legalValue>
          <legalValue>*asc</legalValue>
        </parameter>
        <parameter position="02" type="STRING" />
      </application>
    </execute>
  <upload />
</frontendServices>
```

Listing 4.8 Whitelist-Beispiel

Um in einem SAP-System mit einer lokalen Whitelist zu arbeiten, benötigen Sie ein Zertifikat des betreffenden Systems. Daher muss der Administrator das Zertifikat des betreffenden Systems via Transaktion ACF_WHITELIST_SETUP herunterladen. Diese Transaktion stellt eine Funktion zur Verfügung, um das Zertifikat in einem lokalen Verzeichnis abzulegen. Über die SAP GUI-Installation kann das Zertifikat in alle benötigten Systeme verteilt werden.

Installation

Weitere Informationen zu Whitelists finden Sie im SAP-Referenz-Einführungsleitfaden (Implementation Guide, IMG). Drücken Sie dazu in Transaktion SPRO auf die Drucktaste SAP-REFERENZ-IMG. Der weitere Pfad lautet dann: APPLICATION SERVER • WEB DYNPRO ABAP • WHITELIST FÜR AKTIVE CONTROLS EINRICHTEN und WHITELIST FÜR AKTIVE CONTROLS AKTIVIEREN.

Die Whitelist wird automatisch installiert, wenn ein Administrator die entsprechenden Einstellungen vorgenommen hat. Es ist nicht mehr nötig, dass jeder Benutzer sie selbst lokal installiert. Die Whitelist wird signiert übertragen und entschlüsselt. Ein Administrator muss lediglich den Schlüssel zum Entschlüsseln im System hinterlegen. Der Schlüssel kann dann über die SAP GUI-Installation in der Systemlandschaft verteilt werden.

Eigenschaften

In Abbildung 4.130 sehen Sie die Eigenschaften, die in diesem Abschnitt besprochen werden. Die nicht explizit diskutierten Eigenschaften finden Sie in der Einleitung zu diesem Kapitel.

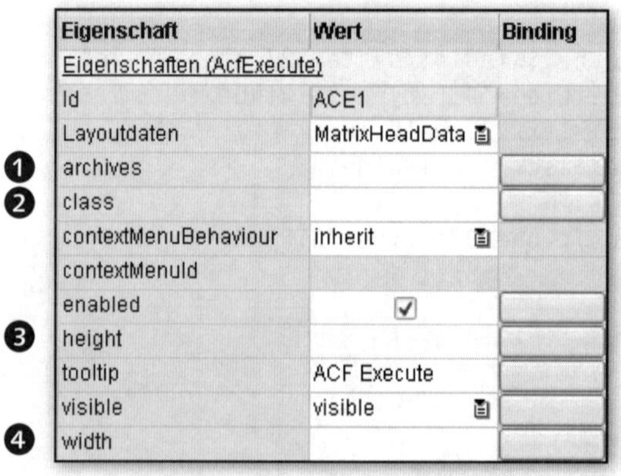

Abbildung 4.130 Eigenschaften AcfExecute

archives

Die Eigenschaft `archives` wird automatisch vom Framework gesetzt, nehmen Sie daher hier keine Einstellungen vor.

class

Die Eigenschaft `class` wird automatisch vom Framework gesetzt, nehmen Sie daher hier keine Einstellungen vor.

height

Die Eigenschaft `height` wird automatisch vom Framework gesetzt, nehmen Sie daher hier keine Einstellungen vor.

width

Die Eigenschaft `width` wird automatisch vom Framework gesetzt, nehmen Sie daher hier keine Einstellungen vor.

Achtung

Beachten Sie, dass die Integration von `AcfExecute` in Web-Dynpro-Dialogfenstern (Pop-ups) nicht unterstützt wird.

Beispiel

Um das UI-Element `AcfExecute` einzusetzen, können Sie es zum Beispiel dynamisch erzeugen (siehe auch Kapitel 7, »Dynamische Programmierung«). Dafür verwenden Sie in der Methode `wddomodifyview( )` den Aufruf `cl_wd_acf_execute=>new_acf_execute( )` für die Instanzierung. Über diese Referenz können Sie auch den Behandler ermitteln, und zwar mithilfe des Attributes `_method_handler`. In Abschnitt 10.2, »Table«, finden Sie weitere Implementierungsdetails.

Der Benutzer erhält die Möglichkeit, über ein interaktives Element, wie zum Beispiel einen `Button`, das externe Werkzeug aufzurufen. In der Behandlermethode des Interaktionselementes rufen Sie die Methode `if_wd_acfexecute~execute( )` des `AcfExecute` auf. Ein Beispiel dieses Aufrufes finden Sie in Listing 4.9.

```
METHOD onactionon_action_notepad .
* Die Applikation
  DATA: ld_application TYPE string,
* Die Argumente
        ld_argument TYPE string,
* Error-Element
        lr_el_error TYPE REF TO if_wd_context_element,
* Error-Info
        ls_elem_stru TYPE wdr_ext_attribute_pointer,
* Exception
        lr_exc TYPE REF TO cx_wd_acf_exception,
* Message
        ld_message_text TYPE string.
* Argumente befüllen
* Hier könnte der Name einer Datei übergeben werden,
* die zu öffnen ist
  CLEAR ld_argument.
* Die Applikation
  ld_application = 'C:\WINDOWS\system32\notepad.exe'.
* Ausführen
  TRY.
* Ermittle das Error-Element
      lr_el_error = wd_context->get_lead_selection( ).
* Fülle die Error-Struktur
      ls_elem_stru-attribute_name = 'ERROR'.
```

```
      ls_elem_stru-element = lr_el_error.
* Rufe die Execute-Methode
      wd_this->gr_execute_handler->if_wd_acfexecute~execute(
        application =  ld_application
        argumentlist = ld_argument
        errorinformation = ls_elem_stru ).
    CATCH cx_wd_acf_exception INTO lr_exc.
* Nachrichtentext
      ld_message_text = lr_exc->if_message~get_text( ).
* Ermittle den Message Manager
      DATA lo_api_controller
               TYPE REF TO if_wd_controller.
      DATA lo_message_manager
               TYPE REF TO if_wd_message_manager.
* Ermittle die API
      lo_api_controller ?= wd_this->wd_get_api( ).
* Hole den Manager
      CALL METHOD lo_api_controller->get_message_manager
        RECEIVING
          message_manager = lo_message_manager.
* Berichte den Erfolg
      CALL METHOD lo_message_manager->report_success
        EXPORTING
          message_text = ld_message_text.
  ENDTRY.
ENDMETHOD.
```

Listing 4.9 Methode »execute( )«

Beschreibung Wir beginnen damit, die Struktur für die Error-Information der `execute( )`-Methode aufzubauen. Dazu ermitteln wir die Referenz auf das Element und das Attribut, in dem die Error-Information abgelegt wird. Danach rufen wir die Methode `execute( )` über den Methodenbehandler auf. Tritt ein Fehler auf, wird dieser im `CATCH`-Block behandelt und eine Nachricht an den Benutzer ausgegeben.

4.7.3 AcfUpDownload

Up-/Download von Server Das UI-Element `AcfUpDownload` ermöglicht den Up- und Download großer Dateien von einem KPro Content Server (Knowledge Provider). Vom `AcfUpDownload` können Dateien von bis zu zwei Gigabyte gesendet bzw. empfangen werden. Die Up- und Downloads werden von einem KPro Content Server auf das lokale Dateisystem vorgenommen. Der eigentliche Datenaustausch zwischen dem Content Server und Web Dynpro geschieht dabei über das ACF-Protokoll.

[+]

Hinweis: Der SAP Content Server ist eine unabhängige Komponente, in der große Mengen an elektronischen Dokumenten beliebigen Inhalts und Formats abgelegt werden können. Die Verwendung des SAP Content Servers muss von den entsprechenden SAP-Anwendungen unterstützt werden. Die Dokumente können wahlweise in einer oder in mehreren MaxDB-Instanzen oder im Dateisystem gesichert werden. Der SAP Content Server ist für Windows 2000 und 2003 Server sowie für mehrere UNIX-Varianten verfügbar.

Der Knowledge Provider (KPro) stellt eine anwendungs- und medienneutrale informationstechnische Infrastruktur im Rahmen des SAP NetWeaver Application Servers zur Verfügung. Die dem Knowledge Provider zugrunde liegende Modularität und Offenheit spiegelt sich in den bereitgestellten modularen Services und klar definierten Schnittstellen wider. Durch seine große Flexibilität verarbeitet der Knowledge Provider die unterschiedlichsten Informationstypen innerhalb und zwischen Dokumenten und dokumentartigen Objekten, das heißt sowohl Verwaltungsdaten und Indexdaten als auch den reinen Content. Der KPro erlaubt die Integration des SAP Content Servers oder externer Content-Server.

Behandler

Wie beim `OfficeControl` (siehe Abschnitt 4.7.8) können Methoden ausgeführt werden, dazu wird der ACF-Methodenbehandler `CL_WDR_ACFUPDOWNLOAD_HNDL` benötigt. Das `AcfUpDownload`-Element ist im Gegensatz zu anderen UI-Elementen so in Web Dynpro ABAP implementiert, dass die Aktion nur durch einen Methodenaufruf ausgelöst wird. Das heißt, für `AcfUpDownload` erfolgt ein Upload bzw. Download nur bei einem Aufruf folgender Methoden:

- `if_wd_acfupdownload_scms~http_put( )`
- `if_wd_acfupdownload_scms~http_get( )`

Ein Up- bzw Download von großen Dateien aus dem Applikationsserver ohne KPro ist derzeit nicht realisiert.

Dateiauswahl-Dialog

Einige Eigenschaften des `AcfUpDownload`-Elementes werden nicht über die Eigenschaften des UI-Elementes, sondern mithilfe des Interface `IF_WD_ACFUPDOWNLOAD_SWFS` gesetzt. Damit können Sie einen Dateiauswahl-Dialog anzeigen lassen. Die Methode `choose_file( )` des Interface bietet den Parameter `DIRECTORY_ONLY`, mit dem Sie festlegen können, dass bei der Verwendung des UI-Elementes `AcfUpDownload` eine Verzeichnisauswahl anstelle einer Dateiauswahl durchgeführt werden soll.

Voraussetzungen

Für das reibungslose Funktionieren des `AcfUpDownload` auf einem Client müssen die folgenden Voraussetzungen erfüllt sein:

- Installation eines Sun Java Plug-ins (Java 5 oder höher), siehe SAP-Hinweis 1178747
- Vorhandensein einer validen Whitelist-XML-Datei, unter Microsoft Windows ist dies `%APPDATA%\SAP`

Eigenschaften

In Abbildung 4.131 sehen Sie die Eigenschaften, die in diesem Abschnitt besprochen werden. Die nicht explizit diskutierten Eigenschaften finden Sie in der Einleitung zu diesem Kapitel.

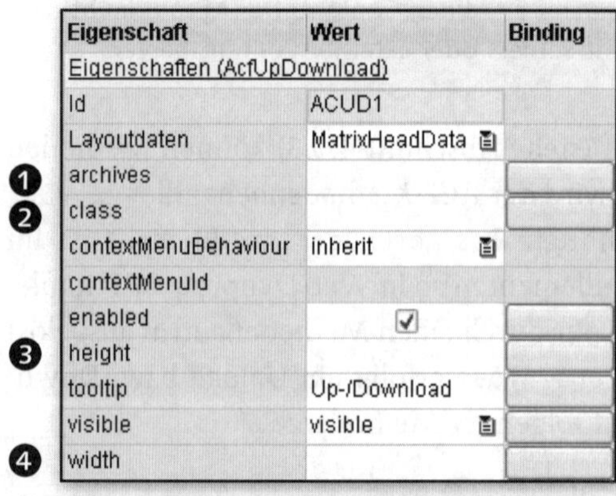

Abbildung 4.131 Eigenschaften AcfUpDownload

archives

Die Eigenschaft `archives` wird automatisch vom Framework gesetzt, nehmen Sie daher hier keine Einstellungen vor.

class

Die Eigenschaft `class` wird automatisch vom Framework gesetzt, nehmen Sie daher hier keine Einstellungen vor.

height

Die Eigenschaft `height` wird automatisch vom Framework gesetzt, nehmen Sie daher hier keine Einstellungen vor.

width

Die Eigenschaft `width` wird automatisch vom Framework gesetzt, nehmen Sie daher hier keine Einstellungen vor.

Ereignisse

Das UI-Element `AcfUpDownload` bietet das Ereignis `onComplete` an. Dieses wird ausgelöst, sofern die Methoden `http_create( )`, `http_get( )` oder `http_post( )` vollständig abgearbeitet wurden. Wenn eine Aktion zugeordnet wurde, werden an die zugehörige Aktionsbehandler-Methode die Standardparameter `id` und `context_element` sowie die Parameter `status` und `status_message` übergeben. Der Wert des Parameters `id` ist die ID der Nachrichtenklasse `SACF` im Paket `SWDP_UIEL_ACTIVE_COMPONENT`. Die IDs für `AcfUpDownload` liegen zwischen 200 und 300. **onComplete**

Der Wert des Parameters `STATUS_MESSAGE` ist ein Parameter für interne Zwecke. In diesem werden zusätzliche technische Beschreibungen des Fehlers geliefert. Beachten Sie, dass diese Beschreibung sprachenabhängig ist und nur auf Englisch vorliegt.

Achtung

Beachten Sie, dass die Integration von `AcfUpDownload` in Web-Dynpro-Dialogfenstern (Pop-ups) nicht unterstützt wird. Bedenken Sie auch, dass aufseiten des Backends (Content Server) eine Einschränkung für die Dateigrößen besteht: Der Content Server unterstützt zurzeit bis zu zwei Gigbyte große Dateien.

4.7.4 FileDownload

Das UI-Element `FileDownload` dient dazu, Daten vom Server auf den Client zu laden. **Download**

Visuelle Darstellung

In Abbildung 4.132 sehen Sie eine Darstellung eines `FileDownload`-Elementes. Wir haben zum `FileDownload` mit der Eigenschaft `imageSource` ein Bild definiert, um eine optisch ansprechende Visualisierung zu erzeugen.

Abbildung 4.132 FileDownload

Eigenschaften

In Abbildung 4.133 sehen Sie die Eigenschaften, die in diesem Abschnitt besprochen werden. Die nicht explizit diskutierten Eigenschaften finden Sie in der Einleitung zu diesem Kapitel.

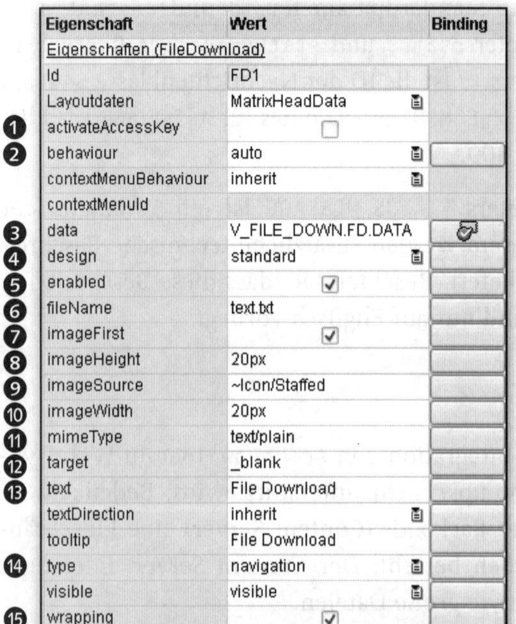

	Eigenschaft	Wert	Binding
	Eigenschaften (FileDownload)		
	Id	FD1	
	Layoutdaten	MatrixHeadData	
1	activateAccessKey	☐	
2	behaviour	auto	
	contextMenuBehaviour	inherit	
	contextMenuId		
3	data	V_FILE_DOWN.FD.DATA	
4	design	standard	
5	enabled	☑	
6	fileName	text.txt	
7	imageFirst	☑	
8	imageHeight	20px	
9	imageSource	~Icon/Staffed	
10	imageWidth	20px	
11	mimeType	text/plain	
12	target	_blank	
13	text	File Download	
	textDirection	inherit	
	tooltip	File Download	
14	type	navigation	
	visible	visible	
15	wrapping	☑	

Abbildung 4.133 Eigenschaften FileDownload

activateAccessKey

Die Eigenschaft `activateAccessKey` steuert die Aktivität von Zugangstasten. Zugangstasten sind Tasten oder Tastenkombinationen, mit denen ein Benutzer den Fokus direkt auf ein Oberflächenelement setzt, ohne die dort hinterlegte Funktion auszulösen (siehe auch Abschnitt 3.1.1, »Eigenschaften für alle Container«).

behaviour

Verhalten

Für die beiden Fälle, dass es sich um eine einzelne Datei oder um mehrere Dateien handelt, gibt es die gleichen Möglichkeiten für die

Anzeige und das Speichern, die über die Eigenschaft `behaviour` festgelegt werden:

- Die Ausprägung `allowSave` legt fest, dass ein Speicherndialog angezeigt wird. Sofern der Benutzer die Daten als Datei speichert, wird als Dateiname der Wert der Eigenschaft `fileName` verwendet.
- Die Ausprägung `openInplace` öffnet die Daten in Abhängigkeit vom MIME-Typ und dem damit assoziierten Programm im Browser.
- Die Ausprägung `auto` überlässt es dem Browser, zu entscheiden, wie die Daten zu öffnen sind. Das vom Dateityp abhängige Verhalten des Browsers wird verwendet: Ein Dialog zum Anzeigen bzw. Speichern der Datei wird angezeigt.

Falls Sie ein Context-Attribut für das Data Binding definieren möchten, können Sie das Datenelement `WDUI_FILE_DOWNLOAD_BHVR` verwenden. Ein Beispiel für die unterschiedlichen Visualisierungen in Abhängigkeit vom MIME-Typ sehen Sie in Abbildung 4.134.

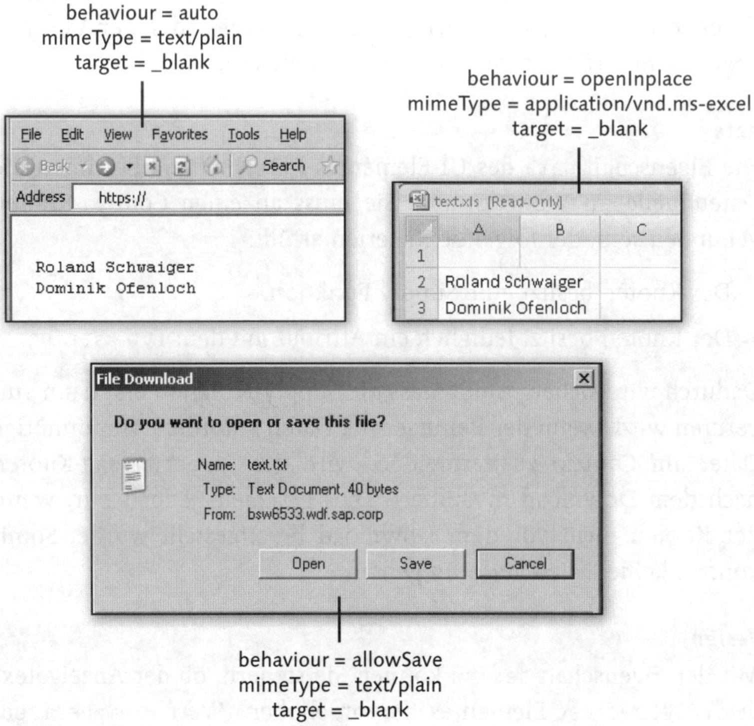

Abbildung 4.134 Unterschiedliche Datenvisualisierungen in Abhängigkeit von mimeType und behaviour

Erläuterung

Im ersten Fall wurde für die Eigenschaft `behaviour` der Wert `auto`, für `mimeType` der Wert `text/plain` und für `target` der Wert `_blank` verwendet. Diese Wertausprägungen sorgen dafür, dass der Inhalt des Attributes im Context-Knoten in einer neuen Webbrowser-Seite als Text dargestellt wird.

Im zweiten Fall wurde für die Eigenschaft `behaviour` der Wert `openInplace`, für `mimeType` der Wert `application/vnd.mx-excel` und für `target` der Wert `_blank` verwendet. Diese Wertausprägungen sorgen dafür, dass der Inhalt des Attributes im Context-Knoten in einer neuen Webbrowser-Seite mithilfe des Microsoft Excel-Plugins dargestellt wird. Der Name des Excel-Blattes, auf dem der Inhalt dargestellt wird, leitet sich von der Eigenschaft `fileName` ab.

Im dritten Fall wurde für die Eigenschaft `behaviour` der Wert `allowSave`, für `mimeType` der Wert `text/plain` und für `target` der Wert `_blank` verwendet. Diese Wertausprägungen sorgen dafür, dass der Benutzer mithilfe des Dialogs File Download gefragt wird, ob der Inhalt des Attributes im Context-Knoten angezeigt (Drucktaste Open), gesichert (Drucktaste Save) oder der Vorgang abgebrochen (Drucktaste Cancel) werden soll.

data

Datenquelle

Die Eigenschaft `data` des UI-Elementes `FileDownload` bestimmt die Datenquelle im View-Context. Sie muss an einen Context-Knoten gebunden sein, der folgende Kriterien erfüllt:

- Der Knoten besitzt eine Supply-Funktion.
- Der Knoten besitzt lediglich ein Attribut mit dem Typ `xstring`.

Dadurch wird sichergestellt, dass die Supply-Funktion erst dann aufgerufen wird, wenn der Benutzer die Daten anfordert. Um unnötige Daten im Context zu vermeiden, wird der `FileDownload`-Knoten nach dem Download invalidiert. Dies geschieht jedoch nur, wenn der Knoten nicht vor dem Download bereitgestellt wurde. Somit können keine Daten verloren gehen.

design

Darstellung

Mit der Eigenschaft `design` können Sie steuern, ob der Anzeigetext des `FileDownload`-Elementes hervorgehoben (Wert = `emphasized`) oder in der Standarddarstellung abgebildet wird (Wert = `standard`). Falls Sie ein Context-Attribut für das Data Binding definieren möchten, können Sie das Datenelement `WDUI_LINK_DESIGN` verwenden.

enabled

Mit der Eigenschaft `enabled` steuern Sie die Interaktivität des UI-Elementes. Wenn Sie den Wert `abap_true` vergeben, ist das Element interaktiv, das bedeutet, dass Sie es anklicken können, sonst jedoch (Wert = `abap_false`) nicht.

fileName

Mit der Eigenschaft `fileName` vergeben Sie den Namen, der für die herunterzuladende Datei auf dem Client verwendet wird. FileName

imageFirst

Die Eigenschaft `imageFirst` steuert, ob ein Bild vor oder nach dem Text anzuzeigen ist. Wenn es mit dem Wert `abap_true` belegt ist, wird das Bild vor dem Text visualisiert.

imageHeight

Mit der Eigenschaft `imageHeight` geben Sie die Höhe des Bildes an.

imageSource

Mit dem Wert der Eigenschaft `imageSource` legen Sie den Namen und die Quelle eines darzustellenden Bildes fest. Dieses kann aus den unterschiedlichsten Quellen stammen. Bei der Auswahl des passenden Bildes werden Sie durch eine Suchhilfe des Eigenschaftsfeldes unterstützt. Besitzt diese Eigenschaft keinen Wert, wird auch kein Bild angezeigt.

imageWidth

Mit der Eigenschaft `imageWidth` geben Sie die Breite des Bildes an.

mimeType

Das Datenformat des Download-Inhalts, das über die Eigenschaft `mimeType` spezifiziert wird, wird über den sogenannten MIME-Typ festgelegt. MIME-Typ

[+]

> **Hinweis**: MIME (Multipurpose Internet Mail Extensions) ist ein Internetstandard zur Beschreibung des Inhaltstyps einer Nachricht. Die offiziellen MIME-Standards werden von der Internet Engineering Task Force (IETF) zur Verfügung gestellt. MIME-Nachrichten können Texte, Bilder, Audios, Videos und applikationsspezifische Daten beinhalten. Eine Liste der gültigen MIME-Typen können Sie im SAP-System zum Beispiel in der Datenbanktabelle `SDOKFEXT` mithilfe der Transaktion SE17 nachlesen.

target

Zielfenster

Die Eigenschaft `target` legt die ID des Zielfensters im Browser fest. Der Wert dieser Eigenschaft wird entweder vom Benutzer selbst bestimmt oder hat die spezielle Ausprägung `_blank`, die dafür sorgt, dass ein externes, nicht benanntes Fenster geöffnet wird.

text

Anzeigetext

Die Eigenschaft `text` bestimmt den Anzeigetext für das `FileDownload`-Element, das aufgrund des Wertes der Eigenschaft `type` visualisiert wird.

type

Typ

Mit der Eigenschaft `type` definieren Sie die grafische Darstellung des `FileDownload`-Oberflächenelementes. Die zur Verfügung stehenden Visualisierungen sehen Sie in Abbildung 4.135. Falls Sie ein Context-Attribut für das Data Binding definieren möchten, können Sie das Datenelement `WDUI_LINK_TYPE` verwenden.

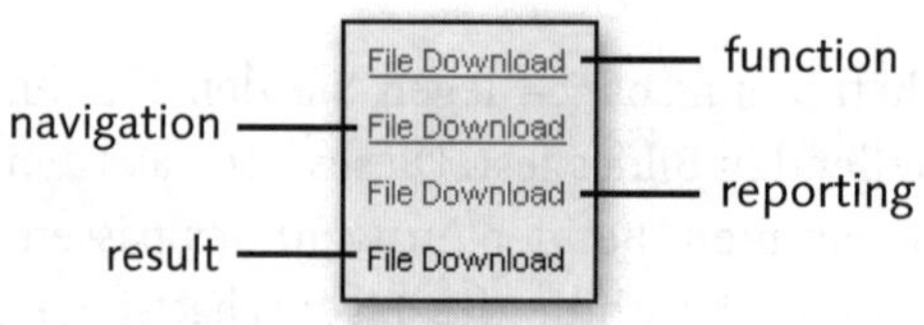

Abbildung 4.135 Eigenschaft »type«

In Tabelle 4.38 sind die möglichen Ausprägungen der Eigenschaft `type` zusammengestellt.

Wert	Beschreibung
`navigation`	Das Oberflächenelement wird mit Unterstrich und einer Schriftfarbe dargestellt, die für bereits besuchte Links verwendet wird.
`function`	Das Oberflächenelement wird im Standarddesign und mit Unterstrich dargestellt.
`reporting`	Das Oberflächenelement wird im Standarddesign und ohne Unterstrich dargestellt.
`result`	Das Oberflächenelement wird ohne Unterstrich dargestellt.

Tabelle 4.38 Ausprägungen der Eigenschaft »type«

wrapping

Mit der Eigenschaft wrapping wird gesteuert, ob ein Text in die nächste Zeile umgebrochen werden kann, wenn der zur Verfügung stehende Platz nicht ausreicht (Wert = abap_true), oder nicht (Wert = abap_false).

Zeilenumbruch

Barrierefreiheit

Um die Entwicklung barrierefreier Anwendungen zu ermöglichen, wird im Rahmen des Syntax-Checks die Eigenschaft tooltip überprüft, wenn die Eigenschaften text und label nicht gesetzt wurden.

Beispiel

Konvertierung

In Listing 4.10 sehen Sie die Implementierung zur Erzeugung des Inhalts des Context-Attributes, das als Datenquelle für den Download verwendet wird und an das die Eigenschaft data gebunden ist. Dabei wird die ABAP-Klasse CL_ABAP_CONV_OUT_CE, eine wichtige Service-Klasse in diesem Kontext, zur Konvertierung der Daten eingesetzt. Wie Sie aufgrund der Namensgebung der Methode sehen können, ist die Datenaufbereitung als Supply-Funktion realisiert und wird somit durchgeführt, bevor der Benutzer auf das FileDownload-Element klickt.

```
METHOD supply_fd .
* Referenz auf den Context-Knoten für Download
  DATA: ls_fd TYPE wd_this->element_fd,
* Export Converter-Referenz
        lo_converter TYPE REF TO cl_abap_conv_out_ce,
* Ausnahmereferenz
        lo_root TYPE REF TO cx_root,
* Alle Teammitglieder aus dem Context-Knoten
        lt_team TYPE wd_this->elements_team,
* Ein Teammitglied aus dem Context
        ls_team LIKE LINE OF lt_team,
* Hilfs-String, Vorbereitung für die XSTRING-Konvertierung
        ld_team_string TYPE string.
* Team aus dem Context ermitteln
  lt_team = wd_this->getctx_team( ).
* Konvertierung
  TRY.
* Den Konvertierer instanzieren
      lo_converter = cl_abap_conv_out_ce=>create( ).
* Aufbereitungslogik für Exportdaten
```

```
      LOOP AT lt_team INTO ls_team.
        CONCATENATE
          ld_team_string
          cl_abap_char_utilities=>cr_lf
          ls_team-first_name
          ls_team-last_name
          INTO ld_team_string SEPARATED BY space.
      ENDLOOP.
* Konvertierung durchführen
      lo_converter->convert(
        EXPORTING
          data = ld_team_string
        IMPORTING
          buffer = ls_fd-data ).
    CATCH cx_root INTO lo_root.
* Ausnahmetext ermitteln
      ld_team_string = lo_root->get_text( ).
* Konvertierung durchführen für Ausnahmetext
      lo_converter->convert(
        EXPORTING
          data = ld_team_string
        IMPORTING
          buffer = ls_fd-data ).
  ENDTRY.
* Ergebnis in den Context-Knoten stellen
  node->bind_structure(
    new_item             = ls_fd
    set_initial_elements = abap_true ).
ENDMETHOD.
```

Listing 4.10 Beispiel einer Supply-Funktion zum Befüllen des Context-Attributes für das UI-Element »FileDownload«

Beschreibung In unserem Beispiel, in dem Daten zu Teammitgliedern eines Teams abgelegt sind, werden diese Daten für die Teammitglieder aus dem Context ausgelesen. Danach wird der Datenkonvertierer mithilfe der statischen Methode `cl_abap_conv_out_ce=>create( )` instanziert. Als Konvertierungs-Input wird die String-Variable `ld_team_string` durch Textverknüpfung (`CONCATENATE`) aufgebaut.

Wir beschränken uns darauf, nur die Vornamen und Nachnamen der Teammitglieder zu einem String zu verknüpfen, wobei diese durch einen Zeilenumbruch und Zeilenvorsprung (`cl_abap_char_utilities=>cr_lf`) getrennt sind. Dies sorgt für eine neue Zeile im Output. Die Instanzmethode `convert( )` des Konvertierungsobjektes übernimmt die Transformation des Strings in einen Text vom Typ xstring, der dann an den Context gebunden wird.

Browser-Darstellung

Nach dem Klick auf das UI-Element FileDownload wird zu diesem Datenstrom die passende URL generiert und das Ergebnis in einem Browser-Fenster angezeigt. Die Art der Darstellung ist vom MIME-Typ abhängig, der mithilfe der Eigenschaft mimeType näher spezifiziert wird.

Alternative

CL_WD_RUN_TIME_SERVICES

Eine Alternative zum UI-Element FileDownload ist die statische Methode attach_file_to_response( ) der ABAP-Klasse CL_WD_RUN_TIME_SERVICES für den Dateiexport. Diese Methode dient dazu, an eine HTTP-Response eine beliebige Anzahl von Dateien anzuhängen. Dazu gibt es die in Tabelle 4.39 aufgelisteten Methodenparameter.

Name	Beschreibung	Optional
i_filename	Name der Datei	
i_content	Inhalt der Datei als xstring	
i_mime_type	MIME-Typ in der im Web üblichen Form	
i_in_new_window	Boolean-Parameter, der angibt, ob die Datei in einem neuen Fenster angezeigt werden soll (Default abap_false)	X
i_inplace	Boolean-Parameter, der angibt, ob die Datei den Inhalt des aktuellen Fensters ersetzt (Default abap_false). Wenn dieser Parameter abap_false ist, erscheint ein SPEICHERN ALS-Dialog.	X

Tabelle 4.39 Formalparameter für die Methode »cl_wd_run_time_services=> attach_file_to_response( )«

Beachten Sie, dass der Parameter i_inplace nicht verwendet werden kann, wenn mehrere Dateien im aktuellen Fenster gleichzeitig angezeigt werden sollen. In diesem Fall werden alle Dateien in einem neuen Fenster angezeigt.

4.7.5 FileUpload

Verwendung

Das UI-Element `FileUpload` dient dazu, Dateien vom Client auf den Server hochzuladen. Das Oberflächenelement wird mit einem `InputField`-Element, in dem der Verzeichnispfad und der Name der Datei angezeigt werden, und einem `Button` zum Suchen der Datei dargestellt.

Browse-Button

Durch Anklicken des BROWSE-Buttons wird der Suchdialog aus dem Browser für die Suche der Datei geöffnet. Nachdem eine Datei ausgewählt wurde, wird der absolute Pfad in das Eingabefeld gestellt.

data, fileName und mimeType

Aufgrund von Browser-Restriktionen, auf die Web Dynpro ABAP keinerlei Einfluss hat, kann es sein, dass beim Anklicken eines `FileUpload`-Elementes der vorher angegebene Dateipfad, -name oder -typ verschwindet. Bei neueren Browser-Versionen ist es daher unmöglich, den Dateinamen in das Eingabefeld zurückzuschreiben, das Feld bleibt immer leer.

Visuelle Darstellung

In Abbildung 4.136 sehen Sie eine einfache Darstellung eines `FileUpload`. Wir haben zum `FileUpload` ein `Label` und einen `Button` definiert. Zudem haben wir beim `Label` angezeigt, dass eine Explanation vorhanden und eine Eingabe erforderlich ist. Der Button ist dafür gedacht, einen Roundtrip auszulösen und damit die Daten zum Server zu übertragen.

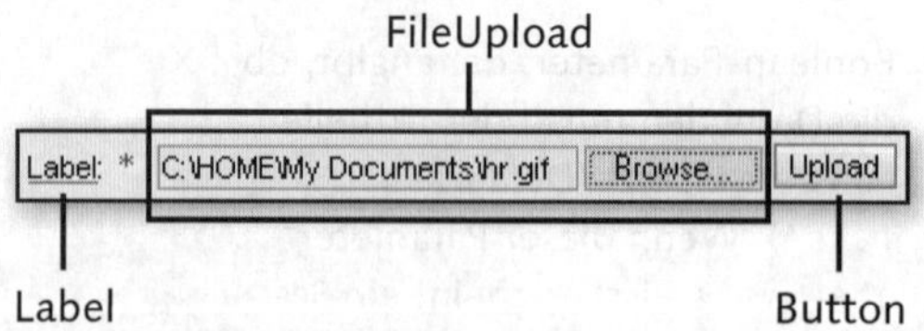

Abbildung 4.136 FileUpload

Eigenschaften

In Abbildung 4.137 sehen Sie die Eigenschaften, die in diesem Abschnitt besprochen werden. Die nicht explizit diskutierten Eigenschaften finden Sie in der Einleitung zu diesem Kapitel.

	Eigenschaft	Wert	Binding
	Eigenschaften (FileUpload)		
	Id	FU1	
	Layoutdaten	MatrixData	
1	activateAccessKey	☐	
	contextMenuBehaviour	inherit	
	contextMenuId		
2	data	V_FILE_UP.FU.DATA	
	enabled	☑	
3	explanation	Explanation for Upload	
4	fileName	V_FILE_UP.FU.FILE_NAME	
5	mimeType	V_FILE_UP.FU.MIME_TYPE	
6	state	required	
	textDirection	inherit	
	tooltip	V_FILE_UP.FU.FILE_NAME	
	visible	visible	
7	width	20em	

Abbildung 4.137 Eigenschaften FileUpload

activateAccessKey

Die Eigenschaft `activateAccessKey` steuert die Aktivität von Zugangstasten. Zugangstasten sind Tasten oder Tastenkombinationen, mit denen ein Benutzer den Fokus direkt auf ein Oberflächenelement setzt, ohne die dort hinterlegte Funktion auszulösen. Sehen Sie dazu auch Abschnitt 3.1.1, »Eigenschaften für alle Container«.

data

Datenquelle

Mit der Eigenschaft `data` definieren Sie den Pfad zum Context-Attribut, in dem die Daten nach dem erfolgreichen Hochladen abgelegt werden. Verwenden Sie zur Typisierung den Typ `xstring`.

explanation

Mit der Eigenschaft `explanation` definieren Sie einen Hilfetext, der bei eingeschaltetem Hilfemodus ausgegeben wird. Die Eigenschaft `explanation` wird nur dann angezeigt, wenn es ein `Label` zum UI-Element `FileUpload` gibt.

fileName

Hochzuladende Datei

Der Wert der Eigenschaft `fileName`, die nicht gebunden sein muss, ist der Name der hochzuladenden Datei, wobei der Wert nur gelesen werden kann. Diese Eigenschaft kann vom Client geändert werden.

Je nach Browser wird der gesamte Pfad oder nur der eigentliche Dateiname übergeben.

mimeType

MIME-Typ

Der Wert der Eigenschaft `mimeType`, die nicht gebunden sein muss, repräsentiert den MIME-Typ der Datei und kann vom Client geändert werden.

state

Mussfeld

Die Eigenschaft `state` zeigt, ob in einem Eingabefeld Angaben eingetragen werden müssen oder nicht. Sofern die Eigenschaft den Wert `required` besitzt, der eine Musseingabe definiert, wird hinter dem zugehörigen UI-Element `Label` ein roter Stern angezeigt (siehe auch Abschnitt 4.1.2, »InputField«, für weitere Informationen).

width

Mit der Eigenschaft `width` legen Sie die Breite in CSS-Einheiten fest (siehe Tabelle 3.13).

Ereignisse

Es gibt kein Ereignis in den Eigenschaften des UI-Elementes `FileUpload`, dem eine Aktion für den Upload zugeordnet werden kann. Generell empfiehlt es sich, für den Upload einen dedizierten Screen oder ein Pop-up zu verwenden, da ein Upload durch jede Benutzerinteraktion, die einen HTTP-Roundtrip erfordert, ausgelöst wird, zum Beispiel auch durch Blättern einer Tabelle, und dies zu Irritation des Benutzers führen kann.

Prüfen Sie bei jeder Aktion, ob Daten hochgeladen wurden, indem Sie die Daten aus dem Context lesen. Löschen Sie die Daten danach gleich aus dem Context. Anderenfalls würde die Datei bis zum Abbau des Contextes oder einem erneuten Upload im Speicher gehalten.

4.7.6 IFrame

Inline-Frame

Das UI-Element `IFrame` (Inline-Frame) ist ein Element, das der Strukturierung von Views dient. Es wird eingesetzt, um andere Webinhalte als selbstständige Dokumente in einem definierten Bereich des Views anzuzeigen.

Visuelle Darstellung

In Abbildung 4.138 sehen Sie eine einfache Darstellung eines `IFrame`. Wir haben zum `IFrame` einen Rahmen und die Scroll-Balken eingeblendet.

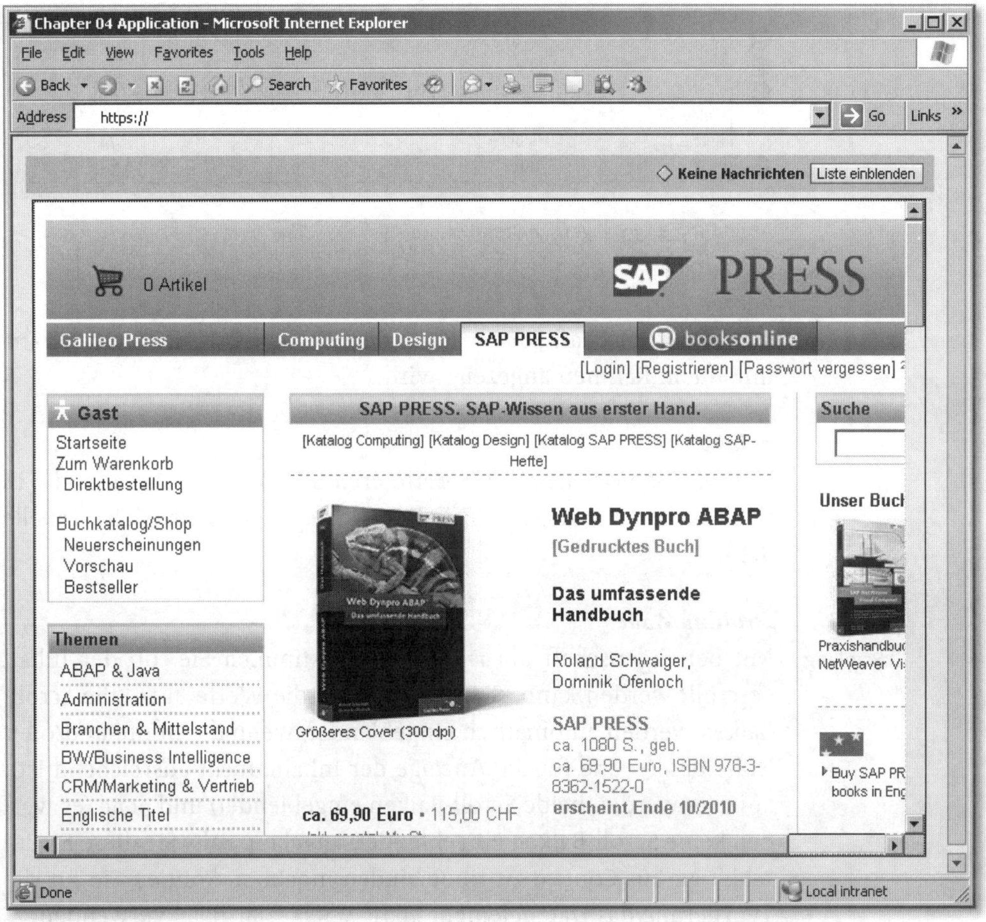

Abbildung 4.138 IFrame

Eigenschaften

In Abbildung 4.139 sehen Sie die Eigenschaften, die in diesem Abschnitt besprochen werden. Die nicht explizit diskutierten Eigenschaften finden Sie in der Einleitung zu diesem Kapitel.

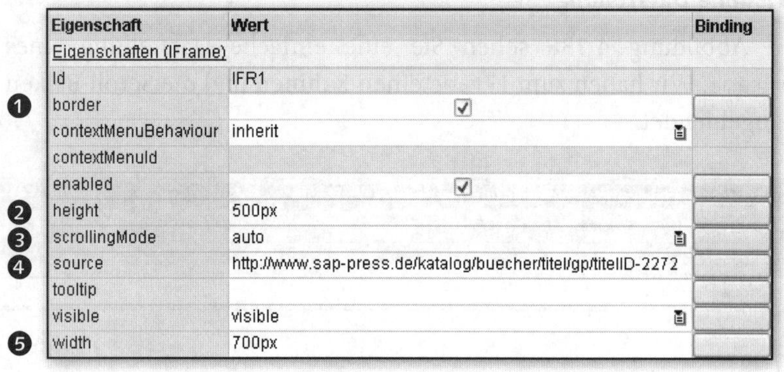

Eigenschaft	Wert	Binding
Eigenschaften (IFrame)		
Id	IFR1	
❶ border	☑	
contextMenuBehaviour	inherit	
contextMenuId		
enabled	☑	
❷ height	500px	
❸ scrollingMode	auto	
❹ source	http://www.sap-press.de/katalog/buecher/titel/gp/titelID-2272	
tooltip		
visible	visible	
❺ width	700px	

Abbildung 4.139 Eigenschaften IFrame

border

Rahmen

Mit der Eigenschaft `border` legen Sie fest, ob das UI-Element `IFrame` mit einem Rahmen angezeigt wird.

height

Mit der Eigenschaft `height` definieren Sie Höhe des `IFrame`, die in CSS-Größen wie `em`, `ex`, `px` oder `%` angegeben wird (siehe Tabelle 3.13).

scrollingMode

Scrolling

Mit der Eigenschaft `scrollingMode` bestimmen Sie, ob der Inhalt gescrollt werden kann. Sie können dazu die Werte `auto` (die Scroll-Balken werden automatisch eingeblendet, wenn die Breite und/oder Höhe des `IFrame` für die Anzeige der Inhalte nicht ausreichend ist), `both` (es werden beide Scroll-Balken eingeblendet) und `none` (es werden keine Scroll-Balken eingeblendet) angeben. Falls Sie diese Eigenschaft an ein Context-Attribut binden möchten, können Sie für die Typisierung das Datenelement `WDUI_SCROLLING_MODE` verwenden.

source

URL

Mit der Eigenschaft `source` geben Sie eine URL an, die im `IFrame` geladen werden soll.

width

Mit der Eigenschaft `width` legen Sie Breite des `IFrame` fest, die in CSS-Größen wie `em`, `ex`, `px` oder `%` angegeben wird (siehe Tabelle 3.13).

Barrierefreiheit

Um die Entwicklung barrierefreier Anwendungen zu ermöglichen, wird im Rahmen des Syntax-Checks die Eigenschaft `tooltip` überprüft. Beachten Sie, dass die Barrierefreiheit des Inhalts eines `IFrame` durch Web Dynpro nicht bereitgestellt wird. Das heißt, für die Barrierefreiheit des im `IFrame` dargestellten Inhalts ist das Projekt verantwortlich, in dessen Verantwortungbereich der `IFrame` verwendet wird.

Achtung

Zustände

SAP empfiehlt die Verwendung des UI-Elementes `IFrame` nur mit Einschränkungen. Ein `IFrame` ist ein Bereich des Browser-Fensters, in dem zustandslose Inhalte (Bilder, Dokumente etc.) über eine eigene Source-URL dargestellt werden. Diese Source wird im `IFrame` genauso abgebildet und vom Browser behandelt wie ein zustandsloses Dokument. Daraus ergeben sich insbesondere folgende Konsequenzen.

Session

Bei der Einbettung interaktiver zustandsbehafteter Applikationen, zum Beispiel BSP- und JSP-Applikationen, werden diese nach dem Verlassen der gesamten Seite in ihrem aktuellen Zustand zurückgelassen. Beim erneuten Aufruf der Seite, etwa durch Zurücknavigieren, wird der Inhalt des `IFrame` komplett neu aufgebaut. Insbesondere für die zustandsbehaftete Anwendung bedeutet das, dass sie wieder initial gestartet wird. Damit würde zum Beispiel der Kontext der eingebetteten Anwendung zweimal am Backend vorhanden sein, da mit der Verwendung des `IFrame` keinerlei übergreifendes Session-Handling von Web Dynpro ABAP unterstützt wird. Insbesondere kann das Web Dynpro Framework (mehrfach) bestehende Sessions nicht schließen, die durch die Verwendung des `IFrame` initiiert wurden. Zudem wird die Einbindung von Web-Dynpro-Anwendungen in einem `IFrame` nicht unterstützt.

4.7.7 InteractiveForm

PDF-Dokument

Mit dem UI-Element `InteractiveForm` können Sie in einen View ein interaktives oder nicht interaktives PDF-Dokument einfügen. PDF-Dokumente können von den unterschiedlichsten Quellen herrühren. Zusätzlich haben Sie die Möglichkeit, ein mit dem Form Builder erstelltes Formular einzubinden. Diesen können Sie aufrufen, wenn Sie in die Eigenschaft `templateSource` des `InteractiveForm`-Elementes doppelklicken oder über das Kontextmenü des UI-Elementes im View-Editor und dort über den Menüeintrag NAVIGATION ZUM FORM BUILDER gehen.

Eigenschaften

In Abbildung 4.140 sehen Sie die Eigenschaften, die in diesem Abschnitt besprochen werden. Die nicht explizit diskutierten Eigenschaften finden Sie in der Einleitung zu diesem Kapitel.

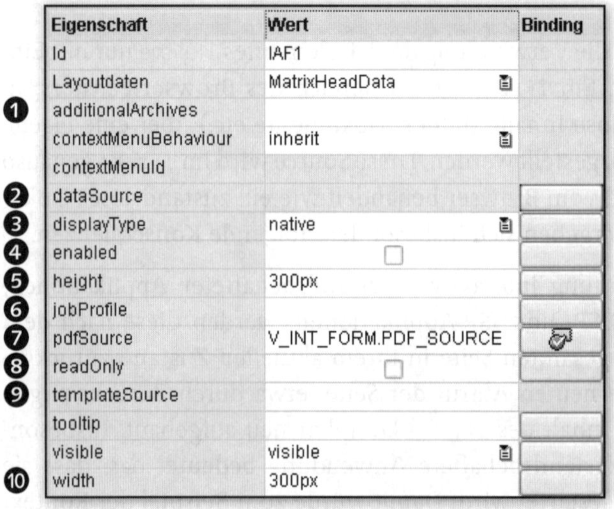

Abbildung 4.140 Eigenschaften InteractiveForm

additionalArchives

Java-Archiv

Mit der Eigenschaft `additionalArchives` können zusätzliche, von den Anwendungen geschriebene Erweiterungen angegeben werden, die in ein Java-Archiv (JAR) gepackt und im Client geladen werden.

dataSource

Datenquelle

Mit der Eigenschaft `dataSource` legen Sie den Pfad zur Datenquelle im Context für das PDF fest.

displayType

Layoutart

Mit der Eigenschaft `displayType` bestimmen Sie die Art des Layouttyps des Formulars. Es stehen die Werte `native` (für ZCI-Formulare, Zero Client Installation) und `activeX` zur Verfügung. Der Wert `activeX` wird für ACF-Formulare (Active Component Framework) verwendet. Beachten Sie, dass der Wert `activeX` deprecated ist. Für neu angelegte `InteractiveForm`-Elemente wird von der ABAP Workbench lediglich der Wert `native` angeboten.

enabled

Interaktiv

Mit der Eigenschaft `enabled` legen Sie fest, ob es sich um ein interaktives oder ein nicht interaktives Formular handelt. Ist der Wert ausgewählt (Wert = `abap_true`), wird ein interaktives Formular angezeigt. Ist die Eigenschaft nicht selektiert (Wert = `abap_false`), wird das Formular lediglich zum Drucken angezeigt.

height

Mit der Eigenschaft `height` legen Sie die Höhe des UI-Elementes fest.

jobProfile

Die Eigenschaft `jobProfile` bietet Unterstützung für Jobprofile an.

pdfSource

PDF-Dokument

Mit der Eigenschaft `pdfSource` geben Sie das PDF-Dokument in Form eines `xstring` an. Achten Sie darauf, dass das Context-Attribut, an das die Eigenschaft `pdfSource` gebunden ist, nicht innerhalb der Struktur des Context-Knotens eingefügt wird, der für die Daten des PDF-Dokumentes verwendet werden soll (Eigenschaft `dataSource`). Da die Context-Knoten-Struktur in der Datenansicht des Form Builders sichtbar ist, würde dieses Context-Attribut auch dort erscheinen.

readOnly

Mit der Eigenschaft `readOnly` legen Sie fest, ob der Benutzer die Daten im Formular ändern kann oder ob es nur zum Lesen angezeigt werden soll. Diese Eigenschaft wird nur ausgewertet, wenn die Eigenschaft `enabled` ausgewählt ist.

templateSource

Formularvorlage

Mit der Eigenschaft `templateSource` geben Sie den Namen der Formularvorlage an.

width

Mit der Eigenschaft `width` bestimmen Sie die Breite des UI-Elementes.

Ereignisse

onSubmit

Das UI-Element `InteractiveForm` bietet das Ereignis `onSubmit` an, das ausgeführt wird, wenn der Benutzer auf die SENDEN-Drucktaste auf dem Formular drückt. Falls diesem Ereignis eine Aktion zugeordnet wird, werden der Aktionsbehandler-Methode die Standardparameter `id` und `context_element` übergeben.

Beachten Sie, dass das `onSubmit`-Ereignis nur dann ausgewertet wird, wenn ein Senden innerhalb oder außerhalb des Formulars erfolgt. Innerhalb bedeutet dabei, dass im Adobe Designer der spezielle SENDEN-Button für Adobe eingebunden wurde, der sich in der Web Dynpro Native Library befindet.

Szenarien

Das Layout eines PDF-Dokumentes kann mit dem Form Builder (Transaktion SFP) erstellt werden. Für das effiziente und einfache Entwickeln des User Interface wurden der Adobe LiveCycle Designer mit Editor sowie Adobe-UI-Elemente in die Development Workbench integriert.

Offline

Im Offline-Szenario werden bereits vorhandene PDF-Dokumente angezeigt, die im MIME Repository vorhanden sind oder hochgeladen werden (zum Beispiel per `FileUpload`, siehe Abschnitt 4.7.5). In Abbildung 4.141 sehen Sie ein Beispiel für ein Offline-Dokument, das keine interaktiven Elemente besitzt und nur zur Visualisierung von Daten verwendet wird.

Die Eigenschaft `pdfSource` muss für das Offline-Szenario an ein Context-Attribut vom Typ `xstring` gebunden werden. In dieses Attribut werden zur Laufzeit die Daten des PDF gespeichert. Die Eigenschaften `dataSource` und `templateSource` bleiben initial. Die Werte der Eigenschaften `enabled` und `readOnly` werden ignoriert.

Um die Daten des PDF aus dem MIME Repository auszulesen, müssen Sie mithilfe der Methode `cl_mime_repository=>get_api( )` die API zum MIME Repository ermitteln und dort die Daten zum PDF auslesen (siehe Listing 4.11).

```
METHOD load_pdf .
* Context-Element
  DATA: lr_el_context TYPE REF TO if_wd_context_element,
* Daten für Context-Element
        ls_context TYPE wd_this->element_context,
* PDF-Daten
        ld_pdf_data LIKE ls_context-pdf_data,
```

```
* API - MIME Repository
        lr_mime_rep TYPE REF TO if_mr_api,
* URL zum PDF
        ld_url TYPE string.
*** Hole das MIME-Objekt
* Pfad zum PDF
  ld_url = '/sap/bc/webdynpro/sap/zwdc_chap04/web4a.pdf'.
* MIME Repository - API
  lr_mime_rep = cl_mime_repository_api=>get_api( ).
* PDF holen
  lr_mime_rep->get(
    EXPORTING
      i_url = ld_url
    IMPORTING
      e_content = ld_pdf_data ).
*** Daten im Context ablegen
* Referenz auf Element holen
  lr_el_context = wd_context->get_element( ).
* Daten von PDF setzen
  lr_el_context->set_attribute(
    EXPORTING
      name = 'PDF_DATA'
      value = ld_pdf_data ).
ENDMETHOD.
```

Listing 4.11 PDF-Daten aus MIME Repository

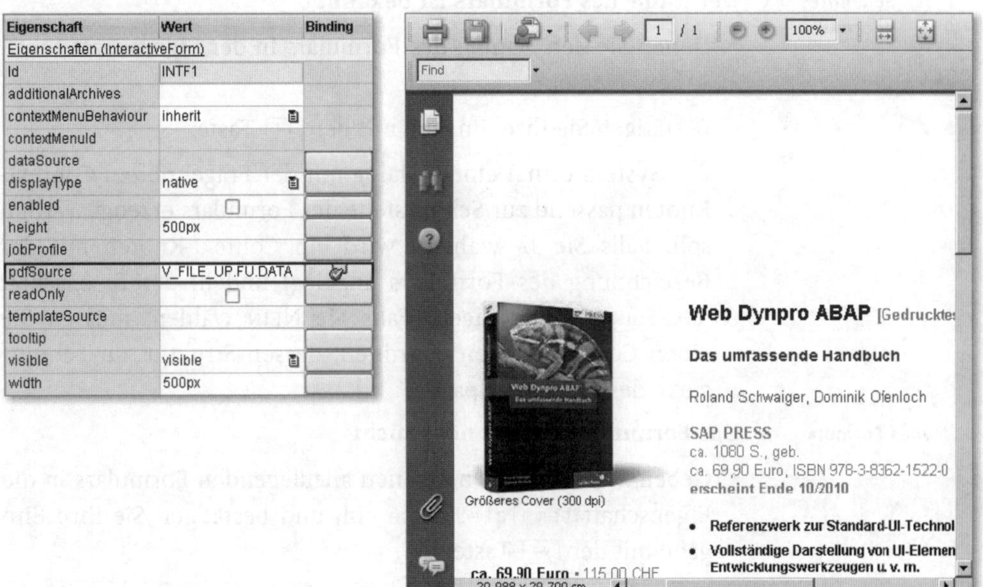

Abbildung 4.141 Offline-PDF

Beschreibung

Nachdem die API zum MIME Repository ermittelt wurde, können die Daten des PDF mit der API-Methode `get( )` ausgelesen werden. Danach setzen Sie die PDF-Daten im Context-Attribut, an das Sie die Eigenschaft `pdfSource` der `InteractiveForm` gebunden haben.

Druck

Das Druckszenario ist für die Anzeige und den Druck von PDF-Dokumenten gedacht. Der Unterschied zum Offline-Szenario ist, dass nur nicht eingabefähige PDF-Dokumente verwendet werden.

templateSource

Um dieses Szenario verwenden zu können, müssen Sie die Eigenschaft `templateSource` mit dem Namen des Formulars bewerten, das im View einzubetten ist. In der Eigenschaft `dataSource` müssen Sie den Pfad zu den Daten im Context hinterlegen, die an das Formular zu übergeben sind. Die Eigenschaft `enabled` setzen Sie auf den Wert `abap_false`.

Falls die Eigenschaften `templateSource` und `dataSource` nicht initial sind, wird die Eigenschaft `pdfSource` ignoriert. Falls die Eigenschaft `enabled` auf den Wert `abap_false` gesetzt wird, wird der Wert der Eigenschaft `readOnly` ignoriert. Um ein Formular der Eigenschaft `templateSource` zuzuordnen, können Sie zwei Arten wählen:

Bekanntes Formular

- **Der Name des Formulars ist bekannt**
  - Geben Sie den Namen des Formulars in der Eigenschaft `templateSource` ein.
  - Bestätigen Sie Ihre Eingabe mit der [↵]-Taste.
  - Das System öffnet einen Dialog mit der Frage, ob ein Context-Knoten passend zur Schnittstelle des Formulars erzeugt werden soll. Falls Sie JA wählen, wird ein Context-Knoten mit der Bezeichnung des Formulars angelegt und in der Eigenschaft `dataSource` eingetragen. Falls Sie NEIN wählen, müssen Sie einen Context-Knoten zuordnen, dessen Struktur zur Schnittstelle des Formulars passt.

Neues Formular

- **Das Formular existiert noch nicht**
  - Geben Sie den Namen des neu anzulegenden Formulars in die Eigenschaft `templateSource` ein, und bestätigen Sie Ihre Eingabe mit der [↵]-Taste.
  - Es erscheint ein Pop-up, in das Sie den Namen eines existierenden oder neuen Form-Interface eingeben. Für die Erzeugung

eines neuen Form-Interface können Sie die Definition eines Context-Knotens mit der Drucktaste CONTEXT verwenden. Bestätigen Sie Ihre Eingabe mit der [↵]-Taste

- Das Formular und das Form-Interface werden erzeugt, und das Formular wird im Layout Designer geöffnet.

Bei Anpassungen der Schnittstelle zwischen dem Formular und Web Dynpro ist ein einfacher Weg zu beschreiten. Passen Sie zuerst die Definition im Context nach Ihren Vorstellungen an. Wechseln Sie dann in das Formular, das Sie in der Eigenschaft `templateName` hinterlegt haben. Das System erkennt die Änderungen an der Context-Struktur und passt das XML-Schema und die Datensicht im Form Builder automatisch an. Die beschriebene Anpassung der Schnittstelle ist nur für Schnittstellen möglich, deren Definition auf XML basiert.

Interaktiv

Das interakive Szenario ist für die Darstellung von eingabebereiten PDF-Dokumenten gedacht. Diese Formulare sollten Sie nach sorgfältiger Abwägung des Einsatzgebietes verwenden. Die zentrale Frage, die Sie sich stellen müssen, ist, wo die Formulare Vorteile gegenüber Web-Dynpro-Views bieten. Ein vorstellbares Szenario wäre die Eins-zu-eins-Abbildung von papierbasierten Prozessen.

Falls Sie interaktive Formulare einsetzen möchten, müssen Sie folgendes Vorgehen zur Anlage wählen:

1. Der Layouttyp des Formulars muss ZCI (Zero Client Installation) oder xACF (Active Component Framework) sein. Falls Sie ein Formular haben, dessen Typ Sie auf ZCI ändern möchten, können Sie Transaktion SFP_ZCI_UPDATE verwenden. **Formular**
2. Um ZCI für Formulare in Web Dynpro zu aktivieren, müssen die Formulare ein spezielles Skripting enthalten, das von Ihnen eingebunden werden muss. Das Einbinden geschieht im Form Builder mithilfe des Menüs HILFSMITTEL • INSERT WEB DYNPRO SCRIPTING. **Skripting einbauen**
3. Das Layout von Formularen vom Typ ZCI muss mit Elementen aus der Web Dynpro Native Library gestaltet werden. **Web Dynpro Native Library**
4. Die Eigenschaft `enabled` des UI-Elementes `InteractiveForm` muss auf den Wert `abap_true` gesetzt werden. Mithilfe der Eigenschaft

readOnly können Sie die Eingabefelder im Formular auf bereit für Eingabe oder nicht bereit schalten.

5. Die Eigenschaft displayType des UI-Elementes InteractiveForm muss auf den Wert native (ZCI-Formulare) oder activeX (ACF-Formulare) gesetzt werden.

Context-Struktur

6. Wir benötigen noch eine Ablagestruktur für die Daten, die vom Benutzer eingegeben werden können. Diese werden automatisch zur Context-Struktur transportiert. Zusätzlich ist es möglich, die XML-Daten direkt anzusprechen. Zu diesem Zweck definieren Sie ein Context-Attribut vom Typ xstring und binden an dieses die Eigenschaft pdfSource. Nachdem der Benutzer das Formular gesendet hat, stehen dem Entwickler die Daten im Context-Attribut zur Verfügung.

SAP empfiehlt die Verwendung von Formularen vom Typ ZCI und Schnittstellen, die auf XML basieren. Formulare vom Typ ZCI erfordern, dass gewisse Vorbedingungen erfüllt sind:

- Der Adobe Reader in der Version größer gleich 7.08 muss am Benutzer-Client installiert sein. Wird das Protokoll HTTPS eingesetzt, muss es die Version 8.1 sein.
- Am Entwicklerrechner muss der Adobe Designer in der Version 7.1 SPS1 installiert sein.
- Am Entwicklerrechner muss das SAP GUI Release 6.40 (Patch-Level 20) installiert sein.

Weiteres

Methodenbehandler

Für das UI-Element InteractiveForm steht der Methodenbehandler IF_WD_IACTIVE_FORM_METHOD_HNDL zur Verfügung. Dieser wird auf gewohnte Weise durch das Attribut _method_handler aus der Referenz auf das UI-Element InteractiveForm in der Methode wddomodifyview( ) ermittelt. Der Methodenbehandler bietet Methoden zum Setzen und Holen von Attachments (set_attachments( ) und get_attachments( )), das Hide Toolbar Flag setzen (set_hide_toolbars( ) und get_hide_toolbars( )) und die Methode, die die Editierbarkeit von Feldern steuert (set_legacy_editing_enabled( ) und get_legacy_editing_enabled( )).

Achtung

Die Integration von InteractiveForm-Elementen in Web-Dynpro-Popups wird nicht unterstützt, und es kann nur ein InteractiveForm-Element pro Window pro Zeitpunkt verwendet werden.

4.7.8 OfficeControl

Inplace-Visualisierung

Office-Dokumente vom Typ Microsoft Word (Endung *.doc*), Microsoft Excel (Endung *.xls*) und Microsoft Project (Endung *.mpp*) können mithilfe des UI-Elementes OfficeControl in Web-Dynpro-Views integriert werden. Der Zugriff wird zur Laufzeit über ActiveX-Controls realisiert, was bedeutet, dass ActiveX-Controls im Internet-Browser aktiviert werden müssen. Ist dies nicht der Fall, wird dem Benutzer folgende Meldung angezeigt:

Office Integration through Applet is not supported.

Features

Die Implementierung des UI-Elementes OfficeControl unterstützt für die genannten Office-Dokumente die folgenden Funktionen:

- Öffnen
- Schließen
- Sichern
- Anlegen neuer Dokumente

Visible

Beachten Sie, dass das Öffnen und Schließen eines Dokumentes ausschließlich über ein Setzen der Eigenschaft visible des UI-Elementes OfficeControl auf den Wert visible bzw. none möglich ist. Bedenken Sie zusätzlich, dass das OfficeControl nur beim Setzen der Eigenschaft visible auf den Wert visible aktiv ist. Eine Hintergrundverarbeitung erfolgt beim Wert visible der Eigenschaft visible und dem Wert 0 bei den Eigenschaften width und height.

expertMode

Falls die Eigenschaft expertMode auf den Wert abap_true gesetzt wird, stehen zusätzlich Methodenaufrufe für komplexe Operationen zur Verfügung und damit die Möglichkeit, diese in der Verarbeitung von UI-Elementen anzusprechen. Zum Beispiel könnten Sie eigene Button-Elemente für das Speichern eines Dokumentes anbieten. Falls die Eigenschaft auf abap_false gesetzt ist, stehen im Besonderen die Menüeinträge für NEU, ÖFFNEN und SCHLIESSEN nicht über das Office-ActiveX zur Verfügung.

Visuelle Darstellung

In Abbildung 4.142 sehen Sie eine einfache Darstellung eines `OfficeControl`-Elementes. Wir haben ein Microsoft Word-Dokument eingeblendet.

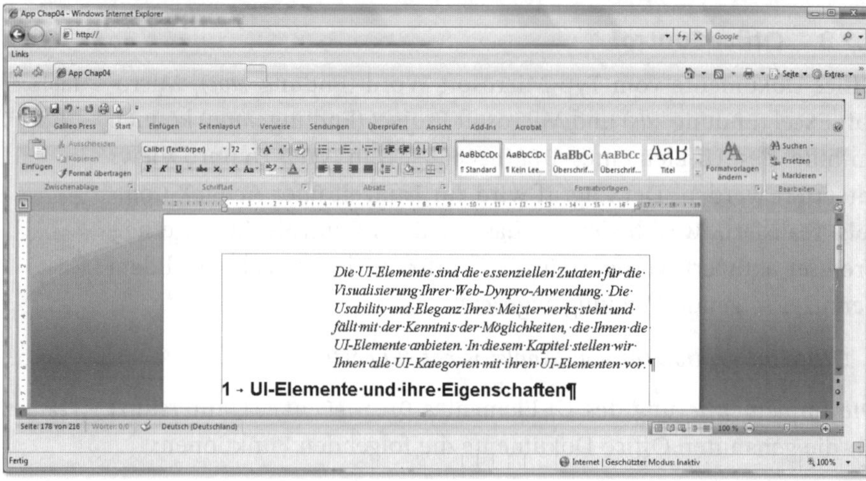

Abbildung 4.142 OfficeControl

Voraussetzungen

Um das UI-Element `OfficeControl` einsetzen zu können, sind die folgenden Voraussetzungen zu erfüllen:

- Die Installation von Microsoft Office. Weitere Informationen über die von SAP unterstützten Office-Versionen finden Sie in SAP-Hinweis 892638.
- Die Verwendung von ActiveX muss im Internet-Browser aktiviert sein.

Installation — Beim ersten Aufruf kann es sein, dass ActiveX noch nicht installiert ist. In diesem Fall erscheint die Frage vom System, ob Sie ActiveX installieren möchten (siehe Abbildung 4.143).

Beschreibung — Nach einem Klick auf die Aufforderung KLICKEN SIE HIER, UM DAS FOLGENDE ACTIVEX-STEUERELEMENT ZU INSTALLIEREN: »IOS_ACF« VON SAP AG ... wählen Sie den ersten Eintrag ACTIVEX-STEUERELEMENT INSTALLIEREN ... (❶). Daraufhin öffnet sich eine Sicherheitswarnung, die Sie über die Drucktaste INSTALLIEREN (❷) bestätigen. Damit ist der Installationsvorgang abgeschlossen.

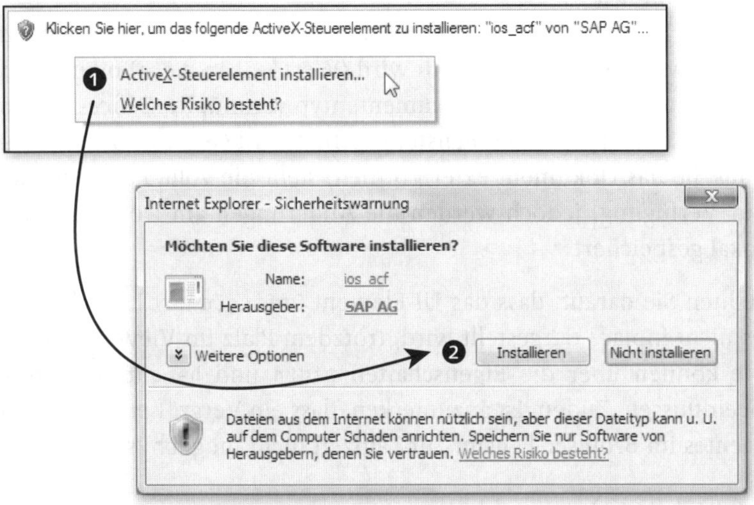

Abbildung 4.143 ActiveX installieren

Eigenschaften

In Abbildung 4.144 sehen Sie die Eigenschaften, die in diesem Abschnitt besprochen werden. Die nicht explizit diskutierten Eigenschaften finden Sie in der Einleitung zu diesem Kapitel.

	Eigenschaft	Wert	Binding
	Eigenschaften (OfficeControl)		
	Id	OFC1	
1	activateInPlace	☑	
2	additionalArchives		
	contextMenuBehaviour	inherit	
	contextMenuId		
3	controlId		
4	dataSource	V_MAIN.DATA_WORD	
5	documentName	test.doc	
6	documentType	ms_word	
7	enabled	☑	
8	enableReadWrite	☑	
9	expertMode	☐	
10	height	500px	
11	showDecoration	☐	
	tooltip		
12	visible	visible	
13	width	100%	

Abbildung 4.144 Eigenschaften OfficeControl

activateInPlace

Inplace

Mit der Eigenschaft `activateInPlace` steuern Sie, ob das Dokument im Browser-Fenster dargestellt wird (Wert = `abap_true`) oder ob zur Darstellung die mit dem Dokumententyp verknüpfte Office-Anwendung in einem separaten Fenster geöffnet wird (Wert = `abap_false`). Falls Sie das Dokument extern öffnen, steht die volle Funktionalität zur Verfügung, jedoch werden die Änderungen am Dokument nur lokal gespeichert.

Achten Sie darauf, dass das UI-Element `OfficeControl`, auch wenn es nicht inplace dargestellt wird, trotzdem Platz im View einnimmt. Sie können über die Eigenschaften `width` und `height` die Größe beeinflussen. Zudem ist anzumerken, dass ein Vergrößern des Dokumentes im Browser-Fenster zur Laufzeit nicht möglich ist.

additionalArchives

Java-Archiv (JAR)

Mit der Eigenschaft `additionalArchives` können zusätzliche, von den Anwendungen geschriebene Erweiterungen angegeben werden, die in ein Java-Archiv (JAR) gepackt und im Client geladen werden.

controlId

Der Wert für die Eigenschaft `controlId` wird automatisch gesetzt. Geben Sie hier daher nichts ein.

dataSource

Datenquelle

Mit der Eigenschaft `dataSource` können Sie den Pfad zum Context-Attribut spezifizieren, das die Daten zur Verfügung stellt. Wird diese Property nicht gebunden, wird im Nicht-Expertenmodus (Eigenschaft `expertMode` mit Wert `abap_false`) automatisch ein neues Dokument angelegt. Im Expertenmodus führt die Ausführung der Behandlermethode `opendocument( )` im Methodenbehandler (siehe den folgenden Abschnitt »Weiteres«) zu einem Fehler. Es ist nur die korrekte Ausführung der Methode `createdocument( )` möglich.

documentName

Dokumentenname

Mit der Eigenschaft `documentName` geben Sie den Namen des Dokumentes an.

documentType

Dokumententyp

Mit der Eigenschaft `documentType` legen Sie den Typ des Dokumentes fest, das angezeigt werden soll. Es stehen Ihnen die Werte aus Tabelle 4.40 zur Verfügung.

Wert	Beschreibung
ms_excel	Microsoft Word-Dokument mit der Erweiterung *.xls*
ms_project	Microsoft Project-Dokument mit der Erweiterung *.mpp*. Diese Ausprägung ist mit EHP2 neu.
ms_word	Microsoft Word-Dokument mit der Erweiterung *.doc*
star_calc	Tabellenkalkulation Sun Star Office
star_writer	Textverarbeitung Sun Star Office

Tabelle 4.40 Eigenschaften documentType

enabled

Mit der Eigenschaft `enabled` definieren Sie den Aktivitätszustand des UI-Elementes.

enableReadWrite

Die Eigenschaft `enableReadWrite` ist deprecated, Sie sollten sie daher nicht mehr verwenden. Setzen Sie stattdessen die Eigenschaft `expertMode` ein. Mit dieser Eigenschaft legen Sie fest, mit welchem Modus das Dokument geöffnet wird. Falls Sie den Wert `abap_true` setzen, kann das Dokument editiert und mit geändertem Inhalt zurückgeschrieben werden.

expertMode

Mit der Eigenschaft `expertMode` legen Sie fest, dass das UI-Element im Expertenmodus für komplexe Operationen gestartet wird. Wenn Sie diese Eigenschaft auf `abap_true` setzen, stehen zusätzliche Methodenaufrufe durch den Methodenbehandler zur Verfügung (siehe auch den folgenden Abschnitt »Weiteres«, in dem der Methodenbehandler diskutiert wird). **Expertenmodus**

showDecoration

Mit der Eigenschaft `showDecoration` können Sie Menüs einblenden (Wert = `abap_true`) oder ausblenden (Wert = `abap_false`). **Menü**

height

Mit der Eigenschaft `height` stellen Sie die Höhe des UI-Elementes ein.

visible

Visible Mit der Eigenschaft `visible` können Sie die Sichtbarkeit des UI-Elementes steuern. Falls das `OfficeControl` mit dem Wert `abap_false` für die Eigenschaft `expertMode` gestartet wird, wird das Dokument automatisch geschlossen, falls die Eigenschaft `visible` auf den Wert `none` gesetzt wird. Veränderungen, die nicht gesichert wurden, gehen dabei verloren.

width

Mit der Eigenschaft `width` stellen Sie die Breite des UI-Elementes ein.

Ereignisse

Das UI-Element `OfficeControl` bietet Ereignisse an, über die Sie mit Ihrer Web-Dynpro-Component kommunizieren können. In diesem Abschnitt werden wir diese besprechen.

onClose

Das Ereignis `onClose` wird ausgeführt, wenn das Dokument geschlossen wird. Dies ist dann der Fall, wenn das Dokument in einem eigenen Fenster dargestellt wird und der Benutzer entweder die Tastenkombination [Alt] + [F4] verwendet oder über das SCHLIESSEN-Symbol des Office-Softwareprogramms das Dokument beendet. Falls Sie eine Aktion zugeordnet haben, werden die Standardparameter `id` und `context_element` an die Aktionsbehandler-Methode übergeben.

onError

Das Ereignis `onError` wird im Fehlerfall ausgelöst. Falls Sie eine Aktion zugeordnet haben, werden die Standardparameter `id` und `context_element` sowie die zusätzlichen Parameter `id` und `message` übergeben. Die `id` steht für die Nachrichtenklasse und die `message` für die Nummer der Nachricht in der Nachrichtenklasse.

onSave

Das Ereignis `onSave` wird ausgelöst, wenn das Dokument gesichert wird. Falls Sie eine Aktion zugeordnet haben, werden die Standardparameter `id` und `context_element` übergeben.

Diese Aktion wird ebenfalls beim Schließen eines geänderten Dokumentes ausgelöst. Das Sichern wird aktiviert, wenn der Benutzer entweder die Tastenkombination [Strg] + [S] verwendet oder auf die SICHERN-Drucktaste in der Werkzeugleiste des Office-Softwareprogramms drückt.

Zusammenspiel der Ereignisse

expertMode = abap_false

Ist ein angezeigtes Dokument (D1) durch ein anderes Dokument (D2) zu ersetzen, muss dies über die Veränderung des Context-Attributes geschehen, an das die Eigenschaft `dataSource` gebunden ist. Geschieht dies, werden die Daten von D2 aus dem Context mit der nächsten HTTP-Response an das UI-Element am Client gesendet. In diesem Fall prüft das UI-Element, ob Dokument D1 verändert wurde.

- Falls keine Veränderung stattgefunden hat, schließt das UI-Element D1 und löst das Ereignis `onClose` aus. Dadurch wird wieder ein Roundtrip ausgelöst, und die Information für D2 wird wieder an das UI-Element gesendet und dort geöffnet.
- Falls D1 geändert wurde und der Benutzer vergessen hat, die Daten zu sichern, werden die Daten automatisch gesichert und das Ereignis `onSave` ausgelöst. Der folgende Request enthält die aktuell angezeigten Daten, die in den Context gespeichert werden. Das gesicherte Dokument wird nochmals angezeigt.
- Falls der Benutzer die geänderten Daten gesichert hat, wird wie bei einem nicht veränderten Dokument vorgegangen.
- Falls der Benutzer über die Oberflächenfunktionalität (Menü) das Sichern des Dokumentes durchführt, wird im Experten- und Nicht-Expertenmodus das Ereignis `onSave` ausgelöst, und das geänderte Dokument wird im Context gespeichert.

Weiteres

Bei der Verwendung des UI-Elementes `OfficeControl` gibt es weitere Themen, die von Bedeutung sind. Diese betreffen die Unterstützungen in der Programmierung und Sicherheitsaspekte.

Sicherheit

Whitelist

Beim Importieren bzw. Exportieren von Microsoft Project-Dokumenten (Methoden `if_ios_project~export_xml( )` und `if_ios_project~import_xml( )`) wird aus Sicherheitsgründen eine Whitelist ausgewertet. Dazu wird in der Interface-Methode `if_ios_pro-`

ject~set_whitelist( ) auf den Namen der Whitelist referenziert. Es handelt sich dabei um dieselbe Whitelist wie für das UI-Element AcfUpDownload (siehe Abschnitt 4.7.3) mit denselben Voraussetzungen, und es werden die Pfade des Up-/Downloads benutzt.

Methodenbehandler IF_IOS_FACTORY

Methodenbehandler

Der Methodenbehandler IF_IOS_FACTORY ist wie bei anderen UI-Elementen über die Referenz auf das UI-Element zu ermitteln. Die Referenz auf das UI-Element hat das Attribut _method_handler, das auf den Typ IF_IOS_FACTORY gecastet wird. Mithilfe der Methode get_document_proxy( ) kann die Referenz auf das Dokument ermittelt werden. Sie liefert eine Referenz vom Typ IF_IOS_DOCUMENT. Mithilfe dieser Referenz auf das Dokument können Sie die Methoden closedocument( ), opendocument( ), createdocument( ), savedocument( ) und printdocument( ) verwenden.

Beispiel

In Listing 4.12 sehen Sie ein Beispiel, wie Sie ein Dokument aus dem MIME Repository auslesen, dieses im Context setzen und die Referenz auf das Office-Dokument ermitteln können.

```
METHOD wddomodifyview .
  DATA:
* Referenz auf Office-View-Element
      lr_office_control TYPE REF TO cl_wd_view_element,
* MIME Repository - API
      lr_mime_repository TYPE REF TO if_mr_api,
* Die Daten des Dokumentes im MIME Repository
      ld_content TYPE xstring,
* Die Adresse des Dokumentes
      ld_url TYPE string VALUE
'/SAP/BC/WebDynpro/SAP/' &
  'zwdc_chap04_app/web_dynpro_abap.doc'.
* Ausnahme
  DATA lr_exc TYPE REF TO cx_ios_exception.
***
* Nur beim ersten Mal
  CHECK first_time = abap_true.
***
* MIME-Repository-API ermitteln
  lr_mime_repository = cl_mime_repository_api=>get_api( ).
* Dokument aus MIME Repository lesen
  CALL METHOD lr_mime_repository->get
    EXPORTING
      i_url      = ld_url
    IMPORTING
```

```
      e_content = ld_content.
* Setzen der Daten im Context
  wd_context->set_attribute(
    name = 'DATA_WORD'
    value = ld_content ).
***
* UI-Element ermitteln
  lr_office_control ?= view->get_element( 'OFC1' ).
* Methodenbehandler ermitteln
  wd_this->gr_word_method_handler ?=
    lr_office_control->_method_handler.
* Zugriff über Behandler
  TRY.
* Dokument-Proxy für Operationen auf Dokument ermitteln
    wd_this->gr_word_method_handler->get_document_proxy(
         IMPORTING proxy = wd_this->gr_document  ).
* ...
    CATCH cx_ios_document INTO lr_exc.
    CATCH cx_ios_communicationwrapper INTO lr_exc.
    CATCH cx_ios_factory INTO lr_exc.
    CATCH cx_ios_environment INTO lr_exc.
    CATCH cx_ios_exception INTO lr_exc.
* Ausnahme behandeln
  ENDTRY.
* ...
ENDMETHOD.
```

Listing 4.12 Office-Dokument ermitteln

Beschreibung

Der erste Abschnitt des Listings betrifft die Ermittlung der MIME-Reposiory-API. Mithilfe der API-Referenz lesen wir ein Microsoft Word-Dokument, das wir zuvor in Transaktion SE80 in das MIME Repository geladen haben. Die gelesenen Dokumentendaten stellen wir in das Context-Attribut, an das die Eigenschaft `dataSource` des `OfficeControl`-Elementes gebunden ist.

Im zweiten Abschnitt wenden wir uns der Ermittlung der Dokumentenreferenz zu. Mithilfe der Referenz auf das UI-Element für das `OfficeControl` ermitteln wir den Methodenbehandler (`lr_office_control->_method_handler`) und casten die Referenz auf den Typ `IF_IOS_FACTORY`. Damit die Referenzen auch in anderen Methoden verwendet werden können, legen wir die Referenzen in den Attributen ab. Über die Methodenbehandler-Referenz ermitteln wir die Referenz auf das Dokument (`wd_this->gr_word_method_handler->get_document_proxy()`). Damit haben Sie den Zugriff auf die Methoden, um Dokumente zu öffnen, zu sichern etc.

Der Methodenbehandler bietet noch weitere Methoden an, um wichtige Referenzen zu ermitteln, die im Kontext der Bearbeitung des Dokumentes relevant sind, wie zum Beispiel die Methode `get_wordprocessing_proxy( )`, die eine Referenz vom Typ `IF_IOS_WORDPROCESSING` liefert. Diese Referenz bietet unter anderem die Möglichkeit, Felder im Word-Dokument zu ersetzen. Für weitere Beispiele empfehlen wir Ihnen einen Blick in Ihr System. Das Paket `SIOS` hat noch weitere Anwendungsfälle für Office-Dokumente als Web-Dynpro-Components realisiert.

Achtung

Die Integration von `OfficeControl`-Elementen in Web-Dynpro-Popups wird nicht unterstützt.

4.8 Aggregierte Elemente

In diesem Abschnitt beschreiben wir UI-Elemente, die von anderen UI-Elementen aggregiert werden, wie zum Beispiel Menüs oder Toolbars.

4.8.1 Allgemein

Aggregierte Elemente stellen zentrale Funktionen zur Verfügung, die Ihre Anwendung für den Benutzer kompakt und effizient verwendbar machen und dazu noch gut aussehen.

Klassenhierarchie

In Abbildung 4.145 sehen Sie als Ausschnitt der gesamten ABAP-Klassenhierarchie der UI-Elemente die Klassenhierarchie für die in diesem Abschnitt besprochenen UI-Elemente. Wie in Kapitel 7, »Dynamische Programmierung«, detailliert gezeigt wird, sind alle UI-Elemente während der Laufzeit durch ABAP-Klassen repräsentiert. Der Name der Klasse wird im Allgemeinen durch `CL_WD_<Name des UI-Elementes>` gebildet.

Basisklassen

Die Klassen, die mit hellem Hintergrund dargestellt sind, sind die Basisklassen, die nicht direkt über UI-Elemente visualisiert werden. Die Klassen, die grau hinterlegt sind, sind die Klassen, die die UI-Elemente implementieren, die Sie im View-Editor einfügen können. Wie Sie in der Abbildung sehen können, wird in der höchsten Klasse

CL_WDR_VIEW_ELEMENT das Attribut ID definiert. Damit steht diese Eigenschaft allen Unterklassen zur Verfügung. Die Klasse CL_WD_CTX_MENU_PROVIDER steuert die Attribute CONTEXT_MENU_BEHAVIOUR und CONTEXT_MENU_ID bei. Die Klasse CL_WD_UIELEMENT leistet auch einen wichtigen Beitrag, nämlich die Attribute ENABLED, VISIBLE und TOOLTIP.

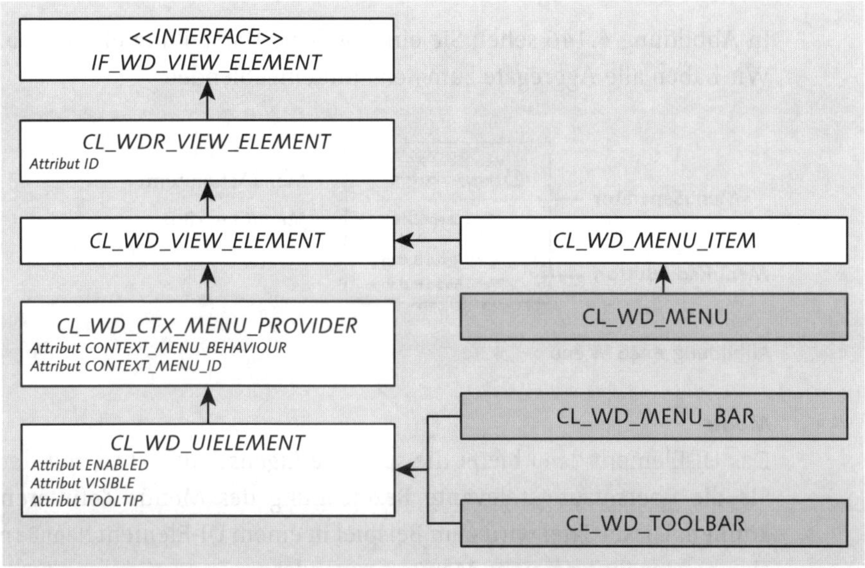

Abbildung 4.145 Klassenhierarchie der aggregierten UI-Elemente

Attribute und Eigenschaften

Ausgewählte Attribute der dargestellten Klassen werden im View-Editor zu den Eigenschaften der UI-Elemente, das heißt, Ihnen steht zum Beispiel für jedes UI-Element die Eigenschaft ID im View-Editor für die Pflege zur Verfügung. Welche Bedeutung diese Eigenschaften für die Gestaltung des User Interface haben, werden wir Ihnen im Folgenden näher erläutern.

4.8.2 Menu

Mit dem UI-Element Menu können Sie ein Menü erstellen. Dies geschieht über die Aggregation und steht für die folgenden Oberflächenelemente zur Verfügung:

- LinkToURL (siehe Abschnitt 4.2.7)
- LinkToAction (siehe Abschnitt 4.2.6)

- `TextView` (siehe Abschnitt 4.1.6)
- `Image` (siehe Abschnitt 4.6.6)
- `ProgressIndicator` (siehe Abschnitt 4.6.8)
- `TreeNodeType` und `TreeItemType` (siehe Abschnitt 4.4.8)

Visuelle Darstellung

In Abbildung 4.146 sehen Sie eine einfache Darstellung eines `Menu`. Wir haben alle Aggregate zum `Menu` mit eingeblendet.

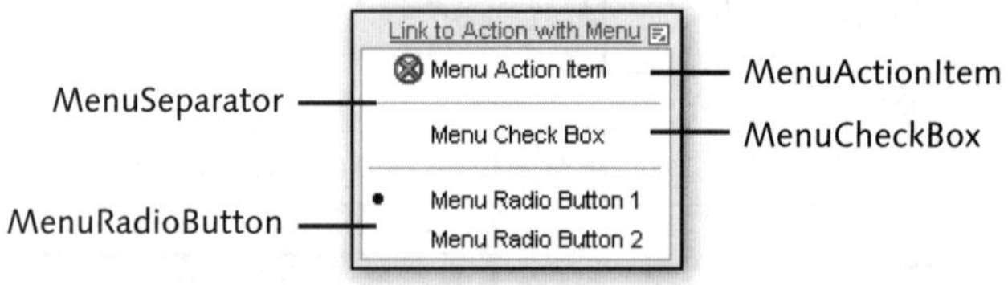

Abbildung 4.146 Menu

Menu

Das UI-Element `Menu` bietet die spezielle Eigenschaft `title`, mit der Sie die übersetzungsrelevante Bezeichnung des Menüs definieren können. Dieser Titel wird zum Beispiel in einem UI-Element `MenuBar` als oberster Eintrag eines Menüs verwendet.

In Abbildung 4.147 sehen Sie die Eigenschaften von `Menu`. Darüber hinaus haben wir die aggregierbaren Elemente für die folgende Diskussion in die Abbildung integriert.

Die aggregierbaren Elemente werden über ein Kontextmenü auf dem UI-Element `Menu` im View-Editor zugeordnet. Ihnen stehen vier aggregierbare Elemente zur Gestaltung des Menüs zur Verfügung. Wie diese zu attribuieren sind, erfahren Sie in den folgenden Abschnitten.

MenuSeparator

Wie der Name schon sagt, ist das UI-Element `MenuSeparator` für das Separieren von Menüeinträgen gedacht. Dementsprechend spärlich fallen die Eigenschaften dieses UI-Elementes aus. Mit der Eigenschaft `visible` können Sie die Sichtbarkeit des Separators setzen.

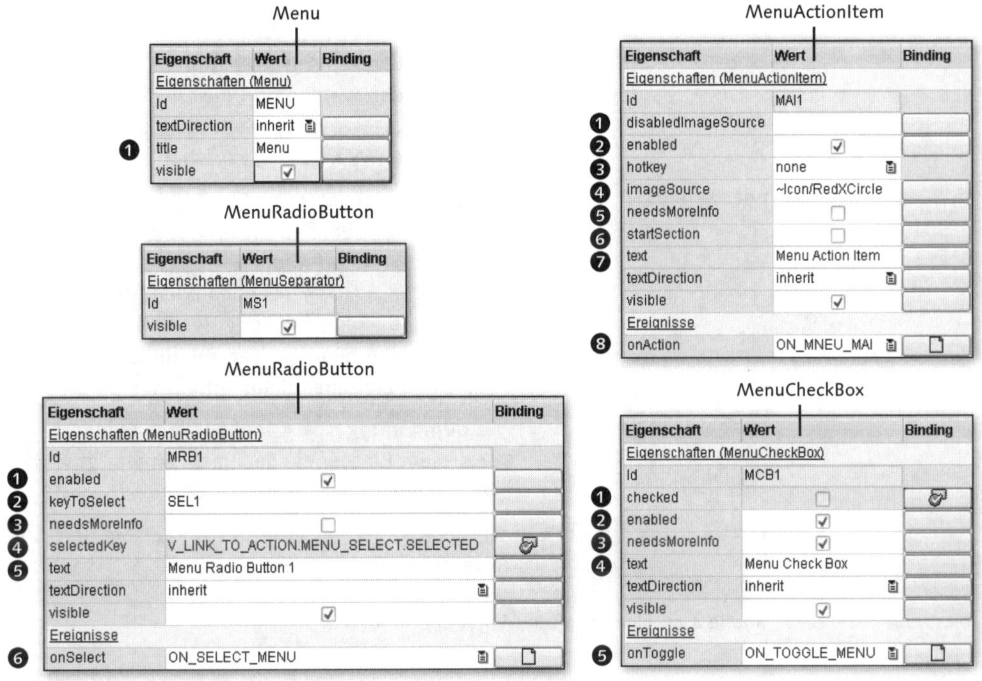

Abbildung 4.147 Menu und Aggregate

MenuActionItem

Das `MenuActionItem` ist für das Auslösen des Ereignisses `onAction` zuständig, um eine direkte Behandlung einer Auswahl des Benutzers im `Menu` zu ermöglichen. Die Eigenschaften, die dieses Element anbietet, sind in Abbildung 4.147 zu sehen und die nicht zum Standard gehörenden Eigenschaften in Tabelle 4.41 aufgelistet und beschrieben. **ActionItem**

Eigenschaft	Beschreibung
`disabledImageSource`	Mit dem Wert der Eigenschaft `disabledImageSource` geben Sie den Namen und die Quelle des Bildes an, das angezeigt wird, wenn die Eigenschaft `enabled` den Wert `abap_false` hat.
`enabled`	Mit der Eigenschaft `enabled` legen Sie den Aktivitätszustand fest. Falls der Wert `abap_false` ist, wird der Text ausgegraut.
`hotkey`	Mit der Eigenschaft `hotkey` können Sie Aktionstasten zuordnen.

Tabelle 4.41 Eigenschaften MenuActionItem

Eigenschaft	Beschreibung
imageSource	Mit dem Wert der Eigenschaft imageSource geben Sie den Namen und die Quelle des Bildes an, das angezeigt wird, wenn die Eigenschaft enabled den Wert abap_true hat.
needsMoreInfo	Mit der Eigenschaft needsMoreInfo definieren Sie, ob hinter dem Text noch drei Punkte (...) angezeigt werden (Wert = abap_true) oder nicht (Wert = abap_false). Dies soll dem Benutzer andeuten, dass zur Erfüllung der Aktion noch Informationen benötigt werden, die zum Beispiel über einen Zwischendialog erfragt werden.
startSection	Mit dem Eintrag startSection legen Sie fest, ob vor diesem Eintrag ein Separator angezeigt wird. Diese Eigenschaft ist neu in EHP2.
text	Mit der Eigenschaft text bestimmen Sie den Anzeigetext der Aktion.

Tabelle 4.41 Eigenschaften MenuActionItem (Forts.)

Bei einem MenuActionItem wird das Ereignis onAction ausgelöst, wenn der Benutzer auf dieses Element klickt. Falls eine Aktion dem Ereignis zugewiesen ist, werden der zugeordneten Aktionsbehandler-Methode die Standardparameter id und context_element übergeben.

MenuCheckBox

CheckBox Die MenuCheckBox ist für das Auslösen des Ereignisses onToggle gedacht, um die sofortige Behandlung einer Selektion des Benutzers im Menu zu ermöglichen. Die Eigenschaften, die dieses Element anbietet, sind in Abbildung 4.147 zu sehen und die nicht zum Standard gehörenden Eigenschaften in Tabelle 4.42 aufgelistet und beschrieben. Weitere Informationen zu Checkboxen finden Sie in Kapitel 8, »Eingabe- und semantische Hilfen«.

Eigenschaft	Beschreibung
checked	Mit dem Wert der Eigenschaft checked legen Sie fest, ob das UI-Element als ausgewählt (Wert = abap_true) darzustellen ist oder nicht (Wert = abap_false).

Tabelle 4.42 Eigenschaften MenuCheckBox

Eigenschaft	Beschreibung
enabled	Mit der Eigenschaft enabled bestimmen Sie den Aktivitätszustand. Falls der Wert abap_false ist, wird der Text ausgegraut.
needsMoreInfo	Mit der Eigenschaft needsMoreInfo definieren Sie, ob hinter dem Text noch drei Punkte (...) angezeigt werden (Wert = abap_true) oder nicht (Wert = abap_false). Dies soll dem Benutzer andeuten, dass zur Erfüllung der Aktion noch Informationen benötigt werden, die zum Beispiel über einen Zwischendialog erfragt werden.
text	Mit der Eigenschaft text legen Sie den Anzeigetext der Aktion fest.

Tabelle 4.42 Eigenschaften MenuCheckBox (Forts.)

Bei einer MenuCheckBox wird das Ereignis onToggle ausgelöst, wenn der Benutzer dieses Element selektiert. Falls eine Aktion dem Ereignis zugewiesen ist, werden der zugeordneten Aktionsbehandler-Methode die Standardparameter id und context_element übergeben. Zudem wird der Parameter checked übergeben, der anzeigt, ob der Benutzer das Element selektiert (Wert = abap_true) oder deselektiert hat (Wert = abap_false).

MenuRadioButton

Der MenuRadioButton ist für das Auslösen des Ereignisses onSelect verantwortlich, um eine sofortige Behandlung einer Auswahl aus einer Menge von Optionen des Benutzers im Menu zu ermöglichen. Die Eigenschaften, die dieses Element anbietet, sind in Abbildung 4.147 zu sehen und die nicht zum Standard gehörenden Eigenschaften in Tabelle 4.43 aufgelistet und beschrieben. Weitere Informationen zu Radiobuttons finden Sie in Kapitel 8, »Eingabe- und semantische Hilfen«.

RadioButton

Eigenschaft	Beschreibung
enabled	Mit der Eigenschaft enabled legen Sie den Aktivitätszustand fest. Falls der Wert abap_false ist, wird der Text ausgegraut.

Tabelle 4.43 Eigenschaften MenuRadioButton

Eigenschaft	Beschreibung
keyToSelect	Mit der Eigenschaft keyToSelect definieren Sie den Vergleichswert, über den das System feststellen kann, ob der aktuelle Wert im Context mit diesem übereinstimmt. Falls die Übereinstimmung zutrifft, wird der MenuRadioButton als selektiert dargestellt, sonst nicht.
needsMoreInfo	Mit der Eigenschaft needsMoreInfo bestimmen Sie, ob hinter dem Text noch drei Punkte (...) angezeigt werden (Wert = abap_true) oder nicht (Wert = abap_false). Dies soll dem Benutzer andeuten, dass zur Erfüllung der Aktion noch Informationen benötigt werden, die zum Beispiel über einen Zwischendialog erfragt werden.
selectedKey	Mit der Eigenschaft selectedKey legen Sie den Pfad zum Context-Knoten fest, in dem sich die möglichen Werte der Auswahl befinden. Die Lead-Selection definiert den selektierten Wert.
text	Mit der Eigenschaft text legen Sie den Anzeigetext der Aktion fest.

Tabelle 4.43 Eigenschaften MenuRadioButton (Forts.)

Bei einem MenuRadioButton wird das Ereignis onSelect ausgelöst, wenn der Benutzer dieses Element selektiert. Beachten Sie, dass immer nur ein MenuRadioButton aus einer Gruppe von MenuRadioButton-Elementen ausgewählt werden kann, im Gegensatz zur MenuCheckBox. Falls eine Aktion dem Ereignis zugewiesen ist, werden der zugeordneten Aktionsbehandler-Methode die Standardparameter id und context_element übergeben. Zudem wird der Parameter key übergeben, der anzeigt, welches Element der Benutzer selektiert hat.

4.8.3 MenuBar

Menüleiste

Eine MenuBar dient der gegliederten Darstellung von Aktionen. Die MenuBar bildet eine Leiste, die in verschiedene Blöcke, bestehend aus Menu-Elementen, gegliedert werden kann. Unter diesen Blöcken können Sie einzelne Menüpunkte und weitere Menu-Elemente anordnen. Um die Menu-Elemente einzufügen, verwenden Sie im View-Editor das Kontextmenü auf dem UI-Element MenuBar und dort den Eintrag Menü einfügen.

Visuelle Darstellung

In Abbildung 4.148 sehen Sie eine einfache Darstellung einer `MenuBar`. Wir haben drei `Menu`-Aggregate mit eingeblendet.

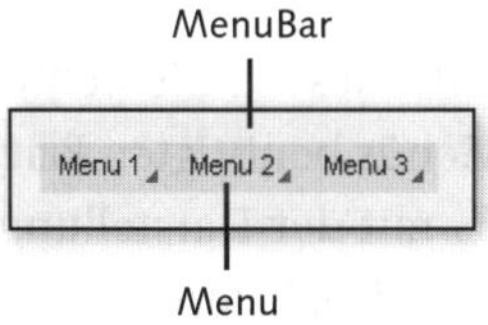

Abbildung 4.148 MenuBar

Eigenschaften

In Abbildung 4.149 sehen Sie die Eigenschaften, die in diesem Abschnitt besprochen werden. Die nicht explizit diskutierten Eigenschaften finden Sie in der Einleitung zu diesem Kapitel.

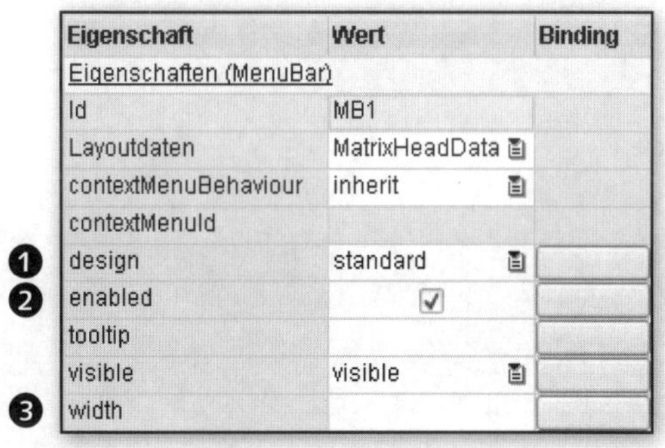

	Eigenschaft	Wert	Binding
	Eigenschaften (MenuBar)		
	Id	MB1	
	Layoutdaten	MatrixHeadData	
	contextMenuBehaviour	inherit	
	contextMenuId		
❶	design	standard	
❷	enabled	☑	
	tooltip		
	visible	visible	
❸	width		

Abbildung 4.149 Eigenschaften MenuBar

design

Mit der Eigenschaft `design` steuern Sie das Erscheinungsbild der `MenuBar`. Falls Sie den Wert `standard` wählen, wird der Hintergrund der `MenuBar` dunkler dargestellt. Falls Sie den Wert `transparent` zuordnen, wird die `MenuBar` mit der Farbe des Hintergrundes abgebildet. Mithilfe des Datenelementes `WDUI_MENU_BAR_DESIGN` können Sie ein Context-Attribut typisieren, das Sie als Data-Binding-Ziel für diese Eigenschaft verwenden können. **Erscheinungsbild**

enabled

Mit der Eigenschaft `enabled` steuern Sie die Interaktivität des UI-Elementes `MenuBar`. Falls Sie den Wert `abap_true` verwenden, werden die Titel der Menüs als interaktiv dargestellt und können ausgewählt werden. Falls Sie den Wert `abap_false` verwenden, werden die Titel ausgegraut und können nicht ausgewählt werden.

width
Mit der Eigenschaft `width` setzen Sie die Breite des UI-Elementes `MenuBar` fest. Falls die Breite über den für die Menüs benötigten Platz hinausgeht, wird der überschüssige Platz rechts mit der Darstellung, basierend auf dem Wert der Eigenschaft `design`, visualisiert.

4.8.4 ToolBar

Gruppierung

Das UI-Element `ToolBar` repräsentiert eine Sammlung von Werkzeugen, die über UI-Elemente aufgerufen werden. `ToolBar`-Elemente stellen somit eine Möglichkeit dar, UI-Elemente zu gruppieren und funktional zusammenzufassen. Eine `ToolBar` kann folgende Elemente enthalten:

- `ToolBarButton`
- `ToolBarButtonChoice`
- `ToolBarDropDownByIndex`
- `ToolBarDropDownByKey`
- `ToolBarInputField`
- `ToolBarLinkToAction`
- `ToolBarLinkToURL`
- `ToolBarLinkChoice`
- `ToolBarSeparator`
- `ToolBarToggleButton`

Die einzelnen Elemente verfügen über die Eigenschaft `collapsible`, mit der sie versteckt werden können. Alle Elemente, die zusammenklappbar sind, können über ein kleines Dreiecksymbol versteckt werden.

Anordnung

Die `ToolBar`-Elemente sind in der `ToolBar` in einer Zeile horizontal angeordnet. Die Größe sowie die Position der einzelnen Oberflächenelemente werden automatisch berechnet. Mit der Eigenschaft `wrapping` können Sie bestimmen, ob die Elemente in eine neue Zeile umgebrochen werden können.

Visuelle Darstellung

In Abbildung 4.150 sehen Sie eine einfache Darstellung einer `ToolBar`. Wir haben alle Aggregate mit eingeblendet.

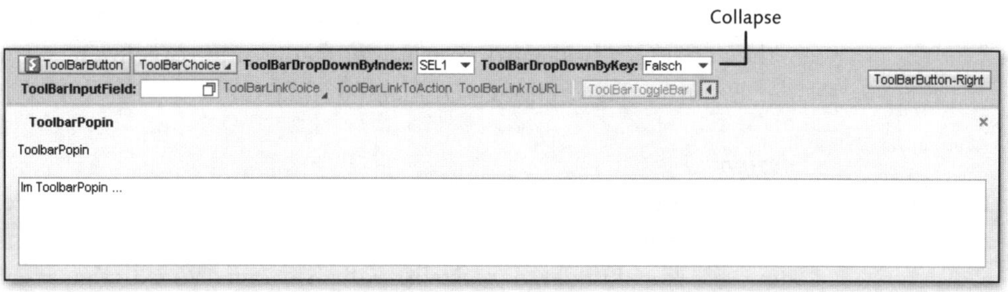

Abbildung 4.150 ToolBar

Die Aggregate in der `ToolBar` haben als Aufschrift ihre technischen Bezeichnungen. Das zugeordnete Table-Popin haben wir geöffnet und ein UI-Element `TextEdit` als Inhalt ergänzt. Der Button, der mit COLLAPSE bezeichnet wird, wird eingeblendet, sobald ein Element der Toolbar die Eigenschaft `collapsible` mit dem Wert `abap_true` besitzt.

Eigenschaften

In Abbildung 4.151 sehen Sie die Eigenschaften, die in diesem Abschnitt besprochen werden. Die nicht explizit diskutierten Eigenschaften finden Sie in der Einleitung zu diesem Kapitel.

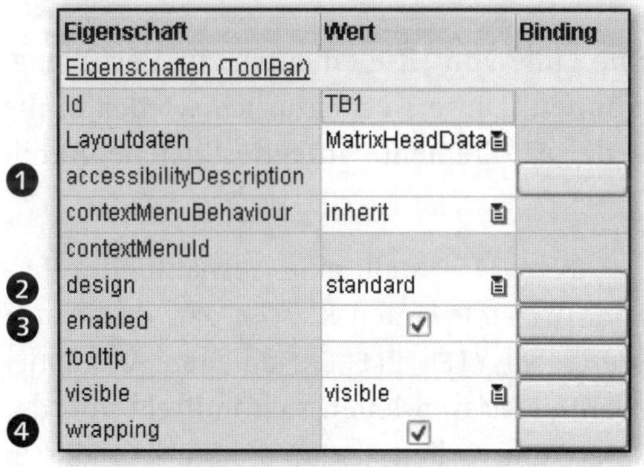

Abbildung 4.151 Eigenschaften ToolBar

accessibilityDescription

Mithilfe der Eigenschaft `accessibilityDescription` können Sie zusätzliche textuelle Informationen spezifizieren. Wenn Sie die Barrierefreiheit aktiviert haben, wird der zugeordnete Text der QuickInfo hinzugefügt. Diese Beschreibung soll die `ToolBar` semantisch näher erläutern und wird vom Screenreader nur vorgelesen, wenn der Benutzer das komplette UI-Element fokussiert.

design

Erscheinungsbild Mit der Eigenschaft `design` steuern Sie das Erscheinungsbild der `ToolBar`. Falls Sie den Wert `standard` wählen, wird der Hintergrund der `ToolBar` dunkler dargestellt. Falls Sie den Wert `transparent` zuordnen, wird die `ToolBar` mit der Farbe des Hintergrunds abgebildet. Falls Sie den Wert `emphasized` auswählen, wird im Fall des Standardthemes der Hintergrund wie bei dem Wert `standard` dargestellt.

Mithilfe des Datenelementes `WDUI_TOOLBAR_DESIGN` können Sie ein Context-Attribut typisieren, das Sie als Data-Binding-Ziel für diese Eigenschaft verwenden können.

wrapping

Textumbruch Mit der Eigenschaft `wrapping` legen Sie fest, ob die Elemente in die nächste Zeile umgebrochen werden können (Wert = `abap_true`) oder nicht. Ist der Wert `abap_false` eingetragen, werden die Elemente nicht in die nächste Zeile umgebrochen und die `ToolBar` so breit, dass alle Elemente in eine Zeile passen.

Aggregierte Elemente

Klassenhierarchie Für die `Toolbar` steht eine Fülle von UI-Elementen zur Verfügung, die aggregiert werden können. Diese sind natürlich wieder in die ABAP-Klassenhierarchie der UI-Elemente integriert (siehe Abbildung 4.152).

Die Klasse `CL_WD_TOOLBAR_SEPARATOR` stellt eine Ausnahme im Vergleich zu allen anderen `Toolbar`-relevanten Klassen dar, da sie sich direkt von der Basisklasse `CL_WD_VIEW_ELEMENT` ableitet. Alle anderen für die Toolbar relevanten Klassen leiten sich indirekt von der Klasse `CL_WD_UIELEMENT` ab und erben dadurch natürlich die in Abbildung 4.152 ersichtlichen Attribute. Eines der Grundprinzipien bei den `Toolbar`-relevanten Klassen ist, dass diese von abstrakten

Klassen abgeleitet werden und damit sehr einfach weitere Klassen von SAP mit Bezug zu den abstrakten Klassen ausgeliefert sowie Teile der Methoden der abstrakten Klassen implementiert werden können.

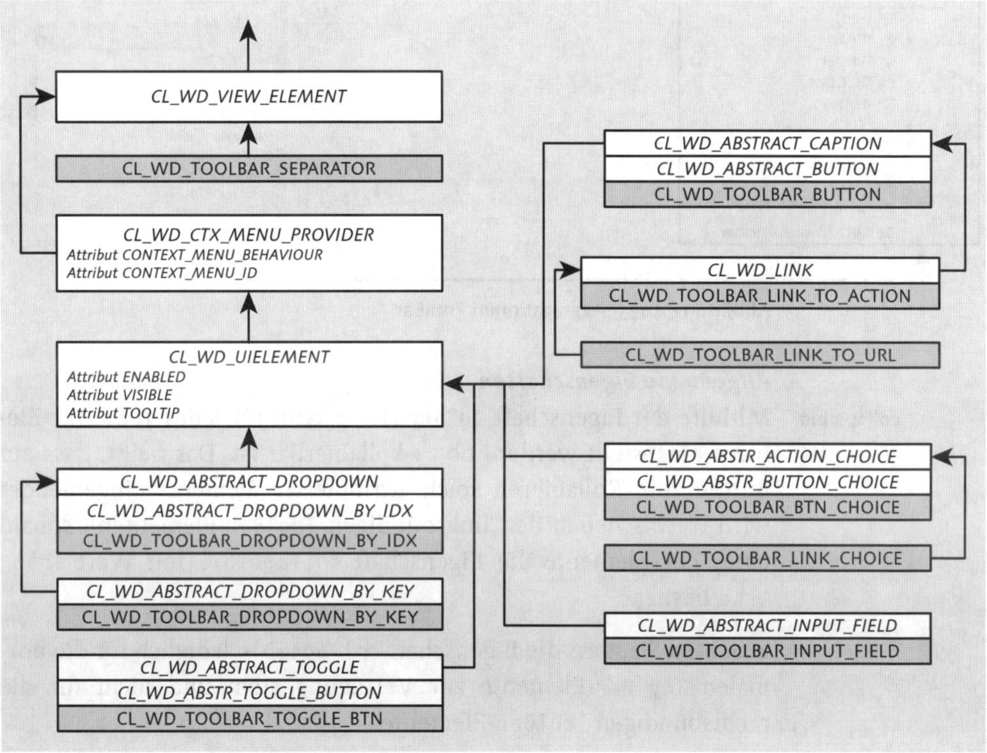

Abbildung 4.152 Aggregierbare Elemente für ToolBar

In Abbildung 4.152 haben wir aus Platzgründen nicht jede Vererbung mit dem dafür vorgesehenen Symbol (Pfeil) darstellen können. Wir haben die Vererbung veranschaulicht, indem dort, wo Klassen in Vererbungsbeziehung zueinander stehen, die Kästchen der Klassen direkt ohne Zwischenraum übereinander dargestellt werden.

Aggregationen

In Abbildung 4.153 sehen Sie die aggregierbaren Elemente zur `ToolBar` im View-Editor, die in diesem Abschnitt besprochen werden. Des Weiteren haben wir das Kontextmenü zur Anlage der aggregierten Elemente mit den relevanten Menüeinträgen in die Abbildung eingefügt.

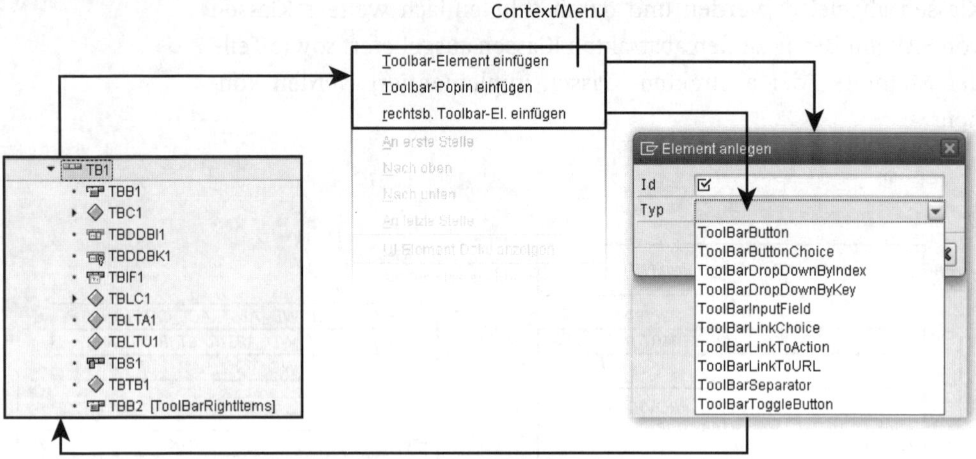

Abbildung 4.153 Aggregationen ToolBar

Allgemeine Eigenschaften

collapsible Mithilfe der Eigenschaft `collapsible` kann für jedes `ToolBar*`-Element eingestellt werden, ob es kollabierbar ist. Das heißt, dass ein Button zum Kollabieren solch attribuierter Elemente eingeblendet wird (rechts neben den linksbündigen `ToolBar`-Elementen), sobald eines der Elemente die Eigenschaft `collapsible` mit Wert `abap_true` besitzt.

Beachten Sie, dass die Eigenschaft `collapsible` lediglich für die normalen `ToolBar`-Elemente zur Verfügung steht und nicht für die rechtsbündigen `ToolBar`-Elemente.

ToolBar-Elemente*

Der Unterschied zwischen den `ToolBar*`-und den (namens-)verwandten UI-Elementen ist die Eigenschaft `collapsible`, die bereits erläutert wurde, sonst bestehen im Großen und Ganzen keine Differenzen. Daher verweisen wir Sie bezüglich der Erläuterungen für die nachfolgenden `ToolBar*`-Elemente auf die verwandten UI-Elemente:

- `ToolBarButton` (siehe Abschnitt 4.2.2, »Button«)
- `ToolBarButtonChoice` (siehe Abschnitt 4.2.3, »ButtonChoice«)
- `ToolBarDropDownByIndex` (siehe Abschnitt 8.1.1, »Dropdown-Menüs«)
- `ToolBarDropDownByKey` (siehe Abschnitt 8.1.1, »Dropdown-Menüs«)
- `ToolBarInputField` (siehe Abschnitt 4.1.2, »InputField«)
- `ToolBarLinkToAction` (siehe Abschnitt 4.2.6, »LinkToAction«)

- ToolBarLinkToURL (siehe Abschnitt 4.2.7, »LinkToURL«)
- ToolBarLinkChoice (siehe Abschnitt 4.2.5, »LinkChoice«)
- ToolBarToggleButton (siehe Abschnitt 4.3.2, »ToggleButton«)

Für das UI-Element ToolBarSeparator gibt es noch keine Entsprechung bei den bisher vorgestellten UI-Elementen. Wie der Name bereits sagt, ist das UI-Element ToolBarSeparator für die Separierung von Toolbar-Einträgen gedacht. Dementsprechend spärlich fallen die Eigenschaften dieses UI-Elementes aus. Mit der Eigenschaft visible können Sie die Sichtbarkeit des Separators setzen.

Rechtsbündige ToolBar-Elemente

Ausrichtung rechts

Sie können in der ToolBar Elemente einfügen, die rechtsbündig ausgerichtet werden. Beachten Sie, dass die Eigenschaft collapsible nicht für die rechtsbündigen ToolBar-Elemente gilt, das heißt, dass sie nicht kollabiert werden können. Sie können die rechtsbündigen Elemente mittels Kontextmenü auf dem ToolBar-Element im View-Editor anlegen. Dabei stehen Ihnen alle ToolBar*-Elemente zur Verfügung.

ToolbarPopin

Zusatzbereich

Das ToolbarPopin ist vom Typ Popin und bietet die gleiche Funktionalität wie das TablePopin (siehe Abschnitt 10.2, »Table«), mit dem Unterschied, dass es auch außerhalb von Tabellen einsetzbar ist. Die Anzeige eines Popin-Elementes ist abhängig vom Wert der Popin-Eigenschaft visible. Es wird angezeigt, wenn der Wert abap_true ist, oder nicht, wenn der Wert abap_false ist. Die Anlage des Popin-Elementes für die ToolBar erfolgt im View Designer über das Kontextmenü auf der Toolbar und über den Menüeintrag TOOLBARPOPIN EINFÜGEN. Das Popin bietet die Eigenschaften, die in Tabelle 4.44 aufgelistet und beschrieben sind.

Eigenschaft	Beschreibung
accessibility-Description	Mithilfe der Eigenschaft accessibilityDescription können Sie zusätzliche Texte definieren. Wenn Sie die Barrierefreiheit aktiviert haben, wird der zugeordnete Text der Quick-Info hinzugefügt. Diese Beschreibung soll das Popin semantisch näher erläutern und wird vom Screenreader nur vorgelesen, wenn der Benutzer das komplette UI-Element fokussiert.

Tabelle 4.44 Eigenschaften Popin

Eigenschaft	Beschreibung
design	Mithilfe der Eigenschaft design können Sie festlegen, wie der Hintergrund des Pop-ins darzustellen ist. Falls Sie diese Eigenschaft an ein Context-Attribut binden möchten, können Sie das Datenelement WDUI_POPIN_DESIGN für die Typisierung verwenden. Die visuelle Darstellung und die möglichen Werte finden Sie in Abbildung 4.154.
hasContent-Padding	Mithilfe der Eigenschaft hasContentPadding definieren Sie, ob zwischen Inhalt und UI-Element-Rahmen ein Abstand eingefügt werden soll (Wert = abap_true).
titleDesign	Mit der Eigenschaft titleDesign können Sie das Erscheinungsbild des Titels festlegen. Falls Sie diese Eigenschaft an ein Context-Attribut binden möchten, können Sie das Datenelement WDUI_TABLE_POPIN_TITLE_DESIGN für die Typisierung verwenden. Die visuelle Darstellung und die möglichen Werte finden Sie in Abbildung 4.155.
titleText	Mit der Eigenschaft titleText setzen Sie den Text für die Überschrift.
visible	Mit der Eigenschaft visible setzen Sie die Sichtbarkeit des Popin. Sie können diese Eigenschaft verwenden, um das Ein- (Wert = abap_true) und Ausblenden (Wert = abap_false) des Popin zu realisieren.

Tabelle 4.44 Eigenschaften Popin (Forts.)

Inhalt Das Popin kann zwei UI-Elemente aggregieren, eines davon definiert den Inhalt des Pop-ins. Um den Inhalt zu definieren, können Sie jedes beliebige UI-Element verwenden. Bei der Definition des Inhalts sind Sie auf ein UI-Element beschränkt, jedoch können Sie als Inhaltselement das UI-Element TransparentContainer verwenden und erreichen damit, dass Sie eine beliebige Anzahl von UI-Elementen für den Inhaltsbereich einsetzen können. Gehen Sie über den Menüeintrag INHALT EINFÜGEN des Kontextmenüs auf dem Popin, um dieses Element einzufügen.

Textbar Das zweite aggregierbare Element ist TextBar. Dieses Element wird zwischen dem Titel des Popin-Elementes und dessen Inhaltsbereich angezeigt. Sie können mithilfe der Eigenschaft text den Anzeigetext definieren und über die Eigenschaft visible die Sichtbarkeit steuern. Gehen Sie über den Menüeintrag TEXTBAR EINFÜGEN des Kontextmenüs auf dem `Popin`, um dieses Element einzufügen.

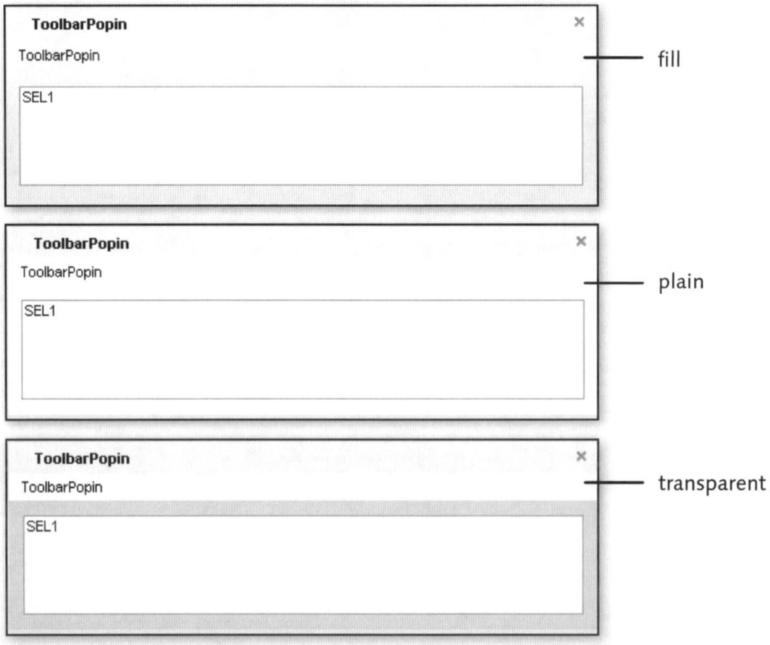

Abbildung 4.154 Eigenschaft »design«

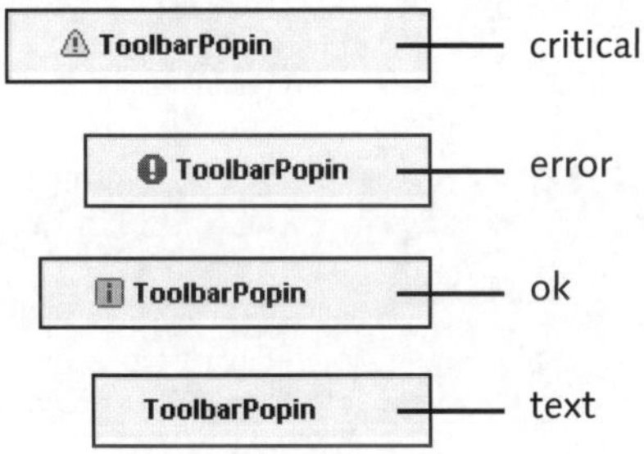

Abbildung 4.155 Eigenschaft »titleDesign«

Ein Teil des Funktionsumfangs des `Popin` fehlt noch: das Ereignis `onClose`. Wenn Sie dem Ereignis eine Aktion zuordnen, wird im Pop-in rechts oben ein kleines »x« eingeblendet. Wenn der Benutzer auf das kleine »x« klickt, wird das Ereignis ausgelöst und damit die zugehörige Aktionsbehandler-Methode. Dieser werden die Standardparameter `id` und `context_element` übergeben. **onClose**

Einfache und effiziente Interaktivität des Benutzers mit dem User Interface ist das höchste Ziel. Drag & Drop ist ein effektiver Ansatz, um diese Forderungen zu erreichen. In diesem Kapitel erfahren Sie alles darüber, wie Drag & Drop in Web Dynpro ABAP eingesetzt werden kann.

5 Drag & Drop für UI-Elemente

Die Drag-&-Drop-Funktionalität in Web Dynpro ABAP ermöglicht es Ihnen, den Benutzern intuitive und einfache Interaktionsformen anzubieten. Unter Drag & Drop versteht man jene Benutzerinteraktion, die ein UI-Element oder die Einträge eines UI-Elementes – die sogenannte Quelle (Source) – auf das gleiche oder ein anderes UI-Element zieht, das als Ziel (Target) bezeichnet wird. Zur Durchführung dieser Interaktion dient ein Eingabegerät, wie zum Beispiel die Maus. **Interaktionsform**

[+] **Hinweis**: Beachten Sie, dass die Barrierefreiheit einer Web-Dynpro-Anwendung erfordert, dass die Interaktionen, die mit Drag & Drop durchgeführt werden können, auch barrierefrei sein müssen. Dies kann für Sie bedeuten, dass Sie die durch Drag & Drop angebotenen Funktionen für die barrierefreie Nutzung implementieren müssen.

Im Fall der Drag-&-Drop-Operation mithilfe der Maus lässt sich das Vorgehen aus Sicht des Benutzers folgendermaßen beschreiben: **Benutzer**

- Der Benutzer klickt ein UI-Element an und hält die Maustaste gedrückt. Dieses UI-Element wird als Quelle (Drag Source) bezeichnet.
- Dem Benutzer wird durch ein Geisterbild (Ghost Image) angedeutet, dass er sich in einer Drag-&-Drop-Operation befindet. Falls der Benutzer, immer noch mit gedrückter Maustaste, den Mauszeiger bewegt, bewegt sich auch das Geisterbild mit. Dieser Vorgang wird als Ziehen (Drag) bezeichnet.
- Falls der Benutzer den Mauszeiger auf ein gültiges UI-Element bewegt, wird dies optisch zum Beispiel durch eine Umrandung

des Ziels angedeutet. Weist der Mauszeiger auf ein ungültiges Ziel hin, wird dies durch ein »Verboten«-Bild visualisiert. Das UI-Element, auf das gezogen wird, wird als Ziel (Drop Target) bezeichnet.

- Falls sich der Benutzer über einem gültigen Ziel befindet und die Maustaste loslässt, wird beim Ziel ein Ereignis ausgelöst und die vom Entwickler gedachte Funktionalität ausgeführt.

Entwickler

Aus Sicht des Entwicklers sind für die Implementierung einer Drag-&-Drop-Operation einige Schritte zu erledigen. Diese gestalten sich natürlich nach den eingesetzten UI-Elementen und den Operationsmodi (siehe Abschnitt 5.7), lassen sich aber zu den folgenden Punkten zusammenfassen:

- Für das UI-Element, das als Quelle dienen soll, muss eine `DragSourceInfo` im View Designer definiert werden.
- Die `DragSourceInfo` bietet die Eigenschaft `data` an, mit deren Hilfe Sie Daten übergeben und später bei der Behandlung im Ziel verwenden können.
- Für das UI-Element, das als Ziel dienen soll, muss eine `DropTargetInfo` im View Designer definiert werden.
- In der Eigenschaft `tag` der `DragSourceInfo` bzw. der `DropTargetInfo` definieren gleiche Bezeichner (Flavor) die Verbindung von Ziel und Quelle.
- Wird ein Element auf einem Ziel fallen gelassen, kann dies das Ereignis `onDrop` auslösen. Der Entwickler ist für die Implementierung der Reaktion auf das Ereignis verantwortlich, das heißt zum Beispiel Sortieren, Löschen etc.

UI-Elemente für Drag & Drop

Die Elemente, die im Web-Dynpro-Kontext die Drag-&-Drop-Funktionalität unterstützen, sind in Tabelle 5.1 aufgelistet. In der Spalte UI-ELEMENTE sehen Sie die Namen der UI-Elemente und Aggregate, in der Spalte ROLLE, ob das UI-Element in einer Drag-&-Drop-Operation die Quelle oder das Ziel darstellt, und in der Spalte BESCHREIBUNG eine Erläuterung zu der Operation.

UI-Elemente	Rolle	Beschreibung
`Tree`: Knoten/Blatt	Quelle	Einzelne Knoten und Blätter können bewegt werden.

Tabelle 5.1 UI-Elemente mit Drag-&-Drop-Rollen

UI-Elemente	Rolle	Beschreibung
Tree: Knoten/Blatt	Quelle	Mehrere Knoten können selektiert werden, falls sie zumindest einen gemeinsamen Flavor besitzen.
Tree: Knoten	Ziel	Knoten können zwischen Kindknoten, an erster und letzter Stelle in einem Elternknoten und als neue Unterknoten unter einem Elternknoten eingefügt werden.
GridLayout: Layoutzelle	Quelle	Einzelne Zellen können bewegt werden. Voraussetzung dafür ist ein Griff (Handle), zum Beispiel Image, SectionHeader, Caption. Einschränkung: Es ist nur ein einspaltiges GridLayout möglich.
GridLayout: Layoutzelle	Ziel	UI-Elemente können zwischen den Zellen abgelegt werden. Einschränkung: Es ist nur ein einspaltiges GridLayout möglich.
MatrixLayout: Layoutzelle	Quelle	Einzelne Zellen können bewegt werden. Voraussetzung dafür ist ein Griff (Handle), zum Beispiel Image, SectionHeader, Caption. Einschränkung: Es ist nur ein einzeiliges MatrixLayout möglich.
MatrixLayout: Layoutzelle	Ziel	UI-Elemente können zwischen den Zellen abgelegt werden. Einschränkung: Es ist nur ein einzeiliges MatrixLayout möglich.
Image	Quelle	Das Bild kann bewegt werden.
Image	Ziel	Auf das Bild kann ein anderes UI-Element bewegt werden.
ItemListBox	Quelle	Einzelne oder mehrere Einträge können bewegt werden.
ItemListBox	Ziel	Einträge können zwischen bestehenden Einträgen sowie an der ersten und letzten Position in der Liste eingefügt werden.
Table	Quelle	Einzelne Tabellenzeilen können bewegt werden.

Tabelle 5.1 UI-Elemente mit Drag-&-Drop-Rollen (Forts.)

UI-Elemente	Rolle	Beschreibung
`Table`	Ziel	Einträge können zwischen bestehenden Einträgen und an der ersten und letzten Position eingefügt werden. Zudem können Elemente auf eine Tabellenzeile gezogen werden.
`Accordion`	Quelle	Einzelne Items können bewegt werden.
`Accordion`	Ziel	Zwischen Items sowie am Anfang und Ende der Items können Elemente eingefügt werden. Zudem kann ein Element auf ein Item gezogen werden.
`DropTarget`	Ziel	Hierbei handelt es sich um einen Wrapper für UI-Elemente, die keine generische Drag-&-Drop-Unterstützung anbieten.
UI-Element-Eigenschaft `isDragHandle`	Quelle	Die UI-Elemente `Image`, `SectionHeader` und `Caption` können als Griff für den Drag verwendet werden.
Ereignis `onDrop`	Auslöser	Das Ereignis `onDrop` löst den Aufruf der Behandlermethode zu einem Drop aus. In der Behandlermethode werden die Reaktionen auf den Drop implementiert.

Tabelle 5.1 UI-Elemente mit Drag-&-Drop-Rollen (Forts.)

Im folgenden Abschnitt 5.1 besprechen wir die Elemente `DragSourceInfo`, `DropTargetInfo`, `DropTarget` und das Ereignis `onDrop`, die die Grundbausteine der Drag-&-Drop-Mechanismen darstellen. In den weiteren Abschnitten 5.2 bis 5.6 diskutieren wir im Detail die unterschiedlichen UI-Elemente, die für Drag & Drop verwendet werden können. Dabei wird immer die Rolle des UI-Elementes als Quelle (Drag Source), als Ziel (Drop Target) und die Behandlung des »Fallenlassens« auf dieses Element anhand von Beispielen beschrieben. In Abschnitt 5.7 gehen wir auf die unterschiedlichen Verwendungsvarianten von Drag & Drop ein.

5.1 Allgemeines

Bausteine

Die Implementierung von Drag-&-Drop-Operationen baut auf elementaren Bausteinen auf:

- Die `DragSourceInfo` dient als Information für die Quelle der Drag-&-Drop-Operation.

- Die DropTargetInfo sammelt die Informationen über das Ziel der Drag-&-Drop-Operation, wobei für die Sammlung der Zielinformation auch das Drop Target verwendet werden kann.
- Mithilfe des Ereignisses onDrop kann ein Aktionsbehandler festgelegt werden, der die Implementierung der Reaktion auf das Fallenlassen eines Elementes auf ein anderes Element beinhaltet.

Im Folgenden werden wir diese elementaren Bausteine besprechen. Die Beispiele zu den Bausteinen dienen als Anschauungsmaterial für deren Verwendung.

5.1.1 DragSourceInfo

In den UI-Element-Eigenschaften der DragSourceInfo werden alle Informationen gesammelt, die zu der Quelle einer Drag-&-Drop-Operation gehören, das heißt einer Drag Source. In Abbildung 5.1 sehen Sie ein Beispiel für eine DragSourceInfo. Auf der linken Seite wird das UI-Element ItemListBox, für das die DragSourceInfo definiert wird, in der Designdarstellung gezeigt. Auf der rechten Seite sind die dazu gehörenden UI-Elemente in der UI-Elemente-Hierarchie mit den Eigenschaften zur DragSourceInfo abgebildet. Quelle

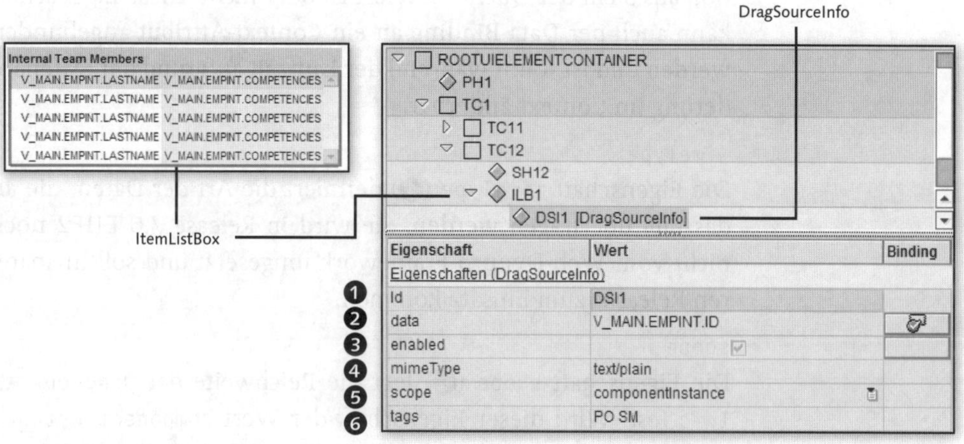

Abbildung 5.1 DragSourceInfo

- Id

  Der Wert der Eigenschaft Id (❶) legt die eindeutige Bezeichnung der DragSourceInfo fest (siehe Kapitel 4, »UI-Elemente und ihre Eigenschaften«). Diese kann in weiterer Folge beim Ziel verwen- Eigenschaften det werden, um festzustellen, von welcher Quelle (Source) aus die Drag-&-Drop-Operation gestartet wurde.

- `data`
  Mithilfe der Eigenschaft `data` (❷) können Sie Daten hinterlegen, die bei der Drag-&-Drop-Operation »transportiert« werden sollen. Diese Daten können vom Ziel (Target) der Drag-&-Drop-Operationen verwendet werden. Zum Beispiel könnte die ID eines Mitarbeiters transportiert und im Ziel für die Ermittlung der Abrechnungsergebnisse herangezogen werden.

  Achten Sie darauf, dass keine sicherheitsbedenklichen oder voluminösen Daten übergeben werden, da Drag-&-Drop-Operationen auf dem Client ausgeführt werden. Aus sicherheitstechnischen Aspekten bietet es sich an, die Daten nicht direkt (zum Beispiel der Name eines Mitarbeiters), sondern indirekt (zum Beispiel die Personalnummer) als Referenzen zu übertragen. Wie Sie in Abbildung 5.1 erkennen können, haben Sie die Möglichkeit, die Eigenschaft `data` an den Context zu binden. Damit können Sie zum Beispiel zeilenbezogene Daten für Tabellenzeilen hinterlegen.
- `enabled`
  Die Eigenschaft `enabled` (❸) steuert, ob die Drag-&-Drop-Operation aus Sicht der Quelle aktiviert ist oder nicht. Diese Eigenschaft kann auch per Data Binding an ein Context-Attribut angebunden werden und ist somit während der Laufzeit aufgrund der Datenänderung im Context änderbar.
- `mimeType`
  Die Eigenschaft `mimeType` (❹) definiert die Art der Daten, die an das Ziel übertragen werden. Sie wird in Release 7.0 EHP2 noch nicht vom Web-Dynpro-Framework umgesetzt und soll in späteren Releases zum Einsatz kommen.
- `scope`
  Die Eigenschaft `scope` (❺) legt die Reichweite der `DragSourceInfo` fest. Wird dieser Eigenschaft der Wert `componentInstance` zugewiesen, kann die `DragSourceInfo` nur in der Component verwendet werden, in der sie auch definiert wurde. Wurde der Wert `global` zugewiesen, kann die `DragSourceInfo` über Component-Grenzen hinweg verwendet werden.
- `tags`
  Die Eigenschaft `tags` (❻) (manchmal auch als Flavor bezeichnet)

der `DragSourceInfo` ermöglicht es Ihnen, zu definieren, welche Ziele für diese Quelle relevant sind. Pro Tag kann ein oder können mehrere Bezeichner definiert werden, je nachdem, wie das Zusammenspiel zwischen UI-Elementen gewünscht ist.

Falls ein Bezeichner aus der Source mit einem Bezeichner aus dem Target komplett oder in Teilen übereinstimmt, ist das Zusammenspiel möglich. Werden mehrere Bezeichner für ein Tag festgelegt, müssen diese durch Leerzeichen getrennt werden. Die Groß- und Kleinschreibung ist relevant für die Bezeichner. Des Weiteren dürfen Sie nicht die Zeichen Doppelpunkt (:), Komma (,), Strichpunkt (;), Backslash (\), Slash (/) und Punkt (.) für die Bezeichner verwenden. Ein Beispiel für den Wert eines `tags` wäre »PO SM TM«, wobei die Bezeichner der Reihe nach für »Process Owner«, »Scrum Master« und »Team Member« stehen.

Falls eine `DragSourceInfo` auf ein UI-Element aggregiert wird, das mehrfach instanziert wird, wie zum Beispiel Zelleditoren pro Zeile in einer Tabelle, und haben Sie eine Eigenschaft der `DragSourceInfo` an ein Attribut der `dataSource` des Aggregats gebunden, wird der Wert des Attributes der Lead-Selection verwendet.

5.1.2 DropTargetInfo

Ziel

Im UI-Element `DropTargetInfo` werden alle Informationen in Form von Eigenschaften gesammelt, die für die Definition des Zieles einer Drag-&-Drop-Operation relevant sind. In Abbildung 5.2 sehen Sie ein Beispiel für eine `DropTargetInfo`. Auf der linken Seite wird das UI-Element `Tree` im View Designer dargestellt, und auf der rechten Seite sehen Sie die dazu gehörenden UI-Elemente in der UI-Elemente-Hierarchie. Zum `Tree` haben wir einen `TreeNodeType` und einen `TreeItemType` für unser Beispiel definiert (siehe Kapitel 4, »UI-Elemente und ihre Eigenschaften«). Für den `TreeItemType` erkennen Sie auf der rechten Seite eine `DropTargetInfo` mit den dazu gehörenden Eigenschaften.

Eigenschaften

- `Id`

  Der Wert der Eigenschaft `Id` (❶) legt die eindeutige Bezeichnung der `DropTargetInfo` fest (siehe Kapitel 4, »UI-Elemente und ihre Eigenschaften«).

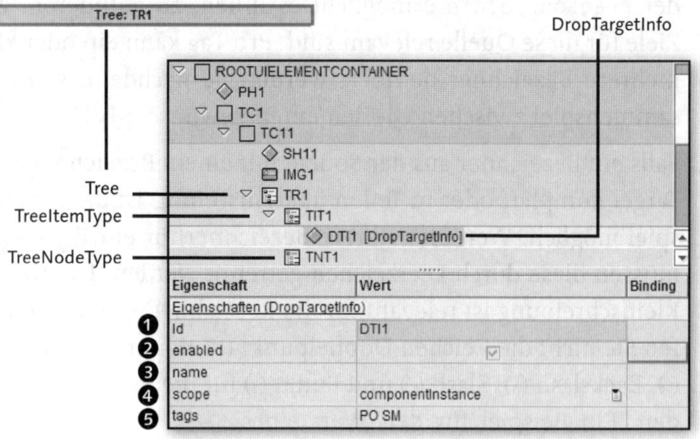

Abbildung 5.2 DropTargetInfo

- `enabled`
  Die Eigenschaft `enabled` (❷) steuert, ob die Drag-&-Drop-Operation aus Sicht des Zieles aktiviert ist oder nicht. Diese Eigenschaft kann auch per Data Binding an ein Context-Attribut gebunden werden.

- `name`
  Mithilfe der Eigenschaft `name` (❸) legen Sie einen Namen fest, der bei der Behandlung der Drag-&-Drop-Operation im Ereignis `onDrop` ausgewertet werden kann (siehe Abschnitt 5.1.4, »Ereignis »onDrop««). Im Speziellen wird diese Eigenschaft für die Behandlung der Drag-&-Drop-Operationen im Kontext von `Table` verwendet (siehe Abschnitt 5.5).

- `scope`
  Die Eigenschaft `scope` (❹) legt die Reichweite der `DropTargetInfo` fest. Wird dieser Eigenschaft der Wert `componentInstance` zugewiesen, kann die `DropTargetInfo` nur in der Component verwendet werden, in der sie auch definiert wurde. Wurde der Wert `global` zugewiesen, kann die `DropTargetInfo` über Component-Grenzen hinweg verwendet werden.

- `tags`
  Die Eigenschaft `tags` (❺) (manchmal auch als Flavor bezeichnet) der `DragSourceInfo` ermöglicht es Ihnen, zu definieren, welche Ziele für diese Quelle relevant sind. Pro Tag kann ein oder können mehrere Bezeichner definiert werden, je nachdem, wie das

Zusammenspiel zwischen UI-Elementen gewünscht ist. Werden mehrere Bezeichner für ein Tag festgelegt, müssen diese durch Leerzeichen getrennt werden.

Die Groß- und Kleinschreibung ist relevant für die Bezeichner, des Weiteren dürfen Sie nicht die Zeichen Doppelpunkt (:), Komma (,), Strichpunkt (;), Backslash (\), Slash (/) und Punkt (.) verwenden. Eine besondere Bedeutung hat der Stern (*), da dieser als Joker verwendet werden kann. Ein Beispiel für den Wert eines Tags wäre »PO SM TEAM*«, wobei die Bezeichner der Reihe nach für »Process Owner«, »Scrum Master« und »TEAM*« mit beliebigen Text stehen. In diesem Beispiel wird vom System ein Mustervergleich mit den Source-Bezeichnern durchgeführt, und würde die Source einen Bezeichner »TEAM_AT« beinhalten, würde dieser dem Muster »TEAM*« im Ziel entsprechen. Mit dem Joker haben Sie demnach die Möglichkeit, Gruppen von Bezeichnern identisch zu behandeln.

5.1.3 DropTarget

Zielkapsel

UI-Elemente, die keine `DropTargetInfo` als Unterelement anbieten, können mithilfe des UI-Elementes `DropTarget` als Drop Target definiert werden. Dabei funktioniert das `DropTarget` wie eine Kapsel um das UI-Element, das als Drop Target funktionieren soll. Im View Designer können Sie nur ein Element unter dem `DropTarget` einfügen, jedoch stellt dies keine Einschränkung dar, da Sie ein UI-Element `TransparentContainer` einfügen können, das wiederum mehrere UI-Elemente aufnehmen kann.

In Abbildung 5.3 sehen Sie ein Beispiel für die Verwendung des UI-Elementes `DropTarget`, das exemplarisch für den Einsatz in anderen Verwendungskontexten ist.

DropTarget erzeugen

Im linken oberen Bereich wird der Drag-Vorgang von einer `ItemListBox` auf einen `TransparentContainer` veranschaulicht. Der `TransparentContainer` beinhaltet ein Bild und einen `FormattedTextView` und ist selbst durch ein `DropTarget` gekapselt. Im linken unteren Bereich wird das Ergebnis nach dem Drop auf den `TransparentContainer` dargestellt, das heißt nachdem die Behandlermethode für den Zeitpunkt `onDrop` aus der Drag Source abgearbeitet wurde.

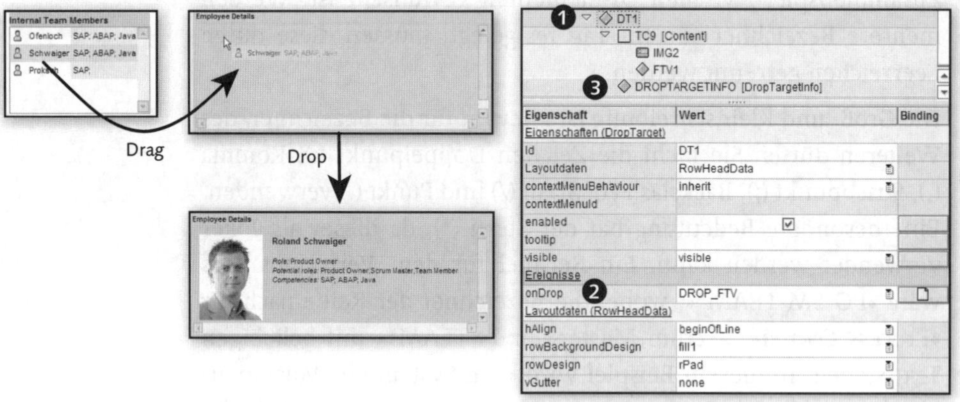

Abbildung 5.3 UI-Element »DropTarget«

Um ein `DropTarget` in Ihrem Layout zu verwenden, müssen Sie nur wenige Schritte ausführen.

1. Fügen Sie im ersten Schritt das UI-Element `DropTarget` in die UI-Elemente-Hierarchie ein (❶).
2. Definieren Sie eine Aktion für das Ereignis `onDrop` (❷), wie in Abschnitt 5.1.4 beschrieben.
3. Erzeugen Sie für das `DropTarget` eine `DropTargetInfo` (❸). Weitere Details dazu finden Sie in Abschnitt 5.1.2.
4. Definieren Sie das Unterelement für das `DropTarget`.

Die Arbeit, die jetzt noch zu erledigen ist, betrifft die Implementierung der Behandlermethode für das Ereignis `onDrop`. Diese gestalten Sie je nach der gewünschten Reaktion auf das Droppen. In unserem Beispiel wird in der Implementierung das Context-Element für den ausgewählten Mitarbeiter gelesen, formatiert und dem `Image` und `FormattedTextView` in Form eines Context-Knoten-Elementes zur Verfügung gestellt.

5.1.4 Ereignis »onDrop«

In den UI-Elementen, die als Ziel verwendet werden können, wird das Ereignis `onDrop` angeboten. Damit wird der funktionale Aspekt der Behandlung eines Fallenlassens auf das Ziel implementiert. Dem Ereignis müssen Sie eine Aktion zuordnen, die eine zugeordnete Aktionsbehandler-Methode besitzt (siehe Kapitel 2, »Web-Dynpro

Architektur«). In diesem können Sie die gewünschte Reaktion des Drops implementieren, wie zum Beispiel das Einfügen einer neuen Tabellenzeile.

Drop-Daten

Die Daten, die vom Ziel übertragen werden, stehen als Parameter der Aktionsbehandler-Methode für das Ereignis `onDrop` zur Verfügung, wie Sie im Beispiel in Abbildung 5.4 sehen können. Dort sehen Sie die Parameter, die im Kontext eines `ItemListBox`-Drops übertragen werden, das heißt an die Aktionsbehandler-Methode für `onDrop` als Parameter übergeben werden:

- Der Parameter `WDEVENT` (❶) repräsentiert wie immer bei einer Aktionsbehandler-Methode das Ereignis. In diesem Objekt sind die ereignisrelevanten Daten abgelegt, die sich auch in der Schnittstelle der Aktionsbehandler-Methode widerspiegeln.
- Die weiteren Parameter (❷ bis ❽) werden in unserem Beispiel explizit über die Schnittstelle der Behandlermethode übergeben. Dies hängt von der Anlage der Aktion ab (siehe Kapitel 2, »Web-Dynpro Architektur«).

Die Menge und Art der Parameter richten sich nach dem Typ des Drop-Ziels, daher werden wir zu den später jeweils folgenden Beschreibungen der UI-Elemente immer auch die Parameter in einem Abschnitt »Ereignis onDrop« erläutern.

	Parameter	DeklArt	RefTo	Opt	Bezugstyp
❶	WDEVENT	Importing	☑	☐	CL_WD_CUSTOM_EVENT
❷	CONTEXT_ELEMENT	Importing	☑	☐	IF_WD_CONTEXT_ELEMENT
❸	DATA	Importing	☐	☐	STRING
❹	ID	Importing	☐	☐	STRING
❺	INDEX	Importing	☐	☐	I
❻	MIME_TYPE	Importing	☐	☐	STRING
❼	OFFSET	Importing	☐	☐	I
❽	TAGS	Importing	☐	☐	STRING

Abbildung 5.4 onDrop-Parameter

Die Parameter, die wir in Abbildung 5.4 als Teil der Parameterliste zur Aktionsbehandler-Methode für das Ereignis `onDrop` gezeigt haben, finden sich auch im Objektattribut `PARAMETERS` des Referenzparameters `WDEVENT` wieder. Das bedeutet für Sie, dass Sie auf zwei Wegen auf die Daten zugreifen können: einerseits über explizite

Parameter in der Aktionsbehandler-Methode des `onDrop`-Ereignisses (wobei diese nicht definiert sein müssen) und andererseits über das Objektattribut `PARAMETERS` der Objektreferenz `WDEVENT` aus den Parametern der Aktionsbehandler-Methode des `onDrop`-Ereignisses.

Im Folgenden erläutern wir die für das Drag & Drop relevanten Parameter im Attribut `PARAMETERS` des Ereignisobjektes `WDEVENT`, das Sie in Abbildung 5.5 sehen können.

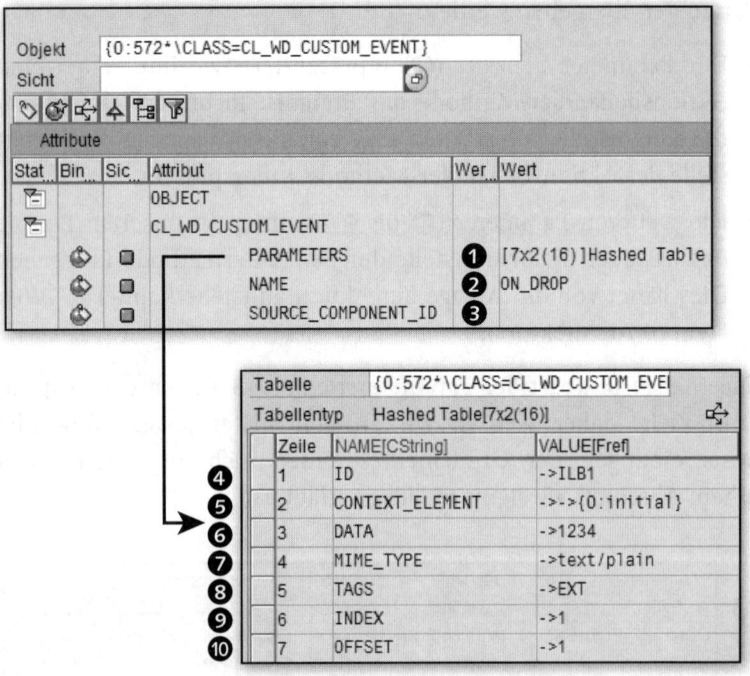

Abbildung 5.5 WDEVENT-Objektattribute

WDEVENT Das Ereignisobjekt `WDEVENT` vom Typ `CL_WD_CUSTOM_EVENT` besitzt die Attribute `PARAMETERS` (❶), `NAME` (❷) und `SOURCE_COMPONENT_ID` (❸). Das Attribut `NAME` beinhaltet den Namen des Auslöseereignisses, in unserem Fall `ON_DROP`. Das Attribut `SOURCE_COMPONENT_ID` hält den Namen der Web-Dynpro-Component, von der der Drag aus gestartet wurde. Falls die Drag-&-Drop-Operation in derselben Web-Dynpro-Component ausgeführt wird, ist das Attribut initial.

Das Attribut `PARAMETERS` repräsentiert eine interne Tabelle mit den folgenden Einträgen:

- ID
  Der Eintrag ID (❹) steht für die ID des UI-Elementes, das das onDrop-Ereignis ausgelöst hat, das heißt für das Ziel der Drag-&-Drop-Operation.
- CONTEXT_ELEMENT
  Der Eintrag CONTEXT_ELEMENT (❺) repräsentiert das Context-Element aus der Quelle, die zu der Drag-&-Drop-Operation gehört.
- DATA, MIME_TYPE, TAGS
  Diese drei Einträge (❻, ❼, ❽) liefern die Daten, die in der DragSourceInfo der Quelle definiert wurden (siehe Abschnitt 5.1.1).
- INDEX
  Der Eintrag INDEX (❾) bietet die Information über die Drop-Position im betroffenen Ziel. Zum Beispiel hat der INDEX den Wert 2 in einer ItemListBox, weil der Benutzer vor dem zweiten Eintrag gedroppt hat.
- OFFSET
  Der Eintrag OFFSET (❿) liefert die Positionsinformation der Drop-Position relativ zum Eintrag INDEX oder anderen Bezugsgrößen. Zum Beispiel hat der Offset den Wert -1 in einer ItemListBox, da der Benutzer vor dem zweiten Eintrag gedroppt hat.

5.2 Tree

Das UI-Element Tree bietet vielfältige Möglichkeiten und Unterstützungen für die Drag-&-Drop-Operationen. Wie diese im Detail zu realisieren sind, erfahren Sie in diesem Abschnitt.

5.2.1 DragSourceInfo

Knoten oder Blatt

Falls Sie einen Knoten oder ein Blatt eines Baumes als Drag Source verwenden möchten, müssen Sie zu dem Knoten (TreeNodeType) oder Blatt (TreeItemType) ein Unterelement vom Typ DragSourceInfo im View Designer definieren. Die Definition der DragSourceInfo ist in Abschnitt 5.1.1 beschrieben.

In Abbildung 5.6 sehen Sie eine eingefügte DragSourceInfo für ein Blatt und einen Knoten. Im unteren Bereich der Abbildung erkennen Sie die optische Darstellung des Drag-Vorgangs.

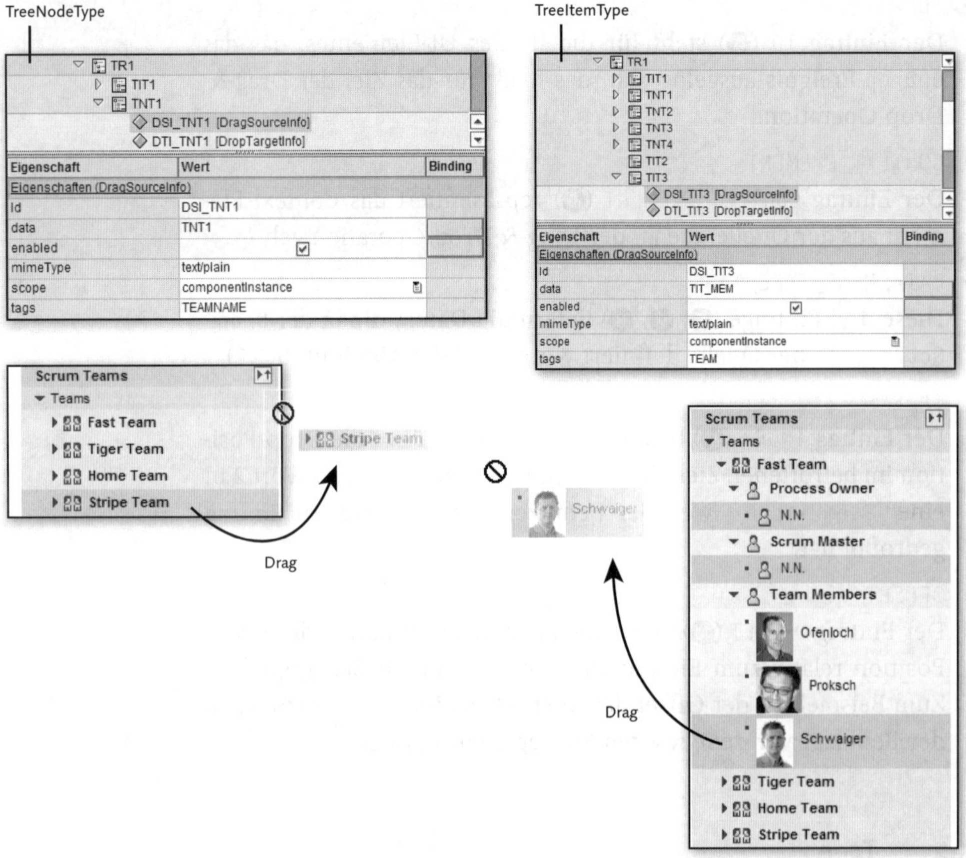

Abbildung 5.6 Tree DragSourceInfo

5.2.2 DropTargetInfo

Wird der `Tree` als Drop Target verwendet, stehen die folgenden möglichen Einfügepositionen zur Verfügung:

- zwischen existierenden Blättern
- als erstes oder letztes Blatt
- auf ein existierendes Blatt bzw. auf einen existierenden Knoten

Beispiel In Abbildung 5.7 sehen Sie ein Drop-Beispiel. Im unteren Bereich der Abbildung erkennen Sie auf der linken Seite die Visualisierung der Suche nach der Einfügeposition durch den Benutzer. Dieser hat sich für das Einfügen an der ersten Position entschieden.

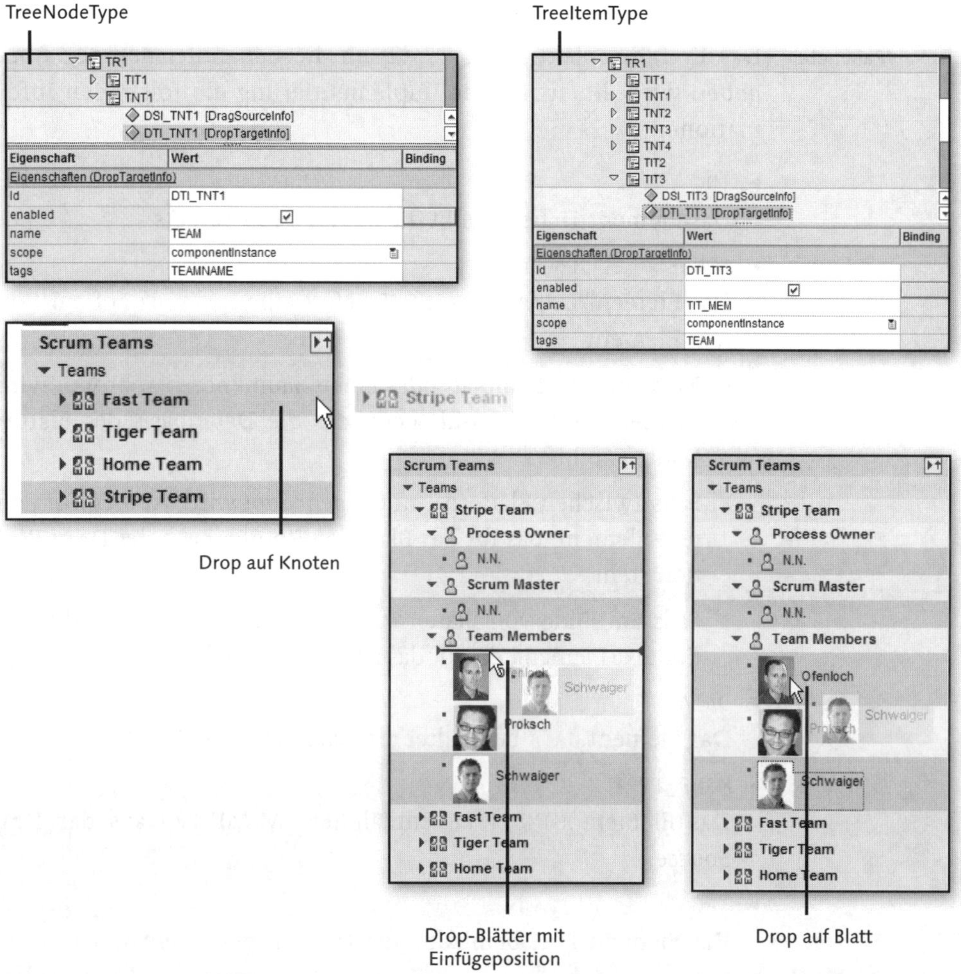

Abbildung 5.7 Tree DropTargetInfo

In der Abbildung rechts unten sehen Sie zwei Varianten für das Fallenlassen auf den `TreeItemType`: einerseits zwischen den Blättern mit Visualisierung der Einfügeposition und andererseits auf einem anderen Blatt. Lässt der Benutzer das Element an der von ihm gewünschten Stelle fallen, wird das Ereignis `onDrop` des `TreeNodeItem` bzw. `TreeItemType` ausgelöst und kann durch die Implementierung behandelt werden.

5.2.3 Ereignis »onDrop«

Parameter

Das Ereignisobjekt WDEVENT, das an die Behandlermethode übergeben wird, liefert für die Implementierung die folgenden Informationen:

- ID
  Das Element ID beschreibt die ID des Drop Targets.
- CONTEXT_ELEMENT
  Das Element CONTEXT_ELEMENT liefert eine Referenz auf ein Context-Element.
  - Falls auf ein Baumblatt oder einen Baumknoten gedroppt wird, ist dies das Context-Element, das die Datenbasis des Blattes/Knotens bildet.
  - Falls zwischen Blättern/Knoten gedroppt wird, ist dies das Context-Element, das für das Blatt/den Knoten nach der Drop-Position steht.
  - Falls am Ende von Blättern/Knoten gedroppt wird, ist dies das Context-Element, das für das letzte Blatt/den letzten Knoten steht.
- DATA
  Das Element DATA beinhaltet die Daten aus der Drag Source.
- MIME_TYPE
  Das Element MIME_TYPE enthält den MIME-Typ aus der Drag Source.
- TAGS
  Das Element TAGS beinhaltet die Tags aus der Drag Source.
- OFFSET
  Über OFFSET wird die Elementposition im Knoten des Baumes bestimmt.
  - Der Parameter hat den Wert -1, falls in einer Liste von Blättern/Knoten gedroppt wird.
  - Er hat den Wert 1, falls am Ende einer Liste von Blättern/Knoten gedroppt wird.
  - Er hat den Wert 0, falls direkt auf ein Blatt/einen Knoten gedroppt wird.
- PATH
  Das Element PATH enthält den Pfad zum CONTEXT_ELEMENT im Context.

Für die Implementierung der Reaktion auf das Fallenlassen von Elementen bieten sich unter anderen die Methoden `move_*` aus dem Interface `IF_WD_CONTEXT_NODE` dazu an, Elemente zu einem Context-Knoten zu verschieben.

5.3 GridLayout/MatrixLayout

Im `GridLayout` und `MatrixLayout` (siehe Kapitel 3, »Container und Layouts«) können einzelne Zellen dieses Layouts verschoben bzw. Objekte zwischen Zellen eingefügt werden. Dabei ist zu beachten, dass Drag & Drop nur bei einspaltigem `GridLayout` bzw. einzeiligem `MatrixLayout` möglich ist. **Layout**

5.3.1 DragSource

Damit eine Drag-Operation durchgeführt werden kann, muss für eine Zelle ein Griff (Handle) definiert werden. Dieser ermöglicht das »Angreifen« der Zelle. Dabei können ein `SectionHeader`, eine `Caption` oder ein `Image` mit der UI-Element-Eigenschaft `isDragHandle = true` eingesetzt werden.

In Abbildung 5.8 sehen Sie ein Beispielszenario, das es dem Benutzer ermöglicht, die Position einer `ItemListBox` zu verändern. Beim Verschieben der Box wird im User Interface die neue potenzielle Einfügeposition durch eine Box mit gestricheltem Rand visualisiert. **Beispiel**

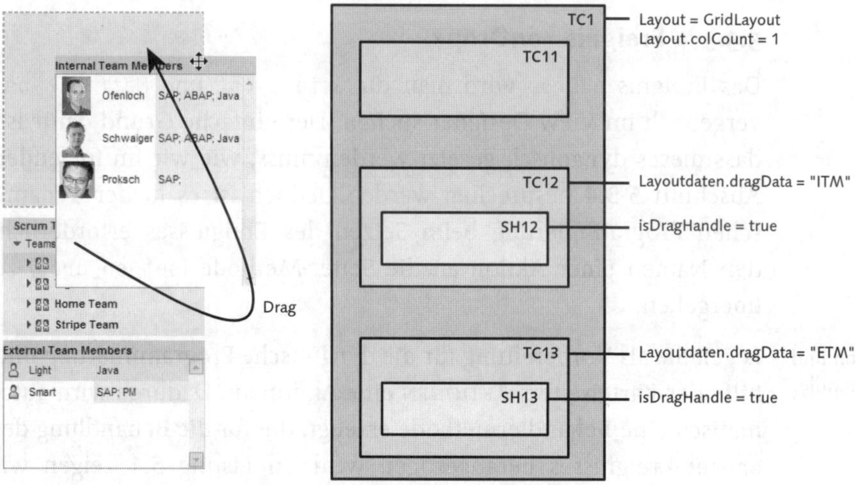

Abbildung 5.8 Drag GridLayout/MatrixLayout

Auf der rechten Seite haben wir das Layout des Szenarios schematisch dargestellt. Der zentrale Container für die Gestaltung ist der `TransparentContainer` TC1, der als Layout den Wert `GridLayout` und die Spaltenanzahl `Layout.colCount` = 1 erhält. In TC1 haben wir drei weitere `TransparentContainer` platziert, die dann gezogen werden, wobei nur TC12 und TC13 für den Drag verwendet werden. Beim Drag-Vorgang können auch Daten mitgegeben werden, diese werden in den Layoutdaten (`LayoutDaten.dragData`) abgelegt. In unserem Beispiel wird der `TransparentContainer` gezogen, daher werden die Drag-Daten in den dortigen Layoutdaten abgelegt. Als Ausprägungen haben wir in unserem Beispiel »ITM« für »Internal Team Members« und »ETM« für »External Team Members« verwendet.

Handle Für den Griff (Handle) haben wir den `SectionHeader` verwendet (SH12 und SH13). Hier wurde im `SectionHeader` die UI-Element-Eigenschaft `isDragHandle = true` gesetzt.

5.3.2 DropTarget

Wird `GridLayout` bzw. `MatrixLayout` als Drop Target verwendet, stehen die folgenden möglichen Einfügepositionen zur Verfügung:

- Im `GridLayout` und `MatrixLayout` können einzelne Zellen dieses Layouts verschoben werden.
- Im `GridLayout` und `MatrixLayout` können Objekte zwischen den Zellen eingefügt werden.

5.3.3 Ereignis »onDrop«

Das Ereignis `onDrop` wird man für `GridLayout` und `MatrixLayout` vergeblich im View Designer suchen. Der einfache Grund dafür ist, dass dieses dynamisch gesetzt werden muss, wie wir im folgenden Abschnitt 5.3.4 besprechen werden. Jedoch ist es in der dynamischen Programmierung beim Setzen des Ereignisses erforderlich, den Namen einer Aktion an die Setter-Methode (`set_on_drop`) zu übergeben.

Aktion und Behandler Legen Sie als Vorbereitung für die dynamische Programmierung mithilfe des Karteireiters Aktionen eine Aktion an. Dadurch wird automatisch eine Behandlermethode erzeugt, die für die Behandlung des `onDrop`-Ereignisses herangezogen wird. In Listing 5.1 zeigen wir Ihnen ein Beispiel für die Implementierung der Behandlermethode.

```
METHOD onactiondrop_tc .
* Hier wird nur das Event-Objekt in den Attributen abgelegt.
* Die eigentliche Behandlung erfolgt in WDDOMODIFYVIEW
  IF wdevent IS BOUND.
    wd_this->gd_index = wdevent->get_string( 'INDEX' ).
    wd_this->gd_offset = wdevent->get_string( 'OFFSET' ).
    wd_this->gd_data = wdevent->get_string( 'DATA' ).
    wd_this->gd_tags = wdevent->get_string( 'TAGS' ).
    wd_this->gd_id = wdevent->get_string( 'ID' ).
  ENDIF.
ENDMETHOD.
```

Listing 5.1 Behandlermethode für GridLayout/MatrixLayout

WDEVENT puffern

Im Gegensatz zu den anderen Drag-&-Drop-Realisierungen müssen Sie bei `GridLayout` und `MatrixLayout` die Daten aus dem Ereignisobjekt `WDEVENT` zwischenspeichern, da diese zu einem späteren Zeitpunkt in der Methode `wddomodifyview` benötigt werden. Wir haben im Beispiel in Listing 5.1 die Attribute des View-Controllers verwendet. Die Parameter haben dabei die folgende Bedeutung:

- `ID`
  Der Parameter `ID` stellt eine automatisch erzeugte ID dar.
- `CONTEXT_ELEMENT`
  Der Parameter `CONTEXT_ELEMENT` ist immer initial.
- `DATA`
  Der Parameter `DATA` repräsentiert die Daten aus der Layoutdaten-Eigenschaft `dragData` des gezogenen Elementes.
- `MIME_TYPE`
  Der Parameter `MIME_TYPE` repräsentiert den MIME-Typ aus der Drag Source.
- `TAGS`
  Der Parameter `TAGS` beinhaltet die Tags aus der Drag Source.
- `OFFSET`
  Der Parameter `OFFSET` hält die Elementposition in den Zellen des `GridLayout` oder `MatrixLayout`. Der Parameter hat den Wert -1, falls der Wert des `INDEX` als Einfügeposition verwendet werden soll. Er hat den Wert 1, falls am Ende der Zellen gedroppt wird.
- `INDEX`
  Der Parameter `INDEX` liefert den Wert der Referenzposition, die in Kombination mit dem `OFFSET` die tatsächliche Position ergibt.

5.3.4 Dynamische Programmierung

Beispiel

Im Vergleich zu den anderen Drag-&-Drop-UI-Elementen ist bei der Verwendung von `GridLayout` und `MatrixLayout` ein hohes Maß an dynamischer Programmierung (siehe Kapitel 7, »Dynamische Programmierung«) erforderlich. In Listing 5.2 sehen Sie ein Beispiel für eine solche Implementierung.

```
METHOD wddomodifyview .
  DATA:
* Der TransparentContainer für die D&D-Operation
       lr_tc TYPE REF TO cl_wd_transparent_container,
* Das GridLayout im TransparentContainer
       lr_grid_layout TYPE REF TO cl_wd_grid_layout,
* Die GridLayout-Daten für dragData
       lr_grid_layout_data TYPE REF TO cl_wd_grid_data,
* Eine neue DragSourceInfo für den TransparentContainer
       lr_drag_source_info TYPE REF TO cl_wd_drag_source_info,
* Eine neue DropTargetInfo für den TransparentContainer
       lr_drop_target_info TYPE REF TO cl_wd_drop_target_info.
* Beim ersten Mal
  IF first_time = abap_true.
************************************************************
* TC1
************************************************************
* TransparentContainer ermitteln für Drag & Drop
    lr_tc ?= view->get_element(
        id      = 'TC1' ).
* Layout zum TransparentContainer ermitteln
    lr_grid_layout ?= lr_tc->get_layout( ).
* DropTargetInfo instanzieren
    CALL METHOD cl_wd_drop_target_info=>new_drop_target_info
      EXPORTING
        enabled = abap_true
        id      = 'DTI_TC1'
        name    = 'TC1'
        tags    = 'TC'
        view    = view
      RECEIVING
        control = lr_drop_target_info.
* DropTarget zum Layout ergänzen
    CALL METHOD lr_grid_layout->set_drop_target_info
      EXPORTING
        the_drop_target_info = lr_drop_target_info.
* DragSourceInfo instanzieren
    CALL METHOD cl_wd_drag_source_info=>new_drag_source_info
      EXPORTING
        data    = 'TC12'
```

```
        enabled = abap_true
        id      = 'DSI_TC12'
        tags    = 'TC'
        view    = view
      RECEIVING
        control = lr_drag_source_info.
* DragSource zum Layout ergänzen
    CALL METHOD lr_grid_layout->set_drag_source_info
      EXPORTING
        the_drag_source_info = lr_drag_source_info.
* Drop-Aktion setzen
* Muss vorher in den Aktionen definiert werden!
    CALL METHOD lr_grid_layout->set_on_drop
      EXPORTING
        value = 'DROP_TC'.
  ENDIF.
*******************************************************
* Behandlung des Drops auf die TransparentContainer
  DATA: lt_children TYPE
          cl_wd_uielement_container=>tt_uielement,
          lr_child LIKE LINE OF lt_children,
          ld_drag_data TYPE string,
          ld_target_index TYPE i,
          ld_source_index TYPE i.
* Ist ein onDrop aufgetreten?
  IF wd_this->gd_index IS NOT INITIAL.
* TransparentContainer ermitteln
    lr_tc ?= view->get_element(
     id       = 'TC1' ).
* Kinder
    lt_children = lr_tc->get_children( ).
* Finde das UI-Element, von dem gedraggt wurde
    LOOP AT lt_children INTO lr_child.
      ld_source_index = sy-tabix.
* Hole die Layoutdaten vom Kind
      lr_grid_layout_data ?= lr_child->get_layout_data( ).
* Hole von der UI-Eigenschaft dragData den Wert
      ld_drag_data = lr_grid_layout_data->get_drag_data( ).
* Vergleiche den Wert mit den Daten von onDrop
      IF ld_drag_data = wd_this->gd_data.
* Gefunden!
        EXIT.
      ENDIF.
    ENDLOOP.
* Neue Position ermitteln
    IF wd_this->gd_offset = -1.
      ld_target_index = wd_this->gd_index.
```

```
* Am Ende
    ELSE.
      ld_target_index = wd_this->gd_index + 1.
    ENDIF.
* Durch das Löschen verschiebt sich der Index
    IF ld_source_index < ld_target_index.
      ld_target_index = ld_target_index - 1.
    ENDIF.
* Aus der alten Position löschen und in die neue einfügen
    IF ld_source_index <> ld_target_index.
* Löschen
      lr_tc->remove_child( index = ld_source_index ).
* Einfügen
      lr_tc->add_child(
        the_child = lr_child
        index = ld_target_index ).
* Fertig
      CLEAR wd_this->gd_index.
    ENDIF. "Ungleiche Position?
  ENDIF. "D&D?
ENDMETHOD.
```

Listing 5.2 Drag & Drop GridLayout/MatrixLayout

Container-Layout ermitteln

Die Implementierung startet mit der Ermittlung der Referenz auf den `TransparentContainer` (es können auch andere Container sein, wie zum Beispiel eine Gruppe), für den Drag & Drop realisiert wird, das heißt in den Elemente eingefügt werden sollen oder dessen Kindelemente Sie per Drag & Drop verschieben möchten. Über diese Referenz wird eine Referenz auf das `GridLayout` (`MatrixLayout`) bezogen.

DropTargetInfo, DragSourceInfo, onDrop

Nach der Erzeugung eines `DropTargetInfo`- und `DragSourceInfo`-Objektes werden beide Objekte dem Layout zugewiesen. Darüber hinaus wird das `onDrop`-Ereignis mit einer Aktion gekoppelt, die Sie zuvor definiert haben.

Die genannten Schritte werden nur einmal in der Lebenszeit des View-Controllers ausgeführt. Die nächsten Schritte werden immer dann ausgeführt, wenn der Benutzer eine Drag-&-Drop-Operation im Layout durchführt.

Betroffenes Element

Anschließend ermitteln Sie zu Ihrem Container die Kindelemente, um für jedes Element prüfen zu können, ob es das durch die Drag-&-Drop-Operation betroffene ist. Sie können dazu mithilfe der Layoutdaten der Kindelemente die `dragData` ermitteln. Des Weiteren sind die `dragData` des fallen gelassenen Elementes aus der Aktionsbehandler-Methode bekannt. Durch einen einfachen Vergleich auf Gleichheit können Sie feststellen, welches der Kindelemente es war, das gezogen wurde.

Mithilfe von `INDEX` und `OFFSET` berechnen Sie die neue Position für das gezogene Kindelement. Danach löschen Sie dieses Element aus der alten Position und fügen es in die neue Position ein. **Positionieren**

5.4 ItemListBox

In einer `ItemListBox` werden Einträge in einer Box aufgelistet. Diese Einträge kann der Benutzer einzeln oder mehrfach markieren und ziehen. Um einen einzelnen Eintrag zu draggen, reicht es, diesen anzuklicken und zu ziehen.

Möchte ein Benutzer mehrere Einträge ziehen, muss er mithilfe der Tastenkombination von [⇧] und der linken Maustaste oder den Pfeiltasten oder [Strg] und der linken Maustaste oder den Pfeiltasten den gewünschten Bereich markieren. **Mehrfachselektion**

5.4.1 DragSourceInfo

In Abbildung 5.9 sehen Sie die `DragSourceInfo`, die es ermöglicht, dass der Benutzer einen oder mehrere Einträge aus einer `ItemListBox` ziehen kann.

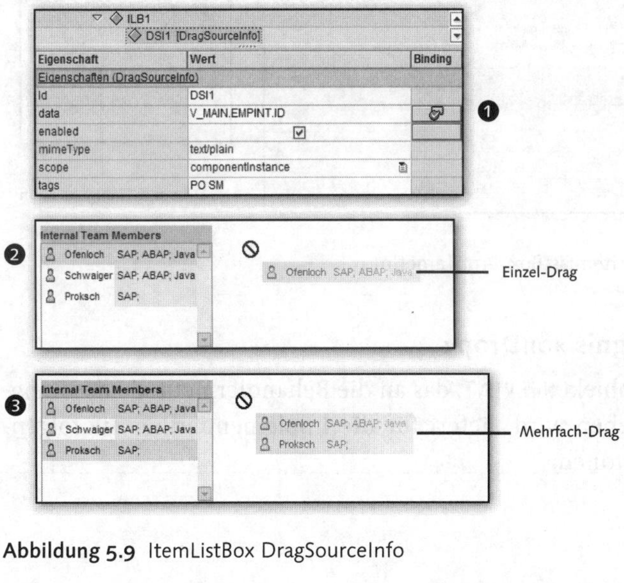

Abbildung 5.9 ItemListBox DragSourceInfo

Beschreibung

Die Eigenschaft `data` (❶) haben wir an den Context gebunden, um von dort die Referenz – hier als ID des Teammitglieds realisiert – auf ein Element der `DragSourceInfo` zuzuweisen. Diese Referenz wird an das Drop Target übergeben. Unter (❷) sehen Sie ein Beispiel für eine Einzelselektion und unter (❸) das für eine Mehrfachselektion. Ausschlaggebend für die Fähigkeit der Mehrfachselektion ist die UI-Element-Eigenschaft `multipleSelection = true` im UI-Element `ItemListBox`.

5.4.2 DropTargetinfo

Einfügepositionen

Wird die `ItemListBox` als Drop Target verwendet, stehen die folgenden möglichen Einfügepositionen zur Verfügung:

- zwischen existierenden Einträgen
- an erster und letzter Position innerhalb der Liste

In Abbildung 5.10 finden Sie ein Drop-Beispiel. Im unteren Bereich der Abbildung sehen Sie die Visualisierung der Suche nach der Einfügeposition durch den Benutzer. Dieser hat sich für das Einfügen an der vorletzten Position entschieden.

Droppt der Benutzer an der von ihm gewünschten Stelle, wird das Ereignis `onDrop` der `ItemListBox` ausgelöst und kann durch die Implementierung behandelt werden.

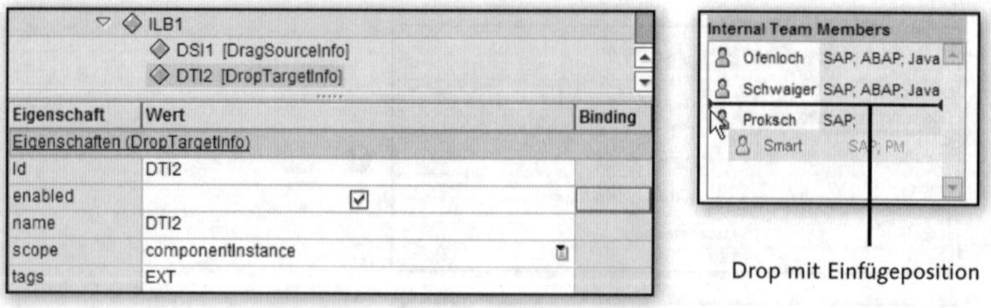

Abbildung 5.10 ItemListBox DropTargetInfo

5.4.3 Ereignis »onDrop«

Parameter

Das Ereignisobjekt `WDEVENT`, das an die Behandlermethode des Ereignisses übergeben wird, liefert für die Implementierung die folgenden Informationen:

- `ID`
  Der Parameter `ID` liefert die ID des Drop Targets.
- `CONTEXT_ELEMENT`
  Der Parameter `CONTEXT_ELEMENT` liefert das Context-Element zur Drag Source.
- `DATA`
  Der Parameter `DATA` beinhaltet die Daten aus der Drag Source.
- `MIME_TYPE`
  Der Parameter `MIME_TYPE` beinhaltet den MIME-Typ aus der Drag Source.
- `TAGS`
  Der Parameter `TAGS` hält die Tags aus der Drag Source.
- `INDEX`
  Der Parameter `INDEX` liefert die Basisinformation zur Einfügeposition.
- `OFFSET`
  Der Parameter `OFFSET` liefert die Position relativ zum Index.

Falls der Benutzer einen Eintrag an das Ende anhängen möchte, hat der Index den Wert, dem die Anzahl der Einträge entspricht. Außerdem erhält der Offset den Wert 1.

Werte

Falls der Benutzer einen Eintrag in die Liste einfügen möchte, hat der Index den Wert, der dem Index des Eintrags nach der Einfügeposition entspricht. Zudem erhält der Offset den Wert -1. Falls der Benutzer einen Eintrag am Anfang in die Liste einfügen möchte, hat der Index den Wert 1 und der Offset den Wert -1.

Muster

Um die Reaktion auf das Droppen des Benutzers in der Aktionsbehandler-Methode zu implementieren, können Sie das folgende Muster verwenden:

1. Ermitteln Sie die Quelle der Drag-&-Drop-Operation. Dafür können Sie das Attribut `DATA` aus dem Event-Objekt `WDEVENT` oder aus den Parametern der Aktionsbehandler-Methode verwenden.
2. Ermitteln Sie die selektierten Einträge auf der `ItemListBox`. Dazu beschaffen Sie sich die Referenz (`IF_WD_CONTEXT_NODE`) auf den Kontextknoten, an den die `ItemListBox` gebunden ist. Mithilfe der Methode `get_selected_elements` der Knotenreferenz ermitteln Sie die selektierten Einträge des Benutzers.

3. Aufgrund der Attribute INDEX und OFFSET aus dem Event-Objekt WDEVENT oder aus den Parametern der Aktionsbehandler-Methode bestimmen Sie die Drop-Position.
4. Realisieren Sie Ihre gewünschte Reaktion auf den Drop.

5.5 Table

Das UI-Element Table bietet vielfältige Möglichkeiten und Unterstützungen für die Drag-&-Drop-Operationen. Wie diese im Detail zu realisieren sind, erfahren Sie in diesem Abschnitt.

5.5.1 Nicht hierarchische Tabellen

Modi

Sie können selektierte Zeilen einer Table ziehen und Tabellenzeilen, Bilder und andere Quellen (Drag Source) zwischen oder auf bereits existierende Tabellenzeilen fallen lassen. Die zur Verfügung gestellten Modi sind die folgenden:

- **Einfügen**
  Für die Tabelle werden DragSourceInfo, DropTargetInfo und onDrop festgelegt. In diesem Fall kann ein oder können mehrere Elemente zwischen bestehenden Zeilen eingefügt werden (zum Beispiel von einer ItemListBox).
- **Verschieben**
  Für die Tabelle werden DragSourceInfo, DropTargetInfo und onDrop definiert. In diesem Fall kann eine oder können mehrere Zeilen zwischen bestehenden Zeilen in der Table verschoben werden. Sollen mehrere Elemente verschoben werden, muss die Selektionskardinalität im Context angepasst werden.
- **Zeilen-Drop**
  Wählen Sie aus dem Kontextmenü des UI-Elementes Table den Eintrag INSERT DROP_ROW_TRG_INF. Damit wird eine DropTargetInfo für den Drop auf eine Zeile eingefügt. Pflegen Sie die Werte zu den Eigenschaften der DropTargetInfo. Übernehmen Sie für die Eigenschaft dropOnRowName des UI-Elementes Table den Wert der Eigenschaft name der DropTargetInfo. Für die Tabelle können Sie mehrere DropTargetInfo für den Zeilen-Drop definieren. In diesem Fall verwenden Sie das Data Binding der Eigenschaft dropOnRowName, um den unterschiedlichen Zeilen den Namen der DropTargetInfo zuzuordnen.

Selection

Für das Verschieben von mehreren Zeilen in der Tabelle müssen Sie im Context die Eigenschaft `Selection` für die `dataSource` der Tabelle mit der Obergrenze `n` setzen, das heißt `0..n` oder `1..n`. Falls Sie Zeilengruppierungen in der Tabelle verwenden (siehe Abschnitt 10.2, »Table«), sind keine Besonderheiten zu beachten.

DragSource

Beispiel

Falls Sie eine oder mehrere Zeilen einer Tabelle als Drag Source verwenden möchten, müssen Sie zum `Tree` ein Unterelement vom Typ `DragSourceInfo` im View Designer definieren. In Abschnitt 5.1.1 finden Sie die Definition der `DragSourceInfo`. Abbildung 5.11 zeigt eine eingefügte `DragSourceInfo` für eine Tabelle. Im unteren Bereich sehen Sie die optische Darstellung des Drag-Vorgangs. Wir unterscheiden zwischen einem Drag von einzelnen und mehreren Zeilen. Notwendige Voraussetzung für den Mehrfach-Drag ist, dass die Eigenschaft `Selection` für die `dataSource` der Tabelle mit der Obergrenze `n` gesetzt ist.

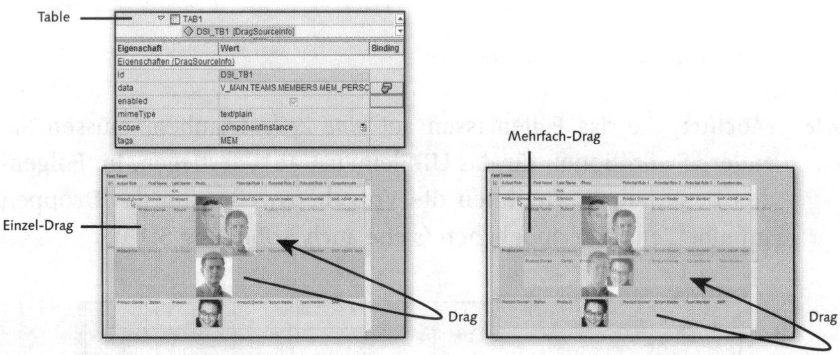

Abbildung 5.11 Table DragSourceInfo

DropTarget

Einfügepositionen

Wird die `Table` als Drop Target verwendet, stehen die folgenden möglichen Einfügepositionen zur Verfügung:

- zwischen existierenden Zeilen
- an erster und letzter Position innerhalb der aufgelisteten Zeilen
- auf eine Zeile

Zwischen den Zeilen

In Abbildung 5.12 sehen Sie ein Beispiel für das Fallenlassen zwischen Zeilen. Im oberen Bereich sehen erkennen die Eigenschaften der `DropTargetInfo`, die mit den passenden Werten versehen werden, wie in Abschnitt 5.1.2 beschrieben. In der Abbildung sehen Sie zwei Varianten für das Fallenlassen *zwischen Tabellenzeilen*. Unabhängig davon, ob Sie eine oder mehrere Zeilen fallen lassen möchten, ist es ausreichend, eine `DropTargetInfo` für den Vorgang zu definieren. Droppt der Benutzer an der von ihm gewünschten Stelle, wird das Ereignis `onDrop` der `Table` ausgelöst und kann durch die Implementierung behandelt werden.

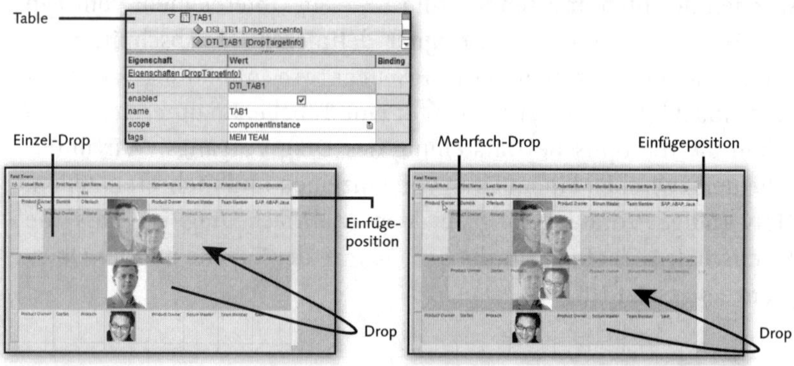

Abbildung 5.12 Table DropTargetInfo

Auf eine Zeile Möchten Sie das Fallenlassen auf *eine Zeile* erlauben, müssen Sie andere Definitionen für das UI-Element `Table` festlegen. Im Folgenden beschreiben wir Ihnen die Vorgehensweise, um das Droppen auf eine Zeile zu ermöglichen (siehe auch Abbildung 5.13).

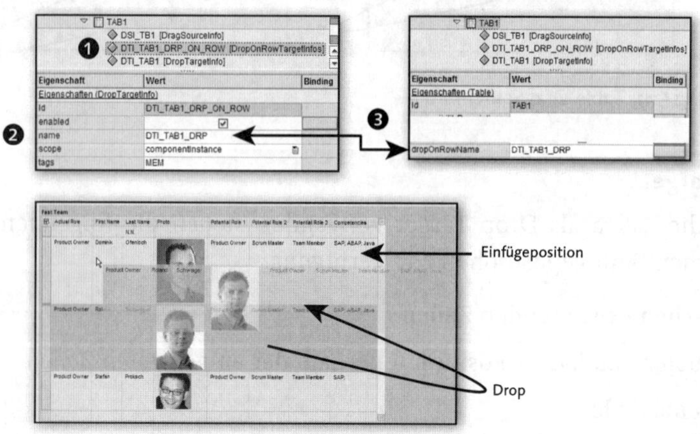

Abbildung 5.13 Table dropOnRowTargetInfo

1. Wählen Sie aus dem Kontextmenü des UI-Elementes `Table` den Eintrag `INSERT DROP_ROW_TRG_INF` (`dropOnRowTargetInfos`). Damit wird eine `DropTargetInfo` für den Drop auf eine Zeile eingefügt (❶).

   dropOnRowTargetInfo

2. Pflegen Sie die Werte zu den Eigenschaften der `DropTargetInfo` (siehe Abschnitt 5.1.2). Der Wert der Eigenschaft `name` (❷) wird im nächsten Schritt verwendet.
3. Übernehmen Sie für die Eigenschaft `dropOnRowName` des UI-Elementes `Table` den Wert der Eigenschaft `name` der `DropTargetInfo` (❸). Damit haben Sie die Definition abgeschlossen.
4. Alternativ zu der Definition der `DROP_ROW_TRG_INF` (`dropOnRowTargetInfo`) können Sie auch eine bereits bestehende `DropTargetInfo` verwenden. Gehen Sie analog zum letzten Schritt der vorhergehenden Aufzählung vor.
5. Für die Tabelle können Sie mehrere `DropTargetInfo` für den Zeilen-Drop definieren. In diesem Fall verwenden Sie das Data Binding der Eigenschaft `dropOnRowName` des UI-Elementes `Table`, um den unterschiedlichen Zeilen den Namen der `DropTargetInfo` zuzuordnen.

Ereignis »onDrop«

Parameter

Das Ereignisobjekt `WDEVENT`, das an die Behandlermethode des Ereignisses übergeben wird, liefert für die Implementierung die folgenden Attribute:

- `ID`:
  Der Parameter `ID` liefert die ID des Drop Targets.
- `CONTEXT_ELEMENT`:
  Der Parameter `CONTEXT_ELEMENT` ist immer initial.
- `DATA`
  Der Parameter `DATA` liefert die Daten aus der Drag Source.
- `MIME_TYPE`
  Der Parameter `MIME_TYPE` liefert den MIME-Typ aus der Drag Source.
- `TAGS`
  Der Parameter `TAGS` hält die Information über die Tags aus der Drag Source.

- OFFSET
  Der Parameter OFFSET hält einen Wert, der relativ zum ROW_ELEMENT zu interpretieren ist. Der Offset kann die Werte -1 (davor), 1 (danach, für das Ende der Elemente) und 0 (auf ein Element) annehmen.
- ROW_ELEMENT
  Der Parameter ROW_ELEMENT hält das Context-Element aus der dataSource der Table, für die das Einfügen durchzuführen ist.

Implementierungsidee

Die Implementierung der Reaktion auf den Drop beinhaltet im Allgemeinen drei Schritte.

1. **Ermittlung der Datenquelle(n) der Drag-&-Drop-Operation**
   Um die Datenquelle(n) herauszufinden, bestimmen Sie zum Beispiel die Referenz (IF_WD_CONTEXT_NODE) auf den Kontextknoten, an den die Quelle gebunden ist. Mithilfe der Methode get_selected_elements der Knotenreferenz ermitteln Sie die selektierten Elemente der Quelle.
2. **Ermittlung von Positionen**
   Ermitteln Sie den Index der Einfügeposition(en). Dabei unterstützt Sie die Methode get_index aus dem Interface IF_WD_CONTEXT_ELEMENT und das OFFSET-Attribut aus dem Ereignisobjekt.
3. **Manipulation der Context-Elemente der dataSource der Tabelle**
   Das Interface IF_WD_CONTEXT_NODE bietet die Methoden move_* an, um Elemente auf einen Context-Knoten zu verschieben. Damit können Sie die zu verschiebenden Elemente an die Einfügeposition im Context und somit in der Table verschieben.

5.5.2 Hierarchische Tabellen

Modi

In hierarchischen Tabellen, das heißt in Tabellen, die eine Master-Spalte TreeByKeyTableColumn oder TreeByNestingTableColumn besitzen (siehe Abschnitt 10.2, »Table«), gibt es zwei unterschiedliche Drag-&-Drop-Modi:

- **Einfacher Modus**
  Dieser Modus ist dafür gedacht, einen Drop zwischen Tabellenzeilen ausführen zu können. Falls Sie diesen Modus verwenden möchten, reicht es, für die Tabelle eine DragSourceInfo anzulegen (siehe Abschnitt 5.1.1). Zu beachten ist, dass Sie die Eigenschaft name initial belassen müssen.

- **Komplexer Modus**
  Falls Sie der Eigenschaft `name` der `DropTargetInfo` einen Wert geben, ist nur das Droppen zwischen den Zeilen der höchsten Hierarchiestufe (direkt unter der Wurzel) möglich. Für das Fallenlassen zwischen den Zeilen und auf eine Zeile von niedrigeren Hierarchiestufen müssen Sie eine oder mehrere `dropOnRowTargetInfo` anlegen und diese über die Eigenschaft `dropOnRowName` des UI-Elementes `Table` der Tabelle bzw. den Zeilen der Tabelle zuordnen (siehe Abschnitt 5.5.1, »Nicht hierarchische Tabellen«).

Beispiel

In Abbildung 5.14 sehen Sie Beispiele für das Draggen unter Einbeziehung eines hierarchischen Baumes:

- Im oberen Bild wird aus einer `ItemListBox` ein Eintrag auf den Baum gezogen. Sie sehen die Markierung für die Einfügeposition zwischen den Zeilen.
- Im unteren Bereich des Bildes dient der Baum selbst als Drag-Quelle. Sie sehen aufgrund der markierten Zeile und der fehlenden Markierung für die Einfügeposition, dass auf eine Zeile gezogen wird. Bei der Implementierung der Behandlung des `onDrop`-Ereignisses können Sie sich an Abschnitt 5.1.4 orientieren.

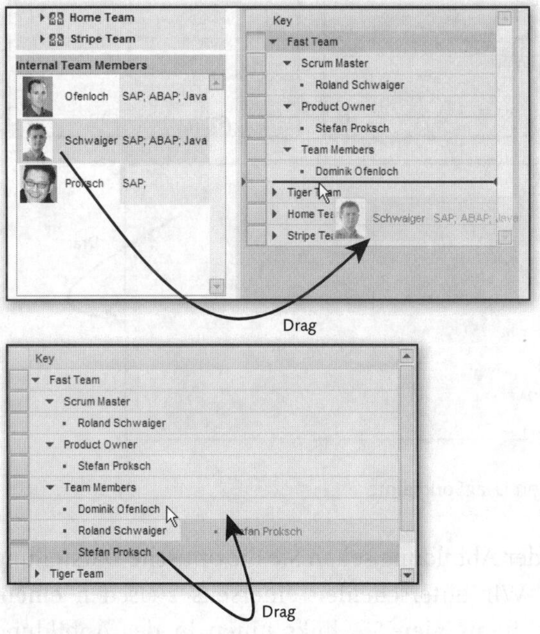

Abbildung 5.14 Hierarchische Tabelle »DragSource«

5.6 Accordion

Items In einem `Accordion` werden anklickbare `AccordionItem`- und `MultipleAccordionItem`-Elemente vertikal aufgelistet (siehe Abschnitt 3.2.1, »Accordion«). Diese Items kann der Benutzer im `Accordion` verschieben, das heißt ein Item vor oder nach einem anderen Item platzieren. Des Weiteren ist es möglich, dass andere UI-Elemente in einer Drag-&-Drop-Operation auf ein Item gezogen werden.

5.6.1 DragSource

Falls Sie ein Item eines `Accordion` als Drag Source verwenden möchten, müssen Sie zum `Accordion` ein Unterelement vom Typ `DragSourceInfo` im View Designer definieren (siehe Abschnitt 5.1.1).

Beispiel In Abbildung 5.15 sehen Sie eine eingefügte `DragSourceInfo` für ein Accordion (❶). Zudem erkennen Sie unter Punkt ❷ und ❸ die Eigenschaft `dragData` des `MultipleAccordionItem` und des UI-Elementes `AccordionItem`, an denen Sie Daten für den Drag-Vorgang hinterlegen können.

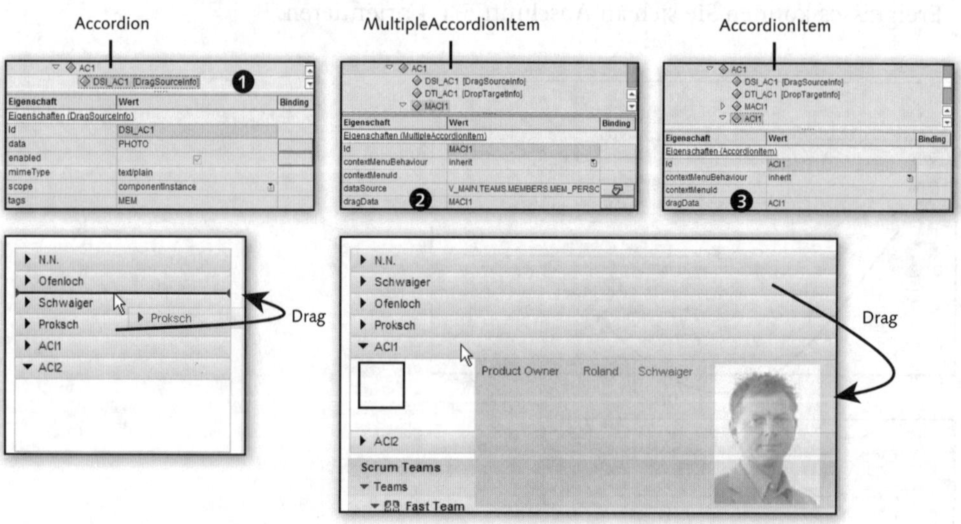

Abbildung 5.15 Accordion DragSourceInfo

Beschreibung Im unteren Bereich der Abbildung sehen Sie die optische Darstellung des Drag-Vorgangs. Wir unterscheiden einerseits zwischen einem Drag von einzelnen Items, den Sie links unten in der Abbildung sehen. Andererseits können Sie auch einen Drag auf ein Item durchführen, dies wird in der Abbildung rechts unten dargestellt. Voraussetzung für den Drag auf ein Item ist die Definition einer `DropTargetInfo`, die wir im nächsten Abschnitt besprechen.

5.6.2 DropTargetinfo

Wird das `Accordion` als Drop Target verwendet, stehen die folgenden möglichen Einfügepositionen zur Verfügung:

- zwischen existierenden Items
- an erster und letzter Position der Items
- auf ein Item

Beispiel

In Abbildung 5.16 finden Sie zwei Drop-Beispiele. Einerseits ist für den Drop zwischen den Items die `DragSourceInfo`-Definition zum `Accordion` relevant (❶). Andererseits benötigen Sie die `DragSourceInfo`-Definition für jene Items, auf denen Sie einen Drop ausführen möchten (❷ und ❸).

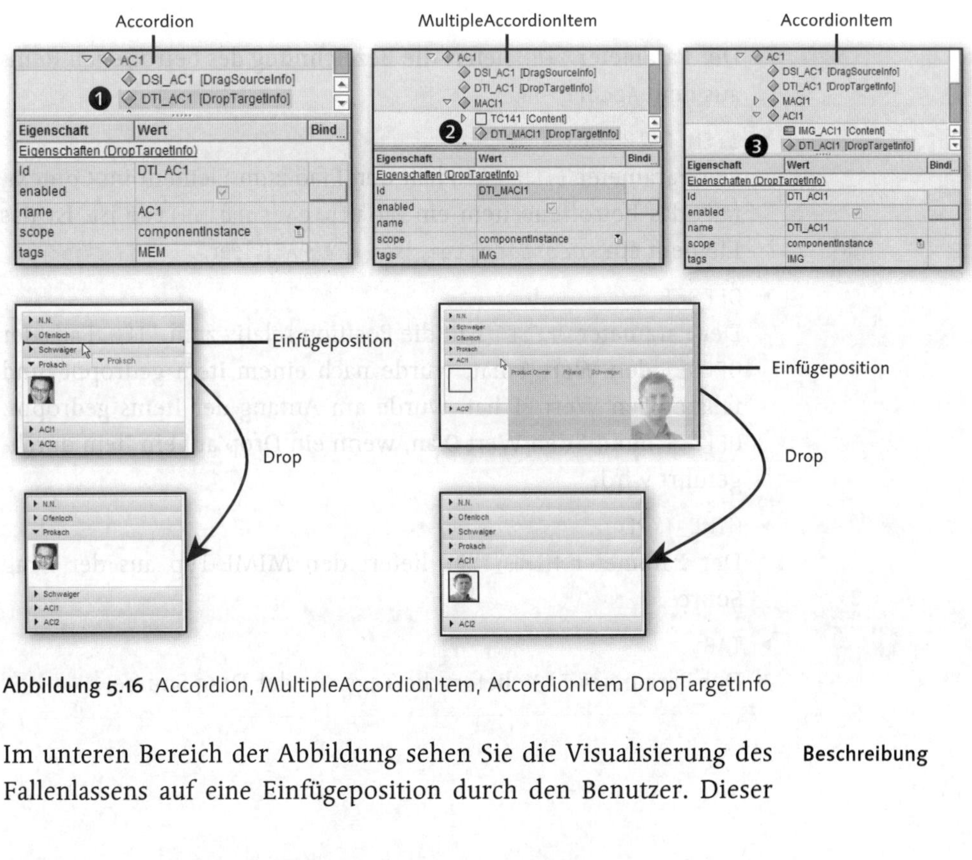

Abbildung 5.16 Accordion, MultipleAccordionItem, AccordionItem DropTargetInfo

Beschreibung

Im unteren Bereich der Abbildung sehen Sie die Visualisierung des Fallenlassens auf eine Einfügeposition durch den Benutzer. Dieser hat sich im linken Beispiel in der Abbildung für das Einfügen zwischen den Items entschieden. Im rechten Beispiel wird ein Drop auf ein Item ausgeführt und bewirkt eine Reaktion, die im Ereignis `onDrop` des `Accordion` implementiert ist. Wir besprechen die Implementierung im nächsten Abschnitt.

5.6.3 Ereignis »onDrop«

Parameter

Das Ereignisobjekt `WDEVENT`, das an die Behandlermethode des Ereignisses übergeben wird, liefert für die Implementierung die folgenden Informationen:

- `ID`
  Der Parameter `ID` liefert die ID des Drop Targets.
- `CONTEXT_ELEMENT`
  Der Parameter `CONTEXT_ELEMENT` ist immer initial.
- `DATA`
  Der Parameter `DATA` hält die Daten aus der Drag Source.
- `ITEM`
  Der Parameter `ITEM` liefert die Bezeichnung des betroffenen Items aus dem `Accordion`.
- `ITEM_PATH`
  Der Parameter `ITEM_PATH` hält den Pfad zum Element im Context, falls das betroffene Item ein `MultipleAccordionItem` ist. Ist das Element ein `AccordionItem`, ist `ITEM_PATH` leer.
- `OFFSET`
  Der Parameter `OFFSET` hält die Position relativ zum `ITEM`. Falls der `OFFSET` den Wert 1 hat, wurde nach einem Item gedroppt, und falls er den Wert -1 hat, wurde am Anfang der Items gedroppt. `OFFSET` nimmt den Wert 0 an, wenn ein Drop auf ein Item durchgeführt wird.
- `MIME_TYPE`
  Der Parameter `MIME_TYPE` liefert den MIME-Typ aus der Drag Source.
- `TAGS`
  Der Parameter `TAGS` liefert die Tags aus der Drag Source.

5.7 Operationsmodi

In der Verwendung von Drag & Drop kristallisieren sich bestimmte Verwendungsmuster des Benutzers heraus. Wir beschreiben diese im Folgenden.

5.7.1 Browse & Collect

Bei Browse & Collect wählt ein Benutzer einen Eintrag bzw. mehrere Einträge aus und zieht diesen/diese an eine bestimmte Position auf einem anderen UI-Element. Dadurch werden Daten entweder verschoben oder kopiert. Für alle Zeilen wird die gleiche `DragSourceInfo` verwendet. Überall, wo ein `DropTargetInfo` definiert ist, können Einträge hineinkommen. Browse & Collect steht für die folgenden UI-Elemente zur Verfügung:

- `ItemListBox`
- `Table`
- `Tree`

5.7.2 Generisches Drag & Drop

Beim generischen Drag & Drop zieht der Benutzer ein UI-Element fort und lässt es auf ein `DropTarget` fallen. Hierfür können `Image`, `GridLayout` und `MatrixLayout` verwendet werden. Wie wir in Abschnitt 5.1.3 besprochen haben, wird in diesem Fall ein `DropTarget` als verschalendes UI-Element verwendet.

5.7.3 Laufzeit-Authoring

Beim Laufzeit-Authoring zieht der Benutzer ein UI-Element an eine andere Stelle in einem `GridLayout` oder `MatrixLayout` (siehe Abschnitt 5.3). Dabei klickt er den Griff des UI-Elementes an und zieht diesen an die gewünschte Stelle. Damit ein UI-Element als Griff definiert werden kann, muss es die Eigenschaft `isDragHandle` besitzen. Die folgenden UI-Elemente bieten diese Eigenschaft an:

- `Image`
- `Caption`
- `SectionHeader`

Zu einer Drag-&-Drop-Operation gehört nicht nur die Quelle, sondern auch ein Ziel, das das Ereignis `onDrop` für die Behandlung des Drops anbietet. Für die folgenden UI-Elemente steht das Event `onDrop` zur Verfügung:

- `Tree` (über `AbstractTreeNodeType`)
- `Accordion`
- `DropTarget`
- `GridLayout`
- `MatrixLayout`
- `ItemListBox`
- `Table`

SAP liefert farblich und optisch ausgewogene Themes für das Aussehen Ihrer Web-Dynpro-Anwendungen mit dem Standard aus. Sollten Sie dennoch den Wunsch haben, die Visualisierung der UI-Elemente zu verändern, sind Sie in diesem Kapitel an der richtigen Stelle. Sie werden alle Möglichkeiten kennenlernen, um ein eigenes Web-Dynpro-Theme zu erstellen.

6 Visuelle Anpassung von Web-Dynpro-Anwendungen

»Das Aussehen einer Web-Dynpro-Anwendung ist zwar ausgewogen und optisch ansprechend, wir benötigen aber eine visuelle Abstimmung mit unserem Firmenauftritt im Web.« In dieser Aussage steckt eine der zentralen, nicht funktionalen Anforderungen der Web-Dynpro-Entwicklung: Anpassung an die Unternehmens-CI (Corporate Identity). Wie diese berechtigte Forderung umgesetzt werden kann, erfahren Sie in diesem Kapitel.

Wir werden Ihnen die nötigen Informationen bereitstellen, sodass Sie die von Ihnen gewünschten Anpassungen des Erscheinungsbildes einer Web-Dynpro-Anwendung vornehmen können, und die dazu erforderlichen Schritte beschreiben. Wir beginnen mit der Installation des Theme Editors – der das technische Werkzeug zur Umsetzung der Anpassungen darstellt – und der Integration der Anwendungsumgebung in Eclipse. Danach zeigen wir Ihnen, wie Sie bestehende Themes – dabei handelt es sich um eine Sammlung von Aufbereitungsinformationen, die das Aussehen der Benutzeroberfläche bestimmen – aus dem SAP-System exportieren können, um dann eines der Themes als Kopierbasis für Ihr gewünschtes Theme heranziehen zu können.

Der Schwerpunkt dieses Kapitels liegt auf der Diskussion der Anpassungsmöglichkeiten und der Elemente, die zur Veränderung angeboten werden. Nachdem Sie Ihre Anpassungen für Ihr Theme vorgenommen haben, muss dieses aus dem Theme Editor exportiert und in das SAP-System als neues Theme importiert werden. Den Abschluss der Diskussion bildet der Einsatz Ihres Themes in einer Web-Dynpro-Anwendung, um damit die visuelle Erscheinung zu verändern.

[+] **Hinweis**: Während der Erstellung dieses Buches ist Version 2 des Theme Editors erschienen, der bezüglich Handling und Gruppierung der Informationen etwas anders konzipiert wurde als Version 1. Mit unseren Erläuterungen zu Version 1 werden Sie dennoch in der Lage sein, Version 2 des Theme Editors effizient einzusetzen.

6.1 MIME Repository und Theme Editor

MIME-Objekte

Der zentrale Begriff bei der Definition und Sammlung von visuellen Aufbereitungsinformationen ist der des Themes. Unter einem Theme versteht SAP eine Sammlung von Cascading Stylesheets (CSS), JavaScript-Inhalten und Bildern etc. – das heißt zusammengefasst von MIME-Objekten (Multipurpose Internet Mail Extensions). Diese werden thematisch gruppiert und für die optische Aufbereitung der Webanwendung eingesetzt.

MIME Repository

Rein technisch befinden sich die Themes für Web Dynpro ABAP im sogenannten MIME Repository (siehe folgender Kasten) unter dem Pfad */SAP/PUBLIC/BC/UR/nw5/themes*. Dort werden nicht nur die SAP-Themes – auch als Standard-Themes bezeichnet – abgelegt, sondern dort sind auch die Custom Themes, das heißt die Eigenentwicklungen von Kunden zu finden. Die Custom Themes werden im Unterordner */SAP/PUBLIC/BC/UR/nw5/themes/CUSTOM* abgelegt (siehe Abbildung 6.1).

[+] **Hinweis**: MIME ist ein Internetstandard zur Beschreibung des Inhaltstyps einer Nachricht. Die offiziellen MIME-Standards werden von der Internet Engineering Task Force (IETF, *http://www.ietf.org*) zur Verfügung gestellt. Das MIME Repository von SAP dient als Ablage für alle MIME-Objekte (Stylesheets, Grafiken, Icons, Videos, JavaScript-Inhalte etc.) im SAP-System. Diese werden als Objekte in der Datenbank abgelegt und können von unterschiedlichen Technologien aus, wie zum Beispiel Web Dynpro, angesprochen und verwendet werden.

Das MIME Repository und dessen Inhalt können durch einen Browser, der in Transaktion SE80 zu finden ist, und über das SAP-Menü Hilfsmittel • Einstellungen aufgerufen werden. Im erscheinenden Pop-up wechseln

Sie auf den Karteireiter Workbench, und auf dem Karteireiter Allgemein. Gruppe finden Sie in der Gruppe Browser-Auswahl die Auswahlmöglichkeit MIME Repository.

Der Zugriff auf das MIME Repository von Programmen aus erfolgt über die MIME-API, die als ABAP-OO-Klasse `CL_MIME_REPOSITORY_API` realisiert ist.

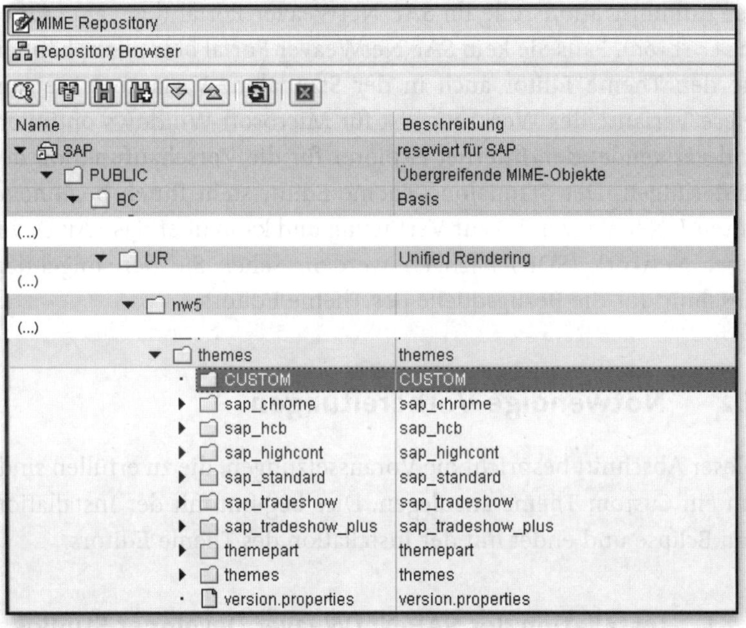

Abbildung 6.1 MIME-Repository-Pfad für Custom Themes

SAP Signature Design

Ein neueres unter den Standard-Themes ist `sap_tradeshow_plus`, das das sogenannte SAP Signature Design für Web Dynpro ABAP umsetzt. Dieses Design wurde entworfen, um eine Harmonisierung (Angleichung der Visualisierung von UI-Elementen in unterschiedlichen SAP-UI-Technologien) des Erscheinungsbildes der User Interfaces der unterschiedlichen SAP-Produkte zu erreichen. Es steht zum Beispiel auch für das SAP GUI zur Verfügung und kann mit dem SAP-Zusatzprogramm Tweak SAP GUI und mit SAP GUI for Windows ab Release 7.0 EHP2 direkt ausgewählt werden. Tweak SAP GUI ist eine Standalone-Anwendung, die nach der Installation auf dem Windows-Desktop zu finden ist. Sie können die Anwendung über das SAP Developer Network beziehen (*http://sdn.sap.com*).

Theme Editor

Der Theme Editor (siehe Abschnitt 6.4, »Themes im Theme Editor«) ist das Werkzeug, um Themes anzupassen bzw. Themes neu zu entwickeln. Er bietet somit die Möglichkeiten, das Erscheinungsbild einer Web-Dynpro-Anwendung an die eigene Corporate Identity anzupassen.

Falls Sie das SAP NetWeaver Portal im Einsatz haben, können Sie UI-Themes mit dem Theme Editor des Portals anpassen. Dieser ist Teil der Administrationsrolle im SAP NetWeaver Portal (`Content-Administration`). Falls Sie kein SAP NetWeaver Portal betreiben, können Sie den Theme Editor auch in der Standalone-Variante einsetzen. Diese Variante des Werkzeugs ist für Microsoft Windows optimiert und verwendet den Internet Explorer für die Vorschaufunktion der Änderungen. Der Standalone Theme Editor steht Ihnen beginnend mit SAP NetWeaver 7.0 zur Verfügung und kann über das SAP Developer Network (SDN) bezogen werden. Sehen Sie den folgenden Abschnitt für die Bezugsquelle des Theme Editors.

6.2 Notwendige Vorbereitungen

Dieser Abschnitt bespricht die Voraussetzungen, die zu erfüllen sind, um ein Custom Theme anzulegen. Dies beginnt mit der Installation von Eclipse und endet mit der Installation des Theme Editors.

6.2.1 Installation des SAP NetWeaver Developer Studios

Falls Sie das SAP NetWeaver Developer Studio (NWDS) noch nicht installiert haben, müssen Sie damit beginnen. Folgen Sie dazu den Installationsschritten, die wir zusammengestellt haben.

NWDS-Installation

1. Gehen Sie zur Webseite *http://sdn.sap.com*.
2. Wechseln Sie auf die Downloads-Seite (siehe Abbildung 6.2, ❶). Im Menü links, im Bereich Software Downloads, klicken Sie auf den Punkt SAP NetWeaver Composition Environment (❷).
3. Daraufhin erscheint die Liste der SAP NetWeaver Composition Environment Downloads. Wählen Sie in dieser Liste den Eintrag für das aktuellste Release des SAP NetWeaver Composition Environments aus, um zur Detailsicht des Downloads für diese Version zu gelangen. Achten Sie dabei darauf, dass das SAP NetWeaver Developer Studio in den Inhaltsangaben zum Download enthalten ist.

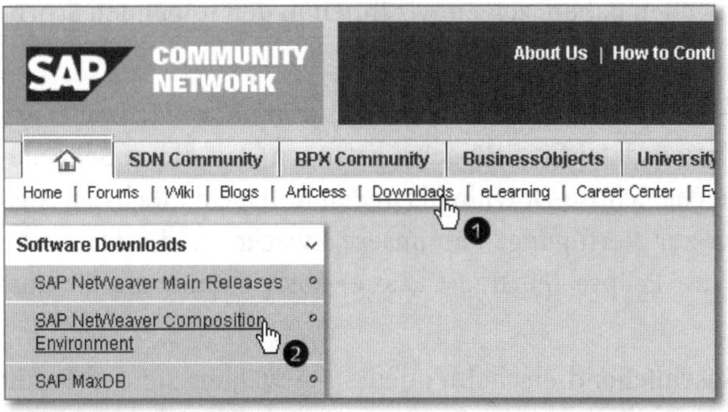

Abbildung 6.2 Wechsel auf den Download-Bereich für das SAP NetWeaver Developer Studio

4. Wählen Sie als Nächstes den Punkt CLICK HERE FOR DOWNLOAD. Es erscheint eine Seite unter anderem mit drei Auswahlmöglichkeiten für den Download. Wählen Sie den Radiobutton für das SAP NETWEAVER DEVELOPER STUDIO, und akzeptieren Sie die Lizenzbedingungen über die Drucktaste I AGREE – DOWNLOAD SELECTED FILE.
5. Es erscheint ein Pop-up mit der Möglichkeit, einen Speicherort für die Download-Datei festzulegen. Speichern Sie die RAR-Datei an einen Ort, an den Sie sich erinnern können. Sobald der Download fertiggestellt ist, entpacken Sie die RAR-Datei in ein Verzeichnis Ihrer Wahl.
6. Lokalisieren Sie im Entpackungsverzeichnis die Datei *NWDS_platform.zip*, und entpacken Sie sie. Im Verzeichnis *eclipse* finden Sie die Datei *SapNetWeaverDeveloperStudio.exe*. Damit können Sie das SAP NetWeaver Developer Studio starten.
7. Beim erstmaligen Start werden Sie nach dem Default Workspace gefragt – der Ort, an dem Ihre Projekte abgelegt werden. Legen Sie den Ort fest, und bestätigen Sie Ihre Eingabe. Des Weiteren kann Eclipse nach der Java-Version 1.5.x (JSE) verlangen, falls diese noch nicht auf Ihrem Rechner installiert ist. Diese können Sie bei Bedarf von *http://javasoft.com* beziehen.

6.2.2 Installation von Eclipse

Eine Alternative zur Verwendung des SAP NetWeaver Developer Studios ist der Einsatz von Eclipse. Wie Sie bei der Installation von

Eclipse vorzugehen haben, zeigen wir Ihnen in den folgenden Schritten.

Eclipse-Installation

1. Rufen Sie die Webseite *http://www.eclipse.org/downloads* auf, um zur Installationsdatei für Eclipse zu gelangen. Auf dieser Seite stehen zahlreiche Eclipse-Downloads in den unterschiedlichsten Ausprägungen zur Verfügung. Für unsere Zwecke ist die klassische Variante von Eclipse (ECLIPSE CLASSIC) ausreichend, die Sie auswählen.
2. Auf der anschließend erscheinenden Seite wählen Sie den Punkt DOWNLOAD für die zu Ihrem System passende Betriebssystemversion. Es erscheint ein Pop-up mit der Möglichkeit, einen Speicherort für die Download-Datei anzugeben. Speichern Sie die ZIP-Datei an einen Ort, an den Sie sich erinnern können. Sobald der Download fertiggestellt ist, entpacken Sie die ZIP-Datei in ein Verzeichnis Ihrer Wahl.
3. Mit dem Entpackungsvorgang ist auch der Installationsvorgang von Eclipse abgeschlossen. In Ihrem Entpackungsverzeichnis finden Sie das Unterverzeichnis *eclipse*, in dem sich die Datei *eclipse.exe* befindet. Zur leichteren Handhabung des Aufrufs von Eclipse können Sie sich einen Shortcut auf den Desktop legen.
4. Beim erstmaligen Start werden Sie nach dem Default Workspace gefragt – der Ort, an dem Ihre Projekte abgelegt werden. Legen Sie den Ort fest, und bestätigen Sie Ihre Eingabe. Des Weiteren kann Eclipse nach der Java-Version 1.5.x (JSE) verlangen, falls diese noch nicht auf Ihrem Rechner installiert ist. Diese können Sie bei Bedarf von *http://javasoft.com* beziehen.

6.2.3 Installation des Theme Editors

Den Theme Editor können Sie auf den Installationen von SAP NetWeaver Developer Studio und Eclipse aufbauend einrichten. Er ist als eine Menge von Eclipse-Plug-ins realisiert.

Theme-Editor-Installation

1. Wechseln Sie auf die Webseite *http://sdn.sap.com* und dort über den DOWNLOADS-Link in der Menüleiste auf die Download-Seite. Der Link für den Theme Editor befindet sich im Bereich TOOLS FOR APPLICATION SERVER im FREE DOWNLOAD CATALOG. Falls Sie den Theme Editor nicht mehr an dieser Stelle finden, verwenden Sie die Suche im SDN, um die Seite zu lokalisieren.

2. Klicken Sie auf ECLIPSE THEME EDITOR – RELEASE INDEPENDENT PLUGIN und anschließend auf CLICK HERE FOR DOWNLOAD. Falls Sie bisher noch nicht im SDN angemeldet waren, wird es Zeit, das jetzt nachzuholen.
3. Die Seite mit dem SAP DOWNLOAD – LICENSE AGREEMENT und zwei Optionen für Downloads (siehe Abbildung 6.3) öffnet sich. Die erste Option (❶) ist für den Download des Theme Editors und die zweite Option (❷) für den Download der Projektdatei mit allen SAP-Standard-Themes. Für uns ist ausschließlich die erste Option ECLIPSE THEME EDITOR PLUGIN relevant, da wir später eine Projektdatei durch den Export aus dem SAP-System selbst erzeugen werden. Bestätigen Sie Ihre Eingabe über die Drucktaste I AGREE – DOWNLOAD SELECTED FILE.

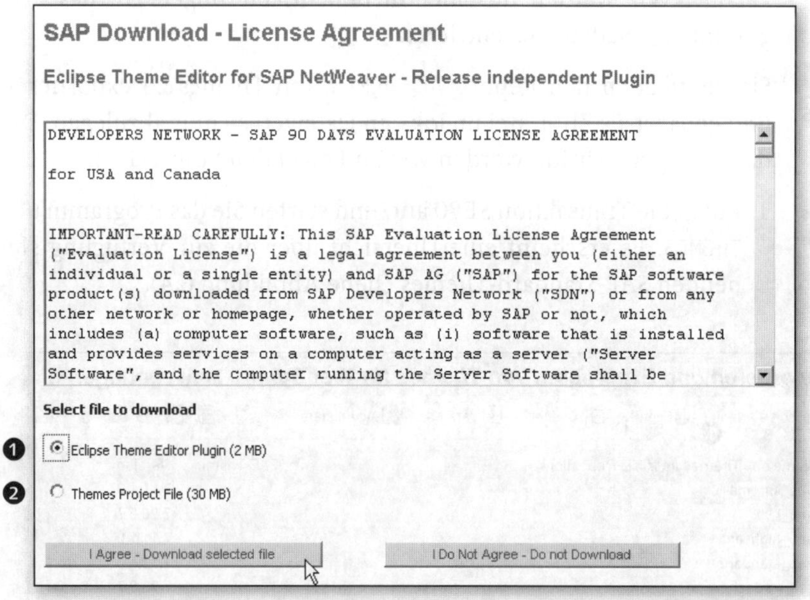

Abbildung 6.3 Download von Eclipse Theme Editor Plugin

4. Die Detailseite zum Theme Editor öffnet sich. Dort drücken Sie die Drucktaste VIEW THIS TOOL. Ein Datei-Download-Popup wird geöffnet, und Sie können für die ZIP-Datei bestimmen, an welchem Ort sie gespeichert werden soll. Nachdem der Download und der Speichervorgang beendet sind, extrahieren Sie die Datei in den Ordner *eclipse* Ihrer Eclipse-Installation.

Damit ist die Installation des Standalone Theme Editors abgeschlossen. Sie haben die nötigen Voraussetzungen geschaffen, um mit dem Theme Editor arbeiten zu können. Bevor wir dies aber tun, werden wir Ihnen noch zeigen, wie Sie Themes aus dem SAP-System exportieren und importieren können.

6.3 Themes aus dem SAP-System exportieren

Bevor wir eigene Themes im Theme Editor erzeugen und/oder bearbeiten können, benötigen wir bestehende Themes als Kopiervorlage, um eine Ausgangsbasis für die Gestaltung unserer eigenen Themes zu haben. Prinzipiell stehen zwei ABAP-Programme zur Verfügung, um die Themes zu exportieren: `BSP_UPDATE_MIMEREPOS` und `WD_THEMES`. Wir werden uns hier in den Erläuterungen auf das Programm `WD_THEMES` konzentrieren.

Programm WD_THEMES

Sie verwenden den Report `WD_THEMES`, um Themes zu exportieren und gepackt als ZIP-Datei im lokalen Dateiverzeichnis abzulegen. Die dazu nötigen Schritte werden wir im Folgenden besprechen.

Themes exportieren

1. Rufen Sie Transaktion SE80 auf, und starten Sie das Programm `WD_THEMES`. Es erscheint eine Übersicht über die zur Verfügung stehenden SAP-Standard-Themes (siehe Abbildung 6.4).

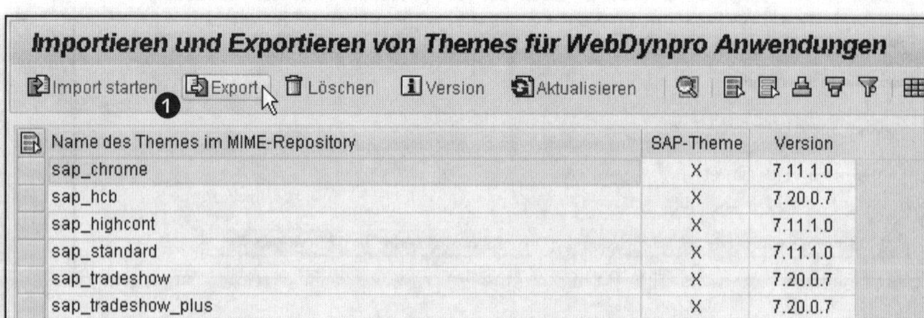

Abbildung 6.4 Liste mit SAP-Standard-Themes

2. Um die Themes zu exportieren, drücken Sie die Drucktaste EXPORT (❶). Obwohl Sie möglicherweise nur ein Theme ausgewählt haben, werden aus technischen Gründen alle SAP-Themes mit exportiert. Bestätigen Sie im erscheinenden Pop-up mit der OK-Drucktaste den Export.

3. Es erscheint ein Pop-up mit der Möglichkeit, den Speicherort des Exports und den Namen der ZIP-Datei (zum Beispiel `sap_themes`) festzulegen. Geben Sie die von Ihnen gewünschte Bezeichnung an, und bestätigen Sie Ihre Eingaben mit dem SAVE-Button.
4. Als Ergebnis finden Sie die ZIP-Datei in dem von Ihnen angegebenen Ordner, damit haben Sie den Export abgeschlossen.

6.4 Themes im Theme Editor

Um die zuvor aus dem SAP-System exportierten Themes verwenden zu können, müssen Sie Eclipse oder das SAP NetWeaver Developer Studio starten. Nach dem Start werden Sie feststellen, dass Sie die Entwicklungswerkzeuge des Theme Editors noch nicht verwenden können, weil die sogenannte Theme-Editor-Perspektive noch nicht geöffnet wurde. Theme-Editor-Perspektive

Hinweis: In Eclipse wird unter einer Perspektive die Sammlung aller Workbench-Fenster mit einer Auswahl von Views verstanden. Perspektiven fassen dabei alle Werkzeuge zusammen, die zur Erfüllung einer Aufgabe erforderlich sind. [+]

6.4.1 Theme-Editor-Perspektive

Um ein Theme-Projekt, das wir in Abschnitt 6.3, »Themes aus dem SAP-System exportieren«, erzeugt haben, bearbeiten zu können, müssen Sie die Theme-Editor-Werkzeuge öffnen. Dazu sehen wir uns die nötigen Schritte anhand der Eclipse-Installation an.

1. Wählen Sie das Menü WINDOW • OPEN PERSPECTIVE • OTHERS in Eclipse und dort den Eintrag SAP UR THEMES. In Abbildung 6.5 sehen Sie die Auflistung aller zur Verfügung stehenden Perspektiven. Theme-Editor-Perspektive
2. Klicken Sie auf OK.
3. Die Perspektive zur Anzeige wird ausgewählt, und die dazugehörigen Views werden angezeigt. Der erste View ist der THEME PROJECTS-View (❶), der die bereits importierten und erzeugten Theme-Projekte mit den entsprechenden Themes auflistet. Beim erstmaligen Start werden Sie noch keine Themes vorfinden.

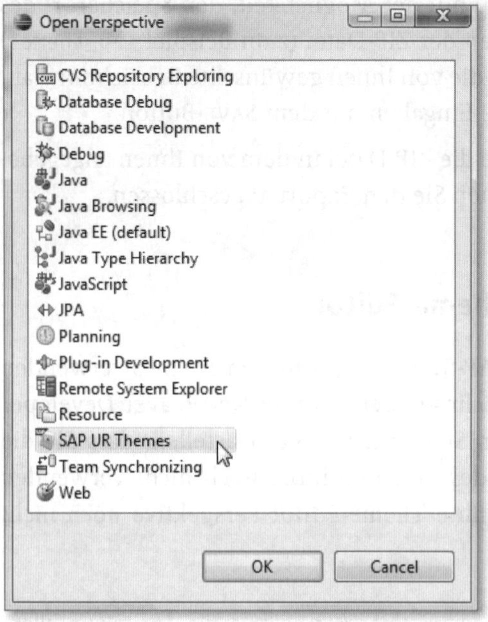

Abbildung 6.5 Perspektive »SAP UR Themes«

6.4.2 Theme importieren

Sie sind nun bereit, ein Projekt zu importieren.

1. Um Ihr Theme-Projekt – das heißt Ihre exportierten Themes aus dem SAP-System – zu importieren, klicken Sie auf den Button IMPORT AN EXISTING THEME PROJECT (siehe Abbildung 6.6, ❶).

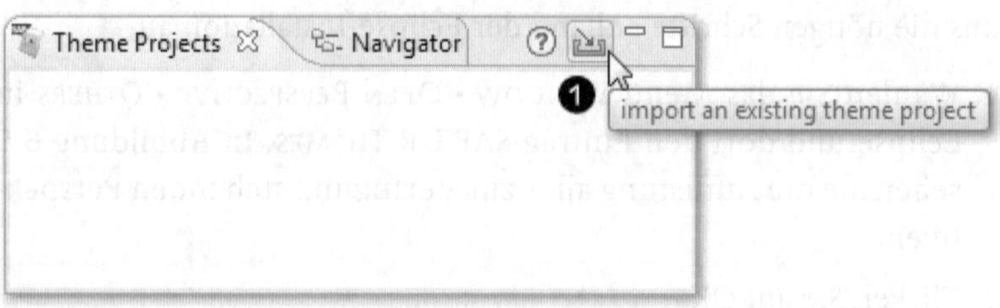

Abbildung 6.6 Theme-Projekt importieren

Theme-Projekt importieren

2. Das Pop-up IMPORT THEME PROJECT erscheint, in dem Sie die Informationen zum Import des Projektes eingeben (siehe Abbildung 6.7). Tragen Sie im Eingabefeld PROJECT NAME (❶) den Namen für Ihr Theme-Projekt ein, zum Beispiel »myTheme«. Pflegen Sie das

Eingabefeld PROJECT LOCATION (❷), um den Speicherort Ihres Projektes festzulegen. Klicken Sie dazu auf den BROWSE-Button. Im optionalen Abschnitt geben Sie im Eingabefeld UNPACK PROJECT ZIP TO LOCATION (❸) den Namen der exportierten SAP-Themes an, die in der ZIP-Datei aus Abschnitt 6.3, »Themes aus dem SAP-System exportieren«, verpackt wurden. Klicken Sie dazu ebenfalls auf den BROWSE-Button rechts neben dem Eingabefeld.

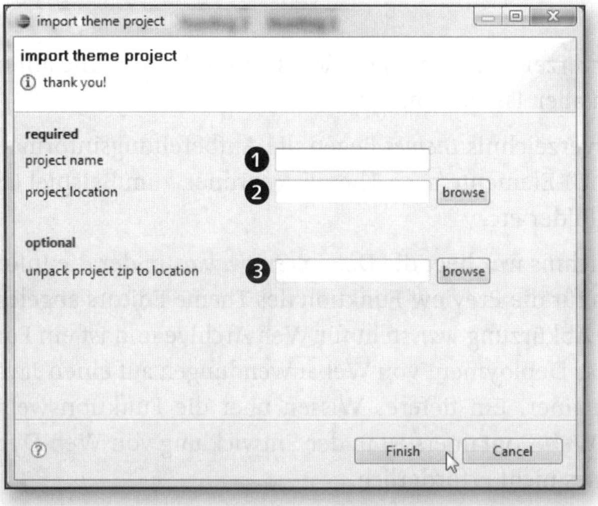

Abbildung 6.7 Dialog »import theme project«

> [+] **Hinweis**: Lassen Sie sich vom Label UNPACK PROJECT ZIP TO LOCATION nicht in die Irre führen. Tatsächlich ist damit der Aufenthaltsort des Projektes der ZIP-Datei aus Abschnitt 6.3, »Themes aus dem SAP-System exportieren«, gemeint und nicht der Entpackungsort des Projektes. Falls Sie die Reihenfolge bei der Befüllung der Felder nicht einhalten, werden Sie durch Fehlermeldungen in Ihrer Arbeit gebremst.

3. Bestätigen Sie Ihre Eingabe mit dem FINISH-Button.
4. Nach Ihrer Bestätigung erzeugt der Theme Editor unter der von Ihnen angegebenen PROJECT LOCATION ein Unterverzeichnis *project* mit einem Aufbau, wie Sie ihn in Abbildung 6.8 sehen können. Unter (❶) sehen Sie die Sicht auf Betriebssystemebene und unter (❷) die Sicht im NAVIGATOR des Theme Editors, direkt neben dem THEME PROJECTS-View. **Projektverzeichnis**

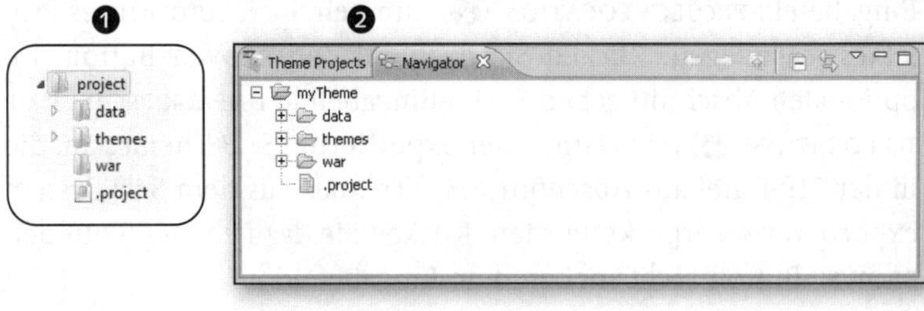

Abbildung 6.8 Theme-Projektverzeichnis

- Im Unterverzeichnis *data* befinden sich die Verwaltungsinformationen aller Themes im Projekt.
- Im Unterverzeichnis *themes* liegen die Aufbereitungsinformationen der UI-Elemente nach Themes geordnet, zum Beispiel CS-Dateien, Bilder etc.
- Im Verzeichnis *war* liegt die Datei *preview.war*, in der die Informationen für die Preview-Funktion des Theme Editors abgelegt sind. Die Abkürzung *war* steht für Web Archive und ist ein Format für das Deployment von Webanwendungen auf einen Java-Web-Container. Ein tieferes Wissen über die Funktionsweise des Java-Web-Containers ist in der Entwicklung von Web-Dynpro-Themes nicht erforderlich.

Themes-Liste

5. Nach dem erfolgreichen Import des Projektes sehen Sie in Eclipse im THEME PROJECTS-View die importierten Themes aufgelistet (siehe Abbildung 6.9). Hinter dem Namen des Themes steht dessen Release-Information, die beim späteren Import in das SAP-System überprüft wird.

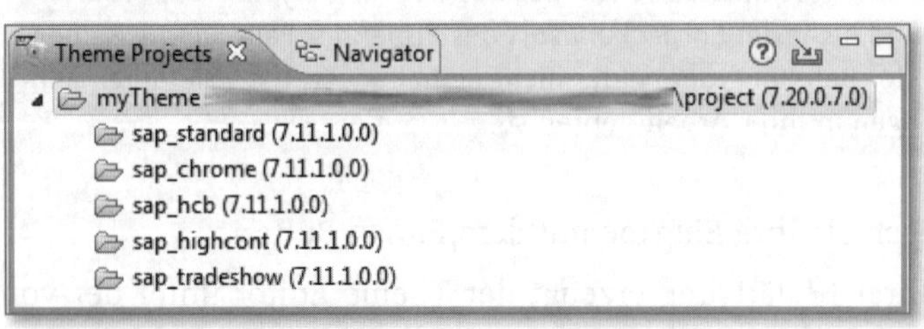

Abbildung 6.9 Liste der SAP-Standard-Themes

[!]

Achtung: Obwohl der Theme Editor das Projekt erfolgreich importiert hat, kann es sein, dass unter Umständen die Länge der Bezeichnung des Pfades zum Projektordner zu groß ist. In diesem Fall wird Ihnen keine Preview angezeigt, sondern eine Fehlermeldung ausgegeben: *URL not found*.

6.4.3 Theme kopieren

Sie haben die SAP-Standard-Themes erfolgreich importiert und können eines dieser Themes nun als Basis Ihres Custom Themes verwenden.

Custom Theme anlegen

1. Um ein eigenes Theme anzulegen, kopieren Sie ein SAP-Standard-Theme. Öffnen Sie dazu das Kontextmenü auf einem Theme Ihrer Wahl, das Sie als Basis für Ihr eigenes Theme verwenden möchten. Wir wählen für unser Theme die `sap_tradeshow` als Basis. Mit der Funktion COPY THEME aus dem Kontextmenü (siehe Abbildung 6.10) starten Sie den Kopiervorgang. Weitere Informationen zu den Funktionen im Kontextmenü finden Sie in Abschnitt 6.4.4, »Theme bearbeiten«.

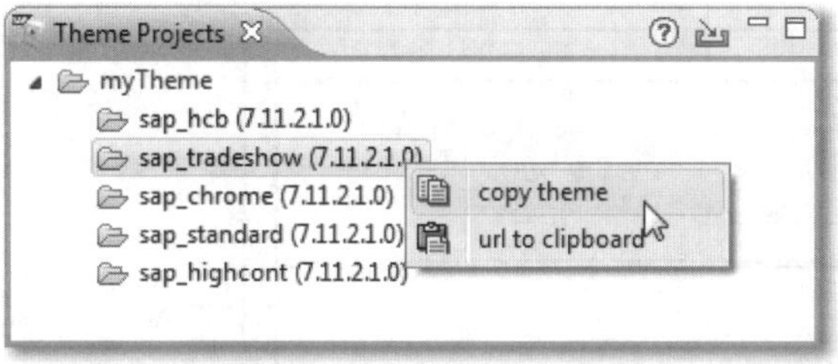

Abbildung 6.10 SAP-Standard-Theme kopieren

ID und Name des Themes

2. Nachdem Sie den Menüpunkt gewählt haben, erscheint ein Pop-up (siehe Abbildung 6.11), in dem Sie im Eingabefeld THEME NAME (❶) den Namen und im Eingabefeld THEME ID (❷) eine ID für Ihr Theme vergeben. Der Name für unser Theme lautet zum Beispiel »MountainView« und die dazugehörige ID `mountain_view`.

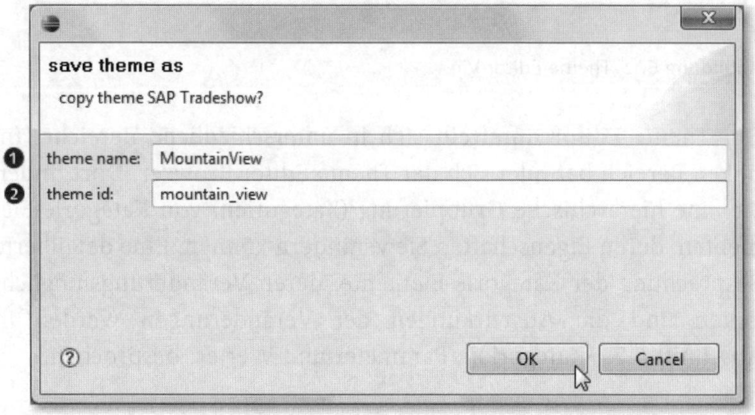

Abbildung 6.11 Name und ID des Custom Themes

3. Nachdem Sie die Daten eingegeben haben, bestätigen Sie Ihre Eingabe über den OK-Button. Dadurch wird die Generierung des Themes durch den Theme Editor angestoßen. Nach erfolgreicher Generierung erscheint Ihr Theme in der Liste der Themes. Damit können Sie die Bearbeitung des Themes fortsetzen.

6.4.4 Theme bearbeiten

Theme Editor

Ihr neues Theme, in diesem Fall `mountain_view`, erscheint im THEME PROJECTS-View, und durch einen Klick auf Ihr Theme können Sie den Theme Editor für dieses Theme starten. Es wird dann als eigener Tab über dem THEME PROJECTS-View geöffnet (siehe Abbildung 6.12).

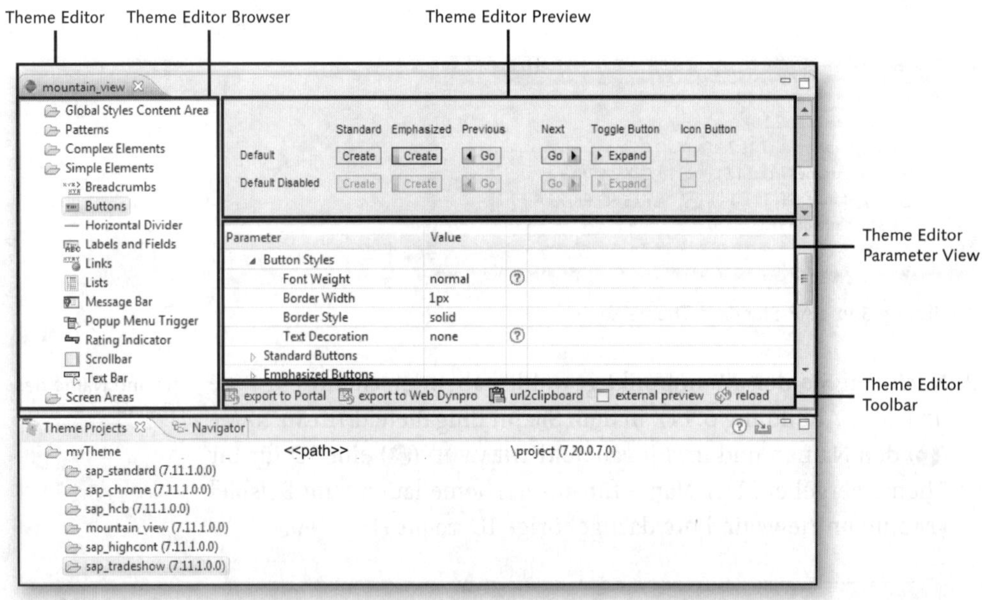

Abbildung 6.12 Theme Editor View

Theme Editor Browser

Der Theme Editor unterteilt sich in unterschiedliche Bereiche. Im linken Bereich befindet sich der Theme Editor Browser. Dort finden Sie eine hierarchische Gruppierung (Kategorien) von Kategorie-Elementen, deren Eigenschaften Sie verändern können. Eine detaillierte Besprechung der Kategorie-Elemente, deren Veränderungsmöglichkeiten und die Auswirkungen der Veränderungen werden in Abschnitt 6.7, »Kategorien, Parameter und Werte«, besprochen.

[+]

Hinweis: Es kann vorkommen, dass Ihnen nicht die Vorschau (Preview) der Darstellung der Kategorie-Elemente angezeigt wird, sondern ein Fehler, der besagt, dass die Seite nicht angezeigt werden kann. Das liegt daran, dass der JSP-Container (JavaServer Page), der in den Theme Editor integriert ist, auf einen Fehler aufgelaufen ist.

Um eine vollständige Meldung zu erhalten, aktivieren Sie den Entwickler-Trace. Öffnen Sie dazu mithilfe des Eclipse-Menüeintrages WINDOW • PREFERENCES das PREFERENCES-Popup (siehe Abbildung 6.13). Selektieren Sie im linken Bereich den Eintrag THEMES EDITOR PREFERENCES. Daraufhin werden die Einstellungsmöglichkeiten zum Theme Editor eingeblendet. In diesen setzen Sie das Häkchen in der Checkbox ENABLE DEVELOPER TRACES (❶). Bestätigen Sie zuerst Ihre Eingabe mit dem APPLY-Button (❷) und dann mit dem OK-Button (❸). Damit haben Sie die Ausgabe von ausführlichen Fehlermeldungen in der Theme Editor Preview aktiviert.

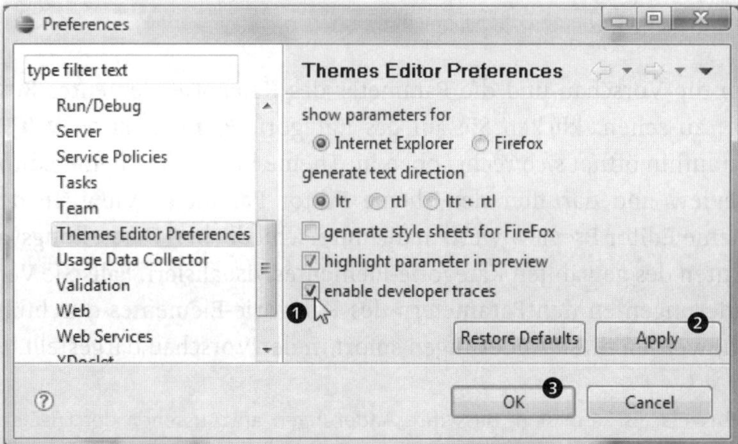

Abbildung 6.13 Eclipse-Einstellungen für ausführliche Fehlermeldungen

Im Theme Editor sind die Elemente und ihre Eigenschaften, die gepflegt werden können, hierarchisch organisiert. Abbildung 6.14 verschafft Ihnen einen ersten Überblick, um den Aufbau kennenzulernen: Die Kategorien, als höchste Organisationsebene, werden im Theme Editor Browser dargestellt, zum Beispiel die Kategorie SIMPLE ELEMENTS (❶). Aus organisatorischer Sicht unterhalb der Kategorie befinden sich Kategorie-Elemente, wie zum Beispiel BUTTONS (❷). Kategorie-Elemente werden auch noch einmal im Theme Editor Parameter View als Einstieg für die darunterliegenden Parameter-

Theme-Editor-Aufbau

gruppen angeführt, wie zum Beispiel BUTTON STYLES (❸) und Parameter wie FONT WEIGHT (❹).

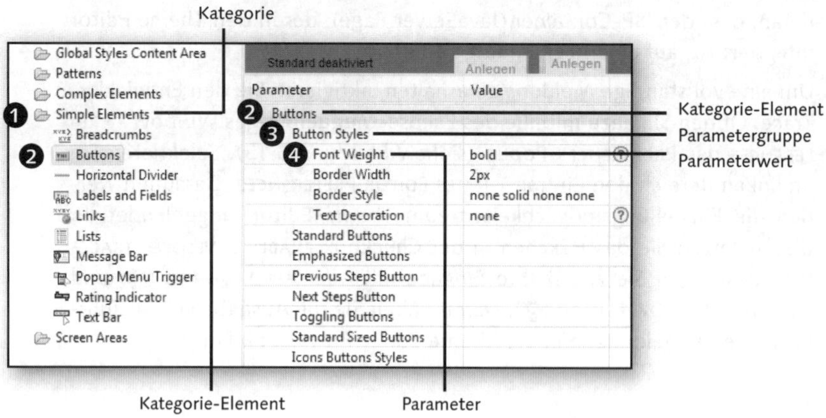

Abbildung 6.14 Theme-Editor-Elemente

UI-Element-Preview

Um die Vorschau und die Parameter des Kategorie-Elementes BUTTON zu sehen, klicken Sie auf das Kategorie-Element BUTTON (❷). Daraufhin öffnet sich rechts oben im Theme Editor die Theme Editor Preview und darunter der Theme Editor Parameter View. In der Theme Editor Preview werden die unterschiedlichen Darstellungsvarianten des gewählten Kategorie-Elementes visualisiert. Falls Sie Veränderungen an den Parametern des Kategorie-Elementes durchführen, werden diese Änderungen sofort in der Vorschau dargestellt.

[+]

Hinweis: Es kann sein, dass Ihre Änderungen am Aussehen der UI-Elemente in der Preview nicht sofort sichtbar sind. Das kann an den Einstellungen des Internet Explorer Controls liegen, das mit Eclipse ausgeliefert und für die Anzeige der Preview und das WYSIWYG-Editieren verwendet wird. Um zu konfigurieren, dass bei jeder Anzeige die Daten neu gelesen werden sollen, starten Sie eine Instanz des Internet Explorers und öffnen dort das Fenster für die Einstellung der Internetoptionen.

Zum Beispiel können Sie dies für den Internet Explorer 7 über den Pfad EXTRAS • INTERNETOPTIONEN vornehmen (siehe Abbildung 6.15). Klicken Sie auf EINSTELLUNGEN (❶), um die Einstellungsmöglichkeiten für temporäre Internetdateien und Verläufe zu öffnen. Wählen Sie im erscheinenden Dialog für die Suche nach neuen Versionen von Seiten die Option BEI JEDEM ZUGRIFF AUF DIE WEBSEITE (❷). Dadurch wird immer eine aktuelle Version der Vorschauseite zur Anzeige herangezogen. Bestätigen Sie Ihre Änderung mit dem OK-Button (❸).

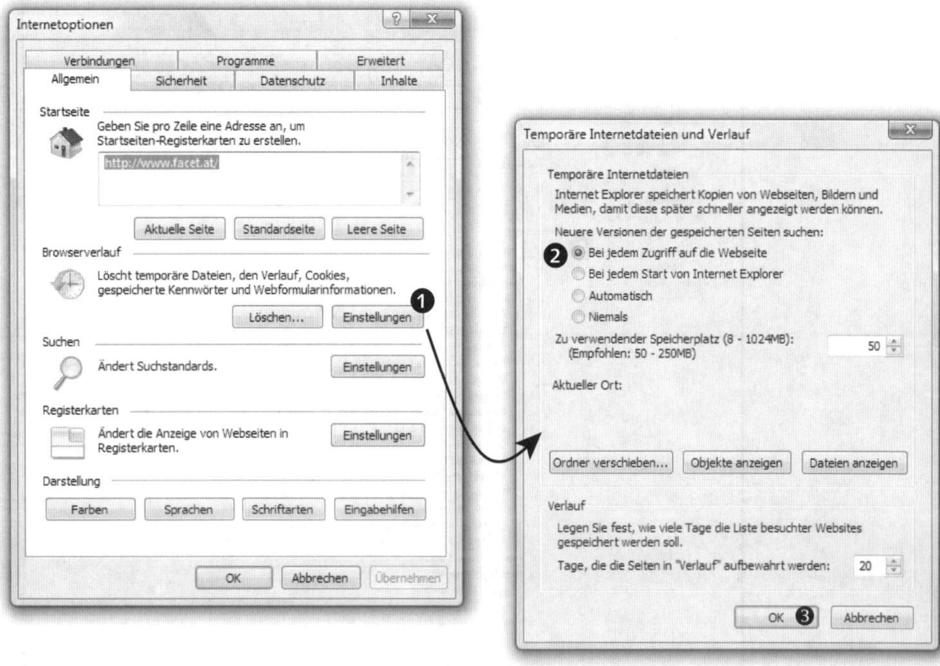

Abbildung 6.15 Einstellung »Temporäre Internetdateien und Verlauf«

Die Parameter zum Kategorie-Element können Sie sehen, wenn Sie im Theme Editor Parameter View auf das Dreieck vor dem Kategorie-Element klicken (siehe Abbildung 6.16, ❶). Es öffnet sich eine hierarchische Liste mit den zur Veränderung angebotenen Parametergruppen und Parametern. Wenn Sie mit der Maus über einen Parameter fahren (❷), werden die Wirkungsbereiche (Fokusbereiche) der möglichen Veränderung des Parameters durch ein rotes Rechteck in der Theme Editor Preview angedeutet.

Kategorie-Element – Parameter

[*]

Tipp: Sie können die Anzeige des Fokusbereiches je nach Bedarf aktivieren bzw. deaktivieren. Öffnen Sie dazu mithilfe des Eclipse-Menüeintrages Window • Preferences das Preferences-Popup (siehe Abbildung 6.17). Selektieren bzw. deselektieren Sie im linken Bereich im Preferences-Popup den Eintrag Themes Editor Preferences. Daraufhin werden die Einstellungsmöglichkeiten zum Theme Editor angezeigt. In diesen löschen oder setzen Sie das Häkchen in der Checkbox highlight parameter in preview (❶). Bestätigen Sie zuerst Ihre Eingabe mit dem Apply-Button (❷) und dann mit dem OK-Button (❸). Damit haben Sie das Hervorheben der Eigenschaften in der Preview der UI-Elemente aktiviert bzw. deaktiviert.

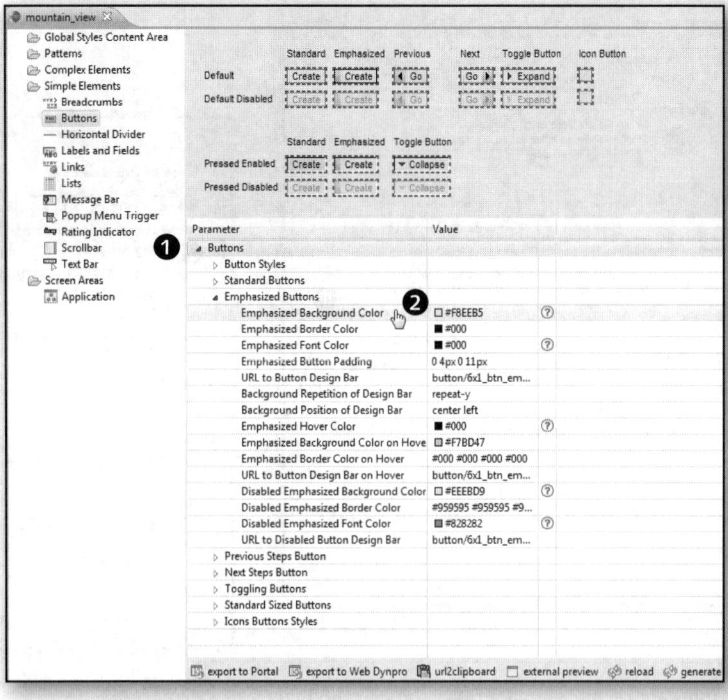

Abbildung 6.16 Kategorie-Element – Parameter

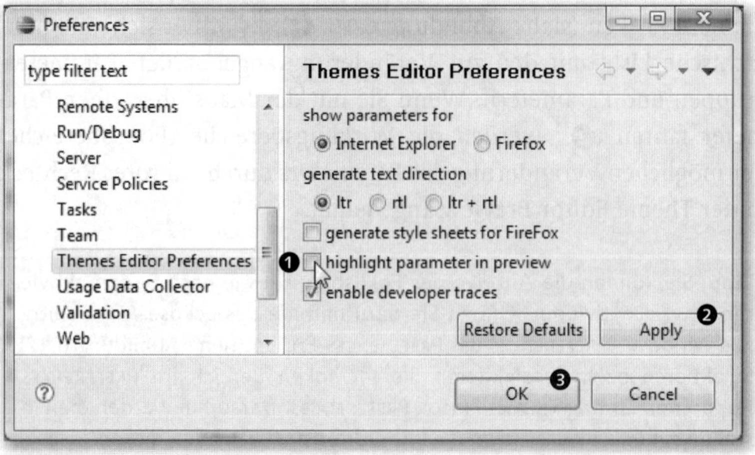

Abbildung 6.17 Checkbox »highlight parameter in preview«

Theme Editor Toolbar In der Theme Editor Toolbar sind Funktionen zum Bearbeiten von Themes gruppiert. Die Toolbar bietet die folgenden Funktionen an:

- EXPORT TO PORTAL
  Diese Funktion dient dazu, Ihr Theme für das SAP NetWeaver Portal zu exportieren.
- EXPORT TO WEB DYNPRO
  Diese Funktion dient dazu, Ihr Theme für Web Dynpro zu exportieren.
- URL2CLIPBOARD
  Diese Funktion dient dazu, die URL Ihres Themes zu ermitteln. Falls Sie die externe Vorschau der Änderungen an den Kategorie-Elementen verwenden, die wir als Nächstes besprechen werden, wird genau diese URL über den URL-Parameter `stylebase` an die JavaServer Page zum Test übergeben.
- EXTERNAL PREVIEW
  Diese Funktion dient dazu, die Vorschau in einem externen Webbrowser zu visualisieren. Weitere Informationen dazu finden Sie im folgenden Kasten »Externer Browser«.
- RELOAD
  Diese Funktion dient dazu, das Theme vom Metamodell nachzuladen, die Styles zu erzeugen und den View aufzufrischen.
- GENERATE
  Diese Funktion dient dazu, die Styles zu erzeugen und den View aufzufrischen.

[+] **Hinweis**: Falls Sie einen bestimmten externen Webbrowser festlegen möchten, öffnen Sie mithilfe des Eclipse-Menüeintrages WINDOW • PREFERENCES das PREFERENCES-Popup (siehe Abbildung 6.18). Öffnen Sie im Preference-Browser den Pfad GENERAL • WEB BROWSER (❶). Wählen Sie die Option USE EXTERNAL WEB BROWSER (❷), um einen externen Webbrowser einzustellen. Falls Sie einen neuen externen Webbrowser ergänzen möchten, müssen Sie die Drucktaste NEW drücken (❸). Im erscheinenden Popup ADD EXTERNAL WEB BROWSER geben Sie den Pfad zu dem gewünschten externen Webbrowser im Eingabefeld LOCATION ein und bestätigen Ihre Eingabe mit dem OK-Button (❹). Daraufhin wird der neue externe Browser in der Liste der EXTERNAL WEB BROWSER ergänzt (❺). Selektieren Sie den Browser, und bestätigen Sie Ihre Eingabe mit dem OK-Button (❻). Beim nächsten Aufruf der Funktion EXTERNAL PREVIEW in der Theme Editor Toolbar wird der eingestellte externe Browser für die Vorschau verwendet.

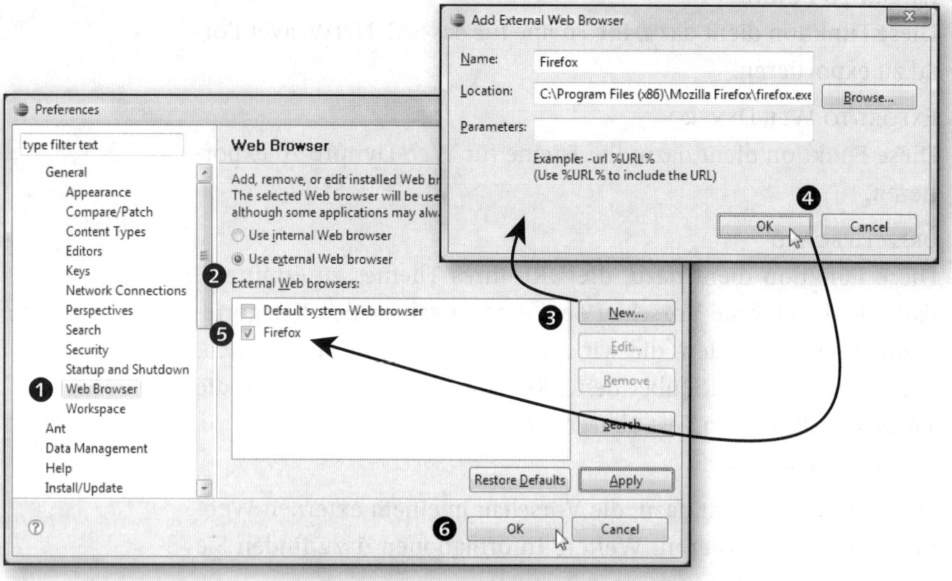

Abbildung 6.18 Externer Webbrowser

Neben der Theme Editor Toolbar stehen Funktionen über Kontextmenüs der Projekte und Themes im Projekt-View bereit. In Abbildung 6.19 sehen Sie die unterschiedlichen Kontextmenüs.

Kontextmenü Projekt

- Das Kontextmenü auf einem Projekt (❶) bietet die folgenden Funktionen an:
  - IMPORT THEME PROJECT
    Mit dieser Funktion können Sie ein neues Theme-Projekt für Web Dynpro ABAP importieren.
  - IMPORT THEME FROM PORTAL
    Mit dieser Funktion können Sie ein neues Theme-Projekt für das SAP NetWeaver Portal importieren.
  - REMOVE
    Mit dieser Funktionen können Sie ein Theme-Projekt aus der Liste der Projekte entfernen.
  - EXPORT ALL CUSTOM THEMES TO WEB DYNPRO
    Mit dieser Funktion können Sie alle Kunden-Themes in diesem Projekt exportieren.
  - REFRESH
    Mit dieser Funktion können Sie die Anzeige der Daten zum Theme-Projekt »auffrischen«, also neu laden.

Kontextmenü Standard-Theme

- Das Kontextmenü auf einem Standard-Theme (❷) bietet die folgenden Funktionen an:
  - COPY THEME
    Mit dieser Funktion können Sie das ausgewählte Theme kopieren.
  - URL TO CLIPBOARD
    Diese Funktion entspricht der Toolbar-Funktion URL2CLIPBOARD und dient dazu, die URL Ihres Themes zu ermitteln.

❶ ❷ ❸

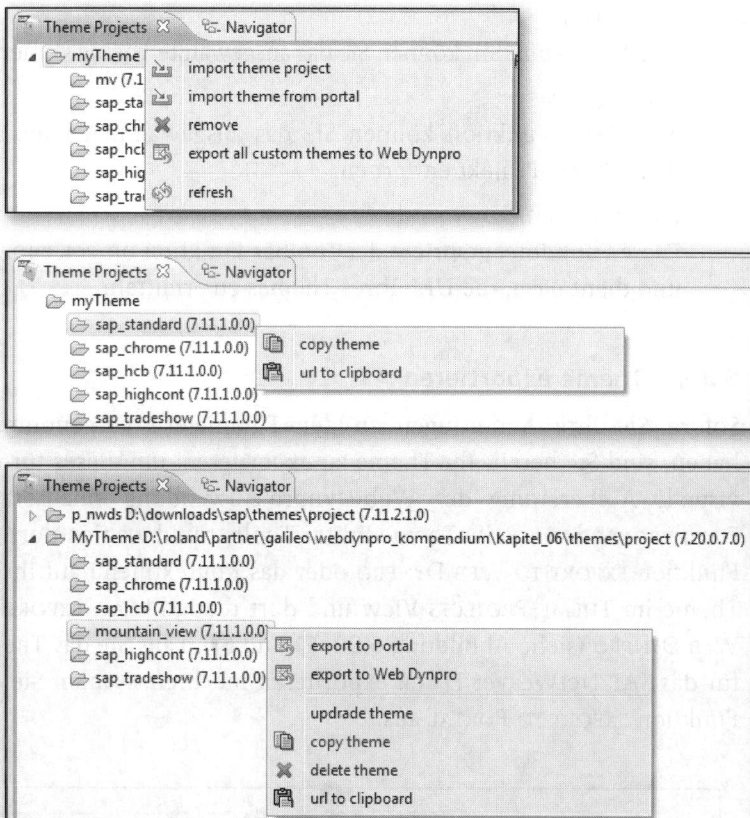

Abbildung 6.19 Kontextmenüs

Kontextmenü Custom Theme

- Das Kontextmenü auf einem Custom Theme (❸) bietet die folgenden Funktionen an:
  - EXPORT TO PORTAL
    Diese Funktion entspricht der Toolbar-Funktion EXPORT TO PORTAL und dient dazu, Ihr Theme für das SAP NetWeaver Portal zu exportieren.

- EXPORT TO WEB DYNPRO
  Diese Funktion entspricht der Toolbar-Funktion EXPORT TO WEB DYNPRO und dient dazu, Ihr Theme für Web Dynpro zu exportieren.
- UPGRADE
  Diese Funktion dient dazu, Ihr Theme an den Release-Stand des Theme-Projektes anzupassen. Das Upgrade können Sie auch durch einen Doppelklick auf das Theme auslösen.
- COPY THEME
  Mit dieser Funktion können Sie das ausgewählte Theme kopieren.
- DELETE THEME
  Mit dieser Funktion können Sie das ausgewählte Theme aus dem Theme-Projekt entfernen.
- URL TO CLIPBOARD
  Diese Funktion entspricht der Toolbar-Funktion URL2CLIPBOARD und dient dazu, die URL Ihres Themes zu ermitteln.

6.4.5 Theme exportieren

Sofern Sie Ihre Änderungen zu den Parametern vorgenommen haben, sind Sie bereit, Ihr Theme zu exportieren, um dieses für die visuelle Aufbereitung der Web-Dynpro-Anwendung einzusetzen. Dazu verwenden Sie die Theme Editor Toolbar und wählen dort die Funktion EXPORT TO WEB DYNPRO oder das Kontextmenü auf Ihrem Theme im THEME PROJECTS-View und dort die Funktion EXPORT TO WEB DYNPRO (siehe Abbildung 6.20, ❶ und ❷). Falls Sie das Theme für das SAP NetWeaver Portal exportieren möchten, wählen Sie die Funktion EXPORT TO PORTAL aus.

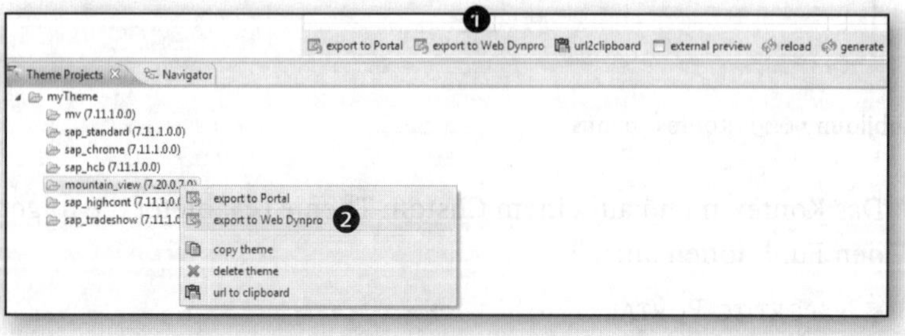

Abbildung 6.20 Export to Web Dynpro

Im erscheinenden FILE CHOOSER wählen Sie einen Speicherort und vergeben einen Namen (zum Beispiel »mountain_view«) für die Datei, in der Ihr Theme gespeichert wird. Die Datei wird dann mit einer ZIP-Endung abgelegt. Damit ist der Export aus dem Theme Editor abgeschlossen, und das Theme kann in SAP für die weitere Verwendung importiert werden.

6.5 Hochladen von Themes in das SAP-System

WD_THEMES

Um ein Custom Theme in einer Web-Dynpro-Anwendung benutzen zu können, müssen Sie dieses in Ihr SAP-System hochladen. Zum Hochladen des Themes verwenden Sie das Programm `WD_THEMES`.

1. Rufen Sie Transaktion SE80 (Object Navigator) auf.
2. Wählen Sie dort die Kategorie PROGRAMM, geben Sie den Namen »WD_THEMES« ein, und bestätigen Sie Ihre Eingabe mit der [↵]-Taste.
3. Starten Sie das Programm über die Drucktaste TESTEN oder mit der [F8]-Taste.
4. Klicken Sie auf IMPORT STARTEN (siehe Abbildung 6.21).
5. Wählen Sie im erscheinenden Pop-up die von Ihnen zuvor (siehe Abschnitt 6.4.5, »Theme exportieren«) erzeugte ZIP-Datei (siehe Abbildung 6.22, ❶), und bestätigen Sie Ihre Eingabe mit der Drucktaste OPEN (❷).
6. Nach Ihrer Auswahl analysiert das SAP-System Ihre Theme-Datei.

Abbildung 6.21 Import Custom Theme

[!]

Achtung: An dieser Stelle kann es vorkommen, dass aufgrund einer falschen Versionsnummer Ihres Themes der Import verweigert wird. Um die vom System akzeptierte Versionsnummer bestimmen zu können, wählen Sie im Programm `WD_THEMES` den Menüeintrag THEMES • VERSION DES UNIFIED RENDERINGS (siehe Abbildung 6.23). Sie können durch manuelle Änderung der Versionsnummer im Theme das System vom Import überzeugen. Wechseln Sie dazu in den Ordner Ihres Themes. In diesem Ordner finden Sie die Datei */themes/project/data/<theme>/themeInfo*. Öffnen Sie diese, und ändern Sie die Versionsnummer auf jene Nummer, die Sie zuvor ermittelt haben. Ändern Sie zudem die Versionsnummer in der Datei */themes/project/themes/ur/<theme>/themeInfo.properties*.

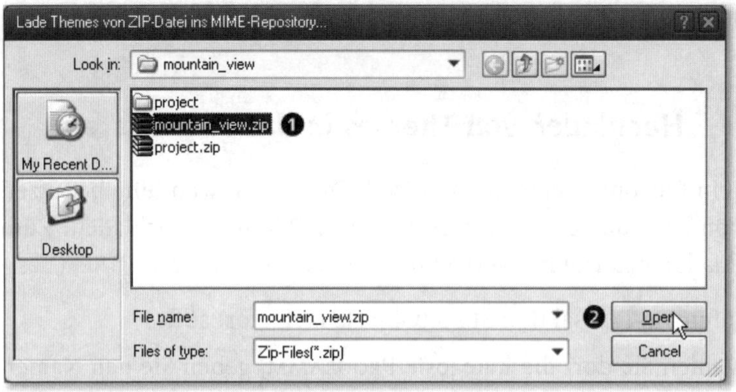

Abbildung 6.22 Theme auswählen

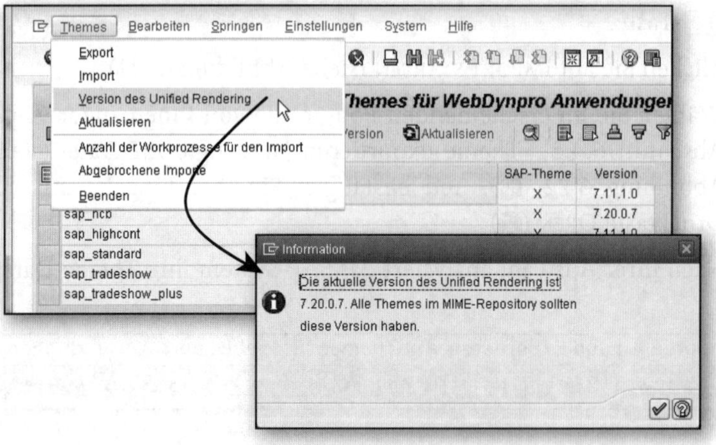

Abbildung 6.23 Version »Unified Rendering«

7. Nach der erfolgreich abgeschlossenen Analysephase schlägt das System eine Liste von Themes vor, aus der Sie die zu importierenden Themes auswählen können (siehe Abbildung 6.24). Selektieren Sie die zu importierenden Themes mithilfe der Markierspalte, und bestätigen Sie den Import mit der Drucktaste Import starten.

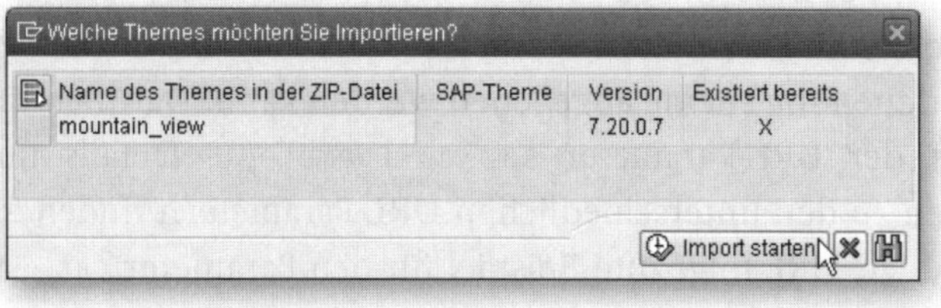

Name des Themes in der ZIP-Datei	SAP-Theme	Version	Existiert bereits
mountain_view		7.20.0.7	X

Abbildung 6.24 Liste der importierbaren Themes

8. Sie werden vom System noch aufgefordert, ein Paket für die Import-Themes anzugeben. Daraufhin werden die zuvor selektierten Themes in das SAP-System importiert. In Abbildung 6.25 sehen Sie das Ergebnis Ihres erfolgreichen Imports.

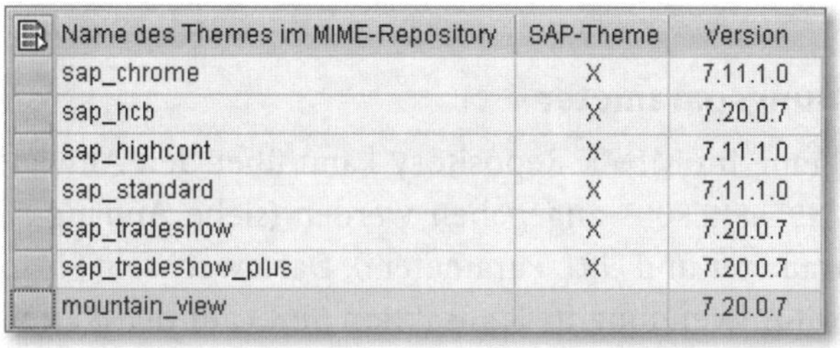

Name des Themes im MIME-Repository	SAP-Theme	Version
sap_chrome	X	7.11.1.0
sap_hcb	X	7.20.0.7
sap_highcont	X	7.11.1.0
sap_standard	X	7.11.1.0
sap_tradeshow	X	7.20.0.7
sap_tradeshow_plus	X	7.20.0.7
mountain_view		7.20.0.7

Abbildung 6.25 Importergebnis

Sie finden Ihre importierten Themes anschließend im MIME Repository unter dem Pfad */SAP/PUBLIC/BC/UR/NW5/THEMES/CUSTOM/*. Damit haben Sie den Import von Themes abgeschlossen. Diese Themes können Sie nun in Ihren Web-Dynpro-Anwendungen einsetzen.

6.6 Verwendung von Themes in einer Web-Dynpro-Anwendung

Um ein Theme für die visuelle Aufbereitung Ihrer Web-Dynpro-Anwendung zu bestimmen, stehen unterschiedliche Möglichkeiten zur Verfügung. Wir werden Ihnen diese im Folgenden vorstellen.

6.6.1 URL-Parameter

Mithilfe von URL-Parametern kann die URL der Web-Dynpro-Anwendung erweitert werden, um über die funktionalen Aspekte hinausgehende Features einsetzen zu können. Für Web-Dynpro-Themes stehen die URL-Parameter `sap-cssurl` oder `sap-theme` zur Verfügung, mit denen Ihr Theme angegeben werden kann. Darüber hinaus existiert der URL-Parameter `sap-ep-themeroot`. Details und Erläuterungen zu den unterschiedlichen URL-Parametern finden Sie in Anhang A. Die URL folgt zum Beispiel für den Parameter `sap-ep-themeroot` diesem Aufbau: *http://<server>:<port>/sap/bc/webdynpro/sap/<application>?sap-ep-themeroot=<Name Ihres Themes>*.

[+] **Hinweis**: Die ABAP-Objects-Klasse `CL_WDR_CLIENT_SSR_LS` ist für das Server Side Rendering des Clients zuständig. In der Methode `determine_themeroot_standalone( )` wird die Themeroot bestimmt, das heißt der Startknoten des Themes im MIME Repository, unter der das zu verwendende Theme zu finden ist.

6.6.2 Anwendungsparameter

WDTHEMEROOT

Der Pfad zum Theme im MIME Repository kann über den Anwendungsparameter `WDTHEMEROOT` angegeben werden (siehe Anhang A, »Anwendungsparameter und URL-Parameter«). Dazu wechseln Sie in Ihrer Web-Dynpro-Anwendung in Transaktion SE80 auf den Karteireiter Parameter und hinterlegen dort zum Parameter `WDTHEMEROOT` den Namen Ihres Themes aus dem MIME Repository. Durch diese Zuordnung wird das Theme schnell mit der Anwendung verknüpft. An der Aufruf-URL Ihrer Web-Dynpro-Anwendung müssen Sie keine zusätzlichen Angaben machen.

6.6.3 Globale Einstellungen

WD_GLOBAL_SETTING

Mit der Web-Dynpro-Anwendung `WD_GLOBAL_SETTING`, die Sie über den Pfad *http://<server>:<port>/sap/bc/webdynpro/sap/wd_global_setting* aufrufen, können globale Einstellungen für Web Dynpro ABAP vorgenommen werden, wie zum Beispiel das zu verwendende Theme (siehe Abbildung 6.26). Nachdem Sie den Pfad zu Ihrem Theme im MIME Repository im Eingabefeld Stylesheet-URI angegeben und diesen über die Drucktaste Daten sichern gesichert haben, wird das eingestellte Theme für alle Web-Dynpro-Anwendungen herangezogen.

[!] **Achtung**: Beachten Sie, dass Sie, wie der Name schon sagt, mit dieser Anwendung *globale* Einstellungen vornehmen und diese dann für alle Web-

Dynpro-Anwendungen gelten. Dies führt dazu, dass Web-Dynpro-Anwendungen, für die keine individuelle Theme-Zuordnung getroffen wurde, diese globale Einstellung übernehmen.

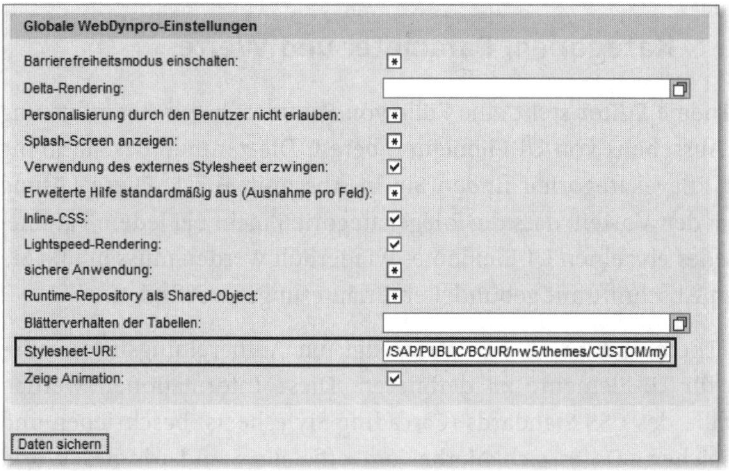

Abbildung 6.26 WD_GLOBAL_SETTINGS

6.6.4 Probleme

Caching

Es kann vorkommen, dass Ihre Änderungen am Theme bzw. die Zuordnung zu einer Web-Dynpro-Anwendung scheinbar nicht berücksichtigt werden. Dies kann unter Umständen daran liegen, dass die Daten zum Theme noch zwischengespeichert werden (Caching-Problematik). Eventuell ist es nötig, dass Sie manuell Daten löschen, die sich noch im Cache befinden, um eine Aktualisierung der Anzeige zu erzwingen.

Das Caching von Daten bei der Erfüllung einer HTTP-Response geschieht auf mehreren Ebenen.

- Eine Ebene ist der Server-Cache auf dem SAP-Server. Sie können den Inhalt des Caches mithilfe von Transaktion SMICM über den Pfad Springen • HTTP Plugin • Server Cache • Anzeigen sehen. In der Anzeige des Caches haben Sie auch die Möglichkeit, einzelne Objekte individuell aus dem Cache zu löschen.
- Eine weitere Ebene ist der Browser-Cache. Je nach Browser-Typ lokalisieren Sie den Cache unterschiedlich. Für den Internet Explorer können Sie dies beispielsweise über das Menü Tools • Internetoptionen • Allgemein • Browser History bewerkstelli-

gen. Mit der Drucktaste Delete können Sie temporäre Dateien löschen. Damit löschen Sie zum Beispiel auch gecachte Daten, die zum Theme gehören.

6.7 Kategorien, Parameter und Werte

Im Theme Editor steht eine Fülle von Parametern zur Beeinflussung des Aussehens von UI-Elementen bereit. Die zentrale Beschreibung aller Pflegekategorien finden Sie in Abschnitt 6.7.1. Diese Lösung bietet den Vorteil, dass die Pflegekategorien nicht bei jedem Parameter jedes einzelnen UI-Elementes wiederholt werden müssen und Sie einen Abschnitt mit gebündelten Erläuterungen vorfinden.

Der Theme Editor ist ein Werkzeug, um Aufbereitungsinformationen für UI-Elemente zu definieren. Diese Informationen werden mithilfe des CSS-Standards (Cascading Stylesheets) beschrieben und gespeichert. Da es sich hierbei um offizielle Standards des World Wide Web Consortiums (W3C) handelt, stehen Ihnen natürlich auch weiterführende und ergänzende Informationen zusätzlich zu den SAP-Informationen zum Thema CSS zur Verfügung. Eine weitere Informationsquelle ist die Hilfe, die zu einem Parameterwert dargestellt wird. Die Bedeutung einer Eigenschaft können Sie über das Fragezeichen rechts neben dem Wert der Eigenschaft erfahren (siehe Abbildung 6.27, ❶).

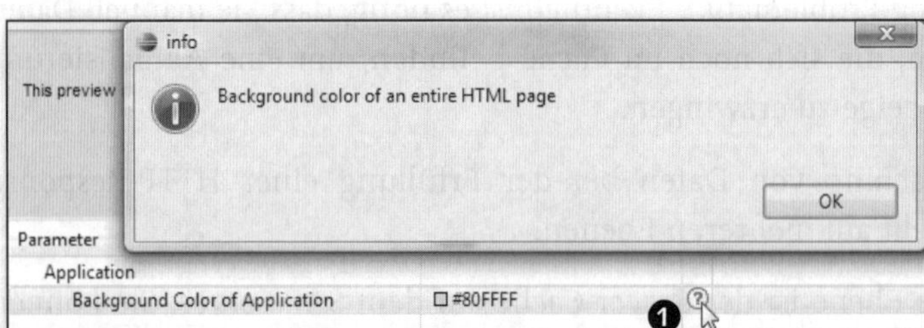

Abbildung 6.27 Parameterinformation

6.7.1 Pflegekategorie

Die zur Pflege angebotenen Werte von Parametern besitzen Typen, nach denen sie gruppiert werden können. Jeder Typ verlangt eine eigene Art von Pflege, die wir in diesem Abschnitt erläutern werden.

Mauszeiger

Cursor

Mit Parametern vom Typ CURSOR kontrollieren Sie das Aussehen des Mauszeigers. Der Theme Editor bietet kein Drop-down zur Auswahl der Werte an, das bedeutet, dass Sie den Wert manuell eingeben müssen. In Abbildung 6.28 sehen Sie zwei Beispiele (❶ und ❷), in denen das Aussehen des Cursors definiert wurde.

Parameter	Value	
◢ Cursor		
Cursor for Clickable Elements	pointer	❶ ⓘ
Cursor for Non-Clickable Elements	default	❷ ⓘ

Abbildung 6.28 Pflegekategorie »Cursor«

Es werden zahlreiche Cursor-Symbole definiert, vom W3C und von unterschiedlichen Browser-Herstellern. In Abbildung 6.29 sehen Sie beispielsweise die vom W3C definierten Cursor – die Werte zum CSS-Attribut `cursor` – und deren Bezeichnungen, dargestellt im Internet Explorer unter Windows Vista.

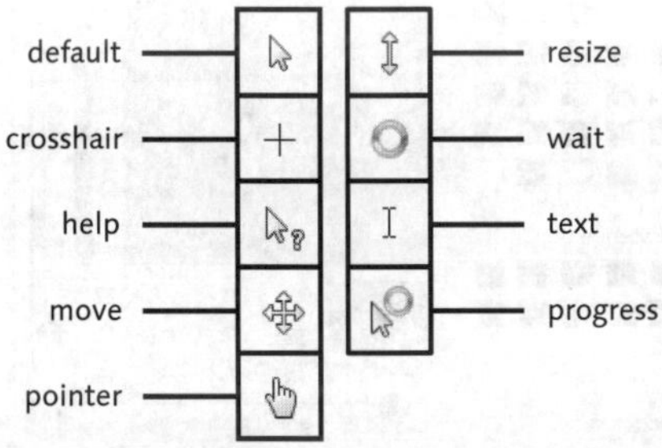

Abbildung 6.29 Cursor-Darstellungen

Farbe

Color

Mithilfe der Pflegekategorie COLOR können Sie Farben für Schriften, Rahmen und andere Elemente festlegen. Um den Wert eines Parameters zu verändern, haben Sie die Möglichkeit, den Wert direkt einzugeben (siehe Abbildung 6.30, ❶) oder über einen Dialog zu bestimmen (❷).

Farbwerte

- Bei der direkten Eingabe des Wertes klicken Sie auf den Wert und geben dann die Farbinformation als hexadezimalen Wert ein.

- Für weniger Geübte steht ein Farbauswahl-Dialog zur Verfügung, der sich nach dem Drücken auf die ...-Taste (❷) öffnet. Dort können Sie aus den Grundfarben eine gewünschte Farbe selektieren. Die Menge der Grundfarben wird aber häufig nicht ausreichen, wenn Sie sich eine spezielle Farbe wünschen. Über die Drucktaste FARBEN DEFINIEREN können Sie den Farbauswahl-Dialog noch erweitern. Verwenden Sie in dem Erweiterungsbereich die Maus (Klick im Farbraum) und den Schieberegler, um eine gewünschte Farbe einzustellen. Darüber hinaus können Sie durch die direkte Eingabe der Werte Rot, Grün und Blau (❸) die Farbe festlegen. Mithilfe der Drucktaste FARBEN HINZUFÜGEN (❹) können Sie die von Ihnen eingestellte Farbe in die Liste BENUTZERDEFINIERTE FARBEN übernehmen (Achtung: Sie müssen ein Kästchen in den Benutzerdefinierten Farben mit der Maus selektieren, bevor Sie eine eigene Farbe definieren!). Die von Ihnen definierte Farbe steht für spätere Verwendungen bereit.

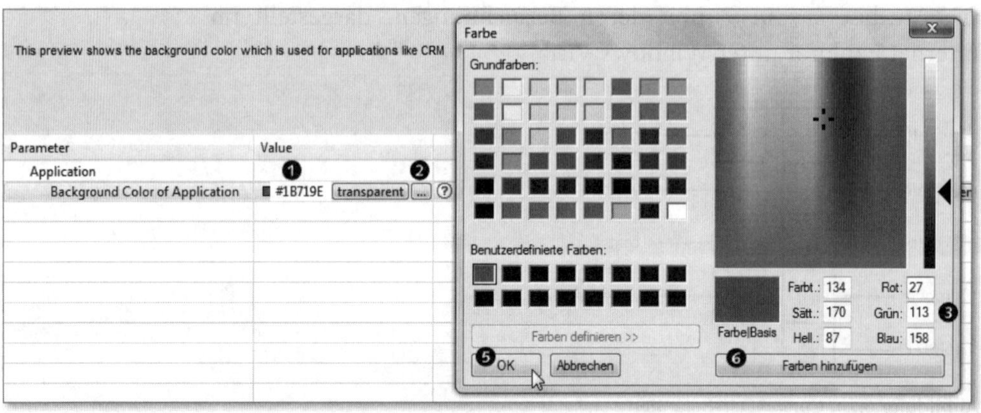

Abbildung 6.30 Pflegekategorie »Farbe«

Wenn Sie die von Ihnen gewünschte Farbe selektiert haben, bestätigen Sie dies mit der Drucktaste OK (❻) und setzen damit die Farbe. Manche Parameter bieten auch die Möglichkeit, den Wert `transparent` zu definieren das bedeutet das Übernehmen der Farbe des Hintergrundes.

Nach Ihrer Eingabebestätigung sehen Sie Ihre Änderung in der Preview. Passt sich der Preview nicht automatisch an, drücken Sie auf die Drucktaste GENERATE aus der Theme Editor Toolbar.

[+]

Hinweis: Eine Farbe wird durch drei aufeinanderfolgende Farbwerte definiert, die hexadezimal – das heißt zur Basis 16 – angegeben werden. Die Zahlenfolge repräsentiert eine Farbe im RGB-Farbraum (Rot, Grün, Blau) und wird entsprechend dem Aufbauschema #RRGGBB repräsentiert. Die darzustellende Farbe wird aufgrund der Anteile von Rot, Grün und Blau gemischt, wobei die additive Farbsynthese zum Mischen der Farben verwendet wird.

Beispiele für Farben sind #000000 für die Farbe Schwarz, #FFFFFF für Weiß, #FF0000 für Rot, #FFFF00 für Gelb etc.

Größe

Mit der Pflegekategorie SIZE geben Sie Größenwerte an. Diese werden mit einem Zahlenwert mit Einheit angegeben, zum Beispiel 0.7 em. Besitzt ein Wert Vor- und Nachkommastellen, werden diese durch den Punkt (.) voneinander getrennt. Für die möglichen Einheiten stehen Ihnen die Werte in Tabelle 6.1 zur Verfügung. Size

Einheit	Art	Erklärung	Beispiel
`pt`	absolut	Steht für Punkt. 1 Punkt entspricht 1/72 Inch.	`12 pt`
`pc`	absolut	Steht für Pica. 1 Pica entspricht 12 Punkten.	`1 pc`
`in`	absolut	Steht für Inch. 1 Inch entspricht 2,54 Zentimeter.	`0.1 in`
`mm`	absolut	Steht für Millimeter.	`3 mm`
`cm`	absolut	Steht für Zentimeter.	`0.5 cm`
`px`	absolut/relativ	Steht für Pixel. Abhängig von der Pixeldichte (Auflösung) des Ausgabegerätes (relativ) und immer gleich für dasselbe Ausgabegerät (absolut).	`27 px`
`em`	relativ	Ist bezogen auf die Schriftgröße des Elternelementes.	`0.7 em`
`ex`	relativ	Ist bezogen auf die Höhe des Kleinbuchstabens x im Elternelement.	`1.4 ex`
`%`	relativ	Steht für Prozent. Relativ zur Größe des Elternelementes.	`110 %`

Tabelle 6.1 CSS-Einheiten

Schriftart

Font Family

Mit der Pflegekategorie FONT FAMILY kontrollieren Sie die zu verwendende Schriftart in Bereichen, in denen Inhalte dargestellt werden, zum Beispiel Links, Texte auf Buttons und Titel. Der Theme Editor bietet kein Drop-down zur Auswahl der Werte an, das bedeutet, dass Sie die Werte manuell eingeben müssen.

Sie können einzelne, aber auch mehrere (generische) Schriftarten vorgeben. Werden mehrere Schriftarten angegeben, wird der Reihe nach vom Browser getestet, ob sie am Client installiert sind, und die erste gefundene Schriftart wird vom Browser verwendet. Zum Beispiel könnten Sie den folgenden Wert eingeben: »Arial,Helvetica,sans-serif« (siehe Abbildung 6.31, ❶). Der Browser wird zuerst nach der Schriftart Arial suchen, falls diese nicht installiert ist, nach Helvetica, und falls auch diese nicht installiert ist, nach serifenlosen Schriften. Im Fall von `sans-serif` spricht man von einer generischen Schriftart, die mehrere Schriftarten umfassen kann: Beispiele für serifenlose Schriften sind Arial und Verdana.

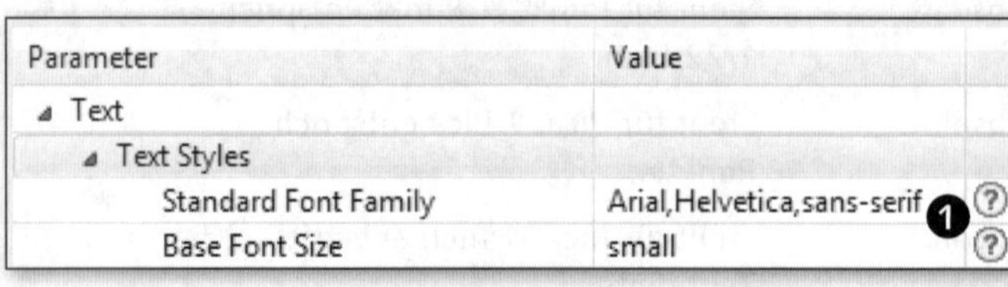

Abbildung 6.31 Pflegekategorie »Schriftart«

Schriftgröße

Font Size

Mithilfe der Pflegekategorie FONT SIZE können Sie die Größe von Schriften einstellen. Für die Eingabe der Größe haben Sie die Möglichkeit, aus einer Menge von Werten auszuwählen, die nicht über ein Drop-down angeboten werden und somit von Hand eingegeben werden müssen. Die möglichen Werte sind `xx-small`, `x-small`, `small`, `medium`, `large`, `x-large`, `xx-large`.

Einen besonderen Stellenwert nimmt der Parameter BASE FONT SIZE (siehe Abbildung 6.32, ❶) ein, da er als Bezugsgröße für alle relativen Schriftgrößen verwendet wird. Falls Sie eine Schriftgröße vergrößern oder verkleinern möchten, wird empfohlen, ausschließlich die BASE FONT SIZE zu verändern. Alle anderen relativen Schriftgrößen passen sich dann automatisch an. Zudem wird geraten, dass Sie die Größen `small` oder `x-small` als Wert verwenden. Damit kann der Benutzer im Browser die Größe individuell angleichen.

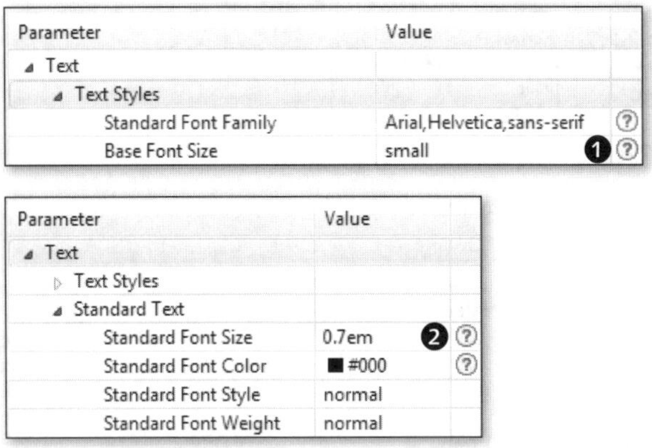

Abbildung 6.32 Pflegekategorie »Schriftgröße«

Eine andere Möglichkeit, die Größe zu definieren, besteht darin, einen Zahlenwert mit Einheit anzugeben, wie es im Abschnitt »Größe« beschrieben ist. Die gebräuchlichste Einheit zum Setzen von Schriftgrößen im Theme Editor, die mit Bezug zum Wert des Parameters BASE FONT SIZE festgelegt werden, ist `em` (siehe auch Abbildung 6.32, ❷) – das heißt ein relativer Bezug.

Schriftstil

Font Style

Mithilfe der Pflegekategorie FONT STYLE legen Sie den Schriftstil fest. Der Schriftstil definiert die Neigung der Schrift, dazu gibt es die Werte `normal`, `italic` und `oblique`. Dabei steht der Wert `normal` für eine nicht geneigte Schrift, `oblique` Schriften sind solche, die nachträglich schräg gestellt wurden, und `italic` Schriften sind echte Schrägschriften, die vom Schrifthersteller bereits schräg dargestellt wurden. Abbildung 6.33 zeigt den Pflegedialog für den Schriftstil.

Schriftgewicht

Font Weight

Die Pflegekategorie FONT WEIGHT ermöglicht Ihnen, das Gewicht einer Schrift zu verändern. Das Schriftgewicht definiert die Dicke bzw. Stärke der Schrift. Die Pflege der Werte erfolgt über ein Dropdown, so wie Sie es in Abbildung 6.34 sehen können.

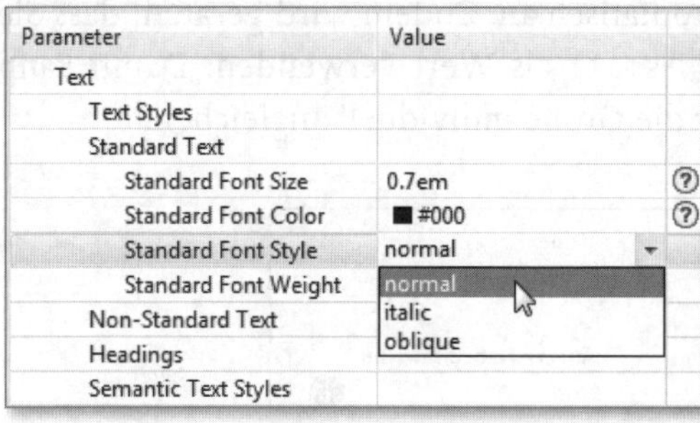

Abbildung 6.33 Pflegekategorie »Schriftstil«

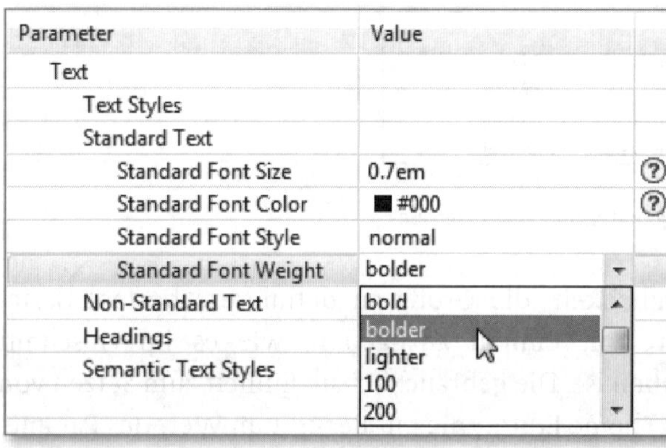

Abbildung 6.34 Pflegekategorie »Schriftgewicht«

Die Werte, die Ihnen angeboten werden, sind `normal`, `bold`, `bolder`, `lighter`, `100`, `200`, `300`, `400`, `500`, `600`, `700`, `800` sowie `900`. Falls Sie Zahlenwerte verwenden, bedeutet `100` extra dünn, `700` entspricht `bold` und `900` entspricht extra fett, das heißt `bolder`.

Schriftdekoration

Font Decoration Die Pflegekategorie Font Decoration erlaubt es Ihnen, einen Text zu »dekorieren«. Dies bedeutet, dass Sie zum Text zusätzliche visuelle Elemente einblenden können. In der Pflege stehen Ihnen über ein Drop-down (siehe Abbildung 6.35, ❶) die folgenden Möglichkeiten zur Verfügung (siehe auch Abbildung 6.36):

- `none`: keine Dekoration
- `underline`: unterstrichen
- `overline`: überstrichen

- `line-through`: durchgestrichen
- `blink`: blinkend, wobei der Internet Explorer den Text nicht blinkend darstellen kann

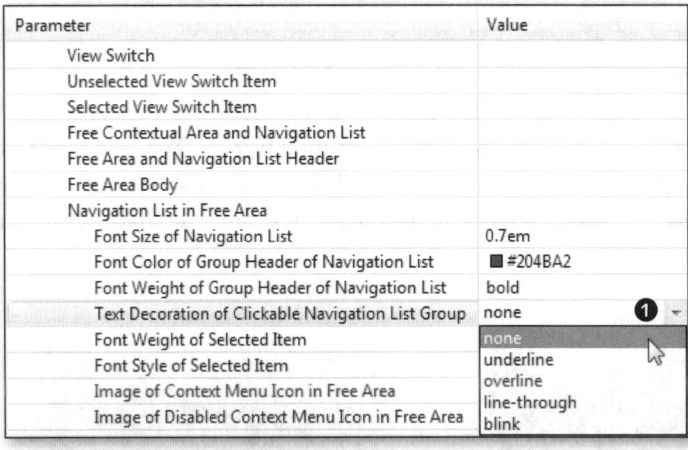

Abbildung 6.35 Pflegekategorie »Schriftdekoration«

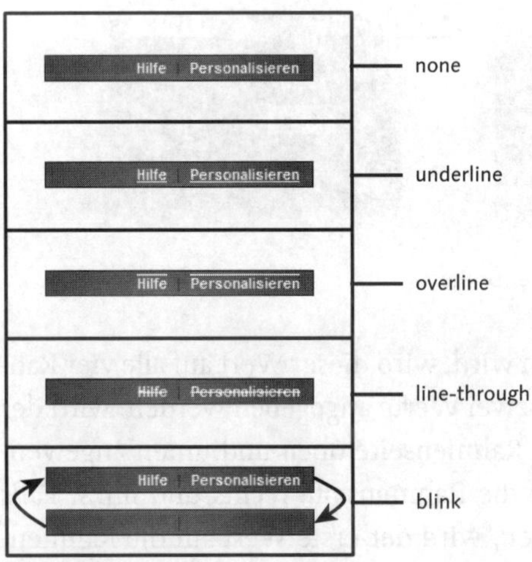

Abbildung 6.36 Dekorationsmodi

Rahmenbreite

Die Pflegekategorie BORDER WIDTH erlaubt es Ihnen, Werte für die Breite von Rahmen vorzugeben. In Abbildung 6.37 sehen Sie die Eingabemöglichkeiten, die Ihnen vom Theme Editor angeboten werden. **Border Width**

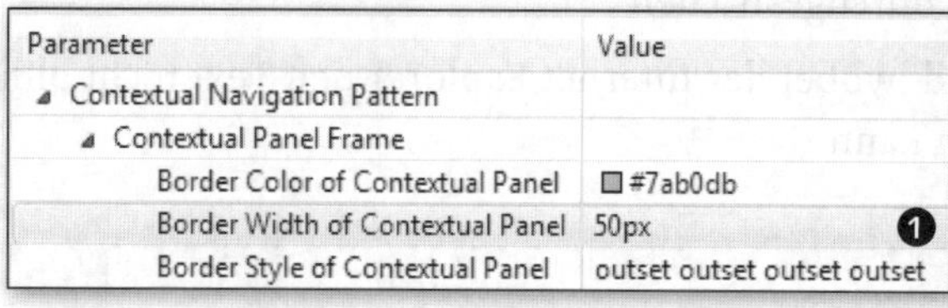

Abbildung 6.37 Pflegekategorie »Rahmenbreite«

Auf den ersten Blick scheint es, als ob man unter (1) nur einen Wert eingeben kann – dies täuscht. In Abbildung 6.38 sehen Sie anhand eines Beispielparameters die Eingabevarianten und deren Auswirkungen.

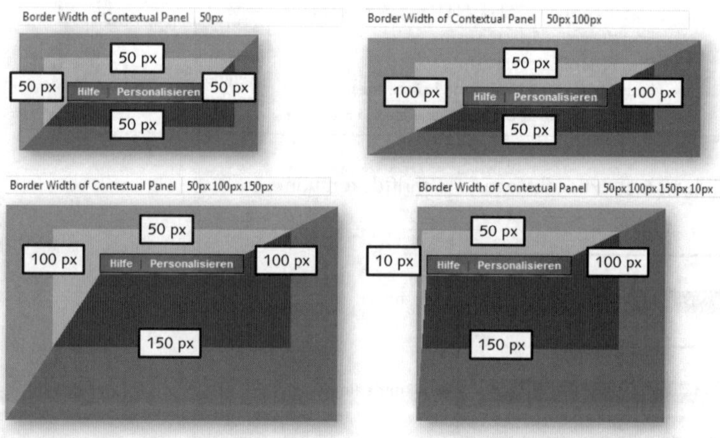

Abbildung 6.38 Angabe der Rahmenbreite

Falls nur ein Wert vorgegeben wird, wird dieser Wert auf alle vier Rahmenseiten angewendet. Falls zwei Werte angegeben werden, wird der erste Wert auf die Breite der Rahmenseite oben und unten angewendet und der zweite Wert auf die Rahmenseite rechts und links. Falls drei Werte vorgegeben werden, wird der erste Wert auf die Rahmenbreite oben, der zweite Wert für die Rahmenbreite rechts und links und der dritte Wert für die Rahmenbreite unten verwendet. Falls vier Werte angegeben werden, werden sie der Reihe nach auf die Rahmenbreite oben, rechts, unten und links angewendet.

Die möglichen Eingaben richten sich nach dem Schema, das wir im Abschnitt »Schriftgröße« besprochen haben. Die einzige Einheit, die nicht zur Verfügung steht, ist Prozent (%).

Rahmenstil

Border Style

Mithilfe der Pflegekategorie BORDER STYLE können Sie den Stil des Rahmens für jede Seite des Rahmens definieren. Die Werte zum Rahmenstil werden je nach Seite in der Reihenfolge oben, rechts, unten und links angegeben. Sie werden dabei durch eine Eingabehilfe unterstützt (siehe Abbildung 6.39).

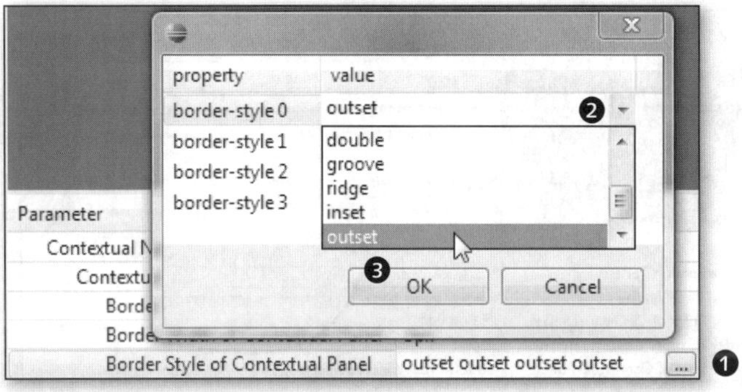

Abbildung 6.39 Pflegedialog »Rahmenstil«

Mit der Drucktaste ... (❶) starten Sie den Pflegedialog, in dem Sie für jede Seite den Stil festlegen. Die Eingabe des Stils wird durch ein Drop-down pro Seite ermöglicht (❷). Nachdem Sie die Pflege abgeschlossen haben, bestätigen Sie diese über die OK-Drucktaste (❸). Pro Rahmenseite stehen die Werte `none` (kein Rahmen), `dotted` (gepunktet), `dashed` (gestrichelt), `solid` (durchgängig), `double`, `groove`, `ridge`, `inset` und `outset` zur Verfügung. Die Darstellung der letzten fünf Stile sehen Sie in Abbildung 6.40.

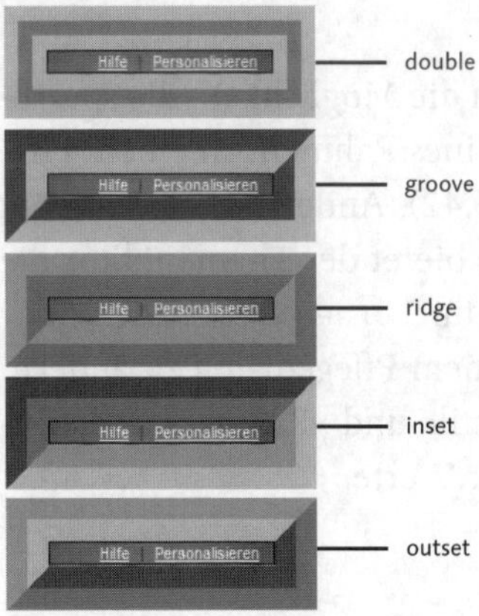

Abbildung 6.40 Rahmenstile

Rahmenfarbe

Border Color

Mithilfe der Pflegekategorie BORDER COLOR bestimmen Sie die Farben eines Rahmens. Die Farbe des Rahmens kann an den vier Seiten jeweils unterschiedlich gestaltet werden. Zu diesem Zweck wird Ihnen ein Pflegedialog angeboten, der es Ihnen ermöglicht, die Farben pro Seite individuell einzustellen (siehe Abbildung 6.41).

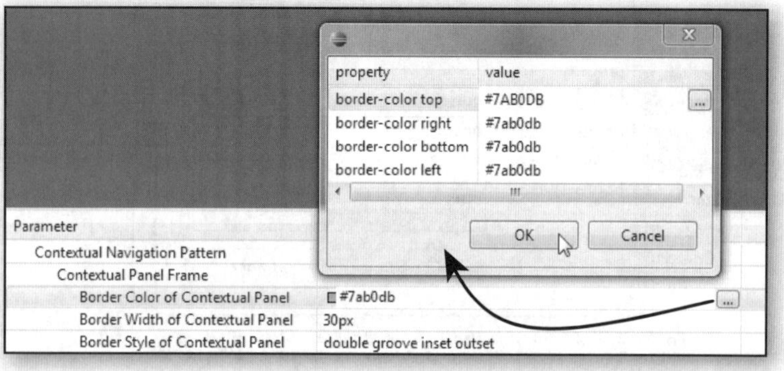

Abbildung 6.41 Pflegedialog »Rahmenfarbe«

Mithilfe der ...-Drucktaste öffnen Sie das Pflegefenster für die Rahmenfarbe, in dem Sie die Farben für die Seiten `border-color top`, `border-color right`, `border-color bottom` und `border-color left` einstellen können. Falls Sie die Farbe nicht direkt eingeben, steht Ihnen ein Pflegedialog zur Verfügung, der im Abschnitt »Farbe« beschrieben ist. Durch das Drücken der OK-Taste übernehmen Sie Ihre Eingaben.

Rahmen

Border

Die Pflegekategorie BORDER bietet Ihnen die Möglichkeit, die spezifischen Werte für Breite, Stil und Farbe eines Rahmens in einem Pflegedialog festzulegen (siehe Abbildung 6.42). Anders als bei anderen Parametern, die den Rahmen betreffen, bietet der Theme Editor die ...-Drucktaste (❷) an, um die Angaben für `border-width`, den `border-style` und die `border-color` in einem Pflegedialog zu ändern. In den Abschnitten »Größe«, »Rahmenstil« und »Rahmenfarbe« finden Sie die Erläuterungen zur Pflege der Werte.

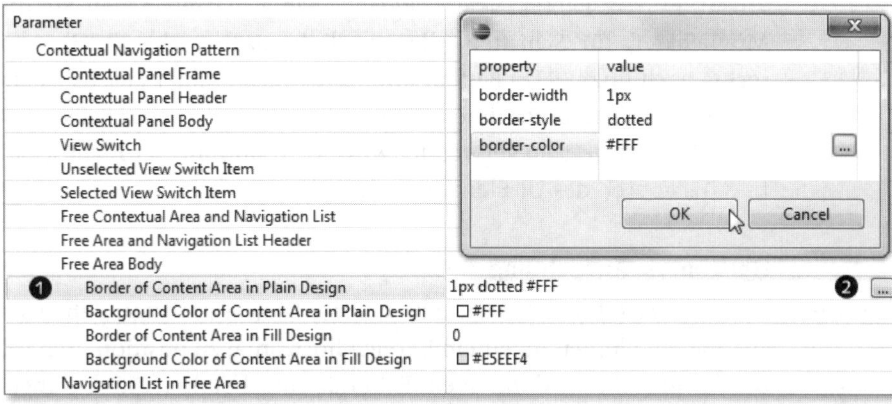

Abbildung 6.42 Pflegekategorie »Rahmen«

Bild

Image

Mithilfe der Pflegekategorie IMAGE geben Sie den Inhalt einer Bilddatei an, wie zum Beispiel Hintergrundbilder. Der Pfad zur Bilddatei, deren Inhalt verändert werden kann, wird über einen Pfad angegeben. In Abbildung 6.43 sehen Sie zum Beispiel für den Parameter BACKGROUND IMAGE (❶) den Verweis auf die Bilddatei mittels des Pfades *viewswitch/vs_band_unselected_bg.gif* (❷). Dieser Pfad zeigt in das *common*-Verzeichnis des ausgewählten Themes. Der Name der Bilddatei kann nicht geändert werden, jedoch der Inhalt des Bildes. Soll ein Bild ausgetauscht werden, wählen Sie die Eingabehilfe (❸), die Ihnen einen Dateiauswahl-Dialog öffnet; mit dessen Hilfe können Sie ein Bild lokalisieren, dessen Inhalt Sie statt des vorhandenen verwenden möchten.

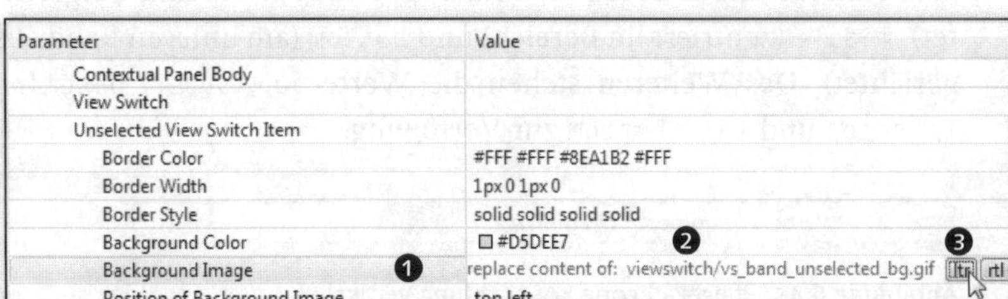

Abbildung 6.43 Pflegekategorie »Bild«

Die Pflege kann über die Drucktasten LTR oder RTL bereitgestellt werden, je nachdem, wie Sie dies im Menü WINDOW • PREFERENCES •

THEME EDITOR PREFERENCES festgelegt haben. Damit haben Sie die Möglichkeit, für Schriften, die von links nach rechts (LTR) oder rechts nach links (RTL) laufen, unterschiedliche Bilder auszusuchen. Welche Schriftrichtung und somit welches Bild für ein UI-Element (zum Beispiel `Button`) verwendet wird, wird mithilfe der Eigenschaft `textDirection` des UI-Elementes angegeben.

Horizontale Ausrichtung

Alignment

Mithilfe der Pflegekategorie zum horizontalen ALIGNMENT geben Sie an, wie ein Element in einem Bereich horizontal zu positionieren ist. Bei der Eingabe wird Ihnen ein Feld mit Eingabeunterstützung angeboten (siehe Abbildung 6.44). Die möglichen Werte, um eine horizontale Ausrichtung anzugeben, sind `left` (am linken Rand ausgerichtet), `right` (am rechten Rand ausgerichtet), `center` (zentriert im Bereich) und `justify` (an beiden Rändern ausgerichtet).

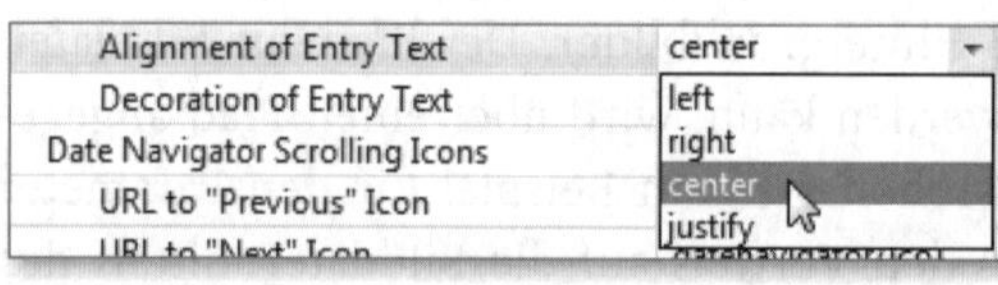

Abbildung 6.44 Pflegekategorie »Ausrichtung horizontal«

Vertikale Ausrichtung

Alignment

Mithilfe der Pflegekategorie zum vertikalen ALIGNMENT geben Sie an, wie ein Element in einem Bereich vertikal zu positionieren ist. Bei der Eingabe wird Ihnen keine Eingabeunterstützung angeboten (siehe auch Abbildung 6.45). Die möglichen Werte, um eine vertikale Ausrichtung anzugeben, sind `top` (am oberen Rand ausgerichtet), `middle` (zentriert im Bereich) und `bottom` (am unteren Rand ausgerichtet). Des Weiteren stehen die Werte `sub`, `super`, `baseline`, `text-top` und `text-bottom` zur Verfügung.

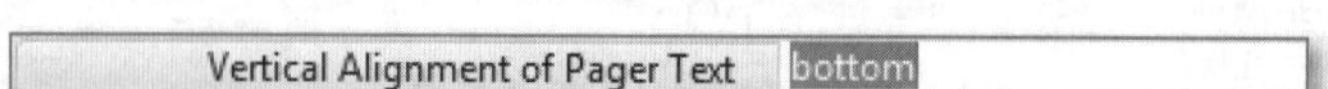

Abbildung 6.45 Pflegekategorie »Ausrichtung vertikal«

Anordnung

Display

Mithilfe der Pflegekategorie DISPLAY geben Sie an, wie Elemente angeordnet werden. Bei der Eingabe wird Ihnen ein Feld mit Eingabeunterstützung angeboten (siehe Abbildung 6.46). Die möglichen

Werte, um eine Anordnung anzugeben, sind `block` (die Elemente werden als Block dargestellt), `inline` (die Elemente werden in derselben Zeile dargestellt), `list-item` (die Elemente werden als Listenelemente dargestellt) und `none` (die Elemente werden nicht dargestellt).

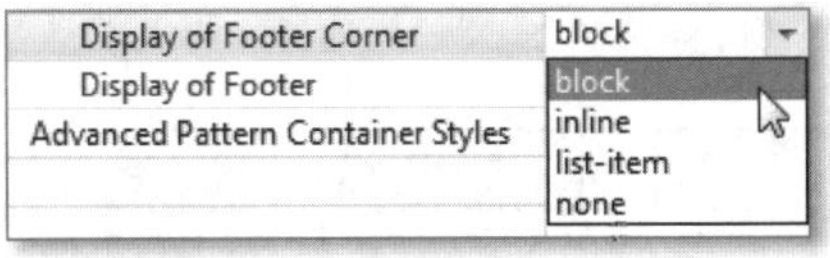

Abbildung 6.46 Pflegekategorie »Anordnung«

Position

Mithilfe der Pflegekategorie Position geben Sie an, wie das Bild in einem Bereich zu positionieren ist. Die Position wird über einen horizontalen und vertikalen Wert definiert, wobei diese in beliebiger Reihenfolge eingegeben werden können und durch ein Leerzeichen getrennt werden.

Positionsangabe

Bei der Eingabe wird Ihnen ein Feld ohne Eingabeunterstützung angeboten (siehe Abbildung 6.47, ❶), in dem Sie unterschiedliche Positionsangaben hinterlegen können. In Abbildung 6.48 sehen Sie die möglichen Kombinationen von horizontalen und vertikalen Werten.

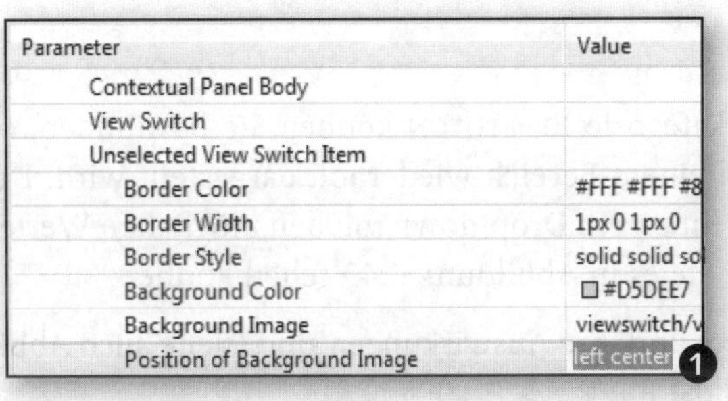

Abbildung 6.47 Pflegekategorie »Position«

In der Abbildung wird durch den Punkt angedeutet, welcher Referenzpunkt für das Einfügen des Bildes verwendet wird. Die Spalte `<space>` bedeutet, dass kein Wert für die horizonale oder vertikale oder beide Ausrichtungen eingegeben wird. Gibt man zum Beispiel `top left` als Wert an, wird das Bild beginnend mit der oberen (`top`) linken (`left`) Bildkante in den Bereich eingefügt. Falls Sie keinen

Wert eingeben, das heißt `<space> <space>`, wird das Bild mit der Einstellung `top left` positioniert.

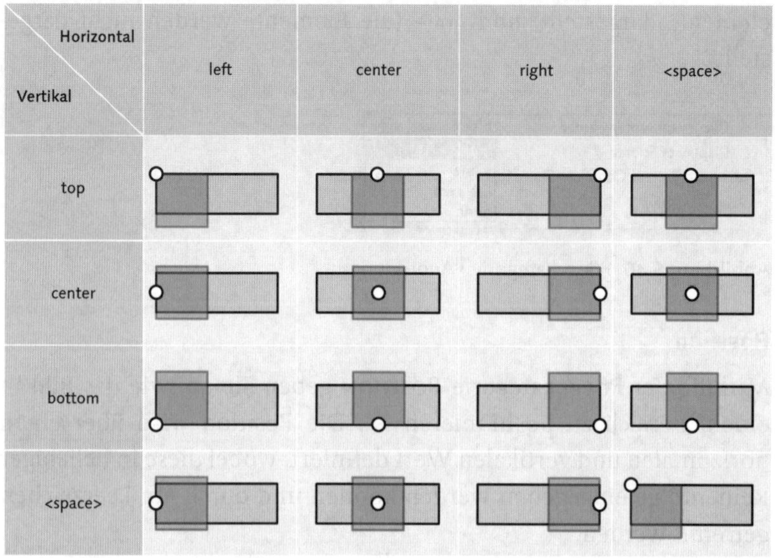

Abbildung 6.48 Positionen

Eine weitere Möglichkeit, Positionen anzugeben, besteht darin, dies in Prozentwerten von `0%` bis `100%` anzugeben. Dabei steht `0%` für `left` bzw. `top` und `100%` für `right` bzw. `bottom`.

Wiederholung

Repetition

Mithilfe der Pflegekategorie REPETITION können Sie bestimmen, ob und wie ein Bild in einem Bereich wiederholt dargestellt wird. Der Theme Editor stellt Ihnen ein Drop-down mit den möglichen Werten zur Verfügung, wie Sie es in Abbildung 6.49 sehen können.

Wiederholungswerte

Die möglichen Werte und ihre Auswirkungen sind (siehe auch Abbildung 6.50 mit der Position `center center`):

- `repeat`
  Ausgehend von der Positionierung des Bildes, wird der Bereich, in dem das Bild dargestellt wird, mit dem Bild komplett aufgefüllt.
- `repeat-x`
  Ausgehend von der Positionierung des Bildes, wird das Bild in dem Bereich, in dem das Bild dargestellt wird, horizontal aufgefüllt. Man könnte auch sagen, dass das Bild eine Zeile lang waagerecht wiederholt wird.

- `repeat-y`
  Ausgehend von der Positionierung des Bildes, wird das Bild in dem Bereich, in dem das Bild dargestellt wird, vertikal aufgefüllt. Man könnte auch sagen, dass das Bild eine Spalte lang senkrecht wiederholt wird.
- `no-repeat`:
  Das Bild wird nicht wiederholt und nur als Einzelbild angezeigt.

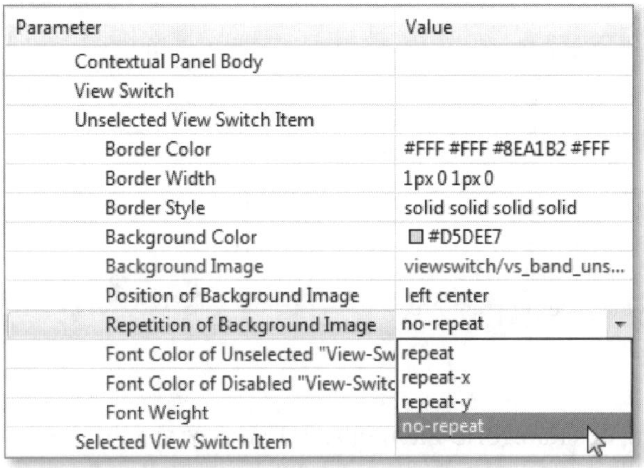

Abbildung 6.49 Pflegekategorie »Wiederholung«

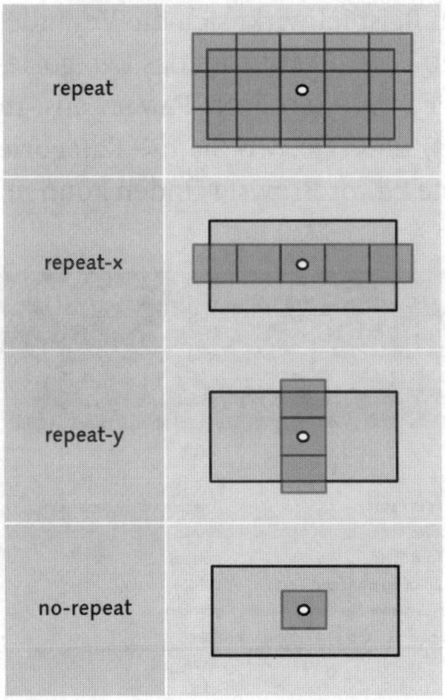

Abbildung 6.50 Wiederholungsmodi

6.7.2 Kategorie »Global Styles Content Area«

In der Kategorie der GLOBAL STYLES CONTENT AREA, in der globale Einstellungen für das Theme vorgenommen werden und die im Theme Editor Browser an der ersten Stelle zu finden ist, befinden sich die Kategorie-Elemente CURSOR (Cursor-Symbol), TEXT (Texte, Standard- und nicht Standardtexte, Überschriften, semantische Farben) und HTML STYLES. In Abbildung 6.51 sehen Sie die Position der Kategorie GLOBAL STYLES CONTENT AREA im Theme Editor Browser.

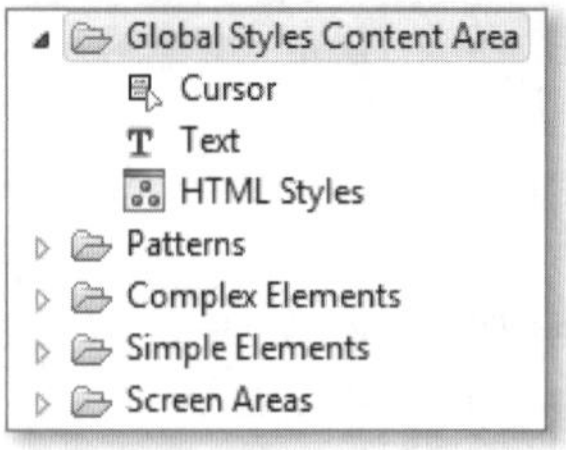

Abbildung 6.51 Global Styles Content Area

HTML Styles

Die Beschreibung des Kategorie-Elementes HTML STYLES wird bezüglich der Beschreibungsreihenfolge im Vergleich zur Reihenfolge im Theme Editor Browser vorgezogen, da die bei diesem Kategorie-Element vorgenommenen Parametereinstellungen sich auf andere Parametereinstellungen auswirken. Zum Beispiel wirkt sich die Veränderung des Parameterwertes STANDARD FONT FAMILY auf das Kategorie-Element TEXT und dessen Parameter STANDARD FONT FAMILY aus. In Abbildung 6.52 sehen Sie unter (❶) und (❷), wo Sie die Kategorie und das Kategorie-Element im Theme Editor Browser finden können.

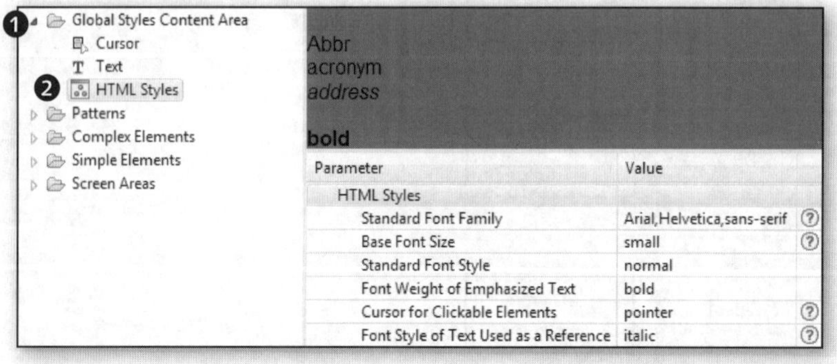

Abbildung 6.52 Global Styles Content Area – HTML Styles

In der Preview werden die Visualisierungen von unterschiedlichen UI-Elementen dargestellt, wie zum Beispiel `Image`, `Button`, `TextView` und weitere. Sie können die Veränderungen an den Parametern und die Auswirkung auf die Visualisierung der UI-Elemente mithilfe dieser Preview sofort sehen. In Tabelle 6.2 finden Sie die Beschreibungen zu den Parametern und deren Werten.

Parameter	Pflegekategorie
Standard Font Family	Schriftart
Base Font Size	Schriftgröße
Standard Font Style	Schriftstil
Font Weight of Emphasized Text	Schriftgewicht
Cursor for Clickable Elements	Mauszeiger
Font Style of Text Used as a Reference	Schriftstil

Tabelle 6.2 Global Styles Content Area – HTML Styles

Cursor

Mithilfe des Parameterelementes CURSOR können Sie das Aussehen des Cursors je nach Kontext festlegen. In Abbildung 6.53 sehen Sie unter (❶) und (❷), wo Sie die Kategorie und das Kategorie-Element im Theme Editor Browser finden können.

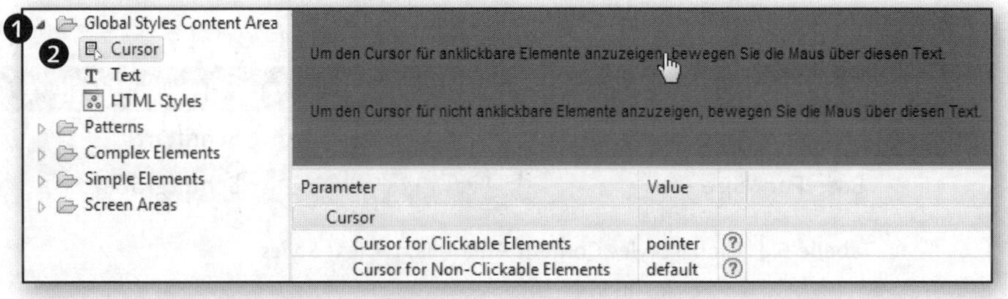

Abbildung 6.53 Global Styles Content Area – Cursor

In Tabelle 6.3 finden Sie die Beschreibungen zu den Parametern und deren Werten.

Parameter	Pflegekategorie
Cursor for Clickable Elements	Mauszeiger
Cursor for Non-Clickable Elements	Mauszeiger

Tabelle 6.3 Global Styles Content Area – Cursor

Text

Mithilfe des Parameterelementes TEXT können Sie das Aussehen von Texten je nach Kontext festlegen. Je nach Parametergruppe steht Ihnen die Möglichkeit zur Verfügung, diese zu verändern und an Ihre Corporate Identity anzupassen. In Abbildung 6.54 sehen Sie die Parametergruppen zum Kategorie-Element TEXT.

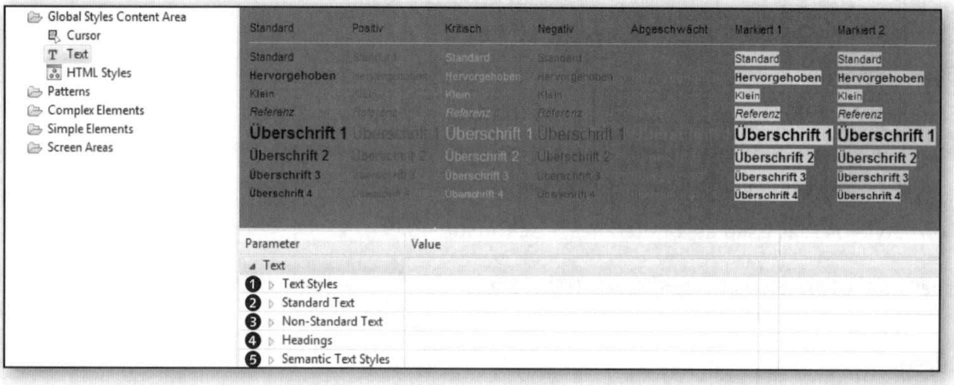

Abbildung 6.54 Global Styles Content Area – Text

Text Styles

Mithilfe der Parametergruppe TEXT STYLES (siehe Abbildung 6.54, ❶) legen Sie die Standardschriftfamilie und die Basisschriftgröße von Texten fest. In Tabelle 6.4 finden Sie die Beschreibung zu den Parametern und deren Werten.

Parameter	Pflegekategorie
Standard Font Family	Schriftart
Base Font Size	Schriftgröße

Tabelle 6.4 Global Styles Content Area – Text – Text Styles

Standard Text

Die Parametergruppe STANDARD TEXT (siehe Abbildung 6.54, ❷) bietet die Möglichkeit, die Standardschriftgröße und -farbe sowie den Stil und das Gewicht anzupassen. Die Farbe wird nach dem RGB-Muster in hexadezimaler Form angegeben. In Tabelle 6.5 finden Sie die Beschreibung zu den Parametern und deren Werten.

Parameter	Pflegekategorie
Standard Font Size	Schriftgröße
Standard Font Color	Farbe

Tabelle 6.5 Global Styles Content Area – Text – Standard Text

Parameter	Pflegekategorie
Standard Font Style	Schriftstil
Standard Font Weight	Schriftgewicht

Tabelle 6.5 Global Styles Content Area – Text – Standard Text (Forts.)

Non-Standard Text

Die Parametergruppe NON-STANDARD TEXT (siehe Abbildung 6.54, ❸) wird verwendet, um die Schriftgröße von kleinen, das Gewicht von hervorgehobenen und den Stil von Referenztexten anzupassen. Die gesetzten Werte haben zum Beispiel eine Auswirkung auf das Aussehen eines UI-Elementes `TextView`. Die UI-Element-Eigenschaft `design` mit ihren möglichen Werten stellt die Verbindung (Nutzung) zu den Parametern aus dem Theme Editor her. Daher wird durch die Auswahl eines Wertes für eine UI-Element-Eigenschaft im View Designer in der Web-Dynpro-Entwicklungsumgebung gesteuert, welche Aufbereitungsinformation aus dem Theme verwendet wird. In Tabelle 6.6 finden Sie die Beschreibung zu den Parametern und deren Werten.

Parameter	Pflegekategorie
Font Size of Small Text	Schriftgröße
Font Weight of Emphasized Text	Schriftgewicht
Font Style of Text Used as a Reference	Schriftstil

Tabelle 6.6 Global Styles Content Area – Text – Non-Standard Text

Headings

Die Parametergruppe HEADINGS (siehe Abbildung 6.54, ❹) wird verwendet, um die Eigenschaften von Überschriften wie Schriftgröße, -farbe, -familie, -gewicht oder -stil zu verändern. Die gesetzten Werte haben zum Beispiel eine Auswirkung auf das Aussehen eines UI-Elementes `TextView`. Die UI-Element-Eigenschaft `design` mit ihren möglichen Werten stellt die Verbindung (Nutzung) zu den unten stehenden Parametern her. In Tabelle 6.7 finden Sie die Beschreibung zu den Parametern und deren Werten.

Parameter	Pflegekategorie
Font Size of Heading [1, 2, 3, 4]	Schriftgröße
Font Color of Heading [1, 2, 3, 4]	Farbe
Font Family of Heading [1, 2, 3, 4]	Schriftart

Tabelle 6.7 Global Styles Content Area – Text – Headings

Parameter	Pflegekategorie
Font Weight of Heading [1, 2, 3, 4]	Schriftgewicht
Font Style of Heading [1, 2, 3, 4]	Schriftstil

Tabelle 6.7 Global Styles Content Area – Text – Headings (Forts.)

Semantic Text Styles

Mithilfe der Parametergruppe SEMANTIC TEXT STYLES (siehe Abbildung 6.54, ❺) können die semantischen Farben festgelegt werden. Die semantische Farbe gibt dem Text optisch eine inhaltliche Bedeutung. Als Beispiel für eine semantische Farbe kann »grün« verwendet werden, die einen positiven Text andeutet. Die gesetzten Werte haben zum Beispiel eine Auswirkung auf das Aussehen eines UI-Elementes `TextView`. Die UI-Element-Eigenschaft `semanticColor` mit ihren möglichen Werten stellt die Verbindung (Nutzung) zu den unterschiedlichen Parametern her. In Tabelle 6.8 finden Sie die Beschreibung zu den Parametern und deren Werten.

Parameter	Pflegekategorie
Color of [Positive, Critical, Negative, Diminished] Text	Farbe
Font Weight of [Positive, Critical, Negative, Diminished] Text	Schriftgewicht
Font Style of Diminished Text	Schriftstil
Background Color of [Marked 1, Marked 2] Text	Farbe

Tabelle 6.8 Global Styles Content Area – Text – Semantic Text Styles

6.7.3 Kategorie »Patterns«

Patterns

In der Kategorie PATTERNS, in der die Kategorie-Elemente für Navigationselemente enthalten sind und die im Theme Editor Browser als zweiter Eintrag zu finden ist, befinden sich die Kategorie-Elemente CONTEXTUAL NAVIGATION PATTERN (`ContextualPanel`, `ViewSwitch`, `FreeContextualArea`, `NavigationList`) und HORIZONTAL NAVIGATION PATTERN (`HorizontalContextualPanel`). Abbildung 6.55 zeigt die Position der Kategorie PATTERNS im Theme Editor Browser.

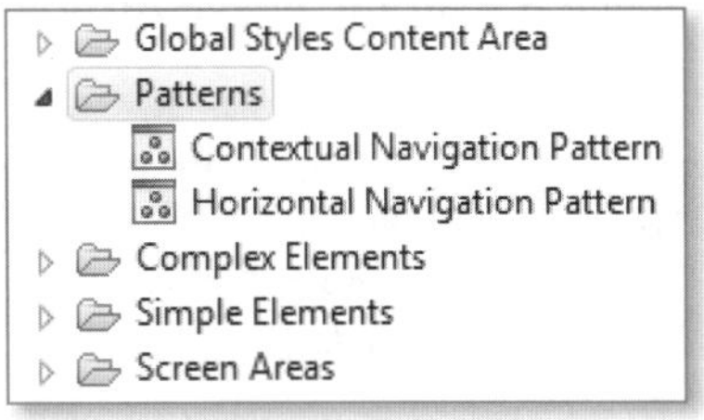

Abbildung 6.55 Kategorie »Patterns«

Contextual Navigation Pattern

Mithilfe des Kategorie-Elementes CONTEXTUAL NAVIGATION PATTERN können Sie das Aussehen der UI-Elemente `ContextualPanel`, `ViewSwitch`, `FreeContextualArea` und `NavigationList` festlegen. Die Pflege von Höhen, Rahmenfarben, -breite, -stil, Hintergrundbild, -position und -wiederholungen wird Ihnen angeboten. In Abbildung 6.56 sehen Sie den Preview für das Kategorie-Element CONTEXTUAL NAVIGATION PATTERN.

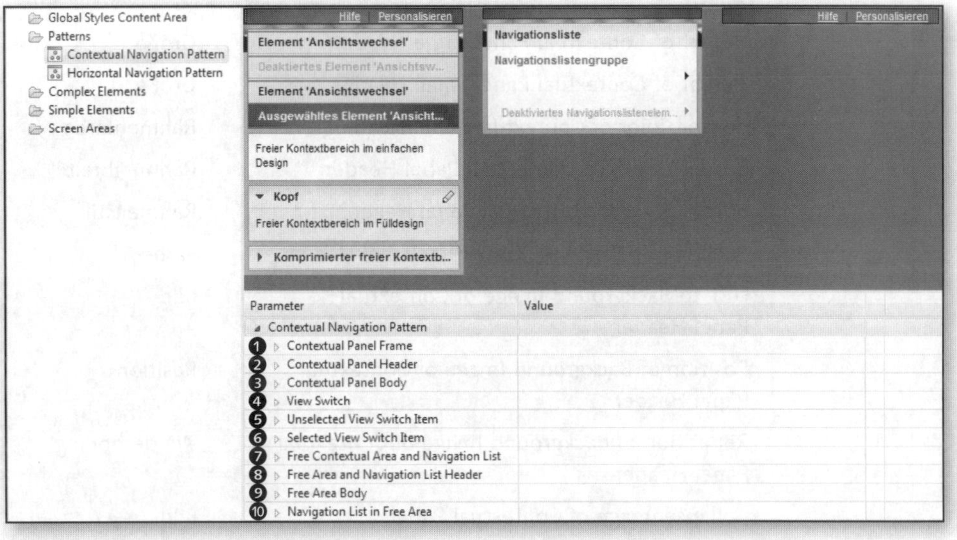

Abbildung 6.56 Preview Patterns – Contextual Navigation Pattern

Contextual Panel Frame

Die Parametergruppe CONTEXTUAL PANEL FRAME (siehe Abbildung 6.56, ❶) erlaubt es Ihnen, die Darstellung des Rahmens durch das UI-Element `ContextualPanel` zu verändern. Neben Farbe und Breite steht auch die Veränderung des Stils zur Verfügung. Diese Parametergruppe stellt die Parameter aus Tabelle 6.9 für die Pflege zur Verfügung.

Parameter	Pflegekategorie
Border Color of Contextual Panel	Rahmenfarbe
Border Width of Contextual Panel	Rahmenbreite
Border Style of Contextual Panel	Rahmenstil

Tabelle 6.9 Patterns – Contextual Navigation Pattern – Contextual Panel Frame

Contextual Panel Header

Die Parametergruppe CONTEXTUAL PANEL HEADER (siehe Abbildung 6.56, ❷) erlaubt es Ihnen, die Darstellung des Kopfes (Header) des `ContextualPanel` zu verändern. Die Einstellungsmöglichkeiten betreffen die Höhe, den Rahmen um den Header, Hintergrundfarbe, Hintergrundbild, -position, -wiederholung, Kollabieren- und Expandierenbilder, Schriftarbe für Header-Links und Textdekoration. Diese Parametergruppe stellt die Parameter aus Tabelle 6.10 für die Pflege zur Verfügung.

Parameter	Pflegekategorie
Height of Contextual Panel Large Header	Größe
Height of Contextual Panel Small Header	Größe
Border Color of Contextual Panel Header	Rahmenfarbe
Border Width of Contextual Panel Header	Rahmenbreite
Border Style of Contextual Panel Header	Rahmenstil
Background Color of Contextual Panel Header	Farbe
URL to Background Image of Contextual Panel Header	Bild
Position of Background Image of Contextual Panel Header	Position
Repetition of Background Image of Contextual Panel Header	Wiederholung
Collapse Image of Contextual Panel	Bild
Expand Image of Contextual Panel	Bild
Font Color of Header Links	Farbe
Text Decoration of Header Links	Schriftdekoration

Tabelle 6.10 Patterns – Contextual Navigation Pattern – Contextual Panel Header

Parameter	Pflegekategorie
Color of Links on Hover	Farbe
Text Decoration of Links on Hover	Schriftdekoration

Tabelle 6.10 Patterns – Contextual Navigation Pattern – Contextual Panel Header

Contextual Panel Body

Die Parametergruppe CONTEXTUAL PANEL BODY (siehe Abbildung 6.56, ❸) erlaubt es Ihnen, die Darstellung des Körpers (Body) des `ContextualPanel` zu verändern. Mit dieser Parametergruppe können Sie wie im Fall des Headers Rahmen, Hintergrundfarbe, Hintergrundbild, -position und -wiederholung beeinflussen. Diese Parametergruppe stellt Ihnen die Parameter aus Tabelle 6.11 für die Pflege zur Verfügung.

Parameter	Pflegekategorie
Border Color of Contextual Panel Content	Rahmenfarbe
Border Width of Contextual Panel Content	Rahmenbreite
Border Style of Contextual Panel Content	Rahmenstil
Background Color of Contextual Panel Content	Farbe
URL to Background Image of Contextual Panel Body	Bild
Position to Background Image of Contextual Panel Body	Position
Repetition of Background Image of Contextual Panel Body	Wiederholung

Tabelle 6.11 Patterns – Contextual Navigation Pattern – Contextual Panel Body

View Switch

Die Parametergruppe VIEW SWITCH (siehe Abbildung 6.56, ❹) beeinflusst die Darstellung des UI-Elementes `ViewSwitch`. Sie bestimmen damit den Rahmen, die Höhe der Schalter (Switch) im `ViewSwitch` und die Schriftgröße der Schaltertexte. Die Parametergruppe stellt Ihnen die Parameter aus Tabelle 6.12 für die Pflege zur Verfügung.

Parameter	Pflegekategorie
Border Color of View Switch	Rahmenfarbe
Border Width of View Switch	Rahmenbreite
Border Style of View Switch	Rahmenstil

Tabelle 6.12 Patterns – Contextual Navigation Pattern – View Switch

Parameter	Pflegekategorie
Height	Größe
Font Size of View Switch Item	Schriftgröße

Tabelle 6.12 Patterns – Contextual Navigation Pattern – View Switch (Forts.)

Unselected View Switch Item, Selected View Switch Item

Die Parametergruppen UNSELECTED VIEW SWITCH ITEM und SELECTED VIEW SWITCH ITEM (siehe Abbildung 6.56, ❺ und ❻) ermöglichen Ihnen, das Aussehen der Schalter (Switch) im `ViewSwitch` zu ändern. Sie können das Aussehen des Rahmens, Hintergrundfarbe, -bild, -bildposition und Schriftgewicht verändern. Beide Parametergruppen stellen Ihnen die Parameter aus Tabelle 6.13 für die Pflege zur Verfügung.

Parameter	Pflegekategorie
Border Color	Rahmenfarbe
Border Width	Rahmenbreite
Border Style	Rahmenstil
Background Color	Farbe
Background Image	Bild
Position of Background Image	Position
Repetition of Background Image	Wiederholung
Font Weight	Schriftgewicht

Tabelle 6.13 Patterns – Contextual Navigation Pattern – Unselected View Switch Item und Patterns – Contextual Navigation Pattern – Selected View Switch Item

Unselected View Switch Item

Die Parametergruppe UNSELECTED VIEW SWITCH ITEM (siehe Abbildung 6.56, ❺) bietet zusätzlich zu den Parametern aus Tabelle 6.13 die Möglichkeit, die Schriftfarbe für nicht selektierte (unselected) und deaktivierte (disabled) Switches zu setzen. In Tabelle 6.14 sehen Sie die zusätzlich für die Pflege angebotenen Parameter.

Parameter	Pflegekategorie
Font Color of Unselected View Switch Item	Farbe
Font Color of Disabled View Switch Item	Farbe

Tabelle 6.14 Patterns – Contextual Navigation Pattern – Unselected View Switch Item

Selected View Switch Item

Die Parametergruppe SELECTED VIEW SWITCH ITEM (siehe Abbildung 6.56, ❻) bietet zusätzlich zu den in Tabelle 6.13 präsentierten Einstellungsmöglichkeiten Parameter für die Schriftfarbe und den Schriftstil an. In Tabelle 6.15 sehen Sie die zusätzlichen Parameter, die für die Pflege bereitstehen.

Parameter	Pflegekategorie
Font Color	Farbe
Font Style	Schriftstil

Tabelle 6.15 Patterns – Contextual Navigation Pattern – Selected View Switch Item

FreeContextual-Area, Navigation-List

Die zusätzlich für das Kategorie-Element CONTEXTUAL NAVIGATION PATTERN folgenden Parametergruppen beeinflussen das Aussehen der UI-Elemente `FreeContextualArea` und `NavigationList`. Die Parametergruppe FREE CONTEXTUAL AREA AND NAVIGATION LIST (siehe Abbildung 6.56, ❼) ermöglicht Ihnen, das Rahmenaussehen zu bestimmen, das heißt Rahmenfarbe, -breite und -stil. Die Parametergruppe bietet Ihnen die Parameter aus Tabelle 6.16 für die Pflege an.

Parameter	Pflegekategorie
Border Color	Rahmenfarbe
Border Width	Rahmenbreite
Border Style	Rahmenstil

Tabelle 6.16 Patterns – Contextual Navigation Pattern – Free Contextual Area and Navigation List

Free Area and Navigation List Header

Die Parametergruppe FREE AREA AND NAVIGATION LIST HEADER (siehe Abbildung 6.56, ❽) ermöglicht es Ihnen, das Aussehen des Titels der UI-Elemente `FreeContextualArea` und `NavigationList` umzugestalten. Dabei können Sie Parameterhöhe, Rahmen, Hintergrund, Expandieren-, Kollabieren- und Personalisierungssymbole (Expand, Collapse, Personalize) sowie Schriftfarbe, -gewicht und -größe verändern. Die Parametergruppe bietet Ihnen die Parameter aus Tabelle 6.17 für die Pflege an.

Parameter	Pflegekategorie
Height of Title	Größe
Border Color of Title	Rahmenfarbe
Border Width of Title	Rahmenbreite

Tabelle 6.17 Patterns – Contextual Navigation Pattern – Free Area and Navigation List Header

Parameter	Pflegekategorie
Border Style of Title	Rahmenstil
Background Color of Title	Farbe
Background Image	Bild
Position of Background Image	Position
Repetition of Background Image	Wiederholung
Expand Image	Bild
Collapse Image	Bild
Personalization Image	Bild
Font Color of Title	Farbe
Font Size of Title	Schriftgröße
Font Weight of Title	Schriftgewicht

Tabelle 6.17 Patterns – Contextual Navigation Pattern – Free Area and Navigation List Header (Forts.)

Free Area Body

Die Parametergruppe FREE AREA BODY (siehe Abbildung 6.56, ❾) erlaubt Ihnen, das Aussehen des Inhaltsbereiches eines UI-Elementes `FreeContextualArea` und `NavigationList` zu ändern. Sie können im UI-Element `FreeContextualArea` in der Eigenschaft `design` den Wert `plain` oder `fill` auswählen und dadurch den Bezug zu den im Theme Editor gesetzten Werten der Parameter `Plain` oder `Fill Design` herstellen. Die Parametergruppe bietet Ihnen die Parameter aus Tabelle 6.18 für die Pflege an.

Parameter	Pflegekategorie
Border of Content Area in Plain Design	Rahmen
Background Color of Content Area in Plain Design	Farbe
Border of Content Area in Fill Design	Rahmen
Background Color of Content Area in Fill Design	Farbe

Tabelle 6.18 Patterns – Contextual Navigation Pattern – Free Area Body

Navigation List in Free Area

Die Parametergruppe NAVIGATION LIST IN FREE AREA (siehe Abbildung 6.56, ❿) ermöglicht es Ihnen, das Aussehen des Inhaltsbereiches eines UI-Elementes `NavigationList` zu verändern. Sie können die Schriftgröße, Schriftfarbe und das Schriftgewicht des Group Headers der Navigation List, die Textdekoration einer klickbaren `NavigationList`-Gruppe, Schriftgewicht und -stil eines ausgewählten Elementes sowie die URL des Kontextmenüs (aktiviert, deaktiviert) abändern. Diese Parametergruppe stellt Ihnen die Parameter aus Tabelle 6.19 für die Pflege zur Verfügung.

Parameter	Pflegekategorie
Font Size of Navigation List	Schriftgröße
Font Color of Group Header of Navigation List	Farbe
Font Weight of Group Header of Navigation List	Schriftgewicht
Text Decoration of Clickable Navigation List Group	Schriftdekoration
Font Weight of Selected Item	Schriftgewicht
Font Style of Selected Item	Schriftstil
Image of Context Menu Icon in Free Area	Bild
Image of Disabled Context Menu Icon in Free Area	Bild

Tabelle 6.19 Patterns – Contextual Navigation Pattern – Navigation List in Free Area

Horizontal Navigation Pattern

Mithilfe des Kategorie-Elementes Horizontal Navigation Pattern können Sie das Aussehen des UI-Elementes `HorizontalContextualPanel` anpassen. Für das von Ihnen gewünschte Aussehen wird Ihnen die Pflege von selektierten sowie nicht selektierten Tabs und Bildern angeboten. In Abbildung 6.57 sehen Sie den Preview für die Parametergruppe Horizontal Navigation Pattern.

Styles For Emphasized Design

Die Parametergruppe Styles For Emphasized Design (siehe Abbildung 6.57, ❶) erlaubt Ihnen, das Aussehen des `emphasized`-Designs des UI-Elementes `HorizontalContextualPanel` zu ändern. Die Beziehung zwischen dem Aussehen und der UI-Element-Eigenschaft `design` stellen Sie durch die Auswahl des Wertes `emphasized` der Eigenschaft her. Die Parametergruppe stellt Ihnen die Parameter aus Tabelle 6.20 für die Veränderung des Aussehens zur Verfügung.

Parameter	Pflegekategorie
Background Color	Farbe
Left Border	Rahmen

Tabelle 6.20 Patterns – Horizontal Navigation Pattern – Styles for Emphasized Design

Parameter	Pflegekategorie
Right Border	Rahmen
URL To Background Image for Top Border	Bild

Tabelle 6.20 Patterns – Horizontal Navigation Pattern – Styles for Emphasized Design (Forts.)

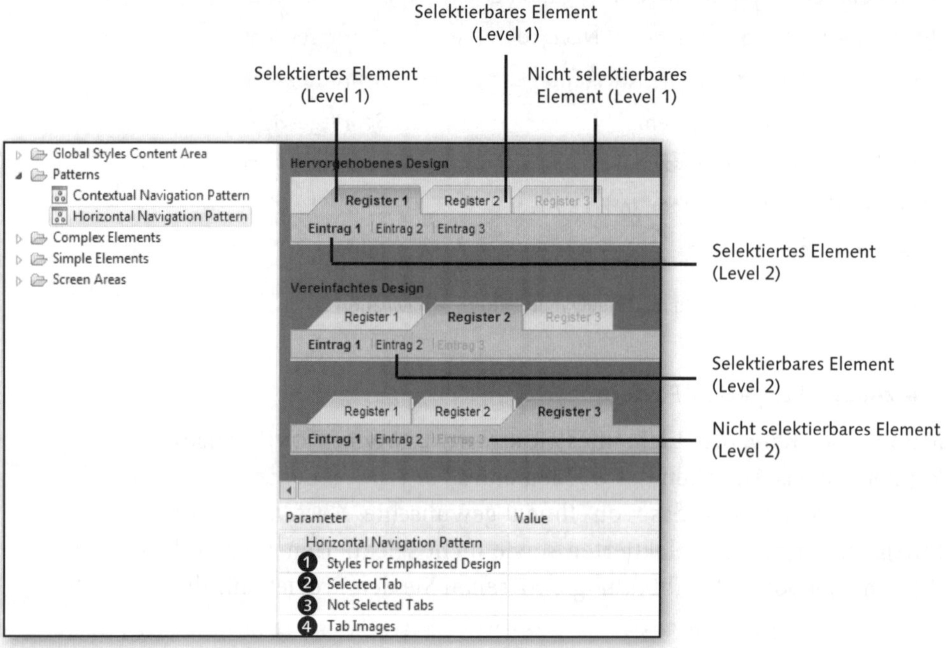

Abbildung 6.57 Preview Patterns – Horizontal Navigation Pattern

Selected Tab Die Parametergruppe SELECTED TAB (siehe Abbildung 6.57, ❷) ermöglicht Ihnen, das Aussehen des selektierten Tabs (Level 1) des UI-Elementes `HorizontalContextualPanel` zu ändern. Die Parametergruppe bietet Ihnen die Parameter aus Tabelle 6.21 für die Veränderung des Aussehens an.

Parameter	Pflegekategorie
Top Border	Rahmen
Background Color	Farbe
Text Color	Farbe
Background Color of Tab Items	Farbe

Tabelle 6.21 Patterns – Horizontal Navigation Pattern – Selected Tab

Parameter	Pflegekategorie
Divider Background Image	Bild
Background Image of Bottom Shadow	Bild
Height of Image of Bottom Shadow	Größe
Right Border	Rahmen
Left Border	Rahmen

Tabelle 6.21 Patterns – Horizontal Navigation Pattern – Selected Tab (Forts.)

Not Selected Tabs

Die Parametergruppe Not Selected Tabs (siehe Abbildung 6.57, ❸) erlaubt Ihnen, das Aussehen der nicht selektierten Tabs (Level 1) des UI-Elementes `HorizontalContextualPanel` zu ändern. Die Parametergruppe bietet Ihnen die Parameter aus Tabelle 6.22 für die Veränderung des Aussehens an.

Parameter	Pflegekategorie
Background Color	Farbe
Text Color of Not Selected Tab	Farbe
Text Color Disabled Tab	Farbe

Tabelle 6.22 Patterns – Horizontal Navigation Pattern – Not Selected Tabs

Tab Images

Die Parametergruppe Tab Images (siehe Abbildung 6.57, ❹) ermöglicht Ihnen, das Aussehen der Tabs (Level 1) des UI-Elementes `HorizontalContextualPanel` zu ändern. In Abbildung 6.58 sehen Sie die Bezeichnung der einzelnen Bildelemente, die Sie dann in der Parameterliste wiederfinden werden.

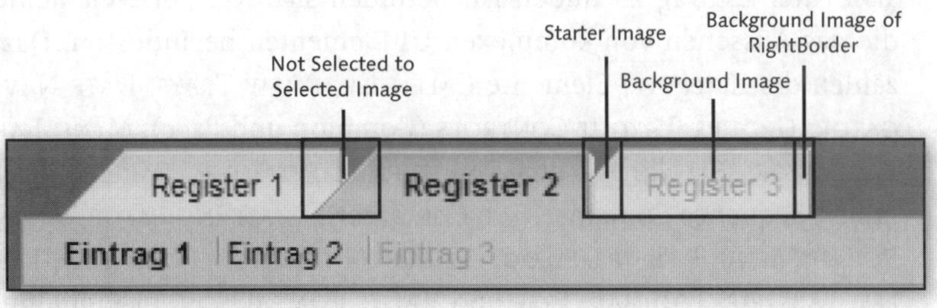

Abbildung 6.58 HorizontalContextualPanel-Tab-Bilder (Level 1)

Die Parametergruppe bietet Ihnen die Parameter aus Tabelle 6.23 für die Veränderung des Aussehens an.

Parameter	Pflegekategorie
Starter Image of Not Selected Tab	Bild
Starter Image of Not Selected Tab	Bild
Background Image of Not Selected Tab	Bild
Background Image of Right Border of Not Selected Tab	Bild
Not Selected to Selected Tab Transition Image	Bild
Starter Image of Selected Tab	Bild
Background Image of Right Border of Not Selected Tab	Bild
Color of Right Border of Selected Tab	Bild

Tabelle 6.23 Patterns – Horizontal Navigation Pattern – Tab Images

[!] **Achtung**: Die ersten zwei Parameter in Tabelle 6.23 wurden gleich benannt, betreffen jedoch unterschiedliche Aspekte:

- Der erste Parameter wird für die Definition des Hintergrundbildes des Tab-Reiters hinter dem Text des Tab-Reiters verwendet.
- Der zweite Parameter wird für die Definition des Bildes verwendet, das vor dem Hintergrundbild des Tab-Reiters gezeigt wird (zum Beispiel ein ansteigendes Dreieck).

Zudem trifft die Bezeichnung des Parameters BACKGROUND IMAGE OF RIGHT BORDER OF NOT SELECTED TAB nicht zu, sondern müsste BACKGROUND IMAGE OF RIGHT BORDER OF SELECTED TAB lauten.

6.7.4 Kategorie »Complex Elements«

Complex Elements

In der Kategorie COMPLEX ELEMENTS, die im Theme Editor Browser als dritter Eintrag zu finden ist, befinden sich Kategorie-Elemente, die das Aussehen von komplexen UI-Elementen beeinflussen. Dazu zählen die Kategorie-Elemente CALENDER, IVIEW TRAYS, DATE NAVIGATOR, GROUPS, LAYOUT CONTROLS (Common und Page), MENU BAR, PAGINATOR (Scrolling Icons), PATTERN CONTAINERS (Pattern Container, Sequence Container, Tab Container), PHASE INDICATOR, POPIN, POP-UP MENU, POP-UP DIALOG, PROGRESS INDICATOR, ROAD MAP, TABLES, TABSTRIP, TOOLBAR, TREE und VALUE COMPARISON. In Abbildung 6.59 sehen Sie die Position der Kategorie COMPLEX ELEMENTS im Theme Editor Browser.

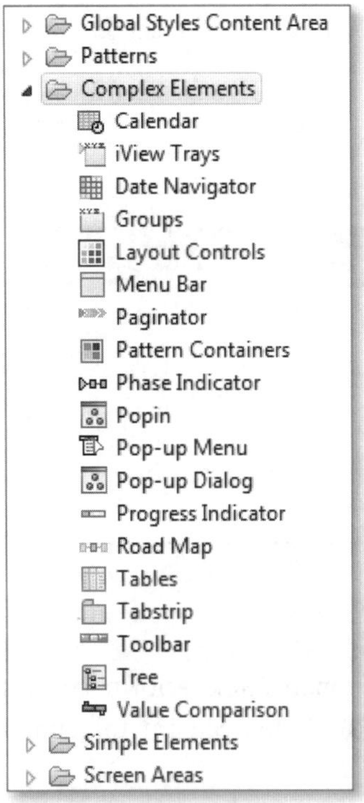

Abbildung 6.59 Kategorie »Complex Elements«

Calendar

Das Kategorie-Element CALENDER wurde in Release 5.0 des damals noch sogenannten SAP Enterprise Portals verwendet und zu Release 6.0 des SAP NetWeaver Portals durch den DATE NAVIGATOR abgelöst. Mit dem Kategorie-Element CALENDAR können Sie über den Parameter BORDER MARKING CURRENT DAY das Aussehen des aktuellen Tages des UI-Elementes `DateNavigator` festlegen. In Abbildung 6.60 sehen Sie den Preview für das Kategorie-Element CALENDAR.

Die Parametergruppe CALENDAR STYLES (siehe Abbildung 6.60, ❶) erlaubt es Ihnen, das Aussehen des aktuellen Tages im `DateNavigator` zu verändern. Diese Parametergruppe stellt dazu den Parameter aus Tabelle 6.24 für die Pflege zur Verfügung. **Calendar Styles**

Parameter	Pflegekategorie
Border Marking Current Day	Rahmen

Tabelle 6.24 Complex Elements – Calendar – Calendar Styles

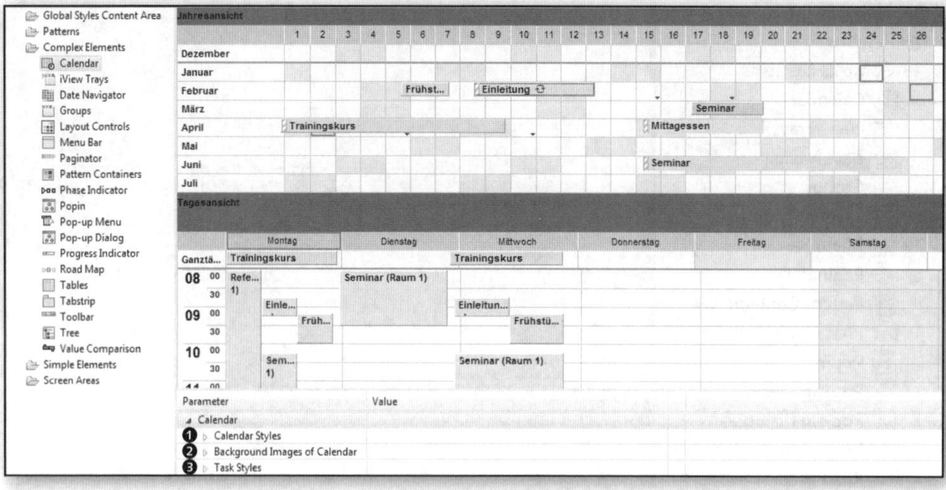

Abbildung 6.60 Preview Complex Elements – Calendar

Die Erläuterungen zu den Parametergruppen BACKGROUND IMAGES OF CALENDAR (❷) und TASK STYLES (❸) finden Sie im folgenden Abschnitt »Date Navigator«.

iView Trays

Mithilfe des Kategorie-Elementes IVIEW TRAYS können Sie das Aussehen des UI-Elementes `Tray` bestimmen. Es wird Ihnen die Pflege von Tray Header und Tray Header Icons, Tray Body und für das Design des Trays angeboten. In Abbildung 6.61 sehen Sie den Preview für das Kategorie-Element IVIEW TRAYS.

Mithilfe der UI-Eigenschaft `design` des UI-Elementes `Tray` legen Sie fest, welche visuelle Aufbereitung verwendet wird. Die UI-Eigenschaft bietet die Werte `fill`, `plain` und `transparent` an.

Tray Header Die Parametergruppe TRAY HEADER (siehe Abbildung 6.61, ❶) erlaubt es Ihnen, die Darstellung des Kopfes (Header) des UI-Elementes `Tray` zu verändern. Diese Parametergruppe stellt die Parameter aus Tabelle 6.25 für die Pflege zur Verfügung.

Parameter	Pflegekategorie
Background Color of Header	Farbe
Font Color of iView (Tray) Name	Farbe

Tabelle 6.25 Complex Elements – iView Trays – Tray Header

Parameter	Pflegekategorie
Font Weight of iView (Tray) Name	Schriftgewicht
Color of Tray Header Underline	Farbe
Style of Tray Header Underline	Rahmenstil
Width of Tray Header Underline	Größe
URL to Header Image	Bild
Position of Header Image	Position
Repetition of Header Image	Wiederholung

Tabelle 6.25 Complex Elements – iView Trays – Tray Header (Forts.)

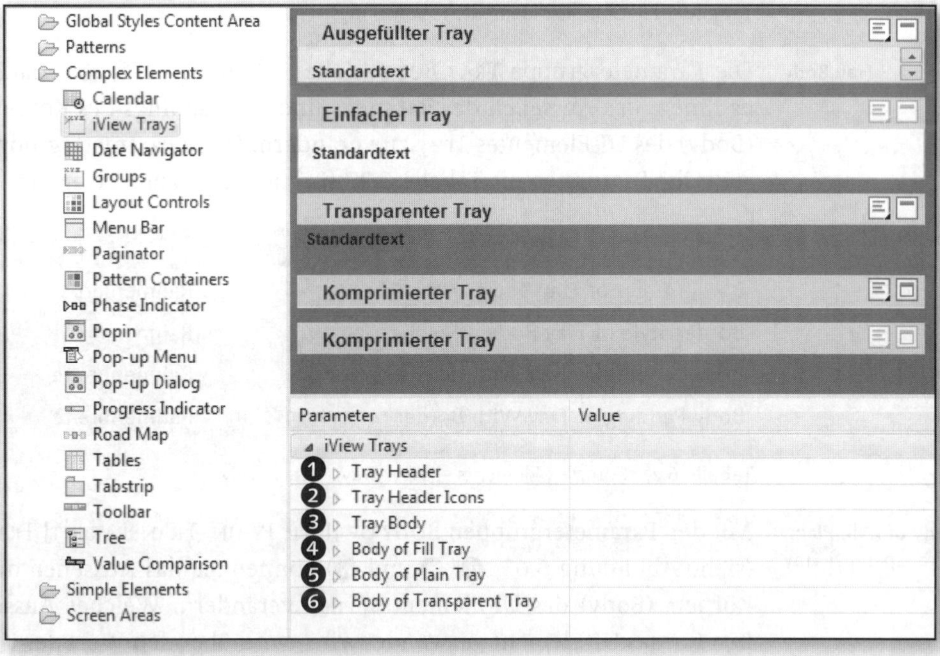

Abbildung 6.61 Preview Complex Elements – iView Trays

Tray Header Icons

Die Parametergruppe TRAY HEADER ICONS (siehe Abbildung 6.61, ❷) ermöglicht es Ihnen, die Darstellung, Höhe, Breite und Position der Icons des Kopfes (Header) des UI-Elementes `Tray` zu verändern. Diese Parametergruppe stellt die Parameter aus Tabelle 6.26 für die Pflege zur Verfügung.

Parameter	Pflegekategorie
URL to Menu Icon	Bild
URL to Disabled Menu Icon	Bild
URL to Collapse Icon	Bild
URL to Disabled Collapse Icon	Bild
URL to Expand Icon	Bild
URL to Disabled Expand Icon	Bild
Height of Tray Icons	Größe
Width of Tray Icons	Größe
Position of Header Icons	Position

Tabelle 6.26 Complex Elements – iView Trays – Tray Header Icons

Tray Body

Die Parametergruppe TRAY BODY (siehe Abbildung 6.61, ❸) erlaubt es Ihnen, das Aussehen des Rahmens und des Paddings des Körpers (Body) des UI-Elementes `Tray` zu verändern. Diese Parametergruppe stellt die Parameter aus Tabelle 6.27 für die Pflege zur Verfügung.

Parameter	Pflegekategorie
Border Color of Tray Body	Rahmenfarbe
Border Style of Tray Body	Rahmenstil
Body Padding of Tray Without Border	Rahmenbreite
Body Padding of Tray With Border	Rahmenbreite

Tabelle 6.27 Complex Elements – iView Trays – Tray Body

Body of [Fill, Plain, Transparent] Tray

Mit den Parametergruppen BODY OF [FILL, PLAIN, TRANSPARENT] TRAY (siehe Abbildung 6.61, ❹, ❺ und ❻) können Sie das Aussehen des Körpers (Body) des UI-Elementes `Tray` verändern. Welches Aussehen für das UI-Element verwendet wird, wird über den Wert der UI-Eigenschaft `design` definiert. Die Parametergruppen stellen die Parameter aus Tabelle 6.27 für die Pflege zur Verfügung.

Parameter	Pflegekategorie
Background Color of [Fill, Plain, Transparent] Tray Type	Farbe
Border Width of [Fill, Plain, Transparent] Tray Body	Rahmenbreite

Tabelle 6.28 Complex Elements – iView Trays – Body of [Fill, Plain, Transparent] Tray

Parameter	Pflegekategorie
URL to Background Image of [Fill, Plain, Transparent] Tray Body	Bild
Position of Background Image of [Fill, Plain, Transparent] Tray Body	Position
Repetition of Background Image of [Fill, Plain, Transparent] Tray Body	Wiederholung

Tabelle 6.28 Complex Elements – iView Trays – Body of [Fill, Plain, Transparent] Tray (Forts.)

Date Navigator

Mithilfe des Kategorie-Elementes DATE NAVIGATOR können Sie das Aussehen des UI-Elementes `DateNavigator` festlegen. Es wird Ihnen die Pflege von Stilen, Icons, Tagen, Wochen, Monaten und semantischen Farben angeboten. In Abbildung 6.62 sehen Sie den Preview für das Kategorie-Element DATE NAVIGATOR.

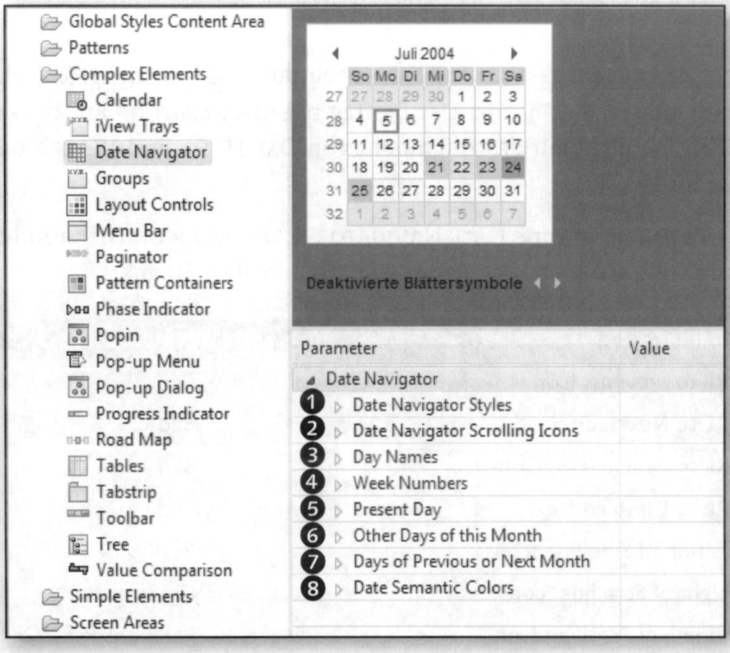

Abbildung 6.62 Preview Complex Elements – Date Navigator

Date Navigator Styles

Die Parametergruppe DATE NAVIGATOR STYLES (siehe Abbildung 6.62, ❶) bietet die Parameter aus Tabelle 6.29 an.

Parameter	Pflegekategorie
Background Color of Date Navigator	Farbe
Border Color of Date Navigator	Farbe
Border Width of Date Navigator	Größe
Border Style of Date Navigator	Rahmenstil
Font Color of Date Navigator Header	Farbe
Date Navigator Font Color	Farbe
parCalFontSize	Größe
Padding of Date Navigator	Rahmenbreite
Entry Width	Größe
Alignment of Entry Text	Horizontale Ausrichtung
Decoration of Entry Text	Schriftdekoration

Tabelle 6.29 Complex Elements – Date Navigator – Date Navigator Styles

Der Parameter `parCalFontSize` beeinflusst die Schriftgröße der Texte im `DateNavigator`. Der Eintrag bei ALIGNMENT OF ENTRY TEXT wirkt sich nicht auf das Alignment von DAY NAME und WEEK NUMBERS aus.

Date Navigator Scrolling Icon

Die Parametergruppe DATE NAVIGATOR SCROLLING ICON (siehe Abbildung 6.62, ❷) bietet die Parameter aus Tabelle 6.30 an.

Parameter	Pflegekategorie
URL to Previous Icon	Bild
URL to Next Icon	Bild
URL to Disabled Previous Icon	Bild
URL to Disabled Next	Bild
Position of Scrolling Icons	Position
Height of Scrolling Icons	Größe
Padding of Scrolling Icon	Rahmenbreite

Tabelle 6.30 Complex Elements – Date Navigator – Date Navigator Scrolling Icons

Durch den Parameter POSITION OF SCROLLING ICONS wird die Position des Icons in der Anzeigefläche des Icons positioniert. Diese Anzeigefläche kann mithilfe des Parameters HEIGHT OF SCROLLING ICONS hinsichtlich der Höhe und mithilfe des Parameters PADDING OF SCROLLING ICONS bezüglich der Abstände vom Rand der Anzeigefläche beeinflusst werden.

Die Parametergruppe DAY NAMES (siehe Abbildung 6.62, ❸) bietet die Parameter aus Tabelle 6.31 an. Die angeführten Parameter wirken sich nur auf die Namen der Tage aus, die als Spaltenüberschriften zu einem Monat angeführt sind. Day Names

Parameter	Pflegekategorie
Background Color	Farbe
Border Color of Names	Farbe
Border Width of Names	Rahmenbreite
Font Color of Names	Farbe

Tabelle 6.31 Complex Elements – Date Navigator – Day Names

Beachten Sie, dass sich der Eintrag bei BORDER WIDTH OF NAMES nur auf den rechten Rand auswirkt, obwohl man vier Zahlen eingeben kann.

Die Parametergruppe WEEK NUMBERS (siehe Abbildung 6.62, ❹) bietet die Parameter aus Tabelle 6.32 an. Week Numbers

Parameter	Pflegekategorie
Background Color of Week Numbers	Farbe
Border Color of Week Numbers	Farbe
Border Width of Week Numbers	Rahmenbreite
Font Color of Week Numbers	Farbe

Tabelle 6.32 Complex Elements – Date Navigator – Week Numbers

Beachten Sie, dass sich der Parameter BORDER WIDTH OF NAMES nur auf den rechten Rand auswirkt, obwohl man vier Zahlen eingeben kann.

Die Parametergruppe PRESENT DAY (siehe Abbildung 6.62, ❺) bietet die Parameter aus Tabelle 6.33 an. Present Day

Parameter	Pflegekategorie
Background Color	Farbe
Border Marking Current Day	Rahmen

Tabelle 6.33 Complex Elements – Date Navigator – Present Day

Other Days of this Month

Die Parametergruppe Other Days of this Month (siehe Abbildung 6.62, ❻) bietet die Parameter aus Tabelle 6.34 an.

Parameter	Pflegekategorie
Background Color	Farbe
Border Color	Farbe
Border Width	Rahmenbreite
Border Style	Rahmenstil

Tabelle 6.34 Complex Elements – Date Navigator – Other Days of this Month

Der Parameter Border Width übersteuert die Einstellung des Parameters Border Width of Week Numbers. Darüber hinaus wirkt sich der Parameter Border Width nur aus, wenn man mit dem Parameter Border Style einen Stil für einen Rand einstellt, der sichtbar ist.

Days of Previous or Next Month

Die Parametergruppe Days of Previous or Next Month (siehe Abbildung 6.62, ❼) bietet die Parameter aus Tabelle 6.35 an.

Parameter	Pflegekategorie
Background Color of Unselected Days	Farbe
Font Color of Unselected Days	Farbe

Tabelle 6.35 Complex Elements – Date Navigator – Days of Previous or Next Month

Date Semantic Colors

Mithilfe der Parametergruppe Date Semantic Colors (siehe Abbildung 6.62, ❽) definieren Sie semantische Farben, mit denen Sie die Hintergrundfarben von Tagen im UI-Element `DateNavigator` verändern können. Welche semantische Farbe verwendet wird, steuern Sie über den Wert der UI-Eigenschaft `daySemantics`. Im UI-Element `DateNavigator` gibt es mehrere Möglichkeiten für die Einstellung, die jedoch nicht durch den Theme Editor unterstützt werden. Die Parametergruppe Date Semantic Colors bietet die Parameter aus Tabelle 6.36 an.

Parameter	Pflegekategorie
Selection Background Color 1	Farbe
Selection Background Color 2	Farbe
Selection Background Color 3	Farbe
Selection Background Color 4	Farbe
Selection Background Color 5	Farbe

Tabelle 6.36 Complex Elements – Date Navigator – Date Semantic Colors

Groups

Mithilfe des Kategorie-Elementes GROUPS können Sie das Aussehen des UI-Elementes `Group` festlegen. Es wird Ihnen die Pflege von Titeln, Rahmen und Farben angeboten. In Abbildung 6.63 sehen Sie den Preview für das Kategorie-Element GROUPS.

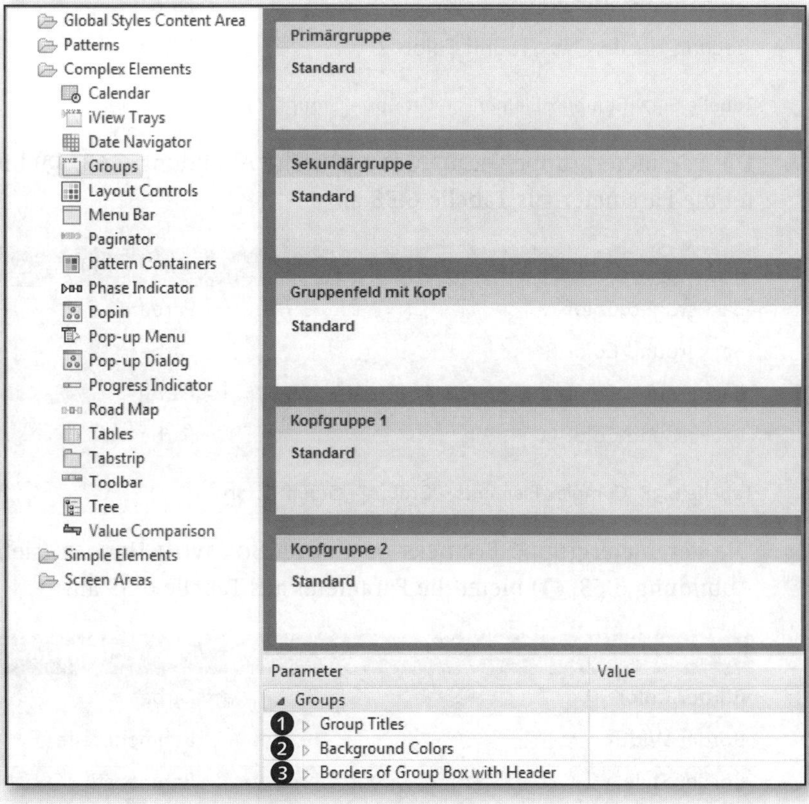

Abbildung 6.63 Preview Complex Elements – Groups

Group Titles Mithilfe der Parametergruppe GROUP TITLES (siehe Abbildung 6.63, ❶) können Sie das Aussehen der Gruppentitel für das UI-Element `Group` definieren. Welche Einstellungen verwendet werden, steuern Sie über den Wert der UI-Eigenschaft `design`. Die Parametergruppe GROUP TITLES bietet die Parameter aus Tabelle 6.37 an.

Parameter	Pflegekategorie
First Font Color of Title	Farbe
Second Font Color of Title	Farbe
Font Weight of Title	Schriftgewicht
Padding of Title	Rahmenstil
Border Color of Title	Farbe
Border Width of Title	Rahmenbreite
Border Style of Title	Rahmenstil
Height of Title	Größe
First Header Background Color	Farbe
Second Header Background Color	Farbe

Tabelle 6.37 Complex Elements – Groups – Group Titles

Group Colors Die Parametergruppe GROUP COLORS (siehe Abbildung 6.63, ❷) bietet die Parameter aus Tabelle 6.38 an.

Parameter	Pflegekategorie
Background Color A	Farbe
Background Color B	Farbe
Background Color C	Farbe
Background Color D	Farbe

Tabelle 6.38 Complex Elements – Groups – Group Colors

Borders of Group Box with Header Die Parametergruppe BORDERS OF GROUP BOX WITH HEADER (siehe Abbildung 6.63, ❸) bietet die Parameter aus Tabelle 6.39 an.

Parameter	Pflegekategorie
Border Color	Farbe
Border Width	Rahmenbreite
Border Style	Rahmenstil

Tabelle 6.39 Complex Elements – Groups – Borders of Group Box with Header

Layout Controls

Mithilfe des Kategorie-Elementes LAYOUT CONTROLS können Sie das Aussehen von Layouts bestimmen. Es wird Ihnen die Pflege von Füllfarben, Stilen und Abständen angeboten. In Abbildung 6.64 sehen Sie den Preview für das Kategorie-Element LAYOUT CONTROLS.

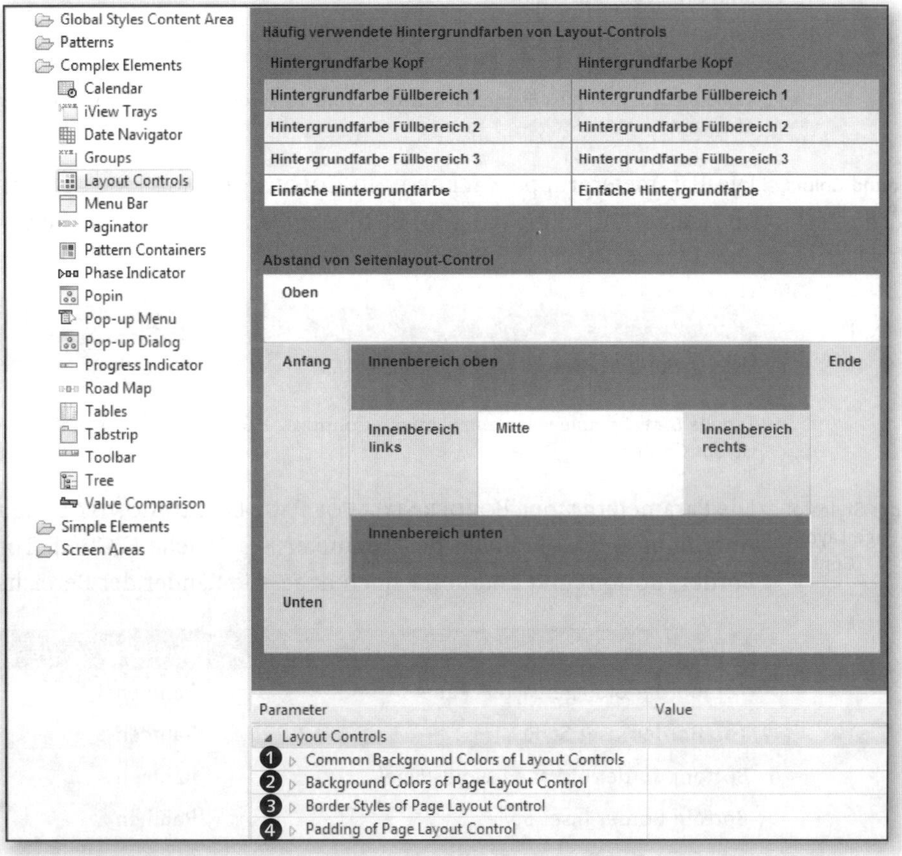

Abbildung 6.64 Preview Complex Elements – Layout Controls

Common Background Colors of Layout Controls

Mithilfe der Parametergruppe COMMON BACKGROUND COLORS OF LAYOUT CONTROLS (siehe Abbildung 6.64, ❶) können Sie das Aussehen der Hintergrundfarben von Layouts definieren. Welche Einstellungen verwendet werden, steuern Sie in der UI-Element-Gruppe LAYOUTDATEN über den Wert der UI-Eigenschaft `cellBackgroundDesign`. Die Parametergruppe COMMON BACKGROUND COLORS OF LAYOUT CONTROLS bietet die Parameter aus Tabelle 6.37 an.

Parameter	Pflegekategorie
Border Background Color	Farbe
Header Background Color	Farbe
Fill 1 Background Color	Farbe
Fill 2 Background Color	Farbe
Fill 3 Background Color	Farbe
Plain Background Color	Farbe

Tabelle 6.40 Complex Elements – Layout Controls – Common Background Colors of Layout Controls

Background Colors of Page Layout Control

Die Parametergruppe BACKGROUND COLORS OF PAGE LAYOUT CONTROL (siehe Abbildung 6.64, ❷) bietet den Parameter aus Tabelle 6.41 an.

Parameter	Pflegekategorie
Background Color of Page Layout Cell	Farbe

Tabelle 6.41 Complex Elements – Layout Controls – Background Colors of Page Layout Control

Border Styles of Page Layout Control

Die Parametergruppe BORDER STYLES OF PAGE LAYOUT CONTROL (siehe Abbildung 6.64, ❸) bietet die Parameter aus Tabelle 6.42 an. Top, Border, Bottom und End bezeichnen dabei die Ränder der Bereiche.

Parameter	Pflegekategorie
Top Border of Page Layout Panel	Rahmen
Top Border Inset Style	Rahmen
Bottom Border of Page Layout Panel	Rahmen
Bottom Border Inset Style	Rahmen
End Border of Page Layout Panel	Rahmen
End Border Inset Style	Rahmen
Begin Border of Page Layout Panel	Rahmen
Start Border Inset Style	Rahmen

Tabelle 6.42 Complex Elements – Layout Controls – Border Styles of Page Layout Control

Padding of Page Layout Control

Die Parametergruppe PADDING OF PAGE LAYOUT CONTROL (siehe Abbildung 6.64, ❹) bietet die Parameter aus Tabelle 6.43 an. Top, Border, Bottom und End bezeichnen dabei die Ränder der Bereiche.

Parameter	Pflegekategorie
Bottom Padding	Größe
Begin Padding	Größe
End Padding	Größe
Top Padding	Größe

Tabelle 6.43 Complex Elements – Layout Controls – Padding of Page Layout Control

Menu Bar

Mithilfe des Kategorie-Elementes MENU BAR können Sie das Aussehen von Menüs bestimmen. Es wird Ihnen die Pflege von Füllfarben, Stilen und Abständen angeboten. In Abbildung 6.65 sehen Sie den Preview für das Kategorie-Element MENU BAR.

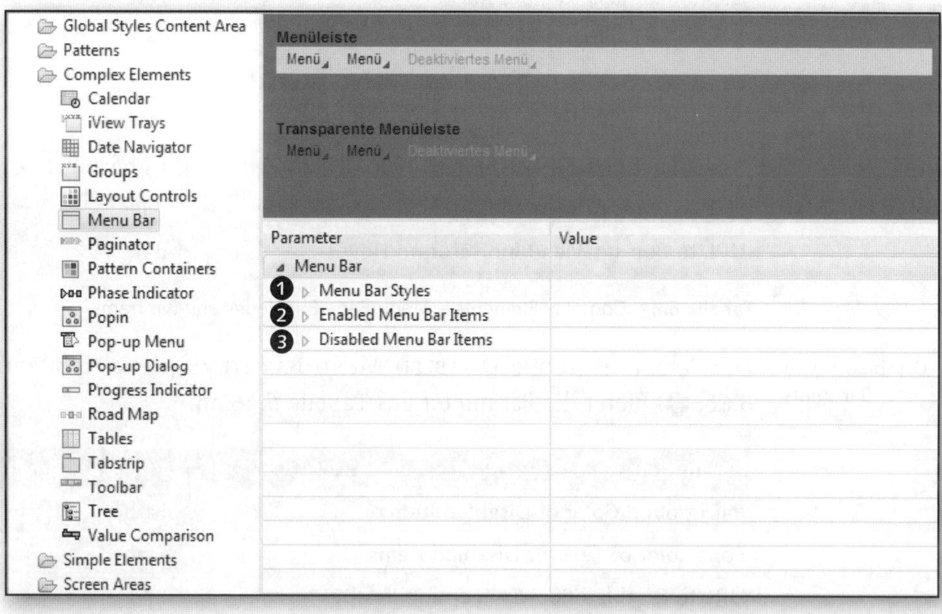

Abbildung 6.65 Preview Complex Elements – Menu Bar

Menu Bar Styles

Die Parametergruppe MENU BAR STYLES (siehe Abbildung 6.65, ❶) bietet die Parameter aus Tabelle 6.44 an.

Parameter	Pflegekategorie
Menu Bar Border Color	Rahmenfarbe
Menu Bar Border Width	Rahmenbreite
Menu Bar Border Style	Rahmenstil
Menu Bar Font Weight	Schriftgewicht
Position of Pop-up Menu Indicators	Position
Menu Bar Height	Größe
Menu Bar Text Decoration	Größe

Tabelle 6.44 Complex Elements – Menu Bar – Menu Bar Styles

Enabled Menu Bar Items

Die Parametergruppe ENABLED MENU BAR ITEMS (siehe Abbildung 6.65, ❷) bietet die Parameter aus Tabelle 6.45 an.

Parameter	Pflegekategorie
Menu Bar Background Color	Farbe
Menu Bar Background Color on Hover	Farbe
Background Color of Transparent Menu Bar on Hover	Farbe
Menu Bar Font Color	Farbe
Hover Font Color of Menu Bar	Farbe
URL to Pop-up Menu Indicator	Bild
URL to Pop-up Menu Indicator on Hover	Bild

Tabelle 6.45 Complex Elements – Menu Bar – Enabled Menu Bar Items

Disabled Menu Bar Items

Die Parametergruppe DISABLED MENU BAR ITEMS (siehe Abbildung 6.65, ❸) bietet die Parameter aus Tabelle 6.46 an.

Parameter	Pflegekategorie
Background Color of Disabled Items	Farbe
Font Color of Text for Disabled Items	Farbe
URL to Disabled Pop-up Menu Indicator	Bild

Tabelle 6.46 Complex Elements – Menu Bar – Disabled Menu Bar Items

Paginator

Mithilfe des Kategorie-Elementes PAGINATOR können Sie das Aussehen von Blätterleisten bestimmen. Es wird Ihnen die Pflege von Stilen und Icons angeboten. In Abbildung 6.66 sehen Sie den Preview für das Kategorie-Element PAGINATOR.

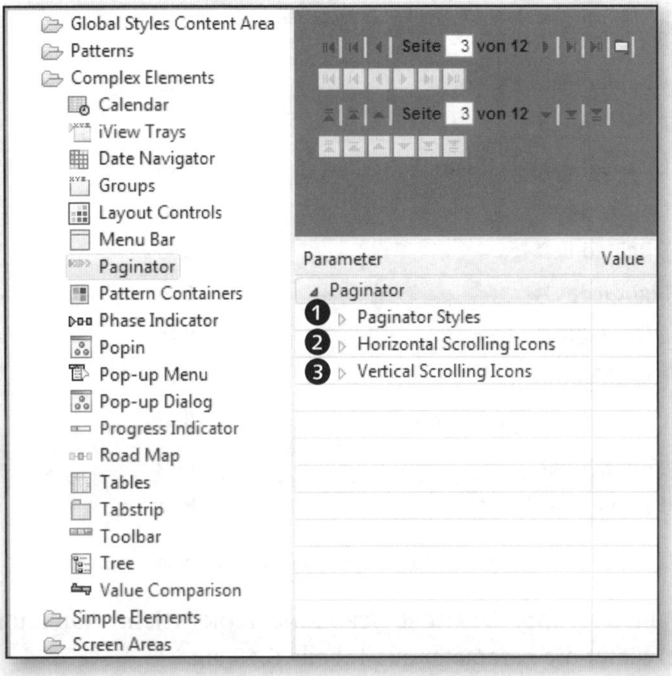

Abbildung 6.66 Preview Complex Elements – Paginator

Paginator Styles

Die Parametergruppe PAGINATOR STYLES (siehe Abbildung 6.66, ❶) bietet die Parameter aus Tabelle 6.47 an.

Parameter	Pflegekategorie
Font Color of Pager Text	Farbe
Font Style of Pager Text	Schriftstil
Font Weight of Pager Text	Schriftgewicht
Padding of Pager Text	Rahmenbreite
Vertical Alignment of Pager Text	Vertikale Ausrichtung
Margin of Item Jumper Icon	Rahmenbreite
URL to Item Jumper Icon	Bild
Margin of Horizontal Buttons	Bild

Tabelle 6.47 Complex Elements – Paginator – Paginator Styles

Horizontal Scrolling Icons

Die Parametergruppe Horizontal Scrolling Icons (siehe Abbildung 6.66, ❷) bietet die Parameter aus Tabelle 6.48 an.

Parameter	Pflegekategorie
URL to Far Left Icon	Bild
URL to Disabled Far Left Icon	Bild
URL to Page Left Icon	Bild
URL to Disabled Page Left Icon	Bild
URL to Left Icon	Bild
URL to Disabled Left Icon	Bild
URL to Right Icon	Bild
URL to Disabled Right Icon	Bild
URL to Page Right Icon	Bild
URL to Disabled Page Right Icon	Bild
URL to Far Right Icon	Bild
URL to«Disabled Far Right Icon	Bild

Tabelle 6.48 Complex Elements – Paginator – Horizontal Scrolling Icons

Vertical Scrolling Icons

Die Parametergruppe Vertical Scrolling Icons (siehe Abbildung 6.66, ❸) bietet die Parameter aus Tabelle 6.49 an.

Parameter	Pflegekategorie
URL to Top Icon	Bild
URL to Disabled Top Icon	Bild
URL to Page Up Icon	Bild
URL to Disabled Page Up Icon	Bild
URL to Up Icon	Bild
URL to Disabled Up Icon	Bild
URL to Down Icon	Bild
URL to Disabled Down Icon	Bild
URL to Page Down Icon	Bild
URL to Disabled Page Down Icon	Bild
URL to Bottom Icon	Bild
URL to Disabled Bottom Icon	Bild

Tabelle 6.49 Complex Elements – Paginator – Vertical Scrolling Icons

Pattern Containers

Mithilfe des Kategorie-Elementes PATTERN CONTAINERS können Sie das Aussehen von Containern bestimmen. Es wird Ihnen die Pflege von Headern, Titeln, Bodys, Steps und Stilen angeboten. In Abbildung 6.67 sehen Sie den Preview für das Kategorie-Element PATTERN CONTAINERS.

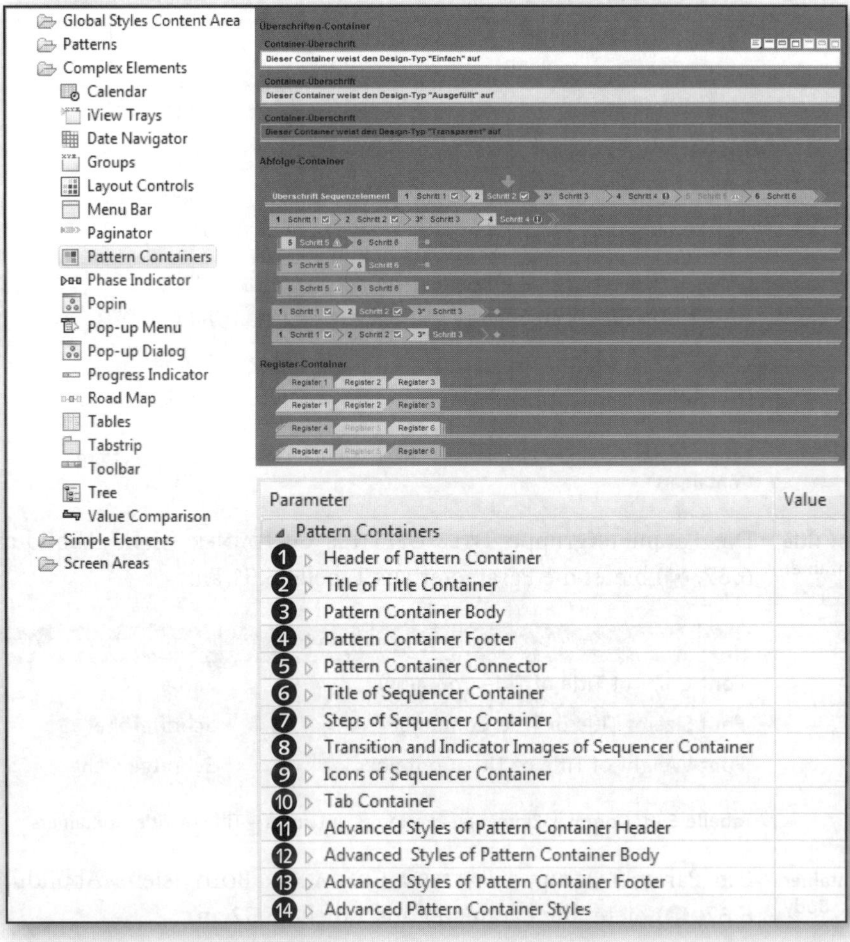

Abbildung 6.67 Preview Complex Elements – Pattern Containers

Header of Pattern Container

Die Parametergruppe HEADER OF PATTERN CONTAINER (siehe Abbildung 6.67, ❶) bietet die Parameter aus Tabelle 6.50 an.

Parameter	Pflegekategorie
URL to Header Design Bar Image	Bild
Repetition of Header Design Bar Image	Wiederholung
Position of Header Design Bar Image	Vertikale Ausrichtung
Padding of Header Design Bar	Rahmenbreite
Border Color of Header	Farbe
Border Width of Header	Rahmenbreite
Border Style of Header	Rahmenstil
URL to Menu Icon	Bild
URL to Small Icon	Bild
URL to Medium Icon	Bild
URL to Large Icon	Bild
URL to Disabled Small Icon	Bild
URL to Disabled Medium Icon	Bild
URL to Disabled Large Icon	Bild
Width of Header Icons	Größe
Height of Header Icons	Größe

Tabelle 6.50 Complex Elements – Pattern Containers – Header of Pattern Containers

Title of Title Container

Die Parametergruppe TITLE OF TITLE CONTAINER (siehe Abbildung 6.67, ❷) bietet die Parameter aus Tabelle 6.51 an.

Parameter	Pflegekategorie
Font Color of Title of Title Container	Farbe
Font Size of Title of Title Container	Schriftgröße
Font Weight of Title of Title Container	Schriftgewicht

Tabelle 6.51 Complex Elements – Pattern Containers – Title of Title Containers

Pattern Container Body

Die Parametergruppe PATTERN CONTAINER BODY (siehe Abbildung 6.67, ❸) bietet die Parameter aus Tabelle 6.52 an.

Parameter	Pflegekategorie
Background Color of Plain Container	Farbe
Border Color of Plain Container	Farbe
Border Width of Plain Container	Rahmenbreite

Tabelle 6.52 Complex Elements – Pattern Containers – Pattern Container Body

Parameter	Pflegekategorie
Border Style of Plain Container	Rahmenstil
Background Color of Filled Container	Farbe
Border Color of Filled Container	Farbe
Border Width of Filled Container	Rahmenbreite
Border Style of Filled Container	Rahmenstil
Background Color of Transparent Container	Farbe
Border Color of Transparent Container	Farbe
Border Width of Transparent Container	Rahmenbreite
Border Style of Transparent Container	Rahmenstil

Tabelle 6.52 Complex Elements – Pattern Containers – Pattern Container Body (Forts.)

Pattern Container Footer

Die Parametergruppe PATTERN CONTAINER FOOTER (siehe Abbildung 6.67, ❹) bietet die Parameter aus Tabelle 6.53 an.

Parameter	Pflegekategorie
Background Color of Footer	Farbe
Height of Footer	Größe
Width of Footer	Größe
URL to Footer Corner Image	Bild
Repetition of Footer Corner Image	Wiederholung
Position of Footer Corner Image	Vertikale Ausrichtung
Height of Footer Corner Image	Größe
Width of Footer Corner Image	Größe

Tabelle 6.53 Complex Elements – Pattern Containers – Pattern Container Footer

Pattern Container Connector

Die Parametergruppe PATTERN CONTAINER CONNECTOR (siehe Abbildung 6.67, ❺) bietet die Parameter aus Tabelle 6.54 an.

Parameter	Pflegekategorie
URL to Container Connector Icon	Bild
Background Color of Container Connector	Farbe
Repetition of Container Connector Image	Wiederholung
Position of Container Connector Image	Vertikale Ausrichtung

Tabelle 6.54 Complex Elements – Pattern Containers – Pattern Container Connector

Title of Sequencer Container

Die Parametergruppe TITLE OF SEQUENCER CONTAINER (siehe Abbildung 6.67, ❻) bietet die Parameter aus Tabelle 6.55 an.

Parameter	Pflegekategorie
Background Color of Sequencer Title	Farbe
Font Color of Sequencer Title	Farbe
Font Weight of Sequencer Title	Schriftgewicht
URL to Left Sequencer Title Image	Bild
URL to Right Sequencer Title Image	Bild

Tabelle 6.55 Complex Elements – Pattern Containers – Title of Sequencer Container

Steps of Sequencer Container

Die Parametergruppe STEPS OF SEQUENCER CONTAINER (siehe Abbildung 6.67, ❼) bietet die Parameter aus Tabelle 6.56 an.

Parameter	Pflegekategorie
Height of Sequencer Steps	Größe
Background Color of Not Selected Step Numbers	Farbe
Font Color of Not Selected Step Numbers	Farbe
Font Weight of Not Selected Step Numbers	Schriftgewicht
Padding of First Sequencer Step	Rahmenbreite
Padding of Step Numbers	Rahmenbreite
Background Color of Not Selected Steps	Farbe
Font Color	Farbe
Text Decoration of Not Selected Steps	Schriftdekoration
Background Color of Selected Step Numbers	Farbe
Font Color of Selected Step Number	Farbe
Font Weight of Selected Step Number	Schriftgewicht
Background Color of Selected Steps	Farbe
Font Color	Farbe
Font Weight of Selected Steps	Schriftgewicht
Font Color of Disabled Step Numbers	Farbe
Font Color of Disabled Steps	Farbe
Text Decoration of Disabled Steps	Schriftdekoration

Tabelle 6.56 Complex Elements – Pattern Containers – Steps of Sequencer Container

Die Parametergruppe TRANSITION AND INDICATOR IMAGES OF SEQUENCER CONTAINER (siehe Abbildung 6.67, ❽) bietet die Parameter aus Tabelle 6.57 an.

Transition and Indicator Images of Sequencer Container

Parameter	Pflegekategorie
Width of Step Transition Images	Größe
URL Transition Image from Not Selected to Selected Step	Bild
URL Transition Image from Selected to Not Selected Step	Bild
URL Transition Image from Not Selected to Not Selected Step	Bild
URL to End Image for Not Selected Steps	Bild
URL to End Image for Selected Steps	Bild
Width of Previous Steps Indicator Images	Größe
URL to Previous Steps Indicator Image (Not Selected Step)	Bild
URL to Previous Steps Indicator Image (Selected Step)	Bild
Width of Next Steps Indicator Images	Größe
URL to Not Selected Next Steps Indicator	Bild
URL to Selected Next Steps Indicator	Bild
Background Color of Terminator	Farbe
URL to Terminator Icon for Not Selected Steps	Bild
URL to Terminator Icon for Selected Steps	Bild
Width of Branch Image	Größe
URL to Not Selected Branch Image	Bild
URL to Selected Branch Image	Bild

Tabelle 6.57 Complex Elements – Pattern Containers – Transition and Indicator Images of Sequencer Container

Die Parametergruppe ICONS OF SEQUENCER CONTAINER (siehe Abbildung 6.67, ❾) bietet die Parameter aus Tabelle 6.58 an.

Icons of Sequencer Container

Parameter	Pflegekategorie
URL to Error Icon	Bild
URL to Success Icon	Bild

Tabelle 6.58 Complex Elements – Pattern Containers – Icons of Sequencer Container

Parameter	Pflegekategorie
URL to Warning Icon	Bild
Height of Message Icons	Größe
Width of Message Icons	Größe

Tabelle 6.58 Complex Elements – Pattern Containers – Icons of Sequencer Container (Forts.)

Tab Container Die Parametergruppe TAB CONTAINER (siehe Abbildung 6.67, ⑩) bietet die Parameter aus Tabelle 6.59 an.

Parameter	Pflegekategorie
Height of Tab Container	Größe
Height of Tab Label	Größe
Padding of Tab Label	Rahmenbreite
Background Color of Selected Tab	Farbe
Font Color of Selected Tab	Farbe
Background Color of Not Selected Tabs	Farbe
Font Color of Not Selected Tabs	Farbe
Font Color of Disabled Tabs	Farbe
Width of Transition Images	Größe
Repetition of Tab Images	Wiederholung
Position of Tab Images	Vertikale Ausrichtung
Width of Part After Last Tab	Größe
URL to Starter Image of Selected Tab	Bild
URL to Transition Image for Selected to Not Selected Tab	Bild
URL to Transition Image for Not Selected to Not Selected Tab	Bild
URL to End Image of Not Selected Tabs	Bild
URL to Starter Image of Not Selected Tabs	Bild
URL to Transition Image for Not Selected to Selected Tab	Bild
URL to End Image of Selected Tab	Bild
URL to Starter Image of Selected Tab with Hidden Tabs Indicator	Bild

Tabelle 6.59 Complex Elements – Pattern Containers – Tab Container

Parameter	Pflegekategorie
URL to End Image of Not Selected Tabs with Hidden Tabs Indicator	Bild
URL to Starter Image of Not Selected Tabs with Hidden Tabs Indicator	Bild
URL to End Image of Selected Tab with Hidden Tabs Indicator	Bild

Tabelle 6.59 Complex Elements – Pattern Containers – Tab Container (Forts.)

Advanced Styles of Pattern Container Header

Die Parametergruppe ADVANCED STYLES OF PATTERN CONTAINER HEADER (siehe Abbildung 6.67, ⓫) bietet die Parameter aus Tabelle 6.60 an.

Parameter	Pflegekategorie
Background Color of Design Bar	Farbe
Border Color of Design Bar	Farbe
Border Style of Design Bar	Rahmenstil
Border Width of Design Bar	Größe
Background Color of Header	Farbe
URL to Background Image of Header	Bild
Repetition of Background Image of Header	Wiederholung
Position of Background Image of Header	Vertikale Ausrichtung

Tabelle 6.60 Complex Elements – Pattern Containers – Advanced Styles of Pattern Container Header

Advanced Styles of Pattern Container Body

Die Parametergruppe ADVANCED STYLES OF PATTERN CONTAINER BODY (siehe Abbildung 6.67, ⓬) bietet die Parameter aus Tabelle 6.61 an.

Parameter	Pflegekategorie
Border Color of Left Container Design Bar	Farbe
Border Style of Left Container Design Bar	Rahmenstil
Border Width of Left Container Design Bar	Größe
Background Color of Left Container Design Bar	Farbe
URL to Left Container Design Bar Image	Bild
Repetition of Left Container Design Bar Image	Wiederholung

Tabelle 6.61 Complex Elements – Pattern Containers – Advanced Styles of Pattern Container Body

Parameter	Pflegekategorie
Position of Left Container Design Bar Image	Vertikale Ausrichtung
Margin of Left Container Design Bar	Vertikale Ausrichtung
Padding of Left Container Design Bar	Rahmenbreite
URL to Background Image of Plain Container	Bild
Repetition of Background Image of Plain Container	Wiederholung
Position of Background Image of Plain Container	Vertikale Ausrichtung
Padding of Plain Container	Rahmenbreite
URL to Background Image of Filled Container	Bild
Repetition of Background Image of Filled Container	Wiederholung
Position of Background Image of Filled Container	Vertikale Ausrichtung
Padding of Filled Container	Rahmenbreite
URL to Background Image of Transparent Container	Bild
Repetition of Background Image of Transparent Container	Wiederholung
Position of Background Image of Transparent Container	Vertikale Ausrichtung
Padding of Transparent Container	Rahmenbreite
Padding of Container Item	Rahmenbreite

Tabelle 6.61 Complex Elements – Pattern Containers – Advanced Styles of Pattern Container Body (Forts.)

Advanced Styles of Pattern Container Footer

Die Parametergruppe ADVANCED STYLES OF PATTERN CONTAINER FOOTER (siehe Abbildung 6.67, ⓭) bietet die Parameter aus Tabelle 6.62 an.

Parameter	Pflegekategorie
Border Color of Footer Design Bar	Farbe
Border Style of Footer Design Bar	Rahmenstil
Border Width of Footer Design Bar	Größe
Background Color of Footer Design Bar	Farbe
URL to Footer Design Bar	Bild
Repetition of Footer Design Bar	Wiederholung
Position of Footer Design Bar	Vertikale Ausrichtung

Tabelle 6.62 Complex Elements – Pattern Containers – Advanced Styles of Pattern Container Footer

Parameter	Pflegekategorie
Border Color of Footer	Farbe
Border Style of Footer	Rahmenstil
Border Width of Footer	Größe
URL to Footer Background Image	Bild
Repetition of Footer Background Image	Wiederholung
Position of Footer Background Image	Vertikale Ausrichtung
Border Color of Footer Corner	Farbe
Border Style of Footer Corner	Rahmenstil
Border Width of Footer Corner	Größe
Background Color of Footer Corner	Farbe
Display of Footer Corner	Anordnung
Display of Footer	Anordnung

Tabelle 6.62 Complex Elements – Pattern Containers – Advanced Styles of Pattern Container Footer (Forts.)

Advanced Pattern Container Styles

Die Parametergruppe ADVANCED PATTERN CONTAINER STYLES (siehe Abbildung 6.67, ⓮) bietet die Parameter aus Tabelle 6.63 an.

Parameter	Pflegekategorie
Display of Left Design Bar Column	Anordnung
Display of Column Left to Middle Column	Anordnung
Height of Horizontal Space Rows	Größe
Display of Space Row Between Content and Footer	Anordnung
Display of Space Row Between Content and Header	Anordnung
Width of Vertical Spacer Rows	Größe

Tabelle 6.63 Complex Elements – Pattern Containers – Advanced Pattern Container Styles

Phase Indicator

Mithilfe des Kategorie-Elementes PHASE INDICATOR können Sie das Aussehen des UI-Elementes `PhaseIndicator` bestimmen. Es wird Ihnen die Pflege von Containern, Phasen und Icons angeboten. In Abbildung 6.68 sehen Sie den Preview für das Kategorie-Element PHASE INDICATOR.

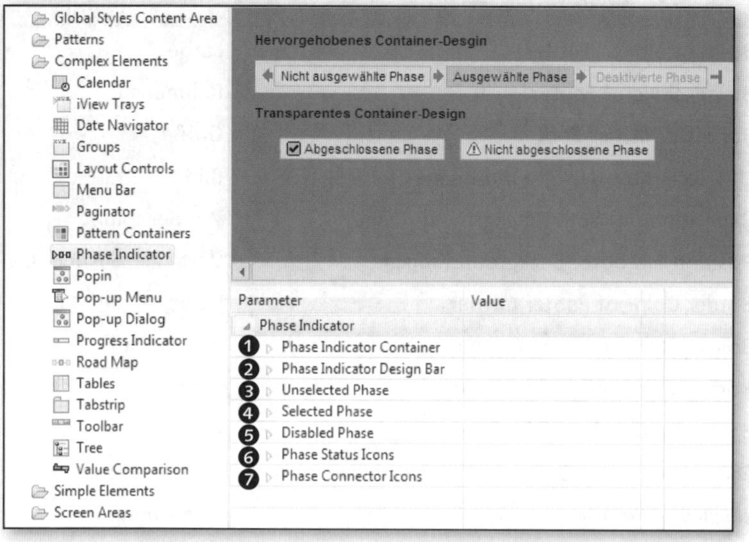

Abbildung 6.68 Preview Complex Elements – Phase Indicator

Phase Indicator Container

Die Parametergruppe PHASE INDICATOR CONTAINER (siehe Abbildung 6.68, ❶) bietet die Parameter aus Tabelle 6.64 an.

Parameter	Pflegekategorie
Background Color of Phase Indicator Container	Farbe
Border Color of Phase Indicator Container	Farbe
Border Width of Phase Indicator Container	Rahmenbreite
Border Style of Phase Indicator Container	Rahmenstil
Padding of of Phase	Rahmenstil
Text Alignment of Phase	Horizontale Ausrichtung

Tabelle 6.64 Complex Elements – Phase Indicator – Phase Indicator Container

Phase Indicator Design Bar

Die Parametergruppe PHASE INDICATOR DESIGN BAR (siehe Abbildung 6.68, ❷) bietet die Parameter aus Tabelle 6.65 an.

Parameter	Pflegekategorie
Background Color of Design Bar at the Beginning	Farbe
Background Color of Design Bar at the End	Farbe

Tabelle 6.65 Complex Elements – Phase Indicator – Phase Indicator Design Bar

Die Parametergruppe Unselected Phase (siehe Abbildung 6.68, ❸) bietet die Parameter aus Tabelle 6.66 an. Die Parameter Font Style of Phases und Font Weight of Phases gelten dabei auch für deaktivierte Phasen. **Unselected Phase**

Parameter	Pflegekategorie
Background Color of Unselected Phase	Farbe
Border Color of Unselected Phase	Farbe
Border Width of Unselected Phase	Rahmenbreite
Border Style of Unselected Phase	Rahmenstil
Font Color of Unselected Phase	Farbe
Font Style of Phases	Schriftstil
Font Weight of Phases	Schriftgewicht

Tabelle 6.66 Complex Elements – Phase Indicator – Unselected Phase

Die Parametergruppe Selected Phase (siehe Abbildung 6.68, ❹) bietet die Parameter aus Tabelle 6.67 an. **Selected Phase**

Parameter	Pflegekategorie
Background Color of Selected Phase	Farbe
Border Color of Selected Phase	Farbe
Border Width of Selected Phase	Rahmenbreite
Border Style of Selected Phase	Rahmenstil
Font Color of Selected Phase	Farbe
Font Style of Selected Phase	Schriftstil
Font Weight of Selected Phase	Schriftgewicht

Tabelle 6.67 Complex Elements – Phase Indicator – Selected Phase

Die Parametergruppe Disabled Phase (siehe Abbildung 6.68, ❺) bietet die Parameter aus Tabelle 6.68 an. **Disabled Phase**

Parameter	Pflegekategorie
Background Color of Disabled Phase	Farbe
Border Color of Disabled Phase	Farbe
Border Width of Disabled Phase	Rahmenbreite
Border Style of Disabled Phase	Rahmenstil
Font Color of Disabled Phase	Farbe

Tabelle 6.68 Complex Elements – Phase Indicator – Disabled Phase

Phase Status Icons

Die Parametergruppe PHASE STATUS ICONS (siehe Abbildung 6.68, ❻) bietet die Parameter aus Tabelle 6.69 an.

Parameter	Pflegekategorie
Height of Phase Status Icon	Größe
Width of Phase Status Icon	Größe
URL to Completed Icon	Bild
Repetition of Completed Icon	Wiederholung
Position of Completed Icon	Position
URL to Not Completed Icon	Bild
Repetition of Not Completed Icon	Wiederholung
Position of Not Completed Icon	Position
URL to Not Available Icon	Bild
Repetition of Not Available Icon	Wiederholung
Position of Not Available Icon	Position

Tabelle 6.69 Complex Elements – Phase Indicator – Phase Status Icons

Phase Connector Icons

Die Parametergruppe PHASE CONNECTOR ICONS (siehe Abbildung 6.68, ❼) bietet die Parameter aus Tabelle 6.70 an.

Parameter	Pflegekategorie
URL to Phase Connector Icon	Bild
Repetition of Phase Connector Icon	Wiederholung
Position of Phase Connector Icon	Position
Height of Phase Connector Icon	Größe
Width of Phase Connector Icon	Größe
URL to Previous Phases Icon	Bild
Repetition of Previous Phases Icon	Wiederholung
Position of Previous Phases Icon	Position
Height of Previous Phases Icon	Größe
Width of Previous Phases Icon	Größe
URL to Next Phases Icon	Bild
Height of Next Phases Icon	Größe
Repetition of Next Phases Icon	Wiederholung
Position of Next Phases Icon	Position
Width of Next Phases Icon	Größe

Tabelle 6.70 Complex Elements – Phase Indicator – Phase Connector Icons

Popin

Mithilfe des Kategorie-Elementes POPIN können Sie das Aussehen von Pop-ins bestimmen. Es wird Ihnen die Pflege von Rahmen, Titel, Icons, Inhaltsbereichen und Pop-ins aus Tabellen angeboten. In Abbildung 6.69 sehen Sie den Preview für das Kategorie-Element POPIN.

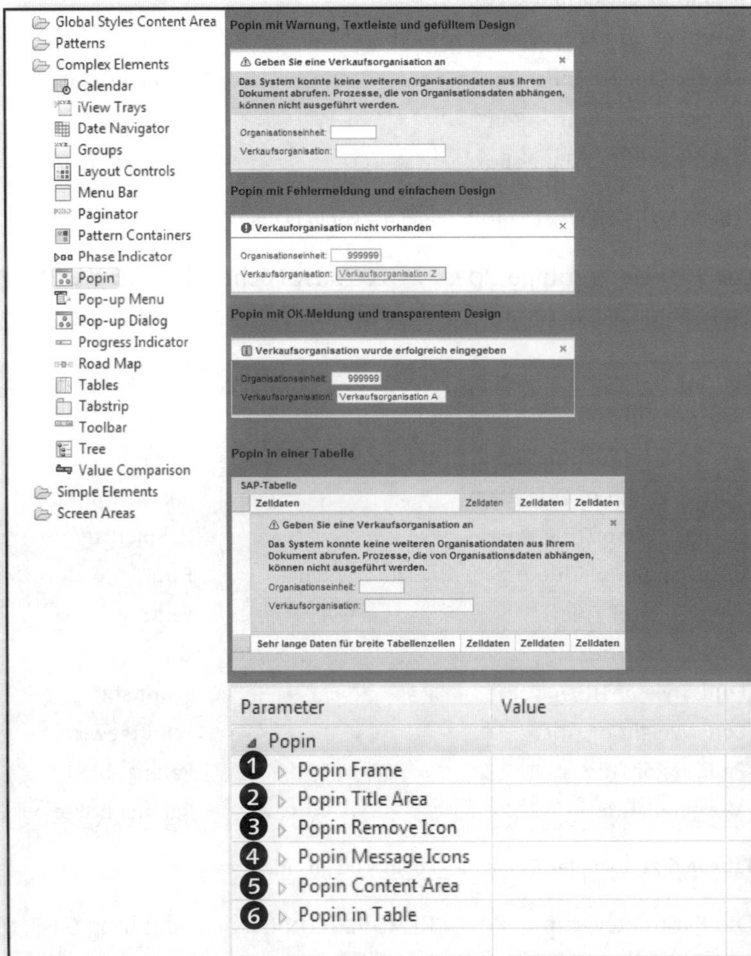

Abbildung 6.69 Preview Complex Elements – Popin

Popin Frame

Die Parametergruppe POPIN FRAME (siehe Abbildung 6.69, **1**) bietet die Parameter aus Tabelle 6.71 an.

Parameter	Pflegekategorie
Color of Frame: Top	Farbe
Color of Frame: Bottom	Farbe
Color of Frame: Sides	Farbe
URL to Top Image	Bild
URL to Bottom Image	Bild
Height of Corner Images	Größe
Width of Corner Images	Größe
Border Color of Inner Box	Rahmenfarbe
Border Style of Inner Box	Rahmenstil
Border Width of Inner Box	Rahmenbreite

Tabelle 6.71 Complex Elements – Popin – Popin Frame

Popin Title Area

Die Parametergruppe POPIN TITLE AREA (siehe Abbildung 6.69, ❷) bietet die Parameter aus Tabelle 6.72 an.

Parameter	Pflegekategorie
Background Color of Title Area	Farbe
Border Color of Title Area	Farbe
Border Width of Title Area	Rahmenbreite
Border Style of Title Area	Rahmenstil
Border Color of Title Area with Error Message	Farbe
Font Color of Title	Farbe
Font Size of Title	Größe
Font Style of Title	Schriftstil
Font Weight of Title	Schriftgewicht
Padding of Title	Rahmenbreite
Margin of Title	Rahmenbreite

Tabelle 6.72 Complex Elements – Popin – Popin Title Area

Popin Remove Icon

Die Parametergruppe POPIN REMOVE ICON (siehe Abbildung 6.69, ❸) bietet die Parameter aus Tabelle 6.73 an.

Parameter	Pflegekategorie
URL to Remove Icon	Bild
Height of Remove Icon	Größe

Tabelle 6.73 Complex Elements – Popin – Popin Remove Icon

Parameter	Pflegekategorie
Width of Remove Icon	Größe
Margin of Remove Icon	Rahmenbreite
Padding of Cell With Remove Icon	Rahmenbreite

Tabelle 6.73 Complex Elements – Popin – Popin Remove Icon (Forts.)

Popin Message Icons

Die Parametergruppe Popin Message Icons (siehe Abbildung 6.69, ❹) bietet die Parameter aus Tabelle 6.74 an.

Parameter	Pflegekategorie
URL to Warning Icon	Bild
URL to Error Icon	Bild
URL to OK Icon	Bild
Height of Message Icon	Größe
Width of Message Icon	Größe
Margin of Message Icon	Rahmenbreite
Padding of Cell With Message Icon	Rahmenbreite

Tabelle 6.74 Complex Elements – Popin – Popin Message Icons

Popin Content Area

Die Parametergruppe Popin Content Area (siehe Abbildung 6.69, ❺) bietet die Parameter aus Tabelle 6.75 an. Der Parameter ohne Bezeichnung verweist auf ein Bild mit der Bezeichnung *popin/gradient.gif* und wird nicht verwendet.

Parameter	Pflegekategorie
Background Color of Filled Popin	Farbe
Background Color of Plain Popin	Farbe
Padding of Popin Content Area	Rahmenbreite
	Bild

Tabelle 6.75 Complex Elements – Popin – Popin Content Area

Popin in Table

Die Parametergruppe Popin in Table (siehe Abbildung 6.69, ❻) bietet die Parameter aus Tabelle 6.76 an.

Parameter	Pflegekategorie
Background Color of Popin Inside Table	Farbe
Border Color of Popin Inside Table	Rahmenfarbe

Tabelle 6.76 Complex Elements – Popin – Popin in Table

Pop-up Menu

Mithilfe des Kategorie-Elementes POP-UP MENU können Sie das Aussehen von Kontextmenüs bestimmen. Es wird Ihnen die Pflege von Stilen, Einträgen, Unterteilungen und Scrolling angeboten. In Abbildung 6.70 sehen Sie den Preview für das Kategorie-Element POP-UP MENU.

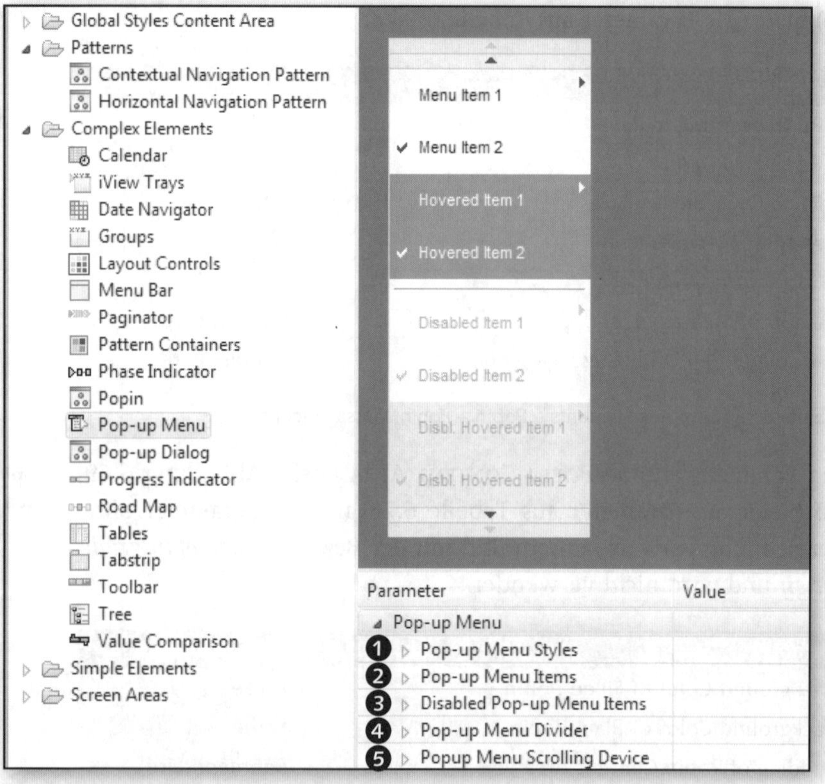

Abbildung 6.70 Preview Complex Elements – Pop-up Menu

Pop-up Menu Styles

Die Parametergruppe POP-UP MENU STYLES (siehe Abbildung 6.70, ❶) bietet die Parameter aus Tabelle 6.77 an.

Parameter	Pflegekategorie
Background Color of Items	Farbe
Border Color	Farbe

Tabelle 6.77 Complex Elements – Pop-up Menu – Pop-up Menu Styles

Parameter	Pflegekategorie
Border Width	Größe
Border Style	Rahmenstil

Tabelle 6.77 Complex Elements – Pop-up Menu – Pop-up Menu Styles (Forts.)

Pop-up Menu Items

Die Parametergruppe Pop-up Menu Items (siehe Abbildung 6.70, ❷) bietet die Parameter aus Tabelle 6.78 an.

Parameter	Pflegekategorie
Height of Menu Items	Größe
Width of Menu Items	Größe
Font Color of Menu Items	Farbe
URL to Submenu Indicator	Bild
URL to Selection Indicator	Bild
Background Color on Hover	Farbe
Font Color of Hovered Item	Farbe
URL to Submenu Indicator on Hover	Bild
URL to Selection Indicator on Hover	Bild
Background Repetition of Icons	Wiederholung
Background Position of Icons	Position

Tabelle 6.78 Complex Elements – Pop-up Menu – Pop-up Menu Items

Disabled Pop-up Menu Items

Die Parametergruppe Disabled Pop-up Menu Items (siehe Abbildung 6.70, ❸) bietet die Parameter aus Tabelle 6.79 an.

Parameter	Pflegekategorie
Background Color of Items	Farbe
Font Color of Disabled Item	Farbe
Background Color of Hovered Item	Farbe
Font Color of Hovered Item	Farbe
URL to Disabled Submenu Indicator	Bild
URL to Disabled Selection Indicator	Bild
URL to Disabled Submenu Indicator on Hover	Bild
URL to Disabled Selection Indicator on Hover	Bild

Tabelle 6.79 Complex Elements – Pop-up Menu – Disabled Pop-up Menu Items

Pop-up Menu Divider

Die Parametergruppe Pop-up Menu Divider (siehe Abbildung 6.70, ❹) bietet die Parameter aus Tabelle 6.80 an.

Parameter	Pflegekategorie
Padding of Divider	Rahmenbreite
Background Color of Divider Image	Farbe
URL to Divider Image	Bild

Tabelle 6.80 Complex Elements – Pop-up Menu – Pop-up Menu Divider

Pop-up Menu Scrolling Device

Die Parametergruppe Pop-up Menu Scrolling Device (siehe Abbildung 6.70, ❺) bietet die Parameter aus Tabelle 6.81 an.

Parameter	Pflegekategorie
Background Color of Scrolling Device	Farbe
Border Color of Scrolling Device	Farbe
Border Style of Scrolling Device	Rahmenstil
Border Width of Scrolling Up Device	Rahmenbreite
Border Width of Scrolling Down Device	Rahmenbreite
Background Color of Disabled Scrolling Device	Farbe
URL to Scrolling Up Icon	Bild
URL to Disabled Scrolling Up Icon	Bild
URL to Scrolling Down Icon	Bild
URL to Disabled Scrolling Down Icon	Bild
Repetition of Scrolling Icons	Wiederholung
Position of Scrolling Icons	Position
Height of Scrolling Device	Größe
Padding of Scrolling Device	Rahmenbreite

Tabelle 6.81 Complex Elements – Pop-up Menu – Pop-up Menu Scrolling Device

Pop-up Dialog

Mithilfe des Kategorie-Elementes Pop-up Dialog können Sie das Aussehen von Pop-ups bestimmen. Es wird Ihnen die Pflege von Stilen und Icons angeboten. In Abbildung 6.71 sehen Sie den Preview für das Kategorie-Element Pop-up Dialog.

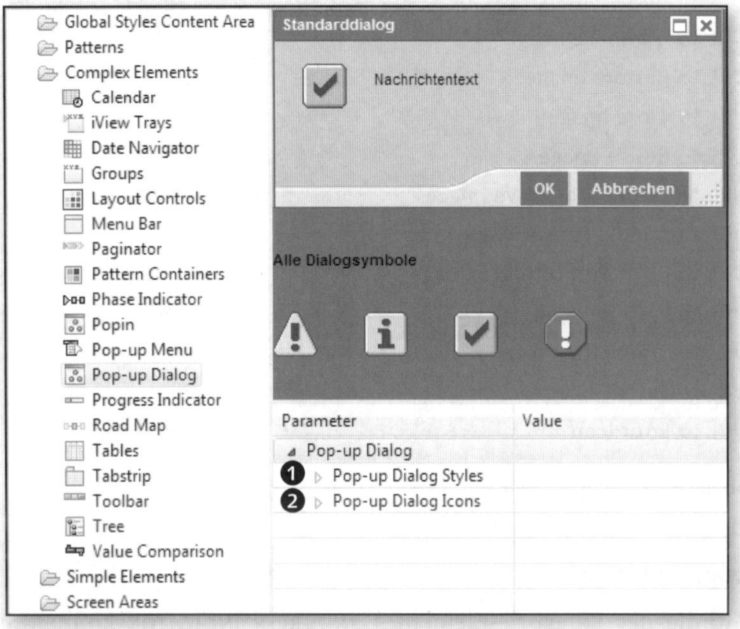

Abbildung 6.71 Preview Complex Elements – Pop-up Dialog

Pop-up Dialog Styles

Die Parametergruppe Pop-up Dialog Styles (siehe Abbildung 6.71, ❶) bietet die Parameter aus Tabelle 6.82 an.

Parameter	Pflegekategorie
Background Color of Dialog	Farbe
Outer Border Color Around Dialog	Rahmenfarbe
Inner Border Color Around Dialog	Rahmenfarbe
Background Color of Title Area	Farbe
Border Color of Title Area	Rahmenfarbe
Font Color of Dialog Title	Farbe
Font Style of Dialog Title	Schriftart
Font Weight of Dialog Title	Schriftgewicht
Font Size of Dialog Title	Größe

Tabelle 6.82 Complex Elements – Pop-up Dialog – Pop-up Dialog Styles

Pop-up Dialog Icons

Die Parametergruppe Pop-up Dialog Icons (siehe Abbildung 6.71, ❷) bietet die Parameter aus Tabelle 6.83 an.

Parameter	Pflegekategorie
URL to Maximize Image	Bild
URL to Restore Image	Bild
URL to Close Image	Bild
URL to Resize Image	Bild
URL to Left Part of Wave Image	Bild
URL to Middle Part of Wave Image	Bild
URL to Right Part of Wave Image	Bild
URL to Warning Icon	Bild
URL to Information Icon	Bild
URL to Success Icon	Bild
URL to Error Icon	Bild

Tabelle 6.83 Complex Elements – Pop-up Dialog – Pop-up Dialog Icons

Progress Indicator

Mithilfe des Kategorie-Elementes PROGRESS INDICATOR können Sie das Aussehen des UI-Elementes `ProgressIndicator` bestimmen. Es wird Ihnen die Pflege von Stilen und semantischen Farben angeboten. In Abbildung 6.72 sehen Sie den Preview für das Kategorie-Element PROGRESS INDICATOR.

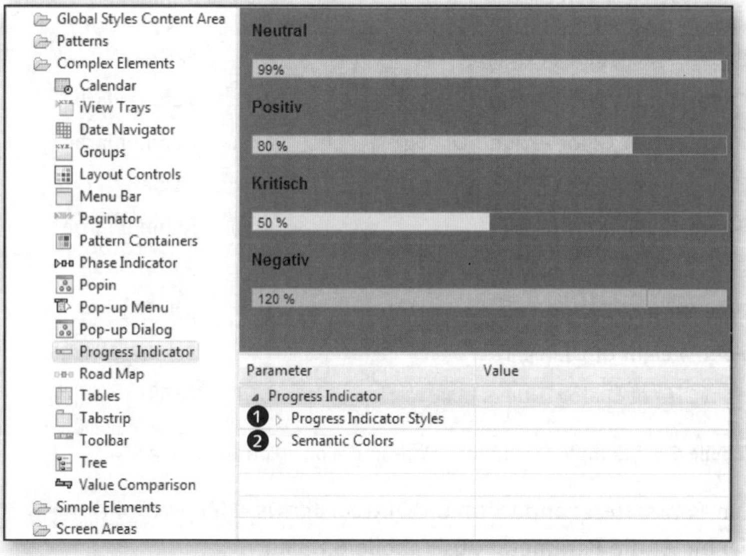

Abbildung 6.72 Preview Complex Elements – Progress Indicator

Die Parametergruppe PROGRESS INDICATOR STYLES (siehe Abbildung 6.72, ❶) bietet die Parameter aus Tabelle 6.84 an. **Progress Indicator Styles**

Parameter	Pflegekategorie
Text Color	Farbe
Border Color of Progress Indicator	Rahmenfarbe
Height of Progress Indicator	Größe

Tabelle 6.84 Complex Elements – Progress Indicator – Progress Indicator Styles

Die Parametergruppe SEMANTIC COLORS (siehe Abbildung 6.72, ❷) bietet die Parameter aus Tabelle 6.85 an. **Semantic Colors**

Parameter	Pflegekategorie
Color of Neutral Values	Farbe
Color of Positive Values	Farbe
Color of Critical Values	Farbe
Color of Negative Values	Farbe

Tabelle 6.85 Complex Elements – Progress Indicator – Semantic Colors

Road Map

Mithilfe des Kategorie-Elementes ROAD MAP können Sie das Aussehen des UI-Elementes `RoadMap` bestimmen. Es wird Ihnen die Pflege von Steps, Roundtrips, Substeps und Connector Icons angeboten. In Abbildung 6.73 sehen Sie den Preview für das Kategorie-Element ROAD MAP.

Die Parametergruppe UNSELECTED STEP (siehe Abbildung 6.73, ❶) bietet die Parameter aus Tabelle 6.86 an. **Unselected Step**

Parameter	Pflegekategorie
Background Color of Unselected Step Numbers	Farbe
Border Color of Not Selected Step Numbers	Rahmenfarbe
Border Width of Not Selected Step Numbers	Rahmenbreite
Border Style of Not Selected Step Numbers	Rahmenstil
Font Color of Unselected Step Numbers	Farbe
Font Weight of Unselected Step Numbers	Schriftgewicht

Tabelle 6.86 Complex Elements – Road Map – Unselected Step

Parameter	Pflegekategorie
Font Style of Unselected Step Numbers	Schriftstil
Font Color of Text of Unselected Steps	Farbe
Font Weight of Step Text	Schriftgewicht
Font Style of Step Text	Schriftstil
Border Color, Style and Width of Connector for Unselected Step	Rahmen

Tabelle 6.86 Complex Elements – Road Map – Unselected Step (Forts.)

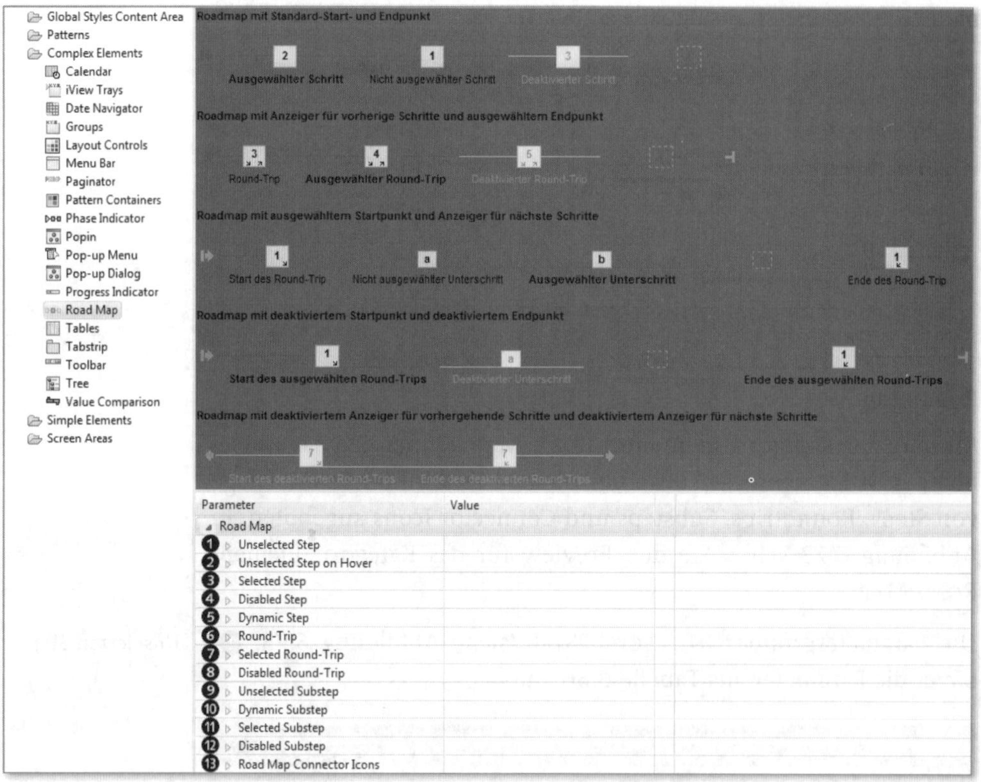

Abbildung 6.73 Preview Complex Elements – Road Map

Unselected Step on Hover

Die Parametergruppe UNSELECTED STEP ON HOVER (siehe Abbildung 6.73, ❷) bietet die Parameter aus Tabelle 6.87 an.

Parameter	Pflegekategorie
Background Color of Unselected Step Numbers on Hover	Farbe
Hover Border Color of Unselected Step Number	Rahmenfarbe
Hover Font Color of Unselected Step Number	Farbe
Hover Text Color of Unselected Step	Farbe
Hover Text Decoration of Unselected Step	Schriftdekoration

Tabelle 6.87 Complex Elements – Road Map – Unselected Step on Hover

Selected Step

Die Parametergruppe SELECTED STEP (siehe Abbildung 6.73, ❸) bietet die Parameter aus Tabelle 6.88 an.

Parameter	Pflegekategorie
Background Color of Selected Step Number	Farbe
Border Color of Selected Step Number	Rahmenfarbe
Border Width of Selected Step Number	Rahmenbreite
Border Style of Selected Step Number	Rahmenstil
Font Color of Selected Step Number	Farbe
Font Weight of Selected Step Number	Schriftgewicht
Font Style of Selected Step Number	Schriftstil
Font Color of Text for Selected Steps	Farbe
Border Color, Style and Width of Connector for Selected Steps	Rahmen

Tabelle 6.88 Complex Elements – Road Map – Selected Step

Disabled Step

Die Parametergruppe DISABLED STEP (siehe Abbildung 6.73, ❹) bietet die Parameter aus Tabelle 6.89 an.

Parameter	Pflegekategorie
Background Color of Disabled Step Numbers	Farbe
Border Color of Disabled Step Numbers	Rahmenfarbe
Border Width of Disabled Step Number	Rahmenbreite
Border Style of Disabled Step Number	Rahmenstil
Font Color of Disabled Step Numbers	Farbe

Tabelle 6.89 Complex Elements – Road Map – Disabled Step

Parameter	Pflegekategorie
Font Color of Text for Disabled Steps	Farbe
Border Color, Style and Width of Connector for Disabled Step	Rahmen

Tabelle 6.89 Complex Elements – Road Map – Disabled Step (Forts.)

Dynamic Step

Die Parametergruppe DYNAMIC STEP (siehe Abbildung 6.73, ❺) bietet die Parameter aus Tabelle 6.90 an.

Parameter	Pflegekategorie
Background Color of Dynamic Step Numbers	Farbe
Border Style of Dynamic Step Numbers	Rahmenstil
Font Color of Dynamic Step Numbers	Farbe
Font Color of Text for Dynamic Steps	Farbe
Border Color, Style and Width of Connector for Dynamic Step	Rahmen

Tabelle 6.90 Complex Elements – Road Map – Dynamic Step

Round-Trip

Die Parametergruppe ROUND-TRIP (siehe Abbildung 6.73, ❻) bietet die Parameter aus Tabelle 6.91 an.

Parameter	Pflegekategorie
URL to Round-Trip Icon	Farbe
Repetition of Round-Trip Icon	Wiederholung
Position of Round-Trip Icon	Position
URL to Round-Trip Start Icon	Farbe
Repetition of Round-Trip Start Icon	Wiederholung
Position of Round-Trip Start Icon	Position
URL to Round-Trip End Icon	Farbe
Repetition of Round-Trip End Icon	Wiederholung
Position of Round-Trip End Icon	Position
URL to Round-Trip Icon on Hover	Farbe
URL to Round-Trip Start Icon on Hover	Farbe
URL to Round-Trip End Icon on Hover	Farbe

Tabelle 6.91 Complex Elements – Road Map – Round-Trip

Die Parametergruppe SELECTED ROUND-TRIP (siehe Abbildung 6.73, ❼) bietet die Parameter aus Tabelle 6.92 an.

Selected Round-Trip

Parameter	Pflegekategorie
URL to Selected Round-Trip Icon	Farbe
Repetition of Selected Round-Trip Icon	Wiederholung
Position of Selected Round-Trip Icon	Position
URL to Selected Start of Round-Trip Icon	Farbe
Repetition of Selected Start of Round-Trip Icon	Wiederholung
Position of Selected Start of Round-Trip Icon	Position
URL to Selected End of Round-Trip Icon	Farbe
Repetition of Selected End of Round-Trip Icon	Wiederholung
Position of Selected End of Round-Trip Icon	Position

Tabelle 6.92 Complex Elements – Road Map – Selected Round-Trip

Die Parametergruppe DISABLED ROUND-TRIP (siehe Abbildung 6.73, ❽) bietet die Parameter aus Tabelle 6.93 an.

Disabled Round-Trip

Parameter	Pflegekategorie
URL to Disabled Round-Trip Icon	Farbe
Repetition of Disabled Round-Trip Icon	Wiederholung
Position of Disabled Round-Trip Icon	Position
URL to Disabled Start of Round-Trip Icon	Farbe
Repetition of Disabled Start of Round-Trip Icon	Wiederholung
Position of Disabled Start of Round-Trip Icon	Position
URL to Disabled End of Round-Trip Icon	Farbe
Repetition of Disabled End of Round-Trip Icon	Wiederholung
Position of Disabled End of Round-Trip Icon	Position

Tabelle 6.93 Complex Elements – Road Map – Disabled Round-Trip

Die Parametergruppe UNSELECTED SUBSTEP (siehe Abbildung 6.73, ❾) bietet die Parameter aus Tabelle 6.94 an.

Unselected Substep

Parameter	Pflegekategorie
Background Color of Unselected Substep Number	Farbe
Border Color of Unselected Substep Number	Rahmenfarbe
Border Width of Unselected Substep Number	Rahmenbreite
Border Style of Unselected Substep Number	Rahmenstil
Font Color of Unselected Substep Number	Farbe
Font Weight of Unselected Substep Number	Schriftgewicht
Font Style of Unselected Substep Number	Schriftstil
Hover Background Color of Unselected Substep	Farbe
Hover Border Color of Unselected Substep	Rahmenfarbe
Hover Font Color of Unselected Substep	Farbe

Tabelle 6.94 Complex Elements – Road Map – Unselected Substep

Dynamic Substep

Die Parametergruppe DYNAMIC SUBSTEP (siehe Abbildung 6.73, ⑩) bietet die Parameter aus Tabelle 6.95 an.

Parameter	Pflegekategorie
Background Color of Dynamic Substep	Farbe
Border Style of Dynamic Substep	Rahmenstil
Font Color of Dynamic Substep Number	Farbe
Font Color of Text for Dynamic Steps	Farbe

Tabelle 6.95 Complex Elements – Road Map – Dynamic Substep

Selected Substep

Die Parametergruppe SELECTED SUBSTEP (siehe Abbildung 6.73, ⑪) bietet die Parameter aus Tabelle 6.96 an.

Parameter	Pflegekategorie
Background Color of Selected Substep Number	Farbe
Border Color of Selected Substep Number	Rahmenfarbe
Border Width of Selected Substep Number	Rahmenbreite
Border Style of Selected Substep Number	Rahmenstil
Font Color of Selected Substep Number	Farbe
Font Weight of Selected Substep Number	Schriftgewicht
Font Style of Selected Substep Number	Schriftstil

Tabelle 6.96 Complex Elements – Road Map – Selected Substep

Disabled Substep

Die Parametergruppe DISABLED SUBSTEP (siehe Abbildung 6.73, ⓬) bietet die Parameter aus Tabelle 6.97 an.

Parameter	Pflegekategorie
Background Color of Disabled Substep	Farbe
Border Color of Disabled Substep	Rahmenfarbe
Border Width of Disabled Substep	Rahmenbreite
Border Style of Disabled Substep	Rahmenstil
Font Color of Disabled Substep Number	Farbe

Tabelle 6.97 Complex Elements – Road Map – Disabled Substep

Road Map Connector Icons

Die Parametergruppe ROAD MAP CONNECTOR ICONS (siehe Abbildung 6.73, ⓭) bietet die Parameter aus Tabelle 6.98 an.

Parameter	Pflegekategorie
URL to Starting Point Icon	Bild
URL to End Point Icon	Bild
URL to Selected Starting Point Icon	Bild
URL to Selected End Point Icon	Bild
URL to Disabled Starting Point Icon	Bild
URL to Disabled End Point Icon	Bild
URL to Previous Steps Icon	Bild
URL to Next Steps Icon	Bild
URL to Previous Steps Icon on Hover	Bild
URL to Next Steps Icon on Hover	Bild
URL to Disabled Previous Steps Icon	Bild
URL to Disabled Next Steps Icon	Bild

Tabelle 6.98 Complex Elements – Road Map – Road Map Connector Icons

Tables

Mithilfe des Kategorie-Elementes TABLES können Sie das Aussehen des UI-Elementes `Table` bestimmen. Es wird Ihnen die Pflege von Überschriften, Spalten, Zellen, Buttons, Icons, Footern, semantischen Farben und Stilen angeboten. In Abbildung 6.74 sehen Sie den Preview für das Kategorie-Element TABLES.

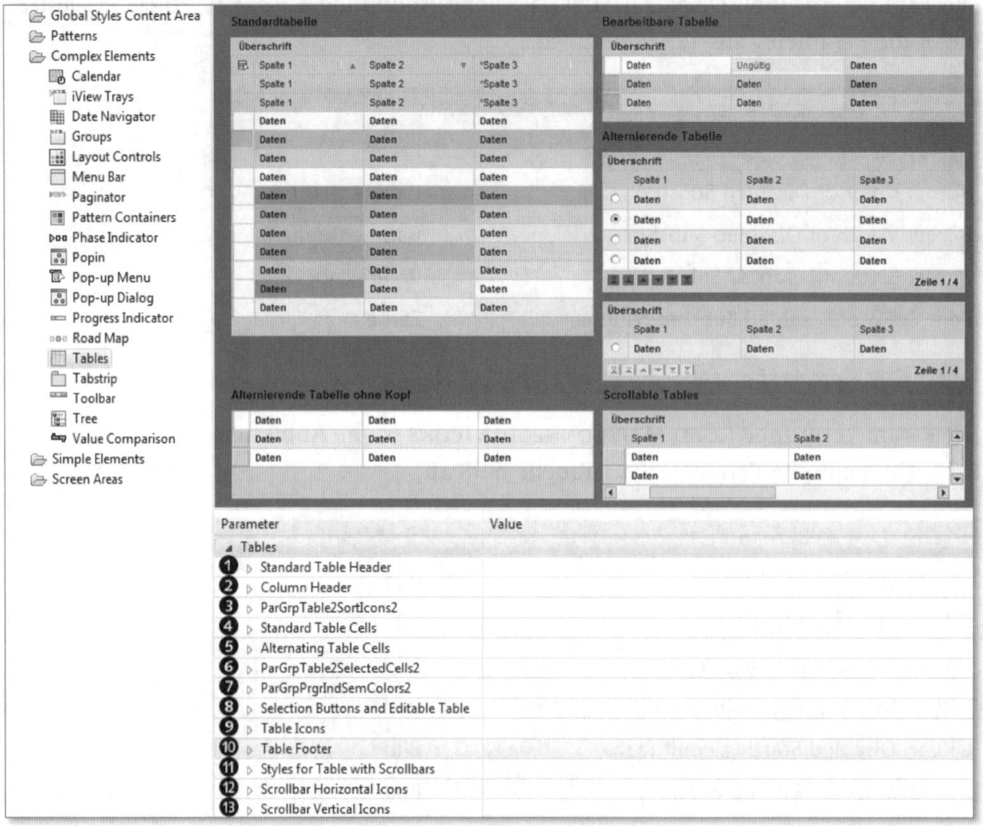

Abbildung 6.74 Preview Complex Elements – Tables

Standard Table Header

Die Parametergruppe STANDARD TABLE HEADER (siehe Abbildung 6.74, ❶) bietet die Parameter aus Tabelle 6.99 an.

Parameter	Pflegekategorie
Background Color of Header	Farbe
Font Color of Title	Farbe
Font Weight of Title	Schriftgewicht
Height of Header	Größe
Text Alignment of Title	Horizontale Ausrichtung
Border Color of Header	Rahmenfarbe
Border Style of Header	Rahmenstil

Tabelle 6.99 Complex Elements - Tables - Standard Table Header

Die Parametergruppe COLUMN HEADER (siehe Abbildung 6.74, ❷) bietet die Parameter aus Tabelle 6.100 an.

Column Header

Parameter	Pflegekategorie
Background Color of Level 1 Column Heading	Farbe
Background Color of Level 2 Column Heading	Farbe
Background Color of Level 3 Column Heading	Farbe
Font Color of Column Heading	Farbe
Font Weight of Column Heading	Schriftgewicht

Tabelle 6.100 Complex Elements – Tables – Column Header

Die Parametergruppe PARGRPTABLE2SORTICONS2 (siehe Abbildung 6.74, ❸) bietet die Parameter aus Tabelle 6.101 an.

ParGrpTable2Sort Icons2

Parameter	Pflegekategorie
URL to Sort Ascending Icon	Bild
URL to Sort Descending Icon	Bild
URL to Unsorted Icon	Bild

Tabelle 6.101 Complex Elements – Tables – ParGrpTable2SortIcons2

Die Parametergruppe STANDARD TABLE CELLS (siehe Abbildung 6.74, ❹) bietet die Parameter aus Tabelle 6.102 an.

Standard Table Cells

Parameter	Pflegekategorie
Background Color of Standard Table Cell	Farbe
Cell Padding	Rahmenbreite
Grid Color of Cell	Farbe
Border Style of Cell	Rahmenstil
Color of Top Border for Table Without Header	Farbe
Style of Top Border for Table Without Header	Rahmenstil
Width of Top Border for Table Without Header	Größe

Tabelle 6.102 Complex Elements – Tables – Standard Table Cells

Die Parametergruppe ALTERNATING TABLE CELLS (siehe Abbildung 6.74, ❺) bietet den Parameter aus Tabelle 6.103 an.

Alternating Table Cells

Parameter	Pflegekategorie
Background Color of Alternating Table Cell	Farbe

Tabelle 6.103 Complex Elements – Tables – Alternating Table Cells

ParGrpTable2 SelectedCells2

Die Parametergruppe PARGRPTABLE2SELECTEDCELLS2 (siehe Abbildung 6.74, ❻) bietet die Parameter aus Tabelle 6.104 an.

Parameter	Pflegekategorie
URL to Selection Menu Icon	Bild
Background Color of Primary Selection	Farbe
Background Color of Secondary Selection	Farbe
Background Color of Read Only Primary Selection	Farbe
Background Color of Read Only Secondary Selection	Farbe

Tabelle 6.104 Complex Elements – Tables – ParGrpTable2SelectedCells2

ParGrpPrgrInd SemColors2

Die Parametergruppe PARGRPPRGRINDSEMCOLORS2 (siehe Abbildung 6.74, ❼) bietet die Parameter aus Tabelle 6.105 an.

Parameter	Pflegekategorie
Color of Bad Value Dark	Farbe
Color of Bad Value Medium	Farbe
Color of Bad Value Light	Farbe
Color of Critical Value Dark	Farbe
Color of Critical Value Medium	Farbe
Color of Critical Value Light	Farbe
Color of Good Value Dark	Farbe
Color of Good Value Medium	Farbe
Color of Good Value Light	Farbe
Background Color of Highlighted Group	Farbe
Background Color of Light Highlighted Group	Farbe
Background Color of Medium Key Cells	Farbe
Background Color 1 of Grouping Cell	Farbe
Background Color 2 of Grouping Cell	Farbe
Background Color 3 of Grouping Cell	Farbe
Background Color of Negative Cells	Farbe

Tabelle 6.105 Complex Elements – Tables – ParGrpPrgrIndSemColors2

Parameter	Pflegekategorie
Background Color of Positive Cells	Farbe
Background Color of Subtotal Cells	Farbe
Light Background Color of Subtotal Cells	Farbe
Background Color of Total Cells	Farbe

Tabelle 6.105 Complex Elements – Tables – ParGrpPrgrIndSemColors2 (Forts.)

Selection Buttons and Editable Table

Die Parametergruppe SELECTION BUTTONS AND EDITABLE TABLE (siehe Abbildung 6.74, ❽) bietet die Parameter aus Tabelle 6.106 an.

Parameter	Pflegekategorie
Background Color of Disabled and Selected Selection Button	Farbe
Background Color of Selected Selection Button	Farbe
Background Color of Disabled and Unselected Selection Button	Farbe
Background Color of Unselected Selection Button	Farbe
Border Color of Disabled, Selected Selection Button	Rahmenfarbe
Border Color of Selected Selection Button	Rahmenfarbe
Border Color of Disabled, Unselected Selection Button	Rahmenfarbe
Border Color of Unselected Selection Button	Rahmenfarbe
Background Color for Editable Fields in a Table Cell that are focused	Farbe
Padding of Cell of Editable Table	Rahmenbreite

Tabelle 6.106 Complex Elements – Tables – Selection Buttons and Editable Table

Table Icons

Die Parametergruppe TABLE ICONS (siehe Abbildung 6.74, ❾) bietet die Parameter aus Tabelle 6.107 an.

Parameter	Pflegekategorie
URL to Top Icon	Bild
URL to Page Up Icon	Bild
URL to Up Icon	Bild
URL to Down Icon	Bild
URL to Page Down Icon	Bild

Tabelle 6.107 Complex Elements – Tables – Table Icons

Parameter	Pflegekategorie
URL to Bottom Icon	Bild
URL to Disabled Top Icon	Bild
URL to Disabled Page Up Icon	Bild
URL to Disabled Up Icon	Bild
URL to Disabled Down Icon	Bild
URL to Disabled Page Down Icon	Bild
URL to Disabled Bottom Icon	Bild

Tabelle 6.107 Complex Elements – Tables – Table Icons (Forts.)

Table Footer

Die Parametergruppe TABLE FOOTER (siehe Abbildung 6.74, ⑩) bietet die Parameter aus Tabelle 6.108 an.

Parameter	Pflegekategorie
Background Color of Footer	Farbe
Height of Footer	Größe

Tabelle 6.108 Complex Elements – Tables – Table Footer

Styles for Table with Scrollbars

Die Parametergruppe STYLES FOR TABLE WITH SCROLLBARS (siehe Abbildung 6.74, ⑪) bietet die Parameter aus Tabelle 6.109 an.

Parameter	Pflegekategorie
3D Light Color of Scrollbar and Scrollbutton	Rahmenfarbe
Base Color of Scrollbar and Scrollbutton	Farbe
Dark Shadow Color	Rahmen
3D Light Color of Pressed Scrollbar and Scrollbutton	Rahmenfarbe

Tabelle 6.109 Complex Elements – Tables – Styles for Table with Scrollbars

Scrollbar Horizontal Icons

Die Parametergruppe SCROLLBAR HORIZONTAL ICONS (siehe Abbildung 6.74, ⑫) bietet die Parameter aus Tabelle 6.110 an.

Parameter	Pflegekategorie
URL to Far Left Icon	Bild
URL to Disabled Far Left Icon	Bild
URL to Page Left Icon	Bild

Tabelle 6.110 Complex Elements – Tables – Scrollbar Horizontal Icons

Parameter	Pflegekategorie
URL to Disabled Page Left Icon	Bild
URL to Left Icon	Bild
URL to Disabled Left Icon	Bild
URL to Right Icon	Bild
URL to Disabled Right Icon	Bild
URL to Page Right Icon	Bild
URL to Disabled Page Right Icon	Bild
URL to Far Right Icon	Bild
URL to Disabled Far Right Icon	Bild

Tabelle 6.110 Complex Elements – Tables – Scrollbar Horizontal Icons (Forts.)

Die Parametergruppe SCROLLBAR VERTICAL ICONS (siehe Abbildung 6.74, ⓭) bietet die Parameter aus Tabelle 6.111 an.

Scrollbar Vertical Icons

Parameter	Pflegekategorie
URL to Top Icon	Bild
URL to Disabled Top Icon	Bild
URL to Page Up Icon	Bild
URL to Disabled Page Up Icon	Bild
URL to Up Icon	Bild
URL to Disabled Up Icon	Bild
URL to Down Icon	Bild
URL to Disabled Down Icon	Bild
URL to Page Down Icon	Bild
URL to Disabled Page Down Icon	Bild
URL to Bottom Icon	Bild
URL to Disabled Bottom Icon	Bild

Tabelle 6.111 Complex Elements – Tables – Scrollbar Vertical Icons

Tabstrip

Mithilfe des Kategorie-Elementes TABSTRIP können Sie das Aussehen des UI-Elementes `Tabstrip` bestimmen. Es wird Ihnen die Pflege von Tabs, Tab Pages und Images angeboten. In Abbildung 6.75 sehen Sie den Preview für das Kategorie-Element TABSTRIP.

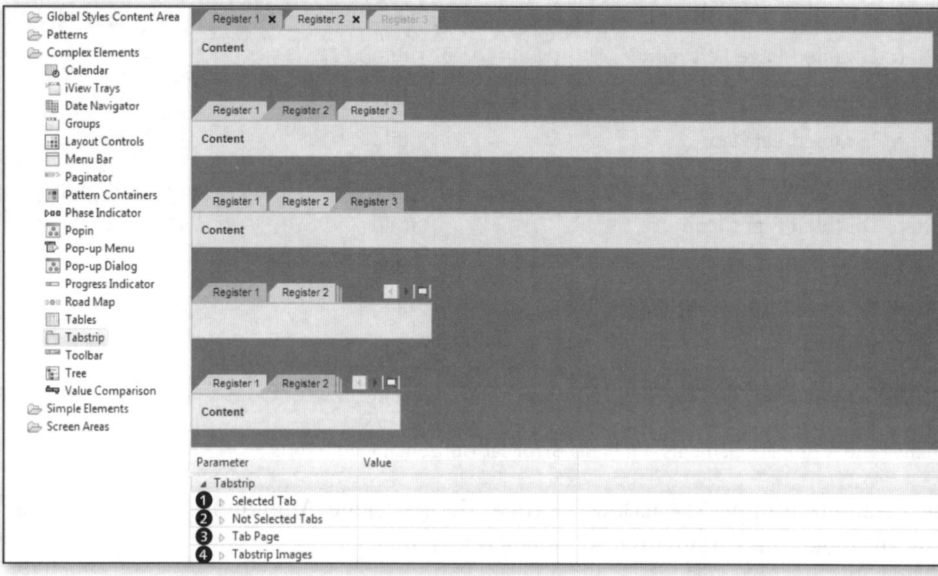

Abbildung 6.75 Preview Complex Elements – Tabstrip

Selected Tab

Die Parametergruppe Selected Tab (siehe Abbildung 6.75, ❶) bietet die Parameter aus Tabelle 6.112 an.

Parameter	Pflegekategorie
Background Color of Selected Tab	Farbe
Font Color of Selected Tab	Farbe
Height of Tab	Größe
Padding of Tab	Rahmenbreite

Tabelle 6.112 Complex Elements – Tabstrip – Selected Tab

Not Selected Tabs

Die Parametergruppe Not Selected Tabs (siehe Abbildung 6.75, ❷) bietet die Parameter aus Tabelle 6.113 an.

Parameter	Pflegekategorie
Background Color of Selected Tabs	Farbe
Font Color of Disabled Tabs	Farbe
Font Color of Not Selected Tabs	Farbe

Tabelle 6.113 Complex Elements – Tabstrip – Not Selected Tab

Die Parametergruppe TAB PAGE (siehe Abbildung 6.75, ❸) bietet die Parameter aus Tabelle 6.114 an.

Tab Page

Parameter	Pflegekategorie
Color of Tab Page Top Line	Farbe
Height of Tab Page Top Line	Größe
Background Color of Tab Page Content	Farbe
Padding of Tab Page Content	Rahmenbreite
Border Color of Tab Page	Rahmenfarbe
Border Width of Tab Page	Rahmenbreite
Border Style of Tab Page	Rahmenstil

Tabelle 6.114 Complex Elements – Tabstrip – Tab Page

Die Parametergruppe TABSTRIP IMAGES (siehe Abbildung 6.75, ❹) bietet die Parameter aus Tabelle 6.115 an.

Tabstrip Images

Parameter	Pflegekategorie
Background Position of Tab Images	Position
Background Repetition of Tab Images	Wiederholung
Width of Tab Images	Größe
Starter Image of Not Selected Tab	Bild
Starter Image of Not Selected Tab With Hidden Tabs Indicator	Bild
Starter Image of Selected Tab	Bild
Starter Image of Selected Tab With Hidden Tabs Indicator	Bild
End Image of Selected Tab	Bild
End Image of Selected Tab With Hidden Tabs Indicator	Bild
End Image of Selected Tab	Bild
End Image of Selected Tab With Hidden Tabs Indicator	Bild
Not Selected to Not Selected Tab Transition Image	Bild
Not Selected to Selected Tab Transition Image	Bild
Selected to Not Selected Tab Transition Image	Bild

Tabelle 6.115 Complex Elements – Tabstrip – Tabstrip Images

Parameter	Pflegekategorie
URL to Close Image	Bild
URL to Selected Close Image	Bild
URL to Disabled Close Image	Bild

Tabelle 6.115 Complex Elements – Tabstrip – Tabstrip Images (Forts.)

Toolbar

Mithilfe des Kategorie-Elementes TOOLBAR können Sie das Aussehen des UI-Elementes `Toolbar` bestimmen. Es wird Ihnen die Pflege von Styles, Separatoren, Labels und Links angeboten. In Abbildung 6.76 sehen Sie den Preview für das Kategorie-Element TOOLBAR.

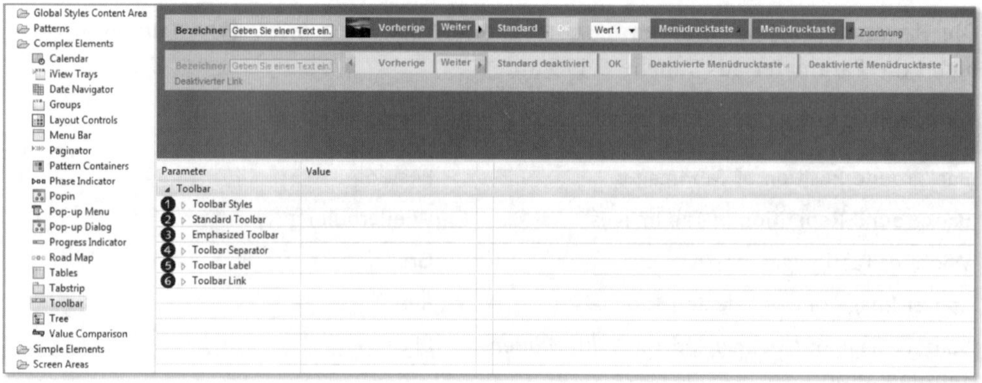

Abbildung 6.76 Preview Complex Elements – Toolbar

Toolbar Styles Die Parametergruppe TOOLBAR STYLES (siehe Abbildung 6.76, ❶) bietet die Parameter aus Tabelle 6.116 an.

Parameter	Pflegekategorie
Border Color of Toolbar	Rahmenfarbe
Border Width of Toolbar	Rahmenbreite
Border Style of Toolbar	Rahmenstil
Padding of Toolbar	Rahmenbreite

Tabelle 6.116 Complex Elements – Toolbar – Toolbar Styles

Standard Toolbar Die Parametergruppe STANDARD TOOLBAR (siehe Abbildung 6.76, ❷) bietet den Parameter aus Tabelle 6.117 an.

Parameter	Pflegekategorie
Background Color of Standard Toolbar	Farbe

Tabelle 6.117 Complex Elements – Toolbar – Standard Toolbar

Die Parametergruppe EMPHASIZED TOOLBAR (siehe Abbildung 6.76, ❸) bietet den Parameter aus Tabelle 6.118 an.

Emphasized Toolbar

Parameter	Pflegekategorie
Background Color of Emphasized Toolbar	Farbe

Tabelle 6.118 Complex Elements – Toolbar – Emphasized Toolbar

Die Parametergruppe TOOLBAR SEPARATOR (siehe Abbildung 6.76, ❹) bietet den Parameter aus Tabelle 6.119 an.

Toolbar Separator

Parameter	Pflegekategorie
Color of Separator	Farbe

Tabelle 6.119 Complex Elements – Toolbar – Toolbar Separator

Die Parametergruppe TOOLBAR LABEL (siehe Abbildung 6.76, ❺) bietet die Parameter aus Tabelle 6.120 an.

Toolbar Label

Parameter	Pflegekategorie
Font Color	Farbe
Font Weight	Schriftgewicht
Font Style	Schriftstil
Font Color of Disabled Label	Farbe

Tabelle 6.120 Complex Elements – Toolbar – Toolbar Label

Die Parametergruppe TOOLBAR LINK (siehe Abbildung 6.76, ❻) bietet die Parameter aus Tabelle 6.121 an.

Toolbar Link

Parameter	Pflegekategorie
Font Color of Toolbar Link	Farbe
Font Weight of Toolbar Link	Schriftgewicht
Font Style of Toolbar Link	Schriftstil
Text Decoration of Toolbar Link	Schriftdekoration

Tabelle 6.121 Complex Elements – Toolbar – Toolbar Link

Parameter	Pflegekategorie
Text Decoration of Toolbar Link on Mouseover (Hover)	Schriftdekoration
Font Color of Disabled Link	Farbe

Tabelle 6.121 Complex Elements – Toolbar – Toolbar Link (Forts.)

Tree

Mithilfe des Kategorie-Elementes TREE können Sie das Aussehen des UI-Elementes `Tree` bestimmen. Es wird Ihnen die Pflege von Styles, Headers, Farben, Knoten und Icons angeboten. In Abbildung 6.77 sehen Sie den Preview für das Kategorie-Element TREE.

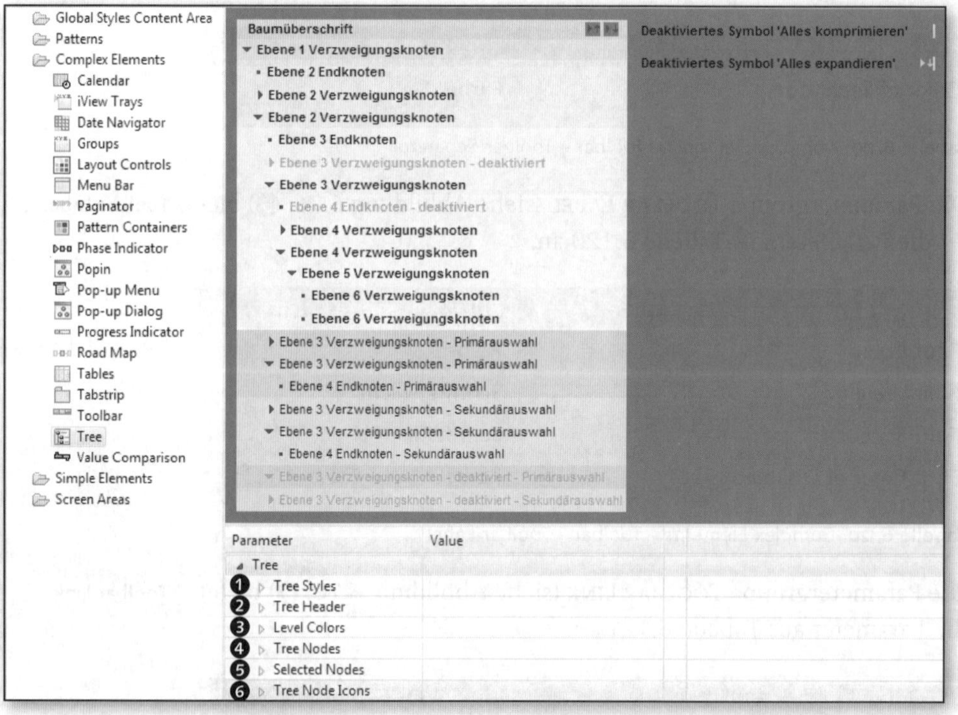

Abbildung 6.77 Preview Complex Elements – Tree

Tree Styles Die Parametergruppe TREE STYLES (siehe Abbildung 6.77, ❶) bietet die Parameter aus Tabelle 6.122 an.

Parameter	Pflegekategorie
Border Color of Tree	Rahmenfarbe
Border Width of Tree Frame	Rahmenbreite
Border Style of Tree Frame	Rahmenstil
Background Color of Tree	Farbe

Tabelle 6.122 Complex Elements – Tree – Tree Styles

Die Parametergruppe TREE HEADER (siehe Abbildung 6.77, ❷) bietet die Parameter aus Tabelle 6.123 an.

Tree Header

Parameter	Pflegekategorie
Background Color of Tree Header	Farbe
Font Color of Tree Title	Farbe
Font Weight of Tree Title	Schriftgewicht
Border Color of Tree Header	Rahmenfarbe
Border Width of Tree Header	Rahmenbreite
Border Style of Tree Header	Rahmenstil
URL to Collapse All Icon	Bild
URL to Expand All Icon	Bild
URL to Disabled Collapse All Icon	Bild
URL to Disabled Expand All Icon	Bild
Repetition of Tree Header Icons	Wiederholung
Position of Tree Header Icons	Position

Tabelle 6.123 Complex Elements – Tree – Tree Header

Die Parametergruppe LEVEL COLORS (siehe Abbildung 6.77, ❸) bietet die Parameter aus Tabelle 6.124 an.

Level Colors

Parameter	Pflegekategorie
Background Color of 1st Level	Farbe
Border Color of 1st Level	Rahmenfarbe
Border Style of Tree Level	Rahmenstil
Border Width of Tree Level	Rahmenbreite
Background Color of 2nd Level	Farbe

Tabelle 6.124 Complex Elements – Tree – Level Colors

Parameter	Pflegekategorie
Border Color of 2nd Level	Rahmenfarbe
Background Color of 3rd Level	Farbe
Border Color of 3rd Level	Rahmenfarbe
Background Color of 4th Level	Farbe
Border Color of 4th Level	Rahmenfarbe

Tabelle 6.124 Complex Elements – Tree – Level Colors (Forts.)

Tree Nodes

Die Parametergruppe TREE NODES (siehe Abbildung 6.77, ❹) bietet die Parameter aus Tabelle 6.125 an.

Parameter	Pflegekategorie
Border Width of Tree Nodes	Rahmenbreite
Text Decoration of Clickable Text	Schriftdekoration
Hover Font Color of Clickable Text	Farbe
Font Color of Disabled Node	Farbe
Font Style of Disabled Node	Schriftstil
Font Weight of Disabled Node	Schriftgewicht

Tabelle 6.125 Complex Elements – Tree – Tree Nodes

Selected Nodes

Die Parametergruppe SELECTED NODES (siehe Abbildung 6.77, ❺) bietet die Parameter aus Tabelle 6.126 an.

Parameter	Pflegekategorie
Background Color of Selected Node (Primary Selection)	Farbe
Font Color of Selected Node (Primary Selection)	Farbe
Font Weight of Selected Node (Primary Selection)	Schriftgewicht
Font Color of Disabled Selected Node (Primary Selection)	Farbe
Background Color of Selected Node (Secondary Selection)	Farbe
Font Color of Selected Node (Secondary Selection)	Farbe
Font Weight of Selected Node (Secondary Selection)	Schriftgewicht
Font Color of Disabled Selected Node (Secondary Selection)	Farbe

Tabelle 6.126 Complex Elements – Tree – Selected Nodes

Die Parametergruppe TREE NODE ICONS (siehe Abbildung 6.77, ❻) bietet die Parameter aus Tabelle 6.127 an. **Tree Node Icons**

Parameter	Pflegekategorie
Height of Tree Icons	Größe
Width of Tree Icons	Größe
URL to Expand Icon	Bild
URL to Collapse Icon	Bild
URL to Tree Leaf Icon	Bild
URL to Selected Expand Icon (Primary Selection)	Bild
URL to Selected Collapse Icon (Primary Selection)	Bild
URL to Selected Tree Leaf Icon (Primary Selection)	Bild
URL to Selected Expand Icon (Secondary Selection)	Bild
URL to Selected Collapse Icon (Secondary Selection)	Bild
URL to TreExpNc (Primary Selection)	Bild
URL to Disabled Collapse Icon	Bild
URL to Disabled Expand Icon	Bild

Tabelle 6.127 Complex Elements – Tree – Tree Node Icons

Value Comparison

Mithilfe des Kategorie-Elementes VALUE COMPARISON können Sie das Aussehen des UI-Elementes `ValueComparison` bestimmen. Es wird Ihnen die Pflege von Styles, semantischen Farben und Icons angeboten. In Abbildung 6.78 sehen Sie den Preview für das Kategorie-Element VALUE COMPARISON.

Die Parametergruppe VALUE COMPARISON STYLES (siehe Abbildung 6.78, ❶) bietet den Parameter aus Tabelle 6.128 an. **Value Comparison Styles**

Parameter	Pflegekategorie
Border of Value Comparison	Rahmen

Tabelle 6.128 Complex Elements – Value Comparison – Value Comparison Styles

Die Parametergruppe SEMANTIC COLORS (siehe Abbildung 6.78, ❷) bietet die Parameter aus Tabelle 6.129 an. **Semantic Colors**

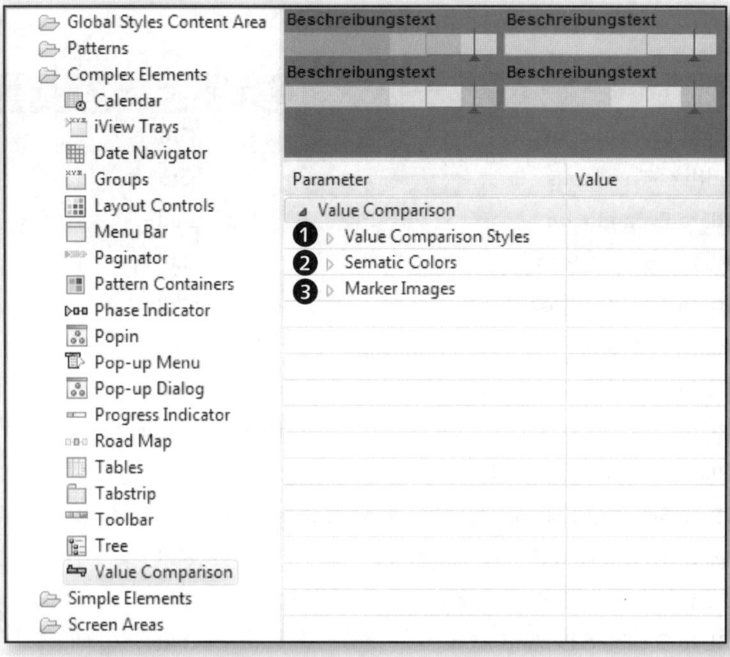

Abbildung 6.78 Preview Complex Elements – Value Comparison

Parameter	Pflegekategorie
First Color of Neutral Values	Farbe
Second Color of Neutral Values	Farbe
Third Color of Neutral Values	Farbe
Color of Positive Values	Farbe
Color of Critical Values	Farbe
Color of Negative Values	Farbe

Tabelle 6.129 Complex Elements – Value Comparison – Semantic Colors

Marker Images

Die Parametergruppe MARKER IMAGES (siehe Abbildung 6.78, ❸) bietet die Parameter aus Tabelle 6.130 an.

Parameter	Pflegekategorie
URL to Neutral Marker Image	Bild
URL to Critical Marker Image	Bild

Tabelle 6.130 Complex Elements – Value Comparison – Marker Images

6.7.5 Kategorie »Simple Elements«

Simple Elements

In der Kategorie SIMPLE ELEMENTS, die im Theme Editor Browser als vierter Eintrag zu finden ist, befinden sich Kategorie-Elemente, die das Aussehen von simplen UI-Elementen beeinflussen. Dazu zählen die Kategorie-Elemente BREADCRUMBS, BUTTONS, HORIZONTAL DIVIDER, LABELS AND FIELDS, LINKS, LISTS, MESSAGE BAR, POP-UP MENU TRIGGER, RATING INDICATOR, SCROLLBAR und TEXT BAR. In Abbildung 6.79 sehen Sie die Position der Kategorie SIMPLE ELEMENTS im Theme Editor Browser.

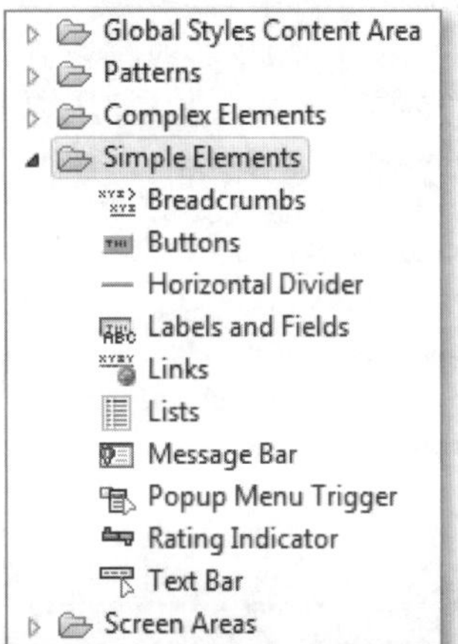

Abbildung 6.79 Kategorie »Simple Elements«

Breadcrumbs

Mithilfe des Kategorie-Elementes BREADCRUMBS können Sie das Aussehen des aktuellen Tags des UI-Elementes `BreadCrumb` festlegen. In Abbildung 6.80 sehen Sie den Preview für das Kategorie-Element BREADCRUMBS.

Breadcrumbs-Parameter

Das Kategorie-Element BREADCRUMBS stellt Ihnen die Parameter aus Tabelle 6.131 für die Pflege zur Verfügung.

Parameter	Pflegekategorie
Font Color of Breadcrumbs Links	Farbe
Font Size of Medium Sized Breadcrumbs	Größe
Text Decoration of Active Entry	Schriftdekoration

Tabelle 6.131 Simple Elements – Breadcrumbs

Parameter	Pflegekategorie
Breadcrumb Padding	Rahmenbreite
Font Color on Hover	Farbe

Tabelle 6.131 Simple Elements – Breadcrumbs (Forts.)

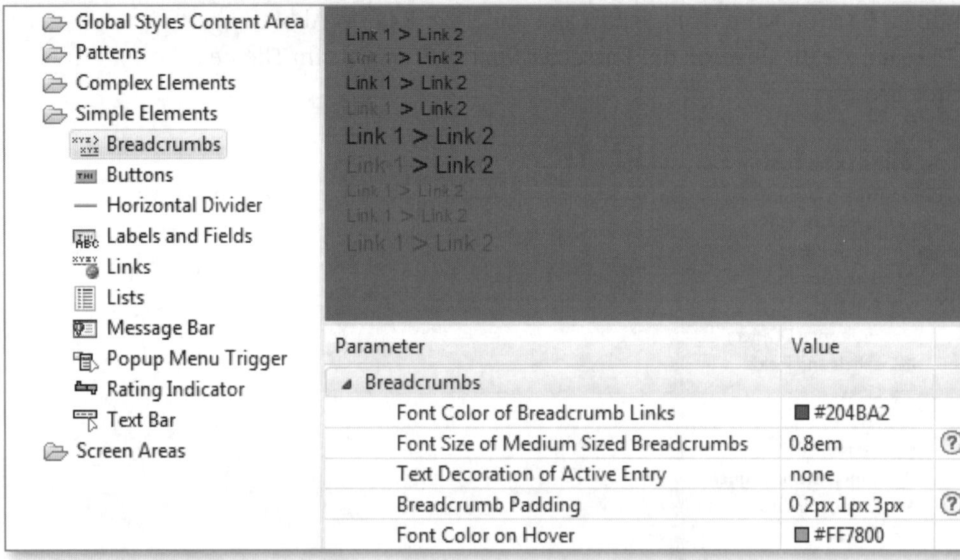

Abbildung 6.80 Preview Simple Elements – Breadcrumbs

Buttons

Mithilfe des Kategorie-Elementes BUTTONS können Sie das Aussehen des UI-Elementes `Button` bestimmen. Es wird Ihnen die Pflege von Styles, Button-Arten, Größen und Icons angeboten. In Abbildung 6.81 sehen Sie den Preview für das Kategorie-Element BUTTONS.

Button Styles

Die Parametergruppe BUTTON STYLES (siehe Abbildung 6.81, ❶) bietet die Parameter aus Tabelle 6.132 an.

Parameter	Pflegekategorie
Font Weight	Schriftgewicht
Border Width	Rahmenbreite
Border Style	Rahmenstil
Text Decoration	Schriftdekoration

Tabelle 6.132 Simple Elements – Buttons – Button Styles

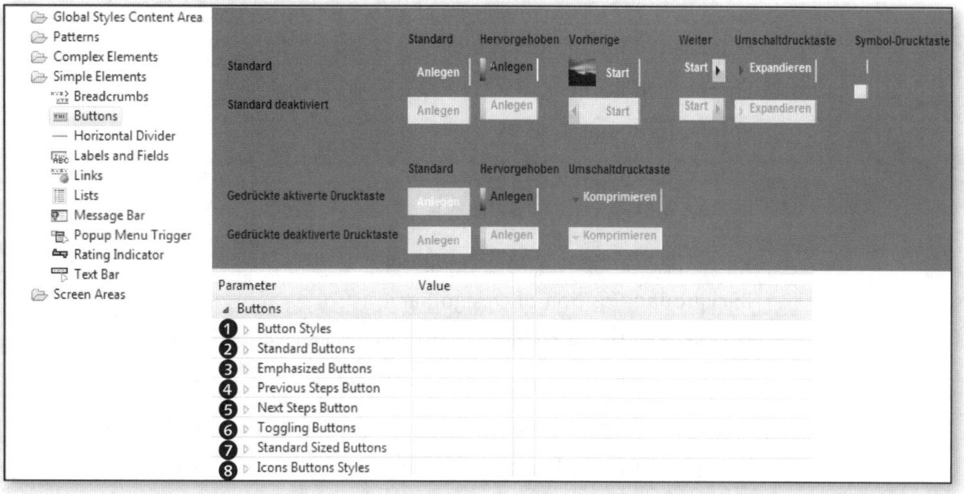

Abbildung 6.81 Preview Simple Elements – Buttons

Standard Buttons

Die Parametergruppe STANDARD BUTTONS (siehe Abbildung 6.81, ❷) bietet die Parameter aus Tabelle 6.133 an.

Parameter	Pflegekategorie
Standard Background Color	Farbe
Standard Border Color	Rahmenfarbe
Standard Font Color	Farbe
Text Padding	Rahmenfarbe
Standard Background Color on Hover	Farbe
Standard Border Color on Hover	Rahmenfarbe
Standard Hover Color	Farbe
Disabled Standard Background Color	Farbe
Disabled Standard Border Color	Rahmenfarbe
Disabled Standard Font Color	Farbe

Tabelle 6.133 Simple Elements – Buttons – Standard Buttons

Emphasized Buttons

Die Parametergruppe EMPHASIZED BUTTONS (siehe Abbildung 6.81, ❸) bietet die Parameter aus Tabelle 6.134 an.

Parameter	Pflegekategorie
Emphasized Background Color	Farbe
Emphasized Border Color	Rahmenfarbe
Emphasized Font Color	Farbe
Emphasized Button Padding	Rahmenfarbe
URL to Button Design Bar	Bild
Background Repetition of Design Bar	Wiederholung
Background Position of Design Bar	Position
Emphasized Hover Color	Farbe
Emphasized Background Color on Hover	Farbe
Emphasized Border Color on Hover	Rahmenfarbe
URL to Button Design Bar on Hover	Bild
Disabled Emphasized Background Color	Farbe
Disabled Emphasized Border Color	Rahmenfarbe
Disabled Emphasized Font Color	Farbe
URL to Disabled Button Design Bar	Bild

Tabelle 6.134 Simple Elements – Buttons – Emphasized Buttons

Previous Steps Button

Die Parametergruppe PREVIOUS STEPS BUTTON (siehe Abbildung 6.81, ❹) bietet die Parameter aus Tabelle 6.135 an.

Parameter	Pflegekategorie
URL to Previous Step Icon	Bild
URL to Disabled Previous Step Icon	Bild
URL to Previous Step Icon on Hover	Bild
URL to Small Previous Step Icon	Bild
URL to Small Disabled Previous Step Icon	Bild
URL to Small Previous Step Icon on Hover	Bild
Padding of Previous Step Button	Rahmenbreite
Padding of Small Previous Step Button	Rahmenbreite

Tabelle 6.135 Simple Elements – Buttons – Previous Steps Button

Next Steps Button

Die Parametergruppe NEXT STEPS BUTTON (siehe Abbildung 6.81, ❺) bietet die Parameter aus Tabelle 6.136 an.

Parameter	Pflegekategorie
URL to Next Step Icon	Bild
URL to Disabled Next Step Icon	Bild
URL to Next Step Icon on Hover	Bild
URL to Small Next Step Icon	Bild
URL to Small Disabled Next Step Icon	Bild
URL to Small Next Step Icon on Hover	Bild
Padding of Next Step Button	Rahmenbreite
Padding of Small Next Step Button	Rahmenbreite

Tabelle 6.136 Simple Elements – Buttons – Next Steps Button

Toggling Buttons

Die Parametergruppe TOGGLING BUTTONS (siehe Abbildung 6.81, ❻) bietet die Parameter aus Tabelle 6.137 an.

Parameter	Pflegekategorie
URL to Expand Icon of Enabled Toggle Button	Bild
URL to Expand Icon of Disabled Toggle Button	Bild
URL to Collapse Icon of Enabled Toggle Button	Bild
URL to Collapse Icon of Disabled Toggle Button	Bild
Text Padding of Toggle Button	Rahmenbreite
Border Width of Pressed Button	Rahmenbreite
Border Color of Pressed Enabled Button	Rahmenfarbe
Border Color of Pressed Disabled Button	Rahmenfarbe
Border Color of Pressed Enabled Emphasized Button	Rahmenfarbe
Border Color of Pressed Disabled Emphasized Button	Rahmenfarbe

Tabelle 6.137 Simple Elements – Buttons – Toggling Buttons

Standard Sized Buttons

Die Parametergruppe STANDARD SIZED BUTTONS (siehe Abbildung 6.81, ❼) bietet den Parameter aus Tabelle 6.138 an.

Parameter	Pflegekategorie
Height	Größe

Tabelle 6.138 Simple Elements – Buttons – Standard Sized Buttons

Icons Buttons Styles

Die Parametergruppe ICONS BUTTONS STYLES (siehe Abbildung 6.81, ❽) bietet die Parameter aus Tabelle 6.139 an.

Parameter	Pflegekategorie
Height of Icon Buttons	Größe
Width of Icon Buttons	Größe
Background Repetition of Icon Buttons	Wiederholung
Background Position of Icon Buttons	Position

Tabelle 6.139 Simple Elements – Buttons – Icons Buttons Styles

Horizontal Divider

Mithilfe des Kategorie-Elementes HORIZONTAL DIVIDER können Sie das Aussehen des UI-Elementes `HorizontalGutter` bestimmen. Es wird Ihnen die Pflege von Icons angeboten. In Abbildung 6.82 sehen Sie den Preview für das Kategorie-Element HORIZONTAL DIVIDER.

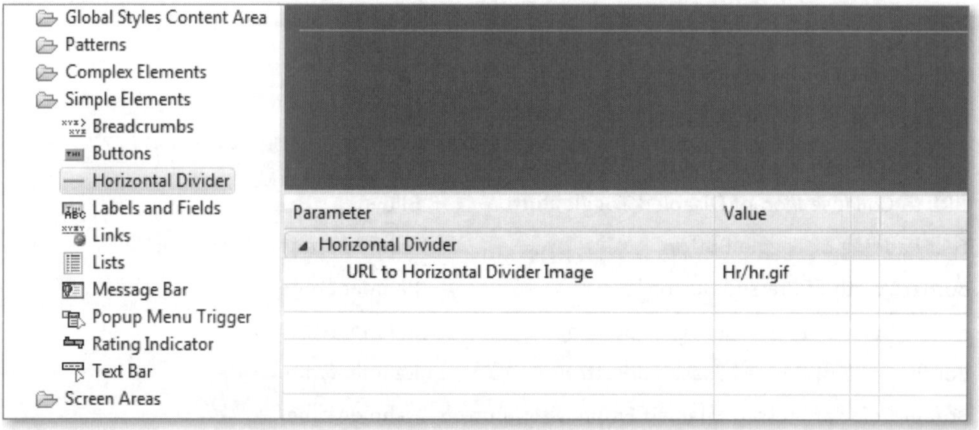

Abbildung 6.82 Preview Simple Elements – Horizontal Divider

Mithilfe der UI-Eigenschaft `ruleType` des UI-Elementes `HorizontalGutter` legen Sie fest, welche visuelle Aufbereitung verwendet wird. Die UI-Eigenschaft bietet die Werte `areaRule`, `none` und `PageRule` an. Falls Sie den Wert `PageRule` gewählt haben, wird Ihr Bild zum Parameter für die Anzeige verwendet.

Parameter Horizontal Divider

Das Kategorie-Element HORIZONTAL DIVIDER bietet den Parameter aus Tabelle 6.140 an.

Parameter	Pflegekategorie
URL to Horizontal Divider Image	Bild

Tabelle 6.140 Simple Elements – Horizontal Divider

Labels and Fields

Mithilfe des Kategorie-Elementes LABELS AND FIELDS können Sie das Aussehen der UI-Elemente `Label`, `InputField`, `TextEdit`, `TextView` und `ItemListBox` bestimmen. Es wird Ihnen die Pflege von Labels, Input Fields, Text Edit, List Box, Icons und Styles angeboten. In Abbildung 6.83 sehen Sie den Preview für das Kategorie-Element LABELS AND FIELDS.

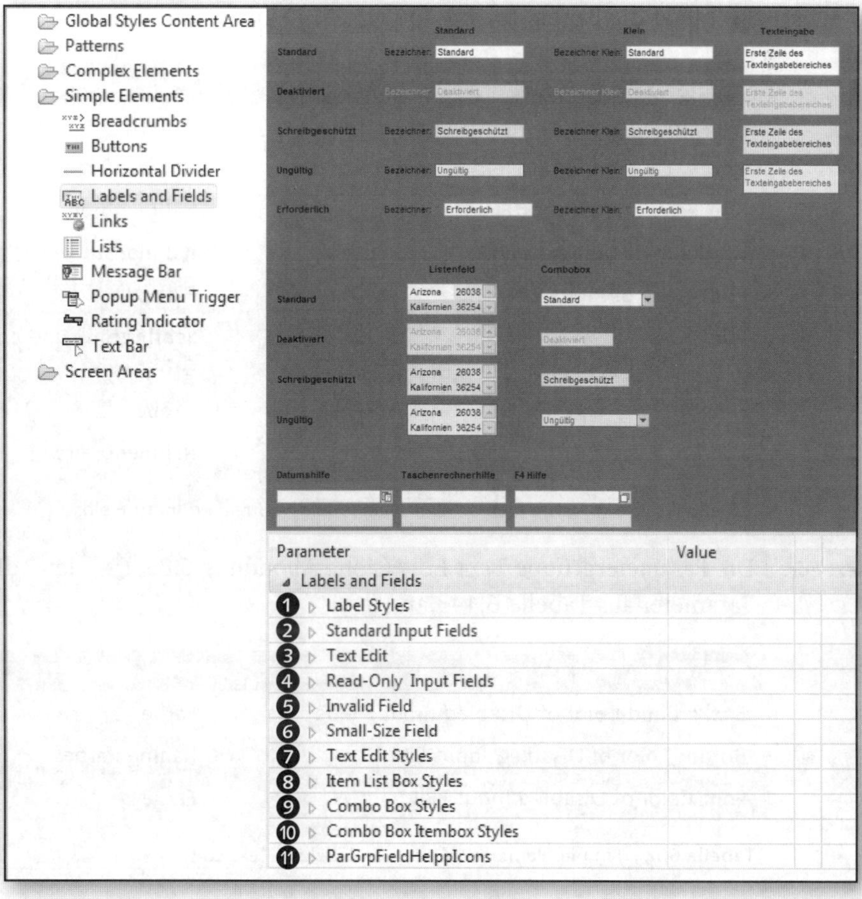

Abbildung 6.83 Preview Simple Elements – Labels and Fields

Label Styles Die Parametergruppe LABEL STYLES (siehe Abbildung 6.83, ❶) bietet die Parameter aus Tabelle 6.141 an.

Parameter	Pflegekategorie
Font Color of Label of Invalid Field	Farbe
Font Color of Disabled Text	Farbe
Color of Asterisk of Required Field Label	Farbe
Height of Label	Größe
Padding of Label	Rahmenbreite
Height of Small Label	Größe

Tabelle 6.141 Simple Elements – Labels and Fields – Label Styles

Standard Input Fields Die Parametergruppe STANDARD INPUT FIELDS (siehe Abbildung 6.83, ❷) bietet die Parameter aus Tabelle 6.142 an.

Parameter	Pflegekategorie
Background Color of Input Fields	Farbe
Border Color of Input Field	Rahmenfarbe
Border Width of Input Field	Rahmenbreite
Border Style of Input Field	Rahmenstil
Font Color of Input Field	Farbe
Font Size	Schriftgröße und Größe
Height	Größe
Padding	Rahmenbreite

Tabelle 6.142 Simple Elements – Labels and Fields – Standard Input Fields

Text Edit Die Parametergruppe TEXT EDIT (siehe Abbildung 6.83, ❸) bietet die Parameter aus Tabelle 6.143 an.

Parameter	Pflegekategorie
Background Color of Disabled Input Fields	Farbe
Border Color of Disabled Input Field	Rahmenfarbe
Font Color of Disabled Input Field	Farbe

Tabelle 6.143 Simple Elements – Labels and Fields – Text Edit

Die Parametergruppe READ-ONLY INPUT FIELDS (siehe Abbildung 6.83, ❹) bietet die Parameter aus Tabelle 6.144 an.

Read-Only Input Fields

Parameter	Pflegekategorie
Background Color of Read-only Input Field	Farbe
Border Color of Read-only Input Field	Rahmenfarbe
Font Color of Read-only Input Field	Farbe

Tabelle 6.144 Simple Elements – Labels and Fields – Read-Only Input Fields

Die Parametergruppe INVALID FIELD (siehe Abbildung 6.83, ❺) bietet die Parameter aus Tabelle 6.145 an.

Invalid Field

Parameter	Pflegekategorie
Border Color of Invalid Input Field	Rahmenfarbe
Border Style of Invalid Input Field	Rahmenstil
Font Color of Invalid Input Field	Farbe
Font Style of Invalid Input Field	Schriftstil

Tabelle 6.145 Simple Elements – Labels and Fields – Invalid Field

Die Parametergruppe SMALL-SIZED FIELD (siehe Abbildung 6.83, ❻) bietet die Parameter aus Tabelle 6.146 an.

Small-Sized Field

Parameter	Pflegekategorie
Small Font Size	Größe
Small Height	Größe
Padding of Small Input Field	Rahmenbreite

Tabelle 6.146 Simple Elements – Labels and Fields – Small-Sized Field

Die Parametergruppe TEXT EDIT STYLES (siehe Abbildung 6.83, ❼) bietet den Parameter aus Tabelle 6.147 an.

Text Edit Styles

Parameter	Pflegekategorie
Padding	Rahmenbreite

Tabelle 6.147 Simple Elements – Labels and Fields – Text Edit Styles

Die Parametergruppe ITEM LIST BOX STYLES (siehe Abbildung 6.83, ❽) bietet die Parameter aus Tabelle 6.148 an.

Item List Box Styles

Parameter	Pflegekategorie
Font Color of Hover/Selected Item	Farbe
Background Color of Descriptive Information	Farbe

Tabelle 6.148 Simple Elements – Labels and Fields – Item List Box Styles

Combo Box Styles

Die Parametergruppe COMBO BOX STYLES (siehe Abbildung 6.83, ❾) bietet die Parameter aus Tabelle 6.149 an.

Parameter	Pflegekategorie
Background Color of Input Help Button	Farbe
Background Color of Disabled Input Help Button	Farbe
Border Color of Input Help Button	Farbe
Border Style of Input Help Button	Rahmenstil
Border Width of Input Help Button	Rahmenbreite
Border Color of Disabled Input Help Button	Farbe
Height of Help Icon	Größe
Width of Input Help Button	Größe
URL to Combo Box Button Icon	Bild
URL to Disabled Combo Box Button Icon	Bild

Tabelle 6.149 Simple Elements – Labels and Fields – Combo Box Styles

Combo Box Itembox Styles

Die Parametergruppe COMBO BOX ITEMBOX STYLES (siehe Abbildung 6.83, ❿) bietet die Parameter aus Tabelle 6.150 an.

Parameter	Pflegekategorie
Border Color of Itembox of Combo Box	Rahmenfarbe
Border Width of Itembox of Combo Box	Rahmenbreite
Border Style of Itembox of Combo Box	Rahmenstil
URL to Section Divider Image	Bild
Padding of Section Divider	Rahmenbreite
Line Height of Section Divider	Größe

Tabelle 6.150 Simple Elements – Labels and Fields – Combo Box Itembox Styles

ParGrpField HelppIcons

Die Parametergruppe PARGRPFIELDHELPPICONS (siehe Abbildung 6.83, ⓫) bietet die Parameter aus Tabelle 6.151 an.

Parameter	Pflegekategorie
URL to Date Input Help Icon	Bild
URL to Disabled Date Input Help Icon	Bild
URL to Calculator Input Help Icon	Bild
URL to Disabled Calculator Input Help Icon	Bild
URL to F4 Input Help Icon	Bild
URL to Disabled F4 Input Help Icon	Bild

Tabelle 6.151 Simple Elements – Labels and Fields – ParGrpFieldHelpIcons

Links

Mithilfe des Kategorie-Elementes LINKS können Sie das Aussehen des UI-Elementes `Link` bestimmen. Es wird Ihnen die Pflege von Link-Stilen angeboten. In Abbildung 6.84 sehen Sie den Preview für das Kategorie-Element LINKS.

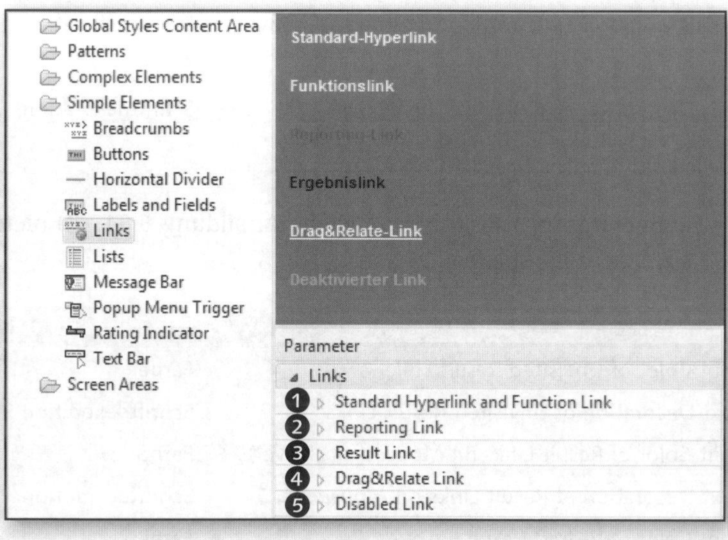

Abbildung 6.84 Preview Simple Elements – Links

Standard Hyperlink and Function Link

Die Parametergruppe STANDARD HYPERLINK AND FUNCTION LINK (siehe Abbildung 6.84, ❶) bietet die Parameter aus Tabelle 6.152 an.

Parameter	Pflegekategorie
Font Color of Unvisited Links	Farbe
Text Decoration of Unvisited Links	Schriftdekoration
Font Color of Links on Mouseover (Hover)	Farbe
Text Decoration of Links on Mouseover	Schriftdekoration
Font Color of Visited Links	Farbe
Text Decoration of Visited Links	Schriftdekoration

Tabelle 6.152 Simple Elements – Links – Standard Hyperlink and Function Link

Reporting Link

Die Parametergruppe REPORTING LINK (siehe Abbildung 6.84, ❷) bietet die Parameter aus Tabelle 6.153 an.

Parameter	Pflegekategorie
Font Color of Unvisited Reporting Links	Farbe
Text Decoration of Unvisited Reporting Links	Schriftdekoration
Font Color of Reporting Links on Mouseover (Hover)	Farbe
Text Decoration of Reporting Links on Mouseover	Schriftdekoration
Font Color of Visited Reporting Links	Farbe
Text Decoration of Visited Reporting Links	Schriftdekoration

Tabelle 6.153 Simple Elements – Links – Reporting Link

Result Link

Die Parametergruppe RESULT LINK (siehe Abbildung 6.84, ❸) bietet die Parameter aus Tabelle 6.154 an.

Parameter	Pflegekategorie
Font Color of Unvisited Result Links	Farbe
Text Decoration of Unvisited Result Links	Schriftdekoration
Font Color of Result Links on Mouseover (Hover)	Farbe
Text Decoration of Result Links on Mouseover	Schriftdekoration
Font Color of Visited Result Links	Farbe
Text Decoration of Visited Result Links	Schriftdekoration

Tabelle 6.154 Simple Elements – Links – Result Link

Drag&Relate Link

Die Parametergruppe DRAG&RELATE LINK (siehe Abbildung 6.84, ❹) bietet die Parameter aus Tabelle 6.155 an.

Parameter	Pflegekategorie
Text Decoration of Unvisited Drag&Relate Links	Schriftdekoration
Font Color of Drag&Relate Links on Mouseover (Hover)	Farbe
Text Decoration of Drag&Relate Links on Mouseover	Schriftdekoration
Text Decoration of Visited Drag&Relate Links	Schriftdekoration

Tabelle 6.155 Simple Elements – Links – Drag&Relate Link

Disabled Link

Die Parametergruppe DISABLED LINK (siehe Abbildung 6.84, ❺) bietet die Parameter aus Tabelle 6.156 an.

Parameter	Pflegekategorie
Font Color of Disabled Links	Farbe
Text Decoration of Disabled Links	Schriftdekoration
Text Decoration of Disabled Links on Mouseover	Schriftdekoration

Tabelle 6.156 Simple Elements – Links – Disabled Link

Lists

Mithilfe des Kategorie-Elementes LISTS können Sie das Aussehen des UI-Elementes `List` bestimmen. Es wird Ihnen die Pflege von Icons angeboten. In Abbildung 6.85 sehen Sie den Preview für das Kategorie-Element LISTS.

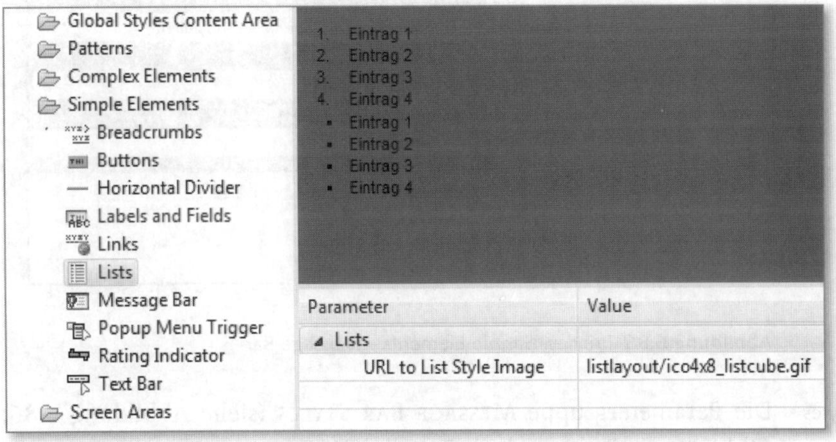

Abbildung 6.85 Preview Simple Elements – Lists

Lists-Parameter Das Kategorie-Element LISTS bietet den Parameter aus Tabelle 6.157 an.

Parameter	Pflegekategorie
URL to List Style Image	Bild

Tabelle 6.157 Simple Elements – Lists

Message Bar

Mithilfe des Kategorie-Elementes MESSAGE BAR können Sie das Aussehen des UI-Elementes `MessageArea` bestimmen. Es wird Ihnen die Pflege von Message-Stilen und Icons angeboten. In Abbildung 6.86 sehen Sie den Preview für das Kategorie-Element MESSAGE BAR.

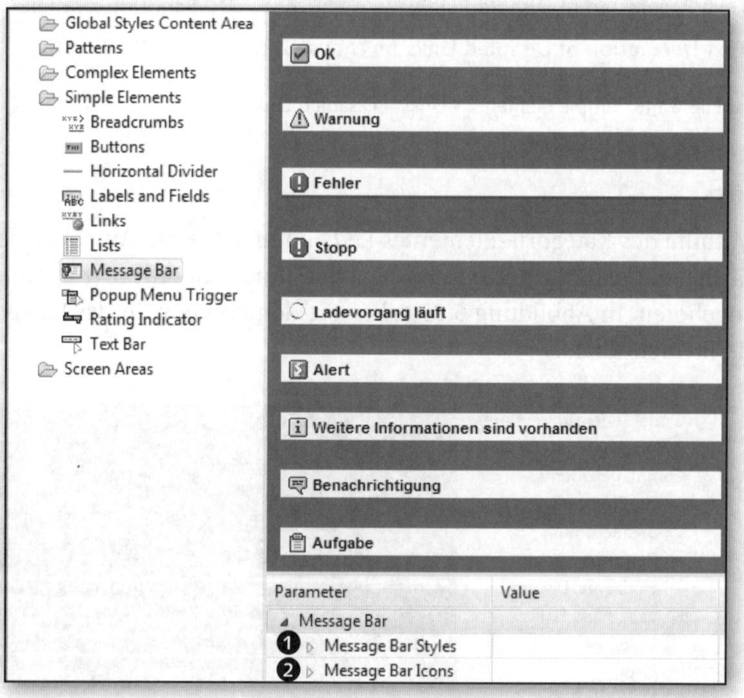

Abbildung 6.86 Preview Simple Elements – Message Bar

Message Bar Styles Die Parametergruppe MESSAGE BAR STYLES (siehe Abbildung 6.86, ❶) bietet die Parameter aus Tabelle 6.158 an.

Parameter	Pflegekategorie
Background Color of Message Bar	Farbe
Border Color of Message Bar	Rahmenfarbe
Border Color of Error Message	Rahmenfarbe

Tabelle 6.158 Simple Elements – Message Bar – Message Bar Styles

Message Bar Icons

Die Parametergruppe MESSAGE BAR ICONS (siehe Abbildung 6.86, ❷) bietet die Parameter aus Tabelle 6.159 an.

Parameter	Pflegekategorie
URL to OK Message Icon	Bild
URL to Warning Message Icon	Bild
URL to Error Message Icon	Bild
URL to Stop Message Icon	Bild
URL to Loading Message Icon	Bild
URL to Alert Message Icon	Bild
URL to Info Message Icon	Bild
URL to Notification Message Icon	Bild
URL to Task Message Icon	Bild
Height of Message Bar Icon	Größe
Width of Message Bar Icon	Größe
Margin of Message Bar Icon	Rahmenbreite

Tabelle 6.159 Simple Elements – Message Bar – Message Bar Icons

Pop-up Menu Trigger

Mithilfe des Kategorie-Elementes POP-UP MENU TRIGGER können Sie das Aussehen von Popup-Einträgen bestimmen. Es wird Ihnen die Pflege von Stilen und Icons angeboten. In Abbildung 6.87 sehen Sie den Preview für das Kategorie-Element POP-UP MENU TRIGGER.

Icon for Clickable Element

Die Parametergruppe ICON FOR CLICKABLE ELEMENT (siehe Abbildung 6.87, ❶) bietet den Parameter aus Tabelle 6.160 an.

Parameter	Pflegekategorie
URL to Icon for Clickable Elements	Bild

Tabelle 6.160 Simple Elements – Pop-up Menu Trigger – Icon for Clickable Element

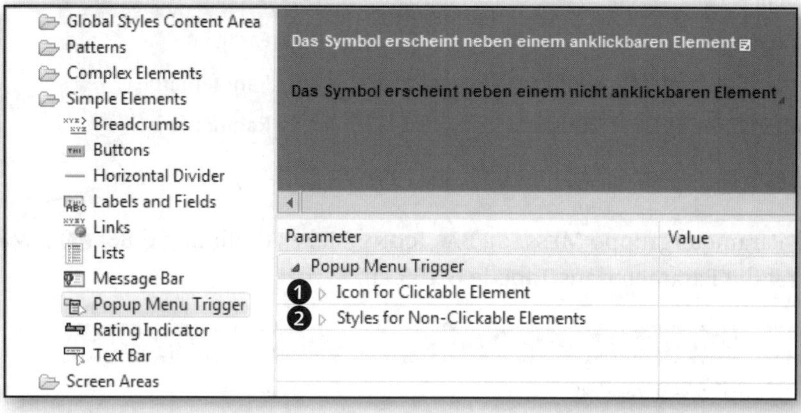

Abbildung 6.87 Preview Simple Elements – Pop-up Menu Trigger

Styles for Non-Clickable Elements

Die Parametergruppe STYLES FOR NON-CLICKABLE ELEMENTS (siehe Abbildung 6.87, ❷) bietet die Parameter aus Tabelle 6.161 an.

Parameter	Pflegekategorie
URL to Icon for Non-Clickable Elements	Bild
URL to Icon for Non-Clickable Elements on Hover (Mouseover)	Bild
Font Color on Mouseover (Hover)	Farbe

Tabelle 6.161 Simple Elements – Pop-up Menu Trigger – Style for Non-Clickable Elements

Rating Indicator

Mithilfe des Kategorie-Elementes RATING INDICATOR können Sie das Aussehen des UI-Elementes `Rating` bestimmen. Es wird Ihnen die Pflege von Farben und Icons angeboten. In Abbildung 6.88 sehen Sie den Preview für das Kategorie-Element RATING INDICATOR.

Parameter Rating Indicator

Das Kategorie-Element RATING INDICATOR bietet die Parameter aus Tabelle 6.162 an.

Parameter	Pflegekategorie
Initial Border Color	Rahmenfarbe
Border Color of Indicator	Rahmenfarbe

Tabelle 6.162 Simple Elements – Rating Indicator

Parameter	Pflegekategorie
Border Width of Indicator	Rahmenbreite
Border Style of Indicator	Rahmenstil
Initial Background Color	Farbe
Background Color of Neutral Values	Farbe
Background Color of Critical Values	Farbe
Background Color of Positive Values	Farbe
Background Color of Negative Values	Farbe
Background Color of Unrated Indicator	Farbe

Tabelle 6.162 Simple Elements – Rating Indicator (Forts.)

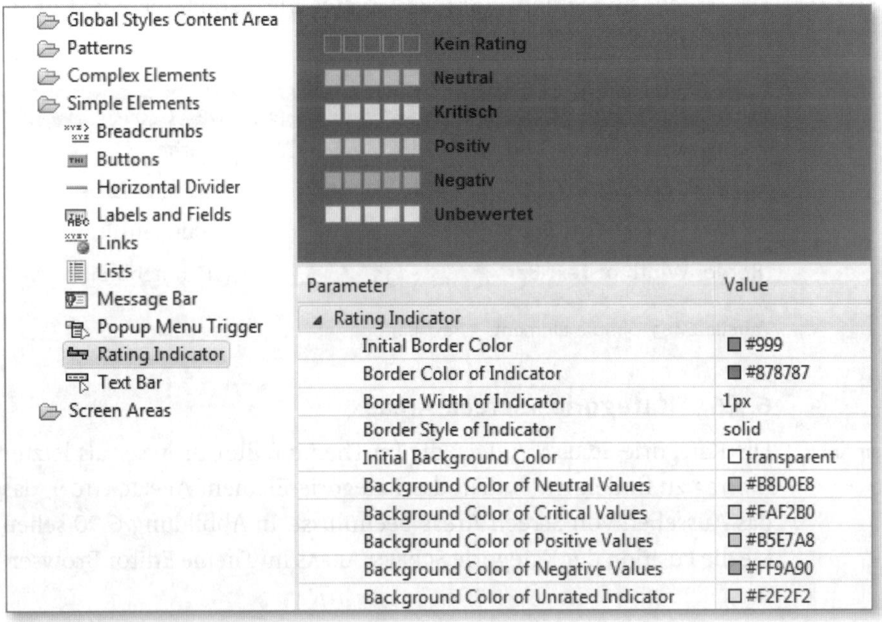

Abbildung 6.88 Preview Simple Elements – Rating Indicator

Text Bar

Mithilfe des Kategorie-Elementes TEXT BAR können Sie das Aussehen des UI-Elementes `TextBar` bestimmen. Es wird Ihnen die Pflege von Farben und Icons angeboten. In Abbildung 6.89 sehen Sie den Preview für das Kategorie-Element TEXT BAR.

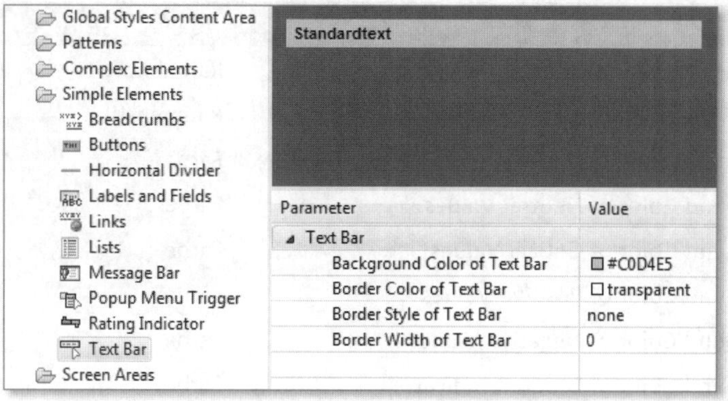

Abbildung 6.89 Preview Simple Elements – Text Bar

Parameter Text Bar

Das Kategorie-Element TEXT BAR bietet die Parameter aus Tabelle 6.163 an.

Parameter	Pflegekategorie
Background Color of Text Bar	Farbe
Border Color of Text Bar	Rahmenfarbe
Border Style of Text Bar	Rahmenstil
Border Width of Text Bar	Rahmenbreite

Tabelle 6.163 Simple Elements – Text Bar

6.7.6 Kategorie »Screen Areas«

Screen Areas

Die Kategorie SCREEN AREAS, die im Theme Editor Browser als letzter Eintrag zu finden ist, enthält das Kategorie-Element APPLICATION, das das Aussehen von Screen Areas beeinflusst. In Abbildung 6.90 sehen Sie die Position der Kategorie SCREEN AREAS im Theme Editor Browser.

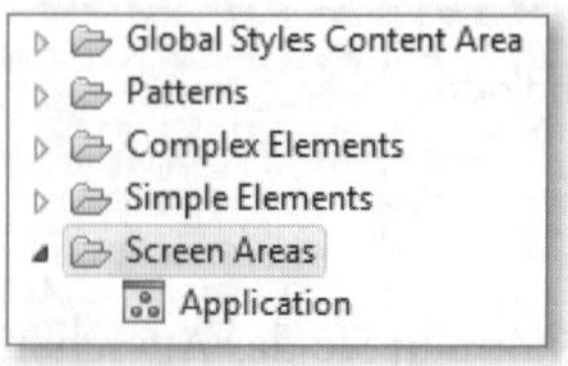

Abbildung 6.90 Kategorie »Screen Areas«

Application

Mithilfe des Kategorie-Elementes APPLICATION können Sie das Aussehen des Hintergrundes der Web-Dynpro-Anwendung bestimmen. Es wird Ihnen die Pflege der Hintergrundfarbe angeboten. In Abbildung 6.91 sehen Sie den Preview für das Kategorie-Element APPLICATION.

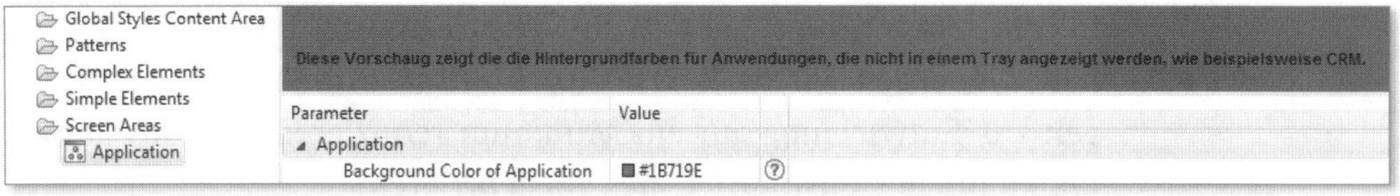

Abbildung 6.91 Preview Screen Areas – Application

Application-Parameter

Das Kategorie-Element APPLICATION bietet den Parameter aus Tabelle 6.164 an.

Parameter	Pflegekategorie
Background Color of Application	Farbe

Tabelle 6.164 Screen Areas – Application

6.8 Beispiel »Mountain View«

In diesem Abschnitt werden wir ein Custom Theme mit dem Namen `mountain_view` erstellen, um unsere gewünschte Visualisierung zu erzeugen. In Abbildung 6.92 sehen Sie das visuelle Ergebnis der folgenden Beschreibungen, das wir erreichen werden.

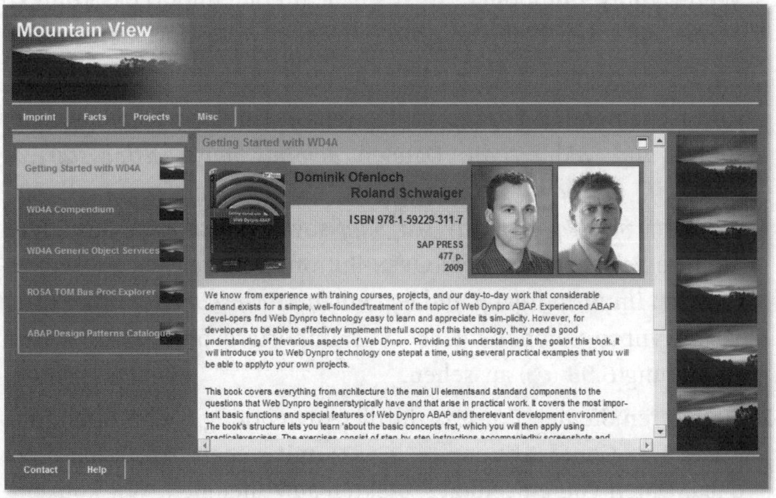

Abbildung 6.92 Custom Theme »mountain_view« in Aktion

Vor der Erstellung des Themes ist es jedoch erforderlich, eine Web-Dynpro-Anwendung zu entwickeln, auf die wir das Theme anwenden können. Nachdem wir in Kapitel 1 bereits einen Schnelleinstieg in die Entwicklung von Web-Dynpro-Anwendungen präsentiert haben, werden wir in diesem Abschnitt die Anzahl der Erläuterungen zur Entwicklung auf ein Minimum reduzieren und uns auf die Erstellung des Custom Themes konzentrieren.

6.8.1 Web-Dynpro-Anwendung »Mountain View«

Component anlegen

Die ersten Schritte bestehen wie bei jeder Web-Dynpro-Anwendung darin, eine Web-Dynpro-Component anzulegen. Wir haben der Component den Namen `ZWDC_CHAP06` gegeben. Bei der Anlage der Component haben wir bereits den Namen des Windows (`W_MAIN`) und des Views (`V_MOUNTAIN_VIEW`) festgelegt.

View-Layout-Gestaltung

Nun gestalten wir den View je nach gewünschter Anordnung der UI-Elemente, die natürlich noch nicht das endgültige Aussehen haben. Dies wird das Theme `mountain_view` später für uns erledigen. Voraussetzung für die nächsten Schritte ist, dass Sie eine Web-Dynpro-Component und eine Anwendung mit einem Window und einem eingebetteten View angelegt haben.

Import der Bilder

1. Importieren Sie die Bilder, die Sie von der Webseite zum Buch unter *http://www.sap-press.de/2272* herunterladen können, in Ihre Web-Dynpro-Component. Wählen Sie für den Import das Kontextmenü auf Ihrer Web-Dynpro-Component und dort den Eintrag ANLEGEN • MIME-OBJEKT • IMPORTIEREN (siehe Abbildung 6.93, ❶).

   Im erscheinenden Pop-up navigieren Sie an die Ablagestelle der Bilder und wählen die Dateien *dominik.bmp*, *getting_started_wd4a.gif*, *mv_panel_200_v2.gif*, *mv_seq_1.gif*, *mv_seq_2.gif*, *mv_seq_3.gif*, *mv_seq_4.gif*, *mv_seq_5.gif* sowie *roland.bmp*. Bestätigen Sie Ihre Selektion mit dem OPEN-Button. Dadurch startet das System den Importvorgang und legt einen *MIMEs*-Ordner unter Ihrer Web-Dynpro-Component an. Das Importergebnis sollte wie in Abbildung 6.93 (❷) aussehen.

Context definieren

2. Definieren Sie den Context für die Anwendung (siehe Abbildung 6.94). Der Context-Knoten `PROJECTS` mit seinen Attributen dient dazu, Daten von einzelnen Projekten aufzunehmen. Wir konzentrieren uns auf die Auflistung der Projekte und benötigen daher keine zusätzlichen Context-Objekte.

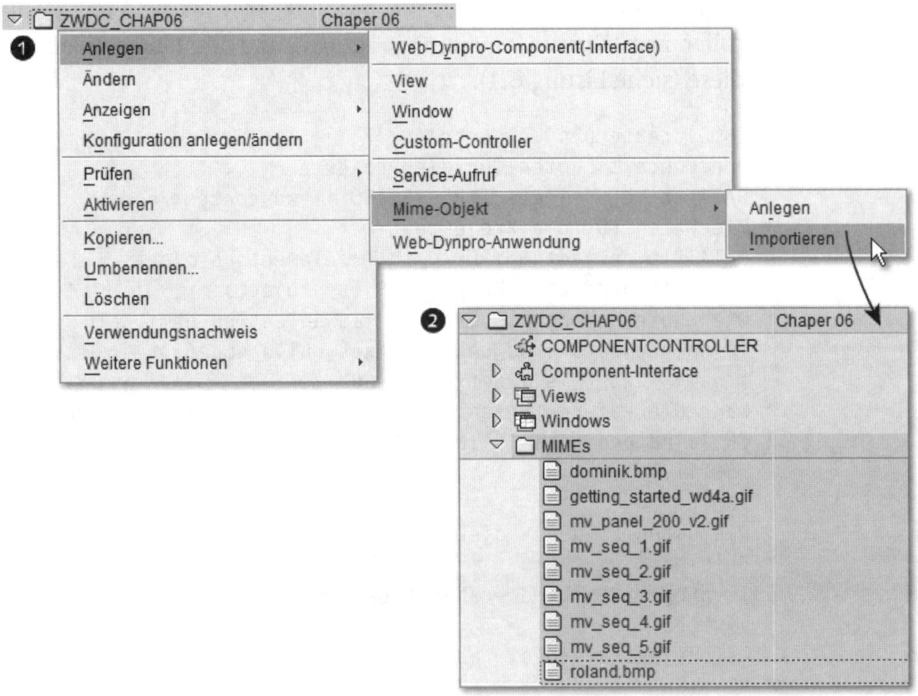

Abbildung 6.93 Importbilder »Mountain View«

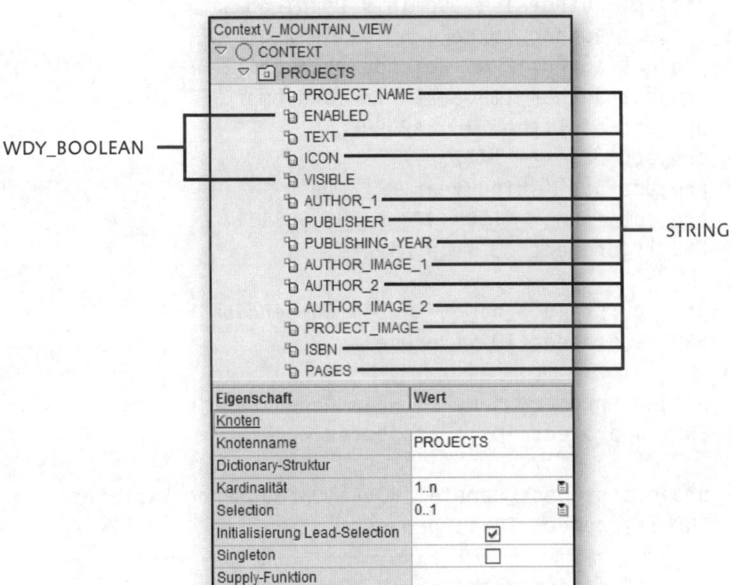

Abbildung 6.94 Context »Mountain View«

Methode create_project_entries( )

3. Legen Sie die Methode `create_project_entries` im View-Controller zum View `v_mountain_view` an, und implementieren Sie diese (siehe Listing 6.1).

```
METHOD create_project_entries .
* Der Context-Knoten für die Projekte
  DATA lo_nd_projects TYPE REF TO if_wd_context_node.
* Die Daten für die Projekte
  DATA: lt_projects TYPE wd_this->elements_projects,
        ls_project LIKE LINE OF lt_projects.
* Die Knotenreferenz über die Lead-Selection ermitteln
  lo_nd_projects = wd_context->get_child_node(
    name = wd_this->wdctx_projects ).
* Kann die Referenz nicht ermittelt werden, dann Absprung
  IF lo_nd_projects IS INITIAL.
    EXIT.
  ENDIF.
* Die Daten zu den Projekten erzeugen
* Enabled
  ls_project-enabled = abap_true.
* Visble
  ls_project-visible = abap_true.
* P1
  ls_project-project_name = 'Getting Started with WD4A'.
  ls_project-project_image = 'getting_started_wd4a.gif'.
  ls_project-text = me->create_formatted_text( ).
  ls_project-author_1 = 'Dominik Ofenloch'.
  ls_project-author_image_1 = 'dominik.bmp'.
  ls_project-author_2 = 'Roland Schwaiger'.
  ls_project-author_image_2 = 'roland.bmp'.
  ls_project-publisher = 'SAP PRESS'.
  ls_project-pages = '477 p.'.
  ls_project-publishing_year = '2009'.
  ls_project-isbn = 'ISBN 978-1-59229-311-7'.
  APPEND ls_project TO lt_projects.
* P2
  ls_project-project_name = 'WD4A Compendium'.
  APPEND ls_project TO lt_projects.
* P3
  ls_project-project_name = 'WD4A Generic Object Services'.
  APPEND ls_project TO lt_projects.
* P4
  ls_project-project_name = 'ROSA-TOM Bus Proc Explorer'.
  APPEND ls_project TO lt_projects.
* P5
  ls_project-project_name =
    'ABAP Design Patterns Catalogue'.
```

```
  APPEND ls_project TO lt_projects.
* Daten an den Context binden
  lo_nd_projects->bind_table(
    new_items = lt_projects
    set_initial_elements = abap_true ).
ENDMETHOD.
```

Listing 6.1 Methode »create_project_entries( )«

Das Ziel der Methodenimplementierung ist es, Daten für Projekte im Context zu hinterlegen. Die Daten werden dann durch die Web-Dynpro-Anwendung visualisiert. Zur Ablage im Context haben wir den Context-Knoten PROJECTS mit den Attributen PROJECT_NAME, PROJECT_IMAGE, TEXT, AUTHOR_1, AUTHOR_IMAGE_1, AUTHOR_2, AUTHOR_IMAGE_2, PUBLISHER, PAGES, PUBLISHING_YEAR und ISBN definiert. Für das Projekt »Getting Started with WD4A« haben wir alle Attribute mit Werten versorgt, für die anderen Projekte aber nur den Titel des Projektes angegeben.

Methode create_formatted_text( )

Um den Text zu einem Projekt zu formatieren, legen Sie die Methode create_formatted_text mit dem Returning-Parameter rd_text vom Typ string im View-Controller zum View v_mountain_view an und implementieren diese (siehe Listing 6.2).

```
METHOD create_formatted_text .
* Text erzeugen
  CONCATENATE
  '<' cl_wd_formatted_text=>e_tag-formattedtext '>'
  Here goes your text
  '</' cl_wd_formatted_text=>e_tag-formattedtext '>'
  INTO rd_text.
ENDMETHOD.
```

Listing 6.2 Methode »create_formatted_text( )«

Die Methode implementiert die Verschalung des Textes, sodass dieser in einem FormattedTextView verwendet werden kann. Ausschlaggebend dabei sind das Start- und Ende-Tag (cl_wd_formatted_text=>e_tag-formattedtext).

Methode wddoinit( )

1. Damit die Methode create_project_entries beim Start der Anzeige des Views v_mountain_view aufgerufen wird, müssen Sie diese noch in der Hook-Methode wddoinit aufrufen, wie es in Listing 6.3 gezeigt wird.

```
METHOD wddoinit .
* Setze die Projekte im Context
  wd_this->create_project_entries( ).
ENDMETHOD.
```

Listing 6.3 Methode »wddoinit( )«

View-Layout gestalten

2. Nun gestalten Sie einen View, wie Sie ihn in Abbildung 6.95 sehen können. Unter (❶) auf der linken Seite sehen Sie die optische Anordnung der UI-Elemente und zusätzlich rechts unter (❷) die UI-Elemente-Hierarchie im View Designer. Dabei stehen die angegebenen Bezeichnungen für bestimmte UI-Elemente.

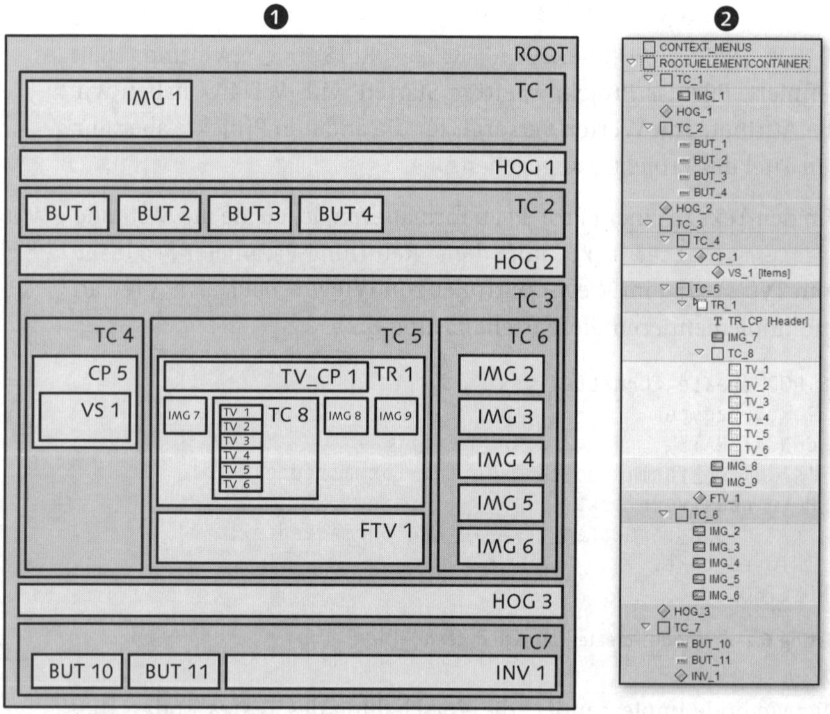

Abbildung 6.95 View-Layout »Mountain View«

UI-Elemente

- ROOT steht für `ROOTUIELEMENTCONTAINER`.
- IMG steht für `Image`.
- TC steht für `TransparentContainer`.
- HOG steht für `HorizontalGutter`.
- BUT steht für `Button`.
- TV steht für `TextView`.

- FTV steht für `FormattedTextView`.
- INV steht für `InvisibleElement`.
- CP steht für `ContextualPanel`.
- VS steht für `ViewSwitch`.
- TR steht für `Tray`.
- TR_CP steht für die `Caption` des `Tray`.

In Tabelle 6.165 erläutern wir detailliert die Werte der Eigenschaften zu den UI-Elementen, die von den Standardbelegungen abweichen (`Element.` steht für die Elementeigenschaften, `Layout.` für die Layouteigenschaften und `Layoutdaten.` für die Layoutdaten-Eigenschaften). Damit sind alle Einstellungen vorgenommen und die UI-Elemente vollständig spezifiziert. Aktivieren Sie anschließend alle inaktiven Elemente Ihrer Web-Dynpro-Component.

View-Element	Eigenschaft	Wert
ROOT	`Element.Layout`	`GridLayout`
	`Element.width`	100 %
	`Layout.cellPadding`	2
	`Layout.stretchedHorizontally`	X
TC1	`Element.Layout`	`GridLayout`
	`Layoutdaten.cellBackgroundColor`	`header`
	`Layoutdaten.vAlign`	`top`
	`Layoutdaten.Width`	100 %
IMG1	`Element.isDecorative`	X
	`Element.source`	*mv_panel_200_v2.gif*
HOG1, HOG2, HOG3	`Element.height`	`small`
	`Element.ruleType`	`pageRule`
	`Element.width`	100 %
TC2	`Element.Layout`	`GridLayout`
	`Layout.colCount`	4
	`Layoutdaten.cellBackgroundColor`	`header`
	`Layoutdaten.vAlign`	`top`

Tabelle 6.165 UI-Elemente von Mountain View

View-Element	Eigenschaft	Wert
BUT1, BUT2, BUT3, BUT4	Element.design	standard
	Element.width	70 px
	Element.text	<Ihr Text für Menü>
TC3	Element.Layout	GridLayout
	Layout.colCount	3
TC4	Element.Layout	GridLayout
	Layout.stretched-Horizontally	X
	Layoutdaten.cellBackgroundColor	header
	Layoutdaten.height	375 px
	Layoutdaten.vAlign	top
	Layoutdaten.width	210 px
CP1	Element.width	220
VS1	Element.itemEnabled	<Data Binding PROJECTS.ENABLED>
	Element.itemSource	<Data Binding PROJECTS>
	Element.itemText	<Data Binding PROJECTS.PROJECT_NAME>
	Element.itemVisible	<Data Binding PROJECTS.VISIBLE>
TC5	Element.Layout	GridLayout
	Element.scrollingMode	both
	Layoutdaten.height	375 px
	Layoutdaten.vAlign	top
	Layoutdaten.paddingLeft	10 px
	Layoutdaten.paddingRight	10 px
TR1	Element.Layout	GridLayout
	Element.design	plain
	Layout.colCount	4
	Layoutdaten.vAlign	top
TR_CP1	Element.text	<Data Binding PROJECTS.PROJECT_NAME>

Tabelle 6.165 UI-Elemente von Mountain View (Forts.)

View-Element	Eigenschaft	Wert
IMG7	Element.source	<Data Binding PROJECTS.PROJECT_IMAGE>
	Layoutdaten.cellBackgroundDesign	header
	Layoutdaten.paddingBottom	5 px
	Layoutdaten.paddingLeft	5 px
	Layoutdaten.paddingRight	5 px
	Layoutdaten.paddingTop	5 px
TC8	Element.Layout	GridLayout
	Layoutdaten.strechedHorizontally	X
	Layoutdaten.paddingTop	5 px
	Layoutdaten.vAlign	top
	Layoutdaten.width	100 %
TV1	Element.design	header1
	Element.hAlign	beginOfLine
	Element.text	<Data Binding PROJECTS.AUTHOR_1>
	Layoutdaten.cellBackgroundDesign	header
	Layoutdaten.paddingLeft	5 px
	Layoutdaten.paddingRight	5 px
	Layoutdaten.paddingTop	5 px
TV2	Element.design	header1
	Element.hAlign	endOfLine
	Element.text	<Data Binding PROJECTS.AUTHOR_2>
	Layoutdaten.cellBackgroundDesign	header
	Layoutdaten.hAlign	endOfLine
	Layoutdaten.paddingBottom	5 px
	Layoutdaten.paddingLeft	5 px
	Layoutdaten.paddingRight	5 px

Tabelle 6.165 UI-Elemente von Mountain View (Forts.)

View-Element	Eigenschaft	Wert
TV3	Element.design	header2
	Element.hAlign	endOfLine
	Element.text	<Data Binding PROJECTS.ISBN>
	Layoutdaten.hAlign	endOfLine
	Layoutdaten.padding-Bottom	5 px
	Layoutdaten.paddingLeft	5 px
	Layoutdaten.padding-Right	5 px
	Layoutdaten.paddingTop	10 px
TV4	Element.design	header3
	Element.hAlign	endOfLine
	Element.text	<Data Binding PROJECTS.PUBLISHER>
	Layoutdaten.hAlign	endOfLine
	Layoutdaten.paddingLeft	5 px
	Layoutdaten.padding-Right	5 px
	Layoutdaten.paddingTop	10 px
TV5	Element.design	header3
	Element.hAlign	endOfLine
	Element.text	<Data Binding PROJECTS.PAGES>
	Layoutdaten.hAlign	endOfLine
	Layoutdaten.paddingLeft	5 px
	Layoutdaten.padding-Right	5 px
TV6	Element.design	header3
	Element.hAlign	endOfLine
	Element.text	<Data Binding PROJECTS.PUBLISHING_YEAR>
	Layoutdaten.hAlign	endOfLine
	Layoutdaten.paddingLeft	5 px
	Layoutdaten.padding-Right	5 px

Tabelle 6.165 UI-Elemente von Mountain View (Forts.)

View-Element	Eigenschaft	Wert
IMG8	Element.border	1
	Element.source	<Data Binding PROJECTS.AUTHOR_IMAGE_1>
	Layoutdaten.cellBackgroundDesign	header
	Layoutdaten.paddingBottom	5 px
	Layoutdaten.paddingLeft	5 px
	Layoutdaten.paddingTop	5 px
IMG9	Element.border	1
	Element.source	<Data Binding PROJECTS.AUTHOR_IMAGE_2>
	Layoutdaten.cellBackgroundDesign	header
	Layoutdaten.paddingBottom	5 px
	Layoutdaten.paddingLeft	5 px
	Layoutdaten.paddingRight	5 px
	Layoutdaten.paddingTop	5 px
FTV1	Element.dataSource	<Data Binding PROJECTS>
	Element.text	<Data Binding PROJECTS.TEXT>
	Layoutdaten.cellBackgroundDesign	plain
	Layoutdaten.height	100 %
	Layoutdaten.paddingBottom	2 px
	Layoutdaten.paddingLeft	10 px
	Layoutdaten.paddingRight	30 px
	Layoutdaten.paddingTop	2 px
	Layoutdaten.vAlign	top

Tabelle 6.165 UI-Elemente von Mountain View (Forts.)

View-Element	Eigenschaft	Wert
TC6	`Element.Layout`	`GridLayout`
	`Layout.cellSpacing`	2
	`Layoutdaten.vAlign`	`top`
IMG2, IMG3, IMG4, IMG5, IMG6	`Element.source`	*mv_seq_[1..5].gif*
TC7	`Element.Layout`	`GridLayout`
	`Layout.colCount`	3
	`Layoutdaten.cell-BackgroundDesign`	`header`
BUT10, BUT11	`Element.design`	`standard`
	`Element.width`	70 px
INV1	`Layoutdaten.width`	100 %

Tabelle 6.165 UI-Elemente von Mountain View (Forts.)

Web-Dynpro-Anwendung

3. Legen Sie zu Ihrer Web-Dynpro-Component eine Web-Dynpro-Anwendung an (zum Beispiel `ZMOUNTAIN_VIEW`), und testen Sie diese – sie sollte aussehen wie in Abbildung 6.96.

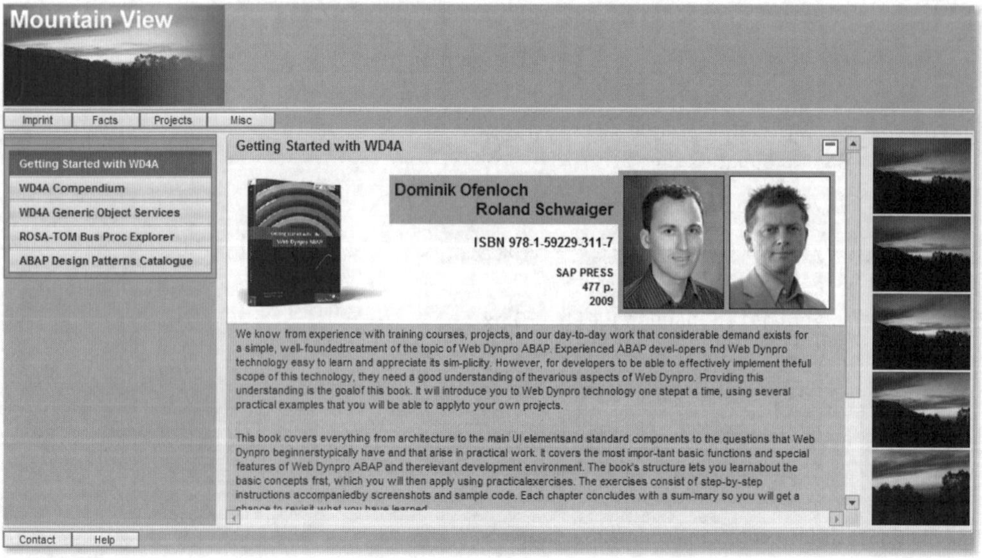

Abbildung 6.96 Web-Dynpro-Anwendung »Mountain View«

Das ist zwar noch nicht ganz das, was optisch erreicht werden sollte, so wie in der Einleitung dieses Abschnittes gezeigt, aber zumindest ein Anfang. In den nächsten Schritten erläutern wir, wie Sie mit dem Theme Editor arbeiten können, um das Aussehen von »Mountain View« zu verändern.

6.8.2 Custom Theme »mountain_view« anlegen

Custom Theme

In diesem Abschnitt besprechen wir die Schritte zu Ihrem eigenen Theme. Wir werden dabei so weit wie möglich auf die vorangegangenen Abschnitte referenzieren. Voraussetzung für die Erstellung Ihres eigenes Themes ist ein funktionsfähiger Theme Editor (siehe Abschnitt 6.2, »Notwendige Vorbereitungen«).

1. Exportieren Sie aus dem SAP-System die Standard-Themes mithilfe des Programms `WD_THEMES` (siehe Abschnitt 6.3, »Themes aus dem SAP-System exportieren«).
2. Wechseln Sie in den Theme Editor, und importieren Sie die SAP-Standard-Themes (siehe Abschnitt 6.4.2, »Theme importieren«).
3. Kopieren Sie das SAP-Standard-Theme `sap_tradeshow` auf Ihr Theme `mountain_view` mit der Bezeichnung »Mountain View« (siehe Abschnitt 6.4.3, »Theme kopieren«).
4. Wechseln Sie in die Bearbeitung des Themes `mountain_view` (siehe Abschnitt 6.4.4, »Theme bearbeiten« sowie Abschnitt 6.7, »Kategorien, Parameter und Werte«), und übernehmen Sie die vorgeschlagenen Werte aus Tabelle 6.166 für das Theme `mountain_view`.

Custom Theme bearbeiten

Kategorie-Element	Parametergruppe	Parameter	Wert
Application		Background Color of Application	#1B719E
Layout Controls	Common Background Color of Layout Controls	Header Background Color	#1B719E
iViewTray	Tray Header	Background Color of Header	#F89C3C

Tabelle 6.166 Mountain-View-Parameterwerte

Kategorie-Element	Parametergruppe	Parameter	Wert
		Font Color of iView (Tray) Name	#1B719E
	Body of Plain Tray	Background Color of Plain Tray Type	#FFCA6C
Horizontal Divider		URL to Horizontal Divider Image	<Bild>
Buttons	Standard Sized Buttons	Height	20 px
	Standard Buttons	Standard Background Color	#1B719E
		Standard Border Color	#1B719E #F89C3C #1B719E #1B719E
		Standard Font Color	#FFF
		Text Padding	5 px 10 px 5 px 10 px
		Standard Background Color on Hover	#1B719E
		Standard Border Color on Hover	#1B719E #F89C3C #1B719E #1B719E
		Standard Hover Color	#F89C3C
	Button Styles	Font Weight	bold
		Border Width	2 px
		Border Style	none solid none none
Contextual Navigation Pattern	Contextual Panel Header	Background Color of Contextual Panel Header	#F89C3C
		URL to Background Image of Contextual Panel Header	*transparent.gif*

Tabelle 6.166 Mountain-View-Parameterwerte (Forts.)

Kategorie-Element	Parametergruppe	Parameter	Wert
	Contextual Panel Body	Background Color of Contextual Panel Body	#1B719E
	View Switch	Height	50 px
	Unselected View Switch Item	Border Color	#1B719E #1B719E #F89C3C #F89C3C
		Border Width	1 px 1 px 1 px 2 px
		Border Style	solid solid solid solid
		Background Color	#1B719E
		Background Image	*BtnPrevStep.gif*
		Position of Background Image	center right
		Repetition of Background Image	no-repeat
		Font Color of Unselected View Switch Item	#FFCA6C
	Selected View Switch Item	Border Color	#1B719E #1B719E #F89C3C #F89C3C
		Border Width	1 px 1 px 1 px 2 px
		Border Style	solid solid solid solid
		Background Color	#FFCA6C
		Background Image	*BtnPrevStepHover.gif*
		Position of Background Image	center right

Tabelle 6.166 Mountain-View-Parameterwerte (Forts.)

Kategorie-Element	Parametergruppe	Parameter	Wert
		Repetition of Background Image	no-repeat
		Font Color of Unselected View Switch Item	#1B719E

Tabelle 6.166 Mountain-View-Parameterwerte (Forts.)

5. Wenn Sie die Eingabe der Werte abgeschlossen haben, speichern Sie Ihre Änderung über die Save-Drucktaste in der Eclipse-Toolbar oder mit der Tastenkombination [Strg] + [S]. Ihre Änderungen werden in der Preview angezeigt. Passt sich der Preview nicht automatisch an, drücken Sie die Drucktaste GENERATE aus der Theme Editor Toolbar.

Export des Custom Themes

6. Exportieren Sie Ihr Custom Theme, wie es in Abschnitt 6.4.5, »Theme exportieren«, beschrieben ist.

Import des Custom Themes

7. Importieren Sie Ihr Theme in das SAP-System mit dem Programm `WD_THEMES` (siehe Abschnitt 6.5, »Hochladen von Themes in das SAP-System«). Dies benötigt einige Zeit, Sie sollten daher Geduld haben.
8. Ergänzen Sie den Anwendungsparameter `WDTHEMEROOT` mit dem Wert `mountain_view` in Ihrer Web-Dynpro-Anwendung, und speichern Sie Ihre Eingabe.

Test

9. Testen Sie nun Ihre Web-Dynpro-Anwendung. Mit dem letzten Schritt, der Zuordnung des Custom Themes zur Web-Dynpro-Anwendung, werden die im Custom Theme definierten Einstellungen für die visuelle Aufbereitung der UI-Elemente herangezogen. Besonders deutlich sieht man dies bei der Gestaltung der `Button`- und der `ViewSwitch`-Elemente am linken Rand (siehe Abbildung 6.92).

In Web Dynpro ABAP lassen sich während der Laufzeit nahezu alle Elemente von Web-Dynpro-Components dynamisch verändern. In diesem Kapitel lesen Sie alles, was Sie schon immer über die dynamische Programmierung wissen wollten, das heißt alles über Context-Veränderungen, View-Anpassungen, Aktionszuordnungen und Component-Verwendungen.

7 Dynamische Programmierung

Veränderungen während der Laufzeit

Angenommen, Sie entwickeln eine Web-Dynpro-Anwendung zur Suche und Anzeige von ABAP-Klassen mit einem `TabStrip` (siehe Abschnitt 3.2.9, »TabStrip«) und je einem `Tab` für implementierte ABAP-Interfaces der ABAP-Klasse. In diesem Fall kann es vorkommen, dass eine vom Benutzer gesuchte ABAP-Klasse keine, ein einzelnes oder mehrere ABAP-Interfaces implementiert. Die Information über die Anzahl der ABAP-Interfaces steht erst zur Laufzeit zur Verfügung und beeinflusst den Aufbau des Contexts, da dort die Daten für das oder die ABAP-Interfaces abgelegt werden müssen. Zudem wird der Aufbau des Views beeinflusst, da pro ABAP-Interface ein `Tab` anzuzeigen ist.

Dies ist nur eine von vielen Möglichkeiten, dass Informationen erst während der Laufzeit vorhanden sind, die den Aufbau der Controller-Contexte, der Views und der Zuordnung von Aktionen zu UI-Elementen beeinflussen. Ein weiterer Grund für Veränderungsmöglichkeiten während der Laufzeit kann in der Verwendung von implementierenden Components liegen. Möglicherweise können Sie erst während der Ausführung des Programms entscheiden, welche und wie viele Components tatsächlich in Ihrer Anwendung einzusetzen sind. Vielleicht sollen aber auch zur Laufzeit der Anwendung Views ausgetauscht oder Aktionen mit zusätzlichen Parametern versehen werden.

Definition während der Entwicklungszeit

Sie haben bereits in Abschnitt 2.5, »Context«, Veränderungsmöglichkeiten der Eigenschaften von UI-Elementen während der Laufzeit kennengelernt. Zur Entwicklungszeit kann der Context mit seinen

Attributen definiert werden, und die Werte der Eigenschaften eines UI-Elementes können durch Data Binding an die Attribute oder Knoten des Contexts festgelegt oder statisch definiert werden. Im Fall des Data Bindings kann durch die Veränderung der Inhalte der Context-Attribute Einfluss auf die Eigenschaften der UI-Elemente genommen werden, wie zum Beispiel auf die Sichtbarkeit eines UI-Elementes.

Gründe, die gegen die dynamische Programmierung sprechen

Generell sollten Sie immer versuchen, die Eigenschaften von UI-Elementen durch Data Binding und nicht durch dynamische Programmierung zu beeinflussen und diese Möglichkeit so weit als möglich auszuschöpfen. Die Gründe dafür sind die folgenden:

- Dynamische Programmierung ist komplex.
- Dynamische Programmierung erzeugt umfangreiches Coding.
- Dynamisch programmierte Anwendungen sind schwerer zu warten als statisch programmierte Anwendungen.
- Dynamisch programmierte Anwendungen sind unter Umständen langsamer als statisch programmierte Anwendungen.

Gründe, die für die dynamische Programmierung sprechen

Die Verwendung der dynamischen Programmierung zur Manipulation von statisch definierten Werten von UI-Element-Eigenschaften ist daher der falsche Einsatzort der dynamischen Programmierung. Gründe für die dynamische Programmierung, aus denen der Einsatz dieser Technik gerechtfertigt ist, sind vielmehr die folgenden:

- falls der Aufbau der Daten erst während der Laufzeit bekannt ist
- falls generische Anwendungen entwickelt werden müssen
- falls der Aufbau der Views generisch ist

Wenn diese Voraussetzungen auf Ihr Entwicklungsvorhaben zutreffen und Sie sich entsprechend für die dynamische Programmierung entschieden haben, stehen Ihnen verschiedene Alternativen zur Verfügung, die in diesem Kapitel vorgestellt werden.

7.1 Arten dynamischer Programmierung

Möglichkeiten

In Web Dynpro stehen unterschiedliche Arten von dynamischen Änderungen während der Laufzeit zur Verfügung. In unseren Erläuterungen werden die folgenden Möglichkeiten dargestellt:

- **Context**
  Während der dynamischen Context-Manipulation können Context-Knoten und Context-Attribute erzeugt, verändert und gelöscht werden
- **View**
  Beim Aufbau des Views während der Laufzeit können UI-Elemente erzeugt, verändert und gelöscht werden.
- **Aktion**
  Bestehende Aktionen können an Ereignisse gebunden werden, und das Parameter-Mapping von Ereignisparametern kann während der Laufzeit manipuliert werden.
- **Component-Verwendung**
  Component-Interfaces bieten wie Interfaces in der objektorientierten Programmierung die Möglichkeit, Schnittstellen zwischen Web-Dynpro-Components zu definieren. Mit dieser Definition muss eine verwendende Component nicht den konkreten Namen einer das Web-Dynpro-Component-Interface implementierenden Component kennen. Während der Laufzeit können Sie die implementierenden Components von Web-Dynpro-Component-Interfaces austauschen und definierte Component-Verwendungen vervielfachen. Bei der Verwendung von Components stehen die dynamische Einbettung von Interface-Views und die Registrierung auf Ereignisse bereit.

7.2 Context

In Abschnitt 2.5, »Context«, wurden der Aufbau, die Funktionsweise und die Verwendung des Contexts detailliert geschildert. Sie haben dort erfahren, wie man während der Entwicklungszeit (Design Time) den Context aufbaut und die nötigen Einstellungen vornehmen kann.

Prinzip der dynamischen Context-Änderung

In diesem Abschnitt erfahren Sie nun, wie man während der Laufzeit (Runtime) den Context aufbaut. Das Prinzip der dynamischen Änderung des Contexts ist grundsätzlich einfach:

- Der Context-Wurzelknoten ist immer vorhanden und kann nicht verändert und auch nicht gelöscht werden.

- Ermitteln Sie die Referenz auf den Context-Knoten, unter dem Sie einen Knoten anlegen möchten, oder dessen Struktur, die Sie verändern möchten.
- Finden Sie über die ermittelte Referenz auf den Context-Knoten das Beschreibungsobjekt (alternative Bezeichnungen: Metainformationsobjekt oder Informationsobjekt) zum Context-Knoten heraus.
- Ergänzen Sie mithilfe des Beschreibungsobjektes den neuen Context-Knoten, oder verändern Sie die Metainformationen eines existierenden Context-Knotens.

Damit sind die prinzipiellen Schritte festgelegt, und wir können uns auf die Details zu den einzelnen Schritten konzentrieren.

7.2.1 Context-Knoten-Metainformation

Der erste Schritt in Richtung dynamischer Programmierung des Contexts besteht darin, das Beschreibungsobjekt eines Context-Knotens zu ermitteln. Alle dynamisch anzulegenden Knoten im Context benötigen einen übergeordneten Context-Knoten. Der Context-Knoten, der immer vorhanden ist und auch nicht gelöscht oder verändert werden kann, ist der Wurzelknoten des Contexts.

In Abbildung 7.1 sehen Sie den Context-Wurzelknoten mit dem zugehörigen Laufzeitobjekt `wd_context`, das in jedem Controller unter den Attributen definiert ist. `wd_context` ist vom Typ `IF_WD_CONTEXT_NODE`, wird in der Abbildung durch `WD_CONTEXT:IF_WD_CONTEXT_NODE` (❶) notiert und allgemein beschrieben durch `<Variable>:<Typ>`.

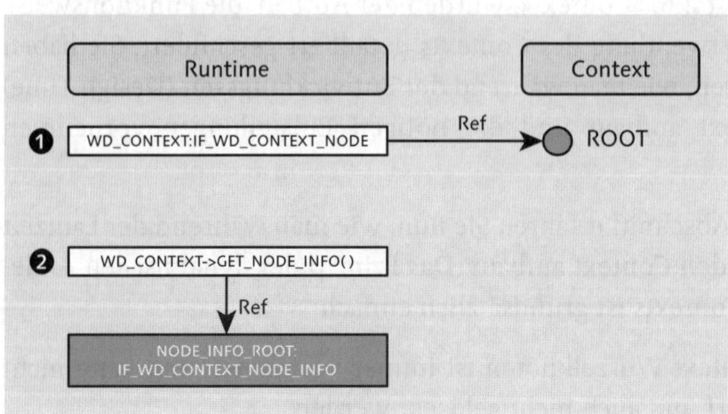

Abbildung 7.1 get_node_info( )

Beschreibungsobjekt ermitteln

Über den Wurzelknoten oder über andere vorhandene Knoten kann ein Unterknoten angelegt werden. Dazu ist es notwendig, das Beschreibungsobjekt des Context-Knotens zu ermitteln, für den ein Unterknoten angelegt werden soll. Dies ist einfach über die Referenz auf den Context-Knoten möglich.

Sobald Sie die Referenz auf den Context-Knoten ermittelt haben, zum Beispiel des Wurzelknotens durch das Controller-Attribut `wd_context`, rufen Sie über diese ermittelte Knotenreferenz die Methode `get_node_info( )` auf und erhalten das Beschreibungsobjekt zum Context-Knoten (❷) – in Abbildung 7.1 ist es `NODE_INFO_ROOT:IF_WD_CONTEXT_NODE_INFO`. In Listing 7.1 sehen Sie das Coding für die Ermittlung des Beschreibungsobjektes zum Wurzelknoten, wobei das implementierte Vorgehen für alle Context-Knoten gültig ist.

```
* Beschreibungsobjekt des ROOT-Knotens
DATA: lo_nd_info_root TYPE REF TO
        if_wd_context_node_info.
* Informationsobjekt für ROOT-Knoten ermitteln
lo_nd_info_root = wd_context->get_node_info( ).
```

Listing 7.1 Beschreibungsobjekt zum Context-Wurzelknoten

Beschreibung

In Listing 7.1 wird die Objektreferenzvariable `lo_nd_info_root` für das Beschreibungsobjekt vom Typ `IF_WD_CONTEXT_NODE_INFO` definiert. Die Referenz auf den Context-Wurzelknoten steht durch das Attribut `wd_context` bereits zur Verfügung und muss nicht explizit ermittelt werden. Falls Sie die Referenz eines Unterknotens zum Context-Wurzelknoten benötigen, verwenden Sie zum Beispiel die Methode `wd_context->get_child_node( )` und übergeben dieser den Namen des Context-Knotens. Über die ermittelte Referenz können Sie die Methode `get_node_info( )` aufrufen.

Mit dem Aufruf `wd_context->get_node_info( )` ermitteln Sie das Beschreibungsobjekt zum Context-Wurzelknoten, das Sie in der Referenzvariablen `lo_nd_info_root` ablegen. Damit sind Sie bereits im Besitz des Beschreibungsobjektes zu einem Context-Knoten. Mit dem ermittelten Informationsobjekt zum Knoten stehen Ihnen die Möglichkeiten zur Verfügung, um den Aufbau des Contexts zu verändern – zum Beispiel können Sie Unterknoten im Context anlegen.

7.2.2 Context-Knoten anlegen

Context-Koten

In diesem Abschnitt beschreiben wir das dynamische Anlegen von Context-Knoten. Im ersten Schritt zeigen wir Ihnen eine einfache Variante der Anlage mithilfe einer Utility-Klasse. Darauf folgt die Erläuterung des allgemeinen Ansatzes zur Context-Aufbaugestaltung.

Beispiel

Wir werden die Konzepte anhand eines einfachen Beispiels zur Visualisierung von Softwareentwicklungs-Teams beschreiben. Dazu benötigen wir eine ABAP-Dictionary-Struktur als Grundlage. Falls Sie die Beispiele anhand dieser Struktur nachvollziehen möchten, legen Sie diese in Ihrem System an. In Tabelle 7.1 sehen Sie die Felder für die Struktur `ZST_07_UI_MEMBER`.

Feld	Typ	Beschreibung
ROLE	STRING	die Rolle des Team-Mitgliedes in dem Projekt
FIRSTNAME	STRING	der Vorname eines Team-Mitgliedes
LASTNAME	STRING	der Nachname eines Team-Mitgliedes
PHOTO	STRING	die Referenz auf ein Foto des Team-Mitgliedes im MIME Repository
POTROLE1	STRING	die potenzielle Rolle eines Team-Mitgliedes in einem Projekt
POTROLE2	STRING	die potenzielle Rolle eines Team-Mitgliedes in einem Projekt
POTROLE3	STRING	die potenzielle Rolle eines Team-Mitgliedes in einem Projekt
COMPETENCIES	STRING	eine Liste von Kompetenzen eines Team-Mitgliedes, getrennt durch Semikolon (;)
ID	STRING	die ID eines Team-Mitgliedes
PHOTO_SMALL	STRING	die Referenz auf ein kleines Foto des Team-Mitgliedes im MIME Repository

Tabelle 7.1 Beispielstruktur ZST_07_UI_MEMBER

Empfehlung

Der Name der Struktur deutet an, dass es aus unserer Sicht empfehlenswert ist, für die Typisierung der Context-Knoten eigene Strukturen im ABAP Dictionary anzulegen. Damit entkoppeln Sie diese vollständig von dem zugrunde liegenden Modell.

CL_WD_DYNAMIC_TOOL=>create_nodeinfo_from_struct( )

Als Nächstes legen Sie einen Context-Knoten mithilfe einer Utility-Klasse an. Dies stellt den einfachsten Weg zur Erzeugung eines Context-Knotens dar.

Beispiel

Die Klasse `CL_WD_DYNAMIC_TOOL` ist eine Hilfsklasse, die Sie bei der dynamischen Programmierung unterstützt. Sie bietet zum Beispiel die Methode `create_nodeinfo_from_struct( )` zur dynamischen Erzeugung eines Context-Knotens an. In Abbildung 7.2 sehen Sie den Aufruf der Methode und das Ergebnis des Aufrufes.

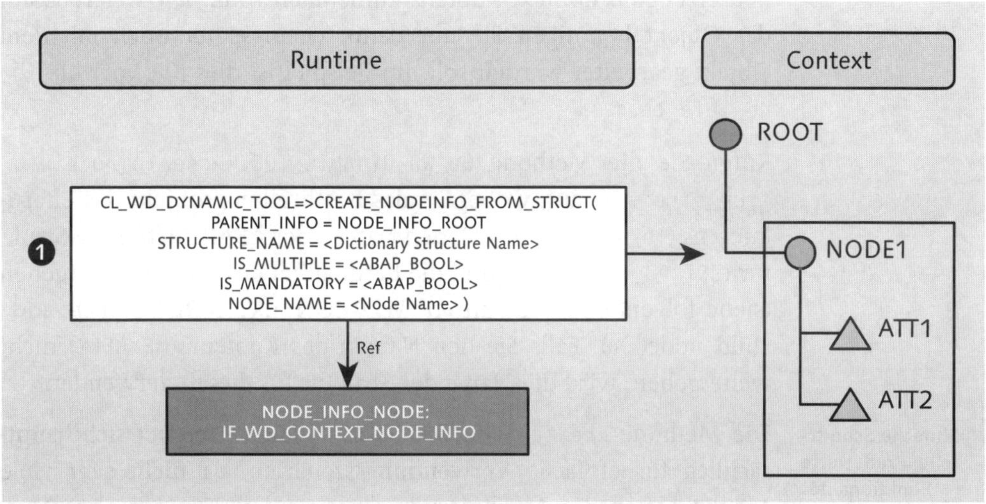

Abbildung 7.2 cl_wd_dynamic_tool=>create_nodeinfo_from_struct( )

Context-Knoten mit Attributen und Beschreibungsobjekt

Der Aufruf der Methode (❶) bedingt, dass das Beschreibungsobjekt eines Elternknotens (`NODE_INFO_ROOT`) ermittelt werden muss (siehe Abschnitt 7.2.1, »Context-Knoten-Metainformation«), unter dem der neue Context-Knoten einzufügen ist. Nach dem Aufruf stehen zwei Ergebnisse zur Verfügung: der neue Context-Knoten mit den Attributen aus der Dictionary-Strukturdefinition und die Referenz auf dessen Beschreibungsobjekt. In Listing 7.2 ist die einfache Verwendung der Methode dargestellt.

```
* Das Beschreibungsobjekt für den Context-Knoten
  DATA: lo_nd_info_team TYPE REF TO if_wd_context_node_info.

* Erzeugung mit der Hilfsklasse
  CALL METHOD cl_wd_dynamic_tool=>create_nodeinfo_from_struct
    EXPORTING
```

```
    parent_info    = lo_nd_info_root
    structure_name = 'ZST_07_UI_MEMBER'
    is_multiple    = abap_true
    is_mandatory   = abap_true
    node_name      = 'MEMBERS'
  RECEIVING
    new_node       = lo_nd_info_team.
```

Listing 7.2 Knotenerzeugung mit CL_WD_DYNAMIC_TOOL

Beschreibung Um die Methode in Ihrer Implementierung verwenden zu können, definieren Sie eine Hilfsvariable, die das Beschreibungsobjekt des neu erzeugten Context-Knotens aufnehmen kann. Die Referenz auf das Objekt benötigen Sie nur dann, wenn später noch mit dem Objekt gearbeitet werden soll. Im Beispiel ist dies die Variable `lo_nd_info_team`.

Rufen Sie die Methode `CL_WD_DYNAMIC_TOOL=>create_nodeinfo_from_struct( )` auf, wobei Sie das Beschreibungsobjekt des Elternknotens (`lo_nd_info_root`), den Namen der ABAP-Dictionary-Struktur (`ZST_07_UI_MEMBER`) und die Kardinalität des Knotens übergeben (siehe folgenden Abschnitt »IF_WD_CONTEXT_NODE_INFO->add_child_node( )«). Falls Sie den Namen des Knotens (`MEMBERS`) nicht weitergeben, wird der Name der Struktur für diesen verwendet.

Einfache Schnittstelle = reduzierte Funktionalität Die Methode `create_nodeinfo_from_struct( )` eignet sich hauptsächlich für einfache Verwendungsszenarien, da nicht sehr viele Möglichkeiten der Attribuierung eines Context-Knotens angeboten werden. Bei genauerer Analyse der Methode `create_nodeinfo_from_struct( )` stellt man fest, dass die Methode `add_new_child_node( )` des Beschreibungsobjektes des Elternknotens aufgerufen wird und die Parameterwerte an die Methodenschnittstelle übergeben werden. Die Methode `add_new_child_node( )` bietet eine Fülle von weiteren Alternativen, um einen neuen Context-Knoten anzulegen; diese stellen wir im folgenden Abschnitt vor.

IF_WD_CONTEXT_NODE_INFO->add_child_node( )

add_child_node( ) Das ABAP-Interface `IF_WD_CONTEXT_NODE_INFO`, das wir bei der Ermittlung des Informationsobjektes eines Knotens besprochen haben (siehe Abschnitt 7.2.1, »Context-Knoten-Metainformation«), enthält unter anderem die Methode `add_new_child_node( )` zum

Anlegen eines neuen Context-Knotens, der eine Hierarchiestufe tiefer angelegt wird (siehe Abbildung 7.3).

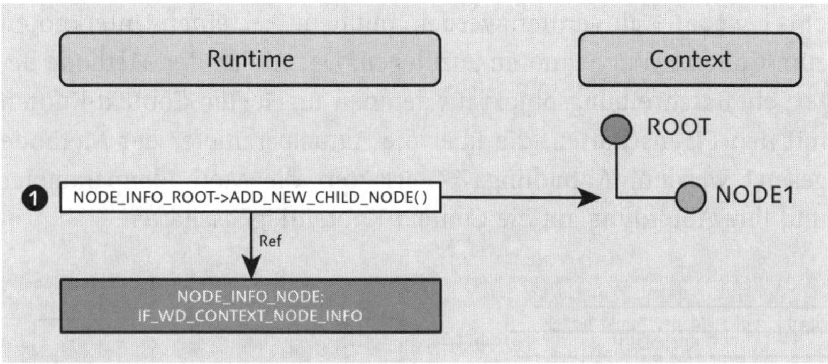

Abbildung 7.3 add_new_child_node()

Beschreibung

Mithilfe der Referenz auf das Beschreibungsobjekt eines Context-Knotens können Sie die Methode `add_new_child_node( )` aufrufen (❶). Dadurch wird ein Context-Knoten angelegt und das Beschreibungsobjekt des neuen Context-Knotens als Ergebnis der Methode zurückgeliefert. In Listing 7.3 sehen Sie ein Beispiel für die Verwendung der Methode `add_new_child_node( )`.

```
* Das Informationsobjekt der Interface-Knoten
DATA: lo_nd_info_node TYPE REF TO if_wd_context_node_info.
* Neuen Kindknoten anlegen
    lo_nd_info_node = lo_nd_info_root->add_new_child_node(
      name                          = 'NODE1'
      is_mandatory                  = ld_is_mandatory
      is_multiple                   = ld_is_multiple
      is_mandatory_selection        = ld_is_mand_sel
      is_multiple_selection         = ld_is_mult_sel
      is_singleton                  = ld_is_singleton
      is_initialize_lead_selection = ld_is_init_lead_sel
      is_static                     = ld_is_static
*      static_element_type           =
*      static_element_rtti           =
*      attributes                    =
*      supply_method                 =
*      supply_object                 =
*      dispose_method                =
*      dispose_object                =
).
```

Listing 7.3 Erzeugung eines Context-Knotens

Context-Knoten-Eigenschaften als Methodenparameter

Mithilfe des Beschreibungsobjektes des Context-Wurzelknotens `lo_nd_info_root`, das wir zuvor ermittelt haben (siehe Abschnitt 7.2.1, »Context-Knoten-Metainformation«), kann die Methode `add_new_child_node( )` aufgerufen werden, mit dem Ziel, einen Unterknoten zum Context-Wurzelknoten anzulegen. Der Aufruf der Methode liefert ein Beschreibungsobjekt für den neu angelegten Context-Knoten mit den Eigenschaften, die über die Aktualparameter der Methode gesetzt werden. Abbildung 7.4 erläutert die Methodenparameter und ihre Abbildung auf die Context-Knoten-Eigenschaften.

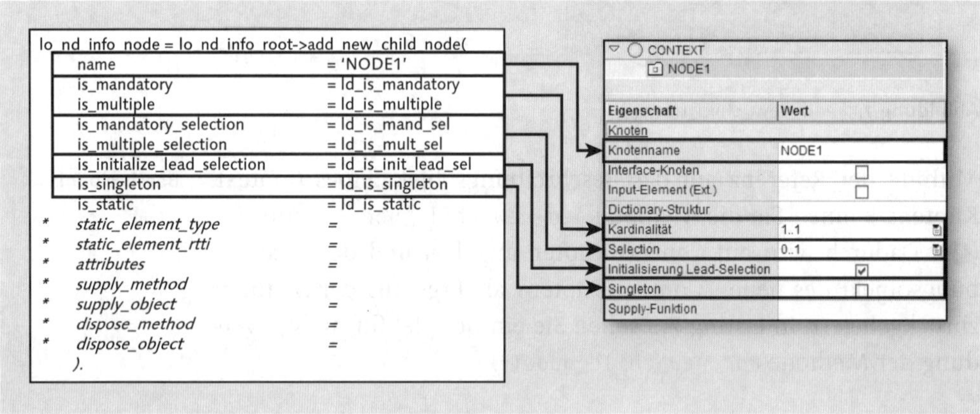

Abbildung 7.4 Festlegung der Eigenschaftswerte eines Context-Knotens durch die Methode »add_new_child_node( )«

Bedeutung der Parameter der Methode add_new_child_node( )

Natürlich dient diese Abbildung nur zur Veranschaulichung, da dieser Context-Knoten zur Laufzeit entsteht und nicht in der Context-Struktur sichtbar ist. Beim Aufruf der Methode `add_new_child_node( )` können die folgenden Importing-Parameter verwendet werden:

- `name`
  Hierbei handelt es sich um die ID des Knotens. Dabei ist zu beachten, dass der `name` eindeutig im Context sein muss.

- `is_mandatory`, `is_multiple`
  Diese Parameter werden zur Angabe der Kardinalität verwendet. `is_mandatory` steht für die Kardinalitätsuntergrenze, wobei `abap_true` dem Wert `1` und `abap_false` dem Wert `0` entspricht. `is_multiple` steht für die Kardinalitätsobergrenze, wobei `abap_true` dem Wert `n` und `abap_false` dem Wert `1` entspricht.

- `is_mandatory_selection`, `is_multiple_selection`
  Diese Parameter werden zur Angabe der Selection verwendet. Die Belegungen entsprechen denen der Parameter `is_mandatory` und `is_multiple`.
- `is_singleton`
  Dieser Parameter beschreibt die Singleton-Eigenschaft eines Context-Knotens.
- `is_initialize_lead_selection`
  Dieser Parameter beschreibt die Initialisierung der Lead-Selection. Falls dem Parameter der Wert `abap_true` zugeordnet wird, wird die Lead-Selection initialisiert, und beim Wert `abap_false` wird sie nicht initialisiert.
- `is_static`
  Dieser Parameter legt fest, ob der Knoten zur Laufzeit gelöscht werden kann – eine sehr wichtige Eigenschaft für die dynamische Programmierung, die steuert, ob der Knoten während der Laufzeit wieder gelöscht werden kann oder nicht. Hat der Parameter den Wert `abap_false`, kann der Knoten wieder gelöscht werden. Wird der Wert `abap_true` übergeben, kann der Knoten nicht mehr gelöscht werden.
- `static_element_type`, `static_element_rtti`, `attributes`
  Die drei Parameter `static_element_type`, `static_element_rtti` und `attributes` dienen zur Übergabe der Informationen an die Attribute des Context-Knotens. Wie diese Parameter verwendet werden können, sehen Sie in den folgenden Abschnitten.
- `supply_method`, `supply_object`
  Die Parameter `supply_method` und `supply_object` dienen dazu, eine Supply-Methode zum Context-Knoten festzulegen. Dabei muss dem Parameter `supply_method` der Name der vorhandenen Supply-Methode weitergegeben werden. Dem Parameter `supply_object` übergeben Sie die Referenz auf den implementierenden Controller der Supply-Funktion.

Mit dem Aufruf der Methode `add_new_child_node( )` ist der neue Unterknoten zur Laufzeit angelegt worden, jedoch fehlt noch die Definition der Attribute. Diesen Aspekt behandeln wir im Folgenden.

7.2.3 Context-Attribute anlegen

Einzel- und Mehrfachanlage

Attribute können über zwei Vorgehensweisen angelegt werden. Die Erste verwendet die Methode `add_attribute( )` aus dem Interface `IF_WD_CONTEXT_NODE_INFO`, um ein einzelnes Attribut anzulegen. Die Zweite verwendet die Schnittstellenparameter der Methode `add_child_node( )` aus demselben Interface, um eine Menge von Attributen anzulegen.

IF_WD_CONTEXT_NODE_INFO->add_attribute( )

Einzelanlage von Attributen

Wir beginnen mit der Einzelanlage von Attributen. Wenn Sie zur Designzeit einen Context-Knoten mit einer ABAP-Dictionary-Struktur angelegt haben oder generell Attribute zu einem Knoten frei definieren, können Sie diese Attribute aufgrund von zur Laufzeit ermittelten Informationen erzeugen. In Abbildung 7.5 sind die Datengrundlagen, Methoden und Ergebnisse darstellt.

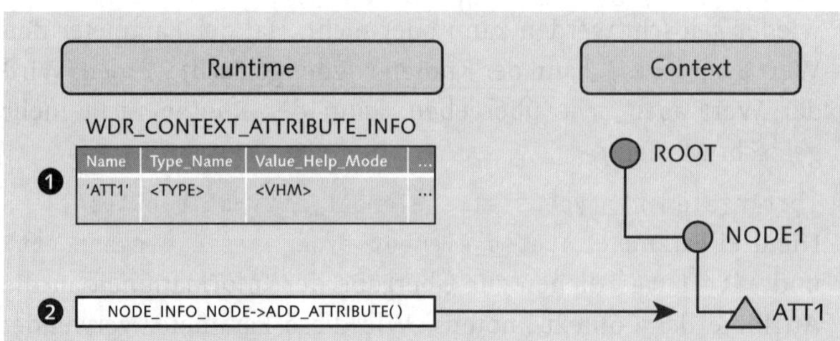

Abbildung 7.5 Erzeugung einzelner Attribute mit der Methode »add_attribute( )«

add_attribute( )

Das ABAP-Interface `IF_WD_CONTEXT_NODE_INFO` enthält für die Anlage eines Attributes die Methode `add_attribute( )`. Dafür muss zuvor eine Struktur vom Typ `WDR_CONTEXT_ATTRIBUTE_INFO` befüllt (❶) und an die Methode übergeben werden (❷). In Listing 7.4 sehen Sie ein Beispiel zur Verwendung der Methode.

```
* Die Attribute eines Context-Knotens
DATA: ls_attribute TYPE wdr_context_attribute_info.
* Context-Attribut zum Context-Knoten anlegen
* Felder für einzufügendes Attribut
ls_attribute-name = 'ATT1'.
ls_attribute-type_name = 'STRING'.
ls_attribute-value_help_mode = '0'."Automatisch
* und weitere Felder ...
```

```
* Attribut zum Knoten ergänzen
lo_nd_info_node->add_attribute(
  attribute_info = ls_attribute ).
```

Listing 7.4 Attribut zu einem Context-Knoten

Die Struktur vom Typ `WDR_CONTEXT_ATTRIBUTE_INFO` enthält die Felder, die für die Beschreibung eines Attributes relevant sind. In Tabelle 7.2 haben wir die wichtigsten Felder zusammengestellt und beschrieben.

Felder

Feld	Beschreibung
`name`	der Name des Attributes
`default_value`	der Default-Wert des Attributes
`type_name`	Der Name des Feldtyps. Hier können neben den ABAP-Dictionary-Typen auch Typen aus einer Typgruppe verwendet werden. Dies stellt einen fundamentalen Unterschied zur Definition des Contexts während der Entwicklungszeit dar. Zur Entwicklungszeit können Sie keine Typen aus Typgruppen für die Typisierung von Attributen verwenden, dies steht Ihnen nur in der dynamischen Programmierung zur Verfügung.
`node_info`	Diesem Feld wird die Objektreferenz auf das Beschreibungsobjekt selbst zugewiesen.
`value_set`	Dies ist die Wertemenge, die für das Attribut hinterlegt werden kann (siehe Kapitel 8, »Eingabe- und semantische Hilfen«).
`type_id`	Alternativ zum Feld `type_name` können Sie die interne technische Bezeichnung verwenden. Nehmen Sie die Konstanten aus der Klasse `CL_ABAP_TYPEDESCR`.
`rtti`	Mit diesem Feld wird der Typ mithilfe der Run Time Type Services (RTTS) festgelegt.
`is_read_only`	Falls dieses Feld den Wert `abap_true` erhält, kann der Inhalt nur gelesen und nicht manipuliert werden.
`is_static`	Falls dieses Feld den Wert `abap_true` erhält, kann das Attribut nicht mehr zur Laufzeit gelöscht werden, andernfalls schon.
`is_primary`	Dieses Feld dient zur Kennzeichnung, ob ein Attribut das Primärattribut ist (siehe Kapitel 9, »Erweiterung, Konfiguration, Customizing und Personalisierung«).

Tabelle 7.2 Felder der Struktur WDR_CONTEXT_ATTRIBUTE_INFO

Feld	Beschreibung
is_nullable	Dieses Feld legt für das Attribut fest, welchen Wert das Attribut besitzt, wenn keine Werte zugewiesen werden. Falls das Attribut den Wert abap_false hat, wird der typgerechte Initialwert verwendet, anderenfalls ist der Wert undefiniert.
reference_field	Mit diesem Feld legen Sie das Referenzfeld (Attribut) für dieses Attribut fest. Dies wird bei Einheiten oder Währungen benötigt, um die passende Aufbereitung zu ermöglichen.
value_help_id	Dieses Feld dient der Bezeichnung der Suchhilfe aus dem ABAP Dictionary.
value_help_mode	Dieses Feld adressiert den Wertehilfe-Modus. Verwenden Sie die Struktur CL_WDR_CONTEXT_NODE_INFO=>IF_WD_CONTEXT_NODE_INFO~C_VALUE_HELP_MODE mit den Konstantenwerten, um diese an den Parameter zu übergeben.
value_help_available	Falls dieses Feld den Wert BLANK ( ) erhält, ist das Vorhandensein der Hilfe nicht bestimmt, falls es den Wert X erhält, ist eine Hilfe verfügbar, und falls es den Wert N erhält, ist keine Hilfe verfügbar.
value_help_type	Dieses Feld beschreibt den Typ der Wertehilfe. Verwenden Sie für die Belegung des Feldes die Konstante CL_WD_VALUE_HELP_HANDLER=>IF_WD_VALUE_HELP_HANDLER~CO_VH_TYPE*.
reference_field_type	Dieses Feld legt den Typ des Referenzfeldes fest. Sie können für den Wert die Konstanten CL_WDR_CONTEXT_NODE_INFO=>IF_WD_CONTEXT_NODE_INFO~REFFIELDTYPE_CURR und CL_WDR_CONTEXT_NODE_INFO=>IF_WD_CONTEXT_NODE_INFO~REFFIELDTYPE_QUAN verwenden.
alias_id	Dieses Feld enthält eine eindeutige ID und wird während der Laufzeit durch das Framework vergeben.
format_properties	Dieses Feld dient der Formatierung der Ein- und Ausgabe für UI-Elemente, die das Attribut visualisieren. Sie müssen an dieses Feld eine Arbeitsstruktur vom Typ WDY_ATTRIBUTE_FORMAT_PROP übergeben, um die Formatierung festzulegen.
is_boolean	Falls dieses Feld den Wert true erhält, wird das Attribut als Boolean-Feld interpretiert.

Tabelle 7.2 Felder der Struktur WDR_CONTEXT_ATTRIBUTE_INFO (Forts.)

Die möglichen Werte für die Felder können Sie bequem über das ABAP Dictionary ermitteln, indem Sie per Vorwärtsnavigation aus der Struktur `WDR_CONTEXT_ATTRIBUTE_INFO` zuerst in die interessanten Datenelemente und dann in die Domänen navigieren. Die Festwerte zu den Domänen zeigen Ihnen die möglichen Werte der Felder.

Vorwärtsnavigation

[+]

Hinweis: Um die UI-Eigenschaften mit Werten zu belegen, können Sie Absolutwerte verwenden. Ein alternativer Weg dazu ist die Verwendung von Konstanten in den implementierenden Klassen der UI-Elemente (siehe Kapitel 4, »UI-Elemente und ihre Eigenschaften«). Zum Beispiel wird das UI-Element `TabStrip` durch die Klasse `CL_WD_TABSTRIP` implementiert. In dieser Klasse sind Konstanten definiert, die die Werte der Eigenschaften halten. Diese Konstanten folgen dem Namensaufbau `E_<Eigenschaft>` (`E` steht für Enumeration, das heißt Aufzählung).

Im Class Builder (Transaktion SE24) finden Sie zum Beispiel in der ABAP-Klasse `CL_WD_TABSTRIP` im Register Attribute die Konstante `E_VISIBLE`. Diese Konstante ist als Struktur definiert, die die Felder `blank`, `none` und `visible` besitzt. Eines dieser Konstantenfelder, zum Beispiel `none`, kann folgendermaßen in der Programmierung angesprochen werden:

```
cl_wd_tabstrip=>e_visible-none.
```

Die Verwendung von Konstanten in der Programmierung ist den Absolutwerten vorzuziehen, da die Namen der Konstanten unabhängig von den Absolutwerten sind und somit bei Änderungen der Absolutwerte nicht beeinflusst werden.

Befüllte Struktur übergeben

Nachdem die Werte für ein Attribut gesammelt und gesetzt wurden, wird die befüllte Struktur an die Methode `add_attribute( )` übergeben und damit das Attribut definiert. Das Befüllen der Struktur und der Aufruf der Methode sind für jedes Attribut einzeln durchzuführen.

Mehrere Attribute ergänzen

Sollen nun sehr viele Context-Attribute zum Context-Knoten ergänzt werden, kann das Coding unter Umständen ziemlich lang werden. Das Anlegen der Attribute ist natürlich kompakter: Im folgenden Abschnitt beginnen wir mit der Erläuterung der Möglichkeiten, die zur gebündelten Anlage von mehreren Attributen zur Verfügung stehen. Die Varianten beziehen sich immer auf die Methode `add_child_node( )` und deren Schnittstellenparameter.

add_child_node( ) – Parameter static_element_type

ABAP-Dictionary-Strukturtyp

Die einfachste Herangehensweise für die Erzeugung mehrerer Context-Attribute zu einem Context-Knoten ist es, einen flachen Strukturtyp (Struktur, transparente Tabelle oder View) aus dem ABAP Dictionary zu verwenden und diesen namentlich an den Schnittstellenparameter `static_element_type` der Methode `add_child_node( )` zu übergeben. Dabei werden alle Felder der Struktur zu Attributen des Context-Knotens. In Abbildung 7.6 sehen Sie die Verwendung der ABAP-Dictionary-Strukturtypen bei der Typisierung der Aktualparameter.

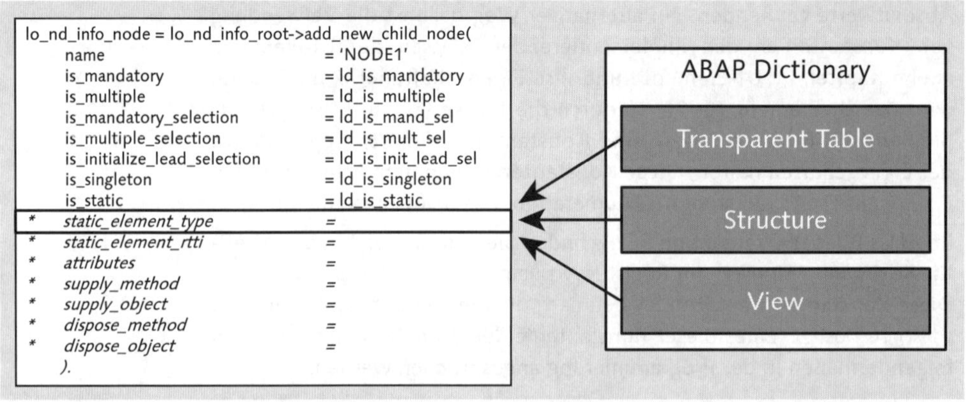

Abbildung 7.6 Verwendung des Formalparameters »static_element_type« zur Festlegung der Attribute

Beispiel In Abbildung 7.6 sehen Sie die Erzeugung eines neuen Knotens `NODE1` als Unterknoten des Context-Wurzelknotens. Für den Formalparameter `static_element_type` können Sie die Strukturtypen aus dem ABAP Dictionary heranziehen. In Listing 7.5 zeigen wir Ihnen ein einfaches Beispiel für die Verwendung des Parameters.

```
* Neuen Kindknoten für Scrum-Team-Mitglied anlegen
  wd_this->gd_nd_name_members = 'MEMBERS'.

* Knoten anlegen
  lo_nd_info_members =
    lo_nd_info_scrum_teams->add_new_child_node(
    name              = wd_this->gd_nd_name_members
    is_mandatory                 = abap_true
    is_multiple                  = abap_true
    is_mandatory_selection       = abap_true
    is_multiple_selection        = abap_false
    is_singleton                 = abap_false
    is_initialize_lead_selection = abap_true
    is_static                    = abap_false
    static_element_type          = 'ZST_07_UI_MEMBER'
).
```

Listing 7.5 Parameter »static_element_type«

Der Name des zu erzeugenden Context-Knotens wird in den Controller-Attributen abgelegt (`wd_this->gd_nd_name_members`), damit er später in der dynamischen View-Programmierung verwendet werden kann. Danach wird über die Beschreibungsinformation zum Elternknoten (`lo_nd_info_scrum_teams`), der zuvor über den Context-Wurzelknoten ermittelt wurde, der neue Knoten mithilfe der Methode `add_new_child_node( )` und des Strukturtyps `ZST_07_UI_MEMBER` angelegt. Damit ist die Anlage des Context-Knotens während der Laufzeit abgeschlossen.

Context-Knoten-Name in Controller-Attributen

Oft sollen jedoch während der Laufzeit einzelne Attribute ergänzt werden, die nicht unbedingt Teil eines Strukturtyps sind. Oder Typen sollen aus einer Typgruppe des ABAP Dictionarys verwendet werden. Beide Varianten sehen wir uns in den nächsten beiden Abschnitten an.

add_child_node( ) – Parameter attributes

Interne Tabelle statt Struktur

Die Methode `add_new_child_node( )` bietet den Parameter `attributes`, um eine interne Tabelle mit Attributbeschreibungen zu übergeben. Diese Möglichkeit ist ähnlich der Variante zur Einzelanlage eines Attributes, in der pro anzulegendem Attribut eine Beschreibungsstruktur vom Typ `WDR_CONTEXT_ATTRIBUTE_INFO` befüllt werden muss. Im Fall der Nutzung des Parameters `attributes` werden die Daten zu den Attributen in einer internen Tabelle vom Typ `WDR_CONTEXT_ATTR_INFO_MAP` gesammelt (siehe Abbildung 7.7, ❶) und dann an den Parameter übergeben (❷).

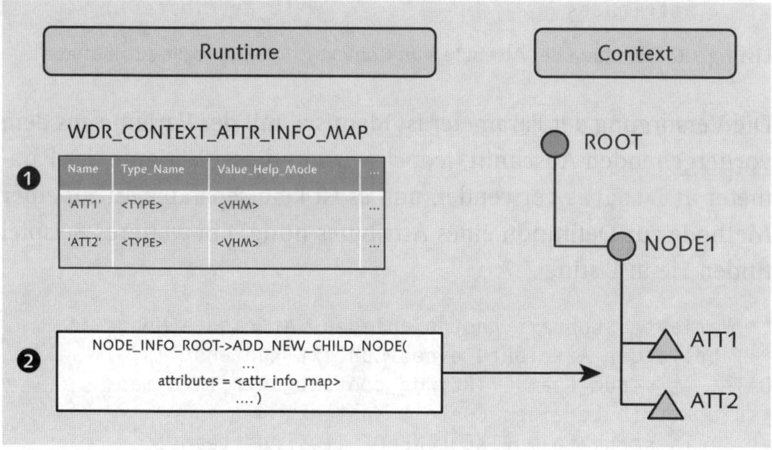

Abbildung 7.7 Erzeugung von Attributen mit Formalparameter »attributes«

Attributtabelle Ein weiterer Unterschied zur Einzelanlage (Methode add_attribute( )) besteht darin, dass die interne Tabelle mit den Attributinformationen befüllt werden muss, bevor die Methode zur Anlage des Context-Knotens aufgerufen wird. Sehen wir uns nun diese Variante als Alternative zum vorhergehenden Beispiel an: Listing 7.6 zeigt die Implementierungsvariante mit der Attributtabelle.

```
* Die Attribute eines Context-Knotens
DATA: ls_attribute TYPE wdr_context_attribute_info,
* Tabelle der Attribute eines Context-Knotens
      lt_attributes TYPE wdr_context_attr_info_map.
** Variante: Knoten anlegen, Attribute über Tabelle **
* Felder für ein Attribut 1
ls_attribute-name = 'ATT1'.
ls_attribute-type_name = 'STRING'.
ls_attribute-value_help_mode = '0'. "Automatisch
INSERT ls_attribute INTO TABLE lt_attributes. "Einfügen
* Felder für Attribut 2
ls_attribute-name = 'ATT2'.
ls_attribute-type_name = 'ABAP_BOOL'.
ls_attribute-value_help_mode = '0'. "Automatisch
INSERT ls_attribute INTO TABLE lt_attributes. "Einfügen
* Knoten anlegen
    lo_nd_info_node = lo_nd_info_root->add_new_child_node(
      name                          = 'NODE1
      is_mandatory                  = ld_is_mandatory
      is_multiple                   = ld_is_multiple
      is_mandatory_selection        = ld_is_mand_sel
      is_multiple_selection         = ld_is_mult_sel
      is_singleton                  = ld_is_singleton
      is_initialize_lead_selection = ld_is_init_lead_sel
      is_static                     = ld_is_static
      attributes                    = lt_attributes ).
```

Listing 7.6 Definition der Attribute zum Context-Knoten über die Attributtabelle

Beispiel Die Versorgung der Parameter ist identisch mit der Variante aus dem vorhergehenden Abschnitt, jedoch wird in dieser Variante der Parameter attributes verwendet, und es ist kein separater Aufruf einer Methode zur Definition eines Attributes nötig. Ein weiteres Beispiel finden Sie in Listing 7.7.

```
** Variante: Context-Knoten anlegen, Attribute Menge **
* Tabelle der Attribute eines Context-Knotens
DATA: lt_scrum_teams TYPE wdr_context_attr_info_map,
* Die Attribute eines Context-Knotens
      ls_scrum_team LIKE LINE OF lt_scrum_teams.
```

```
* Name des Knotens setzen
  wd_this->gd_nd_name_scrum_teams = 'SCRUM_TEAMS'.

* Attribute anlegen
  ls_scrum_team-name = 'TEAM_NAME'.
  ls_scrum_team-type_name = 'STRING'.
  INSERT ls_scrum_team INTO TABLE lt_scrum_teams.
  ls_scrum_team-name = 'TEAM_ID'.
  ls_scrum_team-type_name = 'STRING'.
  INSERT ls_scrum_team INTO TABLE lt_scrum_teams.

* Neuen Kindknoten für Scrum-Team anlegen
  lo_nd_info_scrum_teams =
    lo_nd_info_root->add_new_child_node(
    name          = wd_this->gd_nd_name_scrum_teams
    is_mandatory                = abap_true
    is_multiple                 = abap_true
    is_mandatory_selection      = abap_true
    is_multiple_selection       = abap_false
    is_singleton                = abap_true
    is_initialize_lead_selection = abap_true
    is_static                   = abap_false
    attributes                  = lt_scrum_teams
    supply_method               = 'SUPPLY_TEAMS'
    supply_object               = wd_this ).
```

Listing 7.7 Parameter »attributes«

Beschreibung

Wir beginnen mit der Deklaration der Attributtabelle für Teams (`lt_scrum_teams`). Diese wird in den nächsten Schritten mit den Attributen `TEAM_NAME` und `TEAM_ID` befüllt und in der Folge an die Methode `add_new_child_node( )` des Beschreibungsobjektes des Context-Wurzelknotens übergeben. Zusätzlich verwenden wir die Formalparameter `supply_method` und `supply_object`, um eine Supply-Funktion (siehe Abschnitt 2.5.8, »Supply-Funktionen«) zu hinterlegen, die den Context mit Daten befüllt.

Mit dieser Variante der Anlage von Attributen sind noch nicht alle Möglichkeiten erschöpft. Es steht noch der Weg über ein RTTI-Beschreibungsobjekt zur Verfügung.

add_child_node( ) – Parameter static_element_rtti

RTTI-Beschreibungsobjekt

Die Methode `add_new_child_node( )` bietet den Parameter `static_element_rtti`, an den ein RTTI-Struktur-Beschreibungsobjekt übergeben werden kann, das heißt ein Objekt, das eine Struktur beschreibt und diese Beschreibung kapselt. In Listing 7.8 sehen Sie ein Beispiel für diese Variante.

```
* RTTI-Beschreibungsobjekt zur Struktur
DATA: o_intf_rtti TYPE REF TO cl_abap_structdescr.
** Variante: Knoten anlegen, RTTI **
* RTTI-Beschreibungsobjekt zur Struktur erzeugen
lo_intf_rtti ?= cl_abap_typedescr=>describe_by_name(
  'ABAP_INTFDESCR' )."Strukturtyp aus ABAP Dictionary
* Knoten anlegen
lo_nd_info_node = lo_nd_info_root->add_new_child_node(
      name                           = 'NODE1
      is_mandatory                   = ld_is_mandatory
      is_multiple                    = ld_is_multiple
      is_mandatory_selection         = ld_is_mand_sel
      is_multiple_selection          = ld_is_mult_sel
      is_singleton                   = ld_is_singleton
      is_initialize_lead_selection = ld_is_init_lead_sel
      static_element_rtti            = lo_intf_rtti
      is_static                      = abap_false ).
```

Listing 7.8 Context-Attribut-Definition über ein RTTI-Beschreibungsobjekt

RTTI-Beschreibungsobjekt erzeugen

Das RTTI-Beschreibungsobjekt wird in diesem Beispiel durch den Aufruf der öffentlichen statischen Methode `cl_abap_typedescr=>describe_by_name( )` erzeugt. Welcher Typ vom Beschreibungsobjekt zurückgeliefert wird, auf den dann gecastet werden kann, hängt vom Typ des Aktualparameters ab. In unserem Beispiel übergeben wir an die Methode `describe_by_name( )` den Strukturtyp `ABAP_INTFDESCR`, der in der Typgruppe `ABAP` definiert ist. Aufgrund des Typs von `ABAP_INTFDESCR` wird ein Beschreibungsobjekt vom Typ `CL_ABAP_STRUCTDESCR` geliefert, das in der Folge an den Parameter `static_element_rtti` der Methode `add_new_child_node( )` übergeben werden kann.

7.2.4 Context-Mapping

Eine zentrale Funktion des Web-Dynpro-Frameworks ist die Verteilung von Daten über mehrere Controller durch Context-Mapping (siehe Abschnitt 2.5.7, »Mapping«). In der dynamischen Programmierung benötigen wir ebenfalls die Möglichkeit, ein Context-Mapping definieren zu können. In Abbildung 7.8 sehen Sie eine Zusammenstellung der notwendigen Schritte für das dynamische Context-Mapping.

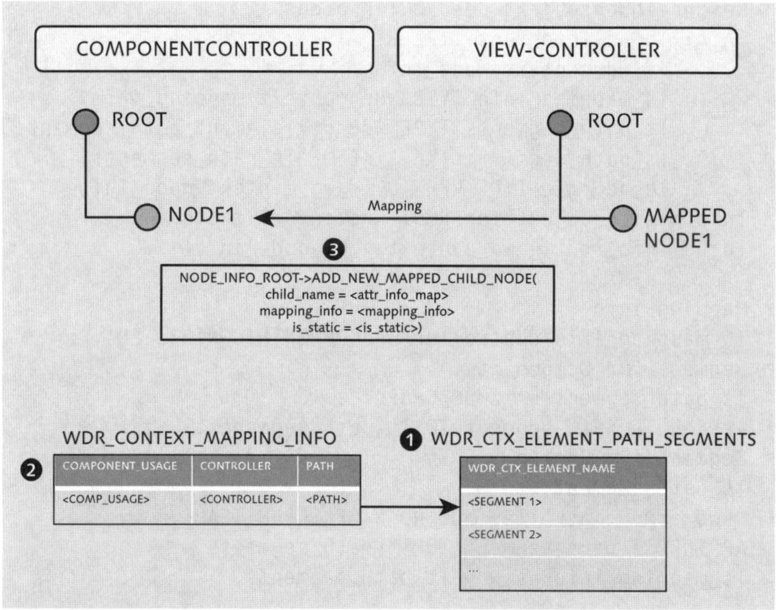

Abbildung 7.8 Context-Mapping dynamisch – prinzipielle Schritte

Prinzipielle Schritte

Das Mapping von einem Context-Knoten setzt die Existenz eines Mapping-Ziels voraus. In Abbildung 7.8 sehen Sie, dass im `COMPONENTCONTROLLER` ein Knoten `NODE1` definiert wurde, der als solch ein Ziel verwendet wird. Aus Sicht des View-Controllers soll dieser nun gemappt werden. Dies sind die prinzipiellen Schritte, um das Mapping zu implementieren:

1. Im ersten Schritt müssen Sie den Pfad zum Mapping-Ziel definieren. Dies geschieht über die Befüllung einer internen Tabelle (Typ `WDR_CTX_ELEMENT_PATH_SEGMENTS`) mit den Segmenten des Pfades (❶).
2. Im nächsten Schritt befüllen Sie eine Beschreibungsstruktur (Typ `WDR_CONTEXT_MAPPING_INFO`) für das Mapping (❷).
3. Im letzten Schritt rufen Sie über das Elternbeschreibungsobjekt im Mapping-Controller, das die Einfügeposition des gemappten Knotens bestimmt, die Methode `add_new_mapped_child_node( )` auf (❸).

Beispiel

Nachdem Sie nun den prinzipiellen Ablauf kennen, besprechen wir ein konkretes Beispiel. In Listing 7.9 finden Sie die Implementierung zum dynamischen Context-Mapping.

```
* Beschreibungsobjekt des ROOT-Knotens
  DATA: lo_nd_info_root TYPE REF TO
           if_wd_context_node_info,
           ls_mapping_info TYPE wdr_context_mapping_info,
           lt_path_segments TYPE wdr_ctx_element_path_segments,
           ls_path_segment LIKE LINE OF lt_path_segments,
           lo_nd_info TYPE REF TO if_wd_context_node_info.
* Informationsobjekt für ROOT-Knoten ermitteln
  lo_nd_info_root = wd_context->get_node_info( ).

* Mapping-Info
  ls_mapping_info-controller = 'COMPONENTCONTROLLER'.
* Segment für Component
  ls_path_segment = 'ZWDC_CHAP07'.
  APPEND ls_path_segment TO lt_path_segments.
* Segment für Knoten
  ls_path_segment =
    wd_comp_controller->GD_ND_NAME_SCRUM_TEAMS.
  APPEND ls_path_segment TO lt_path_segments.
  ls_mapping_info-path = lt_path_segments.

* Scrum-Teams
  CALL METHOD lo_nd_info_root->add_new_mapped_child_node
    EXPORTING
      child_name        =
        wd_comp_controller->GD_ND_NAME_SCRUM_TEAMS
      mapping_info      = ls_mapping_info
      is_static         = abap_false
    RECEIVING
      child_node_info = lo_nd_info.
```

Listing 7.9 Context-Mapping dynamisch

Um das Context-Mapping dynamisch durchzuführen, gehen Sie nach den folgenden Schritten vor:

1. Ermitteln Sie das Beschreibungsobjekt für den Context-Knoten, unter dem Sie den gemappten Context-Knoten anlegen möchten (`lo_nd_info_root`).
2. Befüllen Sie die Mapping-Info-Struktur (`ls_mapping_info`). Geben Sie im Feld `ls_mapping_info-controller` den Namen des Controllers an, in dem sich die Mapping-Quelle befindet. Legen Sie den Pfad Segment für Segment in der Pfadtabelle (`lt_path_segments`) an. Der prinzipielle Aufbau eines Pfades lautet: *<Name Component>.<Name Controller>[.<Name Knoten>]*. Die Punkte zwischen den Bezeichnungen definieren Segmente. Die Knoten können

geschachtelt sein, daher kann eine Menge von Knoten gemäß der Definition im Context angegeben werden. Die Namen der Knoten werden durch Punkt getrennt und entsprechen der Schachtelung in der Definition.

3. Rufen Sie die Methode `add_new_mapped_child_node( )` des Beschreibungsobjektes des Context-Knotens, und übergeben Sie den Namen des neuen Knotens und die Mapping-Information. Als Ergebnis erhalten Sie das Beschreibungsobjekt des gemappten Knotens.

7.2.5 Weitere Methoden

Context-Knoten-Info

Sie haben im vorangegangenen Abschnitt die zentrale Bedeutung des Interface `IF_WD_CONTEXT_NODE_INFO` kennengelernt. Für unsere Bedürfnisse war die Methode `add_new_child_node( )` von zentraler Bedeutung und wurde ausführlich besprochen. Weitere ausgewählte Methoden, die das Interface `IF_WD_CONTEXT_NODE_INFO` anbietet, sind in Tabelle 7.3 für Sie zusammengefasst.

Methode	Beschreibung
`add_attribute( )`	Anlegen eines Attributes zu einem Knoten
`add_child_node( )`	Anlegen eines neuen Knotens eine Hierarchiestufe tiefer, wobei ein Beschreibungsobjekt zur Anlage übergeben wird
`add_new_child_node( )`	Anlegen eines neuen Knotens eine Hierarchiestufe tiefer
`add_new_mapped_child_node( )`	Anlegen eines Knotens im Kontext von Context-Mapping
`add_recursive_child_node( )`	Anlegen eines rekursiven Knotens im Context
`follow_path( )`	Folgt dem Pfad im Context und liefert das Zielknoten-Beschreibungsobjekt.
`get_attribute( )`	Gibt die Metadaten eines Attributes zu einem Knoten zurück.

Tabelle 7.3 Ausgewählte Methoden des Interface IF_WD_CONTEXT_NODE_INFO

Methode	Beschreibung
get_attributes( )	Gibt die Metadaten aller Attribute zu einem Knoten zurück.
get_attribute_valuehelp_type( )	Liefert den Typ der Wertehilfe eines Attributes.
get_attribute_value_help( )	Liefert die Wertehilfe eines Attributes.
get_child_node( )	Gibt die Metadaten eines Kindknotens zu einem Knoten zurück.
get_child_nodes( )	Gibt die Metadaten aller Kindknoten zu einem Knoten zurück.
get_controller( )	Liefert die Controller-Referenz für den Controller, in dem der Knoten definiert ist.
get_name( )	Liefert den Namen des Knotens.
get_parent( )	Gibt die Metadaten eines übergeordneten Knotens zu einem Knoten zurück.
get_primary_attribute( )	Liefert die Beschreibung zum Primärattribut des Knotens, falls vorhanden.
get_static_attributes_type( )	Liefert das RTTI-Objekt für den Strukturtyp des Knotens.
get_attribute_format_props( )	Liefert die Formatierungseigenschaften eines Attributes.
has_attribute_value_help( )	Liefert abap_true, falls das Attribut eine Wertehilfe hat, anderenfalls abap_false.
is_child_node_recursive( )	Liefert abap_true, falls der namentlich angegebene Kindknoten rekursiv ist, anderenfalls abap_false.
is_finalized( )	Liefert abap_true, falls die Informationen zum Knoten nicht mehr geändert werden können, anderenfalls abap_false.

Tabelle 7.3 Ausgewählte Methoden des Interface IF_WD_CONTEXT_NODE_INFO (Forts.)

Methode	Beschreibung
is_initialize_lead_selection( )	Liefert abap_true, falls für den Knoten die Initialisierung der Lead-Selection gesetzt wurde, anderenfalls abap_false.
is_mandatory( )	Liefert abap_true, falls mindestens ein Element in der Knoten-Collection vorhanden sein muss, anderenfalls abap_false.
is_mandatory_selection( )	Liefert abap_true, falls mindestens ein Element in der Knoten-Collection selektiert sein muss, anderenfalls abap_false.
is_multiple( )	Liefert abap_true, falls mehrere Elemente in der Knoten-Collection vorkommen können, anderenfalls abap_false.
is_multiple_selection( )	Liefert abap_true, falls mehrere Elemente in der Knoten-Collection selektiert werden können, anderenfalls abap_false.
is_singleton( )	Liefert abap_true, falls der Knoten ein Singleton-Knoten ist, anderenfalls abap_false.
remove_attribute( )	Löscht das Attribut eines Knotens.
remove_child_node( )	Löscht einen Kindknoten eines Knotens.
remove_dynamic_attribute( )	Löscht alle Attribute eines Knotens.
set_attribute_value_set( )	Setzt die Wertemenge zu einem Attribut im Knoten.
set_finalized( )	Setzt die Informationen des Knotens auf nicht mehr änderbar.
set_attribute_reference_field( )	Setzt das Referenzfeld eines Attributes für Währungen und Einheiten.

Tabelle 7.3 Ausgewählte Methoden des Interface IF_WD_CONTEXT_NODE_INFO (Forts.)

Methode	Beschreibung
`set_nullable( )`	Setzt, ob ein Attribut den Wert `NULL` annehmen kann.
`set_attribute_format_props( )`	Setzt die Formatierungseigenschaften eines Attributes.
`set_attribute_value_help( )`	Setzt die Wertehilfe eines Attributes.
`has_attribute( )`	Liefert `abap_true`, falls ein Attribut mit dem spezifizierten Namen existiert, anderenfalls `abap_false`.
`is_alive( )`	Liefert `abap_true`, falls die Referenz noch gültig ist, anderenfalls `abap_false`.
`get_attribute_names( )`	Liefert eine Liste mit allen Namen der Attribute.

Tabelle 7.3 Ausgewählte Methoden des Interface IF_WD_CONTEXT_NODE_INFO (Forts.)

7.3 View

Views dienen der Visualisierung von Daten im Context und der Interaktion mit dem Benutzer. Bei der Erstellung eines Views stehen somit UI-Elemente und Layouts zur Verfügung, um diesen zu gestalten. Dies war bereits Thema in Kapitel 3, »Container und Layouts«, und in Kapitel 4, »UI-Elemente und ihre Eigenschaften«, in denen wir uns auf die Gestaltung während der Entwicklungszeit konzentriert haben. Nun nehmen wir die Gestaltung während der Laufzeit in den Blick.

wddomodifyview( ) Grundsätzlich sollte die dynamische Manipulation des Layouts – genau wie die dynamische Manipulation des Contexts – wirklich nur dann zum Einsatz kommen, wenn eine Web-Dynpro-Component nicht auf deklarativem Weg zur Entwicklungszeit aufgebaut werden kann. Sollte die dynamische Programmierung jedoch nötig sein, müssen die Änderungen an der Struktur eines View-Layouts in der View-Controller-Methode `wddomodifyview( )` oder in einer darin gerufenen Methode durchgeführt werden. Nur in dieser Methode steht der Zugriff auf die UI-Elemente-Hierarchie durch die Parameterreferenz `view` zur Verfügung.

first_time

Ein weiterer Parameter, der von besonderer Bedeutung ist, ist `first_time`. Dieser Parameter enthält die Information, ob die Methode `wddomodifyview( )` zum ersten Mal während der Lebensdauer des View-Controllers durchlaufen wird. Damit kann kontrolliert werden, ob der dynamische Aufbau des View-Layouts bereits durchgeführt wurde. Ist der View-Aufbau während der Ausführung der Web-Dynpro-Anwendung mehrfach auszuführen, muss ein eigener Parameter definiert werden, der kennzeichnet, ob das View-Layout neu aufzubauen ist.

7.3.1 ABAP-Klassenhierarchie für UI-Elemente

Prinzip

Soll einem View-Container ein neues UI-Element hinzugefügt werden, müssen Sie folgende Schritte bedenken:

- Es muss festgelegt werden, um welchen Typ von UI-Element es sich handelt.
- Zu dem Container-Element, in das das neue UI-Element eingefügt werden soll, muss eine Referenz erzeugt werden. Für den Zugriff auf den `ROOTUIELEMENTCONTAINER` gibt es die spezielle Methode `view->get_root_element( )`.
- Es muss die Stelle im Layout des Containers bestimmt werden, an der sich das neue Element einordnen soll. Zu diesem Zweck müssen für das neu angelegte UI-Element die passenden Layoutdaten angegeben werden.

ABAP-Klassenhierarchie zu den UI-Elementen

Es gibt eine Vielzahl von UI-Elementen, die für die Definition eines Views verwendet werden können (siehe Kapitel 4, »UI-Elemente und ihre Eigenschaften«). Diese UI-Elemente werden zur Laufzeit über ABAP-Klassen repräsentiert, deren Kenntnis für die dynamische Programmierung erforderlich ist. Die ABAP-Klassen sind in einer Vererbungshierarchie angeordnet. In Abbildung 7.9 sehen Sie einen Ausschnitt aus der Vererbungshierarchie für ausgewählte UI-Elemente. Erschrecken Sie nicht: Obwohl viele ABAP-Klassen gezeigt werden, ist der Aufbau nicht kompliziert.

Basisklasse der UI-Elemente

Die Klasse `CL_WDR_VIEW_ELEMENT` stellt die Basis aller UI-Elemente dar. Man könnte auch sagen, dass diese Klasse die höchste oder am meisten allgemeine Klasse in der Vererbungshierarchie darstellt. Die Klasse besitzt unter anderem ein öffentliches Attribut mit dem Namen `id` vom Typ `STRING`. Diese `id` haben Sie bereits des Öfteren in den Eigenschaften von UI-Elementen im View Designer gesehen. Dort haben Sie den Namen, oder eben diese `id`, als Bezeichnung eines UI-Elementes vergeben, wie zum Beispiel `TREE_TEAM`. Darüber hinaus implementiert die Klasse `CL_WDR_VIEW_ELEMENT` das Interface `IF_WD_VIEW_ELEMENT`, das somit aufgrund der Vererbung für alle Unterklassen zur Verfügung steht.

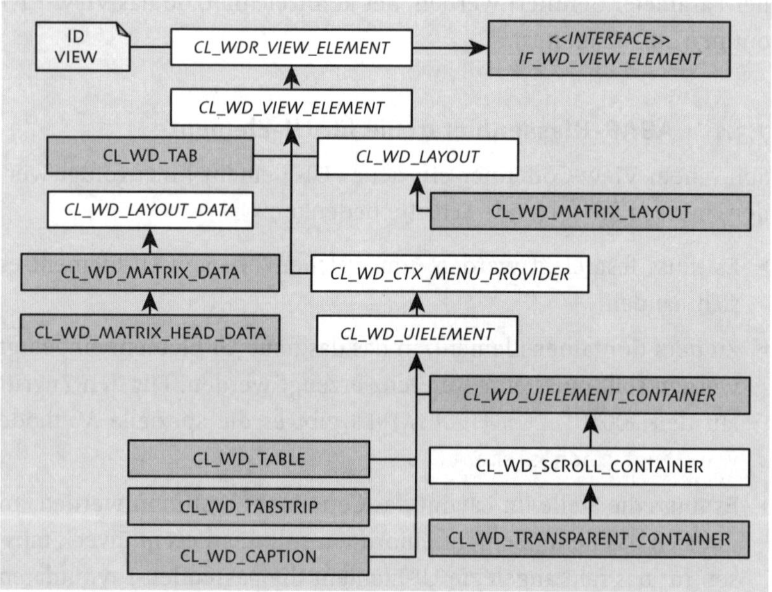

Abbildung 7.9 Vererbungshierarchie für ausgewählte UI-Elemente

CL_WD_VIEW_ELEMENT

Durch die Definition der Vererbung auf die nächste Ebene, die durch die Klasse `CL_WD_VIEW_ELEMENT` repräsentiert wird, steht das Attribut `id` auch dieser Klasse zur Verfügung. Dieses »Weiterreichen« der Attribute ist eine Grundeigenschaft der Vererbung.

CL_WD_UI_ELEMENT, CL_WD_TAB und CL_WD_TABSTRIP

In der Vererbungshierarchie werden unter anderem unterhalb der Klasse `CL_WD_VIEW_ELEMENT` zwei Unterklassen dargestellt, die Klasse `CL_WD_CTX_MENU_PROVIDER` und `CL_WD_TAB`. Die Klasse `CL_WD_TAB` beendet einen Vererbungszweig und bildet das Teilelement `Tab` des zusammengesetzten UI-Elementes `TabStrip`, wobei dieses UI-Element durch die Klasse `CL_WD_TABSTRIP` dargestellt wird. Diese ist eine Unterklasse der Klasse CL_WD_UI_ELEMENT, die wiederum eine Unterklasse von CL_WD_CTX_MENU_PROVIDER ist.

Vererbungshierarchie im Class Builder

Die vollständige Sicht auf die Vererbungshierarchie haben Sie im Class Builder (Transaktion SE24). Über die Anzeige der Objektliste zu einer ABAP-Klasse (Tastenkombination [Strg] + [⇧] + [F5]) können Sie durch die Vererbungshierarchie und die Verzeichnisse SUPER- und SUBKLASSEN navigieren (siehe Abbildung 7.10).

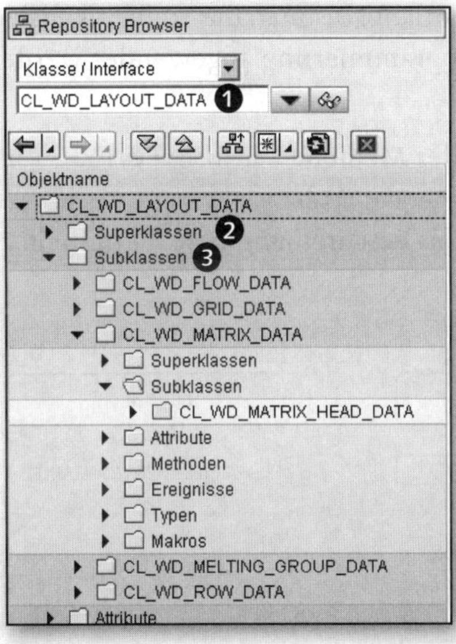

Abbildung 7.10 Analyse der Vererbungshierarchie zu UI-Elementen

Super -und Subklassen

Beim Einstieg in den Class Builder wählen Sie den Namen einer ABAP-Klasse aus, die ein View-Element repräsentiert (❶). In der Objektliste erscheinen, sofern vorhanden, Ordner für SUPERKLASSEN (❷) und SUBKLASSEN (❸). In der Abbildung sehen Sie die Subklassen zur ABAP-Klasse CL_WD_LAYOUT_DATA. Eine davon ist die ABAP-Klasse CL_WD_MATRIX_DATA. Diese besitzt wiederum die Subklasse CL_WD_MATRIX_HEAD_DATA.

7.3.2 Referenz eines UI-Elementes ermitteln

Mit diesem grundsätzlichen Wissen über View- und UI-Elemente können wir die Detaildiskussion beginnen und die unterschiedlichen Einsatzgebiete und Definitionsaspekte von UI-Elementen besprechen. Wir werden anhand von Listings, die als Anregungen zu verstehen sind, die Konzepte zur dynamischen View-Programmierung erläutern. In Ihren Projekten werden Sie diese immer in der Methode `wddomodifyview( )` realisieren, da nur dort der Zugriff auf den View möglich ist.

Bei der dynamischen Gestaltung von View-Layouts beginnt man im Allgemeinen mit der Ermittlung der Referenz auf den `ROOTUIELEMENTCONTAINER`. Von diesem navigiert man wie in einem Dateiverzeichnis die UI-Hierarchie entlang, bis man die Stelle lokalisiert hat, an der die dynamische Programmierung angewendet werden soll.

get_element( ), get_root_element( )

Der Methodenparameter `view` der Methode `wddomodifyview( )` liefert die Zugriffsmethoden `get_element( )` bzw. `get_root_element( )` (siehe Abbildung 7.11, ❶), um das Beschreibungsobjekt ermitteln zu können.

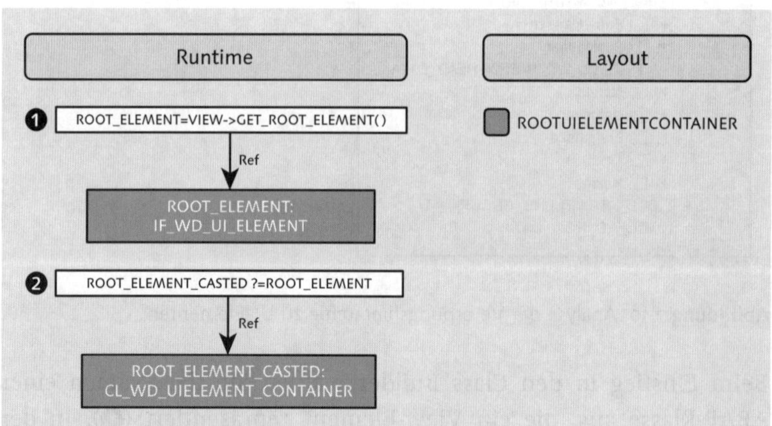

Abbildung 7.11 ROOTUIELEMENTCONTAINER-Referenz ermitteln

Beispiel

Nach der Ermittlung der `ROOTUIELEMENTCONTAINER`-Referenz wenden Sie einen Cast auf eine Referenz vom Typ `CL_WD_UIELEMENT_CONTAINER` (❷) an. Ein Beispiel mit Erläuterungen finden Sie in Listing 7.10.

```
* Die Referenz auf den View-Wurzelknoten
DATA: lo_ui_root TYPE REF TO if_wd_view_element,
* Die gecastete View-Wurzelknoten-Referenz
      lo_container TYPE REF TO cl_wd_uielement_container.
* Root-Referenz ermitteln
```

```
** Variante 1 **
* lo_ui_root = view->get_element(
* id = 'ROOTUIELEMENTCONTAINER' ).
** Variante 2 **
lo_ui_root = view->get_root_element( ).
* Widening-Cast auf Container durchführen
lo_container ?= lo_ui_root.
```

Listing 7.10 Ermittlung des ROOTUIELEMENTCONTAINER-Beschreibungsobjektes

Um die Objektreferenz auf das Beschreibungsobjekt `ROOTUIELEMENTCONTAINER` herauszufinden, sind die folgenden Schritte erforderlich:

- Definieren Sie eine Objektreferenz vom Typ `IF_WD_VIEW_ELEMENT`. Diese Referenzvariable hält die Referenz, die von der Methode `view->get_element( )` bzw. `view->get_root_element( )` geliefert wird.
- Wie Sie in Abbildung 7.9 sehen können, befindet sich das Interface `IF_WD_VIEW_ELEMENT` an der höchsten Stelle in der Vererbungshierarchie. Da wir aber auf die speziellen Eigenschaften des `ROOTUIELEMENTCONTAINER` zugreifen müssen, ist es notwendig, diese Interface-Referenz auf eine Referenz vom Typ `CL_WD_UIELEMENT_CONTAINER` zu casten. Dazu definieren Sie eine zweite Objektreferenz vom Typ `CL_WD_UIELEMENT_CONTAINER`.
- Sie können zwischen zwei Varianten wählen, um das Beschreibungsobjekt des `ROOTUIELEMENTCONTAINER` zu ermitteln, entweder `view->get_element( )` oder `view->get_root_element( )`. Gleichgültig, welche Variante Sie wählen, Sie müssen danach den Cast durchführen, um auf die speziellen Eigenschaften des `ROOTUIELEMENTCONTAINER` zugreifen zu können.

7.3.3 Eigenschaft und Layout eines UI-Elementes ändern

Eigenschaften und Layout setzen

Nachdem Sie nun das Beschreibungsobjekt des `ROOTUIELEMENTCONTAINER` ermittelt haben, beginnen Sie damit, die Eigenschaften und das Layout für den `ROOTUIELEMENTCONTAINER` zu setzen. In Abbildung 7.12 (❶) sehen Sie ein Beispiel für das Setzen des Layouts eines UI-Elementes auf `MatrixLayout` und die Änderung der Eigenschaft WIDTH auf `100%` (❷).

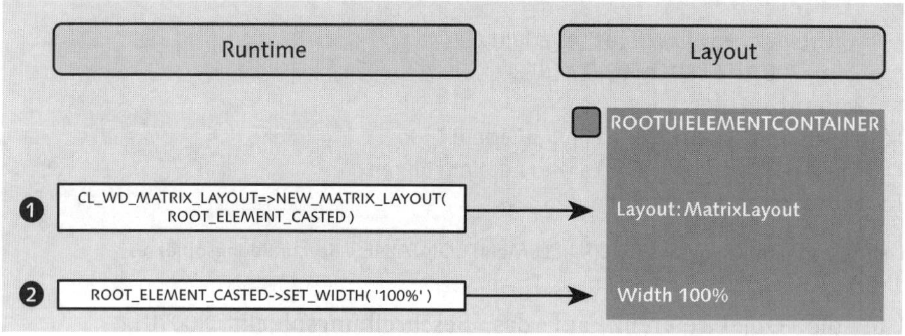

Abbildung 7.12 Layout und Eigenschaften von UI-Elementen

Listing 7.11 zeigt Ihnen die passende Implementierung zum Beispiel in Abbildung 7.12. Obwohl das Beispiel für den ROOTUIELEMENT-CONTAINER entwickelt ist, kann es natürlich auf andere Container angewendet werden.

```
* Falls die Methode das erste Mal gerufen wird
IF first_time = abap_true.
* MatrixLayout setzen
  cl_wd_matrix_layout=>new_matrix_layout(
    container = lo_container ).
* Breite auf 100% setzen
  lo_container->set_width( value = '100%' ).
ENDIF.
```

Listing 7.11 Attribuierung des ROOTUIELEMENTCONTAINER

Importing-Parameter first_time

Das Setzen des Layouts und der Eigenschaften des ROOTUIELEMENT-CONTAINER sollten nur beim Start der Web-Dynpro-Anwendung durchgeführt werden. Danach bleiben diese Einstellungen unverändert. Die Antwort auf die Frage, ob die Methode wddomodifyview( ) das erste Mal durchlaufen wird, liefert der Methodenparameter first_time. Dieser hat den Wert abap_true, falls die Methode zum ersten Mal abgearbeitet wird. Anderenfalls hat er den Wert abap_false. Wir verwenden den Parameter in unserer Implementierung und stellen damit sicher, dass das Layout und die Eigenschafen nur einmal geändert werden.

Layout anlegen

Jeder UI-Container besitzt ein Layout, das diesem zugewiesen wird. Das MatrixLayout soll für den ROOTUIELEMENTCONTAINER verwendet werden. Dazu steht die statische Methode cl_wd_matrix_layout=>new_matrix_layout( ) zur Verfügung. Erwähnenswert ist die Art der Verwendung dieser Methode, da diese die Referenz auf den Container als Aktualparameter erwartet. Darüber hinaus kann für alle UI-Elemente festgehalten werden, dass immer eine öffentliche statische Methode `new_<UI-Element>( )` zur Verfügung steht, um ein Laufzeitobjekt der Klasse anzulegen.

SET- und GET-Methoden für Eigenschaften

Um Eigenschaften eines UI-Element-Beschreibungsobjektes zu setzen, werden öffentliche `set_<Eigenschaft>( )`-Methoden bereitgestellt. In unserem Beispiel wird durch die Methode `set_width( )` die Breite des `ROOTUIELEMENTCONTAINER` auf 100 % gesetzt.

7.3.4 UI-Elemente anlegen

Mit der Verwendung der besprochenen Methoden aus dem vorangegangenen Abschnitt haben wir die Eigenschaften und das Layout des `ROOTUIELEMENTCONTAINER` auf die gewünschten Werte gesetzt und können uns nun dem Anlegen von UI-Elementen zuwenden. Wir werden das Anlegen von typischen Elementen als Folge von Beispielen präsentieren, die exemplarisch für alle View-Elemente stehen. Im Detail ist es auch nicht erforderlich, die Verwendung aller UI-Elemente zu zeigen, da diese Verwendung der UI-Elemente immer dem gleichen Schema folgt.

Die Folge von Beispielen soll zu einem View führen, auf dem ein `TabStrip` mit mehreren `Tab`-Elementen angelegt wird. Die Anzahl der Tabs ist abhängig von der Anzahl der Elemente im Context-Knoten `SCRUM_TEAMS`, den Sie aus Abschnitt 7.2.2, »Context-Knoten anlegen«, kennen. In den `Tab`-Elementen befinden sich `ViewContainerUIElement`-Elemente für die Detailanzeige eines Teams.

TabStrip (Aggregierendes Element)

In Listing 7.12 sehen Sie, wie ein UI-Element `TabStrip` instanziert und zum View ergänzt wird. Dieser `TabStrip` dient als Aggregat für die unterschiedlichen `Tab`-Elemente, die in Abhängigkeit von den Elementen im Context-Knoten `SCRUM_TEAMS` angelegt werden.

```
* Die Tabstrip-Referenz
DATA: lo_tabstrip TYPE REF TO cl_wd_tabstrip.
* Tabstrip anlegen
  lo_tabstrip = cl_wd_tabstrip=>new_tabstrip(
    id = 'TS1' ).
```

```
* Zur View-Hierarchie hinzufügen
  lo_container->add_child( the_child = lo_tabstrip ).
* Layoutdaten auf MatrixHeadData setzen
  cl_wd_matrix_head_data=>new_matrix_head_data(
    element = lo_tabstrip ).
```

Listing 7.12 Erzeugung des UI-Elementes »TabStrip«

TabStrip anlegen

In Abbildung 7.13 sehen Sie die Visualisierung der Schritte, die zur Anlage des `TabStrip` notwendig sind. Um den `TabStrip` anzulegen, wird die statische Methode `cl_wd_tabstrip=>new_tabstrip( )` aufgerufen und die eindeutige Kennung des `TabStrip` an den Importing-Parameter `id` übergeben. Die Methode liefert eine Referenz auf das erzeugte `TabStrip`-Objekt (❶).

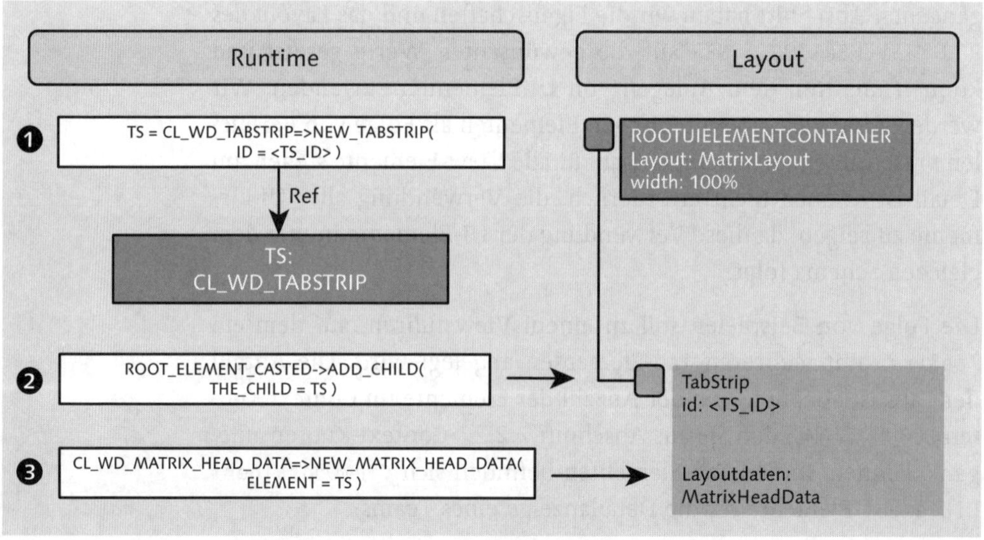

Abbildung 7.13 TabStrip im View-Layout

TabStrip ergänzen

Das `TabStrip`-Objekt kann dem `ROOTUIELEMENTCONTAINER` zugeordnet werden. Dazu rufen Sie die Methode `add_child( )` über das Beschreibungsobjekt des `ROOTUIELEMENTCONTAINER` auf, an das Sie die Referenz des neuen UI-Elementes übergeben (❷).

Layoutdaten anlegen

Das UI-Element `TabStrip` sollte als erstes Element im Layout des `ROOTUIELEMENTCONTAINER` platziert werden, dem wir im vorangegangenen Abschnitt ein `MatrixLayout` zugewiesen haben. Für die Platzierung des `TabStrip` müssen wir diesem die passenden Layoutdaten zuordnen. Der Aufruf der Methode `cl_wd_matrix_head_data=>new_` `matrix_head_data( )` sorgt für die Zuordnung der `MatrixHeadData`-Layoutdaten zum `TabStrip`, diese führt dazu, dass der `TabStrip` an der ersten Stelle in einer Matrixzeile platziert wird (❸, siehe auch Kapitel 3, »Container und Layouts«).

Tab (Aggregiertes Element)

Knoten-Collection als Datenbasis

Ein Beispiel für ein aggregiertes UI-Element neben vielen anderen ist ein `Tab` zu einem `TabStrip`. Dieses werden wir nun, stellvertretend für andere, in diesem Abschnitt betrachten. Die Datenbasis für aggregierte Elemente kann aus den unterschiedlichsten Quellen stammen: von der Datenbank, aus berechneten Werten, von Context-Knoten oder von Elementen aus einer Knoten-Collection. Wir verwenden als Beispiel die Collection eines Context-Knotens, der mit Context-Mapping an einen Knoten des Component-Controllers gemappt ist.

Tab pro Knotenelement

Für jedes Element des gemappten Context-Knotens wird ein UI-Element `Tab` angelegt. Listing 7.13 zeigt die Implementierung dazu.

```
* Beschreibungsobjekt für den Scrum-Team-Knoten
TYPES: BEGIN OF st_scrum_team,
         team_name TYPE string,
         team_id TYPE string,
       END OF st_scrum_team.
* Knotenreferenz
DATA: lo_nd_scrum_teams TYPE REF TO if_wd_context_node,
* Die Elemente für Teams
      lt_set TYPE wdr_context_element_set,
* Arbeitsstruktur
      ls_set LIKE LINE OF lt_set,
* Scrum-Teams
      lt_scrum_team TYPE TABLE OF st_scrum_team,
* Arbeitsstruktur
      ls_scrum_team LIKE LINE OF lt_scrum_team,
* Die Tab-Referenz
      lo_tab TYPE REF TO cl_wd_tab.
** Für jedes Scrum-Team einen Tab anlegen
* Knotenreferenz des gemappten Scrum-Team-Knotens
lo_nd_scrum_teams = wd_context->get_child_node(
  wd_comp_controller->gd_nd_name_scrum_teams ).
* Die Elemente des Scrum-Team-Knotens ermitteln
CALL METHOD lo_nd_scrum_teams->get_elements
  RECEIVING
    set    = lt_set.
** Jedes Team wird als Tab im TabStrip dargestellt
```

```
LOOP AT lt_set INTO ls_set.
* Attribute TEAM_ID des Teams lesen
  ls_set->get_attribute(
    EXPORTING
      name = 'TEAM_ID'
    IMPORTING
      value = ls_scrum_team-team_id ).
** Neuen Tab anlegen pro Scrum-Team-Context-Knoten
* Tab anlegen mit ID
  lo_tab = cl_wd_tab=>new_tab(
    id = ls_scrum_team-team_id ).
* Tab ergänzen in Tabstrip
  lo_tabstrip->add_tab( the_tab = lo_tab ).
```

Listing 7.13 Erzeugung des UI-Elementes »Tab«

Tab anlegen und dem TabStrip zuordnen

Die Implementierung beginnt mit der Definition eines lokalen Typs für die Aufbaustruktur des Context-Knotens `SCRUM_TEAMS`. Hier bietet sich auch der Weg einer globalen Typdefinition an. Es folgt die Definition der Datenobjekte.

Um die Menge der Elemente des Context-Knotens herauszufinden, verwenden Sie die Referenz darauf und die Methode `get_elements( )`; so ermitteln Sie die Elemente in Form einer internen Tabelle. Für jedes Element bestimmen Sie die ID des Scrum-Teams und verwenden diese ID als ID für die Anlage des `Tab` (dies bedingt natürlich, dass die IDs eindeutig sind). In Abbildung 7.14 sehen Sie die Schritte zur Anlage und Ergänzung des `Tab`-Elementes.

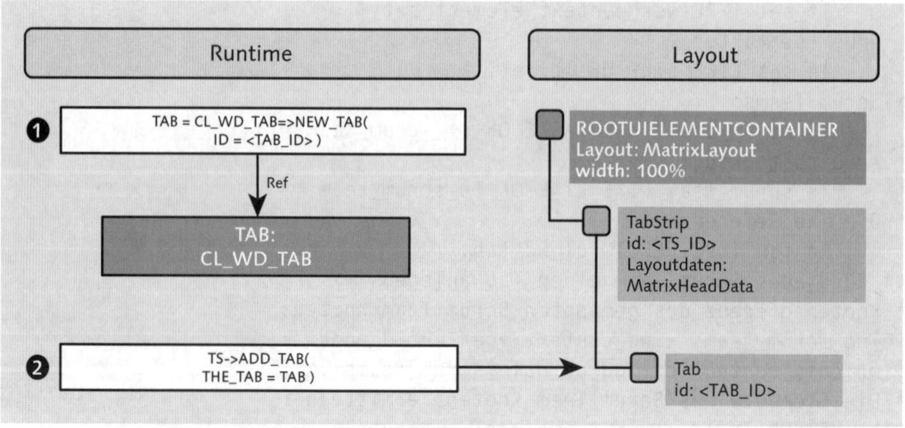

Abbildung 7.14 Tab zu TabStrip hinzufügen

Die statische Methode `cl_wd_tab=>new_tab( )` erzeugt ein neues UI-Element `Tab` (❶). Dieses ergänzen wir mit der Methode `add_tab( )` zum `TabStrip` (❷). Falls Sie Ihre Web-Dynpro-Anwendung in diesem Entwicklungsstand testen, werden Sie die folgende Fehlermeldung erhalten:

Zugriff über 'NULL' Objektreferenz nicht möglich.

Dies liegt daran, dass noch keine `Caption` für den `Tab` definiert ist.

Tab Caption (Aggregiertes Element)

Caption

Für jeden Tab, das heißt für jedes Team, sollte die Bezeichnung zum Team eingeblendet werden. Das bedeutet, dass wir zu jedem UI-Element `Tab` ein UI-Element `Caption` benötigen. In Listing 7.14 sehen Sie, wie Sie dies umsetzen.

```
* Die Tab-Caption-Referenz
DATA: lo_tab_caption TYPE REF TO cl_wd_caption,
* Der Data-Binding-Pfad für die Tab Caption
      ld_tab_caption_binding TYPE string,
* Typkonvertierung des LOOP-Index
      ld_index TYPE string.
* Index der LOOP-Anweisung für den Bezug zum Element
ld_index = sy-tabix.
* Leerzeichen eliminieren
CONDENSE ld_index.
* Data-Binding-Pfad für die Caption des Tabs
CONCATENATE
  wd_comp_controller->gd_nd_name_scrum_teams
  '.'
  ld_index
  '.TEAM_NAME' INTO ld_tab_caption_binding .
* Die Caption erzeugen mit Data Binding
lo_tab_caption = cl_wd_caption=>new_caption(
* text = ls_node-name "Alternative zu bind_text = statisch
  bind_text = ld_tab_caption_binding ).
* Caption zum Tab ergänzen
lo_tab->set_header( the_header = lo_tab_caption ).
* Das Caption-Icon setzen, da Methoden gefunden wurden
lo_tab_caption->set_image_source(
  'ICON_SHARED_POSITION' ).
```

Listing 7.14 Erzeugung der Caption und der TransparentContainer

Da ein UI-Element `Caption` angelegt werden soll, benötigen wir eine Objektreferenzvariable vom Typ `CL_WD_CAPTION` sowie weitere Variablen, zum Beispiel für den Data-Binding-Pfad zum Text der `Caption`. Abbildung 7.15 zeigt Listing 7.14 grafisch erläutert.

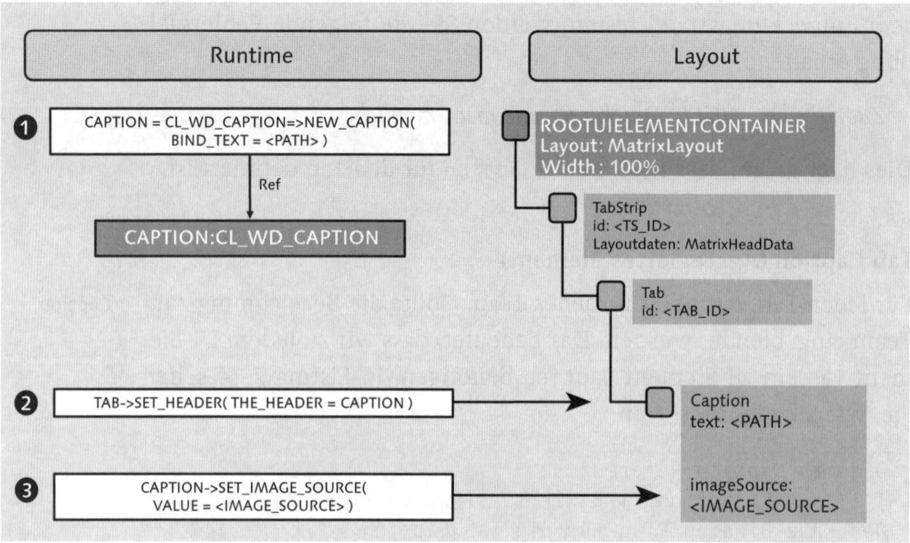

Abbildung 7.15 Caption zum Tab

Data Binding Beim Aufruf der statischen Methode `cl_wd_caption=>new_caption( )` (❶) wird der Formalparameter `bind_text` verwendet. Mit diesem Parameter kann das Data Binding von der UI-Eigenschaft zum Context-Attribut definiert werden. Der Pfad zum Context-Attribut wird nach der Syntax `<Name des Knotens>.<Index des Elementes>.<Name des Attributes>` festgelegt. Als Alternative können Sie auch einen statischen Text über den Parameter `text` an die Methode übergeben. Mithilfe der Methode `set_header( )` wird die Caption an den Tab übergeben (❷).

Eigenschaft imageSource setzen Mithilfe eines Icons im Titel des `Tab` werden optische Informationen zum Tab ergänzt. Um dieses Icon im UI-Element `Caption` zu setzen, verwenden wir die Methode `lo_tab_caption->set_image_source( )` mit dem Namen eines Icons (❸). Die Icons können Sie zum Beispiel mit der Transaktion ICON auswählen.

ViewContainerUIElement (Container)

ViewContainerUIElement Ein UI-Element `Tab` kann nur ein Unterelement aufnehmen. Sollen mehrere UI-Elemente im Tab angezeigt werden, kann man dies zum

Beispiel mithilfe eines UI-Elementes `ViewContainerUIElement` ermöglichen, das dem `Tab` zugeordnet wird. In dieses Element kann ein anderer View eingebettet werden (siehe Listing 7.15).

```
* ViewContainerUIElement für anderen View
DATA: lo_view_container
        TYPE REF TO cl_wd_view_container_uielement,
* ViewController-ID
      ld_vc_id TYPE string.
* ID für ViewContainer erzeugen
CONCATENATE
  'VC'
  ls_scrum_team-team_id
  INTO ld_vc_id.
* ViewContainer anlegen
  lo_view_container =
cl_wd_view_container_uielement=>new_view_container_
uielement( id  = ld_vc_id ).
* Flow-Data für ViewContainer setzen
CALL METHOD cl_wd_flow_data=>new_flow_data
  EXPORTING
    element = lo_view_container.
* ViewContainer zum Tab ergänzen
lo_tab->set_content(
  the_content = lo_view_container ).
ENDLOOP. "Elemente
ENDIF. "first_time
```

Listing 7.15 ViewContainerUIElement einfügen

ViewContainer-UIElement anlegen

Das `ViewContainerUIElement` legen wir mithilfe der öffentlichen statischen Methode `cl_wd_view_container_uielement=>new_view_container_uielement( )` an und übergeben an diese eine eindeutige ID für die spätere Referenzierung (siehe Abbildung 7.16, ❶). Dem `ViewContainerUIElement` wird ein `FlowData` für die Layoutdaten zugeordnet (❸).

ViewContainer-UIElement ergänzen

Zum Abschluss weisen wir dem `Tab` das `ViewContainerUIElement` mithilfe der Methode `lo_tab->set_content( )` zu (❷).

Wird bei der Anlage eines UI-Elementes mithilfe der Methode `new_<UI-Element>( )` keine `id` vorgegeben, erzeugt das Web-Dynpro-Framework automatisch eine `id`. In Abbildung 7.17 sehen Sie das Ergebnis der Schritte, die wir in Abschnitt 7.2, »Context«, und in Abschnitt 7.3, »View«, erläutert haben.

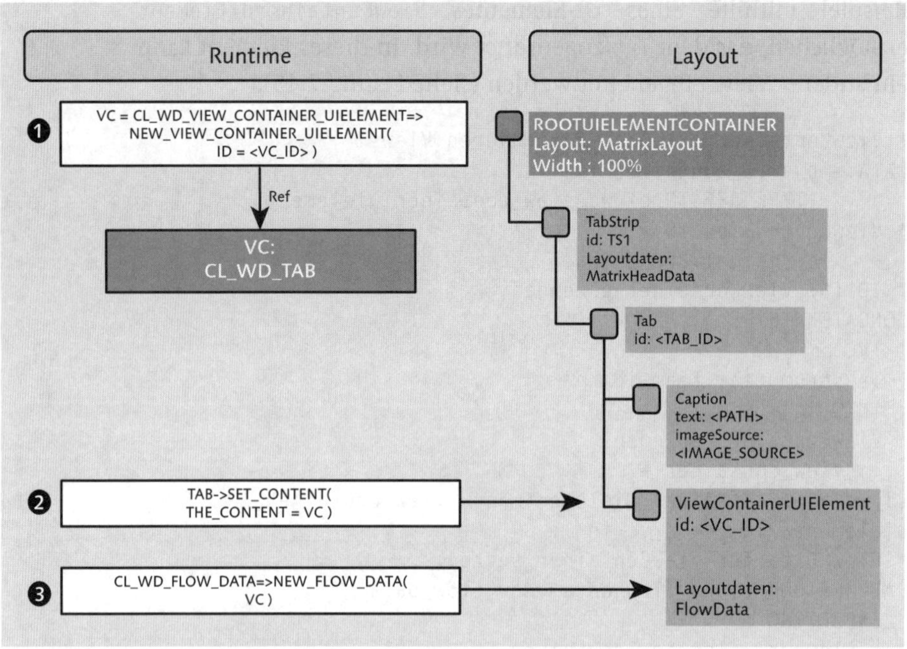

Abbildung 7.16 ViewContainerUIElement zum Tab

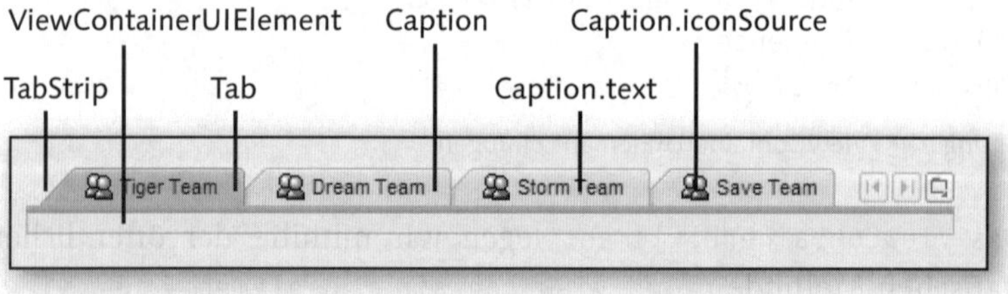

Abbildung 7.17 Web-Dynpro-Anwendung »ScrumTeams«

Erwähnenswert zu Abbildung 7.17 ist, dass `Caption` beschreibt, dass eine Karteireiterüberschrift vorhanden ist und `Caption.text` den Text der Karteireiterüberschrift darstellt. Das Icon in der Karteireiterüberschrift wird mit der Eigenschaft `Caption.iconSource` festgelegt.

Weitere Methoden

wddomodifyview( ) Die Methode `wddomodifyview( )` ist die Hook-Methode, mit der der View-Aufbau während der Laufzeit verändert werden kann. Der Parameter `view` bietet über die Methoden `get_element( )` bzw. `get_root_element( )` den Zugriff auf Elemente im View-Layout. Der

Parameter `first_time` liefert die Information, ob die Methode `wddomodifyview( )` das erste Mal durchlaufen wurde.

ABAP-Klassenhierarchie

Die ABAP-Klassenhierarchie mit der Wurzelklasse `CL_WDR_VIEW_ELEMENT` steht für die Erzeugung von UI-Elementen zur Verfügung. Die Namen der ABAP-Klassen folgen dem Namensschema `CL_WD_<UI-Element>` und bieten die öffentliche statische Methode `new_<UI-Element>( )`, um ein neues UI-Element anzulegen.

Unterelemente ergänzen

Container-Elemente bieten die Methode `add_child( )`, um dem Container neue UI-Elemente zuzuordnen. Für zusammengesetzte UI-Elemente gibt es spezielle Methoden, um UI-Elemente zu ergänzen, wie zum Beispiel die Methode `add_tab( )` des UI-Elementes `TabStrip`.

Ausgewählte Methoden

In den vorangegangenen Beispielen haben wir natürlich nur einen Teil der für die dynamische Programmierung relevanten Methoden aus den ABAP-Klassen `CL_WD_<UI-Element>` besprochen. Weitere, aus unserer Sicht relevante Methoden für die die UI-Elemente repräsentierenden ABAP-Klassen sind in Tabelle 7.4 zusammengestellt.

Methode	Beschreibung
Alle View-Elemente	
`get_<Eigenschaft>( )`	Gibt den Wert der Eigenschaft zurück.
`set_<Eigenschaft>( )`	Setzt die Eigenschaft auf den übergebenen Wert.
`bind_<Eigenschaft>( )`	Bindet den Wert der Eigenschaft an ein Context-Attribut bzw. einen Context-Knoten.
`bound_<Eigenschaft>( )`	Gibt das Context-Attribut bzw. den Context-Knoten zurück, an das bzw. an den die Eigenschaft gebunden ist.
UI-Elemente mit Ereignis	
`set_on_<Ereignis>( )`	Bindet die Aktion an die Eigenschaft `on<Ereignis>`.
`get_on_<Ereignis>( )`	Liefert den Namen der Aktion, die an die Eigenschaft `on<Ereignis>` gebunden ist.

Tabelle 7.4 Ausgewählte Methoden der ABAP-Klassen CL_WD_<UI-Element>

Methode	Beschreibung
Container-Elemente	
`get_child( )`	Gibt das Unterelement zurück.
`get_children( )`	Gibt alle Unterelemente zurück.
`remove_child( )`	Entfernt ein Unterelement.
`remove_all_children( )`	Entfernt alle Unterelement.
`add_child( )`	Fügt ein Element hinzu.

Tabelle 7.4 Ausgewählte Methoden der ABAP-Klassen CL_WD_<UI-Element> (Forts.)

7.4 Aktion

Ereignis – Aktion – Aktionsbehandler

Manche UI-Elemente können clientseitige Ereignisse auslösen, wie zum Beispiel das UI-Element `TabStrip` bei Auswahl eines `Tab`. Die Web-Dynpro-Component kann auf solche Ereignisse durch eine zugeordnete Aktion und die damit verbundene Aktionsbehandler-Methode reagieren (siehe Abschnitt 2.4.6, »Aktionen und Ereignisse«). Wir haben diesen Mechanismus bereits mehrfach eingesetzt, jedoch haben wir die Zuordnung von Aktionen immer während der Entwicklungszeit durchgeführt. Diese Zuordnung von Aktionen zu Ereignissen ist auch während der Laufzeit möglich, wobei Aktionen und Aktionsbehandler nicht während der Laufzeit dynamisch erzeugt werden können.

Aktion zuordnen

Jedes UI-Element, mit dem Sie ein clientseitiges Ereignis auslösen können, hat dazu in seiner repräsentierenden ABAP-Klasse ein passendes Klassenattribut `on_<Ereignis>`. Bei der dynamischen Anlage eines UI-Elementes durch die `new_<UI-Element>`-Methoden kann über den Methodenparameter `on_<Ereignis>` der Name der Aktion mitgegeben werden. Des Weiteren existiert die Methode `set_on_<Ereignis>`, um einem bestehenden UI-Element-Ereignis eine Aktion zuzuweisen.

Importing-Parameter wdevent

Alle Aktionsbehandler zu einer Aktion besitzen einen Formalparameter `wdevent`, der von der Web-Dynpro-Laufzeit befüllt wird, wenn ein clientseitiges Ereignis auftritt. In Abbildung 7.18 sehen Sie beispielsweise, wie der Inhalt des Parameters `wdevent` im ABAP Debugger darstellt wird.

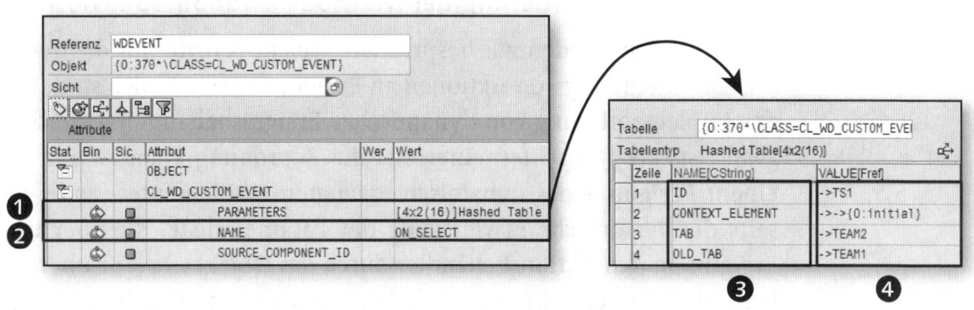

Abbildung 7.18 Attribute und PARAMETERS des wdevent-Objektes

wdevent im Debugger

Um den Inhalt des Objektes im ABAP Debugger betrachten zu können, führen Sie die folgenden Schritte aus:

1. Setzen Sie einen Session-Breakpoint in der Aktionsbehandler-Methode.
2. Starten Sie Ihre Web-Dynpro-Anwendung, und lösen Sie das clientseitige Event aus.
3. Durch das clientseitige Auslösen eines Ereignisses wird die Aktionsbehandlung aktiviert und der ABAP Debugger gestartet. Dort wechseln Sie auf die Registerkarte OBJEKTE und geben im Unterregister EINZELANZEIGE im Eingabefeld REFERENZ den Wert `wdevent` ein.
4. Nach der Bestätigung über die [↵]-Taste werden die Attribute zum Objekt `wdevent` angezeigt. Die interne Tabelle `wdevent->parameters` (siehe Abbildung 7.18, ❶) enthält zusätzliche Informationen zum Ereignis des UI-Elementes. Das Attribut `wdevent->name` (❷) hält den Namen des Ereignisses. Das Attribut `wdevent->source_component_id` wird nur im Fall der Verwendung einer Component Usage (siehe Abschnitt 2.7.1, »Component-Verwendungen«) mit einem Wert befüllt.
5. Den Inhalt der internen Tabelle `wdevent->parameters` erhalten Sie durch einen Doppelklick auf das Attribut `wdevent->parameters`. Die Tabelle hat zwei Spalten: `name` (❸) und `value` (❹). Die `id` des UI-Elementes, das das Ereignis ausgelöst hat, ist immer als Eintrag in der Tabelle vorhanden. Zusätzliche Name-/Wertpaare können je nach UI-Element-Typ vorhanden sein.

7.4.1 Implementierung der Methode »wddomodifyview( )«

Im Folgenden werden wir besprechen, welche Schritte für die dynamische Anbindung von Aktionen an Ereignisse erforderlich sind. Bei der Implementierung von dynamischer Ereignisbehandlung werden zwei Aspekte betrachtet: einerseits die Zuordnung einer Aktion zu einem Ereignis eines dynamisch erzeugten UI-Elementes, andererseits die dynamische Erweiterung der Parameterliste, die über das Ereignis an den Aktionsbehandler durch das Objekt `wdevent` übergeben wird. Dieser Vorgang wird als Parameter-Mapping bezeichnet. Unter diesem Begriff versteht man somit die Bindung eines Ereignisparameters an einen Parameter einer Aktionsbehandler-Methode.

Parameter-Mapping Das Hinzufügen von Parametern wird immer in der Methode `wddomodifyview( )` eines View-Controllers durchgeführt. Bei der Implementierung müssen Sie die folgenden Schritte ausführen:

- Definieren Sie eine Aktion, die die Behandlung des Ereignisses mit ihrer Behandlermethode durchführt.
- Erzeugen Sie dynamisch ein UI-Element, das ein Ereignis auslösen kann, und übergeben Sie an dieses Element den Namen der Aktion.
- Optional: Erweitern Sie die Parameterliste des Ereignisses, falls Sie zusätzliche Parameter benötigen.

Beispiel In Listing 7.16 sehen Sie ein Beispiel mit einer `Toolbar`, der zwei `ToolBarButton`-Elemente mit ergänzten Ereignisparametern hinzugefügt werden. Beide `ToolBarButton`-Elemente verwenden denselben Ereignisparameter, aber mit unterschiedlichen Werten. Diese werden in der Behandlermethode ausgewertet, die wir noch erläutern werden.

```
****************************************************************
* Toolbar
   DATA: lo_toolbar TYPE REF TO cl_wd_toolbar.
* Neue Toolbar
   CALL METHOD cl_wd_toolbar=>new_toolbar
     EXPORTING
       id      = 'TOOLB1'
     RECEIVING
       control = lo_toolbar.
* Zur View-Hierarchie hinzufügen
   lo_container->add_child( the_child = lo_toolbar ).
* Matrix-Head-Data setzen
   CALL METHOD cl_wd_matrix_head_data=>new_matrix_head_data
```

```
      EXPORTING
        element = lo_toolbar.
*************************************************************
* Supply-Button ergänzen
    DATA: lo_button TYPE REF TO cl_wd_toolbar_button.
* Button anlegen
    CALL METHOD cl_wd_toolbar_button=>new_toolbar_button
      EXPORTING
        id        = 'BUT_SUPPLY'
        on_action = 'ON_BUT'
        text      = 'Erzeuge Teams'
      RECEIVING
        control   = lo_button.
* Zur Toolbar hinzufügen
    CALL METHOD lo_toolbar->add_toolbar_item
      EXPORTING
        the_toolbar_item = lo_button.
* Parameter zur Aktion ergänzen
    DATA: lt_parameters LIKE if_wd_event=>parameters,
          ls_parameter LIKE LINE OF lt_parameters.
* Setzen des Parameterwertes
    CLEAR lt_parameters.
    ls_parameter-name = 'BUT_MODE'.
    ls_parameter-value = 'SUPPLY'.
    ls_parameter-type = 'g'. "String
    INSERT ls_parameter INTO TABLE lt_parameters.
* Zuordnung der Parameter zum Ereignis
    CALL METHOD lo_button->map_on_action
      EXPORTING
        parameters = lt_parameters.
*************************************************************
* Invalidate-Buttons ergänzen
    CALL METHOD cl_wd_toolbar_button=>new_toolbar_button
      EXPORTING
        id        = 'BUT_INVALIDATE'
        on_action = 'ON_BUT'
        text      = 'Lösche Teams'
      RECEIVING
        control   = lo_button.
* Zur Toolbar hinzufügen
    CALL METHOD lo_toolbar->add_toolbar_item
      EXPORTING
        the_toolbar_item = lo_button.
* Setzen des Parameterwertes
    CLEAR lt_parameters.
    ls_parameter-name = 'BUT_MODE'.
    ls_parameter-value = 'INVALIDATE'.
    ls_parameter-type = 'g'. "String
    INSERT ls_parameter INTO TABLE lt_parameters.
* Zuordnung der Parameter zum Ereignis
```

```
CALL METHOD lo_button->map_on_action
  EXPORTING
    parameters = lt_parameters.
```

Listing 7.16 Dynamische Zuordnung von Aktionsbehandler und Parameter

Toolbar und ToolBarButton anlegen

Das Beispiel beginnt mit der Anlage der `Toolbar`, die zum View ergänzt wird. Danach wird der erste `ToolBarButton` instanziert. Bei der Anlage werden diesem die ID `BUT_SUPPLY`, der Text »Erzeuge Teams« und die Aktion `ON_BUT` zugeordnet, die natürlich zuvor angelegt werden muss (siehe Abschnitt 2.4.6, »Aktionen und Ereignisse«). Nach der erfolgten Anlage des `ToolBarButton`-Elementes wird dieses zur `Toolbar` (Methode `add_toolbar_item( )`) ergänzt.

Parameterliste erweitern

Nun folgt die Erzeugung des zusätzlichen Ereignisparameters `BUT_MODE` mit dem Wert `SUPPLY` vom Typ `STRING` (g). Wir verwenden zur Typisierung der Parametertabelle das Interface-Attribut `if_wd_event=>parameters` vom Typ `WDR_NAME_VALUE_LIST`, in das der Parameter eingefügt wird und dann mithilfe der Methode `map_on_action( )` des `ToolBarButton`-Elementes an diesen übergeben wird. Für alle UI-Elemente, die Ereignisse anbieten, finden Sie in der Methodenliste der repräsentierenden ABAP-Klassen die Methoden `map_on_<Ereignis>( )`, mit denen Sie das Parameter-Mapping durchführen können.

Das beschriebene Vorgehen wiederholt sich in unserem Beispiel identisch für den zweiten `ToolBarButton`. Damit ist die dynamische Erzeugung von zwei `ToolBarButton`-Elementen mit Ereignisbehandler-Zuordnung und zusätzlicher Ereignisparameter-Erzeugung abgeschlossen, und wir können uns auf die Auswertung des Ereignisses in einer Aktionsbehandler-Methode konzentrieren.

7.4.2 Implementierung Aktionsbehandler-Methode

Um Parameter und besonders den zusätzlichen Parameter aus der Schnittstelle der Aktionsbehandler-Methode verwenden zu können, müssen Sie diesen aus dem Methodenparameter `wdevent` ermitteln. Danach können Sie, basierend auf den gewonnenen Daten, Ihre gewünschte Logik implementieren. Wie bereits in der Einleitung zu diesem Abschnitt erwähnt, befinden sich die Name-/Wertpaare (siehe Abbildung 7.19, ❷) in der Tabelle `wdevent->parameters` (❶).

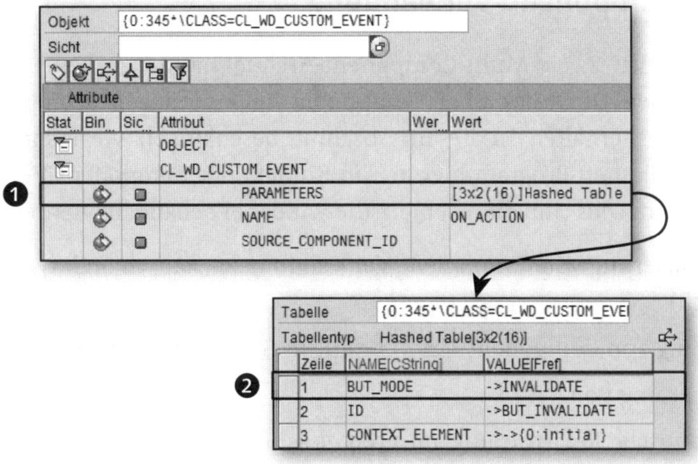

Abbildung 7.19 Zusätzlicher Ereignisparameter

In der Abbildung sehen Sie den zusätzlichen Parameter BUT_MODE und seinen Wert INVALIDATE, den wir zuvor dynamisch ergänzt haben. Ein Beispiel für die Reaktion auf den Wert des zusätzlichen Ereignisparameters zeigt Listing 7.17. **Beispiel**

```
* Ermittelter Modus aus den Parametern
  DATA: ld_but_mode TYPE string.
* Modus ermitteln = Zusatzparameter
  CALL METHOD wdevent->get_string
    EXPORTING
      name  = 'BUT_MODE'
    RECEIVING
      value = ld_but_mode.
* Reaktion
  IF ld_but_mode = 'INVALIDATE'.
    wd_comp_controller->delete_teams( ).
  ELSEIF ld_but_mode = 'SUPPLY'.
    wd_comp_controller->setctx_scrum_teams( ).
  ENDIF.
```

Listing 7.17 Auswertung des dynamischen Ereignisses

Wir verwenden die Hilfsmethode wdevent->get_string( ) aus dem Ereignisobjekt, um auf den Parameter BUT_MODE zuzugreifen und dessen Wert zu extrahieren. Dieser wird in der Folge als Entscheidungskriterium für die Abarbeitung von Logikzweigen herangezogen.

7.5 Component-Verwendung

Themen

In Abschnitt 2.7, »Multi-Component-Architekturen«, haben Sie bereits einen Überblick über Component-Verwendungen (Component Usages) erhalten. In diesem Abschnitt beschäftigen wir uns mit der dynamischen Programmierung im Kontext der Component-Verwendungen. Dies sind die Themen, die wir dabei behandeln werden:

- Instanzierung von Component-Verwendungen (statisch und dynamisch)
- Cloning von Component-Verwendungen (statisch und dynamisch)
- Einbettung von Views
- dynamische Registrierung auf Ereignisse

Wenn wir von statischer Component-Verwendung sprechen, ist damit der Sachverhalt gemeint, dass der Name der Component zur Entwicklungszeit bekannt ist und dieser Name zu den verwendeten Components einer verwendenden Component ergänzt wurde.

7.5.1 Prinzipielles zur Verwendung von Components

Szenarien

Vor dem Beginn einer Diskussion der Einsatzmöglichkeiten von Verwendungen werden wir nochmals überlegen, wodurch Schnittstellen und deren Vorgaben entstehen. Prinzipiell unterscheiden wir drei Szenarien für die Entstehung und Definition von Schnittstellen zwischen Components (siehe auch Abbildung 7.20), die wir in ihrer Rolle als Verwendende (eine Component, die eine andere verwendet) und Verwendete (eine Component, die von einer anderen verwendet wird) bezeichnen.

Macht bei Verwendeter

- **Verwendete definiert Schnittstelle**
  Eine Component bietet Funktionalität, die für andere Components von Interesse ist. Beispiele für ein solches Szenario sind die Components `SALV_WD_TABLE`, `WDR_SELECT_OPTIONS` oder `WDR_OVS`. In diesem Szenario liegt die »Macht« bei der verwendeten Component, die Schnittstelle und das Protokoll zu bestimmen – das heißt, wie mit ihr zu kommunizieren und wie sie zu verwenden ist. Die Verwender müssen sich an die Vorgaben halten. Dieses Szenario führt im Allgemeinen zu einer statischen (zur Entwicklungszeit festgelegten) Verwendung.

- **Verwender und Verwendete definieren Schnittstelle**
  Hierbei handelt es sich um einen demokratischen Prozess, in dem die Bedürfnisse des Verwenders durch die Verwendete umgesetzt und abgebildet werden. Auslöser für diesen Vorgang ist eine architektonische Überlegung hinsichtlich der Trennung von Aufgaben der Components. Diese enge Zusammenarbeit zwischen Verwender und Verwendeter führt oft zu einer starken Kopplung der Components und macht die Wiederverwendung der Verwendeten in anderen Verwendungsszenarien aufwendig.

Demokratie

- **Verwender definiert Schnittstelle**
  In diesem Szenario legt der Verwender die Schnittstelle und das Protokoll fest, die für die Zusammenarbeit mit einer Verwendeten die Basis bilden. Die »Macht« liegt beim Verwender und wird technisch mithilfe eines Web-Dynpro-Component-Interface (WDCI) realisiert. Die Verwendeten müssen dieses Interface implementieren und können dann die Zusammenarbeit anbieten. Ein Beispiel für ein Web-Dynpro-Component-Interface ist `IWD_VALUE_HELP`.

Macht beim Verwender

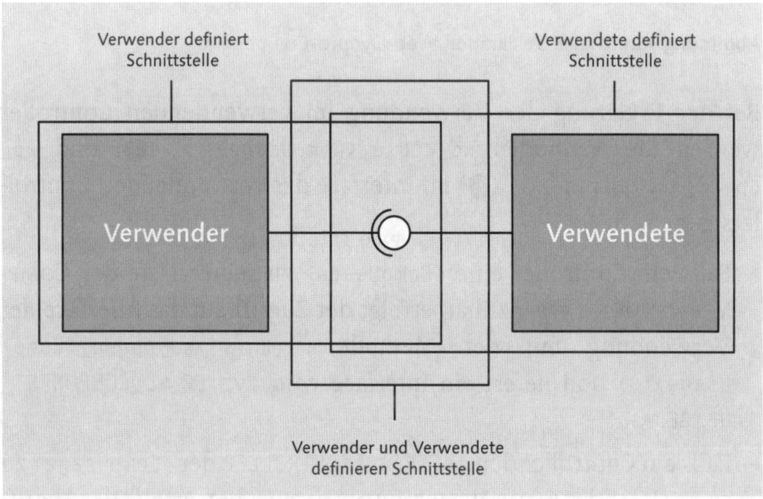

Abbildung 7.20 Component-Schnittstellen

Component Usage

Ist eine Component-Verwendung einer Web-Dynpro-Component definiert (siehe Abbildung 7.21, ❶), werden im verwendenden Controller zwei Einträge bei Verwendete Controller/Components aufgelistet: einmal für die Instanzierung der Usage (❷) und einmal für den Zugriff auf die Funktionalität, die im Interface-Controller der verwendeten Component angelegt ist (❸).

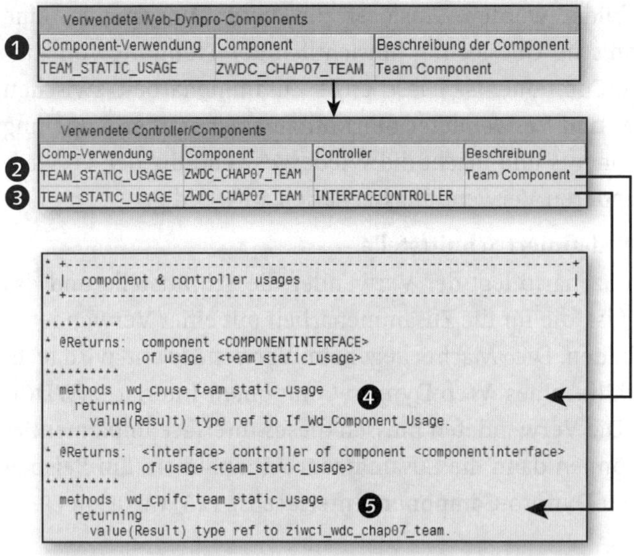

Abbildung 7.21 Usage-Deklaration Web-Dynpro-Component

wd_cpuse_*( ), wd_cpifc_*( )

Bei der Erklärung der Verwendung im verwendenden Controller werden die Methoden `wd_cpuse_<CompUsage>( )` (❹) und `wd_cpifc_<CompUsage>( )` (❺) im Interface des verwendenden Controllers generiert.

<CompUsage>

- Falls ein Controller eine `<CompUsage>` zu seiner Liste der COMP-VERWENDUNG ergänzt hat, erfolgt der Zugriff auf das Interface der Verwendung mit der Methode `wd_this->wd_cpuse_<CompUsage>( )` und liefert ein Interface vom Typ `IF_WD_COMPONENT_USAGE`.

Interface-Controller <CompUsage>

- Falls ein Controller den `INTERFACECONTROLLER` der `<CompUsage>` zu seiner Liste der COMP-VERWENDUNG ergänzt hat, erfolgt der Zugriff auf dieses Interface mit der Methode `wd_this->wd_cpifc_<CompUsage>( )` und liefert ein Interface vom Typ `(Z)IWCI_<UsedComponent>`. Die Elemente des Interface, die für die Interaktion mit der verwendeten Component eingesetzt werden, stammen aus der Definition des Interface der verwendeten Component.

Component Interface Usage

Ist eine Component-Verwendung eines Web-Dynpro-Component-Interface definiert (siehe Abbildung 7.22, ❶), werden im verwendenden Controller zwei Einträge bei VERWENDETE CONTROLLER/COMPONENTS aufgelistet: einmal für die Instanzierung der Usage (❷) und einmal für den Zugriff auf die Funktionalität, die im Interface-Controller des verwendeten Web-Dynpro-Component-Interface angelegt ist (❸).

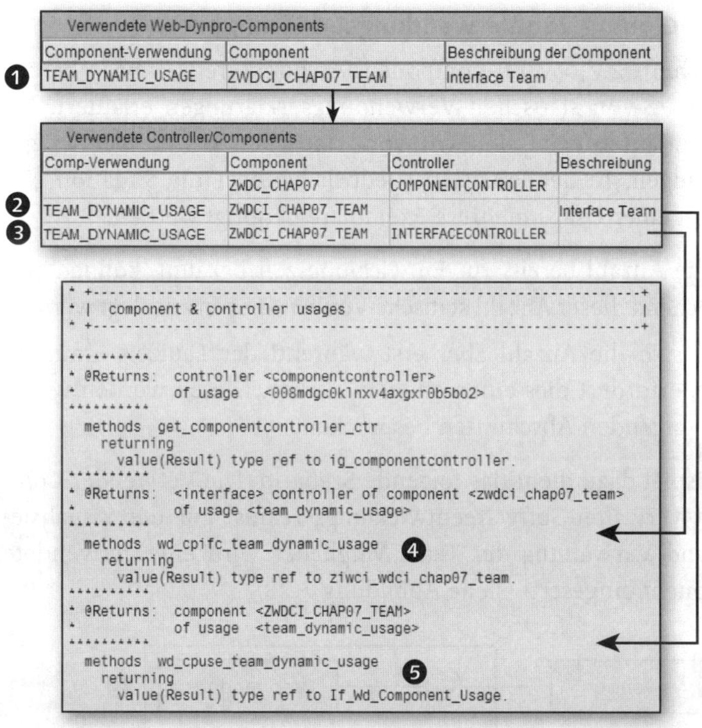

Abbildung 7.22 Usage-Deklaration Web-Dynpro-Component-Interface

wd_cpuse_*( ), wd_cpifc_*( )

Bei der Erklärung der Verwendung im verwendenden Controller werden die Methoden `wd_cpuse_<CompUsage>( )` (❹) und `wd_cpifc_<CompUsage>( )` (❺) im Interface des verwendenden Controllers generiert.

<CompUsage>

- Falls ein Controller eine `<CompUsage>` zu seiner Liste der COMP-VERWENDUNG ergänzt hat, erfolgt der Zugriff auf das Interface der Verwendung mit der Methode `wd_this->wd_cpuse_<CompUsage>( )` und liefert ein Interface vom Typ `IF_WD_COMPONENT_USAGE`.

Interface-Controller <CompUsage>

- Falls ein Controller den `INTERFACECONTROLLER` der `<CompUsage>` zu seiner Liste der COMP-VERWENDUNGEN ergänzt hat, erfolgt der Zugriff auf dieses Interface mit der Methode `wd_this->wd_cpifc_<CompUsage>( )` und liefert ein Interface vom Typ `(Z)IWCI_<UsedComponent>`. Die Elemente des Interface, die für die Interaktion mit der verwendeten Component eingesetzt werden, stammen aus der Definition des Web-Dynpro-Component-Interface.

7.5.2 Cloning von Verwendungserklärungen

Anzahl zur Laufzeit

In Abschnitt 2.7, »Multi-Component-Architekturen«, wurde bereits der Einsatz von statischen Verwendungserklärungen erläutert. Bei diesen Erläuterungen sind wir vom statischen Einsatz der Usages ausgegangen. In der Praxis tritt jedoch häufiger die Situation ein, dass von einer Usage mehrere Exemplare benötigt werden.

- Ist die Anzahl bereits zur Entwicklungszeit bekannt, können entsprechend dieser Anzahl statische Verwendungen angelegt werden.
- Falls sich die Anzahl aber erst während der Laufzeit ermitteln lässt, erfordert dies einen anderen Ansatz. Diesen werden wir in den folgenden Abschnitten besprechen.

Als Beispiel dazu dient das folgende Szenario: Die Verwender-Component verwaltet Softwareentwicklungs-Teams. Für die Visualisierung und Verwaltung der Team-Mitglieder wird eine verwendete Component eingesetzt (siehe Abbildung 7.23).

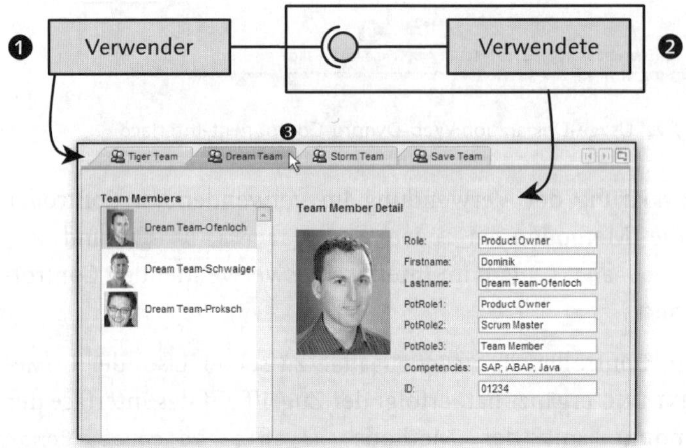

Abbildung 7.23 Cloning von Usages

Die Verwender-Component (❶) stellt einen Visualisierungsrahmen (TabStrip) für den Interface-View einer verwendeten Component zur Verfügung. Dabei kann die Anzahl der Teams (Tab) nur zur Laufzeit bestimmt werden. Je Team (Tab) wird eine Verwendete instanziert. Die Instanzierung wird in unserem Beispiel in der Aktionsbehandler-Methode zum Ereignis SELECT des TabStrip realisiert. Wie wir in der Abbildung angedeutet haben, handelt es sich um das Szenario »Verwendete definiert Schnittstelle« (siehe Abschnitt 7.5.1, »Prinzipielles zur Verwendung von Components«).

Verwender

IF_WD_COMPONENT_USAGE

Ist es notwendig, zur Laufzeit mehrere Instanzen einer statischen Usage zu erzeugen, benötigen Sie die Information (Referenz) auf die statische Verwendungserklärung und eine Möglichkeit, diese zu clonen (im Sinn von kopieren). Eine weitere Überlegung betrifft die Verwaltung der zur Laufzeit erzeugten Usages. In Listing 7.18 zeigen wir Ihnen ein Beispiel, in dem diese Aspekte diskutiert werden, und Sie werden sehen, welche Werkzeuge Sie brauchen, um das Clonen und Verwalten von Usages effizient abbilden können.

Clonen und verwalten

```
  DATA: ld_tab TYPE string,
        ld_vc_id TYPE string.
* Tab-Name ermitteln = Team-Name
  ld_tab = wdevent->get_string( 'TAB' ).
* Einbettung View
  CONCATENATE
  'VC'
  ld_tab
  INTO ld_vc_id.
* Usage erzeugen
* Statische Usage
  DATA: lo_cmp_usage TYPE REF TO if_wd_component_usage,
* Neue Usage
        lo_cmp_usage_new LIKE lo_cmp_usage.
* Prüfung, ob Usage schon existiert
  READ TABLE wd_this->gt_static_usage_clones
    INTO lo_cmp_usage_new
    WITH KEY table_line->name = ld_vc_id.
* Falls es die Usage noch nicht gibt
  IF sy-subrc <> 0.
    lo_cmp_usage =   wd_this->wd_cpuse_team_static_usage( ).
```

```
* Clone Usage instanzieren
    CALL METHOD lo_cmp_usage->create_comp_usage_of_same_type
      EXPORTING
        name            = ld_vc_id
      RECEIVING
        component_usage = lo_cmp_usage_new.
* Usage implementierende Component instanzieren
    IF lo_cmp_usage_new->has_active_component( ) IS INITIAL.
      lo_cmp_usage_new->create_component( ).
    ENDIF.
* Usage anfügen
    APPEND lo_cmp_usage_new TO
      wd_this->gt_static_usage_clones.
  ENDIF. "exists
```

Listing 7.18 Clone einer statischen Verwendungserklärung

Um eine statische Verwendungserklärung zu klonen, müssen Sie die folgenden Schritte durchführen:

Eindeutige Bezeichnung generieren

1. Die Implementierung der Aktionsbehandler-Methode in das Ereignis SELECT des UI-Elementes `Tab` beginnt mit der Ermittlung der Bezeichnung des `Tab`. Diese Bezeichnung wird in der Folge zur Erzeugung der Bezeichnung des Elementes `ViewControllerUIElement` verwendet, in das der View der verwendeten Component dynamisch eingebettet wird. Das `ViewControllerUIElement` wurde zuvor dynamisch angelegt (siehe Abschnitt 7.3.4, »UI-Elemente anlegen«). Zudem wird der Name als Bezeichner für die dynamisch erzeugte Usage verwendet.

Verwaltung der geclonten Usages

2. Dynamisch erzeugte Usages werden mithilfe einer internen Tabelle (`wd_this->gt_static_usage_clones`) verwaltet. Diese besitzt den Typ `WD_COMPONENT_USAGE_GROUP` und wird als Controller-Attribut definiert. Der Zeilentyp der Usage-Tabelle ist `IF_WD_COMPONENT_USAGE`.

   Eine Alternative zur Ablage in einer Tabelle stellt die Struktur `WDAPI_COMPONENT_USAGE` dar. Diese kann als Typ eines Attributes zur Ablage einer Usage-Referenz dienen. Der Tabellentyp `WDAPI_COMPONENT_USAGES`, der diese Struktur als Zeilentyp besitzt, kann als Variante zu `WD_COMPONENT_USAGE_GROUP` eingesetzt werden. Der Unterschied der beiden Tabellentypen besteht in der Menge an Informationen, die zu einer Usage abgelegt wird.

3. Falls die Usage noch nicht existiert, wird mit der Hilfe der Methode `wd_this->wd_cpuse_team_static_usage( )` die Referenz auf die statische Verwendungserklärung ermittelt, die vom Typ `IF_WD_COMPONENT_USAGE` ist.

   Statische Usage ermitteln

4. Die Methode `create_comp_usage_of_same_type( )` aus dem Interface `IF_WD_COMPONENT_USAGE` dient zum Clonen der statischen Verwendungserklärung und stellt somit die zentrale Funktion im Listing dar. Beim Aufruf der Methode muss man einen Namen für die dynamisch erzeugte Usage übergeben, wobei diese identisch benannt wird, wie zum Beispiel das `ViewControllerUIElement`, in das der Interface-View der Usage eingebettet wird.

   Clonen einer statischen Usage

5. Die Methode `create_component( )`, aufgerufen über die neue Usage, sorgt für die Instanzierung der Component.

   Component instanzieren

6. Abschließend sichern wir die Referenz der neuen Usage in die Usage-Tabelle. Sollte der Benutzer zu einem späteren Zeitpunkt nochmals auf den `Tab` klicken, kann er auf die vorhandene Instanz zugreifen.

   Geclonte Usage sichern

Das Interface `IF_WD_COMPONENT_USAGE` bietet noch weitere Methoden für das Arbeiten mit Usages an, die in Tabelle 7.5 aufgelistet sind.

Name	Beschreibung
`create_component( )`	Instanzierung einer Component in einer Usage
`delete_component( )`	Entfernung der Component-Instanz in einer Usage
`has_active_component( )`	Feststellung, ob eine Usage eine instanzierte Component besitzt
`get_interface_controller( )`	den Interface-Controller der instanzierten Component ermitteln
`add_event_handler( )`	Registrierung einer Ereignisbehandler-Methode zu einem Ereignis der Usage
`create_comp_usage_of_same_type( )`	Erzeugung einer Component Usage vom selben Typ
`get_component_usage_info( )`	Ermittlung der Beschreibung (Metainformation) einer Component Usage
`remove_event_handler( )`	Deregistrierung einer Ereignisbehandler-Methode

Tabelle 7.5 Methoden von IF_WD_COMPONENT_USAGE

IF_WD_COMPONENT_USAGE_GROUP

Elegante Verwaltung von Usages

Alternativ zum Interface `IF_WD_COMPONENT_USAGE` und der Anlage einer internen Tabelle zur Verwaltung der Usages können Sie auch einen Mechanismus verwenden, der vom Web-Dynpro-Framework angeboten wird. Das Interface `IF_WD_COMPONENT_USAGE_GROUP` bietet Ihnen die Infrastruktur, um einfach und elegant den Verwaltungsaspekt der dynamisch erzeugten Verwendungen abzubilden.

IF_WD_COMPONENT ermitteln

Die Verwendung des Interface bedingt, dass Sie eine Referenz auf das Interface `IF_WD_COMPONENT` ermitteln. Dazu stehen unterschiedliche Möglichkeiten zur Verfügung. In Abbildung 7.24 sehen Sie eine Ermittlungsvariante aus dem Kontext eines View-Controllers.

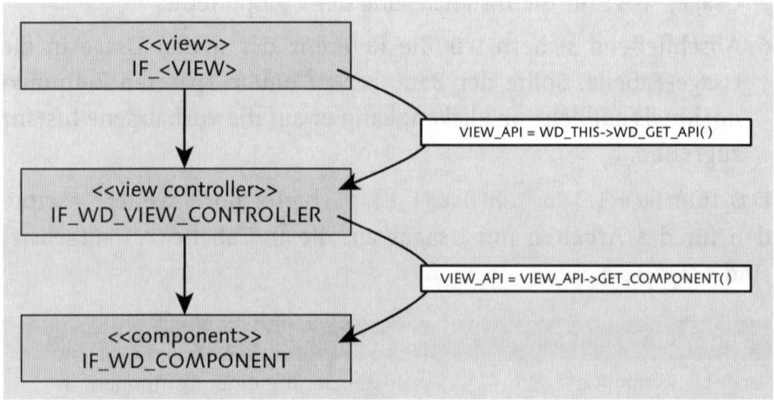

Abbildung 7.24 IF_WD_COMPONENT ermitteln

Variante 1

Ausgehend von einer Controller-Methode in einem View-Controller, kann durch die Selbstreferenz `wd_this->wd_get_api( )` die Referenz auf die View-Controller-API ermittelt werden, die vom Typ `IF_WD_VIEW_CONTROLLER` ist. Über die ermittelte Referenz wird mithilfe der Methode `get_component( )` die Referenz auf die Component-API beschafft, die vom Typ `IF_WD_COMPONENT` ist. In Listing 7.19 haben wir den beschriebenen Weg als »Variante 1« implementiert und noch zwei weitere Varianten für die Ermittlung der Component-API realisiert – viele Wege führen nach Rom!

```
* View-Controller-API
  DATA: lo_view_api TYPE REF TO if_wd_view_controller,
* Component-Controller
        lo_comp_controller TYPE REF TO ig_componentcontroller,
* Component-API
```

```
        lo_comp_api TYPE REF TO if_wd_component.
************************************************************
* Referenz auf die Component-API ermitteln
* Variante 1
  lo_view_api = wd_this->wd_get_api( ).
  lo_comp_api = lo_view_api->get_component( ).
* Variante 2
*  lo_comp_controller =
*    wd_this->get_componentcontroller_ctr( ).
*  lo_comp_api = lo_comp_controller->wd_get_api( ).
* Variante 3
*  lo_comp_api = wd_comp_controller->wd_get_api( ).
```

Listing 7.19 Referenz auf Component-API

In Variante 2 wird in einem ersten Schritt die Referenz auf das globale Interface des Component-Controllers vom Typ `IG_COMPONENTCONTROLLER` ermittelt. Über diese Referenz ermitteln Sie mit der Methode `wd_get_api( )` wiederum die Referenz auf die Component-API, die vom Typ `IF_WD_COMPONENT` ist.

Variante 2

In Variante 3 – der kompaktesten Variante – verwenden Sie die Referenz `wd_comp_controller` auf den Component-Controller, die in den Attributen des View-Controllers als Standardattribut vorhanden ist. Über diese Referenz ermitteln Sie mit der Methode `wd_get_api( )` wiederum die Referenz auf die Component-API, die vom Typ `IF_WD_COMPONENT` ist.

Variante 3

Ausgehend von der Referenz auf `IF_WD_COMPONENT`, können Sie die Referenz auf eine Usage Group ermitteln. Dazu stehen Ihnen die Methoden `get_cmp_usage_group( )`, `has_cmp_usage_group( )` sowie `create_cmp_usage_group( )` zur Verfügung, mit denen Sie den Umgang mit Usage Groups implementieren können. Listing 7.20 zeigt ein Beispiel für das Handling von Usage-Gruppen.

IF_WD_COMPONENT_USAGE_GROUP ermitteln

```
* Referenz auf Usage Group
DATA: lo_comp_usage_group TYPE REF TO
        if_wd_component_usage_group,
* Name der Usage Group
      ld_name_comp_usage_group TYPE string
        VALUE 'CUG_TEAM'.
* Gibt es die Usage Group bereits?
IF lo_comp_api->has_cmp_usage_group(
    ld_name_comp_usage_group ) = abap_true.
* Die Referenz auf die Usage Group ermitteln
  lo_comp_usage_group = lo_comp_api->get_cmp_usage_group(
```

```
    ld_name_comp_usage_group ).
  ENDIF.
* Falls die Usage Group nicht existiert, dann anlegen
* Anmerkung: Immer der gleiche Typ, egal ob statische oder
*            dynamische Verwendung
IF lo_comp_usage_group IS NOT BOUND.
  lo_comp_usage_group =
    lo_comp_api->create_cmp_usage_group(
     name = ld_name_comp_usage_group
*    used_component = 'ZWDCI_CHAP07_TEAM'). "Dynamischer Typ
     used_component = 'ZWDC_CHAP07_TEAM'). "Statischer Typ
ENDIF.
```

Listing 7.20 Usage Group ermitteln/instanzieren

Usage-Gruppe ermitteln

Das Listing beginnt mit der Deklaration einer Referenz für die zu ermittelnde bzw. anzulegende Usage Group vom Typ `IF_WD_COMPONENT_USAGE_GROUP` und mit dem Namen der Gruppe. Mithilfe der Referenz auf die Component-API (`lo_comp_api`) wird mit der Methode `has_cmp_usage_group( )` festgestellt, ob die Usage Group bereits vorhanden ist. Ist dies der Fall, wird die Referenz mit der Methode `get_cmp_usage_group( )` ermittelt.

Usage-Gruppe hinzufügen

Ist die Usage Group noch nicht vorhanden, verwenden Sie die Methode `create_cmp_usage_group( )`, um eine neue Gruppe mit einem bestimmten Namen und einem statischen (dynamischen) Typ zu instanzieren. Der Typ ist der Name der Web-Dynpro-Component (Web-Dynpro-Component-Interface), die in der statischen (dynamischen) Verwendungserklärung benutzt wurde.

Usage-Gruppe verwenden

Das Verwenden der Usage Group umfasst das Anlegen, Auslesen und Löschen von Usages. In Listing 7.21 zeigen wir Ihnen das Beispiel aus dem vorhergehenden Abschnitt, dieses Mal jedoch mit der Hilfe von Usage Groups implementiert.

```
* Arbeiten mit einzelnen Usages
  DATA: ld_tab TYPE string,
        ld_vc_id TYPE string.
* Tab-Name ermitteln = Team-Name
  ld_tab = id_tab_name.
* Einbettung des Views
  CONCATENATE
  'VC'
  ld_tab
  INTO ld_vc_id.
* Usage erzeugen
```

```
  DATA: lo_if_controller TYPE REF TO ziwci_wdc_chap07_team.
* Statische Usage
  DATA: lo_cmp_usage TYPE REF TO if_wd_component_usage,
* Neue Usage
        lo_cmp_usage_new LIKE lo_cmp_usage.
* Prüfung, ob Usage schon existiert
  lo_cmp_usage_new =
    lo_comp_usage_group->get_component_usage( ld_vc_id ).
* Falls es die Usage noch nicht gibt
  IF lo_cmp_usage_new IS NOT BOUND.
* Usage anlegen
    lo_cmp_usage_new =
      lo_comp_usage_group->add_component_usage(
        name = ld_vc_id ).
* Usage implementierende Component instanzieren
    IF lo_cmp_usage_new->has_active_component( ) IS INITIAL.
      lo_cmp_usage_new->create_component( ).
    ENDIF.
  ENDIF. "exists
```

Listing 7.21 Usage in Usage-Gruppe ergänzen

get_component_usage( ), add_component_usage( )

Über die Referenz auf die Usage Group kann mit der Methode `get_component_usage( )` die Usage mit einem bestimmten Namen ermittelt werden. Existiert diese Usage noch nicht, wird eine ungebundene Referenz zurückgeliefert. Mit der Methode `add_component_usage( )` der Usage Group können Sie eine neue Usage anlegen, die zusätzlich in die Usage Group ergänzt wird.

In Tabelle 7.6 sind alle relevanten Methoden des Interface `IF_WD_COMPONENT_USAGE_GROUP` aufgelistet und beschrieben. Hier finden Sie die Details zu den Methoden.

Name	Beschreibung
`get_component_usage( )`	Diese Methode liefert eine Referenz auf eine Usage, wobei sie den Namen der Usage an die Methode übergibt.
`get_component_usages( )`	Diese Methode liefert alle Usages aus der Gruppe. Die Rückgabe ist vom Typ `WDAPI_COMPONENT_USAGES`.

Tabelle 7.6 Methoden von IF_WD_COMPONENT_USAGE_GROUP

<table>
<tr><th>Name</th><th>Beschreibung</th></tr>
<tr><td><code>add_component_usage( )</code></td><td>Mit dieser Methode können Sie eine neue Usage in die Usage Group einfügen. Die Methode bietet die folgenden Parameter an:<ul><li><code>NAME</code> = eindeutiger Name der Usage</li><li><code>LIFECYCLE_CONTROL</code> = steuert, ob manuell oder automatisch instanziert wird.</li><li><code>EMBEDDING_POSITION</code> = definiert die Einbettungsposition für einen View. Die Position wird nach dem Schema <code>'<Name View>/<Name Container>.<Name Sub-View>/<Name Container2>*'</code> beschrieben.</li><li><code>USED_COMPONENT</code> = Name der verwendeten Component</li></ul></td></tr>
<tr><td><code>remove_component_usage( )</code></td><td>Mit dieser Methode entfernen Sie eine Usage aus der Gruppe, die Sie als Referenz an die Methode übergeben.</td></tr>
<tr><td><code>remove_all_cmp_usages( )</code></td><td>Mit dieser Methode leeren Sie die Gruppe.</td></tr>
<tr><td><code>set( )</code></td><td>Mit dieser Methode setzen Sie die Eigenschaften einer Usage. Sie übergeben den <code>NAME</code> der Usage, die <code>EMBEDDING_POSITION</code> und <code>USED_COMPONENT</code>.</td></tr>
</table>

Tabelle 7.6 Methoden von IF_WD_COMPONENT_USAGE_GROUP (Forts.)

7.5.3 Dynamische View-Einbettung

Durch die Usage-Erklärung stehen der verwendenden Component Elemente der Schnittstelle von Verwendeten (statisch, dynamisch) zur Verfügung. Dies können unter anderen Elementen natürlich auch Interface-Views sein. Wie diese dynamisch eingebunden werden, zeigen wir Ihnen in diesem Abschnitt.

Das Prinzip der Einbettung eines Views während der Entwicklungszeit wurde bereits in Abschnitt 2.3, »View«, besprochen. An dieser

Stelle wird betrachtet, wie man während der Laufzeit Interface-Views in Einbettungspositionen einblenden kann. Listing 7.22 veranschaulicht das Konzept der dynamischen View-Einbettung.

```
* Referenzen für die Navigation
  DATA: lr_api_view TYPE REF TO if_wd_view_controller,
        lr_view_info TYPE REF TO if_wd_rr_view,
        lr_comp_usage TYPE REF TO if_wd_component_usage,
        ld_embedding_pos TYPE string.
* Hole die API des aktuellen Controllers
  lr_api_view = wd_this->wd_get_api( ).
* Einbettungsposition
  CONCATENATE
  'V_SCRUM_TEAMS/'
  ld_vc_id
  INTO ld_embedding_pos.
* Teams-View
  CALL METHOD
    lr_api_view->prepare_dynamic_navigation
    EXPORTING
      source_window_name        = 'W_MAIN'
      source_vusage_name        = 'V_SCRUM_TEAMS_USAGE_1'
      source_plug_name          = 'OUT_SCRUM_TEAMS'
      target_component_name     = 'ZWDC_CHAP07_TEAM'
      target_component_usage    = ld_vc_id
      target_view_name          = 'W_MAIN'
      target_plug_name          = 'IN_SCRUM_TEAM'
      target_embedding_position = ld_embedding_pos
    RECEIVING
      component_usage           = lr_comp_usage.
* Fire: Übergang auslösen und damit die Visualisierung
  wd_this->fire_out_scrum_teams_plg( ).
```

Listing 7.22 Dynamische Einbettung eines Interface-Views

IF_WD_NAVIGATION_SERVICES

Das Listing beginnt mit der Ermittlung der Laufzeit-API des View/Window-Controllers (`wd_this->wd_get_api( )`), von dem aus die Definition der View-Einbettung stattfindet. Dieser ist vom Typ `IF_WD_VIEW_CONTROLLER` und bietet aufgrund der Einbettung des Interface `IF_WD_NAVIGATION_SERVICES` die Methode `prepare_dynamic_navigation( )`. Darüber hinaus steht im Interface `IF_WD_NAVIGATION_SERVICES` die Methode `do_dynamic_navigation( )` bereit, die für den Navigationsübergang zum View sorgt und die wir später noch verwenden werden.

Einbettungsposition

Für die Einbettung eines Views wird die Einbettungsposition benötigt. Wie Sie in Abschnitt 2.3, »View«, gelesen haben, kann dies ein `Window` oder ein `ViewContainerUIElement` sein. Um nun die konkrete Position anzugeben, müssen wir einen String erstellen, der den Pfad zur Position beinhaltet. Der Aufbau des Textes folgt dabei dem Schema: `<ÄUSSERER_VIEW>/<CONTAINER>.<INNERER_VIEW>/<CONTAINER>`, das heißt zum Beispiel `V_SCRUM_TEAMS/VC<TEAM_NAME>`, wenn `V_SCRUM_TEAM` der äußere View der Einbettung und `VC<TEAM_NAME>` das `ViewContainerUIElement` des Containers ist, dem der Interface-View zugeordnet wird. In Listing 7.22 wird der Text der Einbettungsposition dynamisch erstellt.

prepare_dynamic_navigation( )

Der wichtigste Abschnitt im Listing betrifft die Einbettung des Interface-Views, die durch den Aufruf der Methode `prepare_dynamic_navigation( )` über die View-Controller-API erreicht wird. Die Formalparameter der Methode haben die folgenden Bedeutungen:

- `source_window_name`
  An diesen Parameter übergeben Sie den Namen des Windows in der Verwendenden, in der sich die Einbettungsposition befindet.
- `source_vusage_name`
  An diesen Parameter übergeben Sie den Namen der View-Verwendung aus dem Window für den View, in den der Interface-View eingebettet wird.
- `source_plug_name`
  An diesen Parameter übergeben Sie den Namen des Outbound-Plugs des Views, von dem aus der Navigationsübergang zum Interface-View startet.
- `target_component_name`
  An diesen Parameter übergeben Sie den Namen der Web-Dynpro-Component oder des Web-Dynpro-Component-Interface aus der Usage.
- `target_component_usage`
  An diesen Parameter übergeben Sie den Namen der statischen oder dynamischen Usage.
- `target_view_name`
  An diesen Parameter übergeben Sie den Namen des Interface-Views, der einzubetten ist.

- target_plug_name
  An diesen Parameter übergeben Sie den Namen des Inbound-Plugs des Interface-Views.
- target_embedding_position
  An diesen Parameter übergeben Sie die Einbettungsposition des Interface-Views.

Einbettung, Navigationslink, Auslösung

Durch den Aufruf der Methode prepare_dynamic_navigation( ) wird der Interface-View eingebettet und ein dynamischer Navigationslink erstellt. Jedoch ist der alleinige Aufruf der Methode nicht ausreichend für die Visualisierung des Views. Zusätzlich müssen Sie noch den Outbound-Plug des Source-Views feuern (wd_this->fire_out_scrum_teams_plg( )), um diesen anzustoßen.

do_dynamic_navigation( )

Die Methode do_dynamic_navigation( ) stellt eine Alternative zur Definition der Einbettung und zum Auslösen des Navigationsübergangs dar. Sie koppelt die Funktionalität der prepare_dynamic_navigation( ) und der Methode fire_*. Somit ist nur ein Aufruf zur Definition und zum Anstoß der Navigation notwendig.

IF_WD_NAVIGATION_SERVICES_NEW

Darüber hinaus bietet das in das Interface IF_WD_VIEW_CONTROLLER eingebettete Interface IF_WD_NAVIGATION_SERVICES_NEW auch die Methoden prepare_dynamic_navigation( ) und do_dynamic_navigation( ) an. Der Unterschied zu den gleichnamigen Methoden aus dem Interface IF_WD_NAVIGATION_SERVICES ist, dass die Plugs nicht zur Entwicklungszeit existieren müssen, sondern während der Laufzeit erzeugt werden. Ein weiterer Unterschied liegt in der Typisierung des Ergebnisobjektes: Im Fall der IF_WD_NAVIGATION_SERVICES-Methoden wird eine Referenz auf das Interface IF_WD_COMPONENT_USAGE retourniert, im Fall der Methoden aus dem Interface IF_WD_NAVIGATION_SERVICES_NEW eine Referenz auf das Interface IF_WD_REPOSITORY_HANDLE.

Relevante Methoden

Das Interface IF_WD_VIEW_CONTROLLER bettet die Interfaces IF_WD_CONTROLLER, IF_WD_NAVIGATION_SERVICES und IF_WD_NAVIGATION_SERVICES_NEW ein. Eine Auswahl der für das praktische Arbeiten wichtigsten Methoden und deren Beschreibungen finden Sie in Tabelle 7.7.

Name	Beschreibung
`if_wd_navigation_services_new~prepare_dynamic_navigation( )`	Diese Methode bietet Ihnen die Möglichkeit, einen Interface-View an einer Einbettungsposition einzubinden und einen Navigationsübergang mithilfe von noch nicht existierenden Plugs zu definieren.
`if_wd_navigation_services_new~do_dynamic_navigation( )`	Diese Methode bietet Ihnen die Möglichkeit, einen Interface-View an einer Einbettungsposition einzubinden und einen Navigationsübergang mithilfe von noch nicht existierenden Plugs zu definieren. Zudem löst diese Methode den Navigationsübergang aus.
`if_wd_navigation_services~prepare_dynamic_navigation( )`	Diese Methode bietet Ihnen die Möglichkeit, einen Interface-View an einer Einbettungsposition einzubinden und einen Navigationsübergang mithilfe von existierenden Plugs zu definieren.
`if_wd_navigation_services~do_dynamic_navigation( )`	Diese Methode bietet Ihnen die Möglichkeit, einen Interface-View an einer Einbettungsposition einzubinden und einen Navigationsübergang mithilfe von existierenden Plugs zu definieren. Zudem löst diese Methode den Navigationsübergang aus.
`if_wd_navigation_services~remove_dynamic_meta_data( )`	Mit dieser Methode können Sie dynamisch erzeugte Metadaten entfernen, wie zum Beispiel einen Navigationsübergang.
`if_wd_controller~get_component( )`	Mit dieser Methode ermitteln Sie die Referenz auf die Component.
`if_wd_controller~get_controller_info( )`	Mit dieser Methode ermitteln Sie das Beschreibungsobjekt des Controllers.

Tabelle 7.7 Methoden von IF_WD_VIEW_CONTROLLER

7.5.4 Dynamische Ereignisregistrierung

Die Ereignisse wurden bereits in Abschnitt 2.4.6, »Aktionen und Ereignisse«, ausführlich behandelt. Hier zeigen wir Ihnen die Möglichkeiten, um während der Laufzeit die Registrierung auf Ereignisse durchzuführen.

Wurde eine Component-Verwendung nicht zur Entwicklungszeit definiert, ist eine statische Registrierung einer Ereignisbehandler-Methode für ein Ereignis in der verwendeten Component zur Entwicklungszeit nicht möglich. Jedoch bietet das Web-Dynpro-Framework eine Alternative, um während der Laufzeit die Registrierung vorzunehmen. Dazu muss im ersten Schritt die Referenz auf die Usage ermittelt werden. Über diese Referenz wird im nächsten Schritt die Methode add_event_handler( ) aufgerufen und die Registrierung durchgeführt. Listing 7.23 veranschaulicht diesen Vorgang.

add_event_handler( )

```
* Ereignisregistrierung
* View-Controller-API
    DATA: lo_view_api TYPE REF TO if_wd_view_controller.
    lo_view_api = wd_this->wd_get_api( ).

    CALL METHOD lo_cmp_usage_new->add_event_handler
      EXPORTING
        listener        = lo_view_api
        handler_name    = 'ON_SELECT_TEAM_MEMBER'
        controller_name = 'INTERFACECONTROLLER'
        event_name      = 'TEAM_MEMBER_SELECT'.
```

Listing 7.23 Ereignisbehandler registrieren

Statischer Ereignisbehandler

Bevor Sie mit der dynamischen Registrierung eines Ereignisbehandlers beginnen können, müssen Sie diesen in den Methoden des implementierenden Controllers definiert haben. In unserem Beispiel in Listing 7.23 ist dies der Ereignisbehandler ON_SELECT_TEAM_MEMBER. Wie alle Ereignisbehandler besitzt dieser den Parameter wdevent, über den die Daten des Ereignisses zur Verfügung gestellt werden.

Referenzen ermitteln

Für die dynamische Registrierung eines Ereignisbehandlers auf ein Ereignis aus dem Interface-Controller einer Usage benötigen Sie die Referenz auf die Usage. In unserem Beispiel sind wir davon ausgegangen, dass diese bereits ermittelt wurde (lo_cmp_usage_new). Des Weiteren ist die Referenz auf die Controller-API herauszufinden (lo_view_api), in unserem Fall von einem View-Controller.

Parameter von add_event_handler( )

Über die Referenz der Usage können Sie die Methode add_event_handler( ) aufrufen. Die Parameter der Methode haben dabei die folgende Bedeutung:

- `listener`
  Dieser Parameter dient dazu, die Controller-API des behandelnden Controllers zu übergeben.
- `handler_name`
  Dieser Parameter dient dazu, den Namen der Ereignisbehandler-Methode zu übergeben.
- `controller_name`
  Dieser Parameter dient dazu, den Namen des Controllers zu übergeben, zu dem das Ereignis gehört (in dem es definiert ist).
- `event_name`
  Dieser Parameter dient dazu, den Namen des Ereignisses zu übergeben.

wdevent Nachdem Sie die Registrierung des Ereignisses erfolgreich abgeschlossen haben, können Sie sich der Implementierung des Ereignisbehandlers zuwenden. Wie bereits erwähnt, wird an den Ereignisbehandler-Methodenparameter `wdevent` das Ereignisobjekt mit den aktuellen Daten des Ereignisses übergeben. In Abbildung 7.25 sehen Sie die Daten im Ereignisobjekt für unser Beispiel.

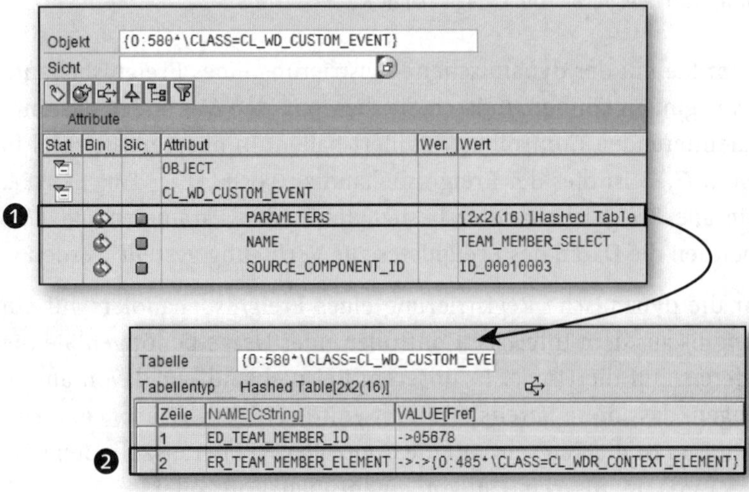

Abbildung 7.25 Ereignisparameter

Ereignisdaten Mithilfe des Objektattributes `wdevent->parameters` (❶) des Ereignisobjektes können Sie die Daten ermitteln (❷), die vom Ereignis der auslösenden Component über dessen Parameter geliefert werden. In unserem Fall sind dies zwei Datenreferenzen, die ausgelesen werden können: ED_TEAM_MEMBER_ID und ER_TEAM_MEMBER_ELEMENT. Der Wert des Parameters ED_TEAM_MEMBER_ID ist einfach über die Methode get_string(name = 'ED_TEAM_MEMBER_ID') des Ereignisobjektes herauszufinden.

Daten- und Objektreferenzen

Interessanter wird der Parameter ER_TEAM_MEMBER_ELEMENT zu ermitteln sein, da dieser als eine Datenreferenz (wie alle Elemente der Tabelle PARAMETERS) auf eine Objektreferenz realisiert ist. Da Sie die Extraktion der Referenzen oft betreffen wird, haben wir in Listing 7.24 die Schritte zur Ermittlung der Objektreferenz als Beispiel zusammengestellt.

```
DATA: lr_team_member_element TYPE REF TO
        if_wd_context_element,
* Eine Zeile aus den WDEVENT-Parametern
        lr_event_parameter TYPE wdr_event_parameter,
* Datenreferenz-Beschreibung
        lr_refdescr TYPE REF TO cl_abap_refdescr.
* Dereferenzierung der Datenreferenz
  FIELD-SYMBOLS: <fs_ref> TYPE any.
***
* Referenz auf Member-Element auslesen
  READ TABLE wdevent->parameters INTO lr_event_parameter
    WITH KEY name = 'ER_TEAM_MEMBER_ELEMENT'.
* Gefunden?
  IF sy-subrc = 0.
* Das Datenreferenz-Beschreibungsobjekt erzeugen
    lr_refdescr ?= cl_abap_typedescr=>describe_by_data_ref(
      lr_event_parameter-value ).
* Dereferenzierung der Datenreferenz mit RTTS
    ASSIGN lr_event_parameter-value->* TO <fs_ref>
      CASTING TYPE HANDLE lr_refdescr.
* Objektreferenz auf Context-Element Team Member ermitteln
    lr_team_member_element ?= <fs_ref>.
* Hier kommt die Logik
* ...
  ENDIF.
```

Listing 7.24 Objektreferenz extrahieren

Parameter auslesen

Aus der Tabelle PARAMETERS des Ereignisobjektes lesen wir den Eintrag mit dem Namen ER_TEAM_MEMBER_ELEMENT. Zur Ablage der Information verwenden wir eine Variable vom Typ WDR_EVENT_PARAMETER, das heißt den Zeilentyp der Tabelle PARAMETERS. Falls dieser Eintrag gefunden wurde, können wir uns der Ermittlung der Objektreferenz zuwenden.

RTTS und Feldsymbol

Nachdem ein Cast von einer Datenreferenz auf eine Objektreferenz nicht direkt möglich ist, verwenden wir die Run Time Type Services, um ein Beschreibungsobjekt zu erzeugen. Dieses Beschreibungsobjekt verwenden wir zur Dereferenzierung unter Zuhilfenahme eines Feldsymbols (<fs_ref>). Mithilfe des Feldsymbols und eines Casts können wir die Objektreferenz auf das Element extrahieren und mit der Implementierung der Logik fortfahren.

Relevante Methoden

Das Interface `IF_WD_COMPONENT_USAGE` bietet noch weitere Methoden für das Arbeiten mit Ereignissen an, die in Tabelle 7.8 aufgelistet sind.

Name	Beschreibung
`add_event_handler( )`	Registrierung einer Ereignisbehandler-Methode zu einem Ereignis der Usage
`remove_event_handler( )`	Deregistrierung einer Ereignisbehandler-Methode

Tabelle 7.8 Methoden von IF_WD_COMPONENT_USAGE

Eingabe- und semantische Hilfen steigern den Benutzerkomfort bei der Interaktion mit der Anwendung, die Qualität der eingegebenen Daten und die gesamte Usability. In diesem Kapitel lernen Sie, wie Sie Auswahlmöglichkeiten, Wertehilfen und semantische Hilfen für Ihre Web-Dynpro-Anwendung einsetzen können.

8 Eingabe- und semantische Hilfen

Eingabehilfen für den Benutzer einer Web-Dynpro-Anwendung haben vielfältige Auswirkungen. Sie erhöhen zum Beispiel die Benutzerfreundlichkeit, steigern die Arbeitsgeschwindigkeit, verringern Eingabefehler durch die Benutzer und reduzieren so andere Aufwände, zum Beispiel im Support. Web Dynpro bietet eine breite Palette an Möglichkeiten zur Realisierung von Eingabehilfen, die in zwei große Gruppen unterteilt werden können:

- **Auswahlmöglichkeiten**
  Auswahlmöglichkeiten bieten dem Benutzer eine vordefinierte Menge von selektierbaren Werten. Diese Menge kann aus dem ABAP Dictionary stammen oder zur Laufzeit durch den Entwickler aufgebaut werden. Der Benutzer kann nur aus dieser vordefinierten Menge von Werten auswählen. Der Umfang der Werte ist im Allgemeinen sehr gering.
- **Wertehilfen**
  Im Gegensatz dazu stellen Wertehilfen komplexe Selektionsmethoden dar. Die Menge der Werte ist signifikant höher als bei den Auswahlmöglichkeiten. Darum wird auch ein mehrstufiges Selektionsverfahren verwendet. Der bekannteste Vertreter der Kategorie Wertehilfen ist die Suchhilfe.

Zudem muss der Benutzer bei der Auswahl von Werten unter Umständen durch Hilfetexte und Zusatzinformationen unterstützt werden. Web Dynpro bietet unterschiedliche technische Möglichkeiten, um dem Benutzer von kurzen Hilfetexten bis zu ausführlichen Dokumentationstexten inhaltliche Hilfestellung anzubieten. Semantische Hilfe

Wir werden die unterschiedlichen Varianten dieser semantischen Hilfen in diesem Kapitel besprechen.

8.1 Implementierung von Auswahlmöglichkeiten

UI-Elemente

In diesem Abschnitt konzentrieren wir uns auf die Möglichkeiten in Web-Dynpro-Anwendungen, dem Benutzer eine Menge von Werten anzubieten und diese zu visualisieren. Für solche Auswahlmöglichkeiten können Sie die folgenden UI-Elemente verwenden:

- `DropDownByIndex`
- `DropDownByKey`
- `RadioButton`
- `RadioButtonGroupByIndex`
- `RadioButtonGroupByKey`
- `CheckBox`
- `CheckBoxGroup`
- `ItemListBox`
- `TriStateCheckBox`

[+]

> **Hinweis:** In diesem Kapitel werden die UI-Elemente nicht vollständig dargestellt, sondern nur der Aspekt der Auswahl von Werten wird erläutert. Eine umfassende Diskussion aller Fähigkeiten der UI-Elemente finden Sie in Kapitel 4, »UI-Elemente und ihre Eigenschaften«.

8.1.1 Dropdown-Menüs

1 aus n

Die erste Kategorie von Möglichkeiten für die Benutzerauswahl sind UI-Elemente für Dropdown-Menüs. Diese bieten dem Benutzer eine Liste von Werten an, aus denen dieser einen Eintrag auswählen kann. Diese Art der Auswahl wird als 1 aus n bezeichnet, da ein Eintrag aus einer Menge von Werten ausgewählt wird. Dies bedeutet aber auch, dass auf alle Fälle einer der Einträge selektiert wird.

Textfeld, Drucktaste und Auswahlliste

Die grafischen Bestandteile einer Dropdown-Liste sind ein Textfeld, eine Drucktaste und eine Auswahlliste. Ein bereits ausgewählter Listeneintrag wird im Textfeld dargestellt. Die Liste aller möglichen Werte wird angezeigt, wenn die Drucktaste gedrückt wird.

Die Dropdown-Auswahlmöglichkeiten stehen in Web Dynpro in zwei Varianten zur Verfügung:

- `DropDownByIndex`
- `DropDownByKey`

Die beiden Varianten unterscheiden sich nicht in der Visualisierung. Der prinzipielle Unterschied besteht in der Art der Anbindung an den Context.

DropDownByIndex

Im Fall des UI-Elementes `DropDownByIndex` wird das UI-Element an ein Context-Attribut in einem Context-Knoten gebunden, der eine Menge von Elementen enthält (Kardinalitätsobergrenze n). Die Elemente definieren die Einträge in der Dropdown-Liste. Das ausgewählte Element entspricht der Lead-Selection des Knotens.

Mithilfe der Eigenschaft `selectionChangeBehaviour` können Sie steuern, wie die Lead-Selection zu ändern ist. Falls Sie den Wert `auto` vergeben, wird die Lead-Selection vom Framework geändert. Falls Sie jedoch den Wert `manual` setzen, müssen Sie in der Aktionsbehandler-Methode des Ereignisses `onSelect` das Setzen der Lead-Selection selbst implementieren.

DropDownByIndex – Verwendungsschritte

Die Schritte, um ein UI-Element `DropDownByIndex` einzusetzen, sind im Folgenden zusammengestellt (siehe auch Abbildung 8.1):

- Definieren Sie einen Context-Knoten mit Kardinalitätsobergrenze n (❶).
- Bestimmen Sie zumindest ein Context-Knoten-Attribut, das den darzustellenden Wert im UI-Element `DropDownByIndex` aufnimmt.
- Erzeugen Sie ein UI-Element `DropDownByIndex`, das die Elemente des Context-Knotens visualisiert (❷).
- Definieren Sie das Data Binding der Eigenschaft `texts` des UI-Elementes an das Context-Knoten-Attribut (❸).

Eine Möglichkeit für den Benutzer, die Auswahl in einem UI-Element `DropDownByIndex` zu initialisieren, stellt die UI-Element-Eigenschaft `deselectable` dar (❹). Falls Sie den Wert dieser Eigenschaft auf `abap_true` setzen, erscheint zusätzlich zu den Einträgen ein leerer Eintrag an erster Stelle der Werteliste. Bei Auswahl dieses Eintrages wird die Lead-Selection des Context-Knotens zurückgesetzt, an den gebunden wurde. Der Wert des Aktionsbehandler-Methodenparameters `index` ist in diesem Fall `IF_WD_CONTEXT_NODE=>NO_SELECTION`.

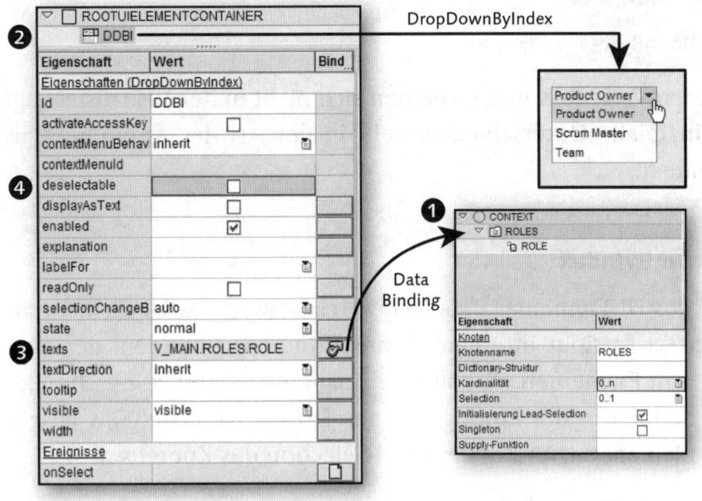

Abbildung 8.1 DropDownByIndex

Beispielimplementierung

Wir werden Ihnen die unterschiedlichen UI-Elemente und ihre Einsatzgebiete im Sinn der Eingabehilfe anhand eines einfachen Beispiels erläutern. Dazu gehen wir davon aus, dass im Context die benötigten Definitionen von Knoten und Attributen, wie zum Beispiel die Rollen in einem Scrum-Team, bei der Softwareentwicklung bereits formuliert sind. Zum Context-Knoten der Rollen (ROLES) müssen für die Anzeige der Werte im UI-Element noch Elemente erzeugt werden, die die unterschiedlichen Rollen beinhalten. In Listing 8.1 zeigen wir Ihnen eine einfache Methode zur Veranschaulichung.

```
METHOD init_roles .
* Rollen-Context-Knoten
  DATA lo_nd_roles TYPE REF TO if_wd_context_node.
* Rollen
  DATA: lt_roles TYPE wd_this->elements_roles,
* Arbeitsstruktur
        ls_role LIKE LINE OF lt_roles.
***
* Knotenreferenz ermitteln
  lo_nd_roles = wd_context->get_child_node(
    name = wd_this->wdctx_roles ).
* Behandlung nicht vorhandener Knoten
  IF lo_nd_roles IS INITIAL.
    EXIT.
  ENDIF.
```

```
***
* Rollen befüllen
* Produt Owner
  ls_role-role =
    wd_assist->if_wd_component_assistance~get_text( 'R01' ).
  APPEND ls_role TO lt_roles.
* Scrum Master
  ls_role-role =
    wd_assist->if_wd_component_assistance~get_text( 'R02' ).
  APPEND ls_role TO lt_roles.
* Team
  ls_role-role =
    wd_assist->if_wd_component_assistance~get_text( 'R03' ).
  APPEND ls_role TO lt_roles.
***
* Rollen setzen
  lo_nd_roles->bind_table(
    new_items = lt_roles
    set_initial_elements = abap_true ).
ENDMETHOD.
```

Listing 8.1 Erzeugung der Elemente

Erwähnenswert an dieser Stelle ist, dass drei Elemente, das heißt drei Einträge für die Dropdown-Liste zum Context-Knoten erzeugt werden. Die drei Texte werden mithilfe der Methode `if_wd_component_assistance~get_text()` der Assistenzklasse ermittelt, die durch die Objektreferenz `wd_assist` repräsentiert ist (siehe Abschnitt 2.4.8, »Assistance-Klasse«).

Hinweis: Die Auswahl eines Wertes führt nicht unbedingt zu einem HTTP-Roundtrip. Dies geschieht nur, wenn für das Ereignis `onSelect` eine Aktion definiert wurde. Die im Context abgelegten Daten werden durch die Auswahl eines Wertes durch den Benutzer nicht verändert. [+]

DropDownByKey

Für das UI-Element `DropDownByKey` werden die Werte der Auswahlliste über die Attributinfo in der Knoten-Info bestimmt (siehe Abschnitt 7.2.1, »Context-Knoten-Metainformation«). Die Knoten-Info, die zu einem Knoten ermittelt werden kann, beschreibt den Knoten. Diese Beschreibung beinhaltet unter anderem alle Informationen, die bei der Definition des Context-Knotens festgelegt wurden. Dazu gehören natürlich auch die Attributinformationen.

Die Liste der Werte kann auf zwei Arten entstehen:

- Domänenfestwerte
- Implementierung

Domänenfestwerte

Wurde die Typisierung des Attributes durch einen Bezug auf ein ABAP-Dictionary-Datenelement mit Domäne durchgeführt, werden die Texte zu den Domänenfestwerten zur Anzeige herangezogen. Im nächsten Beispiel zeigen wir, wie Sie das UI-Element `DropDownByKey` zur Gestaltung von Auswahlmöglichkeiten einsetzen können. Der Benutzer erhält die Gelegenheit, nach Sichtbarkeiten ABAP-Klassen-Methoden auszuwählen. Ein dafür passendes Datenelement ist `SEOEXPOSE`, das die Domäne `SEOEXPOSE` mit den Festwerten 0 (Private), 1 (Protected) und 2 (Public) referenziert.

DropDownByKey mit Domänenfestwerten – Verwendungsschritte

Die Schritte, um ein UI-Element `DropDownByKey` mit Domänenfestwerten einzusetzen, sind im Folgenden zusammengestellt (siehe auch Abbildung 8.2):

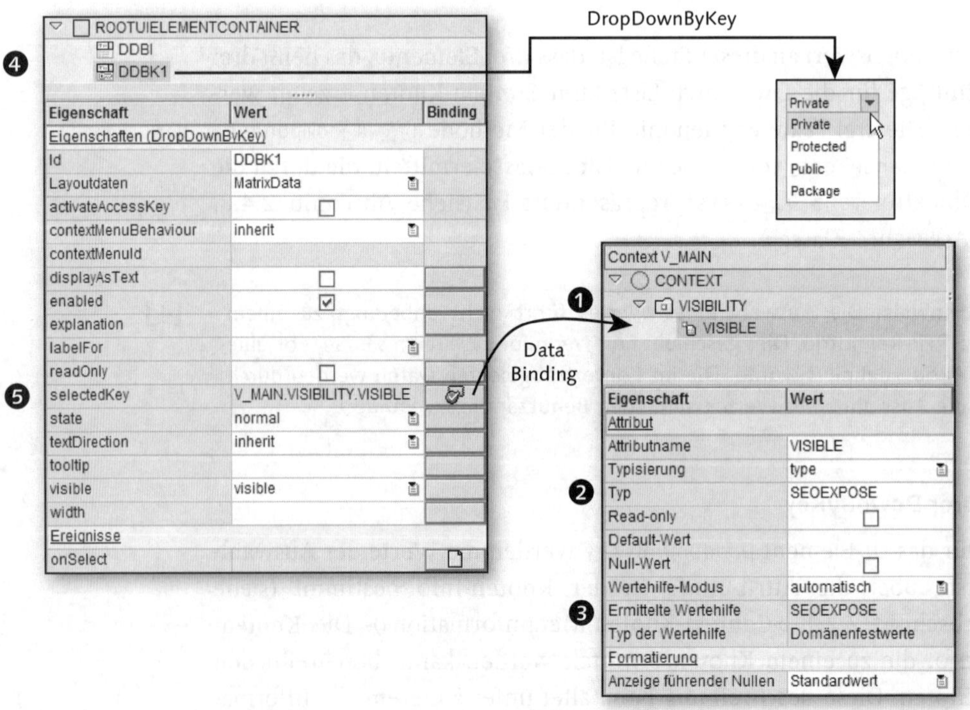

Abbildung 8.2 DropDownByKey – Domänenfestwerte

- Definieren Sie ein Context-Attribut, das mit einem Datenelement typisiert ist, dessen Domäne Festwerte besitzt (❶, ❷). Wie Sie in Abbildung 8.2 aufgrund der automatisch ermittelten Wertehilfe sehen können (❸), erkennt die Entwicklungsumgebung, dass Domänenfestwerte vorhanden sind.
- Erzeugen Sie ein UI-Element `DropDownByKey`, das die Domänenfestwerte visualisiert (❹).
- Definieren Sie das Data Binding der Eigenschaft `selectedKey` des UI-Elementes an das Context-Knoten-Attribut (❺).

Bei der Verwendung der Key-Technik ist zu beachten, dass die Auswahl eines Wertes in der Dropdown-Liste nur zu einem HTTP-Roundtrip führt, wenn zum Ereignis `onSelect` eine Aktion gebunden wurde. Im Gegensatz zum `DropDownByIndex` wird die Lead-Selection durch die Auswahl eines Wertes nicht verändert. Die im Attribut abgelegten Daten des Elementes werden durch den zur Auswahl gehörenden Schlüsselwert überschrieben.

DropDownByKey mit Implementierung – Verwendungsschritte

Wie bereits erwähnt, können die Werte der Auswahlliste auch während der Laufzeit durch Implementierung erzeugt werden. Die Schritte, um ein UI-Element `DropDownByKey` mit Implementierung einzusetzen, sind im Folgenden zusammengestellt (siehe auch Abbildung 8.3):

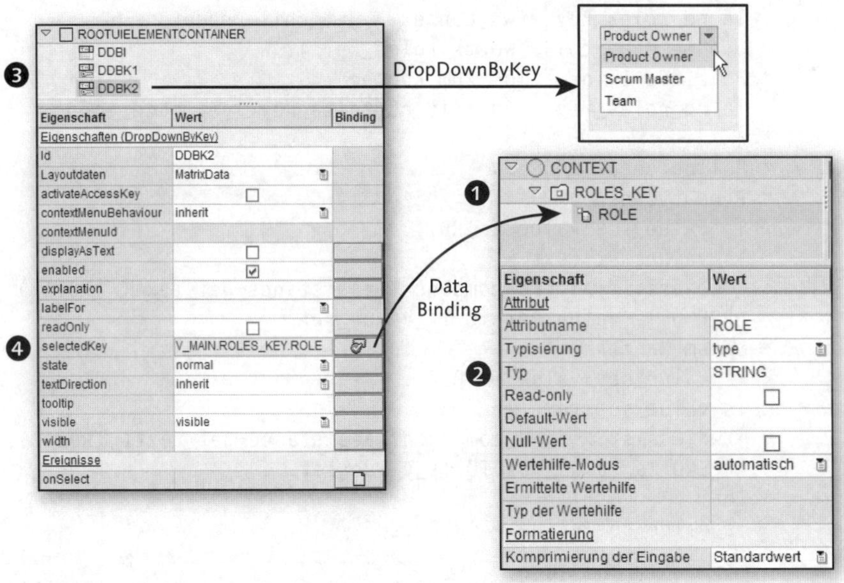

Abbildung 8.3 DropDownByKey – Implementierung

- Definieren Sie ein Context-Attribut (❶). Sie können für die Typisierung einen beliebigen Typ verwenden (❷), wie zum Beispiel STRING.
- Erzeugen Sie ein UI-Element DropDownByKey, das die durch die Implementierung erzeugten Werte visualisiert (❸).
- Definieren Sie das Data Binding der Eigenschaft selectedKey des UI-Elementes an das Context-Knoten-Attribut (❹).

Beispielimplementierung

Zum Context-Knoten-Attribut muss für die Anzeige der Werte im UI-Element noch die Wertetabelle erzeugt werden. In Listing 8.2 zeigen wir Ihnen eine einfache Methode zur Veranschaulichung dieser Nutzungsvariante des UI-Elementes DropDownByKey .

```
METHOD init_roles_key .
* Referenz auf den Knoten
  DATA: lo_nd_roles_key TYPE REF TO if_wd_context_node,
* Referenz auf die Knoten-Info
        lo_nd_roles_key_info TYPE REF TO
          if_wd_context_node_info,
* Die Werte zur Auswahlmöglichkeit als interne Tabelle
          lt_value_set TYPE TABLE OF wdr_context_attr_value,
* Arbeitsstruktur
          ls_value_set LIKE LINE OF lt_value_set.
*   Navigiere zum Knoten <KLASSEN_SEL_KRIT> durch
*   Lead-Selection
  lo_nd_roles_key = wd_context->get_child_node(
    name = wd_this->wdctx_roles_key ).
* Hole die Information zum Knoten
  lo_nd_roles_key_info = lo_nd_roles_key->get_node_info( ).
***
* Rollen befüllen
* Produt Owner
  ls_value_set-value = 'R01'.
  ls_value_set-text =
    wd_assist->if_wd_component_assistance~get_text( 'R01' ).
  APPEND ls_value_set TO lt_value_set.
* Scrum Master
  ls_value_set-value = 'R02'.
  ls_value_set-text =
    wd_assist->if_wd_component_assistance~get_text( 'R02' ).
  APPEND ls_value_set TO lt_value_set.
* Team
  ls_value_set-value = 'R03'.
  ls_value_set-text =
    wd_assist->if_wd_component_assistance~get_text( 'R03' ).
  APPEND ls_value_set TO lt_value_set.
```

```
* Setzen der Wertemenge im Beschreibungsobjekt
  lo_nd_roles_key_info->set_attribute_value_set(
      name      = 'ROLE'
      value_set = lt_value_set ).
ENDMETHOD.
```

Listing 8.2 Definition der Wertemenge eines Attributes durch Implementierung

Die Definition der Wertemenge des Attributes ROLE erfolgt durch diese Schritte:

- Im ersten Schritt wird die Referenz auf den Context-Knoten ermittelt, der das Attribut beinhaltet, für das die Wertemenge gesetzt werden soll. **get_child_node( )**
- Danach ermitteln Sie mithilfe der Methode get_node_info( ) die Knoteninformation über die Context-Knoten-Referenz aus dem vorhergehenden Schritt. **get_node_info( )**
- Die anzuzeigenden Werte werden in einer internen Tabelle mit dem Zeilentyp WDR_CONTEXT_ATTR_VALUE gesammelt (interne Tabelle lt_value_set). In unserem Beispiel haben wir die interne Tabelle lt_value_set mittels TYPE TABLE OF WDR_CONTEXT_ATTR_VALUE definiert und dann Zeile für Zeile mit den gewünschten Werten befüllt. **Wertetabelle füllen**
- Zum Abschluss setzen wir die Werte für das Attribut mit der Methode set_attribut_value_set( ) über die Knoten-Info-Referenz. Beim Aufruf der Methode müssen der Name des Attributes und der Name der internen Tabelle übergeben werden. **set_attribute_value_set( )**

8.1.2 Radiobutton

Verwendung

Ein Radiobutton repräsentiert ein Oberflächenelement mit zwei Zuständen, die über einen gesetzten oder leeren Knopf visualisiert werden. Charakteristisch für eine Gruppe von Radiobuttons ist, dass maximal ein Radiobutton ausgewählt ist. Für die Definition solcher Gruppen werden unterschiedliche UI-Elemente angeboten. Wie Sie dabei vorzugehen haben, erläutern wir im Folgenden.

RadioButton

RadioButton – Verwendungsschritte

In Abbildung 8.4 sehen Sie ein Beispiel für eine Gruppe von RadioButton-Elementen. Zur optischen Gruppierung wurde ein UI-Element Group verwendet, in das drei UI-Elemente RadioButton platziert wurden. Die Schritte, um eine Gruppe von `RadioButton`-Elementen einzusetzen, sind im Folgenden zusammengestellt:

- Definieren Sie ein Context-Attribut (❶), das eine Menge von Werten aufnehmen kann (siehe Abschnitt 8.1.1, »Dropdown-Menüs«).
- Erzeugen Sie eine Menge von `RadioButton`-Elementen, wobei jeder `RadioButton` einen selektierbaren Wert repräsentiert (❷).
- Definieren Sie das Data Binding der Eigenschaft `selectedKey` für jedes `RadioButton`-Element an das Context-Knoten-Attribut (❸).
- Vergeben Sie mithilfe der UI-Element-Eigenschaft `keyToSelect` jenen Wert, der dafür sorgt, sofern er mit dem `selectedKey` übereinstimmt, dass der `RadioButton` als gesetzt dargestellt wird (❹).
- Formulieren Sie den Anzeigetext, der neben dem `RadioButton` erscheinen soll (❺).

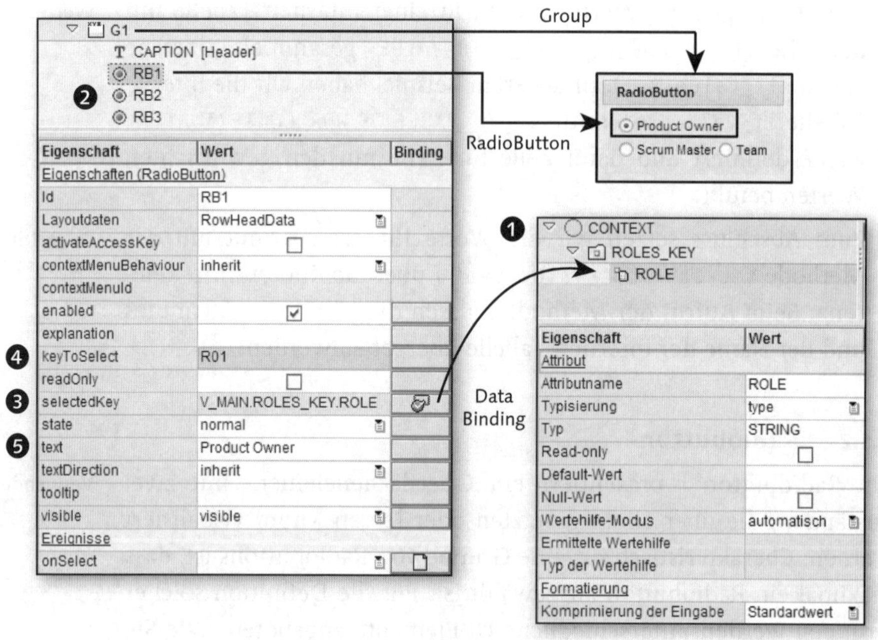

Abbildung 8.4 Gruppe von RadioButton-Elementen

Anordnung von RadioButton-Elementen

Aus einer Gruppe von Radiobuttons kann immer nur maximal einer ausgewählt werden (1 aus n). Im Gegensatz zu den UI-Elementen `RadioButtonGroupByIndex` und `RadioButtonGroupByKey`, bei denen die `RadioButton`-Elemente in Zeilen und Spalten angeordnet werden, können einzelne `RadioButton` beliebig im Layout platziert werden. In Abbildung 8.4 sehen Sie, dass der `RadioButton` mit der Beschriftung PRODUCT OWNER in der ersten Zeile angezeigt wird und die zwei weiteren `RadioButton`-Elemente in der zweiten Zeile.

Gruppierung

Die Gruppierung von diesen `RadioButton`-Elementen ergibt sich aufgrund des Data Bindings über die `RadioButton`-Eigenschaft `selectedKey` (❸) an das Context-Attribut. Der `RadioButton` wird gesetzt, sofern der Wert der Eigenschaft `selectedKey` den Wert des zu diesem Auswahlknopf gehörigen Schlüssels enthält, und zwar festgelegt über die Eigenschaft `keyToSelect` (❹). Die Eigenschaft `text` gibt die Beschriftung des `RadioButton` an (❺).

RadioButtonGroupByIndex

RadioButton-GroupByIndex – Verwendungsschritte

Das UI-Element `RadioButtonGroupByIndex` stellt im Gegensatz zum UI-Element `RadioButton` eine Menge von Radiobuttons in Zeilen und Spalten dar. Die Schritte, um das UI-Element `RadioButtonGroupByIndex` einzusetzen, sind im Folgenden zusammengestellt (siehe auch Abbildung 8.5):

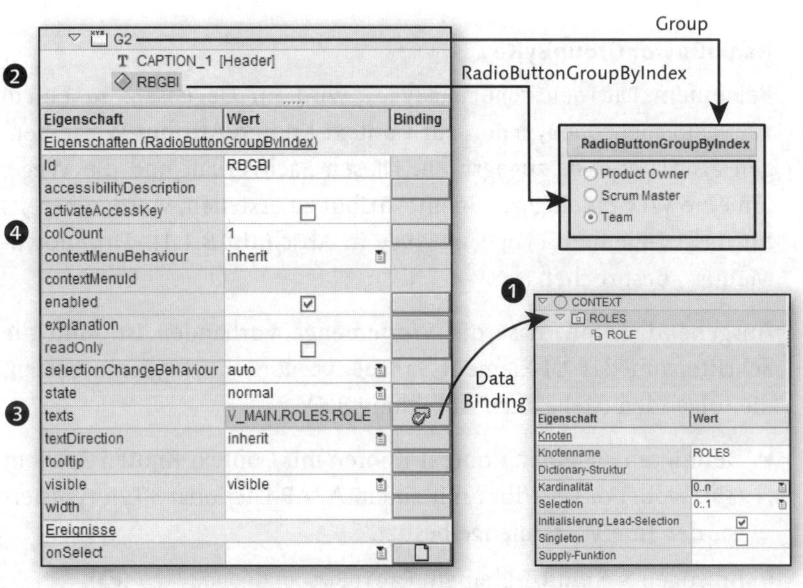

Abbildung 8.5 RadioButtonGroupByIndex

- Definieren Sie ein Context-Attribut (❶), das eine Menge von Werten aufnehmen kann. Weitere Informationen zur Definition dieser

Menge an Werten finden Sie in Abschnitt 8.1.1, »Dropdown-Menüs«, zum UI-Element `DropDownByIndex`.

- Erzeugen Sie ein UI-Element `RadioButtonGroupByIndex` (❷).
- Definieren Sie das Data Binding der Eigenschaft `texts` an das Context-Knoten-Attribut (❸).
- Legen Sie mithilfe der UI-Element-Eigenschaft `colCount` die Anzahl der Spalten fest, die steuern, wie viele Radiobuttons pro Zeile nebeneinander dargestellt werden (❹). In Abbildung 8.5 sehen Sie die Anordnung von `RadioButton`-Elementen in einer Spalte.

Der Benutzer kann in dieser Menge von `RadioButton`-Elementen genau einen auswählen. Die Eigenschaft `texts` des UI-Elementes (❸) wird über Data Binding an ein Attribut in einem Knoten gebunden, der eine Kardinalitätsobergrenze n besitzt. Bei einem `RadioButtonGroupByIndex` wird für jedes Element eines Knotens ein `RadioButton` angezeigt. Der ausgewählte `RadioButton` wird in der Context-Programmierung über die Lead-Selection des Context-Knotens bestimmt.

RadioButtonGroupByKey

RadioButtonGroupByKey – Verwendungsschritte

Bei einem `RadioButtonGroupByKey` wird im Gegensatz zu einem `RadioButtonGroupByIndex` auf Context-Knoten-Attribut-Wertemengen als Datenbasis zugegriffen. Diesen Sachverhalt und die Wege, um eine Wertemenge zu einem Attribut zu erstellen, wurden bereits für das UI-Element `DropDownByKey` in Abschnitt 8.1.1, »Dropdown-Menüs«, besprochen.

Ausgehend davon, dass die Wertemenge vorhanden ist, sind die Schritte, um das UI-Element `RadioButtonGroupByKey` einzusetzen, die folgenden (siehe auch Abbildung 8.6):

- Definieren Sie einen Context-Knoten mit Context-Knoten-Attribut (❶), wobei das Attribut mit einem ABAP-Dictionary-Typ typisiert ist, der eine Wertemenge besitzt.
- Erzeugen Sie ein UI-Element `RadioButtonGroupByKey` (❷).
- Definieren Sie das Data Binding der Eigenschaft `selectedKey` an das Context-Knoten-Attribut (❸).

- Legen Sie mithilfe der UI-Element-Eigenschaft `colCount` die Anzahl der Spalten fest, die steuern, wie viele Radiobuttons pro Zeile nebeneinander dargestellt werden (❹). In Abbildung 8.6 sehen Sie die Anordnung von `RadioButton`-Elementen in einer Zeile.

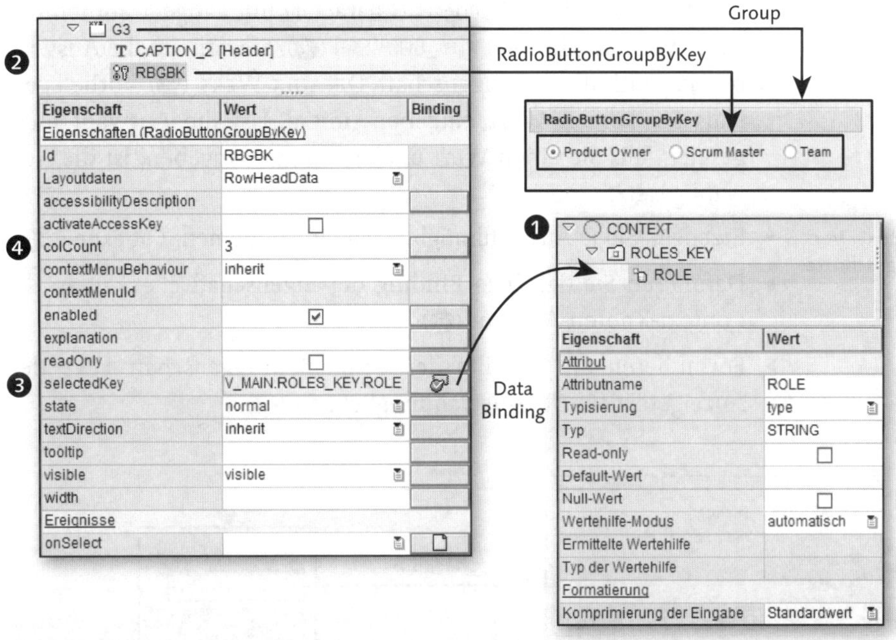

Abbildung 8.6 RadioButtonGroupByKey

Bei einem `RadioButtonGroupByKey` wird dann für jeden einzelnen Schlüssel ein `RadioButton` entsprechend der Anordnung angezeigt, die in der Eigenschaft `colCount` (❹) definiert wurde. Wird ein `RadioButton` ausgewählt, wird der zugehörige Wert an das Context-Attribut zurückgegeben und kann mithilfe der Context-Programmierung ermittelt werden.

8.1.3 Checkbox

Mit einer `CheckBox` realisieren Sie das Konzept eines einzelnen An-/Aus-Schalters in Form eines Ankreuzfeldes. Charakteristisch für eine Gruppe von `CheckBox`-Elementen ist, dass beliebig viele `CheckBox`-Elemente ausgewählt werden können. Wie Sie bei der Definition einer einzelnen oder einer Gruppe von `CheckBox`-Elementen vorzugehen haben, erläutern wir im nächsten Abschnitt.

CheckBox

Die Schritte, um das UI-Element `CheckBox` einzusetzen, sind im Folgenden zusammengestellt (siehe auch Abbildung 8.7):

- Definieren Sie je Auswahlmöglichkeit ein Context-Attribut (❶), das den Wert eines Zeichens (Character) mit Länge 1 aufnehmen kann, wie zum Beispiel `WDY_BOOLEAN` (❷). Sie können die Auswahl bereits mithilfe der Eigenschaft DEFAULT-WERT (❸) vorbelegen. Falls Sie keinen Wert eingeben (initial), ist die Auswahl nicht gesetzt; falls Sie einen Wert ungleich initial eingeben, ist die Auswahl gesetzt.

CheckBox – Verwendungsschritte

- Erzeugen Sie je Auswahlmöglichkeit ein UI-Element `CheckBox` (❹).
- Definieren Sie das Data Binding der Eigenschaft `checked` an das Context-Knoten-Attribut (❺).
- Formulieren Sie mithilfe der UI-Element-Eigenschaft `text` den Anzeigetext für die Auswahlmöglichkeit (❻).

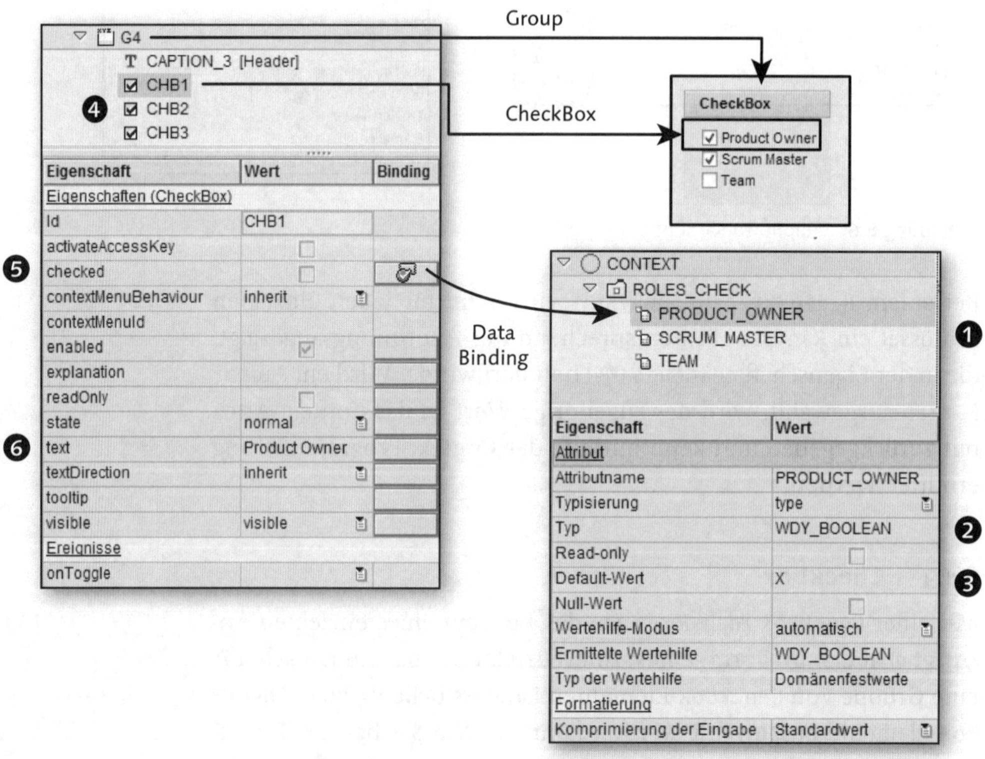

Abbildung 8.7 CheckBox

Das Oberflächenelement besteht aus einer Grafik mit zugehörigem Text. Ein Häkchen in der Grafik zeigt an, dass die Option ausgewählt und der Wert auf `abap_true` gesetzt wurde. Die Auswahl des Benutzers wird im gebundenen Context-Attribut abgelegt, das Sie zum Beispiel mit dem Typ `WDY_BOOLEAN` definieren. Die Eigenschaft `checked` wird für das Data Binding an den Context verwendet.

CheckBoxGroup

m aus n

Das UI-Element `CheckBoxGroup` erlaubt dem Benutzer, ein Element aus einer Menge vorgegebener Alternativen durch Ankreuzen auszuwählen. Man spricht von einer m-aus-n-Auswahl. Das Oberflächenelement `CheckBoxGroup` ordnet die einzelnen `CheckBox`-Elemente ein- oder mehrspaltig in tabellarischer Form an.

Data Binding

Für eine `CheckBoxGroup` muss ein Knoten mit Kardinalitätsobergrenze n zur Verfügung gestellt werden. Eines der Attribute aus dem Context-Knoten, das über die Eigenschaft `texts` gebunden wird, liefert die Texte für die `CheckBox`-Elemente. Das Attribut kann mit einem beliebigen einfachen Datentyp typisiert werden, wie zum Beispiel `STRING`, `INT` etc.

CheckBoxGroup – Verwendungsschritte

Die Schritte, um das UI-Element `CheckBoxGroup` einzusetzen, sind im Folgenden zusammengestellt (siehe auch Abbildung 8.8, Abbildung 8.2):

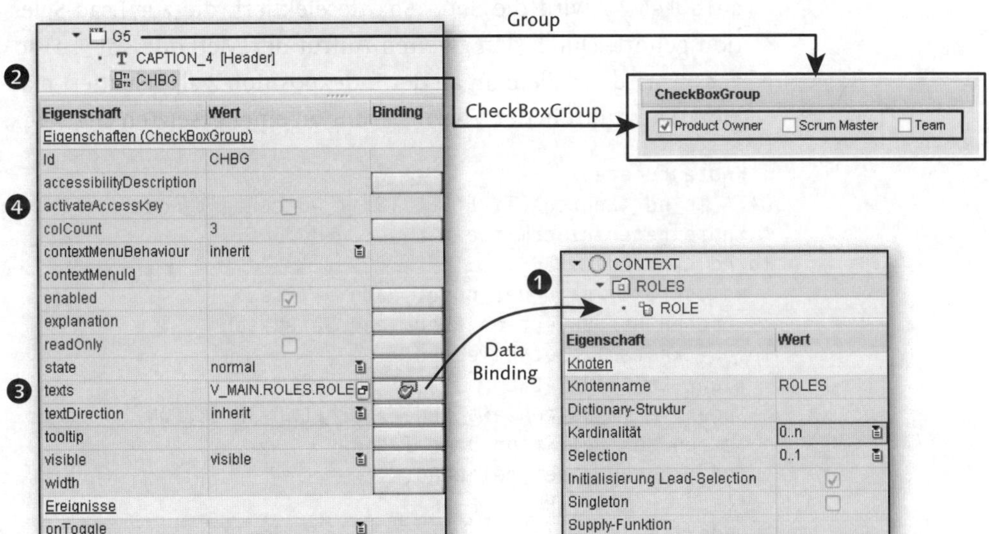

Abbildung 8.8 CheckBoxGroup

- Definieren Sie ein Context-Attribut (❶), das eine Menge von Werten aufnehmen kann. Für die Definition der Menge an Werten finden Sie in Abschnitt 8.1.1, »Dropdown-Menüs«, die über `DropDownByIndex`-Elemente weitere Informationen.
- Erzeugen Sie ein UI-Element `CheckBoxGroup` (❷).
- Definieren Sie das Data Binding der Eigenschaft `texts` an das Context-Knoten-Attribut (❸).
- Legen Sie mithilfe der UI-Element-Eigenschaft `colCount` die Anzahl der Spalten fest, die steuern, wie viele Checkboxen pro Zeile nebeneinander dargestellt werden (❹). In Abbildung 8.8 sehen Sie die Anordnung von `CheckBox`-Elementen in einer Zeile.

Für das Setzen einer `CheckBox` in einer `CheckBoxGroup` können Sie aus zwei Alternativen auswählen: Die erste Methode verwendet die Referenz auf den Context-Knoten, die zweite die Referenz auf ein Context-Element.

set_selected( )

- Um über die Context-Knoten-Referenz den Zustand von `CheckBox`-Elementen in der Gruppe zu beeinflussen, verwenden Sie die Methode `set_selected( )` aus dem Interface `IF_WD_CONTEXT_NODE`. Ein Beispiel für diesen Weg sehen Sie in Listing 8.3.
- Die Context-Knoten-Referenz wird über die Methode `path_get_node( )` ermittelt. Durch den ersten Aufruf der Methode `set_selected( )` wird die `CheckBox` deselektiert, die zur Lead-Selection gehört. Durch den zweiten Aufruf der Methode `set_selected( )` wird das Element an der Indexposition 2 als selektiert markiert. Dies führt in der Visualisierung zu einer gesetzten `CheckBox`.

```
* Knotenreferenz
DATA lo_nd_<knoten> TYPE REF TO if_wd_context_node.
* Knotenreferenz ermitteln
lo_nd_<knoten> =
  wd_context->path_get_node( path = <Pfad> ).
* Löschen der Selektion über Lead-Selection
lo_nd_<knoten>->set_selected(
  flag   = ABAP_FALSE
  index  = if_wd_context_node=>USE_LEAD_SELECTION ).
* Setzen der Selektion über Index
lo_nd_<knoten>->set_selected(
  flag   = ABAP_TRUE
  index  = 2 ).
```

Listing 8.3 CheckBox setzen über Knotenreferenz

- Um über eine Elementreferenz den Zustand einer CheckBox zu setzen, verwenden Sie für das zugehörige Context-Element die Methode set_selected( ) aus dem Interface IF_WD_CONTEXT_ELEMENT. set_selected( )

Lesen des Selektierzustandes

Für das Lesen der selektierten CheckBox-Elemente stehen ebenfalls zwei Varianten zur Verfügung: die Methode get_selected_elements( ) aus dem Interface IF_WD_CONTEXT_NODE, die auf Knotenreferenzen angewendet wird, sowie die Methode is_selected( ) aus dem Interface IF_WD_CONTEXT_ELEMENT, die auf Elementreferenzen angewendet wird.

8.1.4 ItemListBox

Verwendung

Das Oberflächenelement ItemListBox ähnelt dem klassischen GUI-Konzept einer Auswahlliste mit Einfach- und Mehrfachselektion (Listbox) . Es wird eine Liste von Texteinträgen in einem Kasten von fester Größe (Eigenschaft visibleItems) angezeigt, wobei bei Bedarf auch geblättert werden kann. Für die Werte werden eine (Eigenschaft text) oder zwei Spalten (Eigenschaft descriptiveText) sowie eventuell auch eine Spalte für Symbole (Eigenschaft iconSource) angezeigt, die vor der Wertespalte aufgeführt wird.

ItemListBox – Verwendungsschritte

Die Schritte, um das UI-Element ItemListBox einzusetzen, sind im Folgenden zusammengestellt (siehe auch Abbildung 8.9):

- Definieren Sie einen Context-Knoten mit Kardinalitätsobergrenze n (❶).
- Bestimmen Sie zumindest ein Context-Knoten-Attribut, das den darzustellenden Wert in dem UI-Element ItemListBox aufnimmt.
- Erzeugen Sie ein UI-Element ItemListBox (❷).
- Definieren Sie das Data Binding der Eigenschaft dataSource an den Context-Knoten (❸).
- Definieren Sie das Data Binding der Eigenschaft text an das Context-Knoten-Attribut für den Text (❹).
- Optional: Definieren Sie das Data Binding der Eigenschaft iconSource an das Context-Knoten-Attribut für ein Bild (❺).
- Optional: Definieren Sie das Data Binding der Eigenschaft descriptiveText an das Context-Knoten-Attribut für einen beschreibenden Text (❻).

- Legen Sie mithilfe der UI-Element-Eigenschaft `visibleItems` die Anzahl der sichtbaren Zeilen fest (❼). Sind mehr Elemente als die Anzahl der sichtbaren Zeilen (`visibleItems`) vorhanden, können diese mit der Blättertaste angezeigt werden.

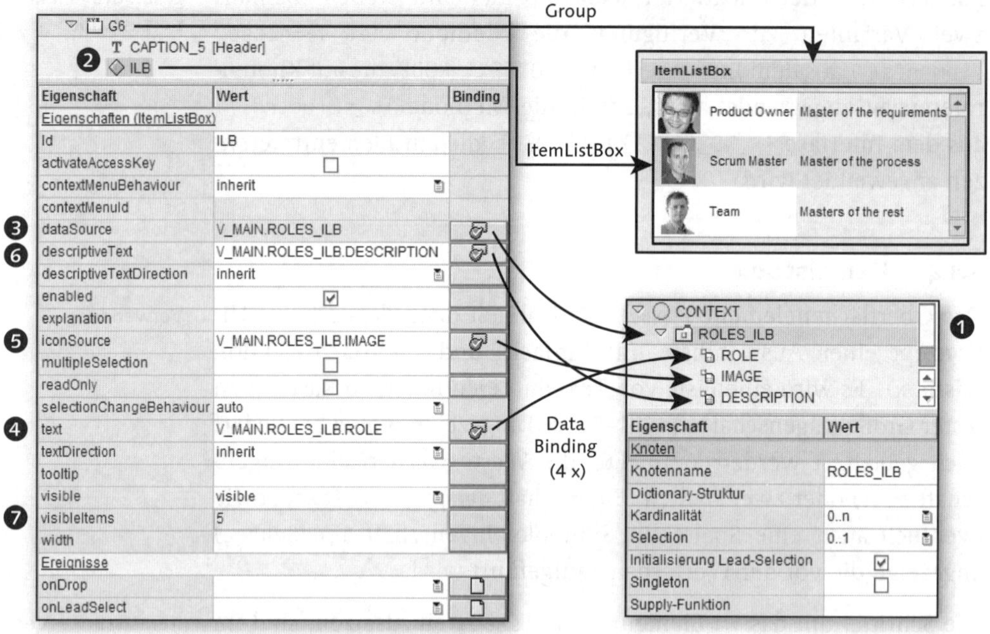

Abbildung 8.9 ItemListBox

Verhalten Im Fall der Einfachauswahl (Eigenschaft `multipleSelection` mit dem Wert `ABAP_FALSE`) wird der ausgewählte Eintrag durch die Lead-Selection des über die Eigenschaft `dataSource` angebundenen Context-Knotens bestimmt. Bei Änderung der Selektion durch den Benutzer wird die Eigenschaft `selectionChangeBehaviour` berücksichtigt. Bei der Mehrfachauswahl (Eigenschaft `multipleSelection` mit dem Wert `ABAP_TRUE`) werden die gewählten Einträge nur durch die Selektion der Eigenschaft `dataSource` bestimmt, `selectionChangeBehaviour` wird nicht beachtet.

Auswahl Der Benutzer selektiert mehrere Einträge aus der Liste über die gedrückte [⇧]- oder [Strg]-Taste und per Mausklick auf den gewünschten Eintrag.

8.1.5 TriStateCheckBox

Verwendung

Das UI-Element `TriStateCheckBox` ähnelt einer `CheckBox`, mit dem Unterschied, dass hier der angeklickte Zustand variabel ist:

- Option kann aktiviert (ausgewählt) sein.
- Option kann nicht aktiviert (ausgewählt) sein.
- Option ist unspezifiziert.

Die Schritte, um das UI-Element `TriStateCheckBox` einzusetzen, sind im Folgenden zusammengestellt (siehe auch Abbildung 8.10):

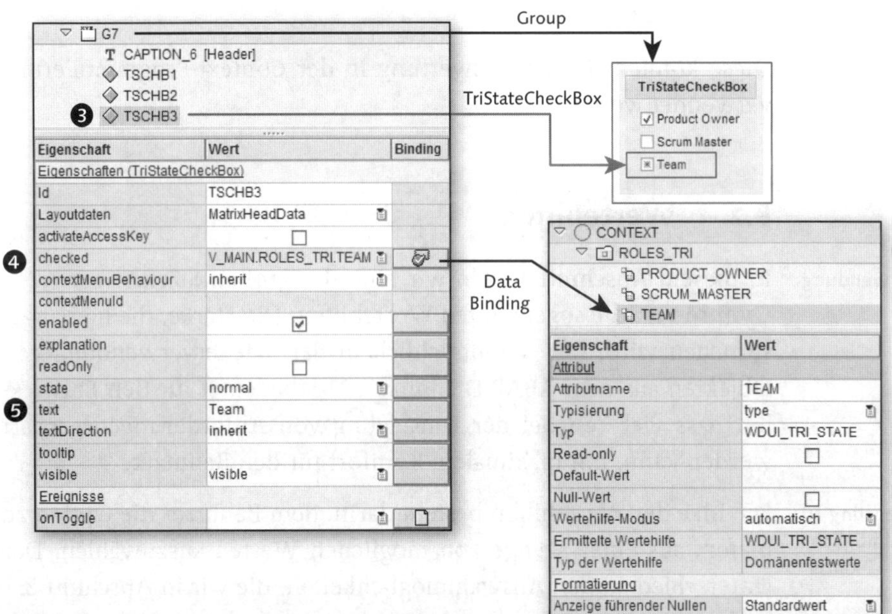

Abbildung 8.10 TriStateCheckBox

TriStateCheckBox – Verwendungsschritte

- Definieren Sie je Auswahlmöglichkeit ein Context-Attribut (❶), zum Beispiel mit dem Typ `WDUI_TRI_STATE` (❷). Sie können die Auswahl bereits mithilfe der Eigenschaft DEFAULT-WERT vorbelegen.
- Erzeugen Sie je Auswahlmöglichkeit ein UI-Element `TriStateCheckBox` (❸).
- Definieren Sie das Data Binding der Eigenschaft `checked` an das Context-Knoten-Attribut (❹).

- Legen Sie mithilfe der UI-Element-Eigenschaft `text` den Anzeigetext für die Auswahlmöglichkeit fest (❺).

Typisierung

Die Bindung des UI-Elementes an ein Context-Attribut geschieht über die Eigenschaft `checked`. Das Context-Attribut können Sie zum Beispiel mit dem Run Time Type `WDUI_TRI_STATE` typisieren. Dieses Datenelement referenziert die Domäne `WDUI_TRI_STATE` mit den folgenden drei Festwerten:

- `00` für `undecided`
- `01` für `true`
- `02` für `false`

Diese können für die Auswertung in der Context-Programmierung verwendet werden.

8.2 Wertehilfen

Verwendung

In diesem Abschnitt stellen wir eine der großen Stärken von Web Dynpro vor, die sogenannten Wertehilfen. Die Stärke, die hier angesprochen wird, liegt hauptsächlich in der Wiederverwendung von Objekten aus dem ABAP Dictionary. Das bedeutet für den Entwickler, dass viel Zeit bei der Umsetzung von Anforderungen gespart werden kann, mit maximalem Komfort für den Benutzer.

Abgrenzung zu Auswahlmöglichkeiten

Die Idee der Wertehilfen besteht darin, dem Benutzer die Option zu bieten, aus einer Menge von möglichen Werten auszuwählen. Der Unterschied zu den Auswahlmöglichkeiten, die wir in Abschnitt 8.1 besprochen haben, ist, dass der Benutzer nicht aus einer vordefinierten Menge auswählen muss, sondern kann. Es obliegt somit dem Benutzer zu entscheiden, ob die Wertehilfe für die Eingabe verwendet wird oder nicht. Für den Begriff der Wertehilfen werden auch die Begriffe Suchhilfe oder F4-Hilfe verwendet.

[+]

Hinweis: Im ABAP Dictionary wird ein Mechanismus für Wertehilfen auf Eingabefeldebene angeboten, der auch als Suchhilfe bezeichnet wird. Diese Suchhilfe stellt eine gekapselte Funktionalität dar, die zum Selektieren und Auffinden von Werten dient (siehe Abbildung 8.11). Dabei können Werte, die vom Benutzer in ein Eingabefeld eingetragen wurden – auch mit Joker (* und +) – an die Suchhilfe über die Importparameter übergeben werden.

Aufgrund der in der Suchhilfe definierten Selektionsmethode (transparente Tabelle oder View) werden die Daten im Datenbanksystem selektiert und dem Benutzer als Treffermenge angeboten. Übersteigt die Treffermenge eine gewisse Anzahl an Treffern (100), kann eingestellt werden, dass ein Zwischendialog zur Werteselektion angezeigt wird. Wird ein bestimmter Wert vom Benutzer selektiert, wird dieser in das Eingabefeld oder die Eingabefelder über die Exportparameter zurückgestellt.

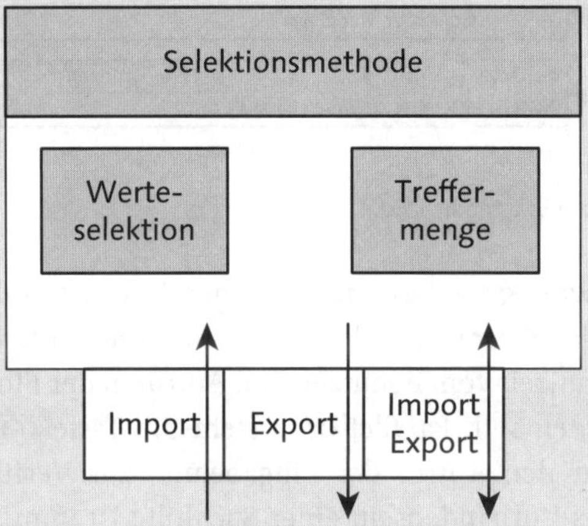

Abbildung 8.11 Aufbau der ABAP-Dictionary-Suchhilfe

Sofern der Benutzer nicht auf die Auswahl eines Wertes aus einer Menge von Werten beschränkt, sondern ihm die freie Eingabe ermöglicht werden soll, ist das UI-Element `InputField` die richtige Wahl als Eingabemedium. An dieses Feld muss die passende Wertehilfe angebunden werden. Dies sind die unterschiedlichen Arten von Wertehilfen, die für Eingabefelder zur Verfügung stehen:

Arten von Wertehilfen

- Prüftabelle
- Domänenfestwerte und Festwertebereich
- Datumsauswahl

Wertehilfe-Modus

Die Antworten darauf, wo die Einstellung vorgenommen werden kann und welcher Modus von Wertehilfe zu verwenden ist, sind in den Eigenschaften zu den Context-Attributen zu finden, und zwar in der Eigenschaft WERTEHILFE-MODUS (siehe Abbildung 8.12). Für die Eigenschaft WERTEHILFE-MODUS stehen fünf unterschiedliche Werte zur Verfügung, die wir detailliert besprechen werden. Eine bestimmte Auswahl eines Modus beeinflusst, welche Zusatzfelder für die Eingabe oder Anzeige angeboten werden.

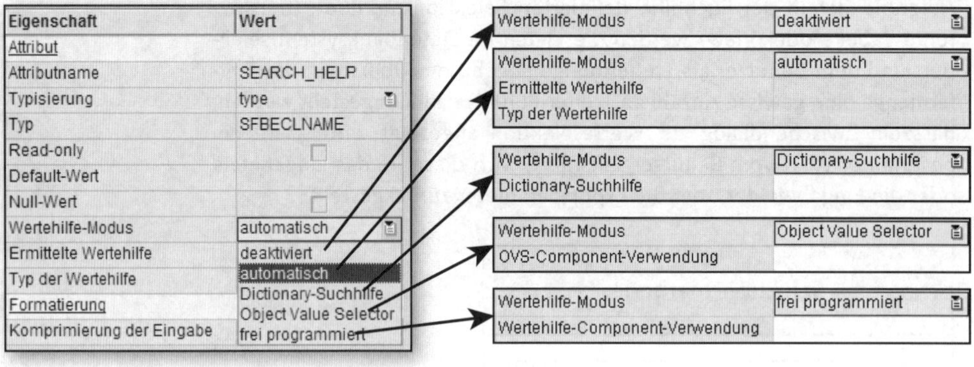

Abbildung 8.12 Unterschiedliche Wertehilfe-Modi

Aktivierung der Hilfe

Das Web-Dynpro-Framework generiert und implementiert als Resultat der Moduswahl für das entsprechende `InputField` automatisch genau das Icon, das zur Laufzeit vom Benutzer zum Aufrufen der Eingabehilfe angeklickt werden soll. Parallel dazu steht die Taste [F4] ebenfalls automatisch für den Aufruf der Eingabehilfe zur Verfügung. Das Symbol für das Vorhandensein einer Suchhilfe ist immer das gleiche, unabhängig davon, ob es sich um eine Suchhilfe aus dem ABAP Dictionary, eine OVS-Suchhilfe (Object Value Selector) oder eine frei programmierte Suchhilfe handelt.

8.2.1 Wertehilfe-Modus »Deaktiviert«

Deaktiviert

Wie der Name schon sagt, ist die Wertehilfe in diesem Modus deaktiviert. Dem Benutzer wird ein `InputField` angeboten, dass keine Anzeichen einer Wertehilfe zeigt, das heißt kein Icon und keine [F4]-Tastenfunktionalität.

8.2.2 Wertehilfe-Modus »Automatisch«

Automatisch

Im automatischen Wertehilfe-Modus entscheidet das Web-Dynpro-Framework, welche Wertehilfe zu verwenden ist. Die Suche nach der Wertehilfe wird zur Entwicklungszeit durchgeführt. Der verwendete Suchalgorithmus wird nun beschrieben:

Suchhilfe-Anbindung

- Wurde das Context-Attribut mithilfe eines Feldes aus einem Strukturtyp typisiert und existiert eine Suchhilfe-Anbindung im ABAP

Dictionary für dieses Feld, wird diese Suchhilfe verwendet (siehe Abbildung 8.13).

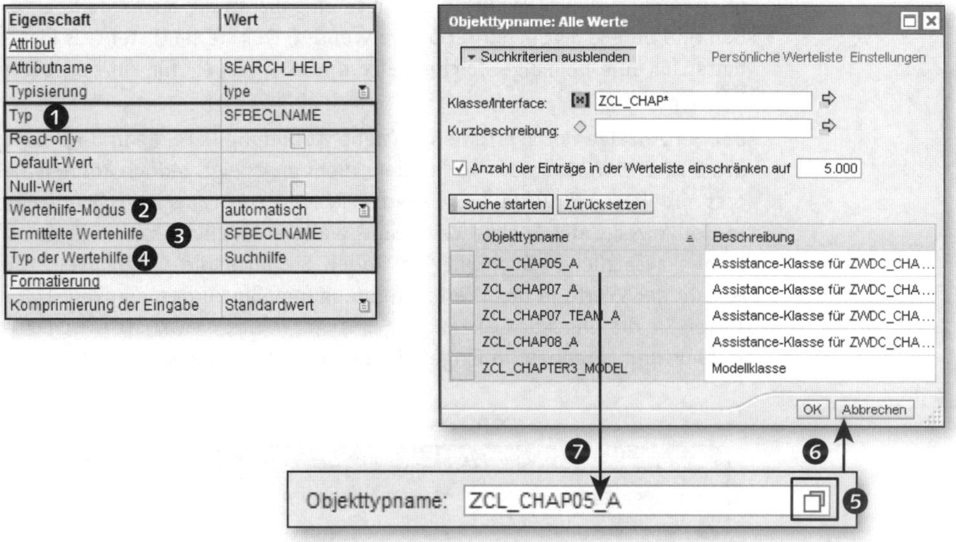

Abbildung 8.13 Automatisch gefundene Suchhilfe als Wertehilfe

- Das Attribut SEARCH_HELP wurde mit dem Datenelement SFBECLNAME aus der ABAP-Dictionary-Struktur typisiert (❶). Dieses Datenelement hat eine explizite Suchhilfe-Anbindung, die durch den Wertehilfe-Modus automatisch (❷) gefunden (SFBECLNAME, ❸) und vom Web-Dynpro-Framework korrekt als Suchhilfe klassifiziert wurde (❹).
- Der gefundene Typ der Wertehilfe steuert, dass zum UI-Element InputField, das das Attribut SEARCH_HELP über Data Binding bindet, ein Icon für eine Wertehilfe angezeigt wird (❺).
- Der Benutzer kann durch die Auswahl des Icons oder Drücken der [F4]-Taste die Suchhilfe aktivieren (❻), dort nach einem Wert suchen und den gefundenen Wert durch Auswahl in das InputField zurückstellen (❼).

Weitere Informationen: Die Features der Suchhilfe verdienen eine detaillierte Diskussion, weil eine Menge an Funktionen angeboten wird, ohne dass Sie diese explizit implementieren müssen, da sie aus der Definition der Suchhilfe im ABAP Dictionary automatisch durch das Web-Dynpro-Framework erzeugt werden.

Die Verwendung der Suchhilfe startet mit einem möglichen Eintrag in ein Eingabefeld mit Wertehilfe. Falls am Ende der Eingabe ein Stern (*) oder ein oder mehrere Pluszeichen (+) angegeben werden (zum Beispiel `ZCL_CHAP*` oder `ZCL_CHAP++++`), wird diese Eingabe an die Suchhilfe übergeben und bereits als Suchkriterium verwendet. Der Stern (*) steht als Platzhalter für eine beliebige Zeichenkette und ein Plus (+) für ein beliebiges Zeichen.

Bei der Anzeige der Wertemenge (siehe Abbildung 8.14, ❶ und ❷) wird das Suchkriterium, sofern vorhanden, nicht angezeigt, jedoch können Sie dies mithilfe der Drucktaste SUCHKRITERIEN EINBLENDEN anzeigen (❸ und ❹). In der Anzeige der Suchkriterien sind weitere Möglichkeiten eingebaut. Neben zusätzlichen Suchkriterien finden Sie auch die Möglichkeit, die Anzahl der Werte in der Werteliste mengenmäßig zu beschränken. Dazu setzen Sie die Checkbox ANZAHL DER EINTRÄGE IN DER WERTELISTE EINSCHRÄNKEN AUF und vergeben im Eingabefeld rechts davon die Anzahl (❺).

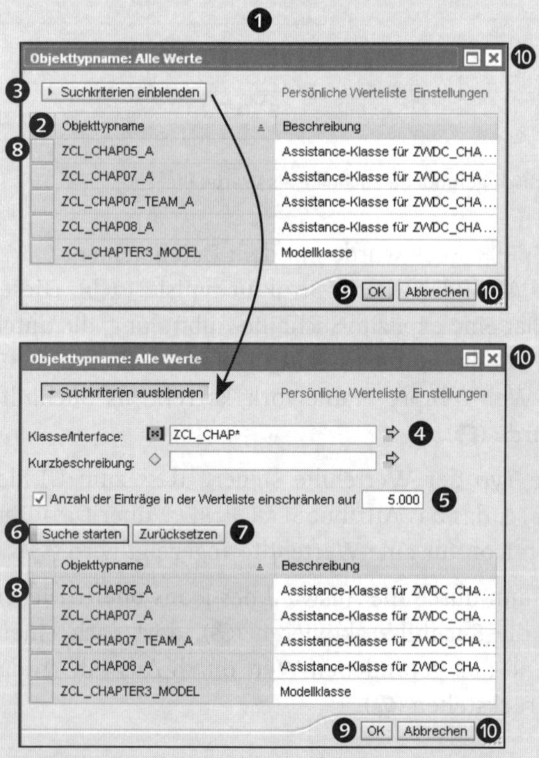

Abbildung 8.14 Suchhilfe-Features

Falls Sie die Suche mit neuen Suchkriterien starten möchten, geben Sie die neuen Kriterien ein, und starten Sie die Suche mithilfe der Drucktaste

Suche starten (❻). Falls Sie alle Suchkriterien und die Anzahl der Einträge initialisieren möchten, drücken Sie auf die Drucktaste Zurücksetzen (❼). Die Auswahl eines Eintrages in der Werteliste für das Eingabefeld kann auf zwei Arten geschehen. Entweder Sie wählen einen Eintrag per Doppelklick aus, oder Sie markieren eine Zeile in der Liste mit der Markierspalte (❽) und bestätigen Ihre Selektion mit der Drucktaste OK (❾). Falls Sie die Suche abbrechen möchten, drücken Sie entweder auf die Drucktaste Abbrechen oder auf das Schliessen-Symbol im Pop-up rechts oben (❿).

Zwei weitere Features sind noch von Interesse. Der Link Persönliche Einstellungen erlaubt Ihnen, eine Liste mit persönlichen Werten für diese Suche einzustellen. Durch die Auswahl dieses Links öffnet sich das Pflegefenster (siehe Abbildung 8.15).

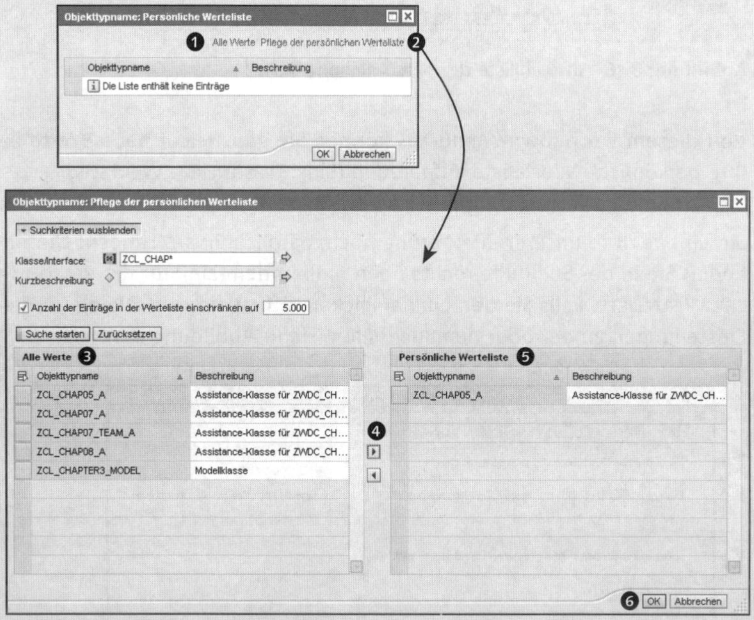

Abbildung 8.15 Persönliche Werteliste

Sie finden rechts oben zwei Links: Alle Werte (❶) und Pflege der persönlichen Werteliste (❷). Der Link Alle Werte bringt Sie wieder zur vollständigen Liste der Werte zurück. Mit dem Link Pflege der persönlichen Werteliste öffnen Sie einen Pflegedialog für Ihre persönliche Werteliste. Dort finden Sie wieder die Drucktaste Suchkriterien einblenden für die Veränderung der Selektionskriterien. Darüber hinaus sehen Sie die Werteliste (❸), aus der Sie Einträge auswählen können (verwenden Sie dazu die Markierspalte).

Nach Ihrer Auswahl drücken Sie auf die Drucktaste mit dem nach rechts deutenden Pfeil (❹), um die selektierten Werte in Ihre persönliche Werteliste zu übernehmen (❺). Entsprechend dem geschilderten Vorgehen können Sie die Werte aus Ihrer persönlichen Werteliste auch wieder entfernen. Sobald Sie die Auswahl der Werte abgeschlossen haben, können Sie die Selektion über die Drucktaste OK (❻) bestätigen.

Durch die Pflege der persönlichen Werteliste verändert sich die Darstellung der Suchhilfe (siehe Abbildung 8.16). Die persönlichen Werte werden als Dropdown-Menü angezeigt, dies hängt jedoch von den Einstellungen ab.

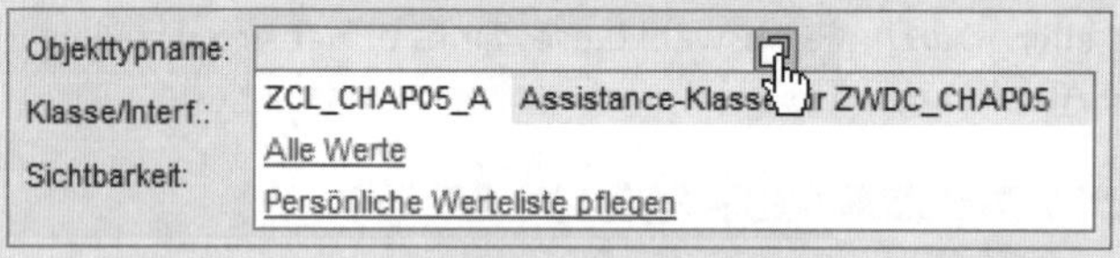

Abbildung 8.16 Auswahlliste der persönlichen Werte

Von diesem Dropdown-Menü aus können Sie ganz leicht neue Werte in Ihre persönliche Werteliste aufnehmen (Link PERSÖNLICHE WERTELISTE PFLEGEN) oder alle Werte anzeigen (Link ALLE WERTE).

Ein Link fehlt in unserer Erläuterung noch, nämlich EINSTELLUNGEN. Diesen finden Sie in der Suchhilfe rechts oben, neben dem Link für die PERSÖNLICHE WERTELISTE. Falls Sie den Link anklicken, öffnet sich ein Dialog für die Einstellungen zu der oder den Suchhilfen (siehe Abbildung 8.17).

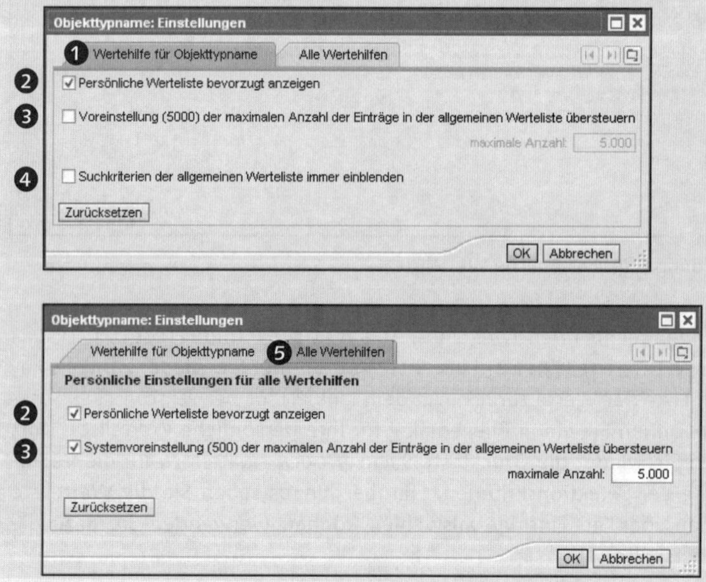

Abbildung 8.17 Wertehilfe-Einstellungen

Auf dem Karteireiter WERTEHILFE FÜR <NAME DER WERTEHILFE> (❶) finden Sie die Einstellungsmöglichkeiten für die Suchhilfe, die Sie gerade verwenden. Mit der Checkbox PERSÖNLICHE WERTELISTE BEVORZUGT ANZEIGEN (❷) können Sie steuern, ob bei der Benutzung der Wertehilfe Ihre persönliche Werteliste (abap_true) oder alle Werte (abap_false) zuerst angezeigt werden. Die Checkbox VOREINSTELLUNG (5000) DER MAXIMALEN ANZAHL DER EINTRÄGE IN DER ALLGEMEINEN WERTELISTE ÜBERSTEUERN (❸) gibt Ihnen die Möglichkeit, die Menge der dargestellten Werte von 5.000 abweichend festzulegen. Die Checkbox SUCHKRITERIEN DER ALLGEMEINEN WERTELISTE IMMER EINBLENDEN (❹) erlaubt zu steuern, ob die Suchkriterien beim Öffnen der Wertehilfe immer eingeblendet werden (abap_true) oder nicht (abap_false). Der Karteireiter ALLE WERTEHILFEN (❺) bezieht sich auf die Einstellungsmöglichkeiten, die auf alle Wertehilfen anzuwenden sind. Die Checkboxen wurden bereits erläutert.

- Wurde keine Suchhilfe gefunden, überprüft das Web-Dynpro-Framework, ob eine Fremdschlüsselverprobung für die Komponente oder das Feld aus dem ABAP Dictionary definiert wurde. Sofern diese vorhanden ist, wird weiter geprüft, ob eine Suchhilfe für die Prüftabelle existiert. Wenn ja, wird diese Suchhilfe angezeigt, anderenfalls die Schlüsselfelder der Prüftabelle mit Beschreibungstexten, falls eine Texttabelle zur Prüftabelle definiert wurde. **Prüftabelle**

  Das Attribut CLSNAME wurde mit der Komponente SEOCOMPO-CLSNAME aus dem ABAP Dictionary typisiert (siehe Abbildung 8.18, ❶).

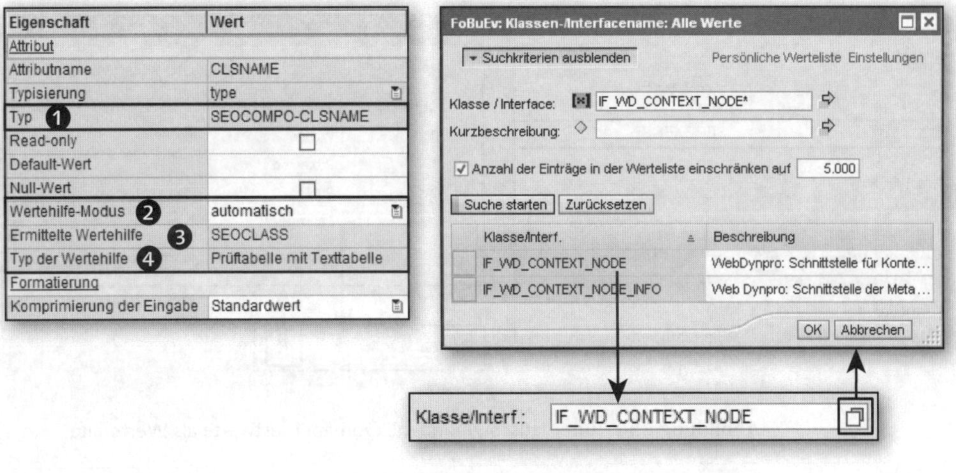

Abbildung 8.18 Automatisch gefundene Prüftabelle mit Texttabelle als Wertehilfe

Diese ABAP-Dictionary-Komponente hat eine Fremdschlüsselverprobung, die durch den Wertehilfe-Modus automatisch (❷) gefunden (SEOCLASS, ❸) und vom Web-Dynpro-Framework korrekt als Prüftabelle mit Texttabelle klassifiziert wurde (❹).

Suchhilfe für Datenelement

- Wurde keine Fremdschlüsselverprobung gefunden, wird eine mögliche Suchhilfe zu dem zugrunde liegenden Datenelement im ABAP Dictionary gesucht. Wurde diese gefunden, wird sie zur Definition der Wertehilfe verwendet. Das Suchergebnis zur automatischen Ermittlung wird genauso wie bei der Suchhilfe für Felder dargestellt.

  Der Unterschied zwischen Suchhilfe auf Feldebene und Datenelementebene liegt in Folgendem: Sofern die Suchhilfe auf Feldebene angebunden ist, können andere Felder der Struktur über die Import-/Exportparameter der Suchhilfe mit berücksichtigt werden, das heißt, Daten können in die Suchhilfe übernommen und an die Felder zurückgeliefert werden. Man spricht hier vom Suchhilfekontext. Dies ist nicht möglich, wenn die Suchhilfe an das Datenelement gebunden ist

Festwerte

- Als letzte Suchmöglichkeit prüft das Web-Dynpro-Framework, ob Festwerte oder Festwertbereiche für die zugrunde liegende Domäne vorhanden sind. Das Attribut DOMVALUE wurde mit dem Datenelement SEOEXPOSE aus der ABAP-Dictionary-Struktur typisiert (siehe Abbildung 8.19, ❶).

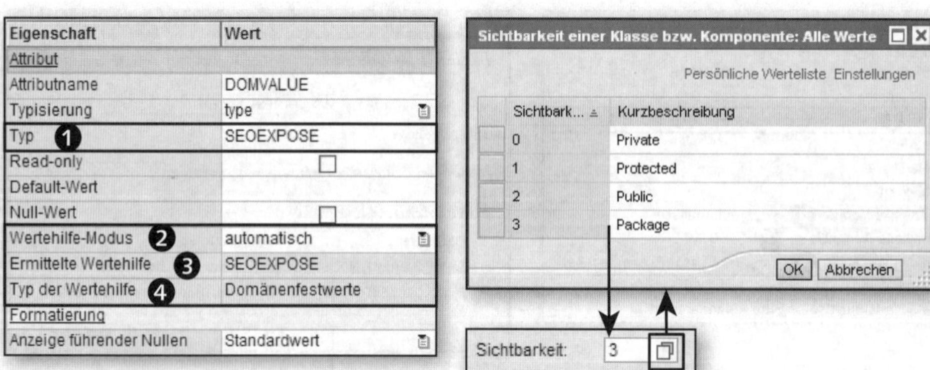

Abbildung 8.19 Automatisch gefundene Domänenfestwerte als Wertehilfe

Dieses ABAP-Dictionary-Datenelement hat eine ABAP-Dictionary-Domäne, die durch den Wertehilfe-Modus automatisch (❷) gefunden (SEOEXPOSE, ❸) und vom Web-Dynpro-Framework korrekt als Domänenfestwert klassifiziert wurde (❹).

- Die nächste Prüfung bei der automatischen Suche nach einer Wertehilfe untersucht die Typisierung des Attributes. Wurde das Datenelement DATS oder TIMS für die Typisierung verwendet, wird die Kalender-Hilfe oder die Uhrzeit-Hilfe gefunden, wie Sie zum Beispiel für das Datenelement DATS in Abbildung 8.20 sehen:

Datenelement DATS oder TIMS für Typisierung

  - Das Attribut DATUM wurde mit dem ABAP-Dictionary-Datenelement DATS typisiert (❶).
  - Dieses ABAP-Dictionary-Datenelement enthält die Kalender-Hilfe, die durch den Wertehilfe-Modus automatisch (❷, ❸) gefunden und vom Web-Dynpro-Framework korrekt als Kalender-Hilfe klassifiziert wurde (❹).
  - Der gefundene Typ der Wertehilfe steuert, dass zum UI-Element InputField, das das Attribut DATUM über Data Binding bindet, ein Datums-Icon für die Wertehilfe angezeigt wird (❺).
  - Der Benutzer kann durch die Auswahl des Icons oder Drücken der [F4]-Taste die Suchhilfe aktivieren, dort nach einem Wert suchen und den gefundenen Wert durch Auswahl in das InputField zurückstellen (❻).

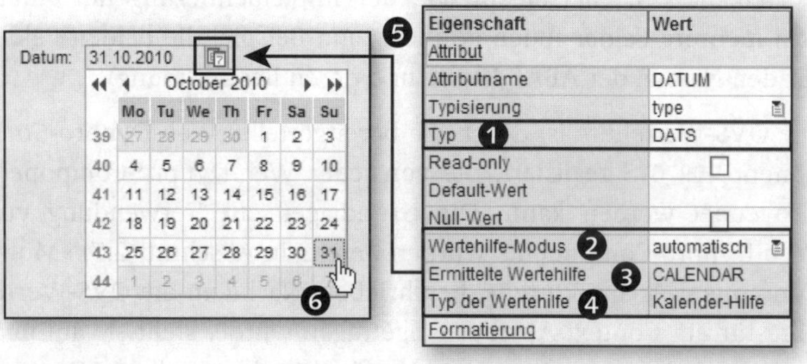

Abbildung 8.20 Automatisch gefundene Wertehilfe für das Datenelement DATS

- War keiner der Suchschritte erfolgreich, wird keine Wertehilfe angezeigt.

Keine Hilfe

Der Algorithmus sieht bei der ersten Betrachtung ziemlich kompliziert aus. Sie werden mit der Zeit jedoch feststellen, dass die Herangehensweise ganz natürlich ist, wenn die Definitionen aus dem ABAP Dictionary verwendet werden sollen.

8.2.3 Wertehilfe-Modus »Dictionary-Suchhilfe«

Manuelle Vorgabe

Manchmal kann es vorkommen, dass die automatische Suche nach einer Wertehilfe nicht zum gewünschten Ergebnis führt. In diesem Fall kann über den Wertehilfe-Modus DICTIONARY-SUCHHILFE eine Suchhilfe aus dem ABAP Dictionary direkt durch die Eingabe im Eingabefeld DICTIONARY-SUCHHILFE vorgegeben werden.

Testen Sie die direkte Zuordnung! Verwenden Sie zum Beispiel die vordefinierte Suchhilfe `SFBECLNAME` für ein Context-Attribut. Sie werden sehen, dass dem Benutzer als Hilfe genau die von Ihnen zugeordnete Suchhilfe angezeigt wird.

8.2.4 Wertehilfe-Modus »Object-Value Selector«

Verwendung

Die OVS-Wertehilfe (Object Value Selector) können Sie verwenden, wenn es nicht möglich ist, die Suche mit Mitteln des ABAP Dictionarys durchzuführen, zum Beispiel wenn die Wertemenge in der Web-Dynpro-Anwendung ermittelt werden soll. Des Weiteren bietet sie wie die Suchhilfe-Anbindung auf Komponenten oder Feldebene den Vorteil, dass Sie bei entsprechender Implementierung mit einem Mal mehrere Felder füllen können (zum Beispiel die beiden Felder für den Namen der ABAP-Klasse und deren Beschreibung).

Web-Dynpro-Component WDR_OVS

Die OVS-Wertehilfe ist durch die bereitgestellte Web-Dynpro-Component `WDR_OVS` realisiert, die von jeder Web-Dynpro-Component verwendet werden kann. Die Grundlagen zur Verwendung von Web-Dynpro-Components wurden bereits in Abschnitt 2.7, »Multi-Component-Architekturen«, beschrieben. Nachdem die OVS-Wertehilfe für ein Context-Attribut eingetragen wurde, steht sie automatisch für jedes `InputField` zur Verfügung, das an dieses Context-Attribut gebunden wird. Zur Laufzeit wird die OVS-Component immer dann automatisch instanziert, wenn ein Benutzer bei markiertem `InputField` die [F4]-Taste drückt oder auf das Wertehilfe-Icon neben dem `InputField` klickt. Auch die Erzeugung des Pop-ups auf dem Bildschirm geschieht in diesem Moment automatisch.

Anbindung

Um eine OVS-Wertehilfe an ein Context-Attribut anzubinden, sind folgende Schritte notwendig, die wir anhand eines Beispiels veranschaulichen werden. Wir werden für ein Eingabefeld eine OVS-Wertehilfe definieren.

Praxis

1. Wechseln Sie wie in Abbildung 8.21 in Ihre Web-Dynpro-Component, und tragen Sie im Register COMPONENT-VERWENDUNG die Component-Verwendung `USAGE_OVS` (❶) für die OVS-Component `WDR_OVS` (❷) ein.

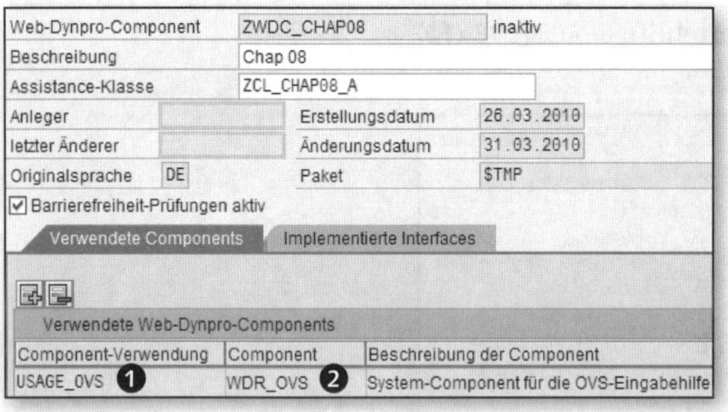

Abbildung 8.21 Deklaration der Verwendung der Web-Dynpro-Component WDR_OVS

Verwendung definieren

2. Legen Sie diese Verwendung auch auf der Registerkarte EIGENSCHAFTEN des Views fest, in dem sich Ihr Eingabefeld befindet, wie Sie es in Abbildung 8.22 sehen. Über die Drucktaste CONTROLLER-VERWENDUNG ANLEGEN (❶) übernehmen Sie die OVS-Verwendung (❷).

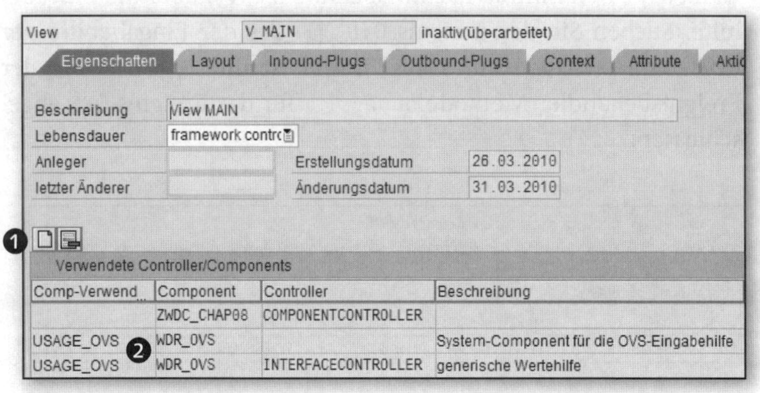

Abbildung 8.22 Verwendungserklärung der OVS-Wertehilfe im View

Eigenschaft Wertehilfe-Modus setzen

3. Wechseln Sie in den Context des Component-Controllers und dort zu dem Attribut, für das die Wertehilfe definiert werden soll. In der Eigenschaftstabelle des Context-Attributes (siehe Abbildung 8.23) können Sie nun in der Zeile WERTEHILFE-MODUS den Eintrag OBJECT VALUE SELECTOR auswählen (❶). In der neuen Zeile OVS-COMPONENT-VERWENDUNG in der Eigenschaftstabelle müssen Sie die für die Wertehilfe vorgesehene Component-Verwendung eintragen. Dafür steht eine Eingabehilfe in dieser Zeile bereit. Wählen Sie die Wertehilfe `USAGE_OVS` (❷).

Abbildung 8.23 Zuordnung der OVS-Component-Verwendung

Ereignisbehandler-Methode anlegen

4. Für den View muss ein Ereignisbehandler für das Ereignis `OVS` der verwendeten OVS-Component `USAGE_OVS` angelegt werden. Dazu wechseln Sie auf die Registerkarte METHODEN des Views (siehe Abbildung 8.24). Vergeben Sie dort den Namen, zum Beispiel `on_ovs`, für die Ereignisbehandler-Methode (❶). Als Methodentyp wählen Sie den Eintrag EREIGNISBEHANDLER (❷) über die Eingabehilfe. Suchen Sie das Ereignis `OVS` (❸) aus der Eingabehilfe der COMPONENT-VERWENDUNG aus. Damit ist die Registrierung der Ereignisbehandler-Methode `on_ovs( )` für das Ereignis `OVS` abgeschlossen.

Abbildung 8.24 Definition des OVS-Ereignisbehandlers

Bei der Implementierung der Ereignisbehandler-Methode werden Sie weitgehend unterstützt, da ein Gerüst an Quelltext bereits durch die Zuordnung der Behandlermethode zum Ereignis `OVS` generiert wird. Um das Quelltext-Gerüst verstehen zu können, müssen sie sich zuvor Gedanken über den inneren Aufbau und das Interaktionsverhalten der `OVS`-Component machen.

Automatische Generierung des Quelltext-Rahmens

Die Component `WDR_OVS` bietet einen Ergebnis-View an, in dem die Suchergebnisse als Tabelle dargestellt werden. Zusätzlich enthält die Component einen Selektions-View, der zur Einschränkung der Suchergebnisse eingesetzt werden kann. Sowohl die Eingabefelder des Selektions-Views als auch die Struktur und die Inhalte der Tabelle des aus dieser Einschränkung resultierenden Suchergebnis-Views werden durch die verwendende Anwendungs-Component festgelegt. Daher muss die OVS-Component zu einem geeigneten Zeitpunkt wieder mit der verwendenden Component kommunizieren.

OVS-Phasenmodell

Die Kommunikation mit der verwendenden Component wird mithilfe des Ereignisses `OVS` der `OVS`-Component realisiert. Dieses Ereignis wird automatisch viermal hintereinander ausgelöst und übergibt den Parameter `ovs_callback_object` an den entsprechenden Ereignisbehandler in der verwendenden Web-Dynpro-Component. In Abbildung 8.25 sehen Sie das sogenannte Phasenmodell der `OVS`-Component anhand eines Beispiels visualisiert.

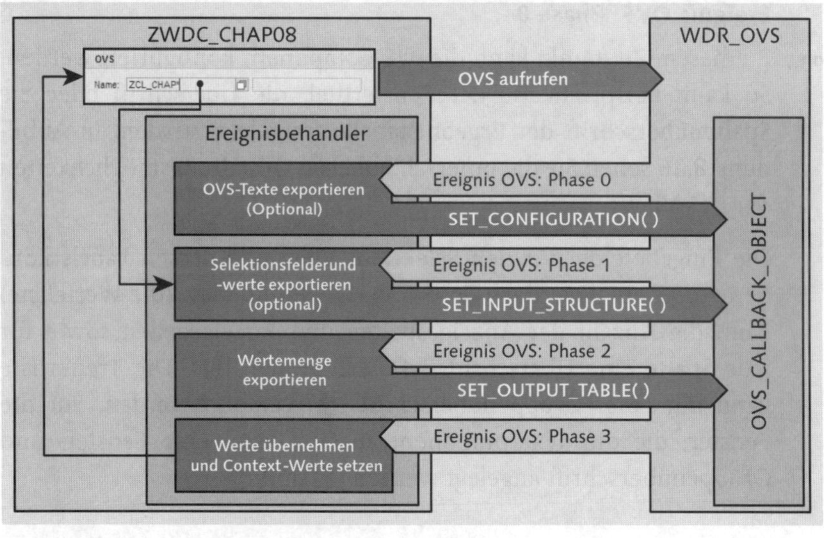

Abbildung 8.25 Phasenmodell der OVS-Component

In den folgenden Abschnitten werden wir das Phasenmodell detailliert besprechen. Bei den Erläuterungen orientieren wir uns am zeitlichen Ablauf des Zusammenspiels zwischen der verwendenden Component und der verwendeten Component (WDR_OVS).

Object Value Selector aufrufen

Aufruf

Der Benutzer aktiviert die OVS-Wertehilfe durch einen Klick auf das Wertehilfe-Icon oder Drücken der [F4]-Taste eines Eingabefeldes. Dies führt dazu, dass die OVS-Component initialisiert wird. Von der OVS-Component wird das Ereignis OVS ausgelöst und dadurch der Ereignisbehandler in der verwendenden Component aufgerufen.

Der Ereignisbehandler, den wir zuvor angelegt haben, besitzt den Importing-Parameter ovs_callback_object, der das öffentliche Instanzattribut ovs_callback_object->phase_indicator besitzt. Dieses verwenden Sie, um festzustellen, in welcher OVS-Phase sich der OVS befindet. Die unterschiedlichen Phasen repräsentieren das Protokoll der Zusammenarbeit zwischen der verwendenden Component und der OVS-Component. Die Phasenzählung beginnt bei 0, wobei für die unterschiedlichen Phasen die Konstanten if_wd_ovs=>co_phase_[0|1|2|3] definiert sind. Nun liegt es am Ereignisbehandler, die Reaktionen auf die Ereignisse zu implementieren.

Ereignis OVS: Phase 0

Konfiguration

Zu diesem Zeitpunkt kann die OVS-Component konfiguriert werden. So kann beispielsweise der Fenstertitel, die Überschrift oder die Spaltenüberschrift der Ergebnistabelle festgelegt werden. In Abbildung 8.26 sehen Sie die unterschiedlichen Gestaltungsmöglichkeiten der OVS-Views.

Die Eingabefelder für den Selektions-View und dessen Labels können vorgegeben werden (❶). Für den Ergebnis-View (die Werteliste) kann die Anzahl der Anzeigespalten und Anzeigezeilen sowie für jede Spalte eine Überschrift definiert werden (❷). Die Trefferliste kann mit einer Gruppenüberschrift (❺) versorgt werden. Für die Fenster, die die OVS-Component anzeigt, kann eine Fenster- und Gruppenüberschrift angelegt werden (❸ und ❹).

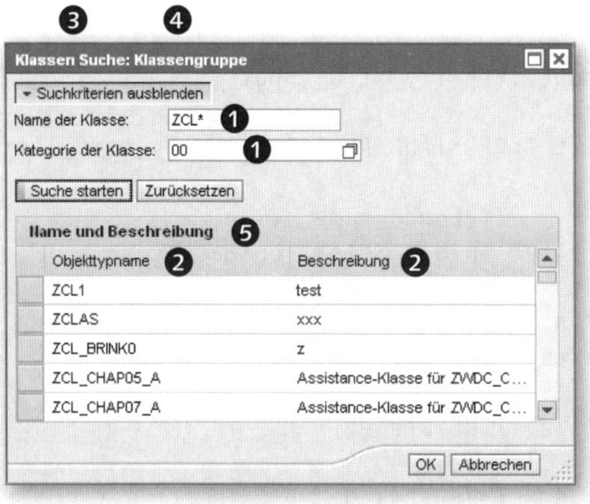

Abbildung 8.26 Gestaltung der OVS-Views

set_configuration( )

Außerdem kann zu diesem Zeitpunkt eingestellt werden, ob aus der Ergebnistabelle eine oder mehrere Zeilen selektiert werden können. Dafür bietet der Ereignisparameter `ovs_callback_object` die Methode `set_configuration( )`, die ausdrücklich nur zu diesem Zeitpunkt verwendet werden kann. Ein Aufruf dieser Methode zu einem anderen Zeitpunkt löst eine Fehlermeldung aus.

Praxis

Als ersten Schritt in der Implementierung der Anforderungen, wechseln Sie in den Ereignisbehandler `on_ovs( )`. Sie werden feststellen, dass das vollständige Gerüst der Implementierung bereits angelegt ist. Sie können sich auf die Erfordernisse konzentrieren und die vorgenerierten Teile verwenden. In Phase 0 geht es um die Konfigurationsaspekte, die wir in Listing 8.4 für das Beispiel realisiert haben.

```
METHOD on_ovs .
* Deklaration der Datenstruktur für die Suchfelder und
* die Spalten der Treffermenge
  TYPES:
    BEGIN OF lty_stru_input,
* Felder für die Suche
      name_from_ovs TYPE seoclsname, "Name der Klasse
      cat_from_ovs TYPE seocategry, "Kategorie der Klasse
    END OF lty_stru_input,
* Felder für die Ergebnisliste
    BEGIN OF lty_stru_list,
      name_from_ovs TYPE seoclsname, "Name der Klasse
      desc_from_ovs TYPE seodescr, "Name der Beschreibung
    END OF lty_stru_list.
```

```
* Definitionen
* Suchkriterien
  DATA: ls_search_input TYPE lty_stru_input,
* Ergebnisliste
        lt_select_list TYPE STANDARD TABLE OF lty_stru_list,
* Texte
        ls_text          TYPE wdr_name_value,
* Texte für Eingabefelder in der Selektionsmaske
        lt_label_texts   TYPE wdr_name_value_list,
* Texte für Spalten in der Ergebnismaske
        lt_column_texts  TYPE wdr_name_value_list,
* Fenstertitel
        lv_window_title  TYPE string,
* Gruppenüberschrift
        lv_group_header  TYPE string,
* Tabellenüberschrift
        lv_table_header  TYPE string.
* Referenzen
  FIELD-SYMBOLS: <ls_query_params> TYPE lty_stru_input,
                 <ls_selection>    TYPE lty_stru_list.
* Auswertung
* Welche OVS-Phase?
  CASE ovs_callback_object->phase_indicator.
* Konfigurationsphase, optional
    WHEN if_wd_ovs=>co_phase_0.
* Texte für Eingabefelder in der Selektionsmaske
* Name der Klasse
      ls_text-name = `NAME_FROM_OVS`. "Name=Suchfeldname
      ls_text-value = `Name der Klasse`. "der Text
      INSERT ls_text INTO TABLE lt_label_texts.
* Kategorie der Klasse
      ls_text-name = `CAT_FROM_OVS`. "Name=Suchfeldname
      ls_text-value = `Kategorie der Klasse`. "der Text
      INSERT ls_text INTO TABLE lt_label_texts.
* Texte für Spalten in der Ergebnismaske
* Name der Klasse
      ls_text-name = `NAME_KLASSE`. "Name=Liststruktur
      ls_text-value = `Klasse`. "der Text
      INSERT ls_text INTO TABLE lt_column_texts.
* Noch eine Spalte für die Beschreibung
      ls_text-name = `BESCHR_KLASSE`. "Name=Liststruktur
      ls_text-value = `Beschreibung`. "der Text
      INSERT ls_text INTO TABLE lt_column_texts.
* Texte für Titel, GroupHeader und TableHeader
      lv_window_title = 'Klassensuche'.
      lv_group_header = 'Klassengruppe'.
      lv_table_header = 'Name und Beschreibung'.
* Setze die Konfiguration über Callback-Objekt
```

```
    ovs_callback_object->set_configuration(
      label_texts  = lt_label_texts
      column_texts = lt_column_texts
      group_header = lv_group_header
      window_title = lv_window_title
      table_header = lv_table_header
      col_count    = 2
      row_count    = 5
      table_multi_select = abap_false ).
```

Listing 8.4 Behandlung der OVS-Phase 0 im Ereignisbehandler

Suchmaske konfigurieren

Die generierte Behandlermethode beginnt mit dem Deklarationsabschnitt. Dort ist der Strukturtyp `LTY_STRU_INPUT` für die Definition der Felder vorbereitet, die auf der Suchmaske erscheinen sollen. Wir haben die zwei Felder `name_from_ovs` und `cat_from_ovs` ergänzt, die es dem Benutzer ermöglichen, einen Namen und die Kategorie der Klasse für die Selektion einzugeben. Der Name kann mit Joker-Symbolen – wie zum Beispiel Stern (*) oder Pluszeichen (+) – eingegeben werden. Die Kategorie steht für die Art der Klasse, wie zum Beispiel ALLGEMEINER OBJEKTTYP oder AUSNAHMEKLASSE.

Ergebnistabelle konfigurieren

Der Strukturtyp `LTY_STRU_LIST` dient zur Definition der Ergebnistabelle. Die Felder, die Sie in diesen Typ einfügen, werden die Spalten der Ausgabetabelle. Wir haben die zwei Felder `name_from_ovs` und `desc_from_ovs` ergänzt, somit hat unsere Ergebnistabelle zwei Spalten. Es folgen weitere Deklarationen, die zur Übergabe an die Methoden des Callback-Objektes dienen.

Phasenbestimmung

Der Implementierungsteil beginnt mit der Anweisung `CASE ovs_callback_object->phase_indicator`, um festzustellen, in welcher OVS-Phase sich die OVS-Component befindet. Das öffentliche Instanzattribut `phase_indicator` hält den Wert für die aktuelle Phase. Der Vergleich, ob sich die OVS-Component in der Phase 0 befindet, lautet `WHEN if_wd_ovs=>co_phase_0`.

Konfigurationsstrukturen

Für die Phase 0 (Konfigurationsphase) werden die Strukturen und Tabellen gefüllt, um die Initialisierung der OVS-Component durchzuführen:

- `lt_label_texts` wird befüllt, um die Texte für die Selektionsfelder festzulegen.
- `lt_column_texts` wird befüllt, um die Überschriften für die Ergebnistabelle festzulegen.

- `lv_window_title` wird befüllt, um den Titel des Such- und Ergebnisfensters festzulegen.
- `lv_group_header` wird befüllt, um einen Zusatztext zum Titel festzulegen.
- `lv_table_header` wird befüllt, um der Ergebnistabelle eine Überschrift zu geben.

Zuletzt folgt der Aufruf der Methode `ovs_callback_object->set_configuration( )`, um die Werte an die OVS-Component zurückzugeben.

Ereignis OVS: Phase 1

Selektions-View konfigurieren

Soll der optionale Selektions-View der OVS-Component verwendet werden, muss in dieser Phase die Struktur der darzustellenden Selektionsfelder festgelegt und an die OVS-Component übergeben werden. Gleichzeitig können Initialwerte für die Selektionsfelder mit übergeben werden, die Methode `set_input_structure( )` steht hierfür zur Verfügung. Auch für diese Methode gilt wie für die Methode `set_configuration( )`: Wird sie zu einem anderen Zeitpunkt aufgerufen, wird eine Fehlermeldung ausgelöst. Wird die Methode nicht gerufen, entfällt die Anzeige des Selektions-Views, und der Ergebnis-View wird direkt angezeigt. In Abbildung 8.27 sehen Sie die Auswirkungen der Behandlung der OVS-Phasen auf das Selektionsbild.

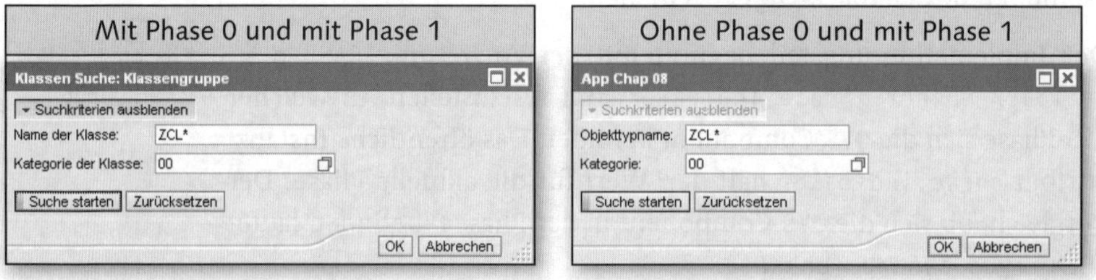

Abbildung 8.27 Auswirkungen der Behandlung der OVS-Phasen auf das Selektionsbild

Wird die Behandlung der OVS-Phase 0 in der Behandlermethode implementiert, kann das Selektionsbild explizit gestaltet werden, wie bereits für Phase 0 besprochen wurde. Wird die Phase 0 ausgelassen, werden Standardtexte aus dem ABAP Dictionary verwendet, sofern verfügbar.

Obwohl die Behandlung der Phase 1 optional ist, bieten wir dem Benutzer die Möglichkeit an, das Suchergebnis für den Namen einer ABAP-Klasse einzuschränken. Dazu müssen wir die Suchstruktur und bereits eingegebene Werte des Benutzers berücksichtigen. In Listing 8.5 sehen Sie die Implementierung für die OVS-Phase 1.

```
* Suchstruktur- und Vorschlagswertephase, optional
* Wird diese ausgelassen, erscheint kein Such-View
    WHEN if_wd_ovs=>co_phase_1.
* Ermittle bereits eingegebene Werte des Benutzers aus
* dem InputField-Suchfeld
ovs_callback_object->context_element->get_static_attributes(
  IMPORTING static_attributes = ls_search_input ).
* Setze allgemeine Klassenkategorie
ls_search_input-cat_from_ovs = '00'. "Allgemein
* Übergib die Werte an OVS für Suche durch Callback-Objekt
ovs_callback_object->set_input_structure(
  input = ls_search_input ).
```

Listing 8.5 Behandlung der OVS-Phase 1 im Ereignisbehandler

Selektionsbild setzen

Mithilfe des öffentlichen Instanzattributes context_element des Callback-Objektes ovs_callback_object kann die bereits erfolgte Eingabe des Benutzers ermittelt werden. Wie immer in der Context-Programmierung steht dafür die Methode get_static_attributes( ) zur Verfügung. Wir schränken durch die Belegung des Attributes ls_search_input-cat_from_ovs den Suchraum auf allgemeine ABAP-Klassen ein. Zu guter Letzt kann die Struktur mit den Daten an die Methode set_input_structure( ) des Callback-Objektes übergeben und damit die Definition des Selektionsbildes abgeschlossen werden.

Ereignis OVS: Phase 2

Ergebnismenge ermitteln

In Phase 2 muss die Ergebnismenge der Suche von der verwendenden Component ermittelt werden. Wurden auf einem Selektions-View Werte für die Selektionsparameter eingegeben, stehen diese nun als Instanzattribut query_parameters des Ereignisparameters ovs_callback_object zur Verfügung.

Außerdem muss die Anwendungs-Component die Tabelle mit den zur Auswahl stehenden Werten an die OVS-Component übergeben. Dies wird mithilfe der Methode set_output_table( ) des Ereignisparameters ovs_callback_object realisiert. Der Aufruf von set_ output_table( ) ist zwingend und muss in dieser Phase erfolgen. In Listing 8.6 sehen Sie die Details der Implementierung.

```
* Ermittle die Werte für die Trefferlistenphase
    WHEN if_wd_ovs=>co_phase_2.
* Wurde Phase 1 implementiert, verwende Eingabe
* Falls nicht, verwende eigene Werte
      IF ovs_callback_object->query_parameters IS BOUND.
* Ausnahmebehandlung
        ASSIGN ovs_callback_object->query_parameters->*
          TO <ls_query_params>.
        IF NOT <ls_query_params> IS ASSIGNED.
* Initialisiere die Parameter
          ls_search_input-name_from_ovs = 'ZCL*'. "Cust Dev
          ls_search_input-cat_from_ovs = '00'. "Allgemein
        ELSE. "<ls_query_params> not ASSIGNED
* Werte aus den Query-Parametern übernehmen
          ls_search_input-name_from_ovs =
            <ls_query_params>-name_from_ovs.
          ls_search_input-cat_from_ovs =
            <ls_query_params>-cat_from_ovs.
        ENDIF.
      ELSE. "Query_parameters not bound
* Initialisiere die Parameter
        ls_search_input-name_from_ovs = 'ZCL*'. "Custom Dev
        ls_search_input-cat_from_ovs = '00'. "Allgemein
      ENDIF.
* Ermittle die Werte für die Trefferliste
      wd_comp_controller->getmodel_class_list(
        EXPORTING
          clstype = '0'"Suche nach Klassen
          clsname_pattern = ls_search_input-name_from_ovs
          category = ls_search_input-cat_from_ovs
          langu = sy-langu
        IMPORTING
          clsnames_w_description = lt_select_list ).
* Setze die Treffermenge
      ovs_callback_object->set_output_table(
        output = lt_select_list ).
```

Listing 8.6 Behandlung der OVS-Phase 2 im Ereignisbehandler

query_parameter Es wird überprüft, ob das öffentliche Instanzattribut query_parameters des Callback-Objektes ovs_callback_object gebunden ist. Dies wird mit der Anweisung if ovs_callback_object->query_parameters is bound ausgeführt. Wurde in der Phase 0 oder 1 ein Selektionsbild definiert, ist dies der Fall.

Jedoch kann es vorkommen, dass die OVS-Phasen 0 und 1 in unserer Behandlermethode nicht bearbeitet wurden. Dann müssen wir darauf reagieren. In unserem Beispiel belegen wir die Hilfsvariablen ls_search_input-name_from_ovs mit dem Wert ZCL* und ls_search_input-cat_from_ovs mit 00. Dies sorgt dafür, dass allgemeine ABAP-Klassen ermittelt werden, deren Namen mit ZCL* beginnen.

Geschäftslogik

Der nächste Abschnitt der Implementierung betrifft die Ermittlung der Treffermenge, das heißt die Geschäftslogik. Wir haben in unserem Beispiel die Service-Methode getmodel_class_list( ), basierend auf dem Funktionsbaustein SEO_CLASS_LIB_INTROSPECTION, mit dem Service-Aufruf-Wizard angelegt, die die ABAP-Klassen ermittelt. Den Service-Aufruf-Wizard erreichen Sie über das Kontextmenü der Web-Dynpro-Component in der Objektliste im Object Navigator (Transaktion SE80). Wählen Sie zum Aufrufen des Wizards den Menüeintrag ANLEGEN • SERVICE-AUFRUF.

set_output_table( )

Die Werte, die von der Service-Methode als interne Tabelle geliefert werden, werden an die Methode set_output_table( ) des Callback-Objektes ovs_callback_object übergeben. In unserem Fall ist die Typisierung der internen Tabelle, die von der Service-Methode zurückgeliefert wird, identisch mit dem Aufbau der Trefferliste. Dadurch ist keine Konvertierung der Daten in der internen Tabelle auf die Typisierung der Trefferliste notwendig. Die OVS-Component sorgt dann für die Darstellung der Trefferliste, die Sie in Abbildung 8.28 sehen. Die Verwendung der Phase 0 und Phase 1 steuert das Aussehen der Suche.

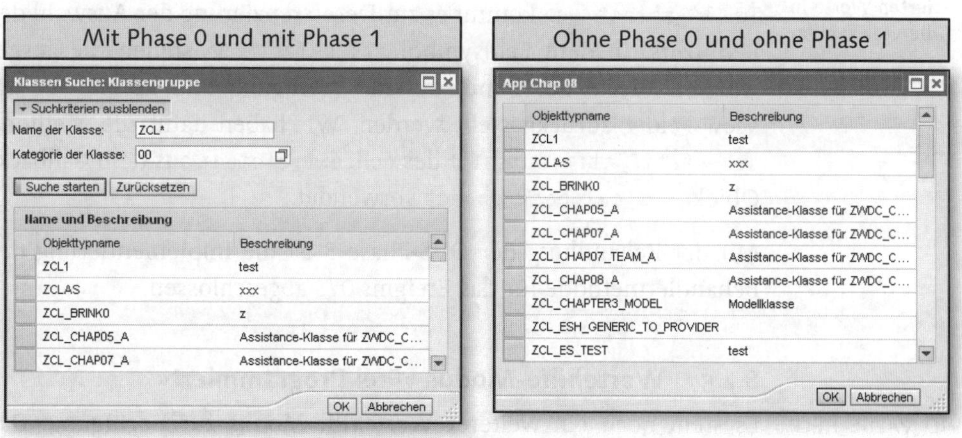

Abbildung 8.28 Unterschiedliche Darstellungen des Selektions-Views und Ergebnis-Views

Ereignis OVS: Phase 3

Übernehmen der Benutzerauswahl

Das Ergebnis der Suche wurde auf dem Ergebnis-View der OVS-Component dargestellt. Der Anwender hat nun die Möglichkeit, eine oder mehrere Zeilen der Tabelle auszuwählen. Letzteres ist allerdings nur dann möglich, wenn über die Methode set_configuration( ) in der ersten Phase des Ablaufs eine Mehrfachselektion für die Ergebnistabelle konfiguriert wurde.

In der Standardkonfiguration der OVS-Component kann nur eine Zeile der Ergebnistabelle ausgewählt werden. Der Inhalt der ausgewählten Zeile steht dann im Instanzattribut selection des Ereignisparameters ovs_callback_object zum Auslesen bereit (siehe Listing 8.7).

```
WHEN if_wd_ovs=>co_phase_3.
*Daten lesen
IF ovs_callback_object->selection IS BOUND.
*Daten dereferenzieren, um sie zu lesen
ASSIGN ovs_callback_object->selection->* TO <ls_selection>.
IF <ls_selection> IS ASSIGNED.
*Daten zurück in die Selektionsbedingungen stellen
ovs_callback_object->context_element->set_static_attributes(
  static_attributes = <ls_selection> ).
ENDIF.
ENDIF.
ENDCASE.
ENDMETHOD.
```

Listing 8.7 Behandlung der OVS-Phase 3 im Ereignisbehandler

Setzen der selektierten Werte in die View-Felder

Durch die Anweisung ASSIGN ovs_callback_object->selection->* TO <ls_selection> kommt es zur Dereferenzierung der Auswahl des Benutzers. In dem Feldsymbol <ls_selection> stehen die ausgewählten Werte des Benutzers zur Verfügung und können in die View-Felder zurückgestellt werden. Wir haben dafür die Methode set_static_attributes( ) des context_element aus dem Callback-Objekt ovs_callback_object verwendet.

Mit der Behandlung der OVS-Phase 3 ist die Implementierung der Behandlermethode für das Ereignis OVS abgeschlossen.

8.2.5 Wertehilfe-Modus »Frei Programmiert«

IWD_VALUE_HELP

Es steht noch ein weiterer Wertehilfe-Modus zur Verfügung: Das Web-Dynpro-Framework bietet die Möglichkeit, eigene Wertehilfe-

Components anzulegen und einzusetzen. Eine Web-Dynpro-Component, die als Wertehilfe dienen soll, muss das Component-Interface (WDCI) `IWD_VALUE_HELP` implementieren. Nachdem die frei programmierte Wertehilfe an ein Context-Attribut geknüpft wurde, steht die Wertehilfe automatisch für jedes an dieses Attribut gebundene `InputField` zur Verfügung.

In Abbildung 8.29 haben wir das Zusammenspiel – man könnte auch sagen: das Protokoll – zwischen der Hilfe verwendenden Component und der Hilfe anbietenden Component (Hilfe-Component) dargestellt. Alle weiteren Erläuterungen beziehen sich auf diese Abbildung.

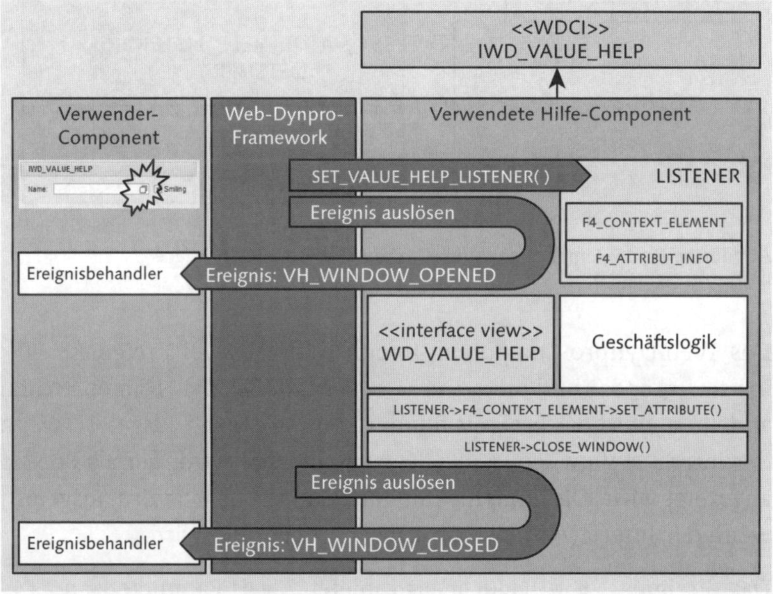

Abbildung 8.29 IWD_VALUE_HELP-Einsatz

Implementierung der Hilfe-Component

Um die Wertehilfe für Ihre Component einzusetzen, werden Sie in zwei Schritten vorgehen. Der erste Schritt betrifft die Implementierung der Wertehilfe-Component und der zweite Schritt die Einbindung in eine verwendende Component.

Hilfe-Component implementieren

Web-Dynpro-Component-Interface IWD_VALUE_HELP

Wie bereits erwähnt, müssen Sie bei der Implementierung einer Hilfe-Component das Web-Dynpro-Component-Interface `IWD_VALUE_HELP` einrichten. Sie gehen dabei vor, wie in Abschnitt 2.7.5,

»Component-Interfaces«, beschrieben. Durch das implementierte Web-Dynpro-Component-Interface stehen der Hilfe-Component unterschiedliche Elemente zur Verfügung. In Abbildung 8.30 sehen Sie diese Elemente in der Übersicht.

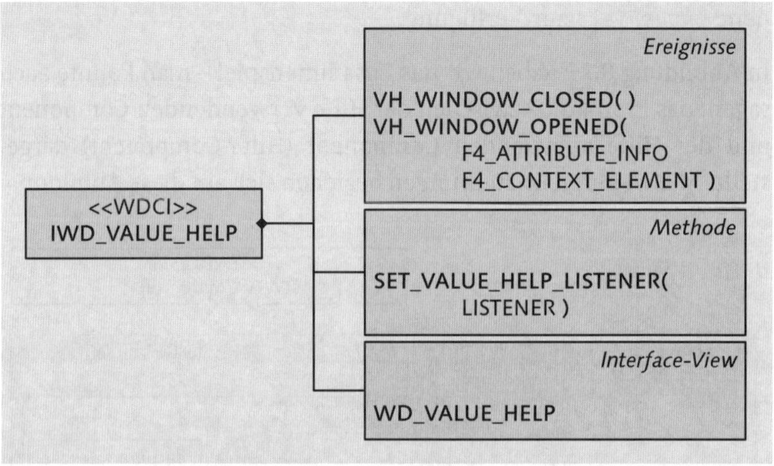

Abbildung 8.30 Elemente des Web-Dynpro-Component-Interface IWD_VALUE_HELP

Ereignisse Das Web-Dynpro-Component-Interface bietet zwei Ereignisse: `vh_window_closed` und `vh_window_opened`. Wie die Namen schon andeuten, wird das Ereignis mit der Endung `closed` ausgelöst, wenn der Interface-View `WD_VALUE_HELP` geschlossen wird, der als Pop-up angezeigt wird. Das Ereignis mit der Endung `opened` wird ausgelöst, wenn der Interface-View `WD_VALUE_HELP` geöffnet wird.

Das Ereignis `vh_window_opened` bietet zwei Parameter an: `f4_attribute_info` und `f4_context_element`. Diese Parameter liefern Detailinformationen sowie den Zugriff auf Daten zu dem Attribut bzw. Element, an das die Hilfe in der verwendenden Component gebunden wurde. Der Typ des Referenzparameters `f4_context_element` ist `IF_WD_CONTEXT_ELEMENT`, ein bekanntes Interface aus der Context-Programmierung (siehe Abschnitt 2.6, »Context-Programmierung«). Der Typ des Parameters `f4_attribute_info` ist `WDR_CONTEXT_ATTRIBUTE_INFO`. Er enthält die Beschreibungsinformationen zum Context-Attribut, dem die Hilfe zugeordnet ist. Dieser Typ ist in Abschnitt 7.2.3, »Context-Attribute anlegen«, näher beschrieben.

Das Web-Dynpro-Component-Interface bietet die Methode set_value_help_listener( ) mit dem Parameter listener, der für die Realisierung der Hilfe-Component von zentraler Bedeutung ist. Diese Methode dürfen Sie nicht aufrufen, sie wird vom Web-Dynpro-Framework aufgerufen. Der listener-Parameter ist vom Typ IF_WD_VALUE_HELP_LISTENER und bietet die Elemente, die in Tabelle 8.1 aufgelistet sind. Methode

Attribut	Beschreibung
f4_context_element	Knotenelement
f4_attribute_info	Beschreibungsinformationen zum Context-Attribut
Methode	**Beschreibung**
close_window( )	Methode zum Schließen des Interface-Views

Tabelle 8.1 Elemente von IF_WD_VALUE_HELP_LISTENER

Da diese Methode vom Web-Dynpro-Framework nach dem Öffnen des Interface-Views gerufen wird, können Sie in der Implementierung dieser Methode das Setup der Hilfe-Component einfügen. Dabei werden Sie im Allgemeinen das listener-Objekt aus der Schnittstelle verwenden oder dieses in einem Controller in einem Attribut zwischenlagern.

Der Interface-View WD_VALUE_HELP ist die visuelle Schnittstelle der Hilfe-Component und wird als Pop-up dargestellt. In der Implementierung der Hilfe-Component dient Ihnen dieser Interface-View zur Einbettung Ihrer Views. Interface-View

Nun zeigen wir Ihnen die Verwendung der einzelnen bereits besprochenen Elemente anhand eines konkreten Beispiels. In diesem Beispiel erhält der Benutzer die Gelegenheit, Team-Mitglieder eines Entwicklungs-Teams nach dem emotionalen Zustand zu suchen, der durch die Tags von Fotos der Mitglieder repräsentiert wird. Der Benutzer kann mithilfe einer TriStateCheckBox einstellen, ob das Mitglied auf dem Foto lächeln (abap_true) oder nicht lächeln soll (abap_false) oder neutral in den Fotoapparat blickt (*). Beispiel

Da der Benutzer nach dem Namen eines Team-Mitgliedes mit solch einem Foto sucht, wählt er das Hilfe-Icon zum Eingabefeld des Namens (siehe Abbildung 8.31, ❶). Daraufhin öffnet sich der Interface-View der Hilfe-Component, und der Benutzer kann die Team-Mitglieder suchen (❷). Die Suchkriterien (SMILING) wurden aus der verwendenden Component übernommen und können durch den Benutzer verändert werden. Mit der Drucktaste SUCHE löst der Benutzer den Suchvorgang aus. Hat er nun ein Team-Mitglied mit den gewünschten Kriterien gefunden, wählt er dieses mit einem Mausklick aus (❸). Der Interface-View wird geschlossen und der Name des selektierten Team-Mitgliedes im Suchfeld dargestellt (❹).

Abbildung 8.31 Hilfe-Component-Beispiel

Für die Implementierung dieser Hilfe-Component sind konkret die folgenden Schritte durchzuführen:

Implementierung der Hilfe-Component

1. Legen Sie eine Web-Dynpro-Component an, die das Web-Dynpro-Component-Interface `IWD_VALUE_HELP` implementiert. Diese bezeichnen wir als verwendete Hilfe-Component (siehe Abbildung 8.32, ❶). In unserem Beispiel haben wir die Component mit `ZWDC_CHAP08_HELP` bezeichnet.

Interface-View WD_VALUE_HELP

2. Das Web-Dynpro-Component-Interface `IWD_VALUE_HELP` stellt den Interface-View `WD_VALUE_HELP` zur Verfügung (siehe Abbildung 8.33, ❶). In diesen betten Sie Ihren View ein, der die Wertehilfe visualisiert (❷). In unserem Beispiel haben wir den View mit `V_MAIN` bezeichnet.

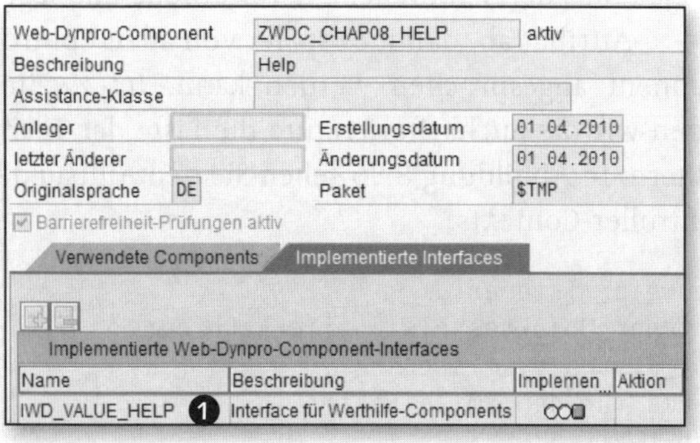

Abbildung 8.32 Hilfe-Component

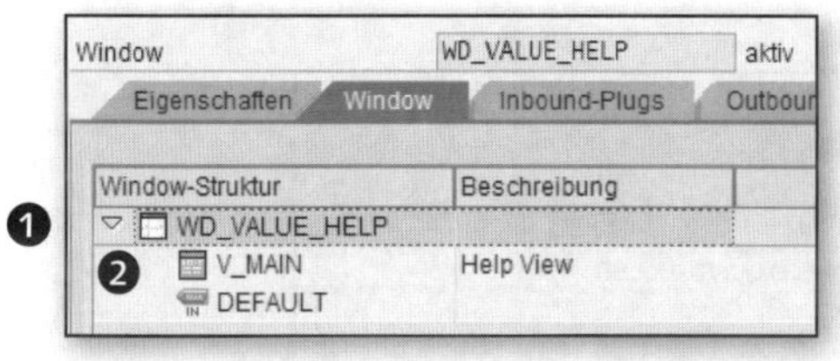

Abbildung 8.33 View-Einbettung in Window WD_VALUE_HELP

set_value_help_listener( )

3. Implementieren Sie die Methode `set_value_help_listener( )`, die im `COMPONENTCONTROLLER` zu finden ist und aus dem Web-Dynpro-Component-Interface stammt (siehe Abbildung 8.34, ❶). Dort können Sie zum Beispiel das `listener`-Objekt (❷) für die spätere Verwendung aus dem Parameter der Methode in die Component-Attribute übernehmen.

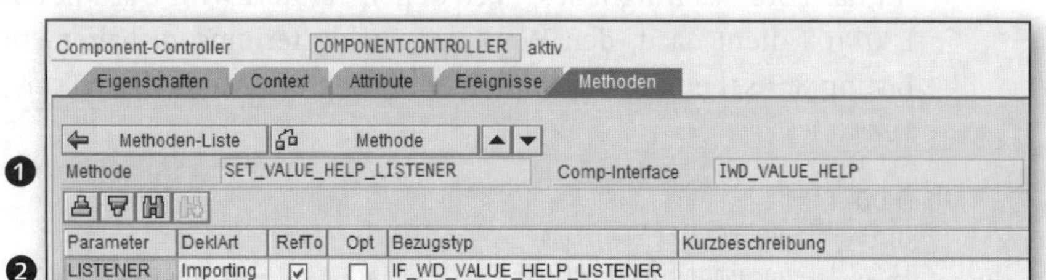

Abbildung 8.34 Methode »set_value_help_listener( )«

4. Für unser Beispiel zeigen wir eine einfache Implementierung (siehe Listing 8.8). In dieser Implementierung übernehmen wir

das `listener`-Objekt aus der Schnittstelle der Methode und legen es in einem `public`-Attribut ab, damit es später von allen Controllern der Component angesprochen werden kann. Im zweiten Schritt verwenden wir die Suchkriterien, um die Liste der Team-Mitglieder zu filtern. In Abbildung 8.35 sehen Sie den Aufbau des Component-Controller-Contexts.

```
METHOD set_value_help_listener .
* Setzen des listener-Objektes als public-Attribut
  wd_this->setatt_listener( listener ).
* Filtern des Teams für den Smile-Faktor
  wd_this->filter_team( ).
ENDMETHOD.
```

Listing 8.8 Beispielimplementierung

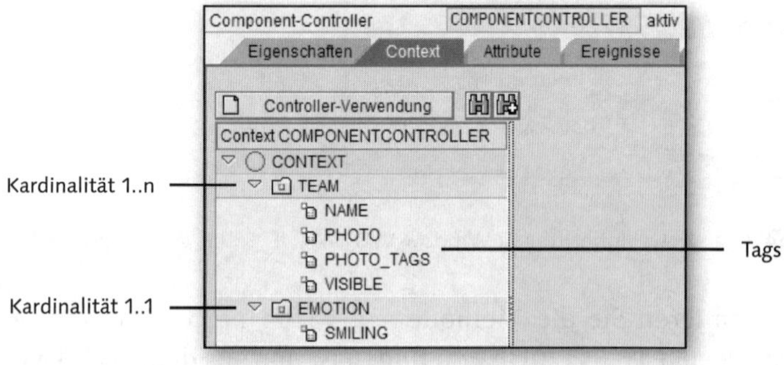

Abbildung 8.35 Component-Controller-Context der Hilfe-Component

Die Elemente des Context-Knotens `TEAM` repräsentieren die Team-Mitglieder. Das Attribut `PHOTO_TAGS` hält die Tag-Informationen für das Foto des Mitgliedes, nach denen gefiltert wird Der Knoten `EMOTION` dient dazu, den Wert des Suchkriteriums zu halten. In Listing 8.9 sehen Sie die Implementierung der Methode `filter_team( )`.

```
METHOD filter_team .
* Knoten zum Suchkriterium
  DATA lo_nd_emotion TYPE REF TO if_wd_context_node.
* Element zum Suchkriterium
  DATA lo_el_emotion TYPE REF TO if_wd_context_element.
* Smile
  DATA: lv_smiling TYPE wd_this->element_emotion-smiling,
* Suchmuster in den Tags
        ld_pattern TYPE string.
```

```
* Knoten für Team-Mitglieder
  DATA lo_nd_team TYPE REF TO if_wd_context_node.
* Tags des Fotos
  DATA: ld_photo_tags TYPE string,
* Ein Team-Mitglied
        ls_team LIKE LINE OF wd_this->gt_team,
* Ergebnistabelle für das Team
        lt_buffer_team LIKE wd_this->gt_team.
**********************************************************
* Knoten für Suchkriterium ermitteln
  lo_nd_emotion = wd_context->get_child_node(
    name = wd_this->wdctx_emotion ).
* Behandlung nicht existierender Knoten
  IF lo_nd_emotion IS INITIAL.
    EXIT.
  ENDIF.
* Element für Suchkriterium ermitteln
  lo_el_emotion = lo_nd_emotion->get_element( ).
* Falls keine Lead-Selection
  IF lo_el_emotion IS INITIAL.
    EXIT.
  ENDIF.
* Hole den Wert des Suchkriteriums
  lo_el_emotion->get_attribute(
    EXPORTING
      name =  `SMILING`
    IMPORTING
      value = lv_smiling ).
* TriState in Suchmuster übersetzen
* Falls 01, dann smiling.
* Falls 02, dann nosmiling.
* Sonst neutral.
  IF lv_smiling = '01'.
    ld_pattern = ':SMILE:'.
  ELSEIF lv_smiling = '02'.
    ld_pattern = ':NOSMILE:'.
  ELSE.
    ld_pattern = ':NEUTRAL:'.
  ENDIF.
**********************************************************
* Filtern der Team-Mitglieder
* Für jedes Team-Mitglied
  LOOP AT wd_this->gt_team INTO ls_team.
* Vergleich der Foto-Tags mit dem Suchmuster
    IF ls_team-photo_tags CS ld_pattern.
* Falls gefunden, dann in die Ergebnismenge
      APPEND ls_team TO lt_buffer_team.
    ENDIF.
```

```
  ENDLOOP.
*   Ermittle den Knoten zum Team
  lo_nd_team = wd_context->get_child_node(
    name = wd_this->wdctx_team ).
************************************************************
* Setze die Ergebnismenge im Context
  lo_nd_team->bind_table(
    new_items = lt_buffer_team
    set_initial_elements = abap_true ).
ENDMETHOD.
```

Listing 8.9 Implementierung der Methode »filter_team( )«

Die Methode ist einfach zu verstehen. Im ersten Abschnitt ermitteln wir das Suchkriterium `lv_smiling`. Danach übersetzen wir den Wert des Suchkriteriums in ein Suchmuster. Dieses wird verwendet, um alle Foto-Tags jedes Team-Mitgliedes zu durchsuchen. Am Ende der Methode wird das Ergebnis in den `TEAM`-Knoten zurückgestellt. Die Methode `filter_team( )` ist Teil der Logik (Funktionalität) Ihrer Wertehilfe. Als zusätzliche Informationsquelle zum auslösenden Context-Attribut für die Logik können Sie das `listener`-Attribut `f4_attribute_info` verwenden

f4_context_ element

5. Um die Daten an die verwendende Component zurückzuliefern, ziehen Sie die Context-Element-Referenz `f4_context_element` im `listener` heran. Mithilfe dieser Referenz können Sie die Attribute setzen, die Sie an die rufende Component zurückgeben möchten (siehe Listing 8.10).

```
METHOD onactionlead_selection .
* Name des Team-Mitgliedes
  DATA: ld_name TYPE string.
* Team-Knoten
  DATA lo_nd_team TYPE REF TO if_wd_context_node.
* Das Element der Lead-Selection
  DATA lo_el_team TYPE REF TO if_wd_context_element.
* Ermittle den Team-Knoten
  lo_nd_team = wd_context->get_child_node(
    name = wd_this->wdctx_team ).
* Hole Element mit dem Index der Behandlerschnittstelle
  lo_el_team = lo_nd_team->get_element( index = index ).
* Falls Referenz initial = kein Element
  IF lo_el_team IS INITIAL.
    EXIT.
  ENDIF.
* Hole den Namen aus dem Element
  CALL METHOD lo_el_team->get_attribute
```

```
    EXPORTING
      name  = 'NAME'
    IMPORTING
      value = ld_name.
* Setze Namen für Ergebnis über Listener
  CALL METHOD wd_comp_controller->gr_listener->
    f4_context_element->set_attribute
    EXPORTING
      name  = 'NAME'
      value = ld_name.
* Schließen des Hilfe-Interface-Views
  CALL METHOD wd_comp_controller->gr_listener->close_window(
).
ENDMETHOD.
```

Listing 8.10 Implementierung des Aktionsbehandlers »onactionlead_selection( )«

close_window( )

Die Methode `onactionlead_selection( )` ist eine Aktionsbehandler-Methode für der Änderungsbehandlung der Lead-Selection im Context-Knoten `TEAM`. Die Änderung könnte zum Beispiel durch das Klicken des Benutzers auf einen Eintrag in der Team-Mitgliederliste ausgelöst werden. Der interessante Teil in Listing 8.10 befindet sich am Ende der Methode. Zuerst wird der Name des Team-Mitgliedes mithilfe des Objektes `f4_context_element`, das über das `listener`-Objekt zur Verfügung steht, durch die Methode `wd_comp_controller->gr_listener->f4_context_element->set_attribute( )` gesetzt. Damit ist der selektierte Wert des Benutzers als Ergebnis abgelegt. Danach wird der Interface-View durch die Methode `wd_comp_controller->gr_listener->close_window( )` geschlossen, und die Arbeit der Hilfe-Component ist erledigt.

Hilfe-Component verwenden

Verwender-Component

Die Verwendung der frei programmierten Hilfe gestaltet sich sehr einfach. Die folgenden Schritte beschreiben, wie Sie zu einer zielgerichteten Verwendung kommen.

Usage deklarieren

1. Um Ihre Wertehilfe in einer Verwender-Component einsetzen zu können, müssen Sie eine Usage in dieser und in dem Controller deklarieren, in dem die Hilfe benötigt wird. Für unser Beispiel haben wir in der die Hilfe verwendenden Component `ZWDC_CHAP08` die Component-Verwendung `USAGE_HELP` (siehe Abbildung 8.36, ❶) deklariert, basierend auf der Component `ZWDC_`

CHAP08_HELP (❷). Des Weiteren benötigen wir die Component-Verwendung im View V_MAIN und haben diese daher dort angelegt (❸ und ❹).

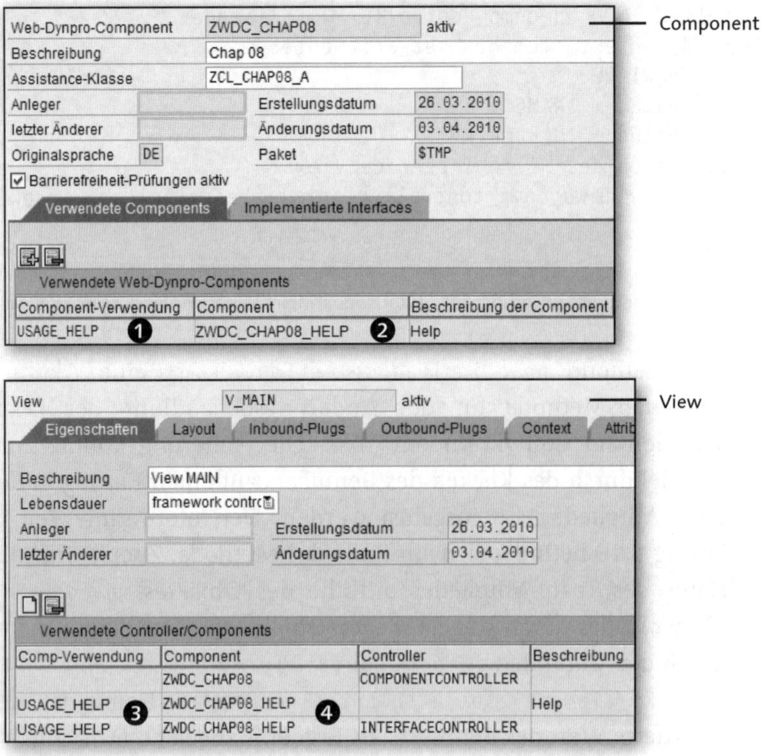

Abbildung 8.36 Usage-Deklarationen

Hilfe-Anbindung

2. Die Anbindung der Hilfe geschieht über ein Context-Attribut. Setzen Sie für das Context-Attribut, an das Sie die Hilfe anbinden möchten (siehe Abbildung 8.37, ❶), die Context-Attribut-Eigenschaft WERTEHILFEMODUS auf FREI PROGRAMMIERT (❷). Tragen Sie in der Context-Attribut-Eigenschaft WERTEHILFE-COMPONENT-VERWENDUNG den Namen der Usage ein (❸).

Ereignisbehandlung

3. Optional: Falls Sie über das Öffnen und Schließen des Hilfefensters in der verwendenden Component benachrichtigt werden möchten, müssen Sie für das Ereignis vh_window_opened bzw. vh_window_closed eine Ereignisbehandler-Methode einrichten.

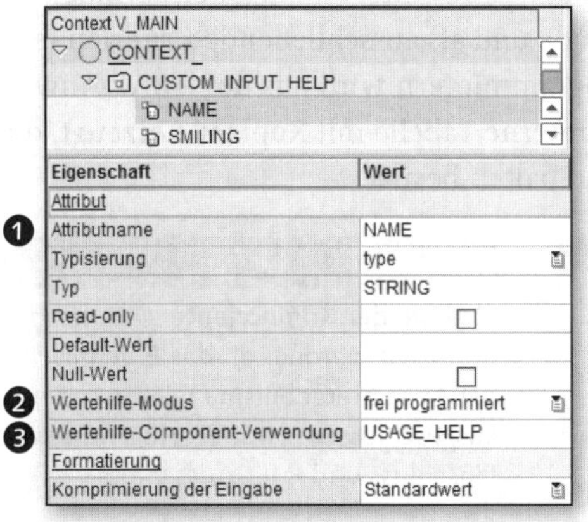

Abbildung 8.37 Anbindung der frei programmierten Hilfe

8.3 Select-Options

Verwendung

Bisher haben Sie in diesem Kapitel erfahren, wie man einen Selektions-View manuell zusammenstellt Wir mussten die View-Felder definieren und die Behandlung von Inkonsistenzen und fehlerhaften Eingaben programmieren. Wir haben zwar bei der Anbindung der Suchhilfen erwähnt, dass die Berücksichtigung des Suchkontextes möglich ist, aber möglicherweise haben Sie sich bereits gedacht, dass irgendetwas fehlt.

8.3.1 Select-Options in ABAP-Programmen

SELECT-OPTIONS

Wenn Sie sich noch einmal die Definition von Standardselektionsbildern in der ABAP-Programmierung ins Gedächtnis rufen, dann gibt es für eben diese die ABAP-Anweisung `SELECT-OPTIONS`. Diese Anweisung erzeugt, sehr komfortabel für Entwickler und Benutzer, eine Intervalleingabemöglichkeit. In Abbildung 8.38 sehen Sie ein Selektionsbild, das mit folgender Anweisungsfolge definiert wurde:

```
DATA: ls_seoclass TYPE seoclassdf.
SELECT-OPTIONS: clsname FOR ls_seoclass-clsname.
```

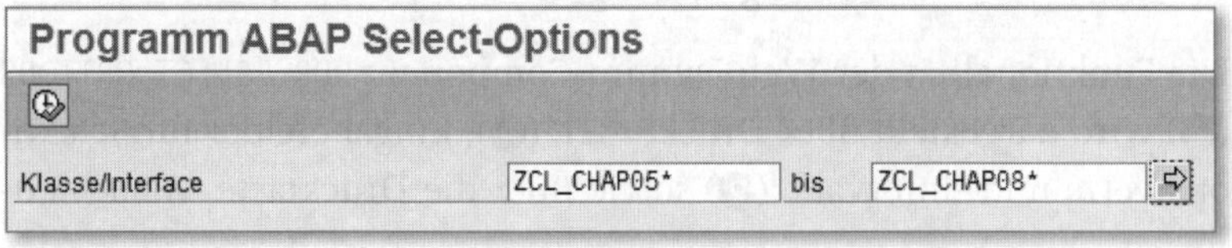

Abbildung 8.38 Select-Options in einem ausführbaren Programm

Range-Tabelle

Damit können Einzeleingaben und Intervalleingaben ermöglicht werden, die als einschließende und als ausschließende Kriterien festgelegt werden können. Programmintern wird aus der ABAP-Anweisung `SELECT-OPTIONS` eine interne Tabelle mit Kopfzeile erzeugt, die die in Tabelle 8.2 gezeigten Spalten besitzt.

Komponenten	Typ	Beschreibung
`sign`	`C(1)`	Mithilfe der Komponente `sign` kann bestimmt werden, ob das Ergebnis in der Gesamtergebnismenge ein- oder ausgeschlossen wird. Werte sind `I` für Einschluss und `E` für Ausschluss.
`option`	`C(2)`	Mithilfe der Komponente `option` definieren Sie die Selektionsoption für die Bedingung der Zeile in Form von logischen Operatoren, zum Beispiel `EQ` für Gleichheit.
`low`	`SEOCLSNAME`	Mithilfe der Komponente `low` definieren Sie den Vergleichswert in Einzelvergleichen oder die untere Intervallgrenze bei Intervallabgrenzungen.
`high`	`SEOCLSNAME`	Mithilfe der Komponente `high` definieren Sie die obere Intervallgrenze bei Intervallabgrenzungen.

Tabelle 8.2 Spalten der Select-Options-Tabelle

Der Typ der Spalte `low` und `high` leitet sich vom Bezugstyp der Anweisung `SELECT-OPTIONS` ab. Diese interne Tabelle wird Zeile für Zeile mit den Eingaben des Benutzers gefüllt und kann für spätere Operationen verwendet werden.

8.3.2 Web-Dynpro-Component WDR_SELECT_OPTIONS

In Web Dynpro gibt es ebenfalls die Möglichkeit, Select-Options einzusetzen. Dafür wird die Web-Dynpro-Component `WDR_SELECT_OPTIONS` zur Verfügung gestellt. Abbildung 8.39 vermittelt einen ersten Eindruck vom Leistungsumfang der Component.

Die Funktionalität der Web-Dynpro-Component `WDR_SELECT_OPTIONS` (❶) wird dargestellt über Drucktasten (❹), Eingabefelder für Selektionswerte und -intervalle (❷) sowie über die Drucktaste MEHRFACH-

SELEKTION, um weitere Selektionswerte und -intervalle (❸) einzugeben. Wurde diese Drucktaste gedrückt, können Sie die Optionen (❺) aus dem SELEKTIONSOPTIONEN-Dialog auswählen. Einschließende Bedingungen werden in Grün, ausschließende Bedingungen in Rot abgebildet.

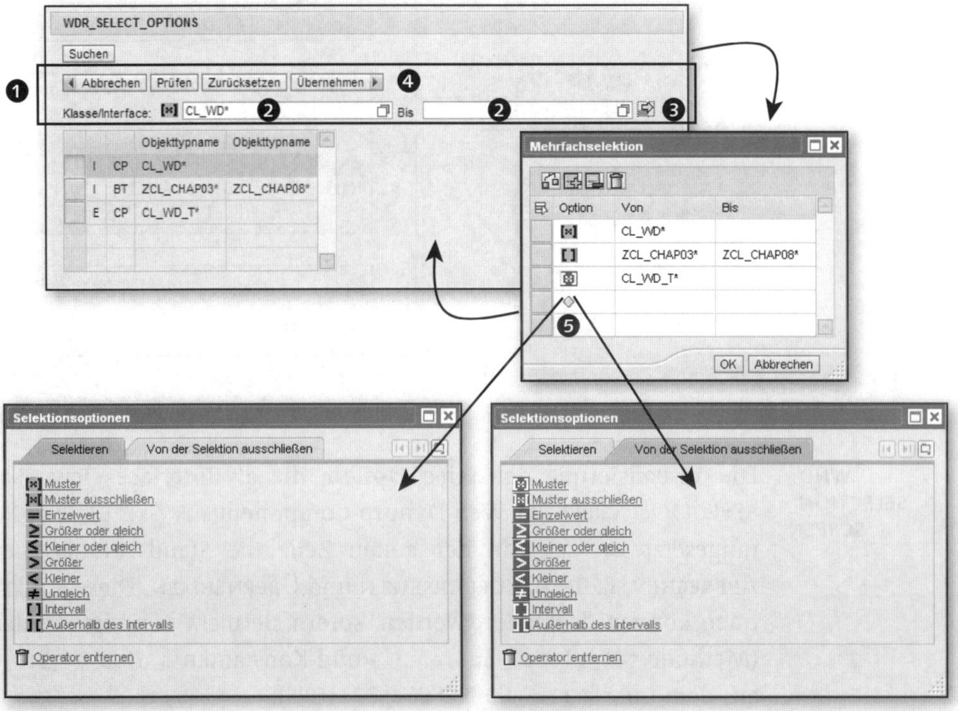

Abbildung 8.39 Web-Dynpro-Anwendung mit Select-Option

Technische Objekte

Die technischen Objekte, die zu der Web-Dynpro-Component WDR_SELECT_OPTIONS definiert sind, haben wir in Abbildung 8.40 zusammengestellt.

Beschreibung

Der Interface-Controller der Web-Dynpro-Component WDR_SELECT_OPTIONS bietet die Methode init_selection_screen( ) mit dem Returning-Parameter R_HELPER_CLASS vom Typ IF_WD_SELECT_OPTIONS an, mit dem eine Referenz auf die Select-Option ermittelt werden kann. Diese Referenz stellt die Methoden zur Verfügung, um zum Beispiel die Select-Option optisch zu gestalten.

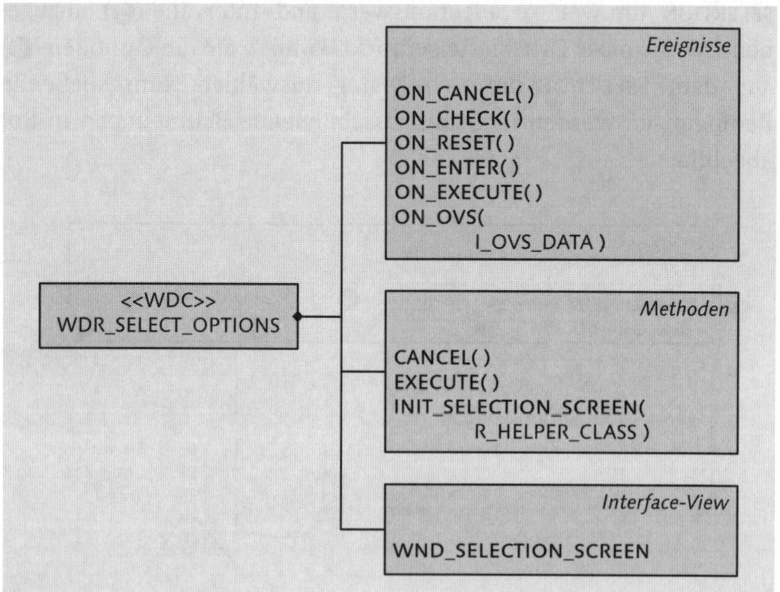

Abbildung 8.40 Elemente der Web-Dynpro-Component WDR_SELECT_OPTIONS

WND_ SELECTION_ SCREEN

Die Visualisierung der Select-Option, die als Interface-View `WND_SELECTION_SCREEN` der Web-Dynpro-Component `WDR_SELECT_OPTIONS` umgesetzt ist, zeigt in der ersten Zeile die Standardfunktionen ABBRECHEN, PRÜFEN, ZURÜCKSETZEN und ÜBERNEHMEN. Diese Funktionen können deaktiviert werden, sofern sie nicht benötigt werden (Methode `set_global_options( )` und Konstanten `m_display_btn_*` aus dem Interface `IF_WD_SELECT_OPTIONS`).

Selektions- und Parameterfelder

Die hauptsächliche Aufgabe der Select-Options-Component ist es, dem Benutzer die Einzel- und Intervallpflege von Selektionskriterien anzubieten. In Abbildung 8.39 wurde beispielsweise ein Selektionsfeld für die Eingabe des Namens einer ABAP-Klasse definiert (Methoden `create_range_table( )` und `add_selection_field( )` aus dem Interface `IF_WD_SELECT_OPTIONS`). Damit werden die Untergrenze und Obergrenze des Selektionsfeldes als Eingabefelder angezeigt. Für die Felder und Parameter stehen, sofern definiert, Eingabehilfen bereit.

Funktionen und Ereignisse

Noch ein Wort zu den Standardfunktionen: Zu den Standardfunktionen sind Ereignisse im Interface-Controller der Web-Dynpro-Component `WDR_SELECT_OPTIONS` definiert, wie zum Beispiel `on_check`. Diese Ereignisse werden ausgelöst, wenn die zugehörige Taste gedrückt wird, zum Beispiel die Taste PRÜFEN. In der verwendenden Component muss ein EREIGNISBEHANDLER definiert werden, der sich auf das gewünschte Ereignis der Web-Dynpro-Component `WDR_SELECT_OPTIONS` registriert und dieses behandelt.

Protokoll

Die eben beschriebene Funktionalität fassen wir mit den technischen Grundlagen visuell zusammen. In Abbildung 8.41 haben wir das Zusammenspiel – man könnte auch sagen: das Protokoll – zwischen der Select-Options verwendenden Component und der Component `WDR_SELECT_OPTIONS` (Select-Options-Component) dargestellt.

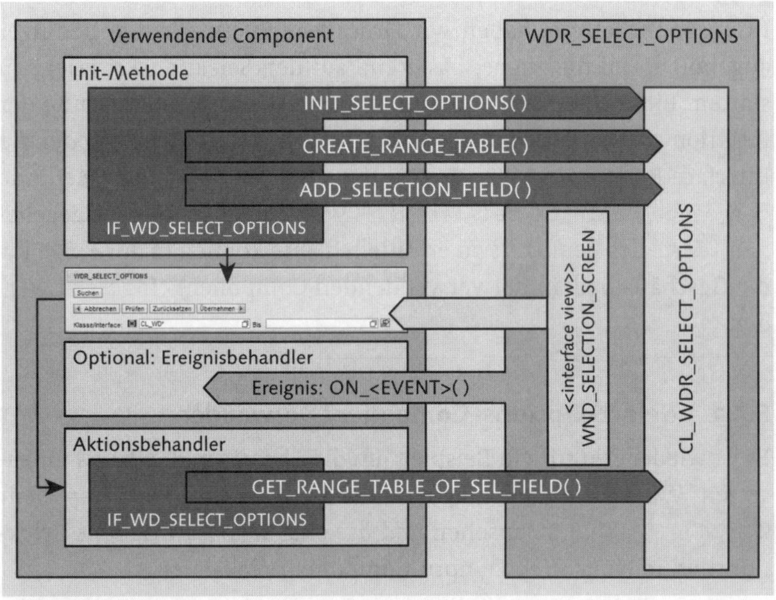

Abbildung 8.41 WDR_SELECT_OPTIONS-Einsatz

Implementierung der Hilfe-Component

Um die Select-Option für Ihre Component zu initialisieren, rufen Sie eine Initialisierungsmethode Ihrer Component auf, die die Methode `init_select_options( )` des Interface-Controllers der Select-Options-Component aufruft. Diese Methode liefert eine Referenz vom Typ `IF_WD_SELECT_OPTIONS`, die das funktionale Zusammenspiel mit der Select-Options-Component ermöglicht. Auf der Seite der Select-Options-Component wird ein Laufzeitobjekt vom Typ `CL_WDR_SELECT_OPTIONS` instanziert. Mithilfe dieser Referenz können Sie die

Select-Options optisch gestalten und die technischen Grundlagen definieren. Als Beispiel haben wir die Methode `create_range_table( )` zum Erzeugen der Datenreferenz auf eine Range-Tabelle für den übergebenen Typ sowie die Methode `add_selection_field( )` angeführt, die eine Select-Option ergänzt.

Die Visualisierung der Select-Options-Component übernimmt der Interface-View `WND_SELECT_OPTIONS`, den Sie in die verwendende Component eingebettet haben. Hier findet die Benutzerinteraktion statt. Auf Interaktionen des Benutzers können Sie durch die optionale Implementierung von Ereignisbehandler-Methoden auf Ereignisse der Select-Options-Component reagieren. Diese Ereignisse haben wir mit `ON_<EVENT>` bezeichnet.

In unserem Beispiel haben wir Drucktaste Suche für den Benutzer angeboten, um die Suche, basierend auf den Selektionskriterien, zu starten. Ein Aktionsbehandler übernimmt die Implementierung der Reaktion auf das Drücken der Drucktaste. In diesem wird wieder die Interface-Referenz `IF_WD_SELECT_OPTIONS`, spezieller die Methode `get_range_table_of_sel_field( )`, verwendet, um die eingegebenen Werte des Benutzers zu ermitteln. Diese können in der Folge für die Geschäftslogik in der verwendenden Component eingesetzt werden.

8.3.3 Select-Options-Component verwenden

Beispiel

Es ist wieder Zeit für ein Beispiel, um die Theorie in die Praxis umzusetzen. Wir werden uns eine einfache Verwendung der Component `WDR_SELECT_OPTIONS` ansehen und das eingangs beschriebene Selektionsbild in einer Web-Dynpro-Component realisieren.

1. Legen Sie eine Web-Dynpro-Component mit einem View an.

Component-Verwendung

2. Definieren Sie die Verwendung der Web-Dynpro-Component `WDR_SELECT_OPTIONS`. Vergeben Sie den Namen `USAGE_SO` für die Verwendung.
3. Deklarieren Sie die Comp-Verwendung der `USAGE_SO` in Ihrem View.

View-Attribute

4. Definieren Sie in den Attributen des Views die zwei neuen Objektreferenzen `GO_SO` (Bezugstyp `IF_WD_SELECT_OPTIONS`) und `GO_IC_SO` (Bezugstyp `IWCI_WDR_SELECT_OPTIONS`):

- Das Attribut GO_IC_SO dient als Referenz auf den Interface-Controller der Select-Options-Component.
- Das Attribut GO_SO stellt die Methoden zur Verfügung, um zum Beispiel das Selektionsbild zu gestalten.

5. Legen Sie die neue Methode init_select_options( ) im View-Controller an, und implementieren Sie diese, wie in Listing 8.11 gezeigt: **init_select_options( )**
   - Im ersten Schritt überprüfen Sie, ob die Component Usage bereits instanziert ist. Dies führen Sie mit der Methode has_active_component( ) durch. Falls nicht, instanzieren Sie diese mit der Methode create_component( ).
   - Danach ermitteln Sie die Referenz auf den Interface-Controller (wd_this->go_ic_so), über den Sie im nächsten Schritt die Referenz auf das Selektionsbild ermitteln (wd_this->go_so). Diese Referenz dient in der Folge dazu, das Selektionsbild aufzubauen und zu gestalten.
   - Sie legen eine Range-Tabelle für das Datenelement SEOCLSNAME mit der Methode create_range_table( ) an. Damit haben Sie für den Benutzer die Möglichkeit geschaffen, Intervalle als Selektionskriterien einzugeben.
   - Am Ende ergänzen Sie das neue Selektionsfeld CLSNAME mit der Methode add_selection_field( ). Diese Methode bietet eine Vielzahl von Parametern, die das Anlegen des Feldes steuern. Wir haben zum Beispiel die Möglichkeit genutzt, die explizite Suchhilfe SFBECLNAME für das Feld festzulegen.

```
METHOD init_select_options .
* Die Range-Tabelle für das Selektionsfeld
DATA: lt_range_table TYPE REF TO data,
* Referenz auf den Select-Options-Usage-Controller
  lo_ref_cmp_usage TYPE REF TO if_wd_component_usage.
* Die Usage Component instanzieren, falls nötig
lo_ref_cmp_usage = wd_this->wd_cpuse_usage_so( ).
IF lo_ref_cmp_usage->has_active_component( ) IS INITIAL.
  lo_ref_cmp_usage->create_component( ).
ENDIF.
* Referenz auf den Interface-Controller ermitteln
wd_this->go_ic_so = wd_this->wd_cpifc_usage_so( ).
* Selektionsbild initialisieren
wd_this->go_so =
  wd_this->go_ic_so->init_selection_screen( ).
* Range-Tabelle für Datenelement erzeugen
```

```
lt_range_table = wd_this->go_so->create_range_table(
  i_typename = 'SEOCLSNAME' ).
* Feld im Selektionsbild erzeugen
wd_this->go_so->add_selection_field(
  i_id = 'CLSNAME'
  it_result = lt_range_table
  i_value_help_type =
    if_wd_value_help_handler=>co_prefix_searchhelp
  i_value_help_id = 'SFBECLNAME' ).
ENDMETHOD.
```

Listing 8.11 Initialisierung des Selektionsbildes

wddoinit( )

6. Sie müssen die Methode noch in der `wddoinit( )`-Methode des View-Controllers aufrufen, damit die Initialisierung des Selektionsbildes durchgeführt wird.

Knoten definieren

7. Definieren Sie im Context den Knoten `NAME_CLASSES`. Die Context-Attribute entsprechen den Spalten der internen Tabelle für Select-Options, das heißt `SIGN` (Typ `CHAR1`), `OPTION` (Typ `CHAR2`), `LOW` (Typ `SEOCLSNAME`) und `HIGH` (Typ `SEOCLSNAME`).

Table anlegen

8. Legen Sie im View eine Tabelle für den Context-Knoten `NAME_CLASSES` an.

Button anlegen

9. Erzeugen Sie den Button `BTN_GO` im View, und ordnen Sie dem Button-Ereignis `onAction` die Aktion `GO` zu. Wechseln Sie in die Implementierung der Aktionsbehandler-Methode, und implementieren Sie diese, wie in Listing 8.12 gezeigt:
   - Mit der Methode `get_range_table_of_sel_field( )` lesen Sie die Range-Tabelle des Feldes `CLSNAME` aus. Diese hat den Aufbau, der bereits beschrieben wurde. Interessant ist, dass die Methode eine Datenreferenz zurückliefert (`TYPE REF TO DATA`).
   - Um mit der Datenreferenz weiterarbeiten zu können, muss sie dereferenziert werden. Dies geschieht über ein Field-Symbol. Nach der Dereferenzierung kann mit dem Field-Symbol wie mit einer »normalen« Variablen gearbeitet werden.
   - Die Geschäftslogik in unserem Beispiel ist minimal. Wir stellen die Range-Tabelle in den Context zurück, damit sie angezeigt werden kann.

```
METHOD onactiongo .
* Referenz des Context-Knotens
DATA: lo_nd_namen_klassen TYPE REF TO if_wd_context_node,
* Die Eingaben des Benutzers als Datenreferenz
```

```
      rt_name_klasse TYPE REF TO data.
* Zur Dereferenzierung der Range-Tabelle
FIELD-SYMBOLS: <fs_name_klasse> TYPE table.
* Eingabe des Benutzers holen
rt_name_klasse =
  wd_this->go_so->get_range_table_of_sel_field(
    i_id = 'CLSNAME' ).
* Dereferenzierung der Datenreferenz mit Feldsymbol
ASSIGN rt_name_klasse->* TO <fs_name_klasse>.
* Hier kommt die Geschäftslogik
* Wir stellen die Range-Tabelle in den Context
lo_nd_namen_klassen = wd_context->get_child_node(
  name = `NAME_CLASSES` ).
lo_nd_namen_klassen->bind_table( <fs_name_klasse> ).
ENDMETHOD.
```

Listing 8.12 Aktionsbehandler für die Aktion GO

10. Legen Sie noch ein `ViewContainerUIElement` im View an, um das Window `WND_SELECTION_SCREEN` aus der Select-Options-Component einzubetten. — **ViewContainer-UIElement**
11. Wechseln Sie in das Window, und betten Sie den Interface-View `WND_SELECTION_SCREEN` im View-Container des Views ein. — **View einbetten**
12. Legen Sie eine Web-Dynpro-Anwendung zu Ihrer Web-Dynpro-Component an, und testen Sie die Anwendung — **Testen**

8.3.4 Interface IF_WD_SELECT_OPTIONS

add_selection_field( )

Der Dreh- und Angelpunkt der Verwendung der Component `WDR_SELECT_OPTIONS` ist das Interface `IF_WD_SELECT_OPTIONS`. Dieses bietet eine Vielzahl von Methoden, die zur Gestaltung und Definition der Select-Option dienen. Wir werden Ihnen im Folgenden die wichtigsten Elemente vorstellen und beginnen mit der zentralen Methode `add_selection_field( )` und deren Parametern in Tabelle 8.3.

Parameter	Beschreibung
`i_id`	Mithilfe des Parameters `i_id` übergeben Sie die ID des betreffenden Selektionsfeldes. Diese ID wird für das spätere Abholen der Daten benötigt. Dieser Parameter ist als einziger nicht optional.

Tabelle 8.3 Parameter der Methode »add_selection_field( )«

Parameter	Beschreibung
`i_within_block`	Mithilfe des Parameters `i_within_block` legen Sie fest, ob sich das Selektionsfeld innerhalb eines Blocks befindet.
`i_description`	Mithilfe des Parameters `i_description` übergeben Sie den Beschreibungstext für das Feld. Geben Sie keine Beschreibung mit, wird automatisch die Datenelement-Beschreibung aus dem ABAP Dictionary verwendet.
`i_is_auto_description`	Mithilfe des Parameters `i_is_auto_description` kennzeichnen Sie, ob das Feld selbstbeschreibend ist. Standardwert: `abap_true`.
`it_result`	Mithilfe des Parameters `it_result` können Sie eine Referenz auf eine Range-Tabelle übergeben. Die Range-Tabelle können Sie auch über `create_range_table( )` erzeugen lassen, oder Sie definieren sie selbst. Geben Sie dabei den Typnamen mit. Geben Sie keine Range-Tabelle mit, müssen Sie sie vor dem ersten Rendering mitgeben.
`i_obligatory`	Mithilfe des Parameters `is_obligatory` können Sie festlegen, ob es sich um ein Mussfeld handelt (Standardwert: `abap_false`).
`i_complex_restrictions`	Mithilfe des Parameters `i_complex_restrictions` definieren Sie Einschränkungen, was erlaubt bzw. nicht erlaubt ist, zum Beispiel keine Muster, keine spitzen Klammern oder Ähnliches. Zum Festlegen möglicher Optionen können Sie die Dictionary-Struktur `RSOPTIONS` für das In- und Exkludieren verwenden.
`i_use_complex_restriction`	Mithilfe des Parameters `i_use_complex_restriction` geben Sie an, ob `i_complex_restrictions` verwendet werden soll. Standardwert: `abap_false` oder nicht gesetzt.

Tabelle 8.3 Parameter der Methode »add_selection_field( )« (Forts.)

Parameter	Beschreibung
i_no_complex_ restrictions	Mithilfe des Parameters i_no_complex_ restrictions legen Sie fest, ob komplexe Restriktionen überhaupt nicht angezeigt werden, das heißt, sie existieren nicht. Standardwert: abap_false oder nicht gesetzt.
i_value_help_type	Mithilfe des Parameters i_value_help_ type legen Sie die Art der Wertehilfe fest, die als Typ von IF_WD_VALUE_HELP_ HANDLER übergeben wird.
i_value_help_id	Mit dem Parameter i_value_help_id definieren Sie die ID der Wertehilfe, zum Beispiel können Sie die ID einer OVS-Suchhilfe mitgeben (Bezugstyp WDY_VALUE_HELP_ID).
i_value_help_mode	Mithilfe des Parameters i_value_helpmode schalten Sie den Wertehilfe-Modus ein oder aus (Bezugstyp WDY_MD_VALUE_HELP_MODE_ ENUM).
i_value_help_ structure, i_value_help_structure_ field	Bei mehreren Select-Options-Feldern und Suchhilfe-Anbindung über mehrere Felder (zum Beispiel Stadt und Land) erkennen die Select-Options nicht, dass diese Felder zusammengehören. Daher können Sie Strukturen bzw. Strukturen und Felder mithilfe der Parameter i_value_help_ structure und i_value_help_ structure_field angeben. Dadurch wird gewährleistet, dass alle Felder mit gleichen Strukturnamen zusammengehören.
i_help_request_handler	Dieser Parameter ist für zukünftige Erweiterungen gedacht.
i_lower_case	Dieser Parameter ist für zukünftige Erweiterungen gedacht.
i_memory_id	Dieser Parameter ist für zukünftige Erweiterungen gedacht.
i_no_extension	Mit dem Parameter i_no_extension definieren Sie, dass keine Mehrfachselektion angeboten wird.

Tabelle 8.3 Parameter der Methode »add_selection_field( )« (Forts.)

Parameter	Beschreibung
i_no_intervals	Mithilfe des Parameters i_no_interval legen Sie für die Anzeige fest, dass kein Intervall (von bis) angezeigt wird, es gibt nur ein Feld. Beachten Sie hierbei, dass Sie Intervalle über i_no_extension wieder aktivieren können.
i_as_checkbox, i_as_dropdown	Mithilfe dieses Parameters legen Sie fest, ob das Feld als CheckBox oder als DropDown angezeigt werden soll. Dabei können Sie eine Wertemenge mitgeben, oder das dazugehörige Datenelement besitzt eine Wertemenge in seiner Domäne.
it_value_set	Mit diesem Parameter legen Sie die Wertemenge für i_as_checkbox oder i_as_dropdown fest, Bezugstyp WDY_KEY_VALUE_TABLE.

Tabelle 8.3 Parameter der Methode »add_selection_field( )« (Forts.)

Weitere Felder

Die Methode add_selection_field( ) ist natürlich nicht die einzige im Interface IF_WD_SELECT_OPTIONS. Wir haben weitere Methoden für das Behandeln von Feldern im Selektionsbild in Tabelle 8.4 zusammengestellt und beschrieben.

Methode	Beschreibung
add_selection_fields( )	Mit dieser Methode können Sie mehrere Felder in einem Selektionsbild hinzufügen.
get_selection_field( )	Mit dieser Methode ermitteln Sie die Daten eines Feldes in einem Selektionsbild.
get_selection_fields( )	Mit dieser Methode ermitteln Sie die Daten aller Felder in einem Selektionsbild.
reset_selection_field( )	Mit dieser Methode setzen Sie die Range-Tabelle zu einem Selektionsfeld zurück.
reset_all_selection_fields( )	Mit dieser Methode setzen Sie die Range-Tabellen zu allen Selektionsfeldern zurück.

Tabelle 8.4 Weitere Methoden des Interface IF_WD_SELECT_OPTIONS

Methode	Beschreibung
`check_all_selection_fields( )`	Mit dieser Methode überprüfen Sie die Korrektheit der Eingaben in allen Selektionsfeldern.
`upd_selection_field( )`	Mit dieser Methode aktualisieren Sie die Einstellungen eines Selektionsfeldes.
`get_range_table_of_sel_field( )`	Mit dieser Methode lesen Sie eine Range-Tabelle.
`set_range_table_of_sel_field( )`	Mit dieser Methode setzen Sie eine Range-Tabelle.

Tabelle 8.4 Weitere Methoden des Interface IF_WD_SELECT_OPTIONS (Forts.)

Gestaltung

Neben den Methoden zur Definition und Verwaltung von Feldern im Selektionsbild stellt das Interface `IF_WD_SELECT_OPTIONS` noch weitere Methoden zur Verfügung. Zum Beispiel solche Methoden, die die Gestaltung des Selektionsbildes ermöglichen. In Tabelle 8.5 sehen Sie die Methoden für die Beeinflussung des Layouts.

Methode	Beschreibung
`add_horizontal_divider( ),` `get_horizontal_divider( )`	Mithilfe dieser Methoden ergänzen und ermitteln Sie die Daten eines Querbalkens im Selektionsbild.
`add_horizontal_dividers( ),` `get_horizontal_dividers( )`	Mithilfe dieser Methoden ergänzen und ermitteln Sie die Daten mehrerer Querbalken im Selektionsbild.
`add_text_line( ),` `get_text_line( )`	Mithilfe dieser Methoden ergänzen und ermitteln Sie die Daten einer Textzeile (als String) im Selektionsbild. Hierbei sind alle beim `TextView` erlaubten Designs zulässig.
`add_text_lines( ),` `get_text_lines( )`	Mithilfe dieser Methode ergänzen und ermitteln Sie die Daten mehrerer Textzeilen (als String) im Selektionsbild.

Tabelle 8.5 Layoutmethoden des Interface IF_WD_SELECT_OPTIONS

Blöcke

Weitere Gestaltungsmöglichkeiten im Selektionsbild betreffen die Gruppierung von Elementen in Blöcken mithilfe der UI-Elemente `Group`, `Tray` oder `TransparentContainer` (siehe Tabelle 8.6). Die

Parameter der Methoden add_block( ) und get_block( ) sind in Tabelle 8.7 beschrieben.

Methode	Beschreibung
add_block( )	einen Block ergänzen
add_blocks( )	mehrere Blöcke ergänzen
get_block( )	einen Block ermitteln
get_blocks( )	mehrere Blöcke ermitteln

Tabelle 8.6 Blockmethoden des Interface IF_WD_SELECT_OPTIONS

Parameter	Beschreibung
i_id	Mithilfe des Parameters i_id legen Sie die ID des Blocks fest.
e_within_block	Mithilfe dieser ID wird die ID des umschließenden Blocks vom Block mitgegeben. Die Reihenfolge des Mitgebens ist auch die Reihenfolge des Auftauchens. Wenn nichts angegeben ist, wird ein vordefinierter Block verwendet.
e_block_type	Mithilfe des Parameters e_block_type wird die Art des Blocks definiert, siehe Bezugstyp T_BLOCK_TYPE.
e_title	Mithilfe des Parameters e_title können Sie für Group- und Tray-Elemente einen Titel angeben. Bei einem TransparentContainer entspricht der Titel der accessibility-Description.
e_hide_if_empty	Mithilfe des Parameters e_hide_if_empty legen Sie fest, dass dieser aus der Anzeige herausgenommen wird, wenn ein Block leer ist.

Tabelle 8.7 Parameter für die Methoden »add_block( )« und »get_block( )«

Parameter

Auf einem Selektionsbild können nicht nur Select-Options definiert werden, sondern auch Parameterfelder. Dafür werden ebenfalls Methoden zur Verfügung gestellt. Diese Methoden entsprechen denen für Selektionsfelder, mit dem Unterschied, dass sie sich auf Parameter beziehen. Die Namen der Methoden sind in Tabelle 8.8 aufgelistet.

Methode	Beschreibung
`add_parameter_field( )`	Mit dieser Methode können Sie ein Feld in einem Selektionsbild hinzufügen.
`add_parameter_fields( )`	Mit dieser Methode können Sie mehrere Felder in einem Selektionsbild hinzufügen.
`get_parameter_field( )`	Mit dieser Methode ermitteln Sie die Daten eines Feldes in einem Selektionsbild.
`get_parameter_fields( )`	Mit dieser Methode ermitteln Sie die Daten aller Felder in einem Selektionsbild.
`set_value_of_parameter_field( )`	Mit dieser Methode setzen Sie die Daten zu einem Parameter zurück.
`get_value_of_parameter_field( )`	Mit dieser Methode ermitteln Sie die Daten zu einem Parameter.
`reset_parameter_field( )`	Mit dieser Methode setzen Sie die Daten zu einem Parameter zurück.
`reset_all_parameter_fields( )`	Mit dieser Methode setzen Sie die Daten zu allen Parametern zurück.
`check_all_parameter_fields()`	Mit dieser Methode überprüfen Sie die Korrektheit der Eingaben in allen Parametern.

Tabelle 8.8 Parametermethoden des Interface IF_WD_SELECT_OPTIONS

Allgemeine Strukturen

Die letzte Gruppe von Methoden betrifft die Behandlung von allgemeinen Strukturen. Die Namen der Methoden dafür sind in Tabelle 8.9 aufgelistet.

Methode	Beschreibung
`get_selection_screen_item( )`	Mithilfe dieser Methode ermitteln Sie eine allgemeine Struktur im Selektionsbild.
`get_selection_screen_items( )`	Mithilfe dieser Methode ermitteln Sie die allgemeinen Strukturen im Selektionsbild.

Tabelle 8.9 Allgemeine Strukturmethoden des Interface IF_WD_SELECT_OPTIONS

Methode	Beschreibung
`add_selection_screen_item( )`	Mithilfe dieser Methode ergänzen Sie eine allgemeine Struktur im Selektionsbild.
`add_selection_screen_items( )`	Mithilfe dieser Methode ergänzen Sie die allgemeinen Strukturen im Selektionsbild.
`remove_selection_screen_item( )`	Mithilfe dieser Methode entfernen Sie ein Element aus dem Selektionsbild. Einziger Parameter ist hier die ID des zu entfernenden Feldes.
`remove_all_sel_screen_items( )`	Mithilfe dieser Methode entfernen Sie alle Elemente aus dem Selektionsbild. Bei einem Block wird hierdurch der komplette Block mitsamt seinem Inhalt aus der Anzeige entfernt.

Tabelle 8.9 Allgemeine Strukturmethoden des Interface IF_WD_SELECT_OPTIONS (Forts.)

Hilfsmethoden

Im Interface `IF_WD_SELECT_OPTIONS` sind noch Hilfsmethoden definiert, die in der Implementierung von Nutzen sind. Die Namen dieser Hilfsmethoden sind in Tabelle 8.10 aufgelistet.

Methode	Beschreibung
`create_range_table( )`	Mithilfe dieser Methode erzeugen Sie eine Range-Tabelle zur Laufzeit.
`set_global_options( )`	Mithilfe dieser Methode setzen Sie die Sichtbarkeit der Buttons im Selektionsbild.

Tabelle 8.10 Hilfsmethoden des Interface IF_WD_SELECT_OPTIONS

8.4 Semantische Hilfen

Verwendung

Bisher ging es bei den Eingabehilfen hauptsächlich darum, den Benutzer bei der konkreten Eingabe von Werten in Eingabefelder zu unterstützen. Oft ist es aber notwendig, dem Benutzer die Bedeutung des Eingabefeldes zu erläutern – *was* gebe ich eigentlich ein? Dies bedingt, dass dem Benutzer Erläuterungen oder semantische

Informationen (Hilfen) präsentiert werden. In Web Dynpro stehen die folgenden Möglichkeiten zur Verfügung:

- feldbezogene Hilfetexte mit Quick-Infos
- feldbezogene Erläuterungstexte
- feldbezogene F1-ABAP-Dictionary-Hilfe
- feldunabhängige Erläuterungen
- anwendungs- oder windowbezogene KW-Dokumente

Den unterschiedlichen Ansätzen liegt natürlich abermals das Prinzip der Wiederverwendung der Definitionen aus dem ABAP Dictionary zugrunde. Lassen Sie uns die unterschiedlichen Varianten im Detail ansehen.

8.4.1 Hilfetexte mit Quick-Infos

Verwendung

Wie wir bereits gesehen haben, existiert für View-Elemente eine Vielzahl von Eigenschaften. Unter diesen befindet sich auch die Eigenschaft `tooltip`, die für alle UI-Elemente zur Verfügung steht, da sie in der ABAP-Klasse `CL_WD_UIELEMENT` definiert wird. Diese ermöglicht die Anzeige von Kurztexten bis zu einer maximalen Länge von 255 Zeichen.

Anzeige

Die Anzeige des Hilfetextes in einem gelben Kästchen wird durch das Bewegen des Maus-Cursors über das View-Element ausgelöst (siehe Abbildung 8.42). Sobald sich der Maus-Cursor wieder außerhalb des Feldes befindet, erlischt die Anzeige.

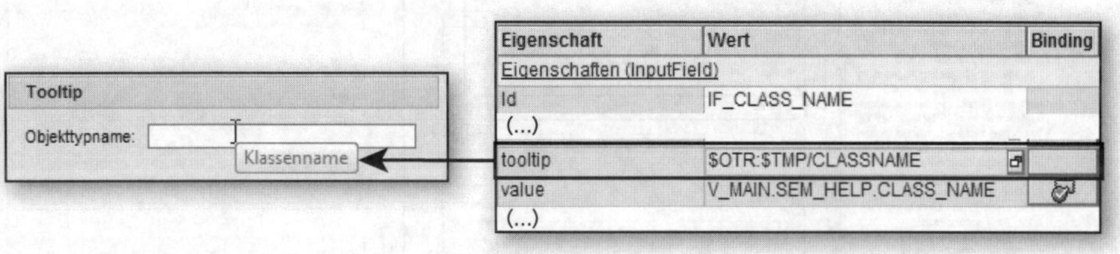

Abbildung 8.42 Quick-Info mit OTR-Aliaskurztext

tooltip

Der Wert der `tooltip`-Eigenschaften kann aus unterschiedlichen Quellen stammen. Entweder wird er direkt eingegeben (Ist dieser Text dann internationalisierbar?), oder es wird ein OTR-Aliaskurztext verwendet, oder es werden die Texte zum verwendeten Datenelement herangezogen. In unserem Beispiel haben wir den OTR-Aliaskurztext `$OTR:$TMP/CLASSNAME` als Textquelle verwendet.

8.4.2 Erläuterungstexte

Verwendung

Die nächste Möglichkeit wird ebenfalls mit den Eigenschaften von View-Elementen realisiert, genauer mithilfe der Eigenschaft `explanation`. Diese Eigenschaft steht nicht für alle, sondern nur für eine Untermenge der View-Elemente zur Verfügung (zum Beispiel `Button`, `DropDown*` oder `InputField`).

Anzeige

Die Anzeige des Hilfetextes erfolgt durch einen Klick auf ein View-Element oder das Bewegen des Maus-Cursors auf das Label des View-Elementes. Dieser wird durch einen grünen Unterstrich farblich hervorgehoben.

Der Wert der Eigenschaft `explanation` kann wie zuvor durch direkte Eingabe oder OTR-Aliaskurztexte erfolgen. Ist die primäre Eigenschaft eines UI-Elementes an ein Context-Attribut gebunden, können dem Benutzer Teile der Datenelement-Dokumentation präsentiert werden. Dazu ist es notwendig, über das Dropdown-Menü im Eingabefeld der Eigenschaft oder die Drucktaste BINDING ERZEUGEN rechts neben dem Eingabefeld einen Pflegedialog für den Erläuterungstext zu öffnen und dort die gewünschten Einstellungen vorzunehmen (siehe Abbildung 8.43).

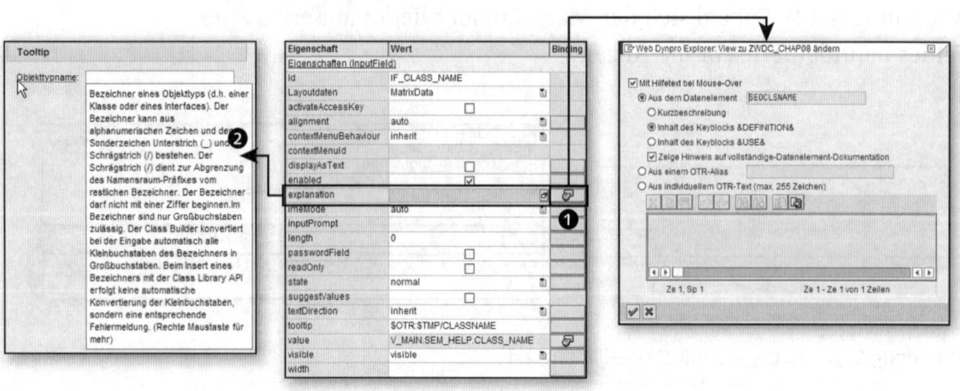

Abbildung 8.43 Pflege und Anzeige der explanation-Werte

Zur Wahl stehen die KURZBESCHREIBUNG, der INHALT DES KEYBLOCKS &DEFINITION& sowie der INHALT DES KEYBLOCKS &USE& (❶).

Die Anzeige der Erläuterungstexte (❷) kann mit dem Kontextmenü an einer beliebigen Stelle im View über den Menüeintrag SOFORTHILFE AUSBLENDEN deaktiviert bzw. über den Menüeintrag SOFORTHILFE ANZEIGEN aktiviert werden. Falls Sie die Anzeige deaktivieren, müssen Sie einen Refresh der Web-Dynpro-Anwendung durchführen, erst dann greift die Einstellung.

8.4.3 ABAP-Dictionary-Hilfe

Verwendung

Aus der klassischen Dynpro-Programmierung kennen Sie sicher die F1-Hilfe für Eingabefelder. Diese wird von der Dokumentation der Datenelemente aus dem ABAP Dictionary abgeleitet.

Voraussetzung für die F1-Hilfe ist natürlich, dass das View-Element an ein Context-Attribut gebunden ist, das mit einem Datenelement typisiert wurde. Um die Hilfe nun anzuzeigen, kann der Benutzer diese mit der Tastenkombination [Strg] + [F1] oder dem Kontextmenü auf dem Element und dem Menüeintrag MEHR FELDHILFE aktivieren (siehe Abbildung 8.44).

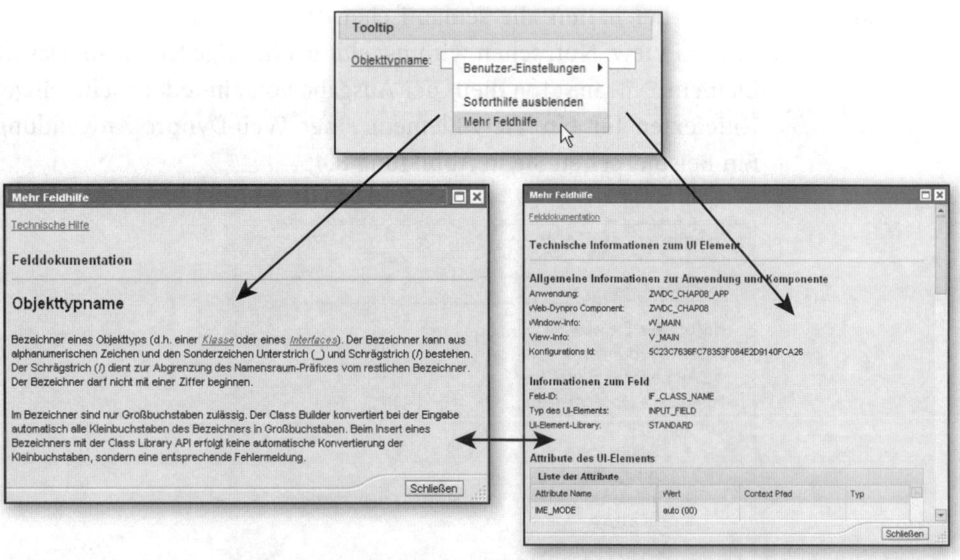

Abbildung 8.44 F1-Hilfe mit Felddokumentation und technischer Hilfe

Anzeige

Ist die Dokumentation zum Datenelement vorhanden, wird dem Benutzer die Felddokumentation in dem modalen Dialogfenster MEHR FELDHILFE angezeigt. Mit dem Link TECHNISCHE HILFE kann sich der Benutzer die technischen Details zum Feld anzeigen lassen. Diese bestehen aus:

- allgemeinen Informationen zur Anwendung und Komponente: Anwendung, Web-Dynpro-Component, Window-Info, View-Info und Konfigurations-ID
- Informationen zum Feld: Feld-ID, Typ des UI-Elementes, UI-Element-Library (Kategorie)
- Attributen des UI-Elementes: Eigenschaften und Werte des UI-Elementes

Ist keine Datenelement-Dokumentation vorhanden, wird sofort die technische Hilfe angezeigt. Dies gilt auch, wenn der Anwendungsparameter `WDHIDEMOREFIELDHELPASDEFAULT` auf `abap_true` gesetzt wird. Das heißt, dass keine Datenelement-Dokumentation mehr angezeigt wird, außer es wurde die Eigenschaft `explanation` mithilfe des ABAP Dictionarys für ein Feld angelegt.

8.4.4 Erläuterungen

Verwendung

Bis hierher hatten alle semantischen Hilfen einen Bezug zu einem Feld im View. Nun sehen wir uns feldunabhängige Hilfen an. Das UI-Element `Explanation` dient der Ausgabe von ein- oder mehrzeiligen Hilfetexten für ein View-Element einer Web-Dynpro-Anwendung. Ein Beispiel sehen Sie in Abbildung 8.45.

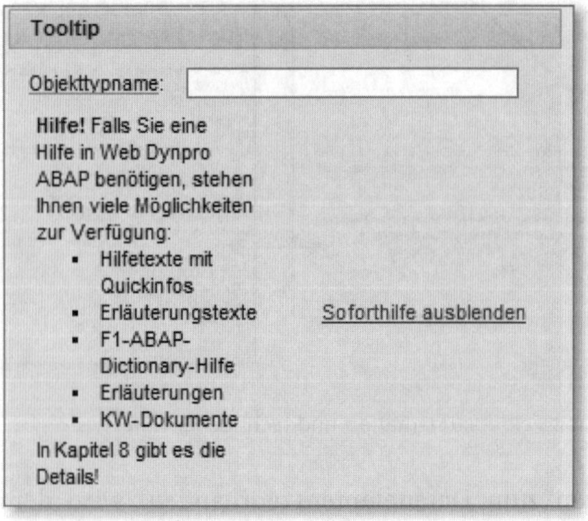

Abbildung 8.45 UI-Element »Explanation«

Der Hilfetext wird in der Regel zur Designzeit von dem jeweiligen Dokumentationsentwickler in der Web-Dynpro-Autorenumgebung bearbeitet. **Web-Dynpro-Autorenumgebung**

[+]

Hinweis: Übersetzbare Texte werden unter anderem im Online Text Repository (OTR) abgelegt. Um Texte nachträglich bearbeiten zu können, ohne in die Entwicklungsumgebung einsteigen zu müssen, bietet die ABAP Workbench eine separate Autorenumgebung, den Text-Browser. Dieser kann über die Transaktion SE80 und den Menüpfad HILFSMITTEL • EINSTELLUNGEN..., die Registerkarte WORKBENCH ALLGEMEIN, in der Gruppe BROWSER-AUSWAHL und dort mittels der Option WEB DYNPRO TEXT BROWSER aktiviert werden. Nach der Bestätigung mit dem grünen Häkchen wird der Text-Browser nun in Ihrer Browser-Auswahl oberhalb der Objektliste am linken Rand des Workbench-Fensters angezeigt.

Wird diese Drucktaste gedrückt, werden nur mehr die Views der Web-Dynpro-Component angezeigt, die änderungsbereite Texte aus dem OTR besitzen, die wiederum folgenden Einschränkungen unterliegen:

- Es können nur Texte aus dem OTR und nicht aus dem ABAP Dictionary geändert werden.
- Alle OTR-Texte einer Web-Dynpro-Anwendung können nur in der originalen Anmeldesprache bearbeitet werden.
- Es können nur Textelemente aus aktiven Views geändert werden, inaktive Views werden im Web-Dynpro-Text-Browser nicht angezeigt.

Das UI-Element `Explanation` besitzt die Eigenschaft `text`, der ein statischer Text oder ein Text aus dem OTR zugewiesen werden kann. Es besteht keine Möglichkeit, über Data Binding einen Text an dieses Feld zu binden. Daraus ergibt sich eine maximale Länge von 255 Zeichen (siehe Abbildung 8.46, ❶). **text**

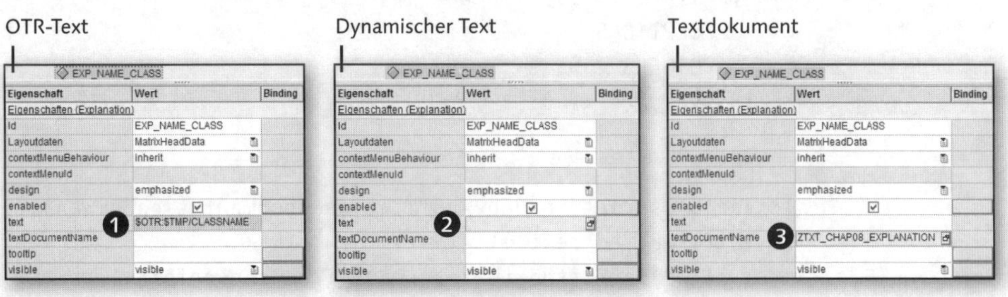

Abbildung 8.46 Texte für EXPLANATION

Es ist auch möglich, längere Texte zuzuweisen; die Herangehensweise ist jedoch je nach Support-Package-Stand unterschiedlich. **Längere Texte**

SPS < 11

- Falls Sie Release 7.0 mit SPS < 11 einsetzen, muss der Text der Eigenschaft `text` in der Methode `wddomodifyview( )` dynamisch zugewiesen werden (❷).

SPS >= 11

- Falls Sie Release 7.0 SPS >= 11 einsetzen, steht die Eigenschaft `textDocumentName` im UI-Element `Explanation` zur Verfügung, um direkt den Namen des anzuzeigenden Dokumentationsbausteins anzugeben (❸). In Listing 8.13 sehen Sie ein Beispiel, wie Sie der UI-Element-Eigenschaft `text` des UI-Elementes `Explanation` einen Text bzw. einen Dokumentationsbaustein zuweisen können.

```
METHOD wddomodifyview .
* Referenz auf das Explanation-Element
DATA: lo_explanation TYPE REF TO cl_wd_explanation,
* Dokubausteintext in interner Tabelle (für Variante 1)
      lt_tline TYPE text_line_tab,
* Formatierter Text für Explanation (für Variante 1)
      lo_formatted_text TYPE REF TO cl_wd_formatted_text.
* Referenz auf View-Element ermitteln
lo_explanation ?= view->get_element(
  id = 'EXP_NAME_CLASS' ).
*** Variante 1 (SPS < 11)**
** Dokubaustein lesen
*  CALL FUNCTION 'DOCU_GET'
*    EXPORTING
*      id     = 'TX' "Allgemeiner Text
*      langu  = 'D'
*      object = 'ZTXT_CHAP08_EXPLANATION'
*    TABLES
*      line   = lt_tline
*    EXCEPTIONS
*      OTHERS = 5.
*  IF sy-subrc <> 0.
*    EXIT.
*  ENDIF.
** Von SAPscript in Web Application Documentation umwandeln
*  lo_formatted_text =
*    cl_wd_formatted_text=>create_from_sapscript(
*      sapscript_lines = lt_tline
*      type            = cl_wd_formatted_text=>e_type-wad ).
** Text setzen
*  lo_explanation->set_text(
*    value = lo_formatted_text->m_xml_text ).
```

```
** Variante 2 (SPS >= 11)**
* Namen des Dokubausteins setzen
lo_explanation->set_text_document_name(
  value = 'ZTXT_CHAP08_EXPLANATION' ).
ENDMETHOD.
```

Listing 8.13 Dynamisches Setzen der Eigenschaft »text« der Explanation

[+]

> **Hinweis**: Der Funktionsbaustein DOCU_GET stellt den Inhalt eines Dokumentationsbausteines in einer internen Tabelle zur Verfügung. Das Format der Dokumentation entspricht dem SAPscript-Format. Mit der statischen Methode cl_wd_formatted_text=>create_from_sapscript( ) kann der Text in einen anzeigbaren Text umgewandelt werden.
>
> Der Funktionsbaustein DOCU_CREATE dient zum Anlegen eines Dokumentationsbausteins. Wählen Sie für die Klasse der Dokumentation den Eintrag Allgemeiner Text, vergeben Sie eine Bezeichnung, und wechseln Sie dann in den SAPscript-Editor, um den Text zu pflegen.

Variante 1 (SPS < 11)

In Variante 1 sehen Sie die dynamische Variante für SPS < 11. Zuerst wird über den Funktionsbaustein DOCU_GET der Dokumentationsbaustein ausgelesen. Dieser muss natürlich zuvor mit dem Funktionsbaustein DOCU_CREATE angelegt werden. Als Rückgabe liefert der Funktionsbaustein eine interne Tabelle mit SAPscript-Formatierung. Mithilfe der statischen Methode cl_wd_formatted_text=>create_from_sapscript wird diese in das WAD-Format (Web Application Documentation) umgewandelt und in einem Objekt vom Typ CL_WD_FORMATTED_TEXT im öffentlichen Instanzattribut m_xml_text abgelegt. Dieses Attribut wird dann an die Methode set_text( ) des UI-Elementes Explanation übergeben.

Variante 2 (SPS >= 11)

Variante 2 für SPS >= 11 ist denkbar einfach. Übergeben Sie den Namen des Dokumentationsbausteins an die Methode set_text_document_name( ) des UI-Elementes Explanation.

Mit der Eigenschaft design können Sie, sofern Sie ihr den Wert emphasized zuordnen, steuern, ob dem Benutzer ein Link zum Ausblenden der Explanation angeboten wird. Anderenfalls steht immer noch das Kontextmenü zur Verfügung, um die Explanation auszublenden.

TEIL III
Fortgeschrittene Techniken

Zu den Stärken des Web-Dynpro-Frameworks gehören die flexiblen Anpassungsmöglichkeiten von Web-Dynpro-Components, ohne die eigentlichen Components und den Quellcode verändern zu müssen. In diesem Kapitel lernen Sie diese Anpassungsmöglichkeiten von Web-Dynpro-Components kennen.

9 Erweiterung, Konfiguration, Customizing und Personalisierung

Es liegt in der Natur von Standardsoftware, dass diese an die Bedürfnisse jedes einzelnen Kunden angepasst werden muss. Verwenden Sie eine auf der Web-Dynpro-Technologie basierende Lösung von SAP, werden Sie sicherlich den einen oder anderen Wunsch zur Einpassung der Lösung in Ihre Geschäftsprozesse haben. Die Anforderungen reichen von unternehmensweiten Anpassungen der Funktionalität über branchenspezifische Anforderungen bis hin zu mandanten- oder benutzerspezifischen Veränderungen.

Überblick

Mit Web Dynpro steht Ihnen eine anpassungsfähige UI-Technologie zur Verfügung, die weitreichende, modifikationsfreie Anpassungen der Benutzeroberfläche ermöglicht. Web-Dynpro-Anwendungen können hierzu auf unterschiedliche Weise von verschiedenen Zielgruppen angepasst werden:

- **Erweiterung**
  Mit SAP NetWeaver 7.0 wurde von SAP das Enhancement Framework eingeführt. Dieses erlaubt die Anpassung und Erweiterung von Entwicklungsobjekten, ohne diese direkt zu modifizieren. Für eine existierende Web-Dynpro-Component können Sie so unter anderem modifikationsfrei Controller-Methoden oder Aktionen angleichen, Context-Knoten anlegen oder bestehende erweitern und das View-Layout einer Component nach Belieben ändern.
- **Konfiguration**
  Im Unterschied zur Erweiterung erhält man bei der Konfiguration von Web-Dynpro-Components keine Möglichkeiten zur Anpas-

sung der Entwicklungsobjekte, wie zum Beispiel dem Quellcode. Dafür können für eine Component von einem Entwickler mit Entwicklerberechtigung beliebig viele Konfigurationsdatensets angelegt werden, die die entwicklungsseitig vorgegebenen Eigenschaften existierender UI-Elemente und/oder Context-Knoten übersteuern und damit das Erscheinungsbild der Benutzeroberfläche verändern. Die Konfiguration erfolgt zur Designzeit und ist mandantenunabhängig.

- **Customizing**
  Weniger weitreichend als die Web-Dynpro-Konfiguration ist das Web-Dynpro-Customizing. Dieses ermöglicht einem Administrator mit entsprechenden Berechtigungen die mandantenabhängige Anpassung von Benutzeroberflächen an die Bedürfnisse eines bestimmten Benutzerkreises. Das Customizing erfolgt in der Regel zur Laufzeit und ist mandantenabhängig.
- **Personalisierung**
  Einzelne Benutzer können individuelle Einstellungen der Benutzeroberfläche durch Personalisierung vornehmen. Der Umfang der Änderungsmöglichkeiten ist jedoch stark eingeschränkt, wobei die Einstellungen abhängig vom und zutreffend für einen Benutzer sind. Die Personalisierung erfolgt ausschließlich zur Laufzeit und ist mandantenabhängig.

Web-Dynpro-Built-In und Component-defined

Darüber hinaus wird in Web Dynpro auf der Konfigurationsebene und den darunterliegenden Ebenen zwischen Web-Dynpro-Built-In- und component-defined-basierten Anpassungen unterschieden:

- **Component-defined**
  Component-defined-Anpassungen erlauben ausschließlich die Änderung von Eigenschaften, die der Anwendungsentwickler explizit für die Konfiguration definiert hat. Hierzu muss in der Component ein eigens vorgesehener Custom-Controller mit den zu pflegenden Eigenschaften existieren. Ein Beispiel für eine component-defined konfigurierbare Eigenschaft könnte ein Schwellenwert sein, der den Wert angibt, ab wann eine Statusampel auf der Oberfläche auf Rot wechselt.

  Component-defined-Eigenschaften werden in einem auf Web Dynpro basierenden Konfigurationseditor je Component gepflegt. In neueren Web-Dynpro-Releases ist es darüber hinaus auch möglich, eigene Konfigurationseditoren für Web-Dynpro-Components anzulegen.

- **Web-Dynpro-Built-In**
  Web-Dynpro-Built-In ermöglicht die Änderung von UI-Element-Eigenschaften von beliebigen UI-Elementen innerhalb der View-Hierarchie. Die UI-Elemente müssen hierfür nicht extra freigegeben werden. Es können Eigenschaften angepasst werden, wie zum Beispiel Beschriftungen, die Eingabebereitschaft oder die Sichtbarkeit von UI-Elementen.

Anpassungshierarchie

Abbildung 9.1 fasst die bis zu diesem Zeitpunkt beschriebenen Erweiterungsmöglichkeiten (mit Ausnahme der Erweiterung) grafisch in einer Anpassungshierarchie zusammen. Wie in dieser zu erkennen ist, ziehen sich die Möglichkeiten sowohl der Web-Dynpro-Built-In- als auch der Component-defined-Anpassungen von der Konfigurations- bis zur Personalisierungsebene. Durch die gezielte Finalisierung von Eigenschaften können diese von der Anpassung in tiefer liegenden Schichten ausgenommen werden.

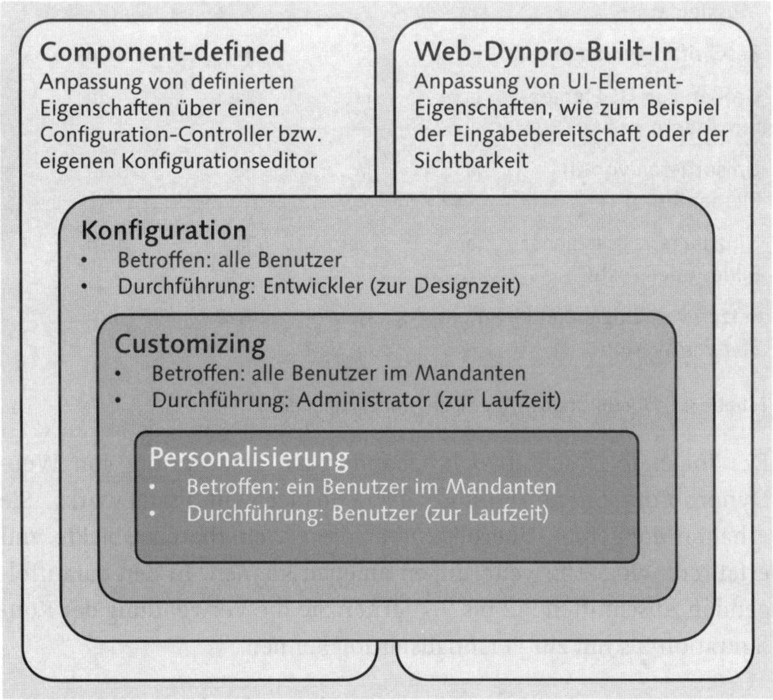

Abbildung 9.1 Web-Dynpro-Anpassungshierarchie

Typische Anpassungen

Tabelle 9.1 gibt zusätzlich einen Überblick über die wichtigsten Anpassungsmöglichkeiten von Web-Dynpro-Components.

Eigenschaft/Anpassungsmöglichkeit	Erweiterung	Konfiguration	Customizing	Personalisierung
Anschluss an das Transportsystem	ja	ja	Ja, siehe Abschnitt 9.6.2.	nein
Mandantenabhängig	nein	nein	ja	ja
Änderung von Entwicklungsobjekten (Methoden, Context etc.)	ja	nein	nein	nein
Finalisierung von Eigenschaften	nein	ja	ja	nein
Sichtbarkeit von UI-Elementen ändern	ja	ja	ja	ja
Vertauschen von Tabellenspalten	ja	ja	ja	ja
Definition von Mussfeldern	ja	ja	ja	nein
Beschriftungen ändern	ja	ja	ja	nein
Größen von UI-Elementen ändern	ja	ja	ja	nein
Umsortieren von UI-Elementen	ja	ja	ja	nein
Hinzufügen zusätzlicher Bilder oder Texte	ja	nein	ja	nein
Setzen von Eingabefeld-Standardwerten	nein	nein	nein	ja

Tabelle 9.1 Überblick über Anpassungsmöglichkeiten

Ausblick

Der folgende Abschnitt 9.1 behandelt die Erweiterung von Web-Dynpro-Components mithilfe des Enhancement Frameworks. Sie erhalten dort einen Überblick über die erweiterbaren Objekte und erfahren, wie Sie Erweiterungen anlegen können. In den darauffolgenden Abschnitten 9.2 bis 9.7 lernen Sie die Verwendung der Konfiguration bis hin zur Personalisierung kennen.

Hinweis: Vor allem im Bereich der Component-Konfiguration hat sich im Rahmen der auf Web Dynpro basierenden Floorplan-Manager-Entwicklungen seit 2009 im Web-Dynpro-Bereich viel getan. Aus diesem Grund kann es sein, dass Sie in diesem Kapitel Funktionalitäten kennenlernen, die in Ihrem System noch nicht vorhanden sind, oder dass Sie hier Funktionen sehen, die sich nach Drucklegung dieses Buchs geändert haben. [+]

9.1 Erweiterungen mit dem SAP Enhancement Framework

Um individuelle Anpassungen an Entwicklungsobjekten einfacher und einheitlich handhaben zu können, hat SAP mit Release SAP NetWeaver 7.0 das SAP Enhancement Framework eingeführt. Bei diesem neuartigen Erweiterungskonzept handelt es sich um eine Technologie zur Modifikation und Erweiterung sowie zum Austausch von Entwicklungsobjekten. Diese Änderungen können über den in der ABAP Workbench integrierten Enhancement Builder durchgeführt werden.

Implizite vs. explizite Änderungen

Enhancements können an beliebigen Coding-Stellen innerhalb eines zu ändernden Entwicklungsobjektes vorgenommen werden. Es handelt sich bei Enhancements somit um implizite Erweiterungen. Im Gegensatz dazu stehen explizite Änderungen, die nur an vorher vom Anwendungsentwickler vorgesehenen Stellen vorgenommen werden dürfen. Der bekannteste Vertreter der expliziten Erweiterungen ist das BAdI.

Switch Framework

Die im Enhancement Builder geänderten Entwicklungsobjekte können über das sogenannte Switch Framework verwaltet werden. Mit dessen Hilfe können Sie Ihre an einzelnen Entwicklungsobjekten durchgeführten Änderungen in sogenannten Business Function Sets gruppieren, die sich über spezielle Schalter steuern lassen. Die Schalter und somit die darin enthaltenen Enhancements lassen sich im Anschluss nach Belieben über das Switch Framework aktivieren und wieder deaktivieren.

Erweiterungen in Web Dynpro

Enhancements ermöglichen im Unterschied zur Konfiguration die Anpassung sowohl der nicht visuellen als auch der visuellen Bestandteile einer Component. So können Sie in einer erweiterten Component neue Controller-Methoden anlegen, existierende Methoden überschreiben oder Pre- und Post-Exits anlegen. Im visuellen Bereich, das heißt in den Windows und Views, können Sie neue Navigationslinks anlegen, neue UI-Elemente in die Views aufnehmen und die Eigenschaften existierender UI-Elemente ändern. Sogar die Löschung von existierenden UI-Elementen ist im Rahmen von Enhancements möglich.

9.1.1 Anlegen einer Erweiterung

Zum Anlegen einer neuen Erweiterung klicken Sie auf das Menü des jeweiligen Component-Objektes und wählen ERWEITERN. So können Sie beispielsweise einen View durch einen Klick auf VIEW • ERWEITERN (siehe Abbildung 9.2), durch Drücken der Tastenkombination [Strg] + [F4] oder durch Auswahl des entsprechenden Icons in der Toolbar erweitern.

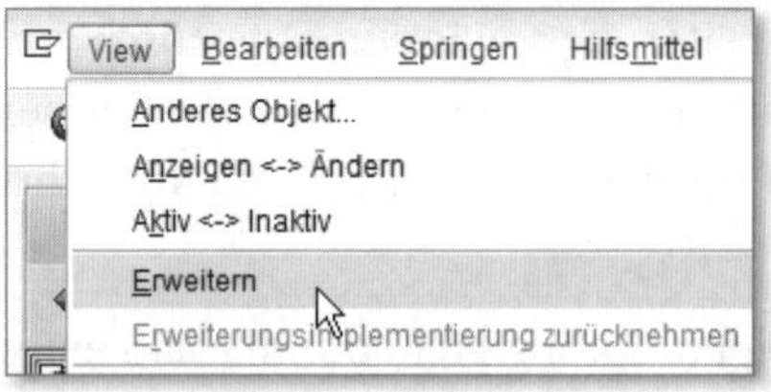

Abbildung 9.2 Erweiterung eines Views

Nach der Auswahl öffnet sich das in Abbildung 9.3 dargestellte Popup ERWEITERUNGSIMPLEMENTIERUNG ANLEGEN. In diesem müssen Sie den Namen der anzulegenden Erweiterung und eine zugehörige Beschreibung eingeben.

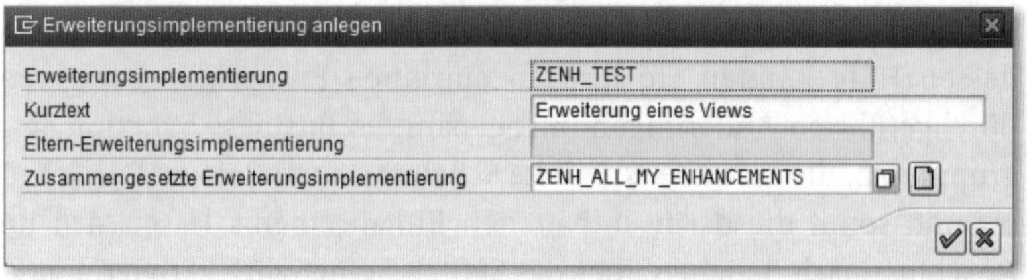

Abbildung 9.3 Erweiterungsimplementierung anlegen

Darüber hinaus können Sie noch eine der anzulegenden Erweiterung übergeordnete ZUSAMMENGESETZTE ERWEITERUNGSIMPLEMENTIERUNG angeben. Zusammengesetzte Erweiterungsimplementierungen dienen der semantischen Bündelung von einfachen Erweiterungen. Mithilfe von zusammengesetzten Erweiterungsimplementierungen lassen sich einfache Erweiterungen zu sinnvollen Einheiten zusammenfassen.

Durch einen Klick auf das grüne Häkchen schließt sich das Pop-up, und die Erweiterung wird vom System angelegt. Im nächsten Abschnitt werden die Möglichkeiten der Erweiterungen dargestellt.

Hinweis: Nachdem Sie eine erste Erweiterung angelegt haben, wird das Anlege-Dialogfenster nicht mehr automatisch angezeigt. Statt dieses Dialogfensters bietet Ihnen Web Dynpro einen Dialog zur Auswahl der bereits existierenden Erweiterungen an. In diesem haben Sie selbstverständlich auch die Gelegenheit, eine neue Erweiterung anzulegen. [+]

9.1.2 Erweiterung von Web-Dynpro-Objekten

Prinzipiell kann jeder Bestandteil einer Component erweitert werden:

- **Components**
  Sie können zusätzliche Component-Verwendungen anlegen. Die Implementierung von Component-Interfaces ist jedoch nicht erlaubt.
- **Controller**
  Sie können für Methoden und Ereignisbehandler Pre-Exits, Post-Exits und Overwrite-Exits anlegen. Darüber hinaus können Sie neue Aktionen und Ereignisse definieren, neue Methoden anlegen und neue Attribute in die Controller aufnehmen.
- **Context**
  Sie können neue Knoten und neue Attribute in den Context aufnehmen. Existierende Knoten können jedoch nicht verändert werden.
- **View-Layout**
  Sie können neue UI-Elemente in bestehende Views aufnehmen. Darüber hinaus können Sie die Eigenschaften von existierenden UI-Elementen nach Belieben ändern. Sogar die Löschung von UI-Elementen ist erlaubt.
- **Plugs und Navigationslinks**
  Sie können neue Plugs anlegen und diese im Window-Editor über Navigationslinks miteinander verbinden.

Im Folgenden werden diese Möglichkeiten des Enhancement Frameworks in Web Dynpro genauer betrachtet.

Erweiterung von Components

Eintragung

Zur Erweiterung einer Component wählen Sie deren Wurzel in der Objektliste der ABAP Workbench aus und legen eine neue Erweiterungsimplementierung an. Im Anschluss können Sie in der Tabelle VERWENDETE WEB-DYNPRO-COMPONENTS beliebig viele Components eintragen (siehe Abbildung 9.4). Sie erkennen eine erweiterte Component-Verwendung am Namen der Erweiterung in Spalte ERWEITERUNGS-IMPLEMENTIERUNG.

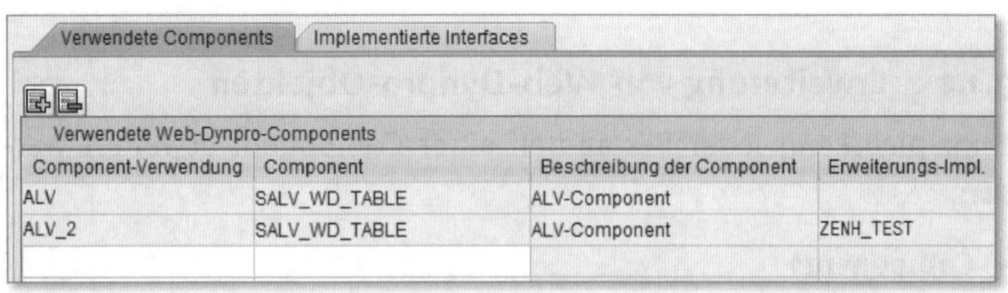

Abbildung 9.4 Erweiterung einer Component

Verwendung

Nach erfolgreicher Eintragung einer erweiterten Component-Verwendung können Sie diese wie gewöhnliche Component-Verwendungen in den Controllern Ihrer Component auf der Registerkarte EIGENSCHAFTEN registrieren und anschließend einsetzen. Die Implementierung von Component-Interfaces auf der Registerkarte IMPLEMENTIERTE INTERFACES ist im Erweiterungsmodus nicht erlaubt.

Erweiterung von Controller-Methoden

Die Erweiterung von Methoden ist eines der wichtigsten Angebote des Enhancement Frameworks. Im Unterschied zur Modifikation werden die Originalmethoden bei Enhancements nicht direkt verändert. Stattdessen bietet Ihnen das Enhancement Framework sogenannte Pre-Exit-, Post-Exit- und Overwrite-Exit-Methoden an.

Eigenschaften von Exits

Exits können für jede beliebige Methode eines Controllers implementiert werden. Außerdem können Sie in einer Erweiterung im Controller neue Methoden anlegen:

- Pre- bzw. Post-Exits werden vor bzw. nach dem Aufruf der eigentlichen Controller-Methode vom Framework ausgeführt.

- Overwrite-Exits ermöglichen das Ersetzen der Methode. So wird die Originalmethode nach dem Anlegen eines Overwrite-Exits nicht mehr aufgerufen.

Alle drei Exit-Typen verfügen über die gleichen Importing/Changing/Exporting-Parameter wie die Originalmethoden.

Beispiel

In Abbildung 9.5 sehen Sie Registerkarte METHODEN eines erweiterten Views. Durch den Klick auf einen der ANLEGEN-Buttons hinter den Methoden legen Sie eine neue Exit-Methode an. Nach der Implementierung der Erweiterung verändert sich das Anlegesymbol des Buttons zu einem Quelltext-Symbol (siehe Methode `wddoinit( )` in Abbildung 9.5). Durch einen Klick auf diesen Button gelangen Sie in den Quelltext der jeweiligen Erweiterung, und durch Anklicken des LÖSCHEN-Buttons in der Toolbar können Sie Erweiterungen von Methoden wieder löschen.

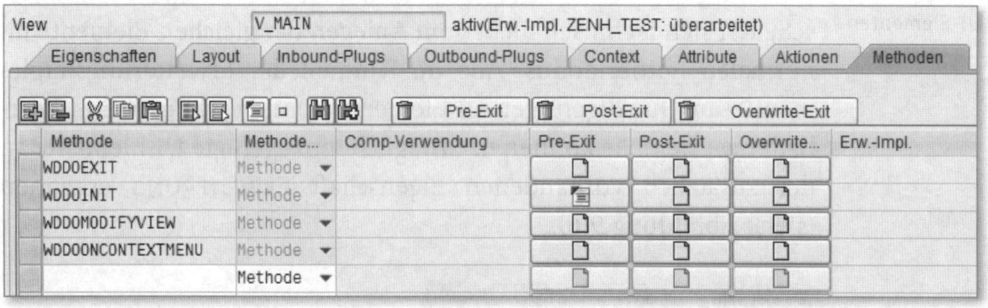

Abbildung 9.5 Erweiterung von Controller-Methoden

Zusätzlich zu den Änderungen an den Controller-Methoden können Sie auch Erweiterungen an den Methoden, Aktionen, Plugs, Attributen und dem Context vornehmen.

Erweiterung des Contexts

Die Erweiterung eines Contexts gestaltet sich im Vergleich zu der Erweiterung von Controller-Methoden um einiges restriktiver. So können Sie im Erweiterungsmodus keinerlei Änderungen an den Originalknoten vornehmen. Ausschließlich das Anlegen von neuen Knoten und das Hinzufügen von neuen Attributen sind gestattet. Diese können jedoch auch unter bereits existierenden Knoten angelegt werden. Das Mapping über Controller-Grenzen hinweg ist problemlos möglich.

Erweiterung des View-Layouts

Bei der Erweiterung von Web-Dynpro-Components steht in den meisten Fällen die Anpassung des existierenden View-Layouts an eigene Bedürfnisse im Vordergrund. Sie können im Erweiterungsmodus die folgenden Änderungen am View-Layout existierender Views vornehmen:

- Anlegen von neuen UI-Elementen
- Änderung der Eigenschaften von vorhandenen UI-Elementen
- Ausblenden vorhandener UI-Elemente

Darüber hinaus ist es im Erweiterungsmodus auch möglich, neue Views anzulegen. Klicken Sie hierzu in der Objektliste der Component mit der rechten Maustaste auf den Knoten-View, und wählen Sie den Kontextmenü-Eintrag ALS ERWEITERUNG ANLEGEN aus.

Anlegen von UI-Elementen

Das Anlegen von neuen UI-Elementen im Erweiterungsmodus unterscheidet sich technisch nicht vom Anlegen der gleichen Elemente im normalen Editiermodus. Alle im Rahmen der Erweiterungsimplementierung hinzugefügten UI-Elemente können wie gewohnt bearbeitet werden. Sie können nachträglich hinzugefügte UI-Elemente an der zusätzlich vorhandenen Eigenschaft ERWEITERUNG erkennen (siehe Abbildung 9.6).

Eigenschaft	Wert	Bin...
Eigenschaften (TextView)		
Erweiterung	ZENH_TEST	
Id	MY_UI_ELEMENT	
Layoutdaten	MatrixData	

Abbildung 9.6 Erweitertes TextView-Element MY_UI_ELEMENT

Änderung existierender Elemente

Die Eigenschaften existierender UI-Elemente können im Erweiterungsmodus nach Belieben geändert werden. So können Sie zum Beispiel das vorhandene Binding eines Eingabefeldes ändern oder dessen Design anpassen.

Löschung von UI-Elementen

Auch die Löschung von existierenden UI-Elementen ist im Erweiterungsmodus möglich. Klicken Sie dazu mit der rechten Maustaste auf das zu löschende UI-Element, und wählen Sie ELEMENT ENTFERNEN. Das Originalelement wird dabei jedoch nicht direkt aus dem View gelöscht: Stattdessen wird es im View mit einem roten X in der BINDING-Spalte als gelöscht markiert (siehe Abbildung 9.7). Durch Auswahl von Löschung zurücknehmen können Sie ein Original-UI-Element wiederherstellen.

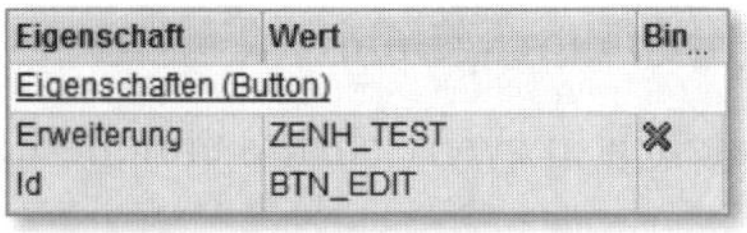

Eigenschaft	Wert	Bin...
Eigenschaften (Button)		
Erweiterung	ZENH_TEST	✖
Id	BTN_EDIT	

Abbildung 9.7 Gelöschtes UI-Element in einer Erweiterung

Erweiterung von Plugs und Navigationslinks

Grundsätzlich steht es Ihnen im Erweiterungsmodus offen, neue Plugs und andere Entwicklungsobjekte wie Attribute oder Methoden nach den bereits besprochenen Regeln im Window-Controller anzulegen. Daneben haben Sie im Erweiterungsmodus noch die Option, neue Windows anzulegen. Klicken Sie hierzu in der Objektliste der Component mit der rechten Maustaste auf den Knoten Windows, und wählen Sie den Kontextmenü-Eintrag Als Erweiterung anlegen aus.

Besonderheiten bei Navigationslinks

Bei der Erweiterung von Navigationslinks gelten die folgenden Regeln:

- Neue Navigationslinks zwischen Plugs können auf gewohnte Weise angelegt werden.
- Bestehende Navigationslinks können über das Kontextmenü mithilfe des Menüpunktes Löschen »gelöscht« werden. Vergleichbar mit der Löschung von UI-Elementen im Erweiterungsmodus werden die Plugs hierbei aber nur als gelöscht markiert.
- Zu einem bestehenden Navigationslink kann ein neues Ziel definiert werden. Hierzu muss der zu ersetzende Ziel-Plug unterhalb des Navigationslinks ausgewählt und anschließend über den Menüpunkt Ziel-Plug ersetzen geändert werden.

[*]

Tipp: Haben Sie in einem System Erweiterungen vorgenommen, kann es bei einem System-Upgrade zu Konflikten zwischen den neuen Entwicklungsobjekten und den alten Erweiterungen kommen. Diese können über Transaktion SPAU_ENH begutachtet und abgeglichen werden.

9.2 Konfiguration im Überblick

Die Konfiguration befindet sich bei Betrachtung der Web-Dynpro-Anpassungshierarchie in Abbildung 9.1 auf der höchsten Ebene der

Anpassungen. Sie ist an das SAP-Transportwesen angeschlossen, mandantenunabhängig und somit für alle Benutzer des Systems gültig. Die Konfiguration wird in der Regel direkt vom Anwendungsentwickler einer Component zur Designzeit durchgeführt.

Konfigurationsschritte

Die Konfiguration lässt sich grundsätzlich in zwei Schritte einteilen:

1. In einem ersten Schritt muss die sogenannte Component-Konfiguration durchgeführt werden. Hierzu werden vom Entwickler Konfigurationsdatensätze für einzelne Web-Dynpro-Components angelegt. Der Konfigurationsdatensatz bestimmt das Verhalten und Erscheinungsbild einer Component bei Verwendung des jeweiligen Datensatzes. Für eine Component können grundsätzlich beliebig viele Konfigurationsdatensätze angelegt werden. Die Component-Konfiguration wird in Abschnitt 9.4 behandelt.
2. Anschließend kann die Anwendungskonfiguration durchgeführt werden. Unter Verwendung der Konfigurationsdatensätze zu den Web-Dynpro-Components wird zu einer Web-Dynpro-Anwendung eine Anwendungskonfiguration angelegt. Dabei gibt die Anwendungskonfiguration vor, welche der Web-Dynpro-Components mit welcher Konfiguration verwendet wird. Die Anwendungskonfiguration ist Gegenstand von Abschnitt 9.5.

Beispiel

In Abbildung 9.8 sehen Sie ein Beispiel zur Verdeutlichung der Unterschiede zwischen der Component- und der Anwendungskonfiguration. Component A benutzt über seine Component-Verwendungen zwei weitere Components: Component B und C.

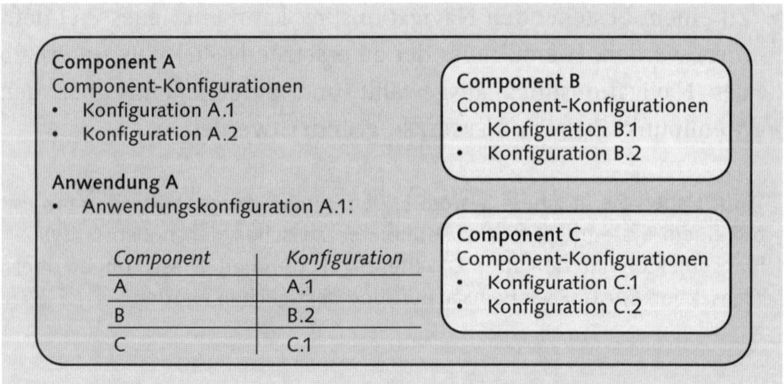

Abbildung 9.8 Component- und Anwendungskonfiguration

Jede dieser Components besitzt je zwei Component-Konfigurationen zur Definition des Anzeigeverhaltens namens <A/B/C>.1 oder <A/B/C>.2. Die Anwendung A von Component A besitzt darüber hinaus noch eine Anwendungskonfiguration A.1, die festlegt, welche (verwendete) Component in welcher Component-Konfiguration geladen werden soll.

9.3 Berechtigungen

Die Konfiguration und das Customizing von Web-Dynpro-Anwendungen sind nur für einen eingeschränkten Benutzerkreis zugänglich. Die folgende Auflistung gibt Ihnen einen Überblick:

- **Personalisierung**
  Personalisierung erfordert keinerlei Berechtigungen.
- **Customizing**
  Für die Durchführung des Customizings wird die Berechtigung des Berechtigungsobjektes `S_WDR_P13N` benötigt. Über das Feld `OBJNAME` können Sie die Anwendungen einschränken, für die ein Benutzer das Customizing vornehmen darf. Ist keine Einschränkung gewünscht, geben Sie hier * ein.
- **Konfiguration**
  Die Durchführung der Konfiguration erfordert vom Benutzer das Berechtigungsobjekt `S_DEVELOP`.

9.4 Component-Konfiguration

Betrachten wir nun die Component-Konfiguration im Detail. Hierzu behandelt dieser Abschnitt die Grundlagen der Component-Konfiguration, das Anlegen von Konfigurationsdatensätzen, die Verwendung der Web-Dynpro-Built-In- und Component-defined-Konfiguration sowie die Möglichkeit, neue Konfigurationseditoren anzulegen.

9.4.1 Bestandteile

Konfigurationsdatensatz

Jeder Component-Konfigurationsdatensatz besitzt die folgenden Bestandteile:

- **Allgemeine Verwaltungsdaten**
  Dies sind zum Beispiel der Name der Konfiguration, der Beschreibungstext und der Name der zugehörigen Web-Dynpro-Component. Der Konfigurationsname muss innerhalb des Systems eindeutig sein. Einen Überblick über die Konfiguration erhalten Sie in Abschnitt 9.4.2, »Anlegen einer Component-Konfiguration«.
- **Component-defined-Konfiguration (explizite Konfiguration)**
  Voraussetzung der Component-defined-Konfiguration ist das Vorhandensein eines Configuration-Controllers in der jeweiligen Component. Pro Web-Dynpro-Component gibt es maximal einen Configuration-Controller, der einen Sonderfall des Custom-Controllers darstellt. Web Dynpro unterscheidet darüber hinaus zwischen den Standard-Konfigurationseditoren und selbst definierten Editoren. Die Component-defined-Konfiguration wird in Abschnitt 9.4.4 behandelt.
- **Web-Dynpro-Built-In-Konfiguration (implizite Konfiguration)**
  Die Web-Dynpro-Built-In-Konfiguration ermöglicht die Anpassung und Übersteuerung der im Layout-Editor definierten UI-Element-Eigenschaften in der View-Hierarchie der Component. Da die Built-In-Konfiguration zur Designzeit im Konfigurationseditor stattfindet, funktioniert sie ausschließlich mit statisch definierten UI-Elementen. Die Web-Dynpro-Built-In-Konfiguration wird in Abschnitt 9.4.3 erläutert.

[+] **Hinweis**: Mit SAP NetWeaver 7.0 Enhancement Package 1 wurde die vormalige implizite Konfiguration in Web-Dynpro-Built-In und die explizite Konfiguration in component-defined umbenannt. Sollten Sie eine ältere Version von SAP NetWeaver im Einsatz haben, werden Sie dort die entsprechenden Bezeichnungen im System vorfinden.

9.4.2 Anlegen einer Component-Konfiguration

Zum Anlegen oder Ändern eines Konfigurationsdatensatzes gehen Sie wie folgt vor:

1. Wechseln Sie in der ABAP Workbench auf die Web-Dynpro-Component, für die Sie den Component-Konfigurationsdatensatz anlegen möchten.
2. Öffnen Sie das Kontextmenü der Component, und wählen Sie dort den Menüpunkt KONFIGURATION ANLEGEN/ÄNDERN aus. In einem

Konfigurations-editor starten

Browser-Fenster öffnet sich der Web-Dynpro-Konfigurationseditor (siehe Abbildung 9.9). Der Name der Component ist dort bereits eingetragen.

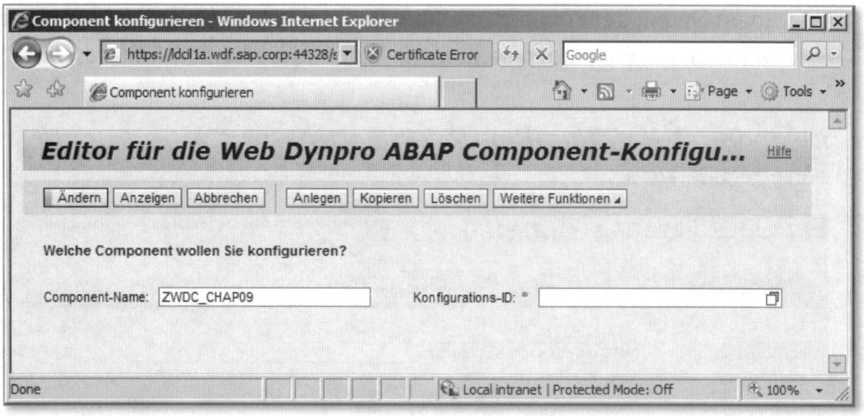

Abbildung 9.9 Einstiegsseite des Konfigurationseditors

3. Geben Sie den Namen des Konfigurationsdatensatzes im Eingabefeld KONFIGURATIONS-ID ein. Beachten Sie bei der Namensvergabe, dass Sie Ihren Konfigurationsdatensatz im Kundennamensraum anlegen und der Name global eindeutig sein muss.
4. Wählen Sie in der Toolbar der Component die Funktion ANLEGEN aus. Es öffnet sich ein Dialogfenster zur Eingabe der Verwaltungsdaten der neuen Konfiguration (siehe Abbildung 9.10). Geben Sie die BESCHREIBUNG und das PAKET für den Konfigurationsdatensatz ein, und bestätigen Sie Ihre Eingabe mit einem Klick auf OK.

   Falls Sie bei der Eingabe ein Paket mit gepflegter Transportschicht ausgewählt haben, wird der zu verwendende Transportauftrag nach Bestätigung der Eingabe in einem weiteren Dialogfenster abgefragt.

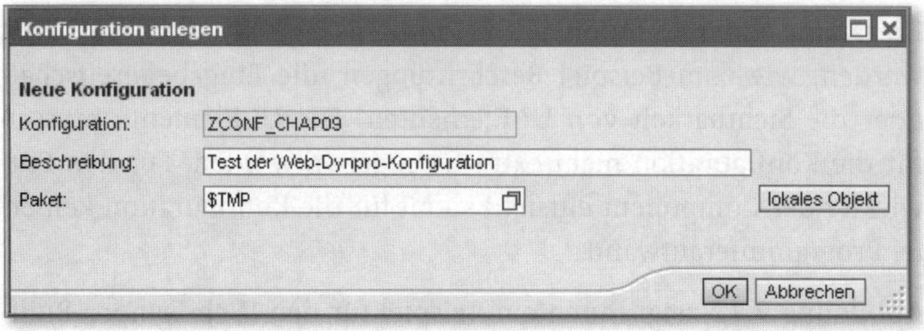

Abbildung 9.10 Anlegen eines Konfigurationsdatensatzes

Konfigurationseditor

Damit ist das Anlegen des Konfigurationsdatensatzes abgeschlossen. Abbildung 9.11 zeigt Ihnen die Pflegeoberfläche des Konfigurationseditors. Über die Registerkarten EIGENSCHAFTEN, COMPONENT-DEFINED und WEB-DYNPRO-BUILT-IN können Sie zwischen den administrativen Daten, dem expliziten und dem impliziten Konfigurationseditor wählen. Im Folgenden stellen wir Ihnen diese beiden Editoren vor.

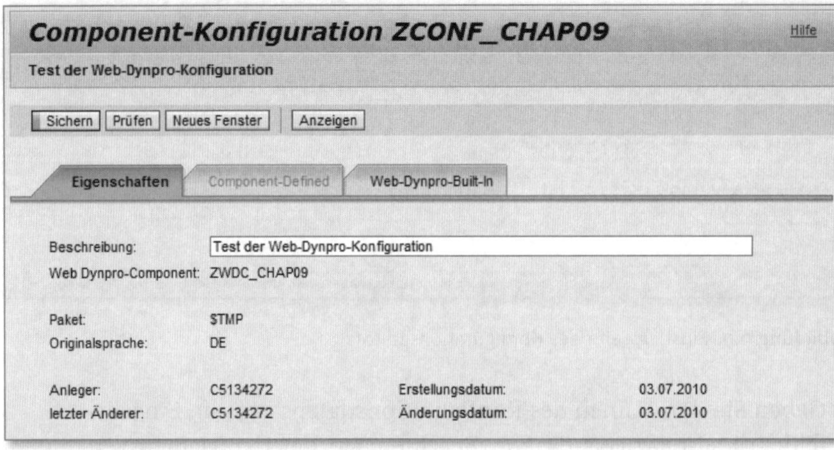

Abbildung 9.11 Pflegeoberfläche für einen Konfigurationsdatensatz

Konfigurationsdatensatz in der Component-Objektliste

Nach der Speicherung der Component-Konfiguration im Konfigurationseditor wird diese in der ABAP Workbench in die Objektliste der entsprechenden Component aufgenommen. Nach der Aktualisierung der Objektliste erscheint die Konfiguration unterhalb der Component-Wurzel im Knoten COMPONENT-KONFIGURATIONEN.

9.4.3 Web-Dynpro-Built-In-Konfiguration

Die Web-Dynpro-Built-In-Konfiguration ermöglicht die Änderung einer Vielzahl von UI-Element-Eigenschaften innerhalb der View-Hierarchie einer Component. Es können Eigenschaften angepasst werden, wie zum Beispiel Beschriftungen, die Eingabebereitschaft oder die Sichtbarkeit von UI-Elementen. Die UI-Elemente müssen für die Konfiguration nicht extra freigegeben werden. Für den Entwickler der Component entsteht somit für die Konfiguration keinerlei Programmieraufwand.

Built-In-Editor

Abbildung 9.12 zeigt Ihnen ein Beispiel für den Web-Dynpro-Built-In-Konfigurationseditor. Dieser ist in zwei Bereiche aufgeteilt:

- Auf der linken Seite sehen Sie eine aufklappbare Liste mit den Views und UI-Elementen der Component. Wenn Sie die Liste aufklappen, können Sie durch die UI-Elemente-Hierarchie navigieren.

  Beachten Sie an dieser Stelle, dass Sie zur Designzeit ausschließlich die statisch im Layout-Editor definierten UI-Elemente in der Liste auswählen und konfigurieren können. Dynamisch erzeugte UI-Elemente können naturgemäß erst nach Erzeugung zur Laufzeit mithilfe des Customizings und der Personalisierung angepasst werden.
- Im rechten Bereich des Konfigurationseditors finden Sie eine Liste der konfigurierbaren Eigenschaften des aktuell ausgewählten UI-Elementes. Diese können Sie nach Ihren Vorstellungen im Editor abändern. Durch eine Markierung des Ankreuzfeldes FINAL können Sie die jeweilige Eigenschaft vor der Änderung in den tiefer liegenden Konfigurationsschichten sperren, das heißt bei der Konfiguration des Customizings und der Personalisierung.

Abbildung 9.12 Web-Dynpro-Built-In-Konfigurationseditor

Ausblick

Um eine neu angelegte Component-Konfiguration verwenden zu können, muss diese erst über eine Anwendungskonfiguration angesprochen werden. Weitere Informationen hierzu finden Sie in Abschnitt 9.5.

9.4.4 Component-defined-Konfiguration

Sind die Möglichkeiten der Web-Dynpro-Built-In-Konfiguration nicht ausreichend, weil Sie beispielsweise den Programmablauf durch eine Konfiguration beeinflussen möchten, müssen Sie zuerst etwas Definitions- und Programmieraufwand in Kauf nehmen, um die explizite Component-defined-Konfiguration zu ermöglichen. Sie gehen dabei in zwei Schritten vor:

- In einem ersten Schritt müssen Sie einen Configuration-Controller in Ihrer Component anlegen, der die zu konfigurierenden Eigenschaften als Attribute in einem Context-Knoten beinhaltet.

[+] **Hinweis**: Zusätzlich zum Configuration-Controller können Sie auch einen eigenen Konfigurationseditor anlegen. Dies wird in Abschnitt 9.4.5, »Erstellung eigener Component-Konfigurationseditoren«, besprochen.

- Anschließend können Sie im Konfigurationseditor nach dem Anlegen eines Konfigurationsdatensatzes die Component-defined-Konfigurationen für die Component anlegen bzw. bearbeiten. Dieser Vorgang unterscheidet sich nur unwesentlich von der Bearbeitung einer Web-Dynpro-Built-In-Konfiguration.

Im Folgenden erlernen Sie das Anlegen eines Configuration-Controllers. Im Anschluss stellen wir Ihnen die Verwendung von Component-defined-Konfigurationen vor.

Anlegen eines Configuration-Controllers

Zum Anlegen eines Configuration-Controllers, der die Grundlage für die Component-defined-Konfiguration darstellt, gehen Sie wie folgt vor:

1. Wechseln Sie in der ABAP Workbench auf die Web-Dynpro-Component, für die die explizite Component-defined-Konfiguration ermöglicht werden soll.
2. Custom-Controller anlegen — Legen Sie einen Custom-Controller an. Verwenden Sie hierzu das Kontextmenü der Web-Dynpro-Component, und wählen Sie dort ANLEGEN • CUSTOM-CONTROLLER aus.
3. Es öffnet sich das in Abbildung 9.13 dargestellte Dialogfenster CONTROLLER ANLEGEN, in dem Sie den Namen des späteren Configuration-Controllers im Eingabefeld CONTROLLER und die BESCHREIBUNG des Controllers angeben. Bestätigen Sie Ihre Eingaben über das grüne Häkchen.

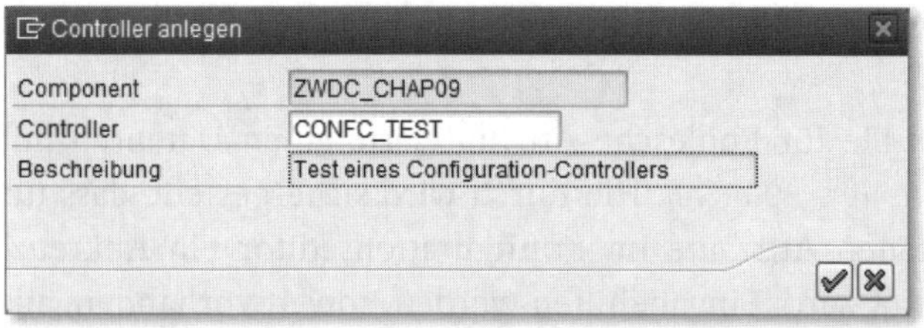

Abbildung 9.13 Anlegen eines Custom-Controllers

4. Wandeln Sie den Custom-Controller in einen Configuration-Controller um. Speichern Sie hierzu den im vorangegangenen Schritt angelegten Custom-Controller, und wählen Sie diesen anschließend in der Objektliste der Component unter CUSTOM-CONTROLLERS mit der rechten Maustaste aus. Klicken Sie nun, wie in Abbildung 9.14 gezeigt, auf den Eintrag ALS CONFIG. CONTROLLER (ZURÜCK)SETZEN.

   Durch die Auswahl des Kontextmenü-Eintrags wird der Custom-Controller als Configuration-Controller in der Component definiert. Pro Web-Dynpro-Component kann es nur einen Configuration-Controller geben.

Umwandlung zum Configuration-Controller

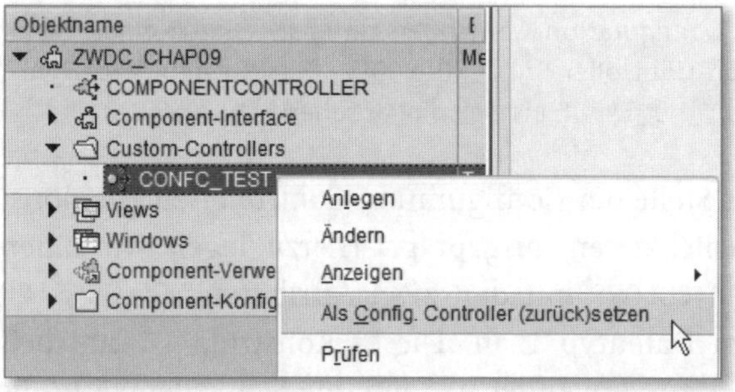

Abbildung 9.14 Umwandlung des Custom- in einen Configuration-Controller

Besonderheiten des Configuration-Controllers

Damit haben Sie das eigentliche Anlegen des Configuration-Controllers abgeschlossen. Als Nächstes können Sie den Context des Configuration-Controllers nach Ihren Vorstellungen ausprägen. Beachten Sie hierbei die folgenden, durch das Web-Dynpro-Framework vorgegebenen Regeln:

- Rekursive Knoten werden nicht unterstützt.
- Die Context-Attribute müssen einfache Datentypen besitzen, das heißt keine Referenztypen und strukturierte Typen.

- Singleton-Knoten sind nicht erlaubt und können auch nicht angelegt werden.
- Verwenden Sie für Boolesche Attributwerte einen Datentyp mit der Domäne `WDY_BOOLEAN`. Hierdurch wird sichergestellt, dass für die betroffenen Attribute im Konfigurationseditor ein Ankreuzfeld angezeigt wird. Eingabehilfen werden, soweit vorhanden, aus dem Dictionary gezogen.
- Die Beschriftungen für die Context-Attribute im Konfigurationseditor werden, soweit möglich, aus dem ABAP Dictionary gezogen. Ist dies nicht umsetzbar, wird der Attributname verwendet.
- Für einen multiplen Knoten (Kardinalitätsobergrenze n) muss eines der Attribute des Knotens als PRIMARY-ATTRIBUT in den Eigenschaften gekennzeichnet sein. Zur Laufzeit erlaubt dieses Attribut dem Web-Dynpro-Framework die Unterscheidung zwischen Konfiguration und Customizing; damit wird dem Framework eine Abmischung zwischen beiden Varianten ermöglicht. Diese Eigenschaft ist nur im Configuration-Controller und nicht im Custom-Controller sichtbar.

[*] **Tipp**: Der mit Web Dynpro ausgelieferte SAP List Viewer verwendet die Funktionalität des Configuration-Controllers intensiv. Sie können sich dessen Configuration-Controller `SALV_WD_MODEL_CTLR` in der Web-Dynpro-Component `SALV_WD_TABLE` als Beispiel ansehen.

Configuration-Controller ausprägen

Nun wird an dieser Stelle der Configuration-Controller zur Demonstration seiner Möglichkeiten ausgeprägt. Hierzu legen wir einen neuen Knoten `ICON_COLORS` mit den zwei Attributen `YELLOW_SIGN` und `RED_SIGN` vom Datentyp `I` an. Dieses Konstrukt könnte beispielsweise später dazu verwendet werden, die Schwellenwerte für die Auslastung einer Flugzeugbuchung über die Component-Konfiguration zu definieren, um diese letztlich farblich darzustellen.

1. Legen Sie im Configuration-Controller den Knoten `ICON_COLORS` mit der Kardinalität `1..1` an. Gehen Sie beim Anlegen wie bei »normalen« Context-Knoten einer Component vor.
2. Fahren Sie mit den Attributen `YELLOW_SIGN` und `RED_SIGN` fort. Der Einfachheit halber verwenden wir für diese den Datentyp `I`. Tragen Sie als DEFAULT-WERT für das Attribut `YELLOW_SIGN` den Wert 10 und für `RED_SIGN` den Wert 0 ein.

3. Speichern und aktivieren Sie die Component. In Abbildung 9.15 sehen Sie den Controller nach der Fertigstellung.

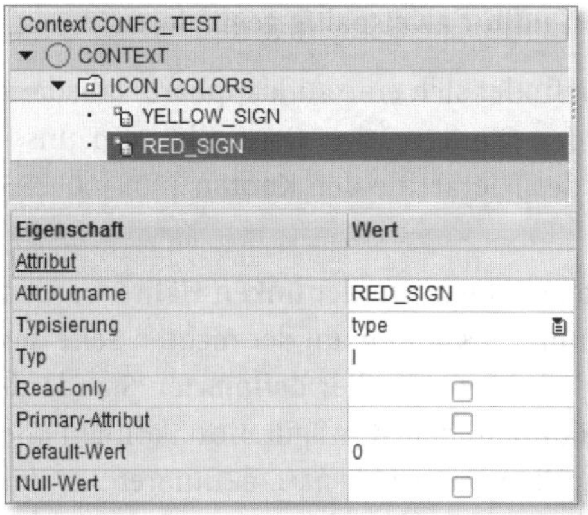

Abbildung 9.15 Configuration-Controller nach Fertigstellung

Configuration-Controller auslesen

Damit ist der Configuration-Controller fertiggestellt. Sie können diesen nun wie jeden anderen Controller über Controller-Verwendungen in die restlichen Controller Ihrer Component integrieren und von dort die Konfiguration aus dem Context des Configuration-Controllers auslesen. Zum Auslesen bietet sich in der Regel die Erstellung von get_<Eigenschaft>( )-Methoden im Configuration-Controller an.

Verwendung der Component-defined-Konfiguration

Nachdem Sie im letzten Abschnitt das Anlegen und Bearbeiten von Configuration-Controllern erlernt haben, behandelt dieser Abschnitt die Component-defined-Konfiguration mithilfe des Web-Dynpro-Konfigurationseditors. Voraussetzung hierfür ist das Vorhandensein eines Component-Konfigurationsdatensatzes, was bereits in Abschnitt 9.4.2, »Anlegen einer Component-Konfiguration«, gezeigt wurde.

Zum Öffnen einer Component-defined-Konfiguration gehen Sie wie folgt vor:

Component-defined-Konfiguration öffnen

1. Wechseln Sie in den Konfigurationseditor, und öffnen Sie bzw. legen Sie eine neue Konfiguration an.
2. In der Component-Konfiguration angekommen, wechseln Sie auf die Registerkarte COMPONENT-DEFINED. In älteren Web-Dynpro-Versionen müssen Sie die Registerkarte EXPLIZITE KONFIGURATION verwenden.

Konfiguration

Im Component-defined-Konfigurationseditor angelangt, können Sie nun mit der Konfiguration der Component beginnen. Wie Sie im Beispiel von Abbildung 9.16 erkennen können, ist der Editor ähnlich wie der Web-Dynpro-Built-In-Editor zweispaltig gegliedert:

- Im linken Editorbereich befindet sich eine aufklappbare, tabellarische Context-Hierarchie des Configuration-Controllers. In unserem Beispiel sehen Sie in der Hierarchie den Knoten `ICON_COLORS` dargestellt.
- Nach Auswahl eines Context-Knotens in der linken Hälfte werden die Eigenschaften (Attribute) des Knotens auf der rechten Seite des Editors mit den ursprünglich im Controller definierten Standardwerten dargestellt. Im Rahmen der Konfiguration können Sie diese Werte nun überschreiben oder als FINAL definieren. In der Konfiguration als final definierte Attribute können im Rahmen des Customizings oder der Personalisierung nicht mehr überschrieben werden.

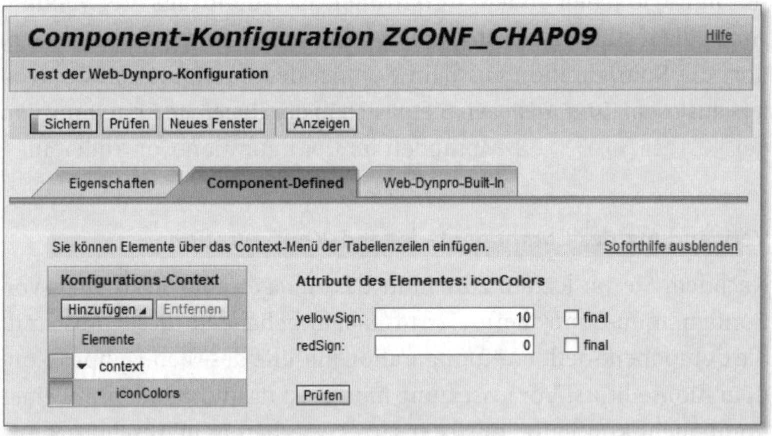

Abbildung 9.16 Component-defined-Konfiguration

Ausblick

Um eine neu angelegte Component-Konfiguration verwenden zu können, muss diese erst über eine Anwendungskonfiguration angesprochen werden, weitere Informationen hierzu finden Sie in Abschnitt 9.5. Im nächsten Abschnitt lernen Sie, für die Component-defined-Konfiguration eigene Konfigurationseditoren anzulegen.

9.4.5 Erstellung eigener Component-Konfigurationseditoren

Anstatt den generischen Component-defined-Konfigurationseditor auf Basis des Configuration-Controller-Contexts zu verwenden, können Sie für Ihre Components auch eigene Konfigurationseditoren entwickeln. Hierdurch erreichen Sie bei der Gestaltung Ihrer Konfigurationen eine größtmögliche Flexibilität.

Beispiel

So wäre es zum Beispiel denkbar, dass Sie in Ihrer Web-Dynpro-Architektur einen zentralen Konfigurationseditor schreiben. Dieser könnte sowohl für die Konfiguration, für das Customizing als auch für die Endbenutzer-Personalisierung über einen eigens hierfür entwickelten View verwendet werden.

Vorgehensweise

Um einen eigenen Konfigurationseditor zu erstellen, gehen Sie wie folgt vor:

1. Legen Sie die zu konfigurierende Component, für die Sie den Konfigurationseditor entwickeln möchten, mitsamt einem Configuration-Controller an. Das Anlegen von Configuration-Controllern wurde bereits in Abschnitt 9.4.4, »Component-defined-Konfiguration«, besprochen.
2. Erstellen Sie eine neue Component, die Sie als Konfigurationseditor verwenden möchten. Diese Component muss anschließend entsprechend den Anforderungen an den Editor ausgeprägt werden. Die Erstellung der Konfigurationseditor-Component wird in diesem Abschnitt ausführlich behandelt.
3. Zuletzt muss der neue Konfigurationseditor in der zu konfigurierenden Component als Editor eingetragen werden. Diese Eintragung des Konfigurationseditors wird in Abschnitt 9.4.6, »Component-Konfigurationseigenschaften«, beschrieben.

Konfigurationseditor anlegen

Betrachten wir nun den Bau des Konfigurationseditors:

1. Legen Sie eine neue Component an, die Sie als Editor verwenden möchten. Möchten Sie nur einen kleinen Editor für eine einzelne Component bauen, können Sie unter Umständen auf das Anlegen einer neuen Component für den Konfigurationseditor verzichten.
2. Implementieren Sie in Ihre Konfigurationseditor-Component das Component-Interface `IWD_CFG_COMP_EDITOR`. Hierdurch erhält die Component das Window `COMP_CONFIG_EDITOR` für die Views des Editors und der Component-Controller einige Methoden für die

Kommunikation zwischen dem Framework und Ihrem Editor. Abbildung 9.17 zeigt Ihnen die Component nach der Integration des Konfigurationseditor-Interface.

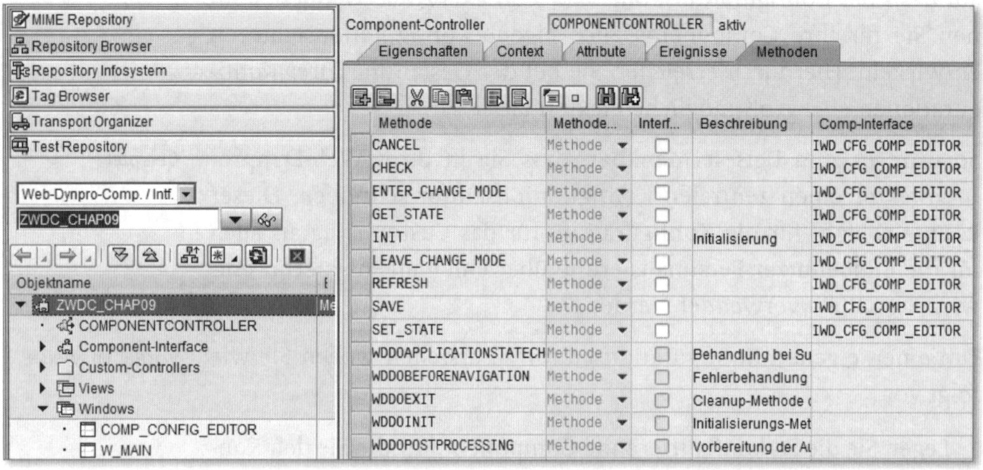

Abbildung 9.17 Component nach Integration des Editor-Interface

Context übernehmen

3. Übernehmen bzw. kopieren Sie die Context-Struktur aus dem Configuration-Controller der zu konfigurierenden Component in einen hierzu korrespondierenden Knoten in der Editor-Component. Der Knoten auf Editorseite darf in keinem Configuration-Controller liegen. Zum Kopieren der Struktur haben Sie zwei Möglichkeiten:
   - Übernehmen Sie die Context-Struktur des Configuration-Controllers in den Context der Editor-Component von Hand. Dies hat den Vorteil, dass Sie Ihre UI-Elemente direkt an die statischen Context-Attribute der Knoten binden können. Es hat jedoch den Nachteil, dass Sie für die Controller nun Doppelpflege betreiben müssen.
   - Lassen Sie sich die Context-Struktur in der Editor-Component aus der Configuration-Controller-Struktur dynamisch zur Laufzeit generieren. Hierbei werden nachträgliche Änderungen am Context automatisch vollzogen, aber dynamische Zugriffe auf Context-Attribute sind aufwendiger.

Zwischenstand

Nach der Übernahme der Configuration-Controller-Struktur in den Konfigurationseditor können Sie auf zwei verschiedene Arten fortfahren:

- Sie implementieren die Interface-Methoden zur Kommunikation mit der Rahmen-Component des Web-Dynpro-Frameworks.
- Sie legen einen neuen View für den visuellen Teil des Konfigurationseditors an. Diesen gestalten Sie nach Ihren Vorstellungen zum Konfigurationseditor und binden dessen UI-Elemente an die Attribute des Konfigurationsknotens. Zuletzt integrieren Sie den View in das Window `COMP_CONFIG_EDITOR`.

Da beide Schritte in gewisser Weise den jeweils anderen voraussetzen, können wir Ihnen an dieser Stelle keinen eindeutigen Rat für die Durchführung des nächsten Schrittes geben. Je mehr Erfahrung Sie jedoch haben, desto eher werden Sie zuerst die Methoden und anschließend den View gestalten. Die Gestaltung des Views haben wir für unser Beispiel, wie Sie in Abbildung 9.18 sehen können, schon einmal vorgenommen.

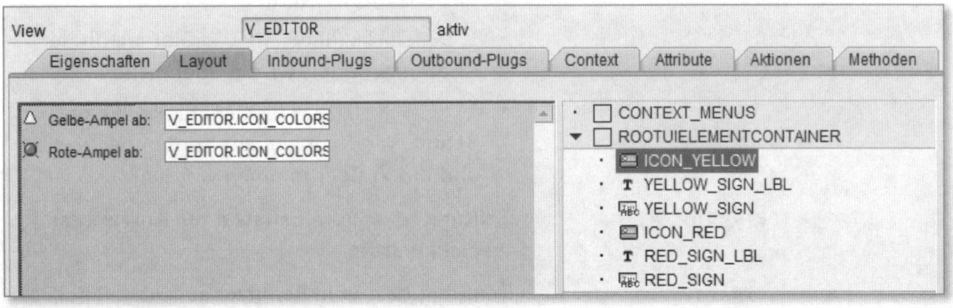

Abbildung 9.18 Beispiel-View für einen Konfigurationseditor

Zur Fertigstellung des Konfigurationseditors fehlt Ihnen somit nach dem Anlegen des Konfigurations-Views nur noch die Implementierung der Interface-Methoden. Fahren Sie nun mit diesem Schritt fort. In Tabelle 9.2 erhalten Sie einen Überblick über die Interface-Methoden.

Methode	Beschreibung
`cancel( )`	Teilt mit, dass vom Anwender ABBRECHEN angeklickt wurde.
`check( )`	Teilt mit, dass eine Validierung notwendig ist. Über den Rückgabeparameter `OK` können Fehler gemeldet werden. Diese Methode wird immer vor `save( )` oder bei einem Klick auf den entsprechenden Toolbar-Button aufgerufen.

Tabelle 9.2 Methoden des Interface IWD_CFG_COMP_EDITOR

Methode	Beschreibung
`leave_change_mode( )`	Teilt mit, dass der Änderungsmodus verlassen wird.
`enter_change_mode( )`	Wird gerufen, sobald in den Änderungsmodus gewechselt wird. Innerhalb der Methode `enter_change_mode( )` muss die Servicebehandler-Methode `refresh_context( )` gerufen werden. Den Servicebehandler erhalten Sie in Methode `init( )`.
`init( )`	Übergibt den Servicebehandler vom Referenztyp `IF_WD_CFG_COMP_EDITOR`. Innerhalb dieser Methode muss die Servicebehandler-Methode `init( )` aufgerufen werden. Übergeben Sie der Methode die folgenden Parameter: ▸ `I_ROOT_NODE`: Gegenstück zum Configuration-Controller-Knoten ▸ `I_GENERATE_NODE_INFOS`: Gibt an, ob der Knoten generiert wurde oder nicht. ▸ `I_LISTEN_TO_USER_CHANGES`: Sollen die Benutzeränderungen am Knoten beobachtet und direkt übernommen werden?
`refresh( )`	Teilt mit, dass vom Benutzer auf AUFFRISCHEN geklickt wurde.
`save( )`	Teilt mit, dass vom Benutzer auf SICHERN geklickt wurde.

Tabelle 9.2 Methoden des Interface IWD_CFG_COMP_EDITOR (Forts.)

Fertigstellung

Nach der Implementierung der Interface-Methoden ist der Konfigurationseditor soweit fertiggestellt und einsatzbereit. Damit dieser jedoch zur Konfiguration Ihrer Component verwendet werden kann, müssen Sie den Editor noch in der verwendenden Component eintragen. Weitere Informationen hierzu erhalten Sie in Abschnitt 9.4.6, »Component-Konfigurationseigenschaften«. In Abbildung 9.19 sehen Sie vorab unseren Beispieleditor im Praxiseinsatz.

[◉]

Weitere Informationen: Der in der Component-Interface-Methode `init( )` übergebene Servicebehandler besitzt eine Vielzahl von hilfreichen Methoden für die Entwicklung eines Konfigurations-Controllers, die in diesem Buch nicht weiter besprochen werden. Weitere Informationen zum Servicebehandler finden Sie im SAP Help Portal (*http://help.sap.com*) zum Thema Web Dynpro ABAP.

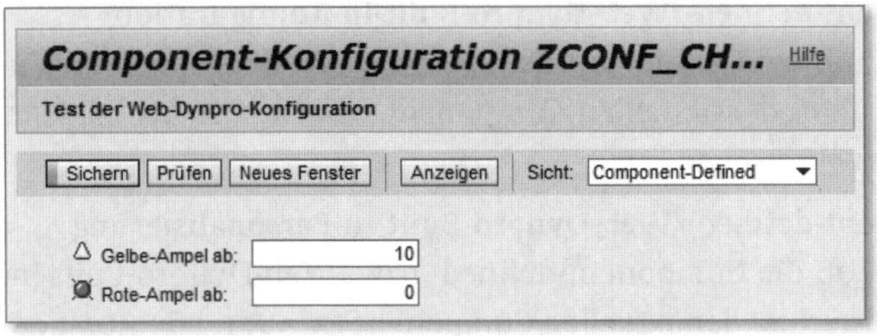

Abbildung 9.19 Eigener Konfigurationseditor im Einsatz

9.4.6 Component-Konfigurationseigenschaften

In jeder Component können Sie sogenannte Konfigurationseigenschaften einstellen. Diese legen zum Beispiel fest, ob die Konfiguration der Component grundsätzlich erlaubt ist oder welche Component als Konfigurationseditor verwendet werden soll.

Konfigurationseigenschaften öffnen

Zum Öffnen der Konfigurationseigenschaften klicken Sie doppelt auf die Component und wählen im Änderungsmodus BEARBEITEN • KONFIGURATIONSDATEN aus. Abbildung 9.20 zeigt Ihnen das anschließend geöffnete Dialogfenster KONFIGURATIONSEIGENSCHAFTEN ÄNDERN.

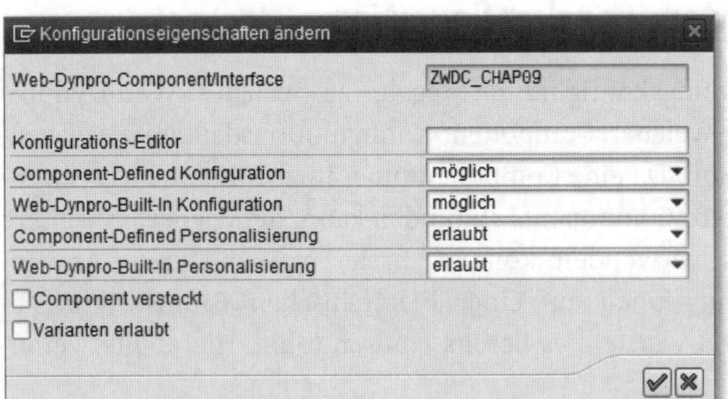

Abbildung 9.20 Konfigurationseigenschaften ändern

Einstellungsmöglichkeiten

Im Dialog zu den Konfigurationseigenschaften können Sie die folgenden Einstellungen vornehmen:

- **Konfigurationseditor**
  Über dieses Feld können Sie einen Konfigurationseditor für die aktuelle Component festlegen. Beachten Sie, dass die Editor-Component zwingend das Web-Dynpro-Interface `IWD_CFG_COMP_EDITOR` implementiert haben muss.

- **Component-defined-/Web-Dynpro-Built-In-Konfiguration**
  Legt fest, ob die Component-defined- bzw. Web-Dynpro-Built-In-Konfiguration der aktuellen Component MÖGLICH, NICHT ERLAUBT oder NOTWENDIG ist.
- **Component-defined-/Web-Dynpro-Built-In-Personalisierung**
  Legt fest, ob die Component-defined- bzw. Web-Dynpro-Built-In-Personalisierung der aktuellen Component ERLAUBT, FÜR ADMINISTRATOREN ERLAUBT oder NICHT ERLAUBT ist.
- **Component versteckt**
  Versteckt eine Component vor der Weiterverfolgung des Component-Verwendungspfades in der Anwendungskonfiguration. Dieser Parameter ist dort insbesondere für die Auflösung von Zirkelbezügen zwischen Components wichtig.
- **Varianten erlaubt**
  Gibt an, ob Konfigurationsvarianten erlaubt sind. Varianten kommen beispielsweise beim SAP List Viewer in Form von Sichten zum Einsatz.

9.5 Anwendungskonfiguration

Die Anwendungskonfiguration regelt, zu welcher Web-Dynpro-Anwendung welcher Component-Konfigurationsdatensatz verwendet werden soll. Da eine Component über ihre Component-Verwendungen weitere Components einbinden kann, die wiederum weitere Components verwenden können, basieren Web-Dynpro-Anwendungskonfigurationen auf einer hierarchischen Baumstruktur. In Abbildung 9.8 wurde dies bereits grafisch (ohne Hierarchie) veranschaulicht.

Globale Anwendungsparameter

Neben der Definition der in einer Anwendung einzusetzenden Component-Konfigurationen hat die Anwendungskonfiguration eine zweite wichtige Funktion: die Einstellung von globalen Anwendungsparametern. Über diese Parameter können Sie grundlegende Funktionen für eine Web-Dynpro-Anwendung definieren, wie beispielsweise die Aktivierung der Barrierefreiheit oder die Verwendung eines bestimmten Stylesheets.

Ausblick

Im folgenden Abschnitt 9.5.1 erlernen Sie den Umgang mit dem Web-Dynpro-Anwendungskonfigurator. Abschnitt 9.5.2 behandelt die verfügbaren Web-Dynpro-Anwendungsparameter. Abschnitt 9.5.3 hat die vom Framework aufgestellten Regeln zur Findung von Component- und Anwendungskonfigurationen zum Gegenstand.

9.5.1 Anlegen und Bearbeiten von Anwendungskonfigurationen

Für eine Web-Dynpro-Anwendung können Sie eine oder mehrere Anwendungskonfigurationen anlegen. Gehen Sie zum Anlegen der Anwendungskonfiguration wie folgt vor:

Konfigurationseditor starten

1. Klicken Sie mit der rechten Maustaste auf die zu konfigurierende Anwendung, und wählen Sie im Kontextmenü den Eintrag Konfiguration anlegen/Ändern aus. In einem Browser-Fenster öffnet sich nun die Web-Dynpro-Anwendungskonfiguration.

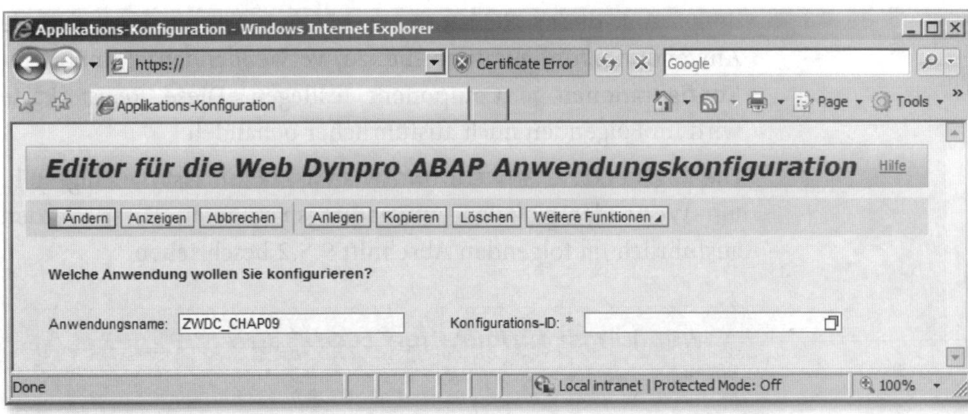

Abbildung 9.21 Einstiegsseite des Anwendungskonfigurators

Konfiguration anlegen

2. Tragen Sie die Konfigurations-ID, unter der die Anwendungskonfiguration nach Abschluss der Arbeiten gespeichert werden soll, in das zugehörige Eingabefeld ein. Bedenken Sie hierbei, dass die ID für die Konfiguration global eindeutig sein muss und die Namensraumregeln beachtet werden müssen.
3. Wählen Sie in der Toolbar die Funktion Anlegen aus. Es öffnet sich ein Dialogfenster zur Eingabe der Verwaltungsdaten der neuen Konfiguration. Geben Sie die Beschreibung und das Paket für den Konfigurationsdatensatz ein, und bestätigen Sie Ihre Eingabe mit einem Klick auf OK.

Falls Sie bei der Eingabe ein Paket mit gepflegter Transportschicht ausgewählt haben, wird der zu verwendende Transportauftrag nach Bestätigung der Eingabe in einem weiteren Dialogfenster abgefragt.

Konfiguration bearbeiten

Damit haben Sie das Anlegen der Anwendungskonfiguration erfolgreich abgeschlossen, und Sie befinden sich nun im Konfigurator der noch jungfräulichen Anwendungskonfiguration. Abbildung 9.22 bildet diesen Zustand des Konfigurators ab. Der Anwendungskonfigurator besteht aus drei Registerkarten:

- Die Registerkarte EIGENSCHAFTEN beinhaltet die Beschreibung der aktuellen Konfiguration und allgemeine administrative Daten wie den Anleger und den letzten Änderer der Konfiguration.
- Die Registerkarte STRUKTUR enthält die hierarchische Component-Struktur, ausgehend von der Component der aktuellen Anwendung. Auf dieser Registerkarte können Sie für Ihre aktuelle Anwendungskonfiguration die zu verwendenden Component-Konfigurationen je Component festlegen. Diese Registerkarte wird im Folgenden noch ausführlicher behandelt.
- Die Registerkarte ANWENDUNGSPARAMETER umfasst die eingestellten Werte der globalen Anwendungsparameter. Diese werden ausführlich im folgenden Abschnitt 9.5.2 beschrieben.

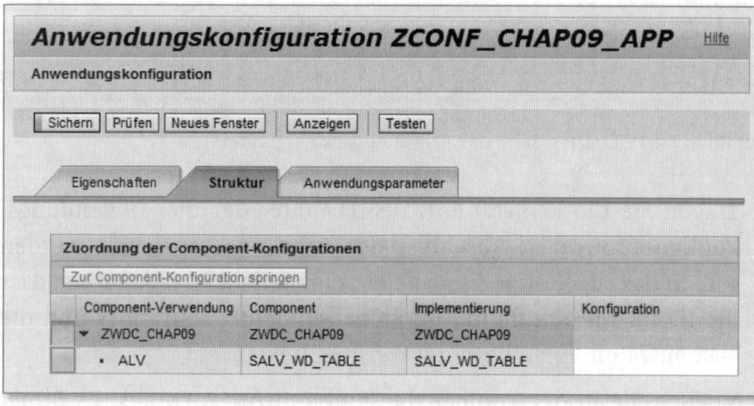

Abbildung 9.22 Jungfräuliche Anwendungskonfiguration

Struktur bearbeiten

Beschäftigen wir uns nun mit der Einstellung der Component-Konfigurationen auf der Registerkarte STRUKTUR. Die dort befindliche Tabelle ZUORDNUNG DER COMPONENT-KONFIGURATIONEN besteht aus der aufklappbaren Spalte COMPONENT-VERWENDUNG, die die Component-Hierarchie abbildet, ausgehend von der Component der aktuellen Anwendung. In der Spalte KONFIGURATION können Sie die zu verwendende Component-Konfiguration je Component-Verwendung eintragen. Für die Auswahl der Component-Konfigurationen steht Ihnen eine Suchhilfe zur Verfügung, wie Sie auch in Abbildung 9.23 sehen.

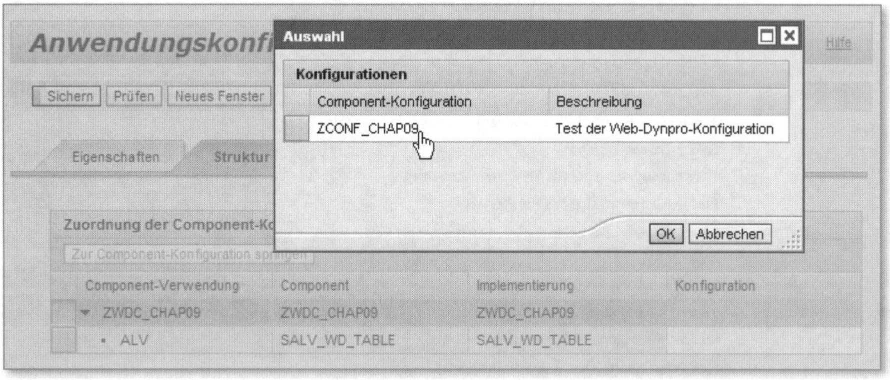

Abbildung 9.23 Auswahl einer Component-Konfiguration

Hinweis: Die in der Anwendungskonfiguration auf der Registerkarte STRUKTUR angezeigte Component-Hierarchie wird vom Anwendungskonfigurator anhand der in jeder Component statisch definierten Component-Verwendungen ermittelt. Dynamisch zur Laufzeit erzeugte Component-Verwendungen können deshalb mithilfe der Anwendungskonfiguration nicht abgedeckt werden. Bei der dynamischen Erzeugung einer Component-Verwendung können Sie jedoch die zu verwendende Component-Konfiguration zur Laufzeit mitgeben. [+]

Übrigens können Sie über die Component-Konfigurationseigenschaften, die bereits in Abschnitt 9.4.6 besprochen wurden, die in der Anwendungskonfiguration durchgeführte Ermittlung der verwendeten Components unterbinden. Aktivieren Sie hierzu in den Konfigurationseigenschaften das Ankreuzfeld COMPONENT VERSTECKEN.

9.5.2 Anwendungsparameter

Die Registerkarte ANWENDUNGSPARAMETER beinhaltet eine Vielzahl von Parametern zur Einstellung von globalen Anwendungsparametern. Diese ermöglichen die Einstellung zahlreicher grundlegender Web-Dynpro-Parameter, die die Technik, das Aussehen und das Verhalten von Web-Dynpro-Anwendungen in wesentlichen Teilen beeinflussen können. Abbildung 9.24 zeigt Ihnen die Registerkarte ANWENDUNGSPARAMETER.

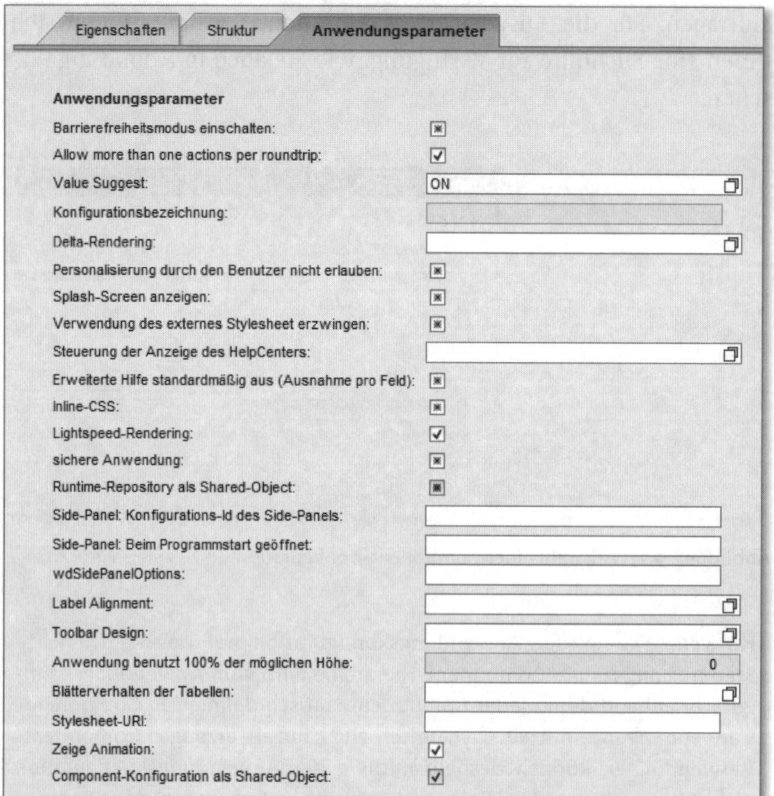

Abbildung 9.24 Web-Dynpro-Anwendungsparameter

Eine vollständige Auflistung und Beschreibung der Web-Dynpro-Anwendungsparameter finden Sie in Anhang A.

9.5.3 Auswahl der zu verwendenden Component-Konfiguration

In den vorangegangenen Abschnitten dieses Kapitels haben Sie die Component- und die Anwendungskonfiguration kennengelernt. Dieser Abschnitt beschäftigt sich mit der Frage, nach welchen Regeln die Component-Konfiguration, das Customizing und die Personalisierung einer Component gesucht und gefunden werden.

Suchen und Finden

Bei der Auswahl der zu verwendenden Component-Konfiguration gelten die folgenden Regeln:

1. Wird bei der Erzeugung der Component die ID des zu verwendenden Konfigurationsdatensatzes mitgegeben, wird dieser auch verwendet.
2. Wurde keine Konfigurationsdatensatz-ID mitgegeben, überprüft das Framework, ob in der aktuellen Anwendungskonfiguration für die betroffene Component eine Konfigurations-ID hinterlegt wurde.
3. Existiert für die aktuelle Anwendung keine Konfiguration oder wurde in der aktuell verwendeten Anwendungskonfiguration für die betroffene Component keine Konfigurations-ID hinterlegt, generiert das Framework zum Lesen und Speichern von Anpassungen eine Konfigurations-ID.

Generierte Konfigurations-ID

Die generierte Component-Konfigurations-ID besteht aus einem Hash-Wert des Anwendungsnamens und dem aktuellen Component-Verwendungspfad von der Anwendung bis zur Ziel-Component. Die generierte ID wird benötigt, um Anpassungen des Administrators und Endanwenders, die im Rahmen des Customizings oder der Personalisierung vorgenommen wurden, eindeutig identifizierbar abzuspeichern.

Gemeinsame Verwendung von Konfigurationen

Konnte im Gegenzug für die Component ein Konfigurationsdatensatz gefunden werden, wird dieser verwendet. Wird diese Konfiguration nun im Rahmen der Konfiguration, des Customizings oder der Personalisierung angepasst, gelten diese Änderungen an allen Verwendungsstellen des Konfigurationsdatensatzes.

9.6 Customizing

Betrachten wir nun das Customizing. Dieses unterscheidet sich vor allem durch die Mandantenabhängigkeit und den Anpassungszeitpunkt von der Konfiguration. So gelten im Rahmen des Customizings ausgeführte Änderungen nur innerhalb des jeweiligen Mandanten. Customizing erfordert bestimmte Berechtigungen (siehe Abschnitt 9.3) und wird in der Regel während der Laufzeit der Anwendung durch einen Administrator durchgeführt.

Zeitpunkt des Customizings

Das Customizing kann während der Designzeit für eine einzelne Component oder direkt in der anzupassenden Anwendung (und somit für alle Components der Anwendung) während der Laufzeit durchgeführt werden. Die letztere Variante hat unter anderem den Vorteil, dass auch dynamisch erzeugte UI-Elemente in das Customizing eingeschlossen werden können. Das Customizing während der Laufzeit wird in Abschnitt 9.6.1, »Anlegen des Customizings«, behandelt.

Für das Customizing einer einzelnen Component während der Designzeit steht Ihnen die Web-Dynpro-Anwendung `CUSTOMIZE_COMPONENT` zur Verfügung. Leider existiert aus der ABAP Workbench keine direkte Absprungmöglichkeit in den Customizing-Editor, sodass Sie das Customizing am einfachsten über den Konfigurationseditor der Component starten. Ändern Sie anschließend in der URL den Anwendungsnamen `CONFIGURE_COMPONENT` in `CUSTOMIZE_COMPONENT` um.

Konfigurationsdatensatz und Transport

Für das Customizing einer Component benötigen Sie wie bei der Konfiguration einen Konfigurationsdatensatz. Bis auf einige im Customizing beschränkte Anpassungsmöglichkeiten gleichen die Bedienung und die Funktionen des Customizing-Editors denen des Konfigurationseditors. Der Konfigurationsdatensatz kann wie die Konfiguration transportiert werden. Der Transport des Customizings wird in Abschnitt 9.6.2 besprochen.

Component-defined- und Web-Dynpro-Built-In-Customizing

Web Dynpro unterstützt sowohl Component-defined- als auch Web-Dynpro-Built-In-Customizing. Für das Component-defined-Customizing gilt jedoch die Einschränkung, dass Sie dieses im Normalfall (siehe folgende Anmerkung) nur über den Customizing-Editor während der Designzeit anpassen können. Das Web-Dynpro-Built-In-Customizing ist sowohl während der Designzeit mithilfe des Customizing-Editors als auch während der Laufzeit über den Customizing-Einstellungsdialog problemlos möglich.

[👁]

Weitere Informationen: Durch die Einbindung der Interface-Views einer Component-defined-Konfigurations-Component in eine zu konfigurierende Component ist sowohl Component-defined-Customizing als auch Component-defined-Personalisierung während der Laufzeit erlaubt. Weitere Informationen zum Component-defined-Customizing und zur Personalisierung finden Sie im SAP Help Portal (*http://help.sap.com*) zum Thema Web Dynpro ABAP.

Mithilfe von sogenannten dekorativen UI-Elementen können Sie im Rahmen des Web-Dynpro-Built-In-Customizings während der Laufzeit Views um zusätzliche UI-Elemente erweitern. Diese können Sie beispielsweise dazu verwenden, ergänzende Hinweise anzuzeigen, Links zu Webseiten einzufügen oder ein Firmenlogo einzubinden. Dekorative UI-Elemente werden in Abschnitt 9.6.3 besprochen.

Dekorative UI-Elemente

9.6.1 Anlegen des Customizings

Zum Anlegen des Web-Dynpro-Built-In-Customizings während der Laufzeit gehen Sie wie folgt vor:

Start im Konfigurationsmodus

1. Starten Sie die anzupassende Web-Dynpro-Anwendung im Konfigurationsmodus. Beachten Sie, vor dem Start die richtige Anwendungskonfiguration auszuwählen:
   - Ergänzen Sie am Ende der URL der Web-Dynpro-Anwendung das Parametername-/Parameterwertpaar `sap-config-mode=X`.
   - Wählen Sie die Anwendung in der ABAP Workbench durch einen Doppelklick in der Objektliste aus, und starten Sie diese anschließend über den Menüpunkt WEB-DYNPRO-ANWENDUNG • TESTEN • IM BROWSER – ADMIN-MODUS.

   Über den URL-Parameter `sap-wd-configId` können Sie die zu verwendende Konfiguration angeben.
2. Die Anwendung wird nun im Konfigurationsmodus geladen. Auf den ersten Blick lässt sie sich nicht von einem »normalen« Anwendungsstart unterscheiden.

   Wählen Sie in einem anzupassenden UI-Element mit einem Rechtsklick den Kontextmenü-Eintrag EINSTELLUNGEN FÜR AKTUELLE KONFIGURATION aus. Abbildung 9.25 zeigt Ihnen diesen Vorgang. Dadurch wird das Customizing-Dialogfenster geöffnet, sofern der Benutzer über die entsprechenden Berechtigungen verfügt.

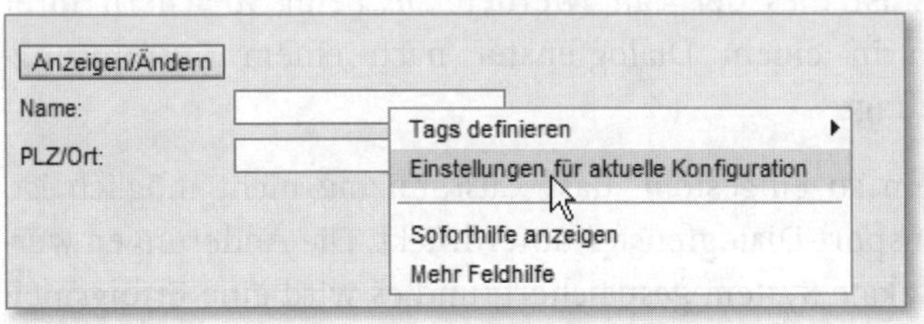

Abbildung 9.25 Web-Dynpro-Built-In-Customizing starten

Customizing der Component

3. Im Dialogfenster angekommen, können Sie mit dem Customizing für die aktuelle Anwendungskonfiguration beginnen. Wählen Sie das zu konfigurierende UI-Element aus der Hierarchie in der linken Hälfte des Editors aus, und passen Sie dessen Eigenschaften anschließend in der rechten Hälfte an. Für den Editor gelten die bereits für die Konfiguration behandelten Regeln. Abbildung 9.26 zeigt Ihnen den Customizing-Editor.

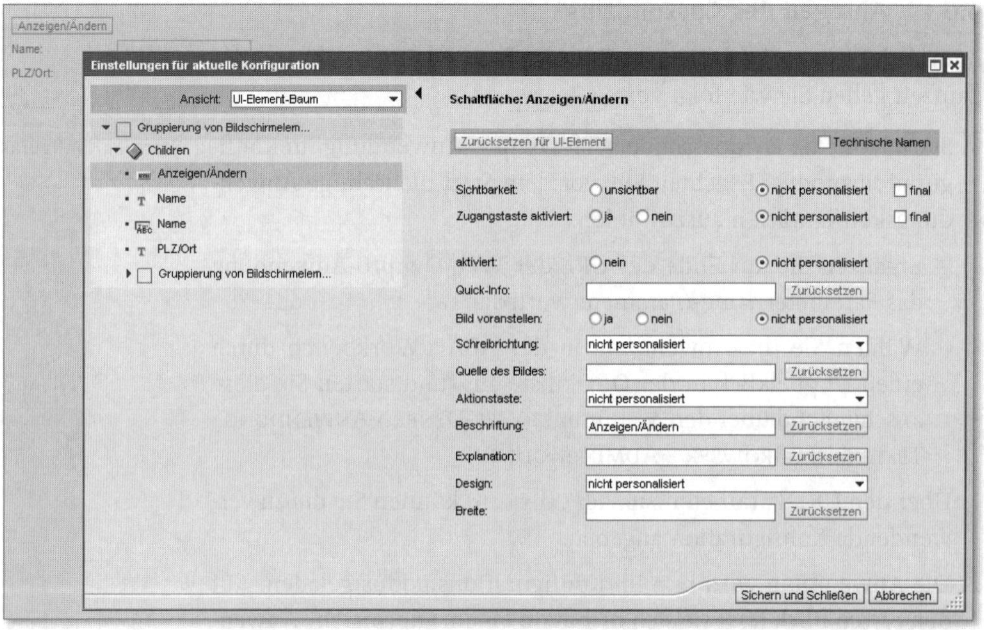

Abbildung 9.26 Customizing-Editor

9.6.2 Transport des Customizings

Die Customizing-Einstellungen, die vom Administrator zur Laufzeit vorgenommen wurden, können transportiert werden. Hierzu muss das SAP-System so eingestellt sein, dass Customizing-Transporte erlaubt sind. Ist dies der Fall, werden Sie beim Speichern Ihrer Anpassungen in einem Dialogfenster nach einem Customizing-Transport gefragt.

Ist das System so eingestellt, dass Customizing nicht möglich ist, wird das Transport-Dialogfenster unterdrückt. Die Änderungen werden für das lokale System gespeichert, und es wird eine Erfolgsmeldung ausgegeben.

Tipp: Mithilfe der von SAP ausgelieferten Web-Dynpro-Component `WD_ANALYZE_CONFIG_USER` können Sie alle im System durch Customizing und Personalisierung vorgenommenen Anpassungen schnell überblicken. Sie können sich zu einzelnen Konfigurationen Details anzeigen lassen, Konfigurationen löschen oder diese explizit in einen Transportauftrag aufnehmen. [*]

9.6.3 Dekorative UI-Elemente

Dekorative UI-Elemente ermöglichen es, Views im Rahmen des Customizings ohne Erweiterung mandantenabhängig um zusätzliche UI-Elemente in der View-Hierarchie zu erweitern, beispielsweise eine Anwendung um ein Firmenlogo oder einen zusätzlichen Einstiegstext.

Verwendbare UI-Elemente

Sie können dekorative UI-Elemente im Customizing-Editor ausschließlich unterhalb von Container-UI-Elementen einfügen. Zu diesen zählen unter anderem die UI-Elemente `Group`, `Tray` und der `TransparentContainer`. Unterhalb des Containers können Sie zwischen den folgenden UI-Elementen wählen: `Caption`, `Explanation`, `FormattedTextView`, `HorizontalGutter`, `Image`, `LinkToURL` und `TextView`.

Dekorative UI-Elemente hinzufügen

1. Für das Hinzufügen eines dekorativen UI-Elementes öffnen Sie das Customizing-Dialogfenster und wählen das gewünschte Container-Element in der View-Hierarchie aus.

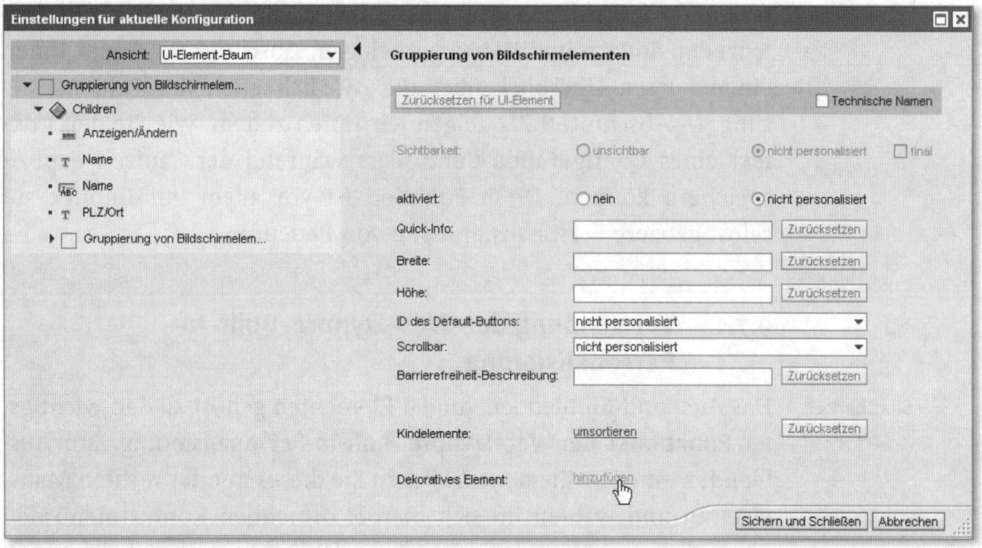

Abbildung 9.27 Hinzufügen eines dekorativen UI-Elementes

2. Klicken Sie anschließend in der Zeile DEKORATIVES ELEMENT auf den Link HINZUFÜGEN (siehe Abbildung 9.27). Es öffnet sich ein Popup-Fenster, in dem Sie den Typ des zu ergänzenden UI-Elementes auswählen können.
3. Nach Bestätigung der Auswahl wird das dekorative UI-Element in die View-Hierarchie eingefügt, und es können dessen Eigenschaften editiert werden.

9.7 Personalisierung

Die Personalisierung wird vom Endanwender während der Laufzeit einer Web-Dynpro-Anwendung durchgeführt. Über die Personalisierung wird dem Endanwender die Möglichkeit gegeben, Einfluss auf das Erscheinungsbild einer Anwendung zu nehmen. Personalisierung ist benutzer- und mandantenabhängig und wird in Konfigurationsdatensätzen abgespeichert.

Möglichkeiten

In der Regel beschränkt sich die Personalisierung auf die Anpassung einzelner Eigenschaften einer Web-Dynpro-Built-In-Konfiguration. Dazu gehört vor allem die Eigenschaft SICHTBARKEIT, die es dem Endanwender ermöglicht, nicht benötigte Felder aus- und einzublenden. Außerdem kann der Endanwender im Rahmen der Personalisierung Tabellenspalten verschieben, die Anzahl der sichtbaren Tabellenzeilen ändern und Werte vorbelegen. Abschnitt 9.7.1 gibt Ihnen einen kurzen Überblick über die Möglichkeiten der Personalisierung. In Abschnitt 9.7.2 zeigen wir Ihnen zudem, wie Sie den Context eines Configuration-Controllers während der Laufzeit explizit speichern können. Diese Funktion ist vor allem im Hinblick auf selbst gebaute Personalisierungen von Bedeutung.

9.7.1 Verwendung der Web-Dynpro-Built-In-Personalisierung

Sichtbarkeit ändern

Das Aus- und Einblenden von UI-Elementen gehört zu den wichtigsten Funktionen der Web-Dynpro-Built-In-Personalisierung. Zum Ausblenden eines UI-Elementes klicken Sie dieses mit der rechten Maustaste an und wählen im sich hierbei öffnenden Kontextmenü den Eintrag BENUTZER-EINSTELLUNGEN • <UI-ELEMENT-TYP> "<BESCHRIFTUNG>" AUSBLENDEN aus. Abbildung 9.28 zeigt Ihnen diesen Vorgang am Beispiel des Eingabefeldes NAME. Nach dem Ausblenden des UI-

Elementes steht Ihnen im Kontextmenü der zusätzliche Punkt UNSICHTBARE ELEMENTE zum Einblenden von unsichtbaren Elementen zur Verfügung.

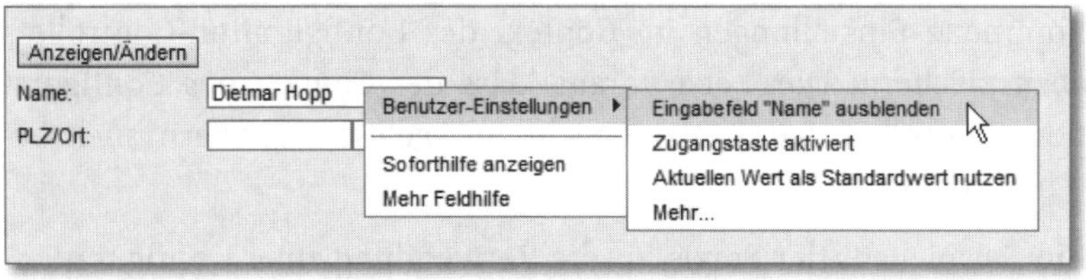

Abbildung 9.28 Eingabefeld ein- und ausblenden

Standardwerte

Über den Eintrag BENUTZER-EINSTELLUNGEN • AKTUELLEN WERT ALS STANDARDWERT NUTZEN können Sie den Wert eines Eingabefeldes als Standard für das Feld festlegen. Sobald ein auf solche Art vorbelegtes Eingabefeld geladen wird, schreibt dieses den vorbelegten Wert in das zugehörige Context-Element. Wird ein vorbelegtes UI-Element nicht geladen – weil zum Beispiel eine Registerkarte nicht geöffnet wurde –, wird auch der Context nicht mit dem vorbelegten Standardwert gefüllt.

Tabellen personalisieren

Tabellen bieten eine Vielzahl von Personalisierungsmöglichkeiten. So können Sie die Spaltenreihenfolge einer Tabelle über Drag & Drop anpassen. Klicken Sie hierzu auf die zu verschiebende Spalte, und ziehen Sie diese an die gewünschte Position (siehe Abbildung 9.29). Über den Eintrag BENUTZER-EINSTELLUNGEN • MEHR... im Kontextmenü der Tabelle können Sie die Anzahl der sichtbaren Tabellenzeilen einstellen.

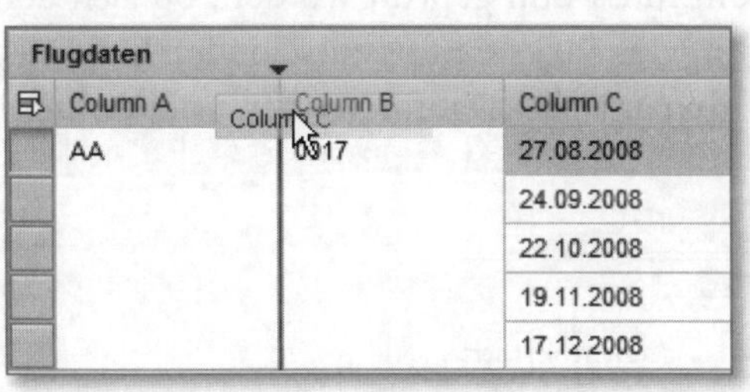

Abbildung 9.29 Spaltenreihenfolge per Drag & Drop ändern

9.7.2 Explizites Speichern eines Configuration-Controllers

Auch wenn Sie sich gegen die Verwendung von Component-defined-Konfiguration und Customizing entscheiden und somit keinen Configuration-Controller zur Anpassung einer Component während der Designzeit benötigen, bietet sich der Configuration-Controller trotzdem häufig im Rahmen der Personalisierung an. So kann der Configuration-Controller dazu verwendet werden, vom Benutzer vorgenommene Einstellungen im Context des Configuration-Controllers abzuspeichern. Dies setzt voraus, dass der Context des Configuration-Controllers zur Laufzeit nicht nur gelesen, sondern auch beschrieben wird.

Verwendungsbeispiel

Ein Beispiel aus der Praxis für die Verwendung eines Configuration-Controllers zur Personalisierung existiert im Rahmen der Vorbelegung von Datumseingabefeldern. Möchten Sie dem Endanwender die Möglichkeit geben, ein Datumseingabefeld immer mit dem aktuellen Tagesdatum oder dem Tagesdatum plus/minus n Tage vorzubelegen, taugt die Standardwert-Funktionalität von Web Dynpro hierfür leider nicht. Diese speichert beim Setzen eines Standardwertes immer den eingegebenen Wert, ein einmal vorbelegtes Datumsfeld würde sich daher nicht an das Tagesdatum anpassen.

Um die dynamische Anpassung eines Eingabefeldes an das Tagesdatum zu ermöglichen, bietet sich daher eine selbst entwickelte Lösung an (siehe Abbildung 9.30). Hierzu wird der View mit dem Datumsfeld um ein Kontextmenü ergänzt, in dem der Endanwender seinen Datumsstandardwert auswählen kann. Nach Auswahl des zu verwendenden Standardwertes speichert eine Aktion die Entscheidung des Endanwenders innerhalb des Configuration-Controller-Contexts. Anschließend wird der Inhalt dieses Contexts mithilfe von Listing 9.1 als Personalisierung auf der Datenbank persistiert. Beim Laden der angepassten Component muss nun geprüft werden, ob sich der Benutzer für die Vorbelegung des Tagesdatums entschieden hat. Falls ja, wird das berechnete dynamische Datum in den Ziel-Context geschrieben.

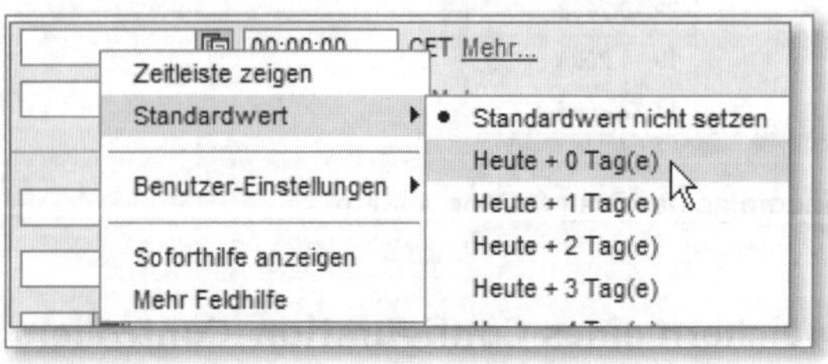

Abbildung 9.30 Dynamische Belegung von Standardwerten

```
DATA: lo_api           TYPE REF TO if_wd_controller,
      lo_pers_manager  TYPE REF TO if_wd_personalization.
* Hole den Personalisierungs-Manager
lo_api = wd_this->wd_get_api( ).
lo_pers_manager = lo_api->get_personalization_manager( ).
TRY.
   " Speichere die Personalisierung
    lr_pers_manager->save( ).
  CATCH cx_wd_personalization .
    " Fehlerbehandlung
ENDTRY.
```

Listing 9.1 Explizite Speicherung einer Configuration-Controller-Personalisierung

9.7.3 Abschalten der Personalisierung

Möchten Sie als Administrator die Personalisierung von Anwendungen oder von Components unterbinden, haben Sie hierzu die folgenden Alternativen:

- Stellen Sie in den Anwendungsparametern der Anwendungskonfiguration (siehe Abschnitt 9.5.2) den Parameter `WDDISABLEUSERPERSONALIZATION` so ein, dass die Personalisierung für die gesamte Anwendung unterbunden wird.
- Konfigurieren Sie eine einzelne Component in den Konfigurationseigenschaften (siehe Abschnitt 9.4.6) so, dass die Personalisierung innerhalb der Views dieser Component unterbunden wird.
- Definieren Sie einzelne UI-Elemente im Rahmen der Konfiguration oder des Customizings als FINAL.

In diesem Kapitel schauen wir uns etwas komplexere UI-Elemente an: Table, FlashIsland, SilverlightIsland und die Integration des SAP List Viewers. Sie werden dabei den technischen Aufbau und die vielfältigen Gestaltungsmöglichkeiten mithilfe dieser Elemente kennenlernen.

10 Integration komplexer UI-Elemente und Components

In diesem Kapitel haben wir die UI-Elemente `Table`, `FlashIsland` und `SilverlightIsland` sowie die Component zum SAP List Viewer zusammengefasst, die aufgrund ihrer inhärenten Komplexität und des daraus resultieren Beschreibungsumfangs ein eigenes Kapitel rechtfertigen:

- Die `*Island`-Elemente bieten die Möglicheit, die derzeit noch vorhandene Einschränkung zu umgehen, keine eigenen UI-Elemente in Web Dynpro anlegen zu können. Sie können mithilfe dieser UI-Elemente auf in Flash oder Silverlight realisierte UI-Bestandteile zugreifen und diese für Ihre Web-Dynpro-Anwendung verwendbar machen.
- Das UI-Element `Table` ist wohl eines der wichtigsten als auch eines der komplexesten UI-Elemente – im Sinn des Aufbaues und der Gestaltungsmöglichkeiten –, die Web Dynpro anbietet. Fast jede Web-Dynpro-Anwendung besitzt eine tabellenartige Auflistung von Daten. Es lohnt sich, einen genauen Blick auf dieses Element zu werfen.
- Das UI-Element `Table` stellt zudem die technische Basis für die ALV-Component (SAP List Viewer) dar, die neben den Standard-Tabellen-Features weitere Funktionen anbietet, wie zum Beispiel Exportmechanismen.

In den folgenden Abschnitten werden wir im Detail auf diese unterschiedlichen Möglichkeiten eingehen.

10.1 FlashIsland/SilverlightIsland (*Island)

***Island** Zurzeit gibt es keine Infrastruktur für die Entwicklung kundeneigener UI-Elemente. Um hier Spielraum für die Integration verschiedener Technologien und eigener UI-Blöcke zu schaffen, stehen Ihnen die UI-Elemente `FlashIsland` und `SilverlightIsland` zur Verfügung, die im Folgenden als `*Island` bezeichnet werden. Dadurch können auf Adobe Flash bzw. Microsoft Silverlight basierende Anwendungen (siehe Abschnitt 10.1.1 und 10.1.2) in Web Dynpro integriert werden. Dies bietet für die kundeneigene Entwicklung den Vorteil, die Beschränkung von Web-Dynpro zu umgehen, keine eigenen UI-Elemente definieren zu können. Darüber hinaus bieten die `*Island`-Elemente Features, die es erlauben, Animationen etc. in das User Interface zu integrieren. In Abbildung 10.1 haben wir die zentralen Elemente zusammengestellt, die in diesem Abschnitt besprochen werden.

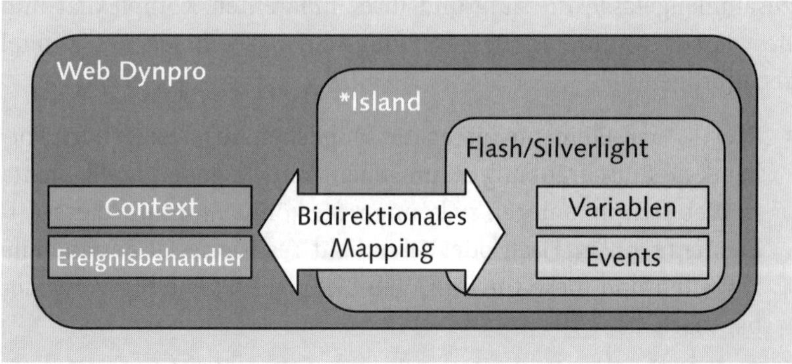

Abbildung 10.1 *Island-Elemente

Island Framework Wie bereits erwähnt, können in einem View die `*Island`-Elemente wie alle anderen UI-Elemente eingefügt werden. Die `*Island`-Elemente besitzen keine eigene Visualisierung, sondern diese wird von Flash/Silverlight übernommen. Somit stellen die `*Island`-Elemente einen Container für die Flash/Silverlight-Anwendungen dar. Das jeweilige UI-Element `*Island` sorgt dafür, dass Daten bidirektional zwischen Web Dynpro und Flash/Silverlight und wiederum Ereignisse von Flash/Silverlight zu Web Dynpro übertragen werden.

10.1.1 Adobe Flash

FlashIsland

Adobe Flash ist eine proprietäre Technologie von Adobe Systems zur Erstellung von multimedialen, interaktiven Inhalten. Adobe Systems bietet diverse Entwicklungs- und Laufzeitumgebungen an, um diese Inhalte als Anwendungen zu entwickeln, zu publizieren und ablaufen zu lassen. Zum Beispiel ist die Entwicklungsumgebung Adobe Flex Builder eine Plattform für Rich Internet Applications (RIA), die die erzeugten Anwendungen zu SWF-Dateien (Shockwave Flash) kompiliert, die mit dem Flash Player von Adobe Systems ausgeführt werden können. Der Adobe Flash Player ist als Webbrowser-Plug-in für verschiedene Browser-Versionen und Plattformen verfügbar, und damit können die Flash-Anwendungen in jedem unterstützten Webbrowser ausgeführt werden.

Dies sind die Voraussetzungen, um das UI-Element `FlashIsland` einsetzen zu können:

- Adobe Flex Builder 2 oder 3 als Entwicklungsumgebung
- Adobe Flash Player 9 Update 3 als Laufzeitumgebung von Flash-Anwendungen am Client des Benutzers
- Adobe Flex Librarys, die von SAP NetWeaver zur Verfügung gestellt werden
- eine von Ihnen bereitgestellte Adobe Flash-Anwendung in Form einer SWF-Datei und bei Bedarf einer zugehörigen Debug-SWF-Datei, die für das Debugging der Flash-Anwendung während der Entwicklungszeit verwendet werden kann

10.1.2 Microsoft Silverlight

SilverlightIsland

Microsoft Silverlight ist eine proprietäre Technologie von Microsoft zur Erstellung von multimedialen, interaktiven Inhalten. Microsoft bietet diverse Entwicklungs- und Laufzeitumgebungen an, um diese Inhalte als Anwendungen zu entwickeln, zu publizieren und ablaufen zu lassen. Zum Beispiel ist das Microsoft Visual Studio eine Plattform für Rich Internet Applications (RIA), die die erzeugten Anwendungen zu XAP-Dateien (Silverlight Application) kompiliert, die mit dem Silverlight-Plug-in von Microsoft ausgeführt werden können. Das Silverlight-Plug-in ist als Webbrowser-Plug-in für verschiedene Browser-Versionen und Plattformen verfügbar, und damit können die Silverlight-Anwendungen in jedem unterstützten Webbrowser ausgeführt werden.

Dies sind die Voraussetzungen, um das UI-Element `SilverlightIsland` einsetzen zu können:

- Microsoft Visual Studio sowie das Silverlight-Add-on als Entwicklungsumgebung
- Silverlight-Browser-Plug-in als Laufzeitumgebung von Silverlight-Anwendungen am Client des Benutzers
- Silverlight Librarys, die von SAP NetWeaver zur Verfügung gestellt werden
- eine von Ihnen bereitgestellte Microsoft Silverlight-Anwendung in Form einer XAP-Datei und bei Bedarf einer zugehörigen PDB-Datei, die für das Debugging der Silverlight-Anwendung während der Entwicklungszeit verwendet werden kann

10.1.3 Vorgehen

Im Folgenden stellen wir Ihnen exemplarisch vor, wie Sie `*Island`-Elemente in Ihre Web-Dynpro-Component integrieren und damit dem Benutzer anbieten können.

1. Beschaffung der nötigen Bibliotheken

MIME Repository

Um eine selbst entwickelte Adobe Flash/Flex- bzw. Silverlight-Komponente innerhalb von Web Dynpro einsetzen zu können, muss diese die von SAP NetWeaver zur Verfügung gestellten Librarys verwenden. Dies ermöglicht die Kommunikation zwischen der Adobe Flash- und Silverlight-Anwendung und dem Web-Dynpro-Framework. In Abbildung 10.2 sehen Sie den Pfad im MIME Repository zu den benötigten Librarys. Sie erreichen das MIME Repository über die Drucktaste MIME REPOSITORY im Object Navigator (Transaktion SE80).

Link

- Im Ordner FLASHISLANDS befinden sich mehrere Dateien. Für jene, die mit **Impl.swf* enden, wird während der Laufzeit zur kompilierten Anwendung ein Link gesetzt. Damit wird die zu übertragende Datenmenge reduziert, da die Anwendung eine geringere Größe besitzt und die Librarys einfacher von SAP gepatcht werden können und Sie die Anwendung nicht neu kompilieren müssen.

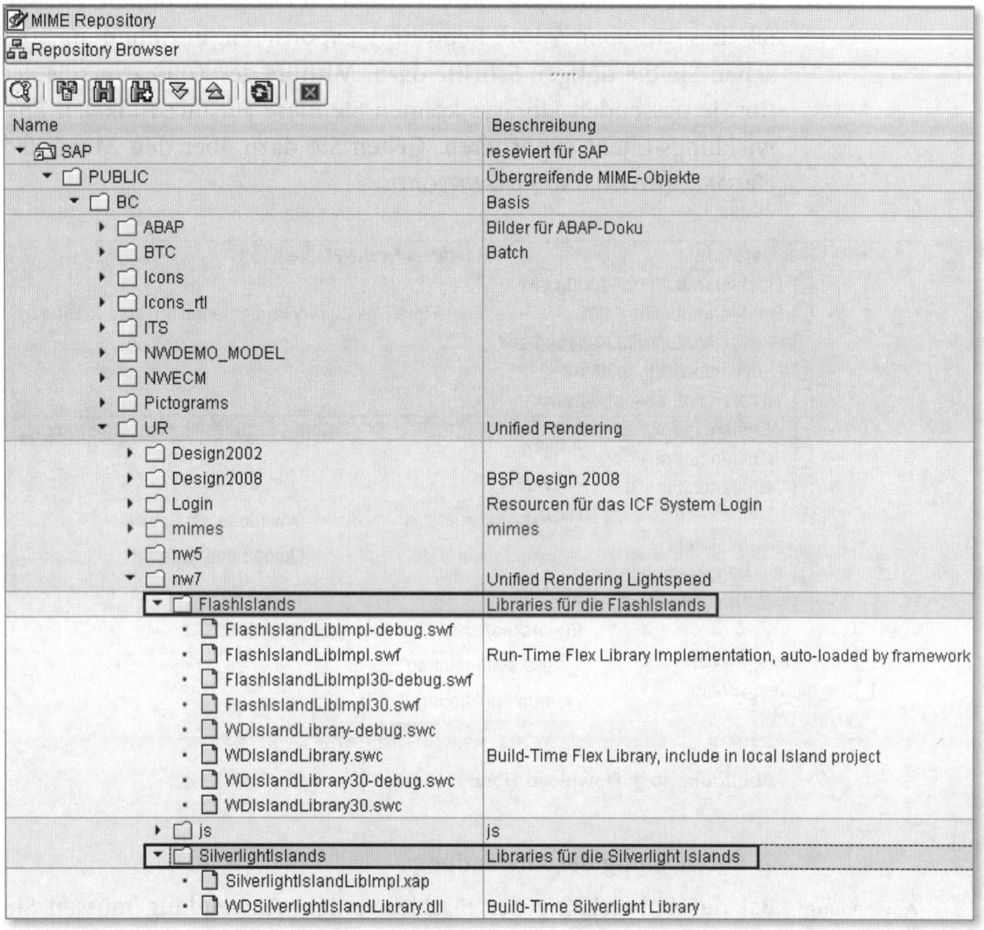

Abbildung 10.2 Flash Island/Silverlight Island Librarys

Librarys

Die Librarys, die Sie für die Entwicklung Ihrer Flash-Anwendung benötigen und die Sie aus dem MIME Repository exportieren, beginnen mit dem Namen *WDIslandLibrary*.swc*. Die Librarys, die keine Nummer im Namen haben, sind die Flex-Versionen 2.0 der Librarys; diejenigen, die eine 30 in der Bezeichnung haben, sind für die Entwicklung mit Flex 3.0 bestimmt. Des Weiteren sind Librarys vorhanden, deren Namen dem Namensaufbau *WDIslandLibrary*-debug.swc* folgen. Diese sind für das Debuggen der Flash-Anwendungen gedacht.

- Für Silverlight Anwendungen gilt das eben Beschriebene analog. Sie verwenden daher die Library *WDSilverlightIslandlbrary.dll* für Ihre Entwicklungen, die Sie im Ordner SILVERLIGHTISLANDS finden.

Export Damit Sie die Librarys in Ihrem Projekt verwenden können, müssen Sie diese aus dem MIME Repository exportieren. In Abbildung 10.3 sehen Sie die nötigen Schritte dazu. Mithilfe des Kontextmenüs der für Sie passenden Librarys können Sie diese auf Ihren lokalen Entwicklungs-Client exportieren. Gehen Sie dazu über den Menüpfad Upload/Download • Download.

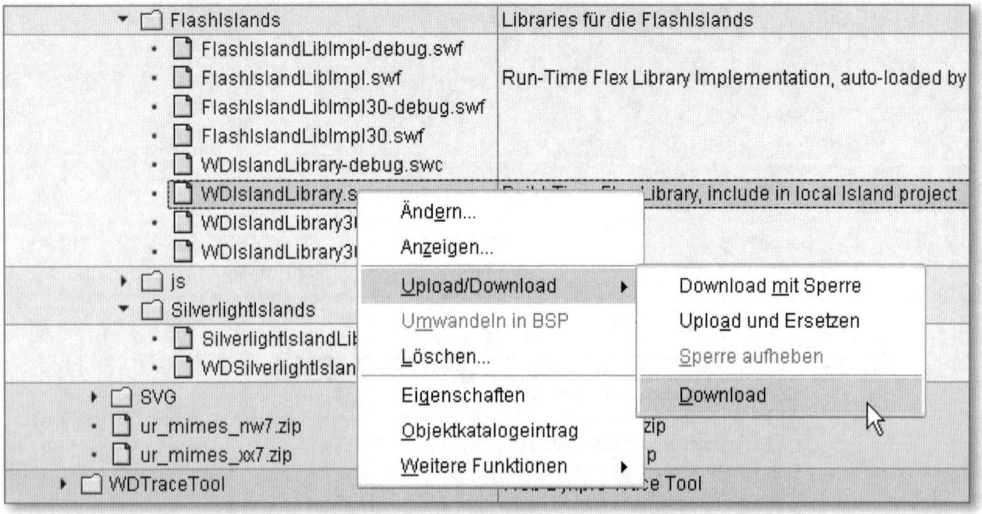

Abbildung 10.3 Download Librarys

2. Entwicklung der Anwendung

Anwendung Bei der Entwicklung der Flash/Silverlight-Anwendung müssen Sie darauf achten, dass Sie die im vorhergehenden Schritt exportierten Librarys der Entwicklungsumgebung bekannt geben. Achten Sie bei Flash/Silverlight-Anwendungen darauf, dass Sie der Entwicklungsumgebung die korrekte Version der Library bekannt machen.

Wenn Sie zum Beispiel eine Flash/Silverlight-Anwendung entwickeln, müssen Sie im Code deklarieren, dass die SAP Library mit ihren Definitionen importiert werden soll. Dazu platzieren Sie die folgende Anweisung in den Deklarationsteil:

- **Flash-Anwendung**
  ```
  import sap.FlashIsland;
  ```
- **Silverlight-Anwendung**
  ```
  using SAP;
  ```

Durch diese Deklaration haben Sie Zugriff auf die Definitionen aus der Library *WDIslandLibrary*.swc* bzw. *WDSilverlightIslandlbrary.dll*.

Registrierung

In der Implementierung Ihrer Flash/Silverlight-Anwendung müssen Sie dafür sorgen, dass beim Start der Anwendung die Registrierung der Anwendung zum Laufzeitobjekt `FlashIsland/SilverlightIsland` stattfindet. Dies erreichen Sie durch den Aufruf der folgenden Funktion zum Zeitpunkt der Initialisierung der Anwendung:

- **Flash-Anwendung**
  ```
  FlashIsland.register(<component>);
  ```
- **Silverlight-Anwendung**
  ```
  private SilverlightIsland
    silverlightIsland = new SilverlightIsland();
    silverlightIsland.Register(<component>,
    <start_parameter>);
  ```

Der Platzhalter `<component>` steht für die Referenz auf die Komponente, die die Grundlage der Anwendung darstellt. Der Platzhalter `<start_parameter>` steht für eine Liste von Parametern, die an die `register()`-Methode übergeben werden können.

Datenaustausch

Für den Datentransfer zwischen Web Dynpro und Flash/Silverlight genügt es aus Sicht von Flash/Silverlight, öffentliche Variablen in der Flash/Silverlight-Anwendung zu deklarieren. Diese stehen dem Laufzeitobjekt `FlashIsland/SilverlightIsland` durch die vorhergehende Registrierung automatisch zur Verfügung, und dieses kann die Umsetzung der Datentypen durchführen. Bei der Umsetzung werden auch Konvertierungs-Exits berücksichtigt, sofern sie in den ABAP-Dictionary-Domänen definiert sind. Die Deklaration der öffentlichen Variablen geschieht mit der folgenden Anweisungsfolge:

- **Flash-Anwendung**
  ```
  public var <VariableName>:<Type>;
  ```
- **Silverlight-Anwendung**
  - Attribut:
    ```
    [IslandPropertyAttribute(typeof(<Type>))]
      public <Type> <VariableName> { get; set; }
    ```
  - DataSource:
    ```
    public IIslandDatasourceObject <VariableName>
      { get ; set; }
    ```

- Attribut von DataSource:

```
public IIslandDatasourceProperty <VariableName>
  { get ; set; }
```

Der Bezeichner `<VariableName>` steht für einen bestimmten Variablennamen und `<Type>` für einen konkreten Typ. Erwähnenswert ist, dass der Name der Variablen in Flash/Silverlight nicht mit dem Namen im Context der Web-Dynpro-Component übereinstimmen muss, da die Abbildung durch ein Mapping der Namen in Web Dynpro und Flash/Silverlight erreicht wird. Das Mapping der Namen ist in der Web-Dynpro-Component vorzunehmen. Mit diesem Mapping ist die Entkopplung zwischen Web Dynpro und Flash hinsichtlich der Namen der Übergabeparameter gewährleistet. In Abschnitt 10.1.5, »Aggregierte Elemente«, erfahren Sie mehr zum Mapping.

3. Import der Anwendungen in das MIME Repository

Import

In Web Dynpro wird ein UI-Element `*Island` innerhalb eines Views erzeugt, um die Flash/Silverlight-Anwendung zu visualisieren. Das UI-Element enthält den Pfad zur Anwendungsdatei (SWF-Datei bzw. XAP-Datei) im MIME Repository. Daher muss diese Datei im MIME Repository abgelegt sein, damit sie zusammen mit der Web-Dynpro-Anwendung ausgeliefert werden kann.

Verwenden Sie wie im vorangegangenen Schritt zum Export der Librarys die Funktionen des Component-Kontextmenüs, um Ihre Anwendung in das MIME Repository zu importieren. Im Allgemeinen werden Sie die Anwendung zu Ihrer Web-Dynpro-Component importieren. In Abbildung 10.4 sehen Sie den Importschritt.

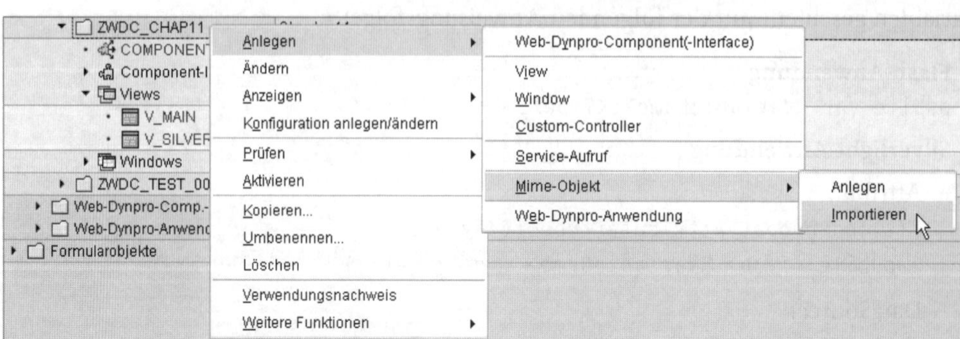

Abbildung 10.4 Importieren der Anwendung

Mithilfe des Kontextmenüs der Web-Dynpro-Component können Sie über den Menüpfad ANLEGEN • MIME-OBJEKT • IMPORTIEREN Ihre Anwendung zur Web-Dynpro-Component hochladen, nachdem Sie sie im erscheinenden Dateiauswahl-Dialog ausgewählt haben.

MIMEs-Ordner

Nach dem erfolgreichen Import erscheint ein Ordner *MIMEs* zur Component in der Objektliste mit Ihrer Anwendung (siehe Abbildung 10.5).

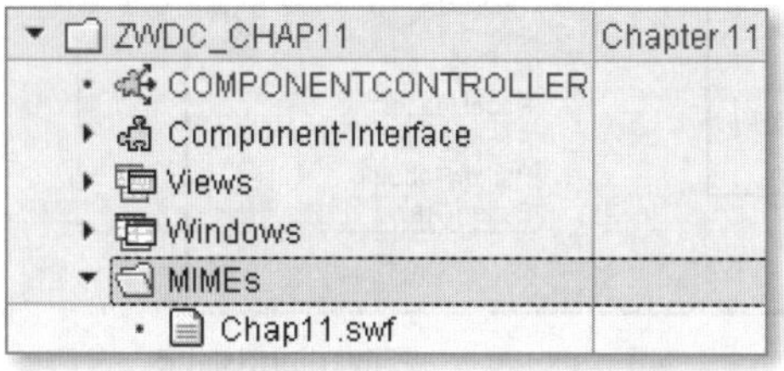

Abbildung 10.5 MIMEs-Ordner mit Anwendung

4. Debugging-Version der Anwendung

Debug-Version

Falls Sie ein Debugging in Ihrer Flash-Anwendung anstreben, müssen Sie die Datei *WDIslandLibrary*-debug.swc* für die Entwicklung verwenden und daraus eine Debug-Version erzeugen. Legen Sie zusätzlich zur auszuführenden SWF-Datei im selben Verzeichnis die zugehörige Debug-Version der Flash-Anwendung ab. Beachten Sie hierbei die Namensgebung, und benennen Sie die Debug-Version der Anwendung mit dem Suffix *-debug.swf*.

Um eine Silverlight-Anwendung debuggen zu können, müssen die Symboldateien (PDB-Dateien) der Anwendung vorhanden sein. Danach ist es möglich, die Anwendung im Microsoft Visual Studio zu debuggen.

5. UI-Element anlegen

UI-Elemente

Um eine Flash/Silverlight-Anwendung in Web Dynpro zu visualisieren, müssen Sie einen View erzeugen, der das UI-Element `*Island` als Root-Element besitzt. Legen Sie dazu einen View an, und tauschen Sie das Root-Element in das von Ihnen gewünschte um (siehe Abbildung 10.6). Mithilfe des Kontextmenüs des Root-Elementes und des Menüeintrags ROOT-ELEMENT AUSTAUSCHEN erscheint ein Dialog, in dem Sie den Eintrag FLASHISLAND oder SILVERLIGHTISLAND auswählen können. Durch die Auswahl und Bestätigung des Eintrages wird dieses jeweils als Root-Element eingefügt.

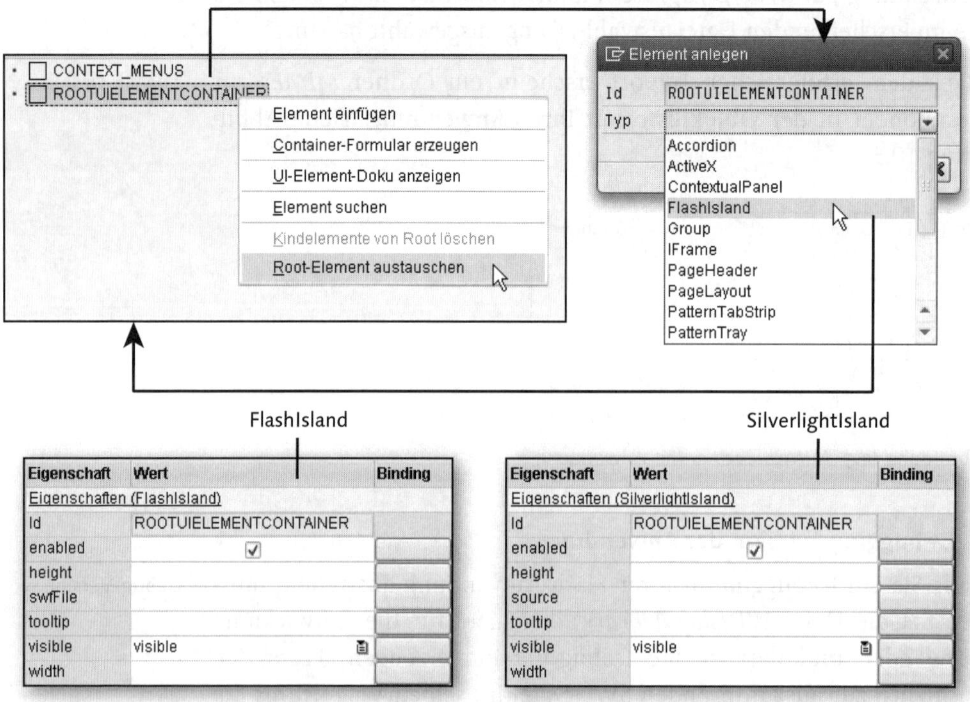

Abbildung 10.6 UI-Element »FlashIsland/SilverlightIsland«

swfFile, source Die eingefügten Elemente verfügen unter anderem über eine Eigenschaft (Flash: `swfFile`, Silverlight: `source`), die es Ihnen ermöglicht, die zuvor hochgeladene Flash- oder Silverlight-Anwendung dem UI-Element zuzuordnen. Am einfachsten nehmen Sie die Zuordnung durch Drag & Drop des Namens der Anwendungsdatei aus dem Ordner *MIMEs* auf die Eigenschaft vor.

6. Datenübergabe und Ereignisse

Aggregate Context-Attribute und Anwendungsvariablen werden durch die Aggregationen der UI-Elemente `GACDataSource` und `GACProperty` zum UI-Element `*Island` aufeinander bidirektional abgebildet. Die Details zur Anlage und Pflege dieser UI-Elemente werden in Abschnitt 10.1.5, »Aggregierte Elemente«, beschrieben. Zusätzlich haben Sie die Möglichkeit, Ereignisse, die in der Anwendung ausgelöst werden können, mithilfe des UI-Elementes `GACEvent` zu aggregieren und damit die Behandlung in Web Dynpro zu realisieren.

10.1.4 Eigenschaften von *Island

Wir werden nun die Eigenschaften des UI-Elementes `*Island` besprechen. Bei der Beschreibung werden die identischen Eigenschaften von `FlashIsland` und `SilverlightIsland` nur einmal dargestellt und die zwei unterschiedlichen Eigenschaften `swfFile` und `source` separat.

height

Mit der Eigenschaft `height` legen Sie die Höhe des UI-Elementes `*Island` fest.

width

Mit der Eigenschaft `width` bestimmen Sie die Breite des UI-Elementes `*Island`.

swfFile (Flash)

Flash-Anwendung

Mit der Eigenschaft `swfFile` können Sie die Bindung an die SWF-Datei herstellen, die Sie in das MIME Repository importiert haben. Beachten Sie, dass im selben MIME-Repository-Pfad auch die Datei **-debug.swf* für das Debugging abgelegt sein muss.

source (Silverlight)

Silverlight-Anwendung

Mit der Eigenschaft `source` können Sie Bindung an die XAP-Datei festlegen, die Sie in das MIME Repository importiert haben.

10.1.5 Aggregierte Elemente

Zu einem UI-Element `*Island` können unterschiedliche UI-Elemente aggregiert werden: einerseits Elemente, die für den Datentransfer verwendet werden wie `GACDataSource` und `GACProperty`, und andererseits Elemente, die für das Eventing verwendet werden wie `GACEvent` und `GACEventParameter`. In Abbildung 10.7 sehen Sie eine Zusammenstellung all dieser Elemente. Die Aufgaben dieser UI-Elemente bestehen im bidirektionalen Datenaustausch und der Ereignisbenachrichtigung der Web-Dynpro-Component.

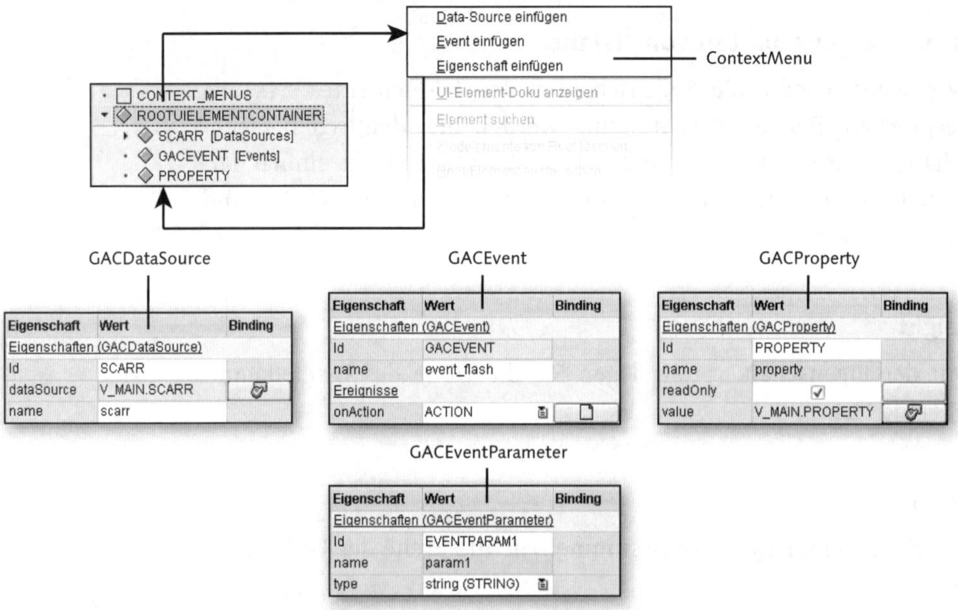

Abbildung 10.7 Aggregierbare Elemente für die UI-Elemente »*Island«

GACDataSource

Daten-Mapping

Die Daten aus dem Web-Dynpro-Context können an die öffentlichen Variablen der Flash/Silverlight-Anwendungen gebunden werden, um damit den automatischen Datentransport von und zu den `*Island`-Elementen zu gewährleisten. Mithilfe des UI-Elementes `GACDataSource` ist diese Bindung auf der Ebene von Context-Knoten umsetzbar. Das UI-Element `GACDataSource` bietet die Aggregation von UI-Elementen `GACProperty` an, um einzelne ausgewählte Context-Attribute zu binden, die entweder Teil eines Context-Knotens oder alleinstehend sind. Damit ist es möglich, eine Teilmenge der Daten, die im Context definiert sind, auf Variablen der Flash/Silverlight-Anwendungen abzubilden und somit die transportierte Datenmenge zu reduzieren.

Eigenschaften

Im Folgenden werden die Eigenschaften zum UI-Element `GACDataSource` beschrieben.

- `dataSource`
  Mithilfe der Eigenschaft `dataSource` definieren Sie ein Binding an einen Context-Knoten, in dem sich die Daten befinden, die für den Datenaustausch mit den `*Island`-Elementen verwendet werden.
- `name`
  Mithilfe der Eigenschaft `name` geben Sie den Namen der Variablen an, die im `*Island`-Element für die Bezeichnung der dortigen Variablen verwendet wird. Beachten Sie hierbei die Namensgleichheit, speziell die Groß- und Kleinschreibung.

> **Hinweis**: Die Namen der Variablen in der Flash/Silverlight-Anwendung, die Sie für die Definition benötigen, erfahren Sie vom Entwickler der Anwendung. [+]

Aggregierte Elemente

An ein UI-Element `GACDataSource` können wiederum UI-Elemente `GACDataSource` aggregiert werden. Dies ermöglicht Ihnen, tiefe (geschachtelte) Context-Definitionen zu übernehmen, wobei Sie selektiv vorgehen und nur Teile der Context-Struktur übernehmen können.

Um Attribute aus dem Context zu übernehmen, verwenden Sie das UI-Element `GACProperty`. Für jedes Context-Attribut, dessen Daten für das `*Island`-Zusammenspiel relevant sind, legen Sie ein UI-Element `GACProperty` an. Darüber hinaus wird durch das UI-Element `GACProperty` eine Abbildung der Attributnamen von Context und `*Island` realisiert.

GACProperty

Mithilfe des UI-Elementes `GACProperty` definieren Sie Attribute, die Sie aus dem Context verwenden und für die Zusammenarbeit mit den `*Island`-Elementen einsetzen. Durch die Definition einer `GACProperty` erledigen Sie somit zwei Aufgaben: die Auswahl der Daten aus dem Context und das Mapping des Namens des Context-Attributes auf den Namen der globalen Variablen des `*Island`-Elementes. Damit erreichen Sie eine Unabhängigkeit der Namen von Attributen in Web Dynpro und der Variablen in `*Island`-Elementen. Namens-Mapping

Die Namen der Attribute, die bei Context-Knoten mit Kardinalitätsobergrenze n die Spalten der internen Tabelle definieren, werden mit diesem Ansatz an die `*Island`-Elemente weitergegeben. In den `*Island`-Elementen werden die Namen, die an öffentliche Variablen der Anwendungen gebunden werden, zur Identifizierung der Spalten in den internen Typen (im Fall von Flex zum Beispiel `ArrayCollection`) verwendet, da diese nicht statisch zur Entwicklungszeit typisiert werden, sondern sich zur Laufzeit aufgrund des übergebenen Typs ergeben.

Eigenschaften

Im Folgenden werden die Eigenschaften zum UI-Element `GACProperty` beschrieben.

- `name`
  Die Eigenschaft `name` repräsentiert den Namen der `GACProperty` in Bezug auf die Variable, die im `*Island`-Element verwendet wird. Das `*Island`-Element greift auf die `GACProperty` über ihren Namen zu. Beachten Sie hierbei die Namensgleichheit sowie die Groß- und Kleinschreibung.
- `readOnly`
  Mit der Eigenschaft `readOnly` legen Sie fest, ob nur aus dem Context ausgelesen oder auch zurückgeschrieben werden kann. Standardmäßig ist diese Eigenschaft aus Sicherheitsgründen eingeschaltet, das heißt, es ist standardmäßig nur ein lesender Zugriff auf den Context möglich. Ist diese Eigenschaft gesetzt, ist der Web-Dynpro-Context der Data-Master, der die Datenquelle darstellt.
- `value`
  Die Eigenschaft `value` repräsentiert den Wert der `GACProperty`. Der Wert kann vom `*Island`-Element bzw. vom Anwendungsentwickler zu jedem Zeitpunkt geändert werden und wird immer bei jedem Roundtrip synchronisiert.

GACEvent

Ereignisbehandlung

Das UI-Element `GACEvent` bietet die Möglichkeit, auf Ereignisse in Web Dynpro zu reagieren, die im `*Island`-Element entstanden sind. Dabei kann das `*Island`-Element den Ereignissen Parameter mitgeben. Die Ereignisparameter werden wiederum an das UI-Element `GACEvent` mithilfe des UI-Elementes `GACEventParameter` aggregiert.

Ist ein Ereignis aufzurufen, das in Web Dynpro verarbeitet werden soll, verwenden Sie die folgende Methode:

- **Flash-Anwendung**
```
FlashIsland.fireEvent( <component>,
  <eventName>, <eventParams>);
```
- **Silverlight-Anwendung**
```
<islandObject>.fireEvent(
  <component>, <eventName>, <eventParams>);
```

Dadurch wird das Ereignis mit dem Namen `<eventName>` aus der Komponente `<component>` gefeuert. Mithilfe des Parameters `<eventParams>` können Sie Parameter zum Ereignis angeben, die an Web Dynpro weitergereicht werden.

Eigenschaften

Das UI-Element `GACEvent` kennt nur eine Eigenschaft neben der `Id`: Die Eigenschaft `name` ermöglicht es Ihnen, den Namen des Events anzugeben, der im `*Island`-Element in der Methode `fireEvent()` festgelegt wird (Parameter `<eventName>`). Beachten Sie hierbei die Namensgleichheit und auch die Groß- und Kleinschreibung.

Ereignis

Mithilfe des Ereignisses `onAction` können Sie durch die Zuordnung einer Aktion festlegen, welche Aktionsbehandler-Methode für die Verarbeitung des `*Island`-Ereignisses zuständig ist. Wie immer werden der Aktionsbehandler-Methode die Standardparameter `id`, `context_element` und `wdevent` übergeben.

Event-Parameter

Zusätzlich zu den Standardparametern werden die Event-Parameter, die mittels der `GACEventParameter`-Aggregation definiert sind, aus dem `*Island`-Element übertragen und können in der Signatur der Aktionsbehandler-Methode definiert werden. Parametername und Typ entsprechen den Angaben in den UI-Elementen `GACEventParameter`.

Wenn der Parametername nicht den Konventionen von ABAP-Parameternamen entspricht und somit nicht als Methodenparameter zur Aktionsbehandler-Methode definiert werden kann, ist dennoch ein Zugriff auf die Parameter mittels des `wdevent`-Objektes aus der Schnittstelle der Aktionsbehandler-Methode möglich. Verwenden Sie dazu zum Beispiel die folgende Methode:

```
wdevent->get_data( exporting name =
  '<eventParamName>' importing value = <variable> )
```

`<eventParamName>` bezeichnet dabei den Namen des Ereignisparameters und `<variable>` den Namen einer lokalen Variablen in der Aktionsbehandler-Methode.

Aggregierte Elemente

An ein UI-Element `GACEvent` können wiederum UI-Elemente `GACEventParameter` aggregiert werden. Dies erlaubt es Ihnen, Event-Parameter zu definieren, die die Daten aus den `*Island`-Event-Parametern übernehmen.

GACEventParameter

Mithilfe des UI-Elementes `GACEventParameter` werden die Ereignisparameter an das `GACEvent` aggregiert.

Eigenschaften

Im Folgenden werden die Eigenschaften zum UI-Element `GACEventParameter` beschrieben.

- `name`
  Mithilfe der Eigenschaft `name` wird der Bezug zum Event-Parameter des `*Island`-Elementes hergestellt. Beachten Sie hierbei die Namensgleichheit und die Groß- und Kleinschreibung.
- `type`
  Mithilfe der Eigenschaft `type` legen Sie den Typ des Parameters fest. Es stehen Ihnen die Typen aus Tabelle 10.1 für die Pflege der Werte dieser Eigenschaft zur Verfügung. In der Spalte BESCHREIBUNG finden Sie zusätzlich den passenden ABAP-Typ.

Wert	Beschreibung
`binary`	binärer Wert (`XSTRING`)
`boolean`	Boolescher Wert (`WDY_BOOLEAN`, `ABAP_BOOL`)
`date`	Datum (`D`)
`double`	Double (`F`), 64-Bit-Fließkommazahl mit doppelter Genauigkeit
`float`	Float-Datentyp (`F`), 32-Bit-Fließkommazahl
`int`	Integer (`INT4`, `I`), 32-Bit-vorzeichenbehaftete Festkommazahl
`string`	String (`STRING`)

Tabelle 10.1 Event-Parameter-Typen

Wert	Beschreibung
time	Zeit (T)
undefined	String (STRING)

Tabelle 10.1 Event-Parameter-Typen (Forts.)

10.1.6 Barrierefreiheit

Beachten Sie, dass beim Einsatz eines `*Island`-Elementes die Barrierefreiheit nicht gewährleistet ist. Wenn Sie eine barrierefreie Anwendung erstellen möchten, rät SAP vom Einsatz des UI-Elementes `*Island` ab.

10.1.7 Achtung

Bei der Verwendung von `*Island`-Elementen gilt es einige Punkte zu beachten, wir haben diese in Form einer Aufzählung zusammengestellt.

- **Übersetzung**
  Für Texte innerhalb der Adobe Flash/Silverlight-Anwendung gibt es keinen Übersetzungsanschluss. Die Übersetzung von Texten ist nur dann möglich, wenn diese von außen, das heißt über den Context (`GACDataSource` bzw. `GACProperty`) mitgegeben werden. Achten Sie dabei darauf, die Texte nicht bei jedem Roundtrip zu übertragen, sondern nur einmal.
- **Bidirektionaler Text**
  Der Anwendungsentwickler ist selbst verantwortlich für die Gewährleistung der Right-to-Left-Unterstützung (RTL) bei Texten, das heißt, ob die Texte von rechts nach links oder links nach rechts geschrieben werden, in Abstimmung mit den Einstellungen von Web Dynpro.
- **Personalisierung**
  Die Personalisierung für `*Island`-Elemente wird nicht unterstützt, das heißt, es werden keine Personalisierungsmöglichkeiten im Sinn von Kapitel 9, »Erweiterung, Konfiguration, Customizing und Personalisierung«, angeboten.
- **Rechteckiger Bildschirmbereich**
  Ein `*Island`-Element läuft immer in einem rechteckigen Bild-

schirmbereich ab. Andere Formen werden zurzeit nicht unterstützt.

- **Keine Mehrfachanzeige**
  Das `*Island`-Element kann immer nur einmal dargestellt werden. Es ist nicht möglich, es via `dataSource` mehrfach anzuzeigen. Daher kann es auch nicht in einem `RowRepeater`, einer `MultiPane` oder in einem `TablePopin` (wenn es zu einem Zeitpunkt mehr als ein offenes Pop-in geben soll) verwendet werden. Daher gibt es pro View immer nur ein `*Island`-Element, da es ein `RootUIElementContainer` ist. Sie können jedoch pro Browser-Seite mehrere `*Island`-Elemente gleichzeitig anzeigen.
- **Debugging**
  Um die Adobe Flash-Anwendung debuggen zu können, muss die Debug-Datei **-debug.swf* im selben MIME-Verzeichnis wie die Datei **.swf* liegen, und die Web-Dynpro-Anwendung muss mit dem URL-Parameter `sap-wd-flashDebug=X` gestartet werden. Dadurch wird automatisch die Debug-Datei **-debug.swf* anstatt die Datei **.swf* für das `FlashIsland` verwendet.

  Um eine Microsoft Silverlight-Anwendung debuggen zu können, müssen die Symboldateien (PDB-Dateien) der Anwendung vorhanden sein. Danach ist es möglich, die Anwendung im Microsoft Visual Studio zu debuggen.
- **Dialogfenster**
  Beachten Sie, dass die Integration von `*Island`-Elementen in Dialogfenstern (Pop-ups) von Web Dynpro ABAP nicht unterstützt wird.
- **Browser**
  Beachten Sie, dass `FlashIsland`-Elemente nur im Microsoft Internet Explorer unterstützt werden.
- **Caching**
  Für die Caching-Optimierung müssen Sie die Cache-Verweildauer der Anwendung im MIME Repository maximal hoch einstellen. Verwenden Sie zum Einstellen das Kontextmenü der Anwendung im MIME Repository und dort den Menüeintrag VERFALLSDAUER CLIENT-CACHE, um diese anzupassen.

10.2 Table

Zeilen-/Spaltendarstellung

In diesem Abschnitt schildern wir die grundsätzlichen Eigenschaften eines komplexen und flexibel einsetzbaren UI-Elementes – `Table`. Es dient dazu, Daten zweidimensional in Tabellenzellen darzustellen, die in Zeilen und Spalten angeordnet sind. Wir werden diesen Abschnitt mit der Beschreibung der Grundelemente und Grundfunktionen der `Table` beginnen und dann alle Elemente im Detail besprechen. In Abbildung 10.8 sehen Sie den Aufbau einer einfachen `Table`.

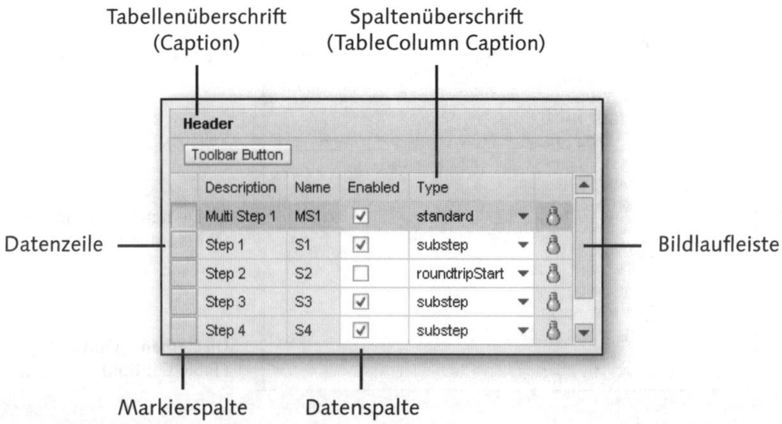

Abbildung 10.8 Einfache Tabelle

Tabellenaufbau

Eine Tabelle hat eine optionale Tabellenüberschrift, die aus einem Text und einem Bild bestehen kann. Unter der Tabellenüberschrift kann eine optionale Toolbar eingefügt werden, in der benutzerspezifizierte Funktionen aufgerufen werden können. Im Detailbereich der Tabelle werden die Datenzeilen spaltenorientiert dargestellt. Die einzelnen Datenspalten besitzen optionale Überschriften, die mit einem Bild versehen werden können.

Der Benutzer hat die Möglichkeit, über die Markierspalte keine, einzelne oder mehrere Datenzeilen zu selektieren. Darüber hinaus kann der Benutzer über eine Bildlaufleiste (Blätterspalte) den Inhalt des darstellbaren Bereiches verändern. Beim Blättern wird dem Benutzer über einen Tooltip angezeigt, welcher Datenzeilenbereich nach dem Loslassen der Maustaste dargestellt wird.

[+] **Hinweis**: Für den SAP NetWeaver Application Server mit Support Package Stack >= 12 ist das Scrollen in der Tabelle mit einer Bildlaufleiste möglich. Dazu müssen Sie den Anwendungsparameter WDTABLENAVIGATION auf den Wert `SCROLLBAR` setzen.

Zusammengesetztes UI-Element

Das UI-Element `Table` gehört, wie zum Beispiel auch das UI-Element `Tree`, zu den sogenannten *zusammengesetzten* UI-Elementen. Die zusammengesetzten UI-Elemente werden im View-Editor hierarchisch dargestellt (siehe Abbildung 10.9).

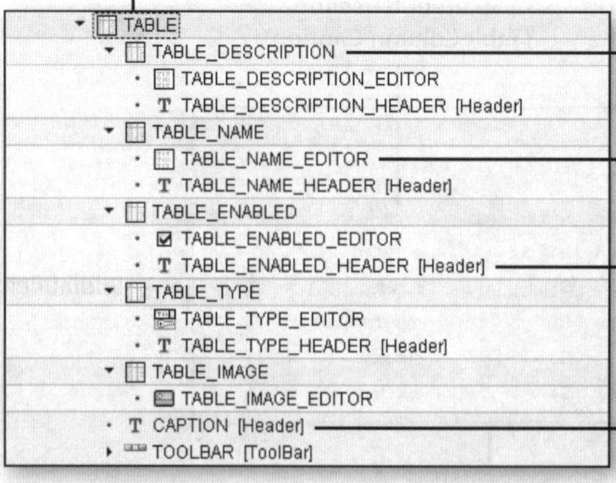

Abbildung 10.9 UI-Elemente-Hierarchie für eine Tabelle

UI-Elemente-Hierarchie für die Table

Das in der Hierarchie höchste Element ist das UI-Element `Table`. Dieses kann als untergeordnetes Element ein UI-Element `Caption` zur Darstellung einer Tabellenüberschrift besitzen. Darüber hinaus befinden sich unter dem UI-Element `Table` weitere zusammengesetzte UI-Elemente, die zum Beispiel vom Typ `TableColumn` sind. Diese `TableColumn`-Elemente haben als Unterelemente eine optionale `Caption`, die für die Darstellung der Spaltenüberschrift zuständig ist, und einen sogenannten Zelleneditor. Die Bezeichnung Zelleneditor steht für eine Menge von UI-Elementen, die für die Darstellung von Zelleninhalten verwendet werden können. Die Wahl des Zelleneditors wird sich danach richten, welcher Typ von Information darzustellen ist, zum Beispiel ein Text (UI-Element `TextView`), eine Auswahlliste (UI-Element `DropDownByKey`) oder eine Bildinformation (UI-Element `Image`). Außerdem kann die Auswahl der UI-Elemente durch die Frage der Eingabebereitschaft beeinflusst werden.

10.2.1 Einfache Tabelle anlegen

Anlagemöglichkeiten

Für die Anlage einer Tabelle stehen prinzipiell drei Möglichkeiten zur Verfügung, wobei zwei dieser Möglichkeiten während der Entwicklungszeit durchgeführt werden und die dritte während der Laufzeit:

- **Manuell**
  Die Tabelle und all ihre Unterelemente werden manuell im View-Editor definiert.
- **Web-Dynpro-Code-Wizard**
  Eine Tabelle kann mit dem Web-Dynpro-Code-Wizard und dem Template `Table` angelegt werden. Dabei wird durch die Selektion eines Context-Knotens im Wizard das Data Binding durchgeführt und die Spalten passend zu den Attributen eingerichtet.
- **Methode**
  Für die dynamische Erzeugung, das heißt die Erzeugung während der Laufzeit, einer einfachen Tabelle steht die öffentliche statische Methode `cl_wd_dynamic_tool=>create_table_from_node( )` bereit.

Wir sehen uns im Folgenden die manuelle Anlage einer Tabelle genauer an. Die beiden anderen Varianten sind nach dem Verständnis der manuellen Anlage selbsterklärend.

Kardinalität

Bevor die manuelle Anlage einer Tabelle beginnen kann, ist ein passend attribuierter Knoten im Context zu definieren (siehe Abbildung 10.10). Mit passend ist gemeint, dass die Eigenschaft KARDINALITÄT (❶) die Ausprägung 0..n oder 1..n besitzt. Diese Eigenschaft steuert die Anzahl der möglichen Elemente zu einem Knoten. Jedes Element entspricht in der Folge einer Datenzeile in der darzustellenden Tabelle.

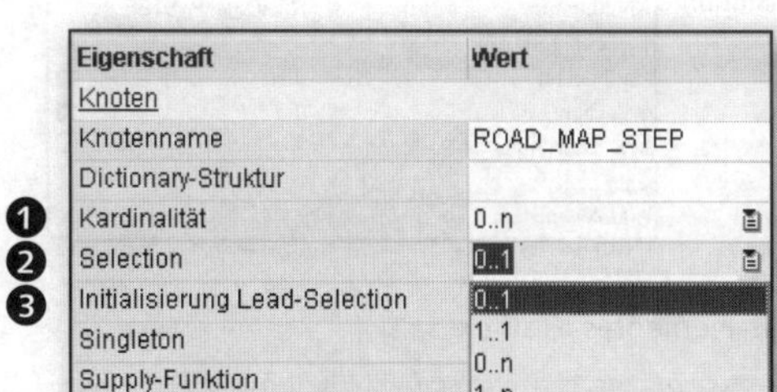

Abbildung 10.10 Attribuierungen eines Context-Knotens für die Tabelle

Selection

Eine weitere Attribuierung zum Context-Knoten ist die Eigenschaft SELECTION (❷). Diese besitzt die gleichen Ausprägungen wie die Eigenschaft KARDINALITÄT (0..1, 1..1, 0..n, 1..n) und steuert, wie viele Einträge in der Tabelle durch den Benutzer selektiert werden können und müssen.

Lead-Selection

Die Selektion einer Zeile wird einerseits durch die Lead-Selection bestimmt, da für diese die zugehörige Datenzeile in der Tabelle optisch hervorgehoben wird. Dies ist speziell dann der Fall, sofern die Initialisierung der Lead-Selection (❸) gesetzt wurde. Andererseits kann der Benutzer mit den Tasten [⇧] oder [Strg] und dem Klicken auf unterschiedliche Datenzeilen mehrere Datenzeilen selektieren. Dem Benutzer wird seine Selektion durch eine oder mehrere optisch hervorgehobene Zeile(n) angezeigt.

Manuelle Anlage

Nachdem die Einstellungen im Context vorgenommen und überprüft wurden, kann die Tabelle im View-Editor angelegt werden. Dazu gehen Sie wie bei anderen UI-Elementen vor: Im View-Editor erzeugen Sie über das Kontextmenü auf einem Container-Element ein neues UI-Element vom Typ `Table`. Das Ergebnis der Anlage sehen Sie in Abbildung 10.11. Das UI-Element `Table` (❶), das über das Kontextmenü eingefügt wurde – dieses kann natürlich auch über Drag & Drop aus der UI-Kategorie `complex` im View Designer übernommen werden –, wird mit der Tabellenüberschrift vom Typ `Caption` generiert. Die Überschrift ist optional und kann entfernt werden. Falls diese jedoch verwendet wird, kann dort ein Überschriftentext (Eigenschaft `text`) sowie ein Überschriftenbild (Eigenschaften `imageFirst` und `imageSource`) definiert werden.

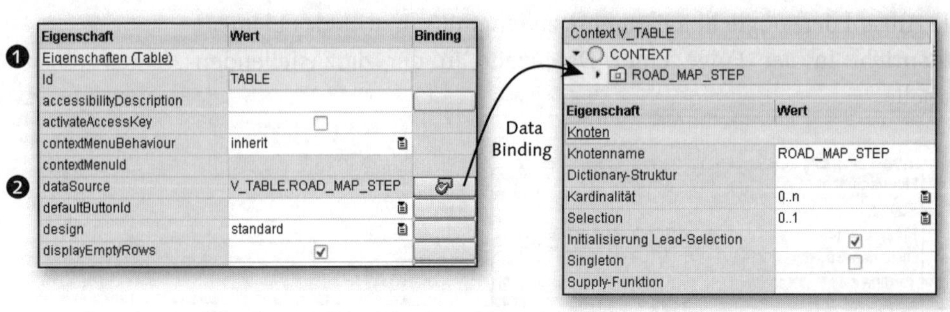

Abbildung 10.11 Anlegen eines UI-Elementes »Table«

Ein kurzer Blick auf die Eigenschaften des UI-Elementes `Table` zeigt, dass hier eine Vielzahl von Einstellungsmöglichkeiten besteht und

Eigenschaften vorhanden sind. Die Primäreigenschaft, die gesetzt werden muss, um der `Table` mitzuteilen, welcher Context-Knoten die darzustellenden Daten hält, ist `dataSource` (❷). Mithilfe dieser Eigenschaft wird über Data Binding der Bezug zum Context-Knoten hergestellt. Damit ist die Datenbasis für die Tabelle definiert. Erläuterungen zu den anderen Eigenschaften finden Sie in Abschnitt 10.2.2.

TableColumn

Die Darstellung der Daten in der Tabelle wird nach Zeilen und Spalten organisiert. Das UI-Element `Table` benötigt zur Darstellung der Daten mindestens ein UI-Element `TableColumn`, das an eines der Attribute des Tabellen-Context-Knotens gebunden wird. Dabei kann jedes Attribut mit skalarem (einfachem) Typ verwendet werden. Für jede auszugebende Spalte muss hierarchisch unterhalb des UI-Elementes `Table` ein UI-Element `TableColumn` eingefügt (aggregiert) werden, das auch als Header bezeichnet wird, wie Sie in Abbildung 10.12 sehen können.

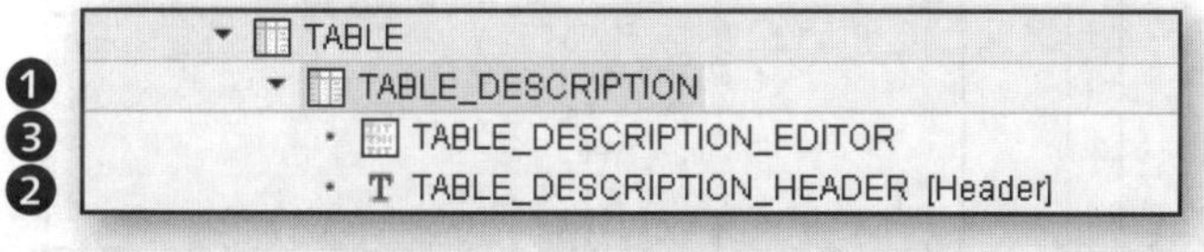

Abbildung 10.12 UI-Element »TableColumn«

TableColumn anlegen

Im View-Editor kann durch das Kontextmenü auf dem UI-Element `Table` dies einfach angelegt werden. Der Menüeintrag TABELLENSPALTE EINFÜGEN sorgt für die Anlage der `TableColumn` (❶, in unserem Beispiel mit der ID `TABLE_DESCRIPTION`) und einer optionalen Spaltenüberschrift vom Typ `Caption` (❷, in unserem Beispiel mit der ID `TABLE_DESCRIPTION_HEADER`), die auch als Header bezeichnet wird. Die typischen Schritte nach der Anlage einer Spalte sind die Änderung der ID der `TableColumn` und der `Caption`. Der `Caption` können Sie wieder einen Text und ein Bild zuordnen.

Zelleneditor

Für die Anzeige der Daten in einer Spalte ist der Zelleneditor verantwortlich. Dieser ist wiederum ein Unterelement des UI-Elementes `TableColumn` (❸, in unserem Beispiel mit der ID `TABLE_DESCRIPTION_EDITOR`). Der Typ des Zelleneditors richtet sich nach der konkreten Anforderung, die an die Spalte gestellt wird. Sollen die Daten verändert werden können oder nicht? Wie soll der Benutzer damit interagieren? Wie sollen die Daten dem Benutzer dargestellt werden?

Zelleneditor anlegen

In Abbildung 10.13 sehen Sie die Schritte für die Abbildung von Context-Attributen zu UI-Elementen in der Tabelle. Um einen Zelleneditor anzulegen, verwenden Sie das Kontextmenü des UI-Elementes `TableColumn`. Über den Menüeintrag CELL-EDITOR EINFÜGEN wird das bekannte Anlagefenster für UI-Elemente mit einer Untermenge der UI-Elemente geöffnet, die Sie als Zelleneditor einsetzen können. Für Textanzeigen wird im Allgemeinen das UI-Element `TextView` (❷, in unserem Beispiel mit der ID `TABLE_NAME_EDITOR`) eingesetzt und für Bilder das UI-Element `Image` (❹, in unserem Beispiel mit der ID `TABLE_IMAGE_EDITOR`).

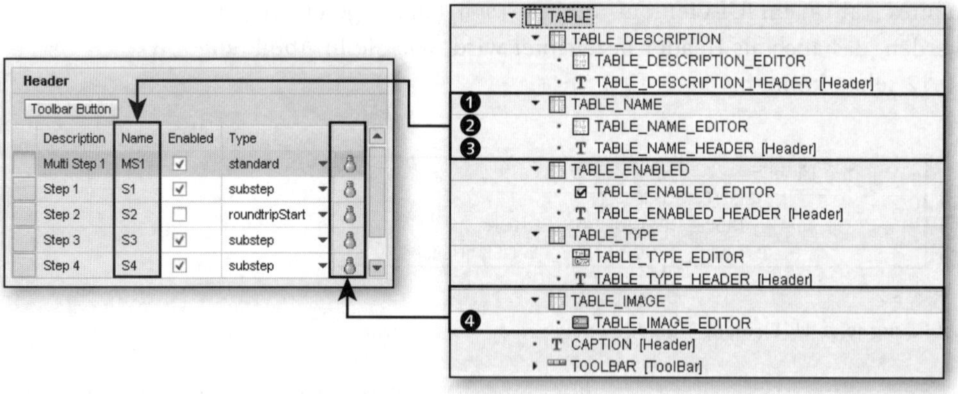

Abbildung 10.13 Zelleneditoren und Spaltenüberschriften im UI-Element »Table«

Eigenschaften

Nachdem der Zelleneditor definiert wurde, ist es noch notwendig, die Daten aus dem Context durch Data Binding an den Zelleneditor zu binden. Für das UI-Element `TextView` ist dies über die Eigenschaft `text` umzusetzen. In bekannter Manier binden Sie die UI-Eigenschaft an ein Attribut aus der Menge der Attribute zum Context-Knoten, den Sie als Datenquelle für die Tabelle definiert haben.

Spaltenüberschrift

Die Spaltenüberschrift ist optional, wie bereits erwähnt. Für die `TableColumn`, die das UI-Element `Image` (❹) als Zelleneditor besitzt, haben wir keine Spaltenüberschrift definiert. Dies äußert sich in der Visualisierung dadurch, dass kein Text und keine Grafik über der Spalte erscheinen.

Für die Tabellenspalte mit dem Namen TABLE_NAME (❶) wurde eine Überschrift definiert (❸), die auch in der Visualisierung angezeigt wird. Für den Inhalt der Überschrift wurde dabei entweder der Text der Überschrift explizit in der Eigenschaft text des UI-Elementes Caption hinterlegt oder durch den Bezug zum UI-Element TextView (❷).

Text ermitteln

Der Bezug ergibt sich dadurch, dass die Caption derselben TableColumn zugeordnet ist wie der TextView. Falls die Typisierung des Context-Attributes zum TextView durch ein Datenelement aus dem ABAP Dictionary geschieht, können von diesem die Feldbezeichner übernommen werden. Die manuelle Definition der Spalten der Tabelle müssen Sie für alle gewünschten Attribute aus dem Context-Knoten wiederholen, die für die Anzeige benötigt werden.

Features

Neben diesen allgemeinen Funktionen, die wir jetzt in einem ersten einfachen Beispiel beschrieben haben, kann eine Table auch wesentlich komplexere Features enthalten. Die Einträge der folgenden Liste werden entweder in den referenzierten Abschnitten oder in den folgenden Abschnitten dieses Kapitels genau erklärt:

- Drag & Drop (siehe Kapitel 5, »Drag & Drop für UI-Elemente«)
- Selektion und Selektionsspalte (siehe »selectionColumnDesign« und »selectionMode« in Kapitel 4, »UI-Elemente und ihre Eigenschaften«)
- Selektions- und Hierarchiemenü
- Hierarchien durch Master-Spalten
- Pop-ins (auf Zellen- und Zeilenebene)
- Überschriftengruppierung
- Zeilengruppierung
- Spalten-Scrolling
- Varianten
- Sortierung und Filterung von Spalten
- Summierung (wobei die Summierung nur für die Integration des SAP List Viewers zur Verfügung steht)

10.2.2 Eigenschaften

In Abbildung 10.14 sehen Sie die Eigenschaften des UI-Elementes Table, die in diesem Abschnitt besprochen werden. Die Erläuterungen zu den hier nicht explizit diskutierten Eigenschaften finden Sie in der Einleitung zu Kapitel 4. Wir werden die Eigenschaften in der Reihenfolge der Callout-Ziffern vorstellen.

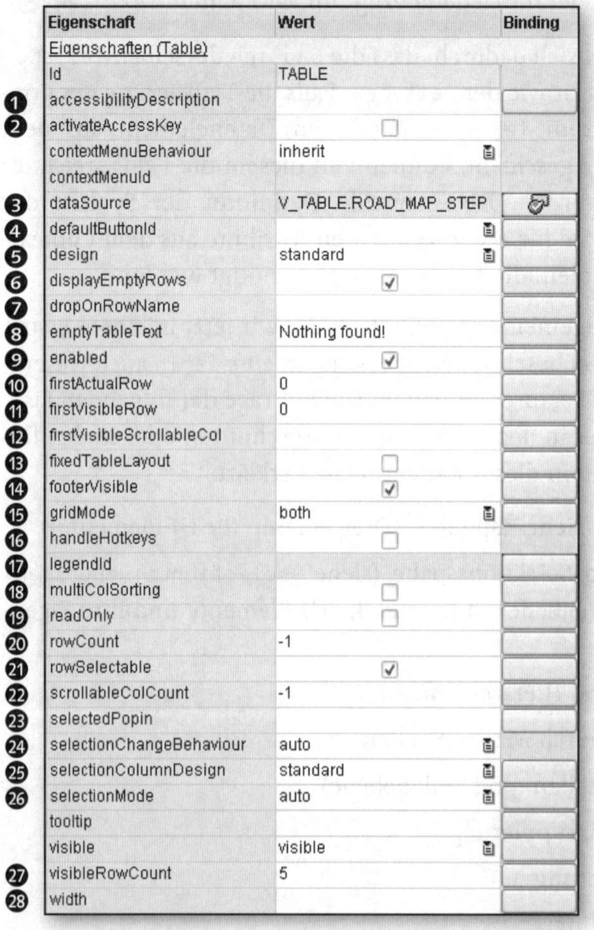

	Eigenschaft	Wert	Binding
	Eigenschaften (Table)		
	Id	TABLE	
1	accessibilityDescription		
2	activateAccessKey	☐	
	contextMenuBehaviour	inherit	
	contextMenuId		
3	dataSource	V_TABLE.ROAD_MAP_STEP	
4	defaultButtonId		
5	design	standard	
6	displayEmptyRows	☑	
7	dropOnRowName		
8	emptyTableText	Nothing found!	
9	enabled	☑	
10	firstActualRow	0	
11	firstVisibleRow	0	
12	firstVisibleScrollableCol		
13	fixedTableLayout	☐	
14	footerVisible	☑	
15	gridMode	both	
16	handleHotkeys	☐	
17	legendId		
18	multiColSorting	☐	
19	readOnly	☐	
20	rowCount	-1	
21	rowSelectable	☑	
22	scrollableColCount	-1	
23	selectedPopin		
24	selectionChangeBehaviour	auto	
25	selectionColumnDesign	standard	
26	selectionMode	auto	
	tooltip		
	visible	visible	
27	visibleRowCount	5	
28	width		

Abbildung 10.14 Eigenschaften Table

accessibilityDescription

Mithilfe der Eigenschaft `accessibilityDescription` können Sie Zusatztexte definieren. Wenn Sie die Barrierefreiheit in den Eigenschaften der Web-Dynpro-Component aktiviert haben, wird der Zusatztext der Quick-Info hinzugefügt. Diese Beschreibung soll die `Table` semantisch näher erläutern und wird vom Screenreader nur vorgelesen, wenn der Benutzer das komplette UI-Element fokussiert.

activateAccessKey

Details zur Eigenschaft `activateAccessKey` finden Sie in den Beschreibungen zum UI-Element `InputField` in Abschnitt 4.1.2.

dataSource

Die Eigenschaft `dataSource` beinhaltet den Pfad zu einem Context-Knoten mit Kardinalitätsobergrenze n, der die darzustellenden Daten speichert.

defaultButtonId

Die Eigenschaft `defaultButtonId` enthält die ID eines `ToolBar-Button` der `Toolbar` der `Table`, der als Default-Button der `Table` gesetzt wird. Drückt der Benutzer in einem (`ToolBar`)`InputField` in einer `Table` die [↵]-Taste, wird die Aktionsbehandler-Methode dieses Buttons aufgerufen.

design

Die Eigenschaft `design` steuert, wie der Datenbereich der Tabelle dargestellt wird: ob zum Beispiel mit alternierenden Zeilenfarben (Wert `alternating`) oder ohne Gitternetzlinien (siehe Abbildung 10.15).

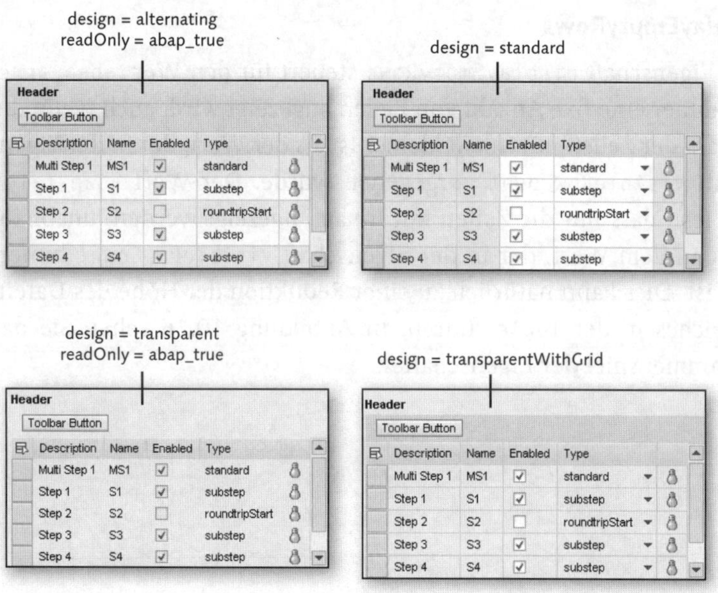

Abbildung 10.15 Eigenschaft »design«

In Tabelle 10.2 sind die möglichen Ausprägungen der Eigenschaft `design` beschrieben.

Wert	Beschreibung
`alternating`	Mit dem Wert `alternating` definieren Sie weiß/grau alternierende Zeilen, die nur dann dargestellt werden, wenn die Eigenschaft `readOnly` den Wert `abap_true` besitzt.
`standard`	Wenn Sie den Wert `standard` setzen, wird der Standard-Tabellenhintergrund verwendet. Der Hintergrund der `Table` wird einheitlich mit einer Farbe angezeigt, und die einzelnen Zellen werden mit Gitternetzlinien dargestellt.
`transparent`	Wenn Sie den Wert `transparent` verwenden, ist der Hintergrund der `Table` transparent, und die einzelnen Zellen werden ohne Gitternetzlinien dargestellt.
`transparentWithGrid`	Wenn Sie den Wert `transparentWithGrid` verwenden, ist der Hintergrund der `Table` transparent, und die einzelnen Zellen werden mit Gitternetzlinien dargestellt.

Tabelle 10.2 Ausprägungen der Eigenschaft »design«

displayEmptyRows

Die Eigenschaft `displayEmptyRows` steuert für den Wert `abap_true`, ob immer eine fixe Anzahl von Zeilen angezeigt wird, auch wenn die Anzahl der Zeilen mit Inhalt kleiner ist als der Wert, der in der Eigenschaft `visibleRowCount` vorgegeben wurde. Der Wert `abap_false` legt fest, dass nur die Zeilen mit Inhalt angezeigt werden, unabhängig von dem Wert, der in der Eigenschaft `visibleRowCount` hinterlegt ist. Dies kann natürlich zu einer Reduktion der Höhe des Datenbereiches in der `Table` führen. In Abbildung 10.16 sehen Sie das Zusammenspiel der Eigenschaften.

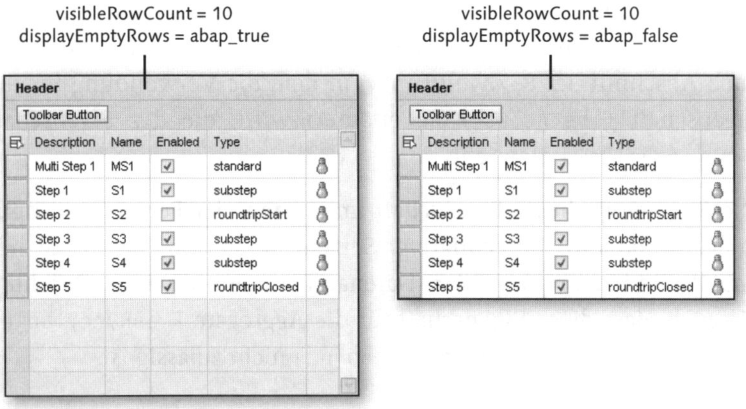

Abbildung 10.16 Eigenschaften »visibleRowCount« und »displayEmptyRows«

dropOnRowName

Die Eigenschaft `dropOnRowName` enthält den Namen der `DropTargetInfo`, die das Droppen auf `Table`-Zeilen festlegt. Ist der Wert initial, ist kein Fallenlassen auf eine Zeile möglich. Entspricht der Wert dem Namen einer `DropTargetInfo`, legt diese `DropTargetInfo` das Droppen auf `Table`-Zeilen fest (siehe auch Kapitel 5, »Drag & Drop für UI-Elemente«).

emptyTableText

Die Eigenschaft `emptyTableText` definiert den Text, der angezeigt wird, falls keine Daten zur Visualisierung vorliegen.

enabled

Die Eigenschaft `enabled` steuert die Eingabebereitschaft und das Systemverhalten hinsichtlich der Auslösung von Ereignissen. Ist der Wert auf `abap_false` (Checkbox im View-Editor nicht markiert) gesetzt, wird die Eingabe bzw. das Auslösen von Ereignissen durch Benutzeraktionen unterbunden.

firstActualRow

Die Eigenschaft `firstActualRow` ist mit Vorbehalt deprecated.

Mit dieser Eigenschaft legen Sie den Offset der tatsächlich im Context vorhandenen Daten mit Bezug zu einer Datenquelle fest (siehe auch Abschnitt 3.2.8, »MultiPane«, in dem die Verwendung für die Eigenschaft `firstActualPane` erläutert wird, die der Eigenschaft `firstActualRow` entspricht).

Die Benutzung dieser Eigenschaft im Kontext der Performanceoptimierung hat ihre Berechtigung. Setzen Sie sie ein, wenn Sie mit Tabellen mit extrem großen Datenaufkommen arbeiten. Beachten Sie auch, dass diese Eigenschaft für die Aggregate `TreeByKeyTableColumn` bzw. `TreeByNestingTableColumn` nicht zulässig ist.

firstVisibleRow

Mit der Eigenschaft `firstVisibleRow` geben Sie an, welches Collection-Element als erste Zelle anzuzeigen ist. Diese Zahl kann als Offset interpretiert werden. Falls Sie zum Beispiel das elfte Element als erstes anzeigen möchten, müssen Sie den Wert 10 vergeben.

Liegt die `firstVisibleRow` außerhalb der tatsächlich vorhandenen Datensätze, wird die »erste sichtbare Zeile« intern so neu berechnet, dass möglichst viele Zeilen am Ende des Datenbestandes sichtbar werden. Der Wert wird jedoch nicht in das UI-Element zurückgeschrieben. Ist die Zeile zwar in den Datensätzen vorhanden, reichen die folgenden Datensätze jedoch nicht aus, um alle Zeilen aufzufüllen, werden für die fehlenden Datensätze leere Zeilen angezeigt. Eine Korrektur der »ersten sichtbaren Zeile« wird hier nicht vorgenommen (siehe auch Abschnitt 3.2.8, »MultiPane«, in dem die Verwendung für die Eigenschaft `firstVisiblePane` erläutert wird, die der Eigenschaft `firstVisibleRow` entspricht).

firstVisibleScrollableCol

Mit der Eigenschaft `firstVisibleScrollableCol` legen Sie die erste sichtbare scrollbare Spalte der `Table` fest. Der Wert der Eigenschaft entspricht der ID der jeweiligen Spalte.

fixedTableLayout

Die Eigenschaft `fixedTableLayout` definiert für den Wert `abap_true`, dass die Breite jeder Spalte der Tabelle fix vorgegeben ist und ein zu großer Inhalt rechts abgeschnitten wird. Die Vorgabe ergibt sich aus den Breiten, die bei den einzelnen Spalten eingestellt werden. Der Wert `abap_false` definiert, dass die Breite einer Spalte so wie angegeben ist, oder, falls der Platz nicht ausreicht, der Breite des breitesten Zelleneditors entspricht.

Bei Verwendung der Eigenschaft `scrollableColCount` mit einem Wert von -1 (alle Spalten sind sichtbar) sollte `fixedTableLayout` den Wert `abap_true` erhalten. Weitere Informationen zu dieser Eigenschaft finden Sie in SAP-Hinweis 1253282.

footerVisible

Die Eigenschaft `footerVisible` wird bis einschließlich Release 7.0 EHP2 zwar angeboten, aber nicht ausgewertet und hat somit keine Auswirkungen.

gridMode

Mit der Eigenschaft `gridMode` können Sie die Anzeige der Gitterlinien in der `Table` steuern. Die möglichen Werte finden Sie in Tabelle 10.3. In Abbildung 10.17 sehen Sie die zu den Ausprägungen passenden Visualisierungen.

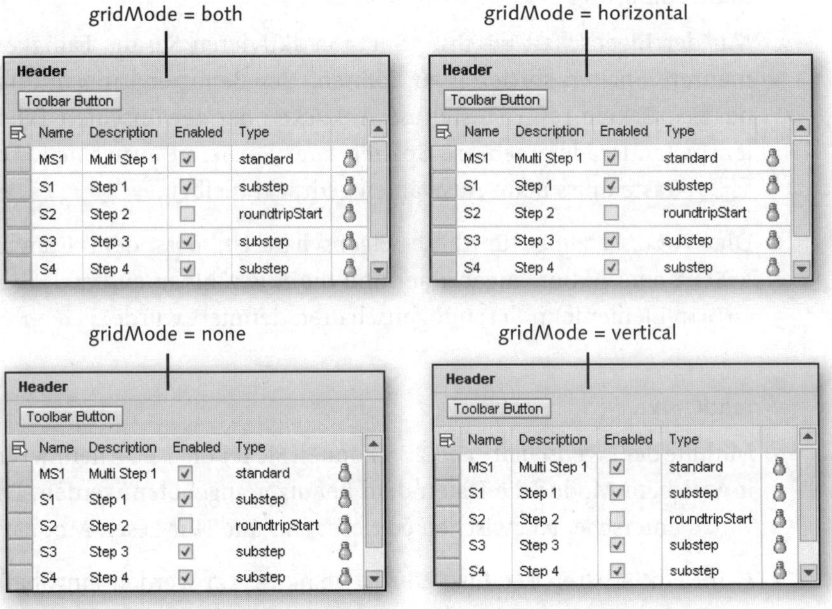

Abbildung 10.17 Eigenschaft »gridMode«

Wert	Beschreibung
`both`	Horizontale und vertikale Linien werden angezeigt.
`horizontal`	Horizontale Linien werden angezeigt.
`none`	Die `Table` besitzt keine Trennlinien.
`vertical`	Vertikale Linien werden angezeigt.

Tabelle 10.3 Eigenschaft »gridMode«

handleHotkeys

Die Eigenschaft `handleHotkeys` dient der Behandlung von Tastenkombinationen. Weiterführende Informationen finden Sie in Abschnitt 3.1.1, »Eigenschaften für alle Container«.

legendId

Die Eigenschaft `legendId` ist für die Zuordnung der ID eines UI-Elementes `Legend` vorgesehen. Mit dem `Legend`-Element können Sie zusätzlich Beschreibungen für die `Table` anzeigen. Weiterführende Informationen finden Sie in Abschnitt 4.4.4, »Legend«.

multiColSorting

Mit der Eigenschaft `multiColSorting` aktivieren Sie die Fähigkeit, mehrere Spalten sortieren zu können. Der Benutzer kann mithilfe der gedrückten [Strg]-Taste und Anklicken der gewünschten Tabellenspalten-Header mehrere Spalten zum Sortieren auswählen. Die [Strg]-Taste muss beim Auswählen gedrückt bleiben.

Die Voraussetzung für diese Eigenschaft ist, dass dem Ereignis `onSort` eine Aktion zugeordnet und die Auswählbarkeit der `TableColumn`-Elemente in deren Eigenschaften definiert wurde.

readOnly

Mithilfe der Eigenschaft `readOnly` können Sie für die `Table` definieren, in welchem Modus die Daten dem Benutzer angeboten werden. Die `Table` unterscheidet zwischen editierbarem und Nur-Lesen-Modus:

- Im editierbaren Modus (Wert = `abap_false`) werden eingabefähige Zellen mit weißem Hintergrund und nicht eingabefähige Zellen ausgegraut dargestellt. Eingabefähig sind Zellen, wenn die Eigenschaft enabled der Table den Wert abap_true besitzt und der darin befindliche TableCellEditor an sich eingabefähig enabled und damit nicht readOnly ist.

- Im Nur-Lesen-Modus (Wert = abap_true) sind alle Zellen nicht eingabefähig. Sie werden aber nicht ausgegraut dargestellt. Außerdem ist es möglich, semantische Farben für Tabellenspalten (Eigenschaft cellDesign) und alternierenden Hintergrund (Eigenschaft design mit Wert = alternating) zu verwenden.

  Das Setzen auf den Nur-Lesen-Modus hat Auswirkungen auf die Darstellung von UI-Elementen, die als Zelleneditoren für die Tabellenspalten verwendet werden können. Die UI-Elemente InputField, DropDownByIndex und DropDownByKey werden als Text visualisiert. Daher ist auch keine Werteliste verfügbar. CheckBox und RadioButton werden als nur lesbar visualisiert.

Achtung: Nur wenn readOnly den Wert abap_true besitzt, hat der Wert alternating der Eigenschaft design eine Wirkung. [!]

rowCount

Die Eigenschaft rowCount ist mit Vorbehalt deprecated.

Mit dieser Eigenschaft können Sie die Anzahl der Zeilen beeinflussen, die mit der Table erreichbar sind. Diese Eigenschaft wird in der Context-Paging-Technik für große Datenmengen in der serverseitigen Datenquelle eingesetzt (siehe Abschnitt 3.2.8, »MultiPane«, in dem die Verwendung für die Eigenschaft paneCount erläutert wird, die der Eigenschaft rowCount entspricht).

Die Verwendung dieser Eigenschaft hat im Kontext der Performanceoptimierung ihre Berechtigung. Setzen Sie sie ein, wenn Sie mit Tabellen mit extrem großem Datenaufkommen arbeiten. Beachten Sie auch, dass diese Eigenschaft für die Aggregate TreeByKeyTableColumn bzw. TreeByNestingTableColumn nicht zulässig ist.

rowSelectable

Die Eigenschaft rowSelectable bedingt die Bindung an ein Context-Attribut pro Context-Knoten-Element vom Typ WDY_BOOLEAN und definiert für den Wert abap_true, dass der Benutzer eine Zeile selektieren kann. Zu diesem Zweck wird die Interaktion mit der Markierspalte für diese Zeile ermöglicht. Der Wert abap_false bewirkt, dass der Benutzer eine bestimmte Zeile nicht auswählen und mit der Markierspalte nicht interagiert werden kann.

scrollableColCount

Mit der Eigenschaft scrollableColCount steuern Sie die Anzahl von scrollbaren Spalten, die auf einmal angezeigt werden. Die möglichen Werte finden Sie in Tabelle 10.4.

Mögliche Werte	Beschreibung
Kleinere Werte als -1	nicht zulässig
-1	Alle Spalten werden angezeigt. Es gibt kein Spalten-Scrolling.
0	nicht zulässig
Werte größer 0	Ein Scrollbalken für das Spalten-Scrolling erscheint, und die angegebene Anzahl der Spalten wird in der Table angezeigt.

Tabelle 10.4 Eigenschaft »scrollableColCount«

selectedPopin

Mit der Eigenschaft selectedPopin legen Sie das aktuell sichtbare TablePopin fest. Der Wert der Eigenschaft ist die ID des für die Zeile sichtbaren Pop-ins – entweder die ID des TablePopin für ein Zeilen-Popin oder eines der Spalten-Popins. Um kein Pop-in anzuzeigen, lassen Sie diese Eigenschaft leer. Mehr Informationen zu Pop-ins finden Sie in Abschnitt 10.4, »TablePopin«.

selectionChangeBehaviour

Mithilfe der Eigenschaft selectionChangeBehaviour haben Sie die Möglichkeit, das Verhalten beim Wechsel der Selektion einer oder mehrerer Zeilen vorzugeben. Die Umschaltung der Lead-Selection im Context als Folge der Selektionsänderung durch den Benutzer kann automatisch oder manuell erfolgen, das heißt durch die Anwendung selbst. Diese Funktionalität zieht nur, wenn die Lead-Selection vom Benutzer gesetzt oder entfernt wird.

Wird der Wert auto verwendet, wird die Lead-Selection automatisch vom Framework gesetzt. Ist der Wert manual eingestellt, muss der

Anwendungsentwickler für das Setzen sorgen. Dies kann er in der Aktionsbehandler-Methode zum Ereignis `onLeadSelection` implementieren. Die dritte Werteausprägung `ifNoLoss` hat keine funktionale Bedeutung und ist für spätere Erweiterungen von Web Dynpro ABAP gedacht.

selectionColumnDesign

Mit der Eigenschaft `selectionColumnDesign` können Sie die Sichtbarkeit der Selektionsspalte beeinflussen und im Fall des Ausblendens der Selektionsspalte Tabellenzeilen selektieren, indem Sie in die Tabellenzeilen klicken. Es stehen Ihnen die Werte `standard` und `none` zur Verfügung (siehe Abbildung 10.18). Falls Sie den Wert `none` wählen, achten Sie darauf, dass der Wert der Eigenschaft `readOnly` auf `abap_true` gesetzt ist, da anderenfalls die Anwendung abbricht.

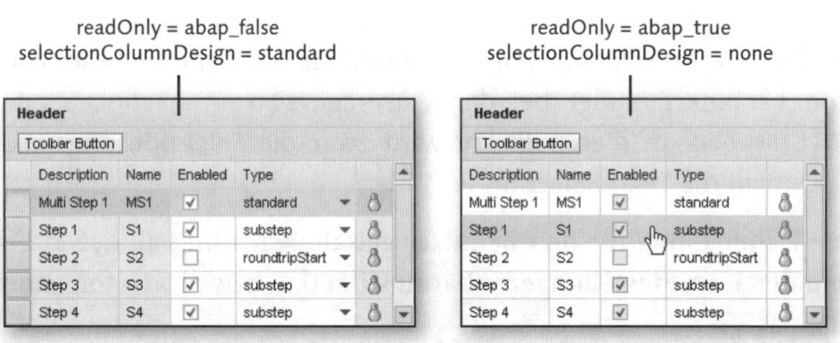

Abbildung 10.18 Eigenschaft »selectionColumnDesign«

> **Hinweis**: Generell gilt für jede `Table` – wenn Sie ein editierbares UI-Element als Tabellenzelleditor haben und hineinklicken, wird keine Selektion der Tabellenzeile ausgeführt. [+]

selectionMode

Die Eigenschaft `selectionMode` steuert, wie viele Datenzeilen der Benutzer in der Tabelle selektieren kann. Diese Eigenschaft steht in direkter Beziehung zu der über die `Table`-Eigenschaft `dataSource` angebundenen Context-Knoten-Eigenschaft `Selection`, wie Sie in Abbildung 10.19 sehen können. Das heißt, wenn in der Context-Eigenschaft `Selection` die Ausprägung 0..1 hinterlegt ist, kann *keine* Mehrfachselektion in der UI-Eigenschaft `selectionMode` definiert werden. Das geht sogar so weit, dass die Anwendung mit einem Fehler abbricht, wenn die Einstellungen der Eigenschaften des Context-Knotens und der `Table`-Eigenschaft nicht kompatibel sind.

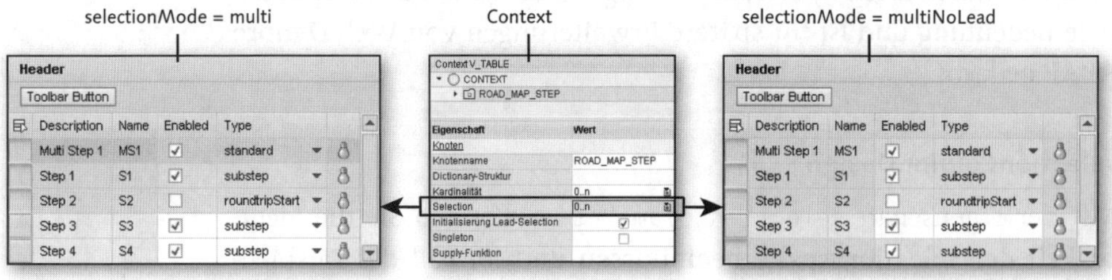

Abbildung 10.19 Auswirkungen der Table-UI-Element-Eigenschaft »selectionMode«

Die Eigenschaft `selectionMode` verdient noch etwas mehr Aufmerksamkeit. Der Benutzer kann mithilfe der Maus (linke Maustaste) oder der Tastatur und der Markierspalte eine einzelne (`auto`, `single`, `singleNoLead`) oder eine Menge (`auto`, `multi`, `multiNoLead`) von Zeilen selektieren. Im Allgemeinen wird durch die Auswahl die Lead-Selection verändert, außer bei den Ausprägungen `singleNoLead` und `multiNoLead`. In diesen Fällen wird zwar die Selektion angepasst, aber nicht die Lead-Selection verändert.

Handhabung

Die Handhabung für den Benutzer gestaltet sich im Fall der `multi`- und der `auto`-Einstellungen – Kardinalität 0..n bzw. 1..n – folgendermaßen:

- Wird die [⇧]-Taste gehalten und gleichzeitig eine Zeile mit der linken Maustaste gewählt ([⇧] + Klick), werden von der Lead-Selection bis zu der markierten Zeile alle Zeilen in die Selektion aufgenommen und optisch hervorgehoben (Bereichsauswahl). Die Lead-Selection wird optisch durch eine andere Farbintensität markiert. Lag bereits eine andere Selektion vor, wird diese gelöscht.
- Wird die [Strg]-Taste gehalten und gleichzeitig eine Zeile mit der linken Maustaste gewählt ([Strg] + Klick), wird zusätzlich zur vorhandenen Selektion die neue Zeile in die Selektion mit aufgenommen (Einzelauswahl). Die Lead-Selection wird optisch durch eine andere Farbintensität markiert.

Alternativ zum Mausklick können auch die Leertaste auf der Tastatur ([⇧] + Leertaste oder [Strg] + Leertaste) und die Pfeiltasten zur Navigation zwischen den Tabellenzeilen verwendet werden.

Eine Zusammenstellung der selectionMode-Ausprägungen sehen Sie in Tabelle 10.5. UG steht dabei für die Untergrenze der Context-Knoten-Eigenschaft Selection und OG für die Obergrenze.

Wert	Untergrenze Selection	Obergrenze Selection	Provoziert HTTP-Roundtrip	Setzt Lead-Selection
auto	UG (Selection)	OG (Selection)	ja	ja
single	UG (Selection)	1	ja	ja
multi	UG (Selection)	OG (Selection)	ja	ja
none	0	0	nein	nein
singleNoLead	UG (Selection)	1	nein	nein
multiNoLead	UG (Selection)	OG (Selection)	nein	nein

Tabelle 10.5 Auswirkungen der Eigenschaft »selectionMode«

visibleRowCount

Die Eigenschaft visibleRowCount steuert, wie viele Zeilen dem Benutzer in der Table angezeigt werden. Somit wird die Höhe des Datenbereiches der Table in Zeilen definiert.

width

Die Eigenschaft width steuert die Breite der Tabelle. Die Table wird mindestens so groß wie diese Angabe, jedoch mindestens so groß, dass der Inhalt in die Table passt. Die Angabe der Breite für die Table empfiehlt sich daher nur bei der Verwendung von prozentualen Spaltenbreiten.

Die Empfehlung von SAP lautet, dass diese Eigenschaft immer zu setzen ist (zum Beispiel auf 100 %), da sonst die Table im Firefox-Browser gestaucht angezeigt werden kann.

10.2.3 Ereignisse

Das UI-Element Table bietet Ihnen eine Fülle von Ereignissen an. Wir werden diese im Folgenden detailliert beschreiben.

onColSelect

Das Ereignis `onColSelect` löst die Aktionsbehandler-Methode zu der zum Ereignis zugeordneten Aktion aus. Der Methode werden die Standardparameter `id` und `context_element` sowie der zusätzliche Parameter `col` übergeben, der die ID der Spalte als Wert hat.

onDrop

Das Ereignis `onDrop` wird im Kontext einer Drag-&-Drop-Operation benötigt, um auf den Drop aus Sicht der `Table` zu reagieren. Details zu den Drag-&-Drop-Operationen erhalten Sie in Kapitel 5, »Drag & Drop für UI-Elemente«.

onFilter

Das Ereignis `onFilter` löst die Aktionsbehandler-Methode zu der zum Ereignis zugeordneten Aktion aus. Der Methode werden die Standardparameter `id` und `context_element` übergeben. Aufgrund der ID kann in der Aktionsbehandler-Methode ermittelt werden, von welcher Tabelle das Ereignis herrührt.

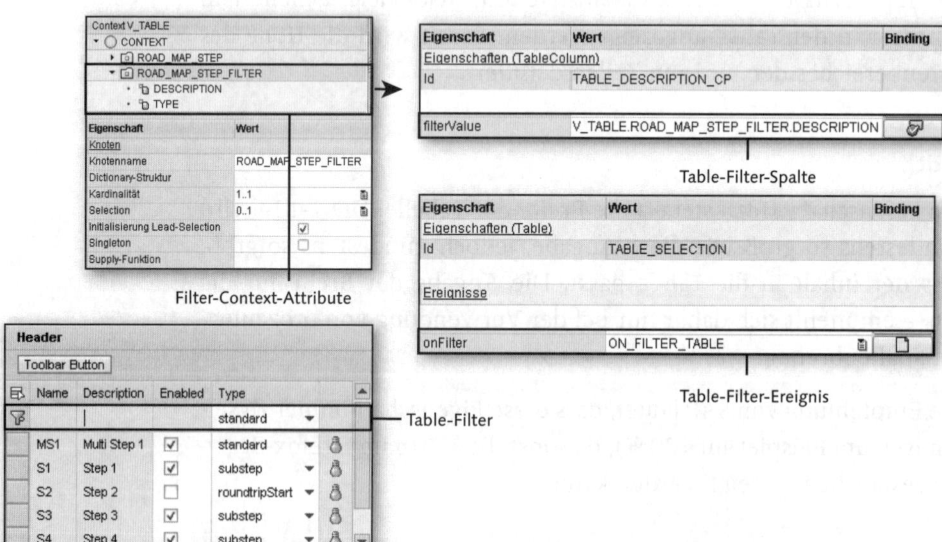

Abbildung 10.20 Ereignis »onFilter«

Durch die Zuordnung einer Aktion wird die Filterzeile in der `Table` unter dem `Table`-Titel angezeigt. Die Filterzeile enthält als erstes Element auf der linken Seite einen Button (siehe Abbildung 10.20, Table-Filter unten).

Eine Voraussetzung für den Einsatz der Filterung ist, dass im Context ein Knoten mit Kardinalität 1..1 definiert wird, zu dem Attribute angelegt werden, die die Filterwerte repräsentieren (Filter-Context-Attribute). Diese Attribute müssen an die Tabellenspaltenelemente mithilfe der Spalteneigenschaft `filterValue` gebunden werden, für die die Filterung ermöglicht wird (Table-Filter-Spalte). In der `TableColumn` steht auch noch das Attribut `isFiltered` zur Verfügung, mit dem Sie dem Benutzer durch ein Icon anzeigen können, dass nach dieser Spalte gefiltert wurde (mehr Informationen dazu erhalten Sie in Abschnitt 10.2.5, »Aggregierte Elemente«). In der Behandlermethode können die Werte der Filterattribute ausgewertet werden (Table-Filter-Ereignis).

Jede Tabellenspalte bietet die Möglichkeit, ihre Eigenschaft `filterValue` an ein Context-Attribut zu binden, das den zu filternden Wert definiert. Durch die Bindung dieser Eigenschaft an ein Context-Attribut wird ein Eingabeelement, mit dem Sie den zu filternden Wert eingeben können, in der Spalte unter dem Spaltenkopfzeilenbereich dargestellt. Ist dem Attribut eine Wertemenge zugeordnet, wird statt des `InputField`-Elementes eine `DropDown`-Box zur Verfügung gestellt. Um eine Wertemenge für den Filter verwenden zu können, muss diese unbedingt einen Eintrag mit initialem Wert enthalten, um den Filter zurücksetzen zu können. Zur Laufzeit befindet sich dann die Filtereingabe des Benutzers im jeweils gebundenen Context-Attribut des Contexts.

[+]

Hinweis: Sind die Context-Attribute für die Filterwerte vom Typ `string` oder `c`, können logische Operatoren in den Filterwerten verwendet werden. Die erlaubten Operatoren sind: >, >=, <, <=, = und ! (ungleich). Die Operatoren müssen vor den Filterwerten eingegeben werden, das heißt zum Beispiel `!Step 1`, um den Eintrag mit dem Wert Step 1 zu filtern. Zusätzlich steht der Operator * (Asterisk) für die Suche nach beliebigen Zeichenketten zur Verfügung.

Implementierung

Der nächste Schritt in der Realisierung der Filterung besteht darin, diese zu implementieren. Wir verwenden dazu den Tabellen-Methodenbehandler (`IF_WD_TABLE_METHOD_HNDL`, sehen Sie auch Abschnitt 10.2.6) und dessen Mechanismen. Dies bedingt, dass die Referenz auf diesen ermittelt werden muss, am besten in der Methode `wddomodifyview( )` (siehe Listing 10.1).

```
METHOD wddomodifyview .
* Referenz auf das UI-Element Table
  DATA lo_wd_table TYPE REF TO cl_wd_table.
* Wird die Methode das erste Mal aufgerufen?
  CHECK first_time = abap_true.
* Referenz auf das UI-Element Table ermitteln
  lo_wd_table ?= view->get_element(
    'TABLE_SELECTION' ).
* Service-Objekt-Behandler ermitteln
  wd_this->gr_table_selection_handler ?=
    lo_wd_table->_method_handler.
ENDMETHOD.
```

Listing 10.1 Ermittlung des Tabellen-Methodenbehandlers

In der Methode `wddomodifyview( )` ermitteln wir nur beim erstmaligen Durchlauf (`first_time = abap_true`) die Referenz auf das UI-Element `Table` über dessen Namen. Über diese Referenz können wir die Referenz auf den Behandler durch das Instanzattribut `_method_handler` auslesen und in den Attributen des Controllers ablegen. In unserem Beispiel ist der Name dieses Attributes `wd_this->gr_table_selection_handler` vom Typ `IF_WD_TABLE_METHOD_HNDL`.

Aktionsbehandler-Methode Um die Filterung durchzuführen, müssen Sie die Aktionsbehandler-Methode für das Ereignis `onFilter` unter Nutzung des Methodenbehandlers implementieren. Sehen Sie für ein einfaches Beispiel Listing 10.2.

```
METHOD onactionon_filter_table .
* Wurde gefiltert?
  DATA: ld_is_filtered TYPE abap_bool.
* Nur für diese Tabelle
  IF id = 'TABLE_SELECTION'.
* Filtern mit Methodenbehandler
    CALL METHOD
      wd_this->gr_table_selection_handler->apply_filter
        EXPORTING
          keep_lead_selection_visible = abap_true
        RECEIVING
          is_filtered                 = ld_is_filtered.
  ENDIF.
ENDMETHOD.
```

Listing 10.2 Filtern

Erläuterung Im ersten Schritt überprüfen wir, ob die gewünschte Tabelle der Auslöser des Ereignisses war. Danach verwenden wir den Methodenbehandler, speziell die Methode `apply_filter( )`, um die Filterung durchzuführen.

> **Hinweis**: Der vorgestellte Ansatz ist ab SAP NetWeaver Application Server ABAP (Release 7.0 SP13) möglich, für frühere Support Packages müssen Sie in der Aktionsbehandler-Methode zum Ereignis `onFilter` die Filterung selbst implementieren. [+]
>
> Beachten Sie Folgendes bezüglich der Tabellenhilfsfunktion `if_wd_table_method_hndl~apply_filter( )`:
>
> - Die `dataSource` der `Table` muss an einen Knoten ohne Unterknoten gebunden sein.
> - Es dürfen an diesem Knoten nur statische Attribute hängen.
> - Die ohnehin als deprecated eingestufte `Table`-Eigenschaft `rowCount` darf nicht verwendet werden.
> - Die Filterfunktion arbeitet nicht bei hierarchischen Tabellen.

onLeadSelection

Das Ereignis `onLeadSelection` wird ausgelöst, wenn durch eine Benutzerinteraktion an der `Table` die Lead-Selection geändert wird. Falls zu dem Ereignis eine Aktionsbehandler-Methode vorhanden ist, werden dieser die Standardparameter `id` und `context_element` übergeben sowie die zusätzlichen Parameter `old_row_element`, `new_row_element` und `row`. Diese liefern die Informationen über das alte und das neue Context-Element der Lead-Selection. Der Parameter `row` übergibt den Index der Tabellenzeile, wobei die Zählung bei 0 beginnt. `new_row_element` bzw. `old_row_element` sind möglicherweise nicht gebunden (`not bound`), wenn es vor dem Zeitpunkt des Auslösens des Ereignisses keine Lead-Selection gab bzw. die Lead-Selection durch die Benutzerinteraktion abgewählt wurde.

Der Einsatz dieses Ereignisses könnte für den Fall eintreten, dass der Eigenschaft `selectionChangeBehaviour` der Wert `manual` zugeordnet wurde, das heißt, falls Sie selbst das Änderungsverhalten implementieren müssen. Ein kleiner Stolperstein: Falls Sie den Wert der Eigenschaft `selectionMode` auf `multiNoLead` oder `singleNoLead` gesetzt haben, wird das Ereignis nicht ausgelöst.

> **Achtung**: Die Verwendung des Events `onLeadSelect` schließt die Verwendung des Events `onSelect` aus. [!]

onScroll

Das Ereignis onScroll ist mit Vorbehalt deprecated.

Dieses Ereignis wird ausgelöst, wenn der Benutzer durch die Table scrollt. Der verknüpften Aktionsbehandler-Methode werden die Standardparameter id und context_element übergeben sowie die zusätzlichen Parameter new_first_visible_row und old_first_visible_row. Diese Parameter liefern Indizes in der Table für die alte und neue erste Zeile. Im Kontext des Context-Pagings ist es durchaus sinnvoll, dieses Ereignis einzusetzen, um den Bedarf neuer Daten zu ermitteln.

onSelect

Das Ereignis onSelect wird ausgelöst, wenn eine Benutzerinteraktion an der Table zu einer Selection- oder Lead-Selection-Änderung führt. Der verknüpften Aktionsbehandler-Methode werden die Standardparameter id und context_element übergeben sowie die zusätzlichen Parameter old_lead_selection und new_lead_selection. new_lead_selection bzw. old_lead_selection sind nicht gebunden (not bound), wenn es bisher keine Lead-Selection gab bzw. die Lead-Selection durch die Benutzerinteraktion abgewählt wurde. Bei Aktionen ohne Änderung der Lead-Selection enthalten beide Parameter die aktuelle Lead-Selection, sind demnach gleich bzw. nicht gebunden (not bound).

[!] **Achtung**: Die Verwendung des Events onSelect schließt die Verwendung des Events onLeadSelect aus. Setzen Sie dieses Ereignis statt onLeadSelect nur ein, wenn Sie direkt auf die (Multiple-)Selection-Änderung des Benutzers reagieren müssen, denn es führt zu zusätzlichen Roundtrips.

onSort

Das Ereignis onSort löst die Aktionsbehandler-Methode zu der möglicherweise zum Ereignis zugeordneten Aktion aus. Der Methode werden die Standardparameter id und context_element sowie zusätzlich die Parameter col, direction und multiple übergeben. Der Parameter col liefert die Information der Sortierspalte in Form ihrer ID. Der Parameter direction übergibt die Information über die Sortierrichtung, wobei der Wert 00 für aufsteigend und der Wert

01 für absteigend steht (Datenelement WDUI_TABLE_COL_SORT_DIR). Der Parameter multiple zeigt an, ob nach mehreren Spalten sortiert wird. Jeder Klick führt zu einem Roundtrip, bei der die Aktionsbehandler-Methode mit dem Event-Parameter multiple und dem Wert abap_true gerufen wird.

Durch die Zuordnung einer Aktion zum Ereignis onSort wird dem Benutzer angezeigt, dass die Möglichkeit der Sortierung auf den Spalten besteht (Table-Sort), wie Sie in Abbildung 10.21 sehen können (Table-Sort-Ereignis).

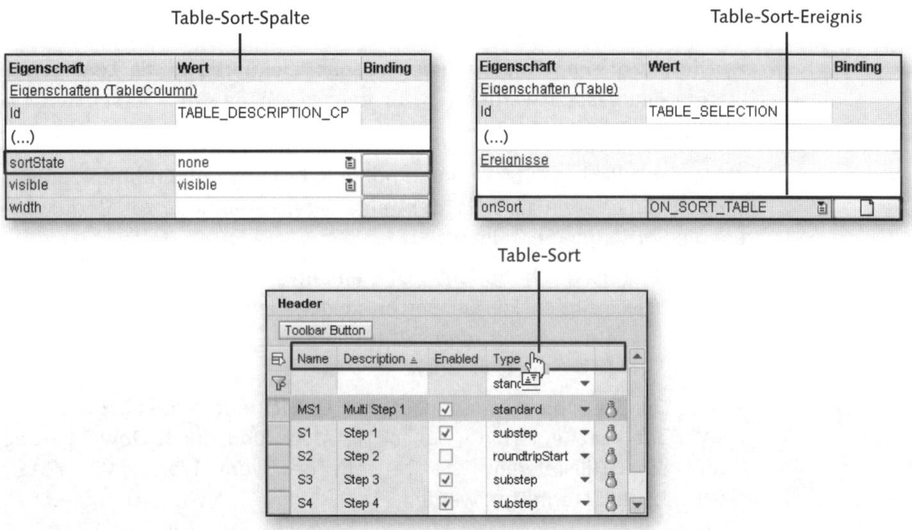

Abbildung 10.21 Ereignis »onSort«

Eine besondere Erwähnung ist die Eigenschaft sortState der TableColumn wert (Table-Sort-Spalte). Diese beschreibt, wie eine Spalte sortiert ist oder ob sie sortierbar ist. Dem Benutzer wird ein Icon rechts in der Spalte neben dem Titel angezeigt, das die Sortierrichtung veranschaulicht. Die Sortierung muss programmiert werden und wird nicht automatisch durchgeführt.

[+]

Hinweis: Die Sortierung von Inhalten in einem UI-Element Table ist vom zugrunde liegenden Support Package im SAP NetWeaver Application Server ABAP (Release 7.0) abhängig.

Bis zu und einschließlich Support Package Stack 12 muss die Sortierung folgendermaßen programmiert werden:

- Die Spalte und die Sortierrichtung müssen bestimmt werden. Diese Bestimmung wird üblicherweise in der Ereignisbehandler-Methode zum Ereignis `onSort` mithilfe der Parameter `col` und `direction` vorgenommen.
- Der Inhalt des Context-Knotens muss in eine interne Tabelle transportiert werden (`if_wd_context_node=>get_static_attributes_table( )`).
- Mögliche selektierte Zeilen und die Lead-Selection müssen ermittelt werden (`if_wd_context_node=>get_selected_elements`).
- Die interne Tabelle muss sortiert werden (ABAP-Befehl `SORT`).
- Die sortierte Tabelle muss in den Context-Knoten zurückgestellt werden, und die alten Daten müssen gelöscht werden (`if_wd_context_node=>bind_table( )`).
- Die betroffenen Zeilen müssen wieder selektiert und die Lead-Selection neu gesetzt werden (`if_wd_context_node=>set_selected( )`, `lead_selection( )`).

Ab Support Package Stack 13 und höher hat sich der Algorithmus zur Sortierung stark vereinfacht. Es steht eine Service-Methode zur Verfügung, die die Sortierung übernimmt.

- Die Referenz des betroffenen UI-Elementes `Table` muss ermittelt werden. Diese finden Sie am besten in der View-Hook-Methode `wddomodifyview( )` mit dem Aufruf `<TABLE_REF> = VIEW->GET_ELEMENT(Id = <Id>)` heraus.
- Das Service-Objekt muss über die UI-Element-Referenz durch das Attribut `<table_ref>->_method_handler` und durch Down Casting auf eine Hilfsreferenz `<table_service>` vom Typ `IF_WD_TABLE_METHOD_HNDL` ermittelt werden.
- Die Service-Objekt-Hilfsreferenz `<table_service>` muss in den View-Attributen (`<go_table_service>`) für die späteren Sortierungen abgelegt werden.
- In der Ereignisbehandler-Methode zum Ereignis `onSort` der Tabelle muss die Sortierung durchgeführt werden. Dies wird über die Service-Objekt-Referenz realisiert (`wd_this-><go_table_service>->apply_sorting( )`).

Beachten Sie Folgendes bezüglich der Tabellenhilfsfunktion `if_wd_table_method_hndl~apply_sorting( )`:

- Die `dataSource` der `Table` muss an einen Knoten ohne Unterknoten gebunden sein.
- An diesem Knoten dürfen nur statische Attribute hängen.
- Die `Table`-Eigenschaft `rowCount` darf nicht verwendet werden.
- Die Sortierfunktion arbeitet nicht bei hierarchischen Tabellen.

10.2.4 Achtung

Die Verwendung des UI-Elementes `Table` wird in den UI-Elementen `TablePopin` und `RowRepeater` nicht unterstützt.

10.2.5 Aggregierte Elemente

In Abbildung 10.22 sehen Sie die aggregierbaren Elemente zur `Table`, die in diesem Abschnitt besprochen werden. Wir haben das Kontextmenü zur Anlage der aggregierten Elemente mit den relevanten Menüeinträgen in die Abbildung eingefügt.

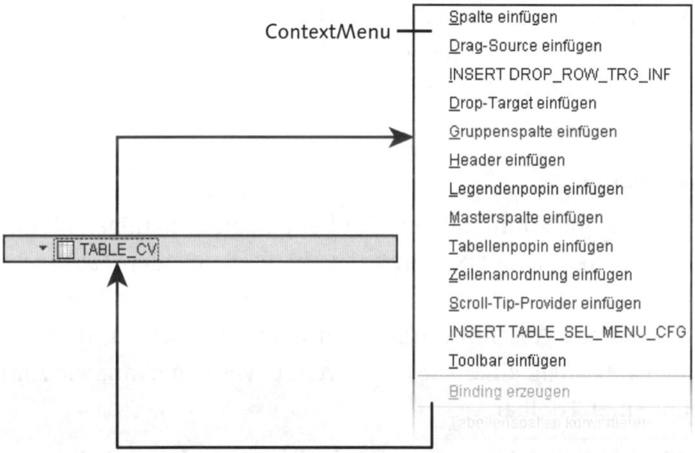

Abbildung 10.22 Aggregationen Table

Tabellenspalte (TableColumn)

Die Aggregation zum Einfügen von Tabellenspalten über den Menüeintrag SPALTE EINFÜGEN ist deprecated. Stattdessen sollte die Gruppenspalten-Aggregation über den Menüeintrag GRUPPENSPALTE EINFÜGEN verwendet werden. Details zu Tabellenspalten finden Sie in Abschnitt 10.3, »TableColumn«. Spalten

Drag-&-Drop-Elemente

Wählen Sie für die Anlage von Drag-&-Drop-Elementen die Menüeinträge DRAG-SOURCE EINFÜGEN, INSERT DROP_ROW_TRG_INF und DROP-TARGET EINFÜGEN. Details zur Verwendung und Implementierung von Drag & Drop finden Sie in Kapitel 5, »Drag & Drop für UI-Elemente«.

Gruppenspalte

Spalten Zur Aggregation für eine Gruppe von Spalten, entweder nur eine einzelne (`TableColumn`) oder mehrere (`TableColumnGroup`), wählen Sie den Menüeintrag GRUPPENSPALTE EINFÜGEN. Die Gruppenspalten einer `Table` können sowohl von einem Administrator als auch von einem Endbenutzer per Drag & Drop umsortiert werden. Details zum UI-Element `TableColumnGroup` finden Sie in Abschnitt 10.5.

Header

Titel Mit der Aggregation über den Menüeintrag HEADER EINFÜGEN definieren Sie den Titel zur `Table`. Rein technisch wird der Header über ein UI-Element `Caption` realisiert, dessen Beschreibung Sie in Abschnitt 4.1.4 finden können.

Legenden-Popin

Pop-in Mithilfe der Aggregation, mit der Sie über den gleichnamigen Menüeintrag ein LEGENDENPOPIN EINFÜGEN, können Sie der `Table` ein `Popin` zuordnen. Dieses besitzt die gleiche Funktionalität wie ein `TablePopin` (siehe Abschnitt 10.4), mit dem Unterschied, dass ein `Popin` auch außerhalb einer `Table` verwendet werden kann, wie zum Beispiel in einer Toolbar.

In Abbildung 10.23 sehen Sie ein einfaches Beispiel. Wir haben zur `Table` das Legenden-Popin hinzugefügt und die `TextBar` und Content-Aggregation des `Popin` verwendet. Als Inhalt haben wir ein UI-Element `Legend` mit zwei Einträgen platziert.

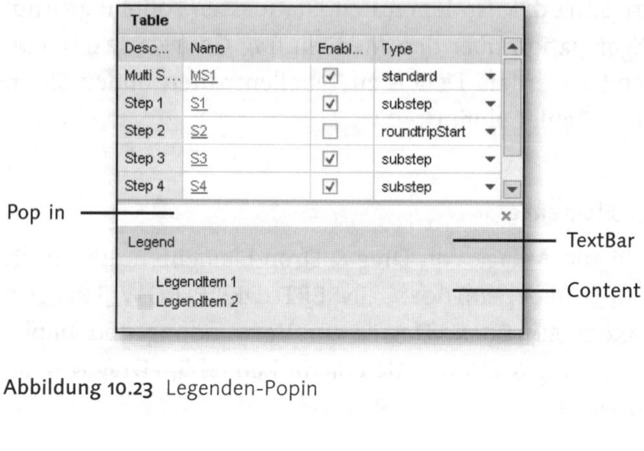

Abbildung 10.23 Legenden-Popin

Master-Spalte

Die Aggregation zur Master-Spalte ist deprecated.

Verwenden Sie stattdessen die Zeilenanordnungsaggregation, die entweder über `TreeByKeyTableColumn` oder `TreeByNestingTableColumn` realisiert wird. Weitere Informationen finden Sie in SAP-Hinweis 969581.

Tabellen-Popin

Pop-in

Die Tabellen-Popins werden verwendet, um Daten zu einer Tabellenzeile oder Tabellenzelle zu visualisieren. Um ein Tabellen-Popin hinzuzufügen, wählen Sie den Menüeintrag TABELLENPOPIN EINFÜGEN aus dem Kontextmenü der `Table`. In Abschnitt 10.4 finden Sie eine detaillierte Beschreibung des `TablePopin`.

Zeilenanordnung

Gruppierungen

Mit der Aggregation zur Zeilenanordnung können Sie Zeilen in der `Table` hierarchisch gruppieren. In Abbildung 10.24 sehen Sie die Auswahlmöglichkeiten, die Ihnen für die Zeilengruppierungen zur Verfügung stehen. Mithilfe des Kontextmenüs der `Table` können Sie über den Menüeintrag ZEILENANORDNUNG EINFÜGEN aus drei Möglichkeiten auswählen, um eine Anordnung anzulegen. Es stehen die Alternativen `TableRowGrouping`, `TreeByKeyTableColumn` und `TreeByNestingTableColumn` bereit; wie Sie diese Anordnungen verwenden können, erläutern wir in Abschnitt 10.6.

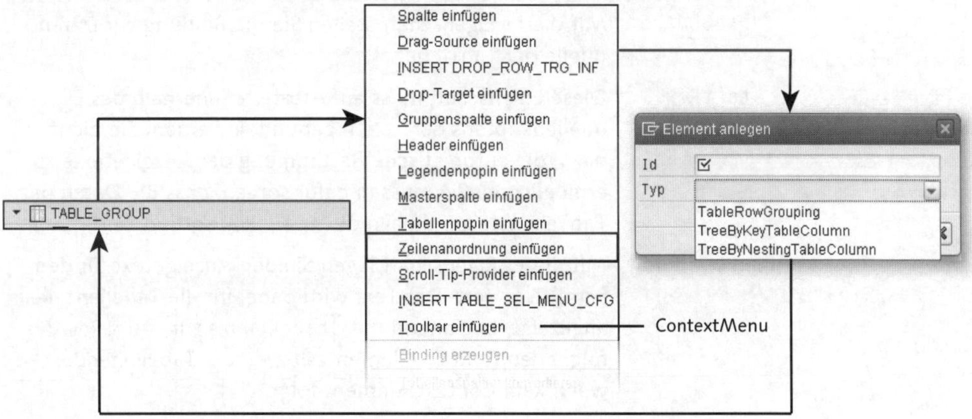

Abbildung 10.24 Aggregation Zeilenanordnung

ScrollTipProvider

Zusatzinformation

Mithilfe des Kontextmenüs der `Table` fügen Sie über den Menüeintrag Scroll-Tipp-Provider einfügen das UI-Element `TableScrollTipProvider` ein. Falls die `Table` mit einer Scrollbar angezeigt wird, wird beim Scrollen durch eine `Table` ein Scroll-Tipp direkt an der Scrollbar angezeigt. Sie können dem Benutzer mit einem UI-Element `TableScrollTipProvider` Texte anbieten, die die Navigation in den Datensätzen erleichtern, wobei der Scroll-Tipp die Position des Scrollings in den `Table`-Datensätze anzeigt, die nach dem Loslassen der Scrollbar für die Ermittlung des anzuzeigenden Datensatzes herangezogen wird.

In Abbildung 10.25 sehen Sie ein Beispiel für die Visualisierung und Attribuierung eines `TableScrollTipProvider`. Die Eigenschaften `startRow` und `text` beeinflussen die Darstellung des `TableScrollTipProvider`. Wie diese zu pflegen sind, erläutern wir in Tabelle 10.6.

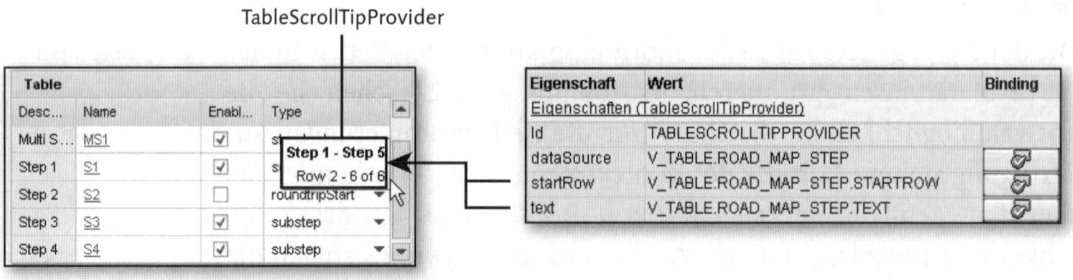

Abbildung 10.25 ScrollTipProvider

Eigenschaft	Beschreibung
`dataSource`	Mit dieser Eigenschaft stellen Sie die Bindung zur Datenquelle der `Table` her.
`startRow`	Diese Eigenschaft muss auf Attribute innerhalb des Datenquellenknotens der `Table` gebunden werden. Sie dient dazu, die automatische Bestimmung der Anzeigetexte zu ermöglichen. Sie müssen dafür sorgen, dass die Daten der `Table` aufsteigend nach der `startRow` sortiert sind.
`text`	Mit dieser Eigenschaft legen Sie den Anzeigetext für den Scroll-Tipp fest. Der Text wird dabei für die Tabellenzeile angezeigt, beginnend mit `startRow` bis zur `startRow` des folgenden Context-Elementes bzw. zum Tabellenende, wenn kein Context-Element folgt.

Tabelle 10.6 Eigenschaften ScrollTipProvider

Toolbar

Funktionen

Mithilfe des Kontextmenüs der `Table` fügen Sie über den Menüeintrag Toolbar einfügen das UI-Element `Toolbar` hinzu, das unterhalb des Titels der `Table` eingeblendet wird. Eine detaillierte Besprechung der Toolbar finden Sie in Abschnitt 4.8.4.

10.2.6 Weitere Möglichkeiten

Neben den bereits besprochenen Elementen der `Table` stehen weitere Aspekte für die `Table` zur Verfügung, die wir in diesem Abschnitt behandeln werden. Diese betreffen das Interface `IF_WD_TABLE_METHOD_HNDL` für Sortierungen und Filterungen von Tabelleninhalten und die ABAP-Klasse `CL_WD_DYNAMIC_TOOL` mit diversen Hilfsmethoden im Umfeld der Table-Programmierung.

IF_WD_TABLE_METHOD_HNDL

Das Interface `IF_WD_TABLE_METHOD_HNDL` stellt Sortier- und Filterfunktionen für das UI-Element `Table` zur Verfügung.

apply_filter( )

Die Methode `apply_filter()` sorgt für die gefilterte Darstellung einer Tabelle entsprechend den aktuellen Werten in der `filterValue`-Property der Tabellenspalten. Diese Funktion kann für einfache Fälle verwendet werden. Beachten Sie jedoch, dass die ALV-Component einen besser ausgebauten Filtermechanismus bietet. Falls die Tabelle auch sortiert ist, werden die gefilterten Daten außerdem noch gemäß der Beschreibung der Methode `apply_sorting()` sortiert.

Die nach der Filterung sichtbaren Daten werden in den oberen Bereich des Context-Knotens verschoben, die unsichtbaren Daten darunter. Die Property `rowCount` der `Table` wird auf die Anzahl der nach der Filterung sichtbaren Zeilen gesetzt. Somit werden die »herausgefilterten« Daten unsichtbar, bleiben jedoch im Context vorhanden. In Tabelle 10.7 finden Sie die Parameter der Methode.

Parameter	Beschreibung
`KEEP_LEAD_SELECTION_VISIBLE`	Ist der Wert `abap_true`, wird die Lead-Selection nach erfolgter Filterung sichtbar gemacht.

Tabelle 10.7 Parameter »apply_filter( )«

Parameter	Beschreibung
IS_FILTERED	Der Wert wird auf abap_true gesetzt, wenn die Tabelle gefiltert wird.

Tabelle 10.7 Parameter »apply_filter( )« (Forts.)

Filterwerte

Als Filterwert können Sie folgende Werte verwenden:

- eine vollständige Werteangabe
- Wildcards (*)
- Vergleichsoperatoren >=, <= und ! (ungleich)

Zunächst wird immer versucht, die Filterung auf den internen Werten anzuwenden. Gelingt dies nicht, wird versucht, die Filterung auf der externen Repräsentation der Werte anzuwenden. Dies kann zu einem hohen Zeitbedarf der Filteroperation führen.

apply_sorting( )

Die Methode `apply_sorting( )` sortiert die Daten des Context-Knotens einer Tabelle entsprechend der aktuellen Angabe in einer `TableColumn`. Die Sortierung erfolgt auf dem Primärattribut des Zelleneditors der Tabellenspalte. Beachten Sie, dass die ALV-Component (Abschnitt 10.7, »SAP List Viewer«) einen besser ausgebauten Sortiermechanismus bietet.

Der in der `dataSource`-Property gebundene Context-Knoten wird umsortiert und mittels der Methode `bind_table( )` aktualisiert. In Tabelle 10.8 finden Sie die Parameter zu der Methode.

Parameter	Beschreibung
KEEP_LEAD_SELECTION_VISIBLE	Ist der Wert abap_true, wird die Lead-Selection nach erfolgter Sortierung sichtbar gemacht.
IS_SORTED	Der Wert wird auf abap_true gesetzt, wenn die Tabelle sortiert wird.

Tabelle 10.8 Parameter »apply_sorting( )«

[!]

Achtung: Es wird keine Mehrfachsortierung unterstützt, das heißt eine Sortierung von mehreren Spalten.

expand_into_element( )

Mit der Methode `expand_into_element( )` kann die Tabellenzeile eines Context-Elementes einer hierarchischen Tabelle vom Typ `TreeByKeyTableColumn` und `TreeByNestingTableColumn` sichtbar gemacht werden. Dabei werden alle Knoten von der Wurzel bis zum gewählten Context-Element aufgeklappt und das Element in den sichtbaren Bereich gescrollt. In Tabelle 10.9 finden Sie die Parameter der Methode.

Parameter	Optional	Beschreibung
DATA_SOURCE	X	Dies ist der Context-Knoten der der Tabelle, der nur bei verschachtelten Tabellen angegeben werden muss (zum Beispiel im `RowRepeater` oder im `TablePopin`).
CONTEXT_ELEMENT	X	Dies ist das Context-Element, das sichtbar gemacht werden soll. Wird es nicht angegeben, wird die Lead-Selection verwendet.

Tabelle 10.9 Parameter »expand_into_element( )«

get_all_columns( )

Die Methode `get_all_columns( )` gibt alle Tabellenspalten der Tabelle zurück, das heißt Elemente vom Typ `CL_WD_TABLE_COLUMN`. Dies sind Tabellenspalten, die über die Aggregation `Columns` und über die Aggregation `GroupedColumns` zugeordnet sind. Bei der Verwendung einer beliebig tief geschachtelten `TableColumnGroup` werden die letztendlich enthaltenen `TableColumn`-Elemente zurückgegeben.

make_element_visible( )

Mit der Methode `make_element_visible( )` können Sie die Tabelle so weit nach oben oder unten scrollen, bis die Zeile für ein anzugebendes Context-Element sichtbar wird. Die Eigenschaft `firstVisibleRow` wird der `Table` entsprechend gesetzt. In Tabelle 10.10 finden Sie die Parameter der Methode.

Parameter	Optional	Beschreibung
DATA_SOURCE	X	Dies ist der Context-Knoten der Table, der nur bei verschachtelten `Table`-Elementen angegeben werden muss (zum Beispiel im `RowRepeater` oder `TablePopin`).

Tabelle 10.10 Parameter »make_element_visible( )«

Parameter	Optional	Beschreibung
CONTEXT_ELEMENT	X	Dies ist das Context-Element, das sichtbar gemacht werden soll. Wird es nicht angegeben, wird die Lead-Selection verwendet.
FOCUS_ON_FIRST_ATTRIBUTE	X	Bei der Angabe von abap_true wird zusätzlich das erste eingabefähige UI-Element in der Tabellenzeile fokussiert.

Tabelle 10.10 Parameter »make_element_visible( )« (Forts.)

[+] **Hinweis**: Es ist zu beachten, dass das Programm abbricht, falls das angegebene Context-Element nicht in der Table existiert.

10.3 TableColumn

Das UI-Element TableColumn repräsentiert eine Spalte innerhalb einer Table. Um die Beschreibungen zum UI-Element Table nicht zu tief zu schachteln, beschreiben wir in diesem Abschnitt das UI-Element TableColumn separat.

10.3.1 Eigenschaften

In Abbildung 10.26 sehen Sie die Eigenschaften zum UI-Element TableColumn, die in diesem Abschnitt besprochen werden. Die nicht explizit diskutierten Eigenschaften finden Sie in der Einleitung zu Kapitel 4, »UI-Elemente und ihre Eigenschaften«.

Wir werden die Eigenschaften in der Reihenfolge der Callout-Ziffern erläutern.

accessibilityDescription

Mithilfe der Eigenschaft accessibilityDescription können Sie Zusatztexte definieren.Wenn Sie die Barrierefreiheit aktiviert haben, wird der zugeordnete Text der Quick-Info hinzugefügt. Diese Beschreibung soll das UI-Element semantisch näher erläutern und wird vom Screenreader nur vorgelesen, wenn der Benutzer das komplette UI-Element fokussiert.

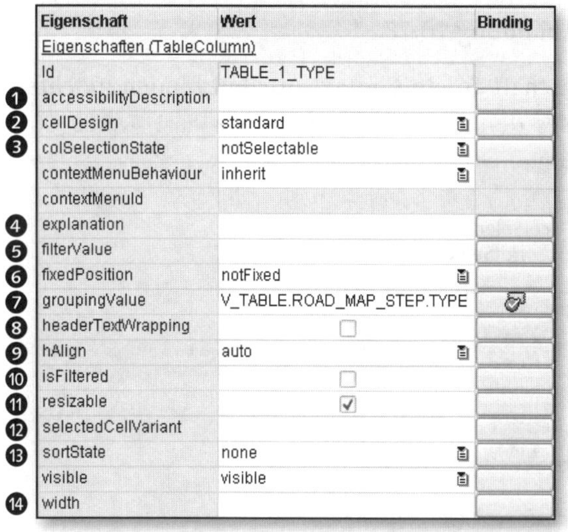

Abbildung 10.26 Eigenschaften TableColumn

cellDesign

Mit der Eigenschaft `cellDesign` können Sie die semantische Information (Farbe) der Spalte festlegen, wie Sie zum Beispiel in Abbildung 10.27 für die Ausprägung `subtotal` sehen können. Die möglichen Ausprägungen finden Sie im Datenelement `WDUI_TABLE_CELL_DESIGN` im ABAP Dictionary. Farbe

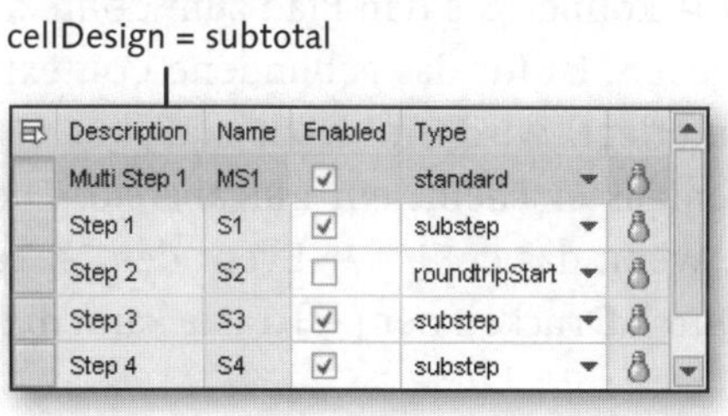

Abbildung 10.27 Eigenschaft »cellDesign«

colSelectionState

Mit der Eigenschaft `colSelectionState` können Sie die mehrfache Markierbarkeit der `TableColumn` steuern. Bei gedrückter [Strg]-Taste können zusätzliche `TableColumn`-Elemente ausgewählt werden. Die möglichen Werte sind `notSelectable` (die `TableColumn` kann nicht markiert werden), `notSelected` (die `TableColumn` kann markiert Markierbarkeit werden) und `selected` (die `TableColumn` ist markiert). Ein Beispiel dazu finden Sie in Abbildung 10.28.

Falls Sie diese Eigenschaft an ein Context-Attribut binden möchten, können Sie für dieses den ABAP-Dictionary-Typ `WDUI_TABLE_COL_SEL_STATE` verwenden.

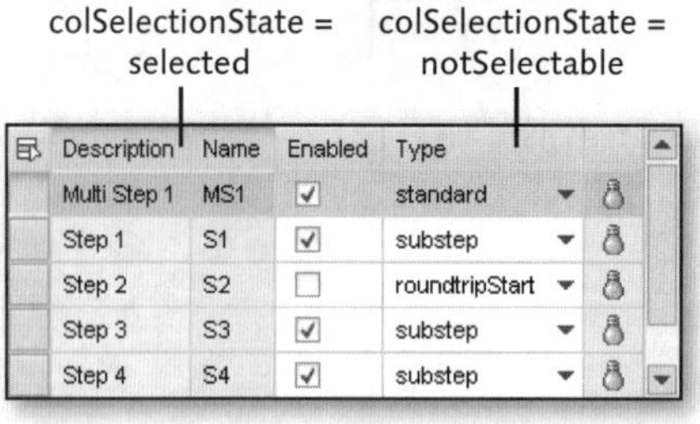

Abbildung 10.28 Eigenschaft »colSelectionState«

explanation

Mit der Eigenschaft `explanation` können Sie einen Hilfetext pflegen, der bei eingeschaltetem Hilfemodus ausgegeben wird. In Kapitel 8, »Eingabe- und semantische Hilfen«, finden Sie weitere Informationen zur `explanation`.

filterValue

Filterung

Mit der Eigenschaft `filterValue` können Sie den Pfad zum Context-Attribut für den Filterwert angeben. Ist für das gebundene Context-Attribut eine Wertemenge hinterlegt, wird ein `DropDownByKey` für diesen Wert angezeigt, anderenfalls erscheint ein Eingabefeld. Die Filterzeile wird nur angezeigt, wenn das `onFilter`-Event der `Table` an eine Aktion gebunden ist. Durch Drücken der [↵]-Taste kann dieses Event ausgelöst werden.

filterValueSuggestions

Vorschläge

Die Eigenschaft `filterValueSuggestions` muss an ein Attribut eines Context-Knotens mit Kardinalität 0..n oder 1..n gebunden werden. Die Werte erscheinen im `Table`-Header-Menü als »Vorschlagswerte« für das Filtern. Da bei der Auswahl eines dieser Einträge dessen Wert in die Eigenschaft `filterValue` kopiert wird, sollten die Eigenschaften `filterValue` und `filterValueSuggestions` den gleichen Typ haben. Dies vermeidet Probleme bei etwaigen Konvertierungen.

> **Hinweis**: SAP empfiehlt, das Berechnen der Filtervorschlagswerte und das Befüllen des Knotens in einer Supply-Funktion durchzuführen. Dann werden erst beim ersten Öffnen des Menüs die entsprechende Datenbeschaffung und die Context-Befüllung vorgenommen. [+]

Falls Sie die Daten der `Table` »ändern«, zum Beispiel durch die Methode `invalidate( )` oder `bind_table( )`, angewendet auf die Datenquelle Context-Knoten der `Table`, vergessen Sie nicht, auch die `filterValueSuggestions` zu invalidieren.

Für einfache Fälle können Sie zum Füllen der `filterValueSuggestions` die Methode `if_wd_table_method_hndl~supply_filter_suggestions( )` verwenden.

Übersteigt die Anzahl der `filterValueSuggestions` eine gewisse Maximalanzahl, wird statt der `filterValueSuggestions` ein Eintrag in das `TableHeaderMenu` generiert, der dem Benutzer anzeigt, dass es zu viele `filterValueSuggestions` gibt. Den genauen Wert dieser Maximalanzahl (zurzeit 100) können Sie über die Methode `if_wd_table_method_hndl~get_max_filter_suggestions_cnt()` erfragen.

fixedPosition

Fixierung

Mit der Eigenschaft `fixedPosition` legen Sie fest, ob eine `TableColumn` links (Wert = `left`) oder rechts (Wert = `right`) in der `Table` fixiert wird. Eine fixierte `TableColumn` nimmt nicht am Spalten-Scrolling teil. Soll die Spalte am Scrolling teilnehmen, geben Sie der Eigenschaft den Wert `notFixed`.

Falls Sie diese Eigenschaft an ein Context-Attribut binden möchten, können Sie für dieses den ABAP-Dictionary-Typ `WDUI_TABLE_COLUMN_FIXED_POS` verwenden.

groupingValue

Gruppierung

Mit der Eigenschaft `groupingValue` können Sie übereinanderliegende Zellen zu dieser Spalte, die den gleichen aufeinanderfolgenden Wert besitzen, als eine Zelle darstellen. Der `TableCellEditor` wird nur einmal auf der Höhe der ersten gleichen Zeile dargestellt, und es wird nur ein gemeinsamer Zellenrahmen gezeichnet. Binden Sie diese Eigenschaft an ein Context-Attribut, das die Gruppierungswerte hält. Abbildung 10.29 zeigt ein Beispiel.

[!] **Achtung**: Wenn Sie dieses Feature verwenden, darf der `TableCellEditor` nicht eingabefähig sein.

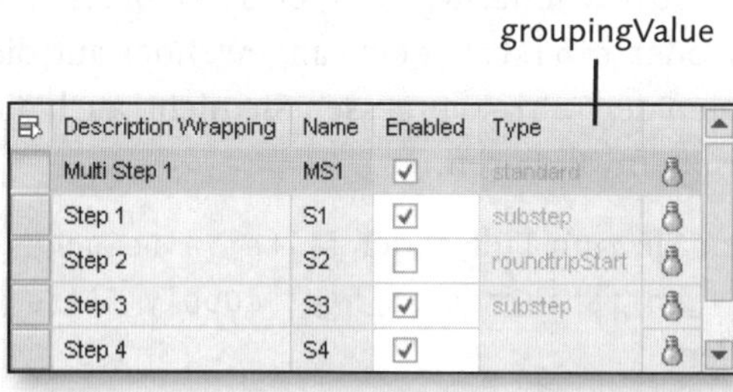

Abbildung 10.29 Eigenschaft »groupingValue«

headerTextWrapping

Zeilenumbruch

Mit der Eigenschaft `headerTextWrapping` entscheiden Sie, ob der Überschriftentext (Header-`Caption`) bei einer `TableColumn` in die nächste Zeile umgebrochen werden kann oder nicht. Falls der Wert `abap_false` eingetragen ist, wird der Text nicht in die nächste Zeile umgebrochen. Die Voraussetzung für das Wrapping ist entweder eine ausreichend große Tabellenbreite, oder die Eigenschaft `width` der `Table` oder `TableColumn` ist auf einen absoluten und nicht prozentuellen Wert eingestellt (siehe Abbildung 10.30).

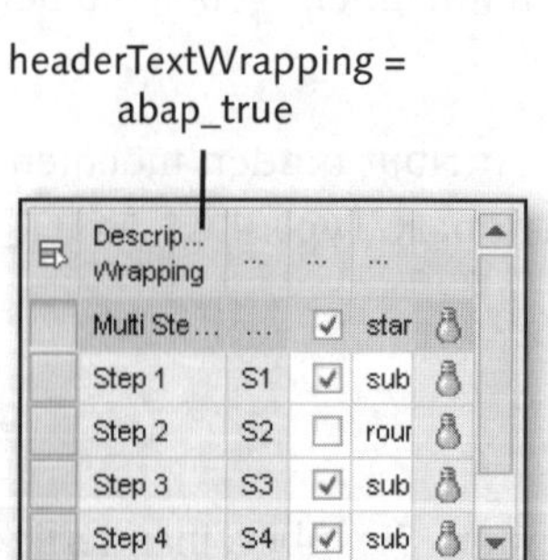

Abbildung 10.30 Eigenschaft »headerTextWrapping«

hAlign

Mit der Eigenschaft `hAlign` definieren Sie die horizontale Ausrichtung des Zelleninhaltes. Die Ausrichtung sollte für jede Spalte die gleiche sein, kann aber individuell übersteuert werden (durch Bindung oder beim `auto`-Modus durch Zellenvarianten). Beachten Sie, dass der Wert dieser Eigenschaft mit dem Wert für das Alignment im `TableCellEditor` übereinstimmt. Die möglichen Werte sind in Tabelle 10.11 aufgelistet. **Ausrichtung**

Wert	Beschreibung
`auto`	Die Ausrichtung wird durch den Datentyp der primären Eigenschaft des `TableCellEditor` ermittelt. Normalerweise ist die Ausrichtung linksbündig, aber falls es sich um einen `TextView` oder ein `readOnly-InputField` mit einer Zahl handelt, ist die Ausrichtung rechtsbündig.
`center`	Der Textinhalt wird zentriert ausgerichtet.
`beginOfLine`	Der Textinhalt wird immer am Anfang der Zeile dargestellt. Für den Wert `ltr` der Eigenschaft `textDirection` wird somit der Textinhalt linksbündig angezeigt. Für den Wert `rtl` wird der Textinhalt rechtsbündig abgebildet.
`endOfLine`	Der Textinhalt wird immer am Ende der Zeile dargestellt. Für den Wert `ltr` der Eigenschaft `textDirection` wird somit der Textinhalt rechtsbündig angezeigt. Für den Wert `rtl` wird der Textinhalt linksbündig abgebildet.
`forcedLeft`	Der Textinhalt wird immer links dargestellt, unabhängig davon, ob für die Eigenschaft `textDirection` die Werte `ltr` oder `rtl` verwendet werden.
`forcedRight`	Der Textinhalt wird immer rechts dargestellt, unabhängig davon, ob für die Eigenschaft `textDirection` die Werte `ltr` oder `rtl` verwendet werden.

Tabelle 10.11 Eigenschaft »hAlign«

Falls Sie diese Eigenschaft an ein Context-Attribut binden möchten, können Sie für dieses den ABAP-Dictionary-Typ `WDUI_TABLE_COLUMN_HALIGN` verwenden.

isFiltered

Mit der Eigenschaft `isFiltered` können Sie festlegen, ob ein Filter-Icon in der Spaltenüberschrift angezeigt werden soll. Dies soll visua- **Filter-Icon** lisieren, dass die aktuellen Table-Einträge nach Werten in dieser TableColumn gefiltert sind (siehe auch die Beschreibungen zum Ereignis onFilter in Abschnitt 10.2.3, »Ereignisse«).

resizable

Die Eigenschaft resizable wird bis einschließlich Release 7.0 EHP2 zwar angeboten, aber nicht ausgewertet und hat somit keine Auswirkungen.

selectedCellVariant

Darstellungsvariante

Mit der Eigenschaft selectedCellVariant bestimmen Sie die für eine Tabellenzelle aktive Tabellenzellenvariante. Es wird jene Variante verwendet, deren variantKey-Eigenschaftswert mit dem Wert der Eigenschaft selectedCellVariant übereinstimmt. Ist der Wert der Eigenschaft initial, wird keine Zellenvariante, sondern der TableCellEditor der TableColumn herangezogen. Die Angabe einer nicht existierenden Zellenvariante als Wert für selectedCellVariant ist nicht erlaubt. Weiteres zu den Zellenvarianten finden Sie im Anschluss an die Beschreibung der Eigenschaften zur TableColumn in Abschnitt 10.3.3, »Aggregierte Elemente«.

sortState

Sortier-Icon

Mit der Eigenschaft sortState beschreiben Sie, wie eine TableColumn sortiert ist. Der Sortierzustand wird nur angezeigt, wenn die Eigenschaft enabled der Table den Wert abap_true hat und das onSort-Ereignis der Table gebunden ist, anderenfalls erscheinen alle Spalten als nicht sortierbar. Der Sortierzustand wird durch einen Klick auf das Sortier-Icon in der Spaltenüberschrift umgeschaltet. Die Reihenfolge der Werte ist von none nach up nach down nach none. Dabei wird der Sortierzustand anderer sortierbarer Spalten der Table auf den Wert none zurückgesetzt.

Die Daten der Table werden durch die sortState-Eigenschaft und das onSort-Ereignis nicht automatisch sortiert; die Sortierung muss durch die Anwendung selbst erfolgen (onSort).

Falls Sie diese Eigenschaft an ein Context-Attribut binden möchten, können Sie für dieses den ABAP-Dictionary-Typ WDUI_TABLE_COL_SORT_DIR verwenden.

width

Mit der Eigenschaft `width` definieren Sie die Breite der Tabellenspalte. Die effektive Breite ist so groß wie der angegebene Wert und der tatsächliche Zelleninhalt. Hat die Eigenschaft `fixedTableLayout` der `Table` den Wert `abap_true`, wird die Spalte exakt so groß wie in der Eigenschaft `width` angegeben. Wird kein Wert für diese Eigenschaft vergeben, bestimmt der Inhalt der `TableColumn` die Breite.

onAction

Das UI-Element `TableColumn` stellt das Ereignis `onAction` zur Verfügung, wobei zu erwähnen ist, dass dieses Ereignis deprecated ist. Dieses Ereignis löst die Aktionsbehandler-Methode zu der möglicherweise zum Ereignis zugeordneten Aktion aus. Der Methode werden die Standardparameter `ID` und `CONTEXT_ELEMENT` sowie zusätzlich der Parameter `COL` übergeben. Der Wert des Parameters `COL` entspricht der ID der angeklickten Spalte.

[+]

Hinweis: Die Aspekte, die bei dem Layouting einer `Table` bzw. `TableColumn` bezüglich der Spaltenbreite zu berücksichtigen sind, finden Sie in SAP-Hinweis 1253282.

10.3.2 Barrierefreiheit

Um die Entwicklung barrierefreier Anwendungen zu ermöglichen, wird im Rahmen des Syntax-Checks die Eigenschaft `caption` überprüft.

10.3.3 Aggregierte Elemente

In diesem Abschnitt besprechen wir die aggregierten Elemente zur `TableColumn`.

Zellenvarianten

Darstellungsvarianten

Zu einer `TableColumn` können, wie bereits erläutert, Zelleneditoren angegeben werden, die für die Visualisierung der Daten zuständig sind. Dies ist aber nicht die einzige Variante, um Darstellungen für eine `TableColumn` zu definieren. In manchen Situationen ist es notwendig, für eine Spalte unterschiedliche Darstellungsvarianten zur Verfügung zu haben, zum Beispiel um wahlweise eine Spalte als Text oder als Icon auszugeben. Oder denken Sie an die Möglichkeit, Sonderfunktionen einzubauen, wie zum Beispiel das Auf- und Zuklappen von Zusatzinformationen zu einer Zelle oder Spalte. Auch in diesem Fall benötigen wir eine spezielle Art der Darstellung für eine Spalte.

Möglichkeiten

Die Zellenvarianten für eine `TableColumn` bieten Ihnen genau diese gewünschten Features. In Abbildung 10.31 sehen Sie die aggregierten Zellenvarianten zur `TableColumn`, die in diesem Abschnitt beschrieben werden. Zudem haben wir das Kontextmenü zur Anlage der aggregierten Elemente mit den relevanten Menüeinträgen in die Abbildung eingefügt.

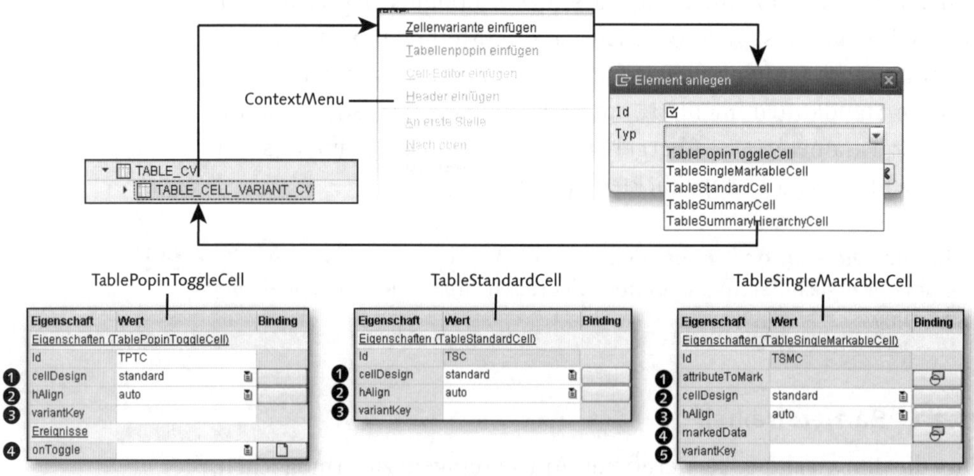

Abbildung 10.31 Aggregationen TableColumn – Zellenvariante

Typen

Falls Sie den Menüeintrag ZELLENVARIANTE EINFÜGEN wählen, wird Ihnen das Pop-up ELEMENT ANLEGEN mit den folgenden Typen zur Auswahl angeboten, die wir in den nächsten Abschnitten noch näher erläutern werden:

- `TablePopinToggleCell`
  Dies dient dazu, ein Pop-in auf- und zuzuklappen (sehen Sie dazu auch den Abschnitt 10.4, »TablePopin«).
- `TableSingleMarkableCell`
  Dies dient dazu, eine einzelne Zelle in einer `Table` selektierbar zu machen.
- `TableStandardCell`
  Dies dient dazu, unterschiedliche Darstellungsvarianten für eine `TableColumn` zu definieren.

- `TableSummary` und `TableSummaryHierarchyCell`
  Die Typen `TableSummary` und `TableSummaryHierarchyCell` sind nicht für die Anwendungsentwicklung gedacht, sondern nur für die Entwicklung der ALV-Component (siehe Abschnitt 10.7, »SAP List Viewer«).

TablePopinToggleCell

Eigenschaften

Die `TablePopinToggleCell`, die nach der Anlage unterhalb der `TableColumn` in der UI-Elemente-Hierarchie im View Designer angezeigt wird, bietet Ihnen die Eigenschaften aus Tabelle 10.12 zur Pflege an.

Eigenschaft	Beschreibung
`cellDesign`	Mit dieser Eigenschaft können Sie die semantische Information (Farbe) der Toggle-Zelle festlegen. Zu den möglichen Ausprägungen lesen Sie die Ausführungen zum Datenelement `WDUI_TABLE_CELL_DESIGN`, das Sie auch verwenden können, um ein Context-Abttribut für das Data Binding zu typisieren.
`hAlign`	Mit dieser Eigenschaft definieren Sie die horizontale Ausrichtung des Inhalts im UI-Element. Die möglichen Ausprägungen können Sie in Abschnitt 4.1.2 unter »alignment« nachlesen.
`variantKey`	Dies ist der Schlüssel dieser Variante, der in der Eigenschaft `selectedCellVariant` in der `TableColumn` hinterlegt wird und damit angibt, dass diese Variante anzuzeigen ist.

Tabelle 10.12 Eigenschaften TablePopinToggleCell

Ereignis onToggle

Das Ereignis, das ausgelöst wird, wenn der Benutzer die `TablePopinToggleCell` drückt, lautet `onToggle`. Der zugeordnete Aktionsbehandler erhält neben den Standardparametern `id` und `context_element` den Parameter `expanded`. Dieser hat den Wert `abap_true`, wenn das Pop-in geöffnet wird, anderenfalls `abap_false`. Durch die Zuordnung einer Aktion zum Ereignis `onToggle` wird ein Roundtrip erzwungen.

TableSingleMarkableCell

Markierbare Zelle

Mithilfe des UI-Elementes `TableSingleMarkableCell` identifizieren Sie eine einzelne Zelle in einer `Table`. Als Zelleneditor ist nur eine eingeschränkte Auswahl von UI-Elementen zulässig, nämlich `Drop-`

DownByIndex, DropDownByKey, Image, InputField und TextView. Beachten Sie, dass der selectionMode der Table auf den Wert none gesetzt werden muss.

Die TableSingleMarkableCell, die nach der Anlage unterhalb der TableColumn in der UI-Elemente-Hierarchie im View Designer angezeigt wird, bietet Ihnen die Eigenschaften aus Tabelle 10.13 zur Pflege an.

Eigenschaft	Beschreibung
attributeToMark	Diese Eigenschaft wird an ein Context-Attribut der TableColumn gebunden, zu der diese TableSingleMarkableCell aggregiert ist, wobei der Wert dieses Attributes nicht von Bedeutung ist.
cellDesign	Mit dieser Eigenschaft können Sie die semantische Information (Farbe) der markierbaren Zelle festlegen. Zu den möglichen Ausprägungen lesen Sie die Ausführungen zum Datenelement WDUI_TABLE_CELL_DESIGN, das Sie auch verwenden können, um ein Context-Attribut für das Data Binding zu typisieren.
hAlign	Mit dieser Eigenschaft definieren Sie die horizontale Ausrichtung des Inhalts im UI-Element. Die möglichen Ausprägungen können Sie in Abschnitt 4.1.2 unter »alignment« nachlesen.
markedData	Eine Zelle ist markiert, wenn der Wert in der Eigenschaft markedData dem Wert für attributeToMark der aktuellen Zeile entspricht. Damit nur eine Zelle innerhalb einer Table auf einmal markiert werden kann, muss markedData an ein Context-Attribut außerhalb der Datenquelle der Table gebunden werden. Sie können ein Context-Attribut für das Data Binding mit der Struktur WDR_EXT_ATTRIBUTE_POINTER typisieren. Die Komponente ELEMENT in dieser Struktur repräsentiert das selektierte Element und die Komponente ATTRIBUTE_NAME den Namen des selektierten Attributes.
variantKey	Dies ist der Schlüssel dieser Variante, der in der Eigenschaft selectedCellVariant in der TableColumn hinterlegt wird und damit angibt, dass diese Variante anzuzeigen ist.

Tabelle 10.13 Eigenschaften TableSingleMarkableCell

Dies sind die Schritte, um diese Zellenvariante einsetzen zu können:

Vorgehen

- Legen Sie ein Context-Attribut vom Typ `WDR_EXT_ATTRIBUTE_POINTER` an, in dem die Referenz auf die selektierte Zelle abgelegt wird.
- Legen Sie eine Zellenvariante mithilfe des Kontextmenüs der `TableColumn` an.
- Pflegen Sie die Attribute der Zellenvariante, im Speziellen das Data Binding auf das Context-Attribut zur Ablage der Referenz mithilfe der Eigenschaft `markedData`.
- Legen Sie einen Zelleneditor für die Zellenvariante unter Benutzung des Kontextmenüs der Zellenvariante an.
- Wenn Sie diese Schritte ausgeführt haben, wird eine Zelle markiert, sofern Sie diese anklicken. In Abbildung 10.32 sehen Sie ein Beispiel für eine selektierte Zelle. Der Benutzer hat in diesem Beispiel die Zelle mit dem Inhalt STEP 2 angeklickt. Wird nach der Selektion ein Roundtrip ausgelöst, können Sie die Referenz auf die selektierte Zelle aus dem Context-Attribut auslesen, das für die Eigenschaft `markedData` der Zellenvariante verwendet wurde.

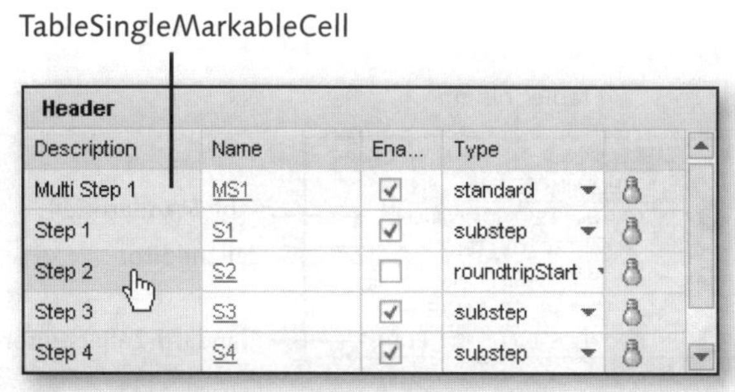

Abbildung 10.32 Zellenvariante »TableSingleMarkableCell«

TableStandardCell

Standardvariante

Mithilfe des UI-Elementes `TableStandardCell` legen Sie unterschiedliche Darstellungsvarianten für eine `TableColumn` fest. Den Zelleneditor zur Zellenvariante können Sie aus einer umfangreiche Liste von UI-Elementen auswählen und mithilfe des Kontextmenüs der Zellenvariante und dem Menüeintrag EDITOR EINFÜGEN anlegen.

Die `TableStandardCell`, die nach der Anlage unterhalb der `TableColumn` in der UI-Elemente-Hierarchie im View Designer angezeigt wird, bietet Ihnen die Eigenschaften aus Tabelle 10.14 zur Pflege an.

Eigenschaft	Beschreibung
cellDesign	Mit dieser Eigenschaft können Sie die semantische Information (Farbe) des Items festlegen. Zu den möglichen Ausprägungen lesen Sie die Ausführungen zum Datenelement WDUI_TABLE_CELL_DESIGN, das Sie auch verwenden können, um ein Context-Attribut für das Data Binding zu typisieren.
hAlign	Mit dieser Eigenschaft definieren Sie die horizontale Ausrichtung des Inhalts im UI-Element. Die möglichen Ausprägungen können Sie in Abschnitt 4.1.2 unter »alignment« nachlesen.
variantKey	Dies ist der Schlüssel dieser Variante, der in der Eigenschaft selectedCellVariant in der TableColumn hinterlegt wird und damit angibt, dass diese Variante anzuzeigen ist.

Tabelle 10.14 Eigenschaften TableStandardCell

Beispiel Nun stellen wir ein kleines Beispiel für den Einsatz dieser Zellenvariante vor. In Abbildung 10.33 sehen Sie die relevanten Teile, die für unsere Erläuterung von Bedeutung sind.

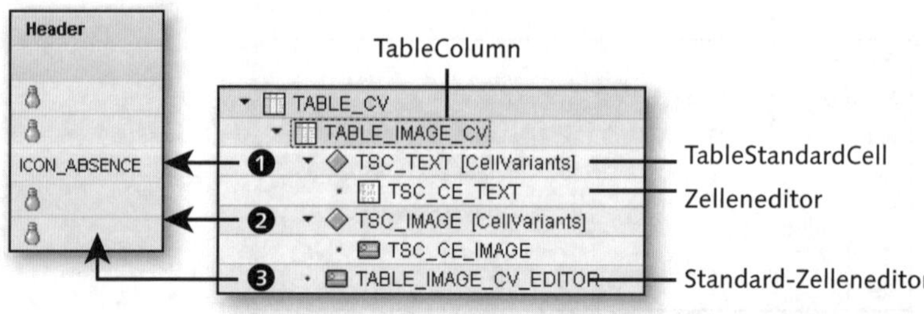

Abbildung 10.33 Zellenvariante »TableStandardCell«

Erläuterung Das Ziel des Beispiels ist es, in einer Tabellenspalte unterschiedliche Visualisierungen von Inhalten im Context zu realisieren. Einerseits sollen die Daten als Text (❶) und andererseits als Icon (❷) dargestellt werden. Zu diesem Zweck legen wir zwei Zellenvarianten vom Typ TableStandardCell für die gewünschte Spalte an. Die eine Zellenvariante (TSC_TEXT) erhält einen Editor vom Typ TextView und die andere Zellenvariante (TSC_IMAGE) einen Editor vom Typ Image. Für beide Zellenvarianten wurden mithilfe der Eigenschaft variantKey unterschiedliche Kennungen definiert, nämlich TEXT und IMAGE.

Die Datenbindung der TableColumn geschieht so wie an ein Attribut des Context-Knotens, der als Datenquelle für die Table dient. Darüber hinaus haben wir ein zusätzliches Attribut (SELECTEDCELLVARIANT vom Typ string) angelegt, in dem wir den Wert für die gewünschte Zellenvariante hinterlegt haben. In unserem konkreten Beispiel haben wir für das dritte Element des Contexts den Wert TEXT verwendet und für alle anderen Elemente den Wert IMAGE.

Damit die passende Zellenvariante für die Darstellung in der TableColumn verwendet wird, müssen wir noch eine Datenbindung von der Eigenschaft selectedCellVariant der TableColumn an das Context-Attribut (SELECTEDCELLVARIANT) durchführen und können die Definition dann abschließen.

Noch eine Anmerkung: Ihnen ist wahrscheinlich aufgefallen, dass noch ein zusätzlicher Zelleneditor vorhanden ist (❸), den wir als Standard-Zelleneditor bezeichnet haben. Dieser tritt in Aktion, wenn der Wert für die Zellenvariante im Context-Attribut initial ist. In unserem Beispiel wird der Inhalt des Context-Attributes dann als Icon dargestellt.

Tabellen-Popin

Pop-in

Das TablePopin für die TableColumn wird verwendet, um Daten zu einer Tabellenzelle zu visualisieren. In Abschnitt 10.4 erläutern wir Ihnen das UI-Element und besprechen die Verwendung des TablePopin.

Header

Spaltenüberschrift

Die Header-Aggregation dient dazu, eine Spaltenüberschrift für eine TableColumn zu definieren. Die Details zum Header haben wir in Abschnitt 10.2.5, »Aggregierte Elemente«, bereits beschrieben.

Zelleneditor

Der Zelleneditor übernimmt die eigentliche Visualisierung der Daten in einer TableColumn. In der Einleitung zu Abschnitt 10.2, »Table«, finden Sie die Details zur Anlage und zur Verwendung der Zelleneditoren.

10.3.4 Ereignis

onAction

Das UI-Element `TableColumn` bietet das Ereignis `onAction` an. Falls Sie dem Ereignis eine Aktion zuordnen, werden der Aktionsbehandler-Methode die Standardparameter `context_element` und `id` übergeben.

10.4 TablePopin

Zellen- und Zeilen-Popin

Das UI-Element `TablePopin` wird verwendet, um Daten zu einer Tabellenzeile oder Tabellenzelle zu visualisieren. Um die Beschreibungen zum UI-Element `Table` nicht zu tief zu schachteln, beschreiben wir in diesem Abschnitt das UI-Element `TablePopin` separat.

Das `TablePopin` kann auf zwei Wegen definiert werden, je nachdem, wofür es gedacht ist:

- Falls Sie ein Pop-in auf Zeilenebene festlegen möchten, wählen Sie das Kontextmenü der `Table` und dort den Menüeintrag TABELLENPOPIN EINFÜGEN.
- Wenn Sie hingegen Zusatzdaten für bestimmte Zellen visualisieren möchten, wählen Sie das Kontextmenü einer `TableColumn` und dort den Menüeintrag TABELLENPOPIN EINFÜGEN.

In Abbildung 10.34 sehen Sie den Anlegeschritt auf der Ebene einer Tabellenspalte.

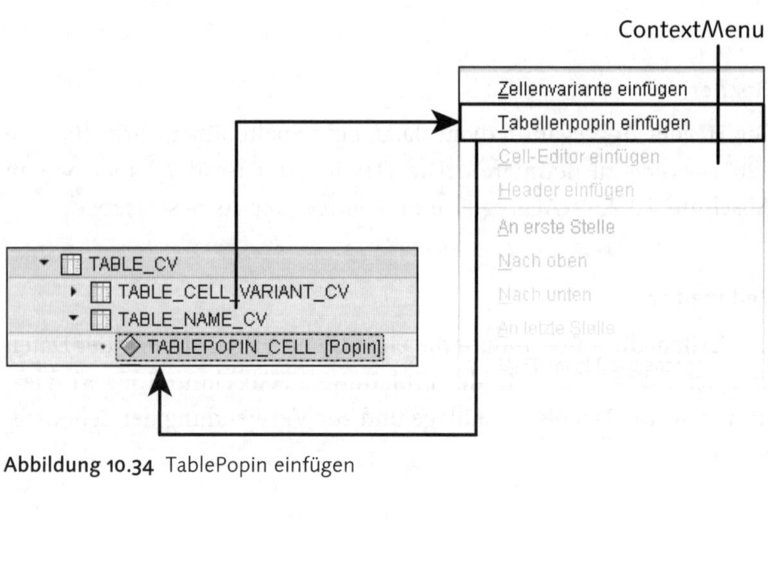

Abbildung 10.34 TablePopin einfügen

10.4.1 Eigenschaften

In Abbildung 10.35 sehen Sie die Eigenschaften zum `TablePopin`, die in diesem Abschnitt besprochen werden. Die nicht explizit diskutierten Eigenschaften finden Sie in der Einleitung zu Kapitel 4, »UI-Elemente und ihre Eigenschaften«.

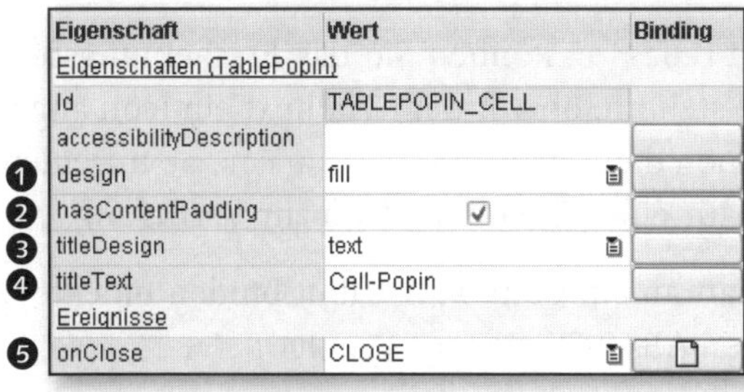

Abbildung 10.35 Eigenschaften TablePopin

design

Die Ausprägung der Eigenschaft `design` steuert das Aussehen des Pop-ins. In Abbildung 10.36 sind die Auswirkungen der Einstellungen des Designs dargestellt. Die Eigenschaft bietet die Werte `fill`, `plain` und `transparent` an, mit deren Hilfe Sie die Hintergrundfarbe des Pop-ins setzen können. Bei einem Zellen-Popin wird die zugehörige Zelle mit der Hintergrundfarbe des Pop-ins ausgefüllt, um deren Zusammengehörigkeit zu visualisieren. **Aussehen**

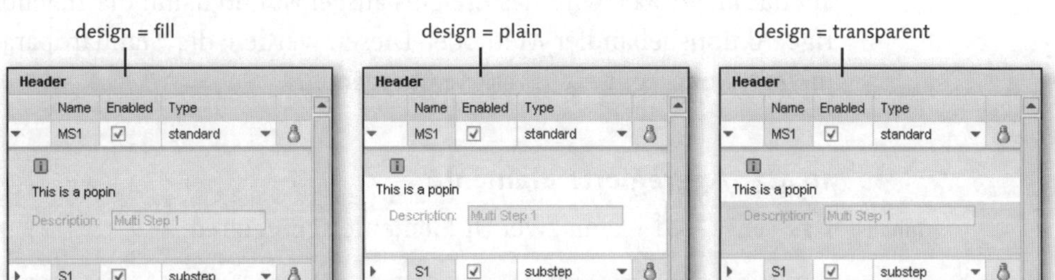

Abbildung 10.36 Auswirkungen der Eigenschaft »design« auf die Darstellung des Pop-ins

Falls Sie diese Eigenschaft an ein Context-Attribut binden möchten, können Sie für dieses den ABAP-Dictionary-Typ `WDUI_POPIN_DESIGN` verwenden.

hasContentPadding

Abstand

Die Eigenschaft hasContentPadding legt fest, ob zwischen Inhalt und UI-Element-Rahmen ein Abstand eingefügt werden soll (Wert = abap_true) oder nicht (Wert = abap_false).

titleDesign

Titel mit Icon

Mit der Eigenschaft titleDesign können Sie das Erscheinungsbild des Titels festlegen und steuern, ob vor dem Titeltext ein Icon angezeigt wird. Es stehen Ihnen die Werte critical, error, ok für einen Text mit Icon und text für einen Text ohne Icon zur Verfügung.

Falls Sie diese Eigenschaft an ein Context-Attribut binden möchten, können Sie für dieses den ABAP-Dictionary-Typ WDUI_TABLE_POPIN_TITLE_DESIGN verwenden.

titleText

Mit der Eigenschaft titleText setzen Sie den Text für die Überschrift des Pop-ins.

10.4.2 Ereignis

onClose

Ebenso Teil des Funktionsumfangs des TablePopin ist das Ereignis onClose. Wenn Sie dem Ereignis eine Aktion zuordnen, wird im Pop-in rechts oben ein kleines »x« eingeblendet. Klickt der Benutzer auf das kleine »x«, wird das Ereignis ausgelöst und damit die zugehörige Aktionsbehandler-Methode. Dieser werden die Standardparameter id und context_element übergeben.

10.4.3 Aggregierte Elemente

Inhalt

Das TablePopin kann zwei UI-Elemente aggregieren:

- Eines davon, das allgemein als Inhalt bezeichnet wird, definiert den Inhalt des Pop-ins. Um diesen zu bestimmen, können Sie jedes beliebige UI-Element verwenden. Bei der Definition des Inhalts sind Sie auf ein UI-Element beschränkt, jedoch können Sie als Inhaltselement das UI-Element TransparentContainer verwenden und erreichen damit, dass Sie eine beliebige Anzahl von UI-Elementen für den Inhaltsbereich einsetzen können. Wählen

Sie den Menüeintrag INHALT EINFÜGEN des Kontextmenüs auf dem `TablePopin`, um dieses Element einzufügen.

- Das zweite aggregierbare Element ist `TextBar`. Dieses Element wird zwischen dem Titel des Pop-ins und dessen Inhaltsbereich angezeigt. Sie können mithilfe der Eigenschaft `text` den Anzeigetext definieren und über die Eigenschaft `visible` die Sichtbarkeit steuern. Wählen Sie den Menüeintrag TEXTBAR EINFÜGEN des Kontextmenüs auf dem `TablePopin`, um dieses Element einzufügen.

Textbar

10.4.4 Verwendung

Pop-ins sind Einschübe zwischen den Zeilen einer `Table`, die sich auf eine Zeile oder einzelne Zellen beziehen können. Sie dienen dazu, zusätzliche Daten zu einer Zeile oder Zelle anzuzeigen, die möglicherweise aufgrund von Platzproblemen hinsichtlich der Tabellenbreite nicht dargestellt werden können.

Zeilen- und Zellen-Popin

Ein Pop-in kann auf der Ebene einer `Table` für ein Zeilen-Popin oder auf der Ebene einer `TableColumn` für ein Zellen-Popin definiert werden. Ein notwendiges Element zum Auf- und Zuklappen eines `TablePopin` stellt das UI-Element `TablePopinToggleCell` dar, das bereits in Abschnitt 10.3.3 unter »Zellenvarianten«, beschrieben wurde.

Zeilen-Popin

Vorgehen

Zum Anlegen eines Pop-ins mit Zeilenbezug müssen ein `TablePopin` und eine `TablePopinToggleCell` definiert werden, um das Auf- und Zuklapppen des Pop-ins zu ermöglichen.

1. Die Anlage der `TablePopinToggleCell` wurde bereits in Abschnitt 10.3.3 unter »Zellenvarianten« erläutert. Die wichtigste Eigenschaft, die dort für die `TablePopinToggleCell` besprochen wurde, war `variantKey`, die die eindeutige Kennung der `TablePopinToggleCell` innerhalb der `TableColumn` darstellt.
2. Damit nun die `TableColumn` die `TablePopinToggleCell` als Anzeigevariante verwendet, müssen Sie in der Eigenschaft `selectedCellVariant` des UI-Elementes `TableColumn` den Wert des `variantKey` eintragen.
3. Nachdem Sie die `TablePopinToggleCell` angelegt, bewertet und zur `TableColumn` zugeordnet haben, können Sie das `TablePopin`

definieren. Dies erledigen Sie mithilfe des Kontextmenüs auf dem UI-Element `Table`, genauer über den Menüeintrag TABELLENPOPIN EINFÜGEN.

4. Mithilfe des nun folgenden Definitionsschrittes müssen Sie die Anzeige der Daten im Pop-in auf das selektierte Element in der `Table` beziehen. Dazu definieren Sie im Context-Knoten, der die Datenquelle der `Table` darstellt, ein zusätzliches Attribut (Namensvorschlag: `SELECTEDPOPIN`) vom Typ `string` oder einen Unterknoten mit der Kardinalität 1..1 und diesem Attribut. Dieses Attribut wird die Kennung für das selektierte Pop-in übernehmen, das vom Framework oder durch Ihre Programmierung gesetzt wird.
5. Binden Sie das neu angelegte Attribut an die Eigenschaft `selectedPopin` des UI-Elementes `Table`.

Damit sind die notwendigen Definitionsschritte abgeschlossen. In Abbildung 10.37 sehen Sie ein Beispiel für ein einfaches Zeilen-Popin. Die `TablePopinToggleCell` wird in der ersten Spalte der `Table` als Dreieck dargestellt. Klickt der Benutzer auf das Dreieck, öffnet sich das `TablePopin` und der Inhalt des Pop-ins wird angezeigt. Ein nochmaliger Klick auf das Dreieck schließt das `TablePopin` wieder.

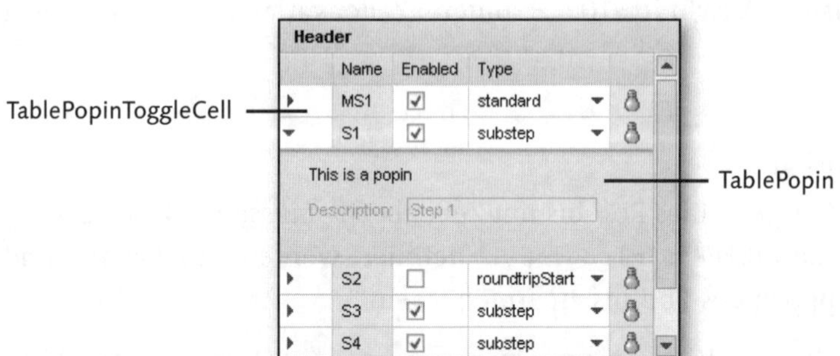

Abbildung 10.37 Zeilen-Popin

[+] **Hinweis**: Falls Sie beim Testen des Zeilen-Popins den folgenden Fehler erhalten, haben Sie noch kein `TablePopin` definiert und müssen dies nachholen:

> *Folgender Fehlertext wurde im System <SID> prozessiert: Fehler im TABLE_POPIN_TGL_CELL "TPTC" des Views "ZWDC_CHAP04.V_TABLE": Die Tabelle hat kein TablePopin, für die TablePopinToggleCell muss ein TablePopin vorhanden sein.*

Achten Sie darauf, dass pro Zeile nur ein `TablePopin` existieren darf.

Zellen-Popin

Falls Sie ein Pop-in mit Bezug zu einer Zelle erzeugen möchten, können Sie dieses mithilfe des Kontextmenüs über den Menüeintrag TABELLENPOPIN EINFÜGEN für die gewünschte Spalte erstellen, in der sich die Zelle befindet. In Abbildung 10.38 sehen Sie ein Beispiel für ein Zellen-Popin.

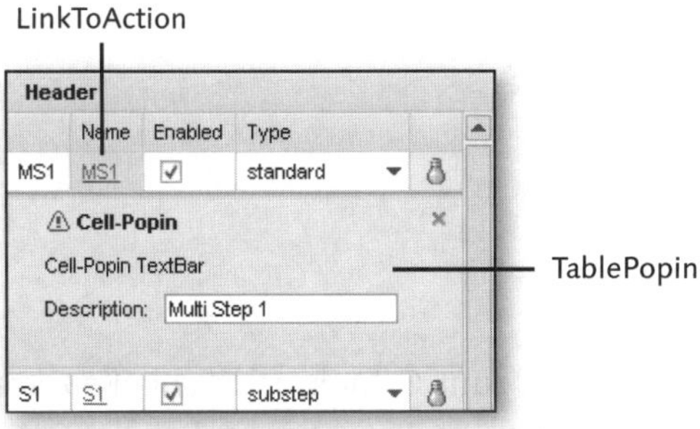

Abbildung 10.38 Zellen-Popin

Öffnen

Das Öffnen eines Zellen-Popins benötigt ein UI-Element, das einen Roundtrip auslösen kann, wie zum Beispiel `LinkToAction`, und das Sie für die Typisierung des Zelleneditors der Spalte verwenden. Im zugeordneten Aktionsbehandler der zum Ereignis zugeordneten Aktion – im Fall des UI-Elementes `LinkToAction` ist dies das Ereignis `onAction` – müssen Sie die ID der Tabellenspalte im Attribut für die Kennung des Pop-ins setzen. Falls Sie das Attribut zum Beispiel mit `SELECTEDPOPIN` bezeichnet haben und die betroffene Spalten-ID zum Beispiel die Bezeichnung `TABLE_NAME_CV` trägt, öffnen Sie mit der in Listing 10.3 dargestellten Implementierung das Zellen-Popin.

```
METHOD onactionaction .
  context_element->set_attribute(
    name = 'SELECTEDPOPIN'
    value = 'TABLE_NAME_CV' ).
ENDMETHOD.
```

Listing 10.3 Zellen-Popin öffnen

Die Referenz `context_element` wurde vom Framework an die Aktionsbehandler-Methode übergeben. Sie erlaubt den Zugriff auf die Attribute der durch den Benutzer selektierten Zeile und damit auch auf das Attribut für die Popin-Kennung.

Schließen

Für die Schließaktion bietet ein Pop-in bereits ein Ereignis an. Wird dem onClose-Event eine Aktion zugeordnet, zeigt das Pop-in einen Schließen-Button an (das kleine x), der durch das Anklicken des Benutzers das Ereignis auslöst. Zum tatsächlichen Schließen des Popins müssen Sie noch die Spalten-ID des selektierten Eintrages zurücksetzen. In Listing 10.4 sehen Sie die nötige Implementierung für den onClose-Aktionsbehandler.

```
METHOD onactionclose .
  context_element->set_attribute(
    name = 'SELECTEDPOPIN'
    value = '' ).
ENDMETHOD.
```

Listing 10.4 Zellen-Popin schließen

Die soeben beschriebenen Ansätze zum Öffnen und Schließen von Pop-ins gelten auch für die Zeilen-Popins. Beachten Sie bei dieser Art der Anwendung, dass Sie dem Attribut für die Popin-Kennung die ID des TablePopin zuordnen. Für Zellen können beliebig viele Pop-ins existieren.

10.5 TableColumnGroup

Spaltengruppierung

Das UI-Element TableColumnGroup dient dazu, eine Gruppe von Spalten (TableColumn) und/oder weitere Gruppenspalten zu gruppieren. Um die Beschreibungen zum UI-Element Table nicht zu tief zu schachteln, beschreiben wir in diesem Abschnitt das UI-Element TableColumnGroup separat.

In Abbildung 10.39 sehen Sie den Anlegevorgang und das Kontextmenü mit den Auswahlmöglichkeiten.

Anlegen

Ausgehend vom UI-Element Table, wählen Sie das Kontextmenü und dort den Menüeintrag GRUPPENSPALTE EINFÜGEN, um eine neue Gruppenspalte anzulegen. Bei der Anlage können Sie sich entscheiden, ob Sie eine Spalte (TableColumn) oder eine Gruppe von Spalten (TableColumnGroup) anlegen.

Der Leistungsumfang der TableColumn wurde bereits in Abschnitt 10.3 besprochen. Wenn Sie die TableColumnGroup verwenden, können Sie zu dieser wiederum TableColumn- und/oder TableColumnGroup-Elemente anlegen. Durch diese Schachtelung ist es möglich,

Gruppenspalten mit unterschiedlichen Hierarchiestufen einzurichten. In Abbildung 10.40 sehen Sie ein Beispiel für eine geschachtelte Definition.

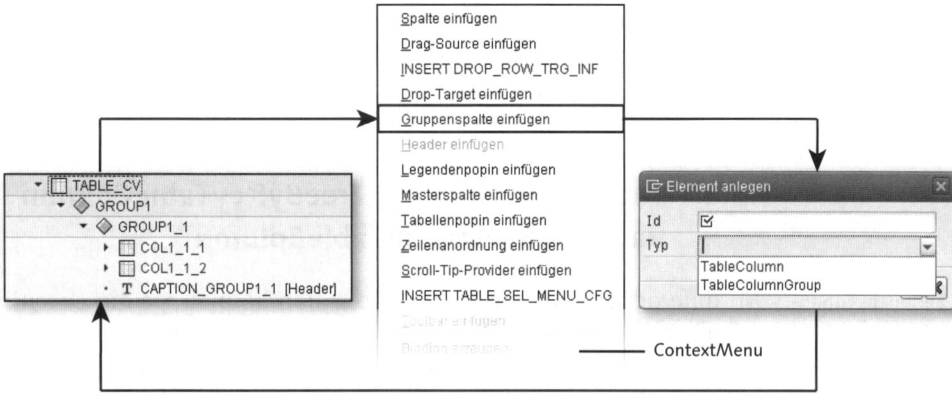

Abbildung 10.39 Aggregation Gruppenspalte

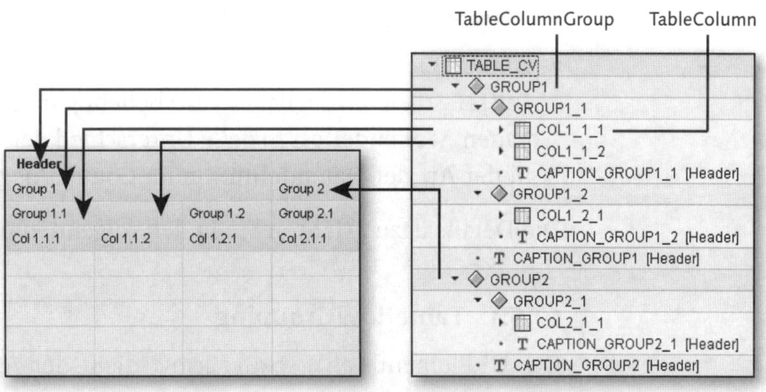

Abbildung 10.40 TableColumnGroup

Hierarchiestufen

Auf der höchsten Hierarchiestufe haben wir `GROUP1` und `GROUP2`, das heißt jeweils eine `TableColumnGroup` angelegt. Diese werden in der Tabellendarstellung ganz oben mit ihrem Header dargestellt. Unterhalb von `GROUP1` sind zwei weitere `TableColumnGroup`-Elemente, `GROUP1_1` und `GROUP1_2`, und unterhalb von `GROUP2` die `TableColumnGroup` `GROUP2_1` angelegt. Die Header dieser Gruppen werden auf der nächsten Ebene in der Tabelle, unterhalb der ersten Hierarchiestufe angezeigt. Auf der letzten Stufe haben wir `TableColumn`-Elemente eingefügt, deren Zugehörigkeiten zu den Gruppen in der Tabelle dargestellt werden.

Drag & Drop

Die Eigenschaften einer `TableColumnGroup` sind eine Teilmenge der `TableColumn`-Eigenschaften und deren Erläuterungen können in Abschnitt 10.3, »TableColumn«, nachgelesen werden. Besonders erwähnenswert für die Gruppenspalten ist, dass sie per Drag & Drop verschiebbar sind – das heißt Spalten innerhalb einer Gruppenspalte, aber auch Gruppenspalten insgesamt mit darunterliegenden Spalten und Gruppenspalten.

10.6 TableRowGrouping, TreeByKeyTableColumn und TreeByNestingTableColumn

Zeilenanordnungen für Tabellen

Mithilfe der Zeilenanordnungsaggregation können Sie die Daten in einer `Table` hierarchisch strukturieren. Um die Beschreibungen zum UI-Element `Table` nicht zu tief zu schachteln, beschreiben wir in diesem Abschnitt die dazu notwendigen UI-Elemente separat:

- Das UI-Element `TableRowGrouping` ermöglicht es, Daten auf zwei Hierarchiestufen darzustellen.
- Die UI-Elemente `TreeByKeyTableColumn` und `TreeByNestingTableColumn` ermöglichen es, beliebig tiefe Hierarchien aufzubauen, wobei der essenzielle Unterschied der beiden UI-Elemente in der Art der Datendefinition im Context liegt.

Die Details dazu erfahren Sie in den folgenden Abschnitten.

10.6.1 TableRowGrouping

Das UI-Element `TableRowGrouping` dient der Anzeige einer `Table`, deren Zeilen gruppiert sind. Eine Gruppe wird durch eine auf-/zuklappbare Zeile dargestellt, die die gesamte Tabellenbreite einnimmt. In Abbildung 10.41 sehen Sie ein einfaches Beispiel, das die Schritte erläutert, die nötig sind, um die gewünschte Visualisierung umzusetzen.

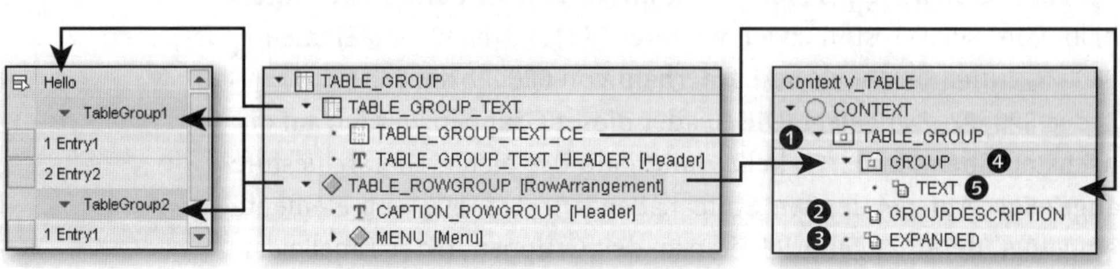

Abbildung 10.41 TableRowGrouping

Context

Wir beginnen mit der Definition des Contexts. Da die Tabellendaten auf zwei Hierarchiestufen darzustellen sind, legen Sie einen Context-Knoten mit Kardinalitätsobergrenze n an, der die erste Hierarchiestufe darstellt (❶). Dieser wird die Daten für die Gruppen beheimaten und zumindest zwei Attribute besitzen, einerseits für die darzustellende Information (❷) und andererseits ein Flag, um festzustellen, ob die Gruppe in der `Table` expandiert ist oder nicht (❸). Die Datensätze der zweiten Hierarchiestufe, das heißt zu einer Gruppe, werden durch einen Context-Knoten repräsentiert, der sich unter dem Knoten der ersten Hierarchiestufe befindet (❹) und ebenfalls die Kardinalitätsobergrenze n besitzt. Dieser enthält die Attribute für die Daten der Tabellenspalten (❺), die dargestellt werden, sofern die Gruppe geöffnet wird.

UI-Element TableRowGrouping

Die Definitionen im Context werden für das Data Binding der UI-Elemente in der `Table` herangezogen. Um das UI-Element `TableRowGrouping` verwenden können, müssen Sie dieses zur `Table` mithilfe des Kontextmenüs anlegen. Nach der Anlage stellt Ihnen dieses UI-Element die Eigenschaften aus Tabelle 10.15 für die Pflege zur Verfügung.

Eigenschaft	Beschreibung
`expanded`	Mit dieser Eigenschaft können Sie feststellen und festlegen, ob die Gruppe aufgeklappt (Wert = `abap_true`) oder zugeklappt (Wert = `abap_false`) ist. Sie binden diese Eigenschaft am besten an ein Attribut vom Typ `WDY_BOOLEAN`.
`groupData`	Mit dieser Eigenschaft stellen Sie einen Bezug zum Context-Knoten für die Daten der zweiten Hierarchiestufe her.

Tabelle 10.15 Eigenschaften TableRowGrouping

Caption- und Menu-Aggregation

Dem UI-Element `TableRowGrouping` können noch zwei aggregierbare Elemente mithilfe des Kontextmenüs hinzugefügt werden. Das UI-Element `Caption`, das Sie mit dem Menüeintrag Header einfügen anlegen, dient unter anderem dazu, den Text der Gruppe darzustellen. Binden Sie dazu die Eigenschaft `text` der `Caption` an das entsprechende Context-Attribut des Knotens der ersten Hierarchiestufe. Darüber hinaus können Sie zum UI-Element `TableRowGrouping` ein UI-Element `Menu` mithilfe des Menüeintrages Menü einfügen anlegen. In Abbildung 10.42 sehen Sie ein Beispiel für ein Menü zu einer Gruppe.

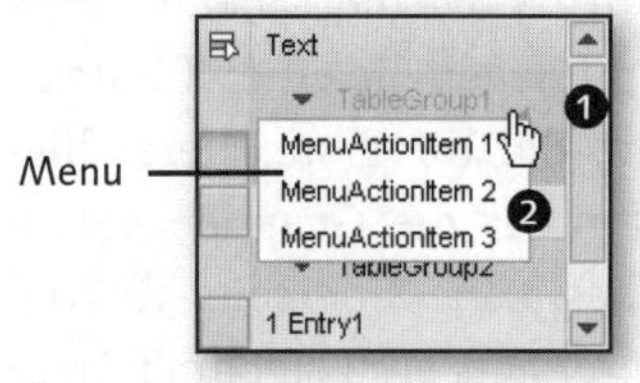

Abbildung 10.42 Menü für TableRowGrouping

Das Menü wird mittels eines Mouseovers des Benutzers über den Titel der Gruppe durch ein kleines Dreieck rechts unten (❶) und durch einen Farbwechsel des Titels angedeutet. Klickt der Benutzer auf den Titel oder das Dreieck, öffnet sich das Menü (❷), und der Benutzer kann einen Menüeintrag auswählen und damit eine Aktion auslösen. Details zur Menüdefinition finden Sie in Abschnitt 4.8.2, »Menu«.

Daten in einer Gruppe

Um die Daten der zweiten Hierarchiestufe in der `Table` darzustellen, verwenden Sie wie immer `TableColumn`-Elemente und beziehen sich beim Data Binding auf die Attribute der zweiten Hierarchiestufe im Context. Die Spaltenüberschriften zu den `TableColumn`-Elementen werden in der `Table` über den Gruppen dargestellt.

10.6.2 TreeByKeyTableColumn und TreeByNestingTableColumn

Mehrstufige Hierarchie

Die UI-Elemente `TreeByKeyTableColumn` und `TreeByNestingTable-Column` ermöglichen es Ihnen, die Daten der `Table` mithilfe einer Baumstruktur zu organisieren. Die UI-Elemente für eine hierarchische Tabelle erlauben im Gegensatz zum UI-Element `Tree` die folgenden Funktionalitäten:

- Benutzereingaben
- Scrolling
- Durchsuchen mit Selektieren des jeweils nächsten Treffers über die Toolbar

Unterschied

Context-Definition

Der Unterschied zwischen diesen beiden UI-Elementen besteht in der Definition des Datenmodells im Context:

- Beim UI-Element `TreeByKeyTableColumn` werden alle Daten in einen Context-Knoten abgelegt, und die Hierarchie entsteht durch die Beziehung zwischen den `key`- und den `parentKey`-Attributen.
- Beim UI-Element `TreeByNestingTableColumn` wird die Hierarchie durch die Verwendung eines rekursiven Context-Knotens realisiert. Für die Definition sehen Sie Abschnitt 4.4.8, »Tree«.

Im Folgenden werden wir unsere Erläuterungen nur auf das UI-Element `TreeByKeyTableColumn` beziehen. Diese können Sie analog auf das UI-Element `TreeByNestingTableColumn` anwenden.

Beispiel

Existiert im Datenmodell bereits eine `key`- und `parentKey`-Beziehung, ist die zu erwartende Datenmenge nicht zu groß und möchten Sie üblicherweise alle Daten auf einmal in die `Table` stellen, dann bietet sich das UI-Element `TreeByKeyTableColumn` an, anderenfalls das UI-Element `TreeByNestingTableColumn`. In Abbildung 10.43 sehen Sie ein Beispiel für die Verwendung des UI-Elementes `TreeByKeyTableColumn` sowie die Attribuierung der wichtigsten Eigenschaften.

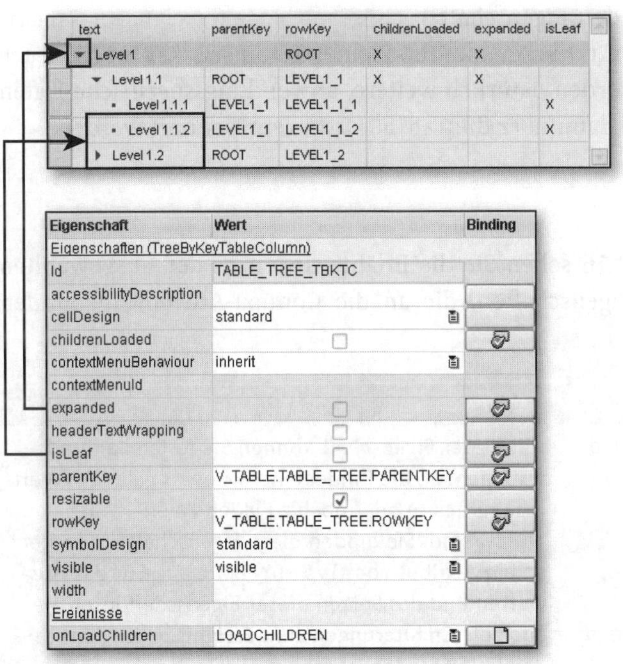

Abbildung 10.43 TreeByKeyTableColumn

Erläuterungen

In Abbildung 10.43 haben wir zwei Bindings hervorgehoben, die wir nun näher erläutern:

- Das erste Binding betrifft die Eigenschaft `expanded`, die bei einem expandierbaren Knoten in der `Table` die Visualisierung des Symbols des Knotens steuert. Falls Sie das SAP-Standard-Theme verwenden (siehe auch Kapitel 6, »Visuelle Anpassung von Web-Dynpro-Anwendungen«), zeigt ein Dreieck, das nach rechts weist, an, dass der Knoten zusammengeklappt ist. Zeigt das Dreieck mit der Spitze nach unten, ist der Knoten geöffnet.
- Die Eigenschaft `isLeaf` steuert ebenfalls das Aussehen des Symbols. Ist dieser Eigenschaft der Wert `abap_true` zugeordnet, wird die Darstellung eines Quadrates verwendet, außer die Eigenschaft `symbolDesign` hat den Wert `simple`, dann wird kein Symbol angezeigt.

Context

Context-Attribute

Der erste Schritt in der Verwendung des UI-Elementes `TreeByKeyTableColumn` besteht wie immer in der passenden Definition des Contexts. Wir empfehlen Ihnen, einen Context-Knoten als Datenquelle der Tabelle anzulegen, der zumindest die Attribute für die Bindung mit den Eigenschaften `childrenLoaded`, `expanded`, `isLeaf`, `parentKey` und `rowKey` des UI-Elementes `TreeByKeyTableColumn` besitzt. Sie werden natürlich weitere, anwendungsspezifische Daten einfügen, die dann über die `TableColumn` repräsentiert werden.

Eigenschaften

In Tabelle 10.16 sehen Sie die Erläuterungen zu den ausgewählten UI-Element-Eigenschaften, die an die Context-Attribute gebunden werden.

Eigenschaft	Beschreibung
`childrenLoaded`	Mit dieser Eigenschaft können Sie feststellen und festlegen, ob die Kinder eines Knotens geladen (Wert = `abap_true`) oder noch zu laden (Wert = `abap_false`) sind. Sie binden diese Eigenschaft am besten an ein Attribut vom Typ `WDY_BOOLEAN`. Für das Auswerten und das Setzen dieser Eigenschaft lesen Sie auch die Erläuterungen zum Ereignis `onLoadChildren` im folgenden Abschnitt »Ereignis«.

Tabelle 10.16 Eigenschaften TreeByKeyTableColumn

Eigenschaft	Beschreibung
expanded	Mit dieser Eigenschaft können Sie feststellen und festlegen, ob ein Knoten aufgeklappt (Wert = abap_true) oder zugeklappt (Wert = abap_false) ist. Sie binden diese Eigenschaft an besten an ein Attribut vom Typ WDY_BOOLEAN. Das System zeigt je nach Zustand ein Symbol für aufgeklappt oder zugeklappt an; im Standard ein Dreieck, das mit der Spitze nach rechts bzw. nach unten zeigt.
isLeaf	Mit dieser Eigenschaft können Sie feststellen und festlegen, ob ein Knoten als Blatt (Wert = abap_true) oder nicht (Wert = abap_false) darzustellen ist. Sie binden diese Eigenschaft am besten an ein Attribut vom Typ WDY_BOOLEAN.
parentKey	Mit dieser Eigenschaft stellen Sie die Bindung zum Attribut im Context her, das den Schlüssel für ein Elternelement beinhaltet.
rowKey	Mit dieser Eigenschaft stellen Sie die Bindung zum Attribut im Context her, das den Schlüssel für ein Element beinhaltet.
symbolDesign	Mit dieser Eigenschaft legen Sie fest, wie die Darstellung der Symbole für die Blätter auszusehen hat. Falls Sie den Wert standard verwenden, werden Blätter und Knoten mit vorangestelltem Symbol abgebildet. Falls Sie den Wert simple angeben, werden nur die Knoten mit vorangestelltem Symbol gezeigt. Falls Sie diese Eigenschaft an ein Context-Attribut binden möchten, verwenden Sie das Datenelement WDUI_TABLE_HIER_SYMBOL_DESIGN für die Typisierung.

Tabelle 10.16 Eigenschaften TreeByKeyTableColumn (Forts.)

Ereignis

Dynamisches Laden

Die Daten zur Table können im Context vorgeladen werden; diesen Ansatz haben wir bis jetzt verfolgt. Dies führt unter Umständen zu einer starken Belastung des Servers und Clients, sofern eine große Menge an Daten vorrätig im Speicher gehalten werden muss. Ein alternativer Ansatz besteht darin, die Daten nur bei einer konkreten Anfrage durch den Benutzer zu laden, das heißt durch das Öffnen eines Knotens. Man könnte in diesem Zusammenhang auch vom dynamischen Laden der Daten sprechen.

Ereignis onLoadChildren

Dazu ist für die UI-Elemente `TreeByKeyTableColumn` und `TreeByNestingTableColumn` das Ereignis `onLoadChildren` definiert. Wurde eine Aktion dem Ereignis zugeordnet, wird ein HTTP-Roundtrip ausgelöst, der Aktionsbehandler durchlaufen und zusätzlich die Hook-Methoden `wddobeforeaction( )` und `wddoafteraction( )` abgearbeitet. Beim Schließen des Knotens wird die Behandlung nicht durchgeführt. Im Aktionsbehandler kann auf die gleichen Informationen aus dem `wdevent`-Parameter zugegriffen werden, das heißt `id`, `context_element` und `path`. In der Implementierung des Aktionsbehandlers wird dann die abhängige Information zum `context_element` ermittelt. Dies kann unter Umständen aufwendig sein. Darum bietet es sich an, über ein Context-Attribut festzuhalten, ob die Daten bereits in einem vorhergehenden Schritt ermittelt wurden.

Aggregierte Elemente

Die UI-Elemente `TreeByKeyTableColumn` und `TreeByNestingTableColumn` bieten zwei Aggregationen an:

- **Header**
  Die Header-Aggregation dient dazu, eine Spaltenüberschrift für die `Tree`-Spalte zu definieren. Die Details zum Header wurden zu Beginn des Abschnittes 10.2.5, »Aggregierte Elemente«, beschrieben.
- **Zelleneditor**
  Der Zelleneditor übernimmt die eigentliche Visualisierung der Daten in der `Tree`-Spalte. Der Zelleneditor wird rechts neben den Symbolen für Knoten und Blätter eingeblendet. Am Anfang des Abschnittes 10.2, »Table«, finden Sie die Details zur Anlage und zur Verwendung der Zelleneditoren.

10.7 SAP List Viewer

Neben der einfachen Tabelle bietet SAP mit dem bereits aus dem klassischen Dynpro-Umfeld bekannten SAP List Viewer, der im Allgemeinen auch als »ALV« bekannt ist, ein flexibles und mächtiges Werkzeug zur Darstellung, Bearbeitung, grafischen Aufbereitung und zum Export von Tabellen an.

[+]

Hinweis: Mit Release 4.6C wurde der ABAP List Viewer (ALV) in SAP List Viewer umbenannt. Die Abkürzung ALV wird jedoch weiter im allgemeinen Sprachgebrauch und in allen technischen SAP List Viewer-Objekten verwendet.

Beispiel einer ALV-Tabelle

Aus Sicht des Endanwenders besteht die ALV-Ausgabe standardmäßig aus einer Toolbar und einer Ausgabetabelle. Über verschiedene zusätzliche Dialogfenster kann der Benutzer Einstellungen zur Spaltenanzeige, erweiterten Sortierung, Aggregation und weiteren Funktionen vornehmen, wie beispielsweise der Druckausgabe. Abbildung 10.44 zeigt Ihnen beispielhaft eine ALV-Tabelle.

Abbildung 10.44 ALV-Tabelle aus Endanwendersicht

Leistungsumfang

Technisch betrachtet, besteht eine ALV-Tabelle aus dem durch eine Component verschalten UI-Element `Table`. Daher werden auch zahlreiche Eigenschaften des `Table`-Elementes unterstützt, wie zum Beispiel verschiedene Zelleneditoren, Hintergrundfarben und Größeneinstellungen. Darüber hinaus bietet Ihnen die ALV-Component noch weitere Möglichkeiten, beispielsweise:

- Sortierung, Filterung und Berechnung von Spaltenwerten
- Ein-/Ausblendung von Spalten durch den Spaltenvorrat
- Definition und Speicherung von Einstellungen, wie zum Beispiel am Spaltenvorrat, als sogenannte Sichten durch den Anwender
- Verwendung einer Toolbar mit ALV-Standardfunktionen, wie beispielsweise Excel-Export und eigenen, selbst definierbaren Buttons
- grafische Darstellung von numerischen Daten, wie beispielsweise Umsätzen

Gliederung des Abschnittes

Im Folgenden wird die Implementierung von ALV-Tabellen in der Theorie und anhand einer Vielzahl von kleinen praktischen Beispielen erläutert.

10.7.1 Integration des SAP List Viewers in drei Schritten

Die Integration einer List-Viewer-Tabelle in Components gestaltet sich einfach. Dazu müssen Sie nur die folgenden drei Schritte durchführen:

- Definieren Sie eine Component-Verwendung auf die ALV-Component `SALV_WD_TABLE`.
- Legen Sie ein externes Mapping zwischen dem anzuzeigenden lokalen Knoten und dem Knoten `DATA` in der ALV-Component an; alternativ kann dies auch dynamisch zur Laufzeit über die Methode `set_data( )` durchgeführt werden.
- Integrieren Sie einen View-Container zur Darstellung der Tabelle an gewünschter Stelle innerhalb eines Ihrer Views, und fügen Sie den ALV-Interface-View `TABLE` anschließend in das lokale Window im View-Container ein.

Beispiel

Ein kleines Beispiel soll dies verdeutlichen. Hierfür haben wir bereits vorab eine Component mit einem Rahmen-View und dem auf der gleichnamigen Datenbanktabelle basierenden Context-Knoten `T005T` angelegt. Der Knoten wird über eine Supply-Funktion bei erstmaliger Initialisierung automatisch mit Daten befüllt. Anhand dieses Knotens zeigen wir Ihnen nun, wie Sie Ihre Context-Knoten mithilfe der ALV-Component als Tabelle anzeigen können. Das hierbei aufgebaute Beispiel bildet die Grundlage für die folgenden Beispiele in diesem Abschnitt.

Component-Verwendung einrichten

1. Tragen Sie eine Component-Verwendung für den SAP List Viewer innerhalb Ihrer Component ein. Wechseln Sie dazu in die Eigenschaften Ihrer Component. Tragen Sie eine Component-Verwendung namens `ALV_T005T` für die ALV-Component `SALV_WD_TABLE` in die Tabelle VERWENDETE-WEB-DYNPRO-COMPONENTS ein.

Externes Mapping anlegen

2. Legen Sie ein externes Mapping zwischen dem lokalen Knoten `T005T` und der ALV-Component an. Öffnen Sie dazu in der Component-Objektliste den Pfad COMPONENT-VERWENDUNG • ALV_T005T • `INTERFACECONTROLLER_USAGE`, und tragen Sie auf der Registerkarte EIGENSCHAFTEN eine Component-Verwendung für den Component-Controller Ihrer Component in die Tabelle ein.

   Wechseln Sie anschließend auf die Registerkarte CONTEXT, und ziehen Sie den Knoten `T005T` von der rechten Seite auf den Knoten `DATA` in der ALV-Component (siehe Abbildung 10.45).

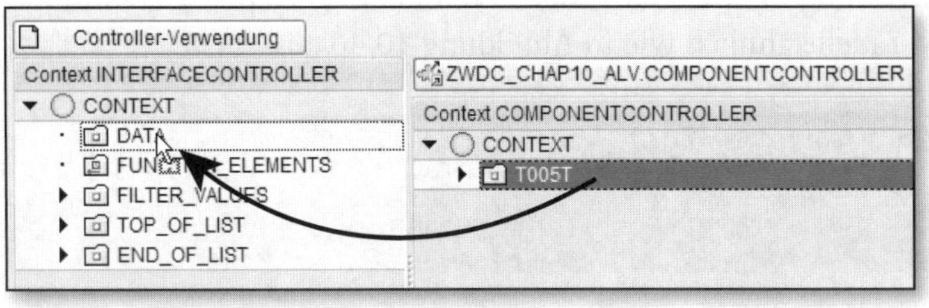

Abbildung 10.45 Anlegen eines externes Mappings

[+]

Hinweis: In Schritt 2 haben wir Ihnen gezeigt, wie Sie den lokalen Knoten einer Component mithilfe eines externen Mappings statisch mit der ALV-Component verbinden. In der Praxis ist das statische Mapping jedoch häufig zu unflexibel oder bei speziellen Anforderungen nicht ausreichend.

Die ALV-Component bietet Ihnen deshalb auch die Möglichkeit, die Datenquelle der Component zur Laufzeit dynamisch zu ändern. Hierzu können Sie die Methode `set_data( )` des ALV-Interface-Controllers verwenden. Weitere Informationen zu `set_data( )` finden Sie in Abschnitt 10.7.2, »Methoden und Ereignisse der ALV-Component«.

View und Window erweitern

3. Abschließend müssen Sie den ALV-Interface-View `TABLE` in Ihre lokale View- und Window-Hierarchie einbetten. Führen Sie hierzu die folgenden Schritte durch:
   - Integrieren Sie an der Position der späteren ALV-Tabelle einen View-Container (UI-Element `ViewContainerUIElement`) in die Hierarchie Ihres Views. Der Container dient als Platzhalter für die ALV-Component. Im Unterschied zu einfachen Web-Dynpro-Tabellen, bei denen Sie bereits zur Designzeit die Tabelle im Layout-Editor sehen, werden Sie die ALV-Tabelle erst zur Laufzeit begutachten können.
   - Integrieren Sie den ALV-Interface-View `TABLE` in das Window Ihrer View-Hierarchie. Öffnen Sie dazu in der Window-Struktur den Knoten Ihres Views, und klicken Sie mit der rechten Maustaste auf den für die ALV-Tabelle angelegten View-Container. Wählen Sie View einbetten. Im View-Einbettungs-Popup öffnen Sie die Wertehilfe und selektieren den Interface-View `TABLE` der ALV-Component-Verwendung, in unserem Beispiel `ALV_T005T`.

Besprechung des Beispiels

Damit haben Sie die Integration des SAP List Viewers abgeschlossen. Sie können nun Ihre Component aktivieren und diese über eine

Anwendung im Browser testen. Wenn alles geklappt hat, sollte Ihre ALV-Tabelle ähnlich wie in Abbildung 10.46 aussehen.

List Viewer im Test

Sicht: [Standardsicht] Druckversion Export

Sprache	Lnd	Bezeichnung	Nationalität	Bezeichnung lang	Nationalität
DE	AD	Andorra	andorranisch	Andorra	andorranisch
DE	AE	Ver.Arab.Emir.	d. Verein. Arab	Vereinigte Arabische Emirate	v.d. Vereinigten Arabischen Emiraten
DE	AF	Afghanistan	afghanisch	Afghanistan	afghanisch
DE	AG	Antigua/Barbuda	antiguanisch	Antigua und Barbuda	antiguanisch
DE	AI	Anguilla	Anguilla	Anguilla	anguillanisch
DE	AL	Albanien	albanisch	Albanien	albanisch

Abbildung 10.46 Erster Test des List Viewers

Nach der Integration der ALV-Component beginnt die Arbeit jedoch häufig erst richtig. So sind die Tabellenspalten im Beispiel bislang noch nicht eingabebereit. Die Tabellenspalten wurden allesamt ungefragt eins zu eins von den Attributen des Context-Knotens übernommen. Die Spaltenbeschriftungen basieren auf den Datenelementen der Datenbanktabelle. Da Sie jedoch meistens nur einen Teil der Attribute eines Knotens anzeigen möchten und die reine Spaltenanzeige selten zielführend ist, zeigen wir Ihnen in den Abschnitten 10.7.4, »Änderungen an den Tabelleneinstellungen« bis 10.7.6, »Änderungen an der Toolbar«, Beispiele für die gängigsten Anpassungen an ALV-Tabellen.

10.7.2 Methoden und Ereignisse der ALV-Component

Die ALV-Component `SALV_WD_TABLE` bietet eine Reihe von Interface-Methoden und Interface-Ereignissen zur Kommunikation mit den verwendenden Components an. Während die Methoden der ALV-Component größtenteils zur Konfiguration der Tabelle dienen, werden die Ereignisse zur Interaktion verwendet. Sie informieren die verwendende Component über Aktionen des Benutzers, wie beispielsweise Änderungen der Lead-Selection. In diesem Abschnitt werden zuerst die Ereignisse und anschließend die Methoden der ALV-Component behandelt.

Ereignis ON_CLICK

Ereignisse Das Ereignis `ON_CLICK` wird ausgelöst, sobald ein Benutzer in einer Zelle der ALV-Tabelle auf einen `Button` oder einen `LinkToAction` klickt. Über die Attribute des Parameters R_PARAM erhalten Sie im Ereignisbehandler weitere Informationen zum Ereignis (siehe Tabelle 10.17).

Attribut	Beschreibung
ATTRIBUTE	Name des angeklickten Attributes
COLUMN	technischer Name der angeklickten Spalte
INDEX	Index der angeklickten Zeile
VALUE	Wert der angeklickten Zelle (nach dem Klick)

Tabelle 10.17 Attribute von R_PARAM (IF_SALV_WD_TABLE_CLICK)

Ereignis ON_DATA_CHECK

Das Ereignis ON_DATA_CHECK wird ausgelöst, wenn in einer änderbaren ALV-Tabelle nach einer Datenänderung eine Prüfung dieser geänderten Daten durchgeführt wird. Als Datenänderungen gelten das Hinzufügen/Löschen von Tabellenzeilen sowie das Ändern von Zellendaten.

Attribut	Beschreibung
T_INSERTED_ROWS	Index und Inhalt der eingefügten Tabellenzeilen
T_DELETED_ROWS	Index und Inhalt der gelöschten Tabellenzeilen
T_MODIFIED_CELLS	Index, Attributname und alter/neuer Zellenwert
T_ERROR_CELLS	Index und Attributname mit Fehlern

Tabelle 10.18 Attribute von R_PARAM (IF_SALV_WD_TABLE_DATA_CHECK)

Ereignis ON_CELL_ACTION

Das Ereignis ON_CELL_ACTION vereint die Ereignisse ON_CLICK und ON_DATA_CHECK. Vor der Verwendung muss ON_CELL_ACTION im ALV-Configuration-Model über die Methode set_cell_action_event_enabled( ) aktiviert werden. Durch die Aktivierung wird der Ereignisbehandler ON_CLICK deaktiviert, während ON_DATA_CHECK weiterhin aktiv bleibt.

Attribut	Beschreibung
ATTRIBUTE	Name des angeklickten Attributes

Tabelle 10.19 Attribute von R_PARAM (IF_SALV_WD_TABLE_CELL_ACTION)

Attribut	Beschreibung
COLUMN	technischer Name der angeklickten Spalte
INDEX	Index der angeklickten Zeile
VALUE	Wert der angeklickten Zelle (nach dem Klick)

Tabelle 10.19 Attribute von R_PARAM (IF_SALV_WD_TABLE_CELL_ACTION) (Forts.)

Ereignis ON_FUNCTION

Das Ereignis ON_FUNCTION wird ausgelöst, sobald der Benutzer einen selbst definierten Button in der Toolbar anklickt (siehe Abschnitt 10.7.6, »Änderungen an der Toolbar«). Über das Attribut ID des Parameters R_PARAM (Typ IF_SALV_WD_TABLE_FUNCTION) können Sie den angeklickten Button auslesen.

Ereignis ON_LEAD_SELECT

Das Ereignis ON_LEAD_SELECT wird ausgelöst, wenn der Benutzer die Lead-Selection in der Tabelle ändert.

Attribut	Beschreibung
INDEX	Index der Lead-Selection nach Änderung
OLD_INDEX	Index der Lead-Selection vor Änderung

Tabelle 10.20 Attribute von R_PARAM (IF_SALV_WD_TABLE_LEAD_SELECT)

Ereignis ON_SELECT

Das Ereignis ON_SELECT wird ausgelöst, wenn der Benutzer die Lead-Selection oder eine einfache Selection (Zeilenmarkierung) ändert. Vor der Verwendung muss das Ereignis über die Methode set_on_select_enabled( ) des ALV-Configuration-Models aktiviert werden.

Attribut	Beschreibung
INDEX	Index der Lead-Selection nach Änderung
OLD_INDEX	Index der Lead-Selection vor Änderung

Tabelle 10.21 Attribute von R_PARAM (IF_SALV_WD_TABLE_SELECT)

Ereignis ON_STD_FUNCTION_BEFORE

Das Ereignis ON_STD_FUNCTION_BEFORE wird ausgelöst, sobald der Benutzer in der Toolbar der ALV-Tabelle den Button EINSTELLUNGEN oder FILTER angeklickt hat. Über das Ereignis ist es nicht möglich herauszufinden, welcher Button angeklickt wurde.

Ereignis ON_STD_FUNCTION_AFTER

Das Ereignis ON_STD_FUNCTION_AFTER wird ausgelöst, nachdem der Benutzer vorgenommene ALV-Einstellungen über OK oder ÜBERNEHMEN bestätigt oder den Button FILTER LÖSCHEN angeklickt hat. Über das Ereignis ist es nicht möglich herauszufinden, welcher Button angeklickt wurde.

Methode »set_data( )«

Methoden

Mithilfe der Methode set_data( ) können Sie die Ausgabetabelle einer ALV-Component dynamisch an einen beliebigen Context-Knoten binden. Die Methode stellt Ihnen dazu den Importing-Parameter R_NODE_DATA vom Typ IF_WD_CONTEXT_NODE bereit.

Methode »get_model( )« und »get_model_extended( )«

Sowohl die Methode get_model( ) als auch die Methode get_model_extended( ) liefern eine Referenz vom Typ CL_SALV_WD_CONFIG_TABLE auf das ALV-Configuration-Model zurück. Das Configuration Model stellt das Herzstück jeder ALV-Component dar. Mithilfe des Models können Sie eine ALV-Tabelle bis ins letzte Detail konfigurieren, angefangen bei der Tabellenüberschrift bis hin zu den Zellen.

get_model( ) vs. get_model_extended( )

Bei Verwendung der Methode get_model( ) übernimmt das Configuration Model bereits alle Attribute des Knotens automatisch in den Spaltenvorrat der Tabelle. Verwenden Sie jedoch stattdessen die Methode get_model_extended( ), können Sie mithilfe des Importing-Parameters S_PARAM-DEFAULT_COLUMNS entscheiden, ob Sie automatisch alle Attribute des Knotens in den Spaltenvorrat übernehmen möchten oder nicht.

Vorteile von get_model_extended( )

Der Vorteil von get_model_extended( ) besteht darin, dass Sie durch gezielte Instanzierung der benötigten Spalten eine bessere Performance erreichen, als wenn Sie erstmals alle Attribute des Knotens instanzieren, um die nicht für die Anzeige bestimmten Attribute anschließend wieder aus der Anzeigetabelle entfernen zu müssen. Spätestens bei mehr als fünf bis zehn technischen Spalten im Knoten sollten Sie ausschließlich Gebrauch von der Methode `get_model_extended( )` machen.

Weitere Informationen zum Configuration Model erhalten Sie in Abschnitt 10.7.3, »ALV-Configuration-Model«.

Methode »data_check( )«

Context von ALV-Tabellen

Im Unterschied zu normalen Web-Dynpro-Tabellen werden die Daten bei ALV-Tabellen nicht direkt aus dem Context der eigenen Component, sondern aus einem getrennten Context in der ALV-Component angezeigt. Zwischen dem eigenen und dem im View verwendeten Tabellen-Context führt die ALV-Component einen ständigen Datenabgleich durch. Dieser als Data-Check bezeichnete Vorgang ist in Abbildung 10.47 am Beispiel der Tabelle `T005T` schematisch veranschaulicht.

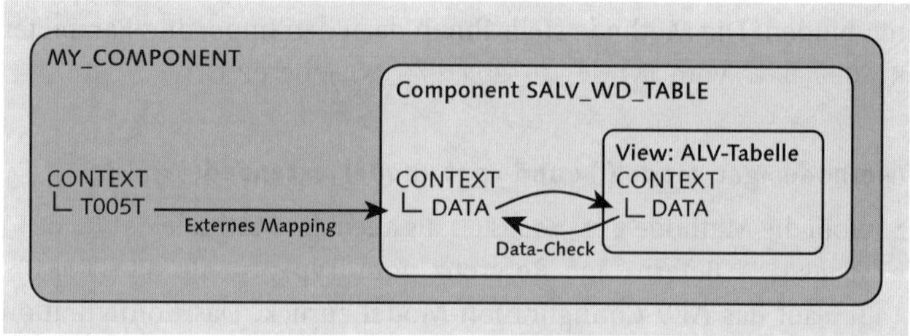

Abbildung 10.47 Data-Check der ALV-Component

Diesen Abgleich, der mit dem Mapping von Knoten vergleichbar ist, bemerken Sie in der Regel nicht. So findet der Datentransport vom eigenen Knoten über den Interface-Knoten `DATA` bis hin zum View-Context der ALV-Tabelle vollautomatisch statt. Der Datentransport in die Gegenrichtung, vom ALV-Tabellen-Context hin zum eigenen Context, erfolgt über die Methode `data_check( )`. Während des Data-Check-Abgleichs findet eine erste Überprüfung der eingegebenen Daten auf Korrektheit hin (Datentyp und Format etc.) statt. Der manuelle Aufruf von `data_check( )` ist somit nur dann sinnvoll, wenn sich die Tabelle im Änderungsmodus befindet.

Aufrufzeitpunkt von data_check( )

Je nach Einstellung im Configuration Model wird die Methode `data_check( )` automatisch nach jedem Drücken der [↵]-Taste in einer Tabellenzeile oder nach einem Klick auf den Button PRÜFEN in der Toolbar der ALV-Tabelle von der ALV-Component aufgerufen. Zudem kann `data_check( )` jederzeit manuell gestartet werden. Dies kann beispielsweise nötig sein, wenn ein Benutzer den Data-Check nicht automatisch ausgelöst hat und sichergestellt werden soll, dass der eigene Context-Knoten den aktuellen Datenbestand aus dem Tabellen-Context hält.

Nach Abschluss eines Data-Checks informiert Sie das Ereignis `ON_DATA_CHECK` über die im Context durchgeführten Änderungen. **Ereignis ON_DATA_CHECK**

Methode »refresh( )«

Die Methode `refresh( )` erzwingt eine Selbstaktualisierung des SAP List Viewers. Zu diesem Zeitpunkt vorgenommene Anpassungen am ALV-Configuration-Model werden berücksichtigt. Der Aufruf von `refresh( )` bietet sich direkt nach der Durchführung von Änderungen am Configuration Model an. In der Regel findet die Aktualisierung des SAP List Viewers automatisch statt.

Methode »get_config_data( )«

Sichten

Der Einstellungsdialog der ALV-Component erlaubt es Benutzern, die dort vorgenommenen Änderungen an den Spalten- und den sonstigen Anzeigeparametern in Form von Sichten abzuspeichern. Wurde eine Sicht erstmals angelegt, ermöglicht das in der ALV-Toolbar liegende Sichten-Listenfeld eine schnelle Rückkehr zu den in der Sicht vorgenommenen Tabelleneinstellungen. In Abbildung 10.48 sehen Sie den ALV-Einstellungsdialog mit der Sicht ALLES WICHTIGE.

get_config_data( )

Über die Methode `get_config_data( )` erhalten Sie Informationen zu den Sichten, wie zum Beispiel: Welche Sichten sind für die aktuelle Tabelle vorhanden? Ist zurzeit eine Sicht geladen, wenn ja, welche? Welche Einstellungen wurden in den Sichten vorgenommen? Darüber hinaus können Sie die Methode auch zum gezielten Laden einer bestimmten Sicht verwenden.

Über den Importing-Parameter `S_PARAM_IN` (Typ `IF_SALV_WD_TABLE=>S_TYPE_PARAM_CONFIG_IN`) steuern Sie die über den Returning-Parameter `S_PARAM_OUT` (Typ `IF_SALV_WD_TABLE=>S_TYPE_PARAM_CONFIG_OUT`) vorgenommenen Änderungen und die zurückgelieferten Ergebnisse der Methode. Tabelle 10.22 und Tabelle 10.23

zeigen Ihnen die von Anwendungsentwicklern benötigten Attribute der Strukturen der Parameter S_PARAM_IN und S_PARAM_OUT.

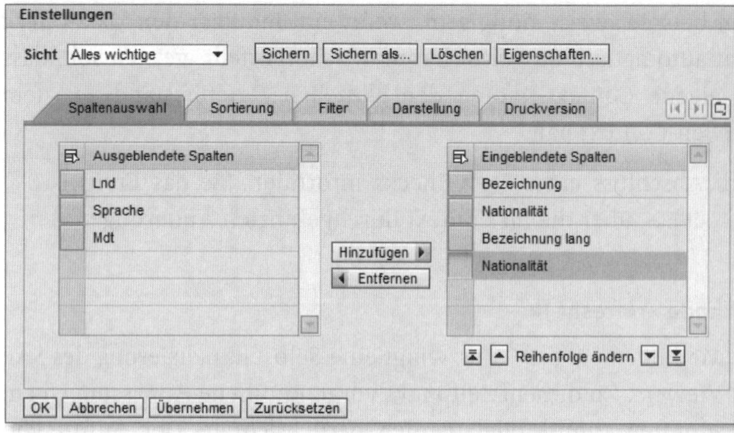

Abbildung 10.48 Einstellungsdialog mit der Sicht »Alles wichtige«

Attribut	Beschreibung
ACTION	Gibt an, welche Informationen über die Sichten zurückgeliefert werden sollen. Hierzu kann auf die Konstanten von IF_SALV_WD_TABLE zurückgegriffen werden: ▸ LIST: Listet alle gespeicherten Sichten auf. ▸ BYNAME: Informationen zu einer bestimmten Sicht VIEW. ▸ DEFAULT: Liefert Informationen zur Einstiegssicht. ▸ LOAD: Lädt die unter VIEW angegebene Sicht.
VIEW	Name der bei ACTION angeforderten Sicht (bei Aktion BYNAME)

Tabelle 10.22 Auszug der Struktur von S_PARAM_IN

Attribut	Beschreibung
T_VIEW_LIST	Tabelle mit einer Liste der verfügbaren Sichten
VIEW	Name der zurückgelieferten Sicht, falls eine bestimmte Sicht angefragt wurde

Tabelle 10.23 Auszug der Struktur von S_PARAM_OUT

Methode »get_ui_info( )«

Möchten Sie zur Laufzeit Informationen zu den aktuell sichtbaren Elementen der Tabelle erhalten, sind Sie bei der Methode get_ui_ info( ) genau richtig. Diese liefert Ihnen eine Liste mit den Indizes der aktuell angezeigten Context-Elemente und den Indizes des ersten bzw. letzten angezeigten Elementes zurück. Darüber hinaus verrät Ihnen die Methode, ob die Tabelle aggregiert, gefiltert oder sortiert ist und ob die Tabelle in einer Hierarchie angezeigt wird.

Methode »set_focus( )«

In verschiedenen Situationen kann es für den Anwender hilfreich sein, wenn der Cursor auf eine bestimmte Tabelle innerhalb der ALV-Tabelle gesetzt wird. Hierzu dient die Methode set_focus( ). Über die Parameter INDEX und COLUMN können Sie den Fokus auf eine bestimmte Zeile und ein bestimmtes Feld setzen. Geben Sie COLUMN nicht an, wird der Fokus in die erste Spalte der angegebenen Zeile gesetzt.

10.7.3 ALV-Configuration-Model

Das Configuration Model ist das Herz einer ALV-Component. Es basiert auf einem Objekt vom Typ CL_SALV_WD_CONFIG_TABLE. Jede ALV-Component besitzt exakt ein Configuration Model. Mithilfe dieses Models können Sie eine ALV-Tabelle bis ins letzte Detail konfigurieren, angefangen bei der Tabellenüberschrift bis hin zu den Spalten.

Einführung in das Configuration Model

Die folgende Liste gibt Ihnen einen Überblick über die wichtigsten im Configuration Model konfigurierbaren Bereiche:

- **Einstellungen zur Tabelle**
  Hierunter fallen hauptsächlich Ausgabeeinstellungen, wie zum Beispiel zweidimensionale Tabellen oder Merkmalshierarchien, Anzeigefarbschemata, Tabellenüberschriften etc.
- **Einstellungen zu Feldern**
  Felder beschreiben die Daten, die in der ALV-Ausgabe verwendet werden. Der Name eines Feldes entspricht dem Namen eines Attributes in einem Context-Knoten. Jedes Context-Attribut hat somit einen gleichnamigen Feldrepräsentanten im Configuration Model. Über die jeweiligen Feldeinstellungen können Sie Daten sortieren, filtern und aggregieren.

- **Einstellungen zu Spalten**
Jede Tabellenspalte wird zur Laufzeit durch ein Spaltenobjekt repräsentiert. Dieses ermöglicht Ihnen unter anderem die Konfiguration der Spaltenüberschrift, der Spaltenreihenfolge und des Spalteneditors (Textfeld, Eingabefeld, Dropdown-Liste etc.).
- **Einstellungen zu ALV-Standardfunktionen**
Der SAP List Viewer stellt Ihnen bereits eine Reihe von Standardfunktionen zur Verfügung, wie zum Beispiel Sortieren, Filtern und den Export nach Excel. Diese Funktionen können Sie nach Bedarf über Methoden des Configuration Models ein- und ausblenden.
- **Einstellungen zu anwendungsspezifischen Funktionen**
Sie können in der Toolbar einer ALV-Tabelle eigene Buttons ablegen, auf die Sie bei der Auslösung über ein Ereignis des Interface-Controllers reagieren können.

Configuration Model lesen

Sie erhalten das Configuration Model vom Typ `CL_SALV_WD_CONFIG_TABLE` durch den Aufruf der ALV-Interface-Controller-Methoden `get_model( )` oder durch den Aufruf der Methode `get_model_extended( )`. Die Methoden und deren Unterschiede wurden bereits in Abschnitt 10.7.2, »Methoden und Ereignisse der ALV-Component«, detailliert beschrieben.

Beachten Sie an dieser Stelle, dass Sie in der Regel vor dem Lesen des Configuration Models die ALV-Component instanzieren müssen. Listing 10.5 zeigt Ihnen beispielhaft, wie Sie die ALV-Component instanzieren und anschließend das Configuration Model lesen können.

```
DATA: lo_cmp_usage_alv TYPE REF TO if_wd_component_usage,
      lo_ifc_alv_t005t TYPE REF TO iwci_salv_wd_table,
      lo_alv_conf_mdl  TYPE REF TO cl_salv_wd_config_table.
* Instanziere ALV-Component
lo_cmp_usage_alv = wd_this->wd_cpuse_alv_t005t( ).
IF lo_cmp_usage_alv->has_active_component( ) IS INITIAL.
  lo_cmp_usage_alv->create_component( ).
ENDIF.
* Hole Interface-Controller
lo_ifc_alv_t005t = wd_this->wd_cpifc_alv_t005t( ).
* Lese Configuration Model mit allen Spalten
lo_alv_conf_mdl = lo_ifc_alv_t005t->get_model( ).
```

Listing 10.5 ALV-Component instanzieren und Configuration Model lesen

Configuration Model im Detail

Das ALV-Configuration-Model besitzt eine der umfangreichsten und komplexesten objektorientierten Architekturen des Web-Dynpro-Frameworks. Die auf der Klasse CL_SALV_WD_CONFIG_TABLE basierende Architektur des Configuration Models implementiert eine Vielzahl von Interfaces mit nahezu unzähligen Anpassungsmöglichkeiten und Methoden. Abbildung 10.49 zeigt Ihnen die vereinfachte Struktur des Configuration Models, die wir im Folgenden diskutieren werden.

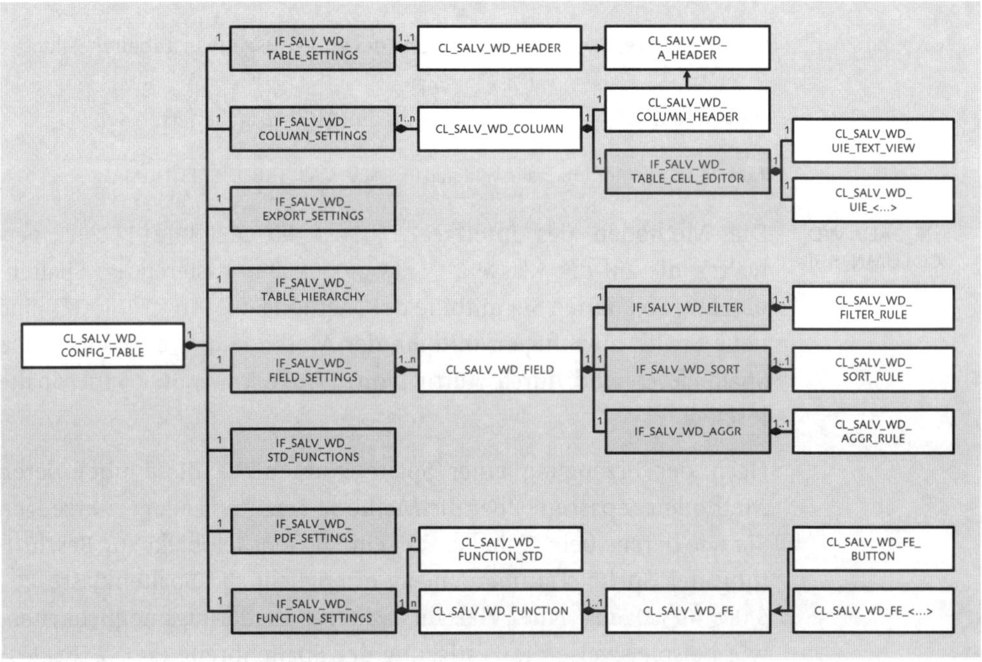

Abbildung 10.49 Vereinfachte Darstellung des ALV-Configuration-Models

IF_SALV_WD_TABLE_SETTINGS

Wir beginnen mit den Methoden des Interface IF_SALV_WD_TABLE_SETTINGS. Die Methoden dieses Interface ermöglichen die Anpassung einer Vielzahl von allgemeinen Tabelleneinstellungen. Hierunter fällt zum Beispiel die Methode set_read_only( ), die die ALV-Ausgabe als schreibgeschützt oder editierbar festlegt. Über die Methode create_header( ) erzeugen Sie ein Tabellentitelobjekt, das über der Tabellen-Toolbar eine Überschrift ergänzt. Tabelle 10.24 enthält eine Auswahl der wichtigsten Methoden von IF_SALV_WD_TABLE_SETTINGS.

Methode	Beschreibung
create_header( )	Erzeugt ein Objekt für den Tabellentitel. Dies ermöglicht die Gestaltung einer Tabellenüberschrift.
set_edit_mode( )	Legt fest, ob der Massendatenmodus eingeschaltet ist. Bei der Aktivierung wird am Ende der ALV-Ausgabe eine Seite voller leerer, eingabebereiter Zeilen generiert.
set_fixed_table_layout( )	Legt fest, dass die Breite der ALV-Ausgabe unabhängig von der Breite des Spalteninhalts ist.
set_scrollable_col_count( )	Legt die Anzahl der sichtbaren Spalten fest.
set_visible_row_count( )	Legt die Höhe der ALV-Ausgabe in Tabellenzeilen fest.
set_width( )	Legt die Breite der ALV-Ausgabe fest.

Tabelle 10.24 Methodenauswahl aus IF_SALV_WD_TABLE_SETTINGS

IF_SALV_WD_COLUMN_SETTINGS

Die Methoden des Interface IF_SALV_WD_COLUMN_SETTINGS verwalten die auf der Klasse CL_SALV_WD_COLUMN basierenden Spaltenobjekte. So können Sie mithilfe der Methode create_column( ) eine neue Spalte hinzufügen, mithilfe der Methode get_column( ) eine Spalte lesen und durch Aufruf von delete_column( ) eine Spalte löschen.

Nach der Erzeugung einer Spalte können Sie diese über deren Methoden anpassen. Über die Methode create_header( ) erzeugen Sie wie bereits beim Tabellentitel ein Spaltentitelobjekt zur Beschriftung der Spalte. Darüber hinaus ermöglicht die Spaltenklasse CL_SALV_WD_COLUMN eine Vielzahl weiterer Änderungsmöglichkeiten, wie beispielsweise die Festlegung der Spaltenbreite (set_width( )) und das Setzen der Hintergrundfarbe (set_cell_design( )).

Zu den wichtigsten Methoden der Spalte gehört jedoch die Methode set_cell_editor( ) zur Festlegung des für diese Spalte gültigen Zelleneditors. Sie haben hier die Auswahl zwischen den in Tabelle 10.25 aufgelisteten Zelleneditorklassen.

Zelleneditorklassen	Beschreibung
CL_SALV_WD_UIE_BUTTON	Button
CL_SALV_WD_UIE_CAPTION	Überschrift

Tabelle 10.25 ALV-Zelleneditoren

Zelleneditorklassen	Beschreibung
CL_SALV_WD_UIE_CHECKBOX	Ankreuzfeld
CL_SALV_WD_UIE_CHECKBOX_TRI	Ankreuzfeld mit drei Status
CL_SALV_WD_UIE_DROPDOWN_BY_IDX	Dropdown-Liste, contextbasiert
CL_SALV_WD_UIE_DROPDOWN_BY_KEY	Dropdown-Liste, DDIC-basiert
CL_SALV_WD_UIE_FILE_DOWNLOAD	Datei-Download
CL_SALV_WD_UIE_FILE_UPLOAD	Datei-Upload
CL_SALV_WD_UIE_IMAGE	Bild
CL_SALV_WD_UIE_INPUT_FIELD	Eingabefeld
CL_SALV_WD_UIE_LINK_TO_ACTION	Link, ruft eine Aktion auf
CL_SALV_WD_UIE_LINK_TO_URL	Link, ruft eine URL auf
CL_SALV_WD_UIE_PROGR_INDICATOR	Fortschrittsbalken
CL_SALV_WD_UIE_TEXT_VIEW	Text-Anzeigefeld
CL_SALV_WD_UIE_TOGGLE_BUTTON	Button mit den Status aktiv/inaktiv
CL_SALV_WD_UIE_VALUE_CMP	Value Comparison

Tabelle 10.25 ALV-Zelleneditoren (Forts.)

IF_SALV_WD_EXPORT_SETTINGS

Das Interface IF_SALV_WD_EXPORT_SETTINGS erlaubt die Änderung der Excel-Exporteinstellungen. Beispielsweise können Sie über die Methode set_export_no_sums( ) vorgeben, dass in der ALV-Ausgabe sichtbare Summen nicht nach Excel exportiert werden sollen. Beachten Sie an dieser Stelle auch die PDF-Exporteinstellungen des Interface IF_SALV_WD_PDF_SETTINGS.

IF_SALV_WD_TABLE_HIERARCHY

Über das Interface IF_SALV_WD_TABLE_HIERARCHY können Sie eventuell definierte Tabellenhierarchien ausklappen und zuklappen. Hierzu steht die Methode set_expanded( ) zur Verfügung. Darüber hinaus können Sie über die Methode set_last_hier_column_as_leaf( ) die Daten der letzten Hierarchiespalte als Blatt kennzeichnen.

IF_SALV_WD_FIELD_SETTINGS

Die Methoden des Interface IF_SALV_WD_FIELD_SETTINGS ermöglichen die Anpassung der Felder einer Tabelle. Im Unterschied zu den Methoden des Interface IF_SALV_WD_COLUMN_SETTINGS fokussiert sich dieses Interface auf die Anpassung der in den Zellen abgelegten Daten. Neben allgemeinen Feldeinstellungen, wie beispielsweise die Methode set_filter_ignoring_case( ) zur Festlegung, ob Groß- und Kleinschreibung im Tabellenfilter unterschieden werden oder nicht, können Sie die Einstellungen für jedes Feld getrennt vornehmen.

Zur Anpassung von einzelnen Feldern müssen Sie Objekte vom Typ CL_SALV_WD_FIELD anlegen. Zur Anlage und Verwaltung dieser Feldobjekte stehen Ihnen die Methoden create_field( ), get_field( ) und delete_field( ) zur Verfügung. Über das Feldobjekt können Sie ein Feld mit dem ABAP Data Dictionary (DDIC) verlinken und so beispielsweise Fremdschlüsselprüfungen und Wertehilfen implementieren.

Filterung, Sortierung und Aggregation

Die Klasse CL_SALV_WD_FIELD beinhaltet darüber hinaus drei weitere Objekte und Interfaces zur Filterung, Sortierung und Aggregation von Daten:

- Die Methoden des Interface IF_SALV_WD_FILTER erlauben die Erstellung und Verwaltung eines Filterobjektes vom Typ CL_SALV_WD_FILTER_RULE. Über dieses Objekt können einzelne Filterwerte für eine Spalte vorbelegt werden.
- Die Methoden des Interface IF_SALV_WD_SORT ermöglichen die Erstellung und Verwaltung eines Sortierobjektes vom Typ CL_SALV_WD_SORT_RULE. Es erlaubt die Festlegung der für dieses Feld geltenden Sortierrichtung (aufwärts/abwärts) und die Einordnung in die Sortierposition aller Felder.
- Die Methoden des Interface IF_SALV_WD_AGGR ermöglichen die Erstellung und Verwaltung von Aggregationsobjekten vom Typ CL_SALV_WD_AGGR_RULE. Über dieses Objekt können Sie die Aggregationseinstellungen für das aktuelle Feld vornehmen.

IF_SALV_WD_STD_FUNCTIONS

Das Interface IF_SALV_WD_STD_FUNCTIONS erlaubt die Anpassung der ALV-Toolbar-Standardfunktionen. So können Sie beispielsweise über die Methoden set_edit_<append/insert/delete>_row_allowed( ) angeben, dass in der Toolbar standardmäßig Buttons für das Anhängen, Einfügen und Löschen von Zeilen angezeigt werden. Zudem wird die Methode set_export_allowed( ) häufig benötigt. Über diese können Sie steuern, ob Sie einen Dropdown-Button zum Export von Tabellendaten anbieten möchten. Beachten Sie an dieser Stelle auch die Möglichkeiten des Interface IF_SALV_WD_FUNCTION_SETTINGS zur Definition eigener Toolbar-Funktionen.

IF_SALV_WD_PDF_SETTINGS

Über die Methoden des Interface IF_SALV_WD_PDF_SETTINGS können Sie die PDF-Ausgabe an Ihre Bedürfnisse anpassen. So ermöglicht es beispielsweise Methode `set_header_left( )`, einen Textbaustein zur Ausgabe in der linken oberen Seitenecke zu setzen. Zur Konfiguration der PDF-Ausgabeeinstellungen existiert eine Vielzahl von hier nicht weiter behandelten Methoden.

Zu guter Letzt besprechen wir noch die Methoden des Interface `IF_SALV_WD_FUNCTION_SETTINGS`. Über dieses können Sie Ihre eigenen Funktionen in Form von Buttons, Links und vielem mehr in die ALV-Toolbar mit aufnehmen. Grundsätzlich wird zwischen links und rechts ausgerichteten Toolbar-Buttons unterschieden. So existiert eine Vielzahl von Methoden doppelt, wie beispielsweise `create_function( )` zur Erzeugung einer linksbündigen und `create_function_right( )` für die Erzeugung einer rechtsbündigen Funktion. Die hierbei erzeugten Funktionen basieren auf der Klasse `CL_SALV_WD_FUNCTION`.

IF_SALV_WD_FUNCTION_SETTINGS

Nach ihrer Erzeugung können Sie die Funktion über deren Methoden konfigurieren. Die mit Abstand wichtigste Konfiguration der Funktion ist die Festlegung des Funktionseditors über die Methode `set_editor( )`. Über diese können Sie definieren, ob die Funktion als Button, als Link oder in Form eines UI-Elementes repräsentiert werden soll. Erzeugen Sie hierzu eines der in Tabelle 10.26 aufgeführten Funktionseditorobjekte, und weisen Sie dieses der Funktion über die Methode `set_editor( )` zu. Über den jeweiligen Funktionseditor können Sie nun auch weitere Einstellungen vornehmen, wie beispielsweise die Beschriftung eines Buttons.

Funktionsklassen	Beschreibung
CL_SALV_WD_FE_BUTTON_CHOICE	Button mit Dropdown-Liste
CL_SALV_WD_FE_DROPDOWN_BY_IDX	Dropdown-Liste, contextbasiert
CL_SALV_WD_FE_DROPDOWN_BY_KEY	Dropdown-Liste, DDIC-basiert
CL_SALV_WD_FE_INPUT_FIELD	Eingabefeld
CL_SALV_WD_FE_LINK_TO_ACTION	Link, ruft eine Aktion auf
CL_SALV_WD_FE_LINK_TO_URL	Link, ruft eine URL auf
CL_SALV_WD_FE_SEPARATOR	Trennzeichen
CL_SALV_WD_FE_TOGGLE_BUTTON	Button mit den Status aktiv/inaktiv

Tabelle 10.26 Funktionseditoren der Toolbar

10.7.4 Änderungen an den Tabelleneinstellungen

Nachdem Sie in den letzten Abschnitten den Interface-Controller und das Configuration Model ausführlich in der Theorie kennengelernt haben, ist es nun an der Zeit, sich wieder praktischen Themen zu widmen. So zeigt Ihnen dieser Abschnitt, wie Sie mithilfe der Methoden des Interface `IF_SALV_WD_TABLE_SETTINGS` einen Tabellentitel erzeugen und die Abmessungen der Tabelle bestimmen können.

[+] **Hinweis**: Die im Folgenden aufgeführten Beispiele basieren auf den in den vorangegangenen Abschnitten gelegten Grundsteinen der Tabelle `T005T` und dem Configuration Model in Objekt `lo_alv_conf_mdl`.

Tabellentitel erzeugen

Die Erzeugung eines ALV-Tabellentitels lässt sich in zwei Schritten durchführen: Zuerst müssen Sie ein ALV-Titelobjekt vom Typ `CL_SALV_WD_HEADER` über das Configuration Model erstellen. Anschließend können Sie den Tabellentitel über die Methode `set_text( )` im Titelobjekt festlegen. Listing 10.6 zeigt Ihnen das hierzu nötige Coding, in Abbildung 10.50 sehen Sie das Ergebnis im System.

```
DATA lo_header TYPE REF TO cl_salv_wd_header.
* Erzeuge ein Tabellentitelobjekt
lo_table_header =
lo_alv_conf_mdl->if_salv_wd_table_settings~create_header( ).
* Setze den Tabellentitel
lo_table_header->set_text( 'Hallo Welt, bzw. Hallo ALV!' ).
```

Listing 10.6 Erzeugung eines Tabellentitels

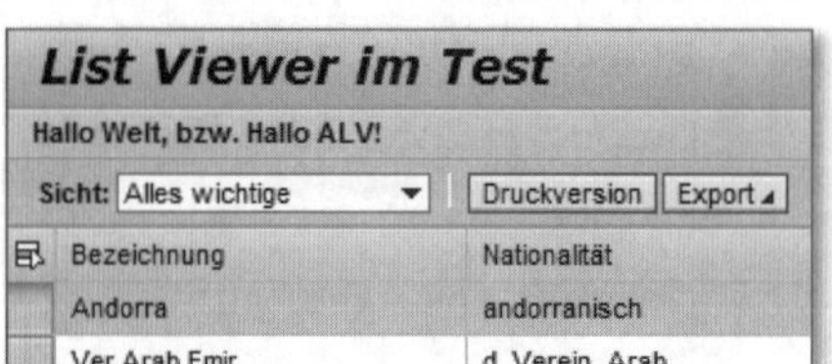

Abbildung 10.50 Tabellentitel im System

Tabellenabmessungen festlegen

Die Anpassung der Höhe und Breite einer ALV-Tabelle kann einen Entwickler schnell verzweifeln lassen. Dabei ist dies gar nicht mehr so schwer, wenn man sich erst einmal mit den in diesem Bereich gültigen Restriktionen der Web-Dynpro-Technologie auseinandergesetzt hat.

- Die Höhe der gesamten ALV-Tabelle wird über die Anzahl der sichtbaren Zeilen bestimmt. Hierzu können Sie die Methode `set_visible_row_count( )` des Configuration Models verwenden. **Höhe der Tabelle**
- Die Breite der Tabelle kann über die Methode `set_width( )` in den für Weblayouts üblichen Einheiten (Pixel, Prozent etc.) bestimmt werden. Jedoch spielt auch hier die Anzahl der sichtbaren Spalten eine große Rolle. Werden zu viele Spalten angezeigt, wird die Tabelle schnell breiter als vom Entwickler erlaubt. In diesem Fall muss die Anzahl der sichtbaren Spalten über die Methode `set_scrollable_col_count( )` reduziert werden. **Breite der Tabelle**
- Häufig kommt es auch vor, dass sich die Tabellenbreite abhängig vom dargestellten Tabelleninhalt beim Scrollen ständig ändert. Diesen »Wabbeleffekt« können Sie vermeiden, indem Sie die Tabellenbreite fixieren und somit als unabhängig vom Inhalt der Tabelle definieren. Breitere Tabelleninhalte werden hierbei abgeschnitten. Die Methode `set_fixed_table_layout( )` ermöglicht Ihnen die Fixierung der Tabellenspalten. **Tabellen-/Spaltenbreite fixieren**

Beispiel

In Listing 10.7 sehen Sie ein Beispiel-Coding für die Festlegung der Höhe und Breite der ALV-Tabelle.

```
lo_alv_conf_mdl->
  if_salv_wd_table_settings~set_visible_row_count( 6 ).
lo_alv_conf_mdl->
  if_salv_wd_table_settings~set_scrollable_col_count( 5 ).
lo_alv_conf_mdl->
  if_salv_wd_table_settings~set_width( '600px' ).
lo_alv_conf_mdl->
  if_salv_wd_table_settings~set_fixed_table_layout( 'X' ).
```

Listing 10.7 Festlegung der Höhe und Breite einer ALV-Tabelle

10.7.5 Änderungen am Spaltenvorrat

Betrachten wir nun die Möglichkeiten der Methoden des Interface `IF_SALV_WD_COLUMN_SETTINGS` zur Anpassung von Spalten. In kleinen Beispielen zeigen wir Ihnen, wie Sie Tabellenspalten erzeugen, löschen, ausblenden und den Zelleneditor ändern können.

[*] **Tipp**: Mithilfe von Drag & Drop ist es dem Benutzer zur Laufzeit möglich, die Spaltenreihenfolge ohne Verwendung des ALV-Einstellungsdialoges abzuändern.

Spalten erzeugen

Falls Sie den Weg über die Methode `get_model_extended( )` gewählt haben und alle Spalten explizit anlegen müssen, können Sie dazu die Methode `create_column( )` des im Configuration Model implementierten Interface `IF_SALV_WD_COLUMN_SETTINGS` verwenden. Nach dem Aufruf dieser Methode erhalten Sie ein Spaltenobjekt vom Typ `CL_SALV_WD_COLUMN`, das Sie wie andere Spalten auch konfigurieren können. Listing 10.8 zeigt ein Beispiel.

```
DATA lo_column TYPE REF TO cl_salv_wd_column.
lo_column = lo_alv_conf_mdl->if_salv_wd_column_settings~
  create_column( id = 'LANDX50' ).
```

Listing 10.8 Erzeugung einer neuen Tabellenspalte

Nützliche Methoden

In Tabelle 10.27 sehen Sie eine Auswahl der wichtigsten Methoden zur Spaltenkonfiguration.

Methode	Beschreibung
`set_cell_editor( )`	Legt den Zelleneditor fest (Text-/Eingabefeld etc.).
`set_width( )`	Legt die Spaltenbreite fest.
`set_visible( )`	Blendet die Spalte ein oder aus.
`set_position( )`	Legt die Position der Spalte in der ALV-Ausgabe fest.
`get_header( )`	Liefert das Objekt des Spaltentitels zurück.

Tabelle 10.27 Liste ausgewählter Methoden zur Spaltenkonfiguration

Spalten ausblenden

Im Unterschied zur Löschung ist eine ausgeblendete Spalte vom Benutzer über den Einstellungsdialog jederzeit wieder einblendbar. Bevor Sie eine Spalte ausblenden können, müssen Sie sich ein Spaltenobjekt vom Typ `CL_SALV_WD_COLUMN` über den Aufruf der Methode `get_column( )` holen. Mithilfe des Spaltenobjektes können Sie anschließend die Spalte nach Belieben konfigurieren. Listing 10.9 zeigt Ihnen, wie Sie die Spalte `NATIO50` ausblenden können.

```
DATA lo_column TYPE REF TO cl_salv_wd_column.
lo_column =
  lo_alv_conf_mdl->if_salv_wd_column_settings~
    get_column( id = 'NATIO50' ).
lo_column->set_visible( cl_wd_uielement=>e_visible-none ).
```

Listing 10.9 Ausblenden von Spalte NATIO50

Spalten löschen

Mit der Methode `delete_column( )` des Interface `IF_SALV_WD_COLUMN_SETTINGS` können Sie einzelne Spalten aus ALV-Tabellen löschen. Die zu löschende Spalte wird mit dem Parameter `ID` übergeben. Nach der Löschung kann die betroffene Spalte nicht mehr vom Anwender sichtbar gemacht werden. Listing 10.10 enthält ein kurzes Beispiel.

```
lo_alv_conf_mdl->
  if_salv_wd_column_settings~delete_column( id = 'SPRAS' ).
```

Listing 10.10 Löschung von Spalte SPRAS

Zelleneditor ändern

Zum Abschluss wird noch geschildert, wie Sie den Zelleneditor von Spalten austauschen können. Der SAP List Viewer bietet hier eine große Auswahl an Zelleneditoren, wie zum Beispiel einfache Eingabefelder, Ankreuzfelder und Dropdown-Listen. Sie können einen Zelleneditor durch den Aufruf der Methode `set_cell_editor( )` am Spaltenobjekt ändern. Dieser Methode müssen Sie ein Zelleneditorobjekt vom Typ `CL_SALV_WD_UIE_<Editor-Typ>` übergeben. Listing 10.11 zeigt, wie Sie den Zelleneditor der Spalte `LANDX50` austauschen können.

```
DATA: lo_column      TYPE REF TO cl_salv_wd_column,
      lo_input_field TYPE REF TO cl_salv_wd_uie_input_field.
* Lese Spalte LANDX50
lo_column = lo_alv_conf_mdl->if_salv_wd_column_settings~
  get_column( id = 'LANDX50' ).
CREATE OBJECT lo_input_field
  EXPORTING
    value_fieldname = 'LANDX50'.
* Ändere den Zelleneditor von Spalte LANDX50 auf Input-Field
lo_column->set_cell_editor( lo_input_field ).
* Deaktiviere den Read-Only-Mode der ALV-Tabelle
```

```
lo_alv_conf_mdl->if_salv_wd_table_settings~
  set_read_only( abap_false ).
```

Listing 10.11 Zelleneditor einer Spalte ändern

10.7.6 Änderungen an der Toolbar

Standardfunktionen

ALV-Tabellen besitzen standardmäßig eine Toolbar, die mit einem Satz von Standard-Buttons und Funktionen erzeugt wird, wie beispielsweise mit dem Export nach Excel. Diese Standardfunktionen können Sie nach Ihren Vorstellungen über das Configuration Model aktivieren oder deaktivieren.

Selbst definierte Funktionen

Zusätzlich bietet das Configuration Model die Möglichkeit, eine beliebige Zahl von eigenen Funktionen in die Toolbar aufzunehmen. Diese können unter anderem durch einfache Buttons, Links oder auch durch Eingabefelder abgebildet werden. Klickt nun zum Beispiel ein Benutzer auf einen selbst definierten Button, löst dieser das Ereignis `ON_FUNCTION` der ALV-Component aus und informiert somit den Anwender über die Ausführung der entsprechenden Toolbar-Funktion.

Sie können eine neue Funktion durch den Aufruf der Methode `create_function( )` des im Configuration Model implementierten Interface `IF_SALV_WD_FUNCTION_SETTINGS` anlegen. Von dieser erhalten Sie ein Objekt der Klasse `CL_SALV_WD_FUNCTION` zurück. Jedoch besitzt die Funktion noch keinen Editor, den Sie jedoch mithilfe der Methode `set_editor( )` der Funktion zuweisen können.

Alle Editoren basieren auf der Klasse `CL_SALV_WD_FE_<Editor-Typ>`. Klickt der Benutzer nun auf den Toolbar-Button, löst die ALV-Component das Ereignis `ON_FUNCTION` aus.

Beispiel

Im folgenden Beispiel legen wir eine neue Funktion in Gestalt eines einfachen Buttons an. Über einen auf das Ereignis `ON_FUNCTION` registrierten Ereignisbehandler können anschließend beliebige Folgeaktionen durchgeführt werden.

Erzeugung der Funktion

Beginnen wir mit der Erzeugung des Buttons. Dieser basiert auf der Klasse `CL_SALV_WD_FE_BUTTON` und kann nach seiner Instanzierung über die Methode `set_text( )` mit dem Titel »Mein Button« beschriftet werden. Anschließend können wir mit der Erzeugung der Funktion `MY_BUTTON` über die Methode `create_function( )` fortfahren, der wir zuletzt mithilfe der Methode `set_editor( )` den Button übergeben. Listing 10.12 beinhaltet die Musterlösung.

```
DATA: lo_function TYPE ref to cl_salv_wd_function,
      lo_button   TYPE REF TO cl_salv_wd_fe_button.
* Lege einen neuen Button an
CREATE OBJECT lo_button.
lo_button->set_text( 'Mein Button' ).
* Lege Funktion MY_BUTTON an
lo_function =
  lo_alv_conf_mdl->if_salv_wd_function_settings~
    create_function( id = 'MY_BUTTON' ).
* Verwende einen Button als Editor
lo_function->set_editor( lo_button ).
```

Listing 10.12 Anlegen von Funktion/Button MY_BUTTON

Ereignisbehandler anlegen

Nun müssen wir noch auf das bei einem Button-Klick ausgelöste Ereignis `ON_FUNCTION` reagieren. Hierzu muss eine Methode vom Typ Ereignisbehandler angelegt werden, in der die `ID` der Funktion durch Auslesen des Parameters `R_PARAM->ID` abgefragt werden kann. Durch einen Klick auf den Button wird nun die Ereignisbehandler-Methode in der lokalen Component gerufen. Abbildung 10.51 zeigt die Tabelle mit dem neuen Button nach der Aktivierung des Listings.

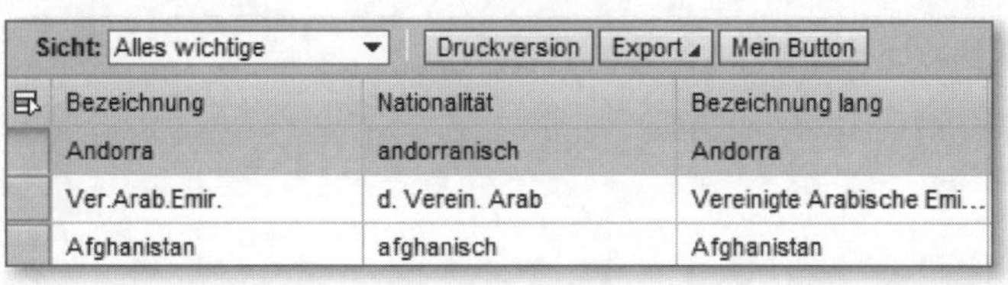

Abbildung 10.51 ALV-Tabelle nach Hinzufügen des Buttons »Mein Button«

In den vorangegangenen Kapiteln haben Sie bereits sehr viel über die Entwicklung von und den Umgang mit Web Dynpro gelernt. In diesem Kapitel erhalten Sie jetzt den letzten Feinschliff, indem wir Ihnen die kleinen, alltäglichen Dinge vorstellen, die immer wieder benötigt werden und die Arbeit erleichtern.

11 Weiterführende Konzepte

In den letzten Jahren hat sich die Web-Dynpro-Technologie in großen Schritten weiterentwickelt. So steht Ihnen beispielsweise mit dem Web-Dynpro-Debugger ein Tool zur Verfügung, von dem Sie in der Anfangsphase der Web-Dynpro-Technologie nur träumen konnten. Mithilfe des Web-Dynpro-Trace-Tools können Sie Anwendungen heute detailliert analysieren.

Web Dynpro bietet eine Vielzahl kleinerer Themen und Konzepte, die einzeln betrachtet kein eigenes Kapitel für sich rechtfertigen. In der Summe bietet sich jedoch für diese Themen ein eigenes Kapitel an: nämlich dieses der weiterführenden Konzepte, in dem wir Ihnen eine Mischung aus etablierten und neuen Technologien sowie eine Mischung aus alten und neuen Konzepten zur Entwicklung von professionellen Web-Dynpro-Anwendungen vorstellen.

Hinweis: Die in diesem Kapitel vorgestellten Tools und Features setzen zu einem großen Teil die Verfügbarkeit von Lightspeed-Rendering zwingend voraus. Lightspeed-Rendering steht ab SAP NetWeaver 7.0 EHP1 zur Verfügung. [+]

11.1 Popup-Fenster

Der Einsatz von Popup-Fenstern bietet sich in vielen Anwendungssituationen an. Angefangen bei einfachen Popup-Benachrichtigungen, über Ok/Abbrechen-Abfragen bis hin zu komplexen User Interfaces mit beliebigen UI-Elementen sind für Popup-Fenster zahlreiche Szenarien denkbar.

Ausblick

Dieser Abschnitt gliedert sich in vier Teile: In Abschnitt 11.1.1, »Fensterebenen«, lernen Sie die theoretischen Grundlagen der Erzeugung von Popup-Fenstern kennen. Der folgende Abschnitt 11.1.2, »Popup-Fenster erzeugen«, zeigt Ihnen an einem einfachen Beispiel, wie Sie Pop-ups zur Laufzeit erstellen können. In Abschnitt 11.1.3, »Standard-Button-Aktionen«, erfahren Sie, wie Sie sich auf die Popup-Standard-Buttons registrieren können. In Abschnitt 11.1.4, »Anlegen eines Pop-ups«, wird Ihr neu erlangtes Wissen in einem zusammenhängenden Beispiel noch einmal rekapituliert.

11.1.1 Fensterebenen

Modularität von Pop-ups

Web Dynpro unterstützt ausschließlich modale Popup-Fenster. Solange ein modales Pop-up geöffnet ist, wird die unter dem Pop-up liegende Ebene abgedunkelt dargestellt und für Eingaben gesperrt. Prinzipiell wäre es hier wieder möglich, ein weiteres Pop-up aus dem bereits bestehenden heraus zu öffnen. So können Sie eine beliebige Zahl von übereinanderliegenden Ebenen erzeugen.

Ebenen im Detail

Betrachten Sie Abbildung 11.1: Diese Grafik zeigt eine Anwendung mit einem geöffneten Popup-Fenster. Sowohl die Ebene des Hintergrundes als auch die Popup-Ebene basieren auf normalen Web-Dynpro-Windows. Während in diesem Beispiel der Hintergrund auf dem Window `W_MAIN` beruht, verwendet das Pop-up zur Darstellung der Popup-Ebene das Window `W_POPUP`. Jedes Pop-up besitzt eine bestimmte Anzahl von sogenannten Standard-Buttons, die Entscheidungen des Endanwenders abfragen und das Pop-up schließen können.

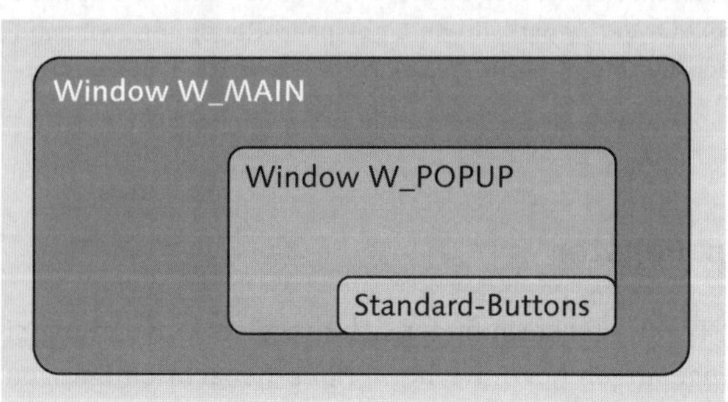

Abbildung 11.1 Popup-Fenster und Windows

Grundsätzlich funktionieren Windows auf die gleiche Weise, unabhängig von ihrer dargestellten Ebene. So können Sie in einem Popup-Window wie gewohnt Views integrieren und diese über Plugins vernetzen. Zur Verwaltung der grundlegenden Eigenschaften eines Popup-Fensters existiert für jedes Pop-up ein sogenannter Window-Manager. Diesen können Sie zur Festlegung des Popup-Titels, der Größe oder zur Bestimmung der Standard-Buttons wie SCHLIESSEN, OK oder ABBRECHEN verwenden.

11.1.2 Popup-Fenster erzeugen

Voraussetzungen

Voraussetzung für die Erzeugung eines Pop-ups ist ein Window, das die Popup-Ebene implementiert. Dieses kann entweder ein lokales Window aus der das Pop-up aufrufenden Component oder ein über eine Component-Verwendung eingebundenes Window aus einer anderen Component sein.

Handelt es sich um ein lokales Window derselben Component-Instanz, gilt die Regel, dass das Window keine bereits aktiven Views aus darunterliegenden Ebenen verwenden darf. Verwenden Sie trotzdem einen bereits darunterliegenden aktiven View, werden Sie vom System mit einem Laufzeitfehler bestraft. Um dessen ungeachtet mehrfach ein und denselben View in eine Component einzubinden, können Sie mit Component-Verwendungen arbeiten, die eine Instanz des gleichen Typs erzeugen.

Schritte zum Pop-up

Die Erzeugung eines Pop-ups lässt sich vereinfacht in diese drei Schritte aufteilen:

- Referenz auf den Window-Manager ermitteln
- Erzeugen des Pop-ups
- Öffnen des Pop-ups

Window-Manager lesen

Bevor Sie ein Popup-Fenster initialisieren können, müssen Sie sich eine Objektinstanz des Window-Managers mit dem Typ `IF_WD_WINDOW_MANAGER` von der Component besorgen. Diese erhalten Sie über die Methode `get_window_manager( )` der Component-API `IF_WD_COMPONENT`. Die Component-API wiederum erhalten Sie über die Component-Controller-Methode `wd_get_api( )`. Listing 11.1 zeigt

Ihnen, wie Sie sich den Window-Manager über den Component-Controller besorgen können.

```
DATA: lo_component_api  TYPE REF TO if_wd_component,
      lo_window_manager TYPE REF TO if_wd_window_manager.
lo_component_api = wd_this->wd_get_api( ).
lo_window_manager = lo_component_api->get_window_manager( ).
```

Listing 11.1 Window-Manager-Instanz lesen

Pop-up erzeugen

Einfaches Pop-up erzeugen

Zum Erzeugen von Popup-Fenstern können Sie die Window-Manager-Methode `create_window( )` verwenden. Der Aufruf der Methode gestaltet sich einfach, Sie müssen nur den Pflichtparameter `WINDOW_NAME` beim Aufruf übergeben. Das Framework initialisiert anschließend das Window (Typ `IF_WD_WINDOW`) und gibt dessen Instanz zurück. Neben dem Window-Namen können Sie noch eine Reihe weiterer Parameter mitgeben, wie zum Beispiel den Popup-Titel (`TITLE`) oder die zur Verfügung stehenden Standard-Buttons (`BUTTON_KIND`). Listing 11.2 gibt Ihnen ein Beispiel für die Erzeugung eines einfachen Popup-Fensters.

```
DATA lo_window TYPE REF TO if_wd_window.
* Erzeuge ein einfaches Window
CALL METHOD lo_window_manager->create_window( )
  EXPORTING
    window_name = 'W_POPUP'
    title       = 'Popup-Fenster'
    button_kind = if_wd_window=>co_buttons_close
  RECEIVING
    window      = lo_window.
```

Listing 11.2 Erzeugung eines einfachen Popup-Fensters

Für den über den Parameter `BUTTON_KIND` festgelegten Standard-Button können Sie im Interface `IF_WD_WINDOW` auf die Konstanten `CO_BUTTONS_NONE`, `CO_BUTTONS_ABORTRETRYIGNORE`, `CO_BUTTONS_OK`, `CO_BUTTONS_CLOSE`, `CO_BUTTONS_OKCANCEL`, `CO_BUTTONS_YESNO` und `CO_BUTTONS_YESNOCANCEL` zurückgreifen.

Pop-ups aus fremden Components erzeugen

Falls Sie einen Interface-View einer fremden Component direkt in ein Pop-up einbinden möchten, können Sie die Window-Manager-Methode `create_window_for_cmp_usage( )` anstelle von `create_window( )` verwenden. In diesem Fall müssen Sie statt eines Windows einen Interface-View INTERFACE_VIEW_NAME und die Component-Verwendung COMPONENT_USAGE_NAME übergeben.

Hinweis-Dialogfenster erzeugen

In vielen einfachen Fällen bietet sich die Verwendung eines Web-Dynpro-Dialogfensters anstelle von selbst entwickelten Popup-Fenstern an. Dies können Sie mit der Window-Manager-Methode create_popup_to_confirm( ) anlegen; über den Parameter BUTTON_KIND können Sie die im Dialogfenster anzuzeigenden Buttons definieren.

Mit dem Parameter MESSAGE_TYPE können Sie den Typ des Dialogfensters festlegen. Web Dynpro bietet Ihnen hierzu im Interface IF_WD_WINDOW die Konstanten CO_MSG_TYPE_NONE, CO_MSG_TYPE_WARNING, CO_MSG_TYPE_INFORMATION, CO_MSG_TYPE_QUESTION, CO_MSG_TYPE_ERROR und CO_MSG_TYPE_STOPP an. In Abbildung 11.2 sehen Sie ein einfaches Dialogfenster vom Typ WARNUNG, das durch Listing 11.3 erzeugt wurde.

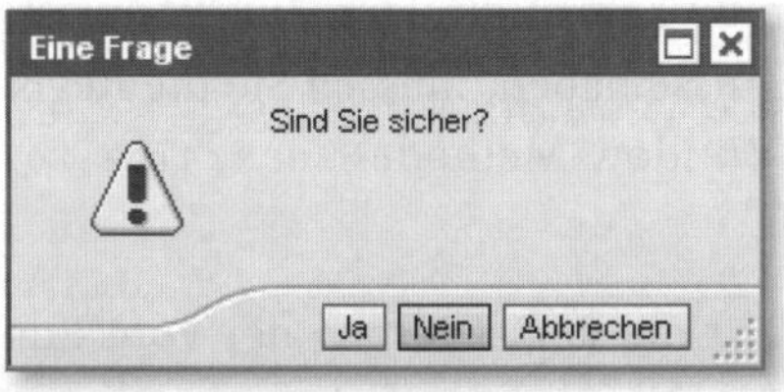

Abbildung 11.2 Mit der Methode »create_popup_to_confirm( )« angelegtes Dialogfenster

```
DATA: lo_window TYPE REF TO if_wd_window,
      lt_text   TYPE string_table.
APPEND 'Sind Sie sicher?' TO lt_text.
* Erzeuge Dialogfenster
CALL METHOD lo_window_manager->create_popup_to_confirm
  EXPORTING
    text           = lt_text
    button_kind    = if_wd_window=>co_buttons_yesnocancel
    message_type   = if_wd_window=>co_msg_type_warning
    close_button   = abap_true
    window_title   = 'Eine Frage'
    default_button = if_wd_window=>co_button_no
  RECEIVING
    result         = lo_window.
```

Listing 11.3 Anlegen eines Dialogfensters

Pop-up öffnen

Nach der Erzeugung der Window-Instanz muss das Window noch durch seine Methode `lo_window->open( )` geöffnet werden. Durch den Aufruf von `lo_window->close( )` oder die Verwendung der Standard-Buttons am Pop-up kann es anschließend wieder geschlossen werden.

11.1.3 Standard-Button-Aktionen

Im vorangegangenen Abschnitt haben Sie gelernt, wie Sie Popup-Fenster über den Window-Manager erzeugen und öffnen können. Jedes Pop-up hat einen bis drei sogenannte Standard-Buttons, die die Abfrage einer Benutzerentscheidung (zum Beispiel JA/NEIN/ABBRECHEN) und das Schließen des Pop-ups ermöglichen.

Registrierung auf Button-Ereignisse

Um nun herauszufinden, welcher Button vom Benutzer angeklickt wurde, müssen Sie eine Aktion auf das Ereignis des jeweiligen Buttons registrieren. Da Sie beim Pop-up keinen direkten Zugriff auf die Standard-Buttons und deren Ereignisse haben, müssen Sie die Registrierung dynamisch über die Window-Methode `subscribe_to_button_event( )` vornehmen.

Listing 11.4 zeigt Ihnen beispielhaft die Registrierung der vom Entwickler anzulegenden Aktion `BUTTON_CLICKED` auf einen JA-Button. Wie Sie in diesem Beispiel erkennen können, benötigen Sie zur Registrierung des Buttons die API des Views. Diese erhalten Sie ähnlich wie beim Component-Controller über die View-Controller-Methode `wd_get_api( )`. Für den JA-Button bietet das Interface `IF_WD_WINDOW` die Konstante `CO_BUTTON_YES` an. Für alle anderen Buttons werden nach dem gleichen Schema aufgebaute Konstanten angeboten.

```
DATA lo_view_api TYPE REF TO if_wd_view_controller.
lo_view_api = wd_this->wd_get_api( ).
CALL METHOD lo_window->subscribe_to_button_event
  EXPORTING
    button      = if_wd_window=>co_button_yes
    action_name = 'BUTTON_CLICKED'
    action_view = lo_view_api.
```

Listing 11.4 Popup-Button-Aktion auf Ereignis registrieren

Im folgenden Abschnitt können Sie das in diesem und den vorangegangenen Abschnitten erlangte Wissen in einer Übung einsetzen.

11.1.4 Anlegen eines Pop-ups

Im folgenden Beispiel werden Sie eine neue Component mit zwei Windows `W_MAIN` und `W_POPUP` anlegen. Nach dem Start der Anwendung soll sich automatisch ein neues Popup-Fenster mit dem Window `W_POPUP` öffnen. Im zweiten Teil der Übung werden Sie die Buttons des Pop-ups auf die Aktion `BUTTON_CLICKED` registrieren und den angeklickten Button im View `V_MAIN` als Text ausgeben.

Vorbereitende Maßnahmen

1. Legen Sie eine neue Component mit dem Window `W_MAIN` und dem View `V_MAIN` an. Erstellen Sie für die Component eine neue Web-Dynpro-Anwendung.
2. Legen Sie einen neuen View `V_POPUP` an. Dieser View soll anschließend in einem Popup-Fenster angezeigt werden. Fügen Sie ein `TextView`-Element mit dem Text »Hallo Pop-up!« in den View ein. Speichern Sie den View, und legen Sie ein Window `W_POPUP` an. Integrieren Sie `V_POPUP` in `W_POPUP`.

Pop-up öffnen

3. Wechseln Sie nun zur Methode `wddoinit( )` im View `V_MAIN`. Implementieren Sie das zum Öffnen des Popup-Fensters nötige Coding. Das Pop-up soll die Buttons Ja/Nein/Abbrechen anbieten. In Listing 11.5 finden Sie die Lösung.

```
DATA: lo_component_api   TYPE REF TO if_wd_component,
      lo_window_manager TYPE REF TO if_wd_window_manager,
      lo_window         TYPE REF TO if_wd_window.
lo_component_api = wd_comp_controller->wd_get_api( ).
lo_window_manager = lo_component_api->get_window_manager( ).
*Erzeuge Window
CALL METHOD lo_window_manager->create_window
  EXPORTING
    window_name = 'W_POPUP'
    title       = 'Popup-Fenster'
    button_kind = if_wd_window=>co_buttons_yesnocancel
  RECEIVING
    window      = lo_window.
*Öffne Window
lo_window->open( ).
```

Listing 11.5 Öffnen des Windows W_POPUP im Pop-up

Zwischenbesprechung Nun können Sie die Component bereits aktivieren und die Anwendung testen. Direkt nach dem Start sollte sich das Popup-Fenster mit `W_POPUP` und `V_POPUP` öffnen. Dies ist in Abbildung 11.3 dargestellt. Durch den Klick auf einen der drei Buttons schließt sich das Pop-up; diese Benutzeraktion wird jedoch bislang noch nicht ausgewertet.

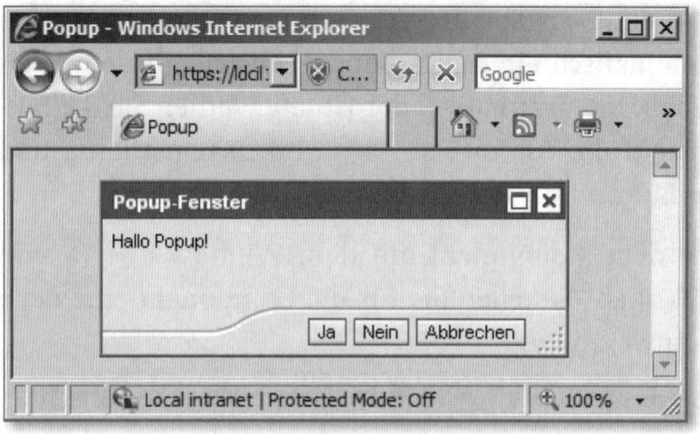

Abbildung 11.3 W_MAIN im Pop-up dargestellt

Um die Benutzeraktion auswerten zu können, müssen Sie sich auf die drei Popup-Buttons des Windows registrieren. Anschließend werden Sie den angeklickten Button im View `V_MAIN` als Text ausgeben.

1. Öffnen Sie die Registerkarte CONTEXT des Views `V_MAIN`. Fügen Sie ein neues Attribut `BUTTON_CLICKED` vom Typ `STRING` in den Context ein. Wechseln Sie anschließend auf die Registerkarte LAYOUT, und fügen Sie ein neues `TextView`-Element ein. Binden Sie die Eigenschaft TEXT an das Attribut `BUTTON_CLICKED`.

Aktion anlegen

2. Legen Sie die Aktion `BUTTON_CLICKED` an. Wechseln Sie per Doppelklick in deren Ereignisbehandler-Methode, und fügen Sie Listing 11.6 in den Ereignisbehandler ein. Mithilfe dieses Codings wird der vom Benutzer ausgewählte Button in `V_MAIN` ausgegeben.

```
wd_context->set_attribute(
  EXPORTING
    name  = 'BUTTON_CLICKED'
    value = wdevent->name ).
```

Listing 11.6 Ausgabe des ausgewählten Buttons

Buttons registrieren

3. Erweitern Sie die Methode `wddoinit( )`. Besorgen Sie sich zuerst die View-API, und registrieren Sie anschließend die Buttons JA,

NEIN und ABBRECHEN auf die Aktion BUTTON_CLICKED, indem Sie Listing 11.7 in die Methode einfügen.

```
DATA lo_view_api TYPE REF TO if_wd_view_controller.
lo_view_api = wd_this->wd_get_api( ).
CALL METHOD lo_window->subscribe_to_button_event
  EXPORTING
    button      = if_wd_window=>co_button_yes
    action_name = 'BUTTON_CLICKED'
    action_view = lo_view_api.
CALL METHOD lo_window->subscribe_to_button_event
  EXPORTING
    button      = if_wd_window=>co_button_no
    action_name = 'BUTTON_CLICKED'
    action_view = lo_view_api.
CALL METHOD lo_window->subscribe_to_button_event
  EXPORTING
    button      = if_wd_window=>co_button_cancel
    action_name = 'BUTTON_CLICKED'
    action_view = lo_view_api.
```

Listing 11.7 Registrierung der Standard-Buttons in Methode »wddoinit( )«

Test der Anwendung

4. Aktivieren Sie die Component, und starten Sie die Anwendung. Klicken Sie nun auf einen der drei vorhandenen Popup-Buttons. Das Popup-Fenster schließt sich, und in V_MAIN wird der technische Name des angeklickten Buttons angezeigt. In Abbildung 11.4 wurde vorab im Pop-up auf den ABBRECHEN-Button geklickt.

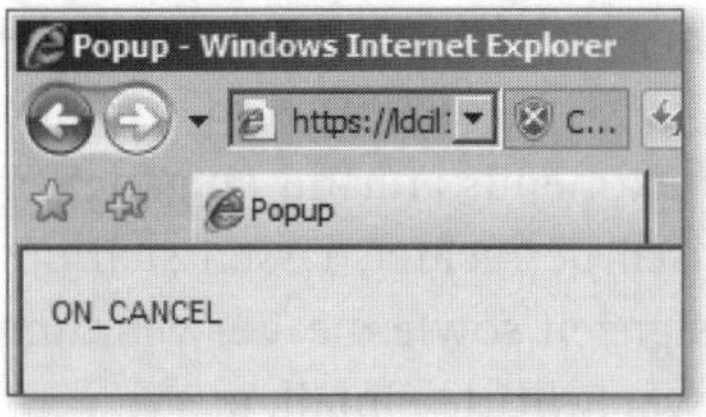

Abbildung 11.4 Ausgabe des im Pop-up angeklickten Buttons

11.2 Kontextmenüs

Einführung und Systemmenü

Kontextmenüs lassen sich in Web-Dynpro-Anwendungen jederzeit durch einen Rechtsklick öffnen. Je nach angeklicktem Bereich bietet Ihnen Web Dynpro dabei bereits eine Auswahl von unterschiedlichen Systemmenüeinträgen an. Sie können beispielweise im Rahmen der Personalisierung nicht benötigte Eingabefelder ausblenden oder eingegebene Werte als Standardwert setzen. Durch die über das Kontextmenü erreichbare Feldhilfe ist es möglich, zu einzelnen Bereichen einer Web-Dynpro-Anwendung Informationen über die Component, Views und die UI-Elemente anzeigen zu lassen. Mehr Informationen über das Systemmenü erhalten Sie in Abschnitt 11.2.1, »Standard-Kontextmenü«.

Eigene Kontextmenüs

Seit SAP NetWeaver 7.0 SP13 können Sie auch Ihre eigenen Kontextmenüs erstellen. Eigene Kontextmenüs können in vielen unterschiedlichen Szenarien eingesetzt werden. Die folgende Liste beinhaltet einige Anregungen für Ihre eigenen Kontextmenüs:

- **Standarddatum**
  Über den Rechtsklick auf ein Datumsfeld können Sie im Kontextmenü einen Standardwert auswählen. Dies kann entweder das aktuelle Datum oder ein Datum in der Zukunft sein. Der vom Anwender ausgewählte Wert wird in einem Configuration-Controller abgespeichert. Beim Laden des Views wird das Context-Attribut des Datumsfeldes mit dem berechneten Datumswert gefüllt.
- **Aufruf von Aktionen**
  Durch den Rechtsklick auf einen View-Bereich können Sie eigene Aktionen aufrufen. Ein Beispiel hierfür ist der Menüpunkt ZURÜCKSETZEN, mit dem Sie die Attribute eines Context-Elementes zurücksetzen können.

Menüphasen

Möchten Sie Ihre eigenen Kontextmenüs erstellen, empfiehlt sich die Lektüre der Abschnitte 11.2.2 und 11.2.3. In diesen werden Ihnen die Details zur Entwicklung von Kontextmenüs anhand eingängiger Beispiele näher gebracht. Technologisch betrachtet, lassen sich das Anlegen eines Kontextmenüs zur Designzeit sowie die Verwendung eines Kontextmenüs zur Laufzeit in zwei Schritte einteilen:

- **Menü-Erzeugungsphase**
  In einem ersten Schritt muss das Kontextmenü angelegt bzw. erzeugt werden. Dies kann je nach Einsatzzweck entweder statisch zur Designzeit im Layout-Editor oder dynamisch während der Laufzeit im Coding erfolgen. In jedem View können beliebig viele Kontextmenüs existieren. Die in diesem Schritt erzeugten Kontextmenüs »schweben« frei innerhalb des zugehörigen Views. Weitere Informationen über die Erzeugung finden Sie in Abschnitt 11.2.2, »Kontextmenü anlegen«.

- **Menü-Findungsphase**
  Klickt ein Anwender in einen Bereich innerhalb des Views, beginnt die Kontextmenü-Findungsphase. In dieser Phase sucht sich das Web-Dynpro-Framework das zum angeklickten Bereich zugehörige Kontextmenü aus. Hat der Anwender beispielsweise in ein Eingabefeld geklickt, könnte die Findung das zugehörige »Eingabefeld-Menü« zurückliefern. Die Findung des Kontextmenüs erfolgt entweder statisch über die Eigenschaften der UI-Elemente oder dynamisch in Methode `wddooncontextmenu( )`. Abschnitt 11.2.3, »Zuweisung eines Kontextmenüs«, gibt Ihnen hierzu mehr Informationen.

[+]

Hinweis: Die in diesem Abschnitt beschriebenen Menüelemente sowie deren Klassen und Methoden können auch für die Entwicklung von »normalen« Menüs verwendet werden, beispielsweise in einer `Toolbar` oder im `PageHeader`, der in Abschnitt 3.2.6 erläutert wird.

11.2.1 Standard-Kontextmenü

Web Dynpro stellt Ihnen bereits standardmäßig einen Satz von praktischen Kontextmenü-Einträgen zur Verfügung. Dieses Menü wird Systemmenü genannt. Je nach angeklicktem View-Bereich bietet Ihnen das Systemmenü unterschiedliche Einträge zur Auswahl an. In Abbildung 11.5 ist beispielsweise das Systemmenü eines Eingabefeldes aus Kapitel 2, »Web-Dynpro-Architektur«, abgebildet.

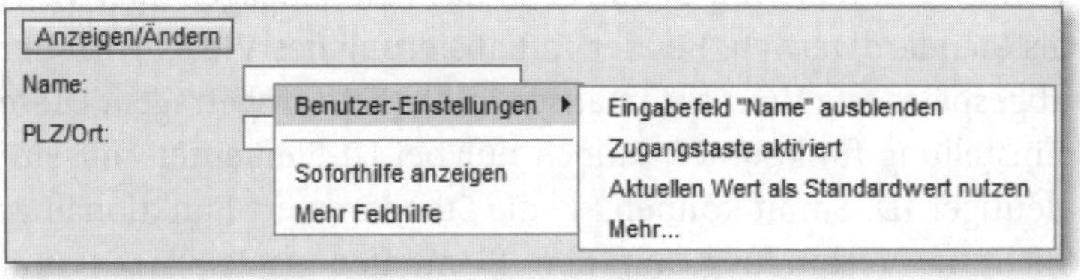

Abbildung 11.5 Systemmenü eines Eingabefeldes

Betrachten Sie die einzelnen Punkte des Systemmenüs im Detail:

- **Benutzereinstellungen**
  Unter diesem Menüpunkt können Sie benutzerspezifische Einstellungen am User Interface vornehmen.
  - **Eingabefeld »Name« ausblenden** Sichtbarkeit
    Durch einen Klick auf diesen Menüpunkt können Sie das Einga-

befeld NAME inklusive dessen Beschriftung ausblenden. Über den anschließend im Kontextmenü vorhandenen Eintrag UNSICHTBARE ELEMENTE können Sie die ausgeblendeten UI-Elemente wieder einblenden.

Zugangstasten

- **Zugangstasten**
  Zugangstasten ermöglichen den schnellen Sprung zu UI-Elementen über die Tastatur. Ist eine Zugangstaste aktiviert, können Sie durch Drücken der Tastenkombination [Alt] + [erster Buchstabe der Feldbeschriftung] den Fokus direkt in das jeweilige Feld setzen. Existieren mehrere Felder mit dem gleichen Anfangsbuchstaben, können Sie durch mehrmaliges Drücken der Tastenkombination zwischen den Feldern springen. Durch Drücken der [Alt]-Taste können Sie sich die aktiven Zugangstasten anzeigen lassen. Web Dynpro unterstreicht dazu das erste Zeichen eines Feldes mit aktiver Zugangstaste.

[+]

Hinweis: Standardmäßig sind die Zugangstasten im Layout-Editor deaktiviert. Über die UI-Element-Eigenschaft `activateAccessKey` können Sie die Zugangstasten-Funktionalität für ein UI-Element im View Designer aktivieren. Darüber hinaus kann jeder Benutzer über das Kontextmenü des jeweiligen UI-Elementes Einstellungen vornehmen. Doch Vorsicht: Aufgrund von Browser-Beschränkungen ist nicht jeder Buchstabe für die Verwendung von Zugangstasten geeignet!

Standardwerte

- **Aktuellen Wert als Standardwert verwenden**
  Nach der Auswahl dieses Eintrages speichert das Web-Dynpro-Framework den vom Benutzer in das Feld eingegebenen Wert als Standardwert ab. Bei der Initialisierung des Views wird der abgespeicherte Wert automatisch in das Feld eingetragen. Diese Einstellung funktioniert jedoch nur bei UI-Elementen mit eindeutiger ID. Somit können Sie die Standardwert-Funktionalität nicht in Verbindung mit den Elementen `RowRepeater` und `MultiPane` verwenden.

- **Mehr**
  Durch die Auswahl von MEHR werden alle verfügbaren Einstellungen zum jeweiligen Feld und allen unsichtbaren UI-Elementen in einem Popup-Fenster angezeigt.

Hilfetexte

- **Soforthilfe anzeigen**
  Über den Menüpunkt SOFORTHILFE ANZEIGEN können Sie die Soforthilfe zu einem UI-Element ein- und ausblenden. Damit diese Funktionalität ihre Wirkung zeigen kann, muss vorab die Eigen-

schaft `explanation` des entsprechenden UI-Elementes gepflegt worden sein.

- **Mehr Feldhilfe**

  Technische Details

  Der letzte Menüpunkt MEHR FELDHILFE ermöglicht den Aufruf der Feldhilfe (auch bekannt als F1-Hilfe). Ist für das angeklickte Element keine Feldhilfe gepflegt, werden stattdessen die technischen Informationen des UI-Elementes in einem Pop-up angezeigt. So ist der Menüpunkt vor allem bei der Analyse von unbekannten User Interfaces eine große Hilfe. Nach dem Klick auf den Menüpunkt öffnet sich ein Popup-Fenster mit technischen Details. In Abbildung 11.6 sehen Sie hierzu ein Beispiel.

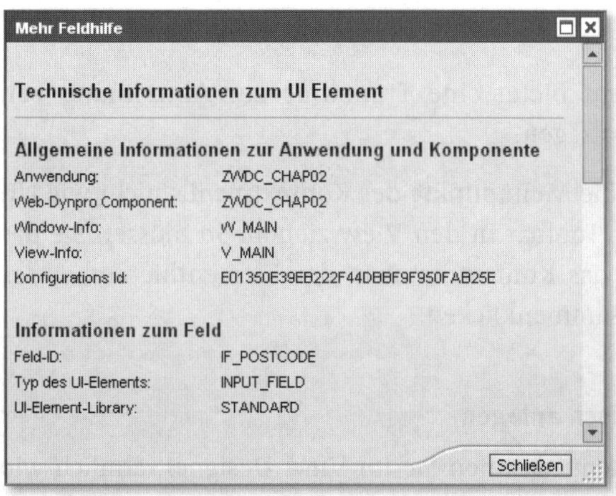

Abbildung 11.6 Kontextmenü-Eintrag »Mehr Feldhilfe«

11.2.2 Kontextmenü anlegen

Das Anlegen von eigenen Kontextmenüs gestaltet sich einfach, sowohl statisch im View Designer als auch dynamisch während der Laufzeit im Coding. Beim Anlegen eines Kontextmenüs haben Sie die Auswahl zwischen den folgenden Menüelementen:

- `Menu`

  Menüelemente

  Das `Menu`-Element ist die Wurzel jedes Kontextmenüs und kann als einziges Element direkt unter dem Wurzelknoten `CONTEXT_MENUS` eingefügt werden. Darunter dient es als Container für eine beliebige Anzahl von Kind-Kontextmenü-Elementen. Somit können Sie mit dem `Menu` eine hierarchische Menüstruktur verwirklichen.

- `MenuActionItem`
  Dieses UI-Element stellt einen konkreten Menüeintrag dar. Beim Klick auf ein `MenuActionItem`-Element wird eine Aktion im View ausgeführt.
- `MenuCheckBox`
  Dieses UI-Element stellt ein Ankreuzfeld zur Verfügung. Dazu muss seine Eigenschaft `checked` gegen ein Boolesches Attribut gebunden werden.
- `MenuRadioButton`
  Dieses UI-Element stellt ein Auswahlfeld zur Verfügung. Die Eigenschaft `selectedKey` muss gegen ein Attribut gebunden werden.
- `MenuSeparator`
  Dieses UI-Element bietet eine Trennlinie zur Abtrennung von Kontextmenü-Einträgen.

Leider können Sie die Menüpunkte des Kontextmenüs nicht wie UI-Elemente aus einer Toolbar in den View ziehen. So müssen Sie das neue Menü durch das Kontextmenü in der Elementhierarchie des View Designers zusammenklicken.

Kontextmenü statisch anlegen

Statische Kontextmenüs können Sie im View Designer, ähnlich wie normale UI-Elemente, in der Elementhierarchie des Views anlegen. Klicken Sie hierzu auf der Registerkarte LAYOUT mit der rechten Maustaste auf die Kontextmenü-Wurzel `CONTEXT_MENUS`, und wählen Sie KONTEXTMENÜ ANLEGEN aus. In einem Pop-up werden Sie nun nach einem eindeutigen Menübezeichner gefragt. Anschließend können Sie die Menüstruktur mit den bereits vorgestellten Menüelementen nach Ihren persönlichen Vorlieben gestalten.

Beispiel Abbildung 11.7 zeigt Ihnen als Beispiel das statisch angelegte Kontextmenü `TIME_MENU`. Dieses besteht aus einem Ankreuzfeld `ROUND_TIME` und einem Unterknoten `DEFAULT_VALUE` zur Auswahl der im Eingabefeld `IF_TIME` zu verwendenden Standarduhrzeit. Unterhalb des Knotens `DEFAULT_TIME` befinden sich die Kontextmenü-Auswahlfelder zur Auswahl der Standarduhrzeit. Abbildung 11.8 zeigt das Ergebnis zur Laufzeit.

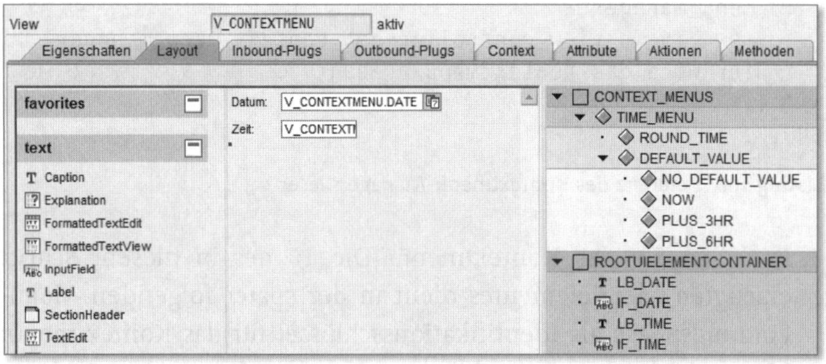

Abbildung 11.7 Struktur eines Kontextmenüs zur Designzeit...

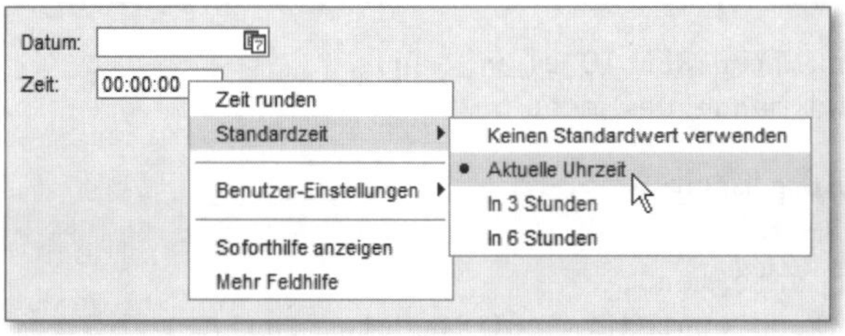

Abbildung 11.8 ... und zur Laufzeit

Kontextmenü dynamisch erzeugen

Durch die dynamische Erzeugung eines Kontextmenüs während der Laufzeit sichern Sie sich größtmögliche Flexibilität. So bietet sich die dynamische Erzeugung zum Beispiel an, wenn Sie Menüpunkte auf Basis eines Customizings erzeugen oder wenn Sie Kontextmenüs für alle Views und Components Ihrer Architektur zentral in einer Klasse erzeugen möchten.

Zur dynamischen Erzeugung eines Kontextmenüs gehen Sie wie folgt vor:

1. Öffnen Sie den View, in dem Sie ein Kontextmenü erzeugen möchten. Wechseln Sie anschließend zur Methode `wddomodifyview( )`. **Vorbereitung**
2. Besorgen Sie sich vom View-Controller `VIEW` eine Referenz auf den Kontextmenü-Manager. Listing 11.8 zeigt Ihnen das Vorgehen. Beachten Sie bereits hier, dass Sie das Kontextmenü in der Regel nur einmal beim ersten Aufruf der Methode erzeugen müssen.

```
DATA lo_menu_manager TYPE REF TO if_wd_context_menu_manager.
IF first_time EQ abap_true.
```

```
    lo_menu_manager =
      view->if_wd_view_controller~get_context_menu_manager( ).
    " Hier wird das Kontextmenü erzeugt...
    "...
ENDIF.
```

Listing 11.8 Referenz des Kontextmenü-Managers lesen

Erzeugung des Kontextmenüs

3. Erzeugen Sie das Kontextmenü. Die `ID` des in diesem Schritt erzeugten Menüelementes dient in der später folgenden Menü-Findungsphase als Identifikationsschlüssel für das Kontextmenü. Fügen Sie das Menü anschließend über den Kontextmenü-Manager in die View-Hierarchie ein. Listing 11.9 zeigt Ihnen die Lösung.

```
DATA lo_date_menu TYPE REF TO cl_wd_menu.
CALL METHOD cl_wd_menu=>new_menu
  EXPORTING
    id      = 'DATE_MENU'
  RECEIVING
    control = lo_date_menu.
lo_menu_manager->add_context_menu( lo_date_menu ).
```

Listing 11.9 Erzeugung eines neuen Kontextmenüs

Erzeugung von Menüpunkten

4. Nach der Erzeugung des Kontextmenüs können Sie dieses um eine beliebige Zahl von Menüpunkten anreichern. Sie gehen hierbei ähnlich wie im zuvor erläuterten Schritt vor. Erzeugen Sie einen neuen Menüpunkt, und fügen Sie diesen anschließend in die Menühierarchie (nicht in die View-Hierarchie!) ein. Durch die Erzeugung eines weiteren Elementes vom Typ `CL_WD_MENU` können Sie eine hierarchische Struktur abbilden.

   Listing 11.10 zeigt Ihnen ein Beispiel für die Erzeugung eines Ankreuzfeldes. Dieses wird im Context des Views direkt unter dem Wurzelknoten an das Attribut `USE_WORKING_DAYS` gebunden. Wählt der Endanwender den Eintrag im Menü aus, berechnet die Aktion `CALC_DATE` das Datum des zugehörigen Eingabefeldes neu. Zuletzt wird das Ankreuzfeld mithilfe der Methode `add_item( <Menüelement> )` zum Kontextmenü hinzugefügt.

```
DATA lo_menu_checkbox TYPE REF TO cl_wd_menu_checkbox.
CALL METHOD cl_wd_menu_checkbox=>new_menu_checkbox
  EXPORTING
    bind_checked = 'USE_WORKING_DAYS'
    id           = 'WORKING_DAYS'
```

```
    on_toggle     = 'CALC_DATE'
    text          = 'Nur Werktage verwenden'
  RECEIVING
    control       = lo_menu_checkbox.
lo_date_menu->add_item( lo_menu_checkbox ).
```

Listing 11.10 Erzeugung eines Ankreuzfeldes

Damit ist das Anlegen des Kontextmenüs abgeschlossen. Zur Verwendung muss das Kontextmenü jedoch noch Bereichen des Views zugeordnet werden (siehe Abschnitt 11.2.3, »Zuweisung eines Kontextmenüs«).

Wichtige Klassen und Methoden

Tabelle 11.1 listet die Klassen und deren wichtigste Methoden für die dynamische Programmierung von Kontextmenüs auf. Alle Elemente des Kontextmenüs erben von der Klasse `CL_WD_MENU_ITEM`.

Klasse	Beschreibung
`CL_WD_MENU`	Menü-Knotenelement. Die Methode `new_menu( )` erzeugt eine Instanz. Mögliche Parameter: ▸ `id`: eindeutiger Bezeichner ▸ `title`: Beschriftung des Menüs Methode `add_item( )` ermöglicht das Hinzufügen von beliebigen Menü-Kindelementen.
`CL_WD_MENU_ACTION_ITEM`	Menüeintrag. Startet Aktionen im View. Die Methode `new_menu_action_item( )` erzeugt eine Instanz. Mögliche Parameter: ▸ `id`: eindeutiger Bezeichner ▸ `text`: Beschriftung des Menüeintrags ▸ `on_action`: Name der aufzurufenden Aktion
`CL_WD_MENU_CHECKBOX`	Ankreuzfeld. Die Methode `new_menu_checkbox( )` erzeugt eine Instanz. Mögliche Parameter: ▸ `id`: eindeutiger Bezeichner ▸ `text`: Beschriftung des Ankreuzfeldes ▸ `bind_checked`: Ankreuzfeld gebunden an `<Context-Attribut-Pfad>` ▸ `on_toggle`: Name der Aktion bei Auswahl

Tabelle 11.1 Klassen und wichtige Methoden des Kontextmenüs

Klasse	Beschreibung
CL_WD_MENU_RADIOBUTTON	Auswahlfeld. Die Methode new_menu_ radionbutton( ) erzeugt eine Instanz. Mögliche Parameter: ▸ id: eindeutiger Bezeichner ▸ text: Beschriftung des Auswahlfeldes ▸ bind_selected_key: Auswahlfeld gebunden an <Context-Attribut-Pfad> ▸ key_to_select: Wert des Context-Attributes bei Auswahl ▸ on_select: Name der Aktion bei Auswahl
CL_WD_MENU_SEPARATOR	Trennlinie. Die Methode new_menu_ separator( ) erzeugt eine Instanz. Möglicher Parameter: ▸ id: eindeutiger Bezeichner der Trennlinie

Tabelle 11.1 Klassen und wichtige Methoden des Kontextmenüs (Forts.)

11.2.3 Zuweisung eines Kontextmenüs

Betrachten Sie nun die Zuweisung von Kontextmenüs zu UI-Elementen. Wie bereits in der Einleitung erwähnt, kann die Zuweisung sowohl statisch im View Designer als auch dynamisch über die Methode wddooncontextmenu( ) erfolgen. Im Unterschied zur statischen Variante bietet Ihnen die dynamische Variante eine deutlich größere Flexibilität.

Statische Zuweisung von Kontextmenüs

Die statische Zuweisung eines Kontextmenüs erfolgt im View Designer über die UI-Element-Eigenschaft contextMenuId. Über die Eigenschaft contextMenuBehaviour können Sie die Vererbungseigenschaften des UI-Elementes einstellen. Durch die Auswahl von provide wird der in contextMenuId eingetragene Wert übernommen. Handelt es sich bei dem Element um einen Container, ist das Menü bei Klicks innerhalb des gesamten Container-Bereichs verfügbar. Wählen Sie inherit aus, gilt das in einem übergeordneten Knoten definierte Kontextmenü. Bei der Auswahl von suppress wird kein Kontextmenü erzeugt. In Abbildung 11.9 wurde für ein Eingabefeld IF_ TIME das Kontextmenü TIME_MENU statisch zugewiesen.

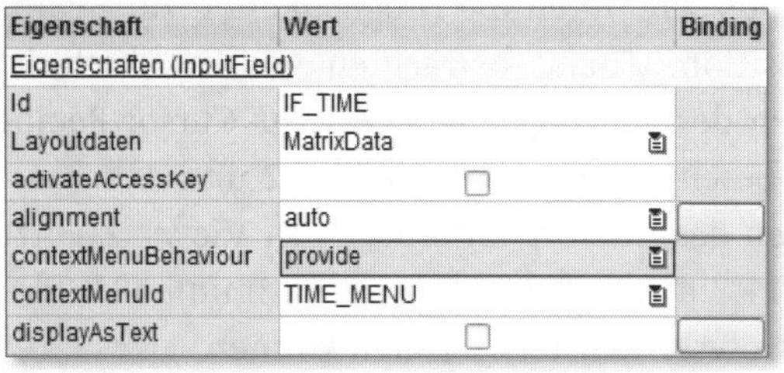

Abbildung 11.9 Im View Designer zugewiesenes Kontextmenü

Dynamische Zuweisung von Kontextmenüs

Die dynamische Zuweisung eines Kontextmenüs findet in der Methode `wddooncontextmenu( )` statt. Dazu können Sie die ID des angeklickten UI-Elementes über `context_menu_event->originator->id` auslesen. Anschließend können Sie das Kontextmenü über die Methode `context_menu_manager->get_context_menu( )` auslesen und dem Rückgabeparameter `MENU` direkt mitgeben (siehe Listing 11.11).

```
CASE context_menu_event->originator->id.
  WHEN 'IF_DATE'.
    menu =
      context_menu_manager->get_context_menu( 'DATE_MENU' ).
  ...
ENDCASE.
```

Listing 11.11 Beispielmethode »wddooncontextmenu( )«

11.3 Fokus-Handling

Vor allem bei der Fehlerbehandlung kommt es vor, dass Sie den Cursor in einer Web-Dynpro-Anwendung gezielt auf ein Eingabefeld setzen möchten. Aber auch in anderen Standardsituationen, wie beispielsweise beim Öffnen eines User Interface oder nach der Ausführung einer bestimmten Aktion, kann es für den Endanwender hilfreich sein, wenn der Cursor gezielt auf ein bestimmtes Eingabefeld im User Interface gesetzt wird. Dies wird im Rahmen des sogenannten Fokus-Handlings in diesem Abschnitt besprochen. Ein weiteres im Rahmen des Fokus-Handlings behandeltes Thema ist das Scrollen zu einem bestimmten UI-Element innerhalb eines Views.

Ausblick In diesem Abschnitt zeigen wir Ihnen die Möglichkeiten zur Beeinflussung der Cursor-Position. Zuerst betrachten wir in Abschnitt 11.3.1 die Möglichkeiten des Message Managers zur Cursor-Beeinflussung. Anschließend beschreiben Abschnitt 11.3.2 und Abschnitt 11.3.3 das gezielte Setzen des Cursors innerhalb von Views. Zuletzt lernen Sie in Abschnitt 11.3.4, wie Sie gezielt zu bestimmten UI-Elementen innerhalb des Browser-Fensters scrollen können.

11.3.1 Cursor-Beeinflussung über Meldungen

Bereits in Abschnitt 2.3.3, »Nachrichten – Message Manager und Message Area«, wurde die Ausgabe von Meldungen mithilfe des Message Managers behandelt. So finden Sie dort auch eine tabellarische Übersicht der Methoden des Message Managers. Trotzdem geben wir Ihnen hier eine kurze Übersicht über die Möglichkeiten des Message Managers zur Beeinflussung der Cursor-Position.

Beispiel Abbildung 11.10 zeigt Ihnen folgende, mit einem Eingabefeld DATUM verlinkte Fehlermeldung:

Bitte geben Sie ein gültiges Datum ein.

Klicken Sie diese als Link realisierte Fehlermeldung an, springt der Cursor direkt in das Eingabefeld NAME, und die Meldung wird nochmals direkt unterhalb des Eingabefeldes angezeigt. Nach der Eingabe und der erneuten Prüfung verschwindet die Fehlermeldung.

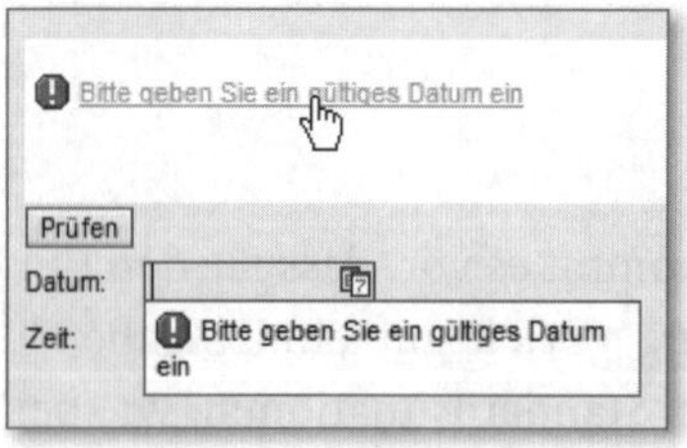

Abbildung 11.10 Mit einem Eingabefeld verlinkte Fehlermeldung

Erzeugung von Attributmeldungen Zur Erzeugung einer Attributfehlermeldung mit Eingabefeldverlinkung stehen Ihnen die Methoden `report_attribute_error_message( )`, `report_attribute_exception( )`, `report_attribute_message( )` und `report_attribute_t100_message( )` des Message-Manager-Interface `IF_WD_MESSAGE_MANAGER` zur Verfügung. Listing

11.12 zeigt Ihnen, wie Sie eine Attributfehlermeldung innerhalb eines Views erzeugen können.

```
DATA: lo_api_controller TYPE REF TO if_wd_controller,
      lo_msg_manager    TYPE REF TO if_wd_message_manager,
      lo_root_element   TYPE REF TO if_wd_context_element.
lo_api_controller ?= wd_this->wd_get_api( ).
CALL METHOD lo_api_controller->get_message_manager
  RECEIVING
    message_manager = lo_msg_manager.
lo_root_element = wd_context->get_element( ).
CALL METHOD lo_msg_manager->report_attribute_error_message
  EXPORTING
    message_text   = 'Bitte geben Sie ein gültiges Datum ein'
    element        = lo_root_element
    attribute_name = 'DATE'.
```

Listing 11.12 Erzeugung einer verlinkten Fehlermeldung

11.3.2 Gezieltes Setzen des Cursors auf ein UI-Element

Möchten Sie den Cursor unabhängig von Meldungen setzen, müssen Sie auf die View-Schnittstelle `IF_WD_VIEW` zurückgreifen. Mithilfe der Schnittstellenmethode `request_focus_on_view_elem( )` können Sie den Cursor gezielt auf ein UI-Element des Views setzen.

Beispiel

Listing 11.13 gibt Ihnen hierzu ein Beispiel. Bereits vorab wurde eine Referenz auf den View vom Typ `IF_WD_VIEW` in Methode `wddomodifyview( )` abgegriffen und als View-Attribut `GO_VIEW` im View-Controller abgelegt. Innerhalb des Listings wird zuerst eine Referenz auf das später den Cursor tragende UI-Element gelesen. Anschließend wird der Cursor über die Methode `request_focus_on_view_elem( )` auf das UI-Element gesetzt.

```
DATA lo_view_element TYPE REF TO if_wd_view_element.
CALL METHOD wd_this->go_view->get_element
  EXPORTING
    id      = 'IF_TIME'
  RECEIVING
    element = lo_view_element.
CALL METHOD wd_this->go_view->request_focus_on_view_elem
  EXPORTING
    view_element = lo_view_element.
```

Listing 11.13 Fokus auf UI-Element IF_TIME setzen

11.3.3 Gezieltes Setzen des Cursors auf ein Context-Element-Attribut

Möchten Sie den Cursor auf ein bestimmtes Attribut eines bestimmten Context-Elementes setzen, zum Beispiel auf die Spalte LANDX oder auf Zeile 20 einer auf dem Knoten T005T basierenden Tabelle, bietet sich die Verwendung der View-Schnittstellenmethode if_wd_view_controller~request_focus( ) an.

Beispiel Listing 11.14 gibt Ihnen hierzu ein Beispiel. Bereits vorab wurde eine Referenz auf den View vom Typ IF_WD_VIEW in Methode wddomodifyview( ) abgegriffen und als View-Attribut GO_VIEW im View-Controller abgelegt. Innerhalb des Listings wird zuerst das zwanzigste Context-Element des Knotens T005T ermittelt. Anschließend wird die Methode if_wd_view_controller~request_focus( ) aufgerufen und das Context-Element übergeben. Durch den Parameter ATTRIBUTE wird der Cursor in die gleichnamige Spalte gesetzt. Beachten Sie hierbei, dass dieses Coding nicht zu der entsprechenden Elementposition in der Tabelle scrollt.

```
DATA lo_context_element TYPE REF TO if_wd_context_element.
lo_context_element =
  wd_context->get_child_node( 'T005T' )->get_element( 20 ).
CALL METHOD
  wd_this->go_view->if_wd_view_controller~request_focus
  EXPORTING
    context_element = lo_context_element
    attribute       = 'LANDX'.
```

Listing 11.14 Fokus auf Element Nr. 20 des Knotens T005T setzen

11.3.4 Gezieltes Scrollen zu einem UI-Element

Bei seitenfüllenden Web-Dynpro-Anwendungen mit zahlreichen UI-Elementen kann es durchaus sinnvoll sein, dass Sie den Browser in bestimmten Situationen gezielt zu einem UI-Element innerhalb Ihrer Views scrollen lassen. Hierzu können Sie auf die View-Schnittstelle IF_VIEW zurückgreifen. Mithilfe der Schnittstellenmethode scroll_into_view( ) können Sie den Browser gezielt zu einem UI-Element innerhalb des aktuellen Views scrollen lassen. Listing 11.15 zeigt Ihnen hierzu ein Beispiel.

```
DATA lo_view_element TYPE REF TO if_wd_view_element.
CALL METHOD wd_this->go_view->get_element
  EXPORTING
```

```
    id      = 'IF_TIME'
  RECEIVING
    element = lo_view_element.
CALL METHOD wd_this->go_view->scroll_into_view
  EXPORTING
    view_element = lo_view_element.
```

Listing 11.15 Zu einem bestimmten UI-Element scrollen

Über den optionalen Parameter `CONTEXT_ELEMENT` können Sie zusätzlich ein Ziel-Context-Element für das Scrolling angeben, sofern das Context-Element zurzeit sichtbar ist.

11.4 Nachrichten und Internationalisierung

Die Internationalisierung von Web-Dynpro-Anwendungen betrifft den Aspekt der Darstellung von Texten in einer passenden Zielsprache, im Allgemeinen die Anmeldesprache des Benutzers. Texte können dem Benutzer auf viele unterschiedliche Arten angezeigt werden, wie zum Beispiel als `Label`, als Auswahlmöglichkeit in einem `DropDown` oder als Nachrichten.

Übersetzbarkeit

Der Weg zur Internationalisierung besteht darin, jedes sprachenrelevante Literal in der Web-Dynpro-Anwendung so zu definieren, dass es übersetzbar wird. Durch die Anmeldung eines Benutzers wird festgelegt, welche Anmeldesprache verwendet wird und somit welche Sprache zur Anzeige verwendet werden soll.

Techniken für Internationalisierung

Bis zum jetzigen Zeitpunkt haben wir die Definition von übersetzungsrelevanten Texten nicht diskutiert, jedoch sind uns bereits einige Stellen begegnet, an denen diese relevant gewesen wäre. Zur Definition von übersetzbaren Texten stehen unterschiedliche Techniken zur Verfügung:

- Texte im ABAP Dictionary
- Online Text Repository (OTR)
- Textsymbole in ABAP-Klassen

Nachrichtenausgabe

Diese Texte werden dem Benutzer im User Interface oder als Nachrichten angezeigt. Als Nachrichtenquellen stehen für die Ausgabe von Nachrichten noch weitere Möglichkeiten zur Verfügung:

- Nachrichten aus Tabelle `T100`, das heißt der Tabelle der übersetzungsrelevanten Meldungen
- Assistenzklasse zur Web-Dynpro-Anwendung
- Nachrichten aus Ausnahmeklassen

Im Folgenden werden wir uns die Möglichkeiten ansehen, Texte zu internationalisieren. Dabei beginnen wir mit dem ABAP Dictionary, besprechen dann das Online Text Repository und werden die Verwendung der Assistenzklasse genauer beleuchten. Ein zweiter Schwerpunkt neben den Texten ist die Ausgabe von Nachrichten an den Benutzer. Auch dazu werden Sie die grundlegenden Techniken und Verwendungen kennenlernen.

11.4.1 Texte aus dem ABAP Dictionary

Feldbezeichner

Im ABAP Dictionary können Texte zu Datenelementen definiert werden. Diese werden Feldbezeichner genannt und liegen in vier unterschiedlichen Längen vor: kurz, mittel, lang und Überschrift. In Abbildung 11.11 sehen Sie zum Beispiel die Feldbezeichner zum Datenelement `SEOCLSNAME`. Mithilfe von Transaktion SE63 können die Textsymbole in die gewünschten Zielsprachen übersetzt werden.

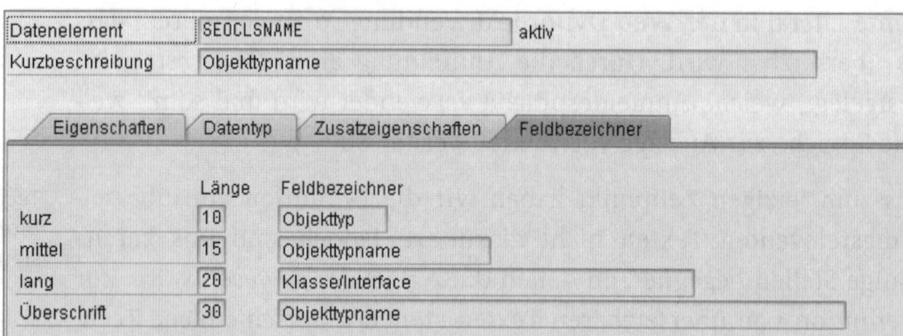

Abbildung 11.11 Feldbezeichner zu einem Datenelement

Verwendung der Feldbezeichner im User Interface

Um diese Texte in einem View einzusetzen, wird bei der Anlage von `Label`-, `Caption`- und `TableColumn`-Elementen ein Bezug zu einem anderen View-Element hergestellt, das Dateneingaben erlaubt oder Datendarstellungen durchführt. Zum Beispiel kann das UI-Element `Label` durch die Eigenschaft `labelFor` einen Bezug zu einem UI-Element `InputElement` herstellen.

Dieses andere View-Element hat über Data Binding einen Bezug zu einem Context-Attribut. Sofern dieses mit einem ABAP-Dictionary-Datenelement typisiert wurde, wird der Feldbezeichner mit der mittleren Länge als Bezeichnertext verwendet. Für unser Beispiel bedeutet das, dass der mittlere Feldbezeichner als Wert des `Label`-Elementes herangezogen wird.

Explizite Vorgabe eines Datenelementes

Neben dieser – aus Sicht von `Label`, `Caption` und `TableColumn` – indirekten Verwendung von Texten der Datenelemente können Datenelemente auch direkt referenziert werden. Dies geschieht über die Drucktaste neben der Eigenschaft zu einem View-Element. Diese Drucktaste kennen Sie bereits aus der Definition des Data Bindings auf Context-Knoten oder Context-Attribute. Durch Drücken der Drucktaste öffnet sich die Sicht auf den Context. Hier wählen Sie aber nicht einen Knoten oder ein Attribut wie bisher, sondern drücken die Drucktaste DDIC-BINDUNG AN/AUS. Dadurch haben Sie die Möglichkeit, den Namen eines Datenelementes explizit vorzugeben sowie die für Sie passende Textlänge auszuwählen und dadurch die Auswahl des Textes zu definieren. Ein nochmaliges Drücken der Drucktaste DDIC-BINDUNG AN/AUS entfernt die Definition wieder.

RTTI-Klassen und CL_TEXT_IDENTIFIER

Eine weitere Alternative der Verwendung von Texten aus dem ABAP Dictionary bieten Zugriffsklassen auf die ABAP-Dictionary-Definitionen. Zum Beispiel bieten die RTTI-Klassen Methoden, um Texte zu DDIC-Definitionen zu ermitteln. Eine weitere Klasse, die zum Lesen von DDIC-Texten verwendet werden kann, ist `CL_TEXT_IDENTIFIER`.

11.4.2 Texte aus dem Online Text Repository

OTR-Kurztexte

Das Online Text Repository ist eine zentrale Ablage für Texte, die unabhängig vom Web-Dynpro-Framework ist und Dienste für die Bearbeitung und Verwaltung von übersetzungsrelevanten Texten zur Verfügung stellt. Es unterscheidet zwischen kurzen Texten von bis zu 255 Zeichen Länge und Texten beliebiger Länge. Jeder Text wird nur einmal pro Paket abgelegt. Allgemeine, häufig vorkommende Texte befinden sich im OTR-Grundwortschatz und können paketübergreifend eingesetzt werden.

Intern werden die Texte durch eindeutige Nummern identifiziert. Eine Nummer kennzeichnet ein sogenanntes Konzept, zu dem nicht nur weitere Schreibweisen eines Textes (wie Abkürzungen und Längenvarianten) gehören, sondern auch seine Übersetzungen sowie gegebenenfalls seine lokalisierungsspezifischen (branchen-, länder-, kundenspezifischen) Ausprägungen.

OTR-Kurztexte anlegen

Um eigene OTR-Kurztexte – auch OTR-Aliastexte genannt – in einer Web-Dynpro-Anwendung einsetzen zu können, müssen diese angelegt werden. Dafür verwenden Sie den Browser des Online Text Repositorys. Diesen Browser finden Sie im Menü unter dem Punkt SPRINGEN • ONLINE TEXT REPOSITORY BROWSER, sofern Sie sich in der Anzeige oder der Bearbeitung eines Controllers, eines Views oder eines Windows befinden. Falls Sie sich im Anzeigemodus befinden, werden nur die Inhalte des OTR angeboten, ohne die Möglichkeit, neue OTR-Aliastexte anzulegen.

Aufbau des Browsers

Im Online Text Repository Browser werden OTR-Aliastexte nach Paketen gruppiert. Das Standardpaket für Texte ist `SOTR_VOCABULARY_BASIC` (siehe Abbildung 11.12, ❶), in diesem befinden sich gebräuchliche Texte und werden von SAP ausgeliefert. Benötigen Sie noch eigene Texte, müssen Sie diese OTR-Aliastexte anlegen. Die Funktionen dafür stehen in der Drucktastenleiste zur Verfügung (❹). Bei der Anlage muss der ALIASNAME (❸) für den OTR-Aliastext festgelegt werden. Dieser besteht aus dem Paket, in dem der Text abgelegt wird, und einem Identifikator, zum Beispiel wurde der Text `abstrakt` unter dem Aliasnamen `$TMP/ABSTRAKT` im Paket `$TMP` definiert (❷).

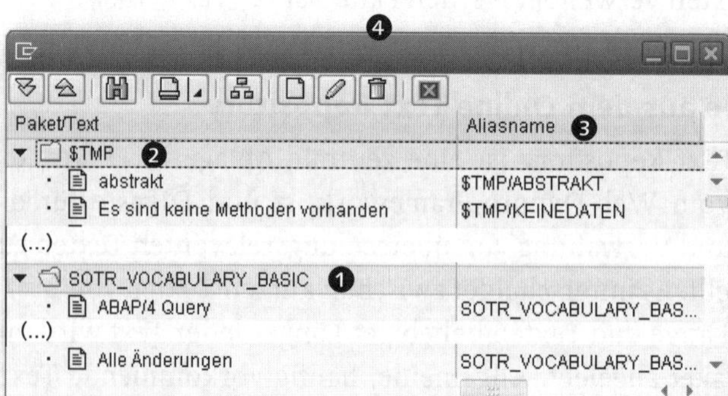

Abbildung 11.12 Online Text Repository Browser

Weitere Funktionen, die der Online Text Repository Browser anbietet, sind die Suche nach bereits angelegten Texten, die Übersetzung von Texten und der Verwendungsnachweis von Texten. Als Alternative zur Anlage von OTR-Aliastexten kann Transaktion SOTR_EDIT verwendet werden.

Vorwärtsnavigation

Befindet man sich in der Definition eines View-Elementes, bietet sich noch eine andere Möglichkeit zur Anlage von OTR-Aliastexten an. Über die Vorwärtsnavigation aus der Eigenschaft eines View-Elementes kann dieser direkt angelegt werden (siehe Abbildung 11.13).

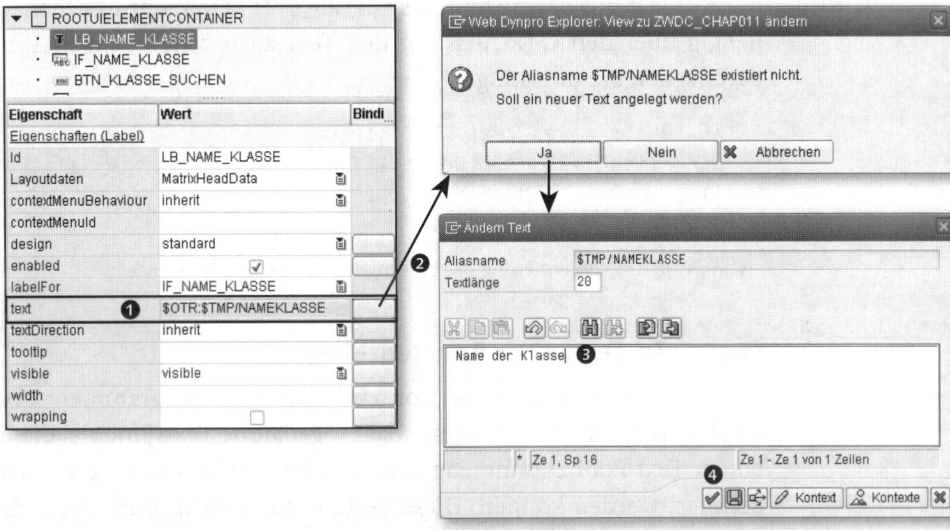

Abbildung 11.13 Anlegen eines OTR-Aliastextes durch Vorwärtsnavigation

Anlage durch Vorwärtsnavigation

Für ein Label-Element wird der Anzeigetext über die Eigenschaft text definiert (❶). Hier können Sie entweder auf bereits definierte OTR-Aliastexte über die Wertehilfe zurückgreifen oder neue Texte anlegen. Zur Anlage geben Sie den Namen des OTR-Aliastextes ein, der dem generischen Namensaufbau $OTR:<Paket>/<Alias> entsprechen muss. In unserem Beispiel lautet der Name $OTR:$TMP/NAMEKLASSE. Durch die Bestätigung über die [↵]-Taste wird ein Zwischendialog für die Bestätigung der Anlage des OTR-Aliastextes geöffnet (❷). Da der Aliastext neu anzulegen ist, bestätigen Sie dies durch Drücken der Drucktaste JA.

Pflege des OTR-Aliastextes

Danach öffnet sich das Fenster zur Anlage des OTR-Aliastextes. Der Name des Aliastextes wurde bereits aus den Eigenschaften übernommen. Die Textlänge wird aus der Eingabe im Texteditor errechnet, kann aber manuell geändert werden, um zum Beispiel mehr Zeichen für Übersetzungen zur Verfügung zu haben. Nachdem Sie den Text für den OTR-Aliastext eingegeben haben (❸), bestätigen Sie Ihre Eingabe über die WEITER-Drucktaste (❹) und haben damit den Anlegevorgang abgeschlossen. Der angelegte OTR-Aliastext kann nun an beliebigen Stellen in Ihrer Web-Dynpro-Anwendung wiederverwendet werden.

Lesezugriff auf das Online Text Repository

Der Zugriff auf OTR-Aliastexte kann auch durch eine Implementierung geschehen. Dazu verwenden Sie die Methode `get_otr_text_by_alias( )` aus der ABAP-Klasse `CL_WD_UTILITIES`, um sprachenabhängig über den OTR-Alias auf den Text zuzugreifen. Ein Beispiel dafür sehen Sie in Listing 11.16.

```
DATA: ld_otr_alias_text TYPE string.
ld_otr_alias_text = cl_wd_utilities=>get_otr_text_by_alias(
  alias      = '$TMP/NAMEKLASSE'
  language   = sy-langu ).
```

Listing 11.16 Implementierung des Lesezugriffs auf einen OTR-Aliastext

11.4.3 Texte aus der Assistenzklasse

Assistenzklasse

Aus der Programmierung von ausführbaren Programmen und Modul-Pools ist Ihnen bekannt, dass sogenannte Textsymbole, die in einem Text-Pool zusammengefasst werden, zu diesen Programmen definiert werden können. Diese Technik steht nicht unmittelbar für die Web-Dynpro-Component und Web-Dynpro-Anwendungen zur Verfügung. Es wurde aber ein Mechanismus geschaffen, über eine ABAP-Klasse, die sogenannte Assistenzklasse, Textsymbole zu definieren und diese in einer Web-Dynpro-Component zu verwenden. Sehen wir uns dies anhand eines exemplarischen Beispieles an.

Praxis

1. Wechseln Sie in die Bearbeitung einer Ihrer Web-Dynpro-Components und dort in die Eigenschaften der Web-Dynpro-Component.

Assistenzklasse anlegen

2. Legen Sie eine Assistenzklasse an, zum Beispiel mit dem Namen `ZCL_11_ASSISTANCE` (siehe auch Kapitel 2, »Web-Dynpro-Architektur«). In Abbildung 11.14 sehen Sie die Klassenvererbung, die sich aufgrund der Anlage der Assistenzklasse ergibt. Durch die Anlage der Assistenzklasse wird vom System eine Vererbung der abstrakten Klasse `CL_WD_COMPONENT_ASSISTANCE` in den Eigenschaften Ihrer Assistenzklasse eingetragen. Die abstrakte Klasse implementiert das Interface `IF_WD_COMPONENT_ASSISTANCE`, das die Methode `get_text()` zum Auslesen der Texte beinhaltet und somit den implementierenden und deren Unterklassen zur Verfügung stellt.

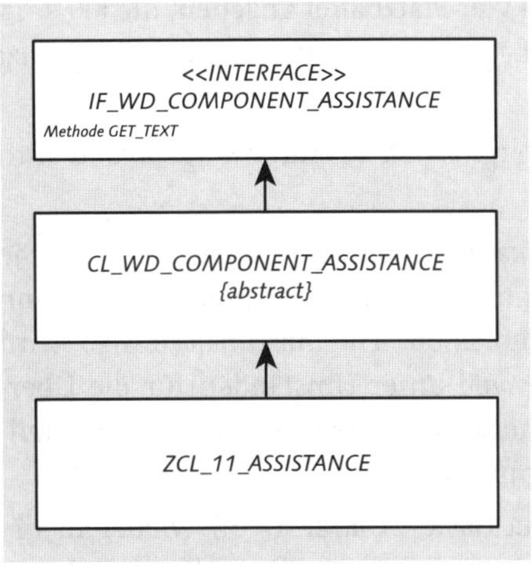

Abbildung 11.14 Assistenzklasse

Registermethoden

3. Navigieren Sie mit einem Doppelklick in die Assistenzklasse. Wenn Sie dort auf die Methoden der Klasse wechseln, sehen Sie die geerbte Methode `if_wd_component_assistance~get_text( )`, die das Auslesen der Texte ermöglichen wird.

Textelement anlegen

4. Über das Menü SPRINGEN • TEXTELEMENTE können Sie nun die Texte definieren. Vergeben Sie für einen Text eine beliebige dreistellige Kennung und dann den Text, der über den Menüpunkt SPRINGEN • ÜBERSETZUNG in eine Zielsprache übersetzt werden soll. Ein Beispiel für die Textdefinition sehen Sie in Abbildung 11.15.

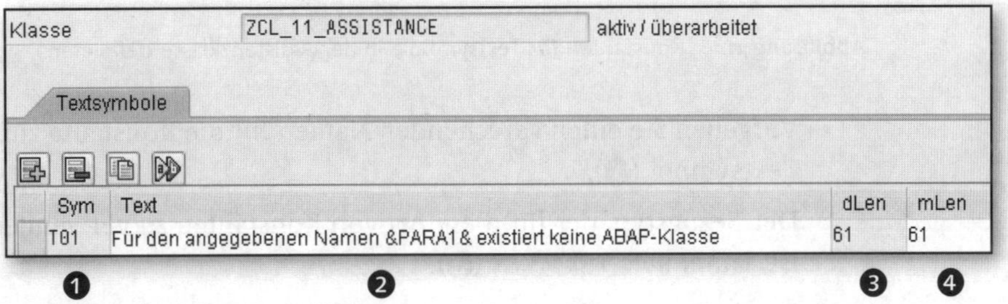

Abbildung 11.15 Anlage eines Textsymbols

- Vergeben Sie eine dreistellige Kennung (❶) für den Text, die keine Leerzeichen beinhalten darf. Diese Kennung wird später verwendet, um das Textsymbol zu ermitteln.
- Legen Sie den Text an (❷). Dieser kann Platzhalter enthalten, die beim Aufruf der Methode `get_text( )` ersetzt werden kön-

nen. Sie können maximal vier Platzhalter angeben, die `&PARA1&` bis `&PARA4&` lauten, groß geschrieben und durch `&` begrenzt werden.

- Die definierte Länge (❸) ergibt sich aus Ihrer Eingabe und wird berechnet.
- Die maximale Länge (❹) kann von Ihnen festgelegt werden. Sie muss mindestens der definierten Länge entsprechen und kann maximal 132 Zeichen umfassen. Die maximale Länge wird hauptsächlich verändert, weil unter Umständen für die Übersetzung in eine Zielsprache zu wenig Zeichen aufgrund der definierten Länge zur Verfügung stehen.

Konstante für Textelement anlegen

5. Wechseln Sie über die Drucktaste Zurück ([F3]) wieder in die Definition der Assistenzklasse. Dort können Sie im Register Attribute Konstanten definieren, die als Wert die Kennung des Textsymbols haben. Mit der Anlage der Konstanten können Sie sprechende Kennungen für die Textsymbole anlegen, die aufgrund der Bezeichnung aussagekräftiger sind als die dreistelligen Kennungen (siehe Abbildung 11.16).

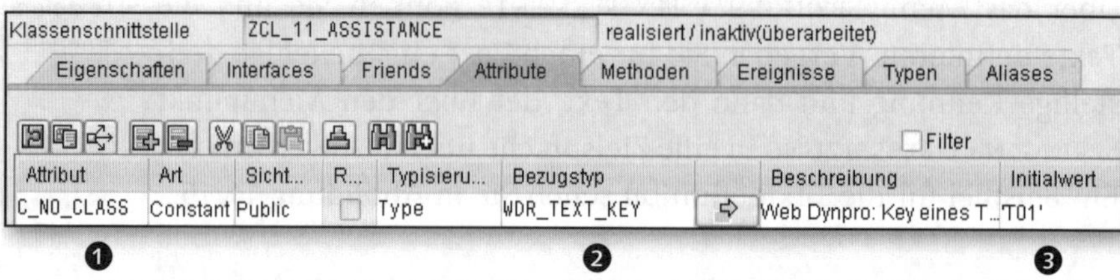

Abbildung 11.16 Konstanten für Textsymbole in der Assistenzklasse definieren

- Vergeben Sie einen sprechenden Namen für die Konstante zum Textsymbol (❶).
- Der Bezugstyp, der für diese Art von Konstanten zu verwenden ist, lautet `WDR_TEXT_KEY` (❷).
- Der Initialwert für die Konstante (❸) entspricht der dreistelligen Kennung für das Textsymbol aus der Definition.

Aktivieren

6. Damit sind alle relevanten Definitionen für den Text in der Assistenzklasse ausgeführt. Nach einer Aktivierung der Assistenzklasse und aller abhängigen Objekte kann diese in der Web-Dynpro-Component eingesetzt werden.

Durch die Zuordnung der Assistenzklasse zur Web-Dynpro-Component wird durch das Web-Dynpro-Framework automatisch das Attribut `wd_assist` für den Zugriff auf die Assistenzklasse in allen Controllern der Web-Dynpro-Component erzeugt.

Beispiel für Verbesserung

Wir diskutieren nun den Zugriff auf das zuvor definierte Textelement in der Assistenzklasse. Als Ausgangspunkt für unsere Diskussion verwenden wir Listing 11.17.

```
* Context-Knoten-Referenzen
  DATA lo_el_context TYPE REF TO if_wd_context_element.
* Daten zum Context
  DATA ls_context TYPE wd_this->element_context.
* Der Text
DATA ld_text_assistance TYPE wd_this->element_context-text.
* get element via lead selection
  lo_el_context = wd_context->get_element( ).
* Behandlung, Infotext für Benutzer
  ld_text_assistance = 'Klasse existiert nicht'.
* Werte zurück in die Beschreibung setzen
  lo_el_context->set_attribute(
    name =  `TEXT`
    value = ld_text_assistance ).
```

Listing 11.17 Implementierung mit Textliteral

Bisherige Vernachlässigung der Sprache

Durch die folgende Zuweisung wird der Informationstext für den Benutzer gesetzt – und dies natürlich in der Sprache Deutsch:

```
ld_text_assistance = 'Klasse existiert nicht'.
```

Wenn der Benutzer zum Beispiel auf Englisch angemeldet und der deutschen Sprache nicht mächtig ist, stellt dieser Ansatz ein Problem hinsichtlich der Verwendung der Web-Dynpro-Anwendung dar.

Web-Dynpro-Code-Wizard

Für die Beseitigung dieses Defizits verwenden wir die Assistenzklasse, um die Texte für eine bestimmte Zielsprache zu ermitteln und dann die Zuweisung vorzunehmen. Die Definition des Textes, der ausgegeben werden soll, wurde bereits besprochen. Nun konzentrieren wir uns auf das Auslesen des Textes. Der Web-Dynpro-Code-Wizard bietet Unterstützung, um definierte Texte aus der Assistenzklasse zu ermitteln.

Praxis

1. Nachdem Sie den Cursor an die passende Stelle im Quelltext platziert haben, rufen Sie den Web-Dynpro-Code-Wizard (Tastenkombination [Strg] + [F7]) auf.

Textsymbol-Zugriff

2. Wechseln Sie zum Register ALLGEMEIN, und markieren Sie die Option TEXTSYMBOL-ZUGRIFF. Die Methode `get_text( )` aus der Assistenzklasse liefert als Ergebnis einen String-Wert zurück. Diesen können Sie in einer bereits definierten Methodenvariablen speichern oder sich eine neue Variable anlegen lassen. In unserem Beispiel verwenden wir die bereits definierte Variable `ld_text_assistance` (siehe Abbildung 11.17, ❶).
3. Das Textsymbol, das Sie auslesen möchten, legen Sie über das Eingabefeld TEXTSYMBOL fest (❷). Für die in der Assistenzklasse definierten Textsymbole steht eine Wertehilfe zur Verfügung.

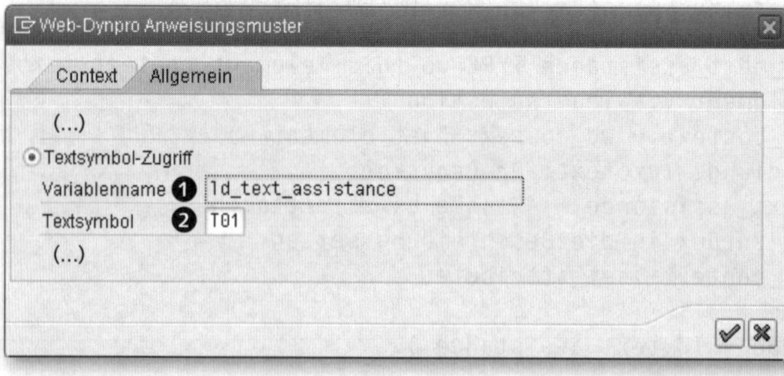

Abbildung 11.17 Auslesen des Textsymbols aus Assistenzklasse mit Web-Dynpro-Code-Wizard

Quelltext erzeugen lassen

4. Nachdem Sie die Eingaben vorgenommen haben, lassen Sie den Quelltext durch die Bestätigung Ihrer Eingabe erzeugen. In Listing 11.18 sehen Sie den produzierten Quelltext.

```
* Texte aus der Assistenzklasse
        ld_text_assistance TYPE string.
** Variante 1 **
* Durch den Web-Dynpro-Code-Wizard erzeugt und nicht verändert
*ld_text_assistance =
*wd_assist->if_wd_component_assistance~get_text( 'T01' ).
** Variante 2 **
* Durch den Web-Dynpro-Code-Wizard erzeugt und manuell ergänzt
 ld_text_assistance =
   wd_assist->if_wd_component_assistance~get_text(
     key =  wd_assist->c_no_class
     para1 = `XYZ` ).
```

Listing 11.18 Textermittlung durch die Assistenzklasse

Automatisch erzeugtes Coding

In Listing 11.18 sehen Sie im Abschnitt zu Variante 1 den Aufruf der Methode `get_text( )`, wie dieser durch den Web-Dynpro-Code-

Wizard erzeugt wurde. Wir haben die Variable `ld_text_assistance` vorgegeben, um den Rückgabewert der Methode zu übernehmen. Die Textkennung für den Text wird durch das Textliteral `T01` an die Methode übergeben. Die Ersetzung des Platzhalters im Text wird nicht durchgeführt, da kein Wert für den Platzhalter an die Methode übergeben wird. Dies müssten Sie bei der Verwendung dieser Aufrufvariante mit alternativen Möglichkeiten umsetzen, wie zum Beispiel durch das Senden einer Nachricht an den Benutzer.

Manuell angepasstes Coding

Im Abschnitt zu Variante 2 sehen Sie eine zweite Aufrufvariante, die durch manuelle Änderungen am erzeugten Quelltext entstanden ist. Wir haben das Textliteral durch die sprechende Konstante `wd_assist->c_no_class` ersetzt. Zusätzlich haben wir an den Importing-Parameter `para1` den Ersetzungswert für den Platzhalter im Textelement übergeben. Damit findet die Ersetzung des Platzhalters durch den Wert des Aktualparameters `` `XYZ` `` statt.

Somit können Sie Texte, die übersetzt werden sollen, in der Assistenzklasse definieren und im Quelltext ermitteln. Diese Texte stellen eine der Alternativen dar, um dem Benutzer Nachrichten zu senden.

11.4.4 Nachrichten

ABAP-MESSAGE-Anweisung

Die Benachrichtigung von Benutzern in ABAP-Programmen mithilfe der ABAP-Anweisung `MESSAGE` dürfte keine Neuigkeit für Sie sein. Sie kennen sicherlich die Syntax des Aufrufs, den wir dennoch an einem Beispiel wiederholen, um die Verwendung von Nachrichten in Web-Dynpro-Components zu motivieren:

```
MESSAGE E041(OO) WITH 'CX_ROOT'.
* Class-Pool zu Klasse &1 konnte nicht repariert werden
```

Nachrichtentyp

Eine Nachricht wird durch die `MESSAGE`-Anweisung eingeleitet. Ein Zusatz ist der Nachrichtentyp, der unter anderem spezifiziert, wie die Nachricht dargestellt wird, wo und wann die Nachricht angezeigt wird und welche Auswirkung die Nachricht auf das Laufzeitverhalten des Programms hat. Als Werte für den Nachrichtentyp stehen zum Beispiel `E` für Fehler oder `I` für Information zur Verfügung.

Nachrichtennummer und Nachrichtenklasse

Die dreistellige Nachrichtennummer spezifiziert, welche Nachricht aus der Tabelle `T100` gelesen werden soll. Dazu ist es erforderlich, die Nachrichtenklasse anzugeben, aus der die Nachrichtentexte ermittelt werden. Innerhalb einer Nachrichtenklasse ist die Nachrichtennummer eindeutig. Um eine Liste aller Nachrichten in einer Nachrichtenklasse zu ermitteln, verwenden Sie am besten Transaktion SE91 (Nachrichtenpflege).

Platzhalter

Besitzt der Nachrichtentext Platzhalter, von denen maximal vier im Kurztext und vier im Langtext definiert werden können, müssen zu der MESSAGE-Anweisung mit dem Zusatz WITH die Ersetzungswerte angegeben werden.

Message Area

Nachrichtenbereich

Um Nachrichten visualisieren zu können, wird ein Nachrichtenbereich benötigt. Prinzipiell stehen in der Web-Dynpro-Entwicklung dafür zwei Möglichkeiten bereit. Die erste Möglichkeit besteht in der Verwendung eines vordefinierten Nachrichtenbereiches. Dieser wird als Standard-Message-Area bezeichnet und ist so zu verwenden, wie Sie in Abbildung 11.18 sehen können.

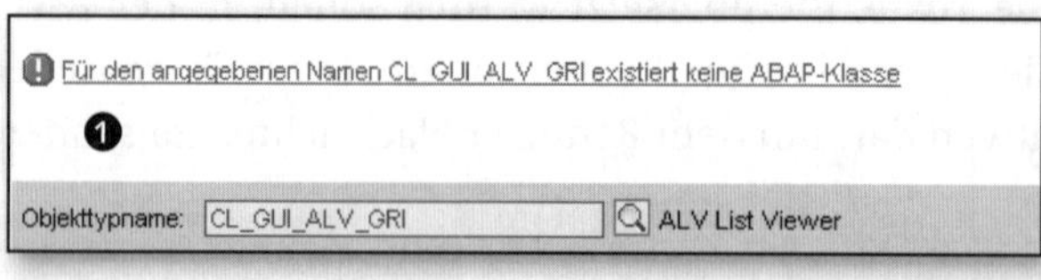

Abbildung 11.18 Standard-Message-Area

Anzeige

Die Standard-Message-Area wird im Kopf der Seite eingeblendet und der Nachrichtentext angezeigt (❶). Sie können bestimmen, ob die Message Area immer oder nur bei Bedarf eingeblendet werden soll. Um diese Einstellung zu vorzunehmen, müssen Sie in die EIGENSCHAFTEN der entsprechenden Web-Dynpro-Anwendung wechseln (siehe Abbildung 11.19).

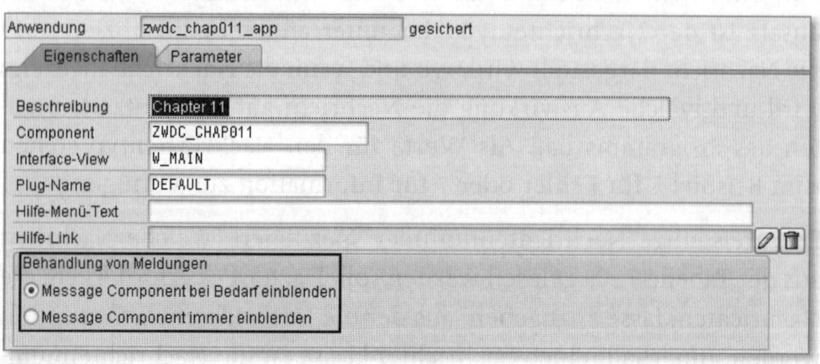

Abbildung 11.19 Sichtbarkeit der Message Area

In der Eigenschaftengruppe BEHANDLUNG VON MELDUNGEN können Sie festlegen, ob die Message Area nur bei Bedarf oder immer eingeblendet werden soll. Sofern Sie die Option MESSAGE COMPONENT BEI BEDARF EINBLENDEN wählen, verschieben sich die angezeigten View-Elemente bei der Ausgabe einer Nachricht um den dafür benötigten Platz nach unten. Sofern keine Nachricht zur Ausgabe vorliegt, wird die Message Area nicht angezeigt, und die Anzeige der View-Elemente wird laut Layoutdefinition durchgeführt.

UI-Element MessageArea

Eine Alternative für die Anzeige der Message Area ist die Verwendung des UI-Elementes `MessageArea` (siehe Abschnitt 4.5.4). Dadurch ist es Ihnen möglich, die Nachrichten an einer beliebigen Stelle im Layout auszugeben. Falls Sie dieses UI-Element einsetzen, müssen Sie darauf achten, dass es in der gesamten Web-Dynpro-Anwendung pro Window nur einmal verwendet wird, da es andernfalls zu Laufzeitfehlern kommt. Dies ist speziell bei der Wiederverwendung von Web-Dynpro-Components zu beachten.

Message-Area-Attribuierung

Unabhängig davon, ob Sie sich für die erste oder die zweite Möglichkeit zur Anzeige der Message Area entscheiden, können Sie das Erscheinungsbild der Message Area beeinflussen. Mit SAP NetWeaver 7.0 SPS11 hat sich das Design für Nachrichten und die Message Area verändert. Ein Wechsel zum alten Design ist durch die Attribuierung der Message Area möglich. Dazu müssen Sie an einer geeigneten Stelle, zum Beispiel in der Methode `wddoinit( )` eines Windows, die Attribuierung der Message Area durchführen. In Abbildung 11.20 sehen Sie ein Beispiel für die Auswirkungen der Attribuierung der Message Area.

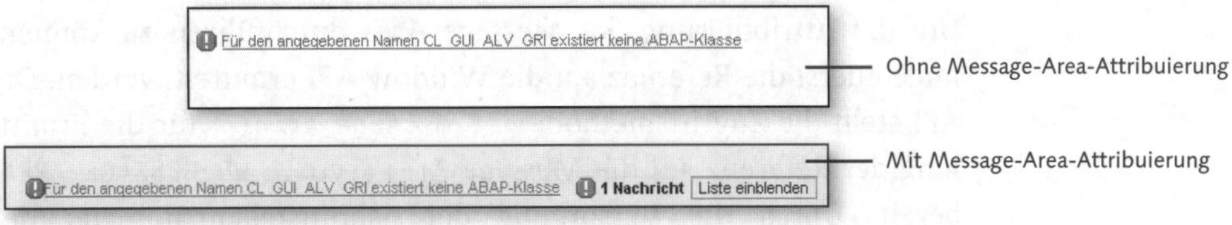

Abbildung 11.20 Auswirkung der Attribuierung der Message Area

Auswirkungen der Attribuierung

Ohne Attribuierung wird die Message Area mit weißem Hintergrund und einer Liste aller Nachrichten angezeigt. Mit Attribuierung kann die Message Area unterschiedliche Aussehen und Funktionen zur Verfügung stellen. In unserem Beispiel wird nur die erste Meldung mit der Zusatzinformation angezeigt, wie viele Nachrichten vorhanden sind. Zusätzlich wird die Drucktaste LISTE EINBLENDEN angeboten, um die Liste der Nachrichten anzuzeigen. In Listing 11.19 sehen Sie den Quelltext zur Attribuierung der Message Area.

```
METHOD set_message_area .
* API vom Window-Controller
DATA: l_api_mycomp TYPE REF TO if_wd_window_controller,
* Message Area
      l_wd_message_area TYPE REF TO if_wd_message_area.
* Window-API ermitteln
l_api_mycomp ?= wd_this->wd_get_api( ).
* Message Area ermitteln
l_wd_message_area = l_api_mycomp->get_message_area( ).
* Attribute der Message Area setzen
l_wd_message_area->set_display_attributes(
"Nur aktuelle Meldungen anzeigen
  i_for_all_instances = abap_false
"Gleichzeitig sichtbare Meldungen bei expandiertem Log
  i_msg_lines_visible = '3'
"Message Area ist umschaltbar zwischen Textzeile und Liste
  i_use_toggle_area = abap_true
"Setzt Attribute für alle Message-Area-Instanzen
  i_show_only_current = abap_false ).
ENDMETHOD.
```

Listing 11.19 Attribuierung der Message Area

Kapselung der Attribuierung

Wir haben die Attribuierung der Message Area in der Window-Controller-Methode `set_message_area( )` gekapselt, um diese einfach in der Methode `wddoinit( )` des Window-Controllers aufrufen zu können.

Um die Attribuierung der Message Area durchführen zu können, muss zuerst die Referenz auf die Window-API ermittelt werden. Die API stellt die Zugriffsmethode `get_message_area( )` für die Ermittlung der Referenz auf die Message Area (Typ `IF_WD_MESSAGE_AREA`) bereit. Durch die Versorgung der Schnittstellenparameter der Methode `set_display_attributes( )` der Message-Area-Referenz werden das Aussehen und die Funktionalität der Message Area gesteuert. Die Bedeutung der Parameter können Sie Tabelle 11.2 entnehmen.

Parameter	Wert	Auswirkung
`i_use_toggle_area`	`SPACE`	neues Design der Message Area (Default)
`i_use_toggle_area`	`X`	altes Design der Message Area
`i_msg_lines_visible`	0	Alle Nachrichten werden angezeigt (Default).
`i_msg_lines_visible`	größer 0	Nur x Nachrichten sind sichtbar, und die restlichen Nachrichten sind durch Blättern erreichbar.
`i_show_only_current`	`X`	Falls der Parameter `I_USE_TOGGLE_AREA` den Wert `SPACE` besitzt, wird kein Meldungsprotokoll angezeigt.
`i_show_only_current`	`SPACE`	Falls der Parameter `I_USE_TOGGLE_AREA` den Wert `SPACE` besitzt, wird ein Link angezeigt, mit dem das Meldungsprotokoll eingeblendet werden kann.

Tabelle 11.2 Parameter der Methode »set_display_attributes( )«

Message Manager

Aufgaben des Message Managers

Um Meldungen an den Benutzer senden zu können, existiert der Message Manager, der über die API des aktuellen Controllers bezogen werden kann. Der Message Manager stellt dabei Methoden zur Verfügung, um Texte aus unterschiedlichen Quellen zu beziehen und diese mit der passenden Übersetzung in der Message Area zu setzen.

Message-Manager-Referenz

Für die effiziente Arbeit mit dem Message Manager in der Web-Dynpro-Component ist es ratsam, in einem Initialisierungsschritt die Referenz auf den Message Manager zu ermitteln und diese Referenz so abzulegen, dass alle Controller darauf zugreifen können. Die Referenz, die von der Web-Dynpro-Laufzeit bereitgestellt wird, ist vom Typ `IF_WD_MESSAGE_MANAGER`. Ist in einem Controller eine Nachricht auszugeben, wird diese global verfügbare Referenz verwendet und die passende Methode über die Message-Manager-Referenz aufgerufen. Sehen wir uns das in einem Beispiel an.

Praxis

1. Wechseln Sie in den Component-Controller einer Ihrer Web-Dynpro-Components.

Globales Attribut für Message Manager definieren

2. Als Vorbereitung für die Ermittlung der Referenz auf den Message Manager legen Sie im Component-Controller das globale Attribut `go_mm` vom Referenztyp `IF_WD_MESSAGE_MANAGER` an (siehe Abbildung 11.21). Durch die Anlage der Message-Manager-Referenz als globales Attribut im Component-Controller ist gewährleistet, dass alle anderen Controller in der Web-Dynpro-Component einen Zugriff auf diese Referenz erhalten, weil alle Controller in der Web-Dynpro-Component einen Zugriff auf den Component-Controller haben.

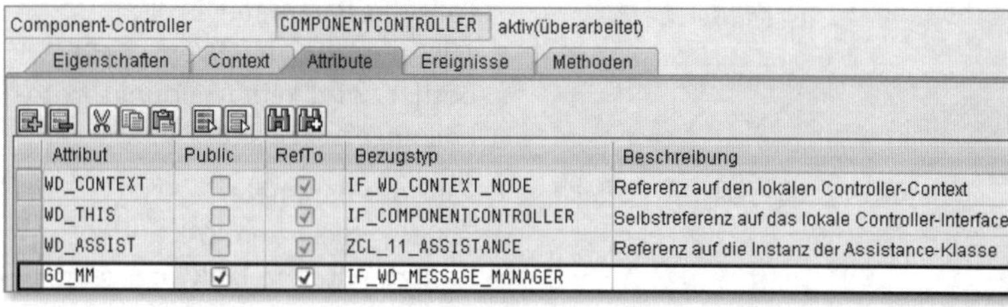

Abbildung 11.21 Message-Manager-Referenz

Message-Manager-Referenz ermitteln

3. Als Nächstes geht es darum, die Referenz auf den Message Manager zu ermitteln. Wir werden diesen Zugriff in der Component-Controller-Methode `get_message_manager( )` kapseln, um sie in der Folge in der Methode `wddoinit( )` des Component-Controllers aufrufen zu können. In Listing 11.20 sehen Sie die Ermittlung der Referenz auf den Message Manager.

```
METHOD get_message_manager .
* Referenz auf die API des Component-Controllers
DATA lo_api_controller  TYPE REF TO if_wd_controller.
* Ermittlung der API des Component-Controllers
lo_api_controller ?= wd_this->wd_get_api( ).
* Ermittlung des Message Managers
wd_this->go_mm =
  lo_api_controller->get_message_manager( ).
ENDMETHOD.
```

Listing 11.20 Ermittlung der Message-Manager-Referenz

Die Component-Controller Methode `get_message_manager( )` kapselt die Ermittlung der Message-Manager-Referenz. Im ersten Schritt wird die API des Component-Controllers mithilfe der Methode `wd_get_api( )` ermittelt. Über die API-Referenz wird die Methode `get_message_manager( )` aufgerufen, die die Referenz auf den Message Manager zurückliefert. Diese Referenz legen Sie in dem zuvor definierten globalen Attribut `go_mm` ab und stellen es damit den anderen Controllern zur Verfügung.

4. Sie müssen die Component-Controller-Methode `get_message_manager( )` noch in der Component-Controller-Methode `wddoinit( )` aufrufen. Damit garantieren Sie, dass das globale Attribut `go_mm` mit einer gültigen Referenz belegt ist und von den anderen Controllern verwendet werden kann.

Ermittlung des Message Managers einbinden

Damit ist der erste Schritt zur Verwendung des Message Managers abgeschlossen. Der nächste Schritt betrifft die Verwendung des Message Managers. Doch zuvor besprechen wir noch die unterschiedlichen Quellen der Texte, die vom Message Manager ausgegeben werden können.

Nachrichtenkategorien

Textquellen

Die Texte zur Ausgabe von Nachrichten können aus unterschiedlichen Textquellen kommen, wie zum Beispiel der Assistenzklasse, der Nachrichtentabelle `T100` oder aus Ausnahmeobjekten. In Abbildung 11.22 haben wir diese Quellen (oder auch Nachrichtenkategorien) für Sie visualisiert.

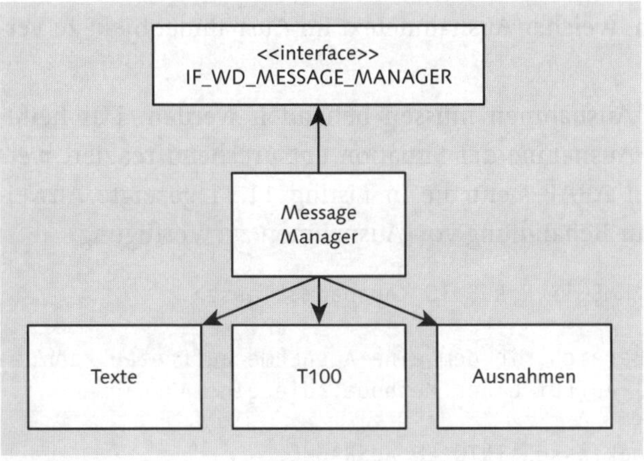

Abbildung 11.22 Nachrichtenkategorien

IF_WD_MESSAGE_MANAGER

Da der Message Manager das Interface `IF_WD_MESSAGE_MANAGER` implementiert, ist gewährleistet, dass Methoden zur Ausgabe von Nachrichten vorhanden sind, die Texte aus unterschiedlichen Quellen verwenden können. Diese Quellen lassen sich in Kategorien einteilen, die nun detailliert dargestellt werden.

- **Texte**
  Die Kategorie Texte ermöglicht es Ihnen, beliebige Texte zu verwenden. Texte können zum Beispiel Kurztexte aus dem Online Text Repository, Textsymbole aus der Assistenzklasse oder Texte aus dem ABAP Dictionary sein. Die Zugriffsmöglichkeiten auf diese Texte wurden bereits in den Abschnitten 11.4.1, 11.4.2 und 11.4.3 diskutiert.
- **Tabelle T100**
  In der Tabelle `T100` werden Texte sprachenabhängig, gruppiert in Nachrichtenklassen gespeichert. Für jede Nachricht kann ein Langtext angelegt werden, der Zusatzinformationen zu der Nachricht für den Benutzer liefert. In der Nachricht und im Langtext können Platzhalter verwendet werden, um Informationen während der Laufzeit in die Texte einzumischen.
- **Ausnahmen**
  Die OO-Ausnahmen sind ein Teil des Ausnahmemechanismus in ABAP und werden über ABAP-Klassen definiert. Die Ausnahmeklassen werden im Class Builder (Transaktion SE24) angelegt und leiten sich von der ABAP-Klasse `CX_ROOT` ab. Durch die ABAP-Anweisung `RAISE EXCEPTION TYPE <Ausnahmeklasse>` werden Ausnahmen ausgelöst. Beim Auslösen einer Ausnahme kann definiert werden, welcher Ausnahmetext im Ausnahmeobjekt zu verwenden ist.

  Auftretende Ausnahmen müssen behandelt werden. Das heißt, dass auf die Ausnahme der Situation entsprechend reagiert werden muss. In ABAP steht die in Listing 11.21 gezeigte Anweisungsfolge zur Behandlung von Ausnahmen zur Verfügung.

```
DATA: LO_AUSNAHME TYPE REF TO <Ausnahmeklasse>.
TRY.
* Kritischer Bereich, in dem eine Ausnahme auftreten kann,
* zum Beispiel Aufruf einer Methode, die eine Ausnahme
* auslöst
CATCH <Ausnahmeklasse> INTO LO_AUSNAHME.
* Behandlung erfolgt hier, zum Beispiel Ausgabe einer
* Nachricht durch den Message Manager
ENDTRY.
```

Listing 11.21 Ausnahmebehandlung für Ausnahmen

Zugriff auf Ausnahmeobjekte

Im Zusammenhang mit der Ausgabe von Nachrichten ist interessant, dass bei auftretenden Ausnahmen diese Ausnahmeobjekte in

Objektreferenzvariablen gesichert werden können. Dafür ist der Abschnitt CATCH <Ausnahmeklasse> INTO LO_AUSNAHME. relevant. Da das Ausnahmeobjekt über die Objektreferenz angesprochen werden kann, kann der Message Manager den Text aus dem Ausnahmeobjekt ermitteln und ausgeben.

Platzhalter und Verlinkung

Die Methoden des Message Managers für die Kategorien Text und T100 bieten Parameter, die es ermöglichen, Platzhalter in den Texten durch Werte zu ersetzen. Die Methoden für alle Kategorien erlauben Ihnen, einen Bezug der Nachricht zu einem UI-Element herzustellen, um den Benutzer auf die Ursache der Nachricht hinzuweisen. Über diese Verlinkung der Nachricht mit einem UI-Element wird auch die Navigation von der Nachricht zum UI-Element unterstützt. Das UI-Element und sein Inhalt werden farblich hervorgehoben.

Nachrichten ausgeben

Bei der Ausgabe einer Nachricht werden Sie durch den Web-Dynpro-Code-Wizard unterstützt. Nachdem Sie im Quelltext den Cursor-Fokus auf die passende Stelle gesetzt haben, rufen Sie den Web-Dynpro-Code-Wizard auf. Dort wählen Sie die Option MELDUNG ERZEUGEN (siehe Abbildung 11.23).

Abbildung 11.23 Meldung mit dem Web-Dynpro-Code-Wizard erzeugen

Im Feld MESSAGE MANAGER wird das Interface IF_WD_MESSAGE_MANAGER angezeigt (❶) und besitzt nur informativen Charakter. Im Feld METHODE werden über eine Wertehilfe alle Methoden des Message Managers angeboten (❷). Je nach Anwendungsfall können Sie die passende Methode auswählen. Im Folgenden werden wir je nach Nachrichtenkategorie Beispiele für Anwendungsfälle präsentieren.

Kategorie »Text«

Um eine Nachricht aus der Kategorie Text zu senden, müssen Sie zuerst den Nachrichtentext ermitteln. Dieser Text besitzt möglicherweise Platzhalter, die zu ersetzen sind. Darüber hinaus haben Sie zu entscheiden, ob eine Verlinkung von der Nachricht zu einem UI-Element benötigt wird. In Listing 11.22 sehen Sie den Aufruf der Message-Manager-Methode `report_attribute_error_message( )`, um eine Nachricht mit einem Bezug zu einem UI-Element auszugeben.

```
* Selektionsdaten aus dem Context
DATA: lv_rs_value TYPE zst_11_wd_klasse_sel_krit,
* Texte aus der Assistenzklasse
      ld_text_assistance TYPE string,
* Element ermitteln
 lo_nd_klassen_sel_krit TYPE REF TO if_wd_context_node,
 lo_el_klassen_sel_krit TYPE REF TO if_wd_context_element.
* Von <CONTEXT> nach <KLASSEN_SEL_KRIT> mit der Lead-Selection
* navigieren
lo_nd_klassen_sel_krit = wd_context->get_child_node(
  name = wd_this->wdctx_klassen_sel_krit ).
* Hole das Element über die Lead-Selection
lo_el_klassen_sel_krit =
  lo_nd_klassen_sel_krit->get_element( ).
* Ermittlung des Textes aus der Assistenzklasse
ld_text_assistance =
  wd_assist->if_wd_component_assistance~get_text(
    key =  wd_assist->c_no_class
    para1 = lv_rs_value-name_klasse ).
* Nachricht mit Elementbezug erzeugen
wd_comp_controller->go_mm->report_attribute_error_message(
  message_text                = ld_text_assistance
  element                     = lo_el_klassen_sel_krit
  attribute_name              = 'NAME_KLASSE' ).
```

Listing 11.22 Nachrichtenausgabe für die Kategorie »Text«

Text und Platzhalter

In der Methode wird die Referenz auf den Context-Knoten `KLASSEN_SEL_KRIT` ermittelt. Dieser besitzt das Attribut `NAME_KLASSE`, auf das sich die Nachricht bezieht. Für die Ausgabe der Nachricht wird zuerst über die Assistenzklasse ein Nachrichtentext ermittelt und der Platzhalter durch den Eingabewert des Benutzers im Selektions-View ersetzt. Falls in diesem Beispiel für die Eingabe des Benutzers keine ABAP-Klasse im Repository gefunden wird, wird die Fehlernachricht über die Message-Manager-Methode `report_attribute_error_message( )` an den Benutzer gesendet.

Verlinkung der Nachricht mit UI-Element

Zusätzlich zum Nachrichtentext werden der Methode die Referenz auf das Element des Context-Knotens und der Name des Context-Attributes übergeben, an das das UI-Element mit der fehlerhaften Eingabe gebunden ist. So kann die Fehlernachricht einen Link auf das UI-Element anbieten, damit der Benutzer einfacher zur Korrektur seiner Eingabe springen kann. Für den Benutzer wird das UI-Element darüber hinaus farblich hervorgehoben.

Platzhalterersetzung mit Parametertabelle

Die Methode bietet des Weiteren den Parameter `params`, an den eine interne Tabelle mit Platzhalterbezeichnungen und Ersetzungswerten übergeben werden kann. Damit können die Platzhalter im Nachrichtentext durch die Ersetzungswerte während der Laufzeit ausgetauscht werden. Dazu müssen Sie eine interne Tabelle vom Tabellentyp `WDR_NAME_VALUE_LIST` deklarieren, befüllen und an die Methode übergeben. Listing 11.23 zeigt die Parametertabellenvariante.

```
* Mit Parametertabelle
DATA: lt_params TYPE wdr_name_value_list,
      ls_param LIKE LINE OF lt_params.
* Durch den Web-Dynpro-Code-Wizard erzeugt und manuell ergänzt
ld_text_assistance =
   wd_assist->if_wd_component_assistance~get_text(
     key =  wd_assist->c_no_class ).
* Parameter befüllen
ls_param-name  = 'PARA1&'.
ls_param-value = 'Manuelle Eingabe'.
APPEND ls_param TO lt_params.
* Nachricht erzeugen
wd_comp_controller->go_mm->report_attribute_error_message(
  message_text             = ld_text_assistance
  element                  = lo_el_klassen_sel_krit
  attribute_name           = 'NAME_KLASSE'
  params                   = lt_params ).
```

Listing 11.23 Nachrichtenausgabe für die Kategorie »Text« mit Parametertabelle

Parametertabelle

Deklarieren Sie zuerst die interne Tabelle für die Parameter mit Bezug auf den Tabellentyp `WDR_NAME_VALUE_LIST` und eine Arbeitsstruktur, um den Inhalt der Parametertabelle aufzubauen. Die Parametertabelle hat zwei Spalten, `name` und `value`. Die Spalte `name` hält den Namen des Parameters, der im Nachrichtentext zu ersetzen ist. In unserem Beispiel lautet der Name des Platzhalters `&para1&`. Im Allgemeinen wird nur das einleitende `&` bei den Platzhaltern benötigt, wie Sie es auch von Nachrichten aus der Tabelle `T100` kennen.

Das abschließende `&` war wegen der Platzhalterersetzung über die Methode `get_text( )` der Assistenzklasse erforderlich. Um nun den Platzhalter `&para1&` in der Methode `report_attribute_error_message( )` zu ersetzen, lautet der Name des zu ersetzenden Platzhalters `para1&`. Die Spalte `value` enthält den Ersetzungstext.

Die so Zeile für Zeile, das heißt Platzhalter für Platzhalter, befüllte Parametertabelle wird dann an die Message-Manager-Methode übergeben. In Abbildung 11.24 sehen Sie die Nachricht an den Benutzer, wenn keine ABAP-Klasse im Repository gefunden wurde.

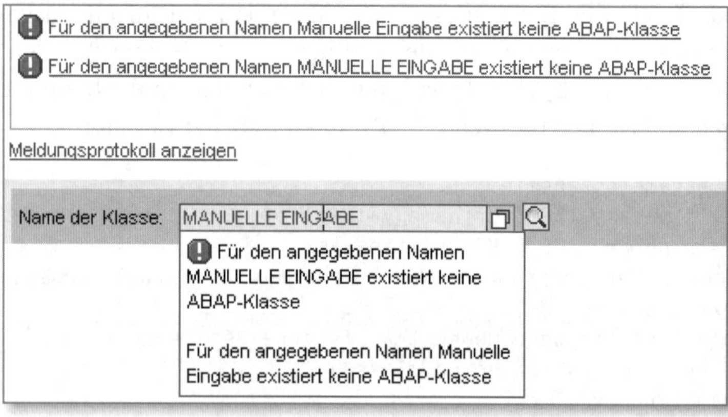

Abbildung 11.24 Nachricht der Kategorie »Text« durch die Message-Manager-Methode »report_attribute_error_message( )«

Es konnte keine ABAP-Klasse im Repository für die Eingabe des Benutzers gefunden werden, dadurch kam es zu der Ausgabe der Nachrichten. Die Nachricht wird in der Message Area im Kopfbereich des Windows ausgegeben und bietet einen Link zur einfachen Navigation auf das UI-Element für die Korrektur der Namenseingabe der ABAP-Klasse an. In Tabelle 11.3 sehen Sie noch weitere Methoden, die der Kategorie Text zuzuordnen sind.

Name der Methode	Parameter-tabelle	Verlinkung mit UI-Element
`report_success( )`	ja	nein
`report_warning( )`	ja	nein
`report_message( )`	ja	nein

Tabelle 11.3 Message-Manager-Methoden für die Kategorie »Text«

Name der Methode	Parameter-tabelle	Verlinkung mit UI-Element
`report_attribute_message( )`	ja	ja
`report_error_message( )`	ja	nein
`report_fatal_error_message( )`	ja	nein
`report_attribute_error_message( )`	ja	ja
`report_element_error_message( )`	ja	ja

Tabelle 11.3 Message-Manager-Methoden für die Kategorie »Text« (Forts.)

Kategorie »T100«

Für die Ausgabe von Texten aus der Tabelle `T100` stehen drei Methoden des Message Managers zur Verfügung. Allen drei Methoden müssen zumindest die Nachrichtennummer, die Nachrichtenklasse und der Nachrichtentyp übergeben werden.

Wie bei den Nachrichten vom Typ »Text« kann es vorkommen, dass Platzhalter in den `T100`-Nachrichtentexten enthalten sind, die dann durch Werte ersetzt werden müssen, die den Methoden übergeben werden. Die Methoden für Ausgaben von Nachrichten, basierend auf Tabelle `T100`, sind in Tabelle 11.4 zusammengefasst.

Name der Methode	Parameter-tabelle	Verlinkung mit UI-Element
`report_t100_message( )`	ja	nein
`report_attribute_t100_message( )`	ja	ja
`report_element_t100_message( )`	ja	ja

Tabelle 11.4 Message-Manager-Methoden für die Kategorie »T100«

In Listing 11.24 sehen Sie die Verwendung zweier Methoden aus dieser Kategorie. Beachten Sie die unterschiedliche Versorgung der Parameter der Methoden.

```
* Nachrichtenstruktur
DATA: ls_msg TYPE symsg,
      lo_element TYPE REF TO if_wd_context_element.
* Nachricht ausgeben
* 041 = Class-Pool zu Klasse &1 konnte nicht repariert ...
wd_comp_controller->go_mm->report_t100_message(
  msgid                        = '00'
  msgno                        = '041'
```

```
  msgty                          = 'E'
  p1                             = 'CX_ROOT' ).
* Nachrichtenstruktur befüllen
ls_msg-msgid = '00'.
ls_msg-msgno = '041'.
ls_msg-msgty = 'E'.
ls_msg-msgv1 = 'CX_ROOT'.
* Nachricht ausgeben
wd_comp_controller->go_mm->report_attribute_t100_message(
  msg                            = ls_msg
  element                        = lo_element
  attribute_name                 = 'NAME_KLASSE' ).
```

Listing 11.24 Nachrichtenausgabe für die Kategorie »T100«

Übergabe der Nachrichten-information

Der Hauptunterschied in der Verwendung der beiden Methoden liegt in der Übergabe der Meldungsinformation:

- Die Methode `report_t100_message( )` bietet einzelne Parameter für die Nachrichtenklasse, die Nachrichtennummer, den Nachrichtentyp und maximal vier Parameter für Platzhalterersetzungen an.
- Die Methode `report_attribute_t100_message( )` hingegen erwartet eine Struktur vom Typ `SYMSG`, um die Meldungsinformationen zu übernehmen. Die Felder der Struktur entsprechen den Parametern der Methode `report_t100_message( )`.

Kategorie »Ausnahmen«

Der im Ausnahmeobjekt vorhandene Ausnahmetext kann zur Nachrichtenausgabe verwendet werden. In diesem Fall besteht keine Möglichkeit, Platzhalter durch konkrete Werte zu ersetzen. In Tabelle 11.5 sehen Sie die Methode für die Kategorie der OO-Ausnahmen.

Name der Methode	Parameter-tabelle	Verlinkung mit UI-Element
`report_exception( )`	nein	nein
`report_fatal_exception( )`	nein	nein
`report_attribute_exception( )`	nein	ja
`report_element_exception( )`	nein	ja

Tabelle 11.5 Message-Manager-Methoden für Ausnahmen

Link auf Element

Listing 11.25 zeigt Ihnen die Verwendung der Methode report_element_exception( ). Der Unterschied zu den bis jetzt diskutierten Message-Manager-Methoden liegt in der Verlinkung mit den View-Elementen.

```
* Ausnahmeobjekt
DATA: lo_exception TYPE REF TO cx_root,
* Attribute auswählen
      lt_attributes TYPE string_table,
* Ein Attribut
      ls_attribut LIKE LINE OF lt_attributes.
TRY.
* Hier kommt der Teil, der eine Ausnahme auslösen kann
* Kommt es zur Ausnahme, dann Behandlung
CATCH cx_root INTO lo_exception.
* Befüllen der Attributtabelle
  ls_attribut = 'NAME_KLASSE'.
  APPEND ls_attribut TO lt_attributes.
* Nachricht mit Bezug auf OO-Ausnahme
  wd_comp_controller->go_mm->report_element_exception(
    message_object            = lo_exception
    element                   = lo_el_klassen_sel_krit
    attributes                = lt_attributes ).
ENDTRY.
```

Listing 11.25 Nachrichtenausgabe für die Kategorie »OO-Ausnahmen«

Definition der farblichen Hervorhebung

Im CATCH-Abschnitt der TRY-Anweisung findet der Aufruf der Methode report_element_exception( ) statt. Dieser Methode werden das gefangene OO-Ausnahmeobjekt und die Referenz auf das Context-Element übergeben. Des Weiteren wird eine Tabelle mit Attributen aus dem zum Context-Element gehörenden Context-Knoten mitgegeben. Diese Attributtabelle steuert, welche UI-Elemente farblich hervorgehoben werden für den Fall, dass die Nachricht angezeigt wird. Werden keine Attribute an die Methode übergeben, werden alle UI-Elemente hervorgehoben, die an ein Context-Attribut des Elementes gebunden sind.

Nachrichten und Navigationsverhalten

Nachrichten werden im Allgemeinen als Reaktion auf Prüfungen ausgegeben. Auch in den bisher gezeigten Beispielen wurde der Message Manager verwendet, um zum Beispiel nach dem Auftreten einer Ausnahme in der Aktionsbehandler-Methode eine Nachricht an den Benutzer zu senden. An dieser Stelle sind einige Fragen zu stellen:

- Wenn in unterschiedlichen Aktionsbehandler-Methoden gleiche Prüfungen durchgeführt werden, ist dies ineffizient? Gibt es eine effiziente Möglichkeit, um Prüfungen zusammenzufassen?
- Wenn eine Nachricht ausgegeben wird, ist es manchmal notwendig, die Verarbeitung des Programms abzubrechen und den Benutzer zu einer neuen Eingabe aufzufordern. Wie kann die Verarbeitung des Programms abgebrochen werden?

Sehen wir uns die Antworten an, die das Web-Dynpro-Framework für diese Fragen anbietet. Wir gehen zunächst auf die erste Frage nach einer effizienten Prüfung ein.

Hook-Methode wddobeforeaction( )

Die Hook-Methode `wddobeforeaction( )` bietet für jeden View einen alternativen Zeitpunkt zur Durchführung von Prüfungen an. Diese Methode wird aufgerufen, bevor eine der Aktionsbehandler-Methoden aktiviert wird. Sollte ein Window aus mehreren Views zusammengesetzt sein, werden alle `wddobeforeaction( )`-Methoden aufgerufen, bevor eine der Aktionsbehandler-Methoden der beteiligten Views aktiviert wird.

Anwendung Mussfeldprüfung

Sehen wir uns eine Verwendungsmöglichkeit für die `wddobeforeaction( )`-Methode an: Es soll geprüft werden, ob der Benutzer alle Eingaben für Mussfelder eingetragen hat. Da das Web-Dynpro-Framework dafür keine direkte Unterstützung anbietet, muss diese Prüfung explizit implementiert werden. Gehen Sie dazu folgendermaßen vor:

Eigenschaft state

1. Um dem Benutzer anzuzeigen, dass ein bestimmtes Feld ein Mussfeld ist, müssen Sie in den Eigenschaften des UI-Elementes die Eigenschaft `state` auf den Wert `required` setzen. Dadurch wird vor dem UI-Element ein roter Stern angezeigt, der das nachfolgende UI-Element als Mussfeld kennzeichnet (siehe Abschnitt 4.1.2, »InputField«). Hierbei handelt es sich aber nur um eine Visualisierung ohne funktionale Aspekte, diese müssen von Ihnen manuell geschaffen werden.

Prüfung

2. Wechseln Sie dazu in die Methode `wddobeforeaction( )` des betroffenen Views, und verwenden Sie die ABAP-Klasse `CL_WD_DYNAMIC_TOOL`, um die Prüfung auf Mussfelder hin durchzuführen. In Listing 11.26 sehen Sie ein Beispiel für eine Implementierung der Methode `wddobeforeaction( )` bezüglich der Mussfelder.

```
METHOD wddobeforeaction .
* API des View-Controllers
DATA lo_api_controller TYPE REF TO if_wd_view_controller,
* Referenz auf Aktion
     lo_action TYPE REF TO if_wd_action.
* API des Views ermitteln
lo_api_controller = wd_this->wd_get_api( ).
* Aktuelle Aktion ermitteln
lo_action = lo_api_controller->get_current_action( ).
* Aktion auswerten
IF lo_action IS BOUND.
  CASE lo_action->name.
    WHEN 'SUCHE_METHODEN'.
      cl_wd_dynamic_tool=>check_mandatory_attr_on_view(
        EXPORTING
          view_controller  = lo_api_controller ).
  ENDCASE.
ENDIF.
ENDMETHOD.
```

Listing 11.26 Implementierung der Methode »wddobeforeaction( )« zur Mussfeldprüfung

check_mandatory_attr_on_view( )

3. Zuerst wird die API des aktuellen Views ermittelt, um darüber die aktuelle Aktion festzustellen. Diese wird durch die API-Methode `get_current_action( )` geliefert. Das öffentliche Instanzattribut `name` der Aktion hält den Namen der Aktion, der dann durch ein `CASE`-Statement ausgewertet wird.
4. In unserem Beispiel werden nur im Fall der Aktion `SUCHE_METHODE` die weiteren Prüfungen durchgeführt. Hat der Benutzer tatsächlich die Suche der Methoden ausgelöst, wird mithilfe der Methode `check_mandatory_attr_on_view( )` aus der Klasse `CL_WD_DYNAMIC_TOOL` eine Prüfung für alle Mussfelder eines Views ausgeführt. Das Ergebnis der Prüfung, bei leerem Eingabefeld, sehen Sie in Abbildung 11.25.

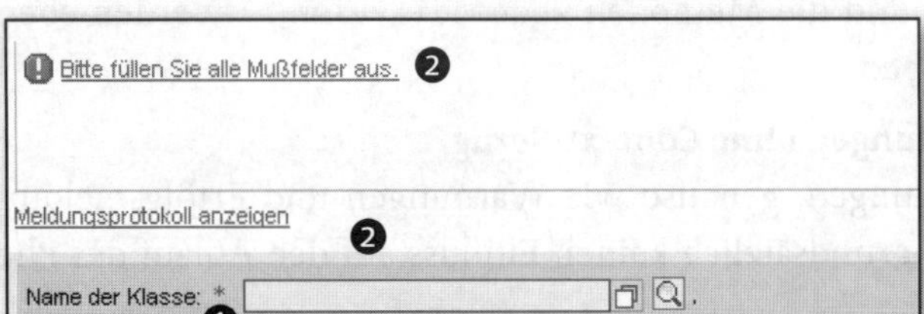

Abbildung 11.25 Nachricht bei fehlender Musseingabe

Durch das Setzen der Eigenschaft `state` auf den Wert `required` in den Eigenschaften des UI-Elementes erscheint der rote Stern vor dem Eingabefeld für den Namen der Klasse (❶). Falls der Benutzer keinen Wert in das Eingabefeld einträgt und die Suche startet, wird durch die Mussfeldprüfung zum Zeitpunkt `wddobefore-action( )` die fehlende Eingabe entdeckt und die Nachricht an den Benutzer gesendet (❷). Gleichzeitig wird in unserem Beispiel eine mögliche Navigation zu einem anderen View verhindert, und die weiteren Verarbeitungen werden abgebrochen.

Abbruch der Navigation

Wir wenden uns nun der Frage nach dem Navigationsverhalten in Web Dynpro zu. Wie wir gesehen haben, führte die Prüfung der Mussfelder zu einem Abbruch der Verarbeitung und zur Ausgabe einer Fehlernachricht. Ausschlaggebend ist dafür unter anderem, welchen Aktionstyp eine Aktion besitzt. Im Register AKTIONEN eines Views können diese AKTIONS-TYPEN pro Aktion gesetzt werden. Dabei stehen die Werte STANDARD als Default-Wert und VALIDIERUNGSUNABHÄNGIG zur Verfügung. Die Auswirkung des Aktionstyps muss in Kombination mit dem Typ der Nachricht gesehen werden, speziell der Fehlernachrichten.

Arten von Fehlernachrichten

Die Fehlernachrichten in Web Dynpro können den Ablauf des Phasenmodells beeinflussen. Unter diesem Aspekt unterscheidet man zwei Arten von Fehlernachrichten:

- **Fehlernachrichten mit Context-Bezug**
  Diese Nachrichten beeinflussen den Ablauf des Phasenmodells. Liegt eine Fehlernachricht mit Context-Bezug vor, werden Aktionen des Typs STANDARD nicht ausgeführt. Außerdem werden eine eventuell anstehende Navigation und die Methoden `wddomodifyview( )` nicht aktiviert. Aktionen des Typs VALIDIERUNGSUNABHÄNGIG werden dagegen auch bei vorhandenen Fehlernachrichten ausgeführt. Eine sich an eine Aktion dieses Typs anschließende Navigation und die Methoden `wddomodifyview( )` werden ebenfalls umgesetzt.
- **Fehlermeldungen ohne Context-Bezug**
  Diese Meldungen, genauso wie Warnungen und Erfolgsmeldungen, haben grundsätzlich keinen Einfluss auf den Ablauf des Phasenmodells.

Für alle Methoden des Message Managers zur Ausgabe von Nachrichten steht der Parameter cancel_navigation bereit, mit dem die Navigation abgebrochen werden kann. Ein weiterer Parameter ist is_validation_independent, der für alle Methoden zur Verfügung steht, die einen Context-Bezug haben.

Parameter cancel_navigation und is_validation_independent

Weiteres zu Nachrichten

In Web Dynpro unterscheidet man generell zwei Arten von Meldungen:

Meldungsarten

- **Standardmeldungen**
  Diese Meldungen werden vor dem Ausführen einer Aktion durch die Web-Dynpro-Laufzeit gelöscht und müssen daher bei Bedarf in jedem HTTP-Roundtrip neu erzeugt werden.
- **Permanente Meldungen**
  Diese Meldungen werden nicht automatisch vor dem Ausführen einer Aktion gelöscht. Durch die Angabe eines Gültigkeitsbereichs (scope) kann die Lebensdauer einer permanenten Meldung festgelegt werden. Mögliche Gültigkeitsbereiche sind: Component, Controller, Context-Element. Soll eine Meldung permanent sein, muss diese bei der Erzeugung als is_permanent gekennzeichnet werden.

Durch die Nachrichtenart wird zudem die Befüllung des Nachrichtenprotokolls beeinflusst.

Der Message Manager stellt noch weitere hilfreiche Methoden zur Verfügung. Wir haben die Wichtigsten für das praktische Arbeiten in Tabelle 11.6 zusammengefasst.

Weitere Methoden

Methode	Erläuterung
is_empty( )	Überprüft, ob Nachrichten vorhanden sind.
clear_messages( )	Löscht alle vorhandenen Nachrichten.
remove_message( )	Entfernt eine Nachricht.
get_messages( )	Liest alle Messages aus dem Message Manager.

Tabelle 11.6 Ausgewählte Message-Manager-Methoden

11.5 Portalintegration

Applikationen, Informationen, Services

Web-Dynpro-Anwendungen können in das SAP NetWeaver Portal integriert werden. Dieses bietet aus Benutzersicht einen zentralen Zugriff auf verteilte Ressourcen (Applikationen, Informationen, Services) innerhalb und außerhalb Ihres Unternehmens an, die in einem Webbrowser-Frame dargestellt werden können. Zudem stellt es die Werkzeuge für die Administration und die Analyse dieser Inhalte zur Verfügung.

iView

Die Web-Dynpro-Anwendungen werden als sogenannte iViews realisiert und erscheinen im Portal als Tray. Die Menge der iViews, die einem Benutzer zur Verfügung steht, hängt von der Rolle des Benutzers ab. Darüber hinaus können iViews zu Gruppen, sogenannten Worksets, zusammengefasst werden. Man könnte sagen, dass eine Rolle aus einer Menge von Worksets besteht. In Abbildung 11.26 sehen Sie das Prinzip der Einbettung einer Web-Dynpro-Anwendung in einen Portal-iView.

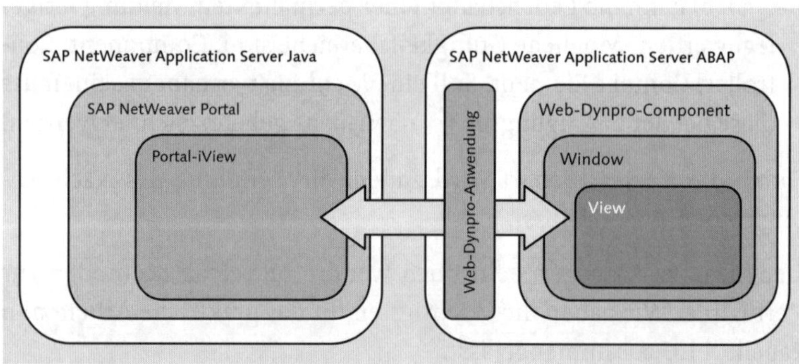

Abbildung 11.26 Portalintegration

Einbettung

Das SAP NetWeaver Portal wird auf dem SAP NetWeaver Application Server Java ausgeführt. In diesem sind Portal-iViews zur Visualisierung von Informationen definiert, auch solche iViews, die die Visualisierung von Web-Dynpro-Anwendungen realisieren. Der Zugriff auf die Web-Dynpro-Component geschieht wie bei einem direkten Aufruf durch die Anwendung zur Web-Dynpro-Component. In der Anwendung ist der Interface-View (Window) hinterlegt, dem ein oder mehrere Views zugeordnet sind, die die eigentliche Visualisierung durchführen.

Es ist möglich, Portalfunktionen aus einer Web-Dynpro-Anwendung heraus anzusprechen. Dafür werden Ihnen über den Web-Dynpro-Code-Wizard Methoden des Portal-Managers (Interface `IF_WD_PORTAL_INTEGRATION`) als Quellcode-Vorlagen für die folgenden Funktionen angeboten: **Portal-Manager**

- Portalereignisse, das heißt Ereignisse für die Kommunikation innerhalb des Portals
- die Navigation zwischen Web-Dynpro-Anwendungen innerhalb des Portals bzw. zu jedem beliebigen Portalinhalt
- die Verwendung des sogenannten WorkProtect-Modus, der den Umgang mit ungesicherten Daten definiert

11.5.1 Voraussetzungen

Um eine Web-Dynpro-Anwendung in das SAP NetWeaver Portal integrieren zu können, müssen folgende Voraussetzungen erfüllt sein:

- **Portal-User**
  Sie selbst verfügen im Portal über einen User, der einer geeigneten Rolle zugeordnet ist. Zum Beispiel enthält die Rolle `Content-Administration` alle nötigen Berechtigungen und Werkzeuge, um eine Web-Dynpro-Anwendung einbinden zu können.
- **ABAP-System**
  Das ABAP-System, in dem die Anwendung liegt, muss dem Portal bekannt sein. Auch dies sollte in der Regel bereits der Fall sein. Da zum Eintragen der Systemdaten eine spezielle Berechtigung nötig ist, kontaktieren Sie gegebenenfalls den zuständigen Portaladministrator, um das ABAP-System eintragen zu lassen. Im Verlauf der folgenden Schritte benötigen Sie den Systemalias des ABAP-Systems, der vom Portaladministrator im vorliegenden Portal vergeben wurde.
- **ABAP-User**
  Um die Anwendung testen zu können, müssen Sie natürlich auch über einen User im ABAP-System verfügen. Mithilfe der Benutzerzuordnung können Sie Ihren Portal-User mit dem ABAP-System-User verknüpfen, um so eine separate Anmeldung beim Aufruf der Anwendung zu vermeiden.

iView-Wizard

Wenn diese technischen Voraussetzungen gegeben sind, können Sie im Portal mithilfe des iView-Wizards einen iView mit der iView-Vorlage SAP WEB DYNPRO IVIEW mit dem Typ ABAP in dem von Ihnen gewünschten Ordner anlegen. Für den konkreten Bezug zu Ihrer Web-Dynpro-Anwendung müssen Sie dem Wizard die folgenden Daten zur Verfügung stellen:

- Systemalias
- Namensraum (Standardeinstellung ist `sap`)
- Name der Anwendung
- Web-Dynpro-Client
- Konfigurationsname
- Anwendungsparameter

Portalseite

Nachdem der iView für Ihre Anwendung erzeugt wurde, können Sie diesen mit anderen zu einer Portalseite kombinieren, sofern sie miteinander interagieren müssen. Als Abschluss ist es noch erforderlich, die Portalseite zu einer Portalrolle hinzuzufügen, damit sie von den Benutzern mit der zugeordneten Rolle verwendet werden kann.

11.5.2 Portal-Eventing

Wie bereits erwähnt, können iViews mit unterschiedlichen technologischen Typen und Quellen auf einer Portalseite integriert werden. Die Kommunikation zwischen diesen iViews findet über eine Ereignisfunktion statt, das sogenannte Portal-Eventing (oder Client-side Eventing).

- **Empfänger**
  Eine Web-Dynpro-Anwendung kann sich auf Portalereignisse registrieren und einen Ereignisbehandler für ein auftretendes Ereignis bekannt geben. Dadurch kann die Web-Dynpro-Anwendung auf ein Ereignis reagieren, das in einem anderen iView im Portal ausgelöst wurde, unabhängig von der verwendeten Technologie.
- **Sender**
  Eine Web-Dynpro-Anwendung kann in eine Senderrolle wechseln und ein beliebiges Portalereignis auslösen. In diesem Fall wird das Ereignis durch den zugehörigen iView an das Portal übergeben.

Das Portal leitet dann das Ereignis an alle iViews weiter, die sich auf dieses Ereignis registriert haben.

Einschränkungen

Das Portal-Eventing funktioniert nur zwischen iViews, die im selben Browser-Window platziert sind. Alle teilnehmenden iViews müssen zur selben Domäne gehören, da anderenfalls das Portal-Eventing aufgrund von JavaScript-Einschränkungen fehlschlägt.

Senden von Ereignissen

Mithilfe des Web-Dynpro-Code-Wizards können Sie auf einfache Art und Weise das Auslösen eines Portal-Events implementieren.

Web-Dynpro-Code-Wizard

1. Wechseln Sie dazu in eine Methode in Ihrer Web-Dynpro-Component, in der Sie das Ereignis auslösen möchten, und rufen Sie den Wizard mithilfe der Wizard-Drucktaste oder der Funktionstastenkombination [Strg] + [F7] auf.
2. Im Wizard wechseln Sie auf den Karteireiter ALLGEMEIN und wählen die Option PORTAL INTEGRATION (siehe Abbildung 11.27).

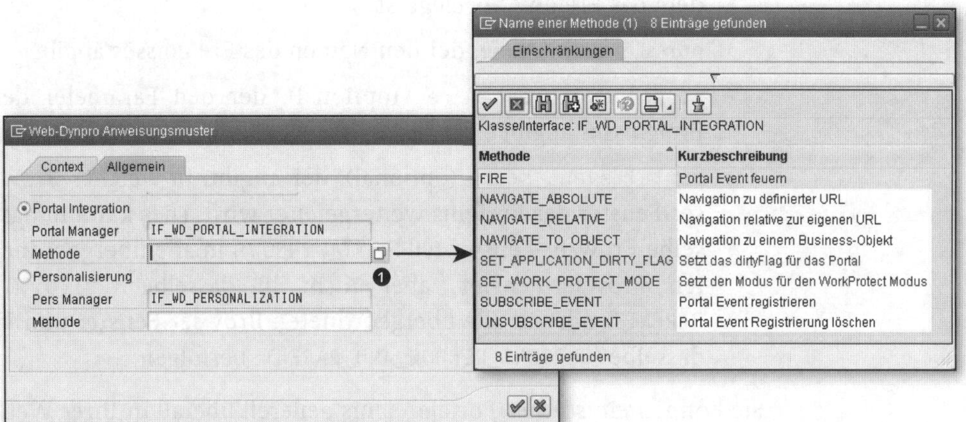

Abbildung 11.27 Portalintegration mit Web-Dynpro-Code-Wizard

3. Da ein Portalereignis gefeuert werden soll, wählen Sie im Eingabefeld METHODE mithilfe der Eingabehilfe (❶) den Eintrag `FIRE` und bestätigen Ihre Eingabe. Der Wizard erzeugt daraufhin das in Listing 11.27 gezeigte Coding.

FIRE( )

```
* Die Portal-Manager-Referenz
DATA lo_api_component  TYPE REF TO if_wd_component.
DATA lo_portal_manager TYPE REF TO if_wd_portal_integration.
* Portal-Manager-Referenz ermitteln
lo_api_component = wd_comp_controller->wd_get_api( ).
lo_portal_manager = lo_api_component->get_portal_manager( ).
* Das Ereignis auslösen
  CALL METHOD lo_portal_manager->fire
    EXPORTING
     portal_event_namespace = `namespace`
     portal_event_name      = `event_name`
     portal_event_parameter = `event_parameter`
     portal_event_scope     =
       IF_WD_PORTAL_INTEGRATION=>
       CO_EVENT_SCOPE-CURRENT_WINDOW.
```

Listing 11.27 Auslösen von Portalereignis

Am Anfang der Coding-Strecke wird die Referenz auf den Portal-Manager ermittelt, der vom Typ `IF_WD_PORTAL_INTEGRATION` ist. Die Ermittlung erfolgt mithilfe der Component-Controller-API. Danach wird das Ereignis mithilfe der Methode `fire( )` des Portal-Managers ausgelöst. Die dabei verwendeten Parameter sind:

- `portal_event_namespace`, der den Namensraum angibt, in dem das Ereignis abgelegt ist
- `portal_event_name`, der den Namen des Ereignisses angibt
- `portal_event_parameter` (optional), der den Parameter des Ereignisses angibt
- `portal_event_scope` (optional), der angibt, in welches Browser-Fenster das Ereignis weitergeleitet wird. Dies kann in dasselbe Browser-Fenster (`CURRENT_WINDOW`), in alle übergeordneten Browser-Fenster, aber nicht in dasselbe (`CHILD_TO_PARENTS`) oder in alle übergeordneten Browser-Fenster und in dasselbe (`CURRENT_WINDOW_AND_PARENTS`) erfolgen.

Sie können ein solches Portalereignis generell überall in Ihrer Web-Dynpro-Component auslösen. Darüber hinaus können Sie auch mehrere Portalereignisse in einem Request-Response-Zyklus auslösen.

Registrieren auf Ereignisse

Zur Registrierung Ihrer Web-Dynpro-Anwendung auf ein Portalereignis steht im Interface `IF_WD_PORTAL_INTEGRATION` die Methode subscribe_event( ) zur Verfügung, und für das Löschen Ihrer Registrierung auf das Portal-Event verwenden Sie die Methode unsubscribe_event( ). Die Registrierung bzw. Löschung der Registrierung muss für jeden View in der Hook-Methode wddoinit vorgenommen werden. Listing 11.28 zeigt die Registrierung eines Portalereignisses.

```
* Die Portal-Manager-Referenz
DATA lo_api_component  TYPE REF TO if_wd_component.
DATA lo_portal_manager TYPE REF TO if_wd_portal_integration.
* Die View-Controller-API
DATA lo_api_controller  TYPE REF TO if_wd_view_controller.
* Portal-Manager-Referenz ermitteln
lo_api_component = wd_comp_controller->wd_get_api( ).
lo_portal_manager = lo_api_component->get_portal_manager( ).
* Die View-Controller-API ermitteln
  lo_api_controller ?= wd_this->wd_get_api( ).
* Für das Portal-Event registrieren
  CALL METHOD lo_portal_manager->subscribe_event
    EXPORTING
      portal_event_namespace = <namespace>
      portal_event_name      = <event_name>
      view                   = lo_api_controller
      action                 = 'PORTAL_EVENT'.
```

Listing 11.28 Registrieren des Portalereignisses

Die einfachste Art und Weise die Registrierung zu implementieren, ist wiederum der Einsatz des Web-Dynpro-Code-Wizards. Dieser erzeugt die Coding-Passage für die Ermittlung des Portal-Managers und der View-Controller-API. Die Methode subscribe_event( ) sorgt für die Registrierung des Ereignisses (Parameter portal_event_name) im angegebenen Namensraum (Parameter portal_event_namespace). Mithilfe des Parameters view übergeben Sie die View-Controller-API, und an den Parameter action übergeben Sie den Namen der Aktion, deren Aktionsbehandler-Methode die Behandlung des Portal-Events übernimmt. Als Beispiel haben wir den Aktionsnamen PORTAL_EVENT verwendet. Die Aktion wird im Rahmen der Anlage des Codings für die Registrierung oder von Ihnen manuell angelegt.

Behandeln von Ereignissen

Aktionsbehandler-Methode

Kommt es zur Behandlungssituation aufgrund eines Portal-Events, werden der Aktionsbehandler-Methode in der Web-Dynpro-Component mithilfe des Methodenparameters wdevent die Parameter portal_event_namespace, portal_event_name und portal_event_parameter übergeben. Diesen können Sie mithilfe der Methode get_string( ) oder durch direktes Lesen des parameters-Attributes von wdevent extrahieren. In Listing 11.29 haben wir beide Varianten für Sie angeführt.

```
* Variante 1
* Lokale Variable für event_name
  DATA: ld_event_parameter TYPE string.
* Parameter ermitteln mit Methode
  CALL METHOD wdevent->get_string
    EXPORTING
      name  = 'PORTAL_EVENT_PARAMETER'
    RECEIVING
      value = ld_event_parameter.
* Variante 2
* Arbeitsbereich
  DATA: ls_parameter LIKE LINE OF wdevent->parameters.
* Dereferenzierungsvariable
  FIELD-SYMBOLS: <ld_parameter> TYPE string.
* Parameter lesen aus Tabelle
  READ TABLE wdevent->parameters INTO ls_parameter
    WITH KEY name = 'PORTAL_EVENT_PARAMETER'.
  IF sy-subrc = 0.
* Dereferenzierung
    ASSIGN ls_parameter-value->* TO <ld_parameter> CASTING.
  ENDIF.
```

Listing 11.29 Event-Parameter ermitteln

wdevent Variante 1 verwendet die Hilfsmethode get_string( ) des wdevent-Objektes, um den Wert des Parameters zu ermitteln. Variante 2 geht einen anderen Weg und führt die Dereferenzierung Schritt für Schritt durch. Wie die Inhalte des Parameters zu interpretieren sind, hängt vom Sender des Ereignisses ab und wie dieser die Daten im Parameter aufgebaut hat. Das bedeutet für Sie, dass möglicherweise zur Extraktion der Daten noch weitere Implementierungsschritte notwendig sind.

11.5.3 Navigation

Portal-Content Das SAP NetWeaver Portal unterstützt die Navigation zwischen verschiedenen Arten von Portalinhalten (Content). Zum Beispiel erlaubt es einer Web-Dynpro-Anwendung, sowohl zu einer anderen Web-

Dynpro-Anwendung als auch zu technisch unterschiedlich gestaltetem Portal-Content zu navigieren. Portal-Content kann unter anderem auch in Form einer BSP- oder ITS-Anwendung (Business Server Page, Internet Transaction Server) vorliegen. Das Interface `IF_WD_APPLICATION` stellt Ihnen die Methode `get_client_environment( )` zur Verfügung, mit der Sie die Client-Umgebung ermitteln und feststellen können, ob das Portal aktiv ist. Dies ist relevant, falls es zu Navigationsszenarien kommt.

Navigationsarten

Im Portal gibt es unterschiedliche Möglichkeiten, um aus Sicht der Applikation zu navigieren. Es werden die folgenden Navigationsarten unterstützt:

- absolute Navigation
- relative Navigation
- objektbasierte Navigation

In der Folge werden wir uns die Implementierungsaspekte der Navigationsarten genauer ansehen.

Absolute Navigation

navigate_absolute()

Falls Sie von Ihrer Web-Dynpro-Anwendung aus eine absolute Navigation einsetzen möchten, das heißt eine Navigation, bei der Sie als Navigationsziel eine absolute Adresse im Portal angeben, verwenden Sie den Web-Dynpro-Code-Wizard, um die Methode `navigate_absolute( )` des Portal-Managers aufzurufen.

Relative Navigation

navigate_relative()

Falls Sie von Ihrer Web-Dynpro-Anwendung aus eine relative Navigation mit Bezug zu einer Basis-URL einsetzen möchten, verwenden Sie den Web-Dynpro-Code-Wizard, um die Methode `navigate_relative( )` des Portal-Managers aufzurufen.

In der relativen Navigation wird ausgehend von einer Basis-URL (Parameter `base_url`) durch die Angabe der Anzahl der nach oben zu navigierenden Hierarchiestufen (Parameter `levels_up`) in der Verzeichnisstruktur ein neuer Startpunkt für die Navigation in die Tiefe definiert. Der Pfad, der in die Tiefe zu verfolgen ist, wird über den Parameter `path` an die Methode übergeben. Wird die `base_url` nicht angegeben, wird die aktuelle URL verwendet. Der Parameter `path` erhält eine Liste mit den nächsten Knoten.

Objektbasierte Navigation

Business-Objekte

Die objektbasierte Navigation (OBN) erlaubt es, Navigationsschritte basierend auf Business-Objekten zu definieren. Welcher konkrete iView (oder welche Portalseite) für die Realisierung dieser Operation herangezogen werden soll, wird im Portal konfiguriert. Die Web-Dynpro-Anwendung selbst übergibt lediglich die Namen des Business-Objektes und der damit verbundenen Operationen.

navigate_to_object()

Sie können die objektbasierte Navigation des Portals in Web Dynpro ABAP auslösen, indem Sie die Methode `navigate_to_object( )` des Portal-Managers aufrufen. Über den Web-Dynpro-Code-Wizard können Sie eine entsprechende Vorlage generieren lassen, die Sie dann mit anwendungsrelevanten Werten füllen. Ein einfaches Beispiel für die objektbasierte Navigation sehen Sie in Listing 11.30.

```
* Component-API
DATA lo_api_component  TYPE REF TO if_wd_component.
* Portal-Manager-Referenz
DATA lo_portal_manager TYPE REF TO if_wd_portal_integration.
* Component-API ermitteln
lo_api_component = wd_this->wd_get_api( ).
* Portal-Manager ermitteln
lo_portal_manager = lo_api_component->get_portal_manager( ).
* Zum Business-Objekt navigieren
CALL METHOD lo_portal_manager->navigate_to_object
  EXPORTING
   system                      = 'system_alias'
   object_type                 = 'business_object_id'
*  object_value_name           = 'objectValue'
*  object_value                =
   operation                   = 'business_object_operation'
*  business_parameters         =
*  forward_obn_metadata        = ABAP_FALSE
*  use_forwardparameters_of_al = ABAP_FALSE
*  resolving_mode              = CO_RESOLVING_MODE-SOURCE_ROLE.
```

Listing 11.30 Objektbasierte Navigation

Obligatorisch

Am Beginn der Implementierung steht die Ermittlung der API der Component, gefolgt von der Ermittlung der Portal-Manager-Referenz. Danach folgt der Aufruf der Methode `navigate_to_object()`. Die Bedeutung der Methodenparameter wird im Folgenden besprochen. Wir beginnen mit den zwei obligatorischen Methodenparametern:

- `system`
  Mit diesem Parameter geben Sie den Systemalias für das System an, dem das Business-Objekt zugeordnet ist. Den Systemalias erfahren Sie vom Systemadministrator.
- `object_type`
  Mit diesem Parameter geben Sie die ID des von Ihnen verwendeten Business-Objektes an. Die ID zum Business-Objekt ermitteln Sie aus dem Portalbereich CONTENT ADMINISTRATION.

Optional

Damit haben Sie die obligatorischen Parameter mit Werten versorgt. Die nun folgenden Parameter sind optional.

- `object_value`
  Zu einem Business-Objekt können unterschiedliche Instanzen existieren, zum Beispiel bei der Verwendung des Business-Objektes `Customer`. Mithilfe dieses Parameters spezifizieren Sie, welche konkrete Instanz eines Business-Objektes, zum Beispiel welcher konkrete Kunde, für den Schritt der objektbasierten Navigation verwendet werden soll. Im Fall des Kundenbeispiels wäre dies etwa die Kundennummer.
- `operation`
  Mit diesem Parameter legen Sie fest, welche Operation (Methode) für den Schritt der objektbasierten Navigation verwendet werden soll.
- `object_value_name`
  Der angegebene Name des Objektwertes wird als URL-Parameter an den OBN-Schritt transportiert. Der Standardname des Parameters lautet `objectValue`. Sie können bei Bedarf einen anderen Parameternamen festlegen.
- `business_parameters`
  Neben der Angabe des Objektwertes können Sie weitere Parameter definieren, die durch den OBN-Schritt in Form eines Query-Strings weitergereicht werden. Der Aufbau eines Query-Strings lautet:

  ```
  <parameter_name>=<parameter_value>&
    <parameter_name>=<parameter_value>&
    etc..
  ```
- `forward_obn_metadata`
  Manchmal ist es für das Ziel der objektbasierten Navigation nütz-

lich, mehr Informationen über den aktuellen Navigationsschritt zu erhalten. Wenn Sie beispielsweise eine Anwendung bearbeiten, die als Implementierung unterschiedlicher Operationen für ein Business-Objekt dient, muss die Anwendung wissen, welche Operation vom OBN-Schritt ausgelöst wurde. Daher können Sie die folgenden Parameter weiterleiten:

- `obn.system`
  Dies ist das System, dem das Business-Objekt zugeordnet ist.
- `obn.bo_type`
  Dies ist das Business-Objekt selbst.
- `obn.operation`
  Dies ist die jeweilige Operation. Bei Verwendung der Standardoperation ist der Wert `_default_`.

Zielanwendung

Die Zielanwendung der objektbasierten Navigation wird im Portal zu der jeweiligen Operation des Business-Objektes gepflegt. Dies wird in der Regel vom Portaladministrator vorgenommen.

CL_WDR_PORTAL_OBNWEB_SERVICE

Die Ausführung der Navigation durch einen Benutzer ist abhängig vom Customizing der Rollenzugehörigkeit im Portal. Um die Oberfläche benutzerfreundlich zu gestalten, bietet es sich an, die Operationen, die für den Benutzer nicht zur Verfügung stehen, von vornherein nicht für diesen Benutzer anzubieten. Hierzu muss jedoch zunächst vom Portal die Information zur Berechtigung der jeweiligen Operation eingeholt werden. Verwenden Sie die ABAP-Klasse `CL_WDR_PORTAL_OBNWEB_SERVICE`, die Ihnen als Methoden verschalte Webservices für die Abfragen zum Portal anbietet.

11.5.4 WorkProtect-Modus

WorkProtect

Der WorkProtect-Modus des SAP NetWeaver Portals stellt die Infrastruktur für den Umgang mit ungesicherten Daten bereit. Eine Anwendung wird als »dirty« bezeichnet, wenn die eingegebenen Daten noch nicht gesichert wurden. Normalerweise würden die Daten verloren gehen, wenn der Benutzer zu einer anderen Anwendung navigiert, ohne die Daten vorher abgespeichert zu haben. Um dies zu verhindern, überwacht das Client-Framework des Portals den aktuellen Status aller Anwendungen auf der Portalseite.

Dirty

Dazu muss die Anwendung einen speziellen Status als Sicherheitskennzeichen (Dirty-Kennzeichen) pflegen, der das Portal darüber informiert, wenn ungesicherte Daten vorliegen. Diesen Status können Sie mit der Methode `set_application_dirty_flag( )` des Portal-Managers setzen (`abap_true`) oder zurücksetzen (`abap_false`).

Web Dynpro unterstützt den WorkProtect-Modus auf drei unterschiedliche Arten mithilfe der Methode `set_work_protect_mode( )` des Portal-Managers und des Methodenparameters `mode`:

- `none`
  Mit diesem Wert wird der WorkProtect-Modus von der Web-Dynpro-Anwendung nicht angewendet. Navigieren Sie innerhalb des Portals zu einer anderen Anwendung, gehen ungesicherte Daten verloren, auch wenn Sie das Dirty-Kennzeichen gesetzt haben.
- `application_only`
  Mit diesem Wert entscheidet die Web-Dynpro-Anwendung selbst, ob Daten vorliegen, die noch nicht gesichert wurden, die Anwendung demnach dirty ist. Der Dirty-Status wird daher nur serverseitig überwacht. Sie können mit diesem Wert nicht sicherstellen, dass keine der Daten verloren gehen, die noch nicht auf den Server übertragen wurden.
- `both`
  Mit diesem Wert überprüft zusätzlich der Client den Dirty-Status. Damit wird sichergestellt, dass keine Benutzereingaben verloren gehen, die noch nicht auf den Server übertragen wurden. Dies wird erreicht, indem der Dirty-Status der Anwendung im SAP NetWeaver Portal gesetzt wird, sobald der Benutzer Daten eingegeben hat.

11.5.5 Interface IF_WD_PORTAL_INTEGRATION

Methoden

Das Interface `IF_WD_PORTAL_INTEGRATION` bietet die Methoden, um mit dem Portal interagieren zu können. Alle angebotenen Methoden sind in Tabelle 11.7 zusammengestellt.

Name	Beschreibung
`fire( )`	Mithilfe dieser Methode feuern Sie ein Portal-Event.
`navigate_absolute( )`	Mithilfe dieser Methode navigieren Sie zu einer definierten URL.

Tabelle 11.7 Methoden IF_WD_PORTAL_INTEGRATION

Name	Beschreibung
navigate_relative( )	Mithilfe dieser Methode navigieren Sie zu einer eigenen, relativ zu einem Navigationsstartpunkt definierten URL.
navigate_to_object( )	Mithilfe dieser Methode navigieren Sie zu einem Business-Objekt.
set_application_dirty_flag( )	Mithilfe dieser Methode setzen Sie das Dirty-Flag für das Portal.
set_work_protected_mode( )	Mithilfe dieser Methode setzen Sie den WorkProtect-Modus.
subscribe_event( )	Mithilfe dieser Methode registrieren Sie Ihre Anwendung für ein Portal-Event.
unsubscribe_event( )	Mithilfe dieser Methode deregistrieren Sie sich von einem Portal-Event.

Tabelle 11.7 Methoden IF_WD_PORTAL_INTEGRATION (Forts.)

11.6 Performance- und Speicheroptimierung

Mit steigender Komplexität von Web-Dynpro-Anwendungen nehmen auch deren Speicherverbrauch und Antwortzeit auf Benutzeraktionen zu. In der Praxis kann es so schnell zu Problemen mit zu hohem Speicherverbrauch oder träge reagierenden User Interfaces kommen. Während sich ein zu hoher Speicherverbrauch meist erst in späteren Projektphasen, wie beispielsweise bei Massentests, bemerkbar macht, erkennen Sie träge Reaktionszeiten der Oberfläche auf Benutzeraktionen meist bereits in der Entwicklungsphase.

Typische Fehler

Schlechte Performance muss jedoch meist nicht sein. In der Praxis zeigt sich häufig, dass vor allem fehlendes Wissen über grundlegende Aspekte der performanten Web-Dynpro-Entwicklung zu schlechter Performance führt. So haben sich beispielsweise bislang die wenigsten Web-Dynpro-Entwickler mit der Delta-Rendering-Optimierung beschäftigt. Auch die pauschale Instanzierung von nicht benötigten Components ist ein in der Praxis häufig auftretender Fehler.

Analysegebiete

Im Unterschied zur Performance- und Speicheroptimierung von klassischen Web-Dynpro- bzw. ABAP-Anwendungen müssen Sie bei der Optimierung von Web-Dynpro-UIs neben der Datenbank und dem

Applikationsserver verstärkt den Client und dessen Interaktion mit dem Backend beachten. Die folgende Liste zählt die drei wichtigsten in diesem Abschnitt behandelten Aspekte bei der Optimierung von Web-Dynpro-UIs auf:

- **Backend-Laufzeit**
  Aus Web-Dynpro-Perspektive betrachtet, setzt sich die Backend-Laufzeit aus der Laufzeit der Anwendungslogik und der Laufzeit des Web-Dynpro-Frameworks zusammen. Sie kann durch eine Vielzahl von Faktoren beeinflusst werden.

  Sie können die Backend-Laufzeit durch Optimierung der eigenen Anwendungslogik verbessern. Auf die Laufzeit des Web-Dynpro-Frameworks haben Sie dabei jedoch nur indirekten Einfluss. Hier bietet sich vor allem die Beachtung der grundlegenden Regeln zur Entwicklung von performanten Web-Dynpro-Anwendungen an.
- **Übertragene Datenmenge**
  Nahezu jede Benutzeraktion führt zu einer Interaktion zwischen Frontend und Backend. Ziel sollte es sein, die dabei übertragene Datenmenge auf ein Minimum zu reduzieren. Da Sie auf den Datenstrom zwischen Frontend und Backend keinen direkten Einfluss haben, kann die übertragene Datenmenge häufig nur als Indikator bei Analysen herangezogen werden.
- **Frontend-Rendering-Laufzeit**
  Mit der Betrachtung der Frontend-Rendering-Laufzeit kommt für ABAP-Entwickler häufig eine neue Komponente ins Spiel: Die aus dem Backend übertragenen Daten müssen vom Browser gerendert werden. Bei komplexen Anwendungen, langsamen Client-Rechnern und falscher Systemkonfiguration kann das Rendering länger als eine Sekunde dauern.

In diesem Abschnitt erhalten Sie einen Überblick über die wichtigsten Einstellungsparameter, Tools und Techniken für die Entwicklung von performanten Web-Dynpro-Anwendungen. Hierzu behandeln wir die folgenden Themen: Ausblick

- In Abschnitt 11.6.1 erfahren Sie, wie Ihr System optimal für die Benutzung von Web Dynpro einzurichten ist. Es werden die Web-Dynpro-Einstellungen und die Komprimierung des Datenstroms zwischen Backend und Browser betrachtet.
- Abschnitt 11.6.2 enthält eine Reihe von Checklisten, die bei der Entwicklung von performanten Web-Dynpro-Anwendungen zu

beachten sind. Die Checklisten umfassen die Components, den Context und UI-Elemente.

- Eine Vielzahl von Analyse-Tools für Web Dynpro hilft Ihnen bei der Analyse von Anwendungen. Die Tools werden in Abschnitt 11.6.3 vorgestellt.
- Häufig werden beim Start einer Anwendung zu viele verwendete Components instanziert. Abschnitt 11.6.4 zeigt daher die Optimierung der On-Demand-Component- und View-Instanzierung.
- Zuletzt lernen Sie in Abschnitt 11.6.5 die Möglichkeiten des Delta-Renderings kennen. Delta-Rendering ermöglicht es, die übertragene Datenrate und die Frontend-Rendering-Laufzeit durch gezieltes Rendering zu minimieren.

11.6.1 Optimale Systemkonfiguration

Durch die Optimierung der Systemkonfiguration können Sie im Web-Dynpro-Bereich häufig deutliche Performanceverbesserungen erzielen. So kann sich eine unvorteilhafte Konfiguration sowohl in der Performance des Backends als auch in der Performance des Browsers im Client niederschlagen. Für die Performance von Web-Dynpro-Anwendungen sind vor allem folgende Aspekte von zentraler Bedeutung:

- die globalen Web-Dynpro-Einstellungen
- die Komprimierung des Datenstroms zwischen Browser und Applikationsserver

Globale Web-Dynpro-Einstellungen

Für die anwendungsübergreifende Konfiguration von Web-Dynpro-spezifischen Systemeinstellungen bietet SAP die Component `WD_GLOBAL_SETTING` an. Nach dem Start der Anwendung haben Sie die Wahl zwischen den in Abbildung 11.28 gezeigten Anwendungsparametern.

[👁] **Weitere Informationen**: Mithilfe der in diesem Abschnitt behandelten Component `WD_GLOBAL_SETTING` können Sie die bereits in Abschnitt 9.5.2 vorgestellten Anwendungsparameter global und anwendungsübergreifend vorkonfigurieren. Eine Auflistung aller Anwendungsparameter finden Sie in Anhang A.

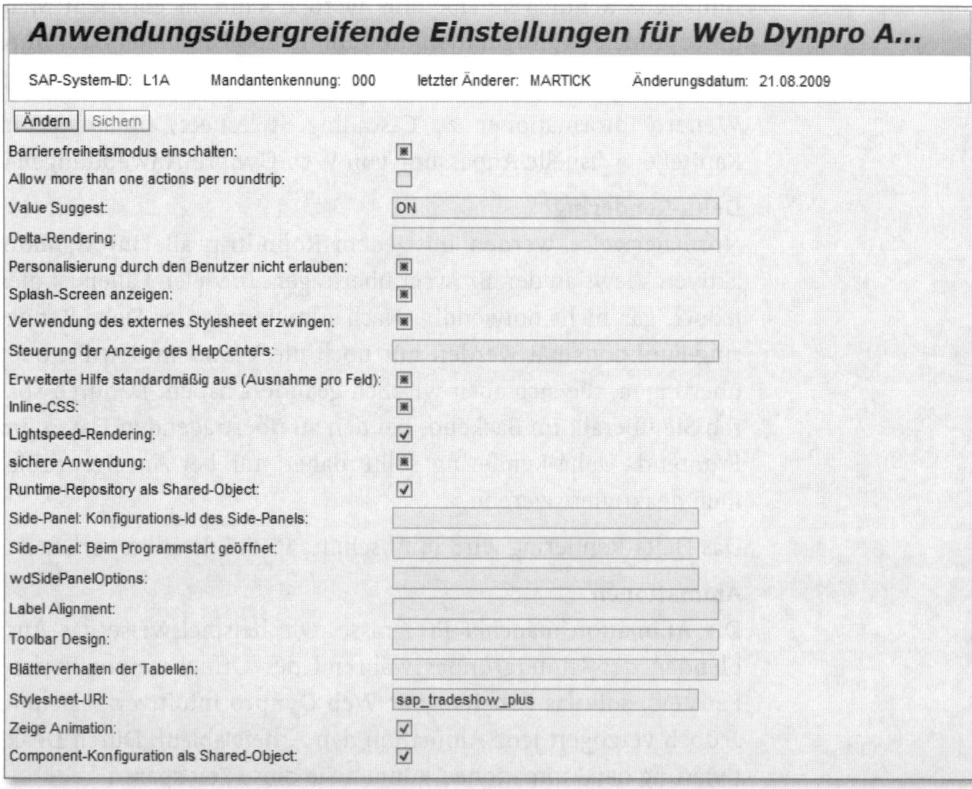

Abbildung 11.28 Parameter von WD_GLOBAL_SETTING

Performance-relevante Anwendungsparameter

Unter den Anwendungsparametern befinden sich auch drei Parameter mit direkter Auswirkung auf die Performance von Web-Dynpro-Anwendungen. Es handelt sich um die Parameter Inline-CSS, Delta-Rendering und Zeige Animation:

- **Inline-CSS**

  Cascading Stylesheets (CSS) werden zur Gestaltung des Layouts von Web-Dynpro-Anwendungen eingesetzt. Sie können entweder on-demand in den Ausgabedatenstrom zum Browser übertragen (Inline-CSS) oder vom Browser aus einer externen CSS-Datei auf dem Server gelesen werden.

  Je nach Einsatzszenario kann sich die Verwendung von Inline-CSS positiv oder negativ auf die Performance von Web-Dynpro-Anwendungen auswirken. Die Erfahrung hat gezeigt, dass vor allem das Frontend-Rendering von komplexen User Interfaces mit vielen verschiedenen UI-Elementen durch die Deaktivierung von

Inline-CSS deutlich beschleunigt werden kann. Es empfiehlt sich, die optimale Konfiguration des Inline-CSS-Parameters für Ihre Anwendungen selbst auszuprobieren.

Weitere Informationen zu Cascading Stylesheets finden Sie in Kapitel 6, »Visuelle Anpassung von Web-Dynpro-Anwendungen«.

- **Delta-Rendering**
  Normalerweise werden mit jedem Roundtrip alle im Window aktiven Views an den Browser übertragen. In vielen Fällen ist dies jedoch gar nicht notwendig. Nach Aktivierung der Delta-Rendering-Funktionalität werden nur noch die Views an den Browser übertragen, die sich auch wirklich geändert haben. Dadurch sparen Sie überall: im Backend, bei den zu übertragenden Daten, im Frontend. Delta-Rendering sollte daher nur bei Anzeigeproblemen deaktiviert werden.

  Das Delta-Rendering wird in Abschnitt 11.6.5 detailliert erläutert.
- **Animationen**
  Die Animation mancher Ereignisse, wie beispielsweise das Ausblenden des Hintergrundes während des Öffnens eines Popup-Fensters, soll das Arbeiten mit Web Dynpro intuitiver gestalten. Jedoch verzögert jede Animation den Arbeitsablauf. Durch Deaktivierung der Animationen können Sie diese Zeit sparen.

Komprimierung des HTTP-Datenstroms

Sowohl im Internet als auch bei Web Dynpro werden alle Daten über TCP/IP übertragen. Zur Minimierung der Netzwerklast können die Daten während der Übertragung mit dem GZIP-Algorithmus komprimiert werden. Durch diese Komprimierung können Sie die bei Web Dynpro zwischen Applikationsserver und Browser erzeugte Netzwerklast um ca. 85-95 % reduzieren. Die Komprimierung wirkt sich somit vor allem bei langen und langsamen Netzwerkverbindungen aus.

HTTP-Komprimierung aktivieren

Die Komprimierung des HTTP-Datenstroms kann in der Pflege der Services eingestellt werden:

1. Sie finden die Anwendung im SAP-Menü unter Werkzeuge • Administration • Verwaltung • Netzwerk. Alternativ können Sie die Anwendung über Transaktion SICF starten.
2. Überspringen Sie das Einstiegsbild mit der Taste [F8]. Im folgenden Bildschirmbild sehen Sie in der unteren Hälfte den HTTP-Ser-

vice-Baum. Öffnen Sie den Pfad DEFAULT_HOST • SAP • BC, und klicken Sie doppelt auf das Knotenelement WEBDYNPRO.

3. Wählen Sie in den Einstellungen auf der Registerkarte SERVICE-DATEN unter KOMPRIMIERUNG den Eintrag JA aus (siehe Abbildung 11.29).

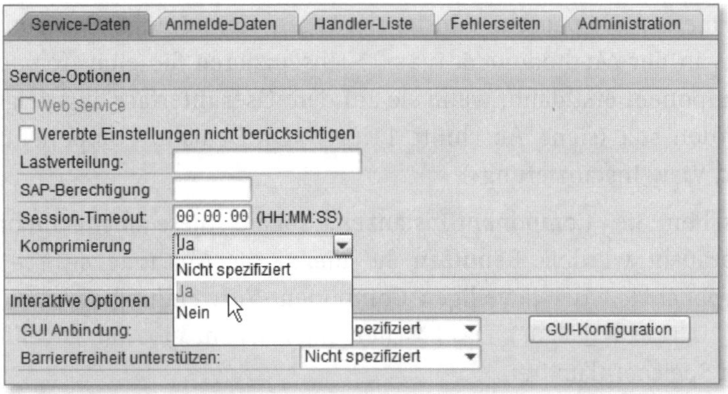

Abbildung 11.29 Aktivierung der HTTP-Komprimierung

Hinweis: Unter Umständen ist es notwendig, die Einstellungen auch in darunterliegenden Pfaden zu überprüfen und anzupassen. [+]

11.6.2 Checklisten für die performante Web-Dynpro-Entwicklung

SAP empfiehlt zur Entwicklung von performanten Web-Dynpro-Anwendungen die Beachtung einer Reihe von Regeln, die im Folgenden aufgegriffen werden.

Checkliste: Components

Vor allem auf der Ebene von Components kann es während der Entwicklung zu später schwer korrigierbaren Fehlern aus Sicht der Anwendungsperformance kommen. Die folgende Checkliste gibt Ihnen einen Überblick über die wichtigsten Grundregeln der Component-Performance:

- Verwenden Sie Components ausschließlich für die UI-Programmierung. Trennen Sie Ihre Anwendungslogik von den Web-Dynpro-Controllern, indem Sie Klassen für die Anwendungslogik und Controller für die Verwaltung der Components/Views einsetzen.

- Jede Component-Instanzierung kostet Laufzeit und Speicherplatz. Entwickeln Sie keine Ein-View-Components, übertreiben Sie es aber auch nicht durch die Erstellung großer Monster-Components. Fassen Sie alle Views, die logisch zusammengehören, in einer Component zusammen. Eine gesunde Mischung von fünf bis zehn Views pro Component ist in den meisten Fällen optimal.
- Vermeiden Sie pauschale Instanzierungen von fremden Components in der Methode `wddoinit( )`. Instanzieren Sie eine fremde Component erst dann, wenn sie auf dem User Interface angezeigt werden soll (siehe Abschnitt 11.6.4, »On-Demand-Component- und View-Instanzierung«).
- Löschen Sie Component-Instanzen, sobald diese nicht mehr gebraucht werden. Benutzen Sie hierzu die Methode `delete_component( )` der jeweiligen Component-Verwendung (Typ `IF_WD_COMPONENT_USAGE`). Das Löschen einer Instanz gibt den jeweiligen Speicherplatz frei.
- Setzen Sie die Lebensdauer von möglichst allen Views auf `when visible`. Beachten Sie: Diese Einstellung führt zwar einerseits zur Minimierung des benötigten Speicherbedarfs, kann aber andererseits bei eventuell notwendiger View-Neuinstanzierung zu erhöhter Laufzeit führen. Wägen Sie deshalb zwischen Speicherplatzreduzierung und der Wahrscheinlichkeit einer Neuinstanzierung der Views ab.

Checkliste: Context

Der Context ist für den Datenaustausch zwischen der Benutzeroberfläche und der Web-Dynpro-Component zuständig. Er gehört somit zu den wichtigsten Bestandteilen von Components. Aus diesem Grund ist die Beachtung einiger Regeln zur performanten Programmierung des Contexts besonders wichtig:

- Stellen Sie nicht alle Daten in den Context. Verwenden Sie den Context ausschließlich für Daten, die an UI-Elemente gebunden sind.
- Erstellen Sie keine tief geschachtelten Contexte.
- Erstellen Sie nach Bedarf lokale Contexte, beispielsweise in Views.
- Vermeiden Sie lange Context-Mapping-Ketten.
- Aktualisieren Sie den Context nur dann, wenn die Daten auch tatsächlich aktualisiert werden müssen.

- Verwenden Sie Singleton-Knoten in Kombination mit einer Supply-Funktion, wenn Master-Detail-Verschachtelungen benötigt werden.
- Achten Sie bei allen Knoten, deren Attribute auf DDIC-Strukturen basieren, auf die folgenden Punkte:
  - Übernehmen Sie ausschließlich benötigte Felder als Attribute in den Knoten.
  - Verwenden Sie möglichst schlanke Strukturen. Auch wenn Sie nur einen kleinen Teil der Felder einer Struktur in die Attributliste des Knotens aufnehmen, wird vom System intern die gesamte Strukturbreite benötigt.
- Verwenden Sie zur Aktualisierung mehrerer Context-Attribute eines Elementes die Methode `set_static_attributes( )` anstelle der Methode `set_attribute( )`. Ziehen Sie die Methode `bind_table( )` zur Aktualisierung von ganzen Knoten heran.

Checkliste: UI-Elemente

Jedes generierte UI-Element beansprucht sowohl auf dem Server, auf der Netzwerkebene als auch im Browser des Clients Speicher und Rechenzeit. Aus diesem Grund sollten Sie sparsam mit UI-Elementen umgehen. Die folgende Checkliste gibt Ihnen dazu einige Tipps:

- Vermeiden Sie jegliche Art von Scrolling. Verwenden Sie nach Möglichkeit kein Container-Scrolling und auch nicht die Scrolling-Funktionalität des Browsers. Insbesondere bei eingabebereiten User Interfaces führt die Verwendung von Scroll-Containern zu deutlichen Performanceeinbußen.
- Vermeiden Sie tiefe Verschachtelungen von Container-, `Group`- und `Tabstrip`- Elementen. Verwenden Sie, wo es möglich ist, an der Wurzel jedes Views die Funktion ROOT-ELEMENT AUSTAUSCHEN.
- Verwenden Sie möglichst nicht das UI-Element `Tree`.
- Verwenden Sie `RowRepeater` oder `MultiPane` für sich wiederholende User Interfaces. Verschachteln Sie diese beiden UI-Elemente nicht.
- Modifizieren Sie die Eigenschaften Ihrer UI-Elemente über die `set_<Eigenschaft>`-Methoden im Coding nur dann, wenn sich

die Eigenschaften auch wirklich ändern sollen. Prüfen Sie zum Beispiel vorab über die Methode `get_<Eigenschaft>`, ob eine Änderung wirklich notwendig ist.

- Vermeiden Sie nach Möglichkeit Änderungen an UI-Elementen in der View-Methode `wddomodifyview( )`. Verwenden Sie für darin benötigtes Coding nach Möglichkeit immer den Parameter `first_time`.

11.6.3 Performance-Tools

Web-Dynpro-Analyse-Tools

SAP liefert Ihnen mit Web Dynpro bereits eine Reihe von nützlichen Analyse-Tools. Mithilfe dieser speziell für Web Dynpro entwickelten Tools können Sie Ihre Anwendungen aus den verschiedensten Blickwinkeln betrachten:

- Performancemonitor
- Nesting-Analyse
- DOM-Analyse (Document Object Model)
- Trace-Tool, das die folgenden Sub-Tools beinhaltet: Delta-Rendering-Change-Tracking, Speicherbelegungs-Detailinformationen, Navigationsinformationen

Klassische Performanceanalyse-Tools

Neben diesen Tools, die anschließend kurz vorgestellt werden, können Sie natürlich auch noch die klassischen ABAP-Tools zur Performancemessung einsetzen, wie beispielsweise die Laufzeitanalyse.

Performancemonitor

Mithilfe des Performancemonitors können Sie sich schnell die wichtigsten performancerelevanten Kenngrößen anzeigen lassen, wie zum Beispiel den aktuellen Speicherverbrauch, die End-to-End-Antwortzeit (Response Time) sowie die server- und clientseitige Rendering-Zeit.

Performancemonitor starten

Zum Starten des Performancemonitors fügen Sie den Parameter `sap-wd-perfMonitor=X` an die URL Ihrer Anwendung an oder drücken gleichzeitig auf die Tasten [Strg] + [⇧] + [Alt] + [P] im Browser. In der oberen rechten Ecke der Anwendung sollte nun ein kleines Kästchen mit dem Performancemonitor erscheinen (siehe Abbildung 11.30).

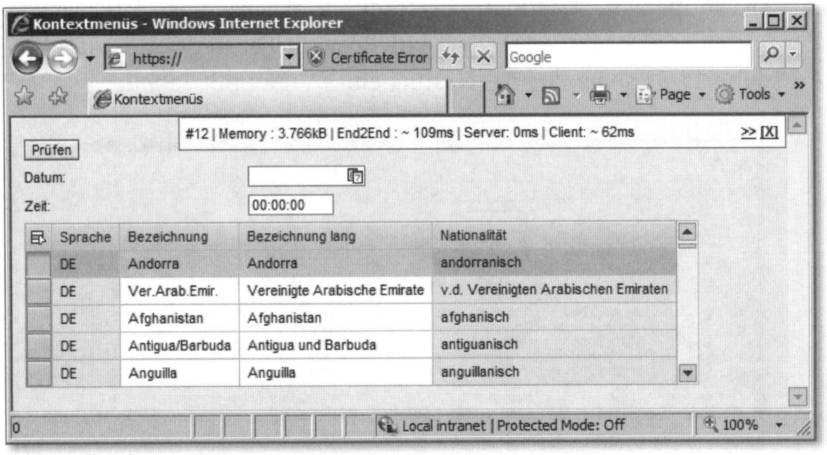

Abbildung 11.30 Performancemonitor

[*] **Tipp**: Durch gleichzeitiges Drücken der Tasten `Strg` + `⇧` + `Alt` + `H` im Browser öffnet sich in einem kleinen Popup-Fenster eine Übersicht aller verfügbaren `Strg`-`⇧`-`Alt`-Shortcuts.

Anzeigen von Details

Durch einen Klick auf den Link >> können Sie den Performancemonitor erweitern und aus den Kategorien OVERVIEW, PERFORMANCE, RENDERING und SYSTEM INFOS Details anzeigen lassen.

[!] **Achtung**: Bei den vom Web-Dynpro-Performancemonitor angezeigten Daten handelt es sich um grobe Orientierungswerte und nicht um exakte und systemübergreifend vergleichbare Werte.

Nesting-Analyse

Um tief verschachtelten und häufig unnötigen Containern schnell auf die Spur zu kommen, können Sie die Nesting-Analyse verwenden. Diese hebt die verschiedenen verwendeten HTML-Tags farblich hervor:

- <TABLE>
  rot hervorgehoben
- <DIV>
  blau hervorgehoben
- <SPAN>
  grün hervorgehoben

Nesting-Analyse starten

Sie können die Nesting-Analyse durch gleichzeitiges Drücken der Tasten [Strg] + [⇧] + [Alt] + [0] im Browser-Fenster starten. In Abbildung 11.31 sehen Sie das Nesting eines Views mit Tabelle.

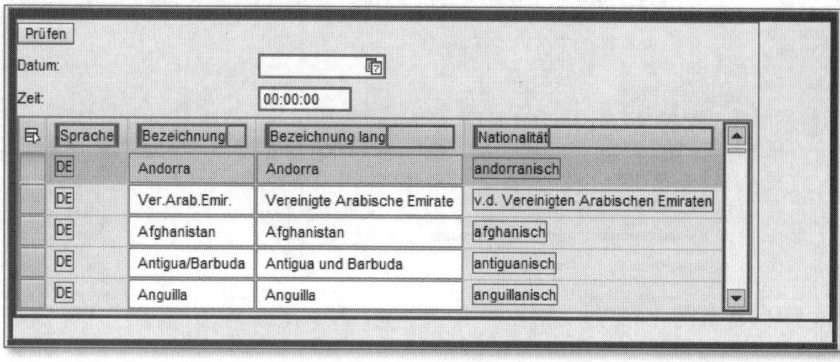

Abbildung 11.31 Nesting-Analyse eines Views mit Tabelle

Ziel der Nesting-Analyse

Ziel der Nesting-Analyse ist es, Schwachstellen schnell zu identifizieren und anschließend zu beseitigen. Je mehr Nestings bei der Analyse in einem User Interface sichtbar werden, desto mehr UI-Elemente werden im Backend generiert, an den Client übertragen und im Frontend vom Browser gerendert.

Vor allem das Rendering von HTML-Tabellen sollte aus Performancegründen auf ein Minimum reduziert werden. HTML-Tabellen werden vor allem beim `MatrixLayout` verwendet. Alternativ zum `MatrixLayout` können Sie häufig auf das `FlowLayout` oder `GridLayout` zurückgreifen.

Document-Object-Model-Analyse

Das Document Object Model (DOM) ist eine vom World Wide Web Consortium definierte Spezifikation für den Zugriff auf HTML- oder XML-Dokumente. Das Document Object Model spezifiziert die Darstellung von Dokumenten in Form eines Stammbaums, die über Verwandtschaftsbeziehungen miteinander in Verbindung stehen können.

Die DOM-Analyse bietet sich vor allem zur Überprüfung der Komplexität von Web-Dynpro-Anwendungen an. So zählt sie einfach alle in einem Dokument befindlichen Elemente und gibt diese anschließend in einem Popup-Fenster aus. Sie können die DOM-Analyse durch gleichzeitiges Drücken der Tasten [Strg] + [⇧] + [Alt] + [D] im

Browser-Fenster starten. In Abbildung 11.32 sehen Sie die DOM-Analyse einer einfachen Web-Dynpro-Anwendung.

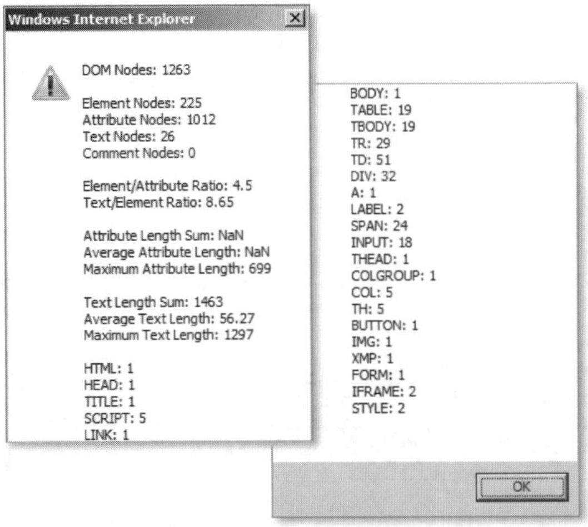

Abbildung 11.32 DOM-Analyse einer Web-Dynpro-Anwendung

Trace-Tool

Das Trace-Tool ist das mächtigste unter den Web-Dynpro-Analyse-Tools. Einmal gestartet, schreibt es bei jedem Roundtrip zwischen Applikationsserver und Browser Log-Einträge über Navigationsereignisse, Speicherverbrauch, Ereignisse, Components und Änderungen an Views mit. Diese Log-Einträge können anschließend direkt im Browser angesehen oder als ZIP-Datei heruntergeladen werden.

Verwendung des Trace-Tools

Sie können das Trace-Tool auf zwei unterschiedlichen Wegen aktivieren: Der einfachste Weg ist die Verwendung der Tastenkombination [Strg] + [⇧] + [Alt] + [C]. Nach Aktivierung des Trace-Tools öffnet sich unterhalb des Fensters der aktuellen Anwendung ein weiteres Browser-Fenster mit dem Trace-Tool. Dieses ist mit der Anwendung in Abbildung 11.33 dargestellt.

In der Dropdown-Liste auf der rechten Seite können Sie zwischen den verfügbaren Traces umschalten. Die meisten Traces werden in Form eines XML-Dokumentes angezeigt. Neben der Anzeigefunktionalität haben Sie im Trace BENUTZERKOMMENTAR die Möglichkeit, einen Kommentar für jeden Trace-Roundtrip zu hinterlegen. Nach Abschluss der Messungen können Sie den gesamten Trace mit den

Kommentaren durch einen Klick auf TRACE ALS ZIP-DATEI SPEICHERN... & TRACE BEENDEN zur Archivierung als ZIP-Datei herunterladen.

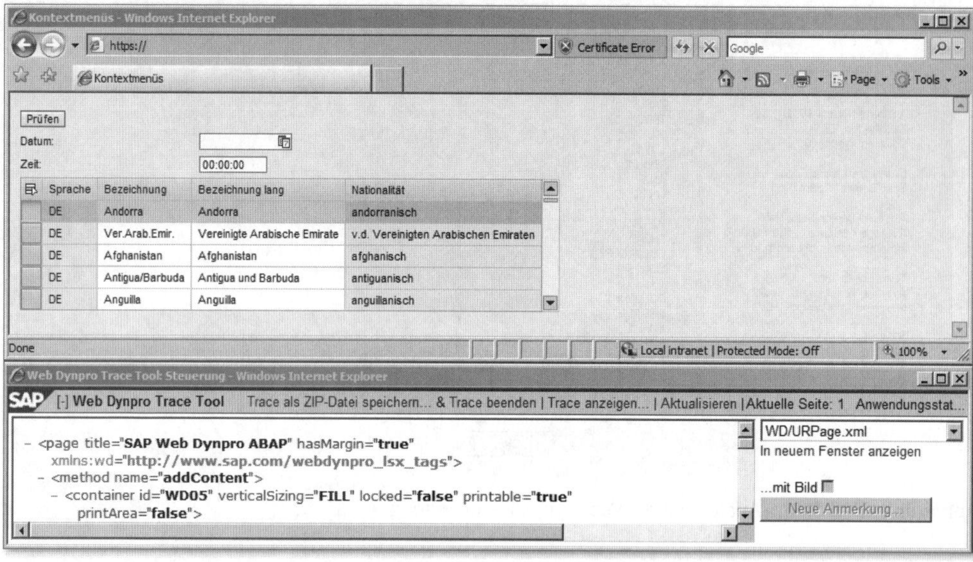

Abbildung 11.33 Web-Dynpro-Trace-Tool

Transaktion WD_TRACE_TOOL

Sie können das Trace-Tool auch über Transaktion WD_TRACE_TOOL aktivieren. Klicken Sie in dieser Transaktion auf den Button AKTIVIEREN FÜR DIESEN BENUTZER, und bestätigen Sie die beiden daraufhin erscheinenden Popup-Fenster mit OK. Starten Sie anschließend die Web-Dynpro-Anwendung neu.

[*]

Tipp: Neben der Aktivierung des Trace-Tools liegt der eigentliche Mehrwert dieser Transaktion in der Möglichkeit, bereits abgeschlossene Traces nachträglich als ZIP-Datei herunterzuladen.

Weitere Tools

Neben diesen auf Web Dynpro spezialisierten Tools stellt SAP noch die klassischen Tools zur Performancemessung bereit, wie beispielsweise die Laufzeitanalyse. So bieten sich zur Messung und Analyse von Web-Dynpro-Anwendungen vor allem die folgenden Tools an:

- **Memory Inspector** (Transaktion S_MEMORY_INSPECTOR)
  Mithilfe des Memory Inspectors können Sie die im Performancemonitor angelegten Speicherabbilder im Detail analysieren.

- **Laufzeitanalyse** (Transaktion SE30)
  Die Laufzeitanalyse eignet sich vor allem für die Analyse des eigenen Anwendungs-Codings. Mithilfe dieser Analyse können Sie schnell Schwachstellen in Ihrem Coding identifizieren.
- **Workload Monitor** (Transaktion STAD)
  Der Workload Monitor bietet sich zur exakten Messung der Antwortzeit bei einem Roundtrip an. Im Gegensatz zur Laufzeitanalyse werden die Messergebnisse nicht durch die Messung verfälscht.

11.6.4 On-Demand-Component- und View-Instanzierung

Ein häufig beobachteter und aus Performanceperspektive besonders schwerwiegender Fehler ist die pauschale und vorzeitige Instanzierung von nicht sichtbaren Views und Components. Diese sollten immer erst instanziert werden, wenn sie auch wirklich benötigt, das heißt im Browser angezeigt werden. Nach letztmaligem Gebrauch sollten die Views und Components wieder zerstört werden (`when visible`/`delete_component( )`). Durch Beachtung dieser Regeln wird der Speicherbedarf einer Anwendung auf ein Minimum reduziert, und Instanzierungen werden gleichmäßig auf die Lebensdauer der Anwendung verteilt.

Instanzierung von Views und Components

Um die verfrühte Instanzierung von Views bzw. Components zu vermeiden, muss zuerst die folgende Frage beantwortet werden: Zu welchem Zeitpunkt werden Views und Components instanziert? Die Lebensdauer eines Views wird von seiner Sichtbarkeit bestimmt. Wird ein View sichtbar gemacht, wird er vom System instanziert und bis zum Abbau der Component im Speicher gehalten. Wurde seine Einstellung LEBENSDAUER auf `when visible` gesetzt, wird er bereits vorab beim Wechsel in den Zustand unsichtbar abgebaut.

Der Begriff sichtbar darf dabei jedoch nicht mit dem umgangssprachlichen Begriff der Sichtbarkeit verwechselt werden: So kann auch ein im Browser für den Betrachter unsichtbarer View im System den Status sichtbar haben. Ob ein View für das System nun sichtbar oder unsichtbar ist, hängt allein vom Window der jeweiligen Component ab. So wird ein View instanziert, wenn er in ein sichtbares Window eingebettet und als Default-View markiert ist oder über seinen Inbound-Plug angesprochen wird. Handelt es sich bei dem View um einen Interface-View einer fremden Component, wird diese automatisch mit ihrem Interface-View instanziert. Daneben können fremde

Components auch über die Methode `create_component( )` ihrer Component-Verwendung instanziert werden.

[+]

> **Hinweis**: Haben Sie ein componentübergreifendes Mapping zwischen zwei oder mehreren Components definiert, werden diese unabhängig von der Sichtbarkeit ihrer Views instanziert.

Beispiel

In Abbildung 11.34 sehen Sie eine einfache Anwendung mit zwei Registerkarten sowie deren zugehörige Window-Struktur. Im Browser wird die Registerkarte FORMULAR angezeigt. Für den Betrachter ist die andere Registerkarte ALV-TABELLE unsichtbar. Somit ist anzunehmen, dass der auf der zweiten Registerkarte integrierte Interface-View `TABLE` noch nicht instanziert wurde. Diese Annahme ist jedoch falsch. Für die Sichtbarkeit des Interface-Views `TABLE` ist nicht das Browser-Fenster, sondern allein das Window `W_MAIN` entscheidend. Da der View `TABLE` im Window jedoch als Default-View (gelb hinterlegt) markiert wurde, ist er für das System sichtbar. Er wird somit bereits beim Start der Anwendung instanziert und an den Browser übertragen.

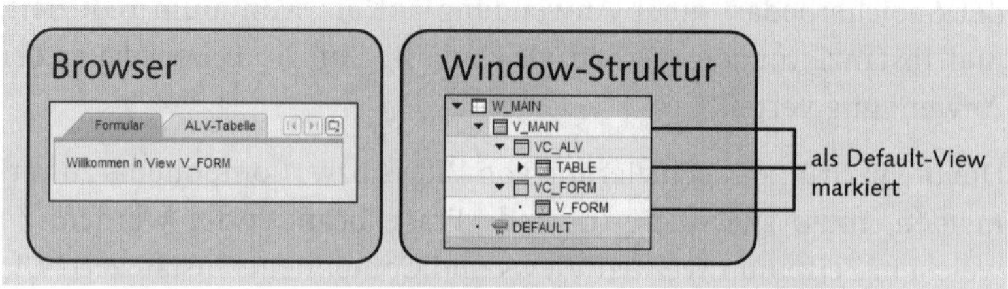

Abbildung 11.34 Sichtbarkeit von Views

Umbau des Views und des Windows

Nachdem Sie wissen, dass das Window immer alle sichtbaren Views instanziert, lautet die nächste Frage: Wie können im Browser nicht sichtbare Views auch für das Window unsichtbar gemacht werden? Um den Startvorgang der Beispielanwendung zu beschleunigen, muss die automatische Instanzierung des aus der Perspektive des Windows sichtbaren Interface-Views `TABLE` verhindert werden. Für das Window muss der im View-Container `VC_ALV` befindliche Interface-View `TABLE` beim Start der Anwendung den Status unsichtbar tragen. Um dies zu erreichen, muss in den View-Container `VC_ALV` ein `EMPTYVIEW` integriert werden, der letztlich als Default-View des View-Containers markiert wird.

Erst durch den Wechsel von der Registerkarte FORMULAR auf die Registerkarte ALV-TABELLE darf der Interface-View `TABLE` für das

Window sichtbar werden. Hierzu ist im äußeren Rahmen-View `V_MAIN` eine Aktion erforderlich, die beim Wechsel auf die Registerkarte ALV-TABELLE einen Outbound-Plug zum Interface-View `TABLE` feuert und diesen instanziert.

Umsetzung im System

Zur Verdeutlichung des Beispiels, bauen wir dieses nun um:

1. Fügen Sie in den View-Container `VC_ALV` einen `EMPTYVIEW` ein, und markieren Sie diesen über das Kontextmenü als DEFAULT-VIEW.
2. Legen Sie im View `V_MAIN` den Outbound-Plug `to_alv_table` für die Navigation zum Interface-View `TABLE` an. Diesen verbinden Sie im Window mit dem Inbound-Plug `default` des Interface-Views `TABLE`. Abbildung 11.35 zeigt die Window-Struktur nach dem Umbau.

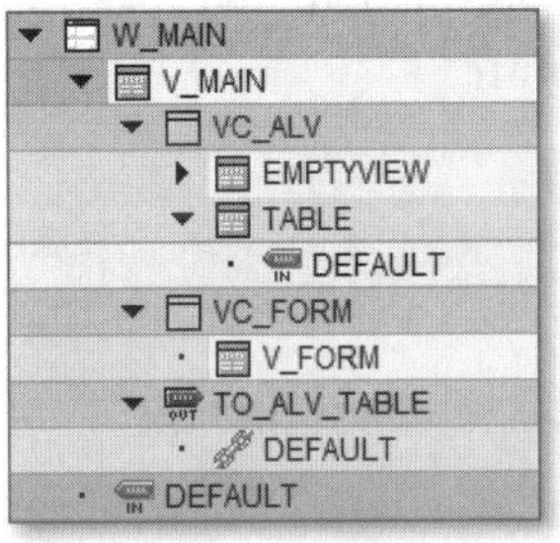

Abbildung 11.35 Im Startzustand unsichtbarer Interface-View TABLE

3. Nun legen Sie in `V_MAIN` die Aktion `TAB_SELECTED` für das `TabStrip`-Ereignis `onSelect` an, das beim Wechsel auf die Registerkarte ALV-TABELLE ausgelöst wird. Abbildung 11.36 zeigt den View mit der Aktion nach der Fertigstellung.

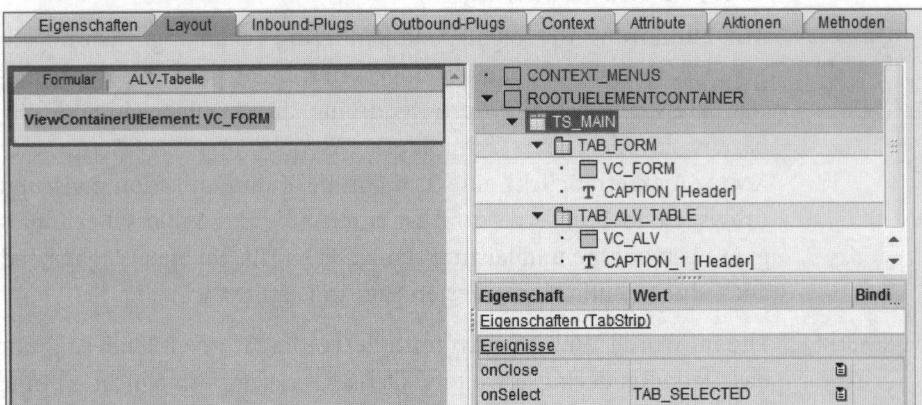

Abbildung 11.36 V_MAIN nach Erzeugung von Aktion TAB_SELECTED

4. Zuletzt müssen Sie noch die Aktion TAB_SELECTED implementieren. In dieser lösen Sie, abhängig von der ausgewählten Registerkarte, einen Outbound-Plug zum jeweils dahinter versteckten View aus. Unter Umständen bietet es sich noch an, zur Speicherfreigabe für die verlassende Registerkarte einen zweiten Plug zu einem EMPTYVIEW zu feuern.

   In unserem Beispiel muss in der Aktion TAB_SELECTED der Outbound-Plug to_alv_table beim Wechsel auf die zweite Registerkarte gefeuert werden. Der Plug löst den EMPTYVIEW als sichtbares Element von VC_ALV durch den Interface-View TABLE ab.

   Im Anschluss kann die ALV-Component in der Aktion noch manuell instanziert und die darzustellende Tabelle der Component übergeben werden. Listing 11.31 zeigt beispielhaft, wie Aktion TAB_SELECTED implementiert werden könnte.

```
CASE tab.
  WHEN 'TAB_FORM'.
  WHEN 'TAB_ALV_TABLE'.
    wd_this->fire_to_alv_table_plg( ).
    IF lo_cmp_usage->has_active_component( ) IS INITIAL.
      lo_cmp_usage->create_component( ).
      lo_ifc = wd_this->wd_cpifc_alv_table( ).
      lo_ifc->set_data( lo_node_t005t ).
    ENDIF.
  WHEN ...
ENDCASE.
```

Listing 11.31 Ausschnitt von Aktion TAB_SELECTED

11.6.5 Delta-Rendering

Lightspeed-Rendering

Mit Einführung der Lightspeed-Rendering-Technologie wurde ein neues Web-Dynpro-Zeitalter eingeläutet; Lightspeed löst das bisherige klassische Web-Dynpro-Rendering ab. Lightspeed-Rendering basiert auf der Ajax-Technologie (Asynchronous JavaScript and XML). Ajax ermöglicht eine asynchrone Kommunikation zwischen Browser und Webserver und ist somit eine der Schlüsseltechnologien für moderne und leistungsfähige Web UIs. So bietet Lightspeed auch einen deutlich erweiterten Satz an Features an.

Delta-Rendering

Zudem wurde Web Dynpro mithilfe von Lightspeed-Rendering um das Delta-Rendering erweitert. Delta-Rendering ermöglicht es, nur den durch die Anwendung geänderten Bereich einer dargestellten

Seite zu aktualisieren. In vielen Situationen führt das Delta-Rendering somit zu deutlichen Verbesserungen bei der Performance, da nur ein Teil des User Interface und nicht das gesamte User Interface im Backend generiert, übertragen und im Browser gerendert werden muss. Vor allem bei komplexen User Interfaces bewirkt Delta-Rendering deutliche Leistungsgewinne.

Beispiel

Abbildung 11.37 zeigt ein kleines Beispiel zur Erklärung des Delta-Renderings: Das Beispiel besteht aus zwei Views: einem äußeren View mit einer Kundentabelle und einem darin eingebetteten View mit Detailinformationen zum jeweils im äußeren View selektierten Kunden. Ändert ein Benutzer nun die bei einem Kunden hinterlegten Detailinformationen und drückt auf die [↵]-Taste, findet im Hintergrund zwischen Server und Browser ein Roundtrip statt. Je nachdem, ob das Delta-Rendering aktiv ist oder nicht, überträgt der Server nur den geänderten View (innerer View) oder alle sichtbaren Views zum Rendering an den Browser. Die teilweise Übertragung des User Interface wirkt sich positiv auf die Laufzeit des Servers, die Netzwerklast und zuletzt auf die Rendering-Zeit des Browsers aus.

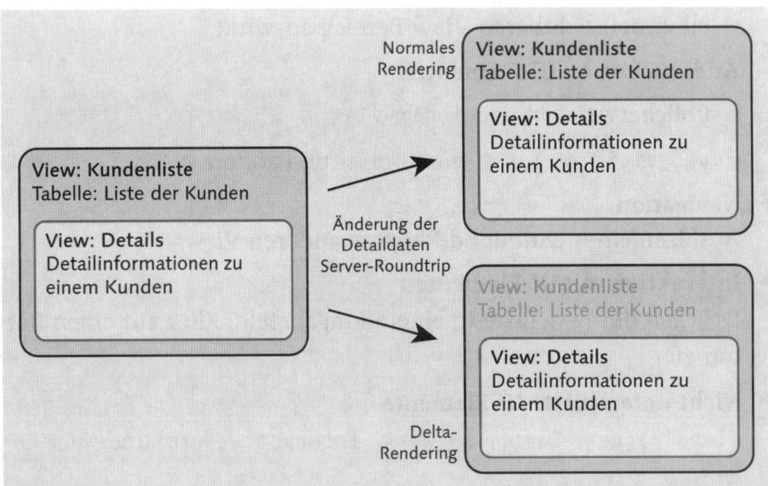

Abbildung 11.37 Beispiel für die Wirkung des Delta-Renderings

Zwar müssen Sie sich als Anwendungsentwickler nicht um das Handling der Deltas kümmern (dies erledigt Web Dynpro für Sie), jedoch sollten Sie wissen, wie das Delta-Rendering funktioniert und worauf Sie bei der Entwicklung Ihrer Anwendungen achten müssen, um deren reibungslose Funktion sicherstellen zu können.

Funktionsweise des Delta-Renderings

Prinzip des Delta-Renderings

Das Delta-Rendering arbeitet viewbasiert. Dazu besitzt jeder View ein sogenanntes Dirty-Flag. Ergibt sich während eines Roundtrips in einem View eine visuelle Änderung, wird der gesamte View vom System als »dirty« gekennzeichnet. Die Rendering Engine des Servers wertet am Ende jedes Roundtrips die Dirty-Flags aller sichtbaren Views aus und generiert aus der kleinsten gemeinsamen Obermenge dieser »schmutzigen Views« eine Delta-Datei für den Browser.

Dirty-Views

Damit das Delta-Rendering seine volle Wirkung entfalten kann, müssen die Änderungen im visuellen Bereich der Views auf ein Minimum reduziert werden. So stellt sich an dieser Stelle die Frage, wann bzw. wie ein View als schmutzig deklariert werden kann. Die folgende Liste gibt Ihnen Beispiele für Aktionen und Auslöser, die Views als dirty kennzeichnen:

- **Änderungen am Context**
  - jegliche Änderung an Knoten oder Elementen (Attribute, Eigenschaften etc.)
  - unabhängig davon, ob sich die Context-Änderung auf den aktuell visuell sichtbaren View-Bereich auswirkt
- **Änderungen an UI-Elementen**
  - üblicherweise in `wddomodifyview( )`
  - `set_visible( )`, `set_enabled( )` und andere
- **Navigation**
  Auslösen eines Outbound-Plugs zu anderen Views
- **Interaktion mit UI-Elementen**
  Drücken der [↵]-Taste in einem Eingabefeld, Klick auf einen Button etc.
- **Nicht unterstützte UI-Elemente**
  `TimedTrigger`, `Gantt`, `Network`, `InteractiveForm` und `OfficeControl`

[!]

> **Achtung**: Jede Änderung an visuellen Bereichen eines Views markiert diesen als dirty. Es wird nicht geprüft, ob dies tatsächlich zu einer Wertänderung führt. Der bloße Aufruf einer ändernden Methode führt zur Aktualisierung des Views.

Granularität von Änderungen

Auch wenn ein View nicht als dirty gekennzeichnet wurde, kann es vorkommen, dass dieser neu gerendert werden muss. Es ist auf die

Besonderheit des Delta-Renderings zurückzuführen, dass immer nur ein Bereich auf einmal aktualisiert wird. Dementsprechend wird immer der gemeinsame innerste aller Views neu gerendert. Im ungünstigsten Fall ist dies der äußerste View der Anwendung. Abbildung 11.38 gibt Ihnen dazu drei Beispiele:

- **View A**
  In View `A` hat eine Änderung stattgefunden. Obwohl die Views `A_1` und `A_2` sauber sind, müssen sie als Kinder von `A` auch aktualisiert werden.
- **View B**
  Die Änderungen in View `B_1` haben nur lokale Auswirkungen. View `B` und `B_2` werden nicht aktualisiert.
- **View C**
  Es finden Änderungen in View `C_1` und View `C_2` statt. Da jedoch immer nur ein Bereich auf einmal aktualisiert wird, ist View `C` mit von der Partie.

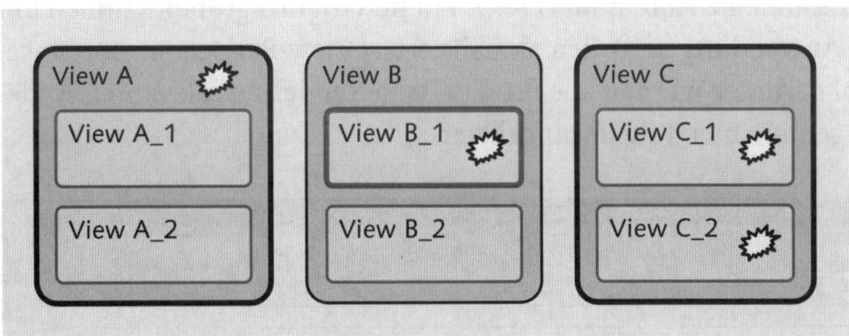

Abbildung 11.38 Rendering von sauberen Views

Konsequenzen für Anwendungsentwickler

Aus dem gelernten Wissen, wie Views in den Dirty-Status wechseln und in welchen Fällen sie neu gerendert werden, lässt sich eine Reihe von Konsequenzen für die Entwicklung von Web-Dynpro-UIs ableiten:

- Vermeiden Sie alle unnötigen Änderungen am Context und an UI-Elementen.
- Vergleichen Sie vorab den Ist-Wert mit dem Soll-Wert:

```
IF lo_inputfield->get_visible( ) EQ abap_true.
  lo_input_field->set_visible( abap_false ).
ENDIF.
```

- Machen Sie sich bereits vorab intensiv Gedanken über die Strukturierung und Schachtelung Ihrer Views, zum Beispiel:
  - Welche Views werden am häufigsten geändert?
  - Wie kann ein Delta möglichst klein gehalten werden?
  - Wie können eingabebereite UI-Elemente (zum Beispiel Eingabefelder) in äußeren Views vermieden werden?
  - Ist es sinnvoll, existierende Views aufzuteilen und weitere Views zur Verkleinerung von Deltas einzufügen?

Analyse mithilfe des Trace-Tools

Mithilfe des Trace-Tools können Sie das Delta-Rendering in Web-Dynpro-Anwendungen einfach analysieren. So zeigt das Trace-Tool nach jedem Benutzerschritt durch einen grünen Rahmen an, welcher Bereich des User Interface aktualisiert wurde. Darüber hinaus listet das Trace-Tool die Gründe für die Aktualisierungen in einer Tabelle auf.

Betrachten Sie Abbildung 11.39: Ein im Original grüner Rahmen um die Anwendung zeigt den aktualisierten View-Bereich an. Im Trace-Tool darunter werden alle für das Delta-Rendering relevanten Änderungen in einer Tabelle aufgelistet.

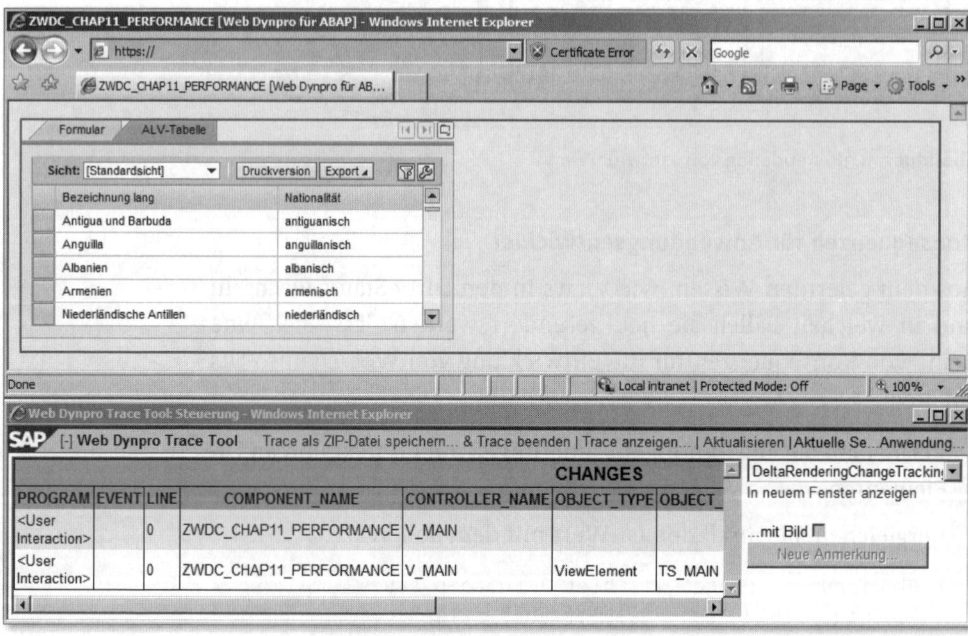

Abbildung 11.39 Tracing des Delta-Renderings

Delta-Rendering-Analyse starten

Wie bereits unter »Trace-Tool« in Abschnitt 11.6.3 beschrieben, können Sie das Web-Dynpro-Trace-Tool über die Tastenkombination [Strg] + [⇧] + [Alt] + [C] starten. Nach Auswahl des Delta-Rendering-Werkzeugs (siehe Abbildung 11.40) in der Werkzeugliste des Trace-Tools können Sie mit der Delta-Rendering-Analyse beginnen.

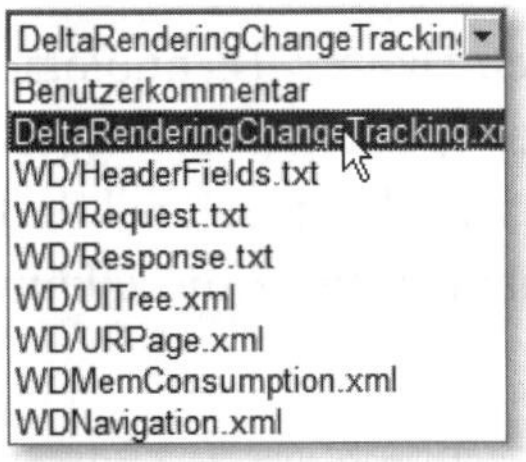

Abbildung 11.40 Auswahl des Delta-Rendering-Werkzeugs

Analyse von DeltaRenderingChangeTracking.xml

Nach der Auswahl des Delta-Rendering-Werkzeugs können Sie mit der Analyse beginnen. Nach jeder Benutzeraktion wird der grüne Rahmen in der Anwendung erneut um den aktualisierten Bereich gezogen. Zeitgleich aktualisiert sich im darunter platzierten Trace-Tool die auf der XML-Datei *DeltaRenderingChangeTracking.xml* basierende Tabelle. In dieser werden alle für das aktuelle Delta verantwortlichen Änderungen angezeigt.

Betrachten Sie Abbildung 11.41. In diesem Delta-Trace können Sie erkennen, dass der Anwender in der Component des SAP List Viewers `SALV_WD_TABLE` am View `VIEW_TABLE` am Knoten `DATA` einen `ContextSelectionChange` vorgenommen hat. Diese Änderung der Lead-Selection wurde anschließend an den Ursprungsknoten `T005T` im View `V_MAIN` der Mutter-Component `ZWDC_CHAP11_PERFORMANCE` weitergereicht. Da `V_MAIN` in diesem Beispiel (Abschnitt 11.6.4, »On-Demand-Component- und View-Instanzierung«) der Haupt-View der gesamten Anwendung ist, besteht das Delta in diesem Fall leider aus allen Views der Component.

CHANGES									
PROGRAM	EVENT	LINE	COMPONENT_NAME	CONTROLLER_NAME	OBJECT_TYPE	OBJECT_NAME	SUB_OBJECT_NAME	SUB_OBJECT_TYPE	REASON
<User Interaction>		0	SALV_WD_TABLE	VIEW_TABLE					ClientEvent
<User Interaction>		0	SALV_WD_TABLE	VIEW_TABLE					ClientEvent
<User Interaction>		0	SALV_WD_TABLE	VIEW_TABLE	NodeName	DATA			ContextSelectionChange
<User Interaction>		0	SALV_WD_TABLE	VIEW_TABLE	NodeName	DATA			ContextSelectionChange
<User Interaction>		0	SALV_WD_TABLE	VIEW_TABLE	NodeName	DATA			ContextLeadSelectionChange
CL_SALV_WD_DATA_TABLE=========CP	IF_SALV_BS_DATA_SELECTION~SET_LEAD_SELECTION	23	ZWDC_CHAP11_PERFORMANCE	V_MAIN	NodeName	T005T			ContextLeadSelectionChange
CL_SALV_WD_DATA_TABLE=========CP	IF_SALV_BS_DATA_SELECTION~SET_SELECTIONS	27	ZWDC_CHAP11_PERFORMANCE	V_MAIN	NodeName	T005T			ContextSelectionChange

Abbildung 11.41 Analyse einer Lead-Selection-Änderung

11.7 Debuggen von Web-Dynpro-Anwendungen

Neuer ABAP Debugger

Der neue ABAP Debugger bietet Ihnen eine Vielzahl von Werkzeugen zur tief gehenden Analyse von Anwendungen während der Laufzeit an. Seit seiner erstmaligen Veröffentlichung zu Release 6.40 ist die Zahl der verfügbaren Debugger-Tools kontinuierlich gewachsen.

Debugger-Werkzeug

Bereits in einer frühen Anfangsphase der Web-Dynpro-Technologie begannen die Entwicklungsarbeiten an einem speziellen Debugger-Werkzeug. Heute ist dies ein ausgewachsenes Tool, um schnell und einfach durch den Baum der aktiven Components navigieren zu können und deren Objekte zu untersuchen:

- **Controller** (Window, View, Component, Custom)
  - Attribute
  - Knoten und Elemente des Contexts
- **Views**
  - View-Hierarchie
  - UI-Elemente und ihre Eigenschaften
- **Window-Struktur**

Ausblick

In den folgenden zwei Abschnitten stellen wir Ihnen die Einrichtung und Verwendung des Web-Dynpro-Werkzeugs im neuen ABAP Debugger vor. Zuerst lernen Sie in Abschnitt 11.7.1, wie Sie den neuen Debugger in Web-Dynpro-Anwendungen starten und anschließend das Web-Dynpro-Werkzeug auswählen können. Anschließend behandelt Abschnitt 11.7.2, »Verwendung des Web-Dynpro-Werkzeugs«, die Analysemöglichkeiten des Debuggers im Einzelnen.

11.7.1 Debugger einrichten

Breakpoint setzen

Bevor der Web-Dynpro-Debugger ausgewählt werden kann, muss zuerst der ABAP Debugger gestartet werden.

1. Hierzu setzen Sie an einer beliebigen Stelle innerhalb Ihrer Anwendungslogik oder der Component einen externen Breakpoint (siehe Abbildung 11.42). Möchten Sie bei jedem Roundtrip zwischen Client und Applikationsserver in den Debugger springen, bietet sich das Setzen eines Breakpoints in der Methode `wddomodifyview( )` des äußersten Views der Component an.

Abbildung 11.42 Breakpoint setzen

Anwendung starten

2. Starten Sie anschließend die Web-Dynpro-Anwendung. Für das Debuggen empfiehlt es sich, Anwendungen immer über die Component zu starten. Hierdurch stellen Sie sicher, dass sich der Breakpoint auf demselben Server befindet, der auch vom Browser verwendet wird. Nur dann wird der Debugger anhalten. Navigieren Sie zu der Stelle, die Sie debuggen möchten. In einem SAP GUI-Fenster sollte sich der Debugger öffnen.

[*]

Tipp: Sollte der Breakpoint trotz richtiger Serverwahl nicht anhalten, überprüfen Sie die Anzahl der geöffneten SAP GUI-Fenster. Die meisten Systeme sind so konfiguriert, dass Sie maximal sechs Fenster pro System gleichzeitig öffnen können.

Web-Dynpro-Werkzeug öffnen

3. Im Debugger angekommen, wählen Sie nun das Web-Dynpro-Debugger-Werkzeug aus. Klicken Sie dazu, wie in Abbildung 11.43 dargestellt, auf das Symbol WERKZEUG ERSETZEN. Wählen Sie im Popup-Fenster das sich unter SPEZIALWERKZEUGE befindliche Web-Dynpro-Werkzeug aus. Sie sehen nun den Web-Dynpro-Debugger vor sich.

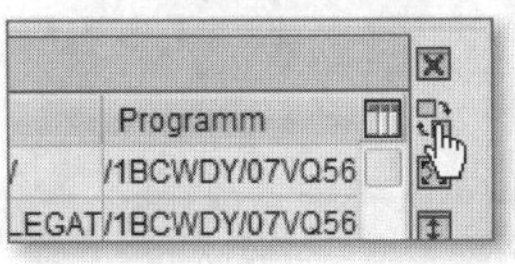

Abbildung 11.43 Debugger-Werkzeug auswählen

[*]

Tipp: Damit Sie nicht mit jeder Debugging-Sitzung alle Werkzeuge neu konfigurieren müssen, können Sie das eingerichtete Layout im Debugger speichern. Wählen Sie dazu im Debugger den Menüeintrag DEBUGGER • DEBUGGER SITZUNG • LAYOUT SICHERN aus.

11.7.2 Verwendung des Web-Dynpro-Werkzeugs

Allgemeine Tipps

Abbildung 11.44 zeigt Ihnen den Web-Dynpro-Debugger. Über die Component-Hierarchie links können Sie durch die instanzierten Objekte der Component navigieren. Der Knoten COMPONENT-VER-

WENDUNGEN ermöglicht den Drilldown zu den verwendeten aktiven Components. Über das in der Hierarchie verfügbare Kontextmenü können Sie durch die Auswahl von LAUFZEIT-OBJEKT ANZEIGEN direkt zu dem jeweiligen Laufzeitobjekt im Debugger abspringen. Nach Auswahl des Menüpunktes WORKBENCH-OBJEKT ANZEIGEN öffnet sich in einem neuen SAP GUI-Fenster das ausgewählte Objekt im Web-Dynpro-Editor.

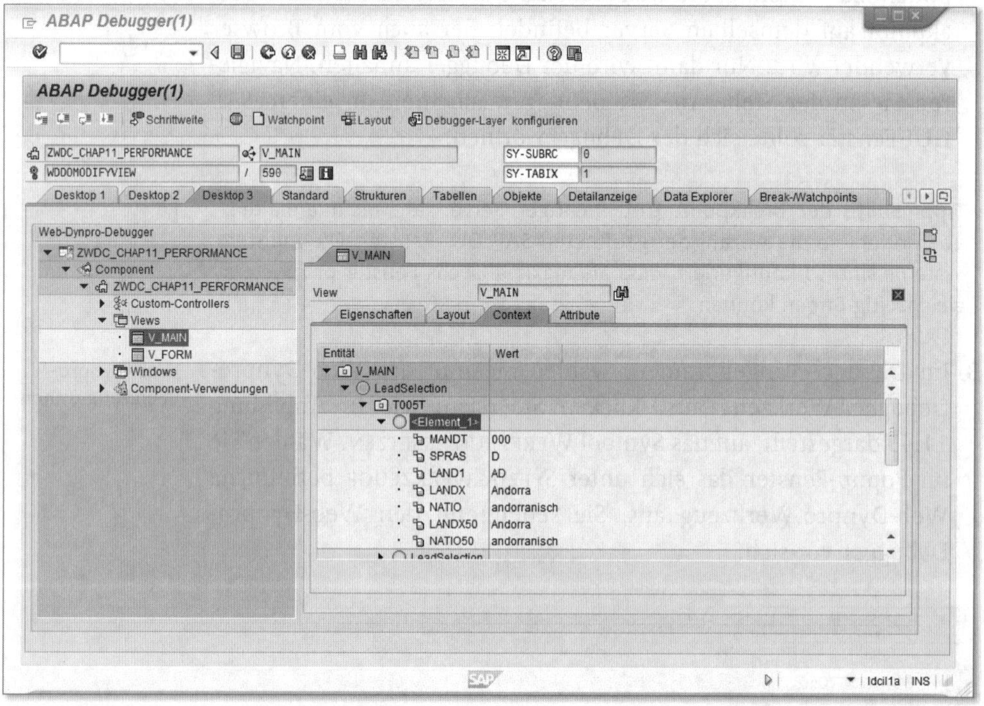

Abbildung 11.44 Web-Dynpro-Debugger

Werkzeuge des Web-Dynpro-Debuggers

Betrachten wir nun die Möglichkeiten des Web-Dynpro-Werkzeugs im Detail. Nach der Auswahl eines Component-Objektes in der Hierarchie können Sie dessen Bestandteile über die je nach Objekttyp sichtbaren Registerkarten analysieren:

- **Eigenschaften**
  Auf dieser Registerkarte finden Sie den Controller-Namen des aktuellen Objektes und seine zugehörige Component. Diese Registerkarte ist bei der Analyse eher weniger hilfreich.
- **Context**
  Bereits in Abbildung 11.44 konnten Sie einen Blick auf eine Regis-

terkarte CONTEXT werfen. Das Context-Werkzeug zeigt Knoten nicht tabellarisch, sondern in Form einer Liste mit Context-Elementen an. Nach dem Aufklappen eines Elementes können Sie die aktuellen Attributwerte betrachten.

- **Attribute**
  Die in einem Controller verfügbaren Attribute werden auf dieser Registerkarte dargestellt. Durch einen Doppelklick auf das Attribut können Sie direkt zu dessen Laufzeitobjekt bzw. dessen Detailanzeige springen.
- **Layout**
  Das Layoutwerkzeug ermöglicht die Navigation durch die View-Hierarchie und die Betrachtung von Eigenschaften einzelner UI-Elemente. In Abbildung 11.45 finden Sie ein Beispiel.
- **Window-Struktur**
  Die Registerkarte WINDOW-STRUKTUR zeigt die aktuell sichtbaren Views vom aktuellen Window ausgehend an. Dieses Werkzeug ist vor allem bei der Performanceanalyse zur Findung von unnützen aktiven Views von großem Vorteil.

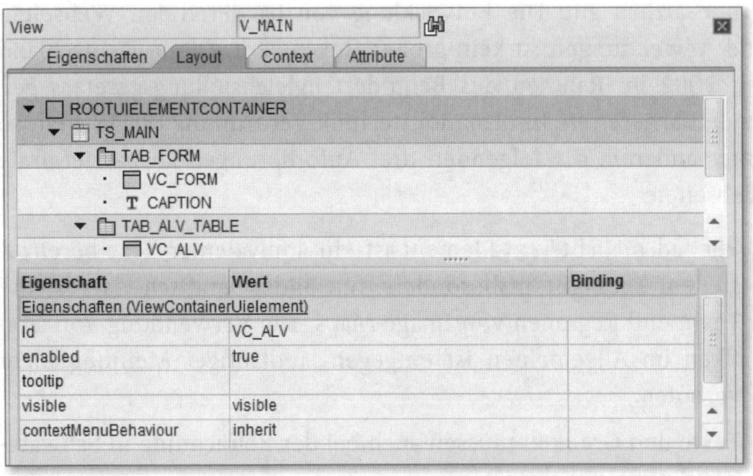

Abbildung 11.45 Layoutstruktur von V_MAIN im Debugger

Der Web-Dynpro-Debugger eignet sich vor allem zur schnellen Betrachtung des Contexts. So können Sie mit diesem Werkzeug zügig durch die Struktur Ihrer Components navigieren und sich über alle aktiven Controller einen Überblick verschaffen. Auch bei der Performanceanalyse ist dieses Debugger-Werkzeug hilfreich. So sehen Sie beispielsweise mit wenigen Mausklicks, welche Components gerade aktiv sind und welche Views zurzeit im Window verwendet werden.

[+]

> **Hinweis**: Zurzeit ist es im Web-Dynpro-Debugger-Werkzeug leider nicht möglich, direkte Änderungen an den Objekten und ihre Eigenschaften vorzunehmen. An vielen Stellen im Werkzeug können Sie jedoch durch einen Doppelklick auf ein Objekt oder über das Kontextmenü und durch die Auswahl von LAUFZEIT-OBJEKT ANZEIGEN in die jeweilige Klasse springen und die gewünschten Änderungen einer Eigenschaft dort direkt vornehmen.

11.8 Barrierefreiheit

Barrierefreit und deren Bedeutung

Die Bedeutung von barrierefreier Software hat in den letzten Jahren weiter zugenommen. So dürfen beispielsweise im Rahmen des in den USA geltenden Rehabilitation Acts, staatliche US-Einrichtungen und Behörden nur dann eine Software einsetzen, wenn diese den in Abschnitt 508 vorgeschriebenen Anforderungen an die Barrierefreiheit genügt.

Grundsätzlich gilt: Die Entwicklung von barrierefreien Webseiten und Anwendungen ist kein großes Hexenwerk. Die in Deutschland seit 2002 im Rahmen des Behindertengleichstellungsgesetzes geltende Barrierefreie Informationstechnik-Verordnung (BITV) stellt so unter anderem die folgenden drei Anforderungen an barrierefreie Webseiten:

- Für jedes Nicht-Text-Element ist ein äquivalenter Text bereitzustellen. Dies gilt insbesondere für Bilder, grafisch dargestellte Texte und Regionen von Image-Maps. Die Verwendung von Grafiken im Allgemeinen ist entgegen landläufiger Meinung nicht verboten.
- Texte und Grafiken müssen auch bei der Betrachtung in Schwarz-Weiß verständlich sein.
- Markup-Sprachen (insbesondere HTML) und Stylesheets (CSS) sind entsprechend ihren Spezifikationen in Dokumenten und Tabellen zu verwenden.

Barrierefreiheit und Web Dynpro

Beim Vergleich dieser Anforderungen mit der Web-Dynpro-Technologie werden Sie schnell zu dem Ergebnis kommen, dass sich diese bereits eng an den Anforderungen für barrierefreie Anwendungen orientiert. So können Sie in Web Dynpro für Grafiken und viele andere UI-Elemente zusätzliche Accessibility-Beschreibungstexte hinterlegen. Die farbliche Gestaltung sowie das Layout werden in Web Dynpro vollständig über Stylesheets gesteuert. Somit sind in Web Dynpro bereits viele Grundvoraussetzungen gegeben, um diese von Screenreadern vorlesen zu lassen.

Ausblick

Um die Definition zusätzlicher bzw. alternativer Beschreibungstexte kommen Sie bei der barrierefreien Entwicklung jedoch nicht herum. In den folgenden zwei Abschnitten erfahren Sie deshalb, was Sie bei der barrierefreien Entwicklung beachten müssen und wie Sie die Barrierefreiheit von Anwendungen testen können.

[👁]

> **Weitere Informationen**: Die Barrierefreiheit wurde bereits in Kapitel 4, »UI-Elemente und ihre Eigenschaften«, im Rahmen von UI-Element-Eigenschaften angesprochen. Zur Barrierefreiheit einzelner UI-Elemente finden Sie dort mehr Informationen.

11.8.1 Barrierefreie Entwicklung

Zur Entwicklung barrierefreier Web-Dynpro-Anwendungen können Sie in Ihren UI-Elementen zusätzliche Beschreibungstexte erfassen und Ihre Views anschließend im Rahmen der Syntaxüberprüfung auf Barrierefreiheit hin testen lassen.

Anpassung von UI-Element-Eigenschaften

Voraussetzung für die Barrierefreiheit von Views ist das Vorhandensein einer ausreichenden Menge von Tooltips und zusätzlichen Beschreibungstexten. Diese können in den Eigenschaften `tooltip` und `accessibilityDescription` einer Vielzahl von UI-Elementen eingetragen werden.

Eigenschaft Tooltip

Zur Sicherstellung der Barrierefreiheit muss ein `tooltip` immer dann gepflegt werden, wenn:

- das UI-Element keine Überschrift trägt
- das UI-Element keinem `Label` zugeordnet ist

Darüber hinaus ist die Pflege eines `tooltip` erforderlich, wenn das UI-Element eine `text`-Eigenschaft hat, die weder gesetzt noch gebunden ist. Dies ist beispielsweise bei Buttons mit Symbolen als »Beschriftung« der Fall (siehe Abbildung 11.46). Unabhängig davon, sollten Sie den `tooltip` auch dann setzen, wenn Sie weiterführende semantische Informationen zu einem UI-Element vermitteln möchten.

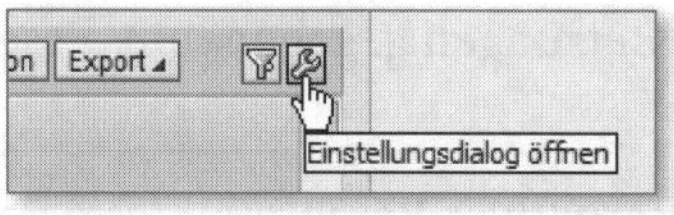

Abbildung 11.46 Grafischer Button einer ALV-Tabelle mit Tooltip

Eigenschaft accessibilityDescription

Neben dem `tooltip` bieten nahezu alle UI-Elemente die Eigenschaft `accessibilityDescription` an. Diese ermöglicht es, UI-Elementen, die keine sichtbaren Beschriftungen tragen können oder sollen, eine unsichtbare Beschriftung für die Navigation durch die Anwendungen zu geben. In Abbildung 11.47 sehen Sie hierzu als Beispiel eine Registerkarte mit einer `accessibilityDescription` zur verbesserten Orientierung im Screenreader.

Abbildung 11.47 Registerkarte mit accessibilityDescription

Barrierefreiheit-Prüfungen während der Designzeit

Syntaxprüfung

Die Web-Dynpro-Entwicklungsumgebung führt im Rahmen des Syntax-Checks unter anderem Prüfungen auf die Barrierefreiheit von Views hin durch. Findet die Prüfung hierbei nicht gepflegte Tooltips oder Beschriftungen, gibt sie diese als Warnung in der Syntaxprüfung aus.

Aus naheliegenden Gründen ist es der Syntaxprüfung leider nicht möglich, semantische Prüfungen durchzuführen. So kann das System zum Beispiel nicht feststellen, ob die Beschreibung eines Tooltips für einen Anwender hilfreich ist oder nicht. So kontrolliert die Syntaxprüfung im Hinblick auf die Barrierefreiheit nur, ob bestimmte Eigenschaften mit Inhalten belegt sind oder nicht.

Sie können die Barrierefreiheit-Prüfung während des Syntax-Checks auch für eine Component deaktivieren. Öffnen Sie hierzu die Eigenschaften der Component (Doppelklick auf den Component-Namen), und deaktivieren Sie das Häkchen BARRIEREFREIHEIT-PRÜFUNGEN AKTIV oberhalb der Registerkarte VERWENDETE COMPONENTS. **Prüfungen deaktivieren**

Hinweis: Für lokale Components, das heißt Components, die im Paket `$TMP` liegen, findet während des Syntax-Checks keine Prüfung auf die Barrierefreiheit hin statt. [+]

11.8.2 Barrierefreiheit aktivieren und testen

Nachdem Sie eine Component barrierefrei gestaltet und aktiviert haben, können Sie mit dem Test beginnen. Hierzu muss die Anwendung im barrierefreien Modus gestartet werden. Sollen die barrierefreien Zusatztexte angezeigt werden, können Sie diese zusätzlich einblenden lassen.

Barrierefreiheit aktivieren

Möchten Sie eine Anwendung im barrierefreien Modus starten, können Sie dies über die Angabe eines URL-Parameters, die Verwendung von Anwendungsparametern, die Anwendungskonfiguration oder über einen Benutzerparameter tun:

- **URL-Parameter**
  Ergänzen Sie die URL der Anwendung vor dem Start im Browser um den Zusatz `...?sap-accessibility=X`. Diese Einstellung ist benutzerunabhängig und gilt, solange der Parameter in der URL gesetzt ist.
- **Web-Dynpro-Anwendungsparameter**
  Bearbeiten Sie die Web-Dynpro-Anwendung, und tragen Sie dort auf der Registerkarte PARAMETER den Anwendungsparameter `WDACCESSIBILITY` mit dem Wert `X` ein. Diese Einstellung gilt für alle Benutzer der Anwendung.
- **Anwendungskonfiguration**
  Starten Sie die Anwendungskonfiguration, und bearbeiten Sie die gewünschte Konfiguration. In dieser aktivieren Sie auf der Registerkarte ANWENDUNGSPARAMETER den Menüpunkt BARRIEREFREIHEITSMODUS EINSCHALTEN. Diese Einstellung gilt für alle Benutzer der geänderten Anwendungskonfiguration.

- **Benutzerparameter**
  Starten Sie Transaktion SU01, und wechseln Sie auf die Registerkarte PARAMETER. Tragen Sie in der Tabelle den Parameter `ACCESSIBILITY_MODE` mit dem Wert `X` ein, und speichern Sie Ihre Eingaben. Diese Einstellung gilt ausschließlich für den geänderten Benutzer.

Test von barrierefreien Anwendungen

Nach der Aktivierung der Barrierefreiheit können Sie die Anwendung im barrierefreien Modus starten. Auf den ersten Blick unterscheidet sich diese nicht vom »barrierebehafteten Modus«. Jedoch wurden im Hintergrund zusätzliche Beschreibungen übertragen, und die Anwendung wird jetzt barrierefrei gerendert. Sie können die Anwendung nun mit einem Screenreader testen.

Anzeige barrierefreier Texte

Möchten Sie nur einen einfachen Test ohne Screenreader durchführen, können Sie sich auch nur die barrierefreien Texte in einer kleinen Box am unteren Rand der Anwendung anzeigen lassen. Ergänzen Sie hierzu die Anwendungs-URL um den Parameter `sap-accessibility-debug=X`, oder drücken Sie die Tastenkombination [Strg] + [⇧] + [Alt] + [A]. Nun können Sie barrierefrei unter Verwendung der Tastatur durch die Anwendung navigieren. In der Infobox erhalten Sie Hinweise für die Navigation durch die Anwendung. Abbildung 11.48 zeigt Ihnen die Anwendung mit Infobox und dem gerade auf »marianisch« liegenden Cursor.

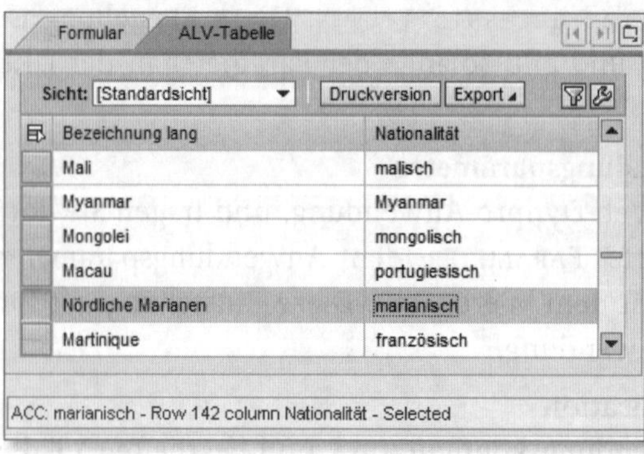

Abbildung 11.48 Test einer barrierefreien Anwendung

Anhang

A Anwendungsparameter und URL-Parameter

Web-Dynpro-Laufzeit

Zur Steuerung der Web-Dynpro-Laufzeit können der URL einer Web-Dynpro-Anwendung Query-String-Parameter mitgegeben werden. Dazu erweitern Sie einfach in der Adresszeile des Webbrowsers die jeweilige URL nach folgendem Schema um einen Parameternamen und Parameterwert:

<Schema>://<Host>.<Domäne>.<Extension>:<Port>/sap/bc/webdynpro/<Namensraum>/<Applikationsname>?<Parametername>=<Parameterwert>&<Parametername>=<Parameterwert>&

Parameter = Wert

Die Parameternamen sind case insensitive, ebenso die Parameterwerte (Ausnahme: `sap-exiturl`, falls auf einen Case-sensitive-Server verwiesen wird). Mehrere Parameter können in einer URL kombiniert werden und müssen durch & (kaufmännisches Und) voneinander getrennt werden, zum Beispiel:

http://www.myserver.com/sap/bc/webdynpro/sap/myapplication?sap-client=000&sap_theme=mountain_view

A.1 Anwendungsparameter setzen

Parameter setzen

Die Anwendungsparameter und URL-Parameter können Sie an den folgenden Stellen setzen:

- **Web-Dynpro-Anwendung**
  an der Web-Dynpro-Anwendung, das heißt in Transaktion SE80 im Web Dynpro Explorer auf der Web-Dynpro-Anwendung unter dem Karteireiter PARAMETER
- **Anwendungskonfiguration**
  in der Anwendungskonfiguration, das heißt mithilfe der Web-Dynpro-Applikation `CONFIGURE_APPLICATION` auf dem Karteireiter PARAMETER
- **Global**
  global für alle Anwendungen und einen bestimmten Mandanten mithilfe der Web-Dynpro-Anwendung `GLOBAL_SETTING`

- **Benutzerparameter**
  Für den Benutzer und alle Anwendungen durch die Benutzerparameter. Dieser Weg wird jedoch nicht für alle Parameter unterstützt. Für die Pflege der Daten verwenden Sie Transaktion SU3 und dort den Karteireiter PARAMETER.
- **URL-Parameter**
  Für den aktuellen Aufruf durch URL-Parameter; hierbei spielt die Groß-/Kleinschreibung des Parameternamens keine Rolle, außer beim URL-Parameter `sap-exiturl`.

A.2 Auswertungsreihenfolge

Parameter

Die verschiedenen Möglichkeiten der Einstellungen werden in der folgenden Reihenfolge ausgewertet:

1. URL-festgelegte Parameter, das heißt Parameter, die im Anhang an die URL der Web-Dynpro-Anwendung mitgegeben werden
2. für festgelegte Standardparameter der Web-Dynpro-Applikation, das heißt Parameter, die zur Entwicklungszeit der Web-Dynpro-Anwendung festgelegt wurden

Sprache

Die Anmeldesprache kann im Vergleich zu den Web-Dynpro-Parametern aus weiteren Quellen stammen. Diese Quellen werden in der aufgeführten Reihenfolge ausgewertet, wobei die erste angegebene Quellenangabe ausschlaggebend ist:

1. URL-Parameter `sap-language`
2. Default-Sprache in der Einstellung für die Systemanmeldung
3. Sprachen des Webbrowsers (Accept-Language)
4. Default-Sprache des SAP-Systems

A.3 Anwendungsparameter

Sie können einer Web-Dynpro-Anwendung im Web Dynpro Explorer ebenfalls Parameter (Applikationsparameter, Anwendungsparameter) mitgeben. Dies geschieht über die Registerkarte PARAMETER einer Web-Dynpro-Anwendung. Sie können entweder eigene Parameter definieren oder einen der vordefinierten Parameter auswählen. Diese Parameter sind über die Eingabehilfe zu den Anwendungsparametern in der Pflege der Web-Dynpro-Anwendung auswählbar.

Im Folgenden werden wir kurz die zur Verfügung stehenden Anwendungsparameter erläutern. Bei dieser Erläuterung werden wir das Einsatzgebiet und die Auswirkung diskutieren. Zusätzlich erfahren Sie, falls vorhanden, den Namen des korrespondierenden URL-Parameters und Benutzerparameters. Am Ende dieser Auflistung der Anwendungsparameter werden noch Anwendungsparameter besprochen, die in SAP-Releases vor Release 7.0 EHP2 vorhanden sind, in Release 7.0 EHP 2 jedoch nicht mehr vorkommen.

WDACCESSIBILITY

Unterstützung der Barrierefreiheit

Der Parameter `WDACCESSIBILITY` wird verwendet, um die Unterstützung der Barrierefreiheit einzuschalten. Der Parameter kann durch Benutzerparameter, URL-Parameter und Anwendungsparameter aktiviert werden. Es wird eine Oder-Logik angewendet, das heißt, dass der Parameter an einer beliebigen Stelle (Benutzerparameter, URL-Parameter und Anwendungsparameter) eingeschaltet werden kann. Normalerweise wird dieser Parameter entweder benutzerspezifisch definiert oder zu Testzwecken an der URL angegeben.

- Name des Benutzerparameters: `ACCESSIBILITY_MODE`
- Name des URL-Parameters: `sap-accessibility`
- Mögliche Werte: `X` | keine Angabe

WDALLOWMULTIPLEACTIONS

Actions

Mit dem Parameter `WDALLOWMULTIPLEACTIONS` können Sie festlegen, dass mehr als eine Action pro Roundtrip abgearbeitet wird.

- Name des URL-Parameters: `wdallowmultipleactions`
- Mögliche Werte: `X` (Standard) | keine Angabe

WDALLOWVALUESUGGEST

Vorschlagswerte

Mit dem Parameter `WDALLOWVALUESUGGEST` aktivieren und deaktivieren Sie die Funktion für Vorschlagswerte am UI-Element `InputField`.

- Name des URL-Parameters: `wdallowvaluesuggest`
- Mögliche Werte: `ON` (Standard) | `OFF` | keine Angabe

WDCONFIGURATIONID

Anwendungskonfiguration

Mittels des Parameters WDCONFIGURATIONID wird die ID der Anwendungskonfiguration übergeben. Üblicherweise wird diese ID entweder in der Anwendung fest vorgegeben (das bedeutet, dass für die Nutzung verschiedener Anwendungskonfigurationen verschiedene Anwendungen definiert werden), oder der Parameter wird vom SAP NetWeaver Portal im iView als Parameter definiert.

- Name des URL-Parameters: sap-wd-configid
- Mögliche Werte: <configuration id>

WDDELTARENDERING

Delta-Rendering

Bei manchen Anwendungen hat es sich bewährt, nur geänderte Views an den Client zu schicken. Dies erhöht jedoch den Aufwand zum Erkennen der Änderungen sowie den Testaufwand, denn die Anwendung muss mit eingeschaltetem Delta-Rendering komplett durchgetestet werden. Typischerweise wird der Parameter WDDELTARENDERING an der Web-Dynpro-Anwendung gesetzt. Für Testzwecke ist es jedoch manchmal sinnvoll, den URL-Parameter zu setzen, beispielsweise wenn die Context-Änderungen beobachtet werden sollen (Transaktion WD_TRACE_TOOL).

- Name des URL-Parameters: sap-wd-deltarendering
- Mögliche Werte: ON (Standard) | OFF | keine Angabe

WDDISABLEUSERPERSONALIZATION

Personalisierung

Mit dem Parameter WDDISABLEUSERPERSONALIZATION können Sie die Personalisierungsmöglichkeiten für Endbenutzer unterdrücken. Mit diesem Parameter kann den Benutzern die Möglichkeit genommen werden, Änderungen am User Interface vorzunehmen. Gesetzt wird der Parameter meist an der Anwendung, in der Anwendungskonfiguration oder global.

- Mögliche Werte: X | keine Angabe

WDFORCEEXTERNALSTYLESHEET

Stylesheets

Das Web-Dynpro-Framework vergleicht automatisch die Versionen der Stylesheets des SAP NetWeaver Portals und von Web Dynpro ABAP. Liegt Web Dynpro ABAP in einem neueren Release vor, wird das Web-Dynpro-Stylesheet verwendet. Dadurch werden Rendering und JavaScript-Fehler vermieden. Beachten Sie jedoch, dass hierdurch ein eventuelles Kunden-Branding verloren geht. Dieses Verhalten können Sie über den Applikationsparameter WDFORCEEXTERNALSTYLESHEET wieder abschalten. Sehen Sie dazu auch die SAP-Hinweise 1033496 und 1073498.

- Mögliche Werte: X | keine Angabe

WDHELPCENTERDISPLAY

Helpcenter

Der Parameter WDHELPCENTERDISPLAY bietet den Anzeigemodus für das Helpcenter zu Web-Dynpro-Anwendungen. Bietet das Web-Dynpro-Window ausreichend Platz, erfolgt die Anzeige des Helpcenters rechts im Browser-Fenster Ihrer Anwendung, anderenfalls gilt die Standardeinstellung. Die Standardeinstellung bewirkt, dass sich das Helpcenter der Anwendung in einem separaten Browser-Fenster öffnet. Wenn jedoch zwingend das Helpcenter rechts neben der Web-Dynpro-Anwendung angezeigt werden soll, verwenden Sie den Wert SIDE_PANEL. Beachten Sie, dass das Helpcenter im SAP NetWeaver Business Client standardmäßig rechts neben der Anwendung angezeigt wird.

- Mögliche Werte: NEW_WINDOW (Standard) | SIDE_PANEL

WDHIDEMOREFIELDHELPASDEFAULT

Erweiterte Hilfe

Die Anzeige der erweiterten Hilfe ist standardmäßig generell ausgeschaltet. Für ausgewählte einzelne Felder können Sie die F1-Hilfe mithilfe des Parameters WDHIDEMOREFIELDHELPASDEFAULT wieder aktivieren.

- Mögliche Werte: X | keine Angabe (Standard)

WDLIGHTSPEED

Rendering-Technologie

Die Rendering-Technologie namens Lightspeed kann pro Mandant, pro Anwendung oder auch in der URL ein- und ausgeschaltet werden. Es wird unterschieden, ob der Parameter vorhanden ist, aber der Wert leer (dann wird das klassische Rendering verwendet), oder ob der Parameter nicht vorhanden ist (dann wird der Standardwert übernommen).

- Name des URL-Parameters: sap-wd-lightspeed
- Mögliche Werte: X | keine Angabe

WDPROTECTEDAPPLICATION

HTTPS

Mit dem Parameter WDPROTECTEDAPPLICATION wird angegeben, dass die Anwendung mit SSL-Protokoll (HTTPS) laufen soll und kein Skripting zwischen dem SAP NetWeaver Portal und der Anwendung möglich ist.

Beachten Sie, dass beim Setzen dieses Parameters die Portalintegration nicht mehr uneingeschränkt funktioniert, da das Portal-Eventing in diesem Fall nicht mehr ordnungsgemäß arbeitet. Außerdem kommt es zu Auswirkungen auf das Session-Handling (Navigation vom iView aus oder Schließen des Browsers) und den WorkProtect-Modus.

- Mögliche Werte: X | keine Angabe

WDSHAREDREPOSITORY

Shared Memory

Mit dem Parameter WDSHAREDREPOSITORY legen Sie fest, dass die Metadaten für eine Anwendung in das Shared Memory geladen werden. Dies kann zu Speicheroptimierungen führen. Beachten Sie beim Einsatz dieses Parameters, dass das Shared Memory eine hinreichende Größe besitzen muss.

- Mögliche Werte: X | keine Angabe

WDSTYLE_LABELALIGNMENT

Ausrichtung von Labels

Mit dem Parameter WDSTYLE_LABELALIGNMENT bestimmen Sie die Ausrichtung der Labels.

- Der Standardwert USEGL bedeutet, dass alle Labels rechtsbündig ausgerichtet sind, wenn WDUIGUIDELINE=GL20 gesetzt ist. Alle Labels werden linksbündig ausgerichtet, wenn WDUIGUIDELINE=GL11 ausgewählt wurde.
- LEFT bedeutet, dass alle Labels linksbündig ausgerichtet sind. RIGHT bedeutet, dass alle Labels rechtsbündig ausgerichtet sind. Ist die Eigenschaft width des UI-Elementes Label initial, wird als Breite 100 % angezeigt.

Sie können den Parameter für das `GridLayout` und das `MatrixLayout` auch auf `RIGHT` setzen, wenn Sie als Leserichtung Right-to-Left verwenden (URL-Parameter `sap-rtl=X`), nicht jedoch beim `FlowLayout`.

- Name des URL-Parameters: `wdstyle-labelalignment`
- Mögliche Werte: `USEGL` (Standardwert) | `LEFT` | `RIGHT` | keine Angabe

WDSUPPORTSFULLHEIGHT

Höhe

Als Entwickler einer Web-Dynpro-Applikation müssen Sie sich entscheiden, ob diese immer die maximale Höhe des Browser-Fensters einnehmen soll oder nicht. Je nachdem setzen Sie den Anwendungsparameter `WDSUPPORTSFULLHEIGHT` auf einen der folgenden Werte; der Standardwert ist 0.

- **Wert 0 (Standard)**
  Falls der Parameter den Wert 0 hat, wird vom Framework bei einer Portalumgebung der Wert auf 1 gesetzt und im Standalone-Fall auf 2. Für die meisten Anwendungen ist dies der richtige Wert. Damit wird im Portal die automatische Höhenanpassung der iViews unterstützt, und im Standalone-Fall nimmt die Anwendung die volle Höhe des Browser-Fensters ein.
- **Wert 1**
  Falls dieser Parameter auf den Wert 1 gesetzt wird, dehnt sich die Anwendung nicht auf die volle Browser-Höhe aus. Dies ist die richtige Einstellung, wenn die Anwendungen in einem iView mit automatischer Höhenanpassung laufen. Andererseits werden UI-Elemente mit 100 % Höhe nicht unbedingt in der vollen Größe abgebildet. Bei einigen UI-Elementen (zum Beispiel `InteractiveForm`) kann es vorkommen, dass sie in Mozilla Firefox nicht mehr (korrekt) dargestellt werden.
- **Wert 2**
  Falls dieser Parameter den Wert 2 hat, kann die Anwendung die volle Höhe (100 %) des Browsers nutzen. Insbesondere können eventuelle Probleme mit Mozilla Firefox dadurch umgangen werden. Allerdings sollten solche Anwendungen nicht in einem iView mit automatischer Höhenanpassung verwendet werden, da diese sich im SAP NetWeaver Portal extrem »aufblähen« können.

Um eine Anwendung auf 100 % Höhe zu setzen, müssen Sie zusätzlich zum richtigen Setzen des Applikationsparameters `WDSUPPORTSFULLHEIGHT` folgende Regeln beachten:

- Die Höhe aller containerartigen UI-Elemente (zum Beispiel `TransparentContainer`, `Group`, `Tray` etc.) muss auf 100 % gesetzt werden. Dies gilt insbesondere für den `ROOTUIELEMENTCONTAINER`.
- Nur Layouts vom Typ `MatrixLayout` oder `GridLayout` dürfen verwendet werden. Setzen Sie dort die Eigenschaft `stretchedVertically` auf `abap_true`.
- Die Eigenschaft `vAlign` aller Instanzen von `GridData` und `Matrix(Head)Data` muss auf den Wert `top` gesetzt werden.

- **Wert 3**
  Falls dieser Parameter auf den Wert 3 gesetzt wird, verwendet das Framework die gesamte Höhe, ohne Scrollbar. Damit verhält sich dieser Parameter bei einem Wert 3 so wie bei einem Wert 2, zusätzlich wird keine Scrollbar angezeigt, zu langer Inhalt wird abgeschnitten. Verwenden Sie den Parameter mit dem Wert 3 daher am besten, wenn Sie eine Seite erstellen, die 100 % Breite und Höhe verwendet, eigene Container mit Scrollbar besitzt und sich die Anwendung selbst um das Scrolling-Verhalten kümmert.

Lesen Sie für zusätzliche Informationen SAP-Hinweis 1266588.

- Name des URL-Parameters: `sap-wd-supportsfullheight`
- Mögliche Werte: `0` | `1` | `2` | `3`

WDTHEMEROOT

Stylesheet

Mit dem Parameter `WDTHEMEROOT` legen Sie das Stylesheet für die Anwendung ohne Portalintegration fest. Sie können selbst konfigurierte Stylesheets über den Report `WD_THEMES` importieren.

- Name des URL-Parameters: `sap_theme`
- Mögliche Werte: `sap_chrome` | `sap_hcb` | `sap_highcont` | `sap_nova` | `sap_standard` | `sap_tradeshow` | `sap_tradeshow_plus`

WDUIGUIDELINE

Der Parameter `WDUIGUIDELINE` dient dazu, Visualisierungen von UI-Elementen zu verändern.

Klassisches oder neues Verhalten

- Der Standardwert `GL11` legt das klassische Verhalten von Web Dynpro ABAP fest. Dazu gehört auch, dass jede `ToolBar` mit dem Wert `standard` für die Eigenschaft `design` zu einer »Standard«-`ToolBar` wird und damit ein `ToolBarButton` wie ein üblicher `Button` in Web Dynpro aussieht.
- Der Wert `GL20` weicht im User Interface und im Verhalten mancher UI-Elemente zum Teil stark ab.
    - Jede `ToolBar` mit dem Wert `standard` für die Eigenschaft `design` wird zu einer »flachen« `ToolBar`.
    - `ToolBar`-Elemente mit anderen Werten für die Eigenschaft `design` (das heißt `emphasized` und `transparent`) werden wie üblich gerendert.
    - In allen SAP-Themes außer `sap_standard` sieht die `ToolBar` für `emphasized` und `standard` gleich aus. Prinzipiell können sich diese aber bei einem Kunden-Theme unterscheiden, da hinter `emphasized` und `standard` theoretisch unterschiedliche CSS-Klassen stehen.
    - Der rote Stern für die Visualisierung der Eigenschaft `state` mit dem Wert `required` wird immer auf der linken Seite des `Label`-Elementes gerendert.
    - Beim Drag & Drop im `MatrixLayout` und `GridLayout` ist die Visualisierung leicht verändert worden: Die Einfügemarkierung ist nicht mehr eine Box mit den Abmessungen des gezogenen Objektes, sondern eine gestrichelte Linie, die die Einfügeposition angibt.
- Name des URL-Parameters: `wduiguideline`
- Mögliche Werte: `GL11` (Standard) | `GL20`

WDUSEANIMATION

Effekte

Bei eingeschaltetem Parameter `WDLIGHTSPEED` dient der Parameter `WDUSEANIMATION`, der standardmäßig aktiv ist, dazu, Ein- und Ausblendeffekte beispielsweise bei Pop-ups zu rendern. Aus Performancegründen können Sie diesen Parameter abschalten.

- Name des Benutzerparameters: `WDUSEANIMATION`
- Name des URL-Parameters: `sap-ls-useanimation`
- Mögliche Werte: `X` | keine Angabe

WDINLINECSS

Cascading Stylesheets

Mit dem Parameter `WDINLINECSS` können Sie steuern, wie viele CSS-Dateien (Cascading Stylesheets) an den Client transportiert werden. Ist er gesetzt, werden nur die tatsächlich benötigten CSS-Dateien transportiert.

- Name des URL-Parameters: `sap-wd-inlinecss`
- Mögliche Werte: `X` | keine Angabe (Standard)

WDDISPLAYSPLASHSCREEN

Initialbildschirm

Mithilfe des Parameters `WDDISPLAYSPLASHSCREEN` können Sie die Anzeige des Initialbildschirms beim Start einer Web-Dynpro-Anwendung steuern. Beachten Sie, dass dieser Parameter bei eingeschaltetem Parameter `WDLIGHTSPEED` deprecated ist, er wird daher nicht ausgewertet.

- Name des URL-Parameters: `sap-wd-displaysplashscreen`
- Mögliche Werte: `X` | keine Angabe (Standard)

WDTABLENAVIGATION

Blättern oder Scrollen

Mit dem Parameter `WDTABLENAVIGATION` können Sie den Blätter- bzw. den Scroll-Modus beim `Table`-Element steuern.

- Mögliche Werte: `SCROLLBAR` | `PAGINATOR` | keine Angabe (Modus ist versionsabhängig)

A.4 Globale Einstellungen

WD_GLOBAL_SETTING

Zusätzlich zum Setzen der Anwendungsparameter in den Eigenschaften der Web-Dynpro-Anwendung ist es möglich, Anwendungsparameter global für alle Web-Dynpro-Anwendungen zu setzen. Führen Sie dazu die Web-Dynpro-Anwendung `WD_GLOBAL_SETTING` aus, wählen Sie den Änderungsmodus, und tragen Sie den von Ihnen gewünschten Wert für den betreffenden Parameter ein. Dieser Wert gilt dann für alle Web-Dynpro-Anwendungen.

A.5 URL-Parameter für Web Dynpro

URL-Parameter

Zusätzlich zu den bereits vorgestellten URL-Parametern aus Abschnitt A.3, »Anwendungsparameter«, stehen weitere URL-Parameter zur Steuerung von Eigenschaften und Funktionen zur Verfügung. Die URL-Parameter für Web Dynpro beginnen alle mit dem Präfix `sap-wd-`. Dieses Präfix ist damit für SAP reserviert.

In Tabelle A.1 sehen Sie eine Liste der für Web Dynpro ABAP relevanten URL-Parameter und ihrer Werte. Besonders nützlich ist der Parameter `sap-wd-ssrconsole`, der Ihnen quantitative Aussagen zu Roundtrips etc. liefert.

Parameter	Wert	Beschreibung
`sap-wd-client`	`ssrClient` (Standard)	Schlüssel, mit dem ein spezieller Client ausgewählt wird
	`xmlClient` (wird automatisch vom Smart Client hinzugefügt)	SAP empfiehlt, hier keine Angaben zu machen, damit der Standardwert `ssrClient` verwendet wird.
`sap-wd-ssrconsole`	`true` | keine Angabe	Anzeige der Web-Dynpro-Console

Tabelle A.1 URL-Parameter für Web Dynpro

A.6 SAP-URL-Parameter

Allgemeine SAP-URL-Parameter

Neben den Parametern aus Abschnitt A.3, »Anwendungsparameter«, und Abschnitt A.5, »URL-Parameter für Web Dynpro«, stehen Ihnen noch allgemeine URL-Parameter für alle browserbasierten SAP-Frontend-Technologien zur Verfügung. Diese allgemeinen URL-Parameter beginnen alle mit `sap-`, wobei das Präfix `sap-` für SAP reserviert ist.

Parameter	Wert	Beschreibung
`sap-rtl`	`X` | keine Angabe	Right-to-Left-Unterstützung
`sap-language`	zweistelliger Sprachencode	Sprache (siehe auch Abschnitt A.2, »Auswertungsreihenfolge«)
`sap-client`	dreistelliges Kürzel für Mandanten	Mandant. Der Parameter `sap-client` wird durch die folgenden Optionen bestimmt, wobei die erste zutreffende Option verwendet wird: ▸ Bestimmung über den URL-Parameter `sap-client` ▸ Bestimmung über den Standardmandanten in der System-Login-Konfiguration (Transaktion SICF) ▸ Bestimmung über den Standardmandanten im System
`sap-cssurl`	URL	URL für die Verwendung von Cascading Stylesheets
`sap-user`	Benutzername	User-ID, die für das User-Mapping verwendet wird
`sap-explanation`	`X` | keine Angabe	Hilfemodus für eine Anwendung. Die Soforthilfe kann beim Start sofort angezeigt werden (Wert = `X`) oder nicht.
`sap-config-mode`	`X` | keine Angabe	Konfigurationsmodus. Dieser Parameter wird automatisch gesetzt, wenn die Anwendung im SAP NetWeaver Portal im Preview-Mode läuft bzw. aus dem Web Dynpro Explorer in der Development Workbench heraus über den Menüeintrag WEB-DYNPRO-ANWENDUNG • TESTEN • IM BROWSER – ADMIN-MODUS oder mit der Tastenkombination [⇧] + [F8] gestartet wird. Dieser Parameter wird immer ausgewertet, wenn die Personalisierung aufgerufen wird.
`sap-ep-version`	`<Release>.<Service-Pack>.<YYYYMMDDHHMM>`	Portalversion. Dieser Parameter wird über den Portal-Manager aufgelöst. Er dient der Einbindung einer Web-Dynpro-Anwendung in das SAP NetWeaver Portal bzw. der Ermittlung der Portalversion.

Tabelle A.2 SAP-URL-Parameter

B Web-Dynpro-Programmierschnittstellen

In diesem Anhang finden Sie eine Referenz aller vom Web-Dynpro-Framework angebotenen Programmierschnittstellen. Die UI-Elemente werden hier nicht berücksichtigt.

B.1 Component

In diesem Abschnitt werden die Methoden der Interfaces IF_WD_COMPONENT, IF_WD_COMPONENT_USAGE und IF_WD_COMPONENT_USAGE_GROUP erklärt.

Interface IF_WD_COMPONENT

Das Interface IF_WD_COMPONENT erlaubt den Zugriff auf Informationen über eine aktive Web-Dynpro-Component. Durch den Aufruf von wd_this->wd_get_api( ) erhalten Sie im Component-Controller eine Referenz auf die Component, die Sie über dieses Interface ansprechen können.

Informationen und Referenzen

Tabelle B.1 listet die Methoden von IF_WD_COMPONENT mit informativem und Objektreferenzcharakter auf.

Methode	Beschreibung
get_application( )	Liefert eine Referenz vom Typ IF_WD_APPLICATION auf das Applikationsobjekt zurück.
get_component_info( )	Liefert die Metadatenbeschreibung der Component vom Typ IF_WD_RR_COMPONENT zurück.
get_id( )	Gibt die eindeutige ID der Component als STRING zurück.
get_personalization_manager( )	Liefert eine Referenz vom Typ IF_WD_PERSONALIZATION auf den Personalisierungs-Manager zurück.
get_portal_manager( )	Liefert eine Referenz vom Typ IF_WD_PORTAL_INTEGRATION auf den Portal-Manager zurück.

Tabelle B.1 Component – Informationen und Referenzen

Methode	Beschreibung
`get_sapgui_manager( )`	Liefert eine Referenz vom Typ `CL_WDR_SAPGUI_INTEGRATION2` auf den SAP GUI-Manager zurück. Mithilfe des SAP GUI-Managers ist es unter anderem möglich, SAP GUI-Transaktionen aus Web-Dynpro-Anwendungen heraus zu starten.
`get_window_manager( )`	Liefert eine Referenz vom Typ `IF_WD_WINDOW_MANAGER` auf den Window-Manager zurück.

Tabelle B.1 Component – Informationen und Referenzen (Forts.)

Component-Verwendungen

Tabelle B.2 führt die Methoden von `IF_WD_COMPONENT` zur Verwaltung von Component-Verwendungen auf. Beachten Sie an dieser Stelle auch die Interfaces `IF_WD_COMPONENT_USAGE` und `IF_WD_COMPONENT_USAGE_GROUP`.

Component-Verwendungsgruppen fassen Component-Verwendungen zusammen, die auf dieselbe Component bzw. auf dasselbe Component-Interface zeigen. Die Verwendung einer solchen Gruppe vereinfacht das dynamische Erzeugen und die Verwaltung von einzelnen Component-Verwendungen.

Methode	Beschreibung
`create_cmp_usage_group( )`	Erzeugt eine Component-Verwendungsgruppe vom Typ `IF_WD_COMPONENT_USAGE_GROUP` namens `NAME`.
`get_cmp_usage_group( )`	Gibt eine Referenz auf eine Component-Verwendungsgruppe `NAME` vom Typ `IF_WD_COMPONENT_USAGE_GROUP` zurück.
`get_component_usage( )`	Gibt eine Component-Verwendung `NAME` dieser Component in einer Struktur vom Typ `WDAPI_COMPONENT_USAGE` zurück.
`get_component_usages( )`	Gibt alle Component-Verwendungen dieser Component als Tabelle vom Typ `WDAPI_COMPONENT_USAGES` zurück.
`has_cmp_usage_group( )`	Prüft, ob eine Component-Verwendungsgruppe `NAME` existiert.
`remove_cmp_usage_group( )`	Entfernt eine Component-Verwendungsgruppe.

Tabelle B.2 Component – Component-Verwendungen

Component-Konfiguration

Tabelle B.3 listet die Methoden von IF_WD_COMPONENT zur Verwaltung von Component-Konfigurationen auf. Beachten Sie an dieser Stelle, dass ein Großteil dieser Methoden inzwischen nicht mehr verwendet werden sollte. Verwenden Sie stattdessen die Methoden des Interface IF_WD_PERSONALIZATION.

Methode	Beschreibung
delete_configuration( )	deprecated
get_configuration_key( )	Gibt den aktuell verwendeten Konfigurationsschlüssel als Struktur vom Typ WDY_CONFIG_KEY zurück.
load_configuration_key( )	deprecated
save_configuration( )	deprecated

Tabelle B.3 Component – Component-Konfiguration

Sonstige Methoden

Tabelle B.4 führt die sonstigen Methoden von IF_WD_COMPONENT auf.

Methode	Beschreibung
add_event_handler( )	Registriert einen Ereignisbehandler auf ein Ereignis. Hierfür müssen die Parameter LISTENER_NAME, HANDLER_NAME, CONTROLLER_NAME und EVENT_NAME gesetzt werden.
cancel_navigation( )	Verhindert die Navigation in der gesamten Applikation.
remove_event_handler( )	Gegenstück zur Methode add_event_handler( )
remove_pending_input( )	Diese Methode löscht alle nicht von der Benutzeroberfläche transportierten Benutzereingaben aus dem Context.

Tabelle B.4 Component – sonstige Methoden

Interface IF_WD_COMPONENT_USAGE

Tabelle B.5 zeigt die Methoden von IF_WD_COMPONENT_USAGE zur Verwaltung von Component-Verwendungen an.

Methode	Beschreibung
add_event_handler( )	Registriert einen Ereignisbehandler auf ein Ereignis. Hierfür müssen die Parameter LISTENER_NAME, HANDLER_NAME, CONTROLLER_NAME und EVENT_NAME gesetzt werden.
create_comp_usage_of_same_type( )	Diese Methode erzeugt eine Component-Verwendung vom Typ IF_WD_COMPONENT_USAGE, die auf denselben Typ zeigt.
create_component( )	Erzeugt die Component des Typs, auf den die Component-Verwendung zeigt.
delete_component( )	Löscht die Component, auf die die Component-Verwendung zeigt.
enter_referencing_mode( )	Versetzt diese Component-Verwendung in den referenzierenden Modus. Hierdurch zeigt diese auf eine andere, über den Parameter REFERENCED_COMPONENT_USAGE angebbare Component-Verwendung.
get_component_usage_info( )	Liefert die Metadatenbeschreibung der Component-Verwendung vom Typ IF_WD_RR_COMPONENT_USAGE.
get_interface_controller( )	Liefert eine Referenz auf den Interface-Controller der Component zurück.
has_active_component( )	Liefert zurück, ob eine aktive Component existiert.
is_referenced( )	Regelt, ob die Component-Verwendung von einer anderen Component referenziert wird.
is_referencing( )	Regelt, ob die Component-Verwendung auf eine andere Component-Verwendung referenziert.
leave_referencing_mode( )	Diese Methode bewirkt, dass die Component-Verwendung nicht mehr auf andere Components zeigt.
remove_event_handler( )	Gegenstück zu Methode add_event_handler( )

Tabelle B.5 Component-Verwendungen

Interface IF_WD_COMPONENT_USAGE_GROUP

Tabelle B.6 listet die Methoden von IF_WD_COMPONENT_USAGE_GROUP zur Verwaltung von Component-Verwendungsgruppen auf. Diese ermöglichen die einfache dynamische Erzeugung mehrerer, auf dem gleichen Typ basierender Components.

Methode	Beschreibung
add_component_usage( )	Erzeugt eine Component-Verwendung NAME und fügt diese zur aktuellen Gruppe hinzu.
get_component_usage( )	Gibt eine Component-Verwendung NAME der aktuellen Gruppe vom Typ IF_WD_COMPONENT_USAGE zurück.
get_component_usages( )	Gibt alle Component-Verwendungen dieser Gruppe in Form einer Tabelle vom Typ WDAPI_COMPONENT_USAGES zurück.
remove_all_cmp_usages( )	Entfernt alle Component-Verwendungen aus der Gruppe.
remove_component_usage( )	Entfernt eine bestimmte Component-Verwendung COMPONENT_USAGE vom Typ IF_WD_COMPONENT_USAGE aus der Gruppe.
set( )	Setzt die Eigenschaften COMPONENT_USAGE_NAME, EMBEDDING_POSITION und USED_COMPONENT einer Component-Verwendung.

Tabelle B.6 Component-Verwendungsgruppen

B.2 Controller-Schnittstellen

In diesem Abschnitt werden die Methoden der Interfaces IF_WD_CONTROLLER, IF_WD_VIEW_CONTROLLER und die Methoden von IF_WD_WINDOW_CONTROLLER erklärt.

Interface IF_WD_CONTROLLER

Tabelle B.7 führt die Methoden von IF_WD_CONTROLLER zur allgemeinen Verwaltung der verschiedenen Web-Dynpro-Controller auf. Sie erhalten eine Controller-Referenz innerhalb eines Web-Dynpro-Controllers durch den Aufruf der Methode wd_this->wd_get_api( ).

Methode	Beschreibung
get_action( )	Liefert eine Referenz auf eine Web-Dynpro-Aktion vom Typ IF_WD_ACTION zurück.
get_component( )	Liefert eine Referenz auf die Component vom Typ IF_WD_COMPONENT zurück.

Tabelle B.7 Controller

Methode	Beschreibung
get_context( )	Liefert eine Referenz auf den Context vom Typ IF_WD_CONTEXT zurück.
get_controller_info( )	Liefert eine Referenz auf das Metadatenobjekt vom Typ IF_WD_RR_CONTROLLER des aktuellen Controllers zurück.
get_message( )	Liefert den Text einer Nachricht zum Nachrichtenschlüssel KEY zurück.
get_message_manager( )	Liefert eine Referenz auf den Message Manager vom Typ IF_WD_MESSAGE_MANAGER zurück.
get_personalization_manager( )	Liefert eine Referenz auf den Personalisierungs-Manager vom Typ IF_WD_PERSONALIZATION zurück.
is_alive( )	Prüft, ob der Controller bereits abgeräumt wurde.

Tabelle B.7 Controller (Forts.)

Interface IF_WD_VIEW_CONTROLLER

Das Interface IF_WD_VIEW_CONTROLLER des View-Controllers integriert die Methoden der Interfaces IF_WD_CONTROLLER, IF_WD_NAVIGATION_SERVICES und IF_WD_NAVIGATION_SERVICES_NEW. Tabelle B.8 zeigt die Methoden von IF_WD_VIEW_CONTROLLER.

Methode	Beschreibung
fire_plug( )	Löst einen dynamisch erzeugten Outbound-Plug PLUG_NAME aus. Der Parameter PARAMETERS erlaubt die Übergabe einer Parametertabelle.
get_context_menu_manager( )	Liefert den Kontextmenü-Manager IF_WD_CONTEXT_MENU_MANAGER zurück.
get_current_action( )	Liefert die aktuell zu prozessierende Aktion vom Typ IF_WD_ACTION zurück.
get_current_action_info( )	Liefert Informationen über die aktuelle Aktion in der Struktur WDAPI_ACTION zurück.
get_embedding_window( )	Liefert eine Referenz auf das zum View gehörige Window vom Typ IF_WD_WINDOW zurück.

Tabelle B.8 View-Controller

Methode	Beschreibung
get_embedding_window_ctlr( )	Liefert die Referenz auf das einbettende Window vom Typ IF_WD_WINDOW_CONTROLLER zurück.
get_view_info( )	Liefert die Referenz auf das Metadatenobjekt des Views vom Typ IF_WD_RR_VIEW.
get_view_usage( )	Gibt die Metadatenbeschreibung der View-Einbettung vom Typ IF_WD_RR_VIEW_USAGE zurück.
is_current_action_validating( )	Gibt zurück, ob die aktuelle Aktion validierend ist.
request_focus( )	Setzt den Fokus auf ein Attribut ATTRIBUTE eines bestimmten Context-Elementes CONTEXT_ELEMENT.
request_focus_on_action( )	Setzt den Fokus auf ein Context-Element CONTEXT_ELEMENT, das eine bestimmte Aktion ACTION auslöst.

Tabelle B.8 View-Controller (Forts.)

Interface IF_WD_WINDOW_CONTROLLER

Das Interface IF_WD_WINDOW_CONTROLLER des Window-Controllers integriert die Methoden der Interfaces IF_WD_CONTROLLER, IF_WD_NAVIGATION_SERVICES und IF_WD_NAVIGATION_SERVICES_NEW. Tabelle B.9 listet die Methoden von IF_WD_WINDOW_CONTROLLER auf.

Methode	Beschreibung
get_message_area( )	Liefert die API der Message-Component vom Typ IF_WD_MESSAGE_AREA zurück.
get_window( )	Liefert die Referenz auf das Pop-up vom Typ IF_WD_WINDOW, falls diese existiert.
get_window_info( )	Liefert die Metadatenbeschreibung des Windows vom Typ IF_WD_RR_WINDOW zurück.

Tabelle B.9 Window-Controller

B.3 Anwendungs-Interface IF_WD_APPLICATION

Tabelle B.10 listet die Methoden von IF_WD_APPLICATION zum Auslesen und Schreiben von Informationen aus der Anwendung auf.

Methode	Beschreibung
get_application_info( )	Liefert die Metadaten der Anwendung vom Typ IF_WD_RR_APPLICATION zurück.
get_client_environment( )	Liefert die aktuelle Client-Umgebung zurück. Die möglichen Ausprägungen sind in der Interface-Konstante co_client_enviroment hinterlegt. Es existieren die Werte unknown, standalone, portal, sapgui und nwbw.
get_configuration_id( )	Liefert die ID der aktuellen Anwendungskonfiguration zurück.
get_is_accessible( )	Gibt an, ob die Anwendung barrierefrei ist.
get_is_close_window_supported( )	Liefert zurück, ob die Voraussetzungen für die Verwendung des Parameters CLOSE_WINDOW mit TRUE am Exit-Plug gegeben sind. CLOSE_WINDOW wird nicht für Firefox unterstützt.
get_is_rtl( )	Gibt an, ob die Anwendung auf right-to-left umschaltbar ist. Diese Funktion wird für einige Sprachen des mittleren Ostens benötigt.
get_remote_address( )	Liefert die IP-Adresse des Aufrufers als STRING zurück.
get_show_explanation( )	Gibt an, ob die Soforthilfe angezeigt wird.
open_help_center( )	Öffnet das Helpcenter zur Anwendung. Sie können den zugehörigen Hilfetext in den Eigenschaften des Windows der Anwendung hinterlegen.
set_show_explanation( )	Legt fest, ob die Soforthilfe angezeigt wird oder nicht.
set_stable_id_mode( )	Garantiert stabile Component-IDs.
set_window_title( )	Setzt den Titel des Browser-Fensters. Die Verwendung dieser Funktion ist nur bei direkter Ausführung im Browser möglich.

Tabelle B.10 Anwendung

B.4 View-Schnittstellen

In diesem Abschnitt werden die Methoden der Interfaces IF_WD_VIEW und IF_WD_NAVIGATION_SERVICES erläutert.

Interface IF_WD_VIEW

Das Interface IF_WD_VIEW des Views integriert die Methoden der Interfaces IF_WD_CONTROLLER, IF_WD_VIEW_CONTROLLER, IF_WD_NAVIGATION_SERVICES und IF_WD_NAVIGATION_SERVICES_NEW.

Tabelle B.11 zeigt die Methoden von IF_WD_VIEW zur Manipulation des Views.

Methode	Beschreibung
create_all_cust_ext_fields( )	Erzeugt alle im View angelegten Kundenerweiterungsfelder.
get_element( )	Gibt ein durch ID bestimmtes View-Element vom abstrakten Typ IF_WD_VIEW_ELEMENT zurück.
get_elements_by_cid( )	Liefert eine Tabelle (Tabellentyp WDR_VIEW_ELEMENTS) von View-Elementen anhand der CID zurück. Wird der Parameter I_CID leer gelassen, werden alle Elemente zurückgegeben.
get_root_element( )	Gibt das oberste View-Element vom Typ IF_WD_VIEW_ELEMENT zurück.
get_view_usage( )	Liefert die Metadatenbeschreibung der View-Einbettung vom Typ IF_WD_RR_VIEW_USAGE zurück.
request_focus_on_view_elem( )	Setzt den Fokus auf ein bestimmtes View-Element VIEW_ELEMENT und, falls nötig, auf ein damit verbundenes Context-Element CONTEXT_ELEMENT.
reset_view( )	Setzt den View-Elementbaum auf den zur Designzeit deklarierten initialen Zustand zurück. Alle dynamischen Änderungen am Baum gehen hierbei verloren.
scroll_into_view( )	Positioniert ein scrollbares Browser-Fenster auf ein bestimmtes View-Element VIEW_ELEMENT und ein Context-Element CONTEXT_ELEMENT. Diese Funktion ist nur bei aktiviertem Lightspeed-Rendering verfügbar.
set_root_element( )	Setzt das oberste View-Element ROOT_ELEMENT eines Views.

Tabelle B.11 View

Interface IF_WD_NAVIGATION_SERVICES

Tabelle B.12 nennt die Methoden des Interface IF_WD_NAVIGATION_SERVICES zur dynamischen Navigation.

Methode	Beschreibung
do_dynamic_navigation( )	Erzeugt, falls noch nicht vorhanden, einen Navigationslink und führt anschließend die Navigation über den neu erstellten Link durch. Dazu werden die folgenden Parameter von der Methode benötigt: SOURCE_WINDOW_NAME, SOURCE_VUSAGE_NAME, SOURCE_PLUG_NAME, TARGET_VIEW_NAME und TARGET_PLUG_NAME. Optional müssen bei Bedarf die Parameter PLUG_PARAMETERS, TARGET_COMPONENT_NAME und TARGET_COMPONENT_USAGE angegeben werden. Falls das Navigationsziel von einer fremden Verwendung stammt, liefert die Methode diese über den Returning-Parameter COMPONENT_USAGE zurück.
prepare_dynamic_navigation( )	Erzeugt temporär einen Navigationslink. Nach Aufruf dieser Methode kann eine Navigation durch Auslösen des in SOURCE_PLUG_NAME angegebenen Outbound-Plugs durchgeführt werden. Es werden die folgenden Parameter benötigt: SOURCE_WINDOW_NAME, SOURCE_VUSAGE_NAME, SOURCE_PLUG_NAME, TARGET_VIEW_NAME und TARGET_PLUG_NAME. Optional müssen bei Bedarf die Parameter TARGET_COMPONENT_NAME, TARGET_COMPONENT_USAGE und TARGET_EMBEDDING_POSITION angegeben werden.
remove_dynamic_meta_data( )	Löscht dynamisch erzeugte Metadaten. Es handelt sich um das Gegenstück zur Methode prepare_dynamic_navigation( ).

Tabelle B.12 Navigation-Services

B.5 Window-Schnittstellen

In diesem Abschnitt werden die Methoden der Interfaces IF_WD_WINDOW und IF_WD_WINDOW_MANAGER erläutert.

Interface IF_WD_WINDOW

Die Methoden des Interface IF_WD_WINDOW lassen sich in die Kategorien Erscheinungsbild und Sonstige Methoden aufteilen.

Erscheinungsbild

Tabelle B.13 stellt die Methoden des Interface IF_WD_WINDOW zur Manipulation des Window-Erscheinungsbildes vor.

Methode	Beschreibung
set_button_enabled( )	Aktiviert/Deaktiviert einen Popup-Button BUTTON über den Parameter IS_ENABLED. Als mögliche Werte stehen die Konstanten co_button_<...> des Interface zur Verfügung.
set_button_kind( )	Legt die Button-Kombination BUTTON_KIND eines Popup-Windows fest. Als Werte stehen die Konstanten co_buttons_<...> zur Verfügung.
set_close_button( )	Legt fest, ob ein Schließen-Button existieren soll.
set_close_in_any_case( )	Legt fest, ob ein Fenster auch bei Fehlern im Message Manager geschlossen werden kann.
set_default_button( )	Setzt den Standard-Window-Button. Als Werte stehen die Konstanten co_button_<...> des Interface zur Verfügung.
set_message_display_mode( )	Gib an, welche Meldungen innerhalb eines Pop-ups angezeigt werden sollen. Als Werte stehen die Konstanten co_msg_display_mode_<...> des Interface zur Verfügung.
set_message_type( )	Setzt den Nachrichtentyp des Pop-ups fest. Als Werte stehen die Konstanten co_msg_type_<...> des Interface zur Verfügung.
set_on_close_action( )	Registriert eine Aktion auf den Abbrechen-Button. Hierfür werden der View VIEW vom Typ IF_WD_VIEW_CONTROLLER und der Aktionsname ACTION_NAME vom Typ STRING benötigt.
set_remove_on_close( )	Legt fest, dass das Window nach dem Schließen zerstört wird.

Tabelle B.13 Window – Erscheinungsbild

Methode	Beschreibung
set_window_position( )	Setzen der Popup-Fensterposition. Achtung: Zurzeit ist diese Methode ohne Funktion!
set_window_position_ control( )	Setzen der Fensterposition. Achtung: Zurzeit ist diese Methode ohne Funktion!
set_window_size( )	Setzt die Fenstergröße. Hierfür stehen die Parameter WIDTH und HEIGHT zur Verfügung. Achtung: Zurzeit ist diese Methode ohne Funktion!
set_window_title( )	Setzt den Fenstertitel TITLE.

Tabelle B.13 Window – Erscheinungsbild (Forts.)

Sonstige Methoden

Tabelle B.14 stellt die sonstigen Methoden von IF_WD_WINDOW dar

Methode	Beschreibung
close( )	Schließt das Window/Pop-up. Über den optionalen Parameter DELETE_WINDOW kann dieses gleichzeitig gelöscht werden.
get_button_event_ subscriptions( )	Liefert die Ereignisregistrierungen eines Buttons BUTTON zurück.
is_modal( )	Gibt an, ob das aktuelle Pop-up modal ist, das heißt, ob das Pop-up die darunterliegende Ebene sperrt. Anmerkung: Zurzeit existieren in Web Dynpro ausschließlich modale Pop-ups.
is_toplevel( )	Liefert zurück, ob das Pop-up das oberste Pop-up ist.
open( )	Öffnet das Window/Pop-up.
subscribe_to_button_ event( )	Registriert die Ausführung einer View-Aktion ACTION_NAME auf einen Window-Popup-Button BUTTON. Hierfür muss zusätzlich der View ACTION_VIEW vom Typ IF_WD_VIEW_CONTROLLER angegeben werden.
unsubscribe_from_ button_event( )	Deregistriert eine Aktion von einem Window-Popup-Button BUTTON.

Tabelle B.14 Window – sonstige Methoden

Interface IF_WD_WINDOW_MANAGER

Tabelle B.15 führt die Methoden des Window-Managers IF_WD_WINDOW_MANAGER zur Erzeugung von Windows auf.

Methode	Beschreibung
create_external_window( )	Erzeugt ein neues Browser-Fenster. Zwingend nötig ist die Angabe der URL. Der Aufruf im externen Browser-Fenster ist nicht möglich, wenn die Anwendung im Portal läuft.
create_popup_to_confirm( )	Erzeugt ein einfaches Dialogfenster zur Bestätigung einer Frage. Über den Parameter TEXT können Sie eine STRING_TABLE mit dem Fragetext übergeben. Darüber hinaus existiert eine Vielzahl von weiteren Parametern zur Steuerung des Anzeigeverhaltens, wovon die wichtigsten sind: BUTTON_KIND, MESSAGE_TYPE, CLOSE_BUTTON und WINDOW_TITLE.
create_window( )	Erzeugt ein neues Pop-up. Hierzu müssen Sie den Namen des Windows WINDOW_NAME angeben.
create_window_for_cmp_usage( )	Erzeugt ein Pop-up in einer fremden Component. Die Angabe von INTERFACE_VIEW_NAME und COMPONENT_USAGE_NAME ist hierzu zwingend erforderlich.

Tabelle B.15 Window-Manager

B.6 Nachrichtenausgabe

In diesem Abschnitt werden die Methoden der Interfaces IF_WD_MESSAGE_MANAGER und IF_WD_VALIDATION zur Behandlung von Nachrichten dargestellt.

Interface IF_WD_MESSAGE_MANAGER

Die Methoden des Message Managers sind unter »Message Manager – Nachrichten und Navigationsverhalten« in Abschnitt 2.3.3 aufgelistet und ausführlich beschrieben.

Interface IF_WD_VALIDATION

Tabelle B.16 nennt die Methoden von IF_WD_VALIDATION für den Zugriff auf die Web-Dynpro-Validierungsdienste.

Methode	Beschreibung
get_message_for_ message_id( )	Liefert einen Message-String für eine bestimmte Message-ID MSG_ID zurück.
get_message_id_for_ attribute( )	Gibt die Message-ID MSG_ID als STRING für ein Attribut ATTRIBUTE_NAME eines Context-Elementes ELEMENT zurück.
get_message_ids_for_ attribute( )	Gibt die Message-ID MSG_ID als STRING_ TABLE für ein Attribut ATTRIBUTE_NAME eines Context-Elementes ELEMENT zurück.
get_messages_for_ attribute( )	Liefert alle MESSAGES als STRING_TABLE für ein Attribut ATTRIBUTE_NAME eines Context-Elementes ELEMENT zurück.
get_messages_for_ context( )	Liefert alle MESSAGES als STRING_TABLE für einen Context.
get_messages_for_ element( )	Liefert alle MESSAGES als STRING_TABLE für ein Context-Element ELEMENT.
get_messages_for_ node( )	Liefert alle MESSAGES als STRING_TABLE für einen Context-Knoten NODE.
is_attribute_valid( )	Liefert zurück, ob ein Attribut ATTRIBUTE_ NAME für ein Context-Element ELEMENT gültig ist.
is_context_valid( )	Liefert zurück, ob alle Knoten eines Contexts CONTEXT gültig sind.
is_element_valid( )	Liefert zurück, ob alle Attribute eines Elementes ELEMENT gültig sind.
is_node_valid( )	Liefert zurück, ob alle Attribute und Elemente eines Knotens NODE gültig sind.
set_attribute_valid( )	Setzt ein Attribut ATTRIBUTE_NAME eines Elementes ELEMENT auf gültig
set_context_valid( )	Setzt einen ganzen Context CONTEXT auf gültig.
set_element_valid( )	Setzt ein Context-Element ELEMENT auf gültig.
set_node_valid( )	Setzt einen Context-Knoten NODE auf gültig.

Tabelle B.16 Validierung

B.7 Personalisierung – IF_WD_PERSONALIZATION

Tabelle B.17 listet die Methoden von IF_WD_PERSONALIZATION zum Auslesen und Ändern von Web-Dynpro-Konfigurationen bzw. Web-Dynpro-Personalisierungen auf.

Methode	Beschreibung
delete( )	Löscht Personalisierungsdaten. Hierfür müssen Sie den Parameter CONFIG_KEY vom Typ WDY_CONFIG_KEY angeben. Über den Parameter SCOPE können Sie die Reichweite der Personalisierung festlegen. Setzen Sie den Parameter TRANSPORT_PERSONALIZATION auf X, können Sie die Änderungen in einem Transportauftrag TRKORR transportieren. Beachten Sie, dass diese Methode in neueren Web-Dynpro-Releases durch die Methode delete_new( ) ersetzt wurde.
delete_new( )	Löscht Personalisierungsdaten. Hierfür müssen Sie den Parameter CONFIG_KEY vom Typ WDY_CONFIG_KEY angeben. Über den Parameter SCOPE können Sie die Reichweite der Personalisierung festlegen.
enter_change_mode( )	Schaltet in den Änderungsmodus um. Über den Parameter PERS_SCOPE können Sie die Reichweite der Personalisierung festlegen. Setzen Sie den Parameter TRANSPORT_PERSONALIZATION auf X, können Sie die Änderungen in einem Transportauftrag TRKORR transportieren. Beachten Sie, dass diese Methode in neueren Web-Dynpro-Releases durch die Methode set_change_mode( ) ersetzt wurde.
get_context_change_assistant( )	Liefert ein Objekt CONTEXT_ASSISTANT vom Typ IF_WD_CONFIG_CONTEXT für Änderungen am Context zurück.
get_default_variant( )	Liefert die Standardvariante für die Personalisierung der aktuellen Component. Hierfür müssen Sie die Reichweite SCOPE und die Personalisierungsvariante VARIANT angeben.

Tabelle B.17 Personalisierung

Methode	Beschreibung
get_state( )	Liefert Informationen über den aktuellen Ladezustand der Component. Sie erhalten die folgenden Parameter mit Informationen zurück: CONFIG_KEY, PERS_SCOPE, IS_LOADED, DESCRIPTION, LOADED_SCOPE, LAST_TRANSPORT und DEVCLASS.
get_table_interface( )	Liefert das Tabellen-Interface IF_WD_PERS_TABLE für die Web-Dynpro-Personalisierung.
get_table_reader( )	Liefert das Tabellen-Interface vom Typ IF_WD_PERS_TABLE_READER zum Auslesen der Component-Konfiguration zurück. Um das Tabellen-Interface verwenden zu können, muss die Component vom Typ 4 (erlaubt, Datenübergabe via Tabelle) sein. Dadurch wird der Konfigurations-Context beim Hochladen der Component nicht gefüllt, und die Daten liegen in tabellarischer Form vor.
get_valid_pers_scope( )	Liefert die Reichweite SCOPE, für die die Personalisierung maximal gespeichert werden darf.
get_variants( )	Liefert eine Liste VARIANTS vom Tabellentyp WDR_PERS_VARIANTS mit Varianten der Konfiguration. Über den Parameter ONLY_PERS_VARIANTS kann durch das Setzen von X bestimmt werden, dass nur Personalisierungen berücksichtigt werden sollen.
get_variants_for_subcomponent( )	Liefert eine Liste VARIANTS vom Tabellentyp WDR_PERS_VARIANTS mit Varianten der Konfiguration einer bestimmten Unter-Component SUBCOMPONENT_USAGE. Über den Parameter ONLY_PERS_VARIANTS kann durch das Setzen von X bestimmt werden, dass nur Personalisierungen berücksichtigt werden sollen.
is_implementation_supplied( )	Testet, ob für eine Component-Verwendung in der aktuellen Anwendungskonfiguration der Name einer Implementierungskomponente angegeben ist.

Tabelle B.17 Personalisierung (Forts.)

Methode	Beschreibung
leave_change_mode( )	Verlässt den Änderungsmodus. Gegenstück zu Methode enter_change_mode( ). Beachten Sie, dass diese Methode in neueren Web-Dynpro-Releases durch die Methode set_change_mode( ) ersetzt wurde.
load_config_by_key( )	Lädt eine Konfiguration oder Personalisierung zu dem angegebenen Schlüssel CONFIG_KEY.
restrict_impl_pers( )	Schränkt die implizite Personalisierung von UI-Elementen durch eine Ausnahmetabelle EXCEPTION_TABLE vom Typ WDR_PERS_EXCEPTIONS ein. Die Tabelle beinhaltet eine Liste von View-/UI-Elementkombinationen, die nicht implizit personalisiert werden dürfen. Beachten Sie, dass diese Methode in neueren Web-Dynpro-Releases nicht mehr zu verwenden ist.
save( )	Sichert die aktuelle Konfiguration. Falls vorher die Methode enter_change_mode( ) nicht aufgerufen wurde, wird dies implizit nachgeholt. Die Methode bietet mit PERS_SCOPE, TRANSPORT, DEVCLASS, DESCRIPTION, TRKORR, TRANSPORT_PERSONALIZATION und DEFAULT_VARIANT eine Reihe von Parametern zur Angabe des Speicherziels. Beachten Sie, dass diese Methode in neueren Web-Dynpro-Releases durch die Methode save_new( ) ersetzt wurde.
save_new( )	Sichert die aktuelle Konfiguration. Verwenden Sie diese Methode anstelle von Methode save( ). Die Methode bietet ausschließlich die Parameter PERS_SCOPE, DEFAULT_VARIANT und DESCRIPTION.

Tabelle B.17 Personalisierung (Forts.)

Methode	Beschreibung
save_new_variant( )	Sichert die aktuelle Konfiguration als neue Personalisierungs- oder Konfigurationsvariante zum aktuellen Konfigurationsschlüssel. Der Name der Variante wird nicht explizit angegeben, sondern zufällig ermittelt. Die Methode bietet mit PERS_SCOPE, TRANSPORT, DEVCLASS, DESCRIPTION, TRKORR, TRANSPORT_PERSONALIZATION, DEFAULT_VARIANT und dem Exporting-Parameter ACTUAL_TRKORR eine Reihe von Parametern zur Angabe des Speicherziels. Beachten Sie, dass diese Methode in neueren Web-Dynpro-Releases durch die Methode save_new_variant_new( ) ersetzt wurde.
save_new_variant_new( )	Sichert die aktuelle Konfiguration als neue Personalisierungs- oder Konfigurationsvariante zum aktuellen Konfigurationsschlüssel. Verwenden Sie diese Methode anstelle von Methode save_new_variant_new( ).
set_change_mode( )	Aktiviert oder deaktiviert den Änderungsmodus über den Booleschen Parameter CHANGE_MODE.
set_config_key( )	Diese Methode ändert die Konfigurations-ID CONFIG_KEY für die aktuelle Component. Unter dieser ID kann die Component anschließend gespeichert werden.
set_default_variant( )	Setzt die angegebene Konfiguration CONFIG_KEY als Standardvariante. Über den Parameter SCOPE kann der Gültigkeitsbereich festgelegt werden.
support_delta_handling( )	Der Aufruf dieser Methode bestimmt, dass bei Speicherung der Konfiguration nur die explizit geänderten Daten und nicht der komplette Inhalt des Konfigurations-Controllers gespeichert werden soll.
transport_allowed( )	Liefert zurück, ob der Transport der Konfiguration erlaubt ist oder nicht.

Tabelle B.17 Personalisierung (Forts.)

Methode	Beschreibung
undo_context_changes( )	Setzt den Konfigurations-Context auf den Zustand vor dem Speichern zurück.
update_impl_pers( )	Initiiert ein Neuladen der impliziten Personalisierungsdaten. Dies ist notwendig, wenn UI-Elemente dynamisch zur Laufzeit modifiziert wurden. Beachten Sie, dass diese Methode nicht mehr zu verwenden ist.

Tabelle B.17 Personalisierung (Forts.)

B.8 Portalintegration – IF_WD_PORTAL_INTEGRATION

Tabelle B.18 nennt die Methoden von IF_WD_PORTAL_INTEGRATION zur Integration von Web-Dynpro-Anwendungen ins Portal.

Methode	Beschreibung
fire( )	Feuert ein Portalereignis. Hierfür müssen Sie die Parameter PORTAL_EVENT_NAMESPACE und PORTAL_EVENT_NAME angeben. Zusätzlich existieren noch PORTAL_EVENT_PARAMETER und PORTAL_EVENT_SCOPE.
navigate_absolute( )	Navigation zu definierter URL NAVIGATION_TARGET. Darüber hinaus kann noch auf die Parameter NAVIGATION_MODE, WINDOW_FEATURES, WINDOW_NAME, HISTORY_MODE, TARGET_TITLE, CONTEXT_URL, POST_PARAMETERS, USE_SAP_LAUNCHER, BUSINESS_PARAMETERS und LAUNCHER_PARAMETERS zugegriffen werden.
navigate_relative( )	Navigation relativ zur eigenen URL. Hierfür müssen die Navigationsschritte nach oben über LEVELS_UP und der Pfad PATH in einer STRING_TABLE angegeben werden. Darüber hinaus verfügt die Methode über die gleichen Parameter wie navigate_absolute( ).
navigate_to_object( )	Navigation zu einem Business-Objekt vom Typ OBJECT_TYPE

Tabelle B.18 Portalintegration

Methode	Beschreibung
set_application_dirty_flag( )	Setzt das DIRTY_FLAG für das Portal.
set_work_protect_mode( )	Setzt den Modus MODE für den WorkProtect-Modus. Mögliche Werte sind NONE, BOTH und APPLICATION_ONLY.
subscribe_event( )	Registriert eine View-Aktion ACTION auf ein Portal-Event PORTAL_EVENT_NAME. Mitzugeben sind außerdem der PORTAL_EVENT_NAMESPACE und der View-Controller VIEW.
unsubscribe_event( )	Löscht die Registrierung eines Views auf ein Portal-Event PORTAL_EVENT_NAME. Hierzu werden der View-Controller VIEW und der PORTAL_EVENT_NAMESPACE benötigt.

Tabelle B.18 Portalintegration (Forts.)

B.9 Context-Schnittstellen

In diesem Abschnitt stellen wir Ihnen die Schnittstellen des Contexts vor, angefangen bei den gebräuchlichsten Schnittstellen des Context-Knotens und des Context-Elementes bis hin zu seltener angewendeten Schnittstellen der Knotenmetadaten.

Interface IF_WD_CONTEXT

Das Interface IF_WD_CONTEXT bietet Methoden zur Verwaltung des Context-Change-Logs. Diese werden in Abschnitt 2.5.10 besprochen.

Interface IF_WD_CONTEXT_NODE

In diesem Abschnitt finden Sie eine Liste aller Methoden des Context-Knotens IF_WD_CONTEXT_NODE, sortiert nach Kategorien. Es wird zwischen den Kategorien Elementare Knotenoperationen, Context-Navigation, Lese- und Schreiboperationen, Attributeigenschaften, Selection, Finalisierung, Flag CHANGED_BY_CLIENT und Sonstige Methoden unterschieden.

Elementare Knotenoperationen

Tabelle B.19 listet die Methoden von IF_WD_CONTEXT_NODE mit elementaren Knotenoperationen auf.

Methode	Beschreibung
`bind_element( )`	Bindet ein in `NEW_ITEM` übergebenes Element an den Context. Bei `NEW_ITEM` kann es sich um ein Context-Element, eine Referenz auf eine Datenstruktur oder um eine Datenstruktur handeln. Bereits im Knoten vorhandene Daten werden gelöscht. Die Angabe von `SET_INITIAL_ELEMENTS = ABAP_FALSE` verhindert eine Löschung der Daten.
`bind_elements( )`	Wie Methode `bind_element( )`, mit dem Unterschied, dass hier für den Parameter `NEW_ITEMS` eine Tabelle angegeben werden muss.
`bind_structure( )`	Bindet eine durch Parameter `NEW_ITEM` übergebene Struktur an den Knoten. Bereits im Knoten vorhandene Daten werden gelöscht. Die Angabe von `SET_INITIAL_ELEMENTS = ABAP_FALSE` verhindert eine Löschung der Daten.
`bind_table( )`	Bindet eine durch den Parameter `NEW_ITEMS` übergebene Tabelle an den Knoten. Bereits im Knoten vorhandene Daten werden gelöscht. Die Angabe von `SET_INITIAL_ELEMENTS = ABAP_FALSE` verhindert eine Löschung der Daten.
`create_element( )`	Erzeugt ein Context-Element. Über den Parameter `STATIC_ATTRIBUTE_VALUES` können die Daten mitgegeben werden.Auf diese Weise erzeugte Elemente müssen anschließend mithilfe der Methode `bind_element( )` an den Knoten gebunden werden.
`create_element_static_attr( )`	Diese Methode ist deprecated, verwenden Sie sie daher nicht.
`get_element( )`	Liefert die Lead-Selection oder das über den Index `INDEX` spezifizierte Context-Element zurück.
`get_elements( )`	Liefert alle Elemente eines Knotens. Über die Parameter `FROM` und `TO` kann ein Bereich eingeschränkt werden. Das Ergebnis wird in den Returning-Parameter `SET` vom Tabellentyp `WDR_CONTEXT_ELEMENT_SET` geschrieben.
`get_element_count( )`	Liefert die Anzahl der Elemente des Knotens zurück.

Tabelle B.19 Context-Knoten – elementare Knotenoperationen

Methode	Beschreibung
invalidate( )	Durch den Aufruf werden alle Elemente und Unterknoten des Knotens gelöscht. Der Knoten befindet sich anschließend im Initialzustand. Existiert für den Knoten eine Supply-Funktion, wird diese bei Bedarf wieder automatisch gerufen.
move_element( )	Verschiebt ein Element von Index FROM nach Index TO.
remove_element( )	Entfernt ein einzelnes Element ELEMENT aus dem Knoten. Im Erfolgsfall wird der Returning-Parameter HAS_BEEN_REMOVED auf X gesetzt. Das Element kann später wieder an den Knoten gehängt werden.

Tabelle B.19 Context-Knoten – elementare Knotenoperationen (Forts.)

Context-Navigation

Tabelle B.20 führt die Methoden von IF_WD_CONTEXT_NODE zur Navigation durch den Knoten auf.

Methode	Beschreibung
get_child_node( )	Diese Methode liefert den über NAME mitgegebenen Kindknoten der Lead-Selection oder des über INDEX spezifizierten Indexes zurück.
getBZ_child_nodes( )	Wie Methode get_child_node( ). Es kann kein Kindknoten angegeben werden. Die Methode gibt eine Tabelle mit allen Kindknoten vom Typ WDR_CONTEXT_CHILD_MAP zurück.
get_lead_selection( )	Liefert das Element mit der Lead-Selection zurück.
get_lead_selection_index( )	Liefert den Index der Lead-Selection zurück.
get_meta_path( )	Liefert den Metapfad des Knotens. Im Unterschied zum Pfad von Methode get_path( ) enthält dieser keine Elementindizes.
get_parent_element( )	Liefert das Element des Vaterknotens zurück, zu dem dieser Knoten gehört.
get_path( )	Liefert den Pfad des Knotens (vom Original-Controller) mitsamt den Element-Indizes als STRING zurück.

Tabelle B.20 Context-Knoten – Context-Navigation

Methode	Beschreibung
get_selected_elements( )	Liefert alle selektierten Elemente als Tabelle vom Typ WDR_CONTEXT_ELEMENT_SET zurück. Über den Parameter INCLUDING_LEAD_SELECTION kann gesteuert werden, ob die Lead-Selection hierbei eingeschlossen werden soll.
path_get_attribute( )	Löst den Pfad PATH vom Typ STRING zu einem Attribut auf.
path_get_element( )	Löst den Pfad PATH vom Typ STRING zu einem Context-Element auf.
path_geBZt_node( )	Löst den Pfad PATH vom Typ STRING zu einem Context-Knoten auf.

Tabelle B.20 Context-Knoten – Context-Navigation (Forts.)

Lese- und Schreiboperationen

Tabelle B.21 gibt die Methoden von IF_WD_CONTEXT_NODE zum Lesen und Schreiben von Daten wieder. Bis auf die Ausnahme von Methode get_static_attributes_table( ) besitzen alle in der Tabelle aufgelisteten Methoden am Knoten den Parameter INDEX, der den Index des betroffenen Context-Elementes anzeigt. Wird der Parameter nicht angegeben, wird standardmäßig die Lead-Selection des Knotens verwendet.

Methode	Beschreibung
get_attribute( )	Liefert den Wert VALUE eines über NAME spezifizierten Attributes.
get_attribute_ref( )	Liefert eine Referenz mit dem Wert VALUE eines Attributes NAME. Die Referenz wird neu angelegt. Das bedeutet, dass eine Änderung des Inhaltes der Referenz nicht das Attribut selbst ändert.
get_static_attributes( )	Liefert eine Kopie aller statisch deklarierten Attribute.
get_static_attributes_ref( )	Liefert eine Referenz auf eine Kopie aller statischen Attribute. Die Referenz wird neu angelegt. Das bedeutet, dass eine Änderung des Inhaltes der Referenz nicht das Attribut selbst ändert.

Tabelle B.21 Context-Knoten – Lese- und Schreiboperationen

Methode	Beschreibung
get_static_ attributes_table( )	Liefert eine Tabelle mit dem Inhalt des Context-Knotens zurück. Über die Parameter FROM und TO kann ein Bereich eingeschränkt werden.
is_attribute_null( )	Liefert TRUE, wenn das in NAME angegebene Attribute <NULL> ist.
set_attribute( )	Setzt den Wert VALUE eines einzelnen mit NAME angegebenen Attributes.
set_attribute_null( )	Setzt den Wert eines einzelnen mit NAME angegebenen Attributes auf <NULL>.
set_static_ attributes( )	Setzt den Wert von statisch deklarierten Attributen.
set_static_ attributes_null( )	Setzt den Wert von statisch deklarierten Attributen auf <NULL>.

Tabelle B.21 Context-Knoten – Lese- und Schreiboperationen (Forts.)

Attributeigenschaften

Tabelle B.22 führt die Methoden von IF_WD_CONTEXT_NODE zum Lesen und Ändern der Context-Attribut-Eigenschaften auf. Wie bereits bei der vorhergehenden Kategorie besitzt ein Großteil der Methoden einen Parameter INDEX.

Methode	Beschreibung
get_attribute_ properties( )	Liefert die Attributeigenschaften für ein in ATTRIBUTE_NAME spezifiziertes Attribut. Als Ergebnis liefert die Methode die PROPERTIES vom Typ WDR_CONTEXT_PROPERTIES zurück.
get_attribute_ props_for_elem( )	Liefert die Attributeigenschaften für alle Attribute des Elementes als Tabelle vom Typ WDR_ CONTEXT_PROPERTIES_TAB.
set_attribute_ property( )	Setzt eine einzelne Eigenschaft PROPERTY für ein Attribut ATTRIBUTE_NAME des Booleschen Wertes VALUE. Die Eigenschaft muss vom Typ IF_ WD_CONTEXT_ELEMENT=>T_PROPERTY sein. Sie besitzt die Ausprägungen required, read_only, visible und enabled. Über den optionalen Parameter ALL_ELEMENTS kann diese Eigenschaft für alle Elemente des Knotens übernommen werden.

Tabelle B.22 Context-Knoten – Attributeigenschaften

Methode	Beschreibung
set_attribute_ props_for_elem( )	Setzt die Eigenschaften PROPERTIES des Tabellentyps WDR_CONTEXT_PROPERTIES_TAB für die in der Tabelle spezifizierten Attribute. Über den optionalen Parameter KEEP_OTHERS kann gesteuert werden, ob die bereits gesetzten und nicht berührten Eigenschaften beibehalten werden sollen. Über den optionalen Parameter ALL_ ELEMENTS kann diese Eigenschaft für alle Elemente des Knotens übernommen werden.
set_attribute_ props_for_node( )	Setzt die Attributeigenschaften für den ganzen Knoten. Hierfür muss die Tabelle PROPERTIES vom Tabellentyp WDR_CONTEXT_PROP_FOR_ NODE_TAB mitgegeben werden. Über den optionalen Parameter KEEP_OTHERS kann gesteuert werden, ob die bereits gesetzten und nicht berührten Eigenschaften beibehalten werden sollen.
get_attribute_ props_for_node( )	Liefert die Attributeigenschaften für den ganzen Knoten. Die Methode liefert eine Tabelle PROPERTIES vom Typ WDR_CONTEXT_PROP_FOR_ NODE_TAB zurück.

Tabelle B.22 Context-Knoten – Attributeigenschaften (Forts.)

Die Struktur WDR_CONTEXT_PROPERTIES, die auch die Grundlage für den Tabellentyp WDR_CONTEXT_PROPERTIES_TAB bildet, besteht aus folgenden Feldern:

Struktur WDR_ CONTEXT_ PROPERTIES

- ATTRIBUTE_NAME (STRING)
- REQUIRED (WDY_BOOLEAN)
- READ_ONLY (WDY_BOOLEAN)
- VISIBLE (WDY_BOOLEAN)
- ENABLED (WDY_BOOLEAN)

Ergänzend hierzu, besteht die Struktur WDR_CONTEXT_PROP_FOR_NODE aus einer zusätzlichen, vorangestellten Komponente ELEMENT_INDEX vom Typ INT4. Diese Struktur dient als Grundlage für den Tabellentyp WDR_CONTEXT_PROP_FOR_NODE_TAB.

Struktur WDR_ CONTEXT_PROP_ FOR_NODE

Weitere Informationen: Die Context-Attribut-Eigenschaften werden in Abschnitt 2.5.9, »Context-Attribut-Eigenschaften«, mitsamt einem Beispiel beschrieben.

[👁]

Selection

Tabelle B.23 zeigt die Methoden von IF_WD_CONTEXT_NODE zum Lesen und Ändern der Lead-Selection und der Selektion im Allgemeinen an.

Methode	Beschreibung
clear_selection( )	Löscht die aktuelle Selektion des Knotens.
is_selected( )	Liefert TRUE, falls das unter INDEX spezifizierte Element im Knoten ausgewählt ist.
move_first( )	Setzt die Lead-Selection auf das erste Element und liefert dieses über den Parameter NEW_LEAD_SELECTION zurück.
move_last( )	Setzt die Lead-Selection auf das letzte Element und liefert dieses über den Parameter NEW_LEAD_SELECTION zurück.
move_next( )	Setzt die Lead-Selection auf das nächste Element und liefert dieses über den Parameter NEW_LEAD_SELECTION zurück.
move_previous( )	Setzt die Lead-Selection auf das vorherige Element und liefert dieses über den Parameter NEW_LEAD_SELECTION zurück.
move_to( )	Setzt die Lead-Selection auf das über INDEX spezifizierte Element und liefert dieses über den Parameter NEW_LEAD_SELECTION zurück.
set_lead_selection( )	Setzt die Lead-Selection auf das übergebene Element.
set_lead_selection_index( )	Wie move_to( ). Setzt die Lead-Selection auf das über INDEX spezifizierte Element, jedoch ohne Rückgabeparameter.
set_selected( )	Setzt das über INDEX spezifizierte Element als markiert oder entfernt die Markierung.

Tabelle B.23 Context-Knoten – Selection

Finalisierung

Tabelle B.24 listet die Methoden von IF_WD_CONTEXT_NODE zum Finalisieren von Context-Knoten auf.

Methode	Beschreibung
is_finalized( )	Liefert TRUE, wenn der Knoten als nicht mehr änderbar markiert wurde. Über den Parameter DEEP kann gesteuert werden, ob dabei auch Kindknoten berücksichtigt werden sollen.
set_finalized( )	Markiert einen Knoten als nicht mehr änderbar (außer durch invalidate( )). Über den Parameter DEEP können auch die Kindknoten eingeschlossen werden.

Tabelle B.24 Context-Knoten – Finalisierung

Flag CHANGED_BY_CLIENT

Tabelle B.25 stellt die Methoden von IF_WD_CONTEXT_NODE zum Lesen und Ändern des Flags CHANGED_BY_CLIENT vor. Dieses Flag gibt an, ob der Wert eines Knotens oder eines Elementes durch den Benutzer geändert wurde. Ist der Wert TRUE, kann das Programm entsprechende Folgemaßnahmen einleiten, wie zum Beispiel das geänderte Element in der Datenbank speichern.

Methode	Beschreibung
is_changed_by_client( )	Liefert TRUE, falls der Knoten oder das Element vom Client geändert wurde.
reset_changed_by_client( )	Setzt das Flag CHANGED_BY_CLIENT für den aktuellen Knoten und alle Unterknoten zurück.
set_changed_by_client( )	Markiert einen Knoten manuell als CHANGED_BY_CLIENT.

Tabelle B.25 Context-Knoten – CHANGED_BY_CLIENT

Sonstige Methoden

Tabelle B.26 stellt die in keiner der bislang behandelten Kategorien gehörigen Methoden von IF_WD_CONTEXT_NODE dar.

Methode	Beschreibung
get_context( )	Liefert den Context zurück, der die Schnittstelle zum Context-Change-Log bildet. Weitere Informationen zum Context-Change-Log finden Sie in Abschnitt 2.5.10.

Tabelle B.26 Context-Knoten – sonstige Methoden

Methode	Beschreibung
get_node_info( )	Liefert eine Referenz vom Typ IF_WD_CONTEXT_NODE_INFO auf die Metainformationen des Knotens. Über die Metadaten können Sie die Context-Hierarchie zur Laufzeit dynamisch anpassen. Weitere Informationen finden Sie in diesem Abschnitt unter Interface IF_WD_CONTEXT_NODE_INFO.
is_alive( )	Prüft, ob der zugehörige Controller noch »am Leben« ist, das heißt, man kann noch auf ihn zugreifen, und er ist noch nicht über WDDOEXIT beendet.
is_supplied( )	Liefert TRUE, wenn die Supply-Funktion im Knoten bereits gelaufen ist.
to_xml( )	Liefert die kanonische XML-Repräsentation des Knotens.

Tabelle B.26 Context-Knoten – sonstige Methoden (Forts.)

Interface IF_WD_CONTEXT_ELEMENT

In diesem Abschnitt werden die Methoden des Context-Elementes vorgestellt, das auf dem Interface IF_WD_CONTEXT_ELEMENT beruht. Es wird zwischen den Kategorien Context-Navigation, Lese- und Schreiboperationen, Attributeigenschaften, Selection, Finalisierung, Flag CHANGED_BY_CLIENT und Sonstige Methoden unterschieden.

Context-Navigation

Tabelle B.27 listet die Methoden von IF_WD_CONTEXT_ELEMENT zur Navigation durch die Context-Hierarchie auf.

Methode	Beschreibung
get_child_node( )	Diese Methode liefert den über NAME mitgegebenen Kindknoten der Lead-Selection oder des über INDEX spezifizierten Indexes zurück.
get_child_nodes( )	Wie Methode get_child_node( ). Es kann kein Kindknoten angegeben werden. Die Methode gibt eine Tabelle mit allen Kindknoten vom Typ WDR_CONTEXT_CHILD_MAP zurück.
get_index( )	Diese Methode liefert den Index des aktuellen Context-Elementes zurück.

Tabelle B.27 Context-Element – Context-Navigation

Methode	Beschreibung
get_node( )	Liefert eine Referenz auf den Knoten, zu der das Element gehört.
get_path( )	Liefert den Pfad des Knotens (vom Original-Controller) mitsamt den Elementindizes als STRING zurück.

Tabelle B.27 Context-Element – Context-Navigation (Forts.)

Lese- und Schreiboperationen

Tabelle B.28 führt die Methoden von IF_WD_CONTEXT_ELEMENT zum Lesen und Schreiben von Daten auf. Bis auf den im Context-Element nicht benötigten INDEX-Parameter und der im Element nicht angebotenen Methode get_static_attributes_table( ) gleichen die Context-Element-Methoden dieser Kategorie denen des Context-Knotens.

Methode	Beschreibung
get_attribute( )	Liefert den Wert VALUE eines über NAME spezifizierten Attributes.
get_attribute_ref( )	Liefert eine Referenz mit dem Wert VALUE eines Attributes NAME. Die Referenz wird neu angelegt. Das bedeutet, dass eine Änderung des Inhaltes der Referenz nicht das Attribut selbst ändert.
get_static_attributes( )	Liefert eine Kopie aller statisch deklarierten Attribute.
get_static_attributes_ref( )	Liefert eine Referenz auf eine Kopie aller statischen Attribute. Die Referenz wird neu angelegt. Das bedeutet, dass eine Änderung des Inhaltes der Referenz nicht das Attribut selbst ändert.
is_attribute_null( )	Liefert TRUE, wenn das in NAME angegebene Attribut <NULL> ist.
set_attribute( )	Setzt den Wert VALUE eines einzelnen mit NAME angegebenen Attributes.
set_attribute_null( )	Setzt den Wert eines einzelnen mit NAME angegebenen Attributes auf <NULL>.

Tabelle B.28 Context-Element – Lese- und Schreiboperationen

Methode	Beschreibung
set_static_attributes( )	Setzt den Wert von statisch deklarierten Attributen.
set_static_attributes_null( )	Setzt den Wert von statisch deklarierten Attributen auf <NULL>.

Tabelle B.28 Context-Element – Lese- und Schreiboperationen (Forts.)

Attributeigenschaften

Tabelle B.29 zeigt die Methoden von IF_WD_CONTEXT_ELEMENT zum Lesen und Ändern der Context-Attribut-Eigenschaften. Bis auf das Fehlen der beiden Methoden <set/get>_attribute_props_for_node( ) gleichen die Methoden des Elementes den Methoden des Knotens. Beachten Sie an dieser Stelle auch die Beschreibung der Struktur WDR_CONTEXT_PROPERTIES im Abschnitt »Attributeigenschaften«.

Methode	Beschreibung
get_attribute_properties( )	Liefert die Attributeigenschaften für ein in ATTRIBUTE_NAME spezifiziertes Attribut. Als Ergebnis liefert die Methode die PROPERTIES vom Typ WDR_CONTEXT_PROPERTIES zurück.
get_attribute_props_for_elem( )	Liefert die Attributeigenschaften für alle Attribute des Elementes als Tabelle vom Typ WDR_CONTEXT_PROPERTIES_TAB.
set_attribute_property( )	Setzt eine einzelne Eigenschaft PROPERTY für ein Attribut ATTRIBUTE_NAME des Booleschen Wertes VALUE. Die Eigenschaft muss vom Typ IF_WD_CONTEXT_ELEMENT=>T_PROPERTY sein. Sie besitzt die Ausprägungen required, read_only, visible und enabled. Über den optionalen Parameter ALL_ELEMENTS kann diese Eigenschaft für alle Elemente des Knotens übernommen werden.
set_attribute_props_for_elem( )	Setzt die Eigenschaften PROPERTIES vom Tabellentyp WDR_CONTEXT_PROPERTIES_TAB für die in der Tabelle spezifizierten Attribute. Über den optionalen Parameter KEEP_OTHERS kann gesteuert werden, ob die bereits gesetzten und nicht berührten Eigenschaften beibehalten werden sollen. Über den optionalen Parameter ALL_ELEMENTS kann diese Eigenschaft für alle Elemente des Knotens übernommen werden.

Tabelle B.29 Context-Element – Attributeigenschaften

Selection

Die Kategorie Selection besteht beim Context-Element IF_WD_CONTEXT_ELEMENT ausschließlich aus der Methode is_selected( ). Liefert diese TRUE zurück, wurde das Context-Element markiert. Eine deutlich größere Auswahl von Methoden zur Selection finden Sie am Context-Knoten.

Finalisierung

Tabelle B.30 listet die Methoden von IF_WD_CONTEXT_ELEMENT zum Finalisieren von Attributen auf.

Methode	Beschreibung
is_attribute_finalized( )	Liefert TRUE, wenn das Attribut des Elementes nicht mehr änderbar ist.
is_finalized( )	Liefert TRUE, wenn das Element als nicht mehr änderbar markiert wurde. Über den Parameter DEEP kann gesteuert werden, ob dabei auch Kindknoten berücksichtigt werden sollen.
set_attribute_finalized( )	Markiert ein über NAME spezifiziertes Attribut als nicht mehr änderbar (außer durch invalidate( )).
set_finalized( )	Markiert ein Element als nicht mehr änderbar (außer durch invalidate( )). Über den Parameter DEEP können auch die Kindknoten eingeschlossen werden.

Tabelle B.30 Context-Element – Finalisierung

Flag CHANGED_BY_CLIENT

Tabelle B.31 gibt die Methoden von IF_WD_CONTEXT_ELEMENT zum Lesen und Ändern des Flags CHANGED_BY_CLIENT wieder.

Methode	Beschreibung
is_changed_by_client( )	Liefert TRUE, falls der Knoten oder das Element vom Client geändert wurde.
set_changed_by_client( )	Markiert einen Knoten manuell als CHANGED_BY_CLIENT.

Tabelle B.31 Context-Element – CHANGED_BY_CLIENT

Sonstige Methoden

Tabelle B.32 stellt die in keine der bislang behandelten Kategorien gehörigen Methoden von IF_WD_CONTEXT_ELEMENT dar.

Methode	Beschreibung
is_alive( )	Prüft, ob der zugehörige Controller noch »am Leben« ist, das heißt, man kann noch auf ihn zugreifen, und er ist noch nicht über WDDOEXIT beendet.
to_xml( )	Liefert die kanonische XML-Repräsentation des Elementes.

Tabelle B.32 Context-Element – sonstige Methoden

Interface IF_WD_CONTEXT

Das Context-Interface IF_WD_CONTEXT stellt Methoden für die Aufzeichnung von Benutzereingaben zur Verfügung. Weitere Informationen hierzu und eine Auflistung der Methoden des Interface IF_WD_CONTEXT finden Sie in Abschnitt 2.5.10, »Context-Change-Log«.

Interface IF_WD_CONTEXT_NODE_INFO

In diesem Abschnitt werden die Methoden der Metadaten-Schnittstelle des Contexts vorgestellt, der auf dem Interface IF_WD_CONTEXT_NODE_INFO beruht. Mithilfe der Context-Metadaten können Sie die Context-Hierarchie und die Eigenschaften der Knoten und Attribute ändern. Im Folgenden werden die Methoden der Context-Metadaten-Schnittstelle aufgeschlüsselt in die Kategorien Hierarchieänderungen, Attributeigenschaften, Wertehilfe, Knoteninformationen, Context-Navigation und Sonstige Methoden.

[👁] **Weitere Informationen**: Vor allem im Hinblick auf die dynamische Programmierung von Views hat die Metadaten-Schnittstelle IF_WD_CONTEXT_NODE_INFO eine große Bedeutung. Wenn Sie vorhaben, Teile Ihrer Web-Dynpro-Architektur dynamisch zu gestalten, empfehlen wir Ihnen einen Blick in Kapitel 7, »Dynamische Programmierung«.

Hierarchieänderungen

Tabelle B.33 listet die Methoden von IF_WD_CONTEXT_NODE_INFO zur Manipulation der Context-Hierarchie auf.

Methode	Beschreibung
add_attribute( )	Fügt ein neues dynamisches Attribut ATTRIBUTE_INFO vom Typ WDR_CONTEXT_ATTRIBUTE_INFO zum Knoten hinzu.
add_child_node( )	Fügt einen Kindknoten CHILD_INFO vom Metadaten-Objekttyp IF_WD_CONTEXT_NODE_INFO dem Knoten hinzu. Dies ist nur sinnvoll bei einem Knoten, der vorher aus der Hierarchie mit der Methode remove_child_node( ) entfernt wurde.
add_new_child_node( )	Erzeugt einen neuen Kindknoten NAME und fügt diesen in die Hierarchie ein. Der Parameter STATIC_ELEMENT_RTTI vom Referenztyp CL_ABAP_STRUCTDESCR kann zum Definieren einer Struktur als Attributgrundlage verwendet werden. Alternativ können die Attribute über den Parameter ATTRIBUTES vom Tabellentyp WDR_CONTEXT_ATTR_INFO_MAP definiert werden. Darüber hinaus existiert noch eine Vielzahl von optionalen TRUE/FALSE-Parametern zur Steuerung der wichtigsten Knoteneigenschaften: IS_MANDATORY, IS_MANDATORY_SELECTION, IS_MULTIPLE, IS_MULTIPLE_SELECTION, IS_SINGLETON und IS_INITIALIZE_LEAD_SELECTION. Es existieren weitere, hier nicht aufgelistete und optionale Parameter.
add_new_mapped_child_node( )	Definiert einen neuen gemappten Kindknoten CHILD_NAME. Die Eigenschaften und Attribute des Knotens werden automatisch vom Originalknoten übernommen. Über den Parameter MAPPING_INFO vom Typ WDR_CONTEXT_MAPPING_INFO kann der Mapping-Pfad angegeben werden. Ist der Pfad initial, handelt es sich um die Definition eines extern mappbaren Knotens. In diesem Fall ist noch der Aufruf der Methode set_mapping_complete( ) erforderlich.
add_recursive_child_node( )	Fügt einen rekursiven Kindknoten hinzu. Über den Parameter NODE_INFO vom Typ IF_WD_CONTEXT_NODE_INFO können Sie eine Unterknotenbeschreibung mitgeben.
remove_attribute( )	Löscht ein dynamisch definiertes Attribut NAME aus dem Knoten.

Tabelle B.33 Context-Node-Info – Hierarchieänderungen

Methode	Beschreibung
remove_child_node( )	Löscht einen Kindknoten NAME aus der Hierarchie. Beachten Sie hierbei, dass statisch definierte Knoten nicht gelöscht werden können.
remove_dynamic_attributes( )	Löscht alle dynamisch definierten Attribute eines Knotens.

Tabelle B.33 Context-Node-Info – Hierarchieänderungen (Forts.)

[+]

Hinweis: Web Dynpro unterscheidet zwischen statischen und dynamischen Attributen:

- Statische Attribute sind Teil einer (Dictionary-)Struktur, auf der alle oder ein Teil der Attribute des Knotens basieren. Da jedes statische Attribut Teil einer Struktur ist, können statische Attribute nicht aus dem Knoten entfernt werden.
- Dynamische Attribute basieren auf keiner Struktur. Sie sind »frei schwebend« und können nach Belieben zum Knoten hinzugefügt oder entfernt werden.

Attributeigenschaften

Tabelle B.34 führt die Methoden von IF_WD_CONTEXT_NODE_INFO zum Auslesen und Ändern der Attributeigenschaften auf.

Methode	Beschreibung
get_attribute( )	Liefert die Eigenschaften für ein Attribut NAME. Die Methode gibt eine Struktur vom Typ WDR_CONTEXT_ATTRIBUTE_INFO zurück.
get_attribute_format_props( )	Liefert die Formatierungseigenschaften eines Attributes NAME. Es wird eine Struktur vom Typ WDY_ATTRIBUTE_FORMAT_PROP zurückgegeben.
get_attribute_names( )	Liefert die Liste aller Attributnamen als STRING_TABLE zurück.
get_attributes( )	Liefert die Eigenschaften aller Attribute in Form einer Tabelle vom Typ WDR_CONTEXT_ATTR_INFO_MAP zurück.
get_primary_attribute( )	Diese Methode liefert den Namen des Primärattributes eines Knotens, falls er existiert. Primärattribute sind nur für die Konfiguration von Knoten interessant.

Tabelle B.34 Context-Node-Info – Attributeigenschaften

Methode	Beschreibung
get_static_ attributes_type( )	Diese Methode liefert das RTTI-Objekt vom Typ CL_ABAP_TYPEDESCR für den Strukturtyp der statischen Attribute.
has_attribute( )	Liefert die Information, ob ein Attribut NAME existiert.
set_attribute_ format_props( )	Setzt die Formatierungseigenschaften eines Attributes NAME. Hierzu muss der Parameter FORMAT_PROPERTIES vom Typ WDY_ATTRIBUTE_ FORMAT_PROP mitgegeben werden.
set_attribute_ref_ callback( )	Deklariert eine Callback-Methode CALLBACK_ METHOD, mit der die Anwendung die Elementreferenz CALLBACK_OBJECT und das Attribut NAME eines Referenzwertes für Währungen und Mengen ermitteln kann. Dies ist beispielsweise wichtig, wenn für eine Belegwährung mehrere Preiseingaben möglich sind. Die Callback-Methode muss die folgende Signatur haben: Importing-Parameter: ▸ FIELD_ELEMENT (IF_WD_CONTEXT_ELEMENT) ▸ FIELD_NAME (STRING) Exporting-Parameter: ▸ REFERENCE_ELEMENT (IF_WD_CONTEXT_ELEMENT) ▸ REFERENCE_FIELD_NAME (STRING)
set_attribute_ reference_field( )	Setzt das Referenzfeld REFERENCE_FIELD für ein Attribut NAME. Über den Parameter REFERENCE_ FIELD_TYPE muss der Datentyp des Referenzfeldes angegeben werden. Für Beträge und Mengen kann hier das Feld eingetragen werden, das die Währung bzw. die Mengeneinheit enthält. Ist die Referenz in der ABAP-Dictionary-Struktur definiert, die der Knoten verwendet, muss sie nicht extra angegeben zu werden.
set_nullable( )	Setzt über den Parameter IS_NULLABLE, ob ein Attribut NAME den Wert <NULL> haben kann.

Tabelle B.34 Context-Node-Info – Attributeigenschaften (Forts.)

Wertehilfe

Tabelle B.35 gibt die Methoden von IF_WD_CONTEXT_NODE_INFO zur Verwaltung von Wertehilfen an.

Methode	Beschreibung
get_attribute_ value_help( )	Liefert den Namen VALUE_HELP der Wertehilfe eines Attributes NAME. Über den Exporting-Parameter VALUE_HELP_MODE, der die Werte der Konstante C_VALUE_HELP_MODE annehmen kann, wird der Wertehilfe-Typ (deactivated, automatic, ddic, ovs, application_defined) zurückgegeben.
get_attribute_ valuehelp_type( )	Liefert den Typ der Wertehilfe des Attributes zurück.
has_attribute_ value_help( )	Liefert zurück, ob ein Attribut NAME eine Wertehilfe besitzt.
set_attribute_ value_help( )	Setzt die Wertehilfe VALUE_HELP eines Attributes NAME. Über den Parameter VALUE_HELP_MODE kann der Typ der Wertehilfe angegeben werden (siehe auch get_attribute_value_help( )).
set_attribute_ value_set( )	Setzt eine Liste VALUE_SET des Tabellentyps WDR_CONTEXT_ATTR_VALUE_LISTGEN von Festwerten für das Attribut NAME als mögliche Festwerte. Dies ist vor allem im Hinblick auf das UI-Element DropDownByKey interessant.

Tabelle B.35 Context-Node-Info – Wertehilfe

Mapping

Tabelle B.36 stellt die Methoden von IF_WD_CONTEXT_NODE_INFO zur Definition und Überprüfung eines Mappings vor.

Methode	Beschreibung
is_mapping_ complete( )	Liefert TRUE, falls ein externes Mapping realisiert worden ist, das heißt, ob die Aufrufer-Component das Mapping durchgeführt hat.
set_mapping_ complete( )	Vervollständigt die Definition eines extern mappbaren Knotens. Hierzu muss der externe Controller MAPPED_CONTROLLER vom Typ IF_WD_CONTROLLER und der Context-Pfad CONTEXT_PATH in Form einer STRING_TABLE mitgegeben werden.

Tabelle B.36 Context-Node-Info – Mapping

Knoteninformationen

Tabelle B.37 stellt die Methoden von IF_WD_CONTEXT_NODE_INFO zum Auslesen der wichtigsten Knoteninformationen dar.

Methode	Beschreibung
is_child_node_recursive( )	Liefert TRUE, wenn der angegebene Kindknoten CHILD_NODE_NAME rekursiv ist.
is_initialize_lead_selection( )	Liefert TRUE, wenn die Lead-Selection automatisch mit dem Knoten initialisiert wird.
is_mandatory( )	Liefert TRUE, wenn der aktuelle Knoten immer mindestens ein Element besitzt.
is_mandatory_selection( )	Liefert TRUE, wenn immer mindestens ein Knotenelement selektiert ist.
is_multiple( )	Liefert TRUE, wenn der aktuelle Knoten mehrere Elemente besitzen kann.
is_multiple_selection( )	Liefert TRUE, wenn mehrere Elemente des Knotens selektiert werden können.
is_singleton( )	Liefert TRUE, wenn der aktuelle Knoten als Singleton-Knoten definiert ist. Ein Knoten mit der Eigenschaft Singleton existiert zur Laufzeit nur für die Lead-Selection des Elternknotens. Dies erlaubt der Web-Dynpro-Laufzeit einen speicheroptimierten Aufbau der Context-Hierarchie.

Tabelle B.37 Context-Node-Info – Knoteninformationen

Context-Navigation

Tabelle B.38 nennt die Methoden von IF_WD_CONTEXT_NODE_INFO zur Navigation durch die Context-Hierarchie.

Methode	Beschreibung
follow_path( )	Folgt dem Pfad PATH_STRING und liefert die Metainformationen des Zielknotens über den Exporting-Parameter NODE zurück. Die einzelnen Knotennamen werden dabei mit einem Punkt voneinander getrennt.
get_child_node( )	Liefert die Metainformationen eines Kindknotens NAME.

Tabelle B.38 Context-Node-Info – Context-Navigation

Methode	Beschreibung
get_child_nodes( )	Liefert die Metainformationen aller Kindknoten in Form einer Tabelle CHILD_NODES vom Typ WDR_CONTEXT_CHILD_INFO_MAP zurück.
get_name( )	Liefert den Namen des aktuellen Knotens zurück.
get_parent( )	Liefert die Metainformationen des Elternknotens zurück.

Tabelle B.38 Context-Node-Info – Context-Navigation (Forts.)

Sonstige Methoden

Tabelle B.39 listet die sonstigen Methoden von IF_WD_CONTEXT_NODE_INFO auf.

Methode	Beschreibung
get_controller( )	Liefert den Controller IF_WD_CONTROLLER zurück, der den Context beheimatet.
is_alive( )	Liefert TRUE, wenn der zugehörige Controller noch nicht abgeräumt wurde.
is_finalized( )	Liefert TRUE, wenn die Metainformationen des Knotens nicht mehr änderbar sind.
set_finalized( )	Markiert die Metainformationen eines Knotens als nicht änderbar.

Tabelle B.39 Context-Node-Info – sonstige Methoden

Runtime-Repository-API

Runtime

Während der Laufzeit werden durch das Web-Dynpro-Framework Beschreibungsobjekte zu den unterschiedlichen Elementen einer Web-Dynpro-Anwendung angeboten (Runtime-Repository-API). Dies ist vergleichbar mit der Situation, in der wir Beschreibungsobjekte für Context-Knoten erzeugt und diese dann zur Veränderung des Contexts eingesetzt haben (siehe Abschnitt 7.2.3, »Context-Attribute anlegen«). Die Ermittlung der Beschreibungsobjekte folgt im Allgemeinen diesem Schema:

- Ermittlung der Referenz auf das gewünschte Element
- Aufruf der Methode get_<Element>_info( ) über diese Referenz, um damit die Referenz auf das Beschreibungsobjekt zu erhalten. Die Referenz ist vom Typ IF_WD_RR_<Element>.

Im Folgenden haben wir die unterschiedlichen Typen von Beschreibungsobjekten zusammengestellt. Eine kompakte Beschreibung zu den Typen wird Ihnen den Ermittlungsweg und die Einsatzmöglichkeiten näher bringen.

- IF_WD_RR_CONTROLLER
  Mithilfe der Methode get_controller_info( ) aus der Controller-API (IF_WD_CONTROLLER) erhält man eine Referenz auf IF_WD_RR_CONTROLLER, um dort zum Beispiel den Namen eines Controllers zu ermitteln oder zu überprüfen, ob ein bestimmtes Ereignis oder ein Ereignisbehandler existiert. **Controller**
- IF_WD_RR_COMPONENT
  Mithilfe der Methode get_component_info( ) aus der Component-API (IF_WD_COMPONENT) erhält man eine Referenz auf IF_WD_RR_COMPONENT, um dort die Metainformation der Component und der inkludierten Entitäten zu ermitteln. **Component**
- IF_WD_RR_APPLICATION
  Mithilfe der Methode get_application_info( ) aus der Application-API (IF_WD_APPLICATION) erhält man eine Referenz auf IF_WD_RR_APPLICATION, um dort die Metainformation der Applikation und der inkludierten Entitäten zu ermitteln, wie zum Beispiel den Namen der Anwendung, den Start-Interface-View und Applikationsparameter. **Application**
- IF_WD_RR_CMP_USAGE_GROUP
  Mithilfe der Methode get_cmp_usage_group( ) aus der Component-Runtime-API (IF_WD_RR_COMPONENT) erhält man eine Referenz auf IF_WD_RR_CMP_USAGE_GROUP, um dort die Metainformation der Usage Group und der inkludierten Entitäten zu ermitteln, wie zum Beispiel den Namen der Usage Group und der Usages. **Usage Group**
- IF_WD_RR_COMPONENT_USAGE
  Mithilfe der Methode get_component_usage_info( ) aus der Component-Usage-API (IF_WD_COMPONENT_USAGE) erhält man eine Referenz auf IF_WD_RR_COMPONENT_USAGE, um dort die Metainformation der Usage und der inkludierten Entitäten zu ermitteln, wie zum Beispiel den Namen der Usage und Lebenszyklus-Informationen. **Component Usage**
- IF_WD_RR_VIEW
  Mithilfe der Methode if_wd_view_controller~get_view_info( ) aus der View-API (IF_WD_VIEW) erhält man eine Referenz auf IF_WD_RR_VIEW, um dort die Metainformation der Views und der **View**

inkludierten Entitäten zu ermitteln, wie zum Beispiel den Namen des Views, Beschreibungen und Plug-Informationen.

- IF_WD_RR_VIEW_USAGE

  View Usage

  Mithilfe der Methode get_view_usage( ) aus der View-API (IF_WD_VIEW) erhält man eine Referenz auf IF_WD_RR_VIEW_USAGE, um dort die Metainformation der Usage und der inkludierten Entitäten zu ermitteln, wie zum Beispiel den Namen der Views und die Einbettungsposition.

- IF_WD_RR_VIEW_CNT_ASSIGNMENT

  View Container Assignment

  Mithilfe der Methode get_emb_view_cnt_assignment( ) aus der View-Runtime-API (IF_WD_RR_VIEW_USAGE) erhält man eine Referenz auf IF_WD_RR_VIEW_CNT_ASSIGNMENT, um dort die Metainformation der Container-Einbettung und der inkludierten Entitäten zu ermitteln, wie zum Beispiel den Namen der View-Container-Zuordnung und die View-Einbettung.

- IF_WD_RR_WINDOW

  Window

  Mithilfe der Methode get_window( ) aus der Component-Runtime-API (IF_WD_RR_COMPONENT) erhält man eine Referenz auf IF_WD_RR_WINDOW, um dort die Metainformation des Windows und der inkludierten Entitäten zu ermitteln, wie zum Beispiel den Namen des Windows, die View Usages und Navigationsübergänge.

C Die Autoren

Dr. Roland Schwaiger studierte an der Bowling Green State University, OH (USA) Computer Science und an der Universität Salzburg (Österreich) Angewandte Informatik und Mathematik und promovierte dort im Bereich Mathematik. Nach mehrjähriger Assistententätigkeit an der Universität Salzburg kam er 1996 als Softwareentwickler zur SAP AG und entfaltete dort seine Fähigkeiten für drei Jahre im Bereich Human Resources in einem anregenden und inspirierenden Umfeld.

Seit 1999 ist er als freiberuflicher Trainer, Lektor, Berater und Entwickler tätig (Zertifizierter Development Consultant SAP NetWeaver 2004 – Application Development Focus ABAP). Er setzt seine akademische Vorbildung und das bei SAP erworbene Wissen, abgerundet durch einen MBA in Prozess- und Projektmanagement, für die Softwareentwicklung in konkreten Entwicklungsprojekten und SAP-Schulungen ein. Die dort wiederum erworbenen Erkenntnisse trägt er zurück in die akademische Welt und verknüpft so Theorie und Praxis.

Konstruktives Feedback zu diesem Buch ist explizit erwünscht unter *wd4a.buch@facet.at*.

Dominik Ofenloch studierte an der Dualen Hochschule Mannheim Wirtschaftsinformatik und programmierte bereits während seines Studiums bei der SAP AG in Walldorf verschiedene UI-Technologien. Nach erfolgreichem Studienabschluss im Jahr 2006 begann er seine Karriere bei SAP in der SCM-Entwicklung. Dort entwickelte er für das Transportation Management Web-Dynpro-Benutzeroberflächen. Seit 2009 arbeitet er für die ENERGY4U GmbH – A Siemens Business als CRM- und IS-U-Berater.

Ihre Kommentare und Ihr Feedback zu diesem Buch können Sie gerne persönlich an Dominik Ofenloch unter der E-Mail-Adresse *mail@dominikofenloch.de* richten.

Index

B

D

E

F

G

H

L

M

N

O

P

Q

R

T

U

V

W